TEOLOGIA SISTEMÁTICO-
CARISMÁTICA

CÉSAR MOISÉS CARVALHO | CÉFORA CARVALHO

TEOLOGIA SISTEMÁTICO-
CARISMÁTICA

A CONEXÃO PNEUMÁTICA ENTRE AS PRINCIPAIS
DOUTRINAS DA FÉ CRISTÃ

VOLUME 2

Copyright © 2022 César Moisés Carvalho e Céfora Ulbano Carvalho

Todos os direitos desta publicação são reservados por Vida Melhor Editora LTDA.

Os pontos de vista desta obra são de responsabilidade de seus autores e colaboradores diretos, não refletindo necessariamente a posição da Thomas Nelson Brasil, da HarperCollins Christian Publishing ou de sua equipe editorial.

PUBLISHER	*Samuel Coto*
EDITOR	*Guilherme H. Lorenzetti*
PREPARAÇÃO	*Josemar Pinto e Virgínia Neumann*
REVISÃO	*Judson Canto e Paulo Nishihara*
DIAGRAMAÇÃO	*Joede Bezerra*
CAPA	*Douglas Lucas*

Catalogação na Publicação (CIP)

C322t   Carvalho, César Moisés

1.ed.   Teologia sistemático-carismática: vol. 2 : a conexão pneumática entre as principais doutrinas da fé cristã / César Moisés Carvalho, Céfora Carvalho. – 1.ed. – Rio de Janeiro : Thomas Nelson Brasil, 2022.

       1088 p.; il.; 15,5 x 23 cm.

       ISBN : 978-65-56893-24-2 (capa dura)

       1. Doutrina cristã. 2. Espírito Santo. 3. Pentecostalismo. 4. Pneumatologia. 5. Teologia sistemática. I. Carvalho, Céfora. II. Título.

05-2022/157   CDD 230

Índice para catálogo sistemático:
1. Teologia sistemática   230
Bibliotecária responsável: Aline Graziele Benitez CRB-1/3129

Thomas Nelson Brasil é uma marca licenciada à Vida Melhor Editora S.A.

Todos os direitos reservados à Vida Melhor Editora S.A.

Rua da Quitanda, 86, sala 218 – Centro – 20091-005

Rio de Janeiro – RJ – Brasil

Tel.: (21) 3175-1030

www.thomasnelson.com.br

CAPÍTULO

4

PNEUMATOLOGIA
(CONTINUAÇÃO)

O Espírito Santo no Novo Testamento

Quando se inicia o Novo Testamento? A pergunta parece despropositada, mas ela é necessária à medida que se entende o que queremos dizer quando falamos "Novo Testamento". Em teologia, como em qualquer outra empresa, é imprescindível que o pesquisador, tanto quanto possível, defina as coisas, inclusive reconhecendo as que não têm definição, para que, então, se possa fazer entendido e também ter certeza de que seu público o compreende. Uma vez que, quando se trata da tradição carismático-pentecostal, tudo é muito "novo", faremos bem em explicar questões que podem ser vistas em outras expressões da fé cristã como básicas, mas algumas vezes equivocadas, ao passo que, como estamos "iniciando", podemos, então, aprender de forma correta. Assim, não estamos falando do conjunto de 27 documentos, aprovados no ano 397, isto é, no final do século 4, que compõem o Novo Testamento.[879] Nossa indagação caminha com o raciocínio da história da salvação, pensando nos eventos histórico-redentores, ou histórico-salvíficos, que, na economia divina, pontuam, sinalizam ou demarcam acontecimentos-chave nas Escrituras. Nesse sentido, o "Novo Testamento" não se inicia em Mateus 1:1, mas em Mateus 26:26-29. Não somos nós que determinamos esses períodos, mas as Escrituras hebraicas, em Malaquias 4:4-6, e o próprio Senhor Jesus Cristo, ao dizer que a lei e os profetas duraram até João Batista (Mateus 11:13; Lucas 16:16). Percebe-se claramente que aqui não se trata apenas de uma referência à tríplice divisão das Escrituras hebraicas — Lei, Profetas e Salmos[880] (Escritos), referida em outro momento (Lucas 24:44) —, mas de um pronunciamento de modalidade de comunicação divina (cf. Hebreus 1:1-4). Outra questão muito importante é que, uma vez mais, do ponto de vista dos acontecimentos, obviamente podemos dizer que tudo inicia-se conforme Lucas 1:5. Todavia, sabemos que os textos dos Evangelhos só surgem como Escritura muito depois de os acontecimentos terem ocorrido,

---

879 Falando a respeito do cânon neotestamentário, o teólogo pentecostal Antonio Gilberto informa que "Antes do ano 400 d.C., todos os [27] livros estavam aceitos. Em 367, Atanásio, patriarca de Alexandria, publicou uma lista dos 27 livros canônicos, os mesmos que hoje possuímos: essa lista foi aceita pelo Concílio de Hipona (África) em 393". Todavia, a data oficial do reconhecimento e fixação do cânon do Novo Testamento, informa o mesmo teólogo, "ocorreu no III Concílio de Cartago, em 397 d.C. Nessa ocasião, foi definitivamente reconhecido e fixado o cânon do Novo Testamento. Como se vê, houve um amadurecimento de quatrocentos anos" (Silva. *A Bíblia através dos séculos*, p. 60).

880 O teólogo pentecostal Antonio Gilberto diz que a "Esdras é atribuída a tríplice divisão do cânon" (Silva. *A Bíblia através dos séculos*, p. 56).

ou seja, assim como no caso do Antigo Testamento, cujo livro mais antigo é o de Jó, mas, do ponto de vista dos acontecimentos, obviamente o relato de Gênesis, sobretudo em seus primeiros onze capítulos, aconteceu antes do que se passou em Uz, relatado no livro de Jó. Tais informações são importantes no momento de se fazer a exegese, pois, conforme já vimos, há no próprio texto explicações, chamadas glosas, acerca desses pontos (1Samuel 9:9). Na esteira desse mesmo assunto, a erudição bíblica neotestamentária há muito tempo afirma que o primeiro documento do Novo Testamento é a primeira epístola de Paulo aos cristãos de uma importante cidade da Grécia que foi visitada pelo apóstolo dos gentios em sua segunda viagem missionária. Antes, porém, de falar um pouco a respeito desse primeiro documento neotestamentário, ou das Escrituras cristãs, é interessante falar um pouco do mais proeminente autor dessa porção escriturística e a quem se atribui a origem, ou ao menos as bases, das principais doutrinas da fé cristã.[881]

Uma vez que teologicamente já havia acontecido a segunda hipóstase, isto é, a identificação entre *palavra* e texto — ao separar tanto a *palavra* como a sabedoria do Espírito, é preciso recordar que tal se deu por causa do correto entendimento teológico de que ambas, *palavra* e sabedoria, consistem em produtos e/ou resultados da *presença extraordinária* do Espírito Santo, não dele propriamente dito — gerou as Escrituras hebraicas, e com elas, natural- mente, "nasceram" os copistas e os intérpretes, pois, como já dissemos, era um mundo iletrado. Sem condições de considerar todos os textos e estágios da história retratados, ainda que em amostragens, nas Escrituras hebraicas, vale lembrar que "Esdras, contemporâneo de Neemias, foi hábil escriba da lei de Moisés e leu o livro do Senhor para os judeus já estabelecidos na Palestina, de regresso do cativeiro babilônico (Ne 8.1-5)", diz o teólogo pentecostal Antonio Gilberto. Este afirma que, de acordo com "2Macabeus e outros

---

881 "A tendência de tempos passados de considerar Paulo como o primeiro dogmático cristão não se impôs. Resta, porém, a ele a honra de ser o maior teólogo-pensador do Novo Testamento, embora hoje seja quase comumente aceito que ele não elaborou nenhum sistema dogmático e nenhuma metodologia firme. Pode-se concordar com as duas afirmações. Mas isso não significa que sua teologia não tenha uma ideia dominante. Se ele não compôs nenhuma *Summa theologica*, seria talvez exagero pôr no lugar dela uma trama de ideias em torno do encontro entre Deus e o homem ou mesmo em torno do tema geral de juízo e graça. Essas expressões são tão genéricas que não permitem reconhecer o que a teologia paulina tem de peculiar; esse aspecto não pode ser de forma alguma ignorado, sendo o que distingue Paulo de todos os outros autores do Novo Testamento" (KÄSEMANN, Ernest. *Perspectivas paulinas* [São Paulo: Teológica, 2003], p. 219).

escritos judaicos, Esdras presidiu a chamada Grande Sinagoga, que selecionou e preservou os rolos sagrados, determinando, dessa maneira, o cânon das Escrituras do Antigo Testamento (Ver Esdras 7.10,14)".[882] O mesmo autor informa ainda que a "Grande Sinagoga era um conselho composto de 120 membros que se diz ter sido organizado por Neemias cerca de 410 a.C., sob a presidência de Esdras", e foi justamente "essa entidade que reorganizou a vida religiosa nacional dos repatriados e, mais tarde, deu origem ao Sinédrio, cerca de 275 a.C.", incluindo a organização do cânon por Esdras, o primeiro escriba a tornar-se copista, editor e intérprete das Escrituras hebraicas.[883] Esse é o resumo de como se deu a hipóstase. "Assim, pois, nas descrições mais antigas da sabedoria, deve-se reconhecer esse caráter hipostático, e, junto ao desejo lógico de manter o Deus transcendente distante do acontecer mundano, é preciso considerar como causa de tal processo a consciência que os sábios tinham de si mesmos", diz Walther Eichrodt, explicando que "não queriam eles que sua autoridade estivesse sob os profetas, que se apoiavam no Espírito e na palavra de Deus".[884] Quem eram esses "sábios"[885] e por que se torna necessário falar novamente dessa questão? Pelo fato de que a fronteira entre os dois Testamentos é em grande parte imaginária, sobretudo do ponto de vista cultural e religioso, e, sem a escalada e o contexto que traçamos, certamente ficaria parecendo mera retórica quando Paulo diz aos colossenses que, na verdade, é em Cristo que estão escondidos todos os tesouros da sabedoria, ou seja, tais conhecimentos não estão na posse de um grupo de intérpretes da Lei ou filósofos pagãos (Colossenses 1:9; 2:2-3), conforme a leitura dos versículos em questão deixa claro. Assim, quando Paulo utiliza o substantivo grego σοφία, *sophia*, é preciso compreender que este judeu, cujo nome era o mesmo

---

882 Silva. *A Bíblia através dos séculos*, p. 56.

883 Ibid.

884 Eichrodt. *Teologia do Antigo Testamento*, p. 549.

885 "A sabedoria surgiu em Israel, ao que parece, em ambiente rural. Os sábios bíblicos enraízam-se no velho meio agrícola, familial, cuja sabedoria abrange todo um campo da vida pessoal, que o sacerdote e o profeta não atingem", em séculos muito anteriores ao período que estamos considerando, pois nossa análise abrange um movimento que se iniciou no "tempo de Salomão", quando abriram-se "em Israel, à semelhança do que já havia no Egito, escolas de escribas para a formação dos quadros da administração e da diplomacia. Frequentam-nas naturalmente os príncipes e os filhos dos grandes. Essas escolas transmitem um saber: leitura, escrita, gramática, matemática, e também um ensino 'profissional': administração, diplomacia, sabedoria política, arte de fazer um recenseamento ou de fixar o imposto *'in natura'* que cada um devia pagar" (VV. AA. *As raízes da sabedoria*, 2. ed., Cadernos Bíblicos [São Paulo: Paulinas, 1983], p. 17-8).

do primeiro rei de Israel, ou seja, Saul, incrivelmente, "cita muito mais vezes o Antigo Testamento" do que as palavras de Jesus Cristo de Nazaré.[886] Isso não é de maneira alguma tão óbvio para o conhecimento teológico protestante, pois a imagem que se passa é a do mais famoso dos apóstolos sentado em um gabinete escrevendo tranquilamente suas epístolas para o protestantismo dos séculos 17 a 21. Todavia, essa é uma imagem irreal e fantasiosa.

Em virtude da exiguidade de espaço, está fora do escopo do nosso trabalho, e torna-se impraticável realizar, um merecido estudo aprofundado da vida de Paulo com vistas a entender um pouco mais esse apóstolo que, originalmente, não pertenceu ao colégio apostólico dos Doze, mas tornou-se mais conhecido, ao menos no protestantismo, do que qualquer um que andou com o Senhor Jesus Cristo. Não obstante este não ser o nosso foco, é preciso pontuar a direção, ou o rumo, que tomaram as pesquisas acerca de Paulo. "Nos últimos anos, houve uma significativa mudança nos estudos paulinos", informa o teólogo William Stegner, dizendo que, no transcurso da "primeira metade do século 20, a escola dominante da 'história das religiões' enfatizou uma abordagem helenística de Paulo: entendiam que Paulo era um judeu helenizado da diáspora". Foi justamente assim que Rudolf "Bultmann e seus seguidores concluíram que o judaísmo sincretista da diáspora e a filosofia popular da época constituíam a base do pensamento paulino". Entretanto, atualmente "os estudos neotestamentários encontram cada vez mais indícios das características judaicas da vida e do pensamento de Paulo", isto é, na realidade, tal "mudança faz parte de um movimento geral dos estudos cristãos para redescobrir as raízes judaicas do cristianismo". Coincidentemente, "os estudos judaicos demonstram crescente interesse em recuperar as características judaicas de Jesus e de Paulo".[887] Antes de qualquer outra influência, Paulo era judeu. Não só. Ele era mais que um judeu. Por volta do ano 35 da nossa era, um fariseu chamado Saulo, da cidade de Tarso, muito proeminente por pertencer à escola rabínica de Gamaliel, perseguia ferozmente os seguidores do Caminho, isto é, judeus que pregavam uma mensagem de que o Messias tão esperado por todos fora morto por conluio do Sinédrio com o poder estatal romano, mas que ressuscitara ao terceiro dia e prometera que voltaria

---

886 BADIOU, Alain. *São Paulo: a fundação do universalismo* (São Paulo: Boitempo, 2009), p. 32.

887 STEGNER, William R. "Paulo, o judeu" in: HAWTHORNE, Gerald. F.; MARTIN, Ralph. P; REID, Daniel G. (orgs.). *Dicionário de Paulo e suas cartas* (São Paulo: Loyola/Paulus/Vida Nova, 2008), p. 953.

730 | TEOLOGIA SISTEMÁTICO-CARISMÁTICA

para completar o reino de Deus, que já havia sido implantado com seu advento (Atos 2:29-36; 3:13—4:30; 5:17-42; 6:8—7:60). Em virtude disso, esses judeus, fiéis monoteístas, passaram a adorar esse homem e prestar-lhe culto juntamente com o Deus que libertara Israel do Egito e que proíbe ter outros deuses além dele (Êxodo 20:3). Antes de tratar sobre o fato de que, mesmo com toda perseguição e até morte, conforme as referências supracitadas, esses judeus não desfaleceram e tampouco desistiram de adorar e pregar a mensagem do Nazareno, precisamos falar sobre as razões de um judeu como Saulo ter autoridade para assolar as casas, isto é, invadi-las, e arrastar homens e mulheres, encerrando-os na prisão, além de "consentir" até mesmo na morte de alguns (Atos 8:3). Qual era a fonte dessa autoridade? O que o habilitava e dava-lhe poderes para tanto? Tais questões, assim como inúmeras outras nas Escrituras, não são esclarecidas no texto, pois, como os destinatários imediatos pertenciam àquela realidade e cultura, não havia necessidade alguma de qualquer esclarecimento, já que o contexto imediato lhes era comum. A breve explicação que segue, conquanto pareça uma digressão, será imprescindível para se entender tanto o *background* neotestamentário quanto da teologia de Paulo.

— O período intertestamentário —

Não vamos obviamente nos alongar nesse período de quatrocentos anos que antecede o nascimento de João Batista, último profeta veterotestamentário, mas, cientes da importância que há nesse hiato de tempo que se tornou popular em virtude de nas Bíblias de edições mais antigas haver quatro folhas em branco que, de acordo com uma crença popular, representavam os quatro séculos de "silêncio" divino entre um Testamento e o outro, precisamos passar brevemente por ele. Se, por um lado, tais folhas constavam dessas edições, muito provavelmente, por causa da encadernação, isto é, para suplementação dos cadernos de impressão, por outro, o tempo realmente foi de quatrocentos anos e precisa, ao menos, ser panoramicamente conhecido. O período é de suma importância, pois encobre "elementos de história geral da Bíblia", sendo conhecido como "período interbíblico", termo mais difundido, ou "período intertestamentário", conforme informa o teólogo pentecostal Antonio Gilberto.[888] O que ocorreu nesse tempo, conquanto não esteja na

---

888 Silva. *A Bíblia através dos séculos*, p. 10.

CAPÍTULO 4 – Pneumatologia | 731

Bíblia, explica muito do que aparece no Novo Testamento. Especificamente relacionado ao nosso tema da pneumatologia, importa contextualizar o leitor a respeito dos grupos — particularmente saduceus, escribas e fariseus — que se formaram nesses quatro séculos. A literatura é abundante, porém não consentânea, tanto a respeito da cronologia dos grupos quanto da pureza das intenções de cada um deles, conforme veremos em alguns exemplos. O que mais nos importa é o grupo dos fariseus, que, conforme o teólogo Evaristo Miranda e o rabino José Schorr Malca, "já tinha mais de cento e cinquenta anos de existência quando Jesus começou sua vida pública". Não apenas isso, acrescentam, mas o referido "partido ainda perdurará, como tal, por pelo menos cem anos mais, quando o farisianismo dará lugar ao rabinismo". Portanto, o "partido dos fariseus teve participação muito ativa na vida política de Israel e, desde sua fundação, cumpriu um papel capital na formação religiosa e moral do povo judeu", sendo responsável por trazer "para o centro de suas preocupações a fidelidade à Aliança do Sinai e levou-a à vida coletiva e individual, mediante regras e obrigações, buscando — em todos os instantes — uma conformidade cotidiana com a vontade de Deus".[889] Se há por parte desses autores uma visão positiva em relação ao farisianismo, há outros que demonstram outra face, alguns sem fazer juízo de valor, mas pretendendo descrever o grupo. É importante, primeiramente, entender que, junto à "nobreza sacerdotal, existia em Jerusalém uma aristocracia leiga", sendo esta materializada no Sinédrio. Conforme "lemos no Novo Testamento, essa assembleia judaica suprema, que compreendia 71 membros, compunha-se de três grupos: os chefes dos sacerdotes que, representados na pessoa do sumo sacerdote, escolhiam o presidente, os escribas e os anciãos".[890] Antes de explicar sobre o Sinédrio, Joachim Jeremias, então, esclarece algo acerca da organização social no Israel pós-exílico:

> Quem fazia parte do grupo dos *anciãos*? A história da assembleia judaica nos dá a resposta. Após o exílio, os reorganizadores do povo, doravante sem rei, basearam-se na antiga composição em famílias, procedentes da divisão do povo em tribos, e nunca totalmente caída no esquecimento, nem mesmo depois do sedentarismo em Canaã.

889 MALCA, José M. Schorr; MIRANDA, Evaristo E. de. *Sábios fariseus: reparar uma injustiça* (São Paulo: Loyola, 2001), p. 19.

890 JEREMIAS, Joachim. *Jerusalém no tempo de Jesus: pesquisas de história econômico-social no período neotestamentário* (Santo André/São Paulo: Academia Cristã/Paulus, 2010), p. 303.

732 | TEOLOGIA SISTEMÁTICO-CARISMÁTICA

Talvez já em exílio, quer dizer, com a extinção da realeza, os chefes das linhagens e das famílias mais importantes assumiram a chefia do povo, dirigindo, individualmente, a instalação das famílias em Babilônia e governando-as a título de guias e juízes. Após a volta do exílio, esses chefes de família, os "anciãos dos judeus" (*śabê yᵉhûdayê*) aparecem como representantes do povo com os quais o governador persa discute (Ed 5:9-16) e que, unidos ao "governador dos judeus", dirigem a reconstrução do Templo (Ed 5:5.9; 6:7.8.14). Dessa maneira o Sinédrio, assembleia suprema do judaísmo pós-exílico, formou-se da reunião desses chefes de família não sacerdotes, dirigentes que representavam a "nobreza" leiga, com a aristocracia sacerdotal. A esse respeito, a descrição da reforma judiciária de Josafá pelo Cronista (2Cr 19:5-11), descrição que reflete a situação pós-exílica, é elucidativa; a autoridade judiciária suprema de Jerusalém compunha-se de levitas, de sacerdotes e de chefes de famílias. É, pois, um senado aristocrático composto de representantes da aristocracia sacerdotal e leiga que, nas épocas persa e grega, alcançou a chefia do povo judeu. Somente mais tarde, talvez no tempo da rainha Alexandra (76-67 a.C.), de pendor farisaico, os escribas fariseus foram admitidos nessa assembleia suprema até então puramente aristocrática. Não pode, pois, haver dúvida quanto à composição do grupo dos anciãos no Sinédrio: são os *chefes das famílias leigas mais influentes*, representando a "nobreza leiga" do povo neste conselho supremo.[891]

Tais informações são confirmadas pelas Escrituras cristãs, e "também Josefo e a literatura talmúdica admitem essa nobreza leiga", pois, no "Novo Testamento, 'os chefes do povo' (Lc 19.47) aparecem uma vez no lugar dos 'anciãos', como terceiro grupo do Sinédrio; essa expressão sinônima é extremamente esclarecedora". Temos ainda como "representante desse grupo [...] José de Arimateia, rico (Mt 27.57) proprietário".[892] Portanto, "no Sinédrio, o grupo dos anciãos compunha-se de *chefes das famílias patrícias de Jerusalém*".[893] Tal aspecto poderia passar despercebido ou então ser objetado com a seguinte questão: "Só porque se trata de nobres, ou ricos, não podem fazer parte? Qual o problema?". Como se sabe, tal senado não legislava sobre a sociedade toda, isto é, romana, e sim sobre os judeus. Sua autoridade estava circunscrita,

---

891 Ibid., p. 303-4 (grifo no original).
892 Ibid., p. 305.
893 Ibid., p. 308 (grifo no original).

CAPÍTULO 4 – Pneumatologia | 733

com permissão oficial do Estado, para atuar. Quais eram os documentos que fixavam as regras por esse tempo? Este ponto merece uma consideração. O biblista André Paul diz que, "paralelamente aos livros bíblicos, o judaísmo possuía uma coleção importante de tradições, leis e lendas, que circulavam oralmente no culto, no ensino, nos tribunais, e que tinham começado a se fixar por escrito", e o que se convencionou chamar de "*lei oral*, complemento da *lei escrita*, que, por sua vez, ia tornar-se Escritura".[894] Da interpretação e aplicação às situações concretas na vida do povo, originou-se *halakah* e a *haggadah*. A primeira dedicava-se à lei escrita, e a segunda, à lei oral. "Embora o ensino da *halakah* estivesse intimamente relacionado com a Escritura, podia ser transmitido independentemente dela". Dessa forma, "a elaboração da *halakah* se processou em dois campos, dos quais um, o *midrash*, seguiu de perto a Escritura, e o outro, a *mishnah*, foi mais autônomo".[895] Justamente o *midrash*, recurso utilizado para comentar a Escritura hebraica, quando manejado por nobres, acabou servindo a interesses contrários ao texto bíblico. "Conforme mostram as entregas em espécie para o Templo, conclui-se que essas famílias privilegiadas eram, primitivamente, *famílias de proprietários agrícolas*; daí decorre o fato de, na época de Jesus, a nobreza leiga compor-se especialmente de famílias abastadas", diz o biblista alemão Joachim Jeremias, informando que no "Midraxe, a frase: 'Fulano é rico; façamo-lo conselheiro' é atribuída aos funcionários romanos".[896] Foi justamente dessa classe social nobre que emergiu o grupo dos saduceus. Contudo, Flávio Josefo, citado por Jeremias, diz que, por isso mesmo, só atraíam ricos e não eram seguidos pelo povo. É preciso registrar, porém, que o grupo tinha adesões importantes, como "os chefes dos sacerdotes, a nobreza sacerdotal e a nobreza leiga", ou seja, as "famílias patrícias acham-se, pois, em relação à nobreza sacerdotal, do mesmo modo que os fariseus em face aos escribas", mas tanto em um caso como no outro "os leigos formam a grande massa dos partidários; os 'homens da religião' — clérigos entre os saduceus, teólogos entre os fariseus — forneciam os chefes".[897] Tratava-se, portanto, de um grupo aristocrático e organizado, que não deve ser chamado de "seita", pois atuava junto ao

---

894 PAUL, André. *O que é intertestamento*, Cadernos Bíblicos (Santo André/São Paulo: Academia Cristã/Paulus, 2014), p. 14.
895 Ibid., p. 15.
896 JEREMIAS. *Jerusalém no tempo de Jesus*, p. 310.
897 Ibid., p. 313-4.

734 | TEOLOGIA SISTEMÁTICO-CARISMÁTICA

povo, muito embora as famílias patrícias fizessem uma ideia "de si mesmas como detentoras da tradição". Tal "fato sobressai por ser restrito o número de saduceus, como conclui Josefo, e de possuírem uma *halaka* (tradição) que repousava numa exegese da Escritura, que os membros deviam seguir como diretriz de vida".[898] Para completar o raciocínio sobre esse grupo dos saduceus:

> A "teologia" saduceia é também esclarecedora e faz conhecer o conservadorismo institucional da nobreza leiga. Atinha-se estritamente à letra da Torá, particularmente às suas prescrições sobre o culto e o sacerdócio; via-se, pois, em nítida oposição com os fariseus e sua *halaka* oral, que declaravam obrigatórias, mesmo para o círculo de leigos piedosos, as prescrições acerca da pureza relativa aos sacerdotes. Os saduceus consignaram essa teologia numa *halaka* perfeitamente elaborada e exegeticamente fundada. Tinham, além do mais, seu próprio código penal, do qual inúmeros dados dão a conhecer a extrema severidade. Já tivemos ocasião de encontrar um tribunal saduceu de chefes de sacerdotes que se referem muitas vezes a sentenças proferidas segundo o direito saduceu. Esses fatos conferem total garantia sobre a existência de escribas saduceus, e nunca deveriam ser contestados, pois as fontes mencionam expressamente a sua existência. Temos provas ainda de que as famílias patrícias saduceias formavam um grupo grandemente organizado, com uma tradição teológica e uma doutrina elaborada; apegavam-se estritamente ao texto da Escritura, o que mostra o caráter conservador desses círculos.[899]

Uma vez que a hegemonia de todos os grupos dependia igualmente das condições históricas e políticas para que houvesse estabilidade, informa Joachim Jeremias, dizendo que "em 66 d.C., quando estourou a revolta contra os romanos, os jovens nobres tomaram entre as mãos o destino do povo". Isso, porém, durou muito pouco, visto que, no ano seguinte, "os zelotes se apossaram do comando; o declínio do Estado determinou a decadência da nobreza leiga e da corrente saduceia resultante da união entre a nobreza sacerdotal e a nobreza leiga", fazendo que outro grupo ascendesse como líder do povo, ou seja, a "nova e poderosa classe superior, a dos escribas", que, na verdade, já "tinha em todos os sentidos superado a antiga classe da nobreza sacerdotal

---

898 Ibid., p. 314.
899 Ibid., p. 314-5.

CAPÍTULO 4 – Pneumatologia | 735

e leiga fundada no privilégio de origem".[900] Essa classe, é bom ter em mente, já existia, mas não tinha visibilidade e proeminência, por motivos óbvios. Contudo, na opinião de Jeremias, se procurarmos "a *origem* desses escribas, uma imagem variegada apresenta-se a nós", visto que, em "Jerusalém até o ano 70 d.C., podemos constatar a existência de grande número de sacerdotes com formação de escriba", havendo entre eles, inclusive, "sacerdotes da alta classe", "simples sacerdotes", "membros do baixo clero", "escribas procedentes dos círculos de famílias patriarcais que elaboravam a tradição saduceia" e, finalmente, "a grande massa dos escribas", completa o mesmo biblista alemão, dizendo ser as "pessoas de todas as outras camadas do povo; esses outros escribas de Jerusalém constituem, segundo as suas profissões, um quadro variado e multicolor".[901] Conforme já temos insistido, é imprescindível compreender o contexto cultural em que se desenvolveram os eventos relatados nas Escrituras, e naquele tempo, informa Jeremias, "a forma típica de atividade profissional [era] o artesanato". Neste "gênero de empreendimento, o produtor, contando com todos os meios necessários, fabrica suas peças e, sem outra forma de transação, vende-as, ele mesmo, aos consumidores, a seus clientes". Isso era assim pelo simples fato de que, no "judaísmo de então, as profissões eram altamente valorizadas", como diz o escrito rabínico *Qiddushin* da *Mishnna*: "Quem não ensina uma profissão ao filho, é como se lhe ensinasse o banditismo". Tal se dava igualmente por outro aspecto relevante, ou seja, a "alta consideração inspirada pelos artífices e pelo que faziam decorre também do fato de, naquela época, a maioria dos escribas exercer uma profissão". O mesmo autor acrescenta que o apóstolo "Paulo, que estudou em Jerusalém (At 22:3), era *skenopoiós* (At 18:3): fabricava tendas (R. Knopf); segundo outros, tecia tapetes (H. Achelis) ou toldos para as tendas (J. Leipoldt)".[902] Após elencar uma lista de nomes, alguns deles conhecidos, que são citados em escritos rabínicos, incluindo o apóstolo Paulo, fica, portanto, muito claro, diz o citado autor, "que se todos esses escribas representavam um papel importante, sua influência, porém, não se media pela nobreza nem pela sua profissão".[903] Se antes o poder econômico dava o tom da autoridade, no caso desse novo grupo, explica Joachim Jeremias, o "*saber* é o único e exclusivo fator do poder

---

900 Ibid., p. 316.
901 Ibid., p. 317-9 (grifo no original).
902 Ibid., p. 10.
903 Ibid., p. 320.

736 | TEOLOGIA SISTEMÁTICO-CARISMÁTICA

dos escribas", e uma pessoa que "desejasse agregar-se à corporação dos escribas pela ordenação seguia um ciclo regular de estudos de alguns anos", ou seja, o "jovem israelita, desejoso de consagrar sua vida à sábia atividade de escriba, começava o ciclo de sua formação como discípulo (*talmîd*)", e há muitos "exemplos [que] mostram que o ensino começava, habitualmente, desde tenra idade".[904]

Joachim Jeremias descreve a formação do escriba dizendo que o aluno tinha de conviver com seu mestre a fim de ouvir seus ensinamentos e, quando já tivesse assimilado e dominado "toda a matéria tradicional e o método halaquita a ponto de poder resolver por si mesmo questões de legislação religiosa e ritual, tornava-se 'doutor não ordenado' (*talmîd ḥakam*)". Contudo, apenas "quando atingisse a idade canônica para a ordenação, fixada em 40 anos, segundo uma informação pós-tanaíta, é que podia, pela ordenação (*sᵉmikak*), ser recebido na corporação dos doutores, como membro legítimo, doutor ordenado (*ḥakam*)", estando assim "autorizado a resolver por si mesmo as questões de legislação religiosa e ritual, a ser juiz em processos criminais e dar pareceres nos processos civis, seja como membro de uma corte de justiça, seja individualmente".[905] A partir de então, merecia "o título de rabi, pois tal título já era de uso para os escribas do tempo de Jesus". Na verdade, "mesmo outros, os que não haviam seguido o ciclo regular eram chamados rabi; Jesus de Nazaré é um exemplo", sendo possível explicar tal fato, pois "esse título, no início do século primeiro de nossa era, passava por uma evolução; inicialmente título honorífico geral, iria ser exclusivamente reservado aos escribas", pois, de outra maneira, "um homem desprovido da formação rabínica completa passava por *grámmata mè memathekos* (Jo 7:15); não desfrutava dos privilégios de um doutor ordenado". Ou seja, apenas "os doutores ordenados transmitiam e criavam a tradição derivada da Torá, que, segundo o ensinamento dos fariseus recebido pela massa do povo, colocava-se em pé de igualdade com a Lei escrita, até mesmo acima dela".[906] A influência e o poder eram tão grandes que achavam que as decisões dos escribas "tinham o poder de 'ligar' e 'desligar' (cf. Mt 16:19; 18:18) para sempre os judeus do mundo inteiro". Por isso, a todo aluno que "estudara, que frequentara círculos acadêmicos, abriam-se, por

---

904 Ibid. (grifo no original).
905 Ibid., p. 320-1.
906 Ibid., p. 321.

CAPÍTULO 4 – Pneumatologia | 737

conseguinte, [...] ao detentor deste saber e desse poderio, as posições-chave do direito, da administração e do ensino", explica Joachim Jeremias. Este diz que as "'Profissões acadêmicas' então surgiram; os escribas as exerciam ao lado de seu magistério didático e de sua profissão civil".[907] Portanto, excetuando os "chefes dos sacerdotes e dos membros das famílias patriarcais, o escriba era o único a poder ingressar na assembleia suprema, o Sinédrio", e o "partido fariseu do Sinédrio compunha-se inteiramente de escribas". Daí por que Paulo ser elencado como fariseu que tinha a influência relatada em Atos 8:1-3, pois, no "Novo Testamento, o grupo farisaico do Sinédrio é geralmente designado como 'os fariseus' ou 'os escribas' (cf., por ex., Mt 21:45; 'os sumos sacerdotes e os fariseus' com o paralelo Lc 20:19; 'os escribas e os sumos sacerdotes')", explica o mesmo biblista alemão, dizendo ainda que, "em contrapartida, jamais fariseus e escribas aparecem uns ao lado dos outros como grupos do Sinédrio".[908] Tal é assim pelo fato de que

> esse Sinédrio não era apenas uma assembleia governamental; constituía, em primeiro lugar, uma corte de justiça. Ora, o conhecimento da exegese escriturística era obrigatório nas sentenças judiciárias. Acrescentemos a grande influência que o grupo fariseu do Sinédrio conseguira ter em sua atividade administrativa. Essas condições permitem-nos avaliar o privilégio dos escribas que os autorizava a fazer parte dos 71. É assim que encontramos no Sinédrio os principais escribas: Shemaya, Nicodemos (Jo 3:1; 7:50), Rabban Gamaliel I (At 5:34) e seu filho Shimeon. Outros escribas eram membros de tribunais: Yohanan ben Zakkai e Paulo (At 26:10-11) participaram, como juízes, em processos criminais; três outros escribas formavam um tribunal civil em Jerusalém.[909]

Assim, quando a comunidade judaica tinha de escolher um ancião, ou liderança (arquissinagogo ou juiz) entre um leigo e um escriba, certamente o último levava vantagem e tinha preferência. Isso quer dizer "que um grande número de postos importantes, ocupados antigamente por sacerdotes e leigos de alta classe, havia, no primeiro século de nossa era, passado totalmente ou em grande parte para as mãos desses doutores". Todavia, tudo que "vimos ainda

---

907 Ibid.
908 Ibid., p. 322-3.
909 Ibid., p. 322.

738 | TEOLOGIA SISTEMÁTICO-CARISMÁTICA

não levou, porém, a concluir o motivo decisivo da influência dominante dos escribas sobre o povo", isto é, o "fator definitivo dessa influência não consistia em os escribas serem senhores da totalidade da tradição no domínio da legislação religiosa e poderem, por esse conhecimento, atingir os postos-chave", diz Joachim Jeremias. A verdadeira fonte de sua influência sobre o povo "consistia, sim, no fato, muito pouco notado de serem portadores de uma ciência secreta, a *tradição esotérica*".[910] Não se trata da mesma conotação popular da expressão esotérica que temos atualmente, isto é, como sinônimo de "paganismo". É preciso manter em mente que estamos tratando de correntes, grupos, partidos e facções do judaísmo que tinham como base as Escrituras hebraicas. Um exemplo do conteúdo que se tratava nessa "tradição esotérica", de um escrito rabínico da *Mishnah*, ilustra o ponto: "Não se deve explicar publicamente as leis sobre o incesto diante de três auditores, nem a história da criação do mundo diante de dois, nem a visão do carro de Ezequiel diante de um só, a menos que ele seja sábio e criterioso. Para quem especula quatro coisas, melhor fora não ter vindo ao mundo, [isto é, primeiramente] o que é do Alto, [em segundo lugar] o que é da terra, [em terceiro lugar] o que existia antes, [em quarto lugar] o que será depois'".[911] Em uma palavra, o "ensinamento esotérico, em sentido estrito, tinha, pois, como objeto, conforme muitos outros testemunhos o demonstram também, os ensinamentos mais secretos e ocultos sobre o ser divino", assim, esclarece o mesmo autor, "(a visão do carro) — sem dúvida o nome divino sagrado, dotado de uma virtude mágica,[912] dele fazia parte igualmente — e os segredos das maravilhas da criação". Portanto, as "conversações eram particulares, entre mestre e discípulo, e versavam sobre teosofia e cosmogonia, tais como foram consignadas por escrito no primeiro capítulo do livro de Ezequiel e Gênesis", isso quanto ao conteúdo, pois, quanto à forma, tal ocorria da seguinte maneira: "Falava-se em tom baixo e ao abordar a sacrossanta visão do carro, cobriam a cabeça por temor reverencial diante do segredo do ser divino".[913] Joachim Jeremias diz que a "literatura apocalíptica nada mais é do que o midraxe e a

---

910 Ibid., p. 322-3.

911 "*Ḥagiga* II 1; *Tosefta Ḥagiga* II 1 (233, 24) e II 7 (234, 22)." (Nota e acréscimos do autor JEREMIAS. *Jerusalém no tempo de Jesus*, p. 323.)

912 "*I Enoc* LXIX 14-25: efeitos maravilhosos do nome sagrado pelo qual Deus criou o mundo, e revelação do segredo aos homens." (Nota do autor JEREMIAS. *Jerusalém no tempo de Jesus*, p. 323.)

913 Ibid., p. 323.

hagadá criados a partir da Escritura". Todavia, "somente a precisão midraxe 'esotérico', hagadá 'esotérica', torna perfeitamente compreensível a distinção entre literatura apocalíptica e literatura talmúdica".[914] Na verdade, os "escritos apocalípticos do judaísmo tardio continham, pois, os ensinamentos esotéricos dos escribas; o conhecimento desse fato permite descobrir, de imediato, a extensão e o valor que se lhes atribuía", diz o mesmo autor, esclarecendo ainda que os "ensinamentos esotéricos não são ensinamentos teológicos isolados, mas grandes sistemas teológicos, grandes construções doutrinais cujo conteúdo é atribuído à inspiração divina".[915]

Joachim Jeremias esclarece ainda que com tais dados temos, então, possibilidade e as "condições de fazer a distinção, na tradição rabínica, entre as matérias esotéricas e as matérias exotéricas",[916] isto é, entre os conteúdos que só poderiam ser ensinados a alguns iniciados, privativamente, e os conteúdos que eram transmitidos a todos, publicamente. "Todos os ensinamentos da literatura apocalíptica dos escritos pseudopigráficos, estranhos à tradição talmúdica ou que nela só figuram esporadicamente, pertencem ao ensino esotérico." Dessa forma, "por exemplo, o ensinamento sobre o Salvador, *bar naša* ('Filho do homem')", não é algo irrelevante. Aliás, tal "fato é de suma importância para compreender a mensagem de Jesus", pois é o "conhecimento do caráter esotérico do apocalipse que permite, antes de tudo, explicar o liame orgânico que existe entre a literatura apocalíptica e a literatura talmúdica",[917] por exemplo. Sem deixar de reconhecer a relevância de tal discussão, é preciso observar que considerá-la em detalhes nos desviaria do real propósito desse excurso, mas é bom saber que, conforme o mesmo autor, a prática aparece em alguns momentos no ministério de nosso Senhor Jesus Cristo. Mas o "lugar ocupado pelo esoterismo é ainda maior no cristianismo primitivo", compreendendo: "*a)* os últimos segredos da cristologia (o silêncio do segundo Evangelho sobre as aparições do Ressuscitado; o fato de todos os relatos evangélicos evitarem descrever a Ressurreição; Hb 6:1ss, onde toda a parte 6.3-10,18 apresenta-se como o ensinamento perfeito que se deve revelar somente àqueles que são capazes de compreendê-lo [Hb 5:14]; cf. Cl 2:2)", havendo ainda outras facetas, pois "*b)* o esoterismo estende-se aos segredos

914 Ibid., p. 325.
915 Ibid., p. 324.
916 Ibid., p. 324-5.
917 Ibid., p. 325.

740 | TEOLOGIA SISTEMÁTICO-CARISMÁTICA

do ser divino (2Co 12:1-7, especialmente v. 4) e de seu plano de salvação (Rm 11:25 e *passim*), em particular aos segredos do plano de salvação escatológica (1Co 2:6—3:2; 11:51; todo o Apocalipse joânico segundo Ap 10:7; 17:5-7)" e, finalmente, "*c*) começou desde o século 1 a preservar da profanação a Ceia".[918] Falando estritamente a respeito da prática no judaísmo, é preciso lembrar que, "na época que agora nos ocupa, o conjunto da tradição oral, a *halaka* em particular, era uma doutrina esotérica na medida em que, bem ensinada nos estabelecimentos de estudos e sinagogas, não podia ser difundida por escrito, sendo o 'segredo de Deus'", ou seja, "devia ser transmitida só oralmente, de mestre a discípulo, pois era preciso não confundir escritura e tradição", sendo este o sentido de "esotérica". Apenas "no século 2 de nossa era que a luta contra o cânone neotestamentário levou os judeus a lhe oporem uma interpretação paralela do Antigo Testamento sob a forma de um escrito da Torá oral, tornada, assim, acessível a todos", fazendo que, dessa maneira, "o conjunto das matérias ficasse despojada de sua característica de tradição esotérica".[919] O que ocorria era que "os próprios escritos sagrados do Antigo Testamento não se apresentavam acessíveis à massa; eram, com efeito, redigidos na 'língua sagrada', a hebraica, quando a língua popular era a aramaica", informa Jeremias. Este diz ainda que, "no primeiro século da nossa era, os doutores combateram a difusão do Antigo Testamento em aramaico".[920] Portanto, completa o mesmo biblista alemão:

> Somente após ter reconhecido o caráter esotérico do ensinamento dos escribas aplicados não somente aos ensinamentos esotéricos no sentido estrito, mas também ao conjunto da tradição oral, até mesmo ao texto da Bíblia, é que podemos compreender a posição social desses escribas. Do ponto de vista social eles são, enquanto possuidores da ciência secreta de Deus, os herdeiros imediatos e sucessores dos profetas. "A quem são comparados o profeta e o escriba? A dois enviados de um único e mesmo rei", diz o Talmude da Palestina. Como os profetas, os escribas são os servos de Deus, ao lado do clero; como os profetas, congregam em torno de si muitos discípulos aos quais transmitem sua doutrina; como os profetas, são qualificados não em razão de sua origem como os sacerdotes, mas simplesmente pelo seu conhecimento

---

918 Ibid., p. 326-7.
919 Ibid., p. 327.
920 Ibid., p. 327-8.

CAPÍTULO 4 – Pneumatologia | 741

da vontade divina que anunciam ao ensinar, ao serem juízes e ao pregar. Pode acontecer que um escriba seja de origem muito duvidosa, até mesmo de origem não israelita; nada altera o seu prestígio. Pode acontecer ainda que seja miserável como Hilel, o diarista originário de Babilônia; sua ciência faz dele um homem universalmente célebre.[921]

Não é sem razão que, com toda essa notoriedade, observa Joachim Jeremias, do mundo todo "a juventude judaica afluía a Jerusalém para sentar-se aos pés dos mestres que ensinavam com uma reputação mundial no judaísmo de então". Relatos dão conta de que, na época de "Herodes, Hilel veio de Babilônia para ouvir Shemaya e Abtalião, sem recuar diante de uma viagem de muitas semanas a pé", diz o mesmo autor, citando ainda que "Hanan ben Abishalom veio do Egito a Jerusalém, onde, mais tarde foi juiz, e da Média chegou Naḥum, seu colega no mesmo tribunal; de Tarso na Cilícia, são Paulo encaminhou-se para Jerusalém, onde deveria aprender tanto com Gamaliel (At 22:3)".[922] Na verdade, conforme se pode depreender, "no tempo de Jesus, Jerusalém constituía a cidadela da ciência teológica e jurídica do judaísmo". Havia outros centros que possuíam estabelecimentos importantes de estudo, como a Babilônia, por exemplo, de onde saíram "os benê Bethyra que, até os tempos de Hilel, foram os escribas dirigentes e aos quais o próprio Hilel foi devedor da base de sua formação de escriba", mas, "por mais importantes que fossem essas casas de estudos babilônicos, não podiam competir com as de Jerusalém", pois afirmava-se acerca do próprio Hilel que, apenas ele sozinho, "reuniu em torno de si oitenta discípulos".[923] Portanto, desde a "vida cotidiana, como nos estabelecimentos de estudos que os alunos se instruíam junto aos mestres", isto é, "as atitudes, até mesmo os mais simples gestos dos instrutores eram vigiados e deles se extraíam regras para as questões religiosas". Mas as "decisões e ensinamentos desses docentes se irradiavam muito além dos limites da Palestina", pois os "discípulos conservavam o que aprendiam como um bem precioso e transmitiam os benéficos ensinamentos, inserindo-os na cadeia da tradição".[924] Não é difícil imaginar a força desses ensinamentos no imaginário coletivo e na formação do povo, e é justamente por isso que

---

921 Ibid., p. 328.
922 Ibid., p. 328-9.
923 Ibid., p. 329.
924 Ibid.

742 | TEOLOGIA SISTEMÁTICO-CARISMÁTICA

não é difícil de compreender o porquê de o povo venerar "os escribas como outrora os profetas, com respeito ilimitado e um temor reverencial, como a detentores e mestres da ciência esotérica sagrada", ou seja, "suas palavras revestiam-se de soberana autoridade". Mas pontue-se que se tratava, sobretudo, das "comunidades farisaicas que obedeciam, incondicionalmente, aos escribas fariseus", mesmo porque eles eram em "maior número".[925] Quanto aos outros grupos, Joachim Jeremias diz que "os ensinamentos dos escribas saduceus desapareceram em grande parte da tradição", e tal "deve-se ao fato de o papel dos saduceus ter-se encerrado com a ruína de Jerusalém e de a tradição chegada até nós, fixada por escrito somente a partir do século 2, ter vindo, exclusivamente, de seus inimigos fariseus". Pode-se ainda, conforme o mesmo autor, acrescentar outro fator, não menos relevante, de que, "já antes da destruição do Templo, os escribas saduceus exerceram na vida pública um papel muito menos considerável do que os escribas fariseus" e, assim, os "membros das sociedades farisaicas garantiram aos ensinamentos dos escribas sua grande influência sobre o povo".[926] Assim, é perfeitamente compreensível o fato de que o escriba tinha "autoridade maior do que a do profeta por não precisar ser autentificado".[927] Isso ainda não é tudo, diz Jeremias:

> Para se ter, porém, uma ideia exata da veneração com que o povo cercava os escribas, e da ousadia que representou o ataque de Jesus contra eles, é preciso estudar as tradições talmúdicas relativas aos túmulos dos santos na Palestina; é preciso inteirar-se das informações para ver como, ao lado dos túmulos dos patriarcas e profetas, são os túmulos dos rabinos que, envoltos em lendas e "sagas", encontram-se por toda parte venerados e conservados com um temor supersticioso. Perceberemos, então, até certo ponto, como foi possível à aristocracia judaica suportar a concorrência da aristocracia intelectual e, após a destruição de Jerusalém, deixar-se finalmente superar por essa última. Túmulos de rabinos e túmulos de profetas lado a lado; é aí que se encontra a solução do enigma diante do qual nos colocamos desde o início do capítulo III.[928]

---

925 Ibid., p. 329-30.
926 Ibid., p. 330.
927 Ibid., p. 328.
928 Ibid., p. 332. Parte do referido capítulo III foi considerado por nós ao longo desse subtópico ao falarmos dos escribas.

CAPÍTULO 4 – Pneumatologia | 743

Antes de considerar, ao menos panoramicamente, a atitude audaciosa de nosso Senhor Jesus Cristo diante do poder e a da influência dos escribas, é preciso que nos concentremos um pouco mais especificamente nos fariseus, grupo que já foi mencionado diversas vezes. "Os fariseus defendiam a interpretação e a discussão do texto bíblico, mesmo se conflitivas." Tais "doutores leigos prolongavam a tradição dos 'sábios'", os quais, como já falamos ao citar Walther Eichrodt, queriam ter uma posição desvinculada da dos profetas, muito embora o título, "em hebraico *chacham*", dizem Evaristo Miranda e José Schorr Malca, seja "um dos termos mais genéricos para um erudito da tradição judaica, usado particularmente em referência aos homens sábios do período talmúdico, que expunham a *Torá* oral". Ambos os autores, por fim, afirmam que o "*chacham*, para o judaísmo rabínico, é o tipo religioso ideal, tendo precedência até mesmo sobre os profetas", inclusive negando "aos sacerdotes todo e qualquer monopólio em matéria de interpretação da Lei". Por isso, foi criada "uma jurisprudência oral transmitida por via de 'tradição'", terminando "por tomar forma nas escolas criadas e consolidadas pelo farisianismo como *Torá* oral (*Torá she-be'alpê*)".[929] A referida "jurisprudência ajudava a adaptar a Lei escrita às exigências práticas da vida, sem nunca sacrificar o essencial do judaísmo". Nesse aspecto, a "tradição de Israel não se resumia, para os fariseus, à *Torá* de Moisés", ou seja, os "profetas, os salmos e os escritos, de antiguidade comprovada, constituíam para eles o complemento normal da *Torá*".[930] Os mesmos autores dizem que a importância dos fariseus pode ser notada no fato de que eles "influíram na vida judaica durante quase quatrocentos anos", podendo ser traçada sua origem tomando-se o "início do segundo século a.C., a partir da majestosa pessoa de Shimon Hatzadik, até os finais do século 2 d.C., com a gigantesca figura de Iehudá Hanassi, o Príncipe, ou simplesmente Rabi", isto é, o "tempo dos fariseus inclui o evento Jesus Cristo, e o nascimento das comunidades de judeu-cristãos, até o surgimento do cristianismo".[931] Mesmo com toda essa influência, é preciso observar que, do ponto de vista sociológico, "não se deve situar os fariseus na classe superior", sendo importante entender que o título fariseu "significa 'os separados', quer dizer os santos, a verdadeira comunidade de Israel". Eles eram provenientes, "na maioria, [de] pessoas do povo, sem formação de

---

929 MALCA; MIRANDA. *Sábios fariseus*, p. 32.
930 Ibid., p. 32-3.
931 Ibid., p. 35.

744 | TEOLOGIA SISTEMÁTICO-CARISMÁTICA

escriba", todavia "mantinham elos estreitos com os escribas a ponto de não os podermos separar, tanto mais que a ascensão dos escribas marcou, ao mesmo tempo, sua própria ascensão".[932] Confirmando a informação já anteriormente dada pelos autores Evaristo Miranda e José Schorr Malca, o biblista alemão Joachim Jeremias afirma que na "primeira aparição dos fariseus, no século 2 antes de nossa era, já os vemos como um grupo organizado; talvez se prendessem aos assideus que 1Mc 2:42 chama de 'associação de judeus piedosos [*sunagogè Asidoíon*], denodados homens de Israel, extremamente devotados à Lei'".[933] Uma vez que não há tantas informações acerca desse grupo, mas ele data da mesma época do surgimento dos essênios, o mesmo autor diz que, mesmo estes tendo sofrido influências estrangeiras, "sem dúvida são eles oriundos do mesmo tronco que os fariseus", pois "as severas prescrições rituais dos essênios e seu esforço para a separação bem o demonstram", sendo por isso possível, "inspirando-nos na vida estritamente comunitária dos essênios, inferir o caráter comunitário dos fariseus".[934]

Sem condições de fazer tal percurso com Joachim Jeremias e analisar a vida dos essênios para, então, buscar o paralelo com as poucas e esparsas informações das comunidades farisaicas, não é difícil saber que estas, tanto quanto aquelas, "observavam regras precisas para a admissão dos membros". Tal "fato demonstra, mais uma vez, seu caráter de comunidades particulares". A admissão de qualquer pretendente era precedida de um "período de aprovação que durava um mês ou um ano, durante o qual o postulante devia dar provas de sua aptidão para seguir as prescrições rituais" e, havendo "terminado o período experimental, o candidato comprometia-se a observar o regulamento da comunidade; na época antiga, a única que nos ocupa aqui, esse compromisso se realizava diante de um membro da comunidade que fosse escriba".[935] Entre as regras, o "recém-admitido prometia observar as prescrições farisaicas sobre a pureza e o dízimo", tornando-se, então, doravante, "membro de uma associação". As referidas "associações tinham seus chefes e suas assembleias; essas, ao que parece, caracterizavam-se por uma refeição em comum, especialmente às sextas-feiras à noite, para a abertura do sábado". Isso muito provavelmente "indica que as associações farisaicas intervinham publicamente em

---

932 JEREMIAS. *Jerusalém no tempo de Jesus*, p. 333-4.
933 Ibid., p. 334.
934 Ibid.
935 Ibid., p. 339-40.

CAPÍTULO 4 – Pneumatologia | 745

ocasiões especiais, como, por exemplo, para exprimir condolências ou para festas alegres", tendo ainda "sua própria justiça interna", podendo, "entre outras decisões", obviamente, "pronunciar-se sobre a exclusão de um de seus membros".[936] O mesmo autor diz que não possui informações elucidativas a respeito da composição das chamadas *ḥăbûrôt* farisaicas, isto é, das "comunidades farisaicas, que são frequentemente confundidas com os escribas", sendo muitos os motivos de tal confusão. O primeiro deles, certamente, diz Joachim Jeremias, é "o fato de o termo *ḥaber*, designando o membro de uma comunidade farisaica, ser, após o período neotestamentário, a designação do doutor não formado ('colegas dos doutores'), mas, sobretudo, o fato de Mt e Lc englobarem muitas vezes, numa única fórmula, 'escribas e fariseus'", isto é, a menção dos grupos juntos ocorre frequentemente nos dois Evangelhos citados, ao passo que "Mc e Jo, em compensação, não a mencionam".[937] O autor lamenta que, principalmente o Evangelho de Mateus, "conserve quase sempre essa designação global dos dois grupos até mesmo nas palavras que reúne em seu cap. 23 contra os escribas e fariseus", ou seja, "Mt introduz do mesmo modo, por 'ai de vós, escribas e fariseus!', as palavras contra a vaidade e o desejo de honrarias entre os doutores, e as palavras contra hipocrisia dos fariseus na observância das prescrições da legislação religiosa sobre a pureza e o dízimo", fazendo que fique anulada a diferença entre os dois grupos. Felizmente, "a tradição paralela de Lc permite evitar conclusões errôneas", esclarece Joachim Jeremias, dizendo que o Evangelho de Lucas "estabelece uma nítida separação entre um discurso de Jesus contra os teólogos que são os escribas, e um discurso de Jesus aos 'homens da prática' que são os fariseus".[938] O biblista alemão insiste em tal diferenciação por entender sua necessidade na interpretação neotestamentária:

> Percebemos de modo especialmente claro a separação traçada entre os dois, se nos lembrarmos das censuras dirigidas por Jesus, segundo Lc, a cada uma das duas categorias. Aos escribas eis o que ele censura: *a*) imporem às pessoas certas leis religiosas extremamente pesadas, enquanto eles próprios não as cumprem; *b*) constroem túmulos aos profetas, enquanto eles próprios estão prontos a condenar à morte os enviados

---

936 Ibid., p. 340.
937 Ibid., p. 341-2.
938 Ibid., p. 342.

746 | TEOLOGIA SISTEMÁTICO-CARISMÁTICA

de Deus; *c*) mantêm oculta a sua ciência e fecham assim à multidão o acesso ao Reino de Deus, enquanto eles mesmos não utilizam os seus conhecimentos; *d*) ambição de aparência, de honrarias e atenções, em particular o desejo do primeiro lugar nas sinagogas. Como se vê, são censuras relacionadas com sua sábia formação de escribas e com os direitos que dela decorrem na vida social.[939]

As objeções de nosso Senhor Jesus Cristo ao grupo dos fariseus, de acordo com Lucas 11:39—42:44, na leitura do biblista alemão Joachim Jeremias, são de outra natureza e basicamente duas: "*a*) hipocrisia no cumprimento das prescrições da pureza, quando eles mesmos são interiormente impuros" e "*b*) hipocrisia no pagamento do dízimo para os legumes verdes e os legumes secos isentos do dízimo segundo a Lei, ao passo que negligenciavam as exigências religiosas e morais da mesma Lei".[940] Tais censuras não são de ordem teológica, mas "dirigem-se a pessoas que conduzem sua vida segundo as exigências das leis religiosas dos escribas e fariseus". Portanto, o texto lucano "mostra-nos claramente e em perfeito acordo com os dados das fontes contemporâneas que o discurso paralelo de Jesus em Mt 23 divide-se em suas partes: a primeira (vv. 1-22; 29-36) é dirigida contra os escribas; a segunda (vv. 23-28) contém as censuras lançadas aos fariseus". De igual forma, "os dois primeiros capítulos do Sermão da Montanha contêm um discurso contra os escribas e um contra os fariseus"; todavia, no texto de Mateus 5:20, "os dois grupos são citados no início, encabeçados pelos escribas". Logo na sequência, "em 5:21-48 vem o discurso contra os escribas que transmitem e explicam a 'tradição dos anciãos'". Em 6:1-18, o Mestre "volta-se contra os 'hipócritas' (no primeiro evangelho esse termo designa, salvo nalguns casos, os fariseus); esses versículos são dirigidos mais contra a tradição doutrinal, mas contra as pessoas que acumulam obras superrogatórias (esmola, oração, jejum, cf. Lc 18:12)". Assim, a conclusão de Jeremias é que é "preciso, portanto, estabelecer uma nítida distinção entre escribas e fariseus, e rejeitar a ideia completamente falsa segundo a qual os fariseus, como tais, eram escribas".[941] Todavia, um ponto em especial é preciso notar: "os *chefes* e os membros influentes das comunidades farisaicas eram *escribas*", havendo um

939 Ibid.
940 Ibid., p. 343.
941 Ibid.

elenco da relação apresentada pelo autor de escribas que ou "pertenciam a uma comunidade farisaica ou conformavam sua vida às prescrições farisaicas", sendo nomes conhecidos, entre eles, em "cerca de 20, talvez Hilel; em 30 d.C., no tempo de Jesus e da comunidade cristã primitiva, Nicodemos (Jo 3:1ss), ainda o rabi anônimo a quem Jesus interroga a respeito do maior mandamento (Mc 12:28), diversos outros escribas que entraram em contato com Jesus" e, dos demais ainda referidos, citamos "Saulo de Tarso", pois de acordo com o mesmo autor, conforme Atos 23:6, "Paulo era um escriba formado", tanto que em Atos 26:10 "ele fala de sua atividade de juiz", o que faz que Joachim Jeremias tenha "esta certeza".[942] Na verdade, a lista é extensa,[943] mas os três que citamos, por serem mais conhecidos entre os círculos da tradição carismático-pentecostal, visam apenas demonstrar que há muito mais a saber acerca desses grupos, mas talvez, pela ausência de fontes, jamais venhamos a conhecer. Jeremias diz ser oportuno "ainda observar que muitos escribas, opostos aos doutores saduceus, defendiam ideias farisaicas, sem que nos seja expressamente confirmada a sua pertença à *ḥăbûrah*".[944] Isso não anula o fato de que, reiteramos, os "membros da *ḥăbûrah*, na maioria, não eram escribas", mas, ao mesmo tempo, temos conhecimento de que "inúmeros sacerdotes eram fariseus".[945]

Na verdade, por motivos óbvios, os "sacerdotes tomaram grande parte no movimento farisaico". Tal pode ser explicado "pelo fato de esse movimento ter seu núcleo no Templo" e também porque "procurava erguer em nível de norma geral, válida igualmente para aqueles que não eram sacerdotes, as prescrições de pureza que a Escritura impunha aos sacerdotes quando do consumo da arrecadação que lhe era reservada". Os poucos escribas listados, além dos "sacerdotes e levitas, constituíam apenas a parte dirigente dos fariseus", isto é, os "leigos que se agregavam às comunidades farisaicas e se comprometiam a observar suas prescrições sobre o dízimo e sobre a pureza eram muito mais numerosos". Isso pode ser perfeitamente depreendido "pela constante citação no Novo Testamento de 'escribas e fariseus' lado a lado" e pelo fato de que tais ocorrências demonstram que "havia, junto aos chefes

---

942 Ibid., p. 344.

943 Evaristo Miranda e José Schorr Malca elencam 299 nomes de fariseus numa lista dos designados pela tradição, cf. MALCA; MIRANDA. *Sábios fariseus*, p. 237-9.

944 JEREMIAS. *Jerusalém no tempo de Jesus*, p. 345.

945 Ibid., p. 346.

748 | TEOLOGIA SISTEMÁTICO-CARISMÁTICA

que eram os escribas, a grande massa popular desprovida da formação que aqueles possuíam".[946] Os dados revelam que as "incontáveis prescrições sobre relações comerciais entre fariseus e não fariseus fazem-nos conhecer melhor os círculos que formavam a grande massa dessa seita", que era composta de "mercadores, artífices e camponeses que faziam parte da *ḥăbûrah*", ou seja, "a comunidade farisaica compunha-se de escribas, honestos, sérios e prontos a se dedicarem ao que fosse necessário". Todavia, em muitos momentos, eles pareciam "severos e orgulhosos em relação à grande multidão, os *'ammê há-'ares*, que não observavam, como eles, as prescrições das leis religiosas dos escribas fariseus e perante os quais os fariseus se consideravam como o verdadeiro Israel". Por isso, é preciso "notar que quando Jesus discute com os fariseus sobre questões exegéticas (Mt 22:41-46 e par.) e sobre outras questões teológicas, é com os chefes, com os escribas que o faz". É imprescindível notar que, com a expressão hebraica *'ammê há-'ares*, no singular, designa-se "ao pé da letra 'povo do país [de Israel]", o que, primariamente, referia-se à "vasta multidão popular de Israel", sendo, posteriormente, a expressão, diz o mesmo autor, "usada para a população mesclada judeu-pagã oriunda do povoamento da Palestina pelos pagãos durante o exílio de Babilônia". Finalmente, "depois do segundo século antes da nossa era", completa o mesmo autor, ela passa a ser "empregada para designar aquele que não conhecia Lei, especialmente o não fariseu".[947] Na verdade, a "influência que as comunidades farisaicas e seus chefes, os escribas, souberam exercer é realmente admirável e, à primeira vista, enigmática", afirma Joachim Jeremias. Este ainda diz que, com seu conhecimento de historiador, "o primeiro grande sucesso que alcançaram situa-se nos seis anos de tumultos sangrentos e de guerras civis sob Alexandre Janeu (103-76 a.C.)", quando "a grande massa popular se uniu aos fariseus que contestavam a legitimidade dos sumos sacerdotes asmoneus". Em várias ocasiões, "à beira da ruína, Alexandre Janeu conseguiu estabelecer a paz, mas a preço de um doloroso banho de sangue". Todavia, "os fariseus obtiveram a vitória", e, por isso, já no "leito de morte, o rei aconselhou à esposa Alexandra (76-67) que se unisse aos fariseus".[948] Foi dessa maneira que o poder político adentrou no "Sinédrio que, até aquela data, compreendia exclusivamente representantes da aristocracia religiosa e leiga, e abandonaram sua oposição à família

---

946 Ibid., p. 347-8.
947 Ibid., p. 349.
948 Ibid., p. 353.

CAPÍTULO 4 – Pneumatologia | 749

reinante". Contudo, "Alexandra governou, mas enquanto mulher não pôde ser, ao mesmo tempo, sumo sacerdote". Foi justamente "essa circunstância [que] deve ter facilitado a coligação dos fariseus", pois, uma vez respaldados "no poder da rainha, tornaram-se, então, os verdadeiros chefes de Estado".[949]

> Após a morte de Alexandra e sob Aristóbulo I (67-63 a.C.), a força dos fariseus diminuiu. Retomaram sua velha oposição à família reinante e, em 63, convenceram o povo a enviar uma embaixada a Pompeu, a fim de pedir a supressão da realeza nacional; não esconderam seu regozijo pelo sucesso do projeto. Foi sobretudo durante o reinado de Herodes, o Grande (37-4 a.C.), que se manifestou a extensão do seu poder. Ascendendo ao trono, Herodes fez perecer os dirigentes da nobreza leiga, seus inimigos mais influentes no Sinédrio; em compensação, poupou os chefes fariseus e conferiu-lhes todas as honras. Quando mais tarde os fariseus recusaram, unanimemente, prestar juramento de fidelidade a Herodes e a César, o rei contentou-se em impor-lhes uma multa pecuniária, enquanto, pelo mesmo motivo, mandou executar outras pessoas. Na corte de Jerusalém os fariseus tinham suas pequenas e grandes oportunidades e exerciam profunda influência no harém e entre os domésticos.[950]

Aqui está, como considera o biblista alemão Joachim Jeremias, a pista para mensurar a influência desse grupo: é "na força dos fariseus que devemos, de modo especial, procurar a razão da indulgência do rei", pois até "um Herodes tinha de reconhecer que os fariseus contavam com o povo". Mas, ao mesmo tempo, "enquanto as famílias sacerdotais da nova hierarquia ilegítima dependiam das boas graças de Herodes de maneira total e indigna, os fariseus mantiveram-se tranquilos", isto é, eles "tinham, então, readquirido sua influência no Sinédrio". Apenas em 6 a.C., dois anos antes de sua morte, Herodes, em conluio com as intrigas da corte, rompeu com os fariseus.[951] No período imediatamente posterior, "até o início da Primeira Revolta (66 d.C.), os fariseus tiveram pouca influência na vida política do povo judeu". Todavia, isso não significa que eles não tinham "representantes na Assembleia suprema, mas é a aristocracia sacerdotal e leiga, de observância saduceia,

---

949 Ibid.
950 Ibid., p. 354.
951 Ibid., p. 354-5.

que ali representava papel determinante". Quanto aos "fariseus, membros do Sinédrio, sempre souberam fazer-se ouvir durante as sessões e tinham relações com Herodes Antipas, tetrarca da Galileia", sendo esta, ao menos, a "opinião dos Evangelhos e dos Atos dos Apóstolos". Justamente por isso, não devemos estranhar "que o fariseu Saulo tenha sido incumbido de representar papel ativo na perseguição aos cristãos". Contudo, "a influência dos fariseus sobre a política e a administração da justiça na Palestina, antes de 66 d.C., não deve ser exagerada",[952] pondera Joachim Jeremias. "Nesse ponto, os fariseus levavam vantagem sobre os saduceus." Encontramos "toda a vida religiosa, especialmente a liturgia, regrada segundo as prescrições farisaicas". Prova disso é o fato de que até o "último rei judeu, Agripa I (41-44 d.C.), vivia como fariseu", e até mesmo o "calendário em geral, especialmente a festa de Pentecostes, era fixado conforme a datação farisaica", visto que, por volta "do ano 20 a.C., Hilel já conseguira fazer aceitar que se imolassem os cordeiros da Páscoa mesmo no dia de sábado e assim abolira a prática saduceia até então em uso".[953] A fim de procurar compreender um pouco tal poderio, "é preciso ver que o movimento farisaico desenvolveu-se por oposição ao movimento saduceu". Em termos de "clero, essa oposição formou-se no século 2 a.C., isto é, sob a dominação selêucida, antes do começo das lutas macabaicas, quando um grupo de sacerdotes, o grupo fariseu, operou uma grande transformação", que consistiu no fato de que, "para os sacerdotes em serviço, a Torá promulgara prescrições de pureza e alguns regulamentos sobre a alimentação", e "o grupo fariseu tornou-as válidas igualmente para a vida diária do sacerdote e, ao mesmo tempo, do povo". Dito em outras palavras, "os fariseus queriam, deste modo, formar a verdadeira 'comunidade santa' de Israel", e, em compensação, "o grupo dos saduceus conservadores pensava que, conforme o texto da Escritura, o direito sacerdotal era limitado aos sacerdotes e ao culto".[954] Da parte das lideranças de todos os grupos, nota-se claramente que se tratava de uma disputa de poder que pouco tinha com pureza ou assertividade escriturística, sendo muito mais uma briga pela hegemonia e representatividade junto à realeza imperial para, com isso, obter vantagens para o grupo. Numa palavra:

952 Ibid., p. 355.
953 Ibid., p. 356.
954 Ibid., p. 357-8.

CAPÍTULO 4 – Pneumatologia | 751

O conflito entre fariseus e saduceus nasceu dessa oposição. Dominou a evolução religiosa profunda do judaísmo desde as lutas macabaicas até a destruição de Jerusalém; podemos julgar a sua agudeza ao ler os *Salmos de Salomão*. Os representantes da antiga teologia e da tradição ortodoxa, que eram os defensores inflexíveis da letra do texto da Bíblia, refutaram a lei não escrita, para dominar os representantes da nova tradição. A luta assumiu particular acuidade pelo fato de uma oposição social juntar-se à oposição religiosa: a velha nobreza conservadora, isto é, a nobreza clerical, como a nobreza leiga, opunha-se à nova classe dominante dos intérpretes da Escritura e dos membros das comunidades. Essa última se recrutava em todos os meios, especialmente na pequena burguesia; submetia-se de bom grado às regulamentações dos sacerdotes e preparava assim o caminho para um sacerdócio universal.[955]

Na verdade, todos esses "fatos comprovam que, religiosa e socialmente, os fariseus constituíam o partido do povo" e "representavam a massa em face da aristocracia tanto do ponto de vista religioso quanto social", pois sua "piedade que era respeitada — pretendiam ser o Israel verdadeiro — e sua orientação social, visando a suprimir as diferenças de classes, fizeram deles o partido do povo e a pouco e pouco garantiram-lhes a vitória". Mas isso ainda talvez não explique o porquê da forma "incondicional como a multidão seguia os fariseus". Há algo importante a se destacar: é impressionante o fato de que os "fariseus sustentavam dupla frente de batalha", isto é, "opunham-se aos saduceus e, enquanto Israel verdadeiro, traçavam uma nítida separação entre eles próprios e a grande massa, os *ʿammê há-ʾareṣ*, sobre o dízimo e a pureza". Assim, tal "oposição entre os membros das comunidades farisaicas e os *ʿammê há-ʾareṣ* repousava, especialmente, no abandono das obrigações do dízimo pelo povo".[956] Tal "conflito tornou-se especialmente agudo nos anos em que João Hircano (134-104 a.C.) publicou sua célebre ordem sobre o dízimo, visando impedir a negligência no pagamento do dízimo dos produtos agrícolas; bem depressa assumiu as dimensões de uma separação de casta da parte dos fariseus". Desse modo, completa Joachim Jeremias, "Comércio, casamento e comensalidade com o não fariseu, suspeito — até prova contrária — de ser impuro, foram, se não completamente proibidos, pelo menos sujeitos a

---

955 Ibid., p. 358.
956 Ibid., p. 358-9.

752 | TEOLOGIA SISTEMÁTICO-CARISMÁTICA

limitações muito precisas".[957] Tal situação não incomodou o povo, entretanto é fato "que não faltaram manifestações de ira contra a nova classe superior; certo também que frequentemente se manifestou um intenso desejo de se libertar do jugo do desprezo religioso". Portanto, é necessário, "pelo menos em parte, explicar através desse desejo o grande movimento dos 'infelizes' e dos 'aflitos', dos 'publicanos' e dos 'pecadores' que acompanharam Jesus". Assim, de forma geral, "o povo considerava os fariseus que se obrigavam voluntariamente a praticar obras suplementares como modelos da piedade e realizadores deste ideal de vida que os escribas haviam concebido; os escribas, esses homens da ciência divina e da ciência esotérica".[958] Referindo-se ao nosso Senhor Jesus Cristo, finaliza Joachim Jeremias, "foi uma audácia sem par, brotada do poder que a consciência de sua soberania lhe dava, o ter dirigido, àquela gente, publicamente e sem receio, o apelo à penitência", e "tal audácia o levou à cruz".[959] Isso pelo fato de que, conforme o teólogo pentecostal Esequias Soares, com nosso Senhor Jesus, o "tema justiça social ganhou novo fôlego".[960] A fim de que não se repita o que aconteceu a Israel, é preciso reconhecer, definitivamente, que a realidade do reino *de Deus* não ocorre nem como evolução nem muito menos como revolução, pela qual os que eram oprimidos passam, então, a dominar e oprimir. Como disse Edward Schillebeeckx, "Jesus também não conhece a reviravolta apocalíptica das relações de poder, isto é, que os pobres ficariam poderosos e os ricos de agora se tornariam oprimidos", pois, no "Reino", continua o teólogo, "Jesus conhece apenas a abolição de todas as relações de poder que ofendem, de todo domínio repressivo de um ser humano sobre outro; é o novo reino do serviço mútuo".[961] A mensagem de Jesus não veio reforçar os grupos faccionais, que, conforme James Dunn, não se restringiam aos três dos quais falamos:

> O judaísmo do Segundo Templo foi caracterizado e quase esfacelado por diferentes facções. As facções mais em evidência foram os saduceus, os fariseus e os essênios, supondo, como quase todos fazem, que a comunidade de Qumrã tenha sido um ramo dos essênios.

---

957 Ibid., p. 359.

958 Ibid., p. 359-60.

959 Ibid., p. 360.

960 Silva. *O ministério profético na Bíblia*, p. 65.

961 Schillebeeckx, Edward. *Jesus, a história de um vivente*, 1. ed. (São Paulo: Paulus, 2008), p. 139.

CAPÍTULO 4 – Pneumatologia | 753

Adicionalmente temos de incluir o que pode muito bem ter sido um movimento bastante coeso, cujas visões foram expressas pela literatura de Henoc, e outro movimento por trás dos *Salmos de Salomão*. O que fez desses grupos facções distintas dentro do judaísmo do Segundo Templo? Foi sua convicção de que *sua* compreensão do que significava ser Israel, a comunidade da aliança com Deus, era a compreensão correta — a *única* compreensão correta, de modo que somente eles estavam se conduzindo como israelitas crentes deveriam agir. Cada um deles interpretou a lei à sua própria maneira e praticou a lei de acordo com sua interpretação. Recordemos que *Halakhah* provém de *halakh*, "andar"; suas *halakhoth* (regras interpretativas) determinaram como eles podiam andar, como deveriam conduzir suas vidas. Inevitavelmente eles discordaram de outras interpretações e, em alguns casos, tentaram persuadir seus conterrâneos judeus da exatidão de suas interpretações particulares, de suas *halakhoth*. Um exemplo muito bom disso é, entre os Manuscritos do Mar Morto, a carta da seita aos líderes de Israel, conhecida como 4QMMT. A carta foi escrita pelos primeiros sectários para informar os líderes de Israel a respeito de suas próprias regras particulares, suas *halakhoth*, que governavam, por exemplo, a pureza e o sacrifício. A razão de terem se separado do resto do povo foi porque suas regras discordavam do modo como a lei foi praticada em Jerusalém (4QMMT C7). Ao escrever nesses termos, eles tinham esperança de persuadir a liderança de Jerusalém da exatidão das regras da seita, de suas "obras da lei" (C26-27). Eles estavam seguros de que se a liderança fosse persuadida por sua carta e começasse a praticar "as obras da lei" de acordo com o entendimento que tinham delas, ela figuraria entre aqueles que agiam assim pela justiça (C28-32).[962]

Conquanto algumas informações apresentadas por Dunn tenham aparecido no longo trecho percorrido com Joachim Jeremias, é importante compreender que a perspectiva do alemão foi mais sociológica e histórica, ao passo que a do britânico é teológica. É importante que "esses grupos naturalmente tendiam a considerar a si mesmos como '*os justos*'", e que tal autoavaliação se dava porque eles entendiam que "observavam a lei como deve ser observada", porém, óbvio como é, completa Dunn, "o corolário inevitável disso foi que aqueles que discordavam dessas *halakhoth* faccionais e que, portanto, não

---

962 DUNN. *Jesus, Paulo e os Evangelhos*, p. 134.

754 | TEOLOGIA SISTEMÁTICO-CARISMÁTICA

praticavam a lei de modo apropriado eram violadores da lei, 'pecadores'". Há várias ocorrências do uso deste "termo perpassando a literatura do período que inicia com 1Macabeus", e, justamente por isso, depreendemos que os "integrantes da seita de Henoc consideravam a si próprios como 'justos' e consideram 'pecadores' os outros que calcularam as datas das festas judaicas com base em um calendário diferente".[963] Tal verdade é atestada por aqueles que são considerados um dos achados mais importantes, em termos de esclarecimento cultural da realidade judaica, os manuscritos do mar Morto. Tais documentos "referem-se aos seus oponentes, isto é, aos demais judeus, em termos similares" ao que acabamos de expor. Ainda que "nos *Salmos de Salomão*, 'os justos' repetidamente denunci[e]m os 'pecadores', isto é, provavelmente os saduceus hasmoneus que controlavam o culto no Templo", na totalidade desses "casos, o termo 'pecadores' não denota judeus não praticantes, que afrontavam a lei, aqueles que seriam vistos por todos como violadores da lei, mas judeus que praticaram seu judaísmo de *modo diferente* do da facção do escritor", e isso bastava para que eles fossem tidos como "'pecadores', isto é, violadores da lei, mas apenas de um ponto de vista sectário e somente quando julgados com base na interpretação da lei dada pelos sectários".[964] Nesse sentido, esclarece Joachim Jeremias, é possível compreender "do que Jesus era acusado: ele participava da comunhão de mesa com criminosos contumazes, mas com aqueles que os fariseus 'justos' consideravam infiéis à lei", sendo algo explícito tal opção, tanto que podemos vê-la claramente ao dizer ele: "'Não vim chamar os justos, mas os pecadores' (Marcos 2:17)", isto é, Jesus "*estava reagindo contra o facciosismo fariseu*", pois, repetimos, os grupos, ou "facções do seu tempo tinham, de certo modo, traçado fronteiras internas em Israel" e, com isso, "estavam demarcando os limites de quem poderia ser contado como membro fiel do povo da aliança mais estreitamente em torno *deles* mesmos, excluindo outros, com efeito negando que esses outros seriam receptores da graça da aliança com Deus". Por essa razão, "Jesus reagiu energicamente a isso", recusando-se "a concordar com aquela atitude" e, dessa forma, "Ele rompeu as fronteiras que os fariseus estavam efetivamente levantando dentro de Israel".[965] Portanto, "é quase certo que o nome 'fariseus' começou

---

963 Ibid., p. 134-5.
964 Ibid., p. 135 (grifo no original).
965 Ibid. (grifo no original).

CAPÍTULO 4 – Pneumatologia | 755

como uma espécie de apelido: 'os separados', *perushim*, do hebraico *parash*, 'separar'", pois "se separavam dos que poderiam torná-los impuros, impedir que fossem santos", e exatamente "a isso que Jesus objetou — a crença de que a fidelidade à lei exige tal separação, a convicção de que não conseguir observar essas *halakhoth* farisaicas excluía as pessoas da misericórdia advinda da aliança com Deus".[966]

Paulo, o fariseu que mudou sua forma de ler e interpretar as Escrituras hebraicas

Como vimos, que essa mensagem alcançasse o povo simples era algo que talvez pudesse ser tolerado, mas que o povo pudesse viver de forma diferente das correntes farisaicas era inadmissível. Que adorassem em suas reuniões um judeu que afirmara ser o Messias, era intolerável. Seja do lado político — com interesses escusos (João 11:46-57; 12:42-43) — seja do lado teológico — com interesses sectários (Mateus 15:1-20; 22:15—23:30) —, as facções religiosas se opuseram ferozmente ao novo movimento, conforme pode ser visto em Atos (4:1-31; 5:17-42; 7:8—8:4; 22:3-5; 26:1-18), mas também em documentos paulinos (Gálatas 1:13-14; 1Timóteo 1:13). Esse, porém, não é o nosso foco, tampouco a discussão a respeito do que se passou, interiormente, no futuro apóstolo, com a experiência na estrada de Damasco (Atos 9:1-18), pois, como adeptos de uma perspectiva apofática, não temos nenhuma pretensão de explicar tal experiência. Contudo, o que pode ser dito de maneira muito segura é que alguém do perfil de Paulo certamente não poderia se converter por convencimento argumentativo, seja de uma mensagem temática, seja de uma mensagem expositiva. Nisso, não há dúvida, nem adianta tergiversar, pois o próprio apóstolo se sente seguro de testemunhar a respeito, antes de ao menos imaginar que pudesse ser um "autor canônico", ministro consagrado e reconhecido oficialmente (já que independentemente de qualquer reconhecimento da comunidade de fé, ele tinha tal autocompreensão, cf. Gálatas 1:1) — que hoje bem poderia soar, no mínimo, subjetiva e pedante —, de ter recebido o evangelho, de forma direta, por revelação divina (Gálatas 1:15-16). Numa palavra: Paulo não se converteu por qualquer "meio da graça", nem pelo principal, pois, mesmo tendo ele ouvido um sermão "expositivo" como o de Estêvão, não se converteu, mas consentiu na

---

966 Ibid., p. 135-6.

756 | TEOLOGIA SISTEMÁTICO-CARISMÁTICA

morte do primeiro mártir da igreja (Atos 22:20). A conversão do apóstolo dos gentios se deu por uma experiência pessoal, e isso é inegável. Para além de qualquer espécie de análise especulativa que se queira fazer, precisamos ter em mente o que disse o exegeta carismático-pentecostal Gordon Fee, ao afirmar que, enquanto escreve, "Paulo está fazendo teologia o tempo todo", motivo por que tal exposição tem uma finalidade instrutiva, não meramente biográfica, sendo, todavia, necessário ponderar que o apóstolo dos gentios não está fazendo teologia escolástica, teórica e de gabinete, não se trata de "teologia especulativa do acadêmico ou da sala de aula; sua teologia é 'braçal', feita nas ruas, onde a fé em Deus e a experiência com ele penetram nos sistemas de ideias, nas religiões e na vida de cada dia no mundo greco-romano do início da segunda metade do primeiro século".[967] É interessante pensar que, no seu processo de "fazer teologia", ou em sua teologização,[968] o apóstolo produzia parte substancial do Novo Testamento, certamente os documentos mais utilizados pelo protestantismo, sem que isso fosse algo consciente para o apóstolo, ou seja, ele jamais poderia imaginar que seria recolhido e, vinte séculos depois, seus textos estariam gerando o mesmo tipo de animosidade, agora pela "interpretação correta", que os documentos veterotestamentários

---

967 FEE. *Paulo, o Espírito e o povo de Deus*, p. 20.

968 Uma vez que o apóstolo escrevia no calor da realidade e da prática, conquanto seja "difícil evitar falar na teologia de Paulo, porém, a terminologia em si pode sugerir uma imagem enganosa do apóstolo, levando a pressuposições e expectativas erradas quanto a um sistema ou arcabouço teológico. O mesmo problema surge quando Paulo é descrito como um 'teólogo', daí a recusa de Munck em situá-lo nessa categoria. Não se sugere com isso que Paulo não seja coerente e consistente, nem se tenta de forma alguma diminuir sua posição incontestável de um dos maiores pensadores e mestres de todos os tempos. O que ocorre é que o termo 'teologia' carrega em si associações tradicionais que não são adequadas para descrever o apóstolo para os gentios. O pensamento de Paulo não pode ser adequadamente percebido como um conjunto sistemático ou estático de conceitos ou proposições de validade universal. Esse é um fator importante que o leva a ser frequentemente mal interpretado ou compreendido. Falar da teologização de Paulo é uma maneira melhor de entender seu ensino dos caminhos de Cristo para suas comunidades. Teologia sugere algo concreto, algo já pronto e plenamente formulado que pode ser reaplicado de modo similar a sucessivas situações diferentes, mantendo, assim, continuidade e conformidade. Mas essa visão de teologia é anacrônica se aplicada a Paulo, que pensou e escreveu sem a presença do que entendemos como a tradição teológica cristã. Preferimos falar da teologização de Paulo, uma vez que, para o apóstolo, esta é uma atividade, e não simplesmente um modo de pensamento adquirido. Além disso, nunca é um produto acabado em Paulo, mas um processo dinâmico e sempre em andamento. Como alguns interpretadores reconheceram, não possuímos de fato uma teologia de Paulo como tal. Temos numerosos exemplos de sua teologização em contextos vários e distintos, mas nenhum exemplo pode legitimamente ser considerado uma representação da teologia de Paulo como tal, nem mesmo Romanos" (CAMPBELL, William S. *Paulo e a criação da identidade cristã* [São Paulo: Loyola, 2011], p. 281-2).

CAPÍTULO 4 – Pneumatologia | 757

produziram desde meados do período intertestamentário na disputa sobre quem era o "verdadeiro Israel". Portanto, ao ler as epístolas paulinas, é preciso ter em mente que

> Um dos pontos básicos na teologia paulina diz respeito à continuidade e descontinuidade entre a antiga aliança e a nova — isto é, entre a palavra de Deus para Israel, transmitida por profetas e poetas, e a nova palavra de Deus para o seu povo por meio de Jesus Cristo, transmitida por apóstolos e mestres. Lemos as cartas de Paulo como parte do Novo Testamento, o registro da nova aliança de Deus com seu povo, efetivada por intermédio de Cristo e do Espírito. Mas, na verdade, Paulo não sabia que estava ajudando a escrever um "novo testamento". Para ele, a "nova aliança" não era absolutamente um registro escrito, mas uma realidade histórica, cuja experiência era renovada na ceia do Senhor e concebida sobre uma base cotidiana por meio da presença do Espírito. Portanto, a pergunta que se faz é esta: Como a nova aliança se relaciona com a antiga? Ela a *anula* como se fosse uma aliança verdadeiramente "*nova*"? Ou ela a *complementa*, mantendo assim muitos pontos que já estavam ali? A fim de compreender Paulo de modo apropriado, precisamos entender como sua perspectiva tanto continua quanto modifica a tradição religiosa na qual ele foi instruído, especialmente a compreensão que ele tinha de suas raízes do Antigo Testamento.[969]

Reputamos esse ponto como de capital importância, pois a concepção protestante, um tanto fantasiosa, de como Paulo escreveu suas epístolas por inspiração divina acaba por anulá-lo como judeu e alguém que, após a experiência do caminho de Damasco, viveu situações profundas e que utilizava as Escrituras hebraicas como texto inspirado, pois não existia uma linha sequer do Novo Testamento, nem mesmo dos quatro Evangelhos. Importa-nos, como temos nos dedicado a fazer desde o início, analisar os efeitos da experiência com o Espírito Santo e se ela teve alguma influência na forma de ler as Escrituras hebraicas, já que Paulo não substituiu o livro sagrado, mas com certeza transformou radicalmente sua forma de lê-lo e interpretá-lo, pois o fruto de sua exegese, aliado às instruções circunstanciais, deu origem ao conteúdo de suas cartas que atualmente utilizamos. Pela influência da teologia paulina nos círculos protestantes, é fato "que qualquer forma cristã de conceber o

---

969 FEE. *Paulo, o Espírito e o povo de Deus*, p. 21.

758 | TEOLOGIA SISTEMÁTICO-CARISMÁTICA

Antigo Testamento vá apoiar-se especialmente nas interpretações paulinas", observa Gerhard von Rad, o qual diz também que, ao final de tudo, "em certo sentido", foi Paulo quem "fez aparecer de forma mais sistemática a continuidade entre o Antigo Testamento e o evento salvífico neotestamentário". Não apenas isso, argumenta o teólogo alemão, mas "também foi ele quem, no exercício do 'ministério do Espírito' (2Co 3:8), demonstrou maior audácia em ampliar as linhas da tradição veterotestamentária e interpretá-las de forma completamente nova à luz do recente acontecimento". Entretanto, pondera o mesmo teólogo, "Paulo também só foi um intérprete carismático do Antigo Testamento ao lado de outros".[970] A surpresa aqui não é, obviamente, a consideração, mas o teólogo alemão não carismático que a faz. A honestidade em reconhecer essa verdade é tanto maior vinda de teólogos cujos compromissos e interesses são muito distintos dos nossos, pois temos sustentado a importância de desenvolver teologia na esteira da dinâmica da revelação seguindo a lógica da fé. Sem dúvida, um dos maiores exemplos de como fazer isso vem das próprias Escrituras, pois, conforme diz James Packer, a "liberdade com a qual os escritores do Novo Testamento citam o Antigo Testamento (seguindo a Septuaginta, os targuns ou uma tradução livre do hebraico, como melhor lhes covinha) é considerada prova de que eles não acreditavam na inspiração das palavras originais", ou seja, "seu interesse não estava nas palavras como tais, mas em seu significado", pois "estudos recentes têm comprovado que essas citações são interpretativas e explicativas — uma maneira de citação muito comum usada entre os judeus".[971] Há vários exemplos dessa forma de citação/explicação, na verdade de fazer teologia, em todo o Novo Testamento, que muitos ferrenhos defensores da "inspiração" proveniente da visão escolástica das Escrituras, caso a avaliassem como fazem com pregadores carismático-pentecostais, a invalidariam. Na verdade, diz James Packer, com esse "método, os escritores procuram mostrar o verdadeiro significado e aplicação (isto é, o significado e aplicação cristãos) do texto pela forma como o citam". Na maior parte "das vezes, esse significado é alcançado de maneira óbvia pela aplicação estrita dos princípios teológicos bem definidos acerca da relação de Jesus e a Igreja com o Antigo Testamento".[972] Assim, os textos neotestamentários,

---

970 RAD. *Teologia do Antigo Testamento*, p. 834.
971 PACKER. "A inspiração da Bíblia" in: COMFORT (org.). *A origem da Bíblia*, p. 49.
972 Ibid.

CAPÍTULO 4 – Pneumatologia | 759

indiscutivelmente inspirados, pelo lado humano, são produtos dos seguintes exercícios interpretativos:

1. *Targum.* Quando o cânone da Escritura foi considerado como mais ou menos concluído, o foco veio a ficar cada vez mais textual. Uma maneira de interpretar o sentido do texto era parafraseá-lo. Essa forma de exegese aparece como *Targum*, a paráfrase aramaica da Escritura. O texto e a interpretação, por meio da paráfrase, são combinados. (Até mesmo a LXX é uma paráfrase e, por essa razão, em um sentido é um Targum.) Muitas das citações do Antigo Testamento parafraseadas no Novo Testamento exemplificaram essa forma de exegese judaica e, em muitos pontos, refletem as tradições targúmicas específicas (compare Mc 4.12 com *Tg. Is* 6.10; Lc 6.36 com *Tg. Sl-J.* Lv 22.28; ou Rm 10.6-8 com *Tg. Neof.* Dt 30.11-14).

2. *Midrash.* O *midrash* ("interpretação"; de *darash*, "pesquisar" [veja Jo 5.39]) diz respeito a pesquisar o texto para possibilitar o esclarecimento além do sentido óbvio. Em relação ao estudo da Escritura, um estudante de Hilel disse certa vez: "Examine-a e volte a examiná-la, pois tudo está nela; e contemple-a e envelheça com ela, e não se afaste dela, pois não pode ter um guia melhor que ela" (*m. 'Abot* 5.22). A declaração primordial aqui é "pois tudo está nela". Essa declaração reflete a convicção do *midrashista*. A Escritura tinha de ser pesquisada e contemplada até se encontrar a resposta. Hilel seguia sete regras (ou *middoth*) para estudar a Escritura (*'Abot R. Nat.* 37; *t. Sanh.* 7.11). O mais relevante para o estudo do Novo Testamento inclui *qal wahomer* ("leve e pesado"), em que o que é verdade em um acaso menos importante, com certeza, será verdade em um caso mais importante (veja Mt 7.11; Rm 5.10); *gezera shawah* ("regra de equivalência"), em que as passagens esclarecem umas às outras se compartilham um vocabulário comum (veja Rm 4.7-8; 11.7-10); *kelal upherat* ("geral e específico"), em que é possível deduzir uma regra geral de uma passagem específica e vice-versa (veja Rm 13.8-10; Gl 5.14). A exegese judaica é *halachá*, ou seja, interessada em assuntos legais, de *halak* ("[como] caminhar") e *hagadá* (ou seja, homilética, de *haggadah*, "explicação", do verbo *nagad*, "explicar"). A primeira era principalmente produto das academias, enquanto a última era principalmente o produto da sinagoga, apesar de haver muita sobreposição. O *midrash* assume

760 | TEOLOGIA SISTEMÁTICO-CARISMÁTICA

às vezes a forma de um comentário corrente. Um dos melhores exemplos no Novo Testamento está em Jo 6.25-59 (passagem que comenta sobre Êx 16.4; Sl 78.24; cf. Jo 6.31).

3. *Pesher.* Em Qumran, considerava-se que as Escrituras continham mistérios que precisavam ser explicados. A "pesher" era a explicação do mistério: a *pesher* dessa [escritura] interessa ao Professor de retidão a quem Deus deu a conhecer todos os mistérios das palavras de seus servos, os profetas (1QpHb 7.4-5). Presumiu-se que o texto falava sobre a comunidade de Qumran e para ela e que falava dos eventos escatológicos que estavam prestes a se desenrolar. A exegese *pesher*, como na exegese do Novo Testamento (veja Mc 12.10-11 [citando Sl 118.22-23]; 14.27 [citando Zc 13.7]; At 2.17-21 [citando Jl 2.28-32]), entende passagens bíblicas específicas como cumpridas em eventos e experiências históricos específicos.

4. *Alegoria.* A interpretação alegórica envolve extrair um sentido simbólico do texto. Ela assume que uma interpretação mais profunda e mais sofisticada tem de ser encontrada abaixo das palavras óbvias da passagem. O alegorista, no entanto, não assume necessariamente que o texto é anistórico ou que não tem um sentido literal. A exegese simplesmente não se preocupa com esses aspectos do texto bíblico. O alegorista mais conhecido do primeiro século foi Fílon de Alexandria, cujos livros, em grande quantidade, fornecem uma fartura de exemplos da interpretação alegórica das Escrituras, principalmente do Pentateuco. Encontramos a interpretação alegórica em Qumran e nos rabinos. Há até mesmo alguma alegoria no Novo Testamento. O exemplo mais notável é Gl 4.24-31, passagem em que Sara e Agar simbolizam duas alianças. Outro exemplo é encontrado em 1Co 10.1-4, em que a travessia do Mar Vermelho simboliza o batismo cristão (embora esse aspecto também possa ser tipológico) e a rocha simboliza Cristo.

5. *Tipologia.* A tipologia não é tanto um método de exegese quanto uma pressuposição subjacente ao entendimento judaico e cristão da Escritura, em particular de suas porções históricas. A tipologia se fundamenta na crença de que a história bíblica (do passado) tem alguma aliança com o presente ou, para inverter essa afirmação, que o presente é prenunciado na história bíblica. A tipologia, de forma distinta da alegoria, está intimamente ligada à história. Até mesmo a exegese midrashista reflete esse tipo de entendimento

das Escrituras. J. L. Kugel descreve a *midrash* como refletindo uma "obsessão com os eventos passados e a necessidade de que eles tenham ligação com o presente". Ele, mais tarde, afirma que a exegese judaica queria tornar o presente "participante daquele mundo (na verdade, estar conectado a ele) reconfortante da história bíblica em que os eventos faziam sentido". Essa forma de pensar é tipológica, e ela, em certa medida, fundamenta tanto a exegese *pesher* quanto a exegese alegórica. A expectativa escatológica popular judaica pressupunha um entendimento tipológico das Escrituras. Por exemplo, na era messiânica, conforme se acreditava, as grandes maravilhas do passado seriam operadas de novo. Mas a tipologia tem precedente bíblico; ela está enraizada no próprio Antigo Testamento. O grande evento do êxodo serve como um tipo para a volta após o exílio para a terra de Israel (Is 43.16-17). Davi é um tipo de rei justo que, um dia, governaria a Israel restaurada (Is 13.1-3,10; Jr 23.5-6; Zc 3.8). Jesus compara o julgamento que caiu sobre Sodoma com a vinda do julgamento escatológico (Lc 17.28-30), a experiência da esposa de Ló com a daqueles que perderam a vida (Lc 17.32-33) e Elias com João Batista (Mc 9.13). A comparação mais conhecida é a da experiência de Jonas com o sepultamento e ressurreição de Cristo (Mt 12.40; Lc 11.30). De todos os escritos do Novo Testamento, a epístola aos Hebreus faz o uso mais extenso da tipologia.[973]

Essa pequena amostra do que significa o texto neotestamentário — pois, como afirmou Gordon Fee, Paulo não se assentou, propositadamente, para escrever um "Novo Testamento" — já deve oferecer ao estudioso atento uma ideia do que significava para eles crer no evangelho, bem como a experiência com o Espírito Santo, nada tendo, absolutamente, com qualquer ideia interpretativa científica, seja ao modo histórico-crítico, seja ao modo histórico-gramatical. Se a chamada escola de Alexandria já existia no século primeiro, a escola de Antioquia, supostamente a que fornece as bases para os métodos históricos modernos, só viria a ser criada em meados do século 3, muito depois de os textos neotestamentários já terem sido produzidos. Isso, obviamente, não significa que o seu exercício não possa ter ocorrido de forma espontânea

---

973 EVANS, Craig A. "O Antigo Testamento no Novo Testamento" in: MCKNIGHT, Scot; OSBORNE, Grant R. (orgs.). *Faces do Novo Testamento: um exame das pesquisas mais recentes* (Rio de Janeiro: CPAD, 2018), p. 142-5.

762 | TEOLOGIA SISTEMÁTICO-CARISMÁTICA

ou até inconsciente antes de o método literal existir, mas muito diferente do que afirmam pretensos racionalistas, sejam críticos, sejam conservadores. Contudo, caso em alguma ocasião isso tenha acontecido, nem de longe o literal era o método preferido e utilizado pelos escritores bíblicos para a criação do Novo Testamento. Como vimos, trata-se de opinião corrente, inclusive de autores não técnicos, como J. I. Packer, citado acima. Isso pelo fato de que não havia texto bíblico, isto é, Escrituras hebraicas, disponível para quem quisesse, mas outros documentos, como os já referidos *Targuns*, que, diz o teólogo pentecostal Antonio Gilberto, são "paráfrases ou explicações em aramaico do AT", pois a própria "palavra significa 'interpretações'". Tal se deu, diz ele, pelo fato de os judeus terem regressado do exílio sem saber mais o hebraico, sendo necessárias "as Escrituras em hebraico, mas também era preciso que alguém lhes transmitisse o real significado do texto". Nesse caso, os Targuns auxiliavam, pois, mesmo sendo "a princípio resumidos e simples", completa o mesmo autor, "pouco a pouco tornaram-se aperfeiçoados e, finalmente, foram reduzidos a escrita".[974] Não se trata de trechos pequenos, pois o mesmo autor pentecostal ainda diz que os dois principais Targuns são o da *"Lei*, feito por Ónquelos, amigo de Gamaliel II", e o dos *"Profetas e Livros Históricos*, feito por Jonathan ben Uziel, que diz ter sido discípulo de Hilel, de época posterior".[975] É nesse sentido que o estudioso das Escrituras precisa crescer e aceitar que lida com textos cuja produção se deu não de forma mecânica e muito científica, mas de maneira absolutamente prática, contudo com uma condição, que é a de "inspirados pelo Espírito Santo". Isso, porém, não quer dizer, afirma o já citado Antonio Gilberto, que todos os textos foram produtos da revelação. Na verdade, a "inspiração nem sempre implica revelação", isto é, "toda a Bíblia foi inspirada por Deus, mas nem toda ela foi dada por revelação", pois "Lucas, por exemplo, foi inspirado a examinar trabalhos já conhecidos e escrever o Evangelho que traz o seu nome (ver Lucas 1.1-4)".[976] O teólogo pentecostal diz claramente que Lucas foi "inspirado a examinar trabalhos já conhecidos", ou seja, mesmo o seu primeiro tratado não sendo produto de "revelação", mas de pesquisa, foi feito sob a supervisão do Espírito Santo, conforme cremos. É

---

974 SILVA. *A Bíblia através dos séculos*, p. 84.
975 Ibid.
976 Ibid., p. 35.

CAPÍTULO 4 – Pneumatologia | 763

nesse sentido que defendemos que os textos paulinos, ou de outros escritores neotestamentários, quando não são produtos da revelação, mas de interpretação de textos das Escrituras hebraicas, enquadram-se no que "poderia ser chamado de 'exegese carismática' dos textos bíblicos (veterotestamentários)", sendo esse exercício "ainda outro meio para novas intelecções".[977] Assim, a conclusão do biblista Craig Evans é que

> os escritores do Novo Testamento, conforme os exemplos precedentes deixaram evidente, encontram novos sentidos nas passagens do Antigo Testamento. Isso acontece não por causa de uma exegese descuidada ou por ignorância, mas em razão da convicção de que a Escritura fala para todas as situações relevantes. Isso é especialmente verdade quando se acredita que a situação tem relevância escatológica. As Escrituras, por conseguinte, são pesquisadas em busca de esclarecimento. A exegese do Novo Testamento não está com frequência preocupada com a questão do que aconteceu ou do que o texto significava originalmente. Os escritores do Novo Testamento, bem como os exegetas judeus contemporâneos, estavam interessados principalmente no que as Escrituras queriam dizer e em como aplicar o que elas afirmavam. A vida, morte e ressurreição de Jesus, para os cristãos primitivos, transformaram-se na hermenêutica essencial para a interpretação e a aplicação das Escrituras judaicas. Uma vez que se pode confiar nas Escrituras para o esclarecimento dos eventos escatológicos, e uma vez que Jesus foi o agente escatológico, não pode haver dúvida de que as Escrituras foram cumpridas nele.[978]

Conquanto pareça algo secundário, "Paulo cita as Escrituras cerca de cem vezes e alude a elas muitas vezes mais". Além disso, conforme o mesmo biblista, não apenas os "Manuscritos do Mar Morto", mas também os "Targumim passaram recentemente a auxiliar nosso entendimento do uso do Antigo Testamento por Paulo".[979] Se ele antes conhecia as Escrituras hebraicas, mas apenas com o seu exame não chegava às conclusões que agora passara a descobrir, algo de muito diferente precisa ter acontecido. Isto é, as epístolas paulinas, em não sendo revelação, em suas partes substanciais de consideração

977 HURTADO. *Senhor Jesus Cristo*, p. 114.
978 EVANS. "O Antigo Testamento no Novo Testamento" in: McKNIGHT; OSBORNE (orgs.). *Faces do Novo Testamento*, p. 157.
979 Ibid., p. 154.

veterotestamentária, são produto de exegese carismática, isto é, inspirada e supervisionada pelo Espírito Santo, não resultado de erudição rabínica, pois esta, em vez de ajudá-lo, lhe obstruiu o entendimento, tornando-se um empecilho à fé. O biblista britânico John Barclay, expondo o texto de Gálatas 5:13, da antítese carne-espírito, diz que "'a carne' representa o ambiente de toda ação humana não transformada pelo Espírito — incluindo a vida sob a Torá, que era incapaz de 'criar vida' por causa do poder do pecado (3:21-22)".[980] O "problema com a conduta baseada principalmente no conhecimento é que ela resulta em pecaminosidade ainda maior", ou seja, o "conhecimento conduz ao orgulho; ele 'envaidece/incha'", comenta Gordon Fee ao tratar de 1Coríntios 8:1. Os perigos que rondam o coração humano não são apenas os de ordem carismática, mas também de origem cognitiva e/ou epistemológica, pois Paulo perseguia os seguidores do Caminho justamente por se considerar certo, muito conhecedor e sem possibilidade alguma de que pudesse estar equivocado. Portanto, mais do que ninguém, Paulo sabia que o conhecimento incha e envaidece, pois, "embora idolatria e lealdade à Torá apareçam em muitos aspectos inteiramente diferentes, mesmo mutuamente excludentes, do ponto de vista do evento Cristo elas são formas variantes de uma 'escravidão' comum aos 'elementos do mundo'".[981] Esse, inclusive, é um ponto que merece cuidado e atenção. Mas o aspecto mais relevante desse exercício da produção epistolar paulina é que ele pode ser tudo, menos "científico", como pretendem os teólogos antissobrenaturalistas. Um estudo minimamente aprofundado sobre a teologia paulina, conforme as dezenas de obras disponíveis, renderia centenas e até milhares de páginas. Todavia, algumas poucas conclusões já são possíveis de serem depreendidas com relativa segurança e para os propósitos pneumatológicos que temos mapeado desde o Antigo Testamento. A primeira é que Paulo "não pode nem quer apresentar uma norma absoluta para a compreensão cristã do Antigo Testamento", e, a partir dessa, concluímos que suas epístolas muito menos devem ser colocadas como normas para as Escrituras cristãs, já que ao "lado de Paulo estão Mateus, Lucas e a epístola aos Hebreus, e também o modo de eles verem o Antigo Testamento leva o selo do Espírito".[982] Isto é, os

---

980 BARCLAY, John M. G. *Paulo e o dom* (São Paulo: Paulus, 2018), p. 373.

981 Ibid., p. 373-4.

982 RAD. *Teologia do Antigo Testamento*, p. 834-5.

demais escritores igualmente produziram seus documentos inspirados pelo Espírito Santo. Isso indica que não "existe", na concepção de Gerhard von Rad, "uma interpretação normativa do Antigo Testamento". Cada situação, em dada "época, deve tentar, a partir dos seus próprios conhecimentos e das suas próprias necessidades, escutar a palavra do velho livro", pois, caso venha a "perder esse acesso carismático, nem Paulo, nem Mateus, nem a Epístola aos Hebreus lhe poderão ajudar".[983]

É surpreendente a colocação, já conclusiva, do grande teólogo alemão, que praticamente inicia a disciplina de estudo "teologia do Antigo Testamento", pois reconhece o que muitos defensores da "autoridade bíblica", mas com uma perspectiva escolástica racionalista, acabam negando às Escrituras, que é justamente o seu caráter de "palavra *viva*" de Deus. Foi exatamente isso que Paulo descobriu depois da experiência da estrada de Damasco e após a experiência com o Espírito Santo. Nesse ponto, como em muitos outros da teologia, não há consenso, sobretudo quando se refere à Pessoa do Espírito Santo no *corpus* paulino. Tal dificuldade se dá por conta de dois aspectos: de "um lado, há intérpretes que defendem que, para entender o Espírito, Paulo é dependente do Antigo Testamento, onde o Espírito parece não muito mais que uma extensão ou emanação de Deus ou de um poder de Deus", diz o exegeta carismático-pentecostal Gordon Fee. Este apresenta ainda o outro lado da discussão, ou seja, de que também há "intérpretes que defendem que o entendimento de Paulo sobre o Espírito é mais bem visto em termos de identificação com o Cristo ressurreto, ou seja, que o Cristo ressurreto e exaltado e o Espírito são essencialmente a mesma realidade".[984] Depois de defender a pessoalidade do Espírito Santo com textos paulinos, evidenciando que o apóstolo tinha tal consciência (Romanos 8:26-27; 1Coríntios 2:10-12), embora reconheça acertadamente que não se pode pretender explicar, pois "estamos lidando com mistérios divinos", sabemos, porém, que "o Espírito é a expressão interior da personalidade do Deus invisível e a manifestação visível da atividade de Deus no mundo". Ou seja, conforme já vimos diversas vezes na longa seção que tratou da *presença extraordinária* do Espírito Santo no Antigo Testamento, o "Espírito é verdadeiramente Deus em ação", nada tendo com a absurda ideia instrumental minimalista pneumatológica

---

983 Ibid., p. 835.
984 FEE. *Exegese? Para quê?*, p. 376.

766 | TEOLOGIA SISTEMÁTICO-CARISMÁTICA

de que ele "é mero trabalho externo da personalidade de Deus".[985] Para o mesmo teólogo, "Paulo entende que o Espírito é a renovação escatológica da presença de Deus com o seu povo", conquanto tal "tema decorra, em parte, da linguagem da 'habitação' encontrada nas promessas da nova aliança em Jeremias e Ezequiel". Portanto, "emerge no uso que Paulo faz da imagem do templo, cujo significado parcial é que a metáfora funciona para a comunidade corporativa e reunida, bem como para o crente individual".[986] A pergunta que alguns teólogos parecem evitar, seja por achá-la óbvia demais, seja para contornar os aspectos que contrariam sua concepção, é: Como Paulo, sendo judeu, adquiriu essa consciência/visão acerca do Espírito Santo? Sem dúvida, por revelação divina. Mas é justamente nesse momento que os modos, ou meios, revelacionais fazem toda a diferença e explicam muita coisa. Gordon Fee diz que Paulo, ao falar sobre sermos o "templo do Espírito", de não entristecermos o Espírito etc., seja como corpo de Cristo, seja individualmente (1Coríntios 3:16-17; 6:19; 2Coríntios 6:16; Efésios 1:15-23), tem como seu *background* os textos veterotestamentários da promessa da presença de Deus em Êxodo 20—40, reiterada em Deuteronômio 12:11, além de Isaías 63:9-14, Salmos 106:33, descida à vista de todos em 1Reis 8:11, mas perdida pela desobediência. Por isso, de acordo com o que acertadamente diz Paul Tillich, a despeito de a doutrina paulina mais conhecida ser a "justificação pela graça por meio da fé", é preciso compreender que "o ensino mais central do apóstolo [é a] doutrina do Espírito Santo".[987] Paul Tillich defende ainda uma visão interessante e decisiva como princípio hermenêutico a todos os que estudam o apóstolo dos gentios:

> Paulo foi o mais importante teólogo do Espírito Santo. O Espírito estava no centro de sua teologia. Segundo alguns teólogos protestantes clássicos, juntamente com Lutero, Melanchton, Calvino e Bucer, Paulo era o teólogo da justificação pela graça por meio da fé. Não estavam errados, é claro. Mas essa doutrina era apenas defensiva para Paulo. Desenvolveu-a na luta contra os assim chamados judaizantes que queriam transformar o evangelho numa outra lei. Exigiam que os pagãos ou gentios se submetessem à lei judaica, sendo Jesus, para eles,

---

985 Ibid., p. 378.
986 Ibid., p. 380.
987 TILLICH, Paul. *História do pensamento cristão*, 4. ed. (São Paulo: Aste, 2007), p. 56.

CAPÍTULO 4 – Pneumatologia | 767

apenas um outro intérprete da lei. Paulo tinha que lutar contra essa ideia. Se não fizesse, não teria havido igreja cristã nas nações pagãs. O cristianismo não teria passado de pequena seita judaica. Contudo, por mais importante que a doutrina da justificação tenha sido para Paulo, não foi jamais o centro de sua teologia. No centro estava sua experiência e a doutrina do Espírito Santo. Assim, coloca-se ao lado daqueles que na teologia protestante dão ênfase à interioridade. Paulo vai ao ponto de afirmar o que muitos místicos sempre disseram desde então, que a oração verdadeira não é a que consegue o que pede, mas a que alcança o Espírito de Deus. É o próprio Deus, Espírito, que ora em nós e dá testemunho juntamente com o nosso espírito. Vocês podem ler a respeito disso em Romanos 8. E perceberão claramente que Paulo é, na verdade, teólogo do Espírito.[988]

Tillich toca no ponto fulcral da atmosfera, ou realidade espiritual, em que o apóstolo dos gentios estava envolto e se movia. Em outras palavras, Paulo já partia desse ponto, agia sob sua influência e a ele retornava, para utilizar uma metáfora do percurso da peregrinação da fé no Espírito (Gálatas 5:25). Tal se dava pelo simples fato de que Paulo era um carismático. Mas ele não simplesmente "era um carismático", como se isso fosse algo com o qual ele condescendia, mas sem importância alguma. Nada mais longe da realidade! O apóstolo dos gentios se gloriava por ter tais experiências (2Coríntios 12:1-6). Não se tratava de algo "subjetivo", agora sim, no sentido de cada um pensar da forma que lhe é peculiar, mas de experiências palpáveis, visíveis, assim como quando a glória desceu no Antigo Testamento e igualmente partiu, na visão de Ezequiel (2Crônicas 7:1-7; Ezequiel 10:1-22). Por isso, o apóstolo dos gentios chama a atenção, conforme referido acima, em diversos momentos, para o cuidado em "entristecer" ou "apagar" o Espírito (Efésios 4:30; 1Tessalonicenses 5:19). É igualmente curioso que muitos estudiosos, tanto biblistas quanto teólogos, a despeito de afirmarem que certamente o judaísmo outrora praticado por Paulo exercera alguma influência em seu pensamento, mesmo depois de este fazer parte dos do Caminho, não digam o mesmo sobre a influência carismática sobre o apóstolo dos gentios, sendo que esta, inegavelmente, ocupa parte substancial de suas epístolas, já que, conforme diz Gordon Fee, a "igreja, corporativa e individualmente (1Co 6:19),

---

988 TILLICH, Paul. *Perspectivas da teologia protestante nos séculos XIX e XX*, 4. ed. (São Paulo: Aste, 2010), p. 53.

768 | TEOLOGIA SISTEMÁTICO-CARISMÁTICA

é o lugar da presença pessoal de Deus pelo Espírito". Na verdade, é justamente isso que "distingue o novo povo de Deus 'de todos os demais povos da terra' (Êx 33:16, NVI)", e isso mostra o porquê da "consternação de Paulo com o comportamento dos coríntios, que tem o efeito de banir o Espírito, a presença viva de Deus que os faz templo de Deus, o lugar da habitação de Deus".[989] Tal "imagem", completa o mesmo exegeta carismático-pentecostal, "que entende a presença de Deus com Israel em termos do Espírito, é o que foi explorado por Paulo". Por isso, o apóstolo exorta a que a "experiência corporativa que os coríntios tiveram com os dons do Espírito, em vez de ser transformada em espiritualidade demoníaca focada em si mesma, [seja] para a edificação coletiva dos coríntios", ou seja, tudo que o "Espírito faz entre eles é para o bem comum deles e para a edificação do corpo", e isso pelo simples fato de que "as notórias manifestações do Espírito entre eles são evidências da presença de Deus entre eles".[990] Exatamente por isso, o teólogo britânico metodista James Dunn defende que um dos "aspectos mais notáveis da maneira de Paulo entender o corpo de Cristo é que cada uma das passagens das cartas paulinas em que o conceito é exposto com alguma extensão considera-o como comunidade carismática",[991] conforme podemos ver, por exemplo, em Romanos 12:4-8, 1Coríntios 12:4-27 e Efésios 4:7-16. Na verdade, a "palavra-chave nas duas cartas paulinas incontroversas é *charisma*, 'carisma'". Trata-se de "outro caso de palavra que tinha pouca significação até que Paulo a tomou, a transformou pelo seu uso e lhe deu o *status* de termo técnico da teologia cristã", ou seja, a importância dessa expressão no *corpus* paulino, de acordo com o mesmo teólogo, mostra que "seu caráter paulino é mais forte que o de quase qualquer outro termo paulino". Por isso, "'carisma' como termo cristão é conceito que a teologia deve totalmente a Paulo".[992] Assim, após expor os diversos textos paulinos, diz Dunn:

> A de 1Co 12:8-10 também parece ter a finalidade de mostrar o caráter de interdependência mútua dos carismas, particularmente dos últimos três grupos. O caso mais claro é a associação de "gêneros de línguas"

---

989 FEE. *Exegese? Para quê?*, p. 381.
990 Ibid.
991 DUNN, James D. G. *A teologia do apóstolo Paulo*, 2. ed. (São Paulo: Paulus, 2008), p. 624.
992 Ibid., p. 625.

e "interpretação de línguas" (12:10). Pois é evidente por 1Co 14 que Paulo considerava a "interpretação" como uma espécie de controle ou balanceamento de "línguas". O mesmo vale para a associação de "profecia" com "discernimento (*diakrisis*) dos espíritos" (12:10). A profecia era o mais valioso de todos os carismas para Paulo. Mas mesmo assim, ou melhor, justamente por causa disso, nenhuma palavra inspirada devia ser aceita como profecia simplesmente porque era inspirada; ela tinha que ser "testada" e "avaliada" (*diakrino*) quanto à sua fonte e significado (14:29). Provavelmente devemos fazer a mesma dedução em relação ao agrupamento de "fé, carismas de cura e atividades miraculosas" (12:9-10). Pois "fé" é um aspecto tão fundamental para Paulo que ela condiciona toda obediência cristã (Rm 1:5), e é a mesma fé que deve determinar todas as relações na comunidade (12:3) e todas as ações que concernem aos outros na comunidade (14:23). Assim, podemos supor que Paulo queria indicar que curas e milagres só eram possíveis quando realizados com confiança incondicional em Deus (cf. Gl 3:5).[993]

Fica, portanto, muito claro que "até mesmo a lista dos carismas em 1Co 12:8-10 sublinha o caráter da comunidade carismática como comunidade de interdependência mútua", visto que até mesmo "quem falasse línguas sem intérprete era de pouca utilidade para a congregação", bem como "uma profecia não testada pela comunidade poderia resultar em toda sorte de juízos falsos e erros", e ainda "curas e milagres tentados ou pretendidos, que não expressassem e promovessem a confiança em Deus, provavelmente eram ilusórios". Todavia, é imprescindível observar que, conforme o mesmo autor, não existe "nenhuma indicação de que esses carismas eram concebidos como fixos e bem definidos"; antes, o que eles indicam é justamente o contrário, pois o "caráter vago de algumas das referências ('serviço', 'palavra de sabedoria/conhecimento', 'fé') e a sobreposição de outras (profecia/exortação, distribuição, cuidado/atos de misericórdia)", completa Dunn, "certamente não indicam a tentativa de identificação precisa, mas a disposição de reconhecer ampla faixa de palavras e ações como carismas".[994] Essa constatação bíblica já sugere de forma contundente o porquê da impossibilidade de normatizar as experiências com o Espírito Santo, encerrando-as

---

993 Ibid., p. 628-9.
994 Ibid., p. 629.

770 | TEOLOGIA SISTEMÁTICO-CARISMÁTICA

em uma lista, ou manual, para que se possa "conferir" cada vez que acontecer algo que alguns atribuam ao Espírito Santo e outros aleguem "não haver na Bíblia". Na verdade, conforme diz ainda o teólogo não carismático James Dunn, "não há nenhuma indicação de que as listas em Rm 12 e 1Co 12 pretendiam ser completas", pois o oposto é verdadeiro, "a lista de 1Co 12:6-8, obviamente, tinha em vista as experiências e deslumbramentos da assembleia coríntia", e, mesmo que a referida "carta aos Coríntios possa indicar a visão paulina do Corpo de Cristo, a igreja de Corinto em si, dificilmente, era modelo para a comunidade cristã".[995] Modelo ideal certamente não, mas microcosmo que revela de forma muito clara o que pode acontecer, mesmo em ambientes saturados de manifestação carismática da *presença extraordinária* do Espírito Santo, com certeza sim. Como vimos na longa seção sobre o Espírito Santo no Antigo Testamento, ser carismático nunca foi sinônimo de perfeição e superioridade. É interessante que a consideração acerca das listas dos dons, mencionadas por James Dunn, mesmo em círculos da tradição carismático-pentecostal, por muitos anos permaneceu como limitadora dos dons, seja em termos quantitativos, seja em termos qualitativos. Contudo, atualmente, além do entendimento da verdade bíblica de que a "função dos dons espirituais é tornar a manifestação do poder de Deus cada vez mais real e dinâmica para a edificação do corpo de Cristo, e, antes de tudo, autenticar a obra de Cristo (At 2.33)", explica o biblista pentecostal Esequias Soares, este diz que o "apóstolo Paulo apresenta cinco listas dos dons espirituais (Rm 12.6-8; 1Co 12.8-10; 1Co 12.28; 1Co 12.29, 30; Ef 4.11), mas nenhuma delas é completa, todas são diferentes". Isso se dá pelo simples fato de que, completa o mesmo biblista, o seu "propósito não é descrever nem definir nenhum deles, mas no caso dos coríntios, o objetivo é corrigir a percepção deles sobre o uso dos dons", em outras palavras, o "Novo Testamento não revela quantos dons espirituais existem",[996] finaliza o autor.

Só esse reconhecimento é mais que suficiente para mostrar que as Escrituras não podem ser tomadas contra as experiências com o Espírito Santo, desde que estas sejam úteis (1Coríntios 12:7), pois o texto bíblico não nos foi destinado a explicar tais experiências; ele simplesmente as relata. Tampouco está

---

995 Ibid., p. 629-30.
996 SOARES. *O verdadeiro pentecostalismo*, p. 58-9.

interessado em limitá-las; antes, ao mostrar que elas fazem parte da trajetória do povo de Deus, desde o Antigo Testamento, evidencia algo muito simples, dito por quem sabia da imprescindibilidade dos dons, mas que, ao mesmo tempo, conhecia o coração humano e sabia que ele pode tomar algo divino e pervertê-lo. A despeito de todos esses cuidados, Paulo diz, no mais antigo texto do Novo Testamento, referindo-se à pregação aos tessalonicenses, que "o nosso evangelho não foi a vós somente em palavras, mas também em poder, e no Espírito Santo, e em muita certeza, como bem sabeis quais fomos entre vós, por amor de vós" (1Tessalonicenses 1:5), ou seja, muito antes de a mesma mensagem ter sido dita, conforme explicitamos no primeiro capítulo, aos crentes coríntios (1Coríntios 2:1-5). Para Gordon Fee, a "frase 'não [...] somente em palavras' não é a tentativa de jogar o Espírito contra a Palavra", ou seja, Paulo "está montando o argumento em 1Tessalonicenses 2.1-12, de que a pregação dele e a resposta deles não estão relacionadas com o tipo de 'palavra' que se encontra entre os charlatães religiosos e filosóficos", pois os tessalonicenses sabem, verdadeiramente, que a "'palavra' de Paulo foi acompanhada pelo poder do Espírito Santo e carregada de profunda convicção".[997] É necessário entender que a forma colocada pelo apóstolo lembra a atuação dos primeiros seguidores do Caminho que, em obediência ao chamado de anunciar o evangelho, "pregaram por todas as partes, cooperando com eles o Senhor e confirmando a palavra com os sinais que se seguiram" (Marcos 16:20). Em termos diretos, nesse sentido, não se tratava de nada novo e/ou iniciado pelo apóstolo dos gentios, pois tal poder e manifestação é um fator que se apresentou desde o início da atividade evangelística dos seguidores do Caminho, inclusive com outros apóstolos, conforme podemos ver em Atos 2:43, 3:1-19, 5:12-16 e muitos outros exemplos. Chama ainda o apóstolo dos gentios a atenção, no mesmo texto de 1Tessalonicenses, para dois cuidados imprescindíveis que a igreja deve ter, ambos relacionados à realidade carismática no corpo de Cristo. O primeiro deles é uma ordem peremptória para não se extinguir, ou "apagar", o Espírito, algo que mostra claramente que a ação pneumatológica pode, em determinada comunidade, ser extinta por vontade dos seus membros; o outro cuidado refere-se ao necessário e legítimo exercício de julgar as profecias, tendo-se o cuidado para, no afã de assim fazer, desprezá-las. Antes, a comunidade de fé deve ser ensinada a ouvir

---

997 FEE. *Exegese? Para quê?*, p. 88-9.

772 | TEOLOGIA SISTEMÁTICO-CARISMÁTICA

tudo e reter delas apenas o que for bom, uma das tarefas mais delicadas de uma comunidade de fé (5:19-21). É curioso, para dizer o mínimo, que por essa época já houvesse necessidade de instrução a respeito desse ponto, pois tal mostra claramente que já se formavam duas alas, talvez extremistas, nessa comunidade de fé, e era preciso encontrar equilíbrio. O biblista católico italiano Giuseppe Barbaglio afirma:

A importante manifestação carismática da Igreja constitui o último campo da solicitude do apóstolo (vv. 19-22). Na comunidade de Tessalônica estava se verificando algum tipo de enfraquecimento do ímpeto profético suscitado pelo Espírito. O texto deixa-o entrever como observa com perspicácia Rigaux: "*mê*, com o imperativo presente em vez do conjunto aoristo, indica que é preciso parar com uma ação já começada, e não um futuro que poderia acontecer". A espontaneidade das manifestações do Espírito Santo sempre traz, dentro de um quadro ordenado, o fermento do novo e do imprevisível, provocando, desse modo, reações. A palavra viva do profeta, que no Novo Testamento não anunciou acontecimentos futuros, é que identifica os sinais dos tempos e convoca os fiéis para uma fidelidade concreta e atual, mas sempre cria confusão quando utiliza uma palavra não usual. Pode-se imaginar que na comunidade tessalonicense houvesse alguns pretensos profetas que agiam em sentido deviacionista. Paulo reage com dois imperativos negativos que denunciam a ação sufocadora iniciada em Tessalônica: "Não extingam o Espírito, não desprezem os dons da profecia". Por outro lado, exorta a que se distanciem de atitudes superficiais de credulidade ingênua e adesão imprudente. O Espírito, em suas manifestações, não é um dado evidentíssimo sempre. Pode-se errar e tomar por expressão carismática o que não passa de coisa estranha, presunção, ou emotividade epidérmica. É preciso uma avaliação séria: "Avaliem cada coisa". Nenhuma exclusão apriorística, portanto, mas também nenhuma adesão indiscriminada, e sim uma seleção prudente, para se fazer o que é bom e afastar-se do que é mau. Aqui Paulo oferece um critério geral — mas sempre procurando orientar — para se discernir o verdadeiro do falso profeta. A autêntica ação profética mede-se com o metro do bem, do que é bom. Naturalmente, é preciso definir e especificar o bem, o que é bom. O apóstolo, nesta carta, não o faz. Mas na Primeira Carta aos Coríntios (cf. caps. 12—14)

CAPÍTULO 4 – Pneumatologia | 773

ele o fará com profundidade. Fica, porém, assegurado que o profeta é chamado a colocar as cartas na mesa, ou seja, a provar a bondade da sua ação.[998]

Esse certamente era um cuidado em que a igreja de Corinto deixou a desejar, pois é necessário haver discernimento, sem que isso implique a rejeição dos dons, pois, sem os "dons espirituais", diz o biblista pentecostal Esequias Soares, "a igreja não avança nenhum passo", considerando que os dons espirituais são "meios pelos quais o Espírito equipa os membros do corpo de Cristo para realizar o que não seria possível por meio dos recursos humanos".[999] Paulo não instruía acerca disso como alguém distante, mas justamente o oposto, ou seja, o "apóstolo afirma ainda que fala mais línguas que todos os coríntios (1Co 14.18), e ele estava longe de ser um mero teórico, era um homem de experiências profundas com o Espírito Santo (1Co 2.12; 7.40)",[1000] afirma o biblista pentecostal em dois momentos de seu texto. Ninguém menos que o teólogo alemão não carismático Günther Bornkamm diz que as "diretrizes do apóstolo a propósito do culto (1Co 14) mostram com quanta energia ele se esforça para controlar os espíritos, para não abrir as portas ao caos pneumático". Contudo, observa o mesmo teólogo, Paulo toma igualmente o cuidado de fazê-lo "sem [...] apagar o fogo do Espírito, colocando em seu lugar a razão e a ordem", pois o "teor daquele capítulo poderia sugerir um mal-entendido neste sentido, porque Paulo, solicitado pelos coríntios a tomar posição a respeito dos 'dons espirituais'", esclarece o mesmo teólogo crítico alemão, "distingue várias vezes e muito nitidamente o 'falar pelo Espírito' do 'falar com a inteligência' e, por conseguinte, minimiza o 'falar em línguas' extático, que os coríntios consideravam como a mais elevada manifestação do *pneûma* divino, concernente à profecia e a outras formas 'racionais' de discurso". Todavia, "Paulo, aqui, somente se serve do conceito vulgar de 'espírito' (e de 'dons espirituais'), comum em Corinto e no restante da cristandade primitiva, para requalificá-lo e para lhe dar um novo conteúdo e critério".[1001] Parece ser desse episódio em diante, diz o mesmo autor, que emerge a "reserva

---

998 BARBAGLIO, Giuseppe. *As cartas de Paulo (I): tradução e comentários*, Bíblica Loyola (São Paulo: Loyola, 1989), vol. 4, p. 104-5.

999 SOARES. *O verdadeiro pentecostalismo*, p. 57.

1000 Ibid., p. 53, 68.

1001 BORNKAMM, Günther. *Paulo: vida e obra* (Santo André: Academia Cristã, 2009), p. 285.

TEOLOGIA SISTEMÁTICO-CARISMÁTICA

crítica do apóstolo em relação a todas as formas de falar extáticas no culto (pregação, oração, canto, bênção) com as quais quem fala pode edificar a si mesmo, mas não a comunidade". Por isso, o "critério decisivo, ao invés, deve ser a responsabilidade para com os outros, também para com os últimos, que ainda não foram atingidos pelo Espírito". Günther Bornkamm ainda acrescenta que o "Espírito de Deus e a razão não são, portanto, simplesmente antagonistas", pois, para "Paulo, não são, na verdade, princípios abstratos", mas justamente o oposto, podendo ser apenas contraditórios o "conceito e a consciência que deles têm os espirituais entusiastas" e os incrédulos, mesmo cristãos, visto que para o "apóstolo, pelo contrário, o único conteúdo e critério é, em todas as coisas, a palavra da salvação, válida para todos e inteligível para todos".[1002] Se tal entendimento escriturístico é claro até para um teólogo crítico e não carismático como Günther Bornkamm, torna-se muito estranho que justamente os que se apresentam como conservadores mostrem-se tão minimalistas, pneumatologicamente falando, ainda mais quando defendem uma concepção de inspiração que praticamente anula os escritores humanos. Ter as Escrituras em alta conta, defender a "autoridade bíblica", mas desprezar a terceira Pessoa da Trindade que as proporcionou, é uma ação, para dizer o mínimo, incoerente e contraditória. Voltando a considerar por que se torna praticamente impossível matriciar experiências e tornar algum modelo absoluto para as demais, inclusive, quando se trata de dons, é que

> A maneira como Paulo fala dos carismas indica que, segundo ele, o carisma tinha certo caráter de "evento". Propriamente falando, o carisma é a palavra sendo falada, a ação sendo realizada. O carisma é função (*praxis*), ato de serviço (*diakonia*), atividade (*energema*), manifestação (*phanerosis*) do Espírito. A proposição pode ser exagerada: Paulo fala de "ter carismas", embora isso possa ser uma simples maneira de falar. De qualquer modo, a descrição do funcionamento da assembleia em 1Co 14:26-32 sugere uma mistura de alguma contribuição preparada e alguma fala espontânea. Mas o que não se deve perder de vista é o caráter do carisma como algo dado, resultado ou expressão de um ato gracioso de Deus (Rm 12:6); a fala não como algo racionalmente concebido ou planejado, mas como palavra de inspiração — a ação como realizada "pela capacidade que Deus concede" (1Pe 4:11). As duas listas principais enfatizam o caráter de evento dos carismas de maneiras

---

1002 Ibid., p. 286.

diferentes: profecia, o ato de serviço, aquele que ensina, aquele que exorta etc. (Rm 12:6-8); o carisma dado não como benefício pessoal, mas para o bem comum (1Co 12:7); "palavras de sabedoria/conhecimento" (não sabedoria/conhecimento em si mesmo), milagres e curas reais etc. (12:8-10). Assim também é significativo que a segunda metade da segunda lista em 1Co 12:28 consiste em "milagres, carismas de cura, assistência, governo, gêneros de línguas", em vez de "aqueles que fazem milagres, que exercem carismas de cura etc.". Por mais que o carisma possa coincidir com "habilidade natural", Paulo não o concebia como algo inato. E no mínimo Paulo questionaria qualquer ideia de carisma como uma espécie de posse particular somente para benefício pessoal. Como deixa claro sua longa recomendação sobre o falar em línguas na assembleia (14:1-25), a prova de um carisma na comunidade carismática é o seu benefício para a comunidade em geral.[1003]

Essas considerações bíblicas, por parte de renomados exegetas, a maioria não carismática, em nossa sistemático-pentecostal tem um propósito muito definido: evidenciar que nenhum teólogo precisa ser carismático, pentecostal clássico, ou carismático-pentecostal, para reconhecer o que está explícito nas Escrituras. No "Novo Testamento, também, a realidade específica da atuação do Espírito Santo não é uma questão de meras suposições", ou seja, o "conforto (consolação) do Espírito Santo era um fator muito importante no crescimento da Igreja Primitiva (Atos 9.31)". Eles não "precisavam adivinhar se Ele estava presente ou não", pois "sabiam" e estavam certos, visto que o "Espírito Santo fornecia o calor, a dinâmica e a alegria que caracterizavam todo o movimento do evangelho no primeiro século", e toda e qualquer área da "vida diária dos crentes, inclusive seu trabalho e sua adoração, era dedicada a Cristo Jesus como Senhor e estava sob a orientação do Espírito Santo". Contudo, ressaltemos que tal "não significa, é claro, que a própria mente ou inteligência deles não desempenhava algum papel, pois não eram movidos exclusivamente pela emoção". Não obstante, a "emoção realmente tinha 'um lugar vital, que a ênfase exagerada de muitos protestantes dos nossos dias não aprecia adequadamente'",[1004] diz o teólogo pentecostal Stanley Horton. O mesmo teólogo estadunidense afirma ainda aquilo que já temos dito, que, na verdade, o que se esperava deles era "que perscrutassem

---

1003 DUNN. *A teologia do apóstolo Paulo*, p. 630-1.
1004 HORTON. *O que a Bíblia diz sobre o Espírito Santo*, p. 9.

776 | TEOLOGIA SISTEMÁTICO-CARISMÁTICA

as Escrituras; aceitassem provas razoáveis, e que fossem homens maduros no entendimento (pensamento)", conforme os textos de "1Coríntios 14.20; Atos 17.11; 28.23". Ainda assim, tal exercício deveria ser feito por alguém que cria e tinha experiências com o Espírito Santo, e "a totalidade da sua vida e adoração cristãs transcendiam a dimensão meramente natural e humana", isto é, a "dimensão sobrenatural fazia parte da totalidade da experiência", visto que, na "vida diária, não procuravam realizar algumas coisas no nível humano e outras no nível espiritual", não existia tal dicotomia, motivo por que as "qualidades que precisavam, a fim de trabalhar juntos e testemunhar mediante suas próprias vidas, não eram dádivas comuns, mas o fruto do Espírito (Gálatas 5.22,23)". Portanto, jamais "supunham que se uma pessoa se esforçasse suficientemente, poderia viver uma vida virtuosa e agradar a Deus". Eram os seguidores do Caminho conscientes de "que precisavam da constante ajuda do Espírito", e tal pensamento era até mesmo doxológico, refletindo-se na "adoração", pois "sabiam que eram totalmente insuficientes em si mesmos para louvar e glorificar o Senhor". Daí a forma natural com que encaravam "cânticos e orações no Espírito, dons e ministérios do Espírito (1Coríntios 14.15,26)", e tal "experiência pessoal no Espírito Santo continua sendo uma das marcas registradas do cristianismo",[1005] instrui o mesmo teólogo pentecostal estadunidense. O mesmo autor converge com a opinião de Dunn, por exemplo, ao tratar dos "dons de curas", dizendo que "o Espírito Santo não torna os homens curadores", ou seja, não se trata de um "poder residente", pois a terceira Pessoa da Trindade "providencia um novo ministério de cura para cada necessidade, à medida que ela surge na Igreja". Portanto, ninguém pode alegar possuir "um reservatório de dons de cura dentro de si mesmo, mas um novo dom para cada enfermo a quem ministrava", pois, inclusive, não existe "evidência de que os apóstolos conseguiam curar sempre quando se sentiam dispostos, mediante algum poder residente de cura".[1006] É assim que, de acordo com James Dunn,

> Relacionado com isso, temos o caráter do carisma como uma realização ou encarnação da *charis*, "graça divina". É isso o que torna o corpo da comunidade cristã o corpo de *Cristo*. Para Paulo o *charisma* arquetípico foi o ato gracioso de Cristo na cruz. Foi este fato fundamental que

---

1005 Ibid., p. 10.
1006 Ibid., p. 297-8.

CAPÍTULO 4 – Pneumatologia | 777

permitiu a Paulo transformar uma imagem política para expressar sua visão de uma comunidade concebida e unida de outra maneira, isto é, no corpo de *Cristo*, a comunidade carismática. Em outras palavras, na visão que Paulo apresenta em Rm 12 e 1Co 12—14, o corpo de Cristo só podia funcionar como tal, se as palavras e as ações que pretendiam ser carismas de fato expressassem o caráter do ato gratuito da graça de Cristo na cruz, realizado no poder dessa graça, sem motivação egoísta, a serviço de Deus e em benefício dos outros. Algo semelhante segue da repetida ênfase de Paulo em 1Co 12:4-11 a respeito do carisma como dado pelo Espírito, uma vez que para Paulo o Espírito agora era "o Espírito de Cristo".[1007]

Esse ponto em especial precisa ser devidamente explicado na linguagem paulina; caso contrário, ele serve muito bem a uma agenda que quer subsumir a terceira Pessoa da Trindade, minimizando sua importância enquanto disfarça que essa ação exalta a Cristo. Ao longo da história, essa foi, inclusive, a desculpa para não se considerar o Espírito Santo na construção do edifício teológico. Conquanto o apóstolo dos gentios não trate "diretamente da questão da natureza pessoal do Espírito, há duas passagens que deixam claro que ele entendia o Espírito em termos pessoais, intimamente associado a Deus, mas distinto dele".[1008] O exegeta carismático-pentecostal Gordon Fee diz que em "1Coríntios 2.10-12, Paulo usa a analogia da consciência interior humana (somente o 'espírito' da pessoa conhece a sua mente) para insistir que só o Espírito conhece a mente de Deus". Ocorre que, de acordo com a reflexão do autor, nesse texto "está em questão a tremenda má compreensão que os coríntios tinham sobre o Espírito, o que, por sua vez, levou a uma tremenda reavaliação da cruz (na verdade, sua desvalorização)". Tendo, então, procedido com uma defesa da "centralidade da cruz (1.18—2.5), Paulo propõe-se a demonstrar que o Espírito, que os crentes coríntios tinham recebido como fonte dos dons sobrenaturais (1Co 12—14; cf. 1.5-7), tem de ser entendido, antes de tudo, como aquele que revela o mistério de Deus até então oculto", isto é, "a 'loucura' e a 'fraqueza' da crucificação são a expressão final da sabedoria e do poder de Deus".[1009] Mas é preciso captar que o "interesse de Paulo

---

1007 DUNN. *A teologia do apóstolo Paulo*, p. 631.
1008 FEE. *Exegese? Para quê?*, p. 376.
1009 Ibid., p. 377.

778 | TEOLOGIA SISTEMÁTICO-CARISMÁTICA

com a analogia de 1Coríntios 2.10,11 não é ontológico (que Deus é como nós em seu ser, em que ele tem um 'espírito'), mas epistemológico (como conhecer o mistério da cruz que estava oculto nas 'profundezas de Deus')". Portanto, o que apóstolo dos gentios "quer dizer é que só pela autorrevelação podemos penetrar na consciência de outrem", e a "analogia é interrompida exatamente no ponto da ontologia, mas com respeito à nossa, e não a de Deus", ficando "claro na pneumatologia de Paulo [...] que o *locus* do Espírito de Deus não é algo interior a Deus como modo de expressar a autoconsciência, mas algo 'exterior' a Deus, no sentido de que o Espírito habita no povo de Deus e entre eles". Isso mostra que o "propósito de Paulo usar a analogia tem a ver com revelação pura e simples", de modo que, em termos diretos, completa o mesmo exegeta, o "Espírito que os coríntios vieram a entender de maneira triunfalista tem de ser, mais exatamente, entendido como fonte de o terem entendido corretamente em relação à cruz (como sabedoria de Deus) e de viverem a vida de forma cruciforme, como faz o seu caluniado apóstolo (o que é exatamente o ponto de 1Co 4)".[1010] Numa palavra, por meio "dessa analogia, Paulo deduz o mais próximo tipo de relação entre Deus e o Espírito", pois somente o Espírito "penetra todas as coisas", até "as profundezas de Deus (1Co 2.10)" e, por conta "dessa relação única com Deus, só o Espírito conhece e revela a sabedoria oculta de Deus (2.7)". Por isso, o "que é importante para o nosso propósito é que a linguagem presume personalidade da maneira mais direta", pois diz claramente que o "Espírito 'penetra, conhece, revela e ensina' sobre a 'mente de Deus', de modo que, tendo recebido o Espírito, 'temos a mente de Cristo', conclui Paulo (2.16)". Mas aqui, como já dissemos anteriormente, "estamos lidando com mistérios divinos", e, mesmo com muita cautela, "há pouca dúvida sobre Paulo ver o Espírito distintamente de Deus", ao passo que, "ao mesmo tempo, o Espírito é a expressão interior da personalidade do Deus invisível e a manifestação visível da atividade de Deus no mundo".[1011] Outro texto paulino mostra a pessoalidade do Espírito, diz Fee:

> Ainda mais significativamente, em Romanos 8.26,27, a mesma realidade é expressa em sentido inverso. Agora é Deus quem *conhece a mente* do Espírito. A passagem ocorre ao final de um fluxo súbito

---

1010 Ibid.
1011 Ibid., p. 377-8.

e extraordinário de compostos σύν- que expressam nossa relação com o Espírito e com Cristo (e inclui a criação, agora sujeita, que se une a nós no "gemer" na presente existência escatológica do "já/ ainda não"). Em 8.16, Paulo declarou que o Espírito "testifica juntamente [συμμαρτυρεî] com nosso espírito que somos filhos de Deus" (tradução minha). Agora, imediatamente depois do breve, mas teologicamente significativo interlúdio que descreve nossa atual existência em fraqueza (8.18-25), Paulo conclui com esta palavra final sobre nossa vida presente como vida no Espírito: "Da mesma maneira [assim como o Espírito testifica com o nosso espírito], o Espírito também se junta conosco para nos ajudar [συναντιλαμβάνεται] em nossas fraquezas, intercedendo de dentro de nós com gemidos inexprimíveis" (8.26, tradução minha). O interesse de Paulo é mostrar a absoluta suficiência e adequação dessa oração no Espírito. A eficácia dessa intercessão está no fato de que Deus, que examina os nossos corações, "conhece a mente do Espírito" (8.27, tradução minha), que está intercedendo por nós κατὰ θεόν (de acordo com Deus!).[1012]

O raciocínio de Gordon Fee caminha no sentido de mostrar que, assim como seria inconcebível dizer que, por causa dessa atuação da *presença extraordinária* do Espírito, nos transformamos nele ou vice-versa, da mesma forma diluí-lo em uma das outras duas Pessoas da Trindade não faz sentido. Por isso, Paulo mostra a dialética entre o Espírito conhecer a mente de Deus e este igualmente conhecer a mente do Espírito. É assim que não apenas "o mesmo Espírito (αὐτὸ τὸ πνεῦμα) intercede em favor dos santos (atividade muito pessoal, destaquemos), mas os santos podem ter plena confiança em tais orações, mesmo que não compreendam as palavras, porque *Deus conhece a mente do Espírito, de modo que o Espírito intercede de acordo com Deus*". Portanto, é necessário não deixarmos de notar "o significado da frase para o entendimento de Paulo sobre o Espírito: é pessoal (o Espírito intercede, Deus conhece a mente do Espírito) e 'distinto de' Deus Pai". Assim, afirma o mesmo exegeta carismático-pentecostal: no que se refere "a Romanos 8:26,27, é de suma importância observar que, em algumas frases mais adiante (8:34), Paulo menciona a atual atividade intercessora de Cristo em nosso favor". Dessa forma, ao passo que "o Espírito intercede de 'dentro de nós' (cf. 8:9,15), Cristo, em

---

1012 Ibid., p. 378 (grifo no original).

780 | TEOLOGIA SISTEMÁTICO-CARISMÁTICA

sua exaltação, intercede por nós 'à direita de Deus'". Portanto, a "colocação de textos intercessores, um pelo Espírito (de dentro do peito humano) e o outro por Cristo (à direita do Pai), acaba com a ideia de que Paulo identificou o Cristo ressurreto com o dom do Espírito Santo".[1013] De outra forma, o mesmo autor chama a atenção para o fato de que "esta é a questão crucial", pois "em três ocasiões, quando está em questão a presença do Cristo ressurreto com ele, Paulo pronta e livremente denomina o Espírito de Deus de 'o Espírito de Cristo [Jesus]' (Rm 8:9; 'o Espírito de seu Filho', Gl 4:6; 'o Espírito de Jesus Cristo', Fp 1:19)". Portanto, mesmo "que tal uso diga algo mais cristologicamente do que pneumatologicamente, o que ele diz sobre o Espírito é significativo, uma vez que, nesse caso, há uma chave importante para o que Paulo entende trinitariamente sobre Deus". Como "ele insiste em outros textos, há um só Espírito (1Co 12:4,9; Ef 4:4)". Todavia, "como o seu uso em vários contextos torna claro, um só Espírito é o Espírito tanto do Pai quanto do Filho", mas que fique certo: o "ponto crucial é que o recebimento do Espírito é a maneira como Paulo experimenta e relaciona-se com o Pai e com Cristo". Nesse caso, é "difícil minimizar o significado dessa realidade para entendermos o trinitarismo latente de Paulo". E é justamente a fim de exortar aqueles "crentes gentios que são tentados a relacionar-se com Deus por meio da observância (impessoal) da Torá", diz o mesmo autor, que "Paulo assevera que o Filho de Deus que o amou e se entregou por ele (tempo passado) também vive nele (tempo presente), de modo que ele está morto com respeito à Torá e vivo com respeito a Deus (Gl 2:19,20)". Da mesma maneira, "Romanos 8:9,10 deixa igualmente claro que a expressão 'Cristo vive em mim' é abreviatura paulina para 'o Cristo ressurreto vive em mim pelo seu Espírito (i.e., pelo Espírito de Deus, que também é o Espírito de Cristo')".[1014] Essa forma tipicamente paulina de intercambiar o Espírito não é, reiteramos, ontológica, mas epistemológica.

Justamente por isso, da mesma forma "como Paulo sabe que Deus está pessoalmente com ele pela experiência que tem com o Espírito, assim também quando Paulo fala que Cristo vive em mim/vós/vossos corações (como faz em cinco ocasiões [Rm 8:10; 2Co 13:5; Gl 2:20; Ef 3:17; Cl 1:27])", completa o mesmo autor, o apóstolo dos gentios refere-se "a algo que também é realizado

---

1013 Ibid., p. 378-9 (grifo no original).
1014 Ibid., p. 379.

pelo Espírito", e tal não é algo de pouca monta para aceitarmos a veracidade do amplo entendimento que Paulo tinha sobre Deus como Salvador". Sobretudo pelo fato do que isso comunica "em termos do nosso entendimento do Espírito, é igualmente importante, uma vez que essa combinação de realidades (que o Espírito de Deus é igualmente o Espírito de Cristo) significa que", completa o mesmo exegeta carismático-pentecostal, "assim como Cristo colocou um rosto humano em Deus, por assim dizer, assim também colocou um rosto humano no Espírito". Portanto, "não podemos pensar no Espírito como algo 'impessoal', uma emanação de Deus", pois daqui por diante "o Espírito de Deus tem de ser conhecido como o Espírito de Cristo", ou seja, "Ele é a própria presença pessoal de Cristo conosco e em nós durante nossa atual existência entre os tempos".[1015] Assim, se o que James Dunn quer dizer, ao defender que Paulo chama o Espírito Santo de "Espírito de Cristo", é que "o Espírito como o Cristo ressurreto está continuamente presente com o seu povo, não há objeções a serem levantadas", esclarece Gordon Fee. Este diz que é justamente "assim que entendemos que Deus Pai está conosco", mas, por outro lado, a "linguagem na literatura sugere muito mais do que isso, aproximando-se muito da identificação completa, de modo que 'distinto de' fica quase totalmente perdido na retórica da identificação".[1016] Há que se entender, portanto, que citamos a expressão de James Dunn, mas asseguramos que o Espírito Santo pode ser chamado de "Espírito de Cristo" nos termos explicitados pelo exegeta carismático-pentecostal Gordon Fee, jamais querendo com isso anular a identidade, pessoalidade e individualidade da terceira Pessoa da Trindade. Dunn está de acordo com esse ponto, mas, em razão do que Fee acabou de dizer acerca de a literatura utilizar a expressão deixando intuída tal subsunção, entendemos que é importante esclarecer, pois, ocorrendo mais vezes o termo ao longo do texto, é preciso ter claro que ele se refere à presentificação de nosso Senhor Jesus Cristo, não a uma negação do Espírito Santo. Na verdade, Dunn trata a "comunidade carismática" e cita a metáfora paulina de esta ser um corpo, afirmando claramente que, sem o Espírito, ela jamais existiria e "funcionaria" (1Coríntios 12:12-31). O autor ainda diz que o "caráter dinâmico do corpo de Cristo, conforme visto por Paulo, também é expresso na sua imagem de todos batizados em um

---

1015 Ibid., p. 379-80.
1016 Ibid., p. 376.

782 | TEOLOGIA SISTEMÁTICO-CARISMÁTICA

Espírito para formar um só corpo (1Co 12:13)", e que, seja como for "que se relacione com o batismo como tal, está claro que a imagem é iniciatória", ou seja, "batizados para formar um só corpo". Certamente "Paulo aqui leva sua imagem do batismo no Espírito ao centro da discussão sobre os carismas e o corpo de Cristo", deixando "claramente implícita a ideia de que ter sido batizado no Espírito é ter sido iniciado na condição de membro operante do corpo". Contudo, "'Batismo no Espírito' para Paulo, podemos dizer, não era outra coisa senão iniciação, mas tratava-se de iniciação para ser membro carismático da comunidade carismática". Isso significa que, completa o mesmo autor não carismático, "para o próprio Paulo, conversão também era compromisso, iniciação também era vocação, batismo no Espírito também era receber a graça para o ministério".[1017]

Nesse ponto, a reflexão do teólogo metodista britânico acerca da perspectiva carismática do apóstolo dos gentios converge totalmente com o que discutimos desde o início de nossa jornada panorâmica em analisar os resultados da *presença extraordinária* do Espírito Santo nas Escrituras. A capacitação carismática tem a finalidade precípua de habilitar os seres humanos para a realização de nossa parte dentro da economia divina no transcurso da história da salvação. Contudo, é preciso compreender que a relação entre humanidade e Deus, seja para judeus, seja para gentios, mudou radicalmente. Justamente por isso, ao falar da iniciação no corpo de Cristo, bem como tornar-se carismático, não havia, como quase praticamente não há para todas as doutrinas da fé cristã, uma nomenclatura e/ou expressões que conseguissem reproduzir o que estava acontecendo, e "a diversidade de imagens era a tentativa de expressar uma realidade que não se prestava a descrição uniforme ou unifacetada". Se alguém quer cobrar da tradição carismático-pentecostal clareza no uso de suas terminologias, certamente cometeria uma injustiça por cobrar "Paulo (e outros autores do NT) de incoerência ou pensamento contraditório". Devemos fazer exatamente o oposto, que é "ver nas variadas (e analiticamente confusas) imagens uma indicação da espécie e da amplitude de experiências atribuídas ao Espírito e de como os primeiros cristãos lutavam para encontrar uma conceituação apropriada para descrevê-las".[1018] E qual é a razão dessa dificuldade, inclusive

---

1017 DUNN. *A teologia do apóstolo Paulo*, p. 632-3.
1018 Ibid., p. 487.

canônica, para falar da ação da *presença extraordinária* do Espírito Santo? James Dunn responde de forma honesta e direta que tal se dá por algo "pouco apreciado". Na verdade, pode-se dizer que se trata de um "fato adicional, já implícito, de que, quando falamos do Espírito na teologia bíblica, estamos falando, em primeiro lugar, sobre *experiência*". Em termos diretos, muito antes de ser "um assunto de crença ou dogma, o Espírito foi um fato experiencial",[1019] e este, como já falamos anteriormente, desde sempre é o grande problema com a pneumatologia. Trata-se de um problema duplo: é bom recordar, primeiro, a exposição e a humilhação pretensiosa da teologia racionalista e catafática, que, por não conseguir captar o Espírito e encerrá-lo em um manual, deixa evidente que seu "sucesso" em outras áreas, em que ela teologiza visões filosóficas, impostas às Escrituras, pode ser a qualquer momento descontruído; segundo, o inegável fato de que, sem conseguir dominar teoricamente o Espírito, só resta a anatematização dos que, alcançados pela *presença extraordinária* dele, experimentam exatamente tudo aquilo que os carismáticos, quer do Antigo Testamento, quer do Novo Testamento, vivenciaram. O mesmo teólogo metodista britânico diz que o próprio "termo original *ruah* denota o sopro da vida, a força vital de Deus", visto que o termo "foi concebido como um poder animador, análogo ou mesmo contínuo com a força do vento forte, um poder que poderia revigorar e ser revigorado em circunstâncias excepcionais", e que, semelhante "à gama de uso era evidentemente o sentido de força invisível, misteriosa, terrível", pois a "própria palavra (*ruah*) é onomatopeica — o som do vento"; por isso, "cunhada, *ruah* se tornou denominador comum para denotar experiências análogas ao mistério, ao poder de outro modo, incluindo um sentido da qualidade numinosa da própria vida".[1020]

Tais experiências, de acordo com o teólogo metodista britânico, eram acolhidas por uma razão óbvia: "a convicção de que era pelo Espírito que a interpretação correta das escrituras seria possível", ou seja, nada tinha com interpretação científica, literal ou algo equivalente, mas, sim, a exegese carismática é que proporcionava justamente a segurança de que tais experiências eram legítimas e verdadeiras, conforme é possível entrever na

---

1019 DUNN, James D. G. *Teologia do Novo Testamento: uma introdução* (Petrópolis: Vozes, 2021), p. 61.
1020 Ibid.

784 | TEOLOGIA SISTEMÁTICO-CARISMÁTICA

"passagem principal sobre o assunto (2Co 3)", em que "Paulo coloca o poder vivificante do Espírito contra o efeito distributivo da morte da antiga aliança tomada em um nível superficial (a 'carta' visível) (3:3-6)", explica o mesmo autor. Este ainda diz que, após isso, Paulo "prossegue explicando Êx 34 no sentido de que só quando alguém se volta para o Espírito ('o Senhor, o Espírito') é removido o véu que impede a compreensão adequada do significado da antiga aliança (3:12-18)".[1021] O texto, *per se*, não pode promover tal iluminação, pois está carregado de interpretações e exegeses estranhas à dinâmica da revelação, bem como à lógica da fé. Portanto, a fim de compreendê-lo, a experiência com o Espírito Santo é pré-requisito, não uma ação complementar. É assim que, conforme temos insistido, somente os que creem na ação da *presença extraordinária* do Espírito Santo estão aptos a compreender a importância da experiência para a caminhada de fé e também para o labor teológico. Se, por um lado, falta essa vivência e compromisso, não se pode esperar que haja compreensão da necessidade de considerar a experiência com o Espírito para se fazer uma exegese carismática, mas, por outro lado, isso sinaliza a inegável verdade de que temos muito a fazer na tradição carismático-pentecostal, levando a sério e colocando em prática o que se vivia em tempos neotestamentários, inclusive pelo apóstolo dos gentios. James Dunn diz que não apenas Paulo, mas outros escritores também a praticaram, pois o "que 2Pedro indicou foi, sem dúvida, uma convicção geralmente mantida dentro do cristianismo primitivo de que para interpretar apropriadamente a Escritura era necessário receber a mesma inspiração que tinha produzido a profecia (2Pe 1:21)". Portanto, como "um princípio mais geral, foi o dom do Espírito, segundo Paulo, que capacitou os primeiros fiéis a compreenderem os dons que Deus lhes concedeu, a interpretar verdades espirituais e a discernir a vontade de Deus e as coisas que importam".[1022] A experiência com o Espírito Santo era condição *sine qua non* para a compreensão das Escrituras hebraicas, pois somente ela desarmava as interpretações cristalizadas, mas distantes do que o texto realmente significa, abrindo inúmeras possibilidades para que as Escrituras hebraicas nutrissem as novas gerações com sentidos que jamais poderiam ser descobertos e/ou percebidos nas tradições rabínicas.

1021 Ibid., p. 60.
1022 Ibid., p. 60-1.

"Portanto, o dom do Espírito é um fator, se não o *fator dinâmico*, nos primórdios do cristianismo", sendo "tão fundamental e determinante para a teologia do Novo Testamento quanto à revelação de Jesus Cristo".[1023] Se tal não se trata de exagero do autor, o que não teria sentido, pois, como já temos dito, os interesses dele não são exatamente os mesmos que os nossos, o que é praticado há mais de um século na tradição carismático-pentecostal é não apenas correto, mas a única forma de ser fiel ao que o Espírito Santo desde sempre quer dizer.

— A presença extraordinária do Espírito Santo em Lucas-Atos —

É ponto pacífico afirmar, como o fizemos acima ao nos referir ao período intertestamentário, que houve quatro séculos de "silêncio profético" entre o último profeta canônico veterotestamentário e o início do "Novo Testamento". Igualmente já falamos sobre a diferença entre "Novo Testamento" como documentos e produto literário e "Novo Testamento" como mudança paradigmática, determinada por Deus, visto ser parte da história da salvação. Talvez tenha soado estranho o período intertestamentário ser abordado dentro do subtópico "O Espírito Santo no Novo Testamento" e também emendar falando do apóstolo Paulo no mesmo bloco. Na verdade, assim o fizemos para mostrar a relação de Paulo com as Escrituras hebraicas como fariseu, posteriormente convertido a Cristo, e o impacto da experiência em sua forma de ler e interpretar o Texto Sagrado.[1024] Também o fizemos pelo fato de que os documentos paulinos, sobretudo o primeiro e mais antigo do conjunto das Escrituras neotestamentárias, é a Primeira Epístola aos Tessalonicenses, e nela o apóstolo dos gentios já trata acerca da experiência carismática como produto da *presença extraordinária* do Espírito Santo, transmitindo ensinamentos imprescindíveis nesse particular. Na verdade, assim como Paul Tillich, F. F. Bruce diz que a "doutrina do Espírito Santo" é não apenas importante para Paulo, mas "central no ensino" do apóstolo dos gentios, e que, somando-se ao "ensino geral dos primeiros cristãos", completa o biblista escocês, "que Paulo recebeu, ele faz pelo menos duas contribuições distintas: a) o Espírito Santo é a garantia atual da ressurreição e glória futuras e b) é no Espírito Santo que o

---

1023 Ibid., p. 61.

1024 Quem se interessar em conhecer mais acerca dessa perspectiva pode consultar o capítulo 16, "A experiência religiosa e do Espírito como instrumentos de transformação da forma de crer e de pensar", p. 371-406, de CARVALHO. *Pentecostalismo e pós-modernidade*.

786 | TEOLOGIA SISTEMÁTICO-CARISMÁTICA

povo de Deus foi batizado em uma entidade coletiva".[1025] Qual seria esse "ensino geral dos primeiros cristãos" acerca do Espírito Santo a que Paulo teria somado suas contribuições distintas? A "pista", sem dúvida, está na obra de Lucas-Atos. O terceiro Evangelho sinóptico é a primeira parte de uma obra composta pelo único autor neotestamentário, quiçá da Bíblia, não judeu de que se tem notícia. A despeito de sua origem helenística, Lucas é provavelmente o Evangelista mais dependente do Antigo Testamento. Vêm de sua pena as narrativas que, em nossa perspectiva, desafiam a concepção do "silêncio profético" no período intertestamentário. Já mostramos a verdade de que, conforme disse o próprio Senhor Jesus Cristo, a "lei e os profetas duraram até João" [Batista] (Lucas 16:16a). Portanto, *após* o ministério do Batista, isto é, com a manifestação pública do Messias, tem-se, então, a instauração do reino de Deus, como mostrou o Filho de Deus aos discípulos do profeta encarcerado (Lucas 7:18-23). Antes, porém, de tudo isso acontecer, Lucas diz que, na apresentação de Jesus, dois idosos — Simeão e Ana — mostraram que o tal "silêncio profético" certamente é verdadeiro no que diz respeito à profecia canônica, mas incorreto do ponto de vista da *presença extraordinária* do Espírito Santo, pois a Simeão foi revelado que ele não morreria sem que antes visse o Messias, e Ana, por sua vez, era profetisa (Lucas 2:25-38). Quando tal revelação aconteceu ao velho Simeão e em que período a profetisa Ana, viúva, de "quase oitenta e quatro anos", exerceu seu ministério? Sem dúvida, no chamado período intertestamentário. Portanto, se é fato que Deus não levantou nenhum profeta canônico e literário, por outro lado, a *presença extraordinária* do Espírito Santo, como sempre, manifestou-se e não deixou de proporcionar experiências individuais com o Criador.

Antes, porém, de tratarmos detidamente acerca do texto lucano, é importante esclarecer que, pelo fato de a cristologia ser objeto do capítulo seguinte, toda a riqueza do ministério de nosso Senhor Jesus Cristo, dirigido pelo Espírito Santo, não será aqui abordada. Contudo, é importante, ao menos para melhor compreensão do que temos a expor adiante, ter em mente algumas características em relação aos Evangelhos como documentos neotestamentários. A primeira delas é o fato de que tradicionalmente o de Marcos, com 16 capítulos, é considerado o mais antigo de todos, entre

---

1025 Bruce, F. F. *Paulo, o apóstolo da graça: sua vida, cartas e teologia* (São Paulo: Shedd, 2003), p. 416.

os Sinópticos e o Quarto Evangelho, sendo, inclusive, considerado como o criador do gênero literário "evangelho" e fonte para os demais.[1026] Eusébio de Cesareia informa que, no início do século 2, Papias, bispo de Hierápolis, falando acerca de Marcos, o primeiro Evangelista, diz que "Marcos, sendo o intérprete de Pedro, tudo o que registrou, escreveu-o com grande exatidão, não, entretanto, na ordem em que foi falado ou feito por nosso Senhor, pois não ouviu nem seguiu nosso Senhor, mas, conforme se disse, esteve em companhia de Pedro, que lhe deu tanta instrução quanto necessária, mas não para dar uma história dos discursos de nosso Senhor. Assim, Marcos não errou em nada ao escrever algumas coisas como ele as recordava; pois teve o cuidado de atentar para uma coisa: não deixar de lado nada que tivesse ouvido nem afirmar nada falsamente nesses relatos".[1027] Já tratamos suficientemente a respeito da oralidade e de sua importância no mundo antigo, em que a população era predominantemente "iletrada". Mesmo assim, é importante ter claro o fato de que "as narrativas antigas eram *agidas* em uma espécie de drama total, e não somente recitadas".[1028] Portanto, o método, em muitos casos e/ou socie-

---

1026 "Embora a anterioridade de Marcos seja pressuposta de modo geral, um caso substancial em favor da anterioridade de Mateus também tem sido defendido, persistentemente, e essa posição obteve considerável apoio nas últimas décadas do século 20" (BOLT, Peter G. "O Evangelho de Marcos" in: MCKNIGHT; OSBORNE [orgs.]. *Faces do Novo Testamento*, p. 417). Quanto ao fato de Marcos estabelecer um novo gênero literário, Roger Stronstad registra: "Embora tenha algumas semelhanças com as biografias, memórias e narrativas da sua época, o Evangelho de Marcos constitui-se em um novo gênero literário distintamente cristão" (STRONSTAD, Roger. *Hermenêutica pentecostal: Espírito, Escritura e teologia* [Natal: Carisma, 2020], p. 53).

1027 PAPIAS, apud EUSÉBIO DE CESAREIA (263-340 d.C.). *História eclesiástica* (Rio de Janeiro: CPAD, 1999), livro 3, cap. XXXIX, p. 118-9.

1028 BOURDIEU, Pierre. *O senso prático*, 3. ed. (Petrópolis: Vozes, 2013), p. 161. Roger Stronstad, explicando as práticas primevas do cristianismo nascente, fala de algo parecido, pois diz que em "Atos dos Apóstolos, Lucas relata várias práticas ou costumes entre os primeiros cristãos. Isso não causa surpresa, pois o cristianismo nasceu do judaísmo, com seu legado de costumes religiosos. Com o passar do tempo, o cristianismo separou-se do judaísmo e estabeleceu a própria identidade, mantendo, no entanto, muitas características essenciais da *práxis* religiosa própria do judaísmo. Por saberem que Jesus era o sacrifício definitivo pelos pecados, os discípulos abandonaram a dimensão sacrificial da adoração. No entanto, continuaram a perpetuar práticas ou costumes, como definir horários para orações, um encontro regular para adoração, batismo de convertidos, refeições comunitárias etc. Essas práticas foram reconhecidas como compatíveis com a expressão de suas novas vidas na era messiânica e, a exemplo da transformação da refeição da Páscoa em ceia do Senhor, foram convertidas e adaptadas à nova realidade cristã. Conforme reportado em Atos, as práticas da igreja primitiva incluíam: (1) estabelecer uma liderança apropriada para a comunidade, (2) batismo nas águas, (3) refeições comunitárias, (4) reuniões regulares, (5) imposição de mãos, (6) profecia como parábola encenada e, como alguns intérpretes acrescentariam,

788 | TEOLOGIA SISTEMÁTICO-CARISMÁTICA

dades, ia além da repetição das narrativas, sendo estas até mesmo encenadas na realidade. É indiscutível quanto, didaticamente falando, tal recurso era eficaz e proporcionava a memorização do conteúdo e, consequentemente, familiaridade com a narrativa, sendo muito mais difícil se propagar uma versão alternativa ou "revisionista". Assim, conforme já dissemos, à parte da inspiração, temos por si só o conhecimento de que, diferentemente e de maneira contrária do que sempre foi dito, o exercício da oralidade no mundo antigo, longe de corromper o conteúdo, mostra claramente que, quanto mais ele era propagado, tanto mais se assegurava sua integridade. Evidentemente que, conforme veremos adiante, sobre a "narrativa" especificamente, há um fator que poderia soar desfavorável. Contudo, em se tratando das Escrituras, os escritores falavam/escreviam debaixo da inspiração do Espírito Santo (2Pedro 1:21). Nesse sentido, é importante saber que os "evangelhos relatam, como todos sabem, a história de Jesus em 'perícopes', breves cenas, que não só compõem sua história compendiada", mas também "cada uma dessas cenas já contém a história e a figura de Jesus como um todo", explica o teólogo alemão Günther Bornkamm. Este acrescenta que "Nenhuma delas precisa ser explicada pelos acontecimentos que a precedem, assim como nenhuma se dirige a eventos que virão mais tarde, nos quais a seguir se desdobrará o passado".[1029] É importante manter claro que, a despeito de os eventos terem ocorrido muito antes de quaisquer outros relatados no Novo Testamento, sua produção, como texto, aparece muito posteriormente.

É inevitável a qualquer pessoa, quer estudante de teologia, quer não, perguntar a razão de haver quatro Evangelhos na primeira seção do cânon neotestamentário. Em vez de considerarmos essa questão, é interessante saber que, antes de se tornar um texto, houve duas fases do que está relatado nos Evangelhos: 1) acontecimento ou, nas palavras de Bruno Forte, "experiência fontal" e 2) pregação, anúncio ou querigma. Tomando o Evangelho

---

(7) falar em línguas" (STRONSTAD, Roger. *Teologia lucana sob exame: experiências e modelos paradigmáticos em Lucas-Atos* [Natal: Carisma, 2018], p. 54). Acerca da penúltima prática — "profecia como parábola encenada" —, o mesmo autor diz que o "termo realça uma ação com a palavra falada. Assim, o fato de o véu do templo se rasgar em dois quando Jesus morreu significa que Deus abriu um caminho em sua presença. Outro exemplo seria Ágabo e Paulo no fim da terceira viagem missionária. Ágabo toma o cinto de Paulo e amarra Paulo com ele. Essa amarração profetiza o destino final do apóstolo em Jerusalém. Esses exemplos são chamados de parábolas encenadas, que podem ou não ter uma explicação verbal" (ibid.).

1029 BORNKAMM, Günther. *Jesus de Nazaré* (São Paulo: Teológica, 2005), p. 51-2.

de Lucas, por exemplo, desde o primeiro acontecimento, isto é, as narrativas da infância até a ascensão, temos aproximadamente 33/34 anos de cobertura "incompleta" das experiências que se deram no início da era cristã em Israel. Considerando as divergências em torno da datação do processo de escrita dos Evangelhos, temos, no mínimo, um período de propagação igual ou superior aos anos de acontecimentos considerados ao menos por Mateus e Lucas, pois são os únicos a relatarem as narrativas da infância (Mateus 1:18—2:23; Lucas 1:26—2:52). Tal verdade é basilar e reconhecida pelo teólogo pentecostal Antonio Gilberto, ao afirmar que os Evangelhos, "a princípio, foram propagados oralmente", visto que, depois da "ascensão do Senhor Jesus, os apóstolos pregaram por toda parte sem haver nada escrito", diz o mesmo autor. Antonio Gilberto afirma que a "Bíblia [deles] era o Antigo Testamento", conforme já dissemos no segundo capítulo. Contudo, "o grupo de apóstolos diminuiu", mas o "Evangelho espalhou-se" e, com isso, veio "a necessidade de reduzi-lo à forma escrita para ser transmitido às gerações futuras", o que, obviamente, tratava-se do "plano de Deus em marcha".[1030] Dissertando acerca desse mesmo aspecto, Bruno Forte diz que ele pode ser dividido em dois estágios principais: "a *experiência fontal* e sua sucessiva formulação mediante *narrativa* e *argumentação*".[1031] Em sua consideração, o teólogo italiano contempla praticamente a totalidade das Escrituras neotestamentárias, ou seja, os Evangelhos — classificados por ele como "narrativa" — e as Epístolas — denominadas de "argumentação". O mesmo autor explica que a "*experiência fontal* foi a experiência de um encontro" e, por isso mesmo, "enquanto 'experiência', é conhecimento direto e cheio de riscos (*ex-perior* reenvia a *peritus*, o conhecedor direto, e a *periculum*, o risco, a prova), pode-se dizer que ela acontece mediante os homens das origens cristãs, naquele que eles, no sentido bíblico de plenitude, chamaram de o 'terceiro dia' (cf. 1Co 15:4 e Os 6:2)".[1032] Tal é assim pelo simples fato de que, "na experiência da revelação", explica Bruno Forte, tudo possui "caráter histórico e pessoal: é a história eterna das divinas Pessoas que se manifesta e comunica a pessoas humanas, alcançando-as e acolhendo-as na

---

1030 SILVA. *A Bíblia através dos séculos*, p. 59-60.
1031 FORTE, Bruno. *A teologia como companhia, memória e profecia* (São Paulo: Paulinas, 1991), p. 80.
1032 Ibid.

790 | TEOLOGIA SISTEMÁTICO-CARISMÁTICA

concretude de sua história, para abri-las a novo início em suas vidas e na história do mundo".[1033] Assim, após alcançados, os "que viveram a experiência fontal sentem a necessidade de anunciá-la a outros", isto é, tal "necessidade se traduz em empenho e palavra: nasce assim a *formulação* da experiência fontal, que é o processo de formação dos textos do Novo Testamento", cujo objetivo é certamente "levar à palavra a experiência do encontro, que mudou a vida dos homens das origens cristãs, a fim de que ela atinja e mude outras vidas".[1034] Na elaboração dos textos, tanto os narrativos quanto os argumentativos-analíticos, diz Bruno Forte, percebe-se claramente o objetivo de "professar a presença ativa do Cristo e do Espírito na protologia e no '*eschaton*'", isto é, nas origens e na consumação, mas também, conforme completa o mesmo autor, na atualidade na "Igreja, para a glória do Pai, início e termo de todas as coisas". Nesse particular,

> A teologia de Paulo e a de João são altíssimos exemplos disso: acaso não é o confronto paulino entre Lei e Evangelho uma expressão daquela analogia do advento que põe em relação a memória da experiência dos Pais com a experiência do novo início pascal? E a teologia joanina da "crise" não é fruto do confronto analógico entre o advento realizado em Jesus Cristo e a miséria da condição de pecado? E porventura o Apocalipse não transfere este confronto à luta que pervade o futuro da história, de sorte a afirmar — pela mesma analogia do advento — a vitória final do Senhor para sustentar a esperança e confortar na prova presente? E, para dar ainda outro testemunho, não é o motivo do cumprimento das Escrituras (cf. 1Co 15:3-5: "segundo as Escrituras", e também, por exemplo, At 2:23; 3:18; 13:32) expressão desta leitura argumentativa e analógica do passado à luz da experiência atual, plena e transformante, da salvação de Deus? Sobre esta forma de tematização do novo início influiu certamente a exegese judaico-rabínica da época, atenta, na tradição do *targum* e do *midraxe*, em interpretar sempre novamente o texto sagrado para atualizá-lo, redescobrindo sua novidade e força para o hoje. O que constitui absolutamente o próprio do Novo Testamento é, porém, que nele é o hoje da experiência fontal vivida pelos discípulos que constitui a pedra de toque e a chave de leitura do passado,

---

1033 Ibid., p. 81-2.
1034 Ibid., p. 82.

do presente e do futuro. A analogia não é simplesmente estabelecida entre memória, esperança e consciência atual, mas entre estas e o encontro com o Vivo, que muda o mundo e a vida.[1035]

Não obstante o concordismo dos que sustentam, à revelia das Escrituras, uma unidade artificial do texto, Bruno Forte diz que é justamente nas diferenças de gênero literário e na maneira de interpretar a experiência fontal "que se pode perceber a profunda unidade do testemunho do Novo Testamento", ou seja, "na variedade das formas expressivas, mais narrativas ou mais analógico-argumentativas, o esforço é sempre o de veicular o advento, o novo início realizado em Jesus Cristo", passando longe de querer petrificar o testemunho, pois as "palavras reenviam todas à Palavra: a teologia diferente dos diversos autores inspirados é toda alimentada pela única revelação de Deus, de quem nascem e a quem pretendem conduzir".[1036] Portanto, não seria necessária qualquer problematização nesse sentido se não tivessem criado uma regra, não só extrabíblica, mas antibíblica, de que determinada expressão utilizada por um autor tem exatamente o mesmo significado quando ocorre de ser escrita por outro; ou, ainda pior, alguém decide qual dos dois autores tem prioridade ou os direitos sobre o sentido da expressão. Mas não adiantemos as coisas. Por enquanto, precisamos voltar ao processo da transmissão do Evangelho e, nesse itinerário, é preciso lembrar o fato de que a "pregação tem um papel de importância fundamental no NT", pois, como todos sabemos, o "ministério público de Jesus é regularmente caracterizado em termos de pregação", e no livro de "Atos a conversão se dá pela pregação", bem como o fato de que a "pregação caracteriza de modo marcante o modelo de evangelismo empregado por Paulo", mas não só por ele, visto que "João também une a *palavra* com o *Espírito* como o poder recreativo de Deus" e "Tiago e 1 Pedro, igualmente, atribuem a regeneração espiritual à palavra pregada". Portanto, finaliza James Dunn, teólogo metodista, a "proclamação do evangelho, ou *kerygma*, para usar o termo técnico do debate moderno, é uma área-chave para se estudar".[1037]

1035 Ibid., p. 83.

1036 Ibid., p. 83-4.

1037 DUNN, James D. G. *Unidade e diversidade no Novo Testamento: um estudo das características dos primórdios do cristianismo* (Santo André: Academia Cristã, 2009), p. 75 (grifo no original).

792 | TEOLOGIA SISTEMÁTICO-CARISMÁTICA

Uma das primeiras questões com que o estudioso depara nesse campo, de acordo com Dunn, é a possibilidade de se falar, no singular, do *kerygma* do Novo Testamento ou, em vez disso, "devemos falar de *kerygmata* do NT?", isto é, no plural, o que obviamente remete-nos a, juntamente com o autor, perguntar: "Havia uma única expressão normativa do evangelho no tempo dos primórdios do cristianismo? Ou havia muitas expressões diferentes do evangelho, com nenhuma tendo uma melhor reivindicação de ser *o* evangelho que qualquer outra, mas *todas* era o evangelho?".[1038] Antes, porém, de deter-se nessa questão, o teólogo metodista diz que o "primeiro problema é de definição", isto é, "*Kerygma* pode significar *o que* é pregado, ou o *ato* de pregar (cf. Rm 16:25; 1Co 1:21; 2:4, em que poderia ter um ou outro sentido)", muito embora ele reconheça que, "Estatisticamente *euaggelion* (evangelho) e *marturia* (testemunho) são mais importantes que *kerygma* no NT".[1039] O autor fez a opção por utilizar a expressão transliterada que nós grafaremos sempre na forma aportuguesada "querigma", para nos manter na esteira dos debates que dominaram metade do século passado. De forma bastante direta, a questão é: Havia, nos primórdios da fé cristã, um evangelho (querigma) ou muitos evangelhos (querigmas)? Não havendo real percepção da problemática levantada, o leitor pode achar a questão óbvia demais, quer considere o singular, quer o plural, pois tanto para uma quanto para a outra posição tudo parece muito claro. Vimos, porém, no segundo capítulo, ao citarmos a obra de F. F. Bruce — *Pedro, Estêvão, Tiago e João: estudos no cristianismo não paulino* — que não se trata de algo tão simples assim.

Poderíamos começar refletindo no simples fato de que, conforme informa James Dunn, o "Quarto Evangelho não faz uso das palavras *kērussō, kērygma, euaggelizomai ou euaggelion*",[1040] por exemplo, ao passo que os Sinópticos, Atos e Paulo, sim. Após considerar os querigmas de nosso Senhor Jesus Cristo, das mensagens de Atos, bem como de Paulo e de João, a conclusão de James Dunn acerca da problemática é que, "*se insistirmos na unidade do* kerygma *do NT, precisamos insistir também na diversidade do* kerygmata *no NT*", pois um pregador/escritor "pode, algumas vezes, dizer, em uma situação particular e em resposta a um desafio particular: Este é o evangelho; não há outro (cf. Gl 1:6-9)". Todavia, "se o NT é um guia, nunca pode

---

1038 Ibid. (grifo no original).
1039 Ibid. (grifo no original).
1040 Ibid., p. 78.

dizer: Esta formulação particular é o evangelho para todos os tempos e para cada situação".[1041] O que Dunn está dizendo é que uma única mensagem/livro/documento, sozinho, não pode reivindicar legitimidade sobre os demais como se fosse, ou expressasse, *o* evangelho, mas que o conjunto querigmático dos documentos é, em sua totalidade, o *evangelho*. Evidentemente que, conforme ele conclui, existem quatro características que se destacam: "(1) Há um elemento unificador que sustenta todos os *kerygmas* juntos e nos habilita a apreender o caráter distintivo do evangelho cristão primitivo"; em outras palavras, "(2) Na situação concreta, o real evangelho estava muito definido e era mais amplo em conteúdo — definição e conteúdos amplamente determinados pela situação referida"; portanto, "(3) Em diferentes situações, o evangelho real era diferente, e poderia ser tão diferente quanto as próprias situações". Tal exercício, obviamente, fazia que a linguagem com tais "diferenças", explica o mesmo autor, se tornassem "frequentemente consideráveis e incompatíveis quando transportadas para outras situações". Finalmente, "(4) Essas diversidades foram com frequência parte integrante dos evangelhos, em suas situações diferentes; não seria possível abandoná-las na situação em que exigiam uma forma particular de proclamação, sem alterar seu conteúdo de boas-novas àquela situação".[1042] Certamente o que diz o apóstolo Paulo em 1Coríntios 9, com destaque no versículo 22, permite-nos vislumbrar uma situação concreta do que afirma James Dunn. Todavia, caso as achemos muito críticas, não há motivo para adotar as conclusões de Dunn, sendo possível ver o que afirmam a respeito do assunto autores como Andreas Köstenberger e Michael Kruger, ambos reformados e, digamos, "mais" conservadores: "Os textos do Novo Testamento não somente refletem uma unidade doutrinária subjacente — em especial com referência à confissão de Jesus como Messias e Senhor —, como também apresentam certo grau de diversidade legítima ou aceitável, ou seja, diversidade que não compromete a unidade doutrinária subjacente, mas meramente reflete pontos de vista diferentes, mutuamente conciliáveis e decorrentes da individualidade dos autores do Novo Testamento".[1043] Assim, a negação de que haja tais diferenças, sem que

---

1041 Ibid., p. 99 (grifo no original).

1042 Ibid., p. 100.

1043 KÖSTENBERGER, Andreas J.; KRUGER, Michael J. *A heresia da ortodoxia: como o fascínio da cultura contemporânea pela diversidade está transformando nossa visão do cristianismo primitivo* (São Paulo: Vida Nova, 2014), p. 107.

794 | TEOLOGIA SISTEMÁTICO-CARISMÁTICA

elas comprometam de alguma forma o núcleo central das Escrituras neotestamentárias, é um desserviço ao próprio evangelho, pois, conforme o teólogo
pentecostal escocês, de origem judaica, Myer Pearlman, "um Evangelho só
não teria sido suficiente para apresentar os vários aspectos da personalidade
de Cristo",[1044] mas completa:

> O fato de os evangelistas terem escrito os seus relatos sob diferentes
> pontos de vista explicaria as diferenças entre eles, as suas omissões e
> adições, a sua aparente contradição ocasional, e a sua falta de ordem
> cronológica. Os escritores não procuraram produzir uma *biografia*
> completa de Cristo, mas levando em consideração as necessidades e
> o caráter do povo para o qual escreviam, escolheram exatamente os
> acontecimentos e discursos que acentuaram a sua mensagem especial.
> Mateus, por exemplo, escrevendo para o judeu, fez com que tudo no
> seu Evangelho — a seleção de discursos e acontecimentos, as omissões
> e adições, o agrupamento dos fatos — servissem para acentuar o fato
> da missão messiânica de Jesus.[1045]

Gerações de pentecostais se formaram lendo as obras clássicas de
Pearlman, como, por exemplo, a que acabamos de citar, cuja primeira edição em inglês data de 1935. No Brasil, a referida obra teve sua primeira
edição lançada em 1977. Já se vão 44 anos, e há trinta estava em sua dé-
cima quarta impressão. Embora o seu trabalho não possa ser classificado
como acadêmico nem erudito, pois atendia um público leigo e simples,
chama a atenção o fato de que sua conclusão é exatamente a mesma dos
biblistas, teólogos e demais especialistas da erudição exegética, adeptos das
ferramentas da crítica da redação. Na verdade, nenhum desses autores está
especulando acerca dessa verdade, pois o próprio Evangelista Lucas informa
que havia muitos projetos de escrever um Evangelho e que ele, após minuciosa pesquisa e certificação das informações, também se engajou na
tarefa de registrar a sua perspectiva dos fatos que se deram no início da
era cristã (Lucas 1:1-4). Tal informação no prólogo de seu primeiro tratado, bem como as diferenças de informação existentes até mesmo nos
Sinópticos, seja em termos de "adição" (como as narrativas da infância, por

---

1044 PEARLMAN, Myer. *Através da Bíblia: livro por livro*, 14. reimpr. (São Paulo: Vida, 1991), p.
191-2.
1045 Ibid., p. 192 (grifo no original).

exemplo), seja de "omissão", para utilizar os termos do teólogo pentecostal Myer Pearlman, já denotam que o que se escreveu, mesmo se juntássemos o conjunto do que foi escrito pelos quatro Evangelistas, ainda não representaria a totalidade do que aconteceu no transcurso da vida terrena de nosso Senhor Jesus Cristo, conforme registrou o apóstolo do amor na conclusão do epílogo do Quarto Evangelho: "Há, porém, ainda muitas outras coisas que Jesus fez; e, se cada uma das quais fosse escrita, cuido que nem ainda o mundo todo poderia conter os livros que se escrevessem. Amém!" (João 21:25). Conforme sabiamente pontuou Myer Pearlman, os escritores não objetivavam escrever uma biografia de Jesus. O intento era justamente outro, isto é, visava atender às demandas e às necessidades do público para o qual, inicialmente, pregavam (querigma) e ensinavam, daí a seleção/escolha dos acontecimentos e discursos e/ou mensagens de nosso Senhor Jesus Cristo que fossem escritos e contemplassem tal objetivo. O resultado não poderia ser outro, mas uma visão muito ampla e completa do ministério desenvolvido pelo Messias. Para os que têm uma visão elevada das Escrituras, isso não é nenhuma surpresa, pois o Espírito Santo de Deus os inspirou a desenvolver tal trabalho querigmático e, em muitos casos, conforme veremos, exegético-carismático, resultando em um produto literário único com um "*arranjo sistemático*"[1046] que segue os propósitos específicos do documento. "Isso explica, por exemplo, a diferença na estrutura de Mateus em relação a Lucas, que, a despeito de apresentar grande parte do conteúdo do Sermão do Monte, não o faz de forma unificada como o primeiro",[1047] de acordo com o quadro comparativo mostrado a seguir. Na verdade, a "versão lucana é consideravelmente mais curta (30 versículos contra 107 de Mateus, levando em conta apenas os versículos que reproduzem a fala do Mestre) conhecida como Sermão da Planície, e contém ensinamentos que não foram contemplados no Sermão da Montanha de Mateus (cf. Lc 6:17-49) ou encontra-se em outras partes de Mateus (e.g., 15:14, cf. Lc 6:39; 10:24, cf. Lc 6:40; 12:34b,35, cf. Lc 6:45)".[1048]

1046 EARLE, Ralph. "O Evangelho segundo Mateus" in: CHILDERS, Charles L.; EARLE, Ralph; SANNER, A. Elwood (orgs.). *Comentário bíblico Beacon: Mateus a Lucas* (Rio de Janeiro: CPAD, 2006), vol. 6, p. 23.

1047 CARVALHO, César Moisés. *O Sermão do Monte: a justiça sob a ótica de Jesus* (Rio de Janeiro: CPAD, 2017), p. 10.

1048 Ibid.

796 | TEOLOGIA SISTEMÁTICO-CARISMÁTICA

QUADRO COMPARATIVO ENTRE O SERMÃO DO MONTE E O SERMÃO DA PLANÍCIE

Mateus	Lucas
5:1-2	6:20a
5:3-12	6:20b-23
5:13-16	14:34-35; 11:33
5:17-20	
5:18	16:17
5:21-24	
5:25-26	12:58-59
5:27-30	
5:31-32	16:18
5:33-37	
5:38-42	6:29-30
5:43-48	6:27-28,32-36
6:1-4	
6:5-8	
6:9-15	11:2-4
6:16-18	
6:19-21	12:33-34
6:22-23	11:34-36
6:24	16:13
6:25-34	12:22-31
7:1-2	6:37-38
7:3-5	
7:6	
7:7-11	
7:12	6:31
7:13-14	
7:15	
7:16-20	6:43-44
7:21-23	6:46; 13:26-27
7:24-27	6:47-49
7:28-29	7:1a

Conforme podemos ver, "uma interpretação meramente filológica, ou gramatical, não consegue explicar devidamente tais diferenças estruturais", começando pelo próprio "local" em que o Sermão foi proferido (Mateus 5:1; cf. Lucas 6:12,17), por isso defendemos a necessidade de, "tanto quanto possível, reconstituir o contexto vivencial onde não apenas os fatos se deram, mas, sobretudo, os propósitos dos textos, pois nascem em épocas distintas dos fatos em si".[1049] Charles Childers pontua que as "omissões de Lucas são coerentes com o plano e os propósitos do seu livro", isto é, "as passagens omitidas tratam de assuntos que geralmente [já] eram omitidos por Lucas", pois na realidade, o médico destina seu Evangelho a alguém que não tinha as mesmas necessidades dos destinatários de Mateus, cujos temas eram, conclui o mesmo autor, de "interesse principalmente, ou exclusivamente, dos leitores judeus".[1050] Childers entende que o "fato de que Lucas inclua algum material que Mateus não apresenta somente demonstra que nem mesmo Mateus relatou tudo o que Jesus disse naquela ocasião".[1051] Dessa forma, é preciso que o estudioso procure conhecer tais estruturas, visto que elas revelam muito das intenções do texto, não sendo nada "acidentais", mas justamente o contrário, tais recursos estilísticos foram propositadamente concebidos pelos respectivos escritores e devem ser conhecidos para, então, se interpretarem não somente os Evangelhos, mas também o Novo Testamento e, de forma geral, a Bíblia toda. Portanto, a fim de interpretar tanto o Sermão do Monte quanto os demais documentos escriturísticos, conforme vimos até aqui, é preciso considerar tanto essa porção neotestamentária, nas palavras de Marcel Dumais, quanto as demais, sob a perspectiva "de uma leitura 'sincrônica' do texto (= tal qual se apresenta à leitura), em complemento à leitura chamada 'diacrônica' (= a partir da história de sua formação)".[1052] Para os que sustentam uma unidade concordista do texto bíblico, como explicar, por exemplo, o fato de que Mateus e Lucas narram o mesmo sermão, mas, de forma muito clara e sem tergiversações, Mateus diga que "Jesus, vendo a multidão subiu a um monte, e, assentando-se, aproximaram-se dele os seus discípulos; e, abrindo a boca, os ensinava, dizendo" (Mateus 5:1-2), ao passo que Lucas, de maneira inequívoca, registre que "naqueles dias, [Jesus] subiu ao monte a orar e passou a noite em oração a Deus. E, quando já era dia, chamou a si os seus discípulos, e escolheu doze deles, a quem também deu o nome de apóstolos. [...] E, descendo com eles, parou num lugar plano, e também um grande número de seus discípulos, e grande multidão do povo de toda a Judeia, e de Jerusalém,

---

1049 Ibid., p. 11.

1050 Childers. "O Evangelho segundo Lucas" in: Childers; Earle; Sanner (orgs.). *Comentário bíblico Beacon*, vol. 6, p. 395.

1051 Ibid.

1052 Dumais, Marcel. *O Sermão da Montanha: Mateus 5—7* (Santo André/São Paulo: Academia Cristã/Paulus, 2014), p. 13.

798 | TEOLOGIA SISTEMÁTICO-CARISMÁTICA

e da costa marítima de Tiro e de Sidom" (Lucas 6:12-13,17)? A questão é que o "prólogo das Bem-aventuranças, como tudo o mais em Mateus, não é sem propósito".[1053] O teólogo pentecostal James Shelton afirma que "Talvez não seja acidental que Jesus comece seu ensino sobre a ética do novo Reino numa montanha" e acrescenta que, a fim de "ensinar Jesus se senta, e os discípulos e a multidão sentam-se à sua volta — a habitual postura pedagógica dos rabinos naquela época".[1054] Sendo o Evangelho de Mateus dirigido a judeus, e estes, como sabemos, serem dirigidos pelos grupos rabínicos da época, que, por sua vez, consideravam-se representantes de Moisés, fica claro o porquê de o primeiro Evangelista canônico dizer que Jesus promulga a justiça do Reino de cima de um monte, ao passo que para Lucas tal posicionamento era indiferente. Não há contradição alguma. São escritores diferentes escrevendo com propósitos distintos.

Antes, porém, de prosseguirmos, em se tratando do contexto brasileiro, é imperioso observar como os Evangelhos eram considerados. Este é um dos pontos mais relevantes para compreender não apenas o desenvolvimento teológico, mas igualmente histórico da tradição carismático-pentecostal. Por décadas, as discussões em torno da questão de se os Evangelhos e Atos — documentos histórico-narrativos — são textos credenciados e legítimos para deles verter doutrinas ou fazer teologia nem sequer eram cogitadas na tradição carismático-pentecostal no Brasil. E assim foi por muito tempo. Precisamente por mais de oitenta anos! O que aconteceu durante todo esse tempo é algo que serve como lição. Obviamente que inúmeras mudanças ocorreram nesse período. A periodização, de acordo com o historiador/sociólogo, depende de alguns pressupostos, quer por conveniências oficiais, quer por criticidade acerba, fato este inegável. Já falamos brevemente a respeito desse assunto no final do capítulo anterior, e há farta literatura que trata do tema publicada tanto por cientistas da religião quanto por teólogos, geralmente não carismáticos. Todavia, é prudente ouvir uma perspectiva de alguém do próprio movimento. Da obra que formou gerações de pentecostais e carismáticos brasileiros, *Através da Bíblia*, de Myer Pearlman, citada acima, já temos conhecimento das conclusões e vimos que, ainda que por caminhos diferentes, elas são exatamente as mesmas que temos na atualidade. Em 1986, duas obras

---

1053 Carvalho. *O Sermão do Monte*, p. 40.

1054 Shelton, James B. "Mateus" in: Arrington, French L.; Stronstad, Roger (orgs.). *Comentário bíblico pentecostal: Novo Testamento*, 2. ed. (Rio de Janeiro: CPAD, 2004), p. 34.

CAPÍTULO 4 – Pneumatologia | 799

lançadas por teólogos brasileiros — *A Bíblia através dos séculos* e *Como estudar e interpretar a Bíblia* — deixam entrever como os Evangelhos sempre foram vistos e considerados na tradição carismático-pentecostal. A primeira é do já diversas vezes citado Antonio Gilberto, que afirma acertadamente que os "Evangelhos são os livros mais importantes da Bíblia", e isso por um motivo extremamente óbvio, diz esse autor, o qual informa que os documentos que vieram antes, ou seja, as Escrituras hebraicas, "tratam da preparação para a manifestação de Jesus Cristo, e os que se lhe seguem", isto é, Atos, epístolas e Apocalipse, "são explicações da doutrina de Cristo".[1055] Portanto, como centro da história da salvação, seria no mínimo incoerente e no máximo blasfemo relegar os documentos que tratam do ápice das Escrituras — nascimento, vida, morte e ressurreição de nosso Senhor Jesus Cristo — de modo a não ocuparem nenhum espaço na elaboração do edifício teológico e na formação doutrinária da fé cristã. A outra obra, embora não acadêmica e sucinta, pode ser classificada como um trabalho hermenêutico introdutório. Escrita pelo teólogo pentecostal Raimundo Ferreira de Oliveira, mostra claramente que a narrativa é um gênero literário específico e apto para se elaborar doutrina e fazer teologia, pois a "Escritura contém informações biográficas", diz ele, "por causa dos propósitos específicos dos seus autores". Assim, tendo como respaldo o próprio texto paulino de "2Timóteo 3:16 [que] ensina que toda a Escritura é útil ao ensino do crente", isto é, com "este propósito em mente, Deus inspirou os escritores da Bíblia, levando-os a incluírem informações que Ele quis que fossem incluídas".[1056] O autor pentecostal apresenta quatro elementos que formam o estudo do texto por meio do que ele chama de "método biográfico": a) narrativas simples; b) exposição narrativa; c) exposição do caráter e d) argumentação.[1057] Em síntese, "o escritor da Bíblia inclui informações biográficas nos seus livros", diz o autor de forma direta, "para usar a narrativa (a história duma pessoa) como meio de ensinar uma lição histórica".[1058]

1055 Silva. *A Bíblia através dos séculos*, p. 21.

1056 Oliveira, Raimundo Ferreira de. *Como estudar e interpretar a Bíblia*, 3. ed. (Rio de Janeiro: CPAD, 1991), p. 72.

1057 Ibid., p. 72-3.

1058 Ibid., p. 72. Apesar disso, é preciso dizer que o autor fala, quando menciona "o valor da experiência pessoal", acerca do fato de que, ao "estudar as porções didáticas das Escrituras, você haverá de notar que o escritor não diz: 'Porque tal coisa aconteceu, isso tem de ser verdade'. Em vez disso, afirma justamente o oposto: 'Porque isso é verdade, uma coisa

800 | TEOLOGIA SISTEMÁTICO-CARISMÁTICA

Como é sabido, cada tradição do cristianismo possui, além da aquiescência das doutrinas mestras da fé cristã — o que faz que ela seja considerada parte do espectro cristão —, características próprias daquela determinada expressão religiosa. Os carismático-pentecostais brasileiros, por exemplo, encaixam-se confortavelmente na descrição da tradição carismático-pentecostal estadunidense, conforme os termos elencados pelo teólogo pentecostal Gary McGee, que diz que nos Estados Unidos, assim como por aqui, cultivam-se "cinco valores implícitos: a experiência pessoal, a comunicação oral (também refletida nos testemunhos, revistas e livretes da igreja, na literatura da Escola Dominical, nos panfletos e nos folhetos evangelísticos), a espontaneidade, o repúdio ao mundanismo e a autoridade das Escrituras".[1059] A fim de manter tal identidade, enquanto os teólogos pentecostais brasileiros escreviam nos termos que vimos acima, intensas e acaloradas discussões ocorriam desde

---

particular aconteceu'" (ibid., p. 98). Conquanto as reflexões elencadas por ele sejam igualmente ensinadas na tradição carismático-pentecostal, acerca dos cuidados com a experiência, é perceptível a influência da teologia reformada em seu trabalho, pois fala de "porções didáticas das Escrituras", nomenclatura classificatória utilizada para hierarquizar os textos, criando o chamado "cânon dentro do cânon", do qual tratamos logo à frente. Na verdade, como a referida obra faz citações e contém notas, é possível visualizar a utilização das fontes reformadas. Isso desde a introdução do livro. Todavia, é preciso observar ainda que, três anos antes, o autor havia publicado uma obra em que denunciava a virulência dos ataques contra a tradição carismático-pentecostal e, entre outras coisas, na referida obra há destaque para a importância da "experiência" (p. 18-20). Aliás, o livro inicia-se exatamente apresentando-a como "prova": "Tem sido considerável o número de livros escritos nestes últimos anos por autores antipentecostais, com o propósito de denegrir nossa fé. Pelo que me consta, nunca um escritor de confissão pentecostal, no Brasil, assumiu a responsabilidade de escrever uma refutação a esses livros. Em geral, nossos líderes têm deixado que o próprio progresso do movimento pentecostal e a fé dinâmica das igrejas que o compõem silenciem a pena de seus oponentes gratuitos; mas isso tem sido inútil, pois os tais não se convencem diante dos fatos. Para eles, mais importa uma boa pitada de confusão teológica do que as provas documentadas por vidas transformadas; esquecendo-se eles que a teologia sem uma genuína experiência de vida é semelhante à fé sem as obras — é morta" (OLIVEIRA, Raimundo F. de. *A doutrina pentecostal hoje* [Rio de Janeiro: CPAD, 1983], p. 9). Nossa conclusão é que, no Brasil, os teólogos da tradição carismático-pentecostal ainda não tinham conhecimento das discussões a respeito dos gêneros literários e, então, acabavam querendo demonstrar, na linha exegética reformada, que havia fundamentação bíblica para a fé de expressão carismático-pentecostal. Restava por isso, conforme pode ser visto na obra de Frederick Dale Bruner, *Teologia do Espírito Santo*, a ideia de que o pentecostal não sabe ler e interpretar as Escrituras, já que, como este autor cessacionista defende, a "exegese tem como sua primeira responsabilidade a descoberta do texto correto e do significado do texto na situação histórica em que foi escrito", algo com o qual concordamos, porém a questão é o método que Bruner diz adotar para obter tal resultado, isto é, o "comentário histórico-crítico responsável faz dessa descoberta sua tarefa primária. Todo o restante da exegese deve ser baseado nesse alicerce cuidadosamente colocado" (BRUNER, Frederick D. *Teologia do Espírito Santo*, p. 15-6, 139).

1059 McGEE. "Panorama histórico" in: HORTON (org.). *Teologia sistemática*, p. 21-2.

os anos 1970, na tradição carismático-pentecostal no exterior, sobretudo nos Estados Unidos, desafiando os teólogos carismáticos e pentecostais a fundamentarem sua doutrina e assim obrigando-os a desenvolver uma teologia distintamente pentecostal. Isso por conta de uma regra hermenêutica que diz que os "textos didáticos" (epistolares) têm proeminência na interpretação dos textos narrativos e históricos (Evangelhos e Atos), minando a fundamentação bíblica da doutrina carismático-pentecostal. Tais discussões só aportaram por aqui em meados da última década do século passado e com mais intensidade a partir do ano 2000. Alguém pode pensar: "Mas, se a tradição carismático-pentecostal já tinha oitenta anos de caminhada no Brasil, como essa questão poderia abalá-la?". A razão é que toda e qualquer tradição acredita estar fundamentada e ancorada nas Escrituras. Portanto, sem respaldo escriturístico, não há como continuar afirmando o que se ensina, pois se perdeu o fundamento que sustenta e autoriza tal ensino. Uma vez que a doutrina carismático-pentecostal se fundamenta, principalmente, na obra de Lucas-Atos, e esta, conforme a regra hermenêutica protestante, não se enquadra como documento apto para se elaborar doutrina ou fazer teologia, a tradição carismático-pentecostal, que até então nunca refletira a esse respeito, pois sempre entendeu as Escrituras como inspiradas e autoritativas desde Gênesis até Apocalipse, viu-se em crise por causa de sua identificação com o protestantismo tradicional. Felizmente, o crescimento quantitativo trouxe a necessidade, ainda que tardia, de um melhor preparo bíblico-teológico, levando os teólogos da tradição carismático-pentecostal a buscar formação nas ciências bíblicas, o conhecimento das línguas originais, hebraico e grego, além de especializações em campos teológicos que os colocaram em contato com a história da teologia, bem como conhecimentos metodológicos, tanto filosóficos quanto linguísticos. Isso foi lançando luz no processo de produção e arranjo do texto sagrado, além de saber igualmente como se deu a elaboração e construção do arcabouço teológico, evidenciando que não mais era possível viver à sombra do que fora construído com pressupostos antagônicos aos aspectos sobrenaturais da própria Bíblia. Tal busca coincidiu com uma revolução nos estudos acerca do papel da obra de Lucas-Atos, como veremos, fora dos círculos carismático-pentecostais, e então os teólogos da tradição carismático-pentecostal, tanto europeus quanto estadunidenses, inverteram a questão, e o problema hoje passou a ser da teologia protestante tradicional.

802 | TEOLOGIA SISTEMÁTICO-CARISMÁTICA

A questão se impôs muito cedo, mas, como dissemos, demorou para adentrar os círculos carismático-pentecostais. Quem informa o *status* da discussão da obra Lucas-Atos é o teólogo não carismático Darrell Bock, professor do Seminário Teológico de Dallas, que, escrevendo no início deste século, ainda que a edição brasileira seja de 2018, diz que "Boa parte da discussão contemporânea também tem raízes na obra de Henry Cadbury, cujos escritos da década de 1920 a 1950 causaram um impacto duradouro na discussão sobre Lucas, em especial sua obra *The Making of Luke-Acts*, publicada em 1927", sendo, na verdade, "Cadbury quem fez os estudos sobre o Novo Testamento tomarem conhecimento de que Lucas devia ser estudado como uma unidade literária como Lucas-Atos". Tal "percepção", informa o mesmo autor, "impactou de modo relevante a forma como Lucas e Atos dos Apóstolos eram lidos e estudados, pois Lucas, anteriormente, foi juntado aos sinóticos, enquanto Atos dos Apóstolos foi deixado por conta própria como uma história da igreja primitiva".[1060] A influência desses estudos chegaram aos círculos carismático-pentecostais estadunidenses, e os teólogos da tradição não hesitaram em lançar mão deles, valendo aqui relembrar o fato de que, em se tratando de Lucas-Atos, dizem os teólogos pentecostais James Railey e Benny Aker, a "hermenêutica aplicada a Atos deve ser a mesma aplicada a Lucas, pois trata-se de narrativas, nas duas obras". Todavia, é preciso ressaltar "algumas diferenças", pois o "evangelho é narrativa episódica", ao passo que "Atos, narrativa sustentada".[1061] Com a regra exegética de que Lucas e Atos devem ser interpretados da mesma forma, concorda o teólogo pentecostal clássico canadense Roger Stronstad, acrescentando, porém, que a "narrativa de Lucas não é meramente episódica e, portanto, meramente descritiva no seu propósito". Este autor reconhece ainda que não existe novidade alguma em "insistir que Atos seja interpretado como narrativa histórica". A verdadeira "novidade está em observar que Lucas pretendia instruir a igreja sobre o cristianismo normativo que é, em parte, evangelístico e carismático", e, nesse sentido, mesmo sem antes dos estudos acerca da obra de Lucas-Atos, completa esse autor, os "pentecostais sempre estiveram mais certos sobre isso do que a maioria dos tradicionais".[1062] Mas a confusão sobre o material lucano ser episódico, ainda que se classifique somente o seu Evangelho assim, deve-se

---

1060 BOCK, Darrell L. "Lucas" in: McKNIGHT; OSBORNE (orgs.). *Faces do Novo Testamento*, p. 371.
1061 RAILEY JR.; AKER. "Fundamentos teológicos" in: HORTON (org.). *Teologia sistemática*, p. 660.
1062 STRONSTAD. *Hermenêutica pentecostal*, p. 111.

ao fato de que as "histórias do Antigo Testamento", isto é, as "narrativas da antiga aliança eram episódicas e funcionavam, tanto em conjunto quanto separadamente, como elementos exemplares, tipológicos, preparatórios e paradigmáticos". Assim, uma vez que "Lucas baseou sua historiografia no padrão da historiografia bíblica e do judaísmo helenístico", pode-se pensar que não houve nenhuma inovação; contudo, além de seguir o padrão veterotestamentário da Septuaginta, ele também "utilizou a narrativa de formas diferentes".[1063] O fato de Lucas identificar sua obra como "narrativa histórica" faz que, "a princípio", afirma o mesmo autor, se distinga "o seu gênero do das epístolas, do Apocalipse e da homilia, além de afastar seu trabalho do gênero dos evangelhos". Tal pode ser visualizado, de acordo com o mesmo teólogo pentecostal, por meio dos "indícios estilísticos verbais a respeito do gênero de Lucas-Atos", incluindo a adesão "às convenções dos modelos literários"[1064] da época, evidenciando que se trata de um material único dividido em duas partes:

> Em seus dois prólogos, Lucas não somente segue os moldes literários, mas também identifica seus escritos com duas palavras, *diēgēsis* e *logos* (Lc 1.1; At 1.1), que posicionam Lucas-Atos na tradição dos escritos históricos, sagrados ou seculares. No prólogo dessa obra em dois volumes (Lc 1.1-4), Lucas classifica seus escritos como *diēgēsis*, isto é, relato ou narrativa. Esse termo é um *hapax legomena*, ou seja, uma palavra utilizada somente uma vez no Novo Testamento. Logo, temos que estudar outras obras da literatura grega para auxiliar na identificação do seu significado. Esse termo é usado a partir de Platão, inclusive por Filo e Josefo, escritores judeus do primeiro século. No entanto, à luz da visível dependência lucana da Septuaginta (LXX), não precisamos buscar referências fora dessa tradução das escrituras hebraicas para o grego. Ela possui uma variedade de significados: fábula (Dt 28.37), mote (2Cr 7.20), parábola (Ez 17.2) e máxima (Eclesiástico 8.8-9). Mais em linha com o sentido pretendido por Lucas, temos o autor anônimo de 2Macabeus, que descreve os cinco livros de Jasão de Cirene, os quais propõe que sejam resumidos em um único volume, como "narrativa desses fatos" (*tēs historias diēgēmasin*, 2Macabeus 2.24). Além disso, a palavra *diēgēsis* "é utilizada *ter* [três vezes] na carta de Aristeias a

---

1063 Ibid., p. 67-8.
1064 Ibid., p. 54.

> Filócrates (1.8.322) para descrever a 'narrativa' que ele tem de desenvolver". É esse uso posterior de Aristeias e, especialmente, 2Macabeus que se aproxima mais do significado no prólogo de Lucas, ou seja, dá a entender uma narrativa completa.[1065]

Ao se concluir que ambos os documentos são uma unidade e consistem em "narrativas", tem-se, então, um ponto de partida admitido, pois na "leitura da narrativa", diz Darrell Bock, "a unidade é usualmente assumida em vez de discutida",[1066] ou seja, os estudos e reflexões, além da exegese, já partem do pressuposto de que se trata de um material que, embora dividido, deve ser tomado como uma unidade literária e assim lido e interpretado. Considerando o material lucano em termos estritamente quantitativos, isto é, cerca de 25% do material neotestamentário, é de causar estranheza o fato de que essa obra conjunta tenha sido relegada e diminuída, sendo encarada como meramente um repositório de acontecimentos pretéritos sem nenhuma influência ou relevância teológico-doutrinária para os dias atuais. Na verdade, e já antecipando uma série de conclusões, "Lucas é um historiador, e Lucas-Atos se constitui em uma obra histórica". Tal, porém, "indica que não é mais possível classificar o primeiro relato de Lucas simplesmente como evangelho, e seu autor como evangelista", pois o "próprio Lucas não nos dá essa opção". Portanto, ao passo que "Marcos afirma ter escrito um evangelho, Lucas declara ter escrito uma história",[1067] informa o teólogo pentecostal Roger Stronstad. Seu esclarecimento é que, enquanto Lucas "é um historiador, [...] Marcos não é", o que significa que a própria "classificação de Lucas como Evangelho, como se faz tradicionalmente, equivale a ler Lucas como se fosse Marcos". Todavia, a "igreja tem de começar a ler Lucas, o chamado Evangelho, junto com o livro de Atos, de uma forma mais coerente, vendo-o como o historiador da redenção". Assim, torna-se "aconselhável descartar a tradicional classificação dupla dos escritos de Lucas em Evangelho e Atos", afirma o mesmo teólogo pentecostal canadense, dizendo que as "palavras *diēgēsis* e *logos* que Lucas usa nos abrem vários horizontes", começando pelo "conteúdo", que, apesar de óbvio, ao defender que "o primeiro relato de Lucas (*prōton logon*) se constitui nos Atos de Jesus, e o segundo relato trata

---

1065 Ibid., p. 55-6.
1066 Bock. "Lucas" in: McKnight; Osborne (orgs.). *Faces do Novo Testamento*, p. 371.
1067 Stronstad. *Hermenêutica pentecostal*, p. 58-9.

dos Atos dos Apóstolos", revela que, primeiramente, devemos "reconhecer sua unidade de gênero, como Lucas queria que fizéssemos". O autor finaliza dizendo que, ao mesmo tempo, devemos "reconhecer a unidade e a continuidade dos temas históricos e teológicos dos dois livros".[1068] Assim, se, por um lado, é fato o que um teólogo anticarismático como Frederick Dale Bruner diz ao falar que "Nem Atos nem Coríntios, e nem, quanto a isso, qualquer parte do Novo Testamento foi escrita tendo em vista uma questão específica do século 20 ou o pentecostalismo", em outras palavras, tinham destinatários ou foram dirigidos a uma audiência original, significando que "cada documento foi dirigido a situações histórico-eclesiásticas distintivamente do século primeiro",[1069] por outro, impõe-se perguntar com perplexidade quanto o material da primeira epístola aos Coríntios, ao longo de sua obra, tem proeminência sobre Lucas e define tudo o que se deve pensar em termos carismáticos na atualidade. Quanto a isso, sua alegação é que, ao se fazer um "estudo comparativo", este procedimento demonstra que a forma de interpretação da tradição carismático-pentecostal "apresenta problemas metodológicos especiais".[1070] Considerando que o trabalho de Frederick Dale Bruner foi publicado originariamente em 1970, é preciso dar-lhe o benefício da dúvida acerca do fato de ele ainda não estar inteirado das discussões em torno da obra de Lucas-Atos que irromperam com força naquele ano,[1071] conforme informa-nos Darrell Bock, para quem

> As preocupações teológicas e pastorais de Lucas estão evidentes em suas ênfases. Desde que W. C. van Unnik observou, em 1966, que Lucas-Atos era um "centro de tensão" no estudo do Novo Testamento,

---

1068 Ibid., p. 59-60.

1069 BRUNER, Frederick D. *Teologia do Espírito Santo*, p. 15-6.

1070 Ibid., p. 15.

1071 Muito embora, conforme informação de suas referências bibliográficas, a obra seminal de Henry Cadbury, bem como as que estão mencionadas na citação de Darrell Bock, constem igualmente de sua bibliografia, inclusive a de Hans Conzelmann não apenas está listada, como também mereceu observações elogiosas (cf. BRUNER, Frederick D. *Teologia do Espírito Santo*, p. 319-56). Ao fim da terceira edição brasileira — essa obra foi publicada pela primeira vez no Brasil em 1983, lançada pela Edições Vida Nova, tendo uma segunda edição, pela mesma editora, em 1986 —, o editor observa que a "bibliografia do autor reflete as obras até a década de 1960. Depois dessa data surgiram inúmeros estudos sobre o Novo Testamento de um modo geral, e alguns bons estudos sobre a doutrina do Espírito Santo, em particular" (p. 356), listando na sequência algumas obras que podem ser úteis ao entendimento da tradição carismático-pentecostal e do Espírito Santo. Pelas obras indicadas, certamente a referida nota consta das primeiras duas edições do livro de Frederick Dale Bruner.

806 | TEOLOGIA SISTEMÁTICO-CARISMÁTICA

não houve diminuição da atividade culminante focando a mensagem de Lucas e suas preocupações pastorais. As questões metodológicas correram a escala das discussões do texto grego de Atos dos Apóstolos até a importação do contexto greco-romano, seguindo com o estudo das raízes judaicas e a busca das leituras narratológicas, bem como o uso-padrão de métodos da crítica histórica do Novo Testamento, recorrendo em particular à crítica da redação enraizada especialmente na obra de Hans Conzelmann em 1954. Os estudos sobre Lucas, depois de permanecerem na sombra de Conzelmann por quase duas décadas, emergiram na década de 1970 com uma vibração e atividade que ainda o faz seguir em diversas direções ao mesmo tempo. A melhor maneira de avaliar o que está acontecendo não é concentrar-se tanto no método, uma vez que essas abordagens são discutidas e avaliadas bem em outros lugares, mas, sim, permanecer focado nas questões que o próprio material de Lucas levanta, seus temas e como eles estão sendo discutidos atualmente.[1072]

Esse esclarecimento de Darrell Bock remete-nos às discussões em torno do "propósito de Lucas" e, entre elas, está a observação de que, em muitos textos do seu Evangelho, ocorre a expressão "'é necessário' (*dei*) que algo aconteça", mostrando que o que está acontecendo faz parte do plano de Deus, ou seja, Lucas parte do "conceito de um plano [que] envolve uma conexão com a esperança escritural, com o desígnio divino e com os elementos de estrutura e progresso na história do evangelho", reforçando "a legitimidade da nova comunidade e a tranquilização pessoal", pois, para o mesmo autor, estes "são os objetivos"[1073] do Evangelista. "Na verdade, 40 dos 101 usos do termo *dei* no Novo Testamento ocorrem em Lucas-Atos", por isso encontramos a todo momento que "Jesus *tem* de estar na casa de seu Pai (2:49), pregar o Reino (4:43) e curar a mulher atormentada por Satanás (13:16)". Certos "eventos *têm* de preceder o fim (17:25; 21:9)", bem como "Jesus *tem de* ser contado entre os transgressores (23:37)", pois o "Cristo *tem de* sofrer e ser ressuscitado, e o arrependimento para o perdão dos pecados *tem de* ser pregado", ou seja, o "sofrimento do Filho do Homem é uma necessidade divinamente estabelecida (24:7); o Cristo *tem de* sofrer e entrar na glória (24:26)", desembocando na "conclusão culminante do evangelho (24:44)", quando Lucas observa "que

---

1072 BOCK. "Lucas" in: MCKNIGHT; OSBORNE (orgs.). *Faces do Novo Testamento*, p. 371-2.
1073 Ibid., p. 374.

tudo isso aconteceu porque a Escritura *tem de* ser cumprida". Portanto, o simples "fato de tantas dessas referências aparecerem no último capítulo de Lucas salienta a importância desse tema bem no ponto em que Lucas cria uma narrativa ligando Jesus com a história da Igreja Primitiva".[1074] É justamente essa última colocação do autor que causa perplexidade em muitos que desconhecem os recursos estilísticos proporcionados no gênero literário narrativo e a crítica da redação — que "ganhou larga aceitação em anos recentes" —, esclarece o teólogo pentecostal Anthony Palma, explicando que a "premissa básica" da crítica da redação é "que o escritor bíblico é um editor" e que, por isso mesmo, "seus escritos refletem sua teologia", ou seja, o escritor "pode examinar o material que tem em suas mãos e adequá-lo de modo a apresentar sua agenda teológica predeterminada". Assim, a conclusão do mesmo autor é que, em sua forma básica, "a crítica redacional é uma ótica legítima e necessária", contudo ele observa que "em sua forma mais radical, permite que o autor modifique e distorça fatos, mesmo para criar e apresentar sua história como factual, com o objetivo de promover suas propostas teológicas".[1075] Evidentemente que essa última "forma", ou prática, de "crítica redacional é inaceitável para aqueles que têm uma visão elevada da inspiração bíblica", pois o "Espírito Santo não permitiria que um escritor bíblico apresentasse como fato algo que não tivesse realmente acontecido". Por outro lado, estamos cientes do "fato de que por natureza a escrita da História é seletiva e subjetiva, sendo influenciada pelo ponto de vista e pelas predileções do escritor", e o livro de Atos, afirma o mesmo teólogo pentecostal, não foge a esta regra, "mas com a ressalva de que a historiografia de Lucas, em última análise, não é sua própria, e sim do Espírito Santo".[1076] Os Evangelhos enquadram-se na mesma regra, pois, conforme disse João, se tudo que nosso Senhor Jesus Cristo fez viesse a ser escrito, o mundo inteiro não poderia comportar os livros, isto é, houve seletividade no que foi escrito e no arranjo sistemático, pois como poderíamos explicar as diferenças ao compararmos o Sermão do Monte, de Mateus, e o da Planície, de Lucas? Como poderíamos explicar a aglutinação dos textos por Mateus e sua distribuição em outros capítulos por Lucas? Além, obviamente, da diferença de quantidade

---

1074 Ibid., p. 375 (grifo no original).
1075 PALMA. *O batismo no Espírito Santo e com fogo*, p. 11.
1076 Ibid., p. 12.

de conteúdo entre eles e de temas tratados por um e não por outro. Mesmo com todas essas "diferenças", não há necessidade alguma de harmonizá-los, muito menos colocá-los em colisão, pois foram escritos por pessoas distintas e com propósitos específicos.

Esse fato incontestável só é encarado como um problema para mentalidades infantilizadas, fantasiosas ou idólatras, considerando que o que é relatado por Lucas em seu Evangelho "apresenta um retrato de Jesus focado na autoridade deste e também na promessa que Ele traz", ou seja, a "obra salvadora de Jesus inaugura o Reino, liberta o pecador, assegura o perdão do pecado, fornece o Espírito e exige uma vida de compromisso e fidelidade no contexto da esperança na consumação futura". Portanto, "Teófilo [fora] tranquilizado quanto ao fato de que Jesus pode cumprir e cumpre essas promessas".[1077] Essas verdades podem ser facilmente comprovadas por tudo que já foi dito no Evangelho lucano a respeito do Espírito Santo, por exemplo. Nesse documento, a "vinda do Espírito é prometida (Lc 3:15-17)", pois o Espírito Santo é quem "capacita e testifica de Jesus (3:21-22; 4:16-20)", mas ele não fez isso apenas com Jesus, razão pela qual Darrell Bock diz achar limitada a ideia de alguns teólogos que afirmam que, em Lucas, o Espírito Santo deve ser visto "como o 'espírito de profecia'", uma vez "que o Espírito também impele a nova comunidade para a missão e capacita-a a falar sobre o Messias, como também guia o caminho da comunidade nessa missão".[1078] Essa missão, conforme vimos na longa seção sobre o Antigo Testamento, é parte da economia divina e da história da salvação, pois a humanidade tem uma tarefa sacerdotal que não foi anulada pela Queda,[1079] assunto de que falaremos mais adiante e também no nono capítulo, ao tratarmos de eclesiologia. Assim, uma das maiores comprovações que Teófilo poderia ter para se certificar das "coisas de que ele já estava informado" (Lucas 1:4) é justamente a experiência carismática como fruto, ou resultado, da *presença extraordinária* do Espírito Santo. É exatamente por isso que, diz o teólogo inglês Steve Walton, a "forte ênfase de Lucas de que a obra de Deus em Jesus e por intermédio de seus seguidores está em continuidade com a obra de Deus na Escritura significa que Atos dos Apóstolos se comunicaria bem com aqueles bem versados nas

---

1077 BOCK. "Lucas" in: MCKNIGHT; OSBORNE (orgs.). *Faces do Novo Testamento*, p. 384.

1078 Ibid., p. 381.

1079 "É verdade que o âmbito da história da salvação não existe sem a realidade da história do mal" (KÄSEMANN. *Perspectivas paulinas*, p. 241).

CAPÍTULO 4 – Pneumatologia | 809

Escrituras judaicas — tanto os judeus quanto os tementes a Deus às 'margens das sinagogas'".[1080] Em outras palavras, a única porção escriturística de que esse grupo dispunha eram as Escrituras hebraicas e a elas é que recorriam para confirmar o que se dizia acerca do Messias. Evidentemente que havia também os Targuns e, mais comumente, a tradição oral, da qual falamos nos primeiros capítulos da nossa *Teologia sistemático-carismática*. Outro aspecto importantíssimo é que Lucas e, muito provavelmente, o próprio Teófilo não eram judeus, e, uma vez que "Atos dos Apóstolos relata histórias que poderiam 'soar familiares' para os ouvintes gregos e romanos[,] [isso] sugere que uma relevante seção da audiência de Lucas tinha essa herança cultural", diz o mesmo teólogo britânico, o qual acrescenta que, na "interseção desses grupos estão os tementes a Deus, as pessoas que viviam nos dois 'mundos' culturais, o que faz com que alguns se inclinem a vê-las como uma audiência-alvo essencial para Lucas-Atos". Walton completa dizendo que "a gama de materiais também [pode] indicar uma audiência consideravelmente mais ampla para Atos dos Apóstolos em torno da bacia do Mediterrâneo".[1081] Na verdade, conforme o já citado Darrell Bock, o "tema multirracial fica proeminente em Atos dos Apóstolos, mas, no Evangelho de Lucas, o fato-chave é que a mensagem de Jesus chega à periferia da sociedade",[1082] assunto específico que retomaremos mais à frente. Por ora, é interessante observar que

> [...] a datação dessas obras impacta a visão de qual audiência está em vista. Falando de modo geral, quanto mais tarde se fixa a data, é menos provável vermos as preocupações judaicas desempenhando um papel relevante nos dois volumes. Contudo, o uso intenso do Antigo Testamento, o tempo passado nas relações judaico-gentias e as questões da disputa judaica no evangelho de Lucas, incluindo o detalhe fornecido do porquê da rejeição judaica, tudo sugere que a questão da influência judaica é relevante nessa narrativa. A ênfase em temas como a perseverança parece sugerir uma mudança que precisa perseverar com a comunidade à luz da rejeição judaica, em vez de uma audiência a quem é dirigido um apelo estritamente evangelístico para entrar na salvação. Teófilo provavelmente é um gentio e pode bem ser

---

1080 WALTON, Steve. "Atos: muitas perguntas, muitas respostas" in: McKNIGHT; OSBORNE (orgs.). *Faces do Novo Testamento*, p. 255.

1081 Ibid.

1082 BOCK. "Lucas" in: McKNIGHT; OSBORNE (orgs.). *Faces do Novo Testamento*, p. 384-5.

810 | TEOLOGIA SISTEMÁTICO-CARISMÁTICA

um temente a Deus, alguém que veio a Jesus depois de ter primeiramente abraçado o Deus de Israel. A viagem de volta de Lucas às raízes do movimento é uma forma de asseverar a Teófilo e de explicar a todos como os gentios devem ser incluídos na comunidade dos fiéis. Essas preocupações parecem tratar a questão de um período anterior na existência da comunidade e apontam para uma audiência na comunidade. O tempo dedicado a essas preocupações sugere que a audiência abraçou a visão cristã, porém luta com a adoção dessa perspectiva. Sem dúvida, as pressões sociais e espirituais das tensões judaico-gentias desempenharam um papel importante aqui. A jornada de Lucas através das raízes da comunidade diz que tanto os judeus quanto os gentios pertencem à comunidade e que é necessária uma reconciliação eficaz para a missão e testemunhos eficazes. Por conseguinte, o chamado de Lucas, à luz do plano divino desenvolvido por intermédio de Jesus, o Senhor messiânico, não é tanto um convite a participar na origem da salvação divina; é, antes, um convite a abraçar a fé e perseverar nela, a experimentar essa salvação em sua plenitude, reconhecendo que Deus designou tanto os judeus quanto os gentios como membros dessa nova comunidade.[1083]

Depois de considerar o que pode ser dito das "últimas pesquisas", que já datam de praticamente duas décadas atrás, acerca do Evangelho de Lucas, vamos verificar, da mesma obra e com um especialista já anteriormente citado, Steve Walton, o que pode ser extraído de Atos dos Apóstolos, pois, após esse breve percurso, nos voltaremos para a análise conjunta da obra de Lucas-Atos e sua consideração por teólogos tanto carismáticos como não carismáticos. De início, como foi dito, o referido autor informa que os "últimos trinta anos testemunharam várias inovações no estudo acadêmico do Novo Testamento, em particular no estudo da narrativa, na aplicação do estudo retórico e no uso dos modelos sociocientíficos". Tais "tendências", completa Walton, refletiram-se na "pesquisa de Atos dos Apóstolos, que é um laboratório para o desenvolvimento de novos métodos".[1084] Pode parecer algo exagerado, mas na abertura do primeiro capítulo de sua obra seminal, *Luke: Historian and Theologian*, lançada originariamente em 1970, o teólogo escocês I. Howard Marshall diz

---

1083 Ibid., p. 394-395.

1084 WALTON. "Atos: muitas perguntas, muitas respostas" in: MCKNIGHT; OSBORNE (orgs.). *Faces do Novo Testamento*, p. 247.

que os "escritos de Lucas têm sido descritos como o centro da tempestade dos estudos modernos do Novo Testamento" — aludindo ao trabalho do já citado W. C. van Unnik. O autor completa informando que com "seus dois volumes que abrangem o ministério de Jesus e o desenvolvimento da Igreja primitiva, Lucas aparece na maioria dos problemas da ciência contemporânea do Novo Testamento".[1085] Já falamos brevemente da "crítica da redação", ferramenta, ou abordagem, que, de acordo com Marshall, surgiu por volta de 1960, impulsionada pelos novos métodos de estudo do material lucano, especialmente a partir da obra do teólogo alemão Hans Conzelmann, por isso originariamente nominada com o termo alemão *Redaktiongeschichte*.[1086] Portanto, a fim de exemplificar, mencionamos apenas duas inovações decorrentes do estudo de Atos. A primeira delas surgiu em 1977, no âmbito acadêmico, por conta da "dissertação de doutoramento de Luke Johnson [que] marcou a iniciação da 'virada narrativa' no estudo acadêmico do Novo Testamento em relação a Atos dos Apóstolos". Steve Walton informa que "Johnson examinou a função literária de possessões em Atos dos Apóstolos tentando entender como Lucas percebia e pensava teologicamente sobre o papel delas ao examinar sua apresentação literária delas". O autor acrescenta que atualmente a "abordagem de Johnson [...] é conhecida como 'crítica da narrativa'" e que tal "abordagem foca a 'forma final' do texto", ou seja, diferentemente da crítica da redação, "questões sobre a fonte e a redação são deixadas de lado, e o estudo acadêmico presta muita atenção a como o autor narra a história, estudando o uso do enredo, dos personagens, dos cenários e do ponto de vista".[1087] A segunda inovação, diz Walton, chama-se "crítica da retórica" e "foca a estrutura argumentativa da obra, objetivando identificar como ela tenta convencer seus leitores, bem como que tipo de persuasão está em vista", por isso a "origem dessa abordagem está no estudo da retórica antiga, o conteúdo-padrão da educação terciária na Antiguidade", explica o mesmo autor. Walton prossegue, dizendo que "os estudiosos que buscam essa abordagem acreditam que há muito mais a ganhar ao considerar como as convenções dos discursos antigos se engajam com nossos textos do

---

1085 MARSHALL, I. Howard. *Fundamentos da narrativa teológica de São Lucas* (Natal: Carisma, 2019), p. 17.

1086 Ibid., p. 18.

1087 WALTON. "Atos: muitas perguntas, muitas respostas" in: MCKNIGHT; OSBORNE (orgs.). *Faces do Novo Testamento*, p. 247.

812 | TEOLOGIA SISTEMÁTICO-CARISMÁTICA

Novo Testamento, em especial considerando-se que a leitura, nas culturas antigas", conforme já dissemos em outros momentos, "era invariavelmente em voz alta".[1088]

Como a tradição carismático-pentecostal vê a crítica bíblica? Os teólogos pentecostais James Railey e Benny Aker, já muito citados, informam que a "crítica bíblica foi desenvolvida depois da Reforma", acrescentando que as "duas divisões principais da crítica bíblica, anteriormente denominada de alta e baixa crítica, agora são usualmente chamadas crítica histórica e crítica textual, respectivamente", e que os "conservadores e os liberais igualmente trabalham em ambas as áreas, posto serem necessárias na exegese", ou seja, ambas "oferecem grande ajuda na compreensão da Bíblia". Isso porque, enquanto a "crítica histórica ajuda-nos a conhecer com mais exatidão o contexto social e cultural de um texto ou livro da Bíblia, levando-nos a interpretá-lo com mais exatidão", a "crítica textual é a ciência que examina as cópias à mão (manuscritos) da Bíblia em hebraico, aramaico e grego", informam os mesmos autores, e "procura recuperar o que os escritores inspirados realmente escreveram".[1089] Portanto, no conceito dos referidos teólogos pentecostais estadunidenses, a utilização de metodologias provenientes de ambas não faz de ninguém um liberal *per se*, pois obviamente que os pressupostos do intérprete é que são decisivos no processo ou no exercício exegético, conforme vimos na explicação de Anthony Palma ao falar da crítica da redação. E quanto aos teólogos da tradição carismático-pentecostal no Brasil? O que pensam a respeito? Evidentemente que não temos dados para falar por todos, mas uma amostra pode ser vislumbrada do que diz o teólogo pentecostal Antonio Gilberto, para quem a "chamada Alta Crítica tem feito uma devastação com seu modernismo e suas contradições no que concerne à formação, fontes de autenticidade do cânon, especialmente o do Antigo Testamento, mutilando quase todos os seus livros". Antonio Gilberto ainda informa que "a Alta Crítica é a discussão das datas de autoria dos livros" e, por isso mesmo, "estuda a Bíblia do lado de fora, externamente, baseada apenas em fontes do conhecimento humano". Quanto à "Crítica textual, também conhecida por Baixa Crítica", o mesmo teólogo diz que ela "estuda o texto bíblico, e este somente, e, ao lado da Arqueologia, vem alcançando um progresso

---

1088 Ibid., p. 249.
1089 RAILEY JR.; AKER. "Fundamentos teológicos" in: HORTON (org.). *Teologia sistemática*, p. 58.

valioso, posto à disposição do estudante das Escrituras".[1090] A recomendação do teólogo pentecostal, portanto, é que o "estudante das Escrituras deve estar prevenido contra a Alta Crítica",[1091] ou seja, para esse autor, a crítica histórica deve ser motivo de cuidado. Considerando o ano de publicação desse livro e o fato de ele ser reimpresso sem nenhuma atualização, nada podemos dizer acerca de se as impressões do autor mudaram com o avanço das pesquisas e dos novos métodos de estudo e interpretação textual. A verdade é que na obra *Teologia sistemática*, cujo editor-geral é o veterano teólogo pentecostal estadunidense Stanley Horton, lançada uma década depois, os autores James Railey e Benny Aker dizem que tanto conservadores quanto liberais utilizam as duas abordagens, mas oportunamente observam que, ao nos ocuparmos com a "crítica bíblica, o ideal é não atacarmos a Bíblia (embora muitos o façam)"; antes, devemos atacar "o nosso próprio modo de entender a Bíblia a fim de harmonizar nossa interpretação com o significado original das Escrituras".[1092] Em nota, eles acrescentam o seguinte sobre essa discussão:

> Alguns dos métodos atuais da crítica literária e histórica são: a *crítica das origens documentárias* (que usualmente toma por certo que Mateus e Lucas empregaram Marcos e uma origem documentária desconhecida [Q, representa *Quelle* — "fonte", em alemão] para a sua matéria), a *crítica da forma* (que usualmente nega o sobrenatural e divide a Bíblia em fragmentos que supostamente teriam sido ajuntados por um colecionador) e *a crítica da redação* (que considera os escritores bíblicos como autores e teólogos, mas frequentemente ignora o grande volume dos ensinos de Jesus e a inspiração do Espírito Santo). Muitos crentes bíblicos empregam de modo cuidadoso o primeiro [*crítica das origens documentárias*] e o terceiro [*crítica da redação*] desses métodos. D. W. Kerr, não sabendo o nome que posteriormente seria atribuído ao método, utiliza a crítica da redação em "The Bible Evidence of the Baptism with the Holy Ghost", *Pentecostal Evangel*, 11 de agosto de 1923, onde argumenta ser o batismo no Espírito Santo uma obra distintiva. Por exemplo: referindo-se a João 20.30 e 21.15, escreve: "João fez uma *seleção* exatamente do tipo de matéria que servia ao seu propósito, a saber: confirmar os crentes na sua fé em Jesus Cristo como

---

1090 Silva. *A Bíblia através dos séculos*, p. 54.
1091 Ibid., p. 55.
1092 Railey Jr; Aker. "Fundamentos teológicos" in: Horton (org.). *Teologia sistemática*, p. 59.

814 | TEOLOGIA SISTEMÁTICO-CARISMÁTICA

o Filho de Deus" (p. 2). Outros métodos incluem *a crítica do cânon* (que atribui importância à ordem presente dos livros na Bíblia), *a crítica da narrativa* (que presta atenção às personagens, ao enredo e ao clímax), *a crítica das ciências sociais* (que emprega teorias sociológicas para montar um modelo teorético com a finalidade de explicar culturas, frequentemente de um ponto de vista secular e antissobrenatural) e *a crítica da reação do leitor* (que desconsidera o mundo por detrás do texto bíblico e muda a autoridade para a reação subjetiva do leitor).[1093] Ver Malina, *World of Lukes-Acts*, 3-23, para uma refutação à crítica da reação do leitor.[1094]

Assim, é preciso entender duas verdades igualmente relevantes acerca desse assunto: 1) a utilização de qualquer método requer cuidados e capacidade crítica e 2) auscultar as próprias motivações e compromissos teológicos (e ideológicos!), enfim, nossos pressupostos, no intuito de verificar se não estamos projetando nossas próprias expectativas e percepções no texto. O exemplo é dos mesmos teólogos pentecostais estadunidenses, que informam que "os intérpretes pentecostais vêm, já há algum tempo, empregando o que podemos chamar 'crítica narrativa' na sua forma mais simples", pois os "defensores do batismo no Espírito Santo argumentam em favor de uma teologia de evidência inicial em Atos dos Apóstolos, crendo que o falar noutras línguas é normativo", tirando eles tal conclusão do fato de que "a narrativa menciona frequentemente que o fenômeno ocorre quando o Espírito Santo enche alguém com sua plenitude" e, portanto, tais "repetições na narrativa fornecem paradigmas de comportamento, dando força e expressão à teologia".

1093 A despeito da crítica a esse método, ele é utilizado por alguns teólogos pentecostais, e um breve panorama dele pode ser visto na introdução do comentário ao Evangelho de Marcos no *Comentário bíblico pentecostal* (CPAD); de acordo com o autor do referido texto, o teólogo pentecostal Jerry Camery-Hoggatt foi usado como paradigma para esse comentário. "A crítica da resposta do leitor", estranhamente chamada no Brasil de *reader-response* e ainda "*estética da recepção* (*Reader-response criticism*)", conforme explica o teólogo Kenner Terra no capítulo 4 da excelente obra dele em coautoria com Gutierres Siqueira (TERRA, Kenner. "A história da hermenêutica pentecostal: origens e desenvolvimento (parte II)" in: SIQUEIRA; TERRA. *Autoridade bíblica e experiência no Espírito*, p. 121. Inclusive recomendamos a leitura dos capítulos 3 e 4 para quem quer inteirar-se das origens e do desenvolvimento da "história da hermenêutica pentecostal", p. 64-138). Quanto à explicação panorâmica e ao resultado de utilizar tal método com as devidas adaptações, confira em CAMERY-HOGGATT, Jerry. "Marcos" in: ARRINGTON; STRONSTAD (orgs.). *Comentário bíblico pentecostal*, p. 159-62.

1094 RAILEY JR.; AKER. "Fundamentos teológicos" in: HORTON (org.). *Teologia sistemática*, p. 661-2.

CAPÍTULO 4 – Pneumatologia | 815

Em termos diretos, completam os autores, "o que Lucas registrou em Atos foi com a intenção de demonstrar-nos que o falar noutras línguas não é somente a evidência inicial e física, como também a evidência convincente que nos deixa saber quando uma pessoa foi realmente batizada no Espírito Santo".[1095] Independentemente das opiniões distintas acerca do tema na tradição carismático-pentecostal, o fato relevante é que, com os métodos históricos, tanto tradicionais quanto críticos, conforme mostra Frederick Dale Bruner, esse pilar central do pentecostalismo clássico não pode ser defendido, portanto, do ponto de vista exegético e acadêmico. Esse documento lucano, após a invenção dessas abordagens, foi devidamente valorizado e compreendido, corroborando com o segmento na defesa do batismo no Espírito Santo. Essa é a conclusão, por exemplo, de Anthony Palma, teólogo designado pela editora oficial das Assembleias de Deus estadunidense — Logion Press —, que recebeu do "Presbitério Executivo das Assembleias de Deus" a solicitação para que alguém escrevesse um livro apresentando "uma melhor apologética da doutrina da evidência inicial",[1096] informa Stanley Horton. A referida obra de Anthony Palma — *O batismo no Espírito Santo e com fogo* — é a que temos utilizado e que foi lançada em 1999, nos Estados Unidos, e em 2002, aqui no Brasil. Isso não significa que não havia obras que defendessem a principal doutrina do pentecostalismo clássico, mas que as descobertas dessas novas abordagens colocaram em xeque as conclusões cessacionistas e contribuíram para a perspectiva pentecostal. É por isso que a tradição carismático-pentecostal diz que, a despeito de Atos ser um texto narrativo, o "teólogo conservador crê estar a narrativa arraigada à história (a história é o meio pelo qual teria sido efetivada a revelação)". Por essa razão, conforme já apontado por Anthony Palma, cremos que, ao escrever "a narrativa, o autor sagrado foi orientado pelo Espírito Santo na seleção daquilo que serviria ao seu propósito, omitindo o restante".[1097] Em outras palavras, ainda que o recurso utilizado pelo material lucano seja do gênero literário narrativo, trata-se de história de fato, mesmo tendo Lucas se valido da narrativa, que, dizem os historiadores, refere-se a uma opção que "precisa ser reconhecida pelo que ela é: um ato interpretativo,

---

1095 Ibid., p. 59.
1096 Horton, Stanley M. *O avivamento pentecostal: as origens e o futuro do maior movimento espiritual dos tempos modernos* (Rio de Janeiro: CPAD, 1997), p. 76-7.
1097 Railey Jr.; Aker. "Fundamentos teológicos" in: Horton (org.). *Teologia sistemática*, p. 59.

816 | TEOLOGIA SISTEMÁTICO-CARISMÁTICA

mais do que uma tentativa inocente de se contar uma estória".[1098] Este é o aspecto da narrativa que parece ser uma desvantagem. Assim,

> Por mais efetiva — na verdade indispensável — que esse tipo de redação seja, ela não consegue expressar a preocupação primária do historiador com a passagem do tempo. Seu papel sempre tem sido, portanto, subordinado à técnica principal do historiador recriador: *narrativa*. Na maioria das línguas europeias, a palavra para "história" é a mesma utilizada para estória. (Em francês, *histoire*; em italiano, *storia*; em alemão, *geschichte*). A narrativa também é uma forma que o historiador partilha com o escritor criativo — especialmente o novelista e o poeta épico — e isso explica muito do apelo que a história tem tradicionalmente desfrutado com o público leitor. Como outras maneiras de se contar histórias, a narrativa histórica pode entreter graças a sua habilidade de criar suspense e despertar emoções. Mas a narrativa é também a técnica básica do historiador para transmitir o que é sentido como se estivéssemos observando ou participando de eventos passados. As formas da narrativa que alcançam o melhor efeito de recriação são aquelas que se aproximam mais da sensação do tempo que nós experimentamos em nossas próprias vidas: seja as de hora em hora, como nos relatos de uma batalha, ou nas ocorrências diárias, como num relato de uma crise política, ou nas de uma vida inteira, como numa biografia. Os grandes expoentes da história recreativa têm sido sempre mestres da narrativa dramática e vividamente evocativa.[1099]

É justamente por isso que ninguém menos que N. T. Wright, um dos teólogos britânicos anglicanos mais conhecidos e respeitados da atualidade, especialista em Novo Testamento, tratando a respeito da relação entre Escrituras e autoridade divina, diz que "a expressão conhecida como 'autoridade das escrituras' prova-se mais complicada do que pode parecer à primeira vista", pois "Além de a própria Bíblia declarar que toda a autoridade pertence ao Deus revelado em Jesus e no Espírito Santo, esse livro como um todo (e a maior parte de suas passagens) não se parece em nada com o tipo de coisa que as pessoas imaginam quando ouvem a palavra 'autoridade'".[1100] Isso pela Bíblia não

---

1098 Tosh, John. *A busca da história: objetivos, métodos e as tendências no estudo da história moderna* (Petrópolis: Vozes, 2011), p. 162.

1099 Ibid., p. 155-6.

1100 Wright, N. T. *As Escrituras e a autoridade de Deus: como ler a Bíblia hoje* (Rio de Janeiro: Thomas Nelson Brasil, 2021), p. 38-9.

consistir "em uma lista de regras, embora contenha muitos mandamentos de vários tipos e em vários contextos, muito menos em um compêndio de doutrinas verdadeiras,[1101] embora com certeza muitas partes declarem grandes princípios sobre Deus, Jesus, o mundo e nós mesmos de forma bem clara". Wright explica ainda que a "maioria das partes que a constituem, e todas elas em conjunto (seja na forma canônica judaica, seja na cristã), seriam mais bem descritas como narrativas", portanto trata-se de "um assunto complicado e amplamente discutido, mas ignorar esse fato não é de muita ajuda". Então conclui com esta pergunta: "Como uma narrativa pode ser investida de autoridade?".[1102] Na verdade, conforme já dissemos ao citar Alister McGrath, tanto no primeiro capítulo quanto no anterior e neste, a "narrativa era comum na antiguidade, e ainda o é em muitos lugares, especialmente nos países do chamado Terceiro Mundo", e, não coincidentemente, "está em franca ascensão no Ocidente", pela capacidade que ela possui de comunicar de "modo indireto", ou seja, "o narrador expõe os seus argumentos através de elementos tais como o diálogo e o comportamento".[1103] Não se trata de entretenimento, mas de um recurso didático com vistas à instrução; por isso, "o comportamento" das personagens da narrativa, dizem os mesmos autores, "torna-se paradigma daquilo que os leitores devem valorizar e seguir (em Atos 2, receber o Espírito com o falar em outras línguas fez-se normativo)".[1104] N. T. Wright diz que uma "história conhecida contada por um novo ângulo estimula as pessoas a pensar de um modo diferente sobre si mesmas e sobre o mundo". Afirma ainda que uma "história contada com emoção, humor ou drama dá asas à imaginação e convida o leitor ou o ouvinte a se imaginar em situações parecidas, propiciando novas descobertas sobre Deus e sobre os seres humanos, o que acaba capacitando essa pessoa a organizar sua vida de um modo mais sábio".[1105] É preciso, pois, entender que a "narrativa e o estilo indireto são contrastados com os tipos de literatura que comunicam de modo direto", ou seja, na "comunicação direta, o autor ensina na primeira

---

1101 Com essa expressão, certamente o autor se refere à "doutrina verdadeira" no sentido teológico da palavra, ou seja, "doutrina articulada" da forma como a conhecemos atualmente, filosoficamente fundamentada e com o amparo escriturístico de vários textos, enfim, como se fosse algo pronto, assim como uma teologia sistemática.

1102 Ibid., p. 39-40.

1103 RAILEY JR.; AKER. "Fundamentos teológicos" in: HORTON (org.). *Teologia sistemática*, p. 60.

1104 Ibid., p. 60-1.

1105 WRIGHT. *As Escrituras e a autoridade de Deus*, p. 40-1.

818 | TEOLOGIA SISTEMÁTICO-CARISMÁTICA

pessoa, de maneira proposicional", sendo a forma epistolar um exemplo dessa maneira de instrução, porém deve estar claro que a "Bíblia contém teologia, tanto narrativa quanto proposicional".[1106] Este é o ponto que a tradição carismático-pentecostal brasileira precisa urgentemente entender, pois, como afirma o teólogo pentecostal Anthony Palma, "Teologia narrativa é uma abordagem relativamente recente para os hermeneutas", e um "aspecto seu é chamado de 'analogia narrativa'". A referida "analogia", de acordo com o mesmo autor, "tem afinidades com a aproximação pentecostal tradicional da compreensão do batismo no Espírito com base no livro de Atos".[1107] Mas, se a narrativa é o estilo de Atos, o mais surpreendente e importante para nosso estudo é o que diz Steve Walton:

> Vários estudiosos têm examinado os paralelos entre Atos dos Apóstolos e a historiografia judaica. Brian Rosner salienta inúmeros graus de conexão entre a forma como os livros do Antigo Testamento relatam a história e a forma como Atos dos Apóstolos apresenta seu relato. As conexões são linguísticas, pois a linguagem de Atos dos Apóstolos em algumas passagens, além de ser temática, é fortemente inspirada na Septuaginta, em particular na profecia/cumprimento e no foco de Atos dos Apóstolos em Jerusalém. Lucas usa os modelos escriturais na composição das histórias de Atos dos Apóstolos, como no relato da conversão de Paulo refletindo as histórias do Antigo Testamento de Deus aparecendo e falando com as pessoas. Atos dos Apóstolos, de forma mais abrangente, ecoa as técnicas literárias do Antigo Testamento, em especial da história deuteronômica: o uso do conjunto de fórmulas (por exemplo, a série de observações sobre o crescimento da igreja em 6.7; 9.31; 12.24; 16.5; 19.20; 28.31), discursos que resumem e interpretam o ponto que uma história transmitiu (por exemplo, a oração em 4.24-30), a periodização da história e o foco da narrativa em alguns poucos personagens principais (Pedro, Estêvão, Filipe e Paulo). Mais importante, Atos dos Apóstolos compartilha com o Antigo Testamento o entendimento teológico da história, que vê Deus no controle, realizando seus propósitos. Ver essas conexões sugere que pelo menos parte do propósito de Atos dos Apóstolos é explicar, por intermédio de Jesus e seus

---

1106 RAILEY JR.; AKER. "Fundamentos teológicos" in: HORTON (org.). *Teologia sistemática*, p. 61.
1107 PALMA. *O batismo no Espírito Santo e com fogo*, p. 12.

seguidores, tanto a continuidade quanto a descontinuidade entre as ações passadas de Deus e suas ações presentes.[1108]

Nesse aspecto reside a importância e o sentido de toda a longa seção acerca do Espírito Santo no Antigo Testamento. Quando teólogos da tradição carismático-pentecostal desprezam a imprescindibilidade da atuação do Espírito Santo, como fruto de sua *presença* tanto *contínua* quanto *extraordinária*, corre-se o risco de reduzir a terceira Pessoa da Trindade a uma emanação no Antigo Testamento e a um Ser de uma deidade menor no Novo Testamento. Compreender Atos dos Apóstolos tendo como *background* o Antigo Testamento inteiro, não apenas uma parte dos seus 39 documentos, só é possível ao se eleger um *leitmotiv* que perpasse as Escrituras de fora a fora, e esse fio de Ariadne é a *presença extraordinária* do Espírito Santo, que, obviamente, só pode ser percebida na experiência dos diversos atores da história da salvação, em diversos momentos, com o Espírito, exatamente como vimos na vida dos carismáticos e carismáticas no Antigo Testamento. O teólogo pentecostal Anthony Palma diz que, apesar de o "método indutivo" ser "um meio legítimo de tentar alcançar uma conclusão sobre o assunto", tal "metodologia foi aplicada desde os dias iniciais do movimento pentecostal para demonstrar que, com base nos registros de Atos, as línguas de fato acompanharão o enchimento inicial de alguém com o Espírito". Observa, porém, sem qualquer ressalva, que, mesmo "assim, precisamos utilizar qualquer aproximação metodológica legítima que venha ratificar a nossa compreensão quanto a assuntos relacionados à atividade do Espírito Santo nas Escrituras".[1109] É claramente perceptível que não há problema algum em se desvencilhar de abordagens antissobrenaturalistas, que, apesar de tradicionais e utilizadas há séculos, podem não ser as únicas corretas e necessariamente adequadas para compreender as Escrituras como obra narrativa. Tal "aproximação metodológica", de acordo com Palma, "incluiria uma aproximação panbíblica", conforme dito por ele antes, "e a utilização de disciplinas como teologia narrativa e crítica redacional, corretamente aplicadas", pois "Lucas se especializou em narrativa como um meio de estabelecer verdades teológicas e, além disso, é cuidadoso ao utilizar fontes que irão efetivamente retratar o que ele, sob a liderança do

---

1108 WALTON. "Atos: muitas perguntas, muitas respostas" in: MCKNIGHT; OSBORNE (orgs.). *Faces do Novo Testamento*, p. 247.

1109 PALMA. *O batismo no Espírito Santo e com fogo*, p. 56.

820 | TEOLOGIA SISTEMÁTICO-CARISMÁTICA

Espírito, deseja enfatizar".[1110] Muitos biblistas questionam a possibilidade de haver *uma* teologia bíblica, aventando a hipótese até de existir *uma* teologia do Antigo Testamento e *uma* teologia do Novo Testamento, ao passo que outros acreditam existir a teologia particular de cada autor, sem que necessariamente elas estejam em conflito. Isso em se tratando da discussão nos limites do conservadorismo, havendo, obviamente, outras variações. Tal empresa não é algo fácil, pois, ao ler a Bíblia, como afirmam os teólogos pentecostais Benny Aker e James Railey, "vemos Deus agindo na vida e na história da humanidade a fim de levar a efeito o seu grande plano de redenção", ou seja, "a Bíblia apresenta as suas verdades em meio aos acontecimentos históricos ao invés de apresentar-nos uma lista sistematizada de suas doutrinas".[1111] Para N. T. Wright, isso mostra com clareza as "maneiras pelas quais a Bíblia funciona na prática, e com certeza como ela exerce autoridade". Além do mais, isso "sugere fortemente que, para que a Bíblia surta o efeito pelo qual parece que ela foi criada, será necessário que a igreja a ouça da forma como ela é, sem cortá-la em pedacinhos, no afã de transformá-la em algo que ela não é".[1112] Justamente por isso, as novas abordagens advindas do estudo do material lucano são importantes, como, por exemplo, a crítica da narrativa, que "é uma abordagem holística dos textos",[1113] o que, por sua vez, conforme já vimos, suscita outra discussão importante:

> Um debate relevante sobre a teologia do Espírito elaborada por Lucas se desenvolveu entre os estudiosos envolvidos com as questões levantadas pelos movimentos carismático e pentecostal, focando cada vez mais a relevância do dom do Espírito. A posição pentecostal padrão é que Lucas apresenta o dom do Espírito exclusivamente como poder para o testemunho, visão essa defendida por Robert Menzies. Menzies relaciona o Espírito em Lucas-Atos com a expectativa judaica do "Espírito de profecia", cuja atividade é vista tipicamente no dom do discurso ou da ciência ou conhecimento, como a profecia, o louvor invasivo inspirado pelo Espírito e a defesa e proclamação do evangelho. Menzies sustenta que, sempre que a atividade do Espírito é encontrada

---

1110 Ibid.

1111 RAILEY JR.; AKER. "Fundamentos teológicos" in: HORTON (org.). *Teologia sistemática*, p. 43.

1112 WRIGHT. *As Escrituras e a autoridade de Deus*, p. 41.

1113 WALTON. "Atos: muitas perguntas, muitas respostas" in: MCKNIGHT; OSBORNE (orgs.). *Faces do Novo Testamento*, p. 249.

CAPÍTULO 4 – Pneumatologia | 821

em Lucas-Atos, esse padrão tem de ser visto. Esse dom do Espírito como um *donum superadditum*, ou "segunda graça", tem de ser distinguido do entendimento paulino do Espírito como necessário para a salvação (por exemplo, Rm 8.9), realizando milagres (por exemplo, Gl 3.5) e transformando os cristãos (por exemplo, 2Co 3.18). Menzies argumenta que Lucas apresenta um entendimento do Espírito fortemente judaico, e que Paulo é o verdadeiro inovador teológico em seu entendimento da obra do Espírito como necessária para a salvação. Esse argumento leva naturalmente à visão pentecostal de que existe uma experiência do Espírito que é tanto distinta da experiência da salvação quanto necessária para o testemunho cristão.[1114]

Em se tratando de uma pneumatologia proveniente da tradição carismático-pentecostal, essa discussão precisa ser feita de maneira que se coadune com os nossos pressupostos não por uma imposição artificial, mas por causa do que temos mostrado desde o início, ao dizermos que a reflexão teológica que pretende ser realmente fiel às Escrituras precisa acompanhar a esteira da dinâmica da revelação, que, como já evidenciamos ao longo deste capítulo, não é uniforme nem se dá da mesma forma no transcurso da história da salvação; antes, depende da experiência produzida pela *presença extraordinária* do Espírito Santo, que, por sua vez, obedece à lógica da fé, não podendo ser capturada e entendida com as pretensões epistemológicas do racionalismo. Justamente por isso, uma vez mais insistimos, como a teologia protestante cessacionista segue os pressupostos do paradigma do racionalismo, por seu surgimento ter se dado no período dos séculos 17 e 18, não há possibilidade de seguirmos a mesma metodologia que ela para elaborar teologia carismático-pentecostal, pois esta se orienta por pressupostos sobrenaturalistas, ao passo que aquela por pressupostos antissobrenaturalistas.[1115] Evidentemente

---

1114 Ibid., p. 263.

1115 Falando acerca da busca de aceitação dos teólogos pentecostais por parte dos teólogos evangélicos, na verdade evangelicais ou reformados, William e Robert Menzies dizem que "Esse anelo pela aceitação tradicional, contudo, tem um preço mais claramente manifestado na área da hermenêutica. A adesão cega à plena armadura do padrão dos princípios evangelicais da hermenêutica fez com que os pentecostais caíssem inadvertidamente numa armadilha. A razão repousa nas regras restritivas que regem o empreendimento hermenêutico dos tradicionais, restrições essas que descartam a possibilidade de um resultado de cunho pentecostal. Com a aproximação entre pentecostais e tradicionais que surgiu nas décadas seguintes à Segunda Guerra Mundial, os pentecostais abdicaram em grande parte de sua programação teológica em favor da liderança acadêmica dos tradicionais. As escolas bíblicas dos

822 | TEOLOGIA SISTEMÁTICO-CARISMÁTICA

que a posição do batismo no Espírito Santo do pentecostalismo clássico, expressada pelo teólogo pentecostal Robert Menzies, conta com objeções, como as pregressas, isto é, surgidas como reação de outros trabalhos, como a de James Dunn,[1116] ou a de Max Turner, que já reage ao trabalho do referido teólogo pentecostal estadunidense criticando "a leitura de Menzies tanto das fontes judaicas quanto de Lucas-Atos", pois, conforme informa Steve Walton, "Turner, apesar de aceitar que a principal ênfase do entendimento judaico e lucano do Espírito é o poder para o testemunho, aponta para o material em ambas as fontes que mostra o Espírito realizando milagres, na verdade, trazendo as pessoas para a comunidade de salvação e continuando a transformá-las eticamente, uma vez que estão na comunidade".[1117] As conclusões do referido teólogo britânico batista, ex-pentecostal, que objeta Menzies, encontram respaldo em "fontes judaicas", ou seja, "os hinos de Qumran, a

---

pentecostais começaram a empregar livros didáticos dos evangélicos tradicionais em toda parte. Havia evidentemente pouca coisa de que discordavam, exceto em assuntos da doutrina do Espírito Santo" (MENZIES, Robert; MENZIES, William. *No poder do Espírito: fundamentos da experiência pentecostal: um chamado ao diálogo* [Natal: Carisma, 2020], p. 47). Como temos demonstrado neste nosso livro, essa percepção de que as diferenças são apenas em "assuntos da doutrina do Espírito Santo" é um dos maiores erros e empecilhos para o desenvolvimento de uma teologia especificamente carismático-pentecostal. Os referidos teólogos pentecostais relatam ainda que "os pentecostais ficaram desapontados porque não tiveram êxito em persuadir os tradicionais a aprovar seu entendimento da obra do Espírito Santo. Ademais, alguns estudantes pentecostais que estavam imersos nos livros-texto dos evangélicos tradicionais começaram a questionar as premissas da teologia pentecostal. Ficou evidente que uma razão central para o abismo teológico eram as premissas diferentes das quais a Bíblia era estudada. Os tradicionais trabalhavam com um conjunto de regras hermenêuticas. Os pentecostais, com uma abordagem diferente. Somente na década de 1970 esse problema foi entendido claramente. É importante levar em conta mudanças significativas na teoria hermenêutica tradicional desde 1970, as quais tornaram mais fácil para os evangélicos tradicionais e os pentecostais de hoje falarem língua semelhante" (ibid., p. 47-8). Tal processo ainda não aconteceu no Brasil, pois nem mesmo entre os pentecostais a hermenêutica pentecostal é devidamente compreendida e acolhida. Veja nota 531.

1116 A obra *Baptism in the Holy Spirit*, de James Dunn, lançada em 1970, gerou várias reações em muitos teólogos pentecostais, incluindo Robert Menzies, que, mesmo discordando da tese reformada repetida por Dunn — em achar que a pneumatologia lucana e a paulina são iguais —, reconhece a importância do trabalho do teólogo metodista e diz que "dificilmente se pode discutir a pneumatologia do cristianismo sem interagir com as ideias de Dunn" (MENZIES; MENZIES. *No poder do Espírito*, p. 94). No entanto, com as críticas de Menzies a Dunn, este escreve um artigo — "Baptism in the Spirit: a response to Pentecostal scholarship on the Luke-Acts" —, em 1993, respondendo a Menzies, e é a esse texto que Steve Walton está fazendo alusão. No capítulo 5 da obra com seu pai, Robert Menzies responde ao artigo de Dunn (p. 93-119).

1117 WALTON. "Atos: muitas perguntas, muitas respostas" in: McKNIGHT; OSBORNE (orgs.). *Faces do Novo Testamento*, p. 263-4.

CAPÍTULO 4 – Pneumatologia | 823

Septuaginta e os *Targumim* são centrais para o seu argumento, fornecendo evidência dessas atividades por meio do Espírito". Portanto, no material de Lucas-Atos, "conforme argumenta Turner, o Espírito é visto como o poder da restauração de Israel, transformando em realidade as promessas de Deus referentes a um messias nascido do Espírito e equipado pelo Espírito para sua tarefa (Lc 1.35; 3.21-22; 4.1,14,18)". Além disso, o Espírito também proporciona "uma vida renovada para a comunidade daqueles que creem nele (por exemplo, no relato de Pentecostes há ecos da concessão da Torá no Sinai, e Jesus é visto como o profeta como Moisés)".[1118] A posição de Turner é, por um lado, "carismática" — no sentido da classificação sociológica no Brasil —, em que não há nenhuma obrigatoriedade de se entender a glossolalia, teologicamente, como evidência do batismo no Espírito Santo, conforme defende o pentecostalismo clássico, mas, por outro, sua proposta é basicamente igual à visão reformada, que não distingue a concepção pneumatológica lucana da paulina. Há ainda, no que diz respeito ao pensamento de Robert Menzies, uma incompreensão entre o que o teólogo pentecostal pensa e defende e o que Max Turner diz que Menzies postula, conforme pode ser visto no capítulo-resposta a Turner, escrito em primeira pessoa, por Robert Menzies, no livro com seu pai.[1119] Conquanto sejam interessantes as reações de Menzies a Dunn e a Turner, não vamos acompanhá-las por não ser este o nosso foco. Todavia, excertos de ambas as reações serão citados por estarem relacionados com a nossa discussão e por revelar particularidades intrigantes desse teólogo pentecostal clássico. Sobretudo, veremos mais de suas respostas a Turner, pois, segundo Robert Menzies, após três décadas do lançamento da obra desafiadora de Dunn, ou seja, justamente quando os "argumentos de Dunn começa[ram] a perder a sua força de persuasão, Max Turner fornece uma abordagem atualizada, plenamente familiarizada com a nova intelectualidade, que mais uma vez anima a posição evangélica",[1120] ou seja, fornece insumos para reanimar as objeções reformadas a respeito da teologia da tradição carismático-pentecostal.

Na já referida obra *No poder do Espírito*, lançada no final do século passado e início deste, os teólogos pentecostais William e Robert Menzies, pai e filho, respectivamente, após um primeiro capítulo panoramicamente histórico,

---

1118 Ibid., p. 264.
1119 Menzies; Menzies. *No poder do Espírito*, p. 120-49.
1120 Ibid., p. 147.

824 | TEOLOGIA SISTEMÁTICO-CARISMÁTICA

mostrando as características do que eles chamam de "pentecostalismo primitivo" — 1) batismo no Espírito, 2) compromisso com evangelização e missões, 3) fé inabalável, 4) expectativa, 5) realidade, 6) adoração entusiástica, 7) comunhão enriquecedora e 8) autoridade da Bíblia — e como a aproximação com a teologia reformada trouxe alguns problemas, entre eles o perigo da descaracterização do movimento e o repensar hermenêutico a partir dos anos 1970, os autores passam a discutir, nos dois capítulos subsequentes, a "revolução silenciosa" promovida pela hermenêutica pentecostal e também a "inconfundível contribuição de Lucas" para o surgimento consciente da referida hermenêutica. É sempre importante manter em mente que o relato se refere à situação da tradição carismático-pentecostal estadunidense, na qual, segundo os autores, está ocorrendo uma "mudança substancial nas atitudes evangélicas tradicionais com relação à importância teológica da narrativa bíblica".[1121] Além da introdução e da conclusão, a tríplice divisão do segundo capítulo é interessante: na primeira — "O passado: um cânon dentro de outro cânon" —, os autores mostram como livros de teólogos renomados, entre eles dois muito populares, que há anos são publicados em língua portuguesa (*Batismo e plenitude do Espírito Santo*, de John Stott, e *Entendes o que lês?*, de Gordon Fee e Douglas Stuart), fizeram escola com a ideia de que "a doutrina do Espírito Santo não pode ser deduzida de passagens puramente descritivas em Atos". É "impossível construir uma doutrina consistente a partir delas, porque elas não formam um padrão consistente",[1122] diz John Stott, não sem antes ter afirmado que a "revelação do propósito de Deus deve ser buscada preferencialmente nas suas passagens *didáticas*, não nas *descritivas*", ressalvando que isso não significa que as "passagens descritivas da Bíblia não têm valor", mas, sim, "que o que é descrito tem valor somente até o ponto em que é interpretado pelo que é didático".[1123] Justamente por isso, os teólogos pentecostais questionam se "esse princípio não soou muito semelhante a um cânon dentro de outro cânon", trazendo diferentes problemas, já que algumas doutrinas fundamentais, a da criação e a da Queda, por exemplo, são derivadas de seções escriturísticas narrativas, reduzindo ainda "os evangelhos e Atos (assim como outras porções narrativas das Escrituras) a um mero apêndice

---

1121 Ibid., p. 49.

1122 STOTT, John. *Batismo e plenitude do Espírito Santo: o mover sobrenatural de Deus* (São Paulo: Vida Nova, 2007), p. 32-3.

1123 Ibid., p. 17-8 (grifo no original).

das porções didáticas da Bíblia, particularmente as cartas de Paulo". Os mesmos autores pentecostais ainda dizem que "talvez isso explique o caráter preponderante das epístolas paulinas, que têm muito da teologia evangélica tradicional", cabendo, portanto, a pergunta: "Diante de tudo isso, não tem a teologia evangélica tradicional a tendência a ser uma teologia paulina?".[1124] Talvez alguém não veja problema nesse fato, mas isso contraria frontalmente o ensino do próprio apóstolo Paulo (Romanos 15:4; 2Timóteo 3:16). A segunda divisão do segundo capítulo da obra dos Menzies — "O presente: afirmação da importância teológica da narrativa" — fala dos trabalhos publicados a partir de 1970 e que mostraram claramente que "Lucas-Atos apresenta a história com um propósito: história com uma agenda teológica em mente", ou seja, a "questão crucial não é mais se Lucas e os outros eram teólogos, mas qual a forma ou o conteúdo específico da teologia deles". Essas "conclusões produziram uma revolução importante na hermenêutica tradicional", motivo pelo qual a "posição mais antiga, que ocasionava o orgulho teológico de determinar porções didáticas da escritura, foi em grande parte, se não universalmente, rejeitada".[1125] Finalmente, a terceira parte — "O futuro: preservar todo o cânon" — parece não endossar o que disseram Walton e Turner:

> A implicação de mais longo alcance dessa mudança hermenêutica é que ela abre a possibilidade de produzir, de um modo novo, uma teologia bíblica por inteiro. No passado, como observei, a teologia tradicional era uma teologia predominante[mente] paulina. A atitude dominante, moldada por uma hermenêutica arcaica e conservada como relíquia, era que devíamos ir a Paulo para fazer teologia (uma vez que suas cartas têm caráter didático); os Evangelhos e Atos simplesmente fornecem os dados históricos para essa reflexão teológica. Isso, inevitavelmente, restringiu o cânon para nós e, conquanto falasse da unidade das Escrituras de um modo um pouco mais fácil, nos cegava para a riqueza e a amplitude do testemunho bíblico.[1126]

Ao dizerem que o desenvolvimento consciente da forma de ler e interpretar as Escrituras, que desde sempre foi praticada pela tradição

---

1124 MENZIES; MENZIES. *No poder do Espírito*, p. 51-2.
1125 Ibid., p. 55, 57.
1126 Ibid., p. 58-9.

826 | TEOLOGIA SISTEMÁTICO-CARISMÁTICA

carismático-pentecostal, criou a oportunidade de se "produzir, de um modo novo, uma teologia bíblica por inteiro", os autores mostram, óbvio como é, a necessidade de os teólogos carismático-pentecostais tomarem as rédeas da tarefa e produzirem teologia realmente carismático-pentecostal, considerando todas as doutrinas da fé cristã, não apenas a pneumatologia. A ideia dos Menzies, "de produzir, de um modo novo, uma teologia por inteiro", igualmente converge com a de Palma, de usar uma "aproximação panbíblica" para compreender a ação do Espírito Santo, na Bíblia toda, e assim construir uma teologia que atenda aos anseios da tradição. Como reconhecem os teólogos pentecostais clássicos, a "ênfase mais recente no papel da narrativa nos abriu novas janelas, capacitando-nos a experimentar ventos novos de reflexão teológica"; isso não significa, porém, que antes ela não era valorizada, pois desde sempre "o movimento pentecostal tem enfatizado a narrativa de Lucas-Atos". Assim tem acontecido por um motivo muito básico, qual seja, o fato de que "os aspectos distintivos da teologia pentecostal — principalmente a ênfase no batismo no Espírito como experiência distinta na conversão — estão enraizados em Lucas-Atos". Em termos diretos, para os mesmos autores, caso não tivéssemos os "escritos lucanos não haveria nenhuma teologia pentecostal, porque não conheceríamos o dom pentecostal (At 1 e 2)".[1127] De nossa parte, achamos um tanto exagerada essa conclusão, pois, conforme vimos no transcurso da história da salvação, a atividade carismática era recorrente no período do Antigo Testamento. Obviamente que reconhecemos o fato de que o Novo Testamento, especialmente os materiais lucanos, praticamente "explicam" o que no Antigo Testamento parece estar apenas relatado, mas ninguém minimamente atento deixa de perceber a mudança das pessoas antes e depois da capacitação carismática. Portanto, pode ser que não houvesse possibilidade de se desenvolver uma doutrina da *evidência inicial*; contudo, como vimos, ao estudar os dados das Escrituras hebraicas, sem dúvida, é possível ter uma teologia carismática. Reconhecemos que, pelo fato de "Lucas-Atos ser tão central para a teologia e a experiência pentecostais, a mudança hermenêutica recente dentro do mundo evangélico mais amplo teve impacto especial sobre os pentecostais", mudando, inclusive, a situação destes, que, "quase sempre censurados no passado por argumentos simplistas de precedentes históricos, entraram numa era de reflexão teológica criativa". Os mesmos autores

---

1127 Ibid., p. 59.

concluem dizendo que os "estudiosos pentecostais aproveitaram e levantaram questões importantes a respeito da natureza da pneumatologia (doutrina do Espírito Santo) de Lucas e sua relação com a de Paulo".[1128] É exatamente essa relação que marca o debate mais amplo no protestantismo estadunidense na atualidade, pois, assim como a teologia do pentecostalismo clássico depende de Lucas-Atos, a teologia reformada depende das epístolas paulinas. Com as novas metodologias de estudo do material lucano, muitos desafios foram levantados, sobretudo para o lado reformado. Diante das possibilidades surgidas, o debate entre os pentecostais se polarizou. Há os que entendem haver complementariedade entre ambas, e outros que não aceitam a ideia de que haja teologias neotestamentárias e, portanto, Lucas e Paulo são "harmonizados", havendo, obviamente, prejuízo para a teologia carismático-pentecostal. Diante das alternativas, que não se resumem a essas duas principais, e a fim de manter a aproximação com a teologia reformada, a proposta dos teólogos pentecostais estadunidenses é radical e não tergiversa:

> Se nós, pentecostais, devemos nos comunicar eficazmente com a comunidade evangélica mais ampla, não podemos simplesmente confiar nas respostas oferecidas pela geração anterior de exegetas pentecostais. Embora os nossos antepassados pentecostais tenham entendido intuitivamente a correlação entre a realidade que experimentaram e a promessa de Atos 1.8, nem sempre articularam a teologia deles de maneira inteiramente coerente ou convincente para os outros crentes comprometidos com a autoridade das Escrituras. Claro que escrever teologia não foi a principal preocupação deles, embora muito boas contribuições tenham sido feitas. Todavia, o legado teológico do passado não é adequado para as exigências do presente.[1129]

A objeção apontada logo no primeiro período da citação da obra dos teólogos pentecostais estadunidenses, na realidade, foi levantada por James Dunn, sendo evidente que, com o crescimento numérico da tradição carismático-pentecostal e sua estabilização denominacional, vieram os desafios normais desse processo, que são, entre outros, a busca por mais erudição teológica e a relação teológica (não fraternal, pois esta independe de teologia) com

---

1128 Ibid.
1129 Ibid., p. 65.

o protestantismo reformado. A imprescindibilidade da realização desse trabalho, pelas razões já expostas, não deve, porém, ofuscar a verdade de que, conforme oportunamente observam os teólogos pentecostais, ele divide-se em dois estágios, tal como se requer de qualquer exercício teológico sério e responsável: 1) exegese + 2) teologia bíblica = 3) teologia sistemática. É neste ponto, que mostramos desde a introdução da nossa sistemático-carismática, que reside uma questão crucial, que, a despeito de óbvia, parece cegar os teólogos e demais pessoas adeptas das diversas tradições da fé cristã: não se faz teologia no vácuo, isenta, sem influência e pressupostos. Não existe nenhuma parte do processo, seja exegético, seja analítico e, finalmente, produtivo-articulador, destituída de pressupostos e sem que estes condicionem, de alguma maneira e em algum grau, o que se quer utilizar das Escrituras, evitando-se o que poderia prejudicar nossos intentos. Cessacionista faz teologia cessacionista e vê cessacionismo em todo lugar. Da mesma forma, acontece com o carismático-pentecostal. Não estamos dizendo que isso seja ruim ou bom; apenas fazendo uma observação que invariavelmente não é feita, levando as pessoas a olhar com espanto para a tradição do outro sem se dar conta de que o contrário é verdadeiro. A própria expressão "um cânon dentro do cânon", devemos reconhecer o que afirma James Dunn, caso sejamos honestos, aplica-se indistintamente a todas as tradições da fé cristã. A fim de demonstrar tal verdade, o referido teólogo metodista, de forma muito prática, sugere um exercício intuitivo que pode ser feito por qualquer pessoa — que obviamente tiver a prática de ler as Escrituras. Ele diz que basta apenas observar, por exemplo, seu Novo Testamento e verificar "que algumas páginas são mais escuras pelas marcas dos seus dedos do que outras", ou seja, isso mostra uma prática que certamente "inclui os próprios cristãos do primeiro século que se utilizavam das passagens das Escrituras (AT) que falavam mais claramente à sua fé e experiência com Deus mediante Jesus Cristo para interpretar outras que forneciam a base para o judaísmo emergente".[1130] Assim, quando os teólogos da tradição carismático-pentecostal falam em elaborar uma teologia que considere as "Escrituras por inteiro", e que, para que isso seja possível, é necessária uma "aproximação panbíblica", ou seja, um método que seja capaz de perpassar a Bíblia toda, de ponta a ponta, é justamente para que não caiamos em um inveterado reducionismo do "cânon dentro do cânon", pois de forma

---

1130 Dunn. *Unidade e diversidade no Novo Testamento*, p. 532.

até mesmo inconsciente já procedemos dessa maneira. "O reconhecimento da realidade de que de fato se opera com um cânon dentro do cânon não deveria causar embaraço ou vergonha", diz James Dunn, pois tal "é, simplesmente, o meio de aceitar que os cristãos não são de nenhum modo diferentes em sua diversidade desde seus companheiros crentes do séc. I".[1131] Numa palavra:

> É uma simplificação dizer que (até recentemente) o cânon efetivo do NT para a eclesiologia católica romana era a passagem de Mateus 16.17-19 e as das Epístolas Pastorais. O cânon para a teologia protestante têm sido claramente as cartas (mais antigas) de Paulo (para muitos luteranos, com efeito, "a justificação pela fé" é o cânon real dentro do cânon). A ortodoxia oriental e a tradição mística, dentro do cristianismo ocidental, poderiam extrair sua principal inspiração no NT dos escritos joaninos. Enquanto o pentecostalismo procura sua autenticação em Atos dos Apóstolos. [...] Talvez mais impressionante de tudo, precisamos nos recordar que desde que o catolicismo primitivo era somente uma das correntes dentro do NT, consequentemente a própria *ortodoxia está baseada sobre um cânon dentro do cânon*, em que a ausência da clareza de um Paulo ou de um João (cf. 2Pe 3:15s) tem sido interpretada em conformidade com essa única corrente.[1132]

Em outras palavras, os pressupostos já definem e selecionam os textos bíblicos que fundamentam e que estejam colimados com a perspectiva teológica do especialista, isto é, "Todos nós vamos ao texto com pressuposições teológicas",[1133] reconhece também Robert Menzies. Isso se dá de igual forma em todas as áreas do saber, não sendo exclusividade da teologia. Por isso, quando os pentecostais estadunidenses passaram a ser desafiados pelos questionamentos acerca da forma como liam e interpretavam as Escrituras, concomitantemente emergiram as novas perspectivas e visões a respeito do material lucano, e tais descobertas corroboraram com a tradição carismático-pentecostal, pois elas acabaram coincidindo com a maneira como tanto teólogos quanto leigos leem as Escrituras. Não obstante, era necessário articular tal teologia, ou seja, ela precisava ser escrita de forma que mostrasse sua fundamentação bíblica e com um aporte filosófico que justificasse ser ela da forma que é. Não se trata de

---

1131 Ibid., p. 533.
1132 Ibid., p. 532.
1133 Menzies; Menzies. *No poder do Espírito*, p. 104.

830 | TEOLOGIA SISTEMÁTICO-CARISMÁTICA

uma empresa fácil. Como disseram os teólogos pentecostais estadunidenses William e Robert Menzies, "escrever teologia não foi a preocupação principal deles", e isso acabou gerando uma falta de familiaridade com os jargões teológicos e o manejo de ferramentas epistemológicas. Mas, ao encetar a tarefa, é possível dizer que os teólogos estadunidenses obtiveram êxito em sua empreitada. Uma das articulações mais promissoras é o trabalho do teólogo pentecostal canadense Roger Stronstad, sobre o qual nos debruçaremos mais adiante. A obra seminal desse teólogo — *A teologia carismática de Lucas-Atos* — foi publicada pela primeira vez em 1984, ou seja, catorze anos após eclodirem os estudos de Lucas-Atos no contexto não carismático. Depois de expor sucintamente a proposta central do referido teólogo, William e Robert Menzies dizem que "Stronstad sem dúvida será criticado por alguns por deduzir sua própria experiência pentecostal de Lucas-Atos", contudo registram que "ele não foi o primeiro a enfatizar o caráter distintivo da teologia do Espírito conforme Lucas". Há mais "de um século [...], Hermann Gunkel chegou a conclusões semelhantes e foi seguido nos últimos anos por E[duard] Schweizer, David Hill e Gonzalo Haya-Prats", ou seja, "todos escreveram obras que salientam o caráter distintivo da pneumatologia de Lucas".[1134] O detalhe é que nenhum deles é de tradição carismática. Todavia, quando um teólogo carismático ou pentecostal diz o mesmo e a partir daí faz teologia, é criticado. Contudo, William e Robert Menzies perguntam retoricamente: "Não é possível que a experiência pentecostal de Stronstad o tenha realmente capacitado a ler Lucas-Atos com mais cuidado?". Então, respondem que a "análise de Lucas-Atos revela que este é o caso".[1135] Ora, é óbvio que sua experiência o ajudou a compreender melhor a narrativa lucana, pois as experiências carismáticas relatadas em Atos dos Apóstolos guardam semelhança com a do próprio Stronstad e de outros milhões de carismático-pentecostais pelo mundo. Sugestiva, porém, e surpreendente, é a opinião de James Dunn a respeito dessa ressonância. Uma vez que, "por natureza era amplamente entusiástico o cristianismo primitivo (incluindo o relato de Lucas sobre ele)", diz o teólogo metodista, existem "claras indicações em vários escritos do NT de *uma tendência ou vertente muito forte* (muitos diriam fortíssima) *entusiástica dentro do cristianismo do séc. I*", sendo o próprio

---

1134 Ibid, p. 69-70.

1135 Ibid., p. 70 (cf. o próprio teólogo pentecostal canadense revela em STRONSTAD. *Teologia lucana sob exame*, p. 29-30).

CAPÍTULO 4 – Pneumatologia | 831

escritor sagrado um entusiasta. Daí por que, na concepção de Dunn, falta em Lucas a criticidade que sobra em Paulo em relação a esse aspecto, ou seja, ele acha que tal se dava justamente pelo fato de que Lucas era "comprometido" com essa característica do cristianismo nascente.[1136]

Não achamos a hipótese de Dunn apenas interessante, mas plenamente possível. Contudo, em vez de, como ele, pensarmos que isso compromete de alguma forma a narrativa lucana, somos de uma opinião que converge com a de Palma, isto é, a seleção e o arranjo sistemático do material de Lucas-Atos não são propriamente de Lucas, mas do Espírito Santo. De igual forma, o fato de Lucas ser um "entusiasta", nas palavras de Dunn, ou um carismático, no sentido mais genérico que temos utilizado, ou seja, de alguém que tem experiências extáticas por causa da *presença extraordinária* do Espírito Santo, não o desqualifica para a tarefa de escrever sua obra, mas justamente o contrário. Tal como os Menzies disseram de Roger Stronstad, cremos que isso o qualifica. Nesse sentido, outra questão para a qual chama a atenção o trabalho dos referidos teólogos pentecostais clássicos é o fato de eles reafirmarem, com mais ênfase Robert Menzies, a verdade de que a teologia de Lucas é diferente da de Paulo, sendo a do primeiro carismática e a do segundo soteriológica. Eles reconhecem, inclusive, o equívoco da posição de que o fato de o Espírito Santo ter inspirado "cada um dos autores do Novo Testamento" significa que "eles todos devem falar com uma só voz", ou seja, "cada autor bíblico deve partilhar da mesma perspectiva teológica". Assim, "falar da pneumatologia distintiva de Lucas é questionar o caráter divino e normativo das Escrituras", mas afirmar, na sequência, que a "visão de Paulo é nitidamente mais desenvolvida, pois ele enxerga a riqueza plena da obra do Espírito", ao passo que a "perspectiva de Lucas, pelo contrário, é menos desenvolvida e mais limitada",[1137] soa muito estranho e, no mínimo, ambíguo. Primeiro, porque, no mesmo fôlego, eles dizem propor que uma "visão elevada das Escrituras" não exige "que Lucas e Paulo tenham o mesmo ponto de vista pneumatológico, mas que a pneumatologia própria de Lucas seja, em última análise, conciliável com a de

---

1136 Dunn. *Unidade e diversidade no Novo Testamento*, p. 286, 289, 290-1, 293. O autor utiliza a expressão "entusiasta" em um sentido que separa o "carismático" de quem experimenta o êxtase. Nós utilizamos a expressão *carismático* em referência, de forma genérica, a quem experimenta o fenômeno extático-glossolálico (ou extático-xenolálico) e extático-profético ou qualquer outra manifestação verdadeira do Espírito Santo, e também a quem pertence à tradição carismático-pentecostal.

1137 Menzies; Menzies. *No poder do Espírito*, p. 77-9.

832 | TEOLOGIA SISTEMÁTICO-CARISMÁTICA

Paulo e que ambas as perspectivas possam ser vistas como contribuição para o processo de desenvolvimento harmonioso". Segundo, eles observam que, ao falarem da "pneumatologia típica de Lucas", não estão com isso "asseverando que a perspectiva dele seja inconciliável com a de Paulo"; antes, querem "dizer que as pneumatologias de Lucas e de Paulo são diferentes, mas compatíveis, e que as diferenças não devem ser obscurecidas, pois ambas as perspectivas nos oferecem discernimentos valiosos para a obra dinâmica do Espírito Santo".[1138] Se ambas têm uma contribuição importante na formação da pneumatologia neotestamentária, isto é, "as perspectivas carismática e teológica de Lucas e Paulo, respectivamente, não são apenas compatíveis, mas complementares", pois as duas "representam contribuições importantes para uma teologia bíblica do Espírito harmoniosa e integral", por que a observação de que Lucas "dá testemunho somente pelo aspecto carismático da obra, o Espírito, e isso nos dá um vislumbre de apenas uma parte da visão mais plena de Paulo"?[1139] Para não restar dúvida, os autores observam, corretamente, outra questão extremamente crucial para que se respeite, inclusive, a revelação progressiva das Escrituras, o que nos faz lembrar o que disse o teólogo pentecostal Antonio Gilberto, de que "a revelação divina através da Bíblia é progressiva. Isto é, nada é dito de uma vez, nem uma vez por todas".[1140] Por isso,

> [...] se as diferenças entre as perspectivas de Lucas e Paulo não forem reconhecidas, a riqueza plena do testemunho bíblico não poderá ser assimilada. Eis por que é trágico quando, em nome da inspiração bíblica, repudia-se a diversidade teológica legítima dentro do cânon. *Devemos examinar os textos bíblicos e ser sensíveis à diversidade teológica existente, pois a harmonização, quando impingida ao texto, cobra alto preço.* No caso de Lucas e Paulo, esse preço é a sustentação bíblica para uma posição pentecostal sobre o batismo no Espírito.[1141]

Além desse ponto que parece ser o terror dos que, às custas da singularidade dos documentos, querem "impingir" a harmonização da teologia sistemática do seu sistema teológico ao texto, outras duas objeções são apontadas pela

---

1138 Ibid., p. 78.
1139 Ibid., p. 79.
1140 Silva. *A Bíblia através dos séculos*, p. 185.
1141 Menzies; Menzies. *No poder do Espírito*, p. 79 (grifo nosso).

teologia reformada para afirmar que a teologia de Lucas não pode ser diferente da de Paulo. Os mesmos autores informam que os "tradicionais, em geral, identificam Lucas como alguém que viajava com Paulo" e que, por isso, jamais poderia ter uma visão distinta, pois aprendeu com o apóstolo dos gentios. Ou seria "possível para Lucas permanecer sem ser influenciado pela perspectiva soteriológica paulina acerca do Espírito?",[1142] questionam. Os autores afirmam, sem titubear, "que um exame mais completo de Lucas-Atos revela que foi exatamente isso que ocorreu", mas vários "fatores indicam que essa conclusão não nos deve surpreender, embora Lucas, como companheiro de viagem de Paulo, provavelmente tenha passado tempo considerável com o apóstolo", pois, geralmente, "reconhece-se que Lucas não estava familiarizado com nenhuma das cartas de Paulo, de forma que o contato de Lucas com a teologia de Paulo talvez tenha se limitado a conversas pessoais ou a fontes secundárias (orais ou escritas)". Não obstante, é possível "que Lucas não conhecesse as cartas de Paulo porque elas não foram amplamente disponíveis ou reconhecidas em setores não paulinos da igreja". Portanto, "o ponto de vista de Paulo não havia ainda influenciado significativamente esses elementos não paulinos e mais amplos da igreja primitiva".[1143] A fim de exemplificar o ponto de vista defendido, os autores apresentam um "exemplo da independência teológica de Lucas em relação a Paulo", isto é, "que ele não imita Paulo como um servo", dizendo que tal exemplo "pode ser encontrado na base lógica para a salvação". Em outras palavras, não obstante Lucas enfatizar "que a salvação se encontra em Jesus porque ele é Senhor e Messias, não desdobra, como Paulo, as implicações plenas da cruz como meio de salvação". Mas justamente nisso "vemos que as perspectivas de Lucas e Paulo complementam uma à outra: juntas, elas nos conduzem a um entendimento mais profundo e mais pleno da verdade".[1144] Os teólogos pentecostais clássicos estadunidenses William e Robert Menzies afirmam ainda que as "sínteses que Lucas faz das pregações de Paulo — geralmente vistas como representações precisas do evangelho de Paulo por aqueles que alegam que Lucas viajava com o apóstolo — não contêm nenhum traço da pneumatologia soteriológica paulina". Tal fato, concluem, "indica que,

---

1142 Ibid.
1143 Ibid., p. 80.
1144 Ibid., p. 81.

834 | TEOLOGIA SISTEMÁTICO-CARISMÁTICA

se, como é mais provavelmente o caso, Lucas ouviu Paulo pregar ou debateu com ele e daí chegou a um entendimento aprimorado do seu evangelho", muito provavelmente o autor de Lucas-Atos "[fez] isso sem concordar com a perspectiva mais plena da pneumatologia de Paulo".[1145] Eles afirmam ainda que tais pontos foram "apresentados como desafio para que se deixe o texto de Lucas-Atos falar por si mesmo", pois o "que quer que venhamos a pensar desses pontos específicos, um fato é inegável: as suposições a respeito da extensão em que Lucas foi influenciado por Paulo devem ser julgadas à luz das evidências disponíveis, não sobre especulações do que poderia ter sido". Portanto, essa é uma grande oportunidade da tradição carismático-pentecostal. Mas, para obter o "máximo dessa oportunidade, devemos salientar o caráter distintivo da pneumatologia de Lucas e trabalhar em direção a uma teologia bíblica integral do Espírito que faça jus a essa perspectiva". Só assim, tal "teologia será de natureza pentecostal".[1146]

Contudo, isso não é tudo que, principalmente, Robert Menzies diz acerca da relação entre os documentos lucanos e paulinos na obra *No poder do Espírito*. No capítulo em resposta às objeções do artigo de James Dunn, o referido teólogo pentecostal clássico objeta às tentativas de Dunn de dizer que não existe uma experiência distinta da iniciação-conversão nos escritos paulinos — excluindo, portanto, o batismo no Espírito Santo tal como sustentam os pentecostais clássicos. Para isso, Robert Menzies defende a tese de que "Paulo foi o primeiro cristão a atribuir funções soteriológicas ao Espírito e que esse elemento original de sua pneumatologia só influenciou setores mais amplos (não paulinos) da igreja primitiva depois da escrita de Lucas-Atos".[1147] Assim, ele diz que o "ponto crucial de discordância com Dunn foi [sua] insistência em que Lucas nunca atribui funções soteriológicas ao Espírito, e sua narrativa pressupõe uma pneumatologia que exclui esse aspecto (e.g., Lc 11.13; At 8.4-17; 19.1-7)" e, para não restar dúvida, "Lucas descreve o dom do Espírito exclusivamente em termos carismáticos como a fonte de poder para o testemunho eficaz".[1148] É importante notar que, a despeito de discordar da posição otimista do teólogo pentecostal Timothy Cargal em relação à pós-modernidade, e mesmo reconhecendo "que muitas formas

---

1145 Ibid.
1146 Ibid., p. 82.
1147 Ibid., p. 95-6.
1148 Ibid., p. 96.

da nova crítica literária, quando usadas em conjunto com os métodos mais tradicionais, tenham muito para oferecer", Robert Menzies corretamente diz que "a subjetividade extrema de algumas metodologias centradas no leitor (como a crítica da resposta do leitor e o descontrucionismo) é perturbadora". Igualmente, discorda da posição de Cargal em relação à crítica deste ao "método histórico-crítico", pois, para Menzies, "pelo menos como empregado pelos evangélicos tradicionais, parece ser mal orientada", visto que, como ele explica, "as críticas da fonte e da redação são empregadas não para obter por detrás do texto algum 'cerne' antigo e autorizado".[1149] Não é novidade alguma para os que pesquisam que tanto William quanto Robert Menzies são incentivadores da aproximação entre as diversas tradições da fé cristã, sendo o pai mais "ecumênico"[1150] e o filho mais "evangelical". Por isso, Robert Menzies diz ver a "assimilação do movimento pentecostal moderno no mundo evangélico mais amplo", ou seja, a aceitação do movimento pentecostal no contexto estadunidense, "como um acontecimento emocionante e positivo", pois, considerando o que já haviam passado (na época) há cinquenta anos, ele diz que "podemos declarar a força que encontramos em nossa herança evangélica tradicional"[1151] e que tal verdade é perceptível, especialmente, no que diz "respeito à interpretação bíblica", visto que "o clima hermenêutico dentro do evangelicalismo é mais propício do que jamais foi para nossas contribuições teológicas".[1152] Compreender esse pano de fundo é imprescindível, pois, ao defender o método histórico-crítico como utilizado pela teologia reformada, Menzies, no plural, diz que a utilização das ferramentas desse método — "críticas da fonte e da redação" — são feitas sem as pretensões originais do método: "Usamo-las, todavia, de forma que possamos entender melhor o texto em si (em sua forma final, não menos)", e, tal como "os evangélicos tradicionais", entendemos que "os métodos críticos ajudam a revelar o

---

1149 Ibid., p. 89.

1150 Em obra resultada de sua tese de doutorado em ciências da religião pela PUC SP, Gedeon Alencar informa, no Anexo III, que William Menzies fez parte da Comissão Internacional de Diálogo Católico-Pentecostal (CIDCP), em sua quarta fase (1990-1997), no ano de 1991 (cf. ALENCAR, Gedeon Freire de. *Ecumenismos e pentecostalismos: a relação entre o pescoço e a guilhotina?* [São Paulo: Recriar, 2018], p. 218).

1151 Para inteirar-se desse aspecto histórico-teológico, leia o capítulo 14, intitulado "As matrizes teológicas do pentecostalismo clássico" in: CARVALHO. *Pentecostalismo e pós-modernidade*, p. 303-33. Veja também DAYTON, Donald. *Raízes teológicas do pentecostalismo* (Natal: Carisma, 2018).

1152 MENZIES; MENZIES. *No poder do Espírito*, p. 91.

836 | TEOLOGIA SISTEMÁTICO-CARISMÁTICA

significado textual", sendo este exercício muito "importante e relevante porque é a Palavra de Deus para nós".[1153]

A importância da menção dessa particularidade metodológica do trabalho dos teólogos pentecostais clássicos William e Robert Menzies decorre do fato de que os referidos autores são muito lidos e utilizados na tradição carismático-pentecostal no Brasil e, vez por outra, ouvimos coisas como "eles só usam método histórico-gramatical", pois "quem utiliza método histórico-crítico é liberal". De acordo com o que já temos mostrado, ao citarmos os teólogos pentecostais James Railey e Benny Aker, tanto os conservadores quanto os liberais utilizam métodos provenientes da crítica bíblica, algo que também foi dito, ao menos a respeito da crítica textual, pelo teólogo pentecostal Antonio Gilberto, além de nós mesmos já termos falado sobre o que todos já disseram acerca do uso criterioso de tais métodos.[1154] Assim, observando a argumentação de Robert Menzies ao responder a James Dunn, encontramos, por exemplo, sua análise de Atos 19:1-7 com a perspectiva de Dunn e a objeção do referido teólogo pentecostal, dizendo que "Lucas *construiu* a narrativa cuidadosamente *a fim de enfatizar* a relação entre Apolo e os efésios (cf. 19.1), os quais, Apolo e eles, conheciam somente 'o batismo de João' (18:25; 19:3)".[1155] Mais à frente, considerando a mesma perícope, e a argumentação de Dunn "de que o Paulo das epístolas não podia consentir a ideia de 'crentes' sem o Espírito (Rm 8:9; 1Co 12:3; Gl 3:2; 1Ts 1:5,6)", Menzies diz que tal "objeção não leva em conta o fato de que *a narrativa como existe atualmente* (em particular At 19.2-4) *foi significativamente desenvolvida por Lucas*". Segundo ele, o "diálogo entre Paulo e os efésios foi escrito por Lucas para salientar a necessidade que tinham os efésios da capacitação do Espírito e seu pré-requisito normal, o batismo cristão", e, nesse caso, "Paulo sem dúvida *teria relatado a história de modo diferente*, pois a potencial distinção entre crer no Espírito e recebê-lo está implícita na pergunta".[1156] Mais uma vez, a queixa de Menzies é que Dunn não deixa Lucas ser Lucas,

---

1153 Ibid., p. 89-90. Ao "explicar a pneumatologia especial de Lucas", Robert Menzies diz que o "método de análise" empregado por ele "é a crítica da redação" (MENZIES, Robert. *Empoderados para testemunhar: O Espírito em Lucas-Atos* [Natal: Carisma, 2021], p. 131).

1154 Confira o tópico "Um método progressista com pressupostos conservadores" no capítulo 12, intitulado "Hermenêutica pentecostal", in: CARVALHO. *Pentecostalismo e pós-modernidade*, p. 235-44.

1155 MENZIES; MENZIES. *No poder do Espírito*, p. 103 (grifo nosso).

1156 Ibid., p. 104 (grifo nosso).

mas quer transformá-lo em um eco de Paulo, anulando a diversidade que o próprio teólogo metodista defende. Quanto ao formato do discurso paulino moldado pela narrativa lucana, Menzies diz que "Lucas parece ter condensado a narrativa tradicional do acontecimento", mas que isso não quer dizer que "precisamos questionar os aspectos essenciais da narrativa de Lucas", mesmo porque, completa, Lucas *simplesmente conta a história de sua própria perspectiva teológica*.[1157] Finalizando esse esclarecimento, a concepção de Robert Menzies é a de que a narrativa da história de Atos segue a perspectiva teológica de Lucas, que, por sua vez, de acordo com James Dunn, vinha de um "entusiasta", mas não se trata de uma pneumatologia que apregoa uma experiência distinta da iniciação-conversão da pneumatologia paulina; uma fraqueza do trabalho de Dunn, pois, como ele mesmo reconhece, segundo afirma Menzies, os pentecostais fizeram contribuições relevantes, entre elas "especialmente 'a descoberta [...] do Espírito em termos de experiência". Por isso, a tentativa dele de dissuadir os pentecostais de continuar crendo na doutrina da *evidência inicial*, gerando uma "síntese da experiência pentecostal com as tradições mais antigas", isto é, reformadas, "podia resultar numa nova presença carismática tanto mais fiel ao [...] Novo Testamento quanto mais adaptável ao nosso mundo de mudanças rápidas".[1158] Mas tal proposta, na opinião de Robert Menzies, parece um contrassenso. Ele questiona retoricamente: por acaso "não há nenhuma ligação entre a experiência e a teologia?". Ao menos no caso da tradição carismático-pentecostal, obviamente que sim. Por isso, o teólogo pentecostal clássico insiste no ponto e ainda pergunta: "É possível que nossas 'tradições mais antigas', ao menos com referência à teologia de Lucas e o Pentecoste, possam embotar nossa consciência de expectativa, entendimento e, em última análise, de experiência do dom pentecostal?".[1159] Em nossa ótica, a resposta a este questionamento retórico é outro retumbante "sim".

O capítulo-resposta de Robert Menzies ao seu antigo professor Max Turner, assim como ao de James Dunn, contém excelentes *insights*. Infelizmente, não poderemos acompanhá-los em sua totalidade, mas alguns pontos que parecem ter ficado um pouco enviesados no segundo capítulo da obra dos

---

1157 Ibid. (grifo nosso).

1158 DUNN, James. "Baptism in the Spirit", *JTP* 3 (1993), p. 26, in: MENZIES; MENZIES. *No poder do Espírito*, p. 117.

1159 MENZIES; MENZIES. *No poder do Espírito*, p. 117.

838 | TEOLOGIA SISTEMÁTICO-CARISMÁTICA

Menzies ficarão, certamente, mais claros. A tese central de Turner é que há uma "unidade fundamental que perpassa a pneumatologia dos vários autores do Novo Testamento". Sendo assim, "afirma que Lucas, João e Paulo atribuem quatro funções centrais ao Espírito", ou seja, o "Espírito como o Espírito de profecia inspira revelação ou orientação e sabedoria carismáticas, discurso profético intrépido e adoração ou louvor carismático vivo".[1160] Como não poderia deixar de ser, a tese de Turner, apesar de carismática, prioriza a soteriologia e, ao igualar as pneumatologias lucana, joanina e paulina, retira o fundamento da doutrina da *evidência inicial*, tão cara ao pentecostalismo clássico. Por isso, Menzies critica o pensamento do teólogo batista, dizendo que sua "abordagem unificadora da pneumatologia neotestamentária não é compatível com a realidade". De forma direta, o teólogo pentecostal clássico diz que devemos "ser mais sensíveis à diversidade teológica refletida nos escritos do Novo Testamento e, com respeito à pneumatologia, precisamos particularmente ouvir a voz peculiar de Lucas", ação que "nos leva à questão do método teológico".[1161] O curioso é que Turner defende a ideia de que a pneumatologia paulina é mais ampla que a de Lucas, além de contemplar os aspectos carismáticos abordados na pneumatologia lucana.[1162] Mas esse não é exatamente o mesmo argumento dos Menzies logo no segundo capítulo da obra *No poder do Espírito*, que até parecia depreciar o material lucano? Vejamos. Robert Menzies diz que Max Turner "oferece uma reafirmação reflexiva da abordagem evangélica tradicional da pneumatologia", ou seja, reformada, "embora aberta à plena gama dos dons [do Espírito dos documentos] paulinos". Portanto, "qualquer tentativa de sistematização se baseia nos dados crus do texto (exegese)". Por causa disso, "conquanto Turner sustente que devemos ouvir cada autor em particular e não fundir prematuramente os horizontes deles, temos razão para questionar se Turner foi bem-sucedido em seu esforço". Em outras palavras, Turner "ouviu realmente a voz carismática de Lucas?", questiona retoricamente Menzies, dizendo que o teólogo batista "perdeu de vista este fato fundamental: *Lucas de fato tem algo distinto para oferecer*".[1163] Nesse caso, não obstante "Paulo tenha consciência tanto

---

1160 Ibid., p. 127.

1161 Ibid., p. 139.

1162 TURNER, Max. *The Holy Spirit and spiritual gifts: then and now* (Carlisle: Paternoster, 1996), p. 154, in: MENZIES; MENZIES. *No poder do Espírito*, p. 141.

1163 Ibid. (grifo no original).

do aspecto soteriológico como do aspecto profético da obra do Espírito, nunca faz alusão ao Pentecoste nem ao dom pentecostal", algo que "Lucas faz". Tal "pode não parecer importante se identificamos o dom pentecostal com a conversão, como faz Turner",[1164] todavia faz toda a diferença para o pentecostalismo clássico. Essa é uma questão que deveria fazer o próprio Robert Menzies, como teólogo pentecostal clássico, refletir seriamente sobre sua empolgação com a assimilação do movimento pentecostal pela tradição reformada, que, em sua maior parte e a despeito da abertura de alguns grupos para os dons, é cessacionista e pouco tolerante com essa característica da tradição carismático-pentecostal. A catolicidade e a relação fraternal entre as diversas tradições da religião cristã precisam ser um ideal acima de qualquer outra questão, mas nenhuma expressão da fé cristã, que seja bíblica e siga as doutrinas mestras, deve se descaracterizar em nome da catolicidade, pois isso não seria aceitação da diversidade do corpo de Cristo, mas, justamente o contrário, a aniquilação de um segmento. Assim, concordando plenamente com Menzies, acompanhemos sua objeção ao posicionamento de Turner que ele pareceu ingenuamente endossar antes:

> Mas se a nossa interpretação de Lucas-Atos for correta, a importância da contribuição de Lucas nesse ponto não pode ser deixada de lado. De modo singular, Lucas nos chama a reconhecer a riqueza dos recursos do Espírito, acessíveis a todos nós. Somente Lucas fala do dom pentecostal [como] uma capacitação profética disponível para todo crente que os habilita para participar eficazmente da missão divina. Essa promessa de poder pentecostal dá à igreja uma base sólida para um senso de expectativa intrépido e centrado no que diz respeito ao poder espiritual. Esse senso de propósito e a expectativa são diminuídos em grande parte se o aspecto pentecostal do Espírito for simplesmente fundido com o soteriológico.[1165]

Evidentemente, os dados escriturísticos são os mesmos, mas uma visão pneumatológica minimalista não consegue captar o fato de que a narrativa lucana enfatiza a verdade de que "devemos *esperar* ser uma comunidade de testemunho, capacitada pelo Espírito do Pentecoste", e que tal "expectativa é de

---

1164 Ibid., p. 141-2.
1165 Ibid., p. 142.

840 | TEOLOGIA SISTEMÁTICO-CARISMÁTICA

natureza missiológica, não soteriológica, pois é definida pelo caráter do dom pentecostal", por isso refere-se "a todo crente, pois está enraizada na universalidade da promessa pentecostal (At 2.8,17,18,38)". Contudo, a "teologia de Turner, enraizada como é na teologia paulina, deixa de dar fundamento teológico sólido para essa expectativa". Por isso, diz Menzies que a "questão crucial é, afinal, o que aconteceu no Pentecoste?".[1166] A doutrina da *evidência inicial*, sem dúvida, depende da resposta exegética a essa pergunta, mas a resposta dada por Turner de colocar o evento histórico-redentor, ou histórico-salvífico, do Pentecoste no espectro da pneumatologia paulina, isto é, como conversão-iniciação, faz que a "universalidade (e a natureza específica) de nossas expectativas de 'capacitações aos *posteriores*' enraizadas na promessa pentecostal [seja] minada", isto é, "todos experimentam a dimensão soteriológica do dom pentecostal na conversão, mas talvez somente uns poucos recebam o poder missiológico".[1167] Essa perspectiva, característica do minimalismo pneumatológico reformado, peca ao restringir justamente o que concede capacitação para que a humanidade redimida cumpra sua função sacerdotal outorgada lá no Éden. Nesse particular, Menzies afirma que alguém pode até mesmo argumentar que "o dom de línguas de Paulo oferece a mesma espécie de promessa de capacitação divina", todavia tal "atitude de muitos cristãos tradicionais pode ser descrita da seguinte maneira: todos os dons do Espírito são válidos para a igreja hoje, mas, uma vez que Deus deu soberanamente dons a indivíduos selecionados, devemos esperar e observar o que Deus resolve fazer".[1168] Como podemos observar, a concepção predestinacionista influencia até mesmo na área missiológica e sacerdotal, causando problemas em uma doutrina que está muito clara desde o Gênesis e que diz respeito à humanidade toda, sem distinção,[1169] da mesma maneira quando citamos a cura divina logo no início deste capítulo. Por isso, de nossa parte insistimos que nossas diferenças não são apenas pneumatológicas e soteriológicas,

---

1166 Ibid. (grifo no original).

1167 Ibid.

1168 Ibid., p. 142-3.

1169 O teólogo reformado Solano Portela diz que o "segmento pentecostal e neopentecostal, ao enfatizar um interesse primário pelas manifestações sobrenaturais, não apenas despreza a doutrina da providência divina no governo soberano de todas as atividades, mas amolda-se, na realidade, ao *misticismo característico das massas*" (NETO, Francisco Solano Portela. "Avaliando as manifestações sobrenaturais" in: CAMPOS; LOPES; MATOS; NETO. *Fé cristã e misticismo*, p. 35 [grifo nosso]).

CAPÍTULO 4 – Pneumatologia | 841

como, de forma simplista, repetem alguns.[1170] Robert Menzies afirma que, não obstante o fato de "essa abordagem capt[ar] um aspecto importante do ensino de Paulo, [ela] não é a palavra final a respeito da promessa de poder de Deus". Esse teólogo pentecostal clássico diz que "essa *perspectiva paulina limitada* molda a teologia e a expectativa de muitos evangélicos tradicionais, entre eles Turner".[1171] Menzies reconhece, nesse aspecto, a necessidade da pneumatologia paulina ser complementada pela pneumatologia lucana, visto ser "verdade que Paulo não menciona o Pentecoste nem o dom pentecostal". Entretanto, "isso não nos deve surpreender, já que o apóstolo não se propõe a escrever uma teologia sistemática abrangente, mas sim cartas que tratam de situações e necessidades específicas". Portanto, por mais paulinista que seja o teólogo, é preciso reconhecer que, ainda que "Paulo mostre consciência do espectro pleno da obra do Espírito, não registra cada estágio ou experiência na vida do cristão".[1172] Conscientes dessa verdade, caso queiramos "ouvir as contribuições multifacetadas dos vários autores do Novo Testamento, inevitavelmente precisamos deixá-los apresentar suas ideias singulares que, às vezes, *ajudam a esclarecer posições incompletas de outros autores neotestamentários*".[1173]

Como forma de exemplificar, Robert Menzies diz que "Paulo nos ajuda a entender que o Espírito é ativo desde o começo da vida cristã", isto é, "concedendo íntima comunhão com Deus, dons espirituais para melhorar a vida da comunidade e conformar a nossa vida com a de Cristo". É fato

---

1170 "A maioria dos pentecostais tende ao sistema arminiano de teologia, tendo em vista a necessidade do indivíduo em aceitar pessoalmente o evangelho e o Espírito Santo" (RAILEY JR.; AKER. "Fundamentos teológicos" in: HORTON [org.]. *Teologia sistemática*, p. 54).

1171 MENZIES; MENZIES. *No poder do Espírito*, p. 143 (grifo nosso).

1172 Ibid., p. 143-4.

1173 Ibid., p. 144 (grifo nosso). É importante reiterar que, a despeito da utilização do método histórico-crítico e sua linguagem, o próprio Robert Menzies faz, em outro texto e momento, o seguinte esclarecimento: "Quando me refiro 'aos autores do NT' ou 'suas perspectivas', eu não estou de modo algum minimizando ou diminuindo o papel do Espírito Santo como aquele que inspirou esses autores a escreverem a Palavra de Deus. Com essa terminologia, eu simplesmente reconheço a beleza e a riqueza da Bíblia, e mais especificamente, o Novo Testamento. Na Bíblia, Deus escolheu revelar-se a nós inspirando pessoas reais, que viviam em um contexto histórico e cultural específico e que enfrentavam e tratavam de assuntos reais, para escrever sua palavra. Assim, quando me refiro à teologia ou perspectiva de Lucas ou de Paulo, entendo que isso é totalmente coerente com uma visão elevada da Escritura. Eu afirmo com todo o coração que a Bíblia é a Palavra divinamente inspirada, infalível e autoritativa de Deus" (MENZIES, Robert P. "Línguas evidenciais: um ensaio sobre o método teológico" in: McGEE, Gary (org.). *Evidência inicial: perspectivas históricas e bíblicas sobre a doutrina pentecostal do batismo no Espírito* [Natal: Carisma, 2017], p. 274).

842 | TEOLOGIA SISTEMÁTICO-CARISMÁTICA

que grande parte "disso se perderia se Paulo não tivesse sido capaz de informar as contribuições mais restritas de Lucas e dos outros escritores do Novo Testamento". Não obstante, de igual forma, "como vimos, o mesmo é verdadeiro para Lucas", isto é, o Evangelista "também oferece uma importante reflexão sobre a vida dinâmica do Espírito de Deus".[1174] Muito embora mais uma vez o teólogo pentecostal clássico condescenda com a perspectiva reformada, que defende que a "pneumatologia geral de Lucas [é] mais restrita [comparada com a] de Paulo, isso não significa que não tenha com o que contribuir". Como o próprio Turner reconhece, o apóstolo "Paulo prevê que os vários dons, os vários aspectos da obra do Espírito, vão se tornar ativos em nossa vida depois da nossa experiência de conversão (e.g., 1Co 12.31; 14.1)", mas ele "não nos diz como isso acontece precisamente, como esses dons do Espírito se realizam em nossa vida". Portanto, "há lugar para que as contribuições de Lucas se integrem com as de Paulo".[1175] Menzies reconhece que, a despeito da impossibilidade de "sustentar que o batismo no Espírito (i.e., o dom pentecostal) é a porta de entrada para todo dom espiritual", o teólogo pentecostal defende a posição do pentecostalismo clássico de que ao menos um grupo especial de dons necessita dessa experiência inicial. É aqui que "podem se integrar de maneira construtiva os pontos de vista de Paulo e de Lucas", já que "Paulo nos diz que, em um sentido, todo cristão 'é e deve ser cada vez mais carismático'". Por isso, Menzies insiste que "cada crente tem algo a oferecer, todo crente é capacitado pelo Espírito para contribuir para o bem comum".[1176] Robert Menzies afirma que, de igual forma, "Lucas também nos diz que há uma dimensão da capacitação do Espírito em que se interessa em virtude de um batismo no Espírito distinto da conversão". Tal "dimensão", defende o mesmo autor, "pode ser chamada com propriedade de 'profética'", visto que, na "perspectiva de Lucas, a comunidade de fé é potencialmente uma comunidade de profetas, e é pela recepção do dom pentecostal (batismo no Espírito) que esse potencial se realiza". É justamente "Lucas [que nos] ajuda a esclarecer aspectos da experiência cristã de que Paulo não trata definitivamente".[1177] Assim, já finalizando o capítulo-resposta, Menzies diz que "não há nenhuma razão convincente para propor que, uma vez que

---

1174 Ibid., p. 144-5.
1175 Ibid., p. 145.
1176 Ibid., p. 145-6.
1177 Ibid., p. 146.

CAPÍTULO 4 – Pneumatologia | 843

Paulo não fala especificamente de uma experiência como porta de entrada distinta da conversão, também não devemos falar", pois "nosso cânon cristão é, afinal, bem mais amplo que as cartas de Paulo". Portanto, a fim de que ninguém pense em reduzir a pneumatologia neotestamentária à pneumatologia paulina, o mesmo autor diz ainda que a concepção e o "aspecto profético em Lucas-Atos [são] muito mais amplo[s] do que o entendimento de Paulo do dom de profecia", visto que, "juntamente com a profecia dentro da congregação, ela[s] abarca[m] atividades como o discurso inspirado, orientação carismática, glossolalia e, acima de tudo, testemunho intrépido e perseverança em face da oposição".[1178]

Independentemente das diversas opiniões, seja da parte dos teólogos das expressões não carismáticas, seja da parte dos teólogos das expressões carismáticas, é preciso observar que Paulo era, para utilizar o termo de James Dunn, um "entusiasta", tanto quanto Lucas ou qualquer crente de Corinto, pois "falava mais línguas que todos" eles (1Coríntios 14:18). Nesse sentido, o apóstolo dos gentios estava tão habilitado quanto Lucas para tratar do assunto. Uma vez que ninguém sabe ao certo a data de origem de cada documento neotestamentário,[1179] pode-se pensar igualmente que Paulo partia do pressuposto de que os crentes já eram suficientemente "entusiastas" e que, portanto, era desnecessário que se lhes ensinasse a respeito da capacitação espiritual para o cumprimento da missão sacerdotal da igreja, pois precisavam aprender acerca de outras áreas da fé cristã, como, por exemplo, a santificação, que é um trabalho do Espírito Santo. Lucas pode igualmente, apesar de relatar fatos que ocorreram antes, por estar escrevendo depois de Paulo, sendo inspirado pelo Espírito Santo, chamar a atenção para uma característica que, na área dos destinatários de sua obra composta, já havia arrefecido — a fé carismática. É preciso recordar que os textos foram produzidos separadamente e com um propósito original específico, vindo a juntar-se de maneira miraculosa e desconhecida só muito posteriormente. Conquanto reconheçamos a unidade das Escrituras, precisamos respeitar igualmente sua diversidade e o aspecto revelacional progressivo, pois "cobrar" de um

---

1178 Ibid.

1179 A data de Lucas, por exemplo, é "incerta; estudiosos dividem-se entre uma data antes da morte de Paulo (c. de 64 d.C.; veja At 28:30-31) e uma após a queda de Jerusalém (70 d.C., em razão do uso do Evangelho de Marcos)" (FEE, Gordon; STUART, Douglas. *Como ler a Bíblia livro por livro: um guia confiável para ler e entender as Escrituras Sagradas* [Rio de Janeiro: Thomas Nelson Brasil, 2019], p. 282).

documento que ele contenha tudo que outro escreveu ou tentar harmonizá-los de forma artificial não são atitudes sóbrias e honestas teologicamente falando. De nossa parte, cremos que o propósito de Lucas é justamente o que disse J. A. Bengel, biblista alemão e pietista luterano, há quase três séculos, na conclusão de seus comentários acerca de Atos dos Apóstolos, citado por Howard Marshall: "A vitória da Palavra de Deus: Paulo em Roma, o culminar do evangelho, a conclusão de Atos [...]. Começou em Jerusalém: termina em Roma. Aqui, ó Igreja, você tem o seu padrão: É seu dever preservá-lo e salvá-lo".[1180] Se cremos, verdadeiramente, que as Escrituras são inspiradas e, por isso, autoritativas, os textos lucanos precisam ser levados a sério e respeitados como os demais documentos neotestamentários. A percepção que sempre tivemos, muito antes de sabermos desses estudos e da conclusão do estudioso da língua grega do século 18 e conhecido por sua tradução do Novo Testamento e seus comentários a respeito, é exatamente a mesma: Atos é o padrão para a igreja. Por mais desconfortável que isso soe, o texto de Atos dos Apóstolos não está nas Escrituras para simplesmente satisfazer uma curiosidade histórica — mesmo porque, como qualquer outro tratado histórico, relata uma parte muito pequena do que aconteceu; antes, como documento inspirado, assim como os demais, possui objetivos e propósitos didáticos e instrutivos, a fim de que "Teófilo" pudesse averiguar se as coisas andavam da forma como elas sempre deveriam ser: conforme o padrão mostrado em Atos dos Apóstolos. A "novidade" no estudo do material Lucas-Atos é que tal padrão não é uma inovação inesperada, mas justamente o oposto; sua irrupção é o cumprimento das promessas veterotestamentárias, ansiosamente aguardadas pelo povo de Deus desde Gênesis 12:1-3. Para o terceiro Evangelista, o "claro desígnio da história da salvação, a qual, para Lucas, ligava Jesus à história de Israel", justifica a "ênfase lucana no fato de que o cristianismo não era apenas uma seita dos judeus, mas o verdadeiro Caminho para cultuar o Deus dos patriarcas".[1181]

O *status quaestionis* a respeito dos escritos lucanos, no Brasil, possui uma peculiaridade interessante que contrasta com o mundo anglo-saxônico.

1180 Traduzido do latim: *"Victoria Verbi Dei: Paulus Romae, apex evangeli, Actorum finis [...] Hierosolymis coepit: Romae desinit. Habes, Ecclesia, formam tuam: tuum est, servare earn, et depositum custodire"*. BENGEL, Johann Albrecht. *Gnomom Novi Testamenti* (1734; Stuttgart: 1860), p. 522, in: MARSHALL. *Fundamentos da narrativa teológica de São Lucas*, p. 368-9.

1181 BROWN. *O nascimento do Messias*, p. 281.

Enquanto lá, há cinquenta anos, a tendência da erudição bíblica era chamar Lucas de teólogo e a "novidade" era reconhecê-lo como historiador, por aqui, somente agora estão "descobrindo" Lucas como teólogo, isto é, no Brasil ele sempre foi conhecido como "biógrafo", por causa do Evangelho que leva o seu nome, e "historiador", pela autoria do livro de Atos dos Apóstolos. Contudo, esses ofícios e nomenclaturas atribuídos a Lucas não eram provenientes dos teólogos carismáticos e pentecostais, mas, sim, da tradição reformada, que, como já dito logo no início deste capítulo, é de onde saíram, lá atrás, os grupos que se tornaram carismáticos. A falta de material mais robusto, exegético e acadêmico entre os pentecostais ainda não consistia em real problema, e assim perdurou por mais de setenta anos, quando começaram a surgir os textos com o título de "Teologia sistemática".[1182] Quando alguém queria ler algo mais volumoso em língua vernácula, era à teologia reformada que se recorria, até porque, mesmo na tradição carismático-pentecostal estadunidense, demorou para surgir uma obra de teologia sistemática. A explicação, tanto lá quanto aqui, é mencionada pelo teólogo pentecostal Raimundo de Oliveira, que faz suas as palavras do teólogo pentecostal estadunidense Russell P. Spittler, visto que a explicação deste de que "os pentecostais sempre foram melhores no evangelizar que no escrever tratados de teologia", sendo, portanto, "mais conhecidos pelas missões ao estrangeiro que pelos livros teológicos", descreve perfeitamente a tradição carismático-pentecostal brasileira. Por isso, na sequência, o referido teólogo pentecostal brasileiro diz que "não temos por que nos envergonhar disso, pois quando ganhamos uma alma sabemos estar cumprindo com o desejo maior de Deus — a conquista de almas, e a Bíblia diz: 'O que ganha

---

1182 Os primeiros foram pequenos livros de bolsos — Coleção Ensino Teológico (CPAD) —, que passam muito longe de ser acadêmicos, pois não foram escritos por teólogos profissionais nem se destinavam a um público mais exigente, lançados entre 1980 e 1985, portanto quando as Assembleias de Deus no Brasil já tinham 69 anos. É importante registrar que, ao dizermos que não eram "teólogos profissionais", isto é, acadêmicos, não vai aqui nenhuma depreciação a esse respeito, pois se tratava de outro tempo, e as necessidades eram muito diferentes. O que essas pessoas realizaram em prol do Reino de Deus é de valor indescritível. A primeira obra de teologia sistemática volumosa, cuja linguagem e conteúdo ficam entre o acadêmico e o prático, só seria publicada em 1996. E é a que usamos para a informação de que, nos Estados Unidos, a primeira *Teologia sistemática*, produzida por um pentecostal, Ernest S. Williams, foi uma obra em três volumes, lançada em 1953, ou seja, quarenta anos após a fundação das Assembleias de Deus daquele país (cf. McGee. "Panorama histórico" in: Horton [org.]. *Teologia sistemática*, p. 27).

846 | TEOLOGIA SISTEMÁTICO-CARISMÁTICA

almas sábio é', Pv 11.30".[1183] Priorizando a evangelização e tendo a Bíblia e os materiais teológicos básicos que eram em grande parte provenientes dos reformados, às vezes compilados ou reproduzidos, os escritores da tradição carismático-pentecostal brasileira, assim como a estadunidense, "raramente questionavam se sua abordagem à narrativa de Atos representava procedimentos hermenêuticos protestantes tradicionais",[1184] algo que evidentemente não acontecia, pois, caso acontecesse, não chegariam a conclusões tão diferentes a respeito do texto lucano. De forma intuitiva, o texto de Atos dos Apóstolos, com suas "afirmações implícitas", acabou elevado ao "padrão", por isso mesmo chegando ao "mesmo nível de autoridade que [o das] proposições escriturísticas explícitas", diz o historiador pentecostal Gary McGee. Contudo, tal exercício "constitui um afastamento da hermenêutica defendida pelos teólogos luteranos e reformados desde o século 16, muitos dos quais fortemente influenciados pela metodologia escolástica e que às vezes argumentavam pela cessação dos dons do Espírito".[1185] Tal "desvio" da forma-padrão do método reformado de interpretação das Escrituras, isto é, o entendimento e a aplicação de Atos dos Apóstolos por parte da tradição carismático-pentecostal estadunidense, não tardou em instaurar uma crise com os protestantes tradicionais, ensejando a pergunta retórica do teólogo reformado Frederick Dale Bruner: "O pentecostalismo entende e aplica corretamente essas passagens?".[1186] A fim de provar o equívoco na leitura, entendimento e interpretação do pentecostalismo clássico, o referido autor gasta mais de 400 páginas em sua obra, que, não coincidentemente, depois de duas edições na década de 1980, foi reeditada no Brasil em 2012.

A primeira coisa que Dale Bruner ataca é a confiabilidade do material lucano do ponto de vista histórico. Uma peculiaridade pitoresca de alguns teólogos reformados, que, curiosamente, enxergam liberalismo e falta de precisão quando percebem qualquer proposta teológica que se afaste da matriz reformada, é que, quando se trata de desconstruir a leitura, entendimento e interpretação da tradição carismático-pentecostal, tornam-se críticos históricos e textuais de porções escriturísticas em que o pentecostalismo clássico

---

1183 OLIVEIRA. *A doutrina pentecostal hoje*, p. 20.

1184 McGEE, Gary. "A antiga hermenêutica pentecostal: línguas como evidência no livro de Atos" in: McGEE, Gary (org.). *Evidência inicial*, p. 129.

1185 Ibid., p. 130.

1186 BRUNER, Frederick D. *Teologia do Espírito Santo*, p. 16.

se apoia.[1187] Por isso, em se tratando de Brasil, a publicação de I. Howard Marshall, apesar de ter ocorrido há mais de cinquenta anos, em razão do fato de os questionamentos por aqui serem exatamente nos mesmos termos da problemática instaurada na América do Norte, torna-se imprescindível para os teólogos da tradição carismático-pentecostal brasileira, a fim de que compreendam a natureza tanto histórica quanto teológica da narrativa de Lucas-Atos. Isso porque, não obstante a tradição carismático-pentecostal ter lido, de forma intuitiva, a narrativa lucana e, incrivelmente, captado sua intencionalidade, é necessário articular esse fato e esclarecer o caminho metodológico que mostra a especificidade de ler uma narrativa histórica, especialmente a de Lucas, cuja "leitura exige um conjunto peculiar de aptidões e sensibilidades literárias",[1188] conforme a erudição bíblica e teológica tem demonstrado nos últimos cinquenta anos. O uso da tradição carismático-pentecostal de Atos é muito prezada, sobretudo no pentecostalismo clássico. Robert Menzies afirma: "Quando os pentecostais falam em línguas, esse evento serve como prova de que a experiência da igreja apostólica, junto com seu chamado e poder, está realmente disponível hoje", acrescentando que, "para os pentecostais, compreensivelmente, o livro de Atos não é simplesmente um documento histórico; antes, apresenta um modelo para a vida da igreja contemporânea". Isso se dá justamente pelo fato de que "falar em

---

1187 "A pergunta final que está em jogo na nossa confrontação com o pentecostalismo não é: Lucas estava certo ou errado, perspicaz ou aberrante, exato ou imaginativo, mas, sim: o pentecostalismo compreende Lucas de modo correto ou incorreto, interpreta-o de modo exato ou equivocado, aplica-o de maneira própria ou imprópria? *Portanto, sentimo-nos obrigados, na maioria dos casos, a tomar o texto conforme ele se apresenta, com total seriedade e como tendo autoridade*" (BRUNER, Frederick D. *Teologia do Espírito Santo*, p. 139 [grifo nosso]). No mesmo diapasão, Dale Bruner diz ainda que o "uso do nome 'Lucas' é meramente tradicional e conveniente: o relacionamento entre o autor de Lucas-Atos e o médico que era companheiro de Paulo não é discutido aqui", portanto, "referências a *ditos* de Jesus, Pedro e Paulo e outros em Atos não pretendem negar o *trabalho criativo de Lucas*", ou seja, "mais uma vez, o artifício da referência tradicional visa ao interesse da simplicidade", isto é, facilitando a identificação com a linguagem leiga e corrente, teologicamente falando (ibid., p. 385, grifo nosso). Na obra *Fé cristã e misticismo*, o teólogo reformado Heber Campos diz, acerca de Marcos 16:9-20, o chamado "final longo", o qual já abordamos no primeiro capítulo de nossa sistemático-carismática, que "Há alguns problemas textuais com essa passagem de Marcos [...] que impedem que esse texto seja considerado como base fundamental de uma doutrina. Em vários manuscritos de grande importância ele não aparece. Por isso, devemos ter cuidado em não firmar um ponto absolutamente importante num texto com problemas dessa natureza" (CAMPOS. "Profecia ontem e hoje" in: CAMPOS; LOPES; MATOS; NETO. *Fé cristã e misticismo*, p. 82).

1188 STRONSTAD. *Teologia lucana sob exame*, p. 21.

848 | TEOLOGIA SISTEMÁTICO-CARISMÁTICA

línguas serve como um sinal de que a 'experiência deles' é 'a nossa experiência' e que as páginas de Atos devem servir como nosso guia".[1189] Na tradição carismático-pentecostal, mais ainda com ênfase no pentecostalismo clássico, "a glossolalia representa uma 'linguagem de espiritualidade experiencial, em vez de teológica'", diz o historiador pentecostal Gary McGee, "catalisando uma percepção mais profunda da orientação e dos dons do Espírito na consciência do indivíduo para glorificar a Jesus Cristo e construir sua igreja".[1190] De forma geral, como temos demonstrado desde o início desta longa seção acerca do Espírito Santo nas Escrituras, linguagem extática é sinônimo de que alguma coisa especial aconteceu. No Antigo Testamento, ocorria especialmente entre os carismáticos, sobretudo com os profetas, mas não só, evidenciando sempre uma capacitação para o cumprimento de uma tarefa, ou missão, específica. Nesse sentido, seja para o pentecostalismo clássico, seja para a tradição carismático-pentecostal mais ampla, a experiência com o Espírito Santo é ponto de partida para se produzir teologia, visto não ser algo sem sentido, mas justamente o oposto: há um propósito muito claro em todas as vezes que, como resultado da *presença extraordinária* da terceira Pessoa da Trindade, ocorre o êxtase glossolálico. Citamos como exemplo Números 11:16-17,25-29, que, à luz de Lucas-Atos, fica mais claro, e, por sua vez, o próprio documento lucano se ilumina com a leitura do material mosaico. Assim, não há possibilidade alguma de harmonizar nossa perspectiva teológica com a da teologia reformada quando esta, tradicionalmente, defende que

> O dom do Espírito Santo que Pedro menciona não é o dom de línguas, mas, sim, o Espírito Santo como dádiva de Deus. Este é o presente que Deus dá àqueles que se arrependem dos seus pecados e recebem Jesus como seu salvador. Com isso, temos o modelo para hoje. Nos capítulos anteriores, analisamos a descida do Espírito Santo sobre os apóstolos e os 120, *e entendemos por que Pentecostes não é o paradigma para os dias atuais*, mas sim o cumprimento de determinadas promessas. Com sua conotação escatológica, aquele é um evento que não se repete. O paradigma para nós hoje é que o Espírito Santo vem sobre os indivíduos através do arrependimento e fé em Jesus Cristo.

1189 MENZIES, Robert. *Glossolalia: Jesus e a igreja como modelos sobre o dom de línguas* (Natal: Carisma, 2019), p. 23-4.

1190 McGEE, Gary. "Introdução do organizador" in: McGEE, Gary (org.). *Evidência inicial*, p. 14.

Esse é o modelo agora, desde o Dia de Pentecostes. O que aconteceu com os 120 refere-se a um momento de transição.[1191]

Aqui temos um exemplo claro do que dissemos acima acerca do "cânon dentro do cânon" ser algo característico de todas as tradições, segmentos e expressões da religião cristã desde sempre e sem exceção. Da parte dos proponentes da teologia reformada, atualmente já existe a consciência de que, não obstante o fato de o livro de Atos dos Apóstolos ser "uma narrativa histórica, ela oferece princípios e caminhos para a igreja", isto é, mesmo considerando a "singularidade de Atos, por se tratar de um livro histórico e de uma narrativa missionária, convém enfatizar mais uma vez que este, como qualquer outro livro da Bíblia, traz princípios, doutrinas e exortações para todas as épocas, o que inclui evidentemente a nossa". Todavia, "devemos ler esse livro da perspectiva correta", ou seja, "é essencial considerarmos o que Lucas tinha em mente ao escrevê-lo: narrar a expansão do cristianismo naquele momento histórico", lembrando, porém, que "Atos não tem a finalidade de esgotar os fatos de toda a história do cristianismo".[1192] Vemos claramente que, a despeito do reconhecimento de que há princípios a serem extraídos da narrativa lucana de Atos, que o caráter fortemente historiográfico predomina, não há possibilidade alguma de compreender as línguas desempenhando algum papel, pois, de acordo com a análise exegética padrão da teologia reformada, em Atos 2 há "três sinais marcantes da vinda do Espírito — o vento, o fogo e as línguas —, mas o ponto central encontra-se no versículo 4: 'Todos ficaram cheios do Espírito Santo'", e tais "sinais tinham um propósito, um objetivo e, em certo sentido, eram escatológicos, pois indicavam o cumprimento de algo". Todavia, "como o ponto principal assinalado na passagem se refere à plenitude do Espírito, é preciso ter cuidado com a afirmação de que, quando o Espírito Santo vem sobre o povo de Deus, todos têm de falar em línguas", visto que, na perspectiva do autor reformado, a pessoa que "usa essa passagem para defender tal manifestação precisa ser coerente e dizer que o Espírito, além de fazer com que todos falem em línguas, traz consigo também o som do vento e as labaredas de fogo".[1193] Para o referido teólogo reformado, possivelmente "motivadas por uma leitura seletiva das Escrituras,

---

1191 NICODEMUS. *O Pentecostes e o crescimento da igreja*, p. 71 (grifo nosso).
1192 Ibid., p. 17.
1193 Ibid., p. 29.

850 | TEOLOGIA SISTEMÁTICO-CARISMÁTICA

algumas pessoas parecem querer apenas a experiência relativa às línguas, mas naquele dia houve muito mais que isso". Portanto, ele diz que precisamos "fazer uma leitura completa do texto bíblico. Isso significa levar em consideração que o Pentecostes não se repetiu no livro de Atos, e tal não se deu porque "o acontecimento tinha um propósito simbólico inicial, que era marcar a chegada do Espírito Santo na vida da igreja". Nesse aspecto, conclui: "o Dia de Pentecostes é único, não se repete".[1194] Este é o corolário óbvio do fato de Lucas ser considerado no Brasil somente um "historiador", mas não um teólogo. Como temos insistido, é óbvio que inúmeras experiências jamais poderiam ser colocadas como padrão, pois nenhuma delas se repetiu, são únicas, não sendo um caso exclusivo o de Atos 2 nas suas expressões teofânicas. O que se mantém é a atuação do Espírito Santo por meio de sua *presença extraordinária*. Portanto, óbvio como é, o que aconteceu em Atos 2 não se repetiu, mas a *presença extraordinária* da terceira Pessoa da Trindade, de acordo com a narrativa lucana, continua gerando os efeitos e, conforme a primeira epístola aos Tessalonicenses e também a primeira epístola aos Coríntios, continuou a ser uma realidade na igreja. Mais à frente retomaremos este ponto.

A questão, portanto, para ambas as tradições está em seus pressupostos, que, longe de serem algo sem importância e influência, são decisivos no exercício exegético, já que, filológica e gramaticalmente, a leitura de um texto como o de Atos 2:1-13 por um não cristão, por exemplo, não faria sentido algum! O *background* é imprescindível nesse texto, como em inúmeros outros ao longo do cânon sagrado. Mas mesmo esse pano de fundo que procuramos encontrar, seja na cultura, seja no contexto remoto das Escrituras, não será lido e interpretado sem pressupostos, tornando esse o ponto crucial no exercício exegético. Tendo tal verdade estabelecida, é preciso considerar que, indubitavelmente, o "livro de Atos é mais do que um registro objetivo da História da Igreja Primitiva", mesmo porque, como já dissemos e até foi repetido pelo teólogo reformado acima, o documento não tem o propósito de "contar tudo", assim como nenhum outro texto historiográfico o faz. Isso porque, em razão da "sua natureza, o registro da História é subjetivo e seletivo", ou seja, o "escritor determina o propósito de seus escritos e então [não] inclui materiais que vão além daquele propósito", diz o teólogo pentecostal Anthony Palma. Este acrescenta que o propósito do autor é que "vai determinar a ênfase que

---

1194 Ibid.

será dada nos escritos", por isso "uma obra histórica reflete a predisposição consciente ou inconsciente de um autor".[1195] Da parte de Lucas, conforme esse mesmo autor pentecostal disse antes, uma visão elevada das Escrituras não aventa a hipótese de que tal trabalho histórico-editorial tenha sido exclusivamente dele, sendo, antes, do Espírito. Algo importante a se refletir, porém, é que isso não significa que Lucas agia como um autômato ou de maneira inconsciente, visto que seu trabalho, do ponto de vista literário, é extremamente sofisticado. De acordo com I. Howard Marshall, a crítica da redação mostra que "os Evangelistas não devem ser mais percebidos como compiladores de 'scissors-and-paste' (cortar e colar) mecanicamente arranjando as suas fontes como um editor de revista que tem problemas para encaixar seus artigos num determinado espaço e de uma forma clara" — exemplo que não faz muito sentido para a geração atual, que não sabe como eram os jornais e revistas impressos da década de 1970 para trás[1196] —, mas o fato é que os Evangelistas "são teólogos em seu próprio direito, trabalhando com suas próprias concepções do material do Evangelho e adaptando livremente as suas fontes para encaixar com o padrão pretendido".[1197] Em suma, nada fora "inventado", mas a disposição do material era rearranjada e não precisava seguir a ordem original em que se encontrava nas fontes. Assim, em termos de análise do material narrativo, não apenas de Lucas-Atos, a crítica da redação presta dois grandes serviços à teologia, sendo o primeiro deles "trazer clareza sobre o período da composição final dos Evangelhos", ou seja, demonstrar que "os escritores do Evangelho [devem ser] vistos como teólogos criativos, dignos de estar ao lado de Paulo e dos escritores hebraicos, e assim o interesse teológico do Novo Testamento é ampliado". Em decorrência disso, temos o segundo serviço, que é o fato de ela demarcar "um estágio importante para trabalhar com as mais primitivas formas de tradição",[1198] que, por definição, estão mais

---

1195 PALMA. *O batismo no Espírito Santo e com fogo*, p. 27.

1196 Uma vez que não havia os recursos de que atualmente dispomos do ponto de vista da diagramação, os editores precisavam procurar os espaços vagos ao longo do jornal ou revista para encaixar, por exemplo, o restante de um artigo ou reportagem que não coube na página em que constava o texto. O leitor não se perdia porque no fim do texto e no início de sua continuação havia indicações como: "continua na página tal", e lá, por sua vez, encontrava-se: "continuação da página tal". Esteticamente, era horrível, mas constituía a única opção disponível com os recursos da época. Portanto, o que Marshall está dizendo é que as perícopes encontradas nos Evangelhos não foram dispostas assim por falta de "espaço", mas propositadamente.

1197 MARSHALL. *Fundamentos da narrativa teológica de São Lucas*, p. 23.

1198 Ibid., p. 23-4.

852 | TEOLOGIA SISTEMÁTICO-CARISMÁTICA

próximas dos acontecimentos narrados. Estes aspectos estão sendo destacados por conta do que dissemos acerca da visão que havia, há cinquenta anos, a respeito de Lucas ser não somente teólogo, mas historiador, ao passo que, no Brasil, a percepção inversa precisa ser conhecida: Lucas não é somente historiador, mas teólogo. Daí a preferência de Marshall por designar o autor de Lucas-Atos, diferentemente de Roger Stronstad, como "Evangelista".[1199] Esclarece o mesmo teólogo:

> O ponto que queremos destacar não é que o interesse básico de Lucas estava na história, ou que ele estava simplesmente satisfeito em registrar fatos do passado para o bem dos próprios fatos ou no sentido de que ele tomou os fatos teológicos expressados na pregação da Igreja primitiva e continuou a reformulá-los com aparência de história. Nenhuma dessas posições é uma declaração correta do que Lucas estava fazendo. Ao contrário, nós queremos dizer que Lucas, como um teólogo, estava preocupado que sua mensagem sobre Jesus e a Igreja primitiva deveria ser baseada sobre uma história confiável. A teologia lucana foi baseada na tradição que ele avaliou da melhor maneira possível. Ele usou sua história a serviço da sua teologia.[1200]

A argumentação do teólogo metodista I. Howard Marshall demonstra que não se pode dizer que Atos dos Apóstolos, analisado por lentes não carismáticas, tenha sempre a conclusão tradicional, conforme vimos acima, com a argumentação do autor reformado brasileiro. Mesmo porque o referido teólogo metodista, no segundo capítulo de sua obra, dedica-se a dissertar sobre a relação da teologia com a história, iniciando com a discussão da natureza da história e do trabalho do historiador. Mas, como já falamos a respeito desses pontos anteriormente, não vamos neles nos deter, destacando apenas algumas reflexões, como, por exemplo, quando Marshall diz que, da mesma forma "como é impossível fazer a exegese de um texto sem pressuposições, também deve ser descartável a possibilidade de historiografia sem pressuposições". Por isso, temos de entender que é natural que "diferentes historiadores, especialmente os historiadores de diferentes culturas, abordem seu trabalho com diferentes pressupostos, e isso afetará o caráter de suas conclusões históricas".

1199 Ibid., p. 26.
1200 Ibid., p. 27.

Contudo, disso não se pode deduzir que haverá invenções de fatos, pois há limites éticos e também critérios epistêmicos para a realização do trabalho, ressaltando que, a despeito de tudo isso, obviamente "os pressupostos têm suas utilidades".[1201] Os teólogos que valorizam a história e conhecem sua natureza, e que ao mesmo tempo têm uma visão elevada das Escrituras, sabem que é sempre necessário recordar a dimensão sobrenatural da fé cristã. Esta, inclusive, é a questão decisiva na diferenciação entre liberalismo e conservadorismo, de acordo com o teólogo pentecostal clássico Stanley Horton.[1202] Mas tal não é um capricho exclusivo da tradição carismático-pentecostal, pois, conforme afirma I. Howard Marshall, de fato há "algumas pessoas que se identificam como cristãos que negariam qualquer coisa sobrenatural sobre as origens do cristianismo". Todavia, tais pessoas "não podem ser chamadas de cristãos de acordo com a compreensão do cristianismo do Novo Testamento".[1203] Obviamente que, de acordo com o que temos dito, o sobrenatural também encerra os seus perigos e descaminhos, sendo, por isso mesmo, objeto de cuidado como qualquer outro fenômeno. Todavia, enquanto para muitos teólogos, inclusive não carismáticos, a tradição carismático-pentecostal oportunizou à religião cristã protestante, no mundo ocidental tomado pela secularização racionalista, "reencantar" a realidade, há teólogos reformados brasileiros que, em tom de censura e reprovação, culpam a tradição pelos desvios de alguns, dizendo ser "o movimento pentecostal que trouxe à cena evangélica o inusitado e o extraordinário como sendo não apenas parte da realidade existencial, histórica e religiosa da Igreja, mas como objeto de anelo e desejo na vida individual de cada crente".[1204] Com uma exegese racionalista que pretende explicar tudo, tais teólogos acabam parecidos com os que desdenham da fé pelo fato de não haver explicação científica, ou histórica, para todas as experiências relatadas na Bíblia. Aqui está uma grande incoerência, sobretudo da parte de quem se opõe tão ferozmente ao evolucionismo, isto é, "se o cristão acredita que os eventos da história não podem ser explicados em termos naturalistas, então é inteiramente irracional que seja solicitado a rejeitar a única explicação da realidade que faz sentido para ele

---

1201 Ibid., p. 43-4.

1202 HORTON. *O avivamento pentecostal*, p. 32.

1203 MARSHALL. *Fundamentos da narrativa teológica de São Lucas*, p. 46.

1204 NETO. "Avaliando as manifestações sobrenaturais" in: CAMPOS; LOPES; MATOS; NETO. *Fé cristã e misticismo*, p. 29.

quando escreve a história",[1205] diz Howard Marshall, que, mesmo assim, em razão do contexto, ainda tem alguma dificuldade:

> Dois comentários finais devem ser feitos. O primeiro é que não desejamos negar que Lucas era um teólogo com suas próprias ideias distintivas que o afastaram, em certa medida, de outros escritores do Novo Testamento. Será nossa tarefa principal explorar sua teologia. O outro comentário é que, embora tenhamos enfatizado a natureza fatual das primeiras pregações [*kerygmata*] e sua cristalização nos Evangelhos, isso não significa que nenhum lugar tenha sido reservado para a fé. Nosso ponto é que os acontecimentos que a fé interpreta como atos divinos devam ser eventos históricos reais, ou, ao contrário, eles não podem, de forma alguma, ser interpretados. Os fatos podem ser testados historicamente, mas as decisões finais são questões de fé. É a fé que vê a ressurreição como um ato de Deus; é a fé que continua a confessar "Jesus é o Senhor". Mas, "se Cristo não ressuscitou... a fé é em vão". Lucas era um historiador porque era antes de tudo um Evangelista: sabia que a fé que ele queria proclamar permanece ou se coloca juntamente à história de Jesus e à Igreja primitiva.[1206]

Marshall, sem utilizar as expressões, aponta claramente para uma dimensão apofática e mistérica da fé cristã. Essa dimensão, na realidade e, de acordo com Lucas, é a mais importante para a vida cristã, pois as Escrituras hebraicas vaticinaram esse momento (Lucas 24:13-49), mas sem tal pré-requisito — a fé — não é possível alcançar o que os antigos heróis da fé experimentaram (Hebreus 11:1-2). Tal fica claro pelo simples fato de que a narrativa lucana mostra que os dois discípulos no caminho de Emaús estavam perplexos pelo que aconteceu a Jesus, mesmo "conhecendo", cognitiva e tradicionalmente, as Escrituras (24:25), precisando o Mestre declará-las novamente durante o percurso, e, ainda assim, só o conheceram no momento da refeição. A cena muda, e a sua aparição ao colégio apostólico é mais contundente, pois, mesmo estando diante de Jesus, ainda assim não creem (24:37-45). Por isso, o Senhor recorre uma vez mais às Escrituras hebraicas e, então, abre-lhes o "entendimento para compreenderem" (24:45), ou seja, "Ele lhes dá *insight* espiritual para que entendam como a profecia é cumprida

---

1205 MARSHALL. *Fundamentos da narrativa teológica de São Lucas*, p. 47.
1206 Ibid., p. 84.

nEle",[1207] diz o teólogo pentecostal francês French Arrington, ao comentar a passagem e aludir ao exercício de uma possível "exegese carismática", por nós já referida algumas vezes. Diante desses exemplos, só mesmo uma mentalidade contraditoriamente racionalista, anacrônica e estreita para achar que o problema dos discípulos era cognitivo ou filológico e que por isso Jesus teve de fazer uma interpretação histórico-crítica, ou gramatical, a fim de que eles cressem, pois, mesmo diante do Mestre ressurreto, eles estavam embasbacados e claudicantes. As duas experiências (a dos dois discípulos no caminho de Emaús só é narrada por Lucas) estão de acordo com os propósitos lucanos, que, conforme já dissemos quando citamos Steve Walton, geralmente aparecem em expressões como "tendo de acontecer" ou algo é "descrito como 'as coisas que foram realizadas entre nós' (τῶν πεπληροφορημένων ἐν ἡμῖν πρα γμάτων)", informa Marshall, dizendo que o "uso deste verbo sugere que Lucas estava pensando em eventos que foram prometidos e realizados por Deus [e] isso transmite a ideia de cumprimento". Portanto, completa o mesmo autor, "os eventos registrados por Lucas são vistos como tendo uma interpretação particular", isto é, "eles não são meros eventos, mas fazem parte de uma série planejada e realizada por Deus".[1208] Conquanto tudo isso pareça óbvio, em termos literários não é bem assim, visto que, tradicionalmente, o texto lucano é tido como "precedido por Marcos, cujo Evangelho assume a forma de uma história de Jesus em que as várias unidades de tradição sobre Ele são colocadas em um quadro cronológico e geográfico".[1209] Marcos, que as pesquisas apontam tradicionalmente como o primeiro dos Evangelhos, sendo, por isso mesmo, atribuída ao seu texto, ou documento, a criação do gênero literário evangelho, pois, anteriormente, o evangelho era o anúncio do arauto estatal ao povo acerca da ascensão de um novo rei para governá-lo. Mas o documento lucano era uma narrativa, não estritamente um Evangelho, ou seja, tudo que foi escrito aconteceu, mas não necessariamente na ordem em que se encontra ou dito sequencialmente conforme encontra-se no material do Evangelho que leva seu nome, pois o arranjo sistemático de sua obra, de acordo com a biblista francesa Odette

---

1207 ARRINGTON, French L. "Lucas" in: ARRINGTON; STRONSTAD (orgs.). *Comentário bíblico pentecostal*, p. 478.

1208 MARSHALL. *Fundamentos da narrativa teológica de São Lucas*, p. 65.

1209 Ibid., p. 78 (aqui percebemos a inversão do pensamento de Marshall em relação ao de Stronstad).

856 | TEOLOGIA SISTEMÁTICO-CARISMÁTICA

Mainville, demonstra que a "grande preocupação teológica de Lucas era fazer sobressair a unidade da história da salvação" e

> É pois fácil adivinhar que ele havia concebido um plano conjunto preciso para suas duas obras, que constituem o substrato de sua intenção teológica. Observa-se que ele havia, para este fim, enraizado seu primeiro livro no prolongamento da salvação iniciada por Deus no seio do povo de Israel, colocando em cena, nos dois primeiros capítulos, profetas do tipo veterotestamentário (Zacarias, Isabel, Simeão e Ana), cujo discurso visava interpretar o evento Jesus. Em seguida, apresentou o ministério profético de Jesus como período preparatório ao reino do Messias. O fim de seu evangelho (24.48-49) anuncia a continuação nos Atos. O começo do segundo livro (1.1-9) remete efetivamente ao primeiro e mostra que tudo foi cumprido na ressurreição e na exaltação de Jesus. No segundo capítulo dos Atos, ele informa enfim que o Ressuscitado derramou o seu Espírito sobre a comunidade, assegurando assim a continuidade da obra da salvação através da Igreja.[1210]

Para estudiosos céticos e racionalistas, é surpreendente que na obra dupla do único escritor grego do Novo Testamento não se encontrem paralelos na literatura helenística, pois seu "estilo de escrita, que muitas vezes é uma reminiscência da Septuaginta, exige que ele também seja comparado com historiadores judeus". Ou seja, conforme vimos na argumentação da biblista francesa Odette Mainville, incrivelmente o material que serve de base para os documentos lucanos "deve ser encontrado no Antigo Testamento", visto que, na ótica "de um escritor do primeiro século, a característica mais notável dos livros históricos no Antigo Testamento seria a maneira pela qual o curso dos acontecimentos está dando uma interpretação em termos da atividade de Deus", isto é, narrando. Portanto, as "várias etapas da narrativa são vistas como estando debaixo do controle divino, para se realizar debaixo da iniciativa divina e para ser profetizada pelos homens de Deus".[1211] Nesse sentido, observa Howard Marshall, os "escritos lucanos estão claramente em dívida com a tradição do Antigo Testamento", algo que "deve ser notado na forma como Lucas também vê o desenrolar do plano divino na história, e pode

---

1210 MAINVILLE, Odette. "Os Sinóticos e os Atos dos Apóstolos" in: MAINVILLE, Odette (org.). *Escritos e ambiente do Novo Testamento: uma introdução* (Petrópolis: Vozes, 2002), p. 195.

1211 MARSHALL. *Fundamentos da narrativa teológica de São Lucas*, p. 90.

até mesmo ser considerado ter seu trabalho como retratando a continuação da história registrada no Antigo Testamento", eliminando o aspecto de descontinuidade radical da visão reformada da história da salvação. Isso porque Lucas, diferentemente de outros escritores neotestamentários, "escreve de um ponto de vista particular que traça a atividade de Deus em eventos históricos" e, por conseguinte, "ele não apenas registra eventos milagrosos em sua narrativa, mas também vê o curso geral da história como o efeito da atividade divina". Lucas não *conta* a história no sentido popular que tem essa ideia, como se ela fosse uma repetição passiva do que aconteceu; antes, assim como os historiadores judeus, ele *narrou*, e tal exercício "significa que ele dá uma interpretação particular a eventos históricos que não seriam compartilhados por um historiador secular".[1212] Por isso, Lucas não é um historiador nos moldes seculares; ele é, antes, "o Evangelista, e os paralelos com o seu material devem ser encontrados na literatura religiosa e não na história".[1213] Assim, primeiramente é importante saber que "é evidente que Lucas submeteu todas as suas fontes a uma revisão estilística", algo que transparece no que pode ser uma revisão feita por ele nos "começos e finais de perícopes de forma mais drástica do que suas porções centrais", ou seja, parece que "ele revisou o material narrativo mais intensamente do que o material dos relatos; em particular, parece ter revisado Marcos mais completamente do que suas outras fontes para o Evangelho". Em "segundo lugar", informa ainda o teólogo metodista escocês, Lucas, "na maioria das vezes, organiza suas fontes em blocos de material, um de cada vez", isto é, ele "raramente entrelaça material de duas fontes diferentes" e, neste aspecto, "sua prática se contrasta com a de Mateus, que agrupa o material tematicamente a partir de fontes diferentes".[1214] Mas o que poderia parecer escandaloso para os que foram ensinados que a inspiração é algo como um "ditado verbal celeste" ou uma espécie de "psicografia cristã" acaba surpreendendo com a conclusão de Marshall, que, com seu conservadorismo e ortodoxia, diz que tal "consideração sugere que Lucas estava ansioso para transmitir o conteúdo de suas fontes basicamente inalteradas em vez de tentar criar uma imagem completamente nova com base em uma nova combinação delas".[1215]

1212 Ibid., p. 91.
1213 Ibid., p. 93.
1214 Ibid., p. 104-5.
1215 Ibid., p. 105.

858 | TEOLOGIA SISTEMÁTICO-CARISMÁTICA

Chama a atenção o fato de que todos esses argumentos que aqui resumimos — Marshall dedica muitas páginas para tratar do assunto — têm o objetivo de demonstrar, naquele momento histórico, a seriedade de Lucas como historiador. Nessa discussão, se já não bastassem as narrativas da infância, só para exemplificar, cuja fonte não é o Evangelho de Marcos, há ainda o livro de Atos dos Apóstolos, não havendo nada a que compará-lo, pois praticamente não há material canônico para se verificar e saber de sua "veracidade histórica" com o cotejamento paralelo. A fim de compreender este ponto, como historiador, ressaltamos quatro, das cinco "características literário-teológicas" dos documentos lucanos, na visão do biblista belga Johan Konings, que diz que Lucas 1) "tende a melhorar o estilo e a linguagem, usando um vocabulário mais diversificado (2.055 vocábulos diferentes)"; 2) "no Evangelho da Infância, imita a Septuaginta"; 3) "na matéria de Q, Lc parece conservar melhor que Mt a sequência original, inserindo-a quase toda nos caps. 6—7 e na 'grande viagem', caps. 10—18" e 4) "gosta de acrescentar detalhes narrativos ou edificantes".[1216] A terceira característica literário-teológica menciona "Q", isto é, "*Quelle* — 'fonte', em alemão", proveniente do método da crítica literária, ou textual, chamado "crítica das origens documentárias", que, de acordo com os teólogos pentecostais James Railey e Benny Aker, "toma por certo que Mateus e Lucas empregaram Marcos e [a referida] origem documentária desconhecida" chamada Q. Eles acrescentam que "crentes bíblicos empregam de modo cuidadoso" o referido "método".[1217] Tal pode ser comprovado pela argumentação, por exemplo, de Howard Marshall, William e Robert Menzies[1218] e James Shelton,[1219] todos teólogos conservadores e ortodoxos, que se referem ao documento Q sem nenhum problema, pois, se Lucas escreveu grande parte de seus documentos por meio de pesquisa, consultando fontes, algum material (ou alguns) certamente existiu e não nos chegou em sua totalidade, mas certamente a ele recorreram os escritores dos Evangelhos.

1216 KONINGS, Johan. *Sinopse dos Evangelhos de Mateus, Marcos e Lucas e da "Fonte Q"*, Bíblica Loyola (São Paulo: Loyola, 2005), vol. 45, p. xiv.

1217 RAILEY JR.; AKER. "Fundamentos teológicos" in: HORTON (org.). *Teologia sistemática*, p. 661.

1218 MENZIES, Robert P. *Pentecostes: essa história é a nossa história* (Rio de Janeiro: CPAD, 2016), p. 76, 89. MENZIES. *Glossolalia*, p. 62. MENZIES; MENZIES. *No poder do Espírito*, p. 165, 211. MENZIES. *Empoderados para testemunhar*, p. 131.

1219 SHELTON. "Mateus" in: ARRINGTON; STRONSTAD (orgs.). *Comentário bíblico pentecostal*, p. 3. SHELTON, James. *Poderoso em palavras e obras: o papel do Espírito Santo em Lucas-Atos* (Natal: Carisma, 2018), p. 135.

CAPÍTULO 4 – Pneumatologia | 859

O teólogo australiano Peter Bolt explica em *Faces do Novo Testamento* que os "estudiosos do século 19 estabeleceram que Marcos foi o primeiro Evangelho a ser escrito e que foi usado por Mateus e Lucas", esclarecendo ainda que a "anterioridade de Marcos, combinada com o postulado de Q (a fonte por trás do material que Mateus e Lucas têm em comum) deu origem à 'hipótese de dois documentos'", tendo avançado as pesquisas, e, "no século 20, os estudos sobre os Sinóticos também falaram de fontes de materiais especiais de Lucas e Mateus, mencionadas como L. e M.".[1220] Tais hipóteses em nada abalam o conceito de inspiração bíblica, pois cremos que esta garantiu a integridade dos documentos escriturísticos, garantindo que a Palavra de Deus chegasse até nós. Existe obviamente uma importância em torno das fontes de pesquisa, por isso Marshall diz que o "valor de um historiador é muitas vezes o valor de suas fontes". Portanto, de toda essa discussão, uma coisa é certa, conclui o mesmo autor: "Lucas usou o Evangelho de Marcos como fonte básica na escrita do [seu próprio] Evangelho".[1221] Todavia, é necessário manter em mente o fato de "que, por trás de mais ou menos 200 versículos que são comuns em Mateus e Lucas, mas não são paralelos em Marcos, existe um documento perdido", que é justamente o documento Q, "fonte principal" que os estudiosos dizem ter sido usada por Lucas e Mateus. No entanto, como o "documento não sobreviveu, a reconstrução detalhada não é possível, mas acredita-se que a ordem de seu conteúdo corresponde aproximadamente à ordem do material em Lucas, em vez de em Mateus, mas que, por causa da sua redação original, Mateus é na maioria das vezes o melhor guia".[1222] Uma particularidade lucana é digna de destaque:

> Quem lê atentamente a obra de Lucas nota que ela se preocupa em ensinar a viver "a longo prazo". Se Mc tinha mostrado que a Parusia não é para já, Lc acentua isso mais ainda. Em vez da oposição bipolar entre "este mundo" e o reino anunciado por Cristo (como "mundo vindouro", tempo do Fim), ele periodiza o tempo de modo diferente, como uma "história da salvação": 1) o tempo da promessa (o Antigo Testamento); 2) o tempo do cumprimento da promessa (a atuação de Jesus); 3) o tempo da vida dos cristãos no mundo, reunidos na Igreja e animados pelo Espírito Santo. Ora, viver no mundo significa, concretamente,

---

1220 BOLT. "O Evangelho de Marcos" in: McKNIGHT; OSBORNE (orgs.). *Faces do Novo Testamento*, p. 416-7.
1221 MARSHALL. *Fundamentos da narrativa teológica de São Lucas*, p. 93.
1222 Ibid., p. 97. Confira a nota 1026.

860 | TEOLOGIA SISTEMÁTICO-CARISMÁTICA

viver no Império Romano (que Lucas trata com respeito diplomático), mas, também, viver na comunidade dos irmãos, descrita em seu projeto ideal (At 2:42-45; 4:32-37; 5:12-16) e nas suas dificuldades reais (At 6:1-6; 15:1-35). Embora o fim dos tempos e a Parusia estejam presentes no horizonte, prioritária é a prática cristã no mundo, hoje: essa nos permitirá ficar em pé no dia do Fim (Lc 21:36).[1223]

Destacamos esse resumo do que pretende a obra de Lucas-Atos, pois a discussão de Marshall em relação à confiabilidade histórica dos documentos lucanos se dedica a responder aos críticos, tendo em vista que "a capacidade histórica de Lucas [estava sendo] seriamente questionada".[1224] Contudo, não podemos nos ater a tais detalhes, visto que essa discussão foge do que está em nossos propósitos analisar. Uma vez que, em se tratando do campo das "questões de geografia e política helenística, direito romano e administração provincial, Lucas [...] demonstra [...] ser, na sua maioria, um guia confiável", a discussão mais crucial diz respeito aos discursos no livro de Atos dos Apóstolos, questão esta que se relaciona à teologia, colocando-se da seguinte maneira: É possível "determinar a perspectiva teológica presente nos discursos; isto é a teologia de Lucas ou é uma teologia (ou teologias) distinta que pode ser atribuída a suas fontes?".[1225] Esta fora, na época, a discussão, e a tendência era que "os discursos contêm muito das características de Lucas", por isso os discursos podem "ser usados como material para estabelecer a natureza da teologia de Lucas", sempre lembrando que "o tipo de abordagem praticada tenha, em certa medida, determinado os resultados obtidos".[1226] Nesse aspecto, Howard Marshall diz ser possível examiná-los de duas maneiras. A primeira delas propõe que "eles podem ser considerados como componentes de um único esquema teológico". Nesse caso, "Lucas tem um conceito definitivo do desenvolvimento da Igreja primitiva, e ele usa os discursos para divulgar o significado teológico do que acontece sempre que oportuno", ou seja, os discursos "são complementares uns aos outros, com o resultado de que devem ser considerados em conjunto e no contexto total de Atos", sendo "então vistos para formar uma única e unificada expressão da teologia de Lucas".

1223 KONINGS. *Sinopse dos Evangelhos de Mateus, Marcos e Lucas e da "Fonte Q"*, p. xiv.
1224 MARSHALL. *Fundamentos da narrativa teológica de São Lucas*, p. 123.
1225 Ibid., p. 113, 118.
1226 Ibid., p. 118-9.

A outra abordagem, por sua vez, defende que eles "podem ser considerados dentro de seus contextos individuais".[1227] Assim, como o texto *per se* não responde sobre qual das duas abordagens é a "correta", seja qual delas for a opção do exegeta, os argumentos não são resultados exclusivos e derivados do exercício de interpretação; antes, eles serão harmonizados com a opção feita previamente. Quanto ao porquê de Lucas ter incluído "discursos em sua história, a resposta deve estar no fato de que a pregação era parte da atividade da Igreja primitiva, e não no fato de uma convenção histórica".[1228] Mas o estudo a respeito dos discursos é quase exclusivamente motivado pela relação da teologia paulina com a teologia lucana. "Que há diferenças entre a imagem de Paulo e Atos e também em suas próprias cartas ninguém negará; as duas imagens são independentes uma da outra e não podem ser harmonizadas em detalhes, uma vez que o autorretrato de um homem", ainda que de maneira inconsciente, completa Marshall, "não concordará necessariamente com a sua impressão recebida por outras pessoas". Isso, entretanto, "não significa que as duas imagens são irreconciliáveis, e acreditamos que as duas podem, de fato, ser harmonizadas em termos gerais".[1229] Do ponto de vista teológico, verdade seja dita, a reconstrução da carreira de Paulo não é o ponto mais importante nessa discussão, e sim a crítica de que a "visão de que a teologia de Paulo está incorretamente apresentada em Atos é um exagero palpável". Além disso, aqui reside o verdadeiro problema para os paulinistas: "deve-se lembrar que não há necessidade de assumir que a teologia de um companheiro de Paulo seria em todos os aspectos uma réplica do que Paulo ensinou", visto que "Lucas tinha direito de ter os seus próprios pontos de vista, e o fato de que eles diferem em alguns aspectos dos de Paulo não deve ser colocado contra ele neste momento". O Evangelista-historiador, conclui o mesmo autor, "é um teólogo por direito próprio e deve ser tratado como tal".[1230]

A despeito dos vários temas tratados por Paulo e "ignorados" por Lucas, o "pomo da discórdia" teológico que interessa aos nossos propósitos concentra-se na pneumatologia de ambos, pois é fato que Lucas "dedica atenção considerável ao Espírito Santo",[1231] mas de igual forma, conforme já foi dito,

---

1227 Ibid., p. 119.
1228 Ibid., p. 120.
1229 Ibid., p. 123.
1230 Ibid., p. 123-4.
1231 Ibid., p. 151.

862 | TEOLOGIA SISTEMÁTICO-CARISMÁTICA

afirma o teólogo alemão Klaus Scholtissek, "Toda a teologia de Paulo pode ser compreendida a partir de sua teologia do Espírito Santo: Paulo, que se entende em todos os sentidos como pneumaticamente dotado, interpreta a ressurreição e a exaltação de Jesus como operada pelo Espírito (Rm 1:4; 6:4; 8:11; 2Co 13:4; cf. 1Tm 3:16; 1Pe 3:18) e o próprio Ressuscitado como *pneuma* (2Co 3:17)", pois, mediante a sua "ressurreição por Deus, ele se torna '*pneuma* que dá a vida' (πνεῦμα ζῳοποιοῦν; 1Co 15:45), a 'primícia' (1Co 15:20-23) da nova criação". Tal "equiparação de *kyrios* e *pneuma* deve ser entendida dinamicamente como presença de Cristo na atuação do Espírito"; contudo, para o apóstolo dos gentios, prossegue o autor, "vale fundamentalmente: Deus é e permanece a fonte do Espírito, que opera, através dele, para a salvação dos seres humanos (1Ts 4:8; 1Co 2:11; 3:16; 6:11; 12:3; Rm 8:9-14 etc.)".[1232] Na verdade, de acordo com o mesmo teólogo católico, o Espírito Santo não é somente "recebido pelos cristãos em sua fé (Gl 3:1-5) e seu batismo (cf. Rm 6; 8) opera sua abertura para Deus e os orienta em direção a ele" — o que já seria da maior importância para a humanidade. Em termos teológicos, é imprescindível atentar para a verdade de que "o Espírito de Deus é o meio de comunicação entre Deus e Cristo, bem como entre Deus ou Cristo, respectivamente, e os fiéis (Gl 4:6; Rm 8:10s.; cf. Ef 2:18-22)", por isso o "Espírito de Deus é também base da justiça diante de Deus, dada gratuitamente (cf. Gl 3:14; 5:5; Rm 8:1-11)", isto é, à parte do "Espírito ninguém pode confessar Jesus como *Kyrios* (1Co 12:3)". Sob essa "perspectiva, Paulo determina tanto a vida eclesial inteira como a existência cristã individual como movida e guiada pelo espírito (1Co 12—14; Gl 5; Rm 8)". Em suma, o "Espírito possibilita a pertença a Cristo (Rm 8:9), a condição de membro de seu corpo (1Co 12:13) e a participação na filiação de Cristo que predispõe a pessoa para a glória eterna junto a Deus (Gl 4:4-7; Rm 8:14-19)". Por fim, assim como o "Espírito de Deus ressuscitou Jesus dos mortos, ressuscitará também os fiéis para uma vida perene (Rm 8:11)".[1233] É perceptível, e curioso, que o tema da experiência carismática, como resultado direto da *presença extraordinária* do Espírito Santo, não apareça no

---

1232 SCHOLTISSEK, Klaus. "Espírito (E.), NT" in: BERLEJUNG, Angelika; FREVEL, Christian (orgs.). *Dicionário de termos teológicos fundamentais do Antigo e do Novo Testamento* (São Paulo: Loyola/Paulus, 2011, p. 200. Obs.: alteramos a forma abreviada de Espírito (E.), ao longo da citação parcial do verbete, para a forma por extenso.

1233 Ibid.

importante resumo da teologia paulina feito pelo teólogo católico alemão.[1234] Isso, a despeito de o apóstolo dos gentios ter recomendado em sua primeira epístola aos Tessalonicenses — o documento neotestamentário mais antigo — que não "apagassem o Espírito" e não desprezassem as profecias; antes, exercessem o discernimento sobre a mensagem profética e ficassem apenas com o que de fato procedesse do Espírito (1Tessalonicenses 5:19-21), além de ter tratado do assunto na primeira epístola aos Coríntios igualmente em razão da situação daquela comunidade de fé (1Coríntios 12—14). De forma transversal, o tema igualmente transparece (Atos 13:9). Tal omissão é de tal modo evidente no trabalho teológico de muitos que enseja a pergunta: Por quê? Qual a razão de se ignorar esse aspecto que, como já vimos, está presente desde o início das Escrituras hebraicas?

Conquanto já tenhamos adiantado a resposta parcial a essas questões, um dos pontos centrais de nossa pneumatologia que ainda será mais bem explorado não são os aspectos carismáticos que encontramos em outros documentos neotestamentários, o que nos interessa aqui, sobretudo nos Sinópticos, que retratam Jesus como capacitado pelo Espírito, e sim "o conceito antigo que talvez seja mais importante", diz Howard Marshall. Este aponta que "as manifestações do Espírito que dominam a vida da Igreja primitiva em Atos são vistas como começando desde o início da nova era que surgiu com o nascimento de Jesus", pois "Desde o início, a atividade do Espírito é a característica da nova era".[1235] Mas falta por parte desses teólogos a interpretação carismática desses eventos, pois, como vimos em toda a longa seção acerca do Espírito Santo no Antigo Testamento, tais experiências não se iniciaram em Atos, muito menos em Lucas, mas desde o período inicial veterotestamentário, e isso não pode deixar de ser considerado quando já sabemos que a pneumatologia lucana não aborda o Espírito em si, nem os efeitos soteriológicos de sua atuação como na teologia paulina — a santificação; antes, o conceito lucano é de continuidade em relação às Escrituras hebraicas, rompendo com a descontinuidade radical que existe por parte de outras teologias neotestamentárias, particularmente a paulina e a joanina.

1234 Para fazermos justiça, é preciso notar que o autor parece afirmar, como dissemos em outras oportunidades, que Paulo não trata do tema pelo fato de já se partir desse pressuposto, ou seja, conforme diz Scholtissek, logo no início, "*Paulo que se entende em todos os sentidos como pneumaticamente dotado*". Daí a necessidade desse aspecto ser explorado por Lucas, que, inspirado pelo Espírito Santo, procedeu à sua pesquisa e produziu Lucas-Atos.

1235 MARSHALL. *Fundamentos da narrativa teológica de São Lucas*, p. 152.

864 | TEOLOGIA SISTEMÁTICO-CARISMÁTICA

Quando pontuamos que falta tal compreensão por parte desses teólogos, não vai aqui nenhuma espécie de demérito ao importante e valioso trabalho realizado por eles, visto que o produto final da exegese dessas obras fornece insumos importantíssimos para a elaboração de uma teologia carismático-pentecostal. A observação ocorre apenas por ser evidente a necessidade de um "conhecimento" mais profundo acerca da pneumatologia. Um exemplo ilustra o ponto. Marshall diz que, em "Atos, o lugar do Espírito é de grande importância, mas é vital notar que Ele é o Espírito de Jesus (At 16:7)". Isso significa, em termos diretos, que, na concepção do mesmo autor, Atos mostra o Espírito Santo "subordinado a Jesus".[1236] Além de ignorar o conceito de pericorese, que será explorado no capítulo seguinte, na seção acerca da Trindade, falta, sem dúvida, a esses teólogos uma "aproximação panbíblica", na expressão do teólogo pentecostal Anthony Palma, ou uma "abordagem holística",[1237] conforme sugere o também teólogo pentecostal clássico Robert Menzies, que possam corrigir sua adesão, consciente ou inconscientemente, ao minimalismo pneumatológico da teologia protestante tradicional, pois a "tendência nas igrejas protestantes é ler Lucas à luz de Paulo",[1238] tendo como corolário a visão, ainda que involuntária, de um subordinacionismo antibíblico a respeito da relação intratrinitária, isto é, Jesus pode até não ser menor que Deus, mas o Espírito Santo acaba, de alguma forma, sendo concebido teologicamente como "menor" que Cristo. Não obstante o reconhecimento tácito do autor reformado brasileiro acerca de Atos dos Apóstolos conter princípios para a igreja, há que se ler "esse livro da perspectiva correta",[1239] que, obviamente, é ler Lucas com as lentes de Paulo. Conforme diz o teólogo Robert Menzies, a "leitura de Lucas-Atos pela lente da teologia paulina" é a única forma de interpretar o evento de Pentecostes "como o momento em que os discípulos entram no novo tempo", pois a pregação de Pedro e sua leitura adaptada de Joel, tal como os carismático-pentecostais leem o texto bíblico, partiu da experiência ocorrida naquele momento, não o contrário:

> Esse texto [At 2.19,20] demonstra que, para Lucas, a história da salvação apresentada em sua narrativa não pode ser rigidamente segmentada

---

1236 Ibid., p. 153.

1237 MENZIES. *Pentecostes*, p. 53, 105.

1238 Ibid., p. 54.

1239 NICODEMUS. *O Pentecostes e o crescimento da igreja*, p. 17.

em períodos discretos. O Reino de Deus (ou o novo tempo quando as promessas da aliança de Deus começam a cumprir-se) é inaugurado com o nascimento milagroso de Jesus (ou, o mais tardar, com o ministério público de Jesus, que foi marcado por milagres) e continua a ser cumprido gradualmente até a sua segunda vinda e da consumação do plano redentor de Deus. O Pentecostes é um evento escatológico significativo, mas não representa a entrada dos discípulos no novo tempo. O Pentecostes é o cumprimento do desejo de Moisés de que "todo o povo do Senhor fosse profeta" (Nm 11.29; cf. Jl 2.28,29; At 2.17,18) e representa a preparação da igreja para a sua missão divinamente designada. Em suma, nessa passagem crucial, Lucas salienta a continuidade que une a história de Jesus e a história da Igreja Primitiva. A obra de dois volumes de Lucas representa "uma história de Jesus Cristo", fato que está implícito nas palavras de Atos: "Fiz o primeiro tratado, ó Teófilo, acerca de tudo que Jesus começou, não só a fazer, mas a ensinar" (At 1.1).[1240]

Convergimos com o entendimento de Marshall de que o "Espírito Santo como tal", isto é, como Ser em si, de fato, "não é o tema principal de Lucas"[1241] e de nenhum outro documento ou teologia neotestamentária, muito menos das Escrituras hebraicas. Portanto, quando nos referimos a um "conhecimento" pneumatológico mais profundo, alinhamo-nos ao teólogo pentecostal clássico Stanley Horton, que defende que a "Igreja Primitiva aprendeu mais sobre o Espírito Santo depois que experimentou o seu poder e os dons", já que as "experiências concedidas pelo Espírito Santo podem fazer a diferença no conhecimento das Escrituras".[1242] Não foi por estudar tratados filosófico-teológicos acerca da terceira Pessoa da Trindade, mas por conta da atuação da *presença extraordinária* do Espírito Santo, de uma experiência viva e de grande impacto que eles tiveram com ele. Nesse sentido, a narrativa lucana utiliza termos gregos, não apenas por Lucas ser grego e ter o seu Evangelho escrito em língua grega, mas porque ele "se move explicitamente em um ambiente formado pela Septuaginta". Assim, sugere Marshall, "devemos considerar que esse contexto exerceu a influência mais importante sobre as ideias dele". Por isso, o teólogo metodista escocês diz ser impossível, a quem é familiarizado

---

1240 MENZIES. *Pentecostes*, p. 33.
1241 MARSHALL. *Fundamentos da narrativa teológica de São Lucas*, p. 153.
1242 HORTON. *O avivamento pentecostal*, p. 10.

com as Escrituras hebraicas, não perceber, ao iniciar o estudo dos capítulos iniciais do Evangelho lucano, que parecemos estar mergulhados "no mundo judaico e do Antigo Testamento" e que a "narrativa do nascimento em Lucas 1—2 reflete uma piedade nutrida no Antigo Testamento, e a ação de Deus relatada nesses capítulos é retratada na terminologia da Septuaginta".[1243] Isso denota a importância de termos dedicado tantas páginas para demonstrar as experiências carismáticas veterotestamentárias, pois a "análise dos eventos históricos" narrados por Lucas, diz Marshall, "é essencialmente a mesma do Antigo Testamento, e mostra onde as raízes do pensamento de Lucas devem ser encontradas", pois o "Antigo Testamento é assim considerado como profético do ministério de Jesus", isto é, "Deus prediz o que deve acontecer por meio da profecia do Antigo Testamento (At 1.16)".[1244] Marshall descarta uma história da salvação em Lucas e em qualquer outro autor canônico, apesar de não descartá-la como abordagem teológica, sendo dessa última forma que temos utilizado o conceito, embora não rigidamente como seus principais proponentes. Para o teólogo metodista escocês, o *leitmotiv* lucano é a salvação de Deus, da qual fazem parte os milagres de cura realizados por Jesus. Mesmo tais eventos não são exclusivos de Jesus, tendo ocorrido também nos tempos veterotestamentários, por meio dos carismáticos. Qual era o papel do Espírito Santo no Antigo Testamento ao levantar carismáticos? Cremos que tal pergunta já foi devidamente respondida com a análise que fizemos da atuação de videntes, profetas, profetisas, juízes (juíza) e reis após serem capacitados carismaticamente. Nesse aspecto, vale a pena conferir a desconstrução da ideia de que em Lucas não há o conceito de "eleição", tão caro à teologia paulina. Uma vez que as raízes de sua teologia se encontram nas Escrituras hebraicas, torna-se importante saber que

> Lucas usa o verbo para descrever a escolha de Deus dos patriarcas (At 13.17) e a escolha de Deus (ou pela igreja sob Sua orientação) dos homens para realizar um serviço especial dentro da igreja (At 1.24; 6.5; 15.7,22,25); a escolha dos apóstolos por Jesus também é indicada pelo mesmo verbo (Lc 6.13; At 1.2; 9.15). É errado contrastar esse uso com o dos outros Evangelhos sinópticos, como Conzelmann faz, uma vez que o verbo ocorre apenas uma vez (Mc 13.20). Lucas certamente usa a palavra

---

1243 Marshall. *Fundamentos da narrativa teológica de São Lucas*, p. 161.
1244 Ibid., p. 175-7.

eleição para funções particulares no serviço de Deus, em vez de eleição para pertencer à igreja (assim como no resto do Novo Testamento). Isso, no entanto, é a maneira pela qual o Antigo Testamento usa o conceito quando fala do chamado de homens particulares para realizar tarefas específicas para Deus (Ne 9.7; Sl 78.70; 89.3; 105.26; 106.23; Is 49.7; Jr 1.4-8; Ag 2.23). Da mesma forma, a designação de Lucas sobre Jesus como o Eleito (Lc 9.35; 23.35) deriva, fundamentalmente, da descrição do Servo de Javé (Is 42.1). O conceito de eleição de Lucas, embora em grande parte seja diferente do resto do Novo Testamento, está em continuidade fundamental com o Antigo Testamento.[1245]

Verificamos que o conceito lucano de eleição é justamente o mesmo defendido pela tradição carismático-pentecostal — chamado compulsivo, para a obra, a fim de que se executem missões específicas, além da sacerdotal, que foi dada pelo Criador à humanidade, não sendo referente à soteriologia. Portanto, engana-se quem conclui que Marshall não reconhece o papel imprescindível da terceira Pessoa da Trindade como protagonista, pois, "até certo ponto, a operação de milagres é atribuída ao Espírito", isto é, ele está "associado ao poder (At 1.8) e foi por meio da posse do Espírito e do poder que Jesus em Seu ministério terreno conseguiu curar todos os que foram oprimidos pelo diabo (At 10.38)". Também é verdade que, por causa "do seu enchimento com o Espírito, Paulo conseguiu pronunciar a pena de cegueira sobre Elimas (At 13.9)". Ainda mais significativo é o fato de que o Espírito Santo "é conectado à direção da igreja pelo Espírito", sendo até algo de "menor" relevância quando se considera que até mesmo os "mandamentos de Jesus aos apóstolos foram dados, 'pelo Espírito Santo' (At 1.2), e, posteriormente, instruções específicas aos missionários são dadas pelo Espírito (At 8.29; 10.19; 11.12,28; 13.2,4; 15.28; 16.6,7; 19.21; 20.22,23; 21.4,11)".[1246] Assim, o trabalho do teólogo metodista escocês "mostrou que a salvação que é proclamada em Atos pela palavra do Senhor 'com sinais a seguir' está em continuidade com a esperança do Antigo Testamento da vinda do Messias", ressaltando que, evidentemente, "os requisitos legais do Judaísmo não são mais impostos aos cristãos (sejam judeus ou gentios) para a salvação".[1247]

1245 Ibid., p. 189.
1246 Ibid., p. 301-2.
1247 Ibid., p. 312.

868 | TEOLOGIA SISTEMÁTICO-CARISMÁTICA

Nesse particular, certamente foram decisivas as experiências, fruto da *presença extraordinária* do Espírito Santo, pois confirmavam que a interpretação das Escrituras hebraicas por Jesus e seus seguidores, discípulos e apóstolos, era mais consentânea que as pretensiosas e excludentes exegeses dos grupos religiosos oficiais do primeiro século, visto que o trabalho querigmático realizado por eles era composto de milagres que beneficiavam e salvavam o povo (Marcos 1:14-15,21-27; 16:19-20, cf. Lucas 7:11-22; Atos 5:12). Uma coisa, porém, é decisiva para que esses pregassem o evangelho, interpretassem o Antigo Testamento sob nova perspectiva e esses prodígios fossem uma realidade — a capacitação carismática do Espírito Santo. Como ela se dava? Sob quais critérios ou fórmulas? Howard Marshall, qual teólogo carismático-pentecostal, afirma ser óbvio que "Lucas recebeu vários relatos variados de como o Espírito foi recebido pelos homens, mas ele não tentou harmonizá-los e impor um padrão sobre eles", acrescentando ainda que "Do ponto de vista teológico isso não deve nos surpreender", visto que, instruindo "sobre os dons espirituais, Paulo insistiu que o Espírito os distribuía 'individualmente, a cada um, como quer' (1Co 12:11)". Além disso, "as palavras de Jesus no Evangelho de João têm o mesmo efeito: 'O vento sopra onde quer. Você o ouve, mas não pode dizer de onde vem nem para onde vai. Assim acontece com todos os nascidos do Espírito' (Jo 3:8)". Portanto, é óbvio que, se "Lucas estava desejando ajustar o trabalho do Espírito em um padrão, ele não precisava registrar essas experiências anômalas".[1248] Talvez alguns estranhem o adjetivo "anômala", mas ele aqui não tem nenhum sentido pejorativo, e sim descritivo de imprevisibilidade e falta de uniformidade. Assim, o que Marshall articula reflete perfeitamente o que a tradição carismático-pentecostal vive, na prática, em relação às experiências carismáticas, fruto da *presença extraordinária* do Espírito Santo. Nenhuma experiência pode se tornar padrão, pois o Espírito Santo é Deus, e, portanto, não se pode pretender que seja previsível como ele atuará. Caso Lucas tivesse padronizado tais experiências, seria uma dificuldade para a tradição carismático-pentecostal, que conhece muito bem, na prática, quão diversificadas são as experiências com o Espírito. Por outro lado, reforça-se a autenticidade do texto, ou seja, o material não fantasia absolutamente nada, pois as experiências são realmente assim, isto é, "aleatórias".

1248 Ibid., p. 331.

Na relação do Espírito com as pessoas, Marshall diz que "devemos perguntar qual o efeito prático da recepção do Espírito pelo crente", pois o que Atos 2:1-11 mostra é que "o dom do Espírito não era somente prerrogativa dos apóstolos" e que "Todo crente, portanto, possui o Espírito Santo". Por isso, sua "sugestão", diz ele, "é que este dom do Espírito a todo crente tem o mesmo efeito que teve nos apóstolos", isto é, "constituir uma igreja composta de missionários". Entretanto, é igualmente "verdade que outros efeitos são atribuídos ao dom do Espírito", como, por exemplo, o fenômeno glossolálico, pois, em "três ocasiões, Lucas chama atenção para o falar em línguas como a manifestação externa do dom do Espírito (At 2:1-4; 10:46; 19:6) e pode ser que o dom de línguas tenha sido originalmente mencionado nas fontes em algumas outras passagens em Atos".[1249] O teólogo metodista escocês, porém, acrescenta que é "improvável que este dom fosse o acompanhamento universal ou normal da recepção do Espírito e certamente não é assim no pensamento de Lucas", pois, para o Evangelista, o "falar em línguas parece estar conectado com crises particulares na história da igreja", ou seja, "o consolo e a alegria estão ligados ao dom do Espírito (At 9:31; 13:52), mas nenhuma importância particular é anexada a isso, embora isso traga a perspectiva de Lucas sobre o Espírito perto da perspectiva da Igreja primitiva em geral".[1250] Não obstante essa opinião, Marshall observa que é "provável que Lucas tenha especialmente entendido o dom do Espírito Santo como o que equipararia a igreja para a missão e, consequentemente, considerou a essência de ser cristão como atividade da missão", diz ele, acrescentando a ideia do teólogo reformado Eduard Schweizer, que defende a verdade de que "Uma igreja que não se envolve na missão não é uma igreja que vive na nova era". Marshall observa que é preciso reconhecer "que o uso de Lucas do termo 'testemunho' é um termo especial e restrito, mas o que descobrimos aqui é algo que não está vinculado a uma terminologia particular", pois o "evangelismo e a pregação da Palavra do Senhor não foram, de modo algum, limitados aos que eram testemunhas no sentido técnico". O autor citado pontua que "os líderes da igreja tomaram medidas para garantir que o que estava sendo feito estivesse de acordo com o ensino dos apóstolos e em continuidade com o trabalho da comunidade original, mas isso não afeta o

---

1249 Ibid., p. 332-3.
1250 Ibid., p. 333.

870 | TEOLOGIA SISTEMÁTICO-CARISMÁTICA

ponto básico em questão".[1251] Marshall diz que, não obstante a "maneira cautelosa em que isso é formulado, e as qualificações que o cercam (o Espírito capacita o proclamar profético; todos os membros da comunidade possuem o Espírito)", tal "não faz justiça plena aos fatos de que o dom do Espírito é *o* critério de ser um crente e que a tarefa da igreja é a missão". Portanto, "todos os discípulos têm o Espírito para que todos possam participar da tarefa da igreja", ressaltando ainda o citado autor que "Lucas não [se] aprofunda nos efeitos 'éticos' do Espírito (como em Gl 5.22s) porque para ele a vida da igreja deve ser entendida em termos da missão, e é para a missão que a igreja recebeu o Espírito".[1252] Daí por que alguns teólogos, entre eles, o reformado Eduard Schweizer, dizem "que a perspectiva de Lucas sobre o Espírito é limitada".[1253] Na verdade, conclui Marshall, "para Lucas, o dom do Espírito é contínuo e renovável na vida do crente, e [...] o sinal [de] que recebeu a salvação oferecida pelo Cristo ressuscitado".[1254] Em suma, o teólogo metodista escocês diz que a "questão crucial, portanto, continua sendo a da relação de Lucas com Paulo".[1255] Esse ponto é igualmente discutido por James Dunn, que afirma:

> Se a revelação de que Deus ressuscitou Jesus dos mortos foi o primeiro impulso determinante para o novo movimento que surgiu depois da morte de Jesus e se tornou cristianismo, um segundo é bem indicado pelo relato de At 2 da efusão do Espírito em Pentecostes. O relato de Lucas provavelmente reflete em um grau justo o evento do que às vezes é referido como "o primeiro êxtase de massa" nos primórdios do cristianismo. Seja ou não uma descrição satisfatória, o fato é que a experiência do Espírito ou experiências atribuídas ao Espírito de Deus, o Espírito Santo, foram uma característica central das primeiras comunidades cristãs. Tanto é assim e evidentemente com tal intensidade, que uma história como a de Pentecostes (At 2:1-11), se ainda não existisse, teria que ser criada para expressar a profundidade e a intensidade dessas experiências. Precisamos apenas pensar em tais passagens nas cartas de Paulo, como Rm 8:15-16 e Gl 3:1-15, para que o ponto se torne claro — ou em outro lugar como Hb 2:4, Jo 4:14 e 7:39.

1251 Ibid., p. 334.
1252 Ibid., p. 335 (grifo no original).
1253 Ibid., p. 334.
1254 Ibid., p. 336.
1255 Ibid., p. 365.

E nós certamente não devemos esquecer a visão única de João sobre o dom do Espírito de Cristo crucificado e ressuscitado, o "Pentecostes joanino" [Jo 20:22; tb. 19:30 (lit. "entregou o Espírito")]. Sempre me pareceu de particular importância que o Paulo mais próximo de uma definição de cristão seja em termos de "ter o Espírito": "Quem não tem o Espírito de Cristo não lhe pertence". Para Paulo em particular, o dom do Espírito foi o início do processo de salvação que culminaria na ressurreição do corpo, o Espírito como *arrabōn* ("primeira prestação, garantia") e *aparchē* ("primeiros frutos") da herança completa por vir [Rm 8:23; 2Co 1:22; 5:5; Ef 1:13-14].[1256]

Vemos, portanto, que há muitas convergências com o entendimento carismático-pentecostal, tanto na argumentação de Marshall quanto na de Dunn. Todavia, a respeito da glossolalia, eles uma vez mais se afastam da interpretação carismática do texto, colocando-a sob a lente paulina, pois, em vez de levar às últimas consequências o que Lucas revela, preferem interpretar tais experiências carismáticas, isto é, capacitadoras, como iniciáticas, ou seja, como iniciação-conversão, algo que definitivamente passa longe de refletir a teologia carismática de Lucas-Atos. Tal conclusão é inconsistente caso se tomem como base os próprios dados das Escrituras hebraicas que os teólogos que defendem a necessidade de reconhecer a distinção teológica de Lucas afirmam ser o pano de fundo dos documentos lucanos. Por isso, é perceptível a dificuldade de ambos em lidar com os dados do texto por si mesmos. Em alguns momentos, eles apresentam argumentos contraditórios, e isso por um motivo muito simples: falta-lhes o *background*, a experiência pessoal. Não o simples reconhecimento das experiências com o Espírito Santo apresentadas nos textos de Gênesis a Apocalipse, pois estas já não é mais possível negar.[1257]

1256 Dunn. *Teologia do Novo Testamento*, p. 58.

1257 Muito embora alguns teólogos reformados neguem o que está evidente no texto e até pareçam se satisfazer em afirmar que houve períodos em que essas manifestações não se apresentaram na história: "Do fato de que Moisés, alguns outros poucos profetas e Josué tenham realizado alguns milagres, não deve deduzir-se que a igreja do Antigo Testamento, como um todo, era caracterizada por milagres. Nunca foi intenção de Deus que os crentes em geral do Antigo Testamento fossem portadores da capacidade de realizar poderes miraculosos. Esses poderes acompanharam apenas alguns homens de Deus quando havia uma necessidade absolutamente específica ou a necessidade da *autenticação* da veracidade de sua mensagem. Depois da autenticação da mensagem, já não mais houve a necessidade de manifestação miraculosa. Porque alguns profetas realizaram milagres, nunca deve ser dito que o povo do Antigo Testamento realizava milagres, ou que a igreja dessa época era poderosa pela realização de milagres. Além disso, houve longos períodos da história do período profético do Antigo

872 | TEOLOGIA SISTEMÁTICO-CARISMÁTICA

Estamos falando das experiências com o Espírito que acontecem atualmente e são decisivas, como vimos, para a interpretação das Escrituras, não apenas de Lucas-Atos. O problema é hermenêutico, pois, enquanto a tradição carismático-pentecostal celebra a experiência genuína com o Espírito Santo, na perspectiva reformada brasileira o "tempo presente" não tem demonstrado possuir "uma hermenêutica sadia, pois a maioria dos tendentes ao carismatismo fala da possibilidade de retornarmos ao tempo da igreja primitiva, para justificar o aparecimento de pretensos sinais miraculosos na igreja contemporânea", e tal "tendência", concluem, "é devida ao uso errôneo das Santas Escrituras", pois dizer "que todos os dons e capacidades de executar obras miraculosas que foram dados aos apóstolos podem ser desfrutados pela igreja contemporânea é um abuso contra as Escrituras e um sério erro hermenêutico".[1258] É justamente nesse sentido que o teólogo pentecostal clássico Robert Menzies dedica o segundo capítulo de sua obra *Pentecostes*, intitulado "Por que lemos de maneiras diferentes", para demonstrar o motivo de a tradição carismático-pentecostal entender que as histórias de Atos são as suas próprias histórias — "histórias que foram escritas para servir de modelo para moldar a [sua] vida e experiência", obviamente havendo aspectos negativos e experiências a serem evitadas. Todavia, "permanece o fato de que os pentecostais prontamente aceitaram (os detratores diriam acriticamente) as histórias de Atos como *nossas* histórias, histórias que moldam a nossa identidade, ideias e ações".[1259] O teólogo pentecostal afirma que tal "abordagem simples e narrativa do livro de Atos [...] é um dos maiores pontos fortes do movimento pentecostal" e, "sem dúvida, sólida razão para o rápido crescimento pentecostal em todo o mundo", pois a "simplicidade de ler o texto como modelo para a nossa vida, sem a ansiedade sobre o milagroso ou como tudo se encaixa nos sistemas teológicos complexos, permite claramente que a mensagem seja entendida com facilidade por pessoas de culturas pré ou semianalfabetas, pessoas que se desenvolvem em culturas mais experimentais e menos cognitivas". Portanto, tal "sugere

---

Testamento em que essas manifestações miraculosas estiveram ausentes. A operação de milagres não era vital para a existência da igreja. Apenas apareceram dentro dos propósitos históricos-especiais-redentores de Deus que, quando cumpridos, tornaram os sinais miraculosos desnecessários" (Campos. "Profecia ontem e hoje" in: Campos; Lopes; Matos; Neto. *Fé cristã e misticismo*p. 79).

1258 Campos. "Profecia ontem e hoje" in: Campos; Lopes; Matos; Neto. *Fé cristã e misticismo*, p. 81-2.

1259 Menzies. *Pentecostes*, p. 22.

que os pentecostais têm uma hermenêutica distinta, uma forma distinta de ler a Bíblia".[1260] Apesar de o teólogo pentecostal clássico reconhecer pontos hermenêuticos de convergência com os reformados — autoridade bíblica, intenção autoral, respeito aos contextos histórico e literário —, ele ressalta dois pressupostos inconciliáveis decisivos entre essas tradições:

> A despeito dessas importantes áreas de congruência, há dois pressupostos (muitas vezes inconscientes) que moldam as abordagens evangélicas a Lucas-Atos que os pentecostais rejeitam. O primeiro pressuposto está associado com a tendência evangélica de rejeitar a narrativa de Atos e a igreja apostólica que o livro descreve como modelo para a igreja hoje. Simplificando, este pressuposto diz que Lucas escreveu para fornecer um relato histórico dos primórdios da igreja, para que os leitores subsequentes tivessem um relato preciso da mensagem do evangelho e tivessem a certeza da base histórica sobre a qual ela se firma. Por enquanto, tudo bem; porém há mais que isso. Os evangélicos também insistem que, tendo em vista que a narrativa histórica de Lucas trata de um período único na vida da igreja, temos de entender que os eventos que ele descreve não são apresentados como modelos para a prática missionária das gerações posteriores de cristãos. Em suma, os evangélicos presumem que o historiador Lucas escreveu para suprir a igreja de mensagem e não de métodos.
>
> O segundo pressuposto é consequência da tendência evangélica de reduzir a teologia do Novo Testamento à teologia paulina. Afinal, Lucas é historiador, e Paulo, teólogo. Essa miopia impacta de modo significativo as perspectivas evangélicas sobre a obra do Espírito. Os evangélicos presumem que as referências de Lucas ao recebimento e obra do Espírito têm essencialmente o mesmo significado que termos similares utilizados por Paulo e, portanto, devem ser entendidas à luz desses textos paulinos. O resultado é que os evangélicos insistem que o Pentecostes representa a entrada dos discípulos no novo tempo, a admissão na vida da nova aliança. O Pentecostes, dizem-nos, é o aniversário da igreja.[1261]

Por um lado, como já pontuamos, hoje já existe por parte da tradição reformada alguma flexibilidade acerca de se extraírem princípios da narrativa de Atos

---

1260 Ibid., p. 23.
1261 Ibid., p. 24-5.

874 | TEOLOGIA SISTEMÁTICO-CARISMÁTICA

dos Apóstolos; por outro, o segundo pressuposto é o mais problemático, pois, por causa do trabalho realizado pela tradição reformada, publicando obras, tanto com uma "apologética" que atacava diretamente a tradição carismático-pentecostal quanto outras que descontruíam suas bases bíblico-teológicas, (que, infelizmente, não eram muito firmes e articuladas — exegética e teologicamente falando), há ainda a dependência dos pressupostos teológicos reformados, que, como temos visto, são diametralmente opostos à nossa prática. Assim, em se tratando de Brasil, dado o excessivo consumo de material proveniente da teologia reformada, grande parte deste publicado pelas próprias editoras pentecostais, leigos e muitos teólogos carismático-pentecostais acabaram introjetando os princípios hermenêuticos que eram contrários à sua tradição, resultando em uma crise hermenêutico-teológica interna quando se começou a propor, de forma consciente, em 2013, a necessidade de uma hermenêutica pentecostal. A maior controvérsia se deu justamente por conta do segundo pressuposto, apresentado acima, sendo por isso necessário esclarecer que tal "elevação de Paulo acima de todos os outros escritores canônicos tem raízes na Reforma Protestante", quando "Lutero e Calvino enfatizaram as epístolas de Paulo, que apoiavam suas respectivas doutrinas da justificação pela fé e da soberania de Deus", informa Robert Menzies. Este diz ainda que "esse privilégio de Paulo recebeu mais incentivos pela reação compreensível, mas exagerada, por parte dos estudiosos evangélicos, diante da crítica da erudição alemã da confiabilidade histórica de Atos". Daí por que, como já dissemos, na tradição reformada estadunidense, os "evangélicos, até mais recentemente, [verem] Lucas como historiador e não como teólogo".[1262] Tal explicação demonstra que a referida "regra hermenêutica" — de interpretar Lucas com as lentes de Paulo — não é inerente ao texto, ou seja, não é bíblica, e sim decorrente de um contexto histórico específico, não podendo ser tratada como um dogma. Todavia, muitos teólogos da tradição carismático-pentecostal, por desconhecimento, continuam defendendo tal princípio que subverte nossa teologia. Estes, como nós na época, certamente ainda não perceberam o que obras como *Surpreendido pelo poder do Espírito*, de Jack Deere, lançada em 1995, *Teologia sistemática: uma perspectiva pentecostal*, editada por Stanley Horton, lançada há 25 anos, e *O batismo no Espírito Santo e com fogo*, de Anthony Palma, publicada em 2002, todas pela CPAD,

---

1262 Ibid., p. 24.

já diziam a respeito desses aspectos hermenêuticos, sendo este último título ainda mais contundente. Esses textos "descansaram" e não foram notados, até que a partir de 2012 passamos a discutir esse assunto e, em 2013, publicamos um artigo intitulado "Hermenêutica pentecostal", em um periódico dirigido à liderança pentecostal clássica, que, igualmente, também passou despercebido.[1263] Finalmente, no início de 2017, publicamos uma obra intitulada *Pentecostalismo e pós-modernidade*, que, em 2018, foi traduzida e lançada em espanhol.[1264] Então, passamos a falar detidamente do assunto em diversas instituições teológicas, além de em muitos eventos em igrejas. Desde então, as reações têm sido as mais diversas. Não obstante, alguns teólogos carismático-pentecostais demonstram não ter entendido, apesar de farta literatura que em anos recentes foi lançada; outros revelaram-se declaradamente reformados e até cessacionistas, rejeitando a ideia da necessidade de uma hermenêutica pentecostal, associando-a com heresia e liberalismo; por fim, há ainda um grupo menos comprometido com o desenvolvimento teológico, que, por intransigência e como forma de cercear o protagonismo dos pares, resolveu opor-se e permanece desinformando as pessoas com a ideia de que quem defende a independência teológica lucana é "liberal". Felizmente, um grupo tem acolhido cautelosamente a ideia e, mesmo tendo discordâncias pontuais com algumas propostas hermenêuticas que não sejam estritamente históricas, analisa o tema com sobriedade, e isso tem proporcionado alguns progressos.

Essa questão expôs um dos maiores problemas da tradição carismático-pentecostal brasileira, no que diz respeito à teologia, enquanto processo de erudição especulativo-filosófico, não apenas decorrente da prática, podendo ser visualizado por meio de uma de suas maiores expressões — o pentecostalismo clássico —, que, nas palavras do teólogo pentecostal Raimundo de Oliveira, reagindo à virulência dos ataques de John MacArthur, limitou-se por décadas a reafirmar que o "Movimento Pentecostal é um movimento do Espírito" e, sendo assim, "continuará triunfando e por fim triunfará, porque ele não é um movimento do homem, mas do Espírito Santo" e um "movimento do Espírito não pode ser destruído por livros".[1265] Ao se expressar dessa forma, mostrava certa ingenuidade, pois acreditava-se que a

---

1263 Carvalho. "Hermenêutica pentecostal", *Obreiro Aprovado*, p. 78-84.

1264 Carvalho, César Moisés. *Pentecostalismo y posmodernidad: cuando la experiencia se superpone a la teologia* (Miami: Patmos, 2018).

1265 Oliveira. *A doutrina pentecostal hoje*, p. 20.

institucionalização não arrefeceria o ímpeto inicial do movimento, gerando com isso uma "necessidade" em seus adeptos, que, não tendo experimentado o mesmo que os seus pais e avós, em termos de espiritualidade carismático-pentecostal, passaram a buscar erudição teológica. Esta, infelizmente, faltava entre eles, mas sobrava na tradição reformada, que, por volta de meados da última década do século 20 e início deste, mudou de estratégia. Em vez de atacar os carismático-pentecostais, partiu para o proselitismo e passou a confundi-los, lançando dúvidas a respeito das bases bíblico-teológicas da tradição carismático-pentecostal, sobretudo quanto à natureza de Atos dos Apóstolos para se elaborar doutrina e, mais particularmente, usando a regra hermenêutica, não bíblica, de estabelecer Paulo para interpretar Lucas. O trabalho foi tão bem feito, e os carismático-pentecostais ficaram tão habituados à teologia reformada, que, quando veem qualquer coisa que difere desta, logo dizem tratar-se de "liberalismo". A tragédia é que eles absorveram uma teologia antagônica à da sua própria tradição, antes mesmo de conhecer em que criam teologicamente! Parece contraditório, mas essa é uma questão sensível que precisa ser discutida. Antes de se ter uma ideia clara da teologia carismático-pentecostal, assimilou-se uma teologia que se coloca como regra de ortodoxia das demais, ou seja, exceto ela, todas as outras estão erradas, passando a impressão de que o produto final do seu processo teológico é um trabalho "canônico" e "inspirado", não algo que foi produzido em determinado tempo e circunstância. Como se isso não bastasse, sob a desculpa de que "pentecostal não escreve", como dissemos, as próprias editoras pentecostais passaram a traduzir e publicar autores reformados, em detrimento de teólogos pentecostais estrangeiros, que, como pode ser visto, produziram excelentes obras que só agora estão sendo publicadas no Brasil, mas já haviam sido escritas e lançadas há décadas tratando dos mesmos problemas que agora enfrentamos por aqui no campo teológico. Na verdade, em se tratando da tradição carismático-pentecostal brasileira, no que diz respeito à relação teológica com a tradição reformada, por desconhecimento da importância dos pressupostos que antecedem o processo de elaboração teológica e não familiarização com a produção da teologia, achando que nada pode ser feito, pois ela já está pronta, restando a nós apenas "agregar" nossa pneumatologia e soteriologia ao arcabouço sistemático escolástico, acabou-se reproduzindo teologia reformada, utilizando-se os mesmos argumentos dos que são contrários à experiência carismática com o Espírito, inserindo, assim, inconsistências e fragilidades em nossas bases teológicas que aparecem nas críticas feitas por Frederick Dale Bruner e reconhecidas por William e Robert Menzies, conforme já vimos acima.

Para corrigir esse erro, é preciso que os teólogos da tradição carismático-pentecostal, a exemplo dos nossos pares estadunidenses, elaborem sua teologia e não se intimidem com acusações infundadas, limitando-se a repetir teologia reformada, isto é, reproduzida por carismático-pentecostais, mas não necessariamente carismático-pentecostal. Hoje enfrentamos um problema gravíssimo de falta de conhecimento não da teologia como produto final, mas do processo de produção da "ciência da fé", ou seja, do exercício teológico que gera os arrazoados, que, por sua vez, dão origem à teologia sistemática. Por terem lido apenas e somente teologia sistemática reformada, os próprios teólogos da tradição carismático-pentecostal brasileira parecem ainda não ter entendido que, da mesma forma que os nossos irmãos reformados tiveram o direito de produzir sua teologia, que, invariavelmente, é monergista, estática e cessacionista, cabe também aos carismático-pentecostais o dever de produzir a sua própria teologia, visto sermos sinergistas, dinâmicos e continuístas[1266] (ou continuacionistas, na acepção de Craig Keener).[1267] Querer que alguém cessacionista produza teologia carismático-pentecostal é o mesmo que esperar um tratado sobre ressurreição da parte dos saduceus, que, como o texto bíblico informa, não criam nessa verdade (Mateus 22:23). Mas utilizar os pressupostos de quem assim pensa, achando que, simplesmente por ser carismático-pentecostal, resultará em teologia apropriada e condizente com a leitura escriturística da tradição carismático-pentecostal, é ainda pior, visto que está enganando a si e aos outros. Devemos reconhecer que não prestamos devidamente a atenção no que já advertia, em 1995, Jack Deere, ex-cessacionista, ao mostrar o erro dos que alegam que "não podemos extrair doutrinas do livro de Atos" e que, "para a Igreja, as doutrinas devem ser extraídas das epístolas de Paulo". Como já vimos, "não é verdadeiro o argumento de que

---

1266 Expressão mais comumente utilizada para designar os que creem, professam e experimentam os dons do Espírito Santo, subentendida, por exemplo, do título da primeira seção do capítulo de abertura da *Teologia sistemática* editada por Stanley Horton — "A continuidade dos dons espirituais" (McGee. "Panorama histórico" in: Horton (org.). *Teologia sistemática*, p. 11). Contudo, em razão de algumas acepções negativas do termo, ultimamente vem sendo também adotado o adjetivo "continuacionista".

1267 Keener, Craig. *A hermenêutica do Espírito: lendo as Escrituras à luz do Pentecostes* (São Paulo: Vida Nova, 2018), p. 37, 110 etc.

878 | TEOLOGIA SISTEMÁTICO-CARISMÁTICA

não podemos utilizar os evangelhos e o livro de Atos para estabelecer doutrinas", visto que "na prática todos fazem isso", sendo um fato que o "que esse argumento pretende realmente é impedir sejam utilizados os evangelhos e o livro de Atos para defender a atualidade dos dons espirituais". Mas tal argumentação que interdita esse exercício teológico revela igualmente que os teólogos que assim pensam "estão empregando uma hermenêutica antissobrenaturalista".[1268] Apesar de já termos feito referência a tal forma errônea de ler e estudar a Bíblia, vale citar a definição de Jack Deere: "Hermenêutica antissobrenatural é um sistema de interpretação que elimina os elementos sobrenaturais da Bíblia" e foi utilizada por "Teólogos liberais alemães, como Bultmann", que demitificavam "os milagres do Novo Testamento, afirmando que jamais ocorreram milagres [...], antes, teriam sido histórias criadas para dar expressão aos mitos correntes no Oriente Próximo antigo". Contudo, como ele mostra claramente, teólogos reformados, ou "tradicionais, que jamais sonhariam em tratar as Escrituras desse modo, empregam a hermenêutica antissobrenaturalista de outra maneira", ou seja, fazem uma "delimitação" e afirmam que "ocorreram milagres naqueles tempos, porém não mais se prestam para os dias de hoje".[1269] Assim, algumas questões se impõem: "Como justificar a hermenêutica antissobrenatural? Onde, nas Escrituras, somos informados de que devemos ler a Bíblia dessa maneira? Onde, nas Escrituras, somos orientados a copiar os elementos não miraculosos e a descartar a atualidade dos milagres?".[1270] A explicação do mesmo autor revela nosso descuido e falta de atenção ao se adotarem os princípios e pressupostos hermenêuticos reformados:

> No mundo antigo, no Oriente Próximo, do qual a Bíblia faz parte, a maneira mais comum de comunicar uma doutrina teológica era contando uma história. Às vezes os escritores modernos tratam os evangelhos e o livro de Atos como se fossem nada mais do que relatos jornalísticos. Definitivamente, são mais que isso; eles são, em si mesmos, teologia. Lucas, ao escrever o terceiro evangelho e o livro de Atos, selecionou o material com extremo cuidado para ensinar verdades teológicas bem definidas aos seus leitores.[1271]

1268 DEERE. *Surpreendido pelo poder do Espírito*, p. 112-3.

1269 Ibid., p. 113-4.

1270 Ibid., p. 114.

1271 Ibid. Stanley Horton diz que "Muitos, até mesmo pentecostais, consideram Atos apenas como histórico e rejeitam Atos no campo da teologia ou doutrina". Todavia, todos que assim

Em nota a essa parte, Jack Deere diz que tal "assunto é referido atualmente, nas disciplinas acadêmicas, como 'teologia narrativa'" e acrescenta que os "avanços em discussões eruditas recentes de teologia narrativa deveriam eliminar para sempre o argumento de que não podemos usar os evangelhos e o livro de Atos como fontes doutrinárias".[1272] Vê-se, portanto, que os que aqui vociferam contra a hermenêutica pentecostal demonizam a teologia narrativa e acusam de estar promovendo o "liberalismo teológico" quem defende a independência teológica de Lucas, reputando tais avanços como um mal a ser combatido, precisam se informar melhor a respeito, sondar o próprio coração e ter humildade de aprender ou assumir que não mais são, ou nunca foram, carismático-pentecostais, ou então, a fim de se mostrarem minimamente razoáveis e menos parciais, devem dizer a plenos pulmões que não apenas os teólogos carismático-pentecostais brasileiros são "liberais", por propor que sigamos o mesmo caminho, mas também incluir em seu "índex" esses respeitados teólogos carismático-pentecostais e pentecostais clássicos estadunidenses, com suas respectivas obras, as quais, inclusive, são antigas e respeitadas e defendem exatamente o mesmo que temos proposto, além de terem sido publicadas pela editora oficial das Assembleias de Deus. Tanto é verdade esse aspecto que em uma obra como a *Teologia sistemática*, editada por Stanley Horton, lançada no Brasil em 1996, portanto há 25 anos, encontramos, por exemplo, em seu glossário, a definição positiva de crítica da redação nos seguintes termos: "Trata os escritores dos Evangelhos como autores e teólogos (ao invés de meros colecionadores de tradições, conforme alega a crítica da forma), procurando determinar como e por que usaram as informações que tinham à sua disposição".[1273] Assim, é preciso ressaltar, para que não aconteça de novamente passar despercebido, o fato de que

---

pensam "negligenciam o fato de que a Bíblia não nos dá a história para satisfazer a curiosidade histórica, mas sim para nos ensinar a verdade. Até mesmo as epístolas fazem referências a ambas as histórias do Antigo e Novo Testamentos a fim de ensinar doutrina e teologia. Quando Paulo queria explicar a justificação pela fé em Romanos 4, ele voltou [à] história de Abraão em Gênesis. Quando ele quis mostrar o que a graça de Deus pode fazer, ele voltou [à] história de Davi. Atos faz mais do que dar uma mera transição, ou 'mudança de marcha', entre os Evangelhos e as epístolas. Ele provê um pano de fundo para as epístolas e é necessário para um melhor entendimento das verdades que elas ensinam" (HORTON, Stanley. "Batismo no Espírito: uma perspectiva pentecostal" in: BRAND, Chad Owen (org.). *Batismo no Espírito Santo: um debate entre as tradições* (Natal: Carisma, 2019), p. 95.

1272 Ibid., p. 271.
1273 HORTON (org.). *Teologia sistemática*, p. 787.

880 | TEOLOGIA SISTEMÁTICO-CARISMÁTICA

Jack Deere observa de forma categórica que são justamente os estudos acadêmicos e eruditos no campo da crítica literária, especificamente a teologia narrativa, os responsáveis pela defesa dos documentos lucanos como autoritativos e suficientes para se fundamentar e elaborar teologia. Veja que Deere destaca claramente o trabalho editorial realizado por Lucas, algo que foi descoberto pela crítica da redação. Tais abordagens teológicas são condenadas pela teologia reformada e vistas como perniciosas e liberais. Uma vez que o consumo acrítico de teologia reformada formou a mentalidade teológica dos carismático-pentecostais brasileiros em muitos aspectos e, sobretudo, na área teológico-acadêmica, precisamos ser claros: se a tradição carismático-pentecostal brasileira continuar buscando aprovação e avaliando quais métodos e abordagens são os únicos conservadores e ortodoxos, seguindo os critérios da teologia reformada, não haverá possibilidade alguma de ela trilhar os caminhos apresentados pelos teólogos que estamos citando, e a respeito destes, pelo tempo que já transcorreu desde que eles adotaram tais métodos (as obras principais variam de três a quatro décadas atrás), não temos notícias de que sua adoção "acabou com a fé" das pessoas ou "matou as igrejas", conforme prognósticos alarmistas espalhados por aqui. Nenhuma evolução teológica ou avanço necessário será possível, pois jamais obterá aprovação de sua prática, ainda que à revelia desta diga que crê exatamente nas mesmas perspectivas doutrinárias reformadas, pois, conforme já dissemos, elas são monergistas, estáticas, cessacionistas e antissobrenaturalistas. Por isso, trata-se de um caminho totalmente oposto ao da reflexão carismático-pentecostal. O problema maior em toda essa controvérsia a respeito da interpretação de Lucas-Atos não está em questões teóricas; antes, reside justamente em um ponto crucial, que é a coluna de sustentação da tradição carismático-pentecostal: a experiência com o Espírito Santo. E é nesse sentido que o trabalho de um teólogo como Roger Stronstad é decisivo, pois, como informaram William e Robert Menzies, o canadense deduz de Lucas-Atos sua própria experiência com o Espírito Santo e, a partir dela, com as ferramentas da crítica literária, escreveu sua obra.

Se a obra *Lukes-Acts*, de W. C. van Unnik, que reconheceu a contribuição de Lucas-Atos, há mais de sessenta anos, provocou uma tempestade no mundo acadêmico estrangeiro, o trabalho de Roger Stronstad — *A teologia carismática de Lucas-Atos* —, teólogo pentecostal canadense, lançada em 1984, há quase quarenta anos, tendo chegado ao Brasil apenas recentemente, tem sido por muitas décadas um "pé na porta" dos que promovem os critérios e pressupostos hermenêuticos reformados como os únicos dignos de fazer justiça ao texto bíblico. Ela marca uma verdadeira revolução na tradição carismático-pentecostal e fixa um antes e um depois no campo da erudição teológica. O caminho oposto das tradições reformada e carismático-pentecostal se dá em razão da experiência, que, por sua vez, atingia a fonte autoritativa da última, que, basicamente, concentrou-se em Atos dos Apóstolos. Particularmente, os "ventos da divisão e controvérsia espalharam-se rapidamente pelas interpretações atuais do dom do Espírito Santo em Lucas-Atos", mas é preciso entender que tal "divisão não é simplesmente teológica", diz Roger Stronstad, reiterando que as "diferenças hermenêuticas ou metodológicas fundamentais estão no cerne da questão" e tais "diferenças metodológicas surgem e coincidem com os diversos gêneros literários do Novo Testamento". Portanto, a fim de "interpretar corretamente o registro de Lucas sobre o Espírito Santo, temos de resolver três problemas metodológicos fundamentais: (1) A homogeneidade literária e teológica de Lucas-Atos, (2) o caráter teológico da historiografia lucana e (3) a independência teológica de Lucas".[1274] O primeiro problema, declara o mesmo teólogo pentecostal canadense, é facilmente resolvido ao se informar que, apesar de o cânon do Novo Testamento ter separado, a obra Lucas-Atos é "uma única composição (Lc 1.1-4 e At 1.1)". Quem colocou "fim a várias décadas de ceticismo concernente à unidade literária dos dois livros" foi o já citado W. C. van Unnik,[1275] que demonstrou a homogeneidade literária de ambos os textos e, mais que isso, o paralelismo entre eles. O segundo problema, do qual já falamos muito a respeito, refere-se à dicotomia, não bíblica, que divide artificialmente as Escrituras neotestamentárias entre textos narrativos e textos didáticos. Ocorre, porém, que essa "alegada distinção entre descrição e διδαχή [instrução] é estranha ao entendimento geral do Novo Testamento acerca da historiografia bíblica (i.e., do Antigo Testamento)", conforme o próprio apóstolo Paulo diz em Romanos 15:4 e 2Timóteo 3:16-17, pois há "incontestavelmente um propósito didático na narrativa histórica".[1276] Considerando que, "para Paulo, as narrativas históricas do Antigo Testamento tinham lições didáticas para os cristãos do Novo Testamento, então seria muito surpreendente se Lucas, que amoldou sua historiografia segundo a historiografia do

---

1274 STRONSTAD. *A teologia carismática de Lucas-Atos*, p. 15.
1275 Ibid., p. 16.
1276 Ibid., p. 21.

882 | TEOLOGIA SISTEMÁTICO-CARISMÁTICA

Antigo Testamento", completa Stronstad, "não tivesse envolvido sua história da origem e propagação do cristianismo com um significado didático".[1277] Numa palavra, "visto que Lucas tem um interesse teológico, suas narrativas, ainda que históricas, são sempre mais do que meras descrições ou o registro de fatos". Tal podemos constatar ao ler "Lucas-Atos" e verificar, "tanto pelo que ele inclui e exclui do registro quanto pela descrição real dos acontecimentos, Lucas sempre apresenta uma narração interpretada", ou seja, considerando o "endividamento de Lucas com os historiadores helenistas bíblicos e judeus, e diante do fato de que suas narrativas são invariavelmente um registro interpretado de eventos, é imperativo que os intérpretes adotem nova abordagem metodológica para interpretar as narrativas históricas em Lucas-Atos".[1278]

> Extremamente influenciado pelo modelo historiográfico bíblico da Septuaginta, Lucas narra a história da fundação e crescimento do cristianismo. Como em seu modelo, os episódios são de intenção histórico-teológica. Em outras palavras, Lucas nunca teve a intenção de dar aos leitores uma descrição simples dos acontecimentos, quer fosse para informar ou para satisfazer a curiosidade dos leitores quanto às origens da fé. Seja como for que se desenrolem os detalhes, as narrativas de Lucas são, em princípio, fonte importante e legítima para construir uma doutrina lucana do Espírito. Portanto, em vez de fornecer um fundamento frágil para formar uma doutrina do Espírito Santo, como é comumente pressuposto, os relatos históricos da atividade do Espírito em Atos estabelecem as bases da doutrina do Espírito que têm implicações normativas para a missão e experiência religiosa da igreja contemporânea.[1279]

Esta é a razão de reivindicar abordagens, ou métodos, especiais para se fazerem a leitura e a interpretação, com todas essas nuanças, de um texto narrativo com tamanha riqueza literária. É praticamente um desserviço proceder a uma exegese mecânica de um documento dessa natureza, simplesmente por conta do *status* dado pela teologia reformada a esse ou aquele método como "canônico". A necessidade de uma abordagem que faça jus ao respectivo documento que está sendo analisado leva-nos para o terceiro problema metodológico

---

1277 Ibid., p. 22.
1278 Ibid., p. 23.
1279 Ibid., p. 24-5.

fundamental na interpretação de Lucas-Atos, que é a independência teológica do Evangelista em relação a Paulo. Um ponto no qual insistimos pelo fato de que algumas pessoas, completamente influenciadas pelas regras e pressupostos hermenêuticos reformados, não aceitam a ideia e repetem o argumento, já refutado pelos teólogos pentecostais clássicos William e Robert Menzies, de que Lucas viajara com Paulo, auxiliando-o, e, por isso mesmo, jamais poderia ter um pensamento teológico distinto. Essa ideia é fatal, sobretudo para o pentecostalismo clássico e seu principal pilar doutrinário, que é o batismo no Espírito Santo ou *evidência inicial*. Cremos que, invariavelmente, alguns "intérpretes adotam, por vezes, interpretações infundadas de textos bíblicos que se mostram incompreensíveis com a tradição teológica que advogam".[1280] Dada a nossa experiência magisterial e ministerial de norte a sul no país, tanto em relação aos grandes centros como também em muitas cidades interioranas do Brasil profundo, asseguramos que essa é a situação da tradição carismático--pentecostal. Particularmente, nos círculos mais instruídos — especialmente por parte de estudantes de teologia e demais estudiosos, não necessariamente acadêmicos, mas também incluindo estes —, que, no afã de se diferenciarem dos que manipulam as pessoas com sua suposta espiritualidade e banalizam a tradição carismático-pentecostal, acabam indo para o extremo oposto e abraçam a teologia reformada, com todas as suas implicações, que, caso sejam assimiladas, descaracterizam totalmente a fé de expressão carismático-pentecostal, começando pelo sacrifício da experiência com o Espírito. Assim, a recomendação do teólogo pentecostal canadense é que, "como Lucas 'é teólogo por direito próprio', os intérpretes devem examinar seus escritos com a mente aberta à possibilidade de que a perspectiva lucana sobre o Espírito Santo difira da de Paulo". Isso, consequentemente, indica que, "assim como o reconhecimento de que Lucas é teólogo e historiador torna Lucas-Atos uma fonte legítima para a doutrina do Espírito Santo, então o reconhecimento de que Lucas é independente de Paulo ampliará a fonte do Novo Testamento para a doutrina do Espírito Santo". Em termos diretos, consentir com esses "dois fatos é reabilitar Lucas como historiador-teólogo do Espírito Santo e permitir que ele faça uma contribuição significativa, única e independente para a doutrina do Espírito Santo".[1281] O minimalismo pneumatológico que

---

1280 Ibid., p. 28-9.
1281 Ibid., p. 28.

884 | TEOLOGIA SISTEMÁTICO-CARISMÁTICA

interdita Lucas-Atos dizendo não ser este apropriado como fonte doutrinária e para a elaboração teológica traz grandes prejuízos à pneumatologia como um todo, principalmente a uma pneumatologia carismático-pentecostal, que, sem deixar de reconhecer o imprescindível papel do Espírito Santo na dimensão soteriológica, enriquece a doutrina acerca da terceira Pessoa da Trindade, que, como todos sabemos, desde sempre é pouquíssimo valorizada, sendo mero apêndice em muitos sistemas teológicos, praticamente não aparecendo em grande parte das obras de teologia sistemática. Ao se adotar a abordagem que temos mostrado desde o início com as Escrituras hebraicas e magistralmente articulada e proposta por Roger Stronstad, entendemos que

> Quando Lucas-Atos é interpretado à luz desse programa metodológico, a mensagem de Lucas revela-se radicalmente diferente de determinadas interpretações contemporâneas que lhe são dadas. Por exemplo, comparada com certas interpretações populares, a frase característica de Lucas, "cheio do Espírito Santo", (1) é amoldada de acordo com o uso dado no Antigo Testamento (a Septuaginta), (2) tem o mesmo significado no Evangelho como tem em Atos e (3) tem um significado diferente em Lucas-Atos do que na epístola de Paulo aos Efésios. Em termos gerais, para Lucas, o Espírito Santo não diz respeito à salvação nem à santificação, como é comumente afirmado, mas exclusivamente a uma terceira dimensão da vida cristã — o serviço. Portanto, quando interpretado pelo programa metodológico aqui discutido, descobrimos que Lucas tem uma teologia carismática, e não soteriológica, do Espírito Santo. A teologia carismática do Espírito não é menos válida para os discípulos no século 21 do que para os discípulos no século primeiro.[1282]

É mais do que estranho que a dimensão carismática da pneumatologia seja negligenciada, pois, conforme mostramos com a longa seção dedicada ao Antigo Testamento, ela se manifestava constantemente na realidade, sendo parte substancial da obra do Espírito Santo com sua *presença extraordinária*.[1283] Conforme já vimos, se tal era uma realidade no período veterotestamentário,

---

1282 Ibid., p. 30.

1283 "Evidentemente, nenhum dos narradores bíblicos sentiu que era necessário tornar explícitas todas as ocorrências de atividades carismáticas. Contentaram-se apenas em dar descrições programáticas do ministério carismático que era muito maior do que implicaria a contagem estatística das narrativas" (STRONSTAD. *A teologia carismática de Lucas-Atos*, p. 37).

quando não se tinha uma visão clara a respeito da terceira Pessoa da Trindade, e praticamente não havia consciência alguma do papel soteriológico do Espírito Santo, qual seria a razão de haver um encolhimento em sua atuação no contexto neotestamentário quando sua revelação se tornou nítida e a fé monoteísta se complexificou, revelando-se trinitária? É intrigante, para dizer o mínimo, que, no Antigo Testamento, a *presença extraordinária* do Espírito Santo era notada na capacitação carismática, e a santificação, ou seja, a separação exclusiva, pressuposta pelo fato de a nação escolhida ter sido eleita em Abraão, sendo desnecessário explicar esse fato evidente. Tal posição, porém, acabou invertida no Novo Testamento. Neste, a salvação e, consequentemente, a santificação tornaram-se temas da pregação, tornando-se imperativo explicar que não eram alcançadas pelas obras ou pela ancestralidade, mas, sim, por meio da presença do Espírito, algo que coube a Paulo fazer. No entanto, as experiências carismáticas, como desde sempre foram conhecidas dos judeus, inclusive no período intertestamentário, como já vimos ao falar das narrativas da infância — Simeão e Ana viveram experiências nessa época do "silêncio profético" (Lucas 2:25-38) —, não foram alvo da preocupação paulina, pois, conforme 1Coríntios 12—14 deixa entrever, era algo pressuposto e absolutamente cotidiano. É preciso recordar que, a despeito de relatar acontecimentos anteriores, a obra de Lucas-Atos, literariamente falando, é mais "recente" em relação às epístolas paulinas. Portanto, como já dissemos, pode ser que o seu destinatário e o grupo/comunidade que este representava precisassem de ensinamento acerca da dimensão carismática e capacitadora do Espírito, formando o escopo geral da pneumatologia neotestamentária, isto é, o "serviço", que, como vimos com os carismáticos nas Escrituras hebraicas, era o propósito de o Espírito vir sobre alguém habilitando-o para servir. Assim, como disse Roger Stronstad acima, ao lado da salvação e da santificação, temas explorados pelas pneumatologias joanina e paulina, agregou-se a terceira dimensão da vida cristã, o serviço, revelada na pneumatologia lucana da obra de Lucas-Atos. Justamente por isso, discordamos da ideia de que a pneumatologia lucana seja "incompleta". Ela é independente e parte da revelação progressiva, mostrando de maneira didática e instrutiva o que estava pressuposto desde o Antigo Testamento, mas que precisava ser intencional e devidamente compreendido pela igreja, que, acolhendo o chamado do evangelho, tornou-se a consolidação do seguimento de nosso Senhor Jesus Cristo e o seu corpo na terra. Esta deveria cumprir o projeto sacerdotal, concebido originariamente desde a Criação em Gênesis, e, assim como o seu Senhor, servir, mas para isso, a exemplo do Mestre, necessitaria de capacitação carismática. Portanto, para o que se propõe, a pneumatologia lucana é completa em si, pois não tem em mira contemplar outras dimensões, visto que, com ou sem o conhecimento de Lucas, já haviam sido trabalhadas por Paulo em suas epístolas, "faltando" no cânon cristão a dimensão carismática, completando assim a pneumatologia neotestamentária.[1284] Quem assim o determinou, caso creiamos mesmo na inspiração e superintendência do Espírito Santo, sabia que era essa dimensão da pneumatologia que restava ser revelada, *instrutivamente*, completando o processo: salvação + santificação + capacitação.[1285] Nesse sentido, alinhamo-nos ao teólogo e filósofo James Smith: "Ser cristão equivale a ser carismático".[1286] O que isso significa?

A colocação do teólogo canadense-americano, de formação pentecostal, mas atualmente pertencente a uma denominação reformada, sem, contudo, abandonar *pessoalmente* a fé carismática, não significa em hipótese alguma que se está promovendo uma espécie de superioridade de determinada expressão da fé cristã em detrimento das demais. Talvez seja interessante explicitar nossa perspectiva, sobre a qual desde o início temos dissertado, mas pode ser que ainda não tenha ficado clara. É preciso lembrar que as "Bíblias hebraica e grega influenciaram a teologia de Lucas sobre o Espírito Santo de duas formas fundamentais: (1) Temas carismáticos importantes, como a transferência, o sinal e os temas vocacionais, estão refletidos em Lucas-Atos e (2) a Septuaginta (LXX), a tradução da Bíblia hebraica usada por Lucas e pela Igreja Primitiva", informa Roger Stronstad, "forneceu a Lucas a maioria dos

---

1284 "Como já observamos, uma análise cuidadosa de Lucas-Atos indica que, desde seus dias mais antigos, a igreja primitiva tinha conhecimento de 'um nível distinto de capacitação do Espírito subsequente à regeneração'. Lucas descreveu esse nível de capacitação em termos da promessa e do dom pentecostal. Além disso, os escritos de Marcos, Mateus, Lucas, Paulo e João refletem um processo de desenvolvimento do entendimento da obra do Espírito na igreja primitiva. As evidências, tenho argumentado, indicam que Paulo foi o primeiro cristão a atribuir importância soteriológica ao dom do Espírito e que seu discernimento não causou impacto nos setores não paulinos da igreja primitiva antes da escritura de Lucas-Atos (provavelmente por volta do ano 70 d.C.). Isso significa que, desde seus primeiros dias, a igreja primitiva conhecia apenas 'um nível de capacitação do Espírito subsequente à [ou pelo menos logicamente distinto da] regeneração'. O entendimento mais pleno de Paulo tinha de ser integrado a essa perspectiva primitiva" (MENZIES; MENZIES. *No poder do Espírito*, p. 182-3).

1285 Não se trata de uma equação cronológica, mas apenas lógica. Voltaremos ao assunto adiante.

1286 SMITH. *Pensando em línguas*, p. 71.

CAPÍTULO 4 – Pneumatologia | 887

termos que ele usou para descrever a atividade do Espírito Santo nos tempos do Novo Testamento".[1287] Conforme já foi dito anteriormente, ao mencionar-mos o termo "carismático", referimo-nos, prioritariamente, a quem "possui um ou mais dos dons do Espírito Santo", sendo também utilizado para designar "todos os que enfatizam a Pessoa e a obra do Espírito e a disponibilidade e utilidade dos dons hoje",[1288] pois, de acordo com o que "está registrado nas Escrituras", diz Stronstad, "a atividade carismática é, necessariamente, um fenômeno experiencial".[1289] Nesse aspecto, considerando as Escrituras hebraicas, jamais se cogitaria uma ideia cessacionista, e visto ser "o Deus de Israel quem dá o seu Espírito [nos] períodos-chave do desenvolvimento político e religioso de Israel, a continuidade acha-se nEle, e não nos recebe-dores do Espírito".[1290] Tal consciência nutria a esperança ao povo, pois sabiam que, vindo a faltar determinado líder, profeta, profetisa, que foi instrumento divino, Deus, que é a fonte de onde emana o Espírito — segundo a concep-ção veterotestamentária —, certamente capacitaria carismaticamente outra pessoa, não deixando o povo desemparado. O certo é que, "quer a evidência venha da experiência de Saul, dos setenta anciãos, dos escritos do cronista ou de outro lugar, o dom profético do Espírito sempre tem a dimensão expe-riencial e funcional, uma dimensão que, em alguns casos, serve, no mínimo, de sinal explícito para autenticar ou confirmar o chamado de Deus para o serviço". Mas que se entenda, completa o teólogo pentecostal canadense Roger Stronstad, que o "dom do Espírito é sinal para confirmar o chamado de Deus e, de igual forma, para dotar o recebedor das habilidades apropriadas ao chamado à liderança".[1291] Não se trata de algo despropositado, pois óbvio como é, em tudo que Deus faz há um propósito, e não seria diferente com a experiência carismática, fruto da *presença extraordinária* do Espírito. Mas como tal poderia se tornar público e notório? Justamente por isso, o "dom do Espírito para os líderes de Israel tem uma dimensão experiencial, como a manifestação da profecia, para servir de sinal confirmatório da chamada de Deus".[1292] Uma vez que o povo de Deus, no Antigo Testamento, era eleito

---

1287 STRONSTAD. *A teologia carismática de Lucas-Atos*, p. 31.
1288 HORTON (org.). *Teologia sistemática*, p. 786.
1289 STRONSTAD. *A teologia carismática de Lucas-Atos*, p. 32.
1290 Ibid., p. 36.
1291 Ibid., p. 44.
1292 Ibid., p. 46.

888 | TEOLOGIA SISTEMÁTICO-CARISMÁTICA

em Abraão para cumprir a missão sacerdotal que cabia a toda a humanidade — que foi impossibilitada com a Queda —, não havia necessidade de que se "convertessem", mas que fossem obedientes à aliança. Contudo, como vimos, por causa do medo da presença divina, apenas os responsáveis por guiá-los receberam a capacitação carismática. Infelizmente, a desobediência os distanciava de Deus, e, então, quem os demovia da rebelião eram profetas, ou outras lideranças carismáticas, movidas pelo Espírito. Portanto, a teologia carismática de Lucas-Atos é, nesse sentido, sucessora da teologia carismática do Antigo Testamento, instrui Roger Stronstad, dizendo ainda que é no "contexto da liderança carismática em Israel, da esperança profética em relação à vinda do ungido do Senhor e, também, em relação a uma comunidade que receberá o dom carismático do Espírito e a habitação do Espírito, que o dom do Espírito Santo em Lucas-Atos tem de ser interpretado".[1293] Ressalte-se, porém, que

> Embora o dom vocacional do Espírito Santo em Lucas-Atos esteja em continuidade com os tempos do Antigo Testamento, diferenças significativas distinguem a atividade do Espírito na era messiânica de tempos anteriores. Nos tempos do Antigo Testamento, e mesmo na era dos Evangelhos, a atividade do Espírito é restrita a líderes escolhidos. Do Pentecostes em diante, o dom vocacional do Espírito é essencialmente universal. As narrativas lucanas dos samaritanos, de Cornélio e dos efésios ilustram o caráter universal do dom vocacional do Espírito. O Messias suplanta a nação como objeto da atividade vocacional do Espírito. Por exemplo, João é cheio do Espírito, mas apenas em preparação ao papel de precursor do esperado Messias. No batismo, Jesus torna-se o único portador do Espírito e, no Pentecostes, Ele torna-se o doador do Espírito. O Espírito Santo está tão intimamente identificado com a pessoa e ministério de Jesus que Ele é "o Espírito de Jesus" (At 16.7). Com a qualificação de que a atividade vocacional do Espírito é, agora, potencialmente universal e que seu novo objeto é a missão contínua do Messias, o dom do Espírito está em continuidade com a maneira como Deus sempre derramou o Espírito sobre seus servos.[1294]

Essa mudança de abrangência, de restrita para universal, no que se refere à capacitação carismática, é o que faz que a teologia reformada interprete o

---

1293 Ibid., p. 124.
1294 Ibid., p. 129.

CAPÍTULO 4 – Pneumatologia | 889

evento de Atos 2:1-11 como fundação da igreja e conversão-iniciação. Todavia, é preciso considerar o *background* de Lucas-Atos — as Escrituras hebraicas, porém, em grego —, isto é, ele "descreve de maneira criativa a atividade do Espírito Santo nos tempos do Novo Testamento em termos de sua herança bíblica e teológica", algo que dissemos várias vezes, mas tão sutil que não raramente termina passando despercebido. A "terminologia da Septuaginta em Lucas-Atos descreve o mesmo tipo de experiência para Lucas como descreveu para os tradutores da Septuaginta", e a referida experiência era justamente a "atividade carismática do Espírito entre a assembleia do povo de Deus", significando que tal "terminologia não descreve o que os intérpretes contemporâneos descrevem [como] iniciação-conversão".[1295] Dado o fato de, como dissemos, a eleição do povo de Israel ser pressuposta e certa, tal conceito caro ao Novo Testamento — a conversão-iniciação por meio da pregação do evangelho — não ocorre nos textos veterotestamentários enfatizados por Lucas-Atos, ao menos na acepção cristã que ele possui, pois as repreensões e denúncias dos profetas consistem em conclamações a um retorno para que Israel cumpra sua parte na aliança, executando sua missão sacerdotal. Assim, quando Lucas narra Jesus e os discípulos recorrendo aos profetas, isso significa que todos "expressam a convicção de que o dom do Espírito é uma experiência carismática vocacional", por isso "o Espírito Santo está sobre Jesus, ungindo-o para pregar o evangelho e, posteriormente, sobre os discípulos, fazendo com que eles profetizem". Portanto, conclui Roger Stronstad, "ao identificar o dom do Espírito no dia de Pentecostes com a profecia de Joel, em vez de citar uma das numerosas referências proféticas à habitação e renovação interior do Espírito", algo que também foi profetizado (Isaías 59; Ezequiel 36), e que certamente pode ser identificado com a salvação e a santificação, aspectos soteriológicos apresentados, respectivamente, nas pneumatologias joanina e paulina, o apóstolo Pedro, contudo, "cita o único texto profético que fala explicitamente de um derramamento carismático do Espírito sobre a comunidade do povo de Deus".[1296] Como sabemos, no livro do profeta Joel, especificamente em 2:28-29 (3:1,2),[1297] "encontramos a visão

---

1295 Ibid., p. 126.

1296 Ibid., p. 125.

1297 No livro de Joel, há uma diferença de numeração de capítulos e versículos entre as Bíblias de edição protestante e católica. As últimas transformam a perícope de Joel 2:28-32 em um capítulo separado, por isso a referência do mesmo texto, em citações de obras de teólogos católicos ou que sigam a divisão das Bíblias de edição católica, aparece como 3:1-5.

890 | TEOLOGIA SISTEMÁTICO-CARISMÁTICA

de um ministério carismático ou profético generalizado", pois, conforme "predisse Joel, o derramamento do Espírito é para toda a humanidade, que, no contexto, significa todo o Israel". Tal fenômeno, isto é, o derramamento do Espírito sobre o povo, só pode ser confirmado como tendo ocorrido por meio dos sinais vocálicos que toda experiência carismática veterotestamentária certamente produzia. Assim, de forma revolucionária, "o profeta anuncia que, quando Deus visitar o seu povo para restaurar-lhe a sorte, o espírito de profecia não estará mais restrito aos líderes de Israel nem será dado em conformidade com as normas da sociedade israelita", ou seja, "será de extensão e posição social universais", pois o "futuro derramamento do Espírito sobre o ungido do Senhor e sobre o seu povo criará uma comunidade carismática".[1298] O mesmo autor diz ainda que, em complemento à "criação de uma futura comunidade carismática, Deus também criará um novo Israel por meio da renovação interior do Espírito", algo que pode ser visto em diversos textos dos profetas Isaías e Ezequiel, que, como não poderia deixar de ser, se valem de metáforas e falam da restauração do povo sacerdotal, mediante uma "renovação interior [que] exigirá uma nova aliança" (Isaías 59:21; Ezequiel 36:26-27). Dessa maneira, temos, nas Escrituras hebraicas, de acordo com Roger Stronstad, duas dimensões do "dom do Espírito" que caracterizarão a era vindoura:

> Primeiro, Deus derramará o seu Espírito em escala universal. A comunidade do porvir terá um líder carismático exclusivamente escolhido, preparado e enviado, mas, pela primeira vez, a comunidade será carismática. A diferença entre a atividade carismática do Espírito ao longo da história israelita e no porvir é de magnitude única. O dom do Espírito para indivíduos ou grupos dará lugar ao dom do Espírito para a comunidade.
>
> Segundo, na era porvir, o povo de Deus experimentará uma dimensão do Espírito totalmente nova: a habitação do Espírito. Pelo seu Espírito, Deus limpará e purificará o povo dos seus pecados, criará nele uma nova vida e concederá a ele a capacidade de cumprir as exigências da aliança. A renovação interior do Espírito, que é resultado da habitação do Espírito, complementa o dom carismático do Espírito. Com o Senhor derramando o Espírito sobre eles, a futura comunidade do ungido do Senhor receberá poder carismático e moral ou espiritual.[1299]

1298 Ibid., p. 48.
1299 Ibid., p. 49.

Um fato evidente em toda essa discussão é que a negligência histórica do cristianismo com a doutrina do Espírito Santo, da qual o minimalismo pneumatológico da teologia protestante é um exemplo emblemático, trouxe muitos prejuízos para a fé cristã e reduziu as possibilidades do desenvolvimento do corpo de Cristo e, consequentemente, de sua atuação e cumprimento da missão sacerdotal do povo de Deus. Uma vez que a Bíblia, como já dissemos, não é uma teologia sistemática, a redução do cânon neotestamentário a um único autor ignorou tais profecias veterotestamentárias, deixando de notar que, no "Novo Testamento, 'receber o Espírito' é um termo flexível cujo significado depende da intenção particular do escritor e do contexto em que ocorre", observa o teólogo pentecostal clássico Anthony Palma, dizendo que, por isso mesmo, "não é apropriado, por exemplo, tentar forçar o significado do termo de Lucas sobre Paulo, ou o significado de Paulo sobre Lucas", algo básico e um "princípio válido", mas que, infelizmente, "nem sempre [é] observado na interpretação bíblica".[1300] A diversidade de sentidos da mesma expressão — "receber o Espírito", "cheio do Espírito" e termos correlatos — requer que se obedeça ao princípio de ler cada texto nos termos do autor, à luz de seu contexto e de acordo com o gênero do documento em questão, sem igualmente desconsiderar o *background* que serviu de aporte para a produção do texto. Caso não se admita tal multiplicidade das ações do Espírito, cabe "perguntar se o dom do Espírito de que falam os Atos dos Apóstolos, em que se diz que é o mesmo do de Pentecostes (At 11:7), é aquele do Espírito como princípio de santificação interior e pessoal, ou do Espírito como princípio de um testemunho dinâmico, acompanhado de uma segurança que corrobora a experiência do falar em línguas", questiona retoricamente o teólogo dominicano francês Yves Congar. O mesmo teólogo responde, com base na explicação do teólogo jesuíta alemão Paul Gächter, que, em 1929, escrevendo sobre o conceito de Espírito Santo de acordo com Paulo, diz, citado por Gonzalo Haya-Prats, que "a) Os Atos dos Apóstolos narram a intervenção do Espírito no desenvolvimento da Igreja para fora, enquanto Paulo o considera no tocante a cada membro interiormente". Assim, "b) Nos Atos dos Apóstolos a ação do Espírito é constatável, carismática: é uma experiência normal de qualquer cristão; para Paulo, a ação do Espírito é objeto de fé ao menos enquanto experiência". Finalmente, "c) Nos Atos dos Apóstolos,

---

1300 PALMA. *O batismo no Espírito Santo e com fogo*, p. 73.

892 | TEOLOGIA SISTEMÁTICO-CARISMÁTICA

Cristo envia o Espírito aos discípulos para realizar sua obra; em Paulo, o Espírito realiza em cada cristão o ser deles em Cristo".[1301] Trata-se, portanto, de ações e obras distintas, não apenas de maneiras, modos e terminologias diferentes para falar acerca de uma mesma ação. Dessa maneira, como já ficou claro, é fato que "Lucas não tem uma teologia dos efeitos e frutos do Espírito na vida do cristão, como São Paulo (Cristo em nós): Lucas mostra o dinamismo da fé, o crescimento da igreja". Continua o mesmo teólogo católico: "quando ele diz que Cristo concede o Espírito (At 2:33), é na linha da missão e da profecia (At 2:17s), não na linha da vida nova", isso a despeito de Lucas valer-se da Septuaginta. Como já dissemos, o "Antigo Testamento anunciava as duas coisas (de um lado, Jl 3; de outro, Ez 36:26s e Jr 31:31-34)", mas "Lucas se atém ao testemunho missionário",[1302] ou seja, à capacitação carismática para o cumprimento da missão. O autor está dissertando sobre o fato de que o Espírito Santo é Deus, não apenas uma emanação divina, conforme o conceito veterotestamentário, isto é, seus interesses não são os mesmos que os nossos ao tratar da pneumatologia; por isso, diante de tal ideia absurda ainda defendida por alguns, ele diz:

> [...] podemos separar de tal modo os impulsos para a missão e a vida "espiritual" dos discípulos? Isso não é fazer com que domine o tema textual sobre a realidade? Observa-se exatamente que o famoso sumário de At 2:42, que resume toda a vida eclesial, e, nesse sumário, a *koinonia* (comunhão) não são referidas expressamente ao Espírito Santo. É exato. Contudo, do ponto de vista real, At 2:42 não descreve a vida da comunidade eclesial *tal qual ela emana do Pentecostes*? Se a Igreja foi lançada ao mundo através do evento do Espírito, este não anima tanto a sua vida interna quanto sua vida externa? Não se arriscaria levar São Lucas a uma concepção veterotestamentária do Espírito, e, além do mais, parcial? Talvez ele esteja próximo dessa concepção, mas se reduz a ela?[1303]

Como se pode verificar, não distinguir a capacitação carismática da conversão-iniciação não é o único problema que se comete em ignorar a contribuição pneumatológica de Lucas-Atos, pois o Evangelista mostra, como ninguém,

---

1301 CONGAR. *Revelação e experiência do Espírito*, p. 70-1.
1302 Ibid., p. 71.
1303 Ibid. (grifo no original).

a pessoalidade do Espírito Santo, dando, nesse aspecto, a contribuição mais significativa para a formulação da doutrina da Trindade. Como observa Yves Congar, insistindo na linha do questionamento retórico, "o Espírito Santo, mesmo com o artigo, e este repetido duas vezes, é em São Lucas *a Pessoa* do Espírito Santo?". Evidentemente que sim, e se não é factível "atribuir a São Lucas a profissão explícita do dogma do segundo concílio ecumênico (Constantinopla, em 381)", é preciso reconhecer que, não obstante a dependência de Lucas-Atos do Antigo Testamento, "Lucas ultrapassa o estágio veterotestamentário, no qual 'Deus' é quem concede seu Sopro", ou seja, nos documentos lucanos, "em diversos momentos é o próprio Espírito que age". Por isso, continua o autor, citando Haya-Prats, o "livro dos Atos dos Apóstolos deixa transparecer um progresso na personalização do Espírito Santo digno de nota, progresso que ultrapassa a simples personificação literária". Assim, a "atribuição *constante ao Espírito de uma série bem determinada de intervenções importantes* na história da salvação parece indicar que ele, na prática, é concebido *como sujeito de atribuição divina e, de certa maneira, diferente de Iahweh,* sem que seja colocado, por enquanto, o problema da distinção".[1304] Tal posição é corroborada por Roger Stronstad ao também afirmar que, diferentemente dos "tempos do Antigo Testamento, quando não há personalização do Espírito de Deus, o Espírito Santo é totalmente pessoal em Lucas-Atos", como, por exemplo, "as pessoas podem mentir para o Espírito Santo (At 5.3,4), e Ele pode falar (At 10.19)".[1305] Vê-se que a importância óbvia da obra Lucas-Atos, teologicamente falando, não decorre apenas de sua igualdade canônica com os outros 25 documentos neotestamentários, mas também de sua contribuição única para a pneumatologia e a doutrina da Trindade. Mesmo já tendo falado a respeito do assunto quando mostramos que qualquer menção ao Espírito Santo chamando-o de "Espírito de Cristo", conforme distinguiu Gordon Fee, com a pretensão de subsumir a terceira Pessoa da Trindade, apagando-a ou diminuindo-lhe a importância, é uma posição antibíblica e blasfema, devendo ser refutada e combatida, por incrível que pareça, essa atitude não é rara e até aparece em reflexões teológicas conservadoras que, no afã de se mostrarem mais "cristocêntricas" que a própria Bíblia, caem no cristomonismo, assunto que retomaremos mais adiante. Chama a atenção que Paulo, responsável por criar um vocabulário

---

1304 Ibid., p. 71-2 (grifo no original).
1305 Stronstad. *A teologia carismática de Lucas-Atos*, p. 129.

894 | TEOLOGIA SISTEMÁTICO-CARISMÁTICA

para a fé em Cristo, incluindo a dimensão soteriológica da pneumatologia, considerado o maior teólogo neotestamentário, informa Gordon Fee, "não trata diretamente da questão da natureza pessoal do Espírito", embora o mesmo teólogo carismático-pentecostal observe que "há duas passagens [1Co 2:10-12; Rm 8:26,27] que deixam claro que ele [Paulo] entendia o Espírito em termos pessoais, intimamente associado a Deus, mas distinto dele".[1306] Lucas, em lugar de referir-se ao Espírito em termos que, de alguma maneira, lembrassem qualquer ideia de uma emanação divina, como às vezes parece ocorrer na linguagem de outros documentos bíblicos, fala do Espírito Santo em termos muito pessoais ou afirmando a pessoalidade plena da terceira Pessoa da Trindade, conforme encontramos em suas duas obras. Por isso, diz a biblista católica francesa Odette Mainville:

> De fato, o Espírito será o autor principal dos Atos. Sua presença é sentida de tal forma que os discípulos se considerarão como seus colaboradores: "O Espírito Santo e nós mesmos somos testemunhas destes fatos..." (5:32; também 15:28). Chegar-se-á ao ponto de crer que é possível mentir ao Espírito (5:3), de colocá-lo à prova (5:9) ou de opor-se a ele (7:51). Ele será considerado responsável pela expansão da Igreja: primeiro em Jerusalém (2:41), depois na Samaria (8:14-17; ver também 9:31), mas sobretudo no mundo pagão. Esta abertura aos pagãos será primeiramente atribuída a Pedro, quando de sua intervenção na casa de Cornélio (10:19-44,45,47; 11:12-17), depois a Paulo, através das viagens missionárias (13:2). Lucas havia anunciado

---

1306 FEE. *Exegese? Para quê?*, p. 376. Sobre a referida discussão, vimos, com Gordon Fee, no fim do subtópico anterior — O período intertestamentário — a importância da pneumatologia paulina. Nesse sentido, o inverso pode ter acontecido: em vez de Lucas aprender com Paulo, o apóstolo dos gentios pode ter aprendido com o querigma evangelístico (Rm 15:14; Cl 3:16). Algo aventado, inclusive, pelo teólogo reformado, e principal propagador do cessacionismo, Benjamin Warfield, ao dizer que "o apóstolo Paulo combina, como se fosse a coisa mais natural do mundo, o livro de Deuteronômio e o Evangelho de Lucas sob o título comum de 'Escrituras' (1Tm 5:18): 'Pois a Escritura declara: Não amordaces o boi quando pisa o trigo' [Dt 25:4] e 'o trabalhador é digno do seu salário' (Lc 10:7)", além de dizer, em outro momento, que o "mesmo Paulo que escreveu em 2Timóteo que 'toda a Escritura é inspirada por Deus' cita, em sua primeira carta a Timóteo, uma passagem do Evangelho de Lucas, chamando-a de 'Escrituras' (1Tm 5:18) — colocando-a em pé de igualdade com uma Escritura do Antigo Testamento. E o mesmo Pedro que nos deu nossas outras declarações didáticas, e na mesma carta, faz com as cartas de Paulo o que Paulo havia feito com o Evangelho de Lucas e declara, ainda mais amplamente (2Pe 3:16), que todas as epístolas de Paulo são consideradas como ocupando o mesmo nível que as demais Escrituras" (WARFIELD. *A inspiração e autoridade da Bíblia. A clássica doutrina da Palavra de Deus* [São Paulo: Cultura Cristã, 2010], p. 332, 347).

este itinerário geográfico desde o começo do livro dos Atos, fazendo o Ressuscitado dizer aos seus discípulos: "Sereis minhas testemunhas em Jerusalém, em toda a Judeia e a Samaria, até os confins da terra" (1,8). As atividades do livro dos Atos começam efetivamente em Jerusalém e terminam em Roma. Elas começam, portanto, no mundo judeu, no prolongamento da obra da salvação iniciada por Deus na primeira aliança, para prosseguir e expandir-se até no mundo pagão.[1307]

Há, porém, ainda outra observação acerca da contribuição singular de Lucas com sua pneumatologia carismática que é extremamente instrutiva para que se compreenda, de uma vez por todas, que o que Lucas-Atos descreve como experiência com o Espírito não se confunde com a perspectiva paulina de conversão-iniciação. Tal reflexão mostrará que, sem qualquer espécie de arroubo religioso bairrista, realmente Karl Rahner, que citamos logo na abertura do primeiro capítulo, ao dizer que o cristão do futuro será um místico ou não será nada, e, ainda, James Smith, que afirmou que ser cristão equivale a ser carismático, estão certos, pois é exatamente isso que Jesus, em seu ministério terreno, foi. Ele estava mais próximo desses perfis do que de teólogos ou lideranças religiosas oficiais. Na verdade, conforme Roger Stronstad demonstra, em "comparação com os outros Evangelhos, mais com Mateus e Marcos do que com João, a cristologia de Lucas é radicalmente diferenciada", por se tratar de uma "cristologia que reflete a perspectiva própria de Atos, de ressurreição-ascensão-exaltação". Além disso, é "uma cristologia complementada por uma pneumatologia sempre presente". Justamente por isso, "por um ângulo que não é abordado por Mateus e Marcos, Lucas retrata Jesus como um homem do Espírito, um líder carismático ungido, guiado e capacitado pelo Espírito Santo", ou seja, Lucas evidencia "de modo exclusivo no Novo Testamento [que] Jesus é o Cristo carismático".[1308] Em Lucas-Atos, mais do que nunca, o conhecido axioma de Yves Congar — *"toda pneumatologia é cristologia, e vice-versa"*[1309] — demonstra sua assertividade, visto que a "solidez

---

1307 MAINVILLE. "Os Sinóticos e os Atos dos Apóstolos" in: MAINVILLE (org.). *Escritos e ambiente do Novo Testamento*, p. 194.

1308 STRONSTAD. *Hermenêutica pentecostal*, p. 205-6.

1309 NOGUEIRA, Luiz Eustáquio dos Santos. *O Espírito e o Verbo. As duas mãos do Pai: a questão pneumatológica em Yves Marie-Joseph Congar* (São Paulo: Paulinas, 1995), p. 19 (grifo no original). A frase de Congar é também encontrada da seguinte forma: "Não há cristologia sem pneumatologia, *não há pneumatologia sem cristologia*" (CONGAR. *A Palavra e o Espírito*, p. 11 [grifo no original]).

896 | TEOLOGIA SISTEMÁTICO-CARISMÁTICA

da pneumatologia está em sua referência cristológica", isto é, o "Espírito e o Cristo-Verbo se condicionam mutuamente", pois o "Espírito está referido ao Verbo, ele não apaga suas exigências, ele abre para elas, de modo que o Cristo-Verbo torna-se presente, interior, dinamicamente ativo pelo Espírito".[1310] Tal é preciso ser dito para que não se pense erroneamente que estamos aqui invertendo papéis ou querendo, por conta do "esquecimento do Espírito", por parte da teologia, colocá-lo em uma posição de destaque, na história da redenção, que pertence ao nosso Senhor Jesus Cristo. Nada mais longe da realidade. Estamos apenas ressaltando que, de maneira "exclusiva ao Novo Testamento, Lucas, o historiador do relato da redenção, também é o historiador do Espírito Santo". Por isso, "devido ao fato de a narrativa histórica ser o veículo da doutrina de Lucas, ele também é um teólogo do Espírito Santo por excelência" e "sua doutrina do Espírito Santo é tão essencial quanto o ensino de João ou Paulo", pois o evangelista-historiador "possui uma pneumatologia carismática que dá andamento à pneumatologia carismática da época do Antigo Testamento, ontologicamente trinitária, e que é funcional e vocacional".[1311] Tendo isso em mente, conseguimos assimilar a riqueza da cristologia pneumatológica lucana sem que qualquer uma das Pessoas seja eclipsada ou subsumida. Mas a abordagem de Roger Stronstad mostra mais que uma relação intrinitariana, isto é, "não somente preserva a proporção entre a cristologia e a pneumatologia de Lucas, mas também demonstr[a] que o retrato que Lucas pinta de Jesus como o Cristo carismático no Evangelho é comparável ao seu retrato posterior dos discípulos em Atos". Portanto, "de acordo com Lucas, Jesus não foi somente o fundador do cristianismo, ungido, guiado e capacitado pelo Espírito Santo, mas também os discípulos, seus seguidores, foram batizados, guiados e capacitados por esse mesmo Espírito". Isso significa que, "enquanto o primeiro volume da história lucana da origem e expansão do cristianismo narra a história do Cristo carismático, que caminhava e fazia o bem, o segundo volume narra a história da comunidade carismática dos discípulos, caminhando e fazendo o bem porque o Espírito de Cristo estava com eles".[1312]

1310 CONGAR, Yves. *"Ele é o Senhor e dá a vida"*, 2. ed., Creio no Espírito Santo (São Paulo: Paulinas, 2010), vol. 2, p. 58, 278.

1311 STRONSTAD. *Hermenêutica pentecostal*, p. 80.

1312 Ibid., p. 206.

CAPÍTULO 4 – Pneumatologia | 897

Tal deve ser assim pelo simples fato de que a humanidade tem uma tarefa sacerdotal que, com a falha de Adão, foi agora cumprida e corrigida por nosso Senhor Jesus Cristo, que novamente a transferiu àqueles que o seguem. Justamente por isso, a tradição evangélica, no sentido bíblico da expressão, ou seja, dos Evangelhos, mostra que nosso Senhor Jesus Cristo instruiu que devemos aprender com ele, que é manso e humilde (Mateus 11:29-30), cabendo ainda ao discípulo ser como o seu mestre (Lucas 6:40). Além disso, Paulo registra que devemos ser imitadores de Cristo (1Coríntios 11:1; Efésios 5:1; Filipenses 2:5-8; 1Tessalonicenses 1:6). Não há dúvida de que os imperativos se referem ao aspecto antropológico e ético do Senhor, não sendo, obviamente uma "exigência" referente à sua deidade, pois, além de antibíblico, é impossível ser deus. O teólogo católico belga Tarcisius Jan van Bavel diz que tal "imitação", ou identificação, dos discípulos, após a "vinda do Espírito [...] torna-se, sem mais, sinônimo de ser-cristão", ou seja, requer-se um chamado para "uma completa identificação de vida com o Ressuscitado".[1313] A referência é clara: Jesus é o modelo de homem perfeito, o paradigma a que todos devem se adequar, pois é o padrão de humanidade plena (Efésios 4:13). E como isso é possível? Precisamos entender (mesmo que brevemente, pois tal aspecto é mais bem explorado no capítulo seguinte), que no transcurso de seu ministério terreno, conforme mostra Lucas, Jesus é capacitado carismaticamente, e o Espírito o dirige em sua missão e o capacita a cumpri-la (Lucas 4:1,14, cf. Marcos 1:12; Mateus 4:1; João 3:34), da mesma forma, e com mais intensidade, que os carismáticos das narrativas das Escrituras hebraicas, conforme vimos na análise que fizemos na longa seção dedicada ao Antigo Testamento. Isso pelo fato de que, diz James Dunn, "uma crença central a respeito de Jesus era que Ele era ungido pelo Espírito de Deus, como Is 61,1-2 havia predito".[1314] É ponto pacífico para todos que têm uma visão elevada das Escrituras e que igualmente consideram as formulações conciliares de Calcedônia, Niceia e Constantinopla — que reafirmam a plena deidade de nosso Senhor Jesus Cristo ao lado de sua plena humanidade — que, mesmo sendo humano, como "último Adão", sua humanidade

---

1313 BAVEL, Tarcisius Jan van. "O Pentecostes e a passagem do Jesus terreno ao Cristo da mensagem" in: CONGAR; KÜNG; RAHNER et al. *A experiência do Espírito Santo*, p. 67.

1314 DUNN. *Teologia do Novo Testamento*, p. 60. Mais à frente, Dunn afirma: "Embora os Evangelhos não apresentem a descida do Espírito sobre Jesus, isso está implícito na descrição de Mc 1:10-11" (ibid., p. 62).

898 | TEOLOGIA SISTEMÁTICO-CARISMÁTICA

identifica-se com a nossa antes da Queda no sentido de Cristo não ter pecado, ou seja, não ter nascido sob o signo e a propensão do pecado original (1Coríntios 15:45-47, cf. Hebreus 4:15). Como Deus que se fez homem, por não ter pecado, não havia necessidade de conversão-iniciação alguma em sua trajetória humana, isto é, Jesus não necessitava da ação da *presença extraordinária* do Espírito Santo para a "salvação", conforme o entendimento da pneumatologia joanina, nem da ação da *presença extraordinária* do Espírito Santo para a "santificação", de acordo com o desenvolvimento da pneumatologia paulina. Por outro lado, as Escrituras mostram claramente que Jesus foi capacitado pelo Espírito Santo para cumprir sua missão (Lucas 4:1), ou seja, em sua condição humana, ele necessitava da capacitação carismática do Espírito, conforme a pneumatologia lucana. A conclusão, portanto, é óbvia: Caso se reduza o recebimento do Espírito à conversão-iniciação como querem os teólogos reformados, teremos de repensar a cristologia e dizer que Jesus precisou ser regenerado pelo Espírito, pois ele era pecador! Tal ideia é absurda, pois sabemos que, na verdade, o que se quer contornar é a realidade da experiência, pois os "evangelhos não hesitam em descrever os eventos seguintes", após Jesus ser *cheio* (πλήρης/*plērēs*) do Espírito, "em termos de experiência quase extasiante: 'O Espírito o levou para o deserto'".[1315] É assim que, em sua honestidade, James Dunn afirma:

> O caráter basicamente experiencial da pneumatologia bíblica merece mais ênfase do que tem sido dada tradicionalmente. Na tradição cristã se tornou habitual pensar no dom do Espírito como uma dedução a ser tirada de uma confissão ou de um sacramento devidamente administrado. Em tratamentos dogmáticos do Espírito Santo muitas vezes foi considerado suficiente o discurso sobre os temas da divindade, personalidade e procissão do Espírito, como se pouco precisasse ser dito sobre o assunto. Mas um teólogo do Novo Testamento simplesmente não o fará. O Espírito como primeiro experimentado, com a experiência então refletida, é muito mais o modelo para os escritores do Novo Testamento e sua teologia.[1316]

Essa negligência, conforme já mencionamos, não é uma exclusividade do minimalismo pneumatológico protestante, mas um problema histórico na

---

1315 Ibid., p. 62.
1316 Ibid.

trajetória da humanidade, não apenas do cristianismo. A Josué, ainda que em sua imaturidade, pareceu perturbador o fato de que outros pudessem ser portadores do tipo de poder nunca visto antes por ele em ninguém além de no legislador e guia dos hebreus, entendendo o futuro sucessor de Moisés que tal experiência deveria ser de exclusividade do líder (Números 11:24-29). O que significa a informação de que, "quando o Espírito repousou sobre eles, profetizaram; mas depois nunca mais"? A despeito de o teólogo pentecostal clássico Anthony Palma dizer que o "falar em línguas" é um fenômeno "que não havia ocorrido anteriormente ao Pentecostes na história bíblica registrada" e que, em sua opinião, apesar de "alguns acadêmicos e estudiosos identifica[rem] o balbuciar de alguns profetas dessa época com a glossolalia, essa posição não pode ser sustentada se alguém avalia cegamente os ensinos do Novo Testamento de que a glossolalia é o falar em línguas e não a verbalização de sílabas sem sentido",[1317] discordamos dele pelo fato de que sua leitura, nesse particular, está atrelada a um pressuposto ainda muito estanque da história da salvação, praticamente acompanhando a tendência reformada de periodização, entendendo Atos 2 como a chegada de uma "nova era". Não apenas isso, mas a própria ideia "de que a glossolalia possa ser compreendida como falar em línguas, mas que as línguas podem ser tanto humanas quanto angelicais/celestiais",[1318] parece querer explicar ou mesmo estabelecer a ideia de um "idioma". Tal proposta, em nosso entendimento, parece tomar o caminho da tentativa de explicar um fenômeno miraculoso, desvendando-o à maneira da teologia escolástica e/ou racionalista. Ação que nada adianta, pois, conforme disse o autor reformado brasileiro, o "dom do Espírito Santo que Pedro menciona não é o dom de línguas, mas sim, o Espírito Santo como dádiva de Deus".[1319] Ponto com o qual, seguindo o raciocínio dos teólogos pentecostais clássicos William e Robert Menzies, concordamos. Todavia, uma vez que, conforme já mostramos antes, o "Antigo Testamento e a historiografia helenística judaica deram a Lucas o modelo para ele escrever sua história em dois volumes sobre a origem e propagação do cristianismo", isso significa que os "temas carismáticos das Bíblias hebraica e grega, tais como a transferência, os sinais e a vocação, influenciam a teologia de Lucas pertinente ao Espírito Santo". Stronstad prossegue dizendo que, aliada a esses "temas carismáticos,

---

1317 PALMA. *O batismo no Espírito Santo e com fogo*, p. 90.
1318 Ibid., p. 68.
1319 NICODEMUS. *O Pentecostes e o crescimento da igreja*, p. 71.

900 | TEOLOGIA SISTEMÁTICO-CARISMÁTICA

a Septuaginta fornece a Lucas a terminologia para descrever a atividade do Espírito Santo na vida de Jesus e seus discípulos".[1320] Assim, é justamente pelo fato de a pneumatologia lucana "mostrar o dom do Espírito exclusivamente em termos carismáticos", seguindo a esteira da pneumatologia veterotestamentária, especificamente na linguagem da Septuaginta, que, explicam William e Robert Menzies, "não é possível associar o dom pentecostal com a conversão-iniciação", visto que, "enquadrando a narrativa do Pentecoste na moldura da teologia do Espírito característica de Lucas", completam, é possível "argumentar com força considerável que o Espírito veio sobre os discípulos no Pentecoste não como a fonte de existência do novo pacto, mas como a fonte de poder para o testemunho eficaz". Em termos diretos, o "dom pentecostal", de que fala o apóstolo Pedro, "é de natureza carismática e não soteriológica", por isso "distinto do dom do Espírito que Paulo associa com a conversão-iniciação".[1321] Isso enseja, portanto, a pergunta: Qual é, então, a natureza do chamado "dom pentecostal" ou "dom do Espírito" de Atos?

A questão é ainda mais crucial para o pentecostalismo clássico, por causa da doutrina da *evidência inicial*, mas igualmente importante para a tradição carismático-pentecostal como um todo e para a defesa, que temos feito desde o início, de uma experiência de capacitação carismática, resultado da *presença extraordinária* do Espírito Santo, que, de alguma maneira, necessita ser exteriorizada para autenticar publicamente o chamado missional/sacerdotal da pessoa. Trata-se, portanto, de uma articulação teológica que "está relacionada com um processo de desenvolvimento doutrinário refletido no Novo Testamento e em grande parte ignorado pelos exegetas modernos", que, à pergunta acerca da natureza do "dom pentecostal", parecem fingir que tal questão não "acompanha a igreja desde o primeiro dia do Pentecoste", afirmam William e Robert Menzies. Estes informam, porém, que "a natureza da relação entre línguas (glossolalia) e o dom pentecostal sem dúvida gerou uma discussão considerável entre os colegas de Pedro", sendo, para eles, "praticamente certo que ela acompanha a expansão da igreja entre os gentios" e impõe-se "como uma questão inevitável para os que tentam conciliar a linguagem de dons utilizada por Paulo com o dom pentecostal de Lucas".[1322] Evidente, seja do lado protestante tradicional, seja do lado carismático-pentecostal, o

---

1320 STRONSTAD. *A teologia carismática de Lucas-Atos*, p. 56.
1321 MENZIES; MENZIES. *No poder do Espírito*, p. 162-3.
1322 Ibid., p. 183.

princípio de que todas as articulações e/ou "formulações teológicas são produtos de seres humanos e, por isso, bem ou mal, são tentativas humanas de chegar a um acordo sobre a importância da Palavra de Deus". Justamente por isso, tais "formulações permanecem sob o juízo dessa Palavra", ou seja, são as Escrituras que definem, em termos doutrinários, o que é ou não digno de ser crido e/ou aceito. Levando isso em conta, vemos claramente que é preciso perceber a diferença entre o dom (capacitação carismática) e o sinal (evidência exterior) de que ele foi recebido, tanto para a pessoa quanto para as demais. Vimos esse padrão com Moisés e Bezalel e Aoliabe (Êxodo 3—4; 31:1-6), apenas para ficar nesses exemplos. Seguindo a esteira de tudo que já articulamos, convergimos com William e Robert Menzies no entendimento de que, de fato, o "dom pentecostal não são as línguas". Dito em outras palavras, o dom do Espírito, ou pentecostal, "é uma experiência de poder que capacita o recipiente a participar eficazmente da missão de Deus", e a "manifestação das línguas é uma evidência do aspecto pentecostal da obra do Espírito, mas não é em si o dom". Por isso, é um perigo a ênfase demasiada na "evidência", podendo "resultar em cristãos que, olhando para o passado distante, se lembrem do momento em que 'o obtiveram', mas para quem o aspecto pentecostal de poder para testemunhar é desconhecido no presente".[1323] Justamente nesse aspecto, vemos que a ideia de as línguas não terem serventia e/ou finalidade nasce de pressupostos equivocados, razão pela qual caberia perguntar novamente, com base em Números 11:24-29, o que significa a informação de que, "quando o Espírito repousou sobre eles, profetizaram; mas depois nunca mais", e verificar que alguns teólogos — aos quais nos alinhamos —, informa Robert Menzies, "como Gordon Wenham, descrevem o profetizar narrado em Números 11.24-30 como um exemplo de 'expressão extática ininteligível que o Novo Testamento chama de falar em línguas'".[1324] Dessa forma, percebemos que o que ocorre em Atos 2:1-11 não é nenhuma novidade, e sim o significado do que aconteceu, que, de igual forma, não é a entrada dos discípulos em um "nova era", mas o cumprimento do "desejo de Moisés", assim pronunciado por Deus na profecia de Joel, que, conforme a expressão de Joshua Heschel, encarna *ortopaticamente* o "sentimento divino" de contemplar toda a humanidade, *carismaticamente*, com seu Espírito (Joel 2:28-29).

1323 Ibid., p. 184.

1324 MENZIES. *Glossolalia*, p. 48. O autor faz referência a WENHAM, Gordon J. *Numbers: an introduction and commentary* (Downers Grove: InterVarsity, 1981), p. 109.

902 | TEOLOGIA SISTEMÁTICO-CARISMÁTICA

Lucas elabora sua narrativa de forma tão carismática que James Dunn observa que o "caráter experiencial da recepção do Espírito é particularmente marcado em Atos — a característica regular da glossolalia e do discurso profético inspirado que evidencia a presença do Espírito". Tal se deu pelo fato de que "Lucas certamente entendeu a vinda do Espírito como um acontecimento na vida das pessoas que elas não podiam ignorar (19:2)", isto é, não se tratava de alguma coisa imperceptível e meramente confessional, podendo ser vista, na opinião do autor, a "mesma história com Paulo" quando este pergunta: "Recebestes o Espírito fazendo o que a lei exige ou ouvindo com fé? (Gl 3:2-5)", pois é certo que o "impacto do Espírito foi muitas vezes marcado por efeitos visíveis e pelo desenvolvimento moral".[1325] A despeito do reconhecimento de Dunn, que citamos um pouco antes, de que na "tradição cristã se tornou habitual pensar no dom do Espírito como uma dedução a ser tirada de uma confissão ou de um sacramento devidamente administrado" — algo totalmente estranho aos relatos do Novo Testamento —, o que se vê nas Escrituras, acompanhando o raciocínio de Pedro em Atos 2:38, é que, todas as vezes que alguém recebe o dom do Espírito Santo, há uma exteriorização desse recebimento. Na fala de Dunn, porém, há claramente uma indistinção entre as concepções pneumatológicas lucana e paulina, misturando aspectos, ou acontecimentos, distintos da obra do Espírito Santo, daí a razão de, novamente, ele concordar que "o impacto do Espírito foi muitas vezes marcado por efeitos visíveis", mas também, e aí a indistinção, "pelo desenvolvimento moral". O mesmo teólogo metodista britânico acrescenta que "Hebreus e 1João obviamente pensavam nos mesmos termos",[1326] incorrendo, mais uma vez, na confusão de não distinguir as diferenças pneumatológicas, ou as distintas obras, fruto da *presença extraordinária* do Espírito Santo, pronunciadas por um mesmo autor. No caso de Atos 2:1-11, ninguém teria dúvida de que havia recebido o dom do Espírito, isto é, a "chegada do poder profético [contou com] um sinal visível e externo: a glossolalia". Contudo, isso "não quer dizer que não haja outras maneiras pelas quais o poder e a presença do Espírito Santo nos sejam dados a conhecer", dizem William e Robert Menzies, esclarecendo que tal explicação é "simplesmente para afirmar que a narrativa de Lucas indica que um sinal externo visível existe e que ele e

---

1325 DUNN. *Teologia do Novo Testamento*, p. 62.
1326 Ibid., p. 62-3.

seus leitores esperam naturalmente manifestar esse sinal".[1327] James Dunn está tão consciente dessa realidade que destaca, por exemplo, que "Paulo menciona frequentemente o forte impacto afetivo do Espírito na e através da sua pregação, como também das várias emoções que o Espírito despertou em seus convertidos: 'amor (Rm 5:5), alegria (1Ts 1:6), amor, alegria, paz...' (Gl 5:22)". Cita ainda o mesmo autor a "experiência do Espírito gritando '*Abbá*! Pai!'", que, segundo Dunn, "era, na adoração cristã primitiva, evidentemente, bastante intensa", referindo-se a Romanos 8:15-16 e Gálatas 4:6, uma vez que ambos os textos "usam o verbo alto ou intenso *krazein*, 'chorar'".[1328] O teólogo metodista ainda diz que indiscutivelmente "notável é o uso típico das imagens da água em referência ao Espírito, algo totalmente compreensível em um contexto do Oriente Médio". Ele mostra, por exemplo, que o "Espírito [é] experimentado como uma tempestade em uma terra seca, como uma corrente de água que sacia uma sede violenta", destacando igualmente que existe um "grande jogo de imagens em Jo 4:14, [mostrando] a experiência da água-doce como de uma fonte de água borbulhando como se estivesse nas pessoas (Jo 4:10-14), posteriormente identificada com a recepção do Espírito (7:37-39)". Finalmente, Dunn mostra que "Paulo se baseia na mesma imagem em 1Coríntios", dizendo que "o que uniu aqueles que creem como um só foi a experiência de serem dados a beber, por assim dizer, do mesmo Espírito (1Co 12:13)".[1329] É assim que, completa o mesmo autor:

1327 MENZIES. *Glossolalia*, p. 64. Apenas para que fique claro, os autores desta *Teologia sistemático-carismática* são pentecostais clássicos e não só creem no batismo no Espírito Santo com a evidência inicial de se falar em outras línguas, mas também experimentaram tal experiência e a defendem. Contudo, nesta obra, dada sua abrangência, não consideramos esse tema, mas demonstramos a ideia comum de toda a tradição carismático-pentecostal, que é o fato da experiência com o Espírito Santo, fruto de sua *presença extraordinária* que capacita os seres humanos para levarem a efeito sua missão sacerdotal.

1328 DUNN. *Teologia do Novo Testamento*, p. 63.

1329 Ibid. Uma vez que tal recurso, ou seja, falar do Espírito Santo nesses termos, é amplamente utilizado, em diversos momentos e por diferentes escritores neotestamentários, soa estranho que haja observações como a do autor reformado, já referido outras vezes, o qual, ignorando completamente tanto o contexto bíblico quanto o conceito de pessoa no período patrístico, censura a linguagem bíblica, diga-se de passagem, utilizada na tradição carismático-pentecostal, como se por aqui não soubéssemos que, assim como Deus e nosso Senhor Jesus Cristo, o Espírito Santo é igualmente uma "Pessoa": "Estou enfatizando a 'pessoalidade' do Espírito Santo, pois, a julgar pelo que alguns evangelistas, pastores e obreiros têm praticado em seu ministério, temos a impressão de que, para eles, o Espírito Santo é uma espécie de gás celestial, que desce do céu e enche as pessoas ou determinado ambiente; ou ainda um líquido divino, que é derramado sobre as almas, vistas como uma espécie de recipiente vazio" (NICODEMUS. *Cheios do Espírito*, p. 20).

904 | TEOLOGIA SISTEMÁTICO-CARISMÁTICA

Chamar a atenção para tais características do Novo Testamento pode deixar algumas pessoas inquietas. A história do cristianismo, assim como a da religião em geral, está repleta de exemplos nos quais as emoções tiveram rédea solta, com consequências desastrosas. O perigo do "entusiasmo" (*Schwärmerei*) tem sido vivenciado no cristianismo ocidental desde os excessos da Reforma espiritual ou radical, e ainda hoje é evidente em várias seitas. Sob uma perspectiva histórica e do Novo Testamento, no entanto, duas questões precisam ser observadas. Uma delas é que o cristianismo mais antigo, certamente como atestado por Lucas e testemunhado em parte pelo menos por Paulo, tinha um caráter entusiasta em si mesmo. Um elemento de "entusiasmo" é inevitável dentro de uma teologia do Novo Testamento; deve ser considerado, portanto, como parte dos dados com os quais uma teologia do Novo Testamento deve lutar. A outra questão é que Paulo — indiscutivelmente o mais experiente e perspicaz nessa área, de todos os escritores do Novo Testamento — mostra-se bastante consciente dos perigos de ceder lugar aos impulsos do entusiasmo. O cuidado com que ele tratou a *ta pneumática* — "as coisas do Espírito" ou especificamente os "dons espirituais", para advertir contra tais excessos e sublinhar a prioridade do amor, das contribuições que dirigiam tanto a cabeça quanto o coração (1Co 13 e 14) — deve ser um lembrete salutar para todos aqueles que estão inclinados a seguir, sem críticas, o retrato de Lucas da missão cristã mais antiga.[1330]

As observações de James Dunn acerca do caráter carismático do cristianismo nascente retratado por Lucas, para quem tem uma concepção conservadora das Escrituras, isto é, de sua inspiração, precisam ser lidas tendo em mente o fato, digno de destaque, de que "Lucas não compartilha a angústia de muitos cristãos modernos acerca da possibilidade de falsas línguas", ou seja, o "evangelista não oferece diretrizes para discernir se as línguas são genuínas ou falsas, de Deus ou de alguma outra fonte", diz Robert Menzies. Este ressalta que, de forma surpreendente, Lucas "assume que a comunidade cristã saberá e experimentará o que é necessário e bom",[1331] não podendo o intérprete perder de vista que a obra de Lucas-Atos, por ser um documento narrativo, teve os eventos selecionados e suas perícopes arranjados sistematicamente,

---

1330 Ibid., p. 63-4.
1331 MENZIES. *Glossolalia*, p. 61.

visando a apresentar o perfil ideal da igreja, isto é, como ela *foi* e, ao mesmo tempo, como ela *deve continuar sendo*. Assim, a ausência de distinção entre as ênfases pneumatológicas neotestamentárias — joanina (salvação), paulina (santificação) e lucana (capacitação) — leva os intérpretes a adotarem posições aprioristicas que comprometem sua exegese. Como já dissemos, repetindo o óbvio, a Bíblia não é um tratado de teologia sistemática, e a própria disposição dos livros, tanto no cânon hebraico como no cânon grego, Antigo e Novo Testamentos, não está necessariamente arranjada em ordem cronológica, podendo "haver nisto um plano de Deus", diz o teólogo pentecostal Antonio Gilberto.[1332] No caso da obra de Lucas-Atos, trata-se da "única narrativa histórica autoconscientemente escrita e autodesignada do Novo Testamento", ou seja, "enquanto Marcos assinala seu livro sobre Jesus como um 'evangelho' (εὐαγγελίον [Mc 1.1]), Lucas indica a parte I de seu livro de dois volumes como uma narrativa histórica (διήγησιν [Lc 1.1], λόγον [At 1.1])". Assim, "por mais que Lucas houvesse tomado emprestado trechos dos evangelhos, tais como os de Marcos e Mateus, ele transformou seu relato sobre Jesus em uma narrativa histórica", algo que pode ser visto no simples fato de que "o livro que leva o seu nome tem muitos pontos em comum com a historiografia sagrada do antigo Israel, e até com a historiografia secular no mundo greco-romano, como ocorre com os outros evangelhos", disserta o teólogo pentecostal Roger Stronstad. O mesmo teólogo acrescenta que os estudiosos de "Lucas-Atos observaram há muito tempo que Lucas geralmente utiliza a estratégia narrativa do paralelismo".[1333] Tal paralelismo pode ser visto pela "estrutura paralela de Lucas-Atos, incluindo paralelos entre a experiência de Jesus e a subsequente experiência de seus discípulos com o Espírito", podendo ser resumidos da seguinte forma: "(1) Assim como Jesus inicia seu ministério anunciado pelo Espírito Santo (Lc 3.22; 4.18), os discípulos não iniciarão seus ministérios até serem batizados no Espírito Santo". Por isso, "(2) Assim como Jesus está cheio do Espírito Santo (Lc 4.1a), os discípulos estarão cheios com o Espírito (At 2.4)". Da mesma forma, "(3) Assim como Jesus é guiado pelo Espírito (Lc 4.1b), os discípulos, como Filipe, Pedro e Paulo, respectivamente, serão guiados pelo Espírito (At 8.29; 10.19; 16.6,7 etc.)". Finalmente, "(4) Assim como Jesus está empoderado pelo Espírito (Lc 4.14), e consequentemente operará milagres e sinais (At 2.22), os apóstolos

---

1332 SILVA. *A Bíblia através dos séculos*, p. 53, 58.
1333 STRONSTAD. *Teologia lucana sob exame*, p. 19, 25.

Pedro, Estêvão, Filipe, Barnabé e Paulo também operarão milagres (At 2.43; 5.12; 6.8; 8.6,13)". O mesmo autor conclui seu argumento com a ideia de que o paralelismo exposto "revela que, como Jesus transferiu seu próprio dom de profecia a seus discípulos, eles terão, como comunidade e individualmente, o mesmo tipo de ministério profético que ele próprio tinha".[1334]

Tal paralelismo entre as duas obras, ou tratados, lucanas, não é mera coincidência. Não "deu certo" de acontecer da mesma forma no ministério de Jesus e dos discípulos como de modo simplista alguns podem pensar. O paralelismo foi construído com o arranjo sistemático das perícopes do Evangelho de Lucas com Atos, ou seja, os textos foram estrategicamente dispostos dessa maneira para transmitir os ensinamentos e as instruções que o Evangelista intentava que fossem assimilados. Assim, "Lucas não simplesmente ordena eventos que se encontravam sob uma forma aleatória". Na verdade, a "estrutura paralela de seus dois volumes revela que, consciente e cuidadosamente, ele arquitetou sua narrativa sobre a origem do cristianismo na Galileia e Judeia e até os confins da terra". Portanto, as "estratégias narrativas, tais como os episódios programáticos, as inclusões e os paralelismos, reforçam esse perfil de Lucas como o mais talentoso dos autores".[1335] É com essa consciência que os estudiosos precisam ler Lucas, pois interpretar sua narrativa histórica, incrivelmente, explica o teólogo pentecostal canadense Roger Stronstad, "não é simplesmente o mesmo que interpretar os imperativos da Lei, os lamentos ou louvores dos Salmos, as instruções circunstanciais das epístolas ou decodificar as visões do Apocalipse". Conquanto os leigos e teólogos carismático-pentecostais tenham intuitivamente chegado a conclusões parecidas com as dos estudos e descobertas da erudição literária e teológica, é preciso saber que, somado aos "princípios hermenêuticos comuns à interpretação de toda a literatura bíblica, independentemente do gênero, interpretar Lucas-Atos coloca em jogo seu próprio conjunto de diretrizes, as quais incluem, mas não estão limitadas a: (1) observar que Lucas-Atos é uma história seletiva, (2) inserir Lucas-Atos no contexto histórico do panorama greco-romano e (3) observar o complexo propósito histórico-didático-teológico de Lucas".[1336] No intuito de captar tais nuanças e respeitar essas particularidades, é preciso observar igualmente três aspectos interpretativos apontados pelo mesmo autor,

---

1334 Ibid., p. 25-6.
1335 Ibid., p. 27-8.
1336 Ibid., p. 29.

sendo o primeiro deles o reconhecimento de que "há a faixa de pressuposições que cada estudioso traz para a tarefa de interpretar o texto", tendo em mente ainda, em segundo lugar, que "há aqueles princípios que orientam o estudioso na tarefa da exegese" e, em terceiro, "há aqueles princípios que orientam o estudioso na aplicação do texto à vida cristã contemporânea".[1337] De certa forma, esses aspectos interpretativos fogem do nosso propósito, sendo impossível trabalhá-los, bastando apenas ressaltar que, a fim de interpretar a obra de Lucas-Atos, das três diretrizes imprescindíveis a serem observadas — "(1) Lucas-Atos é uma história seletiva; (2) a obra deve ser inserida nos contextos histórico, político, religioso e social do mundo greco-romano e (3) os múltiplos propósitos de Lucas que motivaram a escrita da obra"[1338] —, uma vez que, de alguma maneira, as duas primeiras diretrizes foram anteriormente contempladas, a última será então exposta, pois geralmente todos os comentários bíblicos apresentam em sua introdução o propósito que, segundo o estudioso que comentou defende, o escritor sagrado tinha em mente quando escreveu. Contudo, conforme o teólogo pentecostal canadense, a obra de Lucas-Atos, por se tratar de um documento extenso e, por conseguinte, mais complexo que os demais, possui propósitos múltiplos. Assim, ele explica que

> Era normal entre os estudiosos de outrora afirmar que a intenção autoral — ou seja, o propósito do autor ao escrever um documento — é o critério essencial que governa o entendimento do texto pelo leitor. Mas a questão da intenção autoral é complicada por uma série de fatores, os quais incluem o propósito ser explícito ou implícito e se ele é simples ou complexo — ou seja, há um propósito principal ou uma combinação de propósitos: principal, secundário e inclusive terciário. Consequentemente, há vários desafios para quem busca determinar a intenção autoral. Um deles é a tendência geral na direção do reducionismo, enfatizando um dos propósitos com a exclusão de todos os demais. Outro desafio é confundir a utilização que será dada ao documento, parcial ou totalmente, em relação ao seu propósito. O desafio mais assustador é identificar os interesses e a agenda tanto do estudioso como do autor.[1339]

1337 Ibid.
1338 Ibid., p. 31.
1339 Ibid., p. 37.

908 | TEOLOGIA SISTEMÁTICO-CARISMÁTICA

Óbvio como é, a agenda do estudioso, ou seus interesses e sistema teológico, influenciam mais do que nunca a interpretação. Tal observação é válida tanto para cessacionistas quanto para carismático-pentecostais, sem exceção. Os pressupostos exercem um controle, na maioria das vezes imperceptível, sobre todo o processo de interpretação, iniciando pela escolha dos textos que corroboram a perspectiva teológica do exegeta. Considerando a obra de Lucas-Atos, de acordo com a visão de Stronstad, pela extensão do material e por ser dividido em duas partes complementares, é preciso notar que no Evangelho o foco é Jesus e em Atos os discípulos, isto é, do judaísmo para o cristianismo, porém em ambos os documentos o Espírito Santo está atuante. "Devido a esses fatores, a questão do propósito de Lucas, como qualquer pesquisa de literatura relevante mostrará, é problemática", contudo não é impossível, mas é importante reconhecer que a "resposta mais satisfatória para a questão do propósito de Lucas reside no reconhecimento de que ele seja múltiplo". Ocorre que o "propósito múltiplo não somente tem uma dimensão histórica, o que o leitor esperaria, visto que o gênero adotado em Lucas-Atos é o da narrativa histórica, mas também uma dimensão didática, ou instrucional, e teológica", algo que, diz Stronstad, está claro no "prólogo de sua obra de dois volumes, [quando] Lucas identifica o gênero de sua escrita", de acordo com o uso de "διήγησιν (relato/narrativa, Lc 1:1)" e também "λδγον (relato/narrativa, At 1:1)", ambos "termos [que] identificam Lucas-Atos como narrativa histórica e, ao situar seus documentos dessa forma, o autor imediatamente alerta seus leitores sobre o propósito histórico de seus textos".[1340] Além desse propósito, "considerado em seus próprios termos, Lucas faz uma declaração evidente de sua intenção didática", ou seja, de maneira clara, "conforme praticado por ele mesmo, a escrita da narrativa histórica era um meio e método de instrução confiável", de modo que, "na condição de historiador, Lucas também se vê como um professor ou instrutor". Foi justamente se valendo do "gênero — ou meio — de narrativa histórica" que o Evangelista "instrui Teófilo e sua audiência mais ampla sobre diversos aspectos, que incluem, mas não estão limitados a: (1) prova de profecia, (2) precedentes e padrões, (3) relatos de ensinamentos de Jesus, (4) relatos dos ensinamentos e pregações dos apóstolos e (5) uso da terminologia teológica estabelecida".[1341] Apesar de reconhecer-

---

1340 Ibid., p. 38-9.
1341 Ibid., p. 40.

CAPÍTULO 4 – Pneumatologia | 909

mos sua importância, não temos condição de examinar todos esses aspectos, todavia destacamos a diferenciação hermenêutica feita por Stronstad, que se divide entre "negação" e "afirmação". De um lado, os que dizem que as partes puramente narrativas da obra de Lucas-Atos nada ensinam e, do outro, os que entendem os múltiplos propósitos lucanos e reconhecem a legitimidade dos documentos e seu "propósito histórico-didático-teológico". Muitos teólogos que reconhecem tal ideia utilizam (entre os quais, especialmente, os carismático-pentecostais), como foi dito, uma "hermenêutica de afirmação" para sustentar tais propósitos da obra de Lucas-Atos. A despeito de tal abordagem ser "expressa sob vários modos, tanto acadêmicos quanto populares, os defensores da hermenêutica de afirmação alegam que o recebimento inaugural do Espírito de profecia por Jesus é um paradigma para o recebimento de profecia para os discípulos", diz Roger Stronstad. Este acrescenta que, "além disso, afirmam que o recebimento inaugural do Espírito de profecia pelos discípulos é um paradigma para novas conversões — como Cornélio e sua família (At 10.44-48) e dos discípulos em Éfeso (At 19.1-7) — também para receberem o Espírito de profecia".[1342] Em razão do caráter instrutivo dos discursos de Atos, a conclusão do autor é que somos também alvo da promessa de Pedro em Atos 2:38-39. Por essa razão, cabe a cada "intérprete de Lucas-Atos [...] decidir se a hermenêutica de negação ou de afirmação é a que melhor descreve a intencionalidade da narrativa de Lucas".[1343] Todavia, ressaltamos que não se trata de uma predileção arbitrária, pois

> [...] Lucas ensina utilizando termos teológicos estabelecidos. Por exemplo, o termo lucano mais frequente para relatar a atividade do Espírito é "cheio do Espírito Santo" (πίμπλημι: Lc 1:15,41,67; At 2:4; 4:8,31; 9:17; 13:9; πληρόω: 13.52). Esse termo aparece cinco vezes na LXX (embora nessa obra a forma seja ἐμπίμπλημι, em vez do πίμπλημι lucano); aparece individualmente na LXX em um contexto carismático (Êx 28:31; 31:3; 35:31; Dt 34:9; Is 11:1-3). Na histórica narrativa lucana de dois volumes sobre Jesus e seus discípulos, a terminologia "cheios com o Espírito Santo" aparece no contexto de um ministério profético (Lc 1:15-17) ou de inspiração profética (Lc 1:41,67; At 2:4; 4:8,31; 13:9). Não apenas o termo "cheio com

---

1342 Ibid., p. 49.
1343 Ibid., p. 50.

o Espírito Santo", mas todo termo usado por Lucas para relatar a atividade do Espírito Santo — com a única exceção da terminologia "batizado com o Espírito Santo" — será encontrado em contextos carismáticos na LXX. Claramente, o significado desses termos não é derivado exclusivamente da narrativa lucana em si, mas condicionado pelo modo como esse mesmo termo é utilizado na LXX, a Bíblia de Lucas e seus primeiros leitores. E, assim, ao descrever a atividade do Espírito Santo na vida de Jesus e nas vidas de outros homens e mulheres de Deus utilizando terminologia da Septuaginta (LXX), Lucas ensina que essa atividade é, da mesma forma, invariavelmente carismática. Esses exemplos, que são meramente a ponta de um enorme *iceberg* de outros em potencial, ilustram os vários modos como Lucas usa a narrativa histórica para fins didáticos.[1344]

Qual a conclusão possível de ser extraída do fato de que os seguidores do Caminho só contavam com as Escrituras hebraicas, a Septuaginta, e, conforme os apóstolos, elas foram escritas para nossa instrução (cf. Romanos 15:4; 2Timóteo 3:16-17; 2Pedro 1:19-21), sem que os próprios escritores sagrados fizessem qualquer distinção — e seria um total absurdo achar que isso fosse possível — de importância entre os seus gêneros literários, dividindo-os entre narrativas (informação) e "livros didáticos" (instrução)? Obviamente que o relato lucano não apresenta qualquer novidade a respeito da dimensão carismática da pneumatologia, exceto sua abrangência, que não foi "inventada" por Lucas, mas "desejada" e profetizada no Antigo Testamento (Números 11:29; Joel 2:28-29), sendo apenas apresentado o cumprimento de tais textos pelo Evangelista para que sua audiência tivesse segurança de que o que foi relatado nas Escrituras hebraicas cumpre-se em Lucas e em Atos. Justamente por isso, seguindo o *leitmotiv* que temos estabelecido nesta nossa obra — a experiência com o Espírito —, alinhamo-nos a Stronstad na perspectiva de que a "dimensão didática do múltiplo propósito de Lucas é complementada por uma dimensão teológica", visto que o escritor "identifica seu tema como sendo 'tudo o que Jesus começou a fazer e ensinar' (At 1.1 cf. Lc 1.5—24.51)". Considerando que Lucas "continua sua narrativa sobre os atos de Jesus como uma narrativa sobre os atos dos apóstolos, Atos é, por implicação, o tema complementar do que os apóstolos, empoderados pelo

---

1344 Ibid., p. 43-4 (grifo no original).

CAPÍTULO 4 – Pneumatologia | 911

mesmo Espírito de seu Messias, também fizeram e ensinaram". Contudo, ambos os documentos lucanos têm como o seu "principal tema teológico", diz o mesmo autor, "essencialmente [...] Cristo, salvação e Espírito Santo".[1345] Stronstad ainda afirma que, seguindo a concepção dos múltiplos propósitos dos documentos lucanos defendidos pelo teólogo pentecostal canadense, assim como "Lucas concebeu a escrita da narrativa para fins de instrução ou ensinamento, ele também concebeu a escrita da narrativa histórica para fins de ensinar a verdade teológica". Dessa forma, por meio do "uso do múltiplo propósito histórico-didático-teológico, Lucas se coloca na tradição histórica dos editores e cronistas da história sagrada de Israel".[1346] Tal proposta é adotada pelos teólogos pentecostais clássicos William e Robert Menzies, que, em concordância com Roger Stronstad, dizem que o "ponto crucial" a ser considerado na interpretação da obra de Lucas-Atos é que o Evangelista "jamais atribuiu funções soteriológicas ao Espírito, e sua narrativa pressupõe uma pneumatologia que exclui essa dimensão (e.g., Lucas 11.13; Atos 8.4-17; 19.1-7)", podendo ainda ser dito, de "modo positivo, [que] Lucas descreve o dom do Espírito *exclusivamente* em termos carismáticos como a fonte de poder para testemunho eficaz". Em termos diretos, lembramos uma vez mais que a "narrativa de Lucas, portanto, reflete mais que simplesmente um programa ou ênfase diferente, sua pneumatologia é *diferente* da de Paulo, embora lhe seja *complementar*".[1347] Registre-se que, em tal perspectiva, não há defesa alguma de que exista discrepância, ou contradição, entre Lucas e Paulo, conforme tem sido espalhado em redes sociais e palestras, desde 2019, por um grupo pequeno de carismático-pentecostais brasileiros, que, infelizmente, conforme já dissemos, demonstram não ter compromisso com o desenvolvimento teológico e, por intransigência e como forma de cercear o protagonismo dos pares, mesmo depois de advertidos e esclarecidos de que não era isso que propunham os teólogos pentecostais estrangeiros, permaneceram contra o ensino desses aspectos imprescindíveis para a tradição carismático-pentecostal. Lamentavelmente, estes continuam prestando um desserviço e desinformando as pessoas com a ideia de que quem defende a independência teológica lucana é "liberal".

1345 Ibid., p. 44.
1346 Ibid., p. 44-5.
1347 Menzies; Menzies. *No poder do Espírito*, p. 161-2.

912 | TEOLOGIA SISTEMÁTICO-CARISMÁTICA

Já quase ultimando este último subtópico da análise do Espírito Santo nas Escrituras, no Novo Testamento e especificamente na obra de Lucas-Atos, reconhecemos que, conquanto os textos de William e Robert Menzies e Roger Stronstad, a fim de explorar e expandir o tema, façam importantes análises de perícopes do material lucano, uma vez que tal exercício está fora do nosso escopo, não o faremos, pois nosso interesse se concentra em demonstrar uma linha de continuidade que perpassa as Escrituras — a experiência carismática com o Espírito — tanto hebraicas quanto cristãs, mostrando igualmente sua contemporaneidade e relevância para nós. Contudo, dentre os inúmeros exemplos do trabalho editorial da obra de Lucas-Atos, vamos destacar o paralelismo das perícopes, não para proceder a uma exegese, mas para verificar a relação entre a narrativa lucana e as Escrituras hebraicas, a Septuaginta. Recorremos à reflexão de Robert Menzies em sua obra *Glossolalia*, na qual ele destaca a importância desse fenômeno carismático com vistas ao seu lugar central no pentecostalismo clássico. Todavia, trata-se de uma prática comum compartilhada em toda a tradição carismático-pentecostal. O teólogo pentecostal clássico defende que basta ler atentamente o relato de Lucas para comprovar que o Evangelista "vê o falar em línguas como um tipo especial de discurso profético", ou seja, a prática aparece associada a "profecias em cada uma das três passagens que descrevem, no livro de Atos, esse fenômeno", sendo a primeira delas o texto de Atos 2:17-18 (cf. Atos 2:4) — "falar em línguas é descrito especificamente como o cumprimento da profecia de Joel de que nos últimos dias todo o povo de Deus profetizará". Portanto, os "estranhos sons das línguas faladas pelos discípulos, declara Pedro, não são de fato as divagações dos bêbados; ao contrário, representam falas proféticas emitidas pelos mensageiros de Deus dos tempos do fim (At 2:13,15-17)". A segunda passagem está em Atos 19:6, "[onde] a conexão entre profecia e falar em línguas é novamente declarada de forma explícita" e refere-se à imposição das mãos de Paulo "nos discípulos efésios [quando] o Espírito Santo 'veio sobre eles, e eles falaram em línguas e profetizaram'". Por último, "a associação é feita novamente em Atos 10:42-48",[1348] quando Pedro ministrava a Cornélio e a toda a família deste, e seu sermão foi "interrompido" justamente no ponto em que o apóstolo discorre acerca de os profetas terem testemunhado de Jesus (v. 42-43). Para Robert Menzies, não é coincidência que exatamente nesse

---

1348 MENZIES. *Glossolalia*, p. 41-2.

CAPÍTULO 4 – Pneumatologia | 913

ponto da pregação de Pedro tenha ocorrido o fenômeno glossolálico como fruto da *presença extraordinária* do Espírito Santo. Portanto, o autor pentecostal defende que, enquanto "manifestação de profecia, Lucas sugere que as línguas têm um papel contínuo a desempenhar na vida da igreja", até porque "uma característica dos 'últimos dias' — aquela era de realização que começa com o nascimento de Jesus e termina com a segunda vinda — é que todo o povo de Deus irá profetizar (At 2:17-18)". Assim, não é sem razão o "autor relatar várias instâncias do cumprimento dessa profecia caracterizada pelo falar em línguas", ou seja, isso "encoraja o leitor a entender que, como 'sinais e maravilhas', e testemunho ousado inspirado pelo Espírito sobre Jesus, falar em línguas caracterizará a vida da igreja nestes últimos dias", sendo qualquer sugestão que colida com esta forma contrária "à mensagem explicitamente declarada em Lucas, sem mencionar à de Paulo (1Co 14:39)",[1349] pois ambos, à sua própria maneira e estilo, incentivam a prática. O fato talvez mais incômodo é que a glossolalia não é algo homogêneo e com uma única forma, seja idiomática, seja onomatopeica. Justamente por isso, não há termo que dê conta de dizer o que ela é, de modo que restam apenas os pressupostos e seus resultados com as hermenêuticas de "negação" ou de "afirmação", para utilizarmos as expressões de Stronstad, pois, conforme o dicionário de grego:

> Nas expressões: *glōssais heterais* [...], diferentes línguas (At 2.4); *glōssais kainais* [...], novas línguas (Mc 16:17); *glōssais lalein* [...], falar em línguas (At 10:46; 19:6; 1Co 12:30; 14:4-6,13,18,23,27,39); *proseuchesthai glōssē* [...], orar em uma língua (1Co 14:14); *logoi en glōssē* [...], discurso em uma língua (1Co 14:19); ou simplesmente *glōssai*, línguas (1Co 12:10,28; 13:8; 14:22,26). Aqui, segundo as duas passagens em Marcos e Atos, o sentido parece falar em outras línguas vivas. Porém, as passagens da primeira carta aos coríntios são tomadas como a base, estas expressões parecem fazer referência à fala em outro tipo de língua, *i.e.*, referindo-se, talvez, a um estado de grande empolgação ou êxtase espiritual de inspiração, inconsciente das coisas ao redor e totalmente absorto nesta comunicação em forma de adoração a Deus, no qual a pessoa irrompe em expressões abruptas de louvor e devoção que não são coerentes e, portanto, nem sempre são inteligíveis aos outros (cf. 1Co 14:2,4,6,7). A maior parte dos intérpretes adota o primeiro

---

1349 Ibid., p. 47.

significado; alguns preferem o segundo. Outros supõem existir uma referência a dois dons distintos.[1350]

Como se pode ver, o significado estrito e filológico das expressões nada revela a respeito da natureza das línguas. Nesse caso, a decisão do que cada intérprete acredita que elas são é tomada com base nos pressupostos do próprio estudioso, que, por sua vez, decorre de sua experiência, isto é, sistema teológico da tradição a que pertence, identificação com determinado autor, concepção de espiritualidade etc. De forma geral, explica o teólogo Cecil Robeck, "este 'dom do Espírito Santo' é representado no NT pela combinação do verbo *laleō*, que significa 'falar', e o substantivo *glōssa*, especialmente em seu caso instrumental, que significa 'em' ou 'com' 'línguas' (cf. 1Co 12:30; 13:1; 14:5,18,23 etc.)". De forma ocasional, "Paulo também emprega as formas participiais *ho lalōn glōsse* ou *ho lalōn glōssais* quando se refere à pessoa ou a 'quem fala em línguas' (1Co 14:2,4,5,6,13 etc.)". Entretanto, a expressão mais conhecida mesmo é "glossolalia", que, de acordo com o mesmo autor, foi produzida pela "versão moderna desses termos".[1351] Para se ter uma noção do quanto esse tema, ou fenômeno, escapa do domínio dos instrumentos epistemológicos, seja da filologia, seja da teologia, Robeck informa que, em "1 Coríntios 12:10, a frase *heterō gene glōssōn* foi traduzida como 'o dom de falar línguas' (TEB), 'a diversidade das línguas' (BMD), 'a diversidade de línguas' (CNBB), 'o dom de falar línguas' (Bíblia de Jerusalém), 'a variedade de línguas' (Vulgata; Ave Maria), e até 'falar línguas estranhas' (A Bíblia na linguagem de hoje)". Robeck acrescenta que tal "diversidade nas traduções do substantivo *glōssa*, do genérico 'línguas' até 'variedade de línguas', e a interpretação 'línguas estranhas' representam a diversidade de pressuposições adotadas por diferentes comissões de traduções". Contudo, deve ficar claro que a "variedade 'idioma' (não encontrada em traduções brasileiras) sugere que o evento de Pentecostes de Atos 2:5-11, onde a multidão ouviu os 120 falarem em diversos idiomas humanos (*xenolalia*) diferentes dos deles, dá a base para essa interpretação".[1352] Ainda que prevaleça essa tradução, como quer, por exemplo, a tradição reformada, ao afirmar, da passagem de Atos 2:1-11,

---

1350 *Bíblia de estudo*, p. 2128.

1351 Robeck Jr., Cecil M. "Línguas" in: Hawthorne; Martin; Reid (orgs.). *Dicionário de Paulo e suas cartas*, p. 800.

1352 Ibid., p. 801.

CAPÍTULO 4 – Pneumatologia | 915

que "as línguas faladas naquele acontecimento eram idiomas das nações da época e não expressões sem sentido",[1353] ainda assim, será preciso reconhecer a ocorrência do êxtase, pois os falantes não *aprenderam* aquelas línguas, mas *receberam sobrenaturalmente* a capacidade de proferi-las. Inclusive, quando do início do chamado moderno movimento pentecostal, esse foi um dos problemas enfrentados, pois se acreditava que a experiência com o Espírito tinha a função de dotar a pessoa miraculosamente com a capacidade de falar em um idioma estrangeiro. Então, o falante deveria ser enviado como missionário para o país em que predominava a língua em questão, problema que posteriormente foi corrigido. Após "1906, os pentecostais [estadunidenses] passaram a reconhecer, cada vez mais, que, na maioria das ocorrências do falar em línguas, os cristãos realmente estavam orando em línguas não identificáveis, e não em idiomas identificáveis (*glossolalia* ao invés de *xenolalia*)".[1354] A despeito da aceitação excepcional de que tal fenômeno até possa ter ocorrido em Atos 2:1-11, a posição protestante ostentada tradicionalmente é de uma "hermenêutica de negação", afirmando não haver nenhuma "evidência da continuação deste dom depois dos tempos apostólicos, nem, de fato, nos últimos tempos dos próprios apóstolos; deste modo, temos confirmação do cumprimento de 1Co 13:8, que este dom cessaria nas igrejas, da mesma maneira que as 'profecias' e o 'conhecimento' cessariam no sentido de conhecimento recebido por poder sobrenatural imediato (cf. 1Co 14:6)", pois a "conclusão das Santas Escrituras proporcionou às igrejas tudo que é necessário para a direção, instrução e edificação individuais e coletivas".[1355] Tal "deslocamento" do Espírito para o texto será analisado mais à frente.

Em sua análise das línguas, o teólogo pentecostal Cecil Robeck, honestamente, diz que a "insistência de muitos pentecostais de que a capacidade de falar em línguas atua como sinal ou indício do batismo no Espírito que está disponível a todos os cristãos [...] não se baseia em Paulo; em vez disso, apoia-se fortemente nos escritos de Lucas, de modo mais notável em Atos 2:1-39 (cf. também At 10:44-48; 19:1-6; e talvez At 8:9-19)". No entanto,

---

1353 NICODEMUS. *O Pentecostes e o crescimento da igreja*, p. 26.

1354 McGEE. "Panorama histórico" in: HORTON (org.). *Teologia sistemática*, p. 19. Para um aprofundamento na percepção da xenolalia e posterior mudança até então prevalente, leia os tópicos "A teologia pentecostal e as missões" e "Divisões por causa de diferenças teológicas", da mesma obra, autor e capítulo referidos (p. 15-21).

1355 UNGER; VINE; WHITE JR. *Dicionário Vine*, p. 754-5.

916 | TEOLOGIA SISTEMÁTICO-CARISMÁTICA

observa que tal "distinção não faz diferença entre duas *fenomenologias*", ou seja, Paulo está falando de algo diferente de Lucas ao tratar das línguas, mas é necessário destacar que se trata "mais exatamente [do fato de se] apela[r] a uma única fenomenologia com múltiplos propósitos".[1356] Em termos diretos, o mesmo fenômeno é referido por ambos os autores, mas com propósitos distintos um do outro, mesmo porque o referido "fenômeno de falar em línguas é realmente descrito em várias passagens do Novo Testamento", conforme pode ser visto em 1Coríntios 12—14, passagem muito citada, em que "Paulo se refere ao dom de línguas (*glōssais*) e usa a frase *laleō glōssais* para designar falas ininteligíveis inspiradas pelo Espírito". Justamente por isso, diz Robert Menzies, é que "esse dom de línguas se refere a falas ininteligíveis (glossolalia), experimentada nas igrejas pentecostais contemporâneas ao invés do falar em línguas existentes desconhecidas previamente pelo orador (xenolalia)", sendo tal "confirmado pelo fato de que Paulo declara explicitamente que essas línguas devem ser interpretadas, se quiserem que sejam entendidas (1Co 14:6-19,28; confronte com 1Co 12:10,30)".[1357] O mesmo teólogo pentecostal clássico, a fim de confirmar sua interpretação, diz que "Paulo claramente acredita que alguém somente pode interpretar essas línguas se tiver o dom especial do Espírito (1Co 12:10)". Portanto, "uma vez que Paulo não considera a possibilidade de que alguém com conhecimento da língua particular que está sendo falada possa estar presente e assim ser capaz de interpretá-la, é evidente que, nesse ponto, não se trata de línguas humanas inteligíveis".[1358] Assim, a conclusão do mesmo autor, tomando por base textos como de Atos 10:46 e 19:6, é que o Evangelista, isto é, "Lucas utiliza o termo *laleō glōssais* para designar falas inspiradas pelo Espírito". Em "Atos 10.46, Pedro e seus amigos ouvem a Cornélio e sua família 'falar em línguas e adorar a Deus'", ao passo que "Atos 19:6 afirma que os discípulos em Éfeso 'falaram em línguas e profetizaram'". Portanto, observa Robert Menzies, os "paralelos literários entre as descrições de falar em línguas nessas passagens e 1Coríntios 12—14 são impressionantes", visto que todas essas passagens, de forma clara: "(1) associam o falar em línguas com a inspiração do Espírito Santo; (2) utilizam o mesmo vocábulo *laleō glōssais* e (3) descrevem um discurso inspirado associado

---

1356 ROBECK JR.. "Línguas" in: HAWTHORNE; MARTIN; REID (orgs.). *Dicionário de Paulo e suas cartas*, p. 804-5.

1357 MENZIES. *Glossolalia*, p. 38.

1358 Ibid.

com adoração e pronunciamentos proféticos".[1359] De maneira muito clara, Menzies explica que "como em 1Coríntios 12—14 se trata claramente de expressões ininteligíveis e não há indicação em nenhuma das passagens de Atos de quais línguas conhecidas estão sendo faladas — de fato não há necessidade aparente de um milagre de xenolalia em nenhum dos casos (que língua estrangeira eles falariam) —, a maioria das edições em inglês", em nosso caso em português, como por exemplo a ARC, tradicionalmente mais utilizada entre os carismático-pentecostais, "traduz as ocorrências da expressão *laleō glōssais* nesses textos como referência ao falar em línguas estranhas (glossolalia)".[1360] Tendo em vista comparar este texto com o fenômeno de Atos 2, Menzies ressalta que

> [...] as referências a *glōssais* (línguas) em Atos 2:1-13 levantam questões interessantes para aqueles que procuram entender essa passagem. A primeira ocorrência de *glōssais* é encontrada em Atos 2:3, que se refere à visão das línguas de fogo que aparecem, então se separam e repousam sobre cada um dos discípulos presentes. Depois, em Atos 2:4 lemos que aqueles presentes foram cheios do Espírito Santo e começaram a "falar noutras línguas conforme o Espírito lhes capacitava" (NVI): *lalein heterais glōssais*. Esse fenômeno criou confusão entre os judeus da multidão que, conforme nos é dito, representam "todas as nações debaixo do céu" (At 2:5 ARA). A multidão se juntou em espanto porque "cada um ouvia falar em sua própria língua" (*dialektō*) (At 2:6 ARA). Esses detalhes são repetidos quando Lucas narra a resposta (At 2:7-8) ao grupo espantado [com o] *dialektō*: "Não são galileus todos esses homens que estão falando? Então, como é que cada um de nós os ouvimos falar em nossa própria língua nativa?". Depois (At 2:11), a multidão espantada faz a lista das várias nações representadas pelos homens presentes, e eles declaram, usando o termo *glōssais*: "nós os ouvimos declarando as maravilhas de Deus em nossas próprias línguas" (NVI).[1361]

Assim, é perceptível que existe uma complexidade no "evento de Pentecostes", diz o teólogo alemão, não carismático, Michael Welker, convergindo com o

---

1359 Ibid., p. 38-9.
1360 Ibid., p. 39.
1361 Ibid., p. 39-40.

918 | TEOLOGIA SISTEMÁTICO-CARISMÁTICA

pensamento do biblista alemão Rudolf Pesch, que defende a ideia de que se trata de um "milagre de línguas e de ouvidos",[1362] pois, conforme demonstra Robert Menzies, ao narrar o evento, Lucas diz tratar-se de *laleō glōssais*, mas, ao retratar a reação dos que ouvem, assinala que eles, ou seja, a multidão, exclama dizendo ser *dialektō*. Assim, apesar de teólogos protestantes "resumirem", mais ou menos grosseiramente, a articulação bíblico-teológica dos teólogos pentecostais clássicos e carismático-pentecostais, ou mesmo de outros especialistas, não carismáticos, como os que acabamos de citar, dizendo apenas que existem "estudiosos que afirmam que os seguidores de Cristo reunidos no cenáculo não falaram nos idiomas das nações ali representadas, mas sim, em uma língua estranha, não conhecida de nenhuma nação ou povo" — isto é, como os pentecostais clássicos e a maioria dos carismático-pentecostais —, dizendo também, quase ironicamente, que "alguns supõem até que eles se expressaram em palavras desconexas e sem sentido e que o milagre teria ocorrido no ouvido da multidão, como se o Espírito Santo tivesse traduzido para que o povo entendesse",[1363] há nexo na exegese feita por Menzies e os demais teólogos. Isso pelo simples fato de que, uma vez "que Atos 2:11 relaciona claramente *glōssais* às várias línguas humanas daqueles presentes na multidão, a maioria dos estudiosos interpreta *glōssais* (línguas) [de] Atos 2:4 e 2:11 como se referindo a um discurso ininteligível". Contudo, pelo fato de o texto dizer que as pessoas ouviam os discípulos falar das "maravilhas de Deus", tal leitura "tem encorajado alguns tradutores", diz o mesmo autor, "a traduzir *glōssais* em Atos 2:4 e 2:11 por idioma em vez de língua".[1364] É o caso, por exemplo, da contestação tradicional à interpretação de Pesch, de o evento de Atos 2 ser um milagre fonético e de audição, pois, de acordo com o teólogo reformado, tal "interpretação" lhe soa "problemática" pelo fato de que "o Espírito Santo havia descido sobre os apóstolos e os demais cristãos reunidos, mas ainda não agira sobre a multidão", ou seja, o milagre fora experimentado pelos discípulos, mas não pela multidão. Por isso, aqueles certamente "começaram a articular idiomas falados em diversas nações, cujas línguas nunca haviam aprendido, pois eram galileus", não havendo dúvida sobre o que eles falavam,

---

1362 PESCH, Rudolf. *Die Apostelgeschichte. (Apg 1—12)*, Evangelisch Katlholischer Kommentar zum Neuen Testament (EKK) (Zurique/Köln/Neukirchen-Vluyn: Einsiedeln/Benziger/Neukirchener, 1986), vol. 1, p. 104, citado por WELKER. *O Espírito de Deus*, p. 193.

1363 NICODEMUS. *O Pentecostes e o crescimento da igreja*, p. 26-7.

1364 MENZIES. *Glossolalia*, p. 40.

pois o "texto responde, ao reproduzir o que dizia multidão: '... todos nós os ouvimos falar das grandezas de Deus em nossa própria língua' (v. 11)".[1365] Por certo a defesa desse ponto de vista parece seguir uma lógica antes não observada, pois a literalidade de alguns acontecimentos parece ser demasiadamente "espiritualizada". Todavia, um simples exercício basta para que reflitamos acerca da impossibilidade de que não tivesse ocorrido algo miraculoso em relação aos falantes. Experimente imaginar a cena. Um grande número de pessoas, tentando ouvir, não precisa ser 120, mas cerca de 15 falantes apenas, cada um em um idioma distinto, mas conhecido das diferentes pessoas da multidão, algo mais ou menos assim: uma falando inglês, outra espanhol, outra francês, outra mandarim, outra chinês, outra alemão, outra japonês e assim por diante, simultaneamente, e os ouvintes que conhecessem a respectiva língua falada por alguém conseguindo prestar atenção e compreendendo perfeitamente tudo! Por isso, completa Robert Menzies:

> Embora possamos entender por que os tradutores são tentados a traduzir as mesmas palavras nessas passagens de maneira diferente — elas realmente se referem a atividades diferentes (xenolalia em At 2:4 e glossolalia em 10:46 e 19:6) — esse tipo de tradução cria um problema real. Isso obscurece o fato que Lucas usa os mesmos termos em grego para descrever o que acontece quando o Espírito é recebido em Atos 2:4, Atos 10:46 e Atos 19:6. Por que, podemos perguntar, Lucas usa a mesma linguagem para descrever cada um dos eventos, embora eles realmente se refiram a atividades diferentes? Essa notável conexão literária sugere que Lucas intencionalmente moldou seu relato a fim de realçar essa ligação. Em outras palavras, o padrão é importante para ele. Lucas desejou fazer a conexão: ele desejou estabelecer Atos 2 como um modelo.[1366]

Uma vez que Robert Menzies mencionou a ideia de "padrão" em um contexto de experiência com o Espírito Santo, para que não haja nenhum mal-entendido, recorremos a Roger Stronstad, e sua explicação acerca da obra de Lucas-Atos, dizendo que, diretamente "relacionada à questão da estrutura e da estratégia narrativa no problema da aplicabilidade da narrativa histórica

---

1365 NICODEMUS. *O Pentecostes e o crescimento da igreja*, p. 27.
1366 MENZIES. *Glossolalia*, p. 40.

920 | TEOLOGIA SISTEMÁTICO-CARISMÁTICA

encontramos a questão da particularidade histórica", isto é, a "história de Jesus e dos discípulos são historicamente particulares, inclusive quando têm uma função paradigmática/programática", sendo possível exemplificar tal verdade com o fato de que "tanto Jesus quanto os discípulos são ungidos/batizados com o Espírito Santo para inaugurar seus ministérios". Todavia, Jesus "está no Jordão quando é ungido pelo Espírito, enquanto os discípulos estão em Jerusalém quando recebem seu batismo".[1367] Não apenas as localidades, por assim dizer, eram diferentes, mas, enquanto "a voz vinda do alto e a descida do Espírito na forma corpórea como uma pomba são os sinais auditivos e oculares atestando que Jesus foi ungido", isto é, capacitado, no caso dos seus seguidores, "o som de uma violenta rajada de vento dos céus e as línguas de fogo são os sinais auditivos e oculares que atestam o batismo no Espírito Santo dos discípulos". Assim, para o teólogo pentecostal canadense, tais "diferenças de particularidade histórica não significam que o recebimento inaugural do Espírito por Jesus difere funcionalmente do recebimento inaugural do Espírito pelos discípulos",[1368] isto é, não há um padrão de experiência, mas, sim, a experiência carismática com vistas à capacitação e os sinais que evidenciam que ela de fato ocorreu. "O que é verdade para o dom do Espírito primeiro para Jesus (Lc 3—4) e, subsequentemente, para os discípulos (At 1—2) é similarmente verdade para os demais dons do Espírito reportados em Atos." Dessa forma, "as ocasiões do dom do Espírito para os crentes em Samaria (At 8), a família de Cornélio, o centurião romano (At 10) ou para os discípulos em Éfeso (At 19) são reportadas de acordo com a particularidade histórica de cada evento, e não de acordo com alguma formulação teológica",[1369] pois, como já dissemos, se tal tivesse acontecido, certamente teria se instaurado um problema para se levar a sério a narrativa histórica, visto que a realidade mostra que as experiências, fruto da *presença extraordinária* com o Espírito Santo, são tão personalizadas quanto nossas digitais. Cada um desses episódios — o recebimento do dom do Espírito pelos crentes em Samaria, com imposição de mãos; o de Cornélio e de sua família quase simultaneamente após suas conversões, sinalizando, inclusive, como se fosse uma "autorização divina" para o batismo em água; o dos discípulos de

---

1367 STRONSTAD. *Teologia lucana sob exame*, p. 50-1.
1368 Ibid., p. 51.
1369 Ibid.

CAPÍTULO 4 – Pneumatologia | 921

Éfeso, que, após rebatizados, receberam a imposição de mãos e falaram em línguas e profetizaram — apresenta aspectos interessantes. A despeito de seus contrastes "com o dom do Espírito para os discípulos no Pentecostes (que não foi administrado pela imposição das mãos)", visto que estes "apenas tinham recebido o batismo de João, e eram discípulos há menos de três anos", na concepção de Stronstad, "cada episódio posterior, apesar das diferentes particularidades históricas, ilustra a extensão do mesmo dom do Espírito para samaritanos, gentios e discípulos de João, como se tivesse sido recebido pelos discípulos no Pentecostes", sendo tal "conclusão [...] indiscutível, pois Pedro identifica explicitamente a experiência de Cornélio e sua família com a dos discípulos no dia de Pentecostes (At 11:17)".[1370] Assim, a dedução óbvia do mesmo autor é que, tal como o "dom significou empoderamento carismático para Jesus e para seus discípulos no Pentecostes, ele também deve significar empoderamento carismático não apenas para Cornélio e sua família, mas também para o dom anterior do Espírito aos crentes em Samaria e para o último dom do Espírito aos discípulos em Éfeso".[1371] Em uma palavra:

> Do agora descrito, é claro que a particularidade histórica associada a esses cinco recebimentos do Espírito Santo desafia todas as tentativas de redução do dom do Espírito a alguma fórmula teológica envolvida: (1) a questão da oração, (2) o relacionamento com o batismo de João, (3) o intervalo cronológico entre a crença e o recebimento do Espírito e (4) administração do dom pela imposição das mãos. Portanto, nenhum desses fatores é para ser aplicado ao recebimento contemporâneo do Espírito. De preferência, esses episódios simplesmente revelam que, independentemente de para onde o Evangelho é disseminado, o povo de Deus pode e deve receber o empoderamento carismático do Espírito para seus serviços cristãos. Esse dom espiritual ou empoderamento carismático pode ser recebido como uma experiência individual ou como parte de uma experiência coletiva; pode ser ou não no contexto da oração; pode ser administrado pela imposição das mãos ou distante de qualquer fator humano; pode ser praticamente simultâneo à conversão ou posterior a ela; e, finalmente, pode preceder o batismo nas águas ou segui-lo. Claramente, o recebimento contemporâneo do empoderamento carismático do Espírito terá sua

---

1370 Ibid., p. 52.
1371 Ibid.

922 | TEOLOGIA SISTEMÁTICO-CARISMÁTICA

própria particularidade contemporânea da mesma forma que teve sua particularidade histórica para as primeiras comunidades cristãs.[1372]

Assim, "padrão" é o recebimento do dom do Espírito com vistas à capacitação carismática, desde os tempos veterotestamentários, mas a forma, o tempo, o local etc. jamais poderão ser colocados como regras para as experiências com a terceira Pessoa da Trindade. Portanto, reiteramos o que já dissemos anteriormente, a tradição carismático-pentecostal não coloca determinada experiência de um grupo, ou de alguém, no que diz respeito tanto aos seus aspectos idiossincráticos, digamos assim, quanto aos resultados, como regra ou padrão, pois estes sempre estarão alinhados, no transcorrer da história da salvação, com o cumprimento dos propósitos de acordo com a economia divina. Não há, portanto, ninguém capaz de prever ou matriciar como, quando e onde se dará a experiência com o Espírito Santo, ou seja, ela é completamente imprevisível. Esta, sem dúvida alguma, é uma das características pneumatológicas mais decisivas para o ressentimento da teologia protestante tradicional, e suas pretensões escolásticas e racionalistas, no que diz respeito à experiência com a terceira Pessoa da Trindade. Esse caráter de imprevisibilidade é, conforme dissemos logo na introdução deste capítulo, algo relacionado aos nossos limites perceptivos, não tendo nenhuma relação ontológica com o Espírito Santo. Trata-se de algo inerente à nossa finitude e humanidade. Por isso, quando alguém, pertencente à tradição carismático-pentecostal, de forma ingênua ou manipuladora, "agenda", por exemplo, um dia para o recebimento de "bênçãos", pois o Espírito Santo realiza tais coisas dessa forma, trata-se de um erro, visto não ter respaldo bíblico algum. Portanto, seja do lado cessacionista, seja do lado carismático, a imprevisibilidade da *experiência extraordinária* com o Espírito é um incômodo para ambos, pois não é possível manipulá-lo, nem no nível do discurso. O curioso é que diversos "textos no evangelho de Lucas, todos exclusivos dele ou singularmente moldados por ele, [...] revelam um propósito claro para encorajar seus leitores a orar por unções proféticas, experiências que invariavelmente produzirão um testemunho ousado e louvores alegres", ou seja, a "narrativa de Lucas pede a seus leitores reconhecerem que essas unções do Espírito, essas experiências de arrebatamento espiritual que rompem em louvor, estão

---

1372 Ibid., p. 52-3.

CAPÍTULO 4 – Pneumatologia | 923

disponíveis de fato a todo discípulo de Jesus e que elas rotineiramente tomarão a forma de glossolalia".[1373] Não há desestímulo algum, mas justamente o oposto, nosso Senhor Jesus Cristo instrui os discípulos a persistir na oração pedindo pelo envio do Espírito Santo por parte do Pai (Lucas 11:13), sendo tal ensinamento transmitido em um contexto de taumaturgia ou exorcismo, seguido de forte censura aos letrados que, com seus conhecimentos, impediam as pessoas de terem acesso a Deus (Lucas 11:52). Justamente por incentivar tal busca e, consequentemente, recebimento, lembrando que o *background* lucano é a Septuaginta e, nesse contexto, como a maioria dos estudiosos defende, "o número tem importância simbólica", tal "sugere que o número setenta", por exemplo, diz Robert Menzies, "está enraizado na narrativa do AT e também tem importância simbólica" e, neste sentido, a narrativa mais óbvia, do ponto de vista carismático, não reside nas "setentas semanas de Daniel" (Daniel 9); antes, "o ponto de partida para referência aos 'setenta' se encontra em Números 11:24-30",[1374] narrativa que já foi trabalhada e diversas vezes mencionadas por nós. Assim, Robert Menzies diz que

> Com esse ponto de partida em mente, a importância do simbolismo é encontrada na expansão do número de discípulos "enviados" para a missão, dos doze aos setenta [Lc 10:1-17]. A referência aos setenta evoca memórias do desejo de Moisés ("que todo o povo de Deus fosse profeta"), e aponta nesse sentido para o Pentecostes (At 2), no qual este desejo foi inicialmente cumprido de forma espetacular. Essa aspiração continua se cumprindo ao longo de Atos, quando Lucas descreve a chegada do Espírito de profecia a outros novos centros de atividade missionária, tais como os daqueles em Samaria (At 8:14-17), os reunidos na casa de Cornélio (At 10:44-48) e em Éfeso (At 19:1-7). A referência aos setenta não antecipa apenas a missão da igreja para com os gentios; em vez disso, prenuncia o derramamento do Espírito sobre todos os servos do Senhor e sua participação universal na missão de Deus (At 2:17-18; cf. 4:31). Na visão de Lucas, todo membro da igreja é chamado (Lc 24:45-49; At 1:4-8/Is 49:6) e recebe poder (At 2:17-21; cf. 4:31) para profetizar. O cumprimento dessa realidade é antecipado em Lucas 10:1.[1375]

1373 Menzies. *Glossolalia*, p. 54-5.
1374 Ibid., p. 58.
1375 Ibid., p. 59.

924 | TEOLOGIA SISTEMÁTICO-CARISMÁTICA

O fato é que, a despeito de sua imprevisibilidade, o Espírito Santo se imiscui em nossa realidade; aliás, do ponto de vista de sua *presença contínua*, transmitindo vida e ordem, ele é onipresente, mas, da perspectiva de sua *presença extraordinária*, trata-se de uma experiência de impacto. Por isso, é digno de destaque, mas não é de admirar, que "o discurso extasiante dos anciãos em Números 11 constitui o cenário contra o qual Lucas interpreta o de Pentecostes e os derramamentos seguintes do Espírito". Lucas, provavelmente, "vê todo crente (no mínimo potencialmente) como um profeta do fim dos tempos, antecipando que também proferirão adiante um discurso extasiante inspirado pelo Espírito", ou seja, "uma clara sugestão da narrativa de Lucas, que inclui repetidos cumprimentos do desejo de Moisés sobre ter o Espírito".[1376] Dessa maneira, dos quatro episódios narrados por Lucas em Atos, "três explicitamente citam a glossolalia como seu resultado imediato (At 2.4; 10.46; 19.6) e o outro (At 8.14-19) insinua fortemente", diz Robert Menzies. Para este, o propósito lucano parece muito claro: evidenciar que "a vinda do Espírito Santo, como um cumprimento da aspiração de Moisés (Nm 11.29) e a materialização da profecia de Joel (Jl 2.28-32), é uma unção profética que habilita seu recebedor a dar um testemunho ousado de Jesus e nesse caso se distingue pelo discurso extasiante característico dos profetas (ou seja: glossolalia)".[1377] O que se percebe pela obra de Lucas-Atos é praticamente a explicitação do que vimos na análise feita na longa seção do Espírito Santo no Antigo Testamento, pois a oração de nosso Senhor Jesus Cristo, após o retorno dos setenta enviados para uma missão, claramente indica uma posição semelhante à de Moisés, sendo ainda mais curiosa, pois, de acordo com Menzies, ao narrar que "se alegrou Jesus no Espírito Santo" (Lucas 10:21), Lucas "descreve a oração de agradecimento de Jesus em termos que lembram o falar em línguas: inspirado pelo Espírito, Jesus irrompe em exuberante e alegre louvor", visto que o "verbo *agalliaō* (alegrar-se) empregado [...] por Lucas é usado frequentemente na Septuaginta", sobretudo em contextos de adoração pelas ações poderosas divinas, devendo ser compreendido que o "sujeito do verbo não é simplesmente conduzido a um estado de êxtase santo; ele também 'declara os atos de Deus'". De forma análoga, no "Novo Testamento o verbo é usado de maneira similar", não sendo, obviamente, coincidência

---

1376 Ibid., p. 59-60.
1377 Ibid., p. 60.

que a "ligação entre *ēgalliasato* e a declaração dos atos poderosos de Deus é particularmente notável em Lucas-Atos".[1378] O mesmo teólogo pentecostal clássico diz que tal "verbo descreve o louvor alegre de Maria (Lc 1:47), Jesus (Lc 10:21) e Davi (At 2:26) em resposta à atividade salvífica de Deus em Jesus". Nos textos de "Lucas 1:47 e 10:21, o verbo é especificamente ligado à inspiração do Espírito Santo; e em Atos 2:25-30, Davi é descrito como profeta". Portanto, "o verbo alegrar-se era, para Lucas, uma maneira apropriada de descrever a atividade profética", mas é ainda mais surpreendente que a "referência de Atos 2:26 é especialmente interessante porque aí o verbo *ēgalliasato* é associado com a palavra *glōssa* (língua)". No entanto, tal "associação de *ēgalliasato* com *glōssa* não deveria nos surpreender, pois cinco das oito referências a *glōssa* em Lucas-Atos descrevem experiências de exultação espiritual que resultam em louvor". Tais ocorrências indicam "que para Lucas *ēgalliasato* e *glōssa*, quando associadas com a inspiração do Espírito Santo, são termos que descrevem casos de inspiração profética, casos em que uma pessoa ou grupo experimenta exultação espiritual e, como resultado, rompe em louvor".[1379] É assim que, tendo em vista os múltiplos propósitos da obra Lucas-Atos, insiste o mesmo teólogo pentecostal clássico:

> Outro texto que reflete o desejo de Lucas de incentivar sua igreja a experimentar a inspiração profética do Espírito, e tudo o que isso implica (isto é, louvor alegre, glossolalia, e testemunho corajoso), é encontrado em Lucas 11.13. Esse verso que forma o clímax do ensino de Jesus sobre a oração atesta, de novo, o fato de que o evangelista vê a obra do Espírito descrita em Atos como relevante para a vida de sua igreja. Lucas não está escrevendo melancolicamente sobre uma era de atividade carismática de um passado distante. Lucas 11.13 (ACF) diz: "Pois se vós, sendo maus, sabeis dar boas dádivas aos vossos filhos, quanto mais dará o Pai celestial o Espírito Santo àqueles que lho pedirem?". É instrutivo notar que a passagem paralela do evangelho segundo Mateus contém frases ligeiramente diferentes (Mt 7.11): "... quanto mais vosso Pai, que está nos céus, *dará boas coisas* aos que lhas pedirem". É praticamente certo que Lucas interpretou o termo "as boas dádivas" em seu material de origem como referentes ao Espírito

---

1378 Ibid., p. 48-9.
1379 Ibid., p. 49.

926 | TEOLOGIA SISTEMÁTICO-CARISMÁTICA

Santo. Então, nos dá um comentário inspirado no Espírito, um comentário de autoridade sobre essa palavra de Jesus.[1380]

Uma vez que esse texto não aparece em Marcos, tido como fonte dos Sinópticos, mas apenas em Mateus e Lucas, Robert Menzies pontua que reconhecer "a alteração de Lucas dessa fala em relação à empregada por Mateus (ou Q) antecipa a experiência da igreja pós-ressurreição", sendo tal conclusão "evidente, pois a promessa [de] que o Pai dará o Espírito Santo àqueles que pedem, começa a ser realizada somente no dia de Pentecostes". Ao "contemporizar o texto dessa forma, Lucas enfatiza a relevância da declaração para a comunidade póstera ao dia de Pentecostes para a qual escreve", pois, para o Evangelista, defende Robert Menzies, "parece não haver uma linha de separação dividindo a igreja apostólica da sua ou da nossa" e, por isso, "Lucas chama seus leitores a seguirem seus passos".[1381] O teólogo pentecostal clássico ainda chama a atenção para o fato de que "o contexto indica que a promessa é feita aos discípulos (Lc 1.11)", significando que "a versão contemporizada dessa declaração de Lucas é claramente dirigida aos membros da comunidade cristã", e, uma vez "que é direcionada aos cristãos, a promessa não pode se referir a um dom de iniciação ou de salvação", sendo perceptível tal "entendimento [...] no caráter repetitivo das exortações (em Lc 11.9) a orar: a oração pelo Espírito (e, à luz da promessa, podemos presumir que isto inclui receber o Espírito) é para ser uma prática contínua". Portanto, é evidente que o "dom do Espírito Santo ao qual Lucas se refere não inicia alguém na nova era, nem é para ser recebido uma única vez; em vez disso, o dom do Espírito é dado aos discípulos e é para ser experimentado em uma base contínua".[1382] Em termos diretos e, conforme instrui o teólogo pentecostal clássico Anthony Palma, tal experiência de "pós-conversão do Espírito não regula outras experiências do Espírito que possam precedê-la ou segui-la". Mesmo o batismo no Espírito Santo, na concepção pentecostal clássica, "não é uma experiência definitiva; o Novo Testamento não ensina 'uma vez cheio, sempre cheio', por isso "a visão pentecostal largamente aceita é 'um batismo, muitos enchimentos'", isto é, depois de elencar as passagens bíblicas que demonstram tal verdade, o mesmo autor diz que é possível "haver de fato enchimentos especiais do Espírito

---

1380 Ibid., p. 61-2.
1381 Ibid., p. 62.
1382 Ibid., p. 62-3.

CAPÍTULO 4 – Pneumatologia | 927

Santo depois da experiência do batismo no Espírito, para capacitar alguém a lidar com um problema especial". Assim, é preciso atentar para o fato de que o entrave todo está em nossa mentalidade e forma de estudo. Em termos diretos e simples, "Nosso conceito lógico ocidental de que algo [que] está cheio não pode ser ainda mais cheio é equivocado se aplicado ao Espírito", pois um "enchimento não é incompatível com outro".[1383] Justamente por isso, o "uso por Lucas em outros lugares indica que ele viu o dom do Espírito Santo (Lc 11.13) como uma habilitação profética", algo que pode ser verificado, inclusive, no próprio batismo de nosso Senhor Jesus Cristo, uma vez que "Jesus recebeu o Espírito após seu batismo enquanto orava (Lc 3.21)". Em termos diretos, finaliza Robert Menzies, tal "dom do Espírito, retratado principalmente como a fonte do poder profético (Lc 4.18-19), capacitou Jesus para sua tarefa messiânica". É exatamente por isso que o mesmo autor conclui que o Evangelista "Lucas não apenas vê o falar em línguas como um tipo especial de discurso profético que tem um papel contínuo na vida da igreja, mas também há indicações de que ele vê essa forma de fala inspirada e exuberante modelada na vida de Jesus".[1384] Essa opinião é contraditoriamente "contestada" por James Dunn, muito provavelmente por causa de sua regra, talvez inconsciente, mas igualmente contraditória, de se ler Lucas com as lentes de Paulo:

> Jesus, certamente, quase se considerava como um *profeta* (ver particularmente Mc 6.4 pars., Lc 13.33 [...]), e os vários exemplos de intuição profética (ver particularmente Mc 2.8; 9.33-37; 10.21; 12.43s.; 14.18,20; Lc 7.39ss; 19.5) e a previsão profética (ver particularmente Mc 10.39; 13.2; 14.8,25,30) são atribuídas a ele. Além do mais, seu ensino possuía tanta autoridade que era amplamente reconhecido e comentado (em particular Mc 1.27; 6.2; 11.28; Mt 8.9s./Lc 7.8s.), e que chega à mais clara expressão nas palavras "... mas *eu* vos digo" de Mt 5; e no uso do *Amém* para dar peso às suas palavras (34 vezes na tradição sinótica). O que era atordoante acerca dessa reivindicação implícita à autoridade era que ele se situava criticamente contra as autoridades de Israel e do judaísmo passados e presentes, até mesmo a Moisés [...]. Sua fonte de autoridade não era Lei, os pais, a tradição ou os rabis, mas a sua própria certeza de que conhecia a vontade de Deus. Aqui está um ensino que pode propriamente ser chamado *carismático*.

1383 PALMA. *O batismo no Espírito Santo e com fogo*, p. 51, 98-9.
1384 MENZIES. *Glossolalia*, p. 63, 47.

928 | TEOLOGIA SISTEMÁTICO-CARISMÁTICA

> Aqui está uma autoridade reivindicada que poderia muito bem ser chamada de *elitista*, dado que somente ele parecia a possuir. Mas era o próprio ensino que provocava a surpresa, não qualquer pronunciamento abertamente inspirado; e não há nenhuma evidência de que Jesus valorizava o discurso extático ou a glossolalia experimentada. De modo que aqui deveria ser mais apropriado chamar Jesus de *um carismático antes que um entusiasta*.[1385]

Há pontos de convergência e ruptura entre o pensamento de Dunn e o da tradição carismático-pentecostal. Todavia, não é nesse particular que vamos nos deter, mas no fato do seu reconhecimento de que, "no entendimento de Jesus, sua própria experiência do Espírito e seu ministério no poder do Espírito eram alguma coisa *única*", diz o mesmo autor, explicando que, para nosso Senhor Jesus Cristo, "*sua* não era apenas a inspiração de um profeta, mas a unção do Espírito do final dos tempos (Is 61.1s. [...])",[1386] pois, conforme o testemunho inspirado de João Batista, acerca de nosso Senhor Jesus Cristo, uma vez que Deus o enviou, ele "fala as palavras de Deus, pois não lhe dá Deus o Espírito por medida" (João 3:34). Além da ideia inadmissível de Jesus ter tido necessidade de salvação e regeneração, o conceito de que a experiência com o Espírito se reduz a somente "conversão-iniciação" não explica o próprio fato, amplamente citado nas Escrituras, e referido por James Dunn, de que a igreja do primeiro século era caracterizada como uma "comunidade carismática". É bem verdade que o teólogo metodista divide o aspecto carismático do aspecto entusiástico e explica que a "ação do Espírito (dom/recebimento do Espírito) é igualmente tema mais destacado na teologia do começo da salvação de Paulo do que o seu motivo da participação 'em Cristo'", observando que tal "experiência cristã primitiva [é] experiência entendida como experiência do Espírito". Mas tal parece instaurar uma aporia no pensamento por ele defendido, pois, seguindo a perspectiva que, segundo Dunn, refletia o consenso desde o biblista alemão Hermann Gunkel, o teólogo metodista, citando Eduard Schweizer, que, em 1952, num artigo seminal, escreveu que, "muito antes de o Espírito ser um tema de doutrina, foi um fato na experiência da comunidade", acrescenta, agora citando Gordon

---

1385 DUNN. *Unidade e diversidade no Novo Testamento*, p. 297 (grifo no original). Sobre a distinção de Dunn acerca de carismático e entusiasta, veja nota 1136.

1386 Ibid., p. 330.

Fee, que o estudo "mais recente", isto é, de 1994, expressa justamente o mesmo dito por Schweizer: "Independentemente de qualquer coisa, para Paulo o Espírito era realidade experimentada", ou seja, "para Paulo o Espírito, como realidade experimentada e viva, era o tema absolutamente crítico da vida cristã do começo ao fim".[1387] Como a pessoa poderia saber que recebeu o Espírito Santo? A resposta a essa questão é que parece instaurar uma aporia no pensamento de Dunn, pois, praticamente repetindo o argumento de outra obra recente que citamos do autor acima, o teólogo metodista reconhece que tal "aspecto básico da pneumatologia bíblica provavelmente merece mais ênfase do que tradicionalmente recebeu", visto que na "tradição cristã tornou-se costume conceber o dom do Espírito como dedução a ser tirada de profissão de fé correta ou de sacramento apropriadamente administrado", isto é, o "novo membro da Igreja recebe, efetivamente, a certeza" por meio da recitação consciente, ou repetição mecânica, de uma resposta à questão: "Tu creste em todas as coisas certas e/ou recebeste sacramento do batismo e/ou a imposição das mãos; por isso tu recebeste o Espírito, quer saibas, quer não". Todavia, com "Paulo era diferente", visto que ele não perguntou "aos gálatas: 'Como recebestes o batismo? Que profissão fizeste?'"; antes, a pergunta foi: "'Como recebestes o Espírito?' (Gl 3:2)".[1388] Portanto, como o próprio teólogo metodista reconhece, o "recebimento do Espírito por eles era algo que [Paulo] podia lembrar-lhes diretamente, não apenas como dedução de algum outro fator primário", ou seja, como uma "confissão de fé", por exemplo, por isso o mesmo autor diz que

> Gl 3:2 é notavelmente semelhante ao relato de At 19:2, a pergunta de Paulo a "certos discípulos" que ele encontrou em Éfeso: "Recebestes o Espírito Santo quando abraçastes a fé?" Dada a semelhança, o muito citado comentário de L[esslie] Newbigin sobre a última frase é pertinente aqui: "O apóstolo fez uma pergunta aos convertidos de Apolo: 'Recebestes o Espírito Santo quando abraçastes a fé?' E recebeu uma resposta simples. Seus sucessores modernos estão mais inclinados a perguntar ou 'Credes exatamente o que ensinamos?' ou 'As mãos que foram impostas sobre vós eram as nossas mãos?' e — se a resposta

---

1387 Dunn. *A teologia do apóstolo Paulo*, p. 487. As referências citadas pelo autor foram: Schweizer, Eduard. "Pneuma" in: *TDNT* 6.396. Fee, Gordon. *God's empowering presence: the Holy Spirit in the letters of Paul* (Peabody: Hendrickson, 1994), p. xxi.

1388 Ibid., p. 490.

930 | TEOLOGIA SISTEMÁTICO-CARISMÁTICA

for satisfatória — tranquilizar os convertidos [de] que eles recebe-ram o Espírito Santo, mesmo que não o saibam. Há um mundo de diferença entre estas duas atitudes" (*The Household of God.* [Londres: SCM, 1953 = New York: Friendship, 1954] 95).[1389]

Com essa argumentação de James Dunn, e sua recorrência a Schweizer, Fee e Newbigin, corroborando com a mesma ideia que temos desenvolvido desde o início, parece não só estranha sua divisão entre carismático e entusiasta, mas também incoerente. Para os demais, está claro que havia manifestação exterior do recebimento do Espírito, que, como temos chamado, consiste em capacitação carismática, fruto da presença extraordinária da terceira Pessoa da Trindade. Sua manifestação exterior, pensando no caso dos artesãos do tabernáculo e do juiz Sansão, oferece base possível para dizer que nem sem-pre a manifestação se dá em forma de fala profética, discurso inspirado e/ou fenômeno extático-glossolálico, mas certamente havia algo muito perceptível para que se pudesse comprovar o recebimento do Espírito. Mas é justamente por causa da indistinção entre conversão-iniciação e capacitação carismática, ambas obras da *presença extraordinária* do Espírito, que reside a confusão toda que leva os teólogos a negar que haja experiências distintas realizadas pela terceira Pessoa da Trindade. É importante ressaltar que, quando men-cionamos esse aspecto, queremos deixar claro que nossa distinção é teológica, não cronológica, ou seja, lançando mão da linguagem da principal doutrina do pentecostalismo clássico, é preciso compreender que falamos de *separabi-lidade*, não de *subsequência*, pois a última é imperceptível aos nossos olhos, ao passo que a primeira é um dado bíblico-teológico evidente, nada tendo com repetição de fórmulas credais ou confessionais. De outra forma, uma narrativa como a de Atos 8:12-17 parece realmente uma anomalia, visto que a "narrativa descreve uma aparente contradição, a saber, crentes que não receberam o Espírito", isto é, a "narrativa samaritana confronta o leitor com a separação cronológica entre a crença dos samaritanos e o seu recebimento do Espírito". Neste caso, a "fé deixou de efetivar o recebimento do Espírito, e o batismo não foi o lugar do recebimento do Espírito".[1390] No entanto, não há anomalia ou inconsistência alguma no texto; basta apenas seguir o enten-dimento da teologia lucana, que mostra claramente que "o dom do Espírito

---

1389 Ibid., p. 491.
1390 STRONSTAD. *A teologia carismática de Lucas-Atos*, p. 103.

CAPÍTULO 4 – Pneumatologia | 931

é carismático ou vocacional e é concedido aos crentes, então a separação temporal entre a crença e o recebimento do Espírito, como é evidente na narrativa samaritana, não representa inconsistência ou contradição teológica", ou seja, o "problema é com os pressupostos dos comentaristas, e não com a narrativa de Lucas".[1391] Assim, por mais contraditório que pareça, enquanto o estudioso vasculha "em vão o texto de Lucas em busca de diretrizes para a chamada experiência cristã normativa, encontramos um padrão invariável para o dom do Espírito no registro revelador da inauguração e propagação do evangelho", isto é, "o dom do Espírito sempre precede e efetiva a missão ou a vocação",[1392] sendo algo exclusivo para crentes convertidos, seja há um minuto, seja há décadas, pois o lapso não é importante. Assim, para o teólogo pentecostal canadense, conforme "Lucas deixa explícito, o dom carismático do Espírito Santo em Lucas-Atos é sempre um fenômeno experiencial", pois assim sucedeu com "Isabel, Zacarias, Jesus, os discípulos no dia de Pentecostes, a casa de Cornélio e os discípulos em Éfeso"[1393] (Lucas 1—2; Atos 2:1-11; 11:1-18; 19:1-7). Isto é,

> ao longo de Lucas-Atos, o dom do Espírito para a vocação nunca é questão de *fé-percepção*, mas é sempre uma *experiência-realidade*. A tentativa prejudicial de separar o recebimento do Espírito pela fé e o recebimento do Espírito pela experiência, com a presunção de que a fé [enquanto conteúdo credal] é superior e independente da experiência, não se harmoniza com o registro de Lucas do dom do Espírito. Desprezar a dimensão experiencial do dom do Espírito é, na terminologia paulina, extinguir o Espírito (1Ts 5:19).[1394]

O dualismo posterior que se instaurou na religião cristã é completamente estranho à pneumatologia experiencial lucana, que ensina, de forma explícita, a experiência com o Espírito Santo como algo não teórico, isto é, não apenas independendo de formulações teológicas, mas não sendo possível dizer que se conhece, em sua dimensão carismática, o Espírito Santo de forma teórica, pois esta é até mencionada/postulada, em um momento posterior, mas isso não

---

1391 Ibid., p. 104.
1392 Ibid., p. 130.
1393 Ibid., p. 131-2.
1394 Ibid., p. 132 (grifo nosso).

932 | TEOLOGIA SISTEMÁTICO-CARISMÁTICA

equivale a *conhecer* no sentido pneumatológico lucano, pois refere-se àquilo que se experimenta de forma concreta e real, porém na maioria das vezes é inarticulável. Não obstante, alguém pode objetar, citando a experiência de Éfeso com os "discípulos de Apolo" (Atos 19:1-7). Eles nem sequer sabiam da existência do Espírito Santo e precisaram ser "informados" para depois receberem. É preciso notar que tanto eles quanto Apolo, o seu "pai na fé", já eram crentes e, independentemente de saberem ou não, de acordo com as pneumatologias joanina e paulina, já haviam se convertido por ação do Espírito (conversão-iniciação) e viviam em novidade de vida (santificação) igualmente pela obra da terceira Pessoa da Trindade. Já a capacitação carismática refere-se à outra e semelhantemente imprescindível ação do Espírito Santo, sendo tal ensino muito comum na tradição carismático-pentecostal, e é justamente esta que faltava a eles experimentar, pois as demais, ainda que eles não tivessem conscientemente percebido, já eram realidade e um ato ocorrido. O aspecto mais curioso nesse caso é que Apolo era versado nas Escrituras, mas desconhecia o Espírito Santo, tendo de ser ensinado por Priscila e Áquila (Atos 18:24-29).[1395] Parece que "simultaneamente", enquanto o pregador estava sendo instruído em Corinto pelo casal, Paulo chega a Éfeso e pergunta acerca do Espírito aos seus convertidos (Atos 19:1). Para seguidores experientes — Priscila, Áquila e Paulo —, não restava dúvida, era preciso ensinar a completude da fé, incluindo sua dimensão pneumático-carismática, pois sem esta a fé estaria, na perspectiva lucana, incompleta. A despeito do fato de as opiniões se dividirem a respeito de Apolo, pois ele pregava sem supostamente ter recebido a capacitação carismática, há uma corrente que defende que ele havia recebido, mas não conhecia teologicamente, daí a importância do ensino do casal e da articulação teológica. A verdade é que, "na teologia de Lucas do Espírito Santo, a atividade do Espírito sempre é carismática em termos de propósito e de resultado", ou seja, a "teologia carismática de Lucas

---

1395 "Normalmente o nome do marido seria mencionado primeiro, a menos que a mulher fosse de classe social mais elevada, mas o nome de Priscila (a forma convencional é 'Prisca', como nas epístolas de Paulo) aparece o dobro de vezes que o de Áquila no Novo Testamento. O papel de Priscila aqui é um tanto incomum pelos padrões antigos (a ponto de ser mencionado por alguns comentaristas antigos e causar, ao que tudo indica, algum desconforto no texto ocidental posterior). Embora a maioria dos homens do antigo Mediterrâneo não aceitasse de bom grado que mulheres falassem em público e, em geral, não respeitasse o ensino delas, Priscila ensina em particular, e muitos homens não deixavam de reconhecer as exceções no caso de mulheres realmente excepcionais" (KEENER, Craig S. *Comentário histórico-cultural da Bíblia: Novo Testamento* [São Paulo: Vida Nova, 2017], p. 456).

CAPÍTULO 4 – Pneumatologia | 933

é caracterizada por uma herança do Antigo Testamento, uma dimensão experiencial, uma atividade profética frequente e sem limitações temporais". Apenas os que "resistem à evidência podem continuar a interpretar que o dom do Espírito Santo em Lucas-Atos é uma experiência de conversão-iniciação", pois somente por "preconceitos pessoais e teológicos", diz Roger Stronstad, é que ainda "há intérpretes que rejeitam esta exposição da teologia de Lucas sobre o Espírito Santo".[1396] Alguns até admitem o fato inegável de que Lucas realmente apresenta uma teologia carismática, todavia tal "admissão" só lhes é "palatável mediante uma série de manobras que permitem que o intérprete evite as implicações da teologia carismática de Lucas para a experiência cristã contemporânea", pois esta é realmente a questão, negar a possibilidade da experiência genuína com o Espírito. Por isso, uma corrente de exegetas "atribui um limite *dispensacional* à atividade carismática do Espírito, limitando-a aos tempos do Novo Testamento", havendo outros ainda que adotaram o artifício de rotular essa "atividade carismática de *anormal* e insistem com veemência que os cristãos se contentem com o crescimento normal na maturidade cristã". Assim, embora "aceitando a legitimidade da teologia carismática de Lucas, os intérpretes relegam-na a uma posição *secundária*".[1397] Contudo, conforme mostra o teólogo pentecostal canadense, "já que o testemunho coerente do Novo Testamento relata que Jesus, os discípulos e convertidos judeus tiveram uma experiência carismática, então não se trata de algo anormal, mas perfeitamente normal".[1398] Portanto, sobre as interpretações tácitas e pneumatologicamente minimalistas:

> Embora estejam habitualmente cobertas de sabedoria profunda e piedade sincera, essas táticas silenciam ou enfraquecem a teologia carismática de Lucas, que ficaria surpreso ao saber pelos intérpretes contemporâneos que, contrariamente à teologia carismática por ele apresentada, as subsequentes gerações de cristãos são plenamente hábeis para ministrar sem a capacitação carismática do Espírito, que o cristianismo carismático é anormal e que o cristianismo carismático é secundário. Interpretar que a teologia carismática de Lucas é dispensacional, anormal e secundária revela mais sobre as atitudes dos

---

1396 Stronstad. *A teologia carismática de Lucas-Atos*, p. 132.
1397 Ibid., p. 132-3 (grifo no original).
1398 Stronstad. *Hermenêutica pentecostal*, p. 99.

934 | TEOLOGIA SISTEMÁTICO-CARISMÁTICA

intérpretes contemporâneos e sobre as tradições teológicas e eclesiásticas que defendem do que a atividade do Espírito Santo em Lucas-Atos. É óbvio que a teologia de Lucas relacionada ao Espírito Santo requer uma resposta mais digna que isso.[1399]

Alguém pode reverter a observação e dizer que a tradição carismático-pentecostal, ao supervalorizar a obra de Lucas-Atos, está criando, ao seu modo, o "cânon dentro do cânon". Contudo, tal "acusação" é improcedente, pois, em sua simplicidade interpretativa, os carismático-pentecostais sempre valorizaram as Escrituras em sua completude, sem qualquer distinção até entre o Antigo e o Novo Testamentos, que dirá entre os seus diversos documentos. Isso não quer dizer que tal atitude simplória não tenha trazido problemas, dificuldades e até injustiças que, posteriormente, tiveram de ser corrigidas e reparadas. O que temos nos dedicado a fazer ao ressaltar os documentos lucanos é apenas demonstrar que, uma vez que o principal e mais popular teólogo neotestamentário ensina que quem foi alcançado pelo evangelho deve ter o nosso Senhor Jesus Cristo como modelo supremo a ser imitado, e tal, como já foi dito, só pode ser feito do ponto de vista de sua humanidade durante o transcurso de seus anos de ministério terreno, ao nos voltarmos para o "testemunho do Evangelho de Lucas", vemos claramente que, "pela capacitação do Espírito Santo, Jesus foi carismático". De igual "forma, o testemunho de Atos dos Apóstolos é que os discípulos eram uma comunidade carismática", ou seja, na teologia lucana "a Igreja é carismática" e, como corpo de Cristo, trata-se de "algo que continua verdadeiro, quer a Igreja esteja ou não sempre ciente do seu caráter carismático, quer funcione ou não no nível do seu potencial carismático". Contudo, é preciso reconhecer que, assim como os hebreus que tiveram medo da glória de Deus, habitualmente "a igreja vê a experiência carismática com suspeitas". Por isso revela Stronstad, mesmo que alguns teólogos tradicionais "façam elogios insinceros ao caráter carismático da Igreja, há, na realidade, tradições cristãs que desprezam as profecias e extinguem o Espírito". É justamente por causa disso que a tradição carismático-pentecostal, responsável pela defesa dessa dimensão da pneumatologia bíblica por experimentar e promover "a manifestação da atividade carismática do Espírito Santo", encerra o mesmo autor, enfrenta "amarga oposição

---

1399 STRONSTAD. *A teologia carismática de Lucas-Atos*, p. 133.

a esse respeito".[1400] Lembre-se que o texto seminal de Roger Stronstad data de quase quatro décadas atrás, quando a oposição era feita de forma hostil, em termos de realidade brasileira, no entanto, a situação atual é diferente. Conquanto alguém diga que falar a respeito "arranha" o processo de "catolicidade da igreja", é preciso observar que a unidade não pode ser promovida de maneira artificial e ao alto custo da extinguir o Espírito Santo na igreja. Manter o minimalismo pneumatológico na teologia, relegando a terceira Pessoa da Trindade a um papel terciário ou irrelevante, para não ser acusado de heresia, enquanto aceita-se tratar como aberração suas manifestações e comporta-se de maneira esnobe como os que reagiram à experiência dos 120 no cenáculo, dizendo do alto da empáfia tradicionalista que estão bêbados, isto é, fora de si, é mais que emblemático na assunção de que a presença dele é indesejada, pois não só deixa em desalinho, mas termina por colocar abaixo o domínio teológico-religioso. É assim que, diz o mesmo teólogo pentecostal canadense, a "igreja contemporânea atualmente está em um impasse sobre a doutrina do Espírito Santo" e, infelizmente, não há quase diálogo algum, piedoso e maduro, entre as tradições "a respeito da validade da experiência carismática para hoje". Contudo, o "caráter carismático da igreja torna imperativo que todas as tradições da igreja reavaliem sua doutrina e experiência do Espírito à luz da teologia carismática de Lucas".[1401] A conclusão de Stronstad é que

> a literatura do Novo Testamento revela três dimensões primárias da atividade do Espírito Santo: (1) salvação, (2) santificação e (3) serviço. As dimensões são interdependentes e complementares. Contudo, no desenvolvimento da teologia protestante, a tradição reformada enfatiza a atividade do Espírito na conversão-iniciação; a tradição wesleyana enfatiza a atividade do Espírito na santidade ou na santificação; e a tradição pentecostal enfatiza a atividade carismática do Espírito na adoração e serviço. É triste lição da História da Igreja e da experiência contemporânea que a atividade carismática do Espírito Santo não prospere em um clima que é hostil ou indiferente à dimensão da atividade do Espírito. Portanto, a teologia carismática de Lucas desafia as tradições reformada e wesleyana a acrescentar a

---

1400 Ibid.
1401 Ibid., p. 133-4.

936 | TEOLOGIA SISTEMÁTICO-CARISMÁTICA

atividade carismática do Espírito às suas respectivas experiências de conversão-iniciação e santidade do Espírito.[1402]

É importante notar que os teólogos pentecostais clássicos chegam a resultados iguais por caminhos ou métodos diferentes. Enquanto Roger Stronstad segue o método histórico-gramatical unido às ferramentas modernas, Robert Menzies utiliza o método histórico-crítico igualmente com a ajuda das ferramentas da crítica da redação.[1403] Mas é preciso perceber que ambos utilizam, juntamente com os métodos históricos, ferramentas literárias auxiliares. "Ler, interpretar e aplicar Lucas-Atos sob os aspectos ora discutidos — e há outros ainda mais sofisticados — denota ser uma tarefa incrivelmente enriquecedora e iluminadora", diz Roger Stronstad. Este acrescenta que tal exercício deságua "em novos e refrescantes meios a mensagem de um quarto do Novo Testamento e possibilita ao leitor descobrir propósitos históricos-didáticos-teológicos de Lucas suprimidos por uma hermenêutica de narrativa histórica mais tradicional".[1404] Por isso, o mais importante são os pressupostos de ambos — sobrenaturais, sinergistas, dinâmicos e continuístas —, que fazem toda a diferença no momento de elaborar teologia. É preciso lembrar que, conforme temos demonstrado, tais pressupostos são derivados das próprias Escrituras, ou seja, acompanham a dinâmica da revelação e a lógica da fé. Mas, para isso acontecer de fato, é preciso entender que, no "Novo Testamento, a experiência do Espírito não é algo acessório ou secundário, menos importante do que a revelação do Filho", mas justamente o oposto, "a experiência do Espírito é a que está na raiz do Novo Testamento",[1405] afirma o teólogo jesuíta espanhol Víctor Codina. Justamente por isso é preciso, de uma vez por todas, fazer como o apóstolo Pedro no dia de Pentecostes e

---

1402 Ibid., p. 134.

1403 Stronstad informa que adotou "o modelo hermenêutico que geralmente caracteriza uma interpretação protestante evangélica da Bíblia", ou seja, histórico-gramatical (STRONSTAD. *Teologia lucana sob exame*, p. 29). Esse ponto o mesmo autor também deixa claro em sua obra *Hermenêutica pentecostal*, p. 87-8, 106-7, 112, de acordo com o que já mostramos anteriormente, nas palavras do referido teólogo e de seu pai, William Menzies (cf. MENZIES; MENZIES. *No poder do Espírito*, p. 88-90). Para uma discussão aprofundada acerca do porquê da escolha dos métodos por ambos os autores, leia os dois capítulos sobre "A história da hermenêutica pentecostal: origens e desenvolvimento (Partes I e II)", de autoria do teólogo carismático-pentecostal Kenner Terra, in: SIQUEIRA; TERRA. *Autoridade bíblica e experiência no Espírito*, p. 64-138.

1404 STRONSTAD. *Teologia lucana sob exame*, p. 58.

1405 CODINA. *"Não extingais o Espírito" (1 Ts 5,19)*, p. 57.

CAPÍTULO 4 – Pneumatologia | 937

mostrar uma "coragem hermenêutica", para usar a expressão de James Smith, admitindo a novidade interpretativa, que não consiste no uso do "princípio 'definidor' da *pesher*"[1406] — que nosso Senhor Jesus Cristo utilizava (Lucas 4:21) e que o apóstolo utilizou em Atos 2:17-21—, que, ao contrário do que afirmam alguns teólogos, era um exercício interpretativo comum no judaísmo.[1407] Para o teólogo e filósofo James Smith, o que o apóstolo realmente fez de diferente, e o que ele vê como exemplo, pode ser classificado como *coragem hermenêutica* ou "ousadia interpretativa", pois Pedro colocou-se em pé diante de "muitas pessoas que demonstravam uma atitude zombeteira (v. 13) e depreciativa em relação a ele e a seus companheiros" (v. 7). Contudo, há uma razão para o apóstolo ostentar tamanha intrepidez e trazer uma interpretação que diferisse da oficial. Conquanto Pedro tenha nascido de novo com o que aconteceu na "experiência fontal", isto é, verificamos que o apóstolo, assim como os demais do colégio apostólico, realmente se converteu após a experiência de contemplar nosso Senhor Jesus Cristo ressurreto (João 21.14-17). Todavia, há algo decisivo que ocorreu para que os seguidores do Caminho se dispusessem a cumprir a missão designada pelo Mestre (Mateus 28:19-20), que foi a experiência relatada em Atos 2, a qual havia sido profetizada pelo Senhor em Lucas 24:44-49. É possível que alguém se recorde da atitude de Ana, praticamente a "primeira evangelista" de que se tem notícia (Lucas 2:36-38). Todavia, não se pode igualmente ignorar que ela era "profetisa", isto é, carismática. Este é o diferencial — a capacitação carismática que, como vimos, era "comum" no Antigo Testamento. Contudo, o que Pedro mostra é que agora todos, indistintamente, podem receber tal capacitação carismática, pois a missão sacerdotal, conforme o projeto original da economia divina, cabe a todos. Como diz Roger Stronstad, "Jesus é o Profeta-criador"; por

---

1406 STRONSTAD. *Teologia lucana sob exame*, p. 40. Veja o exercício 3 apresentado na lista dos cinco no subtópico anterior.

1407 "Ao citar de memória as palavras da profecia, Pedro faz uma pequena alteração, totalmente intencional. Os apóstolos estavam autorizados a interpretar os escritos do Antigo Testamento e a trazer o significado deles para sua época. Nós, hoje, não temos autorização para fazer nenhum tipo de alteração no texto sagrado. Mas Pedro, como apóstolo que era, usou de sua autoridade para ajustar a profecia de Joel, que originalmente dizia: 'Depois disso, derramarei meu Espírito sobre todas as pessoas' (Jl 2:28). A versão atualizada por Pedro diz: 'E acontecerá nos últimos dias, diz o Senhor, que derramarei do meu Espírito sobre todas as pessoas...' (At 2.17)" (NICODEMUS. *O Pentecostes e o crescimento da igreja*, p. 46). Para ver a análise dessa perícope na perspectiva histórico-crítica de Robert Menzies, veja o tópico "História da salvação e as línguas em Lucas-Atos" in: MENZIES. *Glossolalia*, p. 44-7.

938 | TEOLOGIA SISTEMÁTICO-CARISMÁTICA

isso, da mesma forma que o "Senhor levantou uma pequena comunidade de profetas para ajudar Moisés, assim também Ele levanta uma comunidade maior e multiplicadora de discípulos para ampliar o ministério profético de Jesus".[1408] Tendo isso em mente, diz James Smith sobre a "coragem hermenêutica" de Pedro em Atos 2:

> Os zombadores trouxeram sua própria versão dos fenômenos (a "teoria do vinho"). Pedro trouxe com coragem uma alternativa (a "teoria do Espírito Santo"), e a proclamação dessa interpretação não garantiu que as outras pessoas enxergassem o mundo dessa maneira (nem todos "aceitaram a mensagem" [v. 41]). Ainda assim, a interpretação que Pedro trouxera revolucionou o modo pelo qual muitos veem o mundo. Desse modo, o que marcou o dia de Pentecostes foi a coragem interpretativa de Pedro que traz uma nova estrutura hermenêutica. Podemos dizer que o próprio Pentecostes já é a hermenêutica. Além disso, essa postura hermenêutica é o que define a espiritualidade pentecostal, que funciona como nada menos que uma interpretação revolucionária do mundo proclamada de forma não apologética como uma contrainterpretação do mundo, que contraria as interpretações dominantes ("teorias do vinho") do nosso mundo e os acontecimentos que se desenrolam dentro dele.[1409]

Toda vez que ouvimos a ideia de que os apóstolos e discípulos creram na ressurreição por serem ignorantes supersticiosos que acreditavam em qualquer coisa, lembramos a incredulidade dos seguidores do Mestre ao ouvirem os relatos das mulheres de que ele havia ressuscitado, e a de Tomé, que achou mais fácil acreditar que os outros dez apóstolos tiveram uma alucinação coletiva, pois jamais poderiam ter visto alguém que morrera de forma tão cruelmente clara (Lucas 24:9-11,22,36-49; João 20:24-29). Portanto, conforme já dissemos muitas outras vezes, precisamos manter em mente que sempre existiram pessoas, e em número bem maior, que não acreditam em milagres e querem racionalizar tudo. A ironia é que muitas dessas pessoas são religiosas e, por isso mesmo, deveriam crer, sobretudo se pertencerem ao cristianismo, pois, se há uma religião dependente da realidade do sobrenatural, é a religião cristã. A coragem de Pedro pode ser facilmente compreendida e

---

1408 STRONSTAD. *A teologia carismática de Lucas-Atos*, p. 77-8.
1409 SMITH. *Pensando em línguas*, p. 60-1.

valorizada quando nos informamos a respeito da situação de Israel no período intertestamentário. Então, vemos que, excetuando algumas "isoladas experiências de restauração da inspiração profética" durante a referida época, informa Roger Stronstad, "a piedade do judaísmo identificava-se pela devoção à lei, e não pela liderança carismática", mas isso não era o maior problema, e sim o fato de que a "devoção à lei, por natureza, impedia a atividade do Espírito", pois a "interpretação tomou o lugar da inspiração profética, o ensino tomou o lugar da proclamação, e o escriba tomou o lugar do profeta". Contraditoriamente, por causa da "preocupação com a piedade da Torá, no judaísmo intertestamentário, o ambiente era desfavorável para restauração da liderança carismática em geral e, em particular, para a restauração da inspiração profética". Assim, o resultado não poderia ser outro: o "espírito carismático de profecia desapareceu de Israel".[1410] De fato, essa posição "cessacionista", no judaísmo, além de ser igualmente sustentada pelo teólogo Jon Ruthven, é acompanhada da observação desse mesmo autor que revela ainda que, no afã de serem dignos de atenção, os carismáticos do período intertestamentário adotaram uma posição sinceramente equivocada, trazendo à baila um assunto com o qual estamos à volta, que é justamente a "questão da autoridade religiosa entre 'carismáticos' que, mesmo em relatos fabulosos, podem ter pretendido usar profecia e milagre para estabelecer sua credibilidade doutrinária, cada vez mais perdida para tantos quantos recorriam à habilidade de interpretação e do consenso da academia".[1411] Utilizando os termos de forma anacrônica, Ruthven diz que os que resolviam estudar "matavam" seu vigor carismático, pois a "profecia e a operação de milagre foram substituídas pelo estudo da Torá e suas interpretações acadêmicas". Tal posição dos que estudavam, por sua vez, surgiu como "reação contrária aos fingidores carismáticos messiânicos radicais das revoltas contra Roma e contra o rápido crescimento do movimento carismático cristão". Em outras palavras, "o judaísmo se tornou uma religião baseada no único e verdadeiro Deus, ou seja, a Torá escrita e sua interpretação escolástica", e exatamente por causa disso "os milagres e as profecias, forçosamente, cessaram".[1412] Pedimos licença para repetir um clichê aqui, pois a semelhança com o que está acontecendo com a

---

1410 STRONSTAD. *A teologia carismática de Lucas-Atos*, p. 55.

1411 RUTHVEN, Jon. *Sobre a cessação dos* charismata: *a polêmica cessacionista sobre os milagres pós-bíblicos* (Natal: Carisma, 2017), p. 31.

1412 Ibid.

940 | TEOLOGIA SISTEMÁTICO-CARISMÁTICA

tradição carismático-pentecostal brasileira não é mera coincidência, por isso voltaremos ao assunto oportunamente.

É preciso, porém, atentar para o que o teólogo pentecostal canadense disse no início sobre as experiências isoladas e também para o que dissemos logo quando iniciamos este último subtópico acerca da *presença extraordinária* do Espírito Santo no Novo Testamento, ou seja, pessoas variadas e individualmente tiveram suas experiências carismáticas no período intertestamentário, como Zacarias, Isabel, Maria, Simeão e Ana, por exemplo. Mas é sob esse "pano de fundo do registro veterotestamentário da liderança carismática — da esperança da vinda de um Messias no fim dos tempos, o qual seria ungido pelo Espírito, e capacitado pelo Espírito; da esperança para um povo que tomaria parte no dom do seu Espírito; e da consciência no judaísmo de que o dom profético do Espírito estava ausente — que devemos interpretar a manifestação repentina, dramática e sem precedentes do dom do Espírito em Lucas".[1413] Os judeus da diáspora que estavam em Jerusalém por ocasião das três grandes festas judaicas — Páscoa, Pentecostes e Tabernáculos (Êxodo 23:14-17; 34:18-23) — não eram cristãos, e sim praticantes, ainda que nominais, do judaísmo. Como tais, aguardavam a restauração messiânica que seria marcada também pela inspiração profética, de modo que, ao não perceberem que o Messias já tinha vindo, pois não viera da forma e da maneira que se convencionou que ele seria, e por não estarem habituados nem terem experiência com o Espírito, tal manifestação glossolálica lhes pareceu loucura ou, no mínimo, resultado de embriaguez. Há ao menos duas razões para que eles tivessem essa opinião. Primeiramente, pelo fato de que, de acordo com a descrição do teólogo Wayne Meeks, a "glossolalia ocorre em transe que demonstra mais plenamente a perda de controle da consciência e ao mesmo tempo níveis extraordinários de energia, extravasados e repentinos, sudorese abundante, salivação etc.". O autor ainda acrescenta que os "órgãos da palavra parecem ser ativados, com enorme força, por algo que supera a vontade do sujeito".[1414] Em segundo lugar, é possível identificar um sinal de preconceito e desprezo, pois a primeira coisa que eles disseram é que os que estavam falando "eram galileus" (Atos 2:7), isto é, pessoas de classes inferiores, de povos mestiços, daí por que ser chamada de "Galileia dos gentios" (Mateus 4:15, ARA).

1413 STRONSTAD. *A teologia carismática de Lucas-Atos*, p. 55.

1414 MEEKS, Wayne A. *Os primeiros cristãos urbanos: o mundo social do apóstolo Paulo* (São Paulo: Paulinas, 1992), p. 183.

Segundo informa Emílio Conde, teólogo e historiador das Assembleias de Deus no Brasil, a "palavra *gentios* é ali mencionada pelo fato de ter a Alta Galileia como limites as cidades de Tiro e Sidom", e, além disso, os "fenícios, os egípcios e os árabes, além de outros povos gentios, eram numerosos naquela região, principalmente depois que o rei da Assíria Tiglate-Pileser levou cativa para a Assíria a população de Naftali, e na Galileia deixou muitos dos invasores gentios para garantir a posse da terra [...] (2Rs 15.29)". Por isso, finaliza o autor, a "Galileia e os galileus não eram tidos em grande estima entre os fariseus e principais sacerdotes".[1415] Mas o fato que temos procurado ressaltar desde o início é que, a despeito de serem levados à presença das autoridades religiosas judaicas que condenaram nosso Senhor Jesus Cristo, Anás e Caifás, sumo sacerdote e sacerdote, respectivamente, Pedro, que antes havia negado Jesus, por medo de uma criada deles (Lucas 22:54-71), agora teve coragem de desobedecer-lhes e até desafiá-los, e a admiração dos pontífices era que os seus desafiantes não passavam de pescadores, e se tratava de homens indoutos e sem conhecimento (Atos 4:1-31). O que fez que Pedro mudasse tanto em cinquenta dias? A resposta é óbvia: a capacitação carismática no dia de Pentecostes. Em termos diretos, ele e os demais se tornaram carismáticos.

É justamente por isso que o já citado filósofo e teólogo James Smith defende que o "auge da narrativa do dia de Pentecostes não é alcançado nos acontecimentos espetaculares de Atos 2:1-4, mas, sim, no que acontece depois, em Atos 2:16, quando Pedro, com uma ousadia hermenêutica característica, afirma: 'Isto é de Deus!'".[1416] A quem professava uma religião com regras ritualísticas, teologia pronta e com tudo previsto, tal acontecimento representou uma ruptura muito desordenada para "ser de Deus", pois não estava contemplado nos cânones teológicos judaicos. A questão é que o apóstolo Pedro, sem ser exegeta profissional, já inspirado pelo Espírito Santo, faz uma leitura e aplicação performática do texto que rompe com a unilateralidade interpretativa do judaísmo oficial, levando muitos a duvidar e zombar, mas outros a crer. Isso desmonta o monopólio de quem detém a "interpretação oficial" e, por conseguinte, tida como "correta" e/ou "única". Daí a oposição feroz. Nesse particular, Robert Menzies diz que os "primeiros pentecostais também foram inicialmente ridicularizados por sua doutrina e

---

1415 CONDE, Emílio. *Tesouro de conhecimentos bíblicos*, 2. ed. (Rio de Janeiro: CPAD, 1990), p. 311-2 (grifo no original).

1416 SMITH. *Pensando em línguas*, p. 72.

prática, que obviamente incluíam falar em línguas", mas tal se constituía em algo importante. Como na mente deles "o fato de falar em línguas encarnava e validava aspectos importantes de sua hermenêutica e teologia, também se tornava um para-raios para a crítica e o ridículo". Todavia, "eles não estavam muito preocupados"; antes, "permaneceram firmes nas Escrituras, pois reconheceram corretamente que essa experiência era difundida na igreja apostólica, experimentada por gerações subsequentes de crentes, e encorajada no Novo Testamento".[1417] Como todo e qualquer adepto responsável da tradição carismático-pentecostal, Menzies reconhece que os pentecostais "experimentaram certa quantidade de 'poder descontrolado'", pois os "riscos são reais" quando ocorre esse tipo de manifestação extática. Todavia, como ele ressalta, "com a ajuda de líderes piedosos e uma compreensão clara do ensino bíblico, navegaram com sucesso nessas pequenas tempestades", e o "resultado é claro: um grupo improvável de pessoas, em sua maioria comuns, com poderes do Espírito Santo, lançaram um movimento que produziu o maior evangelismo que o mundo viu".[1418] Do ponto de vista do sacerdócio universal dos crentes — pilar da Reforma ao lado do livre-exame das Escrituras —, excetuando a tradição wesleyana, que ampliou um pouco mais a camada de atuação, autorizando pregadores leigos, de fato ninguém levou a efeito, e de forma tão maciçamente ampla quanto a tradição carismático-pentecostal, esse aspecto missiológico. Evidentemente que, como o teólogo pentecostal clássico reconhece, quando se fala em "encontrar-se com Deus", trata-se de "uma experiência arriscada", e o "Falar em línguas simboliza esse risco, pois exige que nós entreguemos o controle daquele órgão mais significativo e definidor do nosso corpo, nossa língua (Tg 3.1-12; Pv 18.21)". Não apenas isso, mas acabamos nos engajando "em ações que transcendem nosso entendimento e que podem ser incompreensíveis para aqueles que nos rodeiam", isto é, tal pode fazer que venhamos "parecer e soar tolos para os outros e incorrer em ridicularização". Contudo, o mesmo autor defende que "em razão da promessa de Deus vale a pena correr o risco".[1419] Tal foi assim desde sempre e não seria diferente quando prorrompeu o moderno movimento pentecostal, e nunca será comum ou trivial, pois desafia não só o que está invisível aos olhos

---

1417 MENZIES. *Glossolalia*, p. 27-8.
1418 Ibid., p. 28.
1419 Ibid.

CAPÍTULO 4 – Pneumatologia | 943

humanos, o *establishment* natural deste mundo (1João 5:19), mas também, e infelizmente, o *mainstream* teológico racionalista, que se sente incomodado com o que não pode ser explicado, domesticado, nem manipulado teologicamente.

Espírito Santo — o Deus *propositadamente* esquecido

Esses são, portanto, os dados bíblicos que reunimos, e estamos cientes de que se trata apenas de uma pequena amostra, seguindo o *leitmotiv* que elegemos — a experiência com o Espírito Santo —, pois, conforme nossa opção metodológica, não pretendemos falar do Ser-em-si divino, ou seja, das Pessoas da Trindade, até porque não temos condições de descrevê-lo. Contudo, mesmo panoramicamente, demonstramos *como* o Espírito Santo *é*, com base em sua atuação, ou seja, analisando o que podemos visualizar como resultado de sua *presença contínua* e *extraordinária*. Mas é sempre preciso manter em mente que tal não é o Espírito Santo, mas suas ações, e, se os seres humanos podem ser redutíveis ao que fazem, com a deidade isso não ocorre. A vastidão do universo, praticamente desconhecida de nós, foi criada por Deus. Ele conhece e sabe o que se passa em todo e qualquer espaço milimétrico, e lá o Espírito Santo, mediante sua *presença contínua*, atua ininterruptamente (Salmos 139). O teólogo dominicano francês Christian Duquoc afirma, como já dissemos no primeiro capítulo, que a resposta de nosso Senhor Jesus Cristo a Nicodemos (João 3:8), ao falar do Espírito Santo, lança mão de uma "imagem física de mobilidade: o vento", significando que a terceira Pessoa da Trindade "não é domesticado: não tem genealogia, nem termo, não aspira ao repouso"; ou seja, assim como o vento, o Espírito não se deixa aprisionar, "enraizando-o numa origem conhecida ou integrando-o à ordem geral do mundo, não se estabelece contrato com ele assinalando-lhe objetivo definido", pois, completa o mesmo autor, o "Espírito zomba de nossas medidas, segue caminho que, não vindo de lugar nenhum, não leva a lugar nenhum".[1420] Assim como iniciamos este capítulo fazendo uma analogia entre a impossibilidade de apreender a realidade física, após o advento da física quântica, da forma como foi feita por séculos, de maneira análoga não se pode falar do Espírito da maneira como se convencionou fazer teologia no

---

1420 Duquoc, Christian. *O único Cristo: a sinfonia adiada* (São Paulo: Paulinas, 2008), p. 147.

Ocidente, isto é, com uma abordagem estritamente catafática e racionalista, pretendendo explicar a divindade, confundindo suas ações e o que permitiu ser revelado — a Trindade econômica — com a Trindade em si, isto é, a Trindade imanente, assunto específico que será estudado no próximo capítulo.[1421] A possibilidade de "estudar" Deus da forma que até então tem sido feita — conforme já dissertamos nos capítulos anteriores, e não apenas no que tratamos especificamente da Teologia como doutrina de Deus — só foi possível quando se reduziu a divindade a um dado filosófico e a identificou com o deus dos filósofos.[1422] Todavia, relembrando novamente o que já foi dito, este exercício justifica-se e tem uma explicação motivacional, pois tal expediente foi "criado" como um exercício evangelístico-apologético, realizado pelos apologistas, em sua maioria filósofos, que se converteram no século 2 e defendiam o cristianismo de acusações popularizadas por lendas urbanas. Tal aporte filosófico, como se verá, serviu igualmente para construir a cristologia. Contudo, não poucos problemas foram criados, e os debates e discussões em torno do tema se arrastaram durante séculos. É necessário, contudo, pontuar que as discussões não diziam respeito, do ponto de vista da fé e da experiência com nosso Senhor Jesus Cristo, pois os que se convertiam ao evangelho só o faziam por serem convencidos, pelo Espírito Santo, acerca dessa verdade (João 16:7-11). Portanto, o povo nunca teve necessidade alguma de que se

---

1421 O conceito que parece ser de Karl Rahner, importante teólogo católico, aparece também na teologia protestante, conforme podemos ver no enunciado do teólogo e filósofo reformado Cornelius Van Til: "O círculo independente da Trindade ontológica não é quebrado pelo fato de haver uma relação econômica deste Deus triúno com respeito ao homem" (VAN TIL, Cornelius. "Introdução" in: WARFIELD. *A inspiração e autoridade da Bíblia*, p. 18).

1422 "De acordo com a ortodoxia, toda a história nada mais é do que a expressão temporal do estático e imutável plano de Deus. O próprio Deus é concebido estaticamente. Ele é eternamente o mesmo. Não há acréscimo de existência ou sabedoria nele. Ele é todo-glorioso. Como é possível, então, que algo que aconteça no curso da história possa realmente aumentar sua glória? Afirma-se que a finalidade principal do homem é glorificar a Deus, ao mesmo tempo que tudo o que o homem possa fazer para realizar essa tarefa já tenha sido feito, caso contrário não poderia ser feito. Deus é pensado como a primeira razão do homem e seu mundo, tornando, assim, todas as coisas no mundo, inclusive o homem, mecanicamente dependentes dele. O homem foi equipado com certas qualidades estáticas, tais como a racionalidade e a vontade, que, juntas, foram chamadas de imagem de Deus. Logo, o homem nunca poderia ganhar nem perder essas qualidades. Muito embora se afirme que ele tenha caído e, portanto, perdido seu conhecimento original, essa queda foi predeterminada. E entre aqueles que 'caíram' dessa maneira existem alguns que foram predeterminados para uma imutável vida eterna, e outros que foram predeterminados para uma imutável morte eterna. Desse modo, o todo da história, incluindo até seus supostos milagres, foi reduzido a uma coisa estática" (Van Til. "Introdução" in: WARFIELD. *A inspiração e autoridade da Bíblia*, p. 5).

CAPÍTULO 4 – Pneumatologia | 945

provasse a divindade de Jesus Cristo de Nazaré ou que tal mistério — Deus feito ser humano sem deixar de ser Deus e sendo ser humano como os demais — fosse explicado filosoficamente, que, como se sabe, tratava-se do racionalismo da época. Não obstante tais exercícios com as duas primeiras Pessoas da Trindade, o mesmo não foi feito com o Espírito Santo. Por quê? Voltemos à exposição de Christian Duquoc acerca de João 3:8 e do Espírito Santo:

> A metáfora é esclarecida pelo primeiro membro da frase: "O *pneuma* (vento ou espírito) sopra onde quer" (Jo 3,8). Que ninguém saiba sua origem ou seu fim não é questão de deficiência de sua parte; a ignorância que sua atividade acarreta não vem de seu fato. Ninguém pode pôr a mão nele, calculando sua origem ou seu termo, porque a vontade do Espírito é independente, oculta sua origem, não declara seu termo. Só o movimento é perceptível, ele é poder indecidido. Assim como o vento invisível pode desenvolver força considerável a ponto de tornar o mar revolto e abater as florestas, assim também o Espírito, em sua atividade incessante, pode abalar seres humanos e mundos, não como o faria uma força cega, mas segundo sua vontade. Sem esse referencial, que é para ele sua própria razão, a metáfora desmanchar-se-ia em homologia: o vento é força desprovida de desígnio, ele muda de direção infindamente. O Espírito é vontade poderosa que arrasta em sua esteira rumo a um nascimento não marcado pela morte. Assim, por mais ignorantes que sejamos de sua origem e de seu fim, sabemos que o movimento do Espírito não fica sem efeito no mundo, ele é vida.[1423]

Ao falarmos sobre esse aspecto, alguém pode pensar haver uma aporia, pois, se não iríamos falar do Espírito ontologicamente, como agora estamos citando um texto que parece dizer o contrário? Primeiramente, lembramos o que já dissemos no primeiro capítulo, quando mostramos, por meio do jogo de palavras do Quarto Evangelho, o efeito do que acontece quando o vento, que não sabemos de onde vem nem para onde vai — embora "Ele", o Espírito Santo, reafirmamos, o saiba muito bem —, move alguém que "nasce" de sua ação, ou seja, do seu movimento (João 3:8). A pessoa torna-se como o vento, sem saber de onde veio nem para onde vai, de acordo com a ótica do senso comum. Isso pelo simples fato de que se presume que a pessoa caminhará, tal como nosso Senhor Jesus Cristo, orientada e conduzida pelo Espírito (Lucas

---

1423 Ibid.

4:1,14). A ideia evocada no texto joanino é justamente essa, e Duquoc se atém, como ele disse, à primeira parte da imagem utilizada por nosso Senhor Jesus Cristo. É justamente nesse sentido que um teólogo dominicano como o francês Yves Congar, um dos maiores especialistas em pneumatologia, diz, logo no início de sua obra que abre a trilogia *Creio no Espírito Santo*, a fim de responder sobre a possibilidade de teologizar acerca da terceira Pessoa da Trindade, que tal empreendimento só pode ser realizado com base na experiência, tanto escriturística quanto histórica, pois "a Revelação e o conhecimento do Espírito são marcados por certa falta de mediações de ordem conceitual". Em outras palavras, quando se intenta "falar do Pai e do Filho, dispomos de noções bem mais definidas e acessíveis de paternidade e de geração ou filiação" e, como sabemos, tais "termos significam especificamente a primeira e a segunda Pessoas, e são termos relativos, que caracterizam essas Pessoas em suas relações mútuas". Todavia, "'Espírito'", diz o mesmo teólogo, "não diz nada disso".[1424] Sem necessariamente ser o mesmo ponto que estamos discutindo, mas tratando igualmente da dificuldade de "capturar" a terceira Pessoa da Trindade em conceitos para, então, elaborar teologia acerca dela, concordamos com o teólogo H. F. Dondaine, que, tratando da pessoalidade do Espírito Santo, diz que a visão trinitariana de Tomás de Aquino, que fala do Espírito Santo como a Amizade e o Amor mútuo do Pai e do Filho "não pode ser explorada metafisicamente", ou seja, "não temos analogia consistente para pensar a pessoa do Espírito Santo".[1425] E não apenas na teologia tomista, mas no que diz respeito ao edifício teológico como um todo. Isso já reconhecemos desde a abertura deste nosso capítulo das análises doutrinárias. "Só nos é falado da terceira Pessoa em termos comuns e absolutos: 'Espírito' convém também ao Pai e ao Filho; igualmente o termo 'Santo': não são termos que significam uma pessoa", observa corretamente Yves Congar, dizendo também que a terminologia "'Processão' se aplica igualmente ao Verbo-Filho". Em termos diretos e simples, é preciso aceitar que "Não há revelação objetiva da Pessoa do Espírito Santo como da Pessoa do Filho-Verbo em Jesus e, por ele, da Pessoa do Pai".[1426] Portanto, voltamos a afirmar que não foi por Deus

---

1424 CONGAR. *Revelação e experiência do Espírito*, p. 5.

1425 DONDAINE, H. F. "Saint Thomas et la Procession du Saint-Esprit" in: D'AQUIN, S. Thomas. *Somme Théologique: la Trinité* (Paris: Éditions du Cerf, 1946), vol. II, p. 401; CONGAR. *Revelação e experiência do Espírito*, p. 123.

1426 Ibid., p. 5-6.

CAPÍTULO 4 – Pneumatologia | 947

ser "menos espírito" que a terceira Pessoa da Trindade que ele acabou sendo teologizado, pois as figuras bíblicas utilizadas para comunicá-lo geralmente são ignoradas na teologia escolástica de matriz protestante, visto que as de "esposo" e "pai", por exemplo, sobretudo quando pronunciadas por profetas ou nosso Senhor Jesus Cristo, são por demais "antropomórficas", "passionais" e, por isso mesmo, inadmissíveis do ponto de vista da impassibilidade filosófica que lhe impingiram. Dada essa impossibilidade,

> falou-se de uma espécie de "Kénosis" do Espírito Santo; ele se esvaziaria de certo modo de sua própria personalidade para ser inteiramente relativo, de um lado, para "Deus" e para Cristo; de outro lado, para os homens chamados a realizar a imagem de Deus e de seu Filho. "Para se revelar, não utilizou — como Iahweh no Antigo Testamento e Jesus no Novo — o pronome pessoal 'Eu'". O Espírito Santo nos é revelado e conhecido, não em si mesmo, ao menos não diretamente, mas porque ele age em nós. Além disso, enquanto as atividades de entendimento dele são não apenas perceptíveis, mas transparentes e, portanto, definíveis, as da afetividade e do amor não foram analisadas do mesmo modo. Vamos encontrar essas dificuldades quando tratarmos de uma teologia da terceira Pessoa.[1427]

"Então, quer dizer que vocês não vão resolver o problema do Espírito Santo?", certamente questiona alguém desapontado. Este talvez seja um dos maiores aprendizados do colapso do projeto da modernidade, com seu pretensioso racionalismo, e que o pensamento pós-moderno repete, mais ou menos, na linha ou via teológica apofática: Não é possível compreender, muito menos explicar, toda a realidade à nossa volta! É neste aspecto que novamente lembramos do que o teólogo luterano alemão Hermann Brandt fala, ao dizer que, a despeito de Lutero não ter desenvolvido uma pneumatologia, a concepção do reformador era honesta o bastante para reconhecer a imprescindibilidade da "experiência entre os critérios da pneumatologia"[1428] e que este ponto é irritante e perturbador para a autossuficiência racionalista da teologia, mesmo não sendo uma perspectiva carismática, pois Brandt, igualmente como ocorre com James Dunn, por não partilhar dessa vivência em sua própria tradição, acaba restringindo as ocorrências ao ato da conversão-iniciação, reduzindo

---

1427 Ibid., p. 6.
1428 BRANDT. *O Espírito Santo*, p. 113.

por isso sua compreensão para falar a respeito. Contudo, o referido autor observa que *rûaḥ* e *pneuma* "designavam originalmente uma realidade acessível e experimentável a cada ser humano: o vento", e tal "designação passou a ser, então, uma afirmação sobre a maneira como Deus se revela ao homem, ou seja, como espírito".[1429] Não há necessidade de repetir aqui o que o teólogo alemão protestante Hans Walter Wolff explica ao definir *rûaḥ* "como um conceito teoantropológico",[1430] pois já o fizemos no segundo tópico deste capítulo ao tratar do Espírito Santo no Antigo Testamento. Não queremos nos alongar muito, pois conforme destaca Hermann Brandt, ao tratar do Espírito Santo, o "que é preciso contrapor à 'especulação', à 'teoria', à abstração é a prática, a concreta experiência prática da qual a teoria exatamente muitas vezes faz fáceis 'abstrações'", isto é, se a experiência é a modalidade mais "adequada, superior à perspectiva teórica, isto ela não pode demonstrar teoricamente, mas apenas testemunhar como experiência".[1431] E se tal não mais é verdadeiro em relação aos diversos temas do edifício teológico, de acordo com o que vimos no capítulo 2, certamente é ainda mais real a respeito da pneumatologia, pois a "cristandade fez exatamente isso ou pelo menos quis fazê-lo quando falava do Espírito Santo". Por isso, explica o autor dizendo que as "objeções da crítica teórica da religião não estão em condições de abalar o vigor desta experiência enquanto esta experiência tiver a coragem de não se manifestar como uma teoria, mas de se concretizar através do testemunho", e o referido "testemunho certamente não se manifesta apenas através da espontaneidade emocional, mas também perfeitamente pela reflexão controlada, ou seja, na teo-logia".[1432] Contudo, de que tipo de teologia fala Brandt? Certamente não é a de caráter escolástico, pois Lutero tinha aversão a essa modalidade. Conforme reiteradamente já dissemos, e aqui repetimos, a "teologia é um produto (se quiserem, um produto secundário) da experiência da realidade do espírito". Assim, corretamente tomado, tal entendimento significa que a "reflexão teológica permanece protegida contra a destruição 'teórica' enquanto ela permanecer transparente mantendo-se fiel à sua fonte e não se envergonhando de ser testemunho de uma experiência que, apesar de totalmente experiência, tem o seu fundamento *extra nos*", isto é, "fora de nós",

---

1429 Ibid., p. 128.
1430 Wolff. *Antropologia do Antigo Testamento*, p. 68.
1431 Brandt. *O Espírito Santo*, p. 131.
1432 Ibid.

CAPÍTULO 4 – Pneumatologia | 949

pois, consoante a tudo que já estudamos, a "validade deste fundamento *extra nos* da experiência da fé não pode ser [...] provada teoricamente, mas apenas prática e vivencialmente, e isto na medida em que o homem não procurar obsessivamente motivos racionais para esta experiência, mas Deus mesmo se revelar nesta experiência como Espírito Santo".[1433] O que isso significa? Quem responde é Yves Congar, dizendo que

> A Revelação consiste naquilo que o próprio Deus nos comunicou através da história do seu Povo interpretada por pessoas inspiradas, que foram os profetas e os sábios de Israel, e depois para o fato decisivo de Jesus Cristo, os evangelistas, os apóstolos e seus porta-vozes. Trata-se, portanto e antes de tudo, de interrogar as Escrituras canônicas. Entretanto, se Deus continua agindo na história e na vida além do período que podemos chamar de constitutivo — e não é isso que o Espírito faz? —, não temos algo a aprender daquilo que veio depois desse período constitutivo, que saiu radicalmente dele? A ideia de Revelação "encerrada com a morte do último apóstolo" não deve ser entendida de maneira simplista. Deus também nos deu a conhecer algo depois. A experiência do Espírito continuou. Ela é hoje tão atual e intensa como nunca, permanecendo normativa e referência ao que nos ensina o período constitutivo. É nisso que consiste o jogo entre Escritura e Tradição viva.[1434]

O mais chocante é saber que, enquanto um teólogo católico se pronuncia nesses termos, teólogos carismático-pentecostais, seja por convicção equivocada e comodismo, seja por interdição e constrangimento, negam a principal característica de sua prática de fé, que jamais deve ficar ausente de qualquer elaboração teológica que se pretenda fiel às Escrituras e à experiência com o Espírito Santo. E tal deve ser assim justamente por conta do que discute Eduard Schweizer, que, após elencar de forma panorâmica e brevíssima as manifestações do Espírito Santo ao longo da história da igreja, desde o segundo século até os grupos carismáticos atuais, categorizando-as desde a situação na Europa, no ministério eclesiástico, na Sagrada Escritura, no íntimo do homem, e reconhecendo que, mesmo em meio a essas manifestações, algumas delas são repugnantes e outras iluminadoras, mas todas, sem exceção, reconduzem ao

---

1433 Ibid.
1434 CONGAR. *Revelação e experiência do Espírito*, p. 13.

950 | TEOLOGIA SISTEMÁTICO-CARISMÁTICA

Espírito Santo, questiona: "Mas onde está, realmente, o Espírito Santo? Ele pode ser diretamente relacionado a alguma realidade, por exemplo, *ao episcopado ou à Sagrada Escritura*? Estaria ele tão disponível a ponto de poder-se definir com segurança sua presença através da consagração eclesiástica ou em decorrência de um estudo teológico da Sagrada Escritura? Ou, talvez, seja o Espírito simplesmente idêntico a tudo o que não pode ser formulado em termos racionais, que *desce sobre os homens com a força da natureza* e os compele a percorrer caminhos novos e desconhecidos?".[1435] As respostas a essas questões dependem muito do tipo de abordagem teológica adotada. Por isso, Schweizer diz que na "ciência teológica sempre se discutiu se o pensamento partiria de Deus para atingir o homem e seus problemas, ou se partiria do homem, de sua experiência ou de suas dúvidas para alcançar Deus", gerando, portanto, duas posições traduzidas na ideia de que "a uma '*teologia ascendente*' contrapôs-se uma '*teologia descendente*'". Todavia, "se considerarmos seriamente o fato de que Deus reside, age e opera em nós, seria necessário descobrir, no centro de nossa experiência, a realidade de Deus, que está acima de nós como Senhor e mestre de incomparável poder".[1436] Portanto, em vez de contraposição, "se é realmente Deus que encontramos em nossas experiências, a 'teologia ascendente', que parte do que nos atormenta, nos aflige, nos sobrevém, nos socorre, torna-se, repentinamente, uma 'teologia descendente' porque em tudo isso nos vem ao encontro Aquele que é maior que nós e o nosso mundo", promovendo uma convergência entre ambas. É assim que, após explicar como acredita que se dá o movimento da elaboração teológica, Schweizer apresenta sua proposta de quatro pontos para falar do Espírito Santo, dizendo que é "exatamente no nosso mundo — a sua *criação!* — [que] deveríamos poder *reconhecê-lo* como Aquele que nos é *estranho* e portanto aprender a esperar num *futuro cumprimento* de sua obra".[1437] E, se sua abordagem não é carismática por tratar-se de um teólogo protestante tradicional, ao menos tem o mérito de reconhecer que, ao falar de experiências, precisamos lançar mão de imagens, isto é, mesmo não se tratando de uma experiência religiosa, pois toda "experiência humana", diz ele, "deve ser obrigatoriamente expressa *por imagens*". Nesse sentido, sua abordagem converge com a nossa quando faz tal reconhecimento, esclarecendo na sequência que "só é possível

---

1435 SCHWEIZER, Eduard. *O Espírito Santo* (São Paulo: Loyola, 1993), p. 15 (grifo no original).
1436 Ibid., p. 16 (grifo no original).
1437 Ibid. (grifo no original).

CAPÍTULO 4 – Pneumatologia | 951

falar por imagens, para que elas façam surgir no ouvinte uma emoção análoga ou lhe provoquem a rememoração de emoções similares às que nós experimentamos".[1438] Se tal cumpre esse papel, é tema de ampla discussão.

A questão é que Eduard Schweizer diz ainda, conforme também já o fizemos anteriormente, que, diante da Trindade, precisamos estar cientes de que se trata de uma realidade distinta, mas nunca amorfa ou indiferente, visto que interage conosco. Por isso, "a melhor das imagens para um encontro de Deus com o homem é a de um encontro pessoal, em que um outro torna-se uma ajuda decisiva sob qualquer ponto de vista". Por conseguinte, completa o mesmo teólogo suíço, ainda na linha introdutória do seu esclarecimento metodológico, referindo-se a 1980, isto é, há mais de quatro décadas, que "hoje" há dois fatos urgentes que precisam ser considerados pelos teólogos, sendo o primeiro deles o reconhecimento de "que em nossa realidade terrestre aprendemos a experimentar a realidade de Deus, que é tão diferente da nossa", isto é, não é mais possível negar as experiências religiosas, e o segundo refere-se à verdade de que "recuperamos a confiança plena e feliz nas imagens em que a realidade de Deus se manifesta, [porém] em plena consciência de que não podemos aprisioná-lo dentro delas como se fossem uma definição matemática".[1439] É justamente com essa consciência apofática e com esse pressuposto teológico que o mesmo autor questiona retoricamente: "Não deveríamos, portanto, perguntar como as testemunhas do Antigo e do Novo Testamentos experimentaram o Espírito Santo e como procuraram expressar tais experiências em palavras que, afinal, permanecem sempre amplamente simbólicas?".[1440] Tal concepção muda radicalmente a maneira de ler e interpretar as Escrituras, e, ainda que falte uma experiência carismática para tais teólogos, por não partirem de uma abordagem catafática e racionalista, eles se coadunam com uma perspectiva carismático-pentecostal, conforme temos desenvolvido. Na continuidade da obra de E. Schweizer, dividida em cinco capítulos, dos quais os que tratam do Espírito Santo nas Escrituras são distribuídos entre o "testemunho do Antigo Testamento", o "judaísmo no período entre o Antigo e o Novo Testamentos", além de o "Espírito Santo no Novo Testamento", capítulos 2 a 4, respectivamente, é possível perceber certa "evolução" a respeito da terceira Pessoa da Trindade, porém o aspecto comum

---

1438 Ibid. (grifo no original).
1439 Ibid., p. 17.
1440 Ibid.

952 | TEOLOGIA SISTEMÁTICO-CARISMÁTICA

que igualmente perpassa sua argumentação centra-se na "experiência", sem, todavia, fazer distinção entre as experiências de 1) conversão-iniciação, 2) santificação e 3) capacitação carismática. Não há dúvida de que todas são experiências pneumáticas, mas, no que diz respeito à pneumatologia carismático-pentecostal, é necessário destacar a última delas, pois as demais acabam sendo estudadas em cristologia e soteriologia, invisibilizando a terceira Pessoa da Trindade, subsumindo-a em nosso Senhor Jesus Cristo ou, no máximo, reduzindo o Espírito Santo a uma "função" do Filho de Deus, retroagindo e assim fixando-o na concepção veterotestamentária de "emanação divina". Contudo, na mesma linha de Congar e Schweizer, ainda que sem distinguir entre as experiências pneumáticas fruto da *presença extraordinária* do Espírito Santo, o teólogo luterano Hermann Brandt mostra que, dada a maneira como as Escrituras cristãs falam da terceira Pessoa da Trindade, ainda que com as limitações inerentes da precariedade da linguagem, não há dúvida alguma do protagonismo do Espírito para quem quer ser fiel e honesto com os dados bíblicos. Em outras palavras:

> Este testemunho do Novo Testamento que, apesar de sua variedade, constitui uma unidade, encontra-se efetivamente em um plano diferente da construção ou destruição teórica de conceitos teológicos. Trata-se do testemunho de uma experiência que tem o seu fundamento *extra nos*. Esta experiência naturalmente precisa encontrar a sua expressão, seja em uma confissão extática, seja em uma sentença teológica formulada abstratamente. Pois, "daquilo que o coração está cheio, a boca transborda". E exatamente porque esta experiência sabe que ela não se autoproduz, mas que ela é *resposta*, ela não pode ser eliminada "desmascarando-se" suas respostas como "meramente" antropológicas. Ela está mais ciente de sua inadequacidade e fraqueza do que toda e qualquer crítica. Por isso, ela também pode aprender da crítica e permitir que esta lhe chame a atenção para o fato de que os cristãos sempre de novo consideram as suas formas teológicas de expressão, sua linguagem, suas orações, hinos e manifestos como definitivos e absolutos, e que eles são de opinião que *suas* formulações teológicas, *sua* maneira de falar sobre Deus, são as únicas verdadeiras — quando nenhuma teologia, nenhuma expressão teológica, nenhum dogma, apelo, protesto, nenhum versículo bíblico é "em si" verdadeiro — todos são formas de expressão *humanas*. Quem passou por esta experiência do espírito de Cristo não se coloca na defensiva contra

estes reconhecimentos aparentemente destrutivos, ou tenta fugir deles (por exemplo, para um certo gueto cristão, para o fanatismo ou o cepticismo — cf. Jo. 18:38), mas ele diz: "Graças a Deus" a esta "destruição". Graças a Deus que possamos falar tão humanamente, apenas humanamente de Deus. Graças a Deus por podermos reconhecer também em uma linguagem totalmente "teológica", "teórica", "abstrata", um testemunho para a humanidade de Deus. E inversamente: Graças a Deus por podermos expressar nossa experiência com Deus, seja com as palavras de outros, seja com as nossas próprias palavras, mas sem o medo de um controle "teológico", "bíblico". Não é preciso dizer "Deus", "Cristo", "Espírito Santo" para se confessar a sua fé cristã. E, inversamente, não precisa ser necessariamente uma confissão cristã aquela que grita em brados "Deus", "Cristo", "Espírito Santo".[1441]

A argumentação do teólogo luterano alemão lembra a narrativa de Lucas-Atos acerca de Apolo e dos discípulos de Éfeso que nunca tinham ouvido falar que há Espírito Santo (Atos 18:24—19:7). Contudo, com toda a certeza, todos eles tiveram experiências pneumáticas, no mínimo de conversão-iniciação e de santificação, e Apolo, de acordo com alguns intérpretes, muito provavelmente teve experiência carismática, embora não conhecesse teologicamente o fenômeno, daí o importante papel tanto de Priscila e Áquila quanto de Paulo. É nesse particular que faz todo o sentido a argumentação de Hermann Brandt, tanto a exposta na longa citação anterior, quanto quando ele diz que "Quem sabe na prática (e então — talvez! — também tenta dizer teoricamente) o que o espírito de Deus realizou nele, ou seja, que graças ao espírito irrompeu nele a nova criação de Deus — para este aquela alternativa não tem mais sentido", isto é, a preocupação teórica. Isso porque, de maneira inversa, tal pessoa, de forma muito natural, "sabe que 'espírito' é uma palavra entre outras palavras humanas", não obstante igualmente "reconhece que ele, quando fala do 'espírito' de Deus, fala de Deus em analogia a fenômenos humanos ou/e com base em sua influência pela tradição cristã".[1442] Nesse aspecto, e somente nele, o "espírito de Deus é um conceito totalmente antropológico", porém "tudo isto se torna completamente insignificante para ele", visto que "todas as suas palavras e conceitos são apenas resposta para aquilo que Deus fez e sempre

---

1441 Brandt. *O Espírito Santo*, p. 134-5 (grifo no original).
1442 Ibid., p. 135 (grifo no original).

de novo faz". Em outras palavras, o fato de que respondemos "à provocação de Deus", diz o mesmo teólogo, "não apenas por palavras, mas igualmente por ações, isto é, a consequência desta provocação", mostra que tal "provocação de Deus fundamenta uma relação através daquele que provoca".[1443] Em termos diretos, finaliza Hermann Brandt: "Quem expressa esta ação como a ação criativa do espírito divino, para este o 'Espírito Santo' é, exatamente na sua inclinação para o sujeito humano, um conceito totalmente 'teológico'". Por isso, "'Espírito' como conceito teoantropológico não é mais, portanto, uma constatação teórica do significado de um conceito", e isso por um motivo muito simples, completa o teólogo: "Quem experimentou o espírito de Deus, para este o Espírito deixou de ser um conceito".[1444] Incrivelmente, e de forma perpendicular, o teólogo luterano alemão mostra que o endurecimento teórico e a rigidez conceitual muitas vezes são motivo de ufanismo, podendo se transformar em obstáculos à experiência com o Espírito Santo. Se tal argumentação tem como principal motivação escusar o luteranismo de não ter uma pneumatologia tão robusta, visto que o desenvolvimento desta não é sinônimo, em hipótese alguma, de uma valorização da terceira Pessoa da Trindade, de nossa parte, como carismático-pentecostais, que sempre tivemos as três classes de experiências com o Espírito Santo, de maneira proporcionalmente contrária, antes de uma pneumatologia, precisamos desenvolver uma defesa de nossa principal característica — a experiência com o Espírito Santo —, pois nossa pneumatologia carismática consiste exatamente nessa defesa. Em termos diretos, não devemos nos ressentir, por causa das acusações de que só temos "experiências, não teologia", pois pior do que não ter uma teologia do Espírito Santo é ostentar uma teologia pneumatologicamente minimalista que, em lugar de honrar a terceira Pessoa da Trindade, a diminui, humilha e deprecia, sob a desculpa de se estar defendendo a "autoridade bíblica" e sendo "cristocêntrico". De forma consciente, é fato que a experiência, quer religiosa, quer não, nunca se dá em um vácuo, por isso alinhamo-nos a James Dunn quando este explica:

> [...] que o Novo Testamento testemunha eloquentemente o efeito formativo e transformador daquilo que podemos simplesmente descrever como "experiência religiosa". Para ser claro nesse ponto, não quero

---

1443 Ibid. (grifo no original).
1444 Ibid. (grifo no original).

CAPÍTULO 4 – Pneumatologia | 955

argumentar por um processo simples de teologização como *da* experiência *até* a teologia. Tenho plena consciência de que não existe tal coisa como uma experiência religiosa "pura", que, por exemplo, a conceituação de uma experiência como "experiência religiosa" já pressupõe um grau de tradição que molda até mesmo o que percebemos como acontecendo em nós mesmos. Meu pensamento é simplesmente que houve uma dimensão (ou dimensões) experiencial e emotiva nos inícios do cristianismo que contribuiu e faz parte da autocompreensão, avaliação social e teologização que emergiu como cristianismo. Foi quase certamente a *experiência* da pregação sobre Jesus como "boa-nova" (*euangelion*, "evangelho") e como "graça" (*charis*) que levou Paulo a tirar essas palavras de outro uso e dar-lhes o peso e a força que têm tido no pensamento cristão desde então. A experiência não foi restringida por ou limitada ao uso anterior, mas pôde encontrar expressão adequada somente em tais termos recentemente cunhados. É a elaboração de novas formas de falar, a abertura dos sentidos e novas consciências, a abertura dos olhos a horizontes diferentes, dos quais o Novo Testamento dá testemunho e igualmente é testemunha. É esse novo impulso — a dimensão "nova criação" da perspectiva e dos escritos do Novo Testamento — nenhuma teologia do Novo Testamento pode se dar ao luxo de perder.[1445]

Antecipando nossas conclusões, podemos dizer que a experiência já é teologia, pois, conforme diz acertadamente I. Howard Marshall, citado por James Dunn, os "livros do Novo Testamento não apenas registram o ensino, mas também contam a história da experiência religiosa dos cristãos, e compreender a experiência é parte da tarefa, até porque o ensino surge da experiência".[1446] Em outras palavras, uma vez que "sob esse termo entendemos a percepção da realidade de Deus vindo até nós, ativo em nós e por nós, atraindo-nos a si numa comunhão, numa amizade, isto é, num ser um para o outro", ressalvando, evidentemente, que toda essa experienciação se dá, diz Yves Congar, "aquém da visão, sem abolir a distância na ordem do conhecimento do próprio Deus, mas superando-a no plano de uma presença de Deus em nós como fim amado de nossa vida", ou seja, tal "presença [...]

1445 DUNN. *Teologia do Novo Testamento*, p. 64-5 (grifo no original).

1446 MARSHALL, I. H. *New Testament theology: many witnesses, one gospel* (Downers Grove: InterVarsity, 2004), p. 28, in: DUNN. *Teologia do Novo Testamento*, p. 64.

956 | TEOLOGIA SISTEMÁTICO-CARISMÁTICA

se torna sensível através dos sinais e nos efeitos da paz, alegria, certeza, consolação, iluminação e tudo aquilo que acompanha o amor".[1447] Na verdade, a "experiência descrita pelo místicos é um grau singular, até excepcional, dessa percepção de uma presença de Deus dada, pela qual se 'alegra', como objeto vivo de conhecimento e de amor", tendo, obviamente, níveis "comuns" da experiência. Portanto, "nós tomamos consciência dessa experiência e a explicitamos somente nas expressões ou numa interpretação conceitual que são *nossas*", diz o mesmo autor, destacando Romanos 8:16, dizendo que "nos agarramos a Deus", e é justamente nisso que consiste a "experiência religiosa", não havendo necessidade de não crer que seja assim, pois a "experiência carrega a sua própria certeza".[1448] É fato que há evidências que asseguram a legitimidade do fenômeno, isto é, como acontecimento é "também corroborad[o] pela coerência, pela homogeneidade de nossa experiência e de suas expressões com o testemunho de outros fiéis e dessa nuvem de testemunhas de que nos fala a carta aos Hebreus (Hb 12:1)". Não obstante, de maneira diametralmente paradoxal, mesmo "praticamente assegurados, não podemos afirmar com certeza infalível — salvo revelação particular — que estamos em 'estado de graça'",[1449] uma vez que, do "lado de cá", na finitude e restringidos de "uma visão imediata de Deus sem conceito criado", devemos manter em mente o fato de que, como vimos no capítulo anterior, todas as concepções que temos são imagens dele, ou seja, "não existe percepção de Deus e de sua ação que não passe por nossos próprios recursos mentais e não esteja misturada a eles".[1450] Por mais óbvio que isso soe, tal consciência parece inexistir na articulação teológica catafática do escolasticismo racionalista protestante, pois a teologia é apresentada como se fosse, de fato, uma radiografia divina, um espelhamento ontológico da transcendência, capaz de descrever Deus e Jesus, mas, curiosamente, para o bem ou para o mal, excetuando o Espírito Santo. A despeito desse "esquecimento" da terceira Pessoa da Trindade na

---

1447 CONGAR. *Revelação e experiência do Espírito*, p. 13-4.

1448 Ibid., p. 14 (grifo no original).

1449 Na teologia católica, tal expressão indica o recebimento da "graça santificante". Trata-se de uma "transformação real, que não destrói a natureza humana, mas a eleva internamente a um nível de vida superior, divina, é chamada de divinização; pode ser considerada sob dois aspectos: como ação transformadora de Deus e como transformação do homem" (LAUDAZI, Carlo; SUTTER, Amato D. "Graça" in: ANCILLI; PONTIFÍCIO INSTITUTO DE ESPIRITUALIDADE TERESIANUM [orgs.]. *Dicionário de espiritualidade*, vol. 2, p. 1103).

1450 CONGAR. *Revelação e experiência do Espírito*, p. 14.

CAPÍTULO 4 – Pneumatologia | 957

elaboração teológica, alinhamo-nos a Yves Congar no entendimento de que a "pneumatologia, como teologia e dimensão da eclesiologia, só poderá encontrar seu pleno desenvolvimento graças àquilo que dela será realizado e vivido na igreja", ou seja, uma doutrina do Espírito Santo, e igualmente sua teologia, confirma claramente a imprescindibilidade de que "a teoria depende amplamente da prática".[1451]

Tal deve ser assim pelo simples fato de que o "Espírito 'sopra onde quer'"; em outras palavras, isso significa que "Ele é 'evento'".[1452] Mas que não se confunda tal enunciado perceptivo com uma definição do Espírito Santo, pois trata-se de uma colocação funcional, não ontológica. Na argumentação de Yves Congar, encontramos muitos pontos de convergência com uma pneumatologia carismático-pentecostal, sendo o principal deles a verdade inegável de que é a partir da experiência que uma teologia do Espírito Santo deve ser elaborada. E essa não é uma inovação moderna ou atual, mas uma tarefa que se arrasta por praticamente 2 mil anos, sendo ora atendida, mas nunca aprofundada, ora "esquecida", mas impossível de ser completamente ignorada, pois o Espírito Santo manifesta-se e, então, força a teologia a debruçar-se sobre a pneumatologia, curando a "amnésia teológica" e corrigindo o minimalismo pneumatológico. É justamente esse caráter deveniente e imprevisível do Espírito Santo, manifestado em suas ações resultantes de sua *presença extraordinária*, exteriorizado e/ou tornado notório por meio dos atores e na realidade, que desde sempre incomoda e perturba todo discurso teológico que se pretende absoluto e, por isso mesmo, limitante em relação a qualquer possibilidade de melhoramento, revisão, aperfeiçoamento e correção. Talvez aqui uma breve consideração da experiência narrada em Atos 10:1—11:18 ajude a esclarecer o ponto. Não foi uma razão estritamente escriturística, ou bíblica, que fez com que Pedro reputasse os gentios indignos da nova fé, mas sua hesitação certamente tinha um motivo teológico (Atos 10:28). O que o Espírito Santo fez, ou, caso queiramos, nosso Senhor Jesus Cristo realizou? Batizou Cornélio e toda a sua casa, e essa experiência, para o apóstolo Pedro, foi um sinal claro de que Deus havia aceitado os gentios e eles poderiam descer às águas (Atos 11:44-48). Inclusive tal experiência fez que o antigo pescador entendesse a visão extática, diga-se de passagem, que ele teve no

---

1451 Ibid., p. 225.
1452 Ibid., p. 222.

terraço quando foi orar ainda antes de encontrar-se com Cornélio, que, por ordem de um anjo, havia ordenado chamá-lo (Atos 10:9-16). Observemos ainda que o apóstolo Pedro estava considerando a possibilidade de tal visão não ser realmente da parte de Deus, pois ela contrariava frontalmente preceitos da Lei, o que, para qualquer concepção de imutabilidade divina, é um escândalo (Atos 10:17,19). Justamente por isso, não foi sem razão que o próprio Espírito Santo, assim como fez em outras ocasiões em Lucas-Atos, falou a Pedro o que aconteceria e mandou que o apóstolo não duvidasse, pois fora a terceira Pessoa da Trindade que assim determinara (Atos 10:18-20). Portanto, tal experiência não foi uma exceção ou algo fortuito, mas diretivo e, de acordo com tudo que estudamos da teologia lucana, programática e paradigmática, respondendo à questão: O que deve se fazer com uma teologia que não contempla os gentios? De acordo com a narrativa, a instrução é mais do que óbvia: tal teologia restritiva precisa ser abandonada e desconstruída. E quem assim o fez foi o próprio Deus mediante o Espírito Santo. Mas o que acontece quando quem ostenta tal teologia precisa que as pessoas continuem acreditando no que ela apregoa, pois caso contrário elas perdem o domínio e o poder? Os que contrariam tais interesses religiosos morrem, em nome de Deus, ou são anatematizados. Foi assim com nosso Senhor Jesus Cristo, com os apóstolos, com os discípulos e, pasme, posteriormente, na igreja desde o início do segundo século (João 11:47-57; 12:9-11; Atos 4:1-31; 6:8—8:8).

Ninguém menos que Martyn Lloyd-Jones, do País de Gales, eminente pregador e ministro presbiteriano que ocupou por três décadas o púlpito da Capela de Westminster, em sermões pregados entre os anos 1964 e 1965, cuja compilação resultou na obra *Joy Unspeakable*, na qual reafirma a posição tradicional da pneumatologia reformada — a experiência com o Espírito Santo como somente de conversão-iniciação —, defende também a necessidade de um adensamento na relação com a terceira Pessoa da Trindade. Na edição em português da referida obra, publicada sob o título *O batismo e os dons do Espírito*, no capítulo 10, intitulado "Teste os espíritos", destaca dois perigos que, ao longo da história da igreja e dos avivamentos, têm acompanhado o cristianismo. "O primeiro é o perigo de extinguir o Espírito", e, por ser mais comum entre sua tradição, ele resolveu abordá-lo primeiro, dizendo existir "pessoas que automaticamente descontam tudo que é relatado", ou seja, descartam ou desprezam testemunhos e destilam "toda a sua predisposição mental, todo o seu preconceito [...] contra isso", não sendo algo novo, pois a "história demonstra que a maior oposição para um verdadeiro avivamento na Igreja, ou para o trabalho individual de homens que foram batizados com o Espírito, quase invariavelmente vem da própria Igreja", e tal "verdade", completa, é "supreendentemente assustadora" e deve-se ao fato de "que apagaram o Espírito", ou seja, a "Igreja Católica Romana perseguiu os reformadores por esta razão; e, infelizmente, a Igreja Protestante tem muitas vezes perseguido homens sobre os quais o Espírito de Deus veio".[1453] A pergunta que se impõe é tão óbvia quanto inevitável: "Por quê? Bem, o perigo do institucionalismo e o zelo pelo decoro, ordem, pompa e cerimônia com tudo sendo ordeiramente controlado". Daí, "se alguma coisa diferente acontece, ela é imediatamente desaprovada e repugnada", diz Martyn Lloyd-Jones, lembrando-se de ter citado, em outro momento, "a observação de lorde Melbourne, primeiro-ministro da rainha Vitória, que disse: 'As coisas estão atingindo situação lamentável se a religião começar a se tornar pessoal'", ou seja, "queremos uma religião digna que nunca nos perturbe, nem a mais ninguém". Na sequência, de forma irônica, além de o pregador dizer que a ideia é que não haja "liberdade do Espírito", visto que "tal pensamento é quase indecente", afirma: "Imagine perturbar a perfeição mecânica como a de um relógio em um grande culto, com uma efusão do Espírito! A coisa é impensável!".[1454] Contudo, o ministro presbiterano corretamente observa que tal postura "está apagando o Espírito, e por esta razão você encontra o apóstolo ordenando: 'Não apagueis o Espírito'".[1455] Converge isso com o que já dissemos anteriormente, logo ao iniciarmos o subtópico em que tratamos do Espírito Santo na obra de Lucas-Atos, mostrando que essa atitude de cerceamento não é nova nem deixará de existir, pois logo no primeiro documento das Escrituras cristãs encontramos tal advertência de Paulo aos crentes de Tessalônica, mostrando que já naqueles dias havia dois grupos dividindo a igreja no que diz respeito à questão carismática, fruto da *presença extraordinária* da terceira Pessoa da Trindade (1Tessalonicenses 5:18-22). Portanto, não se trata de alguma tensão do século 21, de "espiritualidade pós-moderna" ou algo equivalente, mas de um conflito milenar que não é particularmente humano, embora também o seja, tendo implicações seriíssimas para a igreja como corpo de Cristo,

---

1453 LLOYD-JONES, D. Martyn. *O batismo e os dons do Espírito: poder e renovação segundo as Escrituras* (Natal: Carisma, 2018), p. 188.

1454 Ibid.

1455 Ibid., p. 188-9.

960 | TEOLOGIA SISTEMÁTICO-CARISMÁTICA

independentemente das opiniões teológicas acerca do assunto. Lloyd-Jones, a fim de oferecer uma resposta para a rejeição, afirma que

> Sem dúvida o temperamento interfere nisso. Algumas pessoas têm o temperamento que as leva a gostar de ordem, disciplina, decoro e assim por diante; e elas zelam por isso. Seu perigo é apagar o Espírito, no momento em que ouvem falar de algo incomum, condenam. "Não deve haver nada incomum. Nós nunca tivemos nada assim antes", dizem eles. Daí vem sempre a oposição ao avivamento; é por isso que os santos têm sempre sido perseguidos por pessoas que gostam do que é comum, monótono, rotineiro e morto. E lembre-se que isso pode ser verdade tanto quanto a respeito de pessoas ortodoxas tanto quanto a outras. Você pode ter uma ortodoxia morta, bem como uma formalidade morta. O grande perigo enfrentado pela maioria é o de apagar e resistir ao Espírito, permanecendo assim contra sua soberania.[1456]

Temos aqui a argumentação de um teólogo de uma tradição não carismática e cessacionista, mas honesto o suficiente para reconhecer que, como Deus, o Espírito Santo possui "soberania", não sendo mero coadjuvante trinitário e instrumento funcional das outras Pessoas da Trindade. Ao falar do segundo perigo que todo e qualquer adepto da tradição carismático-pentecostal

---

[1456] Ibid., p. 189. Vista sob essa perspectiva, essa questão particular figura como um contraponto ao que disse John Stott sobre o fato de o temperamento influenciar a interpretação, ou seja, ele corretamente reconhece que "o nosso temperamento tem mais influência na nossa teologia do que geralmente imaginamos ou admitimos. Embora nossa compreensão da verdade bíblica dependa da iluminação do Espírito Santo, ela é inevitavelmente colorida pelo tipo de pessoa que somos, pela época na qual vivemos e pela cultura a que pertencemos. Alguns de nós, por disposição e formação, são mais intelectuais que emocionais; outros, mais emocionais que intelectuais. Repetindo, a disposição mental de muitos é conservadora (detestam mudanças e sentem-se ameaçados), enquanto outros são, por natureza, rebeldes à tradição (o que eles detestam é monotonia, considerando mudança como algo próprio da natureza). Questões como essas surgem de diferenças temperamentais básicas. Porém, não devemos permitir que o nosso temperamento nos controle. Pelo contrário, devemos deixar que as Escrituras julguem nossas inclinações naturais de temperamento. Caso contrário, acabaremos por perder o nosso equilíbrio cristão" (STOTT, John R. W. *Cristianismo equilibrado* [Rio de Janeiro: CPAD, 1982], p. 15-6). Contudo, da forma que Stott argumentou na sequência, a impressão que fica é que somente o temperamento mais emocional tem influência sobre o processo interpretativo: "Eu me sinto constrangido a dizer que o mais perigoso dos dois extremos é o anti-intelectualismo e depois a entrega ao emocionalismo. Vemos isso em algumas pregações evangelísticas, que não consistem em outra coisa senão em um apelo para decisão com pouquíssima, ou nenhuma, pregação do evangelho e pouca, ou nenhuma, argumentação com o povo a respeito das Escrituras, à maneira dos apóstolos" (ibid., p. 19-20).

também conhece e concorda que deve ser visto com muito cuidado e cautela, Lloyd-Jones pontua corretamente que se trata do extremo oposto deste primeiro que se mostra incrédulo e impermeável, ou seja, a "aceitação acrítica de tudo".[1457] Não coincidentemente, o teólogo britânico diz que essa postura é igualmente produto do "temperamento" e, nesse caso, refere-se ao medo. O medo de incorrer exatamente no que o apóstolo Paulo disse que não deveria ser feito — apagar o Espírito —, aliado à ansiedade por tudo aquilo que é incomum, leva muitas pessoas e serem crédulas e incautas no que diz respeito a tudo que é relacionado à espiritualidade e ao sobrenatural, ocasionando problemas para si e para os outros. Tal postura "sempre leva ao fanatismo, ou o que a Bíblia chama de fogo de estranho". Contudo, "não só a Bíblia nos dá grande ensinamento, mas a história também confirma o perigo do fanatismo ou do fogo estranho, ou de outro espírito imitando o Santo Espírito", por isso o "fanatismo deve sempre ser condenado e muitas vezes causou grande destruição na vida da igreja", pois "uma aceitação acrítica de qualquer coisa que supostamente seja a manifestação dos dons do Espírito pode levar a manifestações de certos excessos".[1458] Tal advertência, além de bíblica, é também reconhecidamente um dos grandes problemas que marcaram a história de grandes avivamentos, bem como de experiências carismáticas pessoais. Somado a isso, acrescentaríamos algo que também não é novo e, infelizmente, ainda muito presente na tradição carismático-pentecostal, que é a banalização do sagrado, a espetacularização do sobrenatural, o blefe com as coisas espirituais e muitas outras ações execráveis que não se encontram exclusivamente, como dizem alguns, em setores como, por exemplo, o chamado neopentecostalismo. Em alguns bolsões, determinados problemas que surgem nesse campo têm relação direta com ignorância bíblica e falta de conhecimento, mas em muitos outros a questão é mesmo de falta de caráter e temor. Ambas as situações, porém, carecem de correção e encaminhamento responsável. Mas há algo ainda importante de ser destacado nessa área, e, uma vez mais, recorremos a Martyn Lloyd-Jones, que reconhece o fato de que estamos lidando com "um assunto muito difícil", por isso facilmente podemos cometer injustiça ao fazer julgamentos prematuros e análises tendenciosas. Em meio a tantas opiniões contrárias, foi com surpresa que deparamos com a observação de Lloyd-Jones: "Houve um movimento em meados do segundo

---

1457 Ibid.
1458 Ibid., p. 190.

962 | TEOLOGIA SISTEMÁTICO-CARISMÁTICA

século, chamado montanismo. Eu quero ser bem cuidadoso com isso porque acredito que o montanismo foi erroneamente julgado em muitas ocasiões", pontua de forma surpreendente, emendando na sequência sua tese: "A igreja oficial foi contra porque estava tendendo a se tornar institucional, e os montanistas estavam preocupados com a vida e o poder".[1459]

A tese de Lloyd-Jones, considerando o *leitmotiv* que escolhemos como lugar teológico para produzir teologia — a experiência com o Espírito —, converge com as nossas suspeitas de que o "esquecimento" em relação à terceira Pessoa da Trindade não é despropositado, muito menos inocente. Não se trata somente de uma negligência que, ao ser detectada, poderia ser corrigida. O caráter indescritível, indomável e imprevisível do Espírito Santo não dificulta apenas sua teologização — visto a teologia ter nascido catafática e, por isso mesmo, desde sempre dependente de estabilidade, estaticidade e imutabilidade —, mas sua atuação carismática inviabiliza qualquer rotina e, consequentemente, institucionalização. Nesse aspecto, parece muito óbvio o fato de o Espírito Santo ser *propositadamente* esquecido ou, para usar o jargão do momento, "cancelado". A quem interessa correr o risco de ter sua liderança e domínio sublevados pela atuação de um(a) anônimo(a) qualquer empoderado(a) pelo Espírito Santo? Aqui jaz o real e verdadeiro motivo do esquecimento proposital da terceira Pessoa da Trindade, desde os tempos bíblicos, como já vimos, e assim tem sido durante o longo período histórico de mais de 2 mil anos de caminhada cristã. Evidentemente que não temos condição, e foge também do escopo desse trabalho, de fazer uma análise minuciosa da história com seus inúmeros exemplos de experiência com o Espírito, sempre cercados de polêmicas e controvérsias. A revisão histórica que vem sendo feita nos últimos anos demonstra que houve uma omissão premeditada dos grupos carismáticos, e, quando estes eram considerados, a tendência por parte dos historiadores era geralmente retratá-los como excêntricos, heréticos ou loucos. De forma que atualmente questiona-se se esses grupos eram de fato o que se diz deles ou se tal descrição revela mais de quem escrevia tais registros. Estamos entre os que se posicionam a favor da segunda hipótese, sem deixar de reconhecer o que disse Emílio Conde (1901-1971), escritor, jornalista e historiador das Assembleias de Deus no Brasil, chamado de "apóstolo da imprensa evangélica pentecostal", na introdução de

---

1459 Ibid., p. 193.

seu clássico *O testemunho dos séculos*, ao afirmar "que alguns avivamentos não permaneceram na sã doutrina" e "desviaram da rota apostólica". Justamente por isso, acrescenta o citado autor, "Não endossamos as extravagâncias que apareceram nesses avivamentos, mas reconhecemos o que neles havia de são e construtivo".[1460] Reconhecer a verdade de que entre os que experienciam tais manifestações surjam problemas de excessos, conforme já falamos em outros momentos, não é algo exclusivamente dos dias atuais, mas um risco que se apresenta desde os dias de Moisés, pois, caso isso não fosse possível, o legislador e profeta não teria escrito as advertências que escreveu (Deuteronômio 13:1-5; 18:20-22), nem nosso Senhor Jesus Cristo teria ensinado acerca do tema em seu célebre Sermão do Monte (Mateus 7:15-23). Tais recomendações não serviam apenas para o período canônico, seja veterotestamentário, seja neotestamentário, mas conforme pergunta feita por Orígenes — "[...] por que não examinar cuidadosamente os que pretendem operar milagres e ver se a sua vida, seus costumes, os resultados destes milagres prejudicam os homens ou corrigem seus costumes?"[1461] —, feita ainda em 248, século 3, permanecem em vigência e são imprescindíveis. Em vez de tirar conclusões irrefletidas por causa de charlatães ou blefadores, repetindo cantinelas, como, por exemplo, a de que "os milagres cessaram com a morte do último apóstolo",[1462] é mais prudente exercer autocrítica e buscar discernimento bíblico-espiritual. Nas palavras de Emílio Conde:

> Em vez de argumentação oca, para mostrar quem somos, preferimos dar à história a oportunidade de oferecer seu testemunho a nosso respeito. É verdade que os historiadores não foram pródigos nos relatos dos avivamentos que se manifestaram no cristianismo a partir do segundo século: eles foram muitas vezes mal-informados a respeito do caráter espiritual desses despertamentos periódicos, e deixaram de

---

1460 CONDE, Emílio. *O testemunho dos séculos*, 2. ed. (Rio de Janeiro: CPAD, 1982), p. 11.

1461 ORÍGENES. *Contra Celso*, 2. ed. (São Paulo: Paulus, 2011), p. 172.

1462 No início do século 20, Benjamin Breckinridge Warfield, teólogo de Princeton, popularizou tal ideia dizendo que a "Bíblia ensina que houve apenas três períodos em que os milagres eram comuns na história do trato de Deus com seu povo: nos dias de Moisés e Josué, de Elias e Eliseu e de Cristo e seus apóstolos — três períodos de duas gerações cada" (DEERE. *Surpreendido pelo poder do Espírito*, p. 51). Na referida obra, o autor, ex-cessacionista, apresenta três apêndices em que trata do tema: "Apêndice A: Outras razões pelas quais Deus cura e opera milagres"; "Apêndice B: Os dons espirituais cessaram com os apóstolos?"; "Apêndice C: Houve somente três períodos de milagres?" (p. 211-258).

964 | TEOLOGIA SISTEMÁTICO-CARISMÁTICA

registrar o que realmente aconteceu, para informarem de forma diversa. Havia interesse em esconder a verdade sobre esses avivamentos, por parte dos que desejavam esmagar manifestações assim, apontadas como fanatismo e heresia. Muitos informam coisas torpes a respeito. Os detentores do poder não viam com bons olhos as manifestações do Espírito Santo, pois nelas havia sempre uma repreensão para os maus governantes. Os clérigos, igualmente, temiam essas manifestações, porque elas falavam de um caminho mais excelente, condenavam as inovações que começavam a entrar na igreja, causticavam sem piedade os que se desviavam, e os que abusavam de suas funções dentro da igreja. Ora, é claro que diante de tanta pressão, poucos historiadores se atreviam a contar os fatos tal qual aconteciam: não estavam dispostos a contrariar os poderosos, publicando coisas pelas quais pudessem ser tachados de "hereges". Eis por que a história não registra muitas cenas de avivamentos que ocorreram. Mas algumas dessas manifestações ficaram registradas aqui e ali, providencialmente, a fim de sabermos algo a respeito dos avivamentos do Espírito Santo nos primeiros séculos. Entretanto, o pouco que encontramos é mais que suficiente para provar que o Pentecoste se tem repetido e se está repetindo ainda. O que vemos relatado na história sobre avivamentos é o bastante para confundir e envergonhar os inimigos do trabalho das Assembleias de Deus. Nós não somos uma inovação, nem uma exceção; somos, sim, um movimento de renovação espiritual.[1463]

Se, de um lado, pode surgir o protesto esperado e previsível de teólogos cessacionistas dizendo que a argumentação de Conde nada mais é que uma autodefesa e não reflete a realidade da pesquisa histórica, por outro, há também teólogos carismático-pentecostais que, a pretexto de "moderação", parecem minimizar tal procedimento desonesto a respeito da omissão dos dados históricos relativos às experiências com o Espírito Santo, acusando os pares de inventar "teorias da conspiração". Mas, além do que disse Lloyd-Jones acima, podemos tomar ainda como exemplo Alister McGrath, que diz que a "explosão do interesse acadêmico pelo pentecostalismo que surgiu nos últimos vinte anos começou a lançar luz na complexa origem do pentecostalismo que força a revisão do modelo tradicional", ou seja, pesquisas "importantes da origem do movimento na Argentina, Chile, Gana, Coreia,

---

1463 CONDE. *O testemunho dos séculos*, p. 20-1.

Filipinas, África do Sul e sul da Índia forçaram os historiadores a fazer revisões essenciais nos paradigmas anteriores", pois o que "hoje", completa o mesmo autor, "podemos reconhecer como pentecostalismo estava bem estabelecido na Índia, antes que alguém de lá tivesse ouvido falar de Charles Parham, da Rua Azusa ou de William Seymour".[1464] Assim, ao ler a crítica rasteira de que "historicamente, o movimento pentecostal, ou pentecostalismo, teve sua origem na passagem do século", pois, conforme o "historiador pentecostal Claude Hendrick registra [...] a primeira pessoa que buscou e recebeu o batismo no Espírito Santo com línguas foi Agnes Ozman, em 1901", e, na sequência, o teólogo cessacionista emenda que John "'MacArthur diz que o pentecostalismo não nasceu porque a igreja descobriu uma verdade outrora negligenciada na Bíblia', mas porque 'Agnes Ozman teve uma experiência'",[1465] é preciso discernir a real intenção do autor, que é, explicitamente, menoscabar a tradição carismático-pentecostal. Para isso, ele ataca justamente a experiência com o Espírito Santo. A quem ostenta e defende esse pensamento, não interessa nenhuma revisão histórica para corrigir as omissões propositais e tendenciosas que as últimas pesquisas vêm realizando. Assim, é preciso que os teólogos e historiadores carismático-pentecostais informem-se e deixem de repetir dados imprecisos, informações defasadas e teologias ultrapassadas, pois o ataque não se dirige apenas ao pentecostalismo clássico, mas visa desconstruir qualquer experiência carismática fruto da *presença extraordinária* do Espírito Santo, já que, para o mesmo autor, o "segmento pentecostal e neopentecostal, ao enfatizar um interesse primário pelas manifestações sobrenaturais, não apenas despreza a doutrina da providência divina no governo soberano de todas as atividades, mas amolda-se, na realidade, ao misticismo característico das massas".[1466] Em um período curtíssimo, o teólogo reformado cessacionista afirma a incompatibilidade da experiência com o Espírito Santo e o predestinacionismo calvinista, destila preconceitos ao atribuir sentido pejorativo à expressão "misticismo", que, conforme já explicamos, é prática cristã legítima, e diz ainda que tal recurso é algo utilizado para capturar a atenção de grupos não pensantes. Justamente por isso, os teólogos pentecostais Benny Aker e James Railey afirmam que a "maioria dos pentecostais tende

---

1464 McGrath. *A revolução protestante*, p. 416.
1465 Neto. "Avaliando as manifestações sobrenaturais" in: Campos; Lopes; Matos; Neto. *Fé cristã e misticismo*, p. 32.
1466 Ibid., p. 35.

966 | TEOLOGIA SISTEMÁTICO-CARISMÁTICA

ao sistema arminiano de teologia, tendo em vista a necessidade do indivíduo em aceitar pessoalmente o Evangelho e o Espírito Santo".[1467]

É importante compreender que até mesmo os dados históricos que temos disponíveis, isto é, o que não foi propositadamente omitido por não ser possível esconder, recebem interpretações diversas, pois, lembrando aqui os modelos hermenêuticos apresentados por Roger Stronstad, as abordagens podem ser de "negação" (cessacionistas) ou de "afirmação" (continuístas), visto que decorrem não de uma pretensa objetividade interpretativa de qualquer dos lados, mas dos pressupostos dos intérpretes ou leitores da realidade que buscam elucidar tais dados. Nesse sentido, mesmo adiantando algumas questões históricas que deverão ser mais bem exploradas, torna-se oportuno destacar os pontos da argumentação do teólogo reformado cessacionista, visando demonstrar o que temos argumentado a respeito do desprezo ou, no mínimo, da interdição da Pessoa do Espírito Santo, disfarçado de "ortodoxia", "zelo doutrinário" e "precisão escriturística". "A Igreja Cristã tem uma declaração histórica sobre o Espírito Santo, estabelecida no Concílio de Toledo (589 d.C.)", diz o teólogo reformado cessacionista, informando que o "credo que emanou daquele concílio dizia que o Espírito Santo 'procede tanto do Pai como do Filho'", o que, para ele, nada tem a ver com o estabelecimento de qualquer espécie de "subordinação em essência", pois "a declaração apenas reflete o ensinamento bíblico de que, na administração das interações entre Deus e o homem, cada pessoa da Trindade cumpre papel específico", e, sendo assim, em relação ao "Espírito Santo, Ele procede do Pai e do Filho e testemunha de Cristo — não fala de si próprio".[1468] Esse ponto em especial alude ao texto de João 16:13, e, apesar de na sequência o mesmo autor apontar corretamente tal "critério primário de reconhecimento do trabalho do Espírito — As ações supostamente realizadas pelo Espírito apontam para Cristo, ou para os agentes humanos?", a segunda indagação é retórica e mostra explicitamente uma blasfema tentativa de equiparar a terceira Pessoa da Trindade com os seres humanos enquanto a diminui perante nosso Senhor Jesus Cristo: "Os supostos porta-vozes do Espírito falam de Cristo, ou falam de si mesmos ou do próprio Espírito Santo?", respondendo na sequência: "A grande maioria das maravilhas e dos fenômenos contemporâneos atribuídos

---

1467 RAILEY JR.; AKER. "Fundamentos teológicos" in: HORTON (org.). *Teologia sistemática*, p. 54.
1468 NETO. "Avaliando as manifestações sobrenaturais" in: CAMPOS; LOPES; MATOS; NETO. *Fé cristã e misticismo*, p. 51.

ao Espírito Santo não passam por este crivo".[1469] O maior problema dessa suposta ambivalência colocada pelo autor é que ela mistura algumas verdades com vícios interpretativos decorrentes do minimalismo pneumatológico protestante que turva a visão dos leitores. O erro não está somente aqui, mas na concepção reducionista de *palavra de Deus*, reduzindo-a somente ao texto, e assim encarada como sendo estrita e exclusivamente uma "verdade proposicional, objetiva", desconsiderando o paradoxo da própria linguagem bíblica, amplamente demonstrada desde o primeiro capítulo de nossa *Teologia sistemático-carismática*. Acrescente-se ainda que o "alicerce epistemológico da fé cristã é procurar conhecer pela revelação objetiva escriturada de Deus em vez de pela apreensão subjetiva do homem", ou seja, a ideia proposta pelo teólogo reformado consiste em: "Discernir os espíritos, verificar se a fenomenologia observada provém de Deus ou não, é procurar aferir a questão do ponto de vista de Deus".[1470] Conquanto ele acerte em propor essa metodologia, percebe-se o erro flagrante em sua ideia de que tal capacidade de discernimento não consiste em um dom, mas de uma questão de interpretação bíblica, ou seja, de exegese textual proveniente de uma hermenêutica supostamente objetiva do texto, que é, segundo ele, a "perspectiva divina".

Antes de explicar o seu erro relacionado ao texto do Quarto Evangelho (16:13), vejamos um único exemplo, mais que suficiente, para objetar a esse reducionismo em relação ao discernimento, retirando-o do âmbito da espiritualidade ou do sobrenatural, instituindo a racionalidade como árbitra com capacidade para aferir se determinada manifestação é ou não legítima e proveniente do Espírito Santo. Em sua segunda viagem missionária, Paulo e Silas passam por Filipos, e ali acontece algo intrigante (Atos 16:16-18). Uma jovem mediúnica, mencionada no texto como tendo um "espírito de adivinhação", que, "neste caso", diz o biblista Rinaldo Fabris, era um "espírito de adivinhação chamado 'pitônico', em referência ao oráculo de Delfos, onde a 'pitonisa' proferia os seus oráculos, sentada na pele de uma serpente (*píton*) morta, segundo a lenda, por Apolo",[1471] passa muitos dias andando após eles e proferindo as seguintes palavras: "Estes homens, que nos anunciam o caminho da salvação, são servos do Deus Altíssimo" (Atos 16:17b). Lucas

---

1469 Ibid., p. 51-2.

1470 Ibid., p. 50-1.

1471 FABRIS, Rinaldo. *Os Atos dos Apóstolos: tradução e comentários*, Bíblica Loyola (São Paulo: Loyola, 1991), vol. 3, p. 319.

968 | TEOLOGIA SISTEMÁTICO-CARISMÁTICA

registra que "Paulo, perturbado, voltou-se e disse ao espírito: Em nome de Jesus Cristo, te mando que saias dela. E, na mesma hora, saiu" (Atos 16:18b). O substantivo grego ἐπιστρέφω (*epistrephō*), isto é, "*reverter* (literal, figurado ou moral): — vir (ir) outra vez, converter, virar-se, voltar",[1472] traduzido na ARC como "perturbado" no versículo 18, indica claramente uma atividade carismática, visto que "Nenhuma explicação é dada sobre por que Paulo espera muitos dias antes de lidar com ela", afirma o teólogo pentecostal French Arrington, para quem possivelmente Paulo "a tenha considerado inofensiva, ou é possível que o Espírito não o tenha direcionado a expulsar o espírito maligno".[1473] É imperioso notar que, ainda que não houvesse nada no texto que indicasse claramente uma atividade carismática, a segunda e terceira perícopes do mesmo capítulo mostram de forma inequívoca que Paulo e Silas não passaram por aquela localidade por decisão pessoal, mas por clara direção do Espírito Santo, que os impediu de ir para onde intentavam e os impeliu para Filipos, contrariando a visão do teólogo reformado cessacionista, de que o Espírito não tem "autonomia" nem "vontade própria", sendo apenas um títere ou uma função das outras duas Pessoas da Trindade (Atos 16:6-7). Em outras palavras, eles estavam sob a atmosfera carismática. Todavia, uma vez que ela insistiu em dizer palavras verdadeiras, mas sob influência maligna, algo que não poderia ser percebido de forma meramente racional, "Cheio do Espírito ele expulsa o espírito de píton 'em nome de Jesus Cristo'" e, dessa forma, o "exercício de Paulo do dom espiritual de discernimento e o exorcismo acabam com a exploração da menina que dava lucro a seus senhores".[1474] Passa muito longe do texto qualquer ideia de que Paulo pudesse ter aventado consultar a Septuaginta para fazer uma exegese objetivista e assim discernir se o que aquela moça dizia era pelo Espírito Santo ou por um espírito maligno. Trata-se de uma perspectiva não apenas extremamente divorciada de qualquer possibilidade de respaldo bíblico, mas, na verdade, até mesmo antagônica às Escrituras. E onde está o erro da perspectiva reformada cessacionista? Nesse ponto específico, o erro encontra-se já em sua concepção de "verdade", e, embora já tenhamos visto esse assunto anteriormente ao citar Alister McGrath, que distinguiu "verdade" do ponto de vista bíblico de

---

1472 *Bíblia de estudo*, p. 2206.

1473 ARRINGTON, French L. "Atos dos Apóstolos" in: ARRINGTON; STRONSTAD (orgs.). *Comentário bíblico pentecostal*, p. 720.

1474 Ibid.

"verdade" como dado científico, uma vez que o autor reformado cessacionista alude ao texto joanino, cabe, porém, compreender qual é a concepção de verdade para o apóstolo do amor.

"A verdade em Jo é diferente da concepção grega, para a qual a verdade é a essência do ser que se desvela e se deixa contemplar", explica o biblista Bruno Maggioni, dizendo ainda que ela é distinta "da concepção do dualismo helenístico-gnóstico, para o qual a verdade é a realidade do divino que se pode alcançar fugindo da nossa história". Portanto, "a verdade é para Jo o desígnio salvífico de Deus que se desvelou (*veio a ser*) no Jesus histórico", ou seja, "a verdade é o movimento de comunhão que une o Pai e o Filho: Jesus é a transparência desta comunhão, sua manifestação plena, concreta e alcançável".[1475] A concepção de verdade grega a que se contrapõe a verdade na perspectiva joanina corresponde justamente à verdade científica e racionalista que o autor reformado confunde com a perspectiva bíblica, não as distinguindo. Em termos diretos, a verdade apresentada no Quarto Evangelho não é "uma verdade que apenas se conhece, mas que se acolhe, que constrói", isto é, ela tem de "ser buscada com fé, auscultada, [mas] não conquistada". Por isso, decorre "da iniciativa divina", não sendo possível ao ser humano "obtê-la mediante esforço racional"; antes só "pode obtê-la [...] através da humildade da fé, renunciando às orgulhosas afirmações de seu eu", não devendo jamais "ser procurada alhures, a não ser no conhecimento de Jesus de Nazaré e no encontro com ele".[1476] De acordo com o teólogo e biblista jesuíta belga Ignace de La Potterie, citado por Maggioni, o "conceito joanino de *alêtheia* não se deve situar sobre o fundo do dualismo helenístico, nem, sem mais, sobre o fundo do AT (a *émet*, que significa fidelidade, solidariedade)"; é preciso situá-la "sobre o fundo do judaísmo antigo tardio: a literatura apocalíptica, sapiencial e, sobretudo, Qumran", pois é justamente nesse contexto, ou ambiente, que "*alêtheia* toma um sentido parcialmente novo, diferente do sentido hebraico e do sentido grego". Em termos diretos, em tal "contexto do judaísmo, a noção começa a significar a 'verdade revelada', o desígnio do Deus salvador, o mistério".[1477] Assim, de acordo com o contexto de João 16,

---

1475 MAGGIONI, Bruno. "O Evangelho de João" in: FABRIS, Rinaldo; MAGGIONI, Bruno. *Os Evangelhos II: tradução e comentários*, 4. ed., Bíblia Loyola (São Paulo: Loyola, 2006), vol. 2, p. 423.
1476 Ibid.
1477 POTTERIE, I. de La. "L'arrière-fond du thème johannique de vérité" in: *Studia Evangelica* (Berlim, 1959), p. 277-94, in: FABRIS; MAGGIONI. *Os Evangelhos II*, vol. 2, p. 423.

970 | TEOLOGIA SISTEMÁTICO-CARISMÁTICA

especificamente os versículos 12-15, incluindo o versículo 13 referido pelo teólogo reformado cessacionista como forma de justificar uma interdição ao Espírito Santo, vemos que "Ele guiará os discípulos à compreensão da verdade que agora ainda não são capazes de *suportar* (v. 12)", diz o biblista Bruno Maggioni. Este acrescenta ainda que o Espírito auxiliará "a comunidade na difícil tarefa de unir a fidelidade à novidade, a memória à renovação", pois o "momento central da revelação é o de Jesus", demonstrando com isso "uma perfeita comunhão entre Jesus e o Espírito, sendo o ensinamento deste ainda o de Jesus"; não apenas "só o ensinamento *de* Jesus, mas o ensinamento *que é* Jesus, em conformidade com todo o Quarto Evangelho e com o significado exato de *verdade*".[1478] Jesus é a verdade paradoxal que o judeu mediano não pode suportar da forma que Deus o revelou (Isaías 53:1-12; cf. João 1:11-13). Por isso, "o que importa entender é a pessoa de Jesus e o significado da história que ele viveu", de modo que é possível afirmar "que o Espírito, na sua vinda a nós, retoma a mesma atitude do Filho, que não veio a nós para falar palavras suas, nem buscar glória própria, mas para comunicar o que ele ouviu do Pai" e, de maneira semelhante, "comporta-se o Espírito em relação a Jesus: *Ele me glorificará, porque receberá do que é meu e vo-lo manifestará*".[1479] Mas o que significa dizer que o Espírito não falará de si mesmo, e sim anunciará o que receber de Jesus tal como Cristo o fez em relação ao Pai? Ele repetirá o que Jesus já disse e que, após deixar de ser querigma e tornar-se texto, encontra-se registrado nos Evangelhos, não havendo necessidade alguma de que ele lembre aos discípulos? O já citado biblista italiano diz:

> Mas o ensinamento do Espírito não é repetitivo. Autêntica fidelidade exige aprofundamento e atualização. A fidelidade do Espírito é do tipo que se renova continuamente, sempre jovem, capaz de adaptar-se às situações que a história, passo a passo, apresenta. Jo especifica: o ensinamento do Espírito é um "guiar para e *dentro* da *plenitude* da verdade" (sentido exato da expressão *hodêgêsei eis*, v. 13). Portanto, um conhecer interior e progressivo. Não um progressivo acúmulo de conhecimentos (todos necessários para completar o quadro e formar um sistema!), mas uma progressiva viagem ao centro: de fora para

---

1478 MAGGIONI. "O Evangelho de João" in: FABRIS; MAGGIONI. *Os Evangelhos II*, vol. 2, p. 439 (grifo no original).
1479 Ibid. (grifo no original).

CAPÍTULO 4 – Pneumatologia | 971

> dentro, da periferia ao centro, de um conhecimento por ouvir dizer a um conhecimento pessoal.[1480]

A explicação lembra o que aconteceu com Jó ao final de sua dura provação, ou seja, antes ele conhecia de "ouvir", mas, após tudo o que passou, Deus revelou-se ao patriarca e, então, seus "olhos" passaram a vê-lo (Jó 42:5). Caso se queira pensar em conhecimento doutrinário, não experiencial, podemos ficar com a explicação do teólogo pentecostal Myer Pearlman, que, comentando o mesmo texto joanino, diz que o Espírito Santo "ensina somente as coisas de Cristo, no entanto ensina mais do que ele ensinou", e isso até mesmo por uma questão de que no período do ministério terreno de nosso Senhor Jesus Cristo, isto é, abrangendo "a crucificação, a ressurreição e a ascensão", por exemplo, explica o mesmo autor, "o conjunto da doutrina cristã ainda estava incompleto e, portanto, não poderia ser plenamente comunicado aos discípulos de Cristo".[1481] Dessa forma, finaliza o teólogo pentecostal, no texto de "João 16.12-13, é como se Jesus dissesse: 'Tenho passado a vocês um pouco do conhecimento da minha doutrina; mas ele os conduzirá até o fim'". Por isso, paradoxalmente, a "ascensão teve por finalidade trazer maior comunicação da *verdade*, como também maior comunicação de *poder*".[1482] A confusão do autor reformado cessacionista decorre do fato de sua exegese, conforme já vimos, ser dependente da "filosofia do senso comum" da escola de Princeton, isto é, racionalista, pois é simplesmente absurda a ideia de que o papel do Espírito Santo seja inferior ao exercício exegético, que, de acordo com essa ideia, pode ser desempenhado por qualquer pessoa, inclusive não crente, e chegar ao conhecimento de nosso Senhor Jesus Cristo, pois segue "regras universais". O "Iluminismo forçou o evangelicalismo a adotar atitudes para chegar à espiritualidade que resultaram em abordagens um tanto frias, impessoais e racionais, com relação à Escritura",[1483] informa Alister McGrath, dizendo que tal processo acabou criando "uma tendência de ver a espiritualidade em termos de entendimento do texto bíblico — isto é, a leitura da Bíblia tirando sentido de suas palavras e ideias, e entendendo seu fundo histórico e

---

1480 Ibid., p. 440 (grifo no original).

1481 PEARLMAN, Myer. *Conhecendo as doutrinas da Bíblia*, 3. ed. 2. reimpr. (São Paulo: Vida, 2010), p. 287.

1482 Ibid. (grifo no original).

1483 McGRATH. *Paixão pela verdade*, p. 147.

972 | TEOLOGIA SISTEMÁTICO-CARISMÁTICA

seu sentido para hoje", fazendo que a ênfase esteja unicamente "sobre a razão, sobre o raciocínio".[1484] Na verdade, tal exegese desconsidera, por exemplo, o fato de os textos serem perícopes, isto é, não lineares, do ponto de vista cronológico, de forma que encontramos a purificação do templo logo no início do Quarto Evangelho, cientes de que ela ocorreu no final do curto, mas profícuo, ministério terreno de nosso Senhor Jesus Cristo, pois o apóstolo do amor não tem propósitos cronológicos em mira, mas, sim, visa demonstrar a transformação radical que o Filho de Deus promoveu ao desacreditar as estruturas religiosas da época que dominavam e manipulavam o povo. Comumente dividido em quatro partes — prólogo, livro dos setes sinais, livro da paixão e epílogo —, o Evangelho de João sinaliza, entre outras coisas, algo muito sério que, atualmente, dada a influência da teologia reformada, é completamente equivocado. Na verdade, contraditoriamente, reinstituíram o que o apóstolo mostrou que Jesus desfez. Mas se tal assim foi feito no início por alguma boa intenção, hoje, sem dúvida, transformou-se em um instrumento de manipulação e discórdia, que é o equívoco de se reduzir Jesus ao texto escrito. Dizer que Jesus é a Palavra de Deus, conforme João, é entender que Deus fez o que antes os profetas praticavam sob a direção da *presença extraordinária* do Espírito Santo, tanto em êxtase ou não,[1485] isto é, Deus agora resolve acabar com o monopólio exegético dos diversos grupos que usavam as Escrituras hebraicas para dominar o povo e fala de forma diferente, enviando seu próprio Filho (Hebreus 1:1-4). Jesus não pertence a nenhuma escola rabínica, não faz parte de nenhuma facção ou grupo, nem mesmo o "oficial", e ele é a Palavra de Deus, de acordo com João, não um texto! É isso que o apóstolo está dizendo em seu prólogo (João 1:1-14). É justamente por meio dos documentos escriturísticos, "e do seu processo de formação do conceito complexo, mas ao mesmo tempo poderoso, da 'Palavra' de Deus, não como sinônimo das escrituras", diz N. T. Wright, que ficamos cientes da verdade da Palavra "como uma misteriosa presença pessoal que cria, governa, cura e renova".[1486] É assim que entendemos.

1484 Ibid., p. 146.

1485 "Os profetas nem sempre profetizavam em estado extático; a expressão 'veio a palavra do Senhor' (Lc 3:2) dá a entender que a revelação veio por uma iluminação sobrenatural da mente. A mensagem divina podia ser recebida e entregue em qualquer das duas maneiras" (PEARLMAN. *Conhecendo as doutrinas da Bíblia*, p. 293).

1486 WRIGHT. *As Escrituras e a autoridade de Deus*, p. 54.

CAPÍTULO 4 – Pneumatologia | 973

Portanto, como a igreja primitiva logo veio a reconhecer, Jesus era a personificação viva do Deus de Israel, o mesmo Deus cujo Espírito tinha inspirado as escrituras no princípio. Da mesma forma que Jesus entendeu sua própria vocação e identidade por meio das escrituras, a igreja primitiva rapidamente aprendeu também a interpretá-las de uma nova maneira: ela passou a ler o Antigo Testamento, em sua narrativa (inclusive as alianças, promessas, os avisos etc.) e seus mandamentos de acordo com o que haviam descoberto em Jesus. Isso é proposto de forma programática no capítulo 24 de Lucas, em que os dois discípulos no caminho de Emaús ouvem uma longa exposição acerca de "Moisés, dos profetas e de todas as escrituras", e o Jesus ressuscitado abre a mente dos discípulos para que entendam o sentido delas durante todo esse tempo (Lucas 24:27; 44-45). Porém, o mesmo princípio está presente em todas as narrativas dos evangelhos de forma clara ou implícita.[1487]

Assim, a hipostatização feita pelo protestantismo, reduzindo Jesus ao texto, é completamente incorreta e estranha ao que a própria Escritura afirma de si e do Filho de Deus, pois ela testifica dele, mas não é ele (João 5:39). Ela é um livro, e Jesus, uma pessoa. Ele é eterno, e ela tem origem temporal e histórica.[1488] Tal verdade pode ser entendida com a explicação do teólogo

---

1487 Ibid., p. 63.

1488 Ao tratar da leitura contextual da Bíblia, N. T. Wright menciona o assunto nos seguintes termos: "Essa leitura contextual é, na verdade, uma leitura *encarnacional* das Escrituras, dando atenção à plena humanidade tanto do texto como de seus leitores. Ela deve ser feita na oração de que a 'divindade' — a 'inspiração' das Escrituras e o poder do Espírito Santo que age em meio à igreja que lê a Bíblia — seja descoberta de uma nova forma depois desse processo. Com muita frequência, os conflitos antigos com relação à encarnação de Cristo se refletem nos debates sobre a natureza das Escrituras, com os 'conservadores' destacando a divindade e os 'liberais' ou 'radicais' destacando a humanidade. (Eu sei que a comparação entre a Bíblia e a pessoa de Jesus não é exata, e que algumas pessoas têm tido bastante dificul-dade com ela; acho que ela não perde sua utilidade, desde que seja vista *como uma analogia*, não rigorosamente como uma via de mão dupla.) A ortodoxia verdadeira precisa das duas, e de seu relacionamento mútuo adequado" (WRIGHT. *As Escrituras e a autoridade de Deus*, p. 157-8 [grifo no original]). Em termos diretos, o teólogo anglicano britânico está dizendo que a Bíblia, assim como nosso Senhor Jesus Cristo, é tanto humana como divina, mas não que ela seja o Filho de Deus. Pode ser que tal equívoco venha da reflexão do teólogo reformado cessacionista estadunidense Benjamin Warfield, que defende o que também cremos, ou seja, que "as Escrituras precisam ser cumpridas necessariamente, pois o que está contido nelas é a declaração do Espírito Santo por meio do autor humano", ou seja, o "que diz a Escritura é o que Deus diz, por isso podemos ler declarações notáveis como estas: 'Porque a Escritura diz a Faraó: Para isto mesmo te levantei' (Rm 9:17); 'Ora tendo a Escritura previsto que Deus justificaria pela fé os gentios, preanunciou o evangelho a Abraão: Em ti serão abençoados todos os povos' (Gl 3:8). Estes não são exemplos de simples personificação da Escritura, o que, em si mesmo, é um uso suficientemente notável (Mc 15:28; Jo 7:38,42; 19:37; Rm

974 | TEOLOGIA SISTEMÁTICO-CARISMÁTICA

pentecostal Antonio Gilberto, quando este diz o óbvio, ou seja, que "sendo a Bíblia um livro divino, veio a nós por canais humanos, tornando-se, assim,

---

4:3; 10:11; 11:2; Gl 4:30; 1Tm 5:18; Tg 2:23; 4:5-6), com a convicção manifestada por Tiago (4:5) de que a Escritura não pode falar em vão. Este uso indica certa confusão na linguagem corrente entre 'Escritura' e 'Deus', resultado de uma convicção profunda de que a palavra da Escritura é a Palavra de Deus. Não foi a 'Escritura' que falou a Faraó e deu sua grande promessa a Abraão, mas Deus. Mas 'as Escrituras' e 'Deus' estavam tão próximos entre si na mente dos escritores do Novo Testamento que eles podiam, naturalmente, falar da 'Escritura' fazendo o que foi registrado nas Escrituras como feito por Deus. Era, no entanto, ainda mais natural para eles falar casualmente de Deus dizendo o que dizem as Escrituras, e, consequentemente, nos deparamos com formas de expressão como estas: 'Assim, pois, como diz o Espírito Santo: Hoje, se ouvirdes a sua voz' etc. (Hb 3:7, citando o Sl 95:7); '[Tu] ... que disseste por intermédio do Espírito Santo, por boca de Davi, nosso pai, teu servo: Por que se enfureceram os gentios...' etc. (At 4:25, citando o Sl 2:1); 'E que Deus o ressuscitou dentre os mortos ... desta maneira o disse: E cumprirei a vosso favor ... porque também diz em outro Salmo...' (At 13:34, citando Is 55:3, e o Sl 16:10) e similares. As palavras colocadas na boca de Deus, em cada caso, não são palavras de Deus registradas nas Escrituras, mas apenas palavras das próprias Escrituras. Quando consideramos as duas classes de passagens em conjunto, a classe em que as Escrituras falam como Deus e a classe em que Deus fala como se ele fosse as Escrituras, podemos perceber quanto a identificação dos dois estava próxima na mente dos escritores do Novo Testamento" (WARFIELD. *A inspiração e autoridade da Bíblia*, p. 118). Quanto à analogia entre nosso Senhor Jesus Cristo e a Bíblia, o mesmo autor diz que ela, na época (1915), havia se tornado "habitual entre determinada escola de escritores", isto é, "falar das Escrituras, por serem inspiradas dessa maneira, como um livro divino e humano, e recorrer à analogia da personalidade humana e divina de nosso Senhor para explicar suas qualidades peculiares como tais. A expressão chama a atenção para um fato importante, e a analogia é aprovada com certa reserva. Há os lados humano e divino da Escritura, e, à medida que a examinamos, podemos perceber alternadamente os traços que sugerem ora um fator, ora outro, na sua origem. Mas a analogia com a personalidade divino-humana de nosso Senhor pode ser facilmente forçada além da razão. Não há união hipostática entre o divino e o humano na Escritura. Não podemos fazer um paralelo entre a 'lavratura' do Espírito Santo e da encarnação do Filho de Deus. As Escrituras são simplesmente o produto de forças divinas e humanas que trabalham em conjunto para produzir um produto final em cuja produção as forças humanas trabalham sob a iniciação e a direção predominantes das forças divinas: a pessoa de nosso Senhor reúne em si as naturezas divina e humana, e cada uma delas mantém sua distintividade, embora operem somente em relação uma à outra. Entre essas coisas diversas pode existir apenas uma analogia remota e, na verdade, a analogia no caso em questão equivale a não mais do que o fato de que, em ambos os casos, fatores divinos e humanos estão envolvidos, embora de maneira muito diferente. No primeiro caso, eles se unem para constituir uma pessoa divino-humana; no outro, eles cooperam para executar uma obra divino-humana. Mesmo tão distante, uma analogia pode nos permitir, contudo, reconhecer que, como no caso da pessoa de nosso Senhor, a natureza humana continua a ser verdadeiramente humana, embora nunca possa cair em pecado ou em erro porque nunca pode agir fora da relação com a natureza divina em conjunção com a qual ela foi produzida; assim também, no caso da produção da Escritura pela ação conjunta dos fatores humano e divino, os fatores humanos agiram como fatores humanos e deixaram sua marca no produto como tal, embora não tenham caído no erro de que dizemos que é próprio o ser humano cair porque eles agiram separadamente dos fatores divinos, por si mesmos, mas apenas sob a sua orientação infalível" (ibid., p. 131). Por se tratar de uma antologia de artigos de Warfield, no texto *Ela diz": "a Escritura diz": "Deus diz"*, o autor menciona novamente o tema (p. 240-80).

CAPÍTULO 4 – Pneumatologia | 975

divino-humana, como também o é a Palavra Viva — Cristo —, que se tornou também divino-humano (Jo 1:1; Ap 19:13)".[1489] As Escrituras vieram a existir em um tempo determinado por Deus, por inspiração do Espírito Santo, fruto de sua *presença extraordinária*. Dizer que "Jesus Cristo é a Bíblia", achando que, quando o texto bíblico o relaciona à Palavra, é o mesmo que dizer que ele é o texto, como equivocadamente tem sido feito, equivale a reduzir sua eternidade, contrariando justamente o que diz o prólogo do Quarto Evangelho! Conquanto acreditemos na piedade e boa intenção originais dessa ideia, e igualmente saibamos do perigo de ter maliciosamente distorcido o que estamos dizendo por desonestidade intelectual, pois, como diz Kevin Vanhoozer, "Ser mal compreendido é uma coisa; ser intencionalmente mal compreendido é outra completamente diferente",[1490] é preciso falar a respeito do tema, pois, para a tradição carismático-pentecostal, é o Espírito Santo quem convence as pessoas, não a argumentação do pregador, muito menos sua habilidade hermenêutica. Todavia, quando o teólogo reformado cessacionista diz que a "Palavra de Deus é verdade proposicional, objetiva" e afirma que sua "aplicação e iluminação subjetiva do Espírito Santo de Deus, no coração de cada crente, complementa, mas não anula ou se sobrepõe à objetividade das Escrituras",[1491] contraria a perspectiva dos reformadores, como Lutero, que, a despeito de defender que "a Escritura se explicava por si mesma e fazia reconhecer Cristo, meu salvador", diz Yves Congar, "requeria para isso a ação e o testemunho do Espírito no coração". Todavia, a perspectiva do teólogo reformado cessacionista contraria também o próprio Calvino, que sistematizou esse assunto e ensinava não se tratar "apenas de ser esclarecido pelo Espírito Santo para entender a Escritura; sem dúvida, há isso, mas era um dado clássico entre os Padres e em toda a Idade Média", informa Congar, dizendo que tal se repete "em Calvino", que defende que "o testemunho interior do Espírito Santo leva a discernir o que é Palavra de Deus (portanto, inspirada) e o que não é".[1492] O mesmo teólogo dominicano informa, de maneira honesta, que "Calvino, como Lutero, luta em

---

1489 SILVA. *A Bíblia através dos séculos*, p. 9.

1490 VANHOOZER, Kevin. *Há um significado neste texto?: interpretação bíblica: os enfoques contemporâneos* (São Paulo: Vida, 2005), p. 192.

1491 NETO. "Avaliando as manifestações sobrenaturais" in: CAMPOS; LOPES; MATOS; NETO. *Fé cristã e misticismo*, p. 51.

1492 CONGAR. *Revelação e experiência do Espírito*, p. 185.

976 | TEOLOGIA SISTEMÁTICO-CARISMÁTICA

duas frentes": a primeira delas "contra os anabatistas (esses 'animais furiosos, que uma frenética intemperança faz divagar sobre a regeneração espiritual'), o batismo das crianças, a santidade da Igreja, as relações entre o Antigo e Novo Testamentos, a importância da Escritura", e a segunda refere-se à sua preocupação "em combater aquilo que acredita ser a posição romana e que não era e nunca foi — embora alguns enunciados possam levar a pensar que sim —, isto é, que a Igreja daria sua autoridade à Escritura".[1493] Todavia, Yves Congar diz que, a respeito da preocupação de Calvino em "atribuir apenas a Deus a autoridade da Escritura", é preciso reconhecer que indiscutivelmente "nisso ele tinha razão", dizendo ainda estar correta a concepção do reformador francês em "atribuir o (re)conhecimento a uma ação de Deus em nós", pois na perspectiva de Calvino "era preciso isso para que a certeza da fé estivesse totalmente fundamentada em Deus". Acerca desse aspecto específico, o autor cita a obra do reformador, dizendo que "podemos ler a *Instituição* de 1539, baseados na tradução francesa de 1541 que a coleção Guillaume Budé reproduz", citada por Jacques Pannier:

> É preciso basearmos a autoridade da Escritura mais alto do que em razões ou indícios ou conjeturas humanas. Isto é, devemos fundamentá-la no testemunho interior do Espírito Santo. Porque eu sei que em sua própria majestade ela tem muito em que ser reverenciada: todavia, ela começa a nos tocar verdadeiramente quando é selada em nossos corações pelo Espírito Santo. Assim, iluminados pela virtude deste que a Escritura é de Deus, já não cremos em nosso julgamento ou no dos outros, mas acima de qualquer julgamento humano consideramos indubitavelmente que ela nos foi dada pela própria boca de Deus, pelo ministério dos homens: como se nela contemplássemos a olho nu a essência de Deus.[1494]

1493 Ibid., p. 185-6.

1494 CALVINO, João. *Inst.* de 1541: *Opera Calvini do Corpus Reformatorum* III, p. 368, in: PANNIER, Jacques. *Le témoignage du Saint-Esprit: essai sur l'historie du dogme dans la théologie réformée* (Paris: 1893), p. 106, in: CONGAR. *Revelação e experiência do Espírito*, p. 186. A questão de Calvino, e dos reformadores em geral, vai além do que estamos discutindo, pois eles estavam disputando a formação do cânon bíblico protestante, ou seja, quais livros fariam parte das Escrituras protestantes em contraposição às Escrituras do catolicismo romano (sem mencionarmos o cânon da Igreja oriental ou ortodoxa). O teólogo pentecostal Antonio Gilberto informa que os "reformadores protestantes publicaram a Bíblia com os Apócrifos colocando-se entre o Antigo e o Novo Testamento; não como livros inspirados, mas bons para a leitura e de valor literário e histórico. Isso continuou até 1629. A famosa versão inglesa de

CAPÍTULO 4 – Pneumatologia | 977

Para Congar, tal pensamento "corre o risco de atribuir a um sentimento ou instinto experimentado pelo sujeito uma faculdade de discernimento que Calvino atribui ao Espírito Santo", pois, "de fato, não se pode identificar o testemunho interno do Espírito com a voz da consciência do homem e finalmente com a razáo: isso é efetivamente produto".[1495] Em termos diretos, Yves Congar náo apresenta o argumento de Calvino por concordar com "a aplicaçáo discutível" que o reformador francês "faz do testemunho interior do Espírito Santo para o discernimento dos livros canônicos".[1496] Conquanto na tradiçáo carismático-pentecostal náo haja discussáo alguma acerca da natureza das Escrituras, ou seja, cremos integralmente no texto como Palavra de Deus, a pretensa objetividade argumentada pelo teólogo reformado cessacionista em contraposiçáo ao testemunho interior do Espírito, dizendo que a "Palavra de Deus é verdade proposicional, objetiva", e afirmando que sua "aplicaçáo e iluminaçáo subjetiva do Espírito Santo de Deus, no coraçáo de cada crente, complementa, mas náo anula ou se sobrepóe à objetividade das Escrituras", náo se refere diretamente ao texto, e sim ao entendimento dele, pois insiste na ideia de que o "alicerce epistemológico da fé cristá é procurar conhecer pela revelaçáo objetiva escriturada de Deus em vez de pela apreensáo subjetiva do homem".[1497] Aqui náo há apenas uma afirmaçáo, com a qual todos concordamos, de que as Escrituras sáo autoritativas, mas, sim, a reduçáo do texto a um repositório de proposiçóes, excluindo-se o caráter majoritariamente narrativo da Bíblia, conforme a definiçáo do teólogo reformado cessacionista de que a "Palavra de Deus é verdade proposicional, objetiva" e, por isso, dependente da hermenêutica, que, para ele, é capaz de "discernir o que Deus disse nas Sagradas Escrituras" e de "determinar o significado da Palavra de Deus", por estar calcada no pressuposto de que o conhecimento — visto como objetivo, isento e absoluto em contraposiçáo aos sentimentos e as experiências — pode garantir e estabelecer certezas, mesmo porque,

---

King James, de 1611, ainda os conservou. Após 1629, os evangélicos os omitiram de vez nas Bíblias editadas, para evitar confusáo entre o povo simples que nem sempre sabe discernir entre um livro canônico e um apócrifo" (SILVA. *A Bíblia através dos séculos*, p. 65). É importante, contudo, observar que a avaliaçáo dos reformadores incluía até mesmo os textos já historicamente consagrados e reconhecidamente canônicos, náo somente os apócrifos ou deuterocânonicos, ponto que retomaremos na sequência.

1495 CONGAR. *Revelaçáo e experiência do Espírito*, p. 186-7.

1496 Ibid., p. 187.

1497 NETO. "Avaliando as manifestaçóes sobrenaturais" in: CAMPOS; LOPES; MATOS; NETO. *Fé cristá e misticismo*, p. 51.

978 | TEOLOGIA SISTEMÁTICO-CARISMÁTICA

de acordo com ele, tal hermenêutica pertencente à "fé cristã histórica" foi resgatada pelos reformadores, que, ao assim proceder, "alicerçaram a fé cristã genuína das gerações subsequentes, entre as quais nos encontramos" — diz ele referindo-se ao presbiterianismo reformado —, isto é, "no padrão imutável, objetivo e transparente das Escrituras".[1498] A questão é: O texto realmente é claro e tão evidente conforme dito? Essa questão "sobre quanto alguém pode conhecer sem nenhuma revelação especial se reacendeu no início da Reforma, quando Lutero confrontou furiosamente Erasmo de Roterdá sobre a questão da possibilidade de a vontade e o entendimento humano serem capazes de compreender o evangelho ou se o pecado original obscureceu tanto a mente a ponto de deixá-la escravizada ou incapaz de ajudar a si mesma, mesmo tendo alguns lampejos de percepção, precisando sempre da graça da revelação", informa N. T. Wright. Este ainda diz que o "paralelo entre a doutrina reformada da justificação pela fé sem as obras e o conhecimento de Deus pela revelação especial, em vez da capacidade humana inata, continua a ser importante em vários níveis", reconhecendo, inclusive, que a "questão nunca foi resolvida de forma satisfatória durante a primeira geração da Reforma, quem sabe principalmente porque os próprios reformadores estavam recorrendo ao 'sentido claro das escrituras', em oposição à complexidade da exegese medieval, e a questão sobre o que deve ser considerado 'sentido claro', com certeza, consiste em uma questão de juízo racional". Assim sendo, finaliza o autor, a "palavra 'claro' inevitavelmente coloca um elemento subjetivo que convida à seguinte resposta: 'Claro para quem?'".[1499] Essa é uma questão imprescindível que merece ser respondida com uma incursão histórica, recuando um pouco mais no tempo, pois complementa o que já dissemos, com Alister McGrath, quando este falou acerca do "realismo escocês", ou "filosofia do senso comum", refletindo o racionalismo nascente europeu e que agora é também discutido pelo também teólogo anglicano N. T. Wright:

> Na Inglaterra, em particular, a discussão chegou ao seu auge nos debates da segunda parte do século 16. O movimento puritano, esperando finalmente levar algum tipo de calvinismo para a Inglaterra do mesmo modo que levara à Escócia, afirmou que, já que somente as escrituras possuíam autoridade, apenas os costumes e cerimônias que fossem

---

1498 Ibid., p. 51, 55.
1499 WRIGHT. *As Escrituras e a autoridade de Deus*, p. 102.

claramente autorizados pelas escrituras deveriam ser permitidos na vida da igreja. Para se opor a eles, Richard Hooker (*ca.* 1554-1600) divulgou uma teoria que, enquanto confirmava com firmeza as doutrinas reformadas básicas como a justificação pela fé, resgatava, de outra maneira, Tomás de Aquino e a cosmovisão holística medieval. Ele insistia em que toda a realidade é governada pela lei natural, que, por si só, é, acima de tudo racional, e que provém e é expressão da própria razão suprema de Deus. Ele via os puritanos como pessoas que seguiam uma proposta impossivelmente simplista. Ele explicava que a sociedade humana se desenvolve e se transforma, e que a igreja, em um de seus níveis, tem uma vida dinâmica, e não estática, e deve crescer e transformar-se de forma adequada. Enquanto faz isso, ela inevitavelmente vai além do que as escrituras ensinam de forma clara, como, por exemplo, os grandes credos, inevitavelmente, fazem. Os métodos de governo da igreja, um dos pontos de debate naquela época, inevitavelmente mudarão e passarão a se desenvolver. Portanto, a insistência de Hooker na "razão" não se tratava de uma maneira de desvalorizar as escrituras, mas, pelo contrário, de garantir que a comunidade que se baseava nas escrituras tivesse uma vida saudável e adequada, sem prosseguir em um processo de tentativa e erro, como se estivesse no escuro, mas avançar de acordo com a razão, com base nas escrituras, segundo a lei natural que, a princípio, vinha do Deus criador. As escrituras continuavam a ser fundamentais, mas essa razão concedida por Deus e baseada nas escrituras capacitou a igreja a se desenvolver de um modo coerente com as afirmações claras, ainda que não seja algo necessariamente previsto por elas.[1500]

É preciso olhar para esse contexto e verificar que tal forma de se entender a razão, defendida por Hooker, é surpreendentemente muito distinta e até antagônica à maneira como a razão foi concebida posteriormente. Desdobrando essa ideia, Wright informa que "Uma das várias ironias da Reforma foi o destaque puritano ao direito à interpretação individual das escrituras, que abriu caminho (já que o elemento da devoção piedosa foi retirado, junto com as autoridades eclesiásticas severas) para o racionalismo, que, a partir do século 18, insistia que o indivíduo poderia ser dono do seu destino, capitão de sua própria alma — guiada somente pela razão humana, sendo, portanto, capaz

---

1500 Ibid., p. 102-3.

de se livrar dos ensinos da igreja e das escrituras".[1501] Evidentemente que essa ideia é antagônica ao conceito de razão defendido por Richard Hooker, para quem "a 'razão' fazia parte de toda uma ordem natural que elevava a mente ao único Deus verdadeiro que foi revelado em Jesus Cristo de forma plena e definitiva", nada tendo com a ideia de "'razão' como fonte de informação totalmente independente, que, a partir dessa época, passou a *ser utilizado contra* as escrituras e a tradição". Portanto, um dos legados de Hooker, diz o mesmo teólogo anglicano, foi justamente o fato de ter disponibilizado "uma parcela das riquezas do pensamento medieval que se considerava inacessível dentro de uma estrutura reformada" por causa do anticatolicismo da Reforma, pois "era precisamente essa visão de mundo holística que não insiste em que as escrituras sejam julgadas no tribunal da 'razão' e achadas em falta", trazida por Hooker, que, "em vez disso, propõe que não devemos ler e interpretar as escrituras de forma arbitrária, mas com um pensamento lúcido, baseado no discernimento histórico".[1502] Não obstante a concepção ideal de Richard Hooker acerca dessa faculdade humana, conforme reconhece N. T. Wright, tal ideia, "com certeza, parece desenvolver um argumento circular, semelhante à noção de 'sentido claro' que os reformadores propuseram" e, justamente por isso, permanece a questão anteriormente colocada: "De quem é esse pensamento claro e em que informações históricas se baseará tal critério?".[1503] Conforme já informado acima, a garantia de tal precisão metodológica encontra-se na utilização da "hermenêutica dos reformadores", que, em contraposição ao método *Quadriga*, ou do "sentido quádruplo das Escrituras",[1504] que, por sua vez, contrapunha-se ao método alegórico, de

---

1501 Ibid., p. 103-4.

1502 Ibid., p. 104.

1503 Ibid.

1504 McGrath. *Fundamentos do diálogo entre ciência e religião*, p. 17. Tratamos desse assunto em outro trabalho, explicando que "Em face do desenvolvimento das ciências naturais, a controvérsia em torno da questão hermenêutica ocupou importante espaço nas discussões dos estudiosos da Idade Média, pois todos os textos precisavam ser interpretados. A Bíblia não escapou a essa regra, e no seu caso era ainda muito mais sério, visto que algumas passagens eram interpretadas de modo literal, e outras, de maneira alegórica ou não literal. Assim, era necessário definir qual deles era o mais 'preciso'" (Carvalho, César Moisés. *Uma pedagogia para a educação cristã: noções básicas da ciência da educação a pessoas não especializadas*, 1. ed. 5. reimpr. [Rio de Janeiro: CPAD, 2019], p. 220). Mas, para se compreender tal distinção, é importante saber o que aconteceu em período anterior; ou seja, "A discussão a este respeito precisa remontar à teologia patrística, pois nesse período dois locais marcaram a divisão entre os principais métodos interpretativos: Alexandria e

acordo com o entendimento do teólogo reformado cessacionista, garante a "interpretação correta", desde que se tenha domínio dos princípios básicos, como a "estrutura" bíblica e domínio "das línguas originais e dos escritos". Esta, inclusive, é uma das principais críticas da tradição reformada à tradição carismático-pentecostal, pois no início, nas primeiras gerações, não havia entre nós biblistas e teólogos com tal qualificação, requerendo-se ainda o conhecimento do "tipo da literatura que contém a mensagem (poesia, história, alegoria, etc.)", do "pano de fundo histórico da passagem", das "condições geográficas e sociais", bem como dos princípios especiais, entre eles a ideia de que a "interpretação não é o exame de documentos isolados, mas destes como parte de um todo que é a Palavra de Deus, a Bíblia".[1505] Embora concordemos com praticamente tudo que foi dito, o último ponto registrado, sendo o primeiro dos princípios especiais, faz parte dos "pressupostos reformados" e esconde uma "armadilha" que, não obstante já termos mencionado, precisa ser captada e devidamente compreendida:

> Da parte de Anthony D. Palma, e do pentecostalismo, os pressupostos são igualmente claros. Os teólogos pentecostais não desconhecem, por exemplo, que o material de Lucas e Atos seja não apenas teológico, mas também histórico; contudo, Palma diz que Lucas "usa a História como um meio para apresentar *sua* teologia". Esse é um aspecto importante de se distinguir de início na presente discussão. Apesar de "Paulo, Lucas e João [falarem] a uma só voz" que "o Espírito é a própria fonte da existência cristã", diz o teólogo pentecostal Robert Menzies, seus "estudos das evidências, sobretudo em Lucas-Atos, [o] levaram a concluir que Paulo foi o primeiro cristão a atribuir funções soteriológicas ao Espírito e que suas percepções distintas só impactaram os setores não paulinos da Igreja Primitiva depois que Lucas-Atos foi escrito (cerca de 70 d.C.)". Assim, o "ponto-chave" de seu "estudo é a afirmação de que a teologia de Lucas relativa ao Espírito é *diferente*

Antioquia. Segundo McGrath, a escola alexandrina baseava-se no que ensinava Fílon (c. 30 a.C.-c. 45 d.C.) acerca do método alegórico. Essa metodologia de interpretação bíblica foi adotada pelos teólogos Clemente, Orígenes e Dídimo, o Cego. Já a escola de Antioquia, representada por Deodoro de Tarso, João Crisóstomo e Teodoro de Mopsuéstia, enfatizava que cada 'oráculo profético, ao ser interpretado, possuía apenas um sentido histórico consistente, o literal'" (ibid.).

1505 Neto. "Avaliando as manifestações sobrenaturais" in: Campos; Lopes; Matos; Neto. *Fé cristã e misticismo*, p. 55.

da teologia de Paulo", isto é, contrariamente a "Paulo, que fala da dimensão soteriológica da obra do Espírito, Lucas consistentemente descreve o Espírito como dom carismático ou, mais precisamente, como dom profético, a fonte de poder para o serviço". Na verdade, Menzies observa que "essa ênfase missiológica extraída de Lucas-Atos é exclusiva dos pentecostais" e, por isso mesmo, "Enquanto os pentecostais enfatizam o Evangelho de Lucas e o livro de Atos, outras igrejas protestantes destacam as epístolas paulinas". Dessa forma, para se obter uma teologia bíblica do Espírito Santo, sobretudo na perspectiva pentecostal, é imprescindível que "a dimensão carismática do Espírito à qual Lucas dá testemunho", afirma o mesmo autor, seja "colocada ao lado da dimensão soteriológica que é tão proeminente nos escritos de Paulo". Tal deve ser feito, pois as "grandes verdades da Reforma foram, em grande parte, extraídas de Romanos e Gálatas e outros escritos de Paulo". E, exatamente por isso, que "Seguindo o exemplo de Lutero, Calvino e outros reformadores, as igrejas protestantes enfatizam as epístolas paulinas como textos fundamentais". Onde fica, porém, a ideia de toda a Bíblia ser inspirada pelo Espírito Santo quando uns textos são mais valorizados que outros? O artifício é a "regra áurea" da hermenêutica reformada de que a "Bíblia interpreta a própria Bíblia" e, dessa forma, os textos didáticos, ou prescritivos, têm proeminência sobre os históricos, ou descritivos [narrativos]. Caberia apenas perguntar de onde vem essa ideia. Ulrich Körtner diz que o "tríplice 'somente' (*solus*) de Lutero tem como pressuposto que a Escritura é clara em si e compreensível para todos" e, em decorrência disso, "a compreensão concentra-se em Lutero cada vez mais no sentido literal". Contudo, está claro que a Bíblia passa longe de ser um texto de fácil interpretação. Assim, a ideia que parece óbvia ao reformador alemão, que a "Escritura interpreta-se a si mesma para aquele que, a partir dos textos cujo sentido literal pode ser claramente determinado [e que o intérprete os usa para], interpretar as afirmações de textos ambíguos", é em que consiste, portanto, o princípio hermenêutico de que a "Bíblia interpreta a própria Bíblia". Como tais textos são decididos e selecionados, a partir de qual aporte interpretativo, qual aspecto doutrinário? Em termos de Novo Testamento, a regra é ler os Evangelhos e Atos à luz das epístolas (não todas elas, pois, se dependesse de Lutero, a epístola de Tiago nem faria parte do cânon) paulinas.[1506]

1506 CARVALHO. *Pentecostalismo e pós-modernidade*, p. 218-20.

CAPÍTULO 4 – Pneumatologia | 983

Portanto, quando teólogos da tradição carismático-pentecostal repetem a "regra áurea" da hermenêutica reformada — "a Bíblia interpreta a própria Bíblia" —, seja por achá-la bonita e conservadora, seja por desconhecimento do que ela de fato significa, revelam quanto ainda há a ser aprendido para se produzir teologia tipicamente carismático-pentecostal. Depois de tudo o que já estudamos, não só neste capítulo, mas desde o primeiro de nossa *Teologia sistemático-carismática*, acerca da unidade e da diversidade dos documentos escriturísticos, está mais do que claro que tal regra pode levar a muitos equívocos. Não pelo fato de o texto ser inconsistente ou ter alguma contradição, mas justamente o oposto, ou seja, os documentos, mesmo os livros de Reis e os de Crônicas, para falar das Escrituras judaicas, ou os Evangelhos, para mencionar as Escrituras cristãs, que são textos paralelos e narrativos, que tratam basicamente do mesmo assunto, por terem propósitos e escritores diferentes, por orientação divina e inspiração do Espírito Santo, não devem ser harmonizados artificialmente. A razão para isso é que tal ação desrespeita e desconsidera a intencionalidade original, sendo apenas um capricho proveniente do racionalismo de ampla coerência que não suporta lidar com o fato de que não há explicação e resposta para tudo. Isso sem mencionar o que já mostramos, no primeiro capítulo e logo no início deste, acerca da negligência proposital desses aspectos e particularidades adotados pela metodologia tradicional para a produção teológica que domina o campo da teologia sistemática, que consiste em tomar "versículos individuais da Bíblia inteira", diz o biblista pentecostal Esequias Soares, e agrupá-los como se tivessem sido escritos "pelo mesmo autor humano, ao mesmo tempo, para um mesmo público", quando todos "sabemos que os livros da Bíblia não foram produzidos assim".[1507] Portanto, a despeito de o teólogo reformado cessacionista reconhecer a objeção, por parte de alguns, de que sua "abordagem às Escrituras é preconceituosa, ou seja, que ela é construída em cima de algumas pressuposições, entre as quais a de que a hermenêutica da Reforma é a correta", isto é, a única que está certa, e de também dizer o óbvio, que é o fato de que "todos nós temos os nossos conceitos fundamentais, que norteiam a nossa compreensão de vida", pois "É impossível o desenvolvimento de ideias sem pressuposições", não existindo "a chamada 'pura objetividade científica' na construção do entendimento", e que, não sendo estas, certamente serão

---

1507 SOARES. "A natureza das línguas", *Obreiro Aprovado*, p. 14.

"*outras* ideias preconcebidas que podem fazer parte do [...] alicerce de estudo",[1508] não precisando ser as negativas e danosas referidas por ele, ainda assim sua concepção merece duas considerações. A primeira delas é que não há, no singular, *uma* hermenêutica dos reformadores, sendo a prova mais cabal e evidente dessa verdade as profundas diferenças teológicas que existem, por exemplo, entre a tradição luterana e a tradição reformada, para ficar somente com Lutero e Calvino. Assim, apesar de se falar em teologia dos reformadores, não existe tal produção monolítica, pois, caso existisse, não haveria tantos segmentos e grupos protestantes que possuem leituras e teologias distintas, resultantes de abordagens hermenêuticas diferentes. A segunda consideração, retomando o que já citamos no capítulo 2, ao referirmo-nos a John Stott, que, falando acerca desse aspecto, desaconselha "qualquer pretensão de infalibilidade" no exercício da interpretação bíblica, pois, conquanto a "Palavra de Deus [seja] infalível, pois o que ele [Deus] diz é verdade", continua o mesmo autor, "nenhum indivíduo, grupo ou igreja já foi ou será intérprete infalível da Palavra de Deus".[1509] Isso pela simples verdade de que as "interpretações humanas pertencem à esfera da tradição, e contra a tradição pode-se sempre apelar-se para a própria Escritura que a tradição alega estar interpretando".[1510]

Neste aspecto particular, a despeito de os reformadores, assim "como Irineu em oposição aos gnósticos", diz o também teólogo anglicano N. T. Wright, terem recorrido "frequentemente à exegese histórica baseada na gramática — muitos reformadores, especialmente João Calvino, eram comentaristas bíblicos de primeira linha — para combater as leituras sutis e fantasiosas, que geravam (e que, por sua vez, sustentavam) uma visão de mundo diferente, a da igreja medieval", completa o mesmo autor, é preciso admitir "que os reformadores nunca trouxeram grandes avanços para superar o impasse insinuado na polarização entre escrituras e tradição". Conforme já pontuamos também ao citar os teólogos pentecostais Benny Aker e James Railey,[1511] embora os reformadores quisessem "destacar que

---

1508 Neto. "Avaliando as manifestações sobrenaturais" in: Campos; Lopes; Matos; Neto. *Fé cristã e misticismo*, p. 56 (grifo no original).

1509 Stott, John. *Entenda a Bíblia* (São Paulo: Mundo Cristão, 2005), p. 209-10.

1510 Ibid., p. 210.

1511 Os referidos teólogos pentecostais, falando dos tipos de autoridade religiosa, afirmam que elas se dividem em duas: externa e interna. Acerca da "autoridade externa", que, segundo eles, são "usualmente classificadas como canônicas, teológicas e eclesiásticas", os autores explicam

apoiavam o que havia de melhor do que se passou", finaliza o mesmo autor, eles "nunca desenvolveram maneiras de explicar como essa totalidade, a combinação entre a Bíblia e a história do que a igreja dizia ao ler as escrituras, poderia encaixar-se".[1512] Portanto, para permanecer com o mesmo autor, "não ajuda nada repetir frases de efeito irrelevantes e imaginar que se resolveu a questão", pois existe "uma distância bem grande entre aqueles que querem provar a historicidade de tudo que é relatado na Bíblia para demonstrar que é realmente 'verdadeira' e aqueles que já têm o compromisso de viver debaixo da autoridade das escrituras, mas continuam abertos ao que a própria Bíblia ensina e destaca", pois o que "é mais importante: 'provar que a Bíblia é verdadeira' (que acaba dando a entender que desejamos continuar pensando como de costume) ou levá-la tão a sério a ponto de deixar que nos conte coisas sobre as quais nunca ouvimos antes e que não estávamos muito dispostos a ouvir?".[1513] Se tal é obviamente assim em relação a algo tão histórico quanto a tradição cristã, chamada pelo teólogo reformado cessacionista de "fé cristã histórica", não será pretensiosa a ideia dele de "que o trabalho do Espírito Santo segue diretrizes bíblicas bastante claras e coerentes com as tarefas harmônicas da Trindade, e isso nos dá uma forma adicional de reconhecermos o Espírito de Deus"?[1514] Para que fique claro o que está sendo dito, ele defende que a Trindade imanente se reduz ao que temos revelado nas Escrituras, com o trabalho da Trindade econômica, considerando ainda que a sua leitura exegética, que obedece a uma única orientação hermenêutica, a reformada, interprete de forma absoluta, inquestionável e perfeita o texto. Conquanto tenhamos "de nos comprometer a fazer uma leitura *totalmente contextual* das escrituras", isto é, "Cada palavra deve ser entendida dentro de seu próprio versículo, cada versículo em seu próprio capítulo, cada capítulo dentro de seu próprio livro, cada livro em seu contexto histórico, cultural e, de fato, canônico", certamente

---

que a autoridade canônica, por exemplo, "sustenta que as matérias bíblicas, contidas no cânon das Escrituras, são a revelação autorizada de Deus". Entretanto, eles acrescentam que é preciso fazer uma observação muito cara a essa modalidade de autoridade, ou seja, nela "a Bíblia deve ser interpretada corretamente" e, segundo reconhecem, "Esse é o problema que o conceito canônico da autoridade tem diante de si, e só com muito cuidado é que se pode lidar com ele" ("Fundamentos teológicos" in: Horton [org.]. *Teologia sistemática*, p. 46).

1512 Wright. *As Escrituras e a autoridade de Deus*, p. 98.

1513 Ibid., p. 120-1.

1514 Neto. "Avaliando as manifestações sobrenaturais" in: Campos; Lopes; Matos; Neto. *Fé cristã e misticismo*, p. 51.

986 | TEOLOGIA SISTEMÁTICO-CARISMÁTICA

"pode haver algum conflito entre o cenário histórico da passagem bíblica com o lugar que ocupa atualmente no cânon completo" e, neste caso, "devem-se considerar as duas coisas", explica N. T. Wright, dizendo que tal é assim pelo simples fato de que "Toda a Escritura é 'culturalmente condicionada'", sendo uma "ingenuidade fingir que algumas passagens fogem a essa regra e que possam ser consideradas 'básicas' ou 'universais', enquanto outras, por causa disso, podem ser descartadas com segurança".[1515] Em termos diretos, tal "processo consiste em uma tarefa enorme, até mesmo cansativa", mas "nunca tivemos tantos recursos disponíveis para ajudar nessa tarefa". Contudo, "é igualmente importante que cheguemos a entender e observar isso em nós mesmos, na maneira como isso nos predispõe a destacar algumas coisas na Bíblia e a ignorar silenciosamente outras",[1516] ou seja, o famoso "cânon dentro do cânon", seja por conveniência, seja por preguiça. Numa palavra:

> Essa leitura contextual das escrituras é um projeto que nunca termina. Sem dúvida alguma, não dá para sondar as riquezas inesgotáveis do texto de forma completa, portanto sempre temos uma dívida de gratidão com os avanços da lexicografia, da arqueologia e de todos os outros estudos que ajudam a descobrir coisas novas. (Isso não quer dizer que nunca conseguiremos chegar a respostas boas às perguntas difíceis. Um maior aprofundamento nos estudos acadêmicos não nos levará, por exemplo, a questionar as duas doutrinas que acabei de mencionar: a divindade de Jesus e a justificação pela fé — mas, sim, a entendê-las melhor.) De modo parecido, até nós mesmos somos tão diferentes uns dos outros, tanto de forma individual quanto de forma global, e, de fato, tão diferentes das pessoas que éramos há alguns anos, que é importante sempre reavaliar nossas leituras e entendimentos, beneficiando-nos do desenvolvimento dos estudos e da observação das novas descobertas que surgem para que, finalmente, possamos assimilá-las. Uma leitura adequadamente contextual das escrituras celebrará a diversidade rica do material canônico, resistindo às tentações de nivelá-las em uma uniformidade monocromática, embora ao mesmo tempo sempre busque a unidade abrangente segundo a qual os destaques diferentes sejam

---

1515 WRIGHT. *As Escrituras e a autoridade de Deus*, p. 156 (grifo no original).
1516 Ibid.

harmonizados. Recorrer ao todo em vez de insistir em algumas partes [...] pode ser um conselho necessário para evitar um ângulo em foco de visão distorcido, mas também pode ser uma desculpa para evitar as partes que não se encaixam em uma proposta de cenário maior que o intérprete deseja promover.[1517]

Se tal é assim em relação às possíveis interpretações de um único texto, a Bíblia — algo facilmente atestado pela quantidade cada vez mais crescente de comentários bíblicos que são lançados a cada ano, por teólogos de uma mesma tradição, com diferenças que vão desde apenas a linguagem até reconsiderações e releituras que mudam completamente a forma de enxergar determinado texto escriturístico —, isto é, tratando-se de questões teóricas, que dirá de questões de ordem prática. Partilha da posição do teólogo anglicano Jack Deere, antigo professor do Seminário de Dallas e ex-cessacionista, para quem a "ideia de que se pode chegar a uma pura objetividade bíblica na determinação de todas as práticas e crenças é uma ilusão".[1518] Portanto, na verdade, a questão mais relevante a ser discutida a respeito deste assunto é acerca da natureza das Escrituras. O já muitas vezes citado e referido Antonio Gilberto, teólogo pentecostal, afirma que a "*teoria correta da inspiração da Bíblia* é a chamada Teoria da Inspiração Plenária ou Verbal", visto que tal teoria "ensina que todas as partes da Bíblia são igualmente inspiradas; que os escritores não funcionaram quais máquinas inconscientes; que houve cooperação vital e contínua entre eles e o Espírito de Deus que os capacitava".[1519] De acordo com o mesmo autor, ela defende "que homens santos escreveram a Bíblia com palavras do seu vocabulário, porém sob uma influência tão poderosa do Espírito Santo, que o que eles escreveram foi a *Palavra de Deus*". Todavia, "Explicar como Deus agiu no homem, isso é difícil", pois "Se, no ser humano, o entrosamento do espírito com o corpo é um mistério inexplicável para os mais sábios, imagine-se o entrosamento do Espírito de Deus com o espírito do homem!".[1520] A despeito de já termos citado anteriormente esse trecho, entendemos ser oportuno mais uma vez evocá-lo, pois os carismático-pentecostais defendem exatamente

---

1517 Ibid., p. 157.
1518 Deere. *Surpreendido pelo poder do Espírito*, p. 48.
1519 Silva. *A Bíblia através dos séculos*, p. 34 (grifo no original).
1520 Ibid., p. 34-5 (grifo no original).

essa posição doutrinária clássica em relação às Escrituras. E isso por um motivo muito simples, que é o fato de que, "ao aceitarmos Jesus como Salvador, aceitamos também a Palavra escrita como a revelação de Deus", isto é, quando "o aceitamos, aceitamos também a sua Palavra" e, assim como os demais protestantes, entendemos que a "inspiração plenária cessou ao ser escrito o último livro do Novo Testamento", não havendo, após isso, possibilidade de tal fenômeno, ou atividade carismática, repetir-se, ou seja, "nem os mesmos escritores nem qualquer servo de Deus pode[m] ser chamado[s] inspirado[s] no mesmo sentido".[1521] Conquanto sejamos acordes neste sentido, ou seja, "embora o Cânon Sagrado tenha se encerrado, as Escrituras neotestamentárias, com base na revelação dos profetas do Antigo Testamento, deixam fortes indícios de que a comunicação divina continua, mas de forma diferente", isto é, os "escritos divinamente inspirados se encerram na Bíblia, porém o Senhor continua se comunicando com seus servos e servas de forma individual, mas essa profecia não se reveste de autoridade para se igualar à dos profetas e apóstolos",[1522] diz o biblista pentecostal Esequias Soares. Nesse aspecto, diferimos dos protestantes tradicionais, pois a "linha evangélica tradicional se contenta apenas com a Bíblia e não acredita que Deus continue falando com seus servos e servas individualmente", informa o mesmo biblista, dizendo ainda que se trata dos chamados "cessacionistas, pois afirmam que os dons e as manifestações do Espírito Santo cessaram com o fim da Era Apostólica". Diferentemente disso, "os pentecostais creem que o Senhor fala realmente pela sua Palavra e que a sua autoridade é singular e incomparável, nenhuma revelação pode ser igualada à Bíblia Sagrada", contudo "as Escrituras Sagradas ensinam a comunicação divina durante toda a dispensação da Igreja por recursos não escriturísticos".[1523] E é justamente aqui que reside a necessidade de nos debruçarmos sobre uma questão que nunca foi um problema para a tradição carismático-pentecostal, mas que, devido ao consumo acrítico de teologia reformada por parte de carismático-pentecostais, agora acabou se tornando um "calcanhar de aquiles" e uma das principais discussões hodiernas entre os jovens carismático-pentecostais no Brasil.

1521 Ibid., p. 35.
1522 Silva. *O ministério profético na Bíblia*, p. 202.
1523 Ibid., p. 214-5.

A falsa dicotomia entre a Palavra e o Espírito (ou entre a Bíblia e a experiência)

O protestantismo é caracterizado pelo fato de defender que, em se tratando de fé cristã, tudo que é crido e praticado deve contar com respaldo escriturístico, mas, como Jack Deere, o ex-cessacionista e antigo professor do Seminário de Dallas, disse, é uma ilusão a ideia de que tal é possível a respeito de todas as crenças e práticas. Justamente por isso, sempre se disse que entre as expressões de fé protestantes há grandes diferenças em doutrinas que, a despeito de secundárias, não apenas subdividem o segmento, mas separam as tradições entre si de maneira tão radical que torna praticamente impossível a comunhão entre elas. A despeito dessa radiografia não ser incorreta, infelizmente, conforme temos demonstrado desde o primeiro capítulo, as diferenças não se restringem a doutrinas secundárias, mas se estendem a doutrinas basilares, pois a concepção estática de Deus, por exemplo, não corresponde às imagens bíblicas do Criador. No tocante à natureza das Escrituras, doutrina que passamos a considerar, as divisões pululam não apenas entre as diferentes tradições protestantes, mas até mesmo entre os adeptos de uma mesma tradição. Tal divisão, conforme já mostramos no primeiro capítulo, no quadro elaborado pelo teólogo pentecostal Paul Pomerville (p. 82), contrastando a "visão reformada histórica das Escrituras", dinâmica e, por isso mesmo, compatível com a tradição carismático-pentecostal, com a "visão reformada escolástica das Escrituras", que, por ser estática, segundo Cornelius Van Til, coaduna-se apenas com a teologia da tradição reformada. Apesar de a última visão ser de autoria de Benjamin Warfield, é preciso reconhecer que mesmo a concepção escolástica desse teólogo, que é um dos pais do cessacionismo, ainda reconhecia o caráter dinâmico da formação das Escrituras. O que foi feito com ela é que a torna impraticável não apenas para a tradição carismático-pentecostal, mas até mesmo antagônica ao que a própria Escritura revela de si mesma e de sua concepção e formação. A necessidade de refletir sobre esse tema, conforme dissemos acima, se dá pela acusação de que "os pentecostais e carismáticos elevam a experiência religiosa acima da verdade bíblica", conforme o teólogo batista cessacionista John MacArthur, que, inversamente, afirma que, ainda que "muitos deles reconheçam a autoridade da Palavra de Deus, na prática eles só o fazem verbalmente", pois, caso apenas as "Escrituras fossem verdadeiramente a sua autoridade final, os cristãos carismáticos nunca iriam tolerar práticas claramente antibíblicas — como murmurar orações em línguas sem sentido, emitir profecias falíveis, adorar de forma desordenada, ou ser derrubado sem razão pelo suposto poder do Espírito Santo". Tudo isso é feito, segundo ele, porque, em lugar de reinterpretar "suas experiências para coincidir com a Bíblia; [...] eles reinterpretam as Escrituras de uma nova forma e de maneira pouco ortodoxa, a fim de justificar suas experiências".[1524] Apesar de sabermos da virulência do polêmico teólogo e de muitos cessacionistas encamparem as mesmas ideias, a estratégia ultimamente tem mudado, e outra postura, mais sutil, foi adotada pela maioria. Em vez do combate, agora se faz o proselitismo. Dadas as decepções acumuladas em razão de bizarrices, manipulações, mentiras, falsas revelações e abusos que alguns pregadores e líderes carismático-pentecostais promovem, muitos jovens estão desejosos de conhecimento escriturístico, e até de cura psicológica, acabando por cair em outro extremo, que é o cessacionismo. Conhecemos relatos de muitos que foram para a tradição reformada e já retornaram por verificar que o que liam e assistiam na internet não corresponde à realidade, no entanto as questões permanecem e os incomodam.

O mais curioso de todas essas acusações é que elas ignoram completamente que as "novas revelações" de pessoas descompromissadas, que pretendem acrescentar algo que realmente subverte as Escrituras, invariavelmente não sobrevivem e acabam sendo nada mais que excentricidades jocosas que reúnem poucas pessoas em torno delas. Por outro lado, ideias teologicamente perniciosas, geralmente são bem elaboradas, com sofisticação intelectual e refinadas, tendo ampla adesão e capilaridade, inclusive sobrevivendo por décadas e até séculos, não sendo produto de espiritualidade, mas de reflexão teórica. De maneira análoga, assim como no Iluminismo se acusava a religião de ser a única e exclusiva promotora do obscurantismo e de atrocidades, mas as duas grandes guerras mundiais não foram produzidas por ela, de igual forma, enquanto se acusa a perspectiva sobrenatural da tradição carismático-pentecostal de ser responsável por todos os malefícios e heresias da fé cristã protestante,[1525] não foi entre nós que surgiu o liberalismo teológico e a base filosófica dada pelo cessacionismo para a ascensão do ateísmo, conforme

---

1524 MacArthur, John. *Fogo estranho: um olhar questionador sobre a operação do Espírito Santo no mundo de hoje* (Rio de Janeiro: Thomas Nelson Brasil, 2020), p. 33.
1525 Confira a nota 13 do capítulo 2.

informa Alister McGrath e que citamos em outro trabalho.[1526] As heresias, de fato, aquelas que se parecem com a verdade e revelam-se filosófica e até biblicamente justificáveis, não são originadas em bolsões da espiritualidade maníaca e deturpada; antes, têm origem entre os que ensinam e escrevem, por sinal com pretensões de infalibilidade e de estarem defendendo a única e verdadeira fé. É possível visualizar tal ideia facilmente, pois, de acordo com John MacArthur, mesmo havendo pessoas sinceras na tradição carismáti-co-pentecostal, que creem e "aceitam a expiação substitutiva, a verdadeira natureza de Cristo, a natureza trinitária de Deus, o arrependimento bíblico e a autoridade da Bíblia", ainda assim "continuam confusas sobre o ministério do Espírito Santo e sobre a natureza dos dons espirituais", já que estão "continuamente expondo-se ao falso ensino e à falsa espiritualidade do movimento carismático", e "elas (e qualquer pessoa sob seus cuidados espirituais) se colocam em perigo eterno" pelo simples fato de que aos "verdadeiros cristãos", diz o mesmo teólogo cessacionista, "o movimento carismático representa um obstáculo enorme ao crescimento espiritual e ministerial legítimo e proveitoso", pois os "ensinamentos errôneos" da tradição carismático-pentecostal "sobre o Espírito Santo e as Escrituras inspiradas pelo Espírito perpetuam imaturidade, fraqueza espiritual e uma luta interminável com o pecado".[1527] Tal ainda pode ser confirmado com o que John MacArthur diz na sequência, ao afirmar que a "busca carismática pela revelação extrabíblica, por experiências de êxtase, pela orientação subjetiva, pelo emocionalismo desenfreado e pela prosperidade material representa um perigo enorme". Portanto, assim como "uma criança deve evitar fósforos, os cristãos devem ficar longe

---

1526 "O mesmo autor informa que o 'pentecostalismo, como determinadas formas de pietismo ou seções da tradição de santidade, ressalta a realidade desse vivenciar a Deus e sua importância para o crescimento espiritual e a reflexão teológica'; por conseguinte, para o pentecostalismo a '"fé viva" (emprestando a linguagem da tradição pietista) não diz respeito à integridade doutrinal nem à precisão teológica, mas ao vivenciar a Deus como uma realidade viva na alma do crente'. O pentecostalismo situa-se no extremo oposto do protestantismo reformado, cuja 'ênfase', explica o teólogo irlandês, 'no conhecimento indireto de Deus, mediado por intermédio da leitura da Bíblia, levou à 'dessacralização', ou seja, 'à criação de uma cultura sem senso nem expectativa de ter a presença de Deus em seu meio', levando inúmeros sociólogos a mostrar que, 'de diferentes maneiras [...] o protestantismo foi o meio pelo qual uma sociedade que, originalmente, possuía um forte senso do sagrado ficou 'desencantada' e, por essa postura, finaliza McGrath, o 'resultado inevitável foi a secularização — a eliminação final de Deus do mundo'. Eis a grande ironia, o ateísmo combatido pelo movimento neocalvinista foi originado pela própria forma cessacionista e de negação da possibilidade do sobrenatural ostentada pelo protestantismo histórico!" (CARVALHO. *Pentecostalismo e pós-modernidade*, p. 52-3).

1527 MACARTHUR. *Fogo estranho*, p. 101.

992 | TEOLOGIA SISTEMÁTICO-CARISMÁTICA

do fogo estranho vindo da adoração inaceitável das práticas carismáticas", pois tal adoração é, no mínimo, "representante da confusão de Corinto que Paulo corrigiu" e, no máximo, "trata-se das heresias de perdição dos falsos mestres".[1528] Como já dissemos, a despeito de condenarmos toda e qualquer prática que subverta as Escrituras, denunciarmos a banalização do sagrado e crermos e esposarmos todas as doutrinas basilares da fé cristã, nada disso é suficiente para que sejamos vistos como cristãos verdadeiros, pois, não importa quanto condenemos esses desvios, mesmo as experiências genuínas são vistas pela teologia protestante tradicional como práticas provenientes de perturbação psicológica ou até mesmo influências malignas. Justamente por isso, insistimos no fato de que o caminho não é nossa descaracterização, ao altíssimo custo de extinguir o Espírito, e sim produzir teologia partindo de outro paradigma, pois está provado que a questão não se restringe às falsas experiências, que também condenamos, mas, sim, a qualquer experiência com o Espírito, mesmo as que sabemos ser genuínas, visto que para o cessacionismo toda e qualquer experiência é espúria, conforme diz o teólogo cessacionista John MacArthur:

> Um exemplo disso é visto na história do pentecostalismo [clássico], um movimento que fez do falar em línguas a peça central de sua teologia (com base em uma visão errônea do batismo no Espírito). [...] quando os pentecostais originais estudaram o texto das Escrituras eles estavam convencidos de que as línguas na Bíblia eram *autênticas línguas estrangeiras*. Mas o que aconteceu quando se tornou óbvio que a versão moderna do "dom" não era composta de idiomas autênticos? Se as Escrituras fossem sua maior autoridade, teriam abandonado a prática completamente — reconhecendo que o que estavam fazendo não combinava com o precedente bíblico. Em vez disso, mudaram radicalmente a sua interpretação do Novo Testamento, manipulando o texto, a fim de justificar e preservar uma falsificação. Assim, o ensino claro das Escrituras acerca das línguas foi distorcido para redefinir "línguas" como *ruídos ininteligíveis* e, assim, ajustar-se ao fenômeno moderno.[1529]

Mas por que MacArthur pensa assim? Pela sensação de certeza de que sua tradição detém a única forma correta de interpretação bíblica. Ele não tem

---

1528 Ibid., p. 102.
1529 Ibid., p. 91 (grifo no original).

dúvida alguma e mostra-se como alguém que conhece absolutamente tudo sem possibilidade de estar, ainda que involuntariamente, errado em alguma questão ou ponto em particular. Nesse sentido, ele reproduz o pensamento corrente de um tempo para cá, que é repetido por Van Til, mas não por Benjamin Warfield, conforme veremos, e tal pensamento é de um simplismo que chega a impressionar. Por exemplo, quando ele diz que os "que buscam novas mensagens de Deus têm, na verdade, abandonado a certeza absoluta e a total suficiência da Palavra de Deus escrita" e também "colocado em seu lugar sua própria imaginação decaída e falível",[1530] parece ignorar completamente o fato de que o exercício de interpretação é totalmente sujeito a erros, enganos e desvios, por ser um trabalho humano. E, ainda que esse não seja o propósito do exegeta, isto é, não haja dolo de sua parte, até mesmo por uma questão ontológica isso pode acontecer, pois, de acordo com o que cremos, a Queda transtornou tudo, inclusive a mente. Contudo, além desse aspecto, pelo simples fato de o exercício exegético ser incluído, assim como o seu produto final — a teologia sistemática —, entre as "atitudes teóricas do pensamento", para utilizar uma expressão de Herman Dooyeweerd, MacArthur demonstra ignorar que é ilusória e "falsa [a] ideia dogmática de que o pensamento teórico seria capaz de penetrar a realidade empírica como essa realmente é, ou mesmo um campo metafísico do ser, que seria independente de possíveis experiências humanas".[1531] A argumentação do teólogo cessacionista estadunidense parece desconsiderar completamente que suas reflexões, fruto de sua exegese, não resultam de "pensamentos puros" ou "atemporais", mas justamente o oposto: eles fazem parte de uma tradição e obedecem a pressupostos que possuem compromissos apriorísticos. Não estamos falando a respeito das doutrinas basilares da fé cristã, que MacArthur e muitos outros teólogos reformados cessacionistas acham ser esposadas por apenas "alguns" carismático-pente-costais — tal acusação não é verdade, pois a tradição carismático-pentecostal de forma majoritária assim o crê —, mas nos referimos a outro aspecto mais sutil, porém não menos importante, que é justamente a concepção epistemo-lógica que concebe tais pressupostos. Em outras palavras, estamos falando de formas de perceber a realidade, ou seja, do lado protestante cessacionista as "lentes" são antissobrenaturais, estáticas e monergistas, ao passo que do lado

---

1530 Ibid., p. 137.
1531 DOOYEWEERD. *No crepúsculo do pensamento ocidental*, p. 61.

protestante continuísta ou continuacionista as "lentes" são sobrenaturais, dinâmicas e sinergistas. Tais pressupostos são inconciliáveis, e, enquanto os teólogos carismático-pentecostais não assumirem essa verdade, com todas as suas implicações, estarão laborando em engano, "enxugando gelo", e jamais poderão resolver o problema da produção de nossa própria teologia, deixando as novas gerações vulneráveis ao proselitismo reformado. Usando os pressupostos do protestantismo tradicional cessacionista, ainda que conservadores, não se tem uma teologia carismático-pentecostal, mas apenas a reprodução de uma teologia tradicional feita por teólogos carismático-pentecostais. Assim, é de capital importância a assunção de nossa identidade, nossos pressupostos e, a partir dessa consciência, não apesar dela, produzir e elaborar teologia tipicamente carismático-pentecostal, pois, caso queiramos aprovação, teremos de nos descaracterizar, conforme podemos ver na acusação de John MacArthur:

> Apesar de muitos carismáticos afirmarem, da boca para a fora, a primazia das Escrituras, na prática negam tanto sua autoridade quanto sua suficiência. Preocupados com encontros místicos e êxtases emocionais, os carismáticos buscam a revelação contínua dos céus — o que significa que, para eles, a Bíblia sozinha simplesmente não é suficiente. Dentro de um paradigma carismático, a revelação bíblica deve ser completada com "palavras de Deus" pessoais, supostas impressões do Espírito Santo, e outras experiências religiosas subjetivas. Esse tipo de pensamento é uma rejeição à autoridade e suficiência das Escrituras (2Timóteo 3:16-17). Trata-se de uma receita para um desastre de grande alcance teológico.[1532]

Para cessacionistas, os milhões de carismático-pentecostais, tementes a Deus, crentes em nosso Senhor Jesus Cristo e obedientes e submissos às Escrituras Sagradas, por terem experiências com o Espírito Santo, como o biblista pentecostal Esequias Soares, que louva a Deus com cânticos espirituais,[1533] e não somente com a terceira Pessoa da Trindade, mas até com seres angelicais, conforme testemunho do teólogo pentecostal Antonio Gilberto, publicado em um periódico evangélico norte-americano, não passam de farsantes e mentirosos que desprezam a Bíblia. Tal fica claro quando John MacArthur afirma, por exemplo, que, não obstante "os carismáticos afirmarem representar o

---

1532 MacArthur. *Fogo estranho*, p. 242.

1533 "Isso tem acontecido comigo, mesmo não sendo eu cantor" (Soares. *O verdadeiro pentecostalismo*, p. 122).

Espírito Santo, seu movimento tem mostrado uma tendência persistente de colocá-lo em contraposição às Escrituras — como se um compromisso com a verdade bíblica de alguma forma pudesse extinguir, afligir ou de alguma maneira inibir o ministério do Espírito".[1534] Desconhecemos tal acusação, pois o que mais é ensinado na tradição carismático-pentecostal é que as experiências precisam ser submetidas ao crivo escriturístico e jamais podem se sobrepor à Bíblia. Portanto, na tradição carismático-pentecostal, ensina-se que as Escrituras são tão verdadeiras que o que elas afirmam pode-se repetir e acontecer em nossa realidade e nos dias atuais, justamente o contrário do que disse MacArthur. Contudo, é bem verdade que certamente não é possível harmonizar nossas práticas e crenças com qualquer proposta teológica, e sua hermenêutica antissobrenaturalista, que se pretenda restritiva e cessacionista. Em outras palavras, para nós, incrivelmente, a "Bíblia é um livro vivo, porque o Espírito do Deus vivo a energiza e a capacita"[1535] e, a despeito de essas palavras terem sido, contraditoriamente, pronunciadas por John MacArthur, concordamos plenamente com elas, mas certamente ele não deve refletir sobre as implicações do que falou, pois, se assim tivesse feito, jamais seria adepto do mais virulento cessacionismo. Um livro vivo não se permite aprisionar na teia de interpretações absolutas, estáticas e finais. A prática, conforme já dissemos acima, prova exatamente esse ponto. Caso existisse um comentário, ou tratado teológico final e irrevisável, não teríamos tantas e tantas publicações; bastava apenas descobrir qual é essa obra, estudá-la e traduzir para todos os idiomas e dialetos existentes. Contudo, isso simplesmente inexiste até mesmo entre os teólogos de uma mesma tradição, o que mostra que, para além das disputas fratricidas alimentadas pelo ego e vaidade intelectual, que certamente motivam a produção bíblico-teológica de alguns, as Escrituras são uma fonte inesgotável de saber, de forma que nenhuma pessoa é capaz de exaurir sua potencialidade, decifrar totalmente seus mistérios e explicar qualquer uma de suas doutrinas básicas, seja a encarnação, seja a Trindade, por exemplo. Assim, a despeito de John MacArthur afirmar que a "revelação divina seria inútil para nós se não fôssemos capazes de compreendê-la",[1536] e somos cientes da distinção diltheyana entre compreender e explicar, receamos que o teólogo

---

1534 MacArthur. *Fogo estranho*, p. 253.
1535 Ibid., p. 254.
1536 Ibid., p. 248.

996 | TEOLOGIA SISTEMÁTICO-CARISMÁTICA

cessacionista desconheça tal diferença. Nesse particular, preferimos a lucidez e a sinceridade de Benjamin Warfield, que reconhece a solidez e a segurança da doutrina da inspiração da Bíblia ser "concebível, por exemplo, que a força da evidência de sua confiabilidade seja tão grande que deve ser plenamente justificada em produzir confiança implícita para o seu ensino, muito embora muitas e graves dificuldades permaneçam no caminho de sua aceitação". Isso não surpreende, visto que, completa o mesmo teólogo, "aliás, é exatamente o que fazemos em nosso uso comum da Escritura como fonte de doutrina". Ele pergunta retoricamente: "Quem duvida que as doutrinas da Trindade e da encarnação apresentam dificuldades para sua interpretação racional?".[1537]

> Quem duvida que as doutrinas do pecado original e da depravação total, da total incapacidade e da punição eterna levantam objeções no coração do homem natural? Aceitamos estas doutrinas e outras que deveriam ser muito mais difíceis de acreditar, tais como o ensino bíblico de que Deus amou o homem pecador a ponto de dar seu Filho unigênito para morrer por ele, não porque não existam dificuldades para aceitá-la, mas porque nossa confiança no Novo Testamento como um guia doutrinário é tão fundamentada em provas incontestáveis e convincentes que acreditamos nos seus ensinamentos, apesar das dificuldades que se levantam. Nós não esperamos e não podemos esperar até que todas essas dificuldades sejam plenamente explicadas antes de render ao ensino do Novo Testamento a maior confiança dos nossos corações e mentes. Como, então, pode ser verdade que devemos aguardar até que todas as dificuldades sejam removidas antes de poder aceitar com confiança a doutrina da inspiração? Somente em relação a esta doutrina devemos assumir a posição de que não revelaremos fé em resposta à devida e atrativa evidência da credibilidade do mestre, até que todas as dificuldades sejam explicadas a contento — para que entendamos e compreendamos completamente antes de crer? Ou a questão é que podemos supor que nós mesmos possivelmente erramos em tudo, exceto na nossa determinação das características e da estrutura das Escrituras e dos fatos nela declarados? Certamente, se não precisamos esperar até que entendamos como Deus pode ser ao mesmo tempo um e três, como Cristo pode ser ao mesmo tempo humano e divino, como o homem pode ser simultaneamente incapaz e responsável, como um

---

1537 WARFIELD. *A inspiração e autoridade da Bíblia*, p. 173.

ato pode ser livre e determinado,[1538] como o homem ao mesmo tempo pode ser um pecador e justo aos olhos de Deus, antes de aceitarmos, sobre a autoridade do ensino da Escritura, as doutrinas da Trindade, da encarnação, do estado do homem como pecador, da predestinação dos atos de agentes livres[1539] e da aceitação com base na justiça de Cristo, por causa do peso da evidência que prova que a Escritura é confiável como mestra, podemos, com base na mesma evidência, aceitar, em plena confiança, o ensino da mesma Escritura quanto à natureza da sua própria inspiração, antes de ter um entendimento completo de como todos os fenômenos das Escrituras devem ser adaptados a ela.[1540]

Em termos diretos, até mesmo um dos pais do cessacionismo e principal responsável pela articulação da doutrina da inspiração plenária e verbal das Escrituras reconhece que é preciso outra lógica para se conceberem as principais doutrinas da fé cristã, incluindo a da inspiração, conforme reconhecido acima pelo teólogo pentecostal Antonio Gilberto, pois a simples racionalidade de ampla coerência não dá conta de postular, que dirá conceber ou explicar, tais verdades. E, se tivermos de esperar explicação racional para crer em tais doutrinas, pode ser que jamais venhamos a crer nelas, pois a "lógica da fé" é diametralmente oposta à do racionalismo. Contudo, tal problema inexiste na tradição carismático-pentecostal, pois, apesar de sermos ridicularizados como "fideístas" e "literalistas", o cristão carismático-pentecostal crê de forma absoluta nas Escrituras, jamais requerendo qualquer explicação ou prova do que nelas está escrito, sendo justamente por isso visto como pessoa ignorante. Só essa característica nossa já é mais que suficiente para mostrar que a acusação de que o carismático-pentecostal não crê na suficiência das Escrituras é um acinte e uma mentira, pois, para sermos realistas, a imensa maioria da tradição nem sequer sabe dessas discussões e ignora completamente qualquer necessidade de afirmação de "autoridade bíblica", pois, quando tal ponto é discutido, evidencia-se que existe uma crise a respeito dessa verdade. Assim é que, conforme o historiador e teólogo Justo González, muito "embora seja correto que os pentecostais tendam a ser literais em suas interpretações da Bíblia, não é certo chamá-los de 'fundamentalistas'", pois

---

1538 Neste aspecto específico, somos completamente contrários à posição de Warfield.

1539 O mesmo que dissemos na nota anterior vale para esse aspecto doutrinário calvinista.

1540 Ibid., p. 173-4.

998 | TEOLOGIA SISTEMÁTICO-CARISMÁTICA

o "fundamentalismo foi uma reação consciente contra as posturas liberais, particularmente quanto à interpretação da Bíblia", enquanto "a maior parte dos pentecostais em diversas partes do mundo", completa o autor, dizendo uma verdade, mas também refletindo a forma preconceituosa como somos vistos, "não tem ideia alguma de que existiu o liberalismo e, portanto, não estão reagindo contra ele, mas simplesmente lendo e interpretando o texto no que podia ser chamado de uma interpretação 'imediata' ou 'inocente'".[1541] O carismático-pentecostal crê tanto nas Escrituras que nem sequer vê alguma implicação do advento da ciência moderna em relação ao que a Palavra de Deus relata, crendo literalmente em tudo que se encontra no texto, de Gênesis a Apocalipse. Ele não vê problema algum no fato de que Deus falava e interagia com as pessoas em uma época em que, mesmo já havendo o Pentateuco, por exemplo, ainda assim uma profetisa foi consultada na esperança de que Deus desse alguma orientação específica, e ele realmente o fez (2Reis 22:8-20; 2Crônicas 34:20-33), sem falar do período neotestamentário, quando já se possuía, havia séculos, todo o Antigo Testamento, mas de igual forma Deus falava, e nem todas as mensagens, como já dissemos e demonstramos anteriormente, transformaram-se em textos canônicos. Caso todas as mensagens carismáticas e sobrenaturais tivessem de ter caráter canônico, por que muitas que as Escrituras relatam não se transformaram em texto? Isso sem contar as que não chegaram ao nosso conhecimento, pois as Escrituras não relatam tudo, mas somente o que Deus, soberanamente, definiu que deveria ficar registrado. Assim, não é por não crer na "suficiência das Escrituras" que assim procedemos, mas justamente o oposto! É por crer integralmente no que a Bíblia diz que acreditamos que o Espírito Santo que a inspirou, e assim procedeu durante todo o período bíblico, continua agindo entre nós e falando até hoje. Portanto, é exatamente por isso que essas acusações de teólogos reformados cessacionistas — alegando que o fato de os carismático-pentecostais crermos em mensagens divinas, extrabíblicas, mas não antibíblicas, significa um desprezo pela verdade escriturística e uma forma de desacreditar a suficiência das Escrituras — é prova de uma de duas possibilidades: 1) falta de conhecimento da tradição carismático-pentecostal ou 2) distorção deliberada para criar um espantalho e assim menoscabar essa tradição, isto é, falta de caráter.

1541 GONZÁLEZ. *Breve dicionário de teologia*, p. 250.

A experiência com o Espírito Santo não colide com a doutrina da inspiração das Escrituras

Uma das questões suscitadas por essa controvérsia passa, antes da interpretação, pela forma de se enxergar a realidade, o que, consequentemente, também remete à discussão de como as Escrituras vieram a lume. Apesar de já termos discorrido suficientemente a respeito, entendemos ser importante reforçar que a Bíblia, conforme demonstramos ao longo deste capítulo e nos dois anteriores, não foi concebida como um conjunto de proposições, e seu produto final não consiste, em sua totalidade, nisso, conforme se defende na tradição reformada atualmente. O principal teólogo responsável pela articulação da doutrina, ou teoria, da inspiração plenária e verbal das Escrituras, em quem tanto a tradição reformada quanto a tradição carismático-pentecostal se baseiam, não pensava da maneira irreal como hoje se pensa e se ensina, praticamente postulando-se uma espécie de "psicografia bíblica". "É um exagero, por exemplo, insistir que, portanto, todas as comunicações divinas feitas aos profetas devem ter chegado a eles em aparências externas e discurso objetivo, dirigidas e recebidas por meio dos olhos e dos ouvidos físicos", diz o teólogo cessacionista Benjamin Warfield, para quem resistir em não reconhecer esse fato quebra "a distinção entre manifestação e revelação", inclusive assimilando "o modo de revelação profética ao que foi concedido a Moisés, embora estes sejam expressamente distintos (Nm 12.6-8)". É igualmente "um exagero insistir que o estado profético, por isso, deve ser concebido como um êxtase rigoroso, envolvendo a suspensão completa de toda a vida mental por parte do profeta (*amentia*) e, possivelmente, também o acompanhamento de efeitos físicos".[1542] Já tratamos desse ponto, inclusive mostrando que não há suspensão alguma da atividade racional, mas, sim, uma potencialização das faculdades mentais do profeta que está em êxtase. O mesmo autor explica, então, que o propósito ou objetivo dessas duas posições, ou "visões extremas[,] é o de fazer plena justiça à objetividade das revelações outorgadas aos profetas", ou seja, para garantir que tenhamos a certeza de que o que foi escrito não possui nenhuma ideia, entendimento particular ou pessoal, do instrumento usado por Deus: "Se essas revelações ocorriam de modo inteiramente externo ao profeta, que apenas ficava de fora e as contemplava, ou se foram implantadas nos profetas por um processo tão violento que não apenas substituía sua atividade mental,

---

1542 WARFIELD. *A inspiração e autoridade da Bíblia*, p. 72.

1000 | TEOLOGIA SISTEMÁTICO-CARISMÁTICA

mas, enquanto estava ocorrendo, a aniquilava, fica bastante claro que elas vieram de outra fonte que não a mente dos próprios profetas".[1543] De forma bastante clara, a preocupação de Warfield é defender a plena objetividade da mensagem e, para isso, diz que, "sem dúvida, a tese fundamental dos profetas [é] que as revelações dadas por eles não são próprias deles, mas inteiramente de Deus". Contudo, ele reconhece que tais "visões extremas deixam de fazer justiça ao fato igualmente importante de que a Palavra de Deus, dada por meio dos profetas, vem como a pura e genuína Palavra de Deus não simplesmente aos profetas, mas também dos profetas, e ao outro fato, igualmente importante", completa o autor, "de que a inteligência dos profetas está em alerta durante todo o processo de recepção e entrega da revelação feita por eles".[1544] Em termos diretos, eles não foram autômatos, robôs ou títeres nas mãos divinas, pois até mesmo a "recepção em si é um tipo de atividade" e, por isso, na opinião do mesmo teólogo, o "que os profetas gostariam é que seus leitores entendessem que eles em nenhum sentido são coautores com Deus em suas mensagens", isto é, elas "lhe são dadas, totalmente dadas, dadas a eles exatamente como são dadas por eles", de modo que "Deus fala por meio deles: eles não são apenas seus mensageiros, mas 'a sua boca'". Contudo, "ao mesmo tempo, sua inteligência é ativa na recepção, na retenção e no anúncio de suas mensagens, não contribuindo em nada com elas, mas apresentando-se como instrumentos adequados para a comunicação delas — instrumentos capazes de entender, responder e ser profundamente zelosos ao proclamá-las".[1545] O autor, lucidamente, percebe estar diante de uma aporia, por isso reconhece:

> Há, sem dúvida, uma hesitação não natural no pensamento dos profetas ao exibirem apenas tais atividades meramente receptivas. No interesse de suas personalidades, pedem-nos para não imaginar Deus lidando com eles apenas mecanicamente, derramando suas revelações em suas almas para serem simplesmente receptores passivos como muitos baldes, ou arrancando violentamente suas mentes de suas ações próprias para que ele possa colocar o seu próprio pensamento nelas. Também não devemos supor que todas as revelações devam ser "psicologicamente mediadas", devam ser dadas "no modo da mediação

---

1543 Ibid., p. 72-3.
1544 Ibid., p. 73.
1545 Ibid., p. 74.

moral", e devam, antes de tudo, se tornar "possessão espiritual própria" de seus destinatários? E não é, de fato, a personalidade de cada profeta claramente detectável em sua mensagem, o que, em certa medida, nos leva a reconhecê-lo, em um sentido verdadeiro, como seu real autor? Não devemos permitir que a plausibilidade de tais questionamentos obscureça o fato de que o modo de comunicação das mensagens proféticas que é sugerido por elas é diretamente contestado pelas próprias revelações que os profetas fazem de suas relações com o Espírito da revelação. Na própria opinião dos profetas, eles eram apenas instrumentos por meio dos quais Deus dava revelações que vinham a partir deles não como produto deles mesmos, mas como a pura palavra do Senhor. A plausibilidade de tais questionamentos também não deve nos cegar para seu caráter ilusório. Elas exploram considerações secundárias, que não têm sua validade em seu próprio lugar e sob suas próprias condições limitadoras, como se fossem a consideração determinante ou mesmo a única consideração sobre o caso, e negligenciam as considerações realmente determinantes. O próprio Deus é o autor dos instrumentos que utiliza para a comunicação de suas mensagens aos homens e ele os moldou precisamente como os instrumentos que desejava para a comunicação exata de sua mensagem. Há um bom fundamento para a expectativa de que ele utilizará todos os instrumentos de acordo com sua natureza: seres inteligentes, portanto, como seres inteligentes, e agentes morais como agentes morais. Mas não há base para a afirmação de que Deus seja incapaz de empregar os seres inteligentes que ele mesmo criou e formou, conforme a sua vontade, para proclamar sua mensagem com a pureza que ele lhes dá, ou de fazer que verdadeiramente a possessão de mentes racionais sejam concepções de cuja criação elas mesmas não participaram. E não há motivo para imaginar que Deus seja incapaz de adequar sua própria mensagem à língua dos porta-vozes de sua revelação sem que, por isso, ela deixe de ser, por ser expressa de um modo natural a estes porta-vozes, sua mensagem pura. Deve-se supor que, pela natureza do caso, se o Senhor faz alguma revelação aos homens, ele o fará na língua dos homens, ou, para individualizar de maneira mais explícita, na linguagem do homem que ele emprega como porta-voz da sua revelação, o que significa, naturalmente, não apenas a língua de sua nação ou um círculo, mas a sua própria linguagem particular, incluindo tudo o que dá individualidade à sua autoexpressão. Podemos falar disso, se quisermos, como "a acomodação do Deus que se revela às diversas individualidades

1002 | TEOLOGIA SISTEMÁTICO-CARISMÁTICA

proféticas". No entanto, devemos evitar conceber esta acomodação externa e mecanicamente, como se o Espírito revelador artificialmente formulasse a mensagem que nos dá por meio de cada profeta nas formas particulares de expressão adequadas à individualidade de cada um, de modo a criar a ilusão de que a mensagem sai do coração do próprio profeta. Precisamente o que os profetas afirmam é que suas mensagens não saem de seu próprio coração e não representam a operação de seu próprio espírito. Também não há qualquer ilusão no fenômeno que estamos contemplando, e este é um fenômeno muito mais íntimo e, podemos acrescentar, um fenômeno muito mais interessante do que uma acomodação "externa" do discurso aos hábitos individuais. Ele inclui, por um lado, a "acomodação" do profeta, por meio de sua preparação completa, ao discurso no qual a revelação a ser dada por meio dele deve ser revestida e, por outro lado, envolve pouco mais do que a execução consistente, em detalhes, do princípio geral de que Deus usa os instrumentos que emprega de acordo com a natureza de cada um.[1546]

A explicação é mais ou menos que "a revelação é como é porque tinha de ser assim e, se fosse para ser de outra forma, também seria a forma que Deus queria que fosse", ou seja, fideísta. E aqui não vai crítica alguma à postura, pois trata-se de sensatez e honestidade, aliadas ao que significa crer. Como já dissemos, por parte da tradição carismático-pentecostal nem sequer se argumenta a respeito, pois ninguém se ressente ou se preocupa em provar que a Bíblia é verdadeira. Tal não se dá apenas por uma questão de "falta de capacidade", como se dizia antigamente, ou "preguiça epistêmica", como se diz hoje, mas por partirmos do princípio de que essa verdade é um fato e, por isso mesmo, sem necessidade alguma de discussão. Nesse particular, alinhamo-nos ao que dizem os teólogos Gordon Fee e Douglas Stuart, ao afirmarem que, geralmente, "declarações doutrinárias derivadas da Escritura dividem-se em três (ou quatro) categorias: (1) teologia cristã (aquilo que os cristãos acreditam), (2) ética cristã (como os cristãos devem viver em relação a Deus e aos outros), (3) experiência cristã e prática cristã (aquilo que os cristãos *fazem* como povo espiritual religioso)", sendo ainda possível, e necessário, distinguir entre essas categorias "dois níveis de declarações,

---

1546 Ibid., p. 74-6.

que chamaremos de primário e secundário".[1547] O não entendimento e a não distinção entre esses níveis de declarações ocasionam enganos que acabam desaguando em acusações levianas e despropositadas de que "quem não crê como nós é liberal ou herege". Além de revelar desconhecimento, também mostra que o tom persecutório, adotado por supostos apologetas, não é demonstração de amor à Bíblia, mas, sim, desejo de aparecer sem produzir nada relevante para o reino de Deus nem contribuir para a erudição cristã e o desenvolvimento teológico da tradição a que se pertence. O conhecimento da referida distinção, portanto, pode ajudar o estudante a precaver-se tanto de cometer uma gafe quanto uma injustiça. Assim, conforme explicam os já citados teólogos, em relação ao "nível primário, encontram-se as declarações doutrinárias derivadas das proposições explícitas ou dos imperativos da Escritura (i.e., o que a Escritura *pretende* ensinar)", ao passo que no "nível secundário, encontram-se as declarações derivadas apenas de forma incidental, por implicação ou por precedente".[1548] Em se tratando de exegese, como vimos na seção a respeito do Espírito Santo no Novo Testamento, essa observação dos autores é discutível, e, particularmente, não concordamos com ela de forma integral, sem fazer as ressalvas pertinentes a essa colocação referente à distinção artificial que estabelece gradientes autoritativos entre "textos narrativos" e "livros didáticos". Excetuando esse ponto, alinhamo-nos com os exemplos oferecidos pelos autores, tanto "na categoria da teologia cristã", enfocando que "declarações como Deus é um só, Deus é amor, todos pecaram, Cristo morreu pelos nossos pecados, a salvação vem pela graça, e Jesus Cristo é divino são derivadas de passagens em que são ensinadas com essa intenção, e são, portanto, primárias", quanto no "nível secundário", em que eles destacam "aquelas declarações que são a decorrência lógica das declarações primárias ou que são derivadas da Escritura por implicação"; ou seja, "o fato da divindade de Cristo é algo primário; o modo como as duas naturezas concorrem na unidade é algo secundário". Os mesmos teólogos acrescentam que "distinção semelhante pode ser feita no que diz respeito à doutrina da Escritura", que estamos considerando neste ponto, isto é, o "fato de a Palavra ser inspirada por Deus é algo primário; a natureza exata dessa inspiração é

1547 Fee, Gordon; Stuart, Douglas. *Entendes o que lês?: um guia para entender a Bíblia com o auxílio da exegese e da hermenêutica*, 3. ed. rev. e ampl. (São Paulo: Vida Nova, 2011), p. 145 (grifo no original).

1548 Ibid. (grifo no original).

1004 | TEOLOGIA SISTEMÁTICO-CARISMÁTICA

algo secundário".[1549] Não ser algo primário não equivale a dizer que não tenha importância, porém é preciso compreender o porquê de a tradição reformada preocupar-se tanto em justificar racionalmente a crença na inspiração da Bíblia, já que a revelação não veio somente por meio de "palavras", como reconhece Benjamin Warfield:

> Sem dúvida, na ocasião adequada, as próprias pedras podem clamar pelo poder de Deus, os animais mudos podem falar, vozes misteriosas podem soar vindo do nada e não há falta de exemplos em que os homens foram compelidos pelo mesmo poder a falar o que não falariam e em línguas cujos sons eram estranhos aos seus próprios ouvidos. Mas, normalmente, quando Deus, o Senhor, fala aos homens, ele se utiliza dos serviços de uma língua humana com a qual falar e utiliza essa língua de acordo com sua natureza como uma língua e de acordo com a natureza particular da língua que emprega. É inútil dizer que a mensagem que é entregue pela instrumentalidade dessa língua é condicionada, pelo menos em sua forma, pela língua por meio da qual se fala senão, na verdade, limitada, cerceada em algum grau determinado, mesmo em seu conteúdo, por ela. Não apenas foi Deus, o Senhor, que fez a língua, e quem fez esta língua em particular, com todas as suas peculiaridades, não sem levar em conta a mensagem que ele entregaria por meio dela, mas também o seu controle dela é perfeito e completo, e é tão absurdo dizer que ele não pode, por meio dela, comunicar sua mensagem com pureza, sem que ela sofra mudanças causadas pelas peculiaridades de seu tom e modos de enunciação como seria absurdo dizer que nenhuma nova verdade pode ser anunciada em qualquer língua porque os elementos do discurso, pela combinação dos quais a verdade em questão é anunciada, já existem com sua variação fixa de conotação. As marcas das muitas individualidades impressas sobre as mensagens dos profetas, em outras palavras, são apenas uma parte do fato geral de que essas mensagens são expressas em linguagem humana, e de modo nenhum este fato geral afeta sua pureza como comunicação direta de Deus.[1550]

Era um tempo em que o racionalismo do século 17 ainda dava o tom de tudo que se pretendesse verdadeiro, e com tal adjetivo entendia-se o que

---

1549 Ibid.
1550 WARFIELD. *A inspiração e autoridade da Bíblia*, p. 76.

fosse cartesianamente exato e pudesse ser provado cientificamente, tomando por "ciência" apenas as exatas, em razão de a "física" ser, naquele momento, diz Albert Einstein, concebida como "uma tentativa de compreensão conceitual da realidade, considerada como algo independente da observação".[1551] Portanto, a física era a grande sensação, e ela passaria por uma revolução, mas ainda não sentida, apenas em 1910, período em que a maioria dos artigos de Benjamin Warfield foram escritos. Se antes a física clássica baseava-se completamente no modelo newtoniano de um universo fechado de causa e efeito, seguindo uma ordem racional na qual tudo podia ser calculado e previsto, com o desenvolvimento da física quântica por Max Planck tudo mudou, e o "princípio de incerteza"[1552] de Werner Heisenberg é o que melhor

---

1551 EINSTEIN, Albert. *Notas autobiográficas*, 6. ed. (Rio de Janeiro: Nova Fronteira, 2019), p. 82.

1552 Como um enunciado da física, evidentemente que sua representação não se dá apenas de forma descritiva, mas consiste em texto e equações, e apareceu pela primeira vez em um breve artigo, com pouco mais de vinte páginas (p. 172-98), sob o título "Über den anschaulichen der quantentheoretischen Kinematik und Mechanik", publicado na edição de maio a julho de 1927, na revista especializada *Zeitschrift für Physik*, editada pelo físico alemão Karl Scheel. Heisenberg, porém, conta em sua autobiografia intelectual a história de como chegou à elaboração do "princípio da incerteza", ou seja, ele relata o *background* que deu origem às suas conclusões. Sem condições de aqui dissertarmos a respeito, acreditamos ser oportuno e necessário, para a finalidade que temos insistido em mostrar, em que consiste o problema da física clássica, não só em relação ao referido princípio, mas à própria física quântica como um todo, e o porquê da crise com essas novas perspectivas teóricas e epistemológicas da ciência. Nas palavras do autor: "Também na ciência, é impossível abrir novos campos se não se estiver disposto a deixar o ancoradouro seguro da doutrina aceita e enfrentar o perigo de um arriscado salto à frente em direção ao vazio. Com a teoria da relatividade, Einstein havia abandonado o conceito de simultaneidade, que pertencia ao terreno sólido da física tradicional. Ao fazê-lo, ultrajara muitos eminentes físicos e filósofos, transformando-os em opositores ferozes da nova teoria. Em geral, o progresso na ciência não exige mais do que a absorção de ideias e a elaboração de novas ideias — e esse é um chamado que a maioria dos cientistas se compraz em atender. Entretanto, quando se trata de enveredar por novos territórios, a própria estrutura do pensamento científico (e não apenas seu conteúdo) pode ter que se alterar, para que seja possível compreender o novo. No Congresso de Leipzig, eu já percebera quão grande podia ser a relutância nesses casos e tinha a clara expectativa de que obstáculos similares seriam erguidos contra a nova física. Era preciso atenção: as verdadeiras dificuldades da teoria quântica do átomo poderiam ainda estar por surgir" (HEISENBERG, Werner. *A parte e o todo: encontros e conversas sobre física, filosofia, religião e política*, 1. ed. 5. reimpr. [Rio de Janeiro: Contraponto, 2011], p. 87). É exatamente o mesmo que acontece com a teologia. A epistemologia e a hermenêutica da teologia carismático-pentecostal são completamente distintas das da teologia reformada. Os irmãos tradicionais não entenderem nem aceitar isso, tudo bem. O que causa surpresa são os teólogos da tradição carismático-pentecostal, em demonstração de flagrante desconhecimento ou subserviência, não aceitarem essa verdade. Tal, por uma parte, sinaliza também outra questão problemática, que é a influência proposital da teologia reformada, entre nós, por causa de lideranças e teólogos da nossa tradição terem se convertido ao calvinismo, quer de forma desvelada, quer não, e assim somarem forças ao proselitismo reformado, auxiliando a causa da "despentecostalização" da tradição carismático-pentecostal.

1006 | TEOLOGIA SISTEMÁTICO-CARISMÁTICA

passou a refletir a realidade desde então, mostrando que, ao menos em se tratando de ciência, não há verdades acabadas e absolutas. Todavia, as descobertas científicas naquela época demoravam, no mínimo, duas décadas para incorporar-se significativamente ao sistema educacional e, por conseguinte, influenciar a produção filosófica e, consequentemente, a reflexão teológica. "Quando os grandes gênios das ciências exatas propuseram suas ideias ao mundo científico", explica o próprio Planck, dizendo que, "quando Nicolau Copérnico tirou a Terra da posição central no mundo, quando Johannes Kepler formulou as leis que levam seu nome, quando Isaac Newton descobriu a lei da gravitação universal, quando Christiaan Huygens propôs a hipótese da natureza ondulatória da luz, quando Michael Faraday enunciou os fundamentos da eletrodinâmica e assim por diante", reconhece o autor, "as preocupações econômicas foram os últimos motivos que levaram esses homens a travar duras batalhas contra as ideias tradicionais e as autoridades de seu tempo". Planck completa, afirmando honestamente que o "que lhes dava coragem era a fé na conformidade de suas concepções do Universo com a realidade, e essa fé se apoiava em bases estéticas ou religiosas".[1553] Tinha-se uma ideia de que o ser humano era capaz de desvendar, cientificamente, todos os mistérios ainda incompreensíveis do universo, de tal forma que suas equações matemáticas eram capazes de refletir fielmente a realidade, pelo fato do ajustamento de nosso cérebro ao todo de como funcionava a mecânica do universo. Sendo assim, pensava proposições que correspondiam exatamente às coisas. Tal ideia era conhecida na física como "fé" e "simplicidade", "isto é", afirma o próprio Einstein, a "inteligibilidade da natureza".[1554] E é exatamente essa estrutura estática, proveniente da física clássica, que a teoria da relatividade de Einstein primeiramente abalou. Mas, ainda apegado às ideias newtonianas, o físico alemão desenvolveu um dispositivo e o inseriu em sua teoria — a "constante cosmológica" —, que, posteriormente, ele chamaria de o "maior erro de sua vida", pois tal "recurso matemático [foi] utilizado por Einstein para dar ao espaço-tempo uma tendência natural de expansão",[1555] informa o físico Stephen Hawking. Em outras palavras, Einstein muito provavelmente se "autossabotou" para

---

1553 PLANCK. *Autobiografia científica e outros ensaios*, p. 87.

1554 EINSTEIN. *Notas autobiográficas*, p. 64.

1555 HAWKING, Stephen W. *Uma breve história do tempo: do Big Bang aos buracos negros*, 21. ed. (Rio de Janeiro: Rocco, 1991), p. 250.

garantir, contraditoriamente, que o universo se expandia, ao mesmo tempo que era estático, conforme informa o mesmo físico lucasiano:

> A descoberta de que o universo está em expansão foi uma das grandes revoluções intelectuais do século 20. Depois dela torna-se fácil perguntar por que ninguém pensou nisso antes. Newton e outros devem ter se dado conta de que um universo estático logo começaria a se contrair sob a influência da gravidade. Suponhamos, em vez disso, um universo em expansão. Caso estivesse se expandindo muito devagar, a força da gravidade poderia, eventualmente, forçar a interrupção desta expansão e, então, começar o processo de contração. Entretanto, se ele estivesse se expandindo acima de uma determinada velocidade crítica, a gravidade jamais seria obstáculo capaz de pará-lo e o universo continuaria a se expandir para sempre. Isto é, guardadas as proporções, semelhante ao que acontece quando um foguete é projetado da superfície da Terra. Se a velocidade for muito baixa, a gravidade pode, eventualmente, interromper sua trajetória, e ele começar a cair. Por outro lado, se o foguete desenvolver mais do que uma determinada velocidade crítica (aproximadamente 11 km por segundo), a gravidade não será forte o bastante para atraí-lo de volta e, assim, ele continuará se afastando da Terra para sempre. Este comportamento do universo poderia ter sido previsto pela teoria da gravidade de Newton, em qualquer momento do século 19, 18, ou até mesmo do 17. Mas era tão forte a crença no universo estático, que persistiu até os primórdios do século 20. Mesmo Einstein, quando formulou a teoria geral da relatividade, em 1915, estava tão certo de que o universo tinha necessariamente que ser estático, que modificou sua teoria, para tornar possível esta ideia, introduzindo a chamada constante cosmológica em suas equações. Einstein introduziu uma nova força, a "antigravidade", que, diferente de outras forças, não se origina de qualquer fonte particular, mas se constrói dentro da própria estrutura do espaço-tempo. Ele defendia que o espaço-tempo tinha uma tendência inerente à expansão, e isto poderia acontecer para contrabalançar exatamente a atração de toda a matéria no universo, de tal maneira que resultasse num universo estático.[1556]

Justamente por isso, o famoso físico alemão defendia a ideia de que, "na base de todo trabalho científico de alguma envergadura", é preciso reconhecer, há

1556 Ibid., p. 67-8.

"uma convicção bem comparável ao sentimento religioso, porque aceita um mundo baseado na razão, um mundo inteligível!".[1557] Tal pensamento não era originariamente de Einstein, mas atravessou muitos séculos, pois o próprio Newton, informa o mesmo autor, considerado "o primeiro inventor de um sistema de física teórica, imenso e dinâmico, não hesita em acreditar que conceitos fundamentais de seu sistema saíram diretamente da experiência". Tal se dava pelo fato de que, "nessa época, as noções de espaço e de tempo não pareciam apresentar nenhuma dificuldade problemática", pois "os conceitos de massa, inércia e força com suas relações diretamente determinadas pela lei pareciam provir em linha reta da experiência".[1558] Contudo, atualmente sabemos que a realidade é extremamente complexa e nela tudo que não há é a aparente "simplicidade" do que visualizamos a olho nu e tomamos como óbvia, mas tal complexidade acaba não sendo enxergada e, por causa da "prática e [d]o enorme sucesso da teoria [...] impede, a [Newton] e aos físicos dos séculos 18 e 19, de entender que o fundamento de seu sistema repousa em base absolutamente fictícia",[1559] diz Einstein, para o escândalo e arrepio dos racionalistas. Como exemplo, podemos citar o fato referido por Stephen Hawking, de que a "suposição de que o universo é o mesmo em todas as direções é falsa, na realidade".[1560] Portanto, foi em meio a tal clima que se produziram alguns documentos teológicos que possuem uma importância vital para muitas tradições até hoje, conforme podemos ver nas palavras de Benjamin Warfield, que assim se expressa: "É nossa felicidade especial, que, como cristãos reformados e herdeiros da formulação mais rica e mais completa do pensamento reformado, possuímos como herança preciosa a *Confissão de Westminster*, a mais completa, mais admirável e mais perfeita declaração da doutrina cristã essencial da Sagrada Escritura, que já foi formulada pelo homem".[1561] À parte do elogio do teólogo reformado cessacionista, atribuindo um caráter inigualável ao documento de origem teológica calvinista, elaborado entre os anos 1643 e 1649 — mesmo reconhecendo que seus artigos não foram motivados como reação à tradição

---

1557 EINSTEIN, Albert. *Como vejo o mundo*, 23. ed. (Rio de Janeiro: Nova Fronteira, 2017), p. 151.

1558 Ibid., p. 109.

1559 Ibid.

1560 HAWKING. *Uma breve história do tempo*, p. 68.

1561 WARFIELD. *A inspiração e autoridade da Bíblia*, p. 89.

carismático-pentecostal, e sim por causa do arminianismo —, é impossível não notar, logo em seu primeiro capítulo e em sua primeira seção, a informação constante de que, não sendo a revelação geral suficiente para suprir o ser humano do conhecimento de Deus, "foi o Senhor servido, em diversos tempos e diferentes modos, revelar-se e declarar à sua Igreja aquela sua vontade; e depois, para melhor preservação e propagação da verdade, para o mais seguro estabelecimento e conforto da Igreja contra a corrupção da carne e malícia de Satanás e do mundo, foi igualmente servido fazê-la escrever toda. *Isso torna a Escritura Sagrada indispensável, tendo cessado aqueles antigos modos de Deus revelar a sua vontade ao seu povo*".[1562] E é justamente nesse aspecto que reside o problema de alçar e/ou revestir qualquer pessoa, instituição ou documento de uma autoridade canônica que cremos só pertencer às Escrituras, pois, prescrevendo a estrutura que fora utilizada para produzir os resultados obtidos, quanto mais sacralizada for tal fonte, ou documento teológico, mais problemático será para se propor uma reconsideração à luz da experiência e de novos dados escriturísticos, pois a Bíblia, sem dúvida, é a mesma e não muda, mas nossa leitura e interpretação sempre podem ser repensadas e corrigidas. Para permanecer no exemplo da revolução da física e considerando sua relação com a teologia desenvolvida no período do racionalismo dos séculos 17 a 19:

> Ainda que a luz seja formada por ondas, a hipótese quântica de Planck sustenta que, sob algumas formas, ela se comporta como se fosse composta de partículas: só pode ser emitida ou absorvida em quantidades ou quanta. Igualmente, o princípio da incerteza de Heisenberg implica que as partículas se comportem como ondas em algumas situações: não se localizam em posição definida, mas estão espalhadas segundo determinada distribuição de probabilidade. A teoria da mecânica quântica se baseia num tipo de matemática completamente novo que

---

1562 *A Confissão de Fé de Westminster*, 18. ed. (São Paulo: Cultura Cristã, 2019), p. 13 (sem grifo no original). A despeito de entendermos claramente o caráter cessacionista da seção, Don Codling cita dois importantes delegados da Assembleia de Westminster — George Gillespie e Samuel Rutherford —, os quais, segundo ele, "claramente criam na revelação contínua", por isso conclui: "Quando dois ilustres líderes da Assembleia de Westminster mantiveram a visão de que a revelação especial continua, devemos ser bastante cautelosos sobre qualquer interpretação da Confissão que negue essa visão" (CODLING, Don. *Sola Scriptura e os dons de revelação: como lidar com a atual manifestação do dom de profecia?*, 3. ed. [Natal: Carisma, 2020], p. 198-200).

1010 | TEOLOGIA SISTEMÁTICO-CARISMÁTICA

também não descreve o mundo real em termos de partículas e ondas; apenas a observação do universo pode ser descrita nestes termos. Existe na mecânica quântica, portanto, uma dualidade entre ondas e partículas: para alguns propósitos é útil pensar nas partículas como ondas, e para outros, é melhor pensar nas ondas como partículas.[1563]

Na verdade, a teoria quântica provou justamente quanto a realidade física, a despeito de parecer inteligível a olho nu, isto é, no nível macro — com a teoria da relatividade de Einstein —, é completamente ininteligível no nível micro. Assim, qualquer teologia desenvolvida com uma ideia de determinismo, universo estático e certezas científicas inquestionáveis precisa seriamente reconsiderar-se, pois tal paradigma já prescreveu. Por ter tal perspectiva, é mais do que óbvio que Benjamin Warfield, assim como a tradição reformada, subscreva o que esposa a seção 6 da *Confissão de Westminster*: "Todo o conselho de Deus concernente a todas as coisas necessárias para a glória dele e para a salvação, fé e vida do homem, ou é expressamente declarado na Escritura ou pode ser lógica e claramente deduzido dela".[1564] Conquanto concordemos com o artigo, discordamos que tal mensagem possa ser "lógica e claramente deduzida dela", pois, como fruto de uma época, assim como tudo que é histórico e produzido pelo ser humano, a *Confissão de Westminster* encerra, conforme mostramos no capítulo anterior, diversos pontos que, tomando por base de leitura da Bíblia o aporte da lógica racionalista, serviam perfeitamente ao determinismo calvinista predominante naquele momento. Tal determinismo sentia-se confortável em um mundo em que a causalidade, de maneira geral, era definida "como a lei de interdependência dos eventos que se sucedem no tempo", encontrando amplo e confortável respaldo no pensamento filosófico e científico hegemônico na época. Contudo, conforme oportunamente questiona Max Planck, é preciso "saber se essa ideia de interdependência tem fundamento na natureza mesma das coisas ou se não passa, no todo ou em parte, de um produto da nossa imaginação, um procedimento inventado pelo homem para se situar na vida prática e depois tornado indispensável para ele". Em termos diretos, "será a interdependência causal perfeita e irretratável ou ela deixa algumas vezes supor lacunas e

---

1563 HAWKING. *Uma breve história do tempo*, p. 89-91.
1564 Ibid., p. 17.

soluções de continuidade?".[1565] A fim de responder a essa indagação, o mesmo autor diz que tais perguntas foram respondidas, durante séculos, pela reflexão sistemática dos "mais eminentes pensadores da história da filosofia, que deram a essa tendência comum o nome característico de 'racionalismo'". Por isso, é facilmente perceptível "que tudo depende do ponto de partida escolhido: nada nasce do nada; sem antecedentes determinados, nenhuma consequência pode seguir-se". Portanto, "a maioria dos filósofos do racionalismo apega-se ao Ser por excelência, absolutamente determinante, à divindade, para deduzir de seus atributos a resposta aos problemas fundamentais que lhes interessam".[1566] Este, porém, conforme já dissemos no capítulo anterior, é o deus dos filósofos, não o das Escrituras, isto é, o de Abraão, Isaque, Jacó e dos profetas. Hoje estamos mais conscientes da historicidade não apenas do conhecimento em termos de informação, pelo caráter deveniente do saber, mas também da própria razão. Por isso, "a primeira coisa que aqueles que ainda professam aderir à visão tradicional da Bíblia devem perguntar é se, ao estabelecerem o argumento para a sua visão, eles o fazem de modo a desafiar o melhor pensamento de nossa era", observa o filósofo calvinista Cornelius Van Til na introdução à obra de Warfield que estamos considerando. Ele ainda diz que questionar "tal pensamento requer de nós que entremos compassivamente nos problemas da moderna teoria do conhecimento", pois o "homem moderno pergunta como o conhecimento é possível", e que no ato de "responder a esta questão, ele quer ser crítico em vez de dogmático", e isso de tal forma que, ao assim proceder, informa Van Til, o homem moderno "afirma procurar testar todas as suposições, sem excluir a sua própria".[1567] Por "homem moderno" certamente o autor não se refere à pessoa adepta do pensamento da modernidade, isto é, racionalista e cartesiano, e sim da filosofia pós-moderna, na qual, evidentemente, também existe dogmatismo, mas não se pode generalizar, pois, como Van Til observa, da época de Warfield, isto é, da revolução da física que mencionamos para cá, "o assunto das pressuposições filosóficas que formam a base da discussão veio para ficar em primeiro plano de interesse", e há "uma grande ênfase sobre a contribuição do sujeito na situação de conhecimento", e "Cada fato, segundo nos dizem, é aceito conforme é dado".[1568] Numa palavra:

1565 Planck. *Autobiografia científica e outros ensaios*, p. 140.
1566 Ibid.
1567 Van Til. "Introdução" in: Warfield. *A inspiração e autoridade da Bíblia*, p. 3.
1568 Ibid.

1012 | TEOLOGIA SISTEMÁTICO-CARISMÁTICA

> É este princípio da inseparabilidade dos fatos do princípio da interpretação pela qual eles são observados que tem sido fortemente enfatizado desde o tempo de Warfield. Chamaremos a isto de princípio novo, atual ou moderno princípio. Ao argumentar em favor da importância do argumento de Warfield para os nossos dias, é com este princípio que precisaremos nos preocupar em primeiro lugar. Nele está embutida a forma atual do problema da objetividade do conhecimento religioso.[1569]

Tal mudança filosófica e paradigmática instaurou uma crise praticamente sem saída para a tradição reformada, que, conforme já dissemos reiteradas vezes, possui uma teologia dependente de uma concepção de realidade calcada no racionalismo da modernidade, tendo como as únicas opções 1) repensar sua epistemologia ou partir para a 2) guerra cultural. Uma vez que um documento como a *Confissão de Westminster* adquiriu *status* de inquestionabilidade no seio da tradição reformada, tornando-se um "papa morto", segundo Charles Finney, sendo a regra ortodoxa da quase totalidade das igrejas protestantes tradicionais, não restava outra atitude que não a recrudescência dogmática. Cornelius Van Til, de acordo com a perspectiva do determinismo calvinista, corretamente observa que para tal "ortodoxia, toda a história nada mais é do que a expressão temporal do estático e imutável plano de Deus" e que, para que isso seja possível, o "homem foi equipado com certas qualidades estáticas, tais como a racionalidade e a vontade, que, juntas, foram chamadas de imagem de Deus", por isso "o homem nunca poderia ganhar nem perder estas qualidades". Esse autor acrescenta que não obstante "se afirme que [a humanidade] tenha caído e, portanto, perdido seu conhecimento original, essa queda foi predeterminada" e, sendo assim, "entre aqueles que 'caíram' dessa maneira existem alguns que foram predeterminados para uma imutável vida eterna e outros que foram predeterminados para uma imutável morte eterna". Dessa forma, o referido autor chega finalmente à conclusão inevitável de que "o todo da história, incluindo até seus supostos milagres, foi reduzido a uma coisa estática", pois até o próprio "Deus é concebido estaticamente".[1570] Tal concepção e/ou perspectiva, considerando tudo que vimos no capítulo anterior e neste, não corresponde ao que as Escrituras revelam de Deus e,

---

1569 Ibid., p. 4.
1570 Ibid., p. 5.

consequentemente, da realidade, não servindo à tradição carismático-pentecostal, que, incrivelmente, partilha da doutrina, ou teoria, da inspiração plenária e verbal da Bíblia. Todavia, de acordo com o mesmo filósofo calvinista, a "maneira de revelação que veio com esta concepção estática da realidade como um todo foi, naturalmente, a de comunicar ao homem, na forma de proposições intelectuais, o conteúdo de seu plano eternamente imutável". Em termos diretos, "Não foi dada à mente do homem qualquer função significativa na realização deste plano" e, justamente por isso, o "que todo homem pode fazer é aceitar passivamente o conjunto das propostas que, juntas, formam um sistema de doutrina que foi colocado diante dele", pois diferenciação alguma "foi feita na teologia ortodoxa entre a revelação que aconteceu nos eventos da História e os registros desta revelação na Escritura", pois até "as mentes dos profetas, que foram chamados de intermediadores especiais da revelação, foram consideradas como sendo primariamente passivas na recepção da revelação".[1571] Apesar de que, como vimos, não é dessa maneira que Benjamin Warfield articula a doutrina da inspiração plenária e verbal, pois ele reconhece que as palavras reproduzidas foram as que o Espírito concedeu que fossem registradas e assim comunicassem a vontade de Deus. Mas tal não implica passividade mecânica, transformando os receptores originais em robôs, autômatos ou títeres, conforme a caricatura adquirida posteriormente na chamada "ortodoxia", que, a despeito de não vir adjetivada, refere-se exclusivamente à perspectiva calvinista. Assim, a crise da "ortodoxia" apresentada por Van Til dá-se em razão de sua teologia calcada no determinismo calvinista, não pelo que as Escrituras registram, mostrando que sua concepção não foi primariamente proposicional, e sim histórico-narrativa, tal como se concebe atualmente a realidade, ou seja,

> [...] com a aceitação da noção da interdependência dos fatos da história e seu princípio de interpretação, tudo mudou. A revelação é vista agora como histórica ou baseada em fatos. Os eventos são genuinamente significativos, pois é exatamente sua individualidade e realidade que são pressupostas até para a formação de um "sistema de verdades". Não é mais uma deidade abstrata e estática que se coloca por trás da história de quem, por algum modo misterioso e totalmente ininteligível, um conjunto de números de propostas cai até que ele decida serem suficientes,

---

1571 Ibid., p. 5-6.

1014 | TEOLOGIA SISTEMÁTICO-CARISMÁTICA

mas é o Deus vivo que se dá na revelação de si mesmo. Quando Deus se dá dessa maneira, ativamente, então o homem responde espontaneamente. Ele responde com amor e adoração porque é pela doação de si mesmo da parte de Deus que o homem é capaz de responder. A revelação, então, torna-se um processo de interação entre Deus doando-se ao homem e o homem, pela graça de Deus, por sua vez, doando-se para Deus. *Deus é o que é para o homem, e o homem é o que é para Deus*. É este encontro entre Deus e o homem de modo vivo e constante que vence o conceito estático, sem significado e artificial da Escritura.[1572]

A descrição de Van Til não é, como ele afirma, uma inovação proveniente das ciências humanas e, particularmente, da historiografia. As Escrituras, conforme vimos, falam por si e mostram de maneira explícita que a revelação se deu exatamente dessa forma. Quanto ao que ele diz da Escritura, de que nessa perspectiva o texto é encarado de maneira "estática", "artificial" e "sem significado", ao menos em se tratando da tradição carismático-pentecostal, não é verdade. O que é considerado assim é a forma mecânica de se fazer exegese e a maneira árida de elaboração doutrinária da teologia reformada, nada tendo com a Palavra de Deus em si, pois esta, conforme cremos e temos experiência, "é viva e eficaz", de acordo com o que o próprio texto da epístola aos Hebreus afirma (4:12). Para um autor e filósofo calvinista, dependente do paradigma da modernidade, parece haver apenas duas alternativas nessa questão: racionalidade ou irracionalidade, não vislumbrando a possibilidade de gradientes a respeito desse assunto. Assim é que Van Til diz que o que ele chama de "princípio moderno" lida com o problema da autoridade e da razão, ou seja, a difícil relação entre essas duas instâncias, visto que ambos os defensores das referidas posições "estão em busca de objetividade" e, com tal princípio, acreditam ter resolvido a contraposição entre elas, ou seja, os "que advogam a ideia de autoridade defendem que a razão não pode dar certeza objetiva ao conhecimento", especialmente "não pode dar certeza objetiva no campo da religião". Em suma, a "razão pode declarar coisas sobre Deus além da experiência do homem, mas o que é declarado desse modo não pode ser considerado como parte do conhecimento pela experiência", pois, por meio da "razão, o homem não pode alcançar o campo do divino" ou pelo "menos ele não pode falar com a mesma segurança que está acostumado a

---

1572 Ibid., p. 6 (grifo no original).

empregar com respeito ao domínio empírico".[1573] Conquanto o filósofo calvinista afirme que tal aspecto apofático da razão é restrito ao campo religioso, em conferência na Universidade de Berlim, em 1913, o físico alemão Max Planck disse que "as pesquisas da física moderna mostram cada vez mais a coerência íntima das diferentes partes da representação do Universo físico [e] revelam cada vez mais certas características bem especiais de sua estrutura", mas observou que as referidas "características permanecem ocultas por causa da insuficiente exatidão dos dispositivos experimentais disponíveis" e, dessa forma, "cabe indagar como esse progresso ajuda a satisfazer a nossa necessidade de saber". Será que estar ciente de tais características ajuda a nos aproximar "mais um pouco da natureza?", questiona o mesmo autor, dizendo que já em 1878 "Hermann Helmholtz dizia que nossas percepções só nos dão uma transposição simbólica e nunca uma representação fiel do mundo externo".[1574] Em termos diretos, a realidade é sempre mais complexa, rica e além do que a representação teórica pode conceber, daí a impossibilidade de exauri-la e apresentar verdades objetivas, terminais e inquestionáveis acerca do universo. Isso em se tratando de física, que dirá de Deus e de tudo que se refere a ele! Mais do que nunca, é preciso distinguir a revelação, e o posterior registro escriturístico, da exegese e da produção teológica que há milênios se fazem pelos seres humanos com base no texto. As primeiras ações são inspiradas e, por isso mesmo, infalíveis; as segundas, jamais, sendo sempre produtos de um tempo, feitos por pessoas falíveis e imperfeitas, e, portanto, sempre passíveis de correção e aperfeiçoamento. Apesar de já termos discorrido suficientemente a respeito do tema, por causa dessa introdução de Van Til à obra clássica de Benjamin Warfield, condicionando a crença na doutrina, ou teoria, da inspiração plenária e verbal das Escrituras à exatidão cartesiana do racionalismo da modernidade, pelo fato de esta ideia se coadunar com o determinismo calvinista, que concebe, como vimos nas palavras dele mesmo, a história, os milagres, as pessoas, a realidade, e até mesmo Deus, de forma estática, em suas palavras,

> Portanto, se deve haver qualquer certeza com respeito aos fatos históricos singulares do cristianismo e, em particular, se deve haver qualquer certeza com respeito aos elementos miraculosos da Escritura, esta, como

---

1573 Ibid., p. 6.
1574 PLANCK. *Autobiografia científica e outros ensaios*, p. 97.

1016 | TEOLOGIA SISTEMÁTICO-CARISMÁTICA

se diz sempre, deverá ser aceita sobre fundamentos puramente não racionais. Ora, alega-se que isto é precisamente o que a visão tradicional queria que os homens fizessem. Os homens são convidados a crer no que é completamente não racional e até mesmo naquilo que é irracional ou sem sentido. Eles foram convidados a crer em um Deus independente e autossuficiente. Dizia-se que este Deus era eterno e imutável. Então, foram convidados a crer na criação causal do universo em determinada época. Significa dizer que eles foram convidados a ter em mente que este mundo e tudo o que ele contém era racionalmente relacionado a Deus e dependente dele e, ao mesmo tempo, foram convidados a crer que esta dependência racional que o universo tem de Deus foi efetuada por meio da ação arbitrária da vontade de Deus. Então eles foram convidados a ser racionalistas e irracionalistas ao mesmo tempo. Mas, fundamentalmente, foi o irracionalismo que prevaleceu. O crente devia aceitar cegamente o que era oferecido pela autoridade absoluta.[1575]

A dificuldade de Van Til, que é da tradição reformada, se dá por causa da adoção irrestrita da via catafática, da afirmação, das certezas, da absolutização das conclusões exegéticas e do seu produto final, a teologia sistemática, sem desconfiar por um minuto de que, mesmo involuntariamente, é possível se equivocar, entender as coisas de forma incorreta, sendo um exemplo de que a obstinação em reconsiderar o que se pensa nem sempre é sinônimo de virtude, podendo levar a caminhos de radicalização, culminando em anatematização de outras tradições e desejo de aniquilação do outro por se achar "dona da verdade", algo que foi cometido pela tradição reformada, mas que não consideraremos aqui por não ser o nosso propósito.[1576] O fato é que,

---

1575 Van Til. "Introdução" in: Warfield. *A inspiração e autoridade da Bíblia*, p. 6-7.

1576 Abraham Kuyper diz, por exemplo, que "enquanto os calvinistas, na época da Reforma, produziram *dezenas de milhares de vítimas*, enviadas ao cadafalso e às fogueiras (as dos luteranos e católicos romanos nem vale a pena contar), a história tem sido culpada da grande e extensa injustiça de sempre lançar no rosto dos calvinistas esta única execução de Serveto no fogo, como um *crimen nefandum*" (Kuyper, A. *Calvinismo* [São Paulo: Cultura Cristã, 2003], p. 107 [grifo nosso]). É preciso imaginar as famílias das dezenas de milhares de vítimas, assim como a de Miguel Serveto, ao ler esse trecho da obra de Kuyper no qual ele minimiza, e até parece querer justificar, os crimes protestantes apenas por terem sido em "menor número" que os dos católicos e luteranos. É importante observar que o número só foi menor, em relação ao catolicismo, por exemplo, pelo fato de que a tradição reformada só atuava com poder político em Genebra. O que não teria feito se tivesse mais poder e sobre uma área geográfica maior? Isso demonstra como a paixão por *uma* determinada visão de mundo, que se pressupõe absoluta ou se entende como *a única*, pode defender verdadeiros absurdos.

CAPÍTULO 4 – Pneumatologia | 1017

em seu objetivo de demonstrar a impossibilidade de outras tradições, exceuando a reformada, em adotar a doutrina da inspiração plenária e verbal das Escrituras, Van Til diz "que os católicos romanos tentaram arduamente amenizar a indisfarçada antítese entre autoridade e razão por meio de sua doutrina da analogia do ser", porém "não tiveram a coragem de suas convicções e, portanto, não começaram com a distinção Criador/criatura como base para sua interpretação da doutrina". De acordo com o mesmo autor, os católicos romanos "começaram com a ideia do ser como tal e introduziram a distinção de Criador e criatura como uma coisa secundária".[1577] Tal exercício, de acordo com o filósofo calvinista, aparentemente "produziu a conexão racional necessária entre Deus e o homem, pois postulou um princípio de unidade que reduziu a distinção Criador/criatura a uma questão de gradação dentro de um ser geral" e tal, "então, correspondendo ao princípio da continuidade, assim trazido de Platão e Aristóteles para o pensamento cristão". Os católicos romanos também "sustentaram uma medida de individualidade real na história", pois "atribuíram uma medida de liberdade ao homem em independência do plano de Deus" e até "chegaram a dar a Deus certa liberdade, de modo que, por sua vontade, ele não precisasse seguir sempre o que dita uma natureza racional e eternamente imutável".[1578] A admiração de Van Til é proporcional à nossa com ele em achar que exista algum manual que regule e, por assim dizer, restrinja Deus, fazendo que o ser humano, por meio de uma ciência qualquer, no caso a teologia, pudesse ser capaz de traçar um perfil divino que antecipe suas ações, tornando-nos "fiscais" de Deus, cobrando dele que se comporte justamente como consta no manual! Isso expõe duas das maiores contradições da metodologia da teologia reformada, que são 1) acentuar a soberania divina, mas restringi-la ao que ela acredita e define que cabe a Deus, como que negando que ele tenha "livre-arbítrio", e 2) ressaltar a depravação total, mas ao mesmo tempo defender sua teologia como a única correta e irretocável, deixando implícita a crença em mentes perfeitas que produziram tal articulação. Para Van Til, "as teologias luterana e arminiana até certo ponto seguiram Roma em ambos os aspectos", contudo ressalva o mesmo autor que "nem o luteranismo nem o arminianismo tiveram a coragem de suas convicções", pois "sempre retrocederam para as Escrituras

---

1577 VAN TIL. "Introdução" in: WARFIELD. *A inspiração e autoridade da Bíblia*, p. 7.
1578 Ibid.

1018 | TEOLOGIA SISTEMÁTICO-CARISMÁTICA

como uma autoridade externa infalível", sendo tal igualmente "verdade, em um menor grau, em relação a Roma".[1579] Em termos diretos, o que o filósofo calvinista está criticando é que a concepção bíblica, adotada pelas referidas tradições, de que Deus é "imprevisível", de nosso ponto de vista, visto ser livre e soberano, bem como o ser humano, mesmo tendo caído e, por isso mesmo, não possuindo um livre-arbítrio, mas, sim, vontade própria, é algo inadmissível e

> Portanto, permanece a certeza, dizem-nos, de que, em geral, os cristãos ortodoxos continuam a acreditar em um conceito não racional de autoridade. Os primeiros reformadores pareciam ter uma visão mais moderna ou dialética, mas, então, logo foram seguidos por aqueles que fizeram da crença em um livro infalível o teste da ortodoxia. Mas como pode tal visão de autoridade esperar produzir a objetividade que procuravam? Tal autoridade pode, pela natureza do caso, falar somente daquilo que está além do alcance do homem? Ela deve falar daquilo que não tem relação inteligível com o homem. Ela fala de um Deus que existe de modo a estar totalmente fora do contexto das categorias da existência do próprio homem. Portanto, fala do que deve ser inerentemente sem sentido para o homem.[1580]

Aqui o autor deixa escapar uma informação importantíssima que praticamente não é mencionada nos estudos histórico-teológicos, acerca dos reformadores, e à qual voltaremos logo à frente. Com o "princípio moderno", criticado por Van Til, "somos solicitados a aceitar a autoridade especialista de uma grande personalidade, não a do sistema abstrato", deixando-nos "face a face com a grande personalidade de Jesus Cristo como a figura central da categoria da revelação".[1581] A diferença, por exemplo, entre a forma de se encontrar a fé em nosso Senhor Jesus Cristo na tradição carismático-pentecostal e na tradição reformada, por exemplo, é que acreditamos em um encontro real e experiencial com ele. Conforme James Dunn, citado pelo teólogo pentecostal John Wyckoff, "os católicos enfatizam o papel da Igreja e dos sacramentos, e subordinam o Espírito à Igreja", ao passo que os "protestantes enfatizam o papel da pregação e da fé, e subordinam o Espírito à Bíblia". Já os "pentecostais",

---

1579 Ibid., p. 8.
1580 Ibid.
1581 Ibid., p. 8-9.

CAPÍTULO 4 – Pneumatologia | 1019

conclui Dunn, "reagem a esses dois extremos — ao sacramentalismo que pode se tornar mecânico e à ortodoxia biblista que pode se tornar espiritualmente morta — e reclamam uma experiência vital com o próprio Deus no Espírito Santo".[1582] Tal verdade é confirmada pelo teólogo pentecostal Myer Pearlman, que diz não ser defendida pela tradição carismático-pentecostal a ideia de que "o Espírito veio tomar o lugar de Cristo", pois "é mais correto dizer que ele veio tornar Cristo real", isto é, o "Espírito Santo torna possível e real a onipresença de Cristo (Mt 18:20) e sua habitação nos crentes". A "união entre Cristo e o Espírito é tão íntima que se diz que tanto Cristo quanto o Espírito habitam no crente (Gl 2:20; Rm 8:9,10); e o crente está tanto 'em Cristo' quanto no 'Espírito'" e "Graças ao Espírito Santo, a vida de Cristo torna-se a nossa vida em Cristo".[1583] É importante observar que na articulação de Pearlman o Espírito Santo não é subsumido na pessoa de nosso Senhor Jesus Cristo e muito menos retira a centralidade do Filho de Deus por causa do protagonismo da terceira Pessoa da Trindade no papel de convencer o ser humano "do pecado, e da justiça, e do juízo" (João 16:8). Para o mesmo teólogo pentecostal, o "Espírito Santo é chamado de 'outro' Conselheiro porque ele seria, em forma invisível aos discípulos, justamente o que Jesus lhes havia sido em forma visível", mas que fique claro: o "Cristo glorificado não somente envia o Espírito, mas também se manifesta por meio do Espírito"; ou seja, "Fisicamente, Jesus podia estar somente em um lugar de cada vez, mas em sua vida glorificada ele é onipresente pelo Espírito". No transcurso de "sua vida terrestre, Jesus não habitava no interior dos homens; pelo Espírito, ele pode habitar na profundidade de sua alma".[1584] Assim, a posição da tradição carismático-pentecostal, com certeza, enquadra-se confortavelmente no denominado "princípio moderno", que está sendo objeto de crítica de Cornelius Van Til, pois partimos de pressupostos diametralmente contrários e opostos aos monergistas, estáticos, cessacionistas e antissobrenaturalistas do determinismo calvinista da tradição reformada. Dizer isso, porém, não significa, absolutamente, que depreciamos os nossos irmãos reformados ou que não os consideramos cristãos, mas que apenas precisamos destacar tais diferenças para que, então, mostremos a necessidade de nos ocuparmos e

---

1582 DUNN, J. *Baptism in the Holy Spirit* (Londres: SCM, 1970), p. 224-5, apud WYCKOFF, J. W. "O batismo no Espírito Santo" in: HORTON (org.). *Teologia sistemática*, p. 431-2.

1583 PEARLMAN. *Conhecendo as doutrinas da Bíblia*, p. 284.

1584 Ibid., p. 285-6.

1020 | TEOLOGIA SISTEMÁTICO-CARISMÁTICA

responsabilizarmos pela produção da nossa própria teologia, pois, à semelhança da revolução na física, não estamos falando de pequenos avanços (na visão de alguns, "retrocesso") em teologia, mas de uma mudança estrutural e paradigmática na forma de produzir teologia.

Quanto ao problema da razão, de acordo com Van Til, alega-se "ter sido resolvido pelo princípio moderno", sendo desnecessário "abdicar da nossa razão", pois não se requer que "aceitemos cegamente um sistema abstrato de verdades" e muito menos reivindicar de "nossa razão que admita a existência de uma área sobre a qual não há nada a dizer".[1585] De acordo com o filósofo calvinista, a visão tradicional a respeito da relação da fé com a razão era feita na distinção entre teologia natural e teologia revelada, enquanto o liberalismo teológico excluía tal distinção. Contudo, seu apelo não obteve êxito, e "somente com o pleno reconhecimento do valor do novo princípio que descobrimos a harmonia entre 'conhecimento natural do homem' e a 'revelação especial'", excluindo a necessidade de "distinguir entre o que é natural e o que é sobrenatural na revelação", sem, todavia, deixar de reconhecer que há realmente "a revelação geral e especial".[1586] Assim a despeito de o referido autor alinhar-se a Alan Richardson na ideia de que a epistemologia, ou teoria do conhecimento, acerca de Deus que açambarca corretamente todos os fatos da experiência humana é a que reconhece que existem duas espécies de revelação ou divulgação divina da verdade que, no caso, trata-se da revelação geral e da revelação especial, a defesa tradicional acredita que o primeiro tipo de revelação não está sujeito às contingências humanas e se dá de forma igual a todas pessoas — ponto que, sabemos, não é unânime e muito menos acorde na teologia atualmente —, enquanto o segundo tipo de revelação, por ser especial, tem caráter personalizado e, portanto, histórico, sendo, por isso mesmo, reconhecido por Van Til, que afirma "que, em matéria de comunicação histórica, não podemos adquirir conhecimento imparcial e impessoal dos fatos".[1587] Nesse sentido, o autor acaba admitindo o que se postula com o "princípio moderno", que, entre outras coisas, reconhece que meio algum "ao nosso alcance permite demonstrar a existência de uma similitude entre as características de um fenômeno externo e as características da sensação que esse fenômeno desperta em nós". Em outras palavras, ao fim e ao cabo,

---

1585 VAN TIL. "Introdução" in: WARFIELD,. *A inspiração e autoridade da Bíblia*, p. 9.
1586 Ibid.
1587 Ibid., p. 10.

CAPÍTULO 4 – Pneumatologia | 1021

percebemos que "toda ideia que temos sobre o mundo externo só reflete nossas próprias sensações", e, completa Planck, ciente de "tais condições cabe indagar se faz sentido falar de um eu consciente em oposição a uma 'natureza em si', independente dele", pois o "que se chama de 'leis naturais' não seria, no fundo, um conjunto de regras mais ou menos perfeitas com a finalidade de resumir o mais exatamente possível a sucessão temporal de nossas sensações?".[1588] Se tal for realmente assim, até mesmo a revelação geral depende de interpretação e não leva todos ao mesmo ponto de entendimento sobre a realidade, e "então não só o senso comum da humanidade, mas também as concepções dos cientistas enveredaram pelo caminho errado", pois, durante o transcurso da história, toda ela "mostra que o conhecimento na física sempre ocorreu no sentido de uma separação, a mais completa possível, entre os fenômenos do mundo externo e os fenômenos sensoriais que ocorrem no ser humano".[1589] Evidentemente que esta, como nenhuma outra hipótese, é a última palavra a respeito da epistemologia, pois, enquanto existir humanidade, a busca por respostas e o pleno entendimento da realidade continuará a ser o grande objetivo e ambição. Contudo, tais ponderações mostram claramente que existe possibilidade de se enxergarem as coisas de maneira diferente, pois não lidamos apenas com fatos, principalmente "fatos puros", e, sendo assim, o próprio Van Til diz o óbvio, visto que

> De fato, é um dado concreto que hoje não há muito que possa ser dito do ponto de vista da defesa fatal em favor do ponto de vista ortodoxo. É também costume afirmar que os benefícios do antigo liberalismo [teológico] devem ser preservados. O antigo liberalismo foi correto em sua rejeição da ortodoxia e em seu literalismo. Mas, argumenta-se, agora temos de ir além do antigo liberalismo. Ele era racional. Ele alegou ser capaz de dar o que era equivalente a uma extensiva explicação da realidade. Ele também não deu lugar ao genuíno fato histórico. Ele não permitiu a novidade na ciência ou o milagre na religião. Devemos, agora, dar oportunidade aos dois. Devemos substituir a filosofia transcendental do puro ato pela filosofia do ser estático. Então seremos capazes de salvar as contribuições da ortodoxia, pois a ortodoxia não estava totalmente errada. Lutero e Calvino sabiam que o cristianismo era único, que era histórico e que requeria o testemunho do Espírito

---

1588 PLANCK. *Autobiografia científica e outros ensaios*, p. 97-8.
1589 Ibid., p. 98.

Santo para que o homem o aceitasse. Eles sabiam que ele não era racionalmente defensável no estrito sentido do termo. Mas todas estas contribuições foram sobrecarregadas com as ideias de uma Bíblia infalível e um sistema fixo de verdades conforme revelado na Bíblia. A salvação do homem foi feita para depender deste conhecer ou não conhecer e de aceitar ou não aceitar um conjunto de propostas sobre a natureza da realidade encontrada em determinado livro. Portanto, os reformadores foram racionais no ensino da salvação e irracionais no desejo de permitir que este supostamente indispensável sistema de verdades fosse distribuído pelos ventos do acaso.[1590]

Três questões devem ser observadas, e objetadas, dessa argumentação de Van Til, numa análise simples, nos termos, primeiramente, da epistemologia e da filosofia da pós-modernidade, que ele critica, e também da teologia e da história da Reforma. Assim, a primeira delas é que a "filosofia apofática", traduzida no que ele chama de "princípio moderno", não exclui o miraculoso e o sobrenatural, mas, justamente o contrário, ela os possibilita, diferentemente da visão da modernidade que negava completamente esse aspecto da realidade, ocasionando, por isso mesmo, a ascensão do cessacionismo como um dispositivo que, sem negar as Escrituras — que são total e irrestritamente povoadas do inexplicável e, na visão pretensiosa do racionalismo, do irracional e fantasioso. Van Til consegue a proeza de negar a contemporaneidade da experiência com o Espírito, fruto da *presença extraordinária* dele, ao dizer que tais coisas pertencem ao período canônico e que hoje não são mais necessárias nem possíveis, porque cessaram, confundindo revelação canônica com a bíblica e real contínua manifestação divina. A segunda delas é que, a despeito de Van Til condicionar o encontro com nosso Senhor Jesus Cristo ao texto, não ao anúncio do evangelho e ao convencimento do Espírito Santo, pretendendo com isso tornar a fé algo perfeitamente explicável e racionalizável, incrivelmente Benjamin Warfield defende que, mesmo se não tivéssemos uma Bíblia, ainda assim poderíamos conhecer o Filho de Deus, ponto com o qual a tradição carismático-pentecostal está familiarizada, pois possui inúmeros testemunhos deste. "Podemos dizer que, sem uma Bíblia, poderíamos ter tido Cristo e tudo o que ele representa para as nossas almas", mas de forma alguma deve-se afirmar "que isto não teria sido possível", sem deixar de considerar

---

1590 VAN TIL. "Introdução" in: WARFIELD. *A inspiração e autoridade da Bíblia*, p. 11-2.

que não podemos nos esquecer de que, "na verdade, é à Bíblia que devemos o fato de conhecer a Cristo e sermos encontrados nele".[1591] Finalmente, a terceira questão é: Os reformadores pensavam apenas assim, como descreveu Van Til? O que o filósofo reputa como "irracionalidade" e "acaso" na relação dos reformadores com as Escrituras e, consequentemente, com o Espírito Santo? Qual era o espaço da experiência, especificamente com o Espírito Santo, de acordo com eles? Embora já tenhamos visto acima com Yves Congar, é importante verificar novamente a perspectiva de Calvino, agora sob as lentes de um teólogo protestante: "Quando na Reforma Protestante todas as coisas foram reexaminadas, alguns dos reformadores buscaram meios que lhes reafirmassem, bem como a seus seguidores, o cânon das Escrituras", diz o teólogo Milton Fischer, e tal atitude, de acordo com ele, "foi um aspecto infeliz do pensamento reformista porque, visto que Deus em sua providência havia determinado para o seu povo o conteúdo fixo das Escrituras, tal determinação tornou-se fato histórico e não se tratava de um processo repetível". Todavia, "Lutero estabeleceu um critério teológico para os livros da Bíblia (e pôs em dúvida alguns deles) — 'Esses livros ensinam sobre Jesus?'" —, inquiria o reformador alemão, e finaliza o mesmo autor dizendo que, de igual forma, subjetiva, "parece-nos, foi a insistência de Calvino em que o Espírito de Deus dá testemunho a cada cristão individualmente, em qualquer época da história da Igreja, sobre o que é ou não a Palavra".[1592] Vemos, portanto, que a pretensa objetividade, exegética e teológica, sempre mencionada com expressões genéricas como a "hermenêutica dos reformadores" ou a "teologia dos reformadores", nada mais é que idealização de um passado, mas que nunca existiu de fato. Tanto por não existir, como já dissemos anteriormente, alguma espécie de pensamento monolítico reformado, isto é, *uma* hermenêutica e *uma* teologia dos reformadores, conforme costuma ser dito atualmente, quanto por eles não encetarem a Reforma por alguma razão estritamente cognitiva. É interessante que, se considerarmos, por exemplo, o princípio de Calvino — lembre-se de que não estamos falando simplesmente de uma "exegese carismática", inadmissível para alguns carismático-pentecostais que parecem idolatrar métodos e sistemas teológicos —, que estabelece um critério subjetivo de aceitação da canonicidade dos documentos escriturísticos já

1591 Warfield. *A inspiração e autoridade da Bíblia*, p. 101.

1592 Fischer, Milton. "O cânon do Novo Testamento" in: Comfort (org.). *A origem da Bíblia*, p. 96.

1024 | TEOLOGIA SISTEMÁTICO-CARISMÁTICA

estabelecidos há milênios, considerando as Escrituras hebraicas, e ao menos há mil anos, se considerarmos apenas as Escrituras cristãs, temos algo que ultrapassa a forma simples de leitura da Bíblia praticada por carismáticos--pentecostais em seu devocional. Assim, a despeito de defenderem "o aspecto objetivo da inspiração da Escritura a ponto de sustentar a *inspiração verbal*",

> [...] os Reformadores acentuaram também o aspecto subjetivo da inspiração, isto é, a intervenção do Espírito Santo no leitor: no sentido de que a palavra da Bíblia não pode ser reconhecida como Palavra de Deus se aquele mesmo Espírito não continuar a agir sobre aqueles que a escutam e se não se torna também para eles um evento. Para Lutero "Spiritus solus inteligit Scrituras recte et secundum Deum. Alias autem, etsi intelligunt non intelligunt"; "haereticus est qui scripturas sanctas alio sensu quam Spiritus Sanctus flagitat, exponit". Também para Calvino, somente Deus pode testemunhar de si: "Ele (Deus) só é testemunha suficiente de si, na sua Palavra" primeiro, e "no coração dos homens" depois; o Espírito Santo põe em ato a sua ação iluminadora em ambas as direções: "Por isso é necessário que o mesmo Espírito que falou pela boca dos profetas entre em nossos corações e os toque a fim de persuadi-los de que os profetas expuseram fielmente o que lhes era ordenado do alto". E é a mesma Sagrada Escritura o "instrumento com o qual o Senhor dispensa aos fiéis a iluminação do seu Espírito".[1593]

São esses ensinamentos subjetivos, e carismáticos, que não abriam mão da centralidade das Escrituras, que o filósofo calvinista afirma que acabaram sendo substituídos pela pura objetividade de uma "Bíblia infalível" e, nesse caso, tem-se a transformação da "visão histórica reformada das Escrituras" — essa, sim, dos reformadores, com sua ênfase sobre a mensagem e seus efeitos nas pessoas por meio do Espírito Santo — em "visão reformada escolástica das Escrituras", deslocando-se a atenção de sobre o Espírito e fixando-a no texto, na letra em si.[1594] E por que a crise do protestantismo reformado em relação à experiência com o Espírito na interpretação do texto, já que Calvino presumia tal experiência não somente na interpretação ou iluminação, mas até mesmo na revelação de quais textos eram ou não inspirados? A visão do

---

1593 MANNUCCI, Valério. *Bíblia, palavra de Deus: curso de introdução à Sagrada Escritura*, 4. ed. (São Paulo: Paulus, 2008), p. 201-2.

1594 Cf. tabela da página 82.

reformador francês acerca do papel do Espírito Santo vai muito além da "perigosa subjetividade" de milhões de carismático-pentecostais que, sem terem qualquer conhecimento técnico, seja das ciências bíblicas, seja das ciências teológicas, creem na Bíblia de tal forma que a reputam, literalmente, como a "boca de Deus", pois ele fala por meio dela, já que ela é "viva e eficaz". Conquanto a preocupação de Van Til pareça concentrar-se na natureza das Escrituras, fica claro que esta não é a verdadeira crise da teologia reformada, e sim a forma como a leitura escolástica protestante amalgamou o texto com a visão da física clássica predominante nos séculos 17 a 19, período de desenvolvimento dos grandes documentos confessionais e credais da referida tradição, conforme sua afirmação de que "o atual princípio da Escritura é uma peça com moderno procedimento filosófico e científico em geral".[1595] Aqui subjaz o cerne do problema, de acordo com o que filósofo calvinista explica, observando que a rejeição tanto do racionalismo como do irracionalismo da ortodoxia, por parte do "princípio moderno", bem como a rejeição dos "remanescentes do racionalismo encontrado no antigo liberalismo", significam que "nós, agora, afinal, alcançamos uma categoria de revelação que não é mecânica, mas pessoal". Dito de outra forma, com a "Bíblia, nós agora confrontamos Deus como o Criador pessoal — nosso Criador, não a causa do universo". E tal se deu pelo fato de que, segundo o mesmo filósofo reformado, a "ortodoxia deixou sem explicação a questão de como Deus e seu mundo devem ser considerados juntamente", pois sua "concepção de causa levou logicamente à sua identificação com o mundo".[1596] Nesse aspecto, evidentemente que discordamos do "princípio moderno", uma vez que Deus é o Criador de todas as coisas. Por outro lado, há urgente necessidade de se observar que o referido princípio está certo em reputar a criação como um "mistério", pois os cientistas, inclusive não cristãos, quase em sua maioria, admitem que a ciência não pode explicar a realidade toda, porque, cada vez que se avança em uma descoberta, desdobram-se diante da ciência inúmeros outros mistérios a serem explorados, de forma que aumenta o quanto se ignora, não o quanto se conhece! Isso tudo se tornou ainda mais claro após a revolução da física que mencionamos há pouco. Foi justamente por conta da aparente regularidade das leis físicas, conforme se pensava nos séculos 17

1595 Van Til. "Introdução" in: Warfield. *A inspiração e autoridade da Bíblia*, p. 13.
1596 Ibid., p. 12.

1026 | TEOLOGIA SISTEMÁTICO-CARISMÁTICA

a 19, ou seja, foi o "sucesso destas leis [que] levou Laplace, no começo do século 19, a postular o determinismo científico", informa Hawking. Este autor diz que o referido matemático francês "sugeriu que deveria haver um conjunto de leis que determinassem com precisão a evolução do universo, dada a sua configuração num certo tempo".[1597] Mas o determinismo do físico não contemplava quais dessas leis foram utilizadas nem a configuração inicial do universo, deixando um "espaço para Deus" nessas lacunas insondáveis, isto é, "Deus era confinado a áreas que a ciência do século 19 não dominava".[1598] Todavia, "agora sabemos que as esperanças de Laplace no determinismo não podem se realizar, ao menos nos termos que ele pensou", diz o físico lucasiano, informando que tal não é possível pelo simples fato do que mostrou, ou significa, o "princípio da incerteza da mecânica", ou seja, "que certos pares de quantidades, tais como posição e velocidade de uma partícula, não podem ser ambos previstos com rigor absoluto". Em termos diretos:

> A mecânica quântica lida com esta situação através de uma classe de teorias quânticas, em que as partículas não têm posições e velocidades definidas, mas são representadas por uma onda. Estas teorias quânticas são determinísticas no sentido de que geram leis para a evolução da onda no tempo. O elemento imprevisível, o acaso, aparece apenas quando se tenta interpretar a onda em termo das posições e velocidades das partículas. Mas talvez seja este o nosso erro: talvez não haja quaisquer posições e velocidades da partícula, mas apenas ondas. É exatamente por isto que tentamos ajustar as ondas a nossas ideias preconcebidas de posições e velocidades. O descompasso resultante é a causa da imprevisibilidade.[1599]

É nesse sentido que, de acordo com o mesmo autor, redefiniu-se "a tarefa da ciência como sendo a descoberta de leis que nos permitam prever eventos até o limite estabelecido pelo princípio da incerteza".[1600] Desse limite em diante, não é possível avançar. Esse aspecto do "princípio moderno" colide com o "princípio ortodoxo" da "continuidade", isto é, a perspectiva teológica

---

1597 HAWKING. *Uma breve história do tempo*, p. 234.

1598 Acerca desse assunto, isto é, de Deus ser utilizado como "tapa-buracos" ou como "Deus das lacunas", já tratamos no capítulo anterior. Cf. as notas 255 e 257, do referido capítulo, com os comentários pertinentes.

1599 Ibid., p. 235.

1600 Ibid.

reformada, apresentado por Van Til, que, ao condicionar a interpretação das Escrituras ao determinismo calvinista, e este, por sua vez, dependente do "todo causal da realidade", como se pressupunha na física clássica, instaura um problema sério, não somente com a ciência (que obviamente pode mudar e não deve ser o ponto de partida e inflexão para a teologia), mas até com as Escrituras, pois elas não somente distinguem criação do Criador, mas revelam que, após a Queda, até mesmo a realidade foi transtornada e aguarda a redenção (Romanos 8:19-24), de forma que a pretensa continuidade requerida pelo "princípio ortodoxo" cria inúmeros problemas desnecessários. Evidentemente que a teologia reformada conhece, como ninguém mais, essas verdades escriturísticas e também está consciente das aporias e, sem crise alguma, coloca não apenas os atos bondosos da realidade, da criação, incluindo os seres humanos, no domínio divino; antes, como vimos acima, nas palavras do próprio Van Til, até mesmo os atos perversos, desumanos e mais vis, perpetrados pelas criaturas dotadas de vontade própria, no afã de assegurar uma ideia de soberania que não se coaduna com as Escrituras, são colocados sob a vontade diretiva de Deus. Só esse aspecto já deveria ser mais que suficiente para que os teólogos da tradição carismático-pentecostal se convencessem da total e completa impossibilidade de compatibilizar nossa perspectiva com a reformada. Mas por que acontece a insistência? Grande parte desse esforço se dá por causa de, tanto nós quanto eles, considerarmos as Escrituras como Palavra de Deus, mas, ao afirmarmos essa verdade e, ao mesmo tempo, defendermos a experiência com o Espírito, somos tidos como não ortodoxos, descrentes da suficiência das Escrituras etc. E por que falamos acerca disso? Pelo simples fato de que tal crença básica da tradição carismático-pentecostal se coaduna com a imprevisibilidade postulada pelo "princípio moderno", conforme referido por Van Til. Como disse Hawking, citado acima, tal impressão de "acaso", assim como a metáfora da imprevisibilidade do vento utilizada por nosso Senhor Jesus Cristo, se dá, em nossa ótica, por causa das limitações da nossa racionalidade, não por alguma defesa da irracionalidade ou pela realidade, ou Deus, ser intrinsecamente assim. Esse entendimento, inclusive da física, de acordo com o que disserta o filósofo calvinista, é inadmissível, pois "o ortodoxo defende que a confiabilidade geral da Escritura não pode se dar ao luxo de desistir da reivindicação da Escritura para prover tal sistema".[1601]

[1601] Van Til. "Introdução" in: Warfield. *A inspiração e autoridade da Bíblia*, p. 13.

1028 | TEOLOGIA SISTEMÁTICO-CARISMÁTICA

A qual "sistema" se refere Van Til? O sistema calvinista, que ele chama de "ortodoxo", e que, de acordo com o que postula a teologia reformada, "atribui a Deus o controle completo de todos os fatos e forças do universo", tanto quanto também "atribui a Deus o conhecimento exaustivo de todas as coisas". Justamente por isso, "Toda a luz dos homens está relacionada àquele que é a Luz como o candelabro está relacionado ao Sol" e, por conseguinte, "Toda interpretação da parte do homem deve, para ser verdadeira, ser a reinterpretação da interpretação de Deus por quem os fatos são aquilo que são".[1602] Aqui há verdades que também defendemos, como a onisciência divina, mas encontra-se também um critério que instaura duas aporias para a teologia reformada.

A primeira delas é justamente a confusão entre infalibilidade escriturística, do ponto de vista bíblico, e uma noção similar de infalibilidade cognitiva, com a consequência de esta espelhar a realidade, de tal forma que as leis do funcionamento da mecânica do universo sejam totalmente compatíveis e feitas uma para as outras, só podendo gerar teorias científicas verdadeiras e compatíveis com a Bíblia (leia-se: de acordo com o que se entende dela). A segunda aporia é o não reconhecimento de que a mente divina perfeita não é nem pode ser sinônimo de que a nossa, mesmo dos "eleitos", também o seja. Contudo, Van Til o faz, dizendo que, "se o homem tem a garantia de que está certo ao identificar as falsas interpretações dos fatos com os próprios fatos, por assim dizer, em certos casos, por que tal homem deveria aceitar a interpretação cristã de outros fatos?". Ele continua: "Não estão todos os fatos dentro de um universo?", ou seja, caso se admita que os "homens estão praticamente corretos ao interpretar determinados fatos sem Deus, eles têm, logicamente, o direito de continuar sua interpretação de todos os outros fatos sem Deus"[1603] (e a "graça comum"?). Assim, a conclusão é que, por "parte daquele que crê na infalível Palavra de Deus deve ser feita a reivindicação de que eles não têm esse direito porque não podem existir outros fatos além dos fatos interpretados por Deus". Em termos diretos, "isso significa que, desde que o pecado entrou no mundo, a interpretação que Deus faz dos fatos deve vir pronta, por escrito e ser de caráter abrangente", pois "Deus continua a se revelar nos fatos do mundo criado, mas o pecador precisa interpretar

---

1602 Ibid., p. 15-6.
1603 Ibid., p. 17-8.

cada um deles à luz da Escritura", ou seja, todo e qualquer "pensamento em cada assunto deve obedecer aos requisitos de Deus como ele fala em sua Palavra".[1604] Apesar de conter algumas verdades nessa perspectiva, ela demonstra ingenuidade por um lado e arrogância por outro, visto que parece confundir a interpretação do texto, de acordo com uma tradição específica, com o que realmente o texto é em si, sem a mínima possibilidade de estar errada. "Tem sido argumentado frequentemente que essa visão da Escritura é impraticável", pois, óbvio como é, os "cristãos diferem entre si em sua interpretação da Escritura", pois, "mesmo Cristo, como diz A. E. Taylor, se considerarmos sua genuína humanidade, introduzirá um elemento subjetivo ao quadro". Mas, mesmo "admitindo que não, e admitindo que conhecêssemos suas palavras, sem dúvida, aqueles que vivessem por suas palavras iriam a cada instante insinuar um elemento subjetivo". Contudo, tais "objeções", para Van Til, "não vão ao cerne da questão", pois não há como negar o "elemento subjetivo em certo sentido restrito", ou seja, o "problema real é se Deus existe como autossuficiente e se, portanto, o mundo gira de acordo com seu plano, e se Deus tem confrontado aqueles que frustrariam a realização deste plano com uma interpretação independente de tal plano", já que o "fato de que os cristãos, individual e coletivamente, nunca poderão fazer mais do que reafirmar a dada interpretação independente deste plano não correlativiza este plano em si ou a interpretação dele".[1605] A essa objeção correta e obviamente mais do que necessária, o filósofo calvinista diz que o "círculo independente da Trindade ontológica não é quebrado pelo fato de haver uma relação econômica deste Deus triúno com respeito ao homem" e, de forma análoga, o "caráter independente da Escritura não é mais quebrado pelo fato de que há uma economia de transmissão e aceitação da Palavra de Deus", diz Van Til. Este acrescenta que, ao "menos esta é, ou deveria ser, a argumentação dos cristãos se eles realmente desafiarem o princípio moderno", pois o "princípio cristão deve apresentar toda a força e o fôlego de sua reivindicação". Em outras palavras, ele se vê "obrigado a entrar em uma guerra total".[1606]

Os mais desavisados podem ler essas informações e assentirem com a cabeça que a posição do filósofo calvinista está correta, pois o "princípio cristão"

1604 Ibid., p. 18.
1605 Ibid.
1606 Ibid.

1030 | TEOLOGIA SISTEMÁTICO-CARISMÁTICA

deve mesmo estar acima de qualquer outra ideia e pensamento. A despeito de Van Til admitir que, caso alguém pense que "a posição cristã nem sempre foi provida de coerência interna, o mesmo ocorre com a posição dos não cristãos", pois, na verdade, "os não cristãos são sempre muito melhores em suas declarações de filosofia e em suas vidas do que seu próprio princípio nos levaria a esperar e, no entanto, é verdade que os cristãos são sempre muito piores na declaração de sua filosofia e nas suas vidas do que o seu princípio nos levaria a esperar".[1607] Van Til diz que estamos diante de "dois sistemas mutuamente excludentes, com base em dois princípios mutuamente excludentes de interpretação", mas admite que, "em nossos dias, o princípio de interpretação dos não cristãos chegou a uma forma bem consistente de expressão". A particularidade desse destaque deve-se ao fato de que, "acima de tudo, [salienta-se] a relatividade de todo o conhecimento em qualquer campo ao homem como seu ponto máximo de referência". Nesse caso, a sugestão do filósofo calvinista é "que os cristãos não deveriam ficar atrás ao salientar o fato de que, em seu modo de pensar, tudo depende de tornar Deus o ponto de referência final na pregação humana".[1608] Como é possível perceber, a discussão refere-se à epistemologia, e, justamente por isso, ele diz que "a questão, neste momento, não é se o homem está envolvido em tudo o que conhece, mas se os fatos são aceitos do modo como são apresentados", colocação bem contraditória considerando-se que, na sequência, Van Til pontua, reconhecendo, que o "homem, como sujeito do seu conhecimento, está, em certa medida, interpretando e dando os fatos", "algo que pode ser admitido por todos", sendo, como todos sabem, "uma questão formal", por isso, diz ainda que a "questão é se, em sua aceitação dos fatos, o homem admite ser supremo ou se admite ter sido criado", posto que "Tanto Descartes quanto Calvino acreditavam em uma forma de congenicidade de ideias, muito embora o primeiro tenha feito do homem e o último feito de Deus o ponto de referência final do pensamento humano".[1609] A despeito da mea-culpa do autor em alguns momentos, o problema que quase escapa dos teólogos carismáticos-pentecostais é que a Teologia Reformada, cujo sistema teológico é o calvinismo, não apenas chama seu ponto de vista de "princípio cristão", mas

---

1607 Ibid., p. 19-20.
1608 Ibid., p. 20.
1609 Ibid.

afirma que tal ponto de vista equivale ao modo de Deus ver as coisas! Com isso exclui ao mesmo tempo todos os demais segmentos, portanto, quando Van Til fala de o "princípio cristão" ser "obrigado" a envolver-se numa "guerra total", isso inclui combater outras expressões da fé cristã, daí sua consideração negativa, na sequência de sua introdução ao livro de Benjamin Warfield, centrar-se nas teologias da Tradição Católica Romana, da Tradição Luterana e na chamada "teologia da crise", o arminianismo, representada por Emil Brunner e Karl Barth. Conquanto não pertençamos estritamente a nenhuma dessas tradições, cremos na autoridade das Escrituras e na soberania divina, mas não acreditamos numa completa nulidade e anulação humanas, conforme já expusemos no capítulo anterior,[1610] mas, para ele, esse simples fato de se reconhecer o papel do ser humano como alguém dotado da capacidade de vontade própria e de este ser capaz de encontrar-se com Deus, nosso Senhor Jesus Cristo e o Espírito Santo, de forma existencial e não apenas cognitiva, isto é, o fato da experiência, separa os que creem dos "que não creem na autoridade suprema da Escritura" e

> então não pode haver um modo de evitar o fato de que é na teologia de Warfield, a fé reformada, que temos a defesa mais consistente da ideia de infalibilidade da Escritura. Não se trata de depreciar os evangélicos ou protestantes não reformados que se apegam com amor à infalível Palavra de Deus. Mas é somente em uma teologia como a de Warfield, uma teologia na qual a doutrina da salvação pela graça do Deus soberano chegou a uma expressão adequada, na qual a doutrina da Bíblia como a infalível Palavra de Deus pode, com total coerência, ser afirmada. É somente com esta base que a ideia moderna da revelação como um evento que não é, ao mesmo tempo, em parte, a própria interpretação do homem pode sofrer oposição em cada ponto. Se Deus é realmente autossuficiente e se ele realmente criou este mundo e realmente controla pela sua providência, então a revelação de si mesmo a este mundo deve ser a de um *fato totalmente interpretado*. Todos os fatos em toda a realidade criada são, então, interpretados segundo Deus.[1611]

1610 Veja o tópico "O conhecimento de Deus" e o subtópico "O encontro do divino com o humano — as 'experiências-limite' de fé" (p. 219-238), do capítulo anterior, em que tratamos acerca da relação do ser humano com Deus.

1611 Ibid., p. 23.

1032 | TEOLOGIA SISTEMÁTICO-CARISMÁTICA

Parece quase impossível que um autor da envergadura intelectual de Van Til defenda este tipo de posição, que nem mesmo os carismáticos-pentecostais medianos postulam, que é acreditar que uma leitura da Bíblia equivalha ao texto em si, pois, conquanto crermos que a "própria ideia da revelação objetiva ao homem requereu, por sua inteireza, a ideia de revelação objetiva ao homem por meio de proposições sobrenaturais sobre os fatos que ela registra"[1612], algo muito diferente é achar que somos intérpretes infalíveis. Ainda que o mesmo filósofo calvinista pontue que a afirmação protestante de "que a Escritura é clara" não signifique "que ela seja exaustivamente penetrável pelo homem", mas simplesmente queira dizer que no ato do reconhecimento do cristão em reafirmar que o "conteúdo da revelação escriturística na forma de um 'sistema'" implica que "tal sistema é baseado em e, portanto, análogo ao 'sistema existencial' que o próprio Deus possui", ressalvando ainda que tal sistema, "baseado na revelação de Deus, é, por um lado, totalmente verdadeiro e, por outro, em nenhum ponto idêntico ao conteúdo da mente de Deus", ele parece concordar com a perspectiva de Calvino, ao dizer "que a aceitação desta revelação recai novamente sobre o testemunho do Espírito, do qual devemos depender", mas observa que tal "testemunho não traz nenhuma informação pessoal direta ao indivíduo", pois a revelação "opera dentro da mente e do coração do indivíduo a convicção de que as Escrituras são a Palavra objetiva no sentido estrito".[1613] Há um aspecto importantíssimo nessa visão reformada que merece ser destacado nesse assunto em particular, que é o fato de que "este testemunho do Espírito no coração do crente é tão sobrenatural quanto o trabalho de inspiração da própria Escritura", pois, se não fosse assim, explica Van Til, "o ponto principal de nosso argumento de que, no cristianismo, Deus é o ponto de referência máxima do homem não seria verdadeiro". Portanto, "a integridade interna da revelação bíblica pode ser comparada à integridade interna da Trindade ontológica, [e] a aceitação dessa revelação como parte do homem sob a influência do Espírito Santo pode ser comparada ao trabalho da Trindade econômica".[1614] Dessa maneira, a tradição reformada acredita eliminar qualquer subjetividade, por isso o "pensamento reformado alega que o cristianismo é racional". E, a fim de "fazer valer sua

1612 Ibid., p. 26.
1613 Ibid., p. 26-7.
1614 Ibid., p. 27-8.

alegação, mostra que a razão deve ser interpretada nos termos das verdades da Escritura sobre ela", pois é mais que "razoável para uma criatura de Deus crer em Deus", ao mesmo tempo que é "irracional para uma criatura de Deus colocar-se como Deus, requerendo um sistema de interpretação no qual o homem permanece como ponto máximo de referência". É justamente pelo fato de não ter "um *sistema* de teologia e de filosofia no qual a própria razão seja interpretada em termos de princípios exclusivamente bíblicos, [que] o romanismo e o arminianismo não podem desafiar efetivamente a razão do homem natural".[1615] Van Til diz que, de igual forma, nesse ponto "o luteranismo ortodoxo falha", pois, a despeito do "ensino contrário específico da Escritura, ele admite, assim como o arminianismo, que o homem pode iniciar uma ação independente do plano de Deus". A prova de que tal "concessão básica à concepção não cristã de razão" é perniciosa é que "a essência desta concepção é sua autonomia".[1616] O filósofo calvinista atribui tal ideia ao fato de o arminianismo e o luteranismo supostamente não terem um sistema teológico como o calvinismo, isto é, por não conceberem os seres humanos como autômatos. Assim, o autor finaliza a introdução, dizendo que

> O quadro total que resulta de nossa breve análise geral, então, é o seguinte: a visão da Escritura tão habitualmente apresentada e defendida por Warfield é mantida somente pelos protestantes ortodoxos. E, entre estes protestantes ortodoxos, somente os seguidores de Calvino têm uma teologia que se encaixa completamente com a ideia de Escritura. Só um Deus que controla seja lá o que venha a acontecer pode oferecer ao homem sua interpretação do curso da história na forma de um sistema existencial. Uma teologia evangélica, que é virtualmente arminiana, faz concessões ao princípio que controla uma "teologia da experiência". Ao admitir e até mesmo sustentar certa medida de autonomia para o homem, tal evangelicalismo é obrigado a admitir que os princípios não cristãos de continuidade e de descontinuidade têm uma medida de verdade em si. E, na exata medida em que este evangelicalismo faz estas concessões em sua teologia, ele enfraquece a sua própria defesa da Bíblia infalível. Tais evangélicos fizeram e estão fazendo um excelente trabalho detalhado na defesa da Escritura, mas falta-lhes a teologia que pode dar coerência aos seus esforços. Portanto,

---

1615 Ibid., p. 39 (grifo no original).
1616 Ibid.

1034 | TEOLOGIA SISTEMÁTICO-CARISMÁTICA

falta-lhes também a metodologia geral apologética que pode fazer seu trabalho detalhado se destacar em seu verdadeiro desafio contra o princípio da experiência.[1617]

Antes de considerarmos o fato de que a experiência com o Espírito Santo não se opõe à suficiência das Escrituras, é imperioso verificar se a doutrina da inspiração das Escrituras de Benjamin Warfield realmente se restringe aos termos apresentados por Van Til. Primeiramente, é preciso reconhecer que, como cessacionista, Warfield defende que o conhecimento de Deus se dá exclusivamente por meio das Escrituras e chama a atenção quando, ao comentar o conhecido texto de Mateus 22:29, ele discorre estrategicamente apenas sobre uma das fontes de conhecimento divino, isto é, as Escrituras,[1618] mas nem sequer menciona a segunda, o "poder de Deus", que nosso Senhor Jesus Cristo apresenta e coloca claramente de maneira equiparada à primeira. E por que ele evita? Pela simples verdade de "que o mesmo avanço no conhecimento que exige uma visão alterada da Bíblia exige também toda uma nova teologia".[1619] Conquanto o conhecimento mencionado por Warfield não se refira ao saber especificamente escriturístico, por causa da dependência do sistema teológico do calvinismo de determinada visão de mundo, a crise de um dos pais do cessacionismo é a mesma dos teólogos reformados até hoje. Contudo, apesar de ser adepto da regra hermenêutica de que "a Escritura interpreta a Escritura", o mesmo teólogo admite que nenhum estudante que seja "cuidadoso da doutrina bíblica da inspiração deixará de verificar suas conclusões quanto aos ensinamentos das Escrituras por meio das características observadas e da 'estrutura' da Escritura e, na tentativa, ele pode ou não encontrar motivo para modificar suas conclusões iniciais". Todavia, corretamente observa que "uma coisa é corrigir nossos processos exegéticos e, assim, alterar nossas conclusões exegéticas à nova luz obtida por um estudo dos fatos e outra coisa é modificar, pelos fatos da estrutura da Escritura, o ensino das próprias Escrituras como exegeticamente determinado, e é a esta atitude que somos levados quando tornamos os fatos da estrutura e os fatos embutidos na Escritura cofatores da mesma categoria na chamada apuração indutiva da doutrina da inspiração". Em termos simples, a "exegese direta,

---

1617 Ibid., p. 53-4.
1618 WARFIELD. *A inspiração e autoridade da Bíblia*, p. 115.
1619 Ibid., p. 145.

afinal, tem os seus direitos: podemos buscar ajuda de todos os lados em nossos esforços para realizar seus processos com precisão e obter seus resultados com pureza, mas não podemos permitir que seus resultados sejam 'modificados' por considerações externas".[1620] Nesse sentido, o autor abre espaço para corrigir as conclusões exegéticas que porventura não estejam consentâneas com as Escrituras, desde que tais processos, obviamente, não subvertam doutrinas básicas e já consolidadas da fé cristã. Outra ideia que surpreende e demonstra o que defendemos na tradição carismático-pentecostal é quando ele diz que "o caminho em que entramos quando começamos a estabelecer uma distinção entre as declarações didáticas e as concepções fundamentais de um corpo de ensino incidental, com o objetivo de aceitar as primeiras e rejeitar as últimas, só pode levar a um enfraquecimento geral da autoridade do todo". Em termos diretos, é preciso, "logicamente, atribuir a mesma autoridade a todo o corpo de seu ensino, igualmente em sua base e em sua superestrutura, ou a rejeitaremos inteiramente na mesma medida". Caso "rejeitarmos uma e não a outra, muito naturalmente seria feita uma discriminação contra a superestrutura, não contra a fundação".[1621] Em outras palavras, priorizar as porções didáticas e desprezar as narrativas não ajuda em nada a doutrina da inspiração e só servirá para confundir. A ideia de que uma doutrina só se estabelece se for ensinada explicitamente, e muitas vezes, nas porções didáticas da Bíblia, é falaciosa:

> A linguagem, por vezes, é usada para parecer implicar que é pequeno o peso das provas oferecidas para a verdade da doutrina de que as Escrituras são a Palavra de Deus no sentido de que suas palavras entregam a sua verdade sem erro. É, pelo contrário, todo o conjunto de evidências que prova que os escritores do Novo Testamento são confiáveis como entregadores de doutrina. É exatamente a mesma evidência, em quantidade e peso, que é apresentada em favor de qualquer outra doutrina bíblica. É exatamente a mesma quantidade e peso de evidências que é apresentada como fundamento da verdade das doutrinas da encarnação, da Trindade, da divindade de Cristo, da justificação pela fé, da regeneração pelo Espírito Santo, da ressureição do corpo e da vida eterna. É, naturalmente, não absurdamente pretendido que toda doutrina bíblica é ensinada nas Escrituras com igual clareza, com igual

---

1620 Ibid., p. 166-7.
1621 Ibid., p. 162.

1036 | TEOLOGIA SISTEMÁTICO-CARISMÁTICA

explicitude e com igual frequência. Algumas doutrinas são apresentadas com uma precisão explícita que deixa pouco espaço à teologia sistemática nos seus esforços para definir a verdade por todos os lados, exceto para repetir as palavras que os escritores bíblicos usaram para ensiná-la — como, por exemplo, a doutrina da justificação pela fé. Outras não são formuladas nas Escrituras, mas são ensinadas apenas em seus elementos, e o sistematizador deve coletar e combinar evidências e, assim, chegar, finalmente, à doutrina — como, por exemplo, a doutrina da Trindade. Algumas são mencionadas tão frequentemente que formam a urdidura e a trama de toda a Escritura — como, por exemplo, a doutrina da redenção no sangue de Cristo. Outras são raramente mencionadas aqui e ali, em conexões em que a ênfase está realmente sobre outros assuntos — como, por exemplo, a doutrina da queda dos anjos. Mas, de qualquer maneira, seja explícita ou incidentalmente, frequente ou raramente, enfática ou alusivamente, elas podem ser ensinadas quando a exegese faz seu trabalho e mostra que elas são ensinadas pelos escritores bíblicos, mostrando que todas estas doutrinas são fundamentadas pelo mesmo peso e quantidade de provas — as provas da fidedignidade dos escritores bíblicos como professores de doutrina. Não podemos dizer que creremos nesses escritores quando afirmam uma doutrina cem vezes e não creremos se afirmarem uma doutrina apenas dez vezes ou apenas uma vez; que cremos neles quanto às doutrinas que usam como os principais temas do discurso, mas não naquelas que mencionam incidentalmente; que creremos naquelas que ensinam como conclusões de argumentos formais, mas não naquelas que utilizam como premissas por meio das quais chegaram a essas conclusões; que creremos naquelas que eles formulam explicitamente e ensinam dogmaticamente, mas não naquelas que eles ensinam apenas em suas partes e elementos separados. A questão não é *como* eles ensinam uma doutrina, mas que eles a *ensinaram*, e, quando esta questão é colocada afirmativamente, o peso da evidência que aprova essa doutrina como verdadeira é o mesmo em todos os casos, e esse peso é todo o conjunto de evidências que mostra que os escritores bíblicos são confiáveis como professores de doutrina.[1622]

Nessa argumentação, vemos claramente que o princípio artificial de que uma doutrina só pode ser estabelecida se estiver fundamentada nas partes didáticas

---

1622 Ibid., p. 167-9 (grifo no original).

das Escrituras não é algo defendido tradicionalmente; antes, é produto de uma época e de uma posição — o cessacionismo — que, incrivelmente, conta com o próprio Warfield como um dos seus pais, não sendo algo prescrito pela Bíblia, nossa única regra autoritativa de fé e prática. Quanto à asseveração de Van Til de que somente uma teologia que possua um sistema existencial como o calvinista, no qual tudo é estático, determinista e perfeitamente acessível e controlável, pode fazer uma apologética eficaz da doutrina da inspiração das Escrituras, Warfield, mesmo dizendo que a doutrina apoia-se em uma "suposição" e que tal "suposição é eminentemente racional e está sujeita a uma avaliação relativamente exata", admite que a adoção da referida doutrina se dá "especificamente porque ela é ensinada como verdade por Cristo e seus apóstolos, no registro bíblico do seu ensino, e as provas para a sua veracidade são, portanto, como nós também já salientamos, em peso e quantidade, precisamente a evidência que justifica para nós a credibilidade de Cristo e seus apóstolos como mestres de doutrina".[1623] Em termos diretos, aqui o pai do cessacionismo deixa clara a impossibilidade de uma defesa nos termos racionalistas da apologética pressuposicionalista de Van Til, pois as Escrituras devem ser autoritativas independentemente de suas verdades serem ou não provadas e comprovadas pelos fatos históricos e consequentemente científicos. É justamente dessa forma que cremos na tradição carismático-pentecostal, o que acaba sendo negativamente reputado como "fideísmo", isto é, como sinônimo de falta de capacidade ou preguiça epistêmica. Mas tal é a nossa surpresa ao verificar que Warfield defende a aceitação da doutrina por aquilo que deve legitimá-la, isto é, o testemunho da própria Escritura, e não qualquer outro instrumento, por isso ele admite que tal "evidência não é 'demonstrativa' no estrito sentido lógico", ou seja, "ela é 'provável'". Mas, ao assim dizer, muitos objetam, e ele antecipa: "deixa em aberto a possibilidade metafísica de que ela esteja errada", uma inegável verdade do ponto de vista da aprovação racionalista externa. Contudo, "pode ser afirmado que ela é quase tão grande em quantidade e peso quanto uma evidência pode ser 'provável' e que a força de convicção que ela é adaptada a produzir pode e deve ser praticamente igual ao que é produzido pela própria demonstração".[1624] Em outras palavras, "seja qual for o peso e seja qual for a força de convicção que ela está

1623 Ibid., p. 175.
1624 Ibid.

1038 | TEOLOGIA SISTEMÁTICO-CARISMÁTICA

adaptada a produzir, é com o respaldo deste peso das evidências e com essa força de convicção quanto à irrealidade de quaisquer supostos fenômenos contraditórios da doutrina bíblica da inspiração que abordamos o estudo das características, da estrutura e das declarações pormenorizadas da Bíblia", isto é, exatamente seguindo a lógica da fé na esteira da própria revelação, visto que tal "estudo", reconhece o mesmo autor, "não deve ser negligenciado", mesmo ciente de que "não alcançamos por meio de uma evidência 'provável' a certeza irrefutável da infalibilidade da Bíblia".[1625] Todavia, pelo fato de o autor, conforme dissemos, ser adepto do racionalismo, filosofia ainda predominante na época, mostra-se preocupado com a incompatibilidade do que as Escrituras relatam e o que é científico, por isso afirma, condescendendo, que a "realidade dos supostos fenômenos inconsistentes com a doutrina bíblica também não pode ficar sem evidência suficiente", pois a "realidade não pode ser reconhecida lógica ou racionalmente a não ser que as evidências para isso sejam maiores em quantidade e peso do que toda a massa de evidências em favor da confiabilidade dos escritores bíblicos como mestres de doutrina".[1626] Conquanto isso não afete em nada a tradição carismático-pentecostal, a tradição reformada, por ter feito um concordismo entre sua teologia e as descobertas científicas e a epistemologia dos séculos 17 a 19, enfrenta grandes dificuldades, tendo crises constantes a cada nova teoria ou avanço científico. É exatamente acerca disso que disserta Benjamin Warfield, alertando e dizendo o óbvio:

> Não se deve pensar que isso corresponda à aprovação de uma exegese forçada a fim de livrar a Bíblia de fenômenos prejudiciais à verdade da doutrina bíblica da inspiração. Isto equivale a uma recomendação de grande cuidado na determinação exegética desses supostos fenômenos; equivale a uma recomendação para permitir que nossa exegese na determinação desses fenômenos não seja infalível. No entanto, isto está longe de recomendar ou uma exegese forçada ou uma exegese artificial de qualquer tipo. Nós não somos obrigados a harmonizar os supostos fenômenos com a doutrina da Bíblia e, se não podemos harmonizá-los a não ser por uma exegese forçada ou artificial, é melhor deixá-los desarmonizados. Não somos obrigados, no entanto, por outro lado, a

---

1625 Ibid., p. 175-6.
1626 Ibid., p. 176.

CAPÍTULO 4 – Pneumatologia | 1039

acreditar que a harmonização seja impossível só porque não conseguimos realizá-la senão por meio de exegeses forçadas. Nossa fertilidade individual em expedientes exegéticos, nosso discernimento individual da verdade exegética e nossa capacidade individual de compreensão não são a medida da verdade. Se não pudermos harmonizar sem forçar, deixemos desarmonizados. Não é necessário ver a harmonia para que ela exista ou mesmo seja reconhecida como existente. Entretanto, é necessário crer que a harmonia é possível e real, contanto que não estejamos prontos a dizer que vemos claramente que, em qualquer hipótese concebível (concebível para nós ou concebível para outros seres inteligentes), a harmonia é impossível — se a credibilidade dos escritores bíblicos que nos ensinam a doutrina da inspiração plenária estiver realmente garantida com base em evidências que não podemos desprezar. Neste caso, cada passagem não harmonizada continua sendo um caso de harmonia difícil e não passa para a categoria de objeções à inspiração plenária. Ela pode passar para a categoria de objeções se estivermos preparados para afirmar que vemos claramente que ela é uma objeção, com base em uma hipótese concebível de seu significado claramente inconsistente com a doutrina bíblica da inspiração. Neste caso, teríamos, sem dúvida, necessidade de abandonar a doutrina bíblica da inspiração, mas, com isso, também devemos abandonar nossa confiança nos escritores bíblicos como mestres de doutrina. E se não pudermos racionalmente abandoná-los, não podemos racionalmente permitir que fenômenos aparentemente incompatíveis com a doutrina bíblica da inspiração sejam realmente inconsistentes com ela. E isto é apenas para dizer que abordamos o estudo desses fenômenos com uma suposição contrária à hipótese de que eles refutem a doutrina bíblica da inspiração — ou, podemos acrescentar (pois isto é a mesma coisa com palavras diferentes), corrigir ou modificar a doutrina bíblica da inspiração — que é medida justamente pela quantidade e peso das provas que mostram que a Bíblia é um guia doutrinário confiável.[1627]

Nesse ponto, a sensatez de Benjamin Warfield supera a intransigência de muitos teólogos atuais de sua tradição que, mesmo tendo muito mais luz e dados que o pai do cessacionismo, insistem em criar problemas e intrigas com a ciência, e outras tradições teológicas, pelo fato de não assumirem que a sua perspectiva teológica não é a única que está correta, podendo, ao

---

1627 Ibid., p. 176-7.

1040 | TEOLOGIA SISTEMÁTICO-CARISMÁTICA

contrário, estar errada em diversos pontos e, por isso mesmo, necessitando de uma revisão. Evidentemente que não cabe a nós dizer isso da tradição alheia, mas que então ela tenha ao menos coragem de assumir que não muda de ideia em razão de descobertas científicas, assumindo o ônus de crer em seus arrazoados teológicos e litúrgicos, por entender que isso é biblicamente correto, sem apelar para a desonestidade intelectual e a distorção deliberada da teologia e das práticas de outras tradições. Da parte da tradição carismático-pentecostal, assumimos que o que cremos e professamos tem respaldo escriturístico, se não de forma direta, como quase nenhuma doutrina, como o próprio Warfield admite, certamente com base em experiências narradas no texto sagrado, que podem ser tomadas, no mínimo, como precedentes para as nossas, similares, vividas na contemporaneidade, evidenciando que tais são não apenas perfeitamente possíveis, mas também legítimas. Inclusive, a esse respeito, podemos tomar a articulação de Benjamin Warfield, o qual, tratando da doutrina da inspiração, diz que a "distinção entre a inspiração dos escritores e a do registro é uma sutileza de tempos tardios, da qual eles são inocentes, assim como acontece com a distinção entre a origem da Escritura pela ação do Espírito Santo e a infusão do Espírito Santo nas Escrituras que se originam pela atividade humana", isto é, para "os escritores desta época de fé mais simples, as Escrituras são penetradas por Deus porque foram dadas por Deus, e a questão de seus efeitos, ou mesmo de sua natureza, não foi conscientemente separada da questão de sua origem". Portanto, o "fato suficiente e determinante sobre elas, para esses escritores, que inclui tudo e determina tudo o que é verdadeiro sobre elas como Palavra de Deus, foi que elas eram 'dadas por Deus', ou, mais precisamente, o produto do 'sopro' criador de Deus".[1628] Em outras palavras, o que o autor quer "evidenciar, de modo mais claro, [é] que, para Paulo, todo o texto da Escritura, inclusive Gênesis 12:3; Deuteronômio 27:26; Habacuque 2:4; Levítico 18:5 e Gênesis 22:18, era, como tal, a *Palavra viva do Deus vivo* proveitosa igualmente para todas as eras como instrução divina".[1629] A discussão de Warfield, nesse capítulo, é se, após escritas, as palavras permanecem tendo a mesma validade, poder e autoridade, pois é sabido que o "profeta de Israel, por assim dizer, era um porta-voz de Deus — aquele que recebia mensagens de Deus e as entregava ao povo", diz

---

1628 Ibid., p. 232.
1629 Ibid., p. 254-5 (sem grifo no original).

o teólogo pentecostal Myer Pearlman, explicando ainda que o profeta "tinha consciência do poder celestial que descia sobre ele de tempos em tempos, capacitando-o para pronunciar mensagens não concebidas por sua própria mente, característica que o distinguia dos falsos profetas (Ez 13:2)". Em outras palavras, a própria "palavra 'profeta' indica inspiração, originada de uma palavra que significa 'borbulhar' — um testemunho à eloquência torrencial que muitas vezes fluía dos lábios dos profetas (cf. Jo 7:38)".[1630] Apesar de o teólogo pentecostal reconhecer que nem sempre o profeta estava em êxtase, normalmente ele profetizava nesse "estado pelo qual a pessoa fica elevada acima da percepção comum e é introduzida num domínio espiritual, no domínio profético", e, não coincidentemente, as "expressões usadas para descrever a inspiração e o êxtase dos profetas são semelhantes àquelas que descrevem a experiência do NT, a saber, de ser 'cheio' (At 4:8; 6:5; 7:55; 9:17; 11:24; 13:9) ou 'batizado' (At 2:38; 8:13; 9:18; 22:16) com o Espírito (cf. o livro de Atos)", tudo levando ao entendimento de que "nessa experiência posterior o Espírito tem um impacto tão direto sobre o espírito humano que a pessoa fica como que arrebatada e se expressa com uma linguagem extática".[1631]

É justamente esse o maior problema de Warfield com o continuísmo ou continuacionismo, pois para o referido teólogo calvinista o Espírito Santo não pode inspirar alguém e essa mensagem não ser assertiva e canônica, conforme podemos ver em sua argumentação acerca da formação do cânon neotestamentário, ao dizer que, no "entendimento, portanto, das primeiras igrejas, a 'Bíblia' não era um 'cânon' *fechado*, mas um 'cânon' *crescente*", pois dessa maneira "havia sido desde o início, uma vez que cresceu gradualmente em número de Moisés a Malaquias e assim deveria continuar enquanto permanecessem entre as igrejas 'homens santos que falaram da parte de Deus, movidos pelo Espírito Santo' [2Pe 1:21]".[1632] O pai do cessacionismo explica que, diante de tantas teorias da inspiração das Escrituras, a tradicional doutrina da igreja reformada diz que "*a inspiração é uma influência sobrenatural extraordinária (ou, passivamente, o resultado dela), exercida pelo Espírito Santo nos escritores dos nossos livros sagrados, pela qual suas palavras são consideradas também as palavras de Deus, portanto perfeitamente infalíveis*".[1633] Merecem

---

1630 PEARLMAN. *Conhecendo as doutrinas da Bíblia*, p. 292.
1631 Ibid., p. 293.
1632 WARFIELD. *A inspiração e autoridade da Bíblia*, p. 332 (grifo no original).
1633 Ibid., p. 340 (grifo no original).

1042 | TEOLOGIA SISTEMÁTICO-CARISMÁTICA

destaque nessa definição três aspectos. O primeiro deles é o fato de "que esta é uma influência sobrenatural — algo diferente da inspiração de um poeta ou de um gênio", isto é, a "exatidão de Lucas não acontece apenas com as garantias 'que o diligente e preciso Suetônio' tinha". O segundo, a verdade de que "esta é uma influência extraordinária — algo diferente da ação ordinária do Espírito Santo na conversão, santificação e direção dos fiéis", e justamente por isso "Paulo tinha uma salvaguarda mais poderosa contra os falsos ensinos do que Lutero ou mesmo do que o santo Rutherford". Por último, o terceiro aspecto é que trata-se de "uma influência tal que faz das palavras escritas sob sua direção as palavras de Deus e pela qual se pretende afirmar uma infalibilidade absoluta (como adequadas às palavras divinas), não admitindo gradações, sejam quais forem", ou seja, "extensiva à própria palavra e a todas as palavras, de modo que cada parte das Escrituras Sagradas é, portanto, portadora de verdadeira infalibilidade, em todas as suas declarações de qualquer natureza".[1634] Desses três aspectos ressaltados por Warfield acerca da doutrina reformada da inspiração das Escrituras, que, conforme já vimos nas palavras do teólogo pentecostal Antonio Gilberto, é a mesma esposada pela tradição carismático-pentecostal, o segundo, fruto da *presença extraordinária* do Espírito Santo, está intimamente relacionado com nossa perspectiva carismática e vamos analisá-lo. "Não somente nosso Senhor promete uma orientação sobrenatural aos seus apóstolos, tanto no início do seu ministério (Mt 10:19-20) quanto no encerramento de sua vida (Mc 12:11; Lc 21:12; cf. João 14; 16), como os escritores do Novo Testamento claramente reivindicam a autoridade divina", pois certamente "eles falaram — exibindo o cúmulo do delírio, se não o cúmulo da autoridade",[1635] diz de forma surpreendente o teólogo cessacionista, admitindo que essa doutrina "não é uma doutrina misteriosa — exceto, talvez, no sentido de que tudo o que é sobrenatural é misterioso". Em outras palavras, "Não estamos tratando de um quebra-cabeça, mas dos mais simples fatos da experiência espiritual".[1636] É justamente por isso que as "igrejas reformadas admitem que isto é inescrutável", satisfazendo-se "em definir cuidadosamente os efeitos da divina influência, deixando o modo de ação divino por meio do qual ela é trazida envolto em mistério", ou seja, a doutrina "é elaborada propositadamente para distingui-la da revelação — ela

---

1634 Ibid.
1635 Ibid., p. 344.
1636 Ibid., p. 342.

tem a ver com a comunicação da verdade, não com sua aquisição".[1637] Nesse sentido, ao definir "a doutrina ainda mais estritamente, é afirmado especificamente que é o Espírito Santo que fala as palavras escritas na Escritura (Hb 3.7) — sim, até mesmo nas partes narrativas (Hb 4.4)".[1638]

Diferentemente dos representantes atuais do pensamento de Warfield, isto é, dos cessacionistas que parecem querer "superar" o mestre, sendo mais cessacionistas que ele, o segundo aspecto ressaltado por Benjamin Warfield, acerca da doutrina da inspiração das Escrituras, é justamente a distinção entre as obras do Espírito Santo, dizendo ser ela uma "influência extraordinária — algo diferente da ação ordinária do Espírito Santo na conversão, santificação e direção dos fiéis",[1639] ou seja, trata-se de uma ação sobrenatural, carismática, fruto da *presença extraordinária* da terceira Pessoa da Trindade, distinta da iniciação-conversão, pneumatologia joanina, e da santificação, pneumatologia paulina, conforme ele próprio corretamente admite. O erro do pai do cessacionismo, e pior ainda dos seus seguidores hodiernos por terem mais luz, reside no fato de ele não ter atentado para a verdade de que — de acordo com o que já dissemos várias vezes, tanto neste quanto nos capítulos anteriores — nem todas as manifestações carismáticas tinham como finalidade revelações especiais canônicas, que, consequentemente, vieram a ser registradas, tornando-se parte das Escrituras (Êxodo 15:21; Números 11:24-30; 1Reis 22:8-28; 2Crônicas 17:7-8; 34:22-28; Atos 13:1; 21:9 etc.). Felizmente não estamos sozinhos em tal conclusão, pois ninguém menos que Don Codling, teólogo reformado e conservador, em sua obra *Sola Scriptura e os dons de revelação*, explica que, nessa discussão, a "primeira coisa a ser dita é que toda palavra de Deus exige obediência por parte do homem", não existindo "revelação que não carregue o peso da obrigatoriedade", mas reconhecendo igualmente o fato de que é possível "haver revelações dadas a homens específicos para sua orientação pessoal e que não possui natureza vinculativa para todos os homens". Tal pode ser exemplificado quando "Deus proibiu de ir à província da Ásia para pregar a palavra (At 16:6)". Isso obviamente "não significa que nenhum cristão jamais poderia pregar a palavra na Ásia"; trata-se de "uma proibição endereçada a um grupo de homens em um lugar e tempo

---

1637 Ibid., p. 341.
1638 Ibid., p. 346.
1639 Ibid., p. 340.

1044 | TEOLOGIA SISTEMÁTICO-CARISMÁTICA

plural".[1640] Contudo, o mesmo teólogo diz que é preciso ter em mente que "toda revelação é vinculante, e essas palavras foram tão obrigatórias em seu próprio contexto quanto qualquer outra palavra de Deus", isto é, a "palavra é de Deus ou não é". Caso positivo, "deve ser obedecida", já que inexistem "graus de autoridade", pois a totalidade do "que vem de Deus demanda obediência". Assim, no texto de "Romanos 1:18-23, Paulo mostra que não é somente a palavra escrita que tem autoridade", pois nesse texto o apóstolo "declarou que a revelação geral é obrigatória, tanto é que quem rejeita Deus torna-se inescusável porque Deus se dá a conhecer na revelação geral".[1641] A conclusão é tão óbvia quanto inevitável: considerando que "a revelação geral é uma regra vinculante para o homem, pode-se então asseverar com confiança que cada instância da revelação também o é, ainda que possa não o ser para todos os homens de todos os tempos".[1642] Em outras palavras, sendo revelação, comunicação de Deus ao ser humano, seja geral, seja especial (canônica ou não), deve ser recepcionada como autoritativa. Já que veio da parte de Deus, o que vai diferir é a perenidade da mensagem, isto é, ela tornar-se parte de uma "lista" que chamamos de "cânon", não sua autoridade para a pessoa, grupo ou circunstância na época. Um exemplo ilustra o ponto:

> Admitindo isto, alguns ainda podem insistir que as revelações especiais não canônicas não continham nada de diferente daquelas caracteristicamente canônicas. A dubiedade desse argumento, levando em conta a quantidade de revelação especial não canônica, é evidente. Assim, a impossibilidade desse argumento é apresentada por Paulo em 2Coríntios 12:1-4, visto que no testemunho de sua autoridade apostólica contra aqueles que buscavam com orgulho exaltar-se, ele foi levado a falar de uma visão que tinha recebido, assumida como uma revelação de Deus. Não só esta revelação era não canônica, mas não foi permitido ao homem falar o que ouviu naquela visão. Portanto, esta foi uma revelação não canônica sobre a qual podemos ter certeza que não está registrada em quaisquer outros lugares na Escritura. Em resumo, a Bíblia deixa claro que nos tempos bíblicos houve revelação especial que não foi canônica.[1643]

1640 CODLING. *Sola Scriptura e os dons de revelação*, p. 72-3.

1641 Ibid., p. 73. Acerca da teologia natural, já tratamos dela, ainda que com rápidas menções, tanto no capítulo anterior quanto neste.

1642 Ibid.

1643 Ibid., p. 95.

CAPÍTULO 4 – Pneumatologia | 1045

Conquanto seja uma verdade inquestionável o fato de que subtrair das Escrituras ou acrescentar a elas algo constitui um pecado gravíssimo, segundo o texto de Apocalipse 22:18-19, exegeticamente falando, aliás, numa interpretação com o método histórico-gramatical, qualquer intérprete e estudioso sabem que isso não diz respeito a toda a Bíblia, pois "a referência foi aplicada especificamente ao livro de Apocalipse", mesmo porque, na época, "o Novo Testamento não estava em nenhum lugar, senão na mente de Deus, compilado num único livro". Portanto, tal "aviso mostra que a possibilidade de adulteração ao texto estava em vista" e, por isso mesmo, "proíbe o acréscimo de uma falsa revelação que supostamente tenha sido escrita por João", sendo, por isso, uma segurança mais para os destinatários do que uma ameaça para o apóstolo do amor ou para os leitores. Assim, a "verdadeira revelação não poderia ser acrescida, porque teria de se disfarçar como parte da revelação de João".[1644] Em termos diretos, a "advertência certamente poderia ser estendida para o restante da Bíblia, a princípio, porque ela se encaixa muito bem nas advertências semelhantes de outros lugares (Gl 1:8-9; 2Ts 2:1-12)". Contudo, "dada a referência explícita às palavras particulares de Apocalipse, estaríamos indo além dos limites da Escritura para estabelecer uma base para se rejeitar toda revelação além daquele tempo". Em outras palavras, a mensagem de aviso consiste em "guardar e preservar, não corrompendo a revelação que fora dada, em vez de prevenir contra novas revelações".[1645] O que isso significa? Don Codling diz que, considerando que a "revelação tenha sido dada, penalidades terríveis repousam sobre aquele que procura alterá-la". Todavia, "isso não impede uma eventual comunicação direta entre Deus e seu povo", pois, se por um lado a "finalidade da revelação em Cristo demanda um cânon fechado, que estabelece um padrão imutável para a fé e a prática humana", por outro, "não se opõe contra uma revelação direta em situações particulares dentro dos termos da referida norma canônica".[1646] É exatamente isso que vemos acontecer ao longo da história, tanto no período do desenvolvimento do cânon veterotestamentário e do cânon neotestamentário quanto nos mais de 2 mil anos de caminhada da fé cristã, conforme ainda veremos panoramicamente. No entanto, alguém, até mesmo da tradição carismático-pentecostal,

---

1644 Ibid., p. 138.
1645 Ibid., p. 138-9.
1646 Ibid., p. 139.

pode estar perguntando: "Mas e a suficiência das Escrituras? Essa abertura não indica desrespeito?". O referido autor reformado responde que a "Bíblia é suficiente para todas as necessidades espirituais do homem, mas isso não significa que os dons não tenham nenhum propósito permanentemente quando a Bíblia está completa".[1647] Os questionamentos, na verdade, decorrem de uma "ambiguidade relacionada em uma confusão entre cânon como regra e cânon como lista". Argumentando-se "que a suficiência e a completude da Escritura implicam plenitude da revelação especial", Codling retoricamente pergunta: "será que a conexão entre os dons e os apóstolos implicou que, quando os apóstolos morreram, esses dons desapareceram?". Ele diz ser até mesmo possível argumentar, apelando-se à "história[,] que os dons miraculosos desapareceram após a geração apostólica, mas [ainda assim] a história seria apenas um apoio para o ensino, não seu fundamento", ou seja, não contaria com um respaldo autoritativo da Bíblia tal ideia, pois somente "por intermédio de uma promoção especulativa e indutiva poderia ser mantido que a partir da Escritura não poderia haver dons na ausência de apóstolos".[1648] Assim, após articular sua defesa da continuidade dos dons, diz o autor:

> O ponto crucial nessa sequência repousa sobre a finalidade da revelação em Cristo, argumentando que nada poderia ser adicionado à revelação completa na encarnação. As passagens usadas para tal claramente exigem uma revelação autoritativa fixa e fechada, mas não poderiam ser interpretadas como significando que Deus não poderia falar aos homens sem transgredir os limites de sua própria revelação canônica. Embora tenha havido uma perfeita revelação em Cristo, a Bíblia é sim um registro inerrante e suficiente, porém absolutamente parcial desta revelação. Cristo não está contido dentro das páginas da Escritura, embora o que seja necessário para o homem saber sobre ele esteja definido nela. Portanto, a finalidade da revelação em Cristo não implica a cessação dos dons revelacionais.[1649]

É curioso que o argumento da teologia tradicional para a cessação dos dons, que indica experiência com o Espírito Santo, é pós-bíblico e vem com um apelo de afetação moral, isto é, caso alguém não se subscreva aos ditames

---

1647 Ibid.
1648 Ibid., p. 140.
1649 Ibid.

do pensamento, logo apela-se para acusações como "liberais", "heréticas", "adeptos do misticismo das massas", ou "pessoas que descreem da suficiência das Escrituras e acreditam em 'cânon aberto'", e por aí vai. Esse tipo de inter-dição fez escola, mimetizando até mesmo teólogos carismático-pentecostais que já não guardam nenhuma relação com sua tradição, sendo contrários a experiências com o Espírito Santo em nome da "suficiência das Escrituras". Todavia, um teólogo reformado como Don Codling diz o óbvio, ou seja, que é "significativo que de outra maneira os dons podem ser vistos como uma revelação em paralelo com a Bíblia ao invés de substituí-la". Isso fica claro quando vemos que em todas as ocasiões em que o "exercício do dom de línguas [foi] registrado em diversas passagens da Escritura não há nenhuma evidência de que qualquer uma das mensagens dadas por meio do dom de línguas tenha se tornado parte da Bíblia", mas nem por isso tais momentos foram espúrios, não inspirados ou condenados pelos escritores sacros, e tal "mostra que as línguas (e presumivelmente outros dons) tinham um papel em conjunto com a Bíblia, não como um substituto para os livros até então não escritos no Novo Testamento".[1650] Segue-se com esse argumento que caso os dons, no período canônico, tivessem "sido substitutos temporários para a Bíblia, seria de esperar que as revelações através dos dons se tornassem parte da Escritura", algo que, como sabemos, no "Novo Testamento este foi um caso raro [até] mesmo entre os profetas".[1651] Assim, ao reconhecer que o cânon está fechado, ou encerrado, é preciso ter em mente o que isso signi-fica: "Revelação canônica é aquela destinada para formar e tornar-se Bíblia e consiste na lista de livros que possuem revelação para toda a igreja em todos os tempos", ou seja, ela é a "autoridade comprovada do nosso entendimento de Deus e seus caminhos para nós, 'tudo quanto o homem deve crer a res-peito de Deus, e o que Deus exige do homem'". Portanto, ela é "suficiente *'para que o homem de Deus seja perfeito, e perfeitamente instruído para toda a boa obra'* (2Tm 3.17)", não havendo necessidade de absolutamente nada a acrescentar "para qualquer pessoa servir a Deus perfeitamente".[1652] Ademais, diz ainda o mesmo autor, "a lista está ligada aos apóstolos e à sua autoridade de tal maneira que, após a morte daqueles, nenhuma Escritura autorizada se

---

1650 Ibid., p. 175.
1651 Ibid.
1652 Ibid., p. 200 (grifo no original).

1048 | TEOLOGIA SISTEMÁTICO-CARISMÁTICA

fez necessária", conquanto, possivelmente, "alguns objetem [dizendo] que toda revelação é canônica, porque o cânon significa autoridade" e, sendo assim, "como a autoridade, o cânon deve reter o sentido da lista de livros que compõem a Bíblia". Mas, como o mesmo autor explica, a "confusão entre esses dois sentidos é uma das falhas marcantes dos argumentos de que os dons revelacionais cessaram com a finalização das Escrituras".[1653] Para quem assim raciocina, Deus nunca falou algo que não se tornasse canônico, isto é, passível de não ser autoritativo, mas é justamente nessa indistinção que, como explica Codling, reside toda a confusão terminológica e que muito interessa, embora por motivos diametralmente opostos, tanto à tradição reformada quanto à tradição carismático-pentecostal:

> Dada essa definição do cânon como sendo a lista fechada dos livros autoritativos que formam a Bíblia, a primeira questão a ser encarada é a relação entre os dons revelacionais contínuos e a Escritura. A relação não pode ser competitiva, mas de complementariedade. Em ambos os casos as revelações vêm da parte de um Deus verdadeiro, que não contradiz a si mesmo, e que estabeleceu seu pacto com o homem de forma fixa na Bíblia. Em vista da discussão do cânon da Escritura [...], fica claro que qualquer revelação recebida hoje não deve fazer parte da revelação canônica. Uma nova revelação seria limitada à situação na qual esta foi dada. Isso não significa negar que esta seja autoritativa, de fato igualmente autêntica com alguma outra revelação. No entanto, autoridade e canonicidade não são coisas idênticas. Nada deve ser adicionado à revelação normativa do pacto que forma as Escrituras canônicas; mas dentro dos limites estabelecidos por essa revelação, a Palavra de Deus para os homens deve ainda vir por meio dos dons revelacionais. Se assim vem, deve ser obedecido.[1654]

Não há de nossa parte nenhuma pretensão de dissuadir quem quer que seja a respeito do entendimento do que aqui estamos expondo, mesmo porque a concepção escriturística da tradição reformada não é resultado da lógica da fé que segue a esteira da revelação, isto é, dinâmica, sobrenaturalista, continuísta, ou continuacionista, e sinergista, mas justamente o contrário: os pressupostos estático, antissobrenaturalista, cessacionista e monergista,

---

1653 Ibid., p. 200-1.
1654 Ibid., p. 201-2.

proveniente de uma concepção determinista, reinante na física clássica desde o século 17 e que acabou tornando-se "científica" no início do século 19, condicionaram sua leitura da Bíblia e a transformaram em um fim em si mesma, sob as desculpas da soberania divina e da "autoridade bíblica", quando sabemos que a finalidade do texto é testificar de nosso Senhor Jesus Cristo (João 5:39). Uma das objeções que são levantadas refere-se ao fato de que, enquanto as Escrituras são infalíveis, os que exercem os dons são falíveis, o que contraria a natureza divina. Conforme explica Don Codling, a "questão não é simplesmente que pessoas dotadas com dons erraram", já que isso "por si só não levanta problemas". Algo que muda completamente é "se o seu erro está em sua obra fundacional", isto é, do reino de Deus; isso, sim, "passa a ser um problema gravíssimo", pois "Pedro cometeu um erro em Antioquia (Gl 2:11ss.), mas isso não é um problema, porquanto aquela ação não fazia parte da fundação do Reino, embora tenha motivado uma santa reação de Paulo". Contudo, algo muito diferente aconteceria "se Pedro tivesse cometido um erro na escrita de suas epístolas, [o que] certamente teria sido uma questão bastante séria".[1655] Ao seguir o raciocínio de Benjamin Warfield, de que foi sob a "influência extraordinária — algo diferente da ação ordinária do Espírito Santo na conversão, santificação e direção dos fiéis"[1656] — que as Escrituras vieram a lume, e que todas as vezes que tal fenômeno se manifestou, como resultado da *presença extraordinária* da terceira Pessoa da Trindade, foi com o intuito de produzir revelação canônica, como podemos interpretar a ação do apóstolo dos gentios, em sua exortação na primeira epístola aos Coríntios, de que "os cristãos estavam errando no exercício dos dons de revelação", isto é, "ao corrigir-lhes Paulo não negou que os dons exercidos eram verdadeiramente espirituais"?[1657] Todavia, "se naquele contexto apostólico cada exercício dos dons de revelação era fundacional, haveria conclusivamente uma falha na fundação em Corinto". Em termos simples, "se a fundação foi inconsistente lá, talvez também tenha sido em outros locais", ou seja, admitindo-se "que a fundação pode ser imperfeita, é difícil evitar a conclusão dos teólogos liberais de que a Bíblia também seja", contudo é evidente que, ao "escrever para corrigir os coríntios, Paulo fez uma distinção muito

---

1655 Ibid., p. 164.

1656 WARFIELD. *A inspiração e autoridade da Bíblia*, p. 340.

1657 CODLING. Sola Scriptura *e os dons de revelação*, p. 164.

1050 | TEOLOGIA SISTEMÁTICO-CARISMÁTICA

clara entre a mensagem apostólica e as Escrituras por um lado, que foram inegavelmente fundacionais, e os dons revelacionais, de outro", ou seja, os "dons de revelação de Corinto têm *status* secundário em comparação com a mensagem apostólica e a Bíblia".[1658] *Status* secundário não é sinônimo de erro, desnecessidade, fraude ou superfluidade. Por isso mesmo, o autor reformado faz uma interessante distinção entre experiências carismáticas com finalidades fundacionais e experiências carismáticas com propósitos revelacionais, isto é, ambas pertencentes à categoria, ou modalidade, da revelação especial, mas com objetivos diferentes dentro da economia divina da história da salvação. As primeiras foram apenas para o período de formação do cânon, ao passo que as segundas continuam até hoje. E isso por um motivo muito simples, que é a edificação do corpo de Cristo:

> Então se os dons são para edificação, logo o propósito válido deles não se limitou ao período da fundação da igreja. Certamente a edificação é importante e certamente ela não se limita ao período fundacional da igreja. Nunca haverá um momento em que a edificação não seja importante para a vida individual do cristão ou para a igreja, até que todos os santos estejam de pé diante do trono de Deus. Na verdade, a própria palavra "edificação" sugere o que é construído sobre a fundação, em vez de a própria fundação. Isto é muito claro em 1Coríntios 3.10ss., quando Paulo declara haver lançado fundamento (que é Jesus Cristo) em Corinto e outros edificaram sobre este fundamento. Para "construir sobre" (ποικοδομέω) em 3.10 é a mesma raiz da palavra usada no capítulo catorze (οκοδομέω) e traduzida como "edificar". Edificação é um propósito positivo dos dons espirituais, que não precisamos assumir como tendo desaparecido uma vez concluído o cânon das Escrituras, encerrando, assim, o período fundacional.[1659]

Por motivos mais do que óbvios, a necessidade de edificação, até por uma questão da nossa decadência por causa do pecado e do simples fato de nosso Senhor Jesus Cristo ainda não ter voltado, continua em vigência. Contudo, alguém pode objetar que as Escrituras são nossa única fonte de edificação, não havendo espaço para "experiências diretas e subjetivas com o Espírito Santo".

1658 Ibid., p. 165 (grifo no original).
1659 Ibid., p. 172-3.

Geralmente quem faz esse tipo de objeção não está disposto a reconhecer que a forma simples e direta de milhões de pessoas ao redor do mundo, desde sempre, em se nutrir da leitura devocional é uma maneira válida de edificação, pois, para quem esposa esse tipo de raciocínio, edificação com base na Bíblia está relacionada ao acúmulo de informação por meio de "interpretações científicas". Justamente por isso, a distinção feita pelo autor é importante, pois "comumente pensamos sobre edificação em termos de aumento do conhecimento, mas é evidente, com base em 1Coríntios 14:4,13,14, que isso nem sempre é o caso", ou seja, é possível ser edificado "fora da compreensão que está além do uso da mente", mesmo porque "Edificação significa crescimento na proximidade com Deus e em obediência a ele, bem como crescimento no conhecimento". Assim, independentemente de aceitarmos, isto é, "Quer entendamos, [quer] não, as línguas eram um dom de Deus, e ele declarou que pelo menos um dos propósitos desse dom sempre foi o de edificar".[1660] Isso é tanto verdade que a "interpretação da edificação pessoal adquirida pelo falar em línguas era para ser estendida à igreja", algo que pode ser visto pela leitura do versículo 12, pois trata-se de um texto "suficiente e usual para justificar e estender o propósito de edificação para toda a lista de dons espirituais", daí a recomendação do apóstolo de que os "que estão desejosos de dons espirituais busquem a edificação da igreja".[1661] Don Codling diz que sua intenção ao examinar as Escrituras não é negar "que os dons de revelação tinham um propósito fundacional, embora também tenhamos demonstrado que não há base para afirmar que esta era toda a sua finalidade". A "única exceção a isso", admite o autor reformado, refere-se aos "apóstolos, que pelo fato de serem tão intimamente ligados com a fundação da igreja pela sua comissão, a função específica do dom do apostolado teve de desaparecer, uma vez que a fundação foi implantada". Ele acrescenta que, à parte disso, "os outros dons, embora úteis na definição dessa fundação, não foram tão intimamente relacionados a ela", pois conforme "demonstrado [...] eles tinham outros fins com valor permanente para o dia de hoje e mais além".[1662] Os que, ainda relutantes, apresentam o argumento de que as Escrituras relatam a "história da salvação", fechando-as em um conceito de acontecimento passado, visando garantir

---

1660 Ibid., p. 172.
1661 Ibid.
1662 Ibid., p. 173.

1052 | TEOLOGIA SISTEMÁTICO-CARISMÁTICA

que seus eventos são irrepetíveis, não percebem que tal pensamento, além de "demasiado simplista", subverte o caráter perene das Escrituras, ou seja, "dizer que a Bíblia é a história da redenção, e não a sua aplicação", sendo fato que as "cartas de Paulo e os dez mandamentos não foram apenas para determinado momento histórico em particular", pois mesmo os "leitores de Paulo estavam informados de que todas estas coisas aconteceram como exemplos e foram escritas para a nossa advertência, mediante os quais o fim dos séculos virá (1Co 10.11)", revela total desconhecimento. Tais documentos "não foram apenas escritos para dizer o que Deus tinha feito, mas para ensinar o povo de Deus, pelo exemplo e pela palavra, a como viver para ele", sendo, portanto, suspeita "Qualquer visão que se distancie disto".[1663] Assim como já o fizemos, o autor também prudentemente observa:

> Existem problemas quando tais dons são reconhecidos? Sim. Houve e haverá problemas. Mas Deus nos diz para testar os espíritos, e não proibi-los. 1Coríntios 14.39, "*não proibais falar línguas*", em que o princípio normativo é explícito. Quando alguém diz falar em línguas ou profetizar, a resposta bíblica não é dizer: você não pode fazer isso. Muitos cessacionistas têm dito a mim: "Não vamos proibir as pessoas de falar em línguas; vamos proibi-las de falar línguas que não são bíblicas, porque as línguas cessaram". Tais declarações banalizam o ensino da Bíblia. A ordem para provar os espíritos implica o exercício contínuo de dons como a profecia. Cristo nos alerta sobre falsos profetas e falsos milagres que se possível enganariam até os escolhidos, reforçando o entendimento quanto à continuação da verdadeira profecia e de verdadeiros milagres. Estas questões não devem ser tomadas despreocupadamente.[1664]

Diversas vezes chamamos a atenção para esse cuidado, uma vez que as Escrituras não apenas relatam casos de atuação de falsos carismáticos, mas também apresentam determinados recursos dos quais devia lançar mão o povo de Deus a fim de não ser enganado. Igualmente chamamos a atenção para a inegável verdade de que muitos que alardeiam e veem "a profecia em curso como ameaça para o ensino de Deus aos pastores" costumam romantizar "o

---

1663 Ibid., p. 177.
1664 Ibid., p. 193 (grifo no original).

CAPÍTULO 4 – Pneumatologia | 1053

ensino baseado na querida, autorizada e inerrante Palavra de Deus", esquecendo que este "nem sempre é claro, [sendo, aliás,] por vezes, até mesmo falso", pois é fato que a "palavra de Deus é verdadeira, mas os mestres, mesmo com a melhor das intenções, cometem erros terríveis na interpretação".[1665] Causa-nos espécie verificar que teólogos conservadores e tradicionais falam da Bíblia e a interpretam como se fosse a coisa mais fácil e óbvia do mundo, mas negam às pessoas que não conhecem as línguas originais em que as Escrituras foram escritas — hebraico e grego — o direito de lerem corretamente. De acordo com tais intérpretes, somente e apenas quem conhece essas línguas pode fazer exegese.[1666] O que eles parecem ignorar é que seu "ensinamento também deve ser avaliado pela Escritura", e é justamente para isso que temos chamado a atenção ao argumento de Cornelius Van Til, que reflete a teologia reformada, repetido por Richard Gaffin, aqui criticado por Don Codling, em razão de sempre confundir, proposital e até maliciosamente, "o ensino com a palavra em que este se baseia".[1667] Na verdade, tal perspectiva deixa escapar o real propósito da pretensão da hermenêutica científica, ou seja, histórica, tanto crítica (ao modo liberal) quanto conservadora (ao modo cessacionista), pois, de acordo com o que dizem os teólogos Douglas Stuart e Gordon Fee, trata-se de "uma máxima geral da hermenêutica que a Palavra de Deus pode ser encontrada na intenção da Escritura".[1668] Isso pelo simples fato de que, nessa perspectiva, a Bíblia é um livro que *contém* a Palavra de Deus, mas *não é* em si, ou em sua totalidade, conforme creem os carismático-pentecostais, a Palavra de Deus. Conforme dissemos em outro trabalho, tal postura acaba revelando que "um sistema que não se reconsidera, [na verdade mostra que]

1665 Ibid., p. 194.

1666 Tal conclusão, muito provavelmente, deriva-se da seção VIII da *Confissão de Fé de Westminster*, que diz: "O Antigo Testamento em hebraico (língua original do antigo povo de Deus) e o Novo Testamento em grego (a língua mais geralmente conhecida entre as nações no tempo em que ele foi escrito), sendo inspirados imediatamente por Deus e pelo seu singular cuidado e providência conservados puros em todos os séculos, são, por isso, autênticos, e assim em todas as controvérsias religiosas a igreja deve apelar para eles como para um supremo tribunal; mas, não sendo essas línguas conhecidas por todo o povo de Deus, que tem direito e interesse nas Escrituras e que deve, no temor de Deus, lê-las e estudá-las, esses livros têm de ser traduzidos nas línguas vulgares de todas as nações aonde chegaram, a fim de que, a Palavra de Deus permanecendo nelas abundantemente, adorem a Deus de modo aceitável e possuam a esperança pela paciência e conforto das Escrituras" (*A Confissão de Fé de Westminster*, p. 18-9).

1667 Ibid., p. 195.

1668 FEE; STUART. *Entendes o que lês?*, p. 146.

1054 | TEOLOGIA SISTEMÁTICO-CARISMÁTICA

não acha a Bíblia infalível, mas sim sua interpretação dela e o produto final que desse exercício resulta", ao passo que na "perspectiva pentecostal, todo exercício teológico é não apenas secundário à fé, mas provisório, posto que o pentecostal sabe que a experiência modifica a forma de ver as coisas e, por isso, não fecha questão em torno da experiência do Espírito".[1669] Por isso mesmo, a tradição carismático-pentecostal é acusada de ser subjetivista, de trazer problemas com a crença de que é possível ter experiência com o Espírito Santo, a ponto de acreditar que ainda existe profecia, sendo responsável pelo caos do sistema evangélico.[1670] Todavia, Don Codling objeta dizendo que "isso é ridículo", pois em "nosso mundo decaído enfrentamos oposição", e engana-se quem acha que desconstruir tal doutrina é proteger as demais, visto que nem "todos os cessacionistas concordam quanto ao princípio do cânon", ou seja, "sabemos que estão muito longe disso, no entanto as teorias deles não negam a autoridade da Bíblia",[1671] assim como também a nossa na tradição carismático-pentecostal. Por isso, tal "como a própria Escritura é constantemente abusada e distorcida para apoiar ideias perversas e prejudiciais", mas "abuso oriundo de pessoas pecaminosas não desacredita a Palavra de Deus, nem suas ordenanças ou seus dons",[1672] de igual maneira, a tradição carismático-pentecostal não pode ser totalmente responsabilizada, invalidando a fé de expressão carismática de milhões de pessoas por causa de charlatães que sempre existiram. Finalmente, cremos, como afirma Warfield, diferentemente de Van Til, que o texto é em si objetivo. Isso não significa que Deus erra, mas que o homem, sim, com certeza:

> Muito do que já foi dito incidentalmente serve de base para este ponto, mas algo mais é necessário. Uma quantidade de precisão que triunfantemente prova que um livro é genuíno e certamente autêntico, cuidadoso e honesto pode não conseguir provar que ele seja a própria Palavra de Deus. A questão agora diante de nós é: concordando que os livros sejam precisos, ao serem submetidos a um exame por parte da crítica, eles terão um caráter tal que lançará objeção destrutiva no caminho do dogma de que eles são verbalmente provenientes

---

1669 CARVALHO. *Pentecostalismo e pós-modernidade*, p. 366-7.
1670 Conforme nota 13 do capítulo 2.
1671 CODLING. Sola Scriptura *e os dons de revelação*, p. 195-6.
1672 Ibid., p. 196.

de Deus? Esta investigação abre um amplo — quase ilimitado — campo, absolutamente impossível de ser tratado aqui. Ele pode ser reduzido um pouco, entretanto, por algumas observações naturais. (1.ª) É preciso lembrar que não estamos defendendo uma teoria mecânica da inspiração. Cada palavra da Bíblia é a Palavra de Deus de acordo com a doutrina que estamos discutindo, mas, também, cada palavra é verdadeiramente humana. Isto coloca de lado de uma vez, como irrelevantes, um grande número de objeções geralmente trazidas dos fenômenos do Novo Testamento contra a sua inspiração verbal. Nenhuma descoberta de vestígios da influência humana no estilo, no vocabulário ou as formas de afirmação ou argumentação toca a questão. O livro todo é trabalho de escritores humanos e é preenchido com os sinais de sua obra. Isto admitimos desde o princípio. Perguntamos o que se encontra em contradição com sua precisão absoluta e verdade. (2.ª) *Deve ser lembrado que, novamente, nenhuma objeção toca a questão, que é obtida pressionando o sentido primário de frases ou expressões. Essas são, muitas vezes, falsas, mas são partes necessárias do discurso humano. E o Espírito Santo, ao utilizar o discurso humano, usa-o como o encontra. Não se pode argumentar, então, que o Espírito Santo não poderia falar do sol, ou chamar o mundo romano de "todo o mundo". O sentido corrente de uma frase é o único a ser considerado, e, se os homens assim falaram e foram corretamente entendidos em sua fala, o Espírito Santo, usando o discurso deles, falaria da mesma maneira.* Nenhuma objeção resta, no ponto que gira em torno da linguagem. A inspiração é um meio para um fim, e não um fim em si mesmo. Se a verdade é transmitida com precisão ao ouvido que a ouve, sua finalidade é alcançada.[1673]

Essa explicação mais que necessária, mas surpreendente, de Warfield, o principal sistematizador e articulador da doutrina, ou teoria, da inspiração plenária e verbal da Bíblia, derruba por terra a altiva e pretensiosa ideia de que o ponto de vista, ou perspectiva, calvinista é equivalente ao de Deus, pois tal absurdo seria o mesmo que atribuir "erros" ao Criador. Não estamos falando aqui do fato de que a "Bíblia não mente, mas registra mentiras que outros proferiram", conforme diz o teólogo pentecostal Antonio Gilberto, explicando que o que ocorre em tais "casos não é [que] a mentira do registro [...] foi inspirada, e sim o registro da mentira", pois a "Bíblia registra, inclusive,

---

1673 WARFIELD. *A inspiração e autoridade da Bíblia*, p. 357-8 (sem grifo no original).

declarações de Satanás", mas tais "declarações não foram inspiradas por Deus, e sim o registro delas".[1674] De igual forma, Warfield não está aqui falando da óbvia "diferença entre as Escrituras 'não conter erros' no sentido de uma deturpação da história bíblica com propósitos escusos, e 'não conter erros' de reprodução textual por um lapso do copista, pela confusão de grafia etc.",[1675] pois, conforme explicação do "doutor Gleason Archer, teólogo ortodoxo, profundo conhecedor das línguas originais, o 'que estamos discutindo é o nível da veracidade, e não a infalibilidade técnica na arte dos escribas. [...] Quando se versa sobre a inerrância das Escrituras, o que consideramos essencial não é o erro tipográfico, mas algo muito mais importante'".[1676] Contudo, o que Benjamin Warfield, um dos pais do cessacionismo e articulador da doutrina da inspiração plenária e verbal das Escrituras, está dizendo é justamente o que temos dito e insistido, desde o primeiro capítulo, acerca do fato inegável de que Deus, a fim de se revelar à humanidade, "rebaixa-se" ao nosso nível para se comunicar conosco e usa nossa linguagem, cultura e maneiras para que tal processo seja consolidado eficazmente.[1677] Portanto, evidentemente que, como Criador, Deus sabe que não é o Sol que parou, e sim a Terra, contudo não faria sentido algum para as pessoas da época enunciar tal conceito, que somente mais de dois milênios depois seria descoberto pela ciência moderna, nos

---

1674 Silva. *A Bíblia através dos séculos*, p. 36.

1675 Gleason Archer, em sua obra *Enciclopédia de temas bíblicos*, elenca onze tipos de erros de transmissão: haplografia, ditografia, metátese, fusão, fissão, homofonia, leitura errônea de letras parecidas, homoteleuto, homoarcto, omissão acidental de palavras e variantes baseadas somente em sinais vocálicos, todos eles detalhadamente explicados, mas sem possibilidade de aqui tratarmos deles. Os interessados, porém, podem consultar Archer, Gleason. *Enciclopédia de temas bíblicos: respostas às principais dúvidas, dificuldades e "contradições" da Bíblia*, 2. ed. (São Paulo: Vida, 2001), p. 29-38.

1676 Carvalho. "Davi e o tempo de Deus em sua vida" in: Moisés et al. *Davi*, p. 62.

1677 "A linguagem leva consigo a cultura de quem fala. É pouco realista pensar que a linguagem pode separar-se da cultura. A relação entre ambas é íntima, porque a linguagem dá estrutura ao ambiente de quem fala, e esse ambiente, por sua vez, reflete-se na linguagem. Dessa forma, quando a revelação especial utiliza o hebraico, ou o aramaico ou grego, reflete a cultura de seus oradores e escritores. Assim podemos inferir da linguagem das Escrituras o modo com que os hebreus concebiam a estrutura do ambiente físico e social de sua própria atividade mental, e de seus próprios corpos. Por exemplo, a partir das características da história da criação, podemos investigar como os hebreus concebiam os céus, as plantas e os animais. Hoje, nós narraríamos a mesma história de uma maneira diferente", explica Bernard Ramm, dizendo ainda que reconhecer isso, isto é, "a presença das estruturas culturais hebraicas no corpo da revelação não deve nos preocupar, senão que é uma vantagem. O caráter *antrópico* da revelação especial utiliza não somente a linguagem, mas também as estruturas que refletem. *A revelação especial utiliza tanto as estruturas como os idiomas*" (Ramm, Bernard. *Revelação especial e a Palavra de Deus* [São Paulo: Novo Século, 2004], p. 41 [grifo no original]).

CAPÍTULO 4 – Pneumatologia | 1057

lábios do sucessor de Moisés, pois Josué e os seus contemporâneos não sabiam nem teriam como saber. É justamente por isso que Benjamin Warfield, do alto do seu conservadorismo, diz que há "frases e expressões", nas Escrituras, "muitas vezes, falsas, mas são partes necessárias do discurso humano. E o Espírito Santo, ao utilizar o discurso humano, usa-o como o encontra". Em outras palavras, o "sentido corrente de uma frase é o único a ser considerado, e, se os homens assim falaram e foram corretamente entendidos em sua fala, o Espírito Santo, usando o discurso deles, falaria da mesma maneira".[1678] Nesse aspecto, não há erro nem deles e muito menos do Espírito Santo, pois eles não sabiam que era de outra forma, e a terceira Pessoa da Trindade, por sua vez, falou na linguagem deles e na perspectiva que eles possuíam para ser compreendido, ainda que soubesse que não era exatamente daquela forma. Relativamente a isso, as Escrituras são infalíveis e inquestionáveis. O problema com a ideia de *inerrância* — "termo criado por alguns fundamentalistas para indicar que a Bíblia está absolutamente certa, de tal maneira que não contém erro algum, não só em questões de fé e doutrina, mas também de histórias e ciências físicas" —, informa Justo González, é que ela coloca sobre as Escrituras pretensões alheias ao seu contexto, submetendo-as a um crivo totalmente estranho aos seus propósitos e finalidades. Assim, mesmo que se diga que tal raciocínio "se refere unicamente ao texto original e, portanto, pode haver erros em todos os manuscritos, cópias ou traduções presentes", e até se pondere corretamente que tal expressão defende que a "verdade última [...] só será descoberta no final dos tempos", ao afirmar que, por causa disso, "se a Bíblia diz que o Sol se move em torno da Terra, em vez de dizer que a ciência mostra o contrário, é necessário recordar que ainda não sabemos tudo e, portanto, posteriormente descobriremos que o que a Bíblia disse era na realidade certo, por mais falso que pareça hoje",[1679] soa como piedade, mas às vezes é apenas intransigência e, por incrível que pareça, incredulidade.[1680] Por isso, alinhamo-nos a Roger Olson, teólogo conservador, que afirma que

---

1678 WARFIELD. *A inspiração e autoridade da Bíblia*, p. 358.

1679 GONZÁLEZ. *Breve dicionário de teologia*, p. 171.

1680 "Sobre a *realidade* da revelação histórica, há mais algo a dizer: Como temos assinalado anteriormente, o propósito da história bíblica não é impressionar a mente com os atos. A falta de fé não é vencida na Bíblia mediante uma grande historiografia científica. As Escrituras não são documentos legais produzidos para rebater argumentos diante de um tribunal. Em tal caso, necessitaríamos conservar os testemunhos oculares de cada afirmação escriturística. Além das Escrituras, necessitaríamos de um complexo sistema de arquivos para comprovar

1058 | TEOLOGIA SISTEMÁTICO-CARISMÁTICA

Infalibilidade em lugar de *inerrância* é o nosso termo preferido para descrever a exatidão e confiabilidade da Escritura. A inerrância tende inevitavelmente a implicar precisão técnica, detalhada, científica, estranha à grande parte do gênero literário da Escritura e às culturas em que foi escrita. Exigir tal perfeição da Escritura é impor um padrão moderno a um escrito antigo. Igualmente ignora ou distorce o fenômeno explícito da Escritura que contém muitas falhas secundárias, inconsistências e inexatidões para os padrões da perfeição técnica. Por exemplo, em 1Coríntios 10, Paulo adverte seus leitores de evitar cometer os mesmos erros imorais e idólatras que o povo hebreu cometeu no deserto quando "num só dia morreram vinte e três mil" (1Co 10.8). A passagem paralela no AT — Números 25.9 — relata que 24 mil pessoas morreram naquele incidente. Qual dos números está correto? Insistir em que esse tipo de incoerência secundária não existiu no manuscrito original (seja o de Números, seja o de 1Coríntios) é completamente desnecessário. A autoridade da Escritura não depende da liberdade de tais discrepâncias menores que — dada a cultura, o tipo de literatura e a intenção do autor — provavelmente não deveriam ser chamadas de erros. Pelo contrário, a autoridade da Escritura depende

---

todo fato ou data mencionada na Bíblia. A revelação histórica que nos tem sido selada nas Sagradas Escrituras há de funcionar junto ao Espírito Santo, junto à presença do Deus vivo, junto à presença do Cristo ressuscitado e junto à vida do povo crente e redimido", ou seja, apenas "se não houvesse a presença do Espírito Santo de Deus, ou da comunidade do pacto, poderíamos pensar sobre a revelação histórica em termos de provas diante de um tribunal. Pelo contrário, a realidade da revelação histórica deve ser vista no contexto em que serve". Justamente por isso, "Por mais estranho que pareça, o crítico bíblico e o fundamentalista racionalista caem aqui em um erro comum. O crítico quer uma Bíblia notarial, uma Bíblia escrita por uma combinação de historiador e taquígrafo legal. A Bíblia o interessa, sobretudo, como registro. O fundamentalista quer uma Bíblia que seja melhor que a famosa série histórica de Cambridge. Quer ter certeza religiosa racional que surja dos atos sólidos, concretos e históricos. Essa é a razão da popularidade que tem entre os fundamentalistas racionalistas a obra de Simon Greenleaf, *An examination of the four evangelists by the rule of evidence administered in courts of justice* [Um exame dos quatro evangelistas seguindo as regras das provas apresentadas diante dos tribunais]. [Greenleaf] não diz explicitamente, mas, para ele, a presença do Espírito Santo entre o povo de Deus é algo extremamente débil. Nosso propósito não é que diluamos os elementos históricos da revelação. Somente afirmamos que a verossimilhança da revelação histórica não descansa na prova irremovível dos séculos, senão que é mais na *realidade* da revelação histórica que se encontra no contexto total da redenção divina, da revelação especial, do desenvolvimento da revelação e da redenção dentro do povo de Deus e da igreja cristã, e da palavra de Deus como *instrumento espiritual do Espírito Santo*. A objetivação fanática das Escrituras pode ser tão nociva para sua correta compreensão como a subjetivização excessiva" (Ramm. *Revelação especial e a Palavra de Deus*, p. 102-3 [grifo no original]).

da autoria, presença e poder do Espírito Santo que transmite vida espiritual e verdade por meio dela.[1681]

Assim, por mais que Cornelius Van Til insista que somente o sistema teológico calvinista comporta a doutrina, ou teoria, da inspiração plenária e verbal articulada por Benjamin Warfield, conforme vimos há pouco na articulação do próprio pai do cessacionismo, nada tem que ver com a idealização racionalista que o filósofo calvinista apresenta como sendo o real significado da referida doutrina. Por mais que Van Til teime em afirmar que a perspectiva inerrantista, que, como vimos, não é a de Warfield, corresponde a e confunde-se com a perspectiva divina, visto consistir em proposições exatas implantadas na mente dos escritores, e estas, por virem diretamente da parte de Deus, são consentâneas ou similares à realidade, de forma que é preciso corrigir a ciência de acordo com a reinterpretação do todo feita por meio da leitura determinística científica unida à interpretação estática, monergista, antissobrenaturalista e cessacionista das Escrituras, o teólogo estadunidense, de formação pietista, Donald Bloesch diz que "a inerrância bíblica pode ser afirmada quando significa a conformidade do que foi escrito com os ditames do Espírito referentes à vontade e ao propósito de Deus". Contudo, "ela não pode ser sustentada quando é usada para significar a conformidade de tudo o que está escrito com os fatos históricos e científicos mundiais".[1682] Por isso, Roger Olson reafirma que "o termo melhor que *inerrância* seria *infalibilidade* por descrever mais acuradamente o poder da Escritura de nunca falhar em seu propósito principal: ensinar as pessoas sobre Deus e transformá-las em seu encontro com ele".[1683] É preciso ficar claro que a questão da tradição reformada, a respeito de sua perspectiva da natureza da Bíblia e da realidade, isto é, sua dependência da posição inerrantista, não tem relação com alguma explícita, ou diretiva, recomendação escriturística, ou com a natureza intrínseca da revelação, mas, sim, decorre do fato de a cosmovisão neocalvinista ser determinista e dependente de uma concepção de ciência proveniente dos séculos 17 a 19, conforme reiteradas vezes já frisamos.

1681 OLSON, Roger. *História das controvérsias na teologia cristã: 2000 anos de unidade e diversidade* (São Paulo: Vida, 2004), p. 150-1.

1682 BLOESCH, Donald G. *Holy Scripture: revelation, inspiration & interpretation*, Christian Foundations (Downers Grove: InterVarsity, 1994), vol. 2, p. 107, in: OLSON. *História das controvérsias na teologia cristã*, p. 151.

1683 OLSON. *História das controvérsias na teologia cristã*, p. 151 (grifo no original).

1060 | TEOLOGIA SISTEMÁTICO-CARISMÁTICA

Todavia, o mais curioso é pensar que foi de forma especulativa e baseados em uma inteligência idealista, isto é, sem provas, que homens como "Galileu, Kepler, Newton e tantos outros grandes físicos saciaram sua sede de pesquisa e de saber", informa Max Planck, que diz que para todos eles, indistintamente, "a devoção à ciência era, consciente ou inconscientemente, uma questão de fé, uma fé serena numa ordem racional do Universo".[1684] Apesar de não ser cristão como eles, Albert Einstein partilhava da mesma "fé" em tal ordem e pelo fato de que "a mecânica quântica não prevê um único resultado definido para uma observação, mas um número de diferentes e possíveis resultados; e nos diz além disso como se comporta cada um deles". Todavia, "se processamos a mesma medição num grande número de sistemas semelhantes, cada um dos quais iniciado da mesma maneira, pode-se verificar que o resultado da medição será A num certo número de casos, B num número diferente, e assim por diante", explica Stephen Hawking, querendo dizer que "Pode-se prever o número aproximado de vezes que o resultado será A ou B, mas não o resultado específico de uma determinada medição". Em outras palavras, a "mecânica quântica, portanto, introduz um inevitável elemento de imprevisibilidade ou causalidade na ciência".[1685] Por isso, o famoso físico teve grandes dificuldades para aceitar tal teoria. "Einstein contestou muito fortemente este aspecto, a despeito do importante papel que teve no desenvolvimento destas ideias, chegando mesmo a merecer o Prêmio Nobel por sua contribuição à teoria quântica", todavia "ele jamais aceitou que o universo fosse comandado pelo acaso; seus sentimentos sintetizavam-se em sua famosa afirmação: 'Deus não joga dados'".[1686] Justamente por isso, após muitos dias discutindo com o físico de Leyden, na Holanda, Paul Ehrenfest, e este dizer a Einstein que estava envergonhado pela forma como o amigo contestava a nova teoria quântica, isto é, como a sua própria teoria da relatividade havia sido combatida, informa Werner Heisenberg:

> Nem mesmo essa advertência amistosa pôde convencer Einstein. Mais uma vez, compreendi como é difícil alguém abrir mão de uma atitude em que se basearam toda a sua abordagem e toda a sua carreira científica. Einstein dedicara a vida a investigar o mundo objetivo de

---

1684 PLANCK. *Autobiografia científica e outros ensaios*, p. 57.
1685 HAWKING. *Uma breve história do tempo*, p. 88.
1686 Ibid., p. 88-9.

processos físicos que têm lugar no espaço e no tempo, independentes de nós, de acordo com leis exatas. Os símbolos matemáticos da física teórica representavam o mundo objetivo e, nessa condição, deveriam permitir aos físicos fazer afirmações sobre o futuro do comportamento desse mundo. Agora, afirmava-se que, na escala atômica, esse mundo objetivo do tempo e do espaço nem sequer existia, e que os símbolos matemáticos da física teórica referiam-se a possibilidades, e não a fatos. Einstein não estava disposto a nos deixar fazer o que, para ele, equivalia a retirar o solo em que pisava. Também mais tarde, quando já fazia muito que a teoria quântica se tornara parte integrante da física moderna, Einstein não conseguiu mudar de atitude — quando muito, dispôs-se a aceitar a existência dessa teoria como um expediente temporário. "Deus não joga dados" era seu princípio inabalável, um princípio que ele não deixava ninguém contestar. Ao que Bohr só podia retrucar: "Não deve ser tarefa nossa prescrever a Deus como Ele deve reger o mundo".[1687]

Parece haver mais lucidez no físico dinamarquês Niels Bohr do que nos teólogos que acham que a física clássica tem de ser a correta e, por isso mesmo, imposta à comunidade científica, por eles terem feito um concordismo de seu sistema teológico com ela! Por que falamos isso? Pelo simples fato de que a concepção de racionalidade com que até hoje os teólogos reformados abordam os assuntos e procedem à leitura e à interpretação das Escrituras, e também da realidade, revela que não aceitam as transformações e avanços realizados no campo da física, apesar de terem amalgamado seu sistema teológico a ela. Conforme já dissemos neste e nos capítulos anteriores, o concordismo com a ciência, isto é, com os seus resultados em determinada época, é um péssimo recurso apologético, pois a ciência tem caráter deveniente e provisório. Em outras palavras, por sua própria natureza ela muda e assim continuará sendo indefinidamente. Portanto, trata-se de uma má opção "casar-se" com ela seja em qual for a situação ou estágio. Por pior que se ache, crer sem exigir nenhuma prova, tal como deve ser a fé, e assim as Escrituras recomendam e a definem (João 20:19-29; Hebreus 11:1-3), desde Abraão, "pai da fé" (Gênesis 12:1-3; 15:1-16; Romanos 4:18-22; Tiago 2:21), é o melhor e mais recomendável caminho para os que creem. Longe de ser

---

1687 HEISENBERG. *A parte e o todo*, p. 98-9.

1062 | TEOLOGIA SISTEMÁTICO-CARISMÁTICA

uma fuga para a irracionalidade, trata-se de uma verdade epistêmica que os teólogos apofáticos descobriram há séculos, mas da qual somente agora os cientistas lúcidos se deram conta: somos limitados e finitos diante de um universo, do nosso ponto de vista, ilimitado e infinito. Portanto, nesse contexto, não é só ingênuo e arrogante, como também nada inteligente, ostentar uma concepção de racionalidade pretensiosa, oniabrangente, todo-poderosa, que não reconhece seus limites e que já prescreveu há muito tempo. Mas se a tradição reformada, em nome de fidelidade aos seus ditames teológicos, não aventa a hipótese de rever tais aspectos, um direito que a assiste, diga-se de passagem, a tradição carismático-pentecostal nada tem com isso e não precisa enfrentar tais crises com a ciência e a própria realidade, pois não partimos dos mesmos pressupostos, isto é, estático, antissobrenaturalista, monergista e cessacionista, que se coadunam com o determinismo científico de Laplace e que regem a produção teológica reformada. Nossos pressupostos são diametralmente opostos aos da referida tradição. Mesmo ambas considerando as Escrituras divinamente inspiradas, infalíveis e autoritativas, dadas tais diferenças nos pressupostos, chegamos a resultados muito distintos na leitura e interpretação das Escrituras, não sendo possível harmonizar nossos arrazoados teológicos. Um exemplo ilustra o ponto. O eunuco da rainha Candace precisou de interpretação das Escrituras para compreender uma passagem, mas se tivesse encontrado um judeu não convertido, não Filipe, certamente a interpretação do texto não seria a de que Jesus Cristo era a pessoa a quem o profeta Isaías se referia (Atos 8:26-40; cf. Isaías 53:7-8). Isso significa que a leitura bíblica, sozinha, não pode produzir fé, muito embora Deus possa, e inúmeras vezes assim o faz, valer-se do livro sagrado para assim proceder. Mas isso apenas denota que até mesmo na conversão não existe uma regra, pois trata-se de experiências, e estas, conforme já dissemos muitas outras vezes, são imprevisíveis e não podem ser tomadas como padrão, pois diferem de ocasião para ocasião, de lugar para lugar e de pessoa para pessoa. Assim é que, de acordo com o teólogo reformado Don Codling, em consonância com o texto e com o que cremos na tradição carismático-pentecostal, mas contrariamente à teologia reformada:

> Caso se considerasse a Bíblia como uma causa suficiente para a salvação e a santificação do homem, então seria certo pensar que não há lugar para qualquer acréscimo. Entretanto, a Bíblia não é uma

causa suficiente para salvação ou santificação. É preciso ressaltar que, à parte da operação do Espírito Santo, a Bíblia por si só não iria gerar nenhuma salvação, nem o menor grau de santificação em qualquer homem. A suficiência da Bíblia se limita em conter tudo o que o homem precisa saber para a sua salvação e sua santificação. Contudo, não é suficiente para garantir que o homem venha saber dessas coisas, nem é suficiente para assegurar que o homem as aceite se ele vier a conhecê-las. Há certamente espaço para Deus, em sua ação graciosa, em dar revelação adicional, dentro dos limites que ele revelou na revelação canônica.[1688]

Isso confirma, uma vez mais, que é possível, conforme diz o teólogo pentecostal Antonio Gilberto, "chegarmos a conhecer o Livro e falharmos em conhecer a Deus"[1689], isto é, apenas a leitura, o estudo e até mesmo o conhecimento cognitivo da Bíblia, *per se*, não mudam ninguém. Entre outras marcas, o protestantismo caracteriza-se pelo resgate da centralidade das Escrituras Sagradas. Há algo, porém, que parece escapar aos estudos que analisam a Reforma. Um ponto que acaba negligenciado é justamente o fato de que, como já mostramos, os reformadores se opuseram ao catolicismo, mas nem por isso desprezaram aspectos caros à fé cristã que existem em toda a tradição. Um deles é que a Palavra não poderia falar sozinha, ou *per se*, ou seja, ela precisa da iluminação do Espírito, pois é ele que inspirou os autores e a torna viva na atualidade aos leitores. C. S. Lewis disse que, se alguém for a uma universidade, num curso secular, e assistir a uma aula de "Bíblia como literatura", logo verá que muitos ateus participam e o estudo não surte efeito algum, demonstrando com isso que não existe, sem a ação miraculosa do Espírito na pessoa, algo que torne a Bíblia capaz de mudar alguém ou convertê-lo. Na verdade, não precisa nem ser algo assim tão "secular". O uso religioso da Bíblia, desvinculado da operosidade do Espírito Santo, nada pode fazer no sentido da conversão de alguém. Portanto, é preciso compreender, e distinguir, "suficiência" de "completude", pois a confusão em torno de tal argumento é muito utilizada na teologia reformada para justificar "a cessação da revelação especial", ou seja, em um momento "o termo suficiente [...] é usado como significando 'tudo

---

1688 CODLING. *Sola Scriptura e os dons de revelação*, p. 108-9.
1689 SILVA. *A Bíblia através dos séculos*, p. 31.

que é necessário', enquanto que, em outro momento posterior, é usado no sentido 'tudo que é dado'" e, com este "último uso, suficiente é tomado como sinônimo de completo". Tal "confusão foi facilitada pela afirmação de que a conclusão das Escrituras é uma revelação suficiente".[1690] Justamente por isso, é "fácil então se desviar nesse instante e alegar que elas também são uma revelação completa com a consequente conclusão de que os dons revelacionais foram retirados", sendo possível verificar tal erro "nas interpretações de Lucas 16:31 e 2Timóteo 3:16-17, apontados como evidências da cessação dos dons".[1691] Contudo, assim como "Paulo disse a Timóteo que as Escrituras do Antigo Testamento eram suficientes para equipá-lo para toda boa obra, mas isso não significa dizer que elas eram a completa revelação de Deus", da mesma forma ocorre com o Novo Testamento, pois "Suficiência e completude não são termos sinônimos",[1692] sendo as Escrituras suficientes para o que Deus as destinou. Isso, porém, não significa que elas esgotam Deus e a Trindade, nem que elas constituem uma interdição divina, reinstaurando um deísmo e impedindo Deus de falar e relacionar-se com a humanidade, tal como ocorreu ao longo da história, tanto geral quanto bíblica. Nesse aspecto, é preciso compreender que a Bíblia não é uma "causa suficiente", visto que tal conceito "significa sempre algo que rigorosamente conduz ao resultado pretendido".[1693] Contudo, como vimos em um único exemplo, ela não age sozinha, mas, como entendiam os reformadores, deve ser acompanhada da ação da *presença extraordinária* do Espírito Santo. Mas que ninguém pense que existe alguma contraposição aqui, pois as "opções não estão limitadas a uma escolha entre Deus na sua Palavra ter deixado de dizer algo que os homens precisavam saber sobre fé e vida, em relação à necessidade de algo adicional para concluir ou dar verdadeira interpretação às Escrituras", isto é, existe "uma possibilidade intermediária, a de que Deus não deixou de dizer nada que precisava ser dito, embora ele, graciosamente, possa ir além disso, para compensar o fracasso do homem pecador em usar de modo mais amplo as Escrituras Sagradas".[1694] Portanto, conforme informa o teólogo pentecostal Paul Pomerville:

1690 CODLING. Sola Scriptura *e os dons de revelação*, p. 106.
1691 Ibid., p. 106-7.
1692 Ibid., p. 108.
1693 Ibid., p. 109.
1694 Ibid., p. 108.

Não há dúvida de que o impacto do Iluminismo no cristianismo ocidental no período pós-Reforma tem muito a ver com a dificuldade de aceitar a restauração da experiência pentecostal-carismática no cristianismo ocidental contemporâneo. Uma dificuldade ocidental em avaliar as experiências pentecostais subsequentes é o paradigma teológico herdado da teologia escolástica do período pós-Reforma. Neste paradigma, o papel do Espírito é reduzido à sua obra em conexão com as Escrituras (quase exclusivamente com sua obra no autor-fim). Isso, por sua vez, eliminou o "testemunho do Espírito" na verificação da experiência cristã, que era uma ênfase na teologia da Reforma e também em Atos dos Apóstolos. A autoridade bíblica foi reduzida à palavra escrita "objetiva". Seu *locus* foi erroneamente concebido como o texto da Escritura em vez do *testemunho do Espírito* em conjunção com a palavra escrita *no coração do cristão* — a visão da Reforma. Essa deficiência na pneumatologia deixa a impressão de que a autoridade bíblica é primordialmente de natureza *noética* (tendo a ver com reflexões, pensamentos e declarações proposicionais sobre o confronto do ser — a inerrância), ao invés de ser de natureza *ôntica* (que tem a ver com imediatismo, presença, "estar ali", confrontação com a realidade — o testemunho do Espírito). A autoridade bíblica é de natureza ôntica na medida em que lida com o testemunho que o Espírito dá à palavra no coração do crente. Portanto, a tendência é limitar a obra do Espírito aos tempos do Novo Testamento, ou pelo menos à sua obra interior de regeneração e santificação no crente hoje.[1695]

Ver a ação do Espírito restrita à santificação é um dos reducionismos que limitaram a terceira Pessoa da Trindade, contudo devemos ressaltar algo muito importante, que é o fato de que dizer que é reducionista que a atuação do Espírito Santo seja circunscrita à santificação não é o mesmo que intuir que tal processo não tenha extrema e máxima importância. Ora, antes da Queda existia alguma coisa profana no sentido religioso da expressão? Certamente não, mas o Espírito Santo já estava presente e atuante em todo o universo. Justamente por isso, cremos ser imprescindível sua *presença ordinária*. Agora, no que diz respeito à relação do Espírito Santo com as Escrituras, reiteramos que a "palavra é, portanto, eficaz na e pela fé que a recebe", e é justamente

---

1695 POMERVILLE, Paul A. *A força pentecostal em missões: entendendo a contribuição dos pentecostais na teologia missionária contemporânea* (Rio de Janeiro: CPAD, 2020), p. 139-40 [grifo no original].

1066 | TEOLOGIA SISTEMÁTICO-CARISMÁTICA

aqui, diz Yves Congar, "teologicamente, que intervém o Espírito". Congar, citando Tomás de Aquino, que explica o texto de João 14:2-26, afirma que o "Filho nos comunica sua doutrina, por ser o Verbo, mas é o Espírito Santo que nos torna capazes desta doutrina. Ele diz, portanto: 'Ele vos ensinará tudo'. Pode o homem aprender de fora, mas o seu trabalho será vão se o Espírito Santo, de dentro, não lhe der compreensão".[1696] Esse é o tema do "mestre interior" ao qual nos referimos quando falamos de Jeremias 31:33, ainda na longa seção acerca do Espírito Santo no Antigo Testamento. Esse aspecto é imprescindível para a compreensão de uma pneumatologia caris-mático-pentecostal, pois evidencia que a ênfase no compromisso individual, que obviamente não oblitera o eclesial, mostra que a relação divina com o ser humano, desde Abel, chegando a Enos, Enoque etc., passa pelo compro-misso individual, e esse aspecto amedronta todo sistema que quer se interpor entre as pessoas e Deus. O mundo pode estar se acabando, mas, se a pessoa mantiver seu desejo por servir a Deus, ela desfrutará do que as instituições ou a coletividade jamais poderão lhe oferecer ou privá-la de receber. Esses exem-plos demonstram que desde sempre foi assim, e ainda hoje esse aspecto não mudou, e a própria Reforma é fruto disso. Tais aspectos evidenciam também outra questão muito importante e que ainda está intimamente relacionada à nossa discussão. Trata-se do fato de que é justamente "em razão do seu con-teúdo que a Revelação foi feita tão amplamente em imagens (e em relatos)", pois "Ela não visa a tornar-nos sábios acerca do que é Deus, como somos sábios no tocante à composição química de um corpo, mas visa a indicar-nos a verdadeira relação religiosa com Deus", visto que a "Revelação é feita tendo em vista a nossa salvação: *propter nos, homines, et propter mostram salutem*". Portanto, a fim de "dizer o que nós devemos ser para Deus, ela diz o que Deus faz e o que ele é para nós", diz Yves Congar, que completa seu raciocínio com a obviedade de que, a despeito do fato de que "Deus não é um mineral, [...] será para nós como uma rocha com a qual podemos contar e na qual podemos apoiar-nos", já que "'Crer', em hebraico, se diz apoiar em...", e tal determina correlativamente nossa atitude.[1697] O que as Escrituras mostram claramente é "que só atingimos a Trindade eterna a partir da Trindade econômica", por isso o "teólogo deve empreender esta tarefa e, na *fé*, tentar interpretar e construir o

---

1696 CONGAR. *A Palavra e o Espírito*, p. 24.
1697 Ibid., p. 15.

CAPÍTULO 4 – Pneumatologia | 1067

mistério empregando conceitos", dando continuidade à "tradição dos grandes Escolásticos", ou pode "teologizar de outra forma", informa Yves Congar, dizendo que "S. Bernardo [assim] o fez", mas não só ele, pois, mesmo com "o risco de conservar certas imprecisões, Lutero quis ater-se às expressões da Palavra de Deus, recusando a metafísica e a Escolástica", e as próprias "expressões paradoxais e dialéticas que abundam na sua obra também respondem, sem dúvida, à sensação que ele teve, de uma não homogeneidade entre a ordem natural ou racional e a ordem na Redenção".[1698]

Nesse particular, convergimos com o reformador alemão, pois realmente nunca houve essa linearidade, nem no período da revelação canônica nem agora. Sua conclusão, conforme dito e referido algumas vezes neste capítulo pelo teólogo luterano Hermann Brandt, deve-se ao fato de que Lutero percebeu, com base em sua própria vida, e também lendo as Escrituras, que a ação do Espírito Santo é algo que se experimenta, transcendendo o dogma e indo muito além do que os conceitos possam pretender captar. Felizmente, tal percepção de incapacidade de capturar a Trindade imanente, ou eterna, atualmente encontra ressonância até mesmo na ciência (embora não haja necessidade alguma de legitimação científica), visto que a comunidade científica está cada vez mais consciente de suas limitações. Diante dessa consciência, qualquer concepção de revelação, mesmo a canônica, que queira anular a mediação humana, que, por definição, é cultural, incrustrada em determinada localidade e determinado período, conforme disse o principal articulador da doutrina da inspiração plenária e verbal, Benjamin Warfield, cairá na inspiração mecânica, ao anular o aspecto testemunhal das Escrituras, transformando-as em um ídolo morto, quando se sabe que elas são produto da revelação de um Deus vivo, e não um livro comum, sendo antes "um livro vivo".[1699] Alguém pode estar se perguntando: "Mas por que toda essa explicação? Isso não deprecia as Escrituras?". Absolutamente. Tal articulação as honra, mas não as idolatra. Pecado que é cometido não apenas por pessoas simples, conforme acusam os teólogos racionalistas conservadores, ao dizer que quem trata a Bíblia como um livro místico (e ela é o quê?) é na verdade idólatra e que o texto deve ser interpretado com a "hermenêutica dos reformadores" (qual deles e qual delas?), utilizando na verdade a própria tradição

---

1698 Ibid. (grifo no original).
1699 OLSON. *História das controvérsias na teologia cristã*, p. 148.

1068 | TEOLOGIA SISTEMÁTICO-CARISMÁTICA

para avaliar as demais em vez de se autoavaliar de acordo com as Escrituras. Se por um lado os que não creem nas Escrituras como inspiradas, autoritativas e infalíveis estão errados e mostram-se liberais, por outro, o seu "oposto", isto é, "a bibliolatria (adoração da Bíblia) implícita do fundamentalismo, como se de alguma maneira ela partilhasse a natureza divina e a autoridade do próprio Deus", explica o teólogo Roger Olson, incorre em heresia. Trata-se de uma "heresia promovida por poucos teólogos com obras publicadas", pois é "muito difícil encontrar um teólogo cristão ou professor que abertamente professe essa heresia". Constitui "uma visão falsa da Escritura que muitas vezes aparece no cristianismo popular e ao qual se alude em artigos de revistas e livros populares e, evidentemente, em sermões".[1700] Muitos teólogos não tocam nesses assuntos com medo dos ataques virulentos, disfarçados de piedade e "apologética", alguns sinceramente equivocados, mas na maioria desonestos e levianos. Tais ataques, usados como arma de covardia, valem-se do recurso de fazer recortes maliciosos e frases retiradas do contexto, induzindo pessoas a tirar conclusões erradas acerca do trabalho sério de pesquisa realizado por quem apenas quer contribuir para sua tradição. Este acaba sendo "cancelado" como "herege", "liberal", "ameaça para a igreja", "desrespeitador da tradição" (reformada), "promotor do experiencialismo" e muitos outros adjetivos depreciativos que destroem reputações e histórias construídas com honra e respeito, sob a égide do Espírito Santo, quando, na verdade, é justamente o contrário, de acordo com o que informa Roger Olson:

> Embora possa parecer severo chamar a visão fundamentalista da Escritura de heresia, o leitor deve lembrar que esse juízo não é uma reflexão sobre a salvação pessoal. Visa apenas afirmar que *a convicção em pauta encontra-se fora do limite da fé e do ensino cristãos aceitáveis.* É algo que não deveria ser ensinado ou crido entre cristãos por ser escandaloso para o Evangelho de Deus entregue por Jesus Cristo e transmitido pela grande tradição da igreja. Não obstante, já vimos que alguns pais da igreja cristã e reformadores chegaram muito próximos da defesa do modelo da inspiração divina da Escritura como ditado. Às vezes é necessário usar princípios da revelação divina e a tradição consensual contra elementos da própria grande tradição. Toda vez que um pai da igreja ou reformador de fato creu e ensinou o ditado mecânico

---

1700 Ibid., p. 135.

da Escritura aos profetas e apóstolos de forma que eles não tenham contribuído pessoal e conscientemente no processo, ele falhou em sustentar a autoridade divina plena e inigualável e o caráter humano da Escritura, correndo o risco de idolatrar a Bíblia (bibliolatria).[1701]

Há um abismo que separa honrar a Bíblia, por ela nos revelar "um Desígnio de Deus a nosso respeito, que tem o seu termo em uma comunicação da Sua vida através do envio da sua Palavra na nossa carne, e através do seu Espírito",[1702] e idolatrá-la. Mas se essa forma de idolatria fosse o ato ingênuo de pessoas simples que realmente fazem isso por amor, por não saber distinguir entre honra e adoração, apesar de não ser correto, até seria possível tolerar e conduzir tais pessoas a proceder de outra forma e corretamente. Portanto, os que se enquadram nessa categoria não são os irmãos, carismático-pentecostais ou não, que creem na Bíblia e a amam, que a leem devocional e amorosamente todos os dias, pois milhões de pessoas sem estudo fazem seus devocionais. Bibliolatria, ou biblicismo idolátrico, é a presunçosa ideia, aparentemente piedosa, de que "tudo que Deus tinha a nos dizer Ele já o fez e disse na Bíblia e agora Ele está em silêncio e temos de ler a sua Palavra para ouvir sua voz". Quem, sendo crente, ousaria discordar? Ocorre que, quando os verdadeiros bibliólatras veem alguém lendo a Bíblia de forma simples e devocional, eles dizem que essa forma de fazer está incorreta, pois "é preciso lê-la sistemática e exegeticamente". De novo, como discordar? Parece respeito e reverência. Lê-la tecnicamente. Em sua simplicidade, as pessoas não percebem, mas nesse momento os "bibliólatras de ocasião" introjetaram a ideia: "Vocês não sabem ler, pois não têm a habilidade técnica que nós temos". Isto é, o *Sola Scriptura* só é mesmo *sola* se a leitura e a interpretação forem feitas por eles! O bibliólatra fala que só a Palavra de Deus tem a autoridade final, mas, se você for à casa dele, é possível encontrar mais de cinco dezenas de comentários de um único livro da Bíblia. Detalhe: sem que a maioria deles convirja, em todos os aspectos, uns com os outros! Como ele decide qual está certo? Bibliólatras falam de "autoridade bíblica", mas não destoam do que já foi dito pelos principais expoentes de seu sistema teológico (mesmo que eles, involuntariamente, tenham se equivocado), ou seja, não é a Bíblia mesma a autoridade final, mas os teólogos que a interpretaram. Bibliólatras de ocasião

---

1701 Ibid., p. 136 (grifo no original).
1702 Congar. *A Palavra e o Espírito*, p. 20.

1070 | TEOLOGIA SISTEMÁTICO-CARISMÁTICA

estudam em instituições acadêmicas, partilham pensamentos que não são nada ortodoxos e conservadores (basta ler suas teses/dissertações), mas transformam-se em ultraconservadores para o grande público e atacam pessoas moderadas a fim de "cancelá-las". Portanto, quem lê sua Bíblia e se esforça para entendê-la, com todo amor e piedade, não é "bibliólatra". Caso tenha sensibilidade e creia que Deus continua falando (não com peso canônico e autoritativo), isso não o torna alguém que não crê na suficiência da Bíblia, conforme já vimos anteriormente. Creia na Bíblia como Palavra de Deus, não em tudo que lhe dizem dela. Creia que Deus fala por meio da Bíblia, mas também saiba que ele fala apor intermédio do seu Espírito com as pessoas ainda hoje diretamente. Creia que na interpretação da Bíblia deve-se buscar o maior entendimento possível do texto, mas não acredite que haja uma única e exclusiva maneira de fazer esse exercício. Creia que mais importante que discutir teórica e, muitas vezes, vaidosamente acerca do significado dos textos é viver os seus princípios na prática. Pergunte-se: a quem interessa a ideia de que Deus não fala às pessoas diretamente hoje? A quem interessa o discurso de que, para interpretar corretamente a Bíblia, é necessário ser versado em línguas originais e dizer que somente da forma como esse grupo faz é que está correto? Caso encontrássemos um comentário, ou teologia sistemática, irrevisável, perfeito, pronto e acabado, exegeticamente falando, não seria necessário mais nenhum desenvolvimento de erudição teológica, bastando que todos o lessem, contudo todos os anos as editoras publicam obras de comentários bíblicos e livros teológicos. A ideia de que a salvação significa assentimento intelectual a determinadas doutrinas subverte um dos princípios reformistas mais básicos, e tal fica ainda pior quando se institui outro:

> Temos ainda o outro princípio, o "formal", sobre o qual se construiu o sistema ortodoxo. É o princípio das Escrituras que se tornou fixo e rígido. Mas não se pode, afinal, confiar num tal sistema? Ora, todos nós sabemos muito bem que desde Orígenes tem havido inúmeras interpretações da Bíblia. A Bíblia é objeto de interpretação. Se alguém não acredita nisso, pergunte-lhes apenas: "você sabe exatamente o que as palavras gregas queriam dizer na época em que foram escritas a fim de identificá-las com a Palavra de Deus?" A resposta poderá ser mais ou menos esta: "não conheço grego, mas tenho a versão autorizada da Bíblia, e, naturalmente, essa é a verdadeira Palavra de Deus. Todas as outras versões modernistas da Bíblia deveriam ser queimadas". Esse é

o ponto de vista típico dos que simplesmente não conhecem a Bíblia. Sofrem tremenda repressão em face da disposição de enfrentar a verdadeira situação. A Bíblia contém relatos dos eventos que se passaram tanto no Antigo como no Novo Testamento. Apresentar a história da revelação e seu cumprimento em Cristo é a base da fé cristã. Esse é o evento central que a Bíblia proclama.[1703]

Yves Congar diz, referindo-se ao *logos*, de acordo com João 1, que a "palavra de Deus, segundo a Bíblia, não é um princípio explicativo da racionalidade do mundo", conforme postula a filosofia grega,[1704] visto que "ela vem depois de uma decisão voluntária de Deus", isto é, "ela faz conhecer e realiza um desígnio de Deus no tocante ao homem".[1705] Em termos diretos, conforme vimos na longa seção sobre o Espírito Santo no Antigo Testamento, a palavra era como uma emanação divina, em favor do ser humano ou contra, mas sempre cumprindo um desígnio dentro da economia divina no transcorrer da história da salvação. Contudo, há quem ensine, com ares altivos de piedade e erudição, "que até Deus colocou a Bíblia acima dele", baseado numa leitura grosseira de Salmos 138:2 — "Inclinar-me-ei para o teu santo templo e louvarei o teu nome, pela tua benignidade e pela sua verdade; pois engrandeceste a tua palavra acima de todo o teu nome" —, fazendo que a "palavra", que aqui não se refere especificamente à Bíblia, tenha agora primazia e divindade, obrigando até Deus a adorá-la! Tal desvario é bibliolatria em sua

---

1703 TILLICH. *Perspectivas da teologia protestante nos séculos XIX e XX*, p. 47.

1704 "É difícil explicar o que significa a palavra 'Logos', especialmente aos nominalistas de berço. É difícil porque o conceito não descreve um ser individual, mas princípio universal. Esse conceito não pode ser entendido pelos que não estão acostumados a pensar em termos universais enquanto poderes de ser. O conceito de Logos pode ser explicado mais inteligivelmente em relação com o platonismo ou com o realismo medieval", ou seja, seguindo o raciocínio apresentado por Congar, "Logos significa ao mesmo tempo palavra e razão. Em termos de Antigo Testamento, traduz-se 'Logos' por 'palavra'; em termos gregos, como o fizeram os apologistas em geral, prefere-se 'razão'. Essa 'razão' não quer dizer 'raciocínio', mas estrutura inteligível do mundo" (TILLICH, Paul. *História do pensamento cristão*, p. 50-1). Dada a diversidade do público que terá acesso a esta nossa *Teologia sistemático-carismática*, uma nota dessa é totalmente dispensável para o especialista. Contudo, para o estudante que está iniciando, serve não apenas como uma forma de definição ou conceituação, o que definitivamente não é aqui o caso, mas também como uma sinalização do fato de que é preciso se apropriar dos conceitos subjacentes à teologia, pois geralmente se diz de forma muito simplista que *logos*, ou "verbo", significa apenas "palavra", sem atentar para a complexidade da expressão, tanto em seu sentido helênico quanto filosófico, empobrecendo sua potência polifônica do ponto de vista bíblico-teológico.

1705 CONGAR. *A Palavra e o Espírito*, p. 22.

1072 | TEOLOGIA SISTEMÁTICO-CARISMÁTICA

mais pura forma e expressão, mas nasce da mais mesquinha das motivações, que é opor-se à experiência com o Espírito Santo, pois sabe que esta independe da vontade de quem quer que seja, inclusive da pessoa contemplada, sendo incontrolável, ao passo que tal biblicismo idolátrico serve ao propósito de chamar a atenção para si, colocando-se como intérprete capaz e acima dos "meros experiencialistas" para continuar dominando e controlando o que as pessoas devem pensar e saber. O pior é que tais posturas aberrantes surgem entre a própria tradição carismático-pentecostal. Elas confundem as pessoas e corroboram com a desinformação, trabalhando contra o desenvolvimento teológico da erudição de nossa tradição. Mas por que esse tipo de interdição faz sucesso e acaba sendo aceito por carismático-pentecostais? Justamente pelo fato de que todo e qualquer carismático-pentecostal ama as Escrituras e as considera como autoridade inquestionável à qual todas as nossas crenças e experiências devem se submeter, buscando nelas respaldo. Todavia, tal devoção e amor têm sido usados para manipulá-los, pois alguns expoentes, sabendo disso, utilizam toda sorte de sofismas, disfarçados de argumentos em defesa da "autoridade bíblica", colocando as Escrituras em contraposição ao Espírito Santo, e assim confundem as pessoas, ao dizer que é antibíblico ter experiências com Deus atualmente. Muita gente engana e amedronta o povo com um discurso aterrorizante de "liberalismo teológico", que pode ser facilmente identificado e jamais teria espaço na tradição carismático-pentecostal por causa de nossos pressupostos serem diametralmente opostos aos do racionalismo postulados pela teologia liberal. Contudo, pouco se atenta para "posturas conservadoras" que, sob o manto do "biblicismo idolátrico", têm se infiltrado e enganado, fazendo que a experiência com o Espírito Santo — marca distintiva da tradição carismático-pentecostal, e isso justamente por ter respaldo escriturístico, não o contrário — seja malvista e até anatematizada por quem, dizendo-se carismático-pentecostal, nutre toda espécie de preconceito, não apenas teológico, mas inclusive de classe (lembre-se da expressão "misticismo característico das massas", utilizada pelo teólogo reformado), e vive de atacar a fé de milhões de pessoas simples, como se subscrição credal de tradições que desprezam a fé de expressão carismático-pentecostal fosse o que realmente sinaliza e classifica as pessoas como "verdadeiramente cristãs". Quase não se percebe nenhuma atenção quanto ao perigo que esse tipo de "descontrução conservadora" exerce na tradição carismático-pentecostal, pois ela tem acontecido por parte de algumas de suas próprias lideranças, que,

CAPÍTULO 4 – Pneumatologia | 1073

avessas à experiência com o Espírito Santo, ensinam bibliolatria em nome da "defesa da fé, de Deus e da Bíblia", quando o que realmente querem é *despentecostalizar* suas comunidades. São os chamados "pentecostais cessacionistas", pessoas que não tiveram, e não querem que as pessoas tenham, uma experiência com o Espírito Santo. São elementos que, se tiveram alguma experiência, hoje a negam e até zombam dela, mas vivem escamoteados entre a tradição carismático-pentecostal, confundindo lideranças e enganando incautos. A respeito da "desconstrução conservadora", advertem os teólogos protestantes conservadores William Klein, Craig Blomberg e Robert Hubbard, dizendo:

> Como outro exemplo, considere Jó. Depois dos muitos discursos dele e de seus conselheiros, Deus finalmente defende Jó contra os seus amigos: "Estou indignado com você e com os seus dois amigos, pois vocês não falaram o que é certo a meu respeito, como fez meu servo Jó" (Jó 42:7). Seus amigos, no fundo, tentaram justificar Deus, visto que estava punindo com justiça os pecadores e recompensado os justos, enquanto Jó queixou-se repetidamente que Deus o estava perseguindo injustamente. No entanto, se Deus está certo em defender Jó, então Deus deve ser injusto porque essa parecia ser a acusação de Jó. A solução pode ser que quando Deus declara que Jó está certo, ele não está se referindo a todas as palavras que Jó disse. Novamente somos advertidos de que não devemos imitar os amigos de Jó com explicações muito fáceis ou simplistas sobre a razão de as pessoas sofrerem. Aqui está mais um exemplo do viés bem conservador da desconstrução (o qual, por definição, não é muito conservador!). Werner Kelber tem chamado a atenção de forma bem útil à maneira que o Evangelho de João usa as palavras como "a Palavra" (*ho logos*) encarnada, que é Jesus. Uma atenção cuidadosa a essas palavras e a Palavra afastará as pessoas do conceito das palavras escritas (ou faladas) para uma Pessoa. Quanto mais alguém leva a sério o ambiente da mensagem de João, mais será levado para longe dessa ideia para um relacionamento vivo com aquele sobre o qual se fala na mensagem. Até certo ponto, o texto destrói sua própria autoridade singular. E, sem dúvidas, muitos cristãos precisam ser lembrados de que eles adoram uma pessoa, e não um livro.[1706]

1706 BLOMBERG, Craig L.; HUBBARD JR., Robert L.; KLEIN, William W. *Introdução à interpretação bíblica* (Rio de Janeiro: Thomas Nelson Brasil, 2017), p. 163-4.

1074 | TEOLOGIA SISTEMÁTICO-CARISMÁTICA

É assim que, enquanto Lutero utilizou como critério de classificação dos livros que deveriam compor o cânon neotestamentário protestante o fato de o documento falar de Cristo, Calvino, como já vimos, foi menos "objetivo" com seu critério de que deveria haver um testemunho interior, portanto "subjetivo", concedido pelo Espírito Santo a cada crente, sobre que documento vinha realmente da parte de Deus. A despeito da necessidade de chamar a atenção para o fato de que tal experiência só seria real para os predestinados, Calvino "está menos certo que Lutero da eficácia da palavra por si mesma, desde que anuncie Cristo". Ele crê que "ela traz em si a força divina, mas é preciso que o Espírito instrua interiormente o coração dos ouvintes".[1707] Em termos simples, conforme já vimos no capítulo anterior, com teólogos conservadores como Sam Storms, Michael Brown, Timothy Ward e John Stott, o princípio reformista do *sola Scriptura* nada tem a ver com biblicismo idolátrico, e, a despeito da centralidade das Escrituras no processo de elaboração teológica dos reformadores, nenhum deles pode ser acusado de ter sido bibliólatra ou de ter ensinado essa heresia disfarçada de conservadorismo ou "amor à Palavra". Exatamente por isso, o que temos proposto desde o primeiro capítulo é que o texto seja lido e interpretado seguindo a lógica da fé e a esteira da revelação, pois trata-se de um "princípio incessantemente relembrado pelos Padres[1708] e pelos teólogos — aliás bastante evidente por si mesmo — de que a Escritura tem de ser lida com o mesmo espírito com o qual foi escrita".[1709] Portanto, conforme temos insistido, a leitura das Escrituras feita pela tradição carismático-pentecostal não é uma inovação pós-moderna, de acordo com as acusações recentes, mas, justamente o contrário, representa um resgate da forma orante, devocional e não pretensiosa que desde o início da trajetória cristã marcou a exegese carismática, tanto de nosso Senhor Jesus Cristo quanto dos seus primeiros seguidores e apóstolos. A posição de Calvino é tão emblemática que não apenas um teólogo dominicano como Yves Congar faz referência a ela, mas também um teólogo pentecostal como Paul Pomerville alude a ela, dizendo que "Calvino acreditava que a pregação da Palavra de Deus era a Palavra de Deus em forma viva e dinâmica", isto é, a "pregação era outra forma de acomodação de Deus, um meio [com o qual]

1707 CONGAR. *A Palavra e o Espírito*, p. 35.

1708 É título designativo dos primeiros teólogos, ou pais, da igreja, compreendendo o período da patrística (100-500 d.C.), por isso "padres".

1709 Ibid., p. 37.

CAPÍTULO 4 – Pneumatologia | 1075

Deus condescendeu em comunicar-se por meio de instrumentos humanos". Evidentemente "que Calvino via o Espírito Santo como ativo na pregação-fim das Escrituras, assim como ele estava presente na escrita-fim das Escrituras", ou seja, "Deus estava ativo em ambos os fins da revelação bíblica; a Palavra e o Espírito são inseparáveis".[1710] Esse último pensamento, reiterado pelo mesmo teólogo pentecostal ao dizer que a "teologia da Reforma não tinha a dicotomia da Palavra e Espírito", tão repetida e enfatizada atualmente, reflete o pensamento de Calvino, que "afirmou com firmeza a prioridade do testemunho do Espírito", ou seja, "pela doutrina de Calvino acerca da natureza autoautenticada das Escrituras, ele vê que a Palavra e o Espírito têm uma relação inseparável".[1711] Portanto, é preciso deixar claro que o princípio do *sola scriptura* é uma frase que veio das disputas teológicas com os teólogos católicos romanos sobre a questão da referência final de autoridade", ou seja, o "debate contrastou a autoridade da igreja com a autoridade das Escrituras. *Não* contrastou a autoridade das Escrituras com a autoridade do Espírito Santo", pois o "*sola scriptura* nunca teve a intenção de significar somente a Escritura no sentido de somente ou separada do Espírito". Em termos diretos, a "mentalidade 'somente a Bíblia' elimina o testemunho do Espírito na doutrina da revelação, substituindo-o por provas racionais e argumentações sobre a autoridade das Escrituras", e com tal "mentalidade, o testemunho do Espírito e a fé estão subordinados à razão humana; o princípio ôntico é substituído pelo noético".[1712]

O grande problema com esse tipo de mudança de "aferição" é que ele reduz a "revelação" ao texto, quando sabemos que esta, afirma o teólogo pentecostal Paul Pomerville, "não diz respeito apenas ao conhecimento e à informação; refere-se à *atividade* do Deus Espírito Santo". Mas, ao assim proceder, tal atitude realmente subordina o Espírito à Bíblia e assim deturpa a fé cristã, pois a "essência do cristianismo não é mero compromisso intelectual com uma revelação escrita"; antes, refere-se ao "encontro dinâmico com Deus Espírito Santo em conexão com essa revelação escrita".[1713] A mudança busca legitimar-se com a ideia de que no período canônico a revelação ainda não estava completa, por isso havia a necessidade desse tipo de experiência direta entre Deus, por meio do Espírito Santo, e a humanidade, mas atualmente "o

---

1710 POMERVILLE. *A força pentecostal em missões*, p. 159.
1711 Ibid., p. 158.
1712 Ibid. (grifo no original).
1713 Ibid., p. 159 (grifo no original).

1076 | TEOLOGIA SISTEMÁTICO-CARISMÁTICA

crente deve contentar-se somente com a autoridade da *palavra escrita*", induzindo as pessoas a achar que tal "declaração" é bíblica ou, no mínimo, "bastante fundamentada na Reforma". Todavia, informa o mesmo teólogo pentecostal, tal "visão revela a influência do escolasticismo protestante *pós-Reforma*", ou seja, apenas demonstra "a ausência de declarações a respeito do 'testemunho do Espírito' e da atuação carismática exterior do Espírito na teologia evangélica conservadora",[1714] sem nenhuma conexão com a Reforma ou com os reformadores, como costuma ser dito genericamente. Justamente por isso, Paul Pomerville, residente na Indonésia, questiona retoricamente:

> As Escrituras são a única evidência para validar a experiência cristã? O *sola scriptura* significa que o único critério para validar a experiência cristã é o texto bíblico? E o que dizer sobre o período anterior à redação do Novo Testamento? Não era a tradição oral ensinada e a pregação do querigma autoritativa? Não era a Palavra de Deus? O que dizer de toda a tradição profética do Antigo Testamento? O que dizer da doutrina da Reforma sobre o *testemonium*, o testemunho do Espírito [...]? Nenhum destes constituiria a 'Palavra de Deus', devido ao fato de que a revelação não foi *escrita*? Está o conceito de autoridade bíblica ligado apenas ao texto das Escrituras? Todas as questões acima são dirigidas a uma visão da revelação que é estática e tende a limitar a revelação divina à sua dimensão objetiva — as Escrituras.[1715]

De acordo com tudo o que foi exposto ao longo deste capítulo, a resposta a todas essas questões é um sonoro "não". Por isso, o teólogo Bernard Ramm, em seu artigo "É 'Somente a Escritura' a essência do cristianismo?", informa Pomerville, "fala de uma realidade, uma atuação dinâmica de Deus fora de sua palavra escrita", mas isso não quer dizer que o referido autor esteja "depreciando as Escrituras", mas, justamente o "contrário, está colocando-as na perspectiva da atividade dinâmica de Deus entre os seres humanos", pois uma "visão reducionista da revelação, 'a mentalidade somente a Bíblia', é evidente" por parte de autores reformados como Frederick Dale Bruner e George Peters, "quando eles discutem a questão das evidências sobrenaturais nos tempos contemporâneos", e, ao "Igualar[em] o texto das Escrituras com a realidade espiritual, elimina[m] o *testemonium* da Reforma e produz[em]

1714 Ibid., p. 152 (grifo no original).
1715 Ibid., p. 157 (grifo no original).

uma separação entre a palavra e o Espírito". Por isso, Bernard Ramm "declara em outro lugar a respeito do *testemonium* (o testemunho ôntico do Espírito): 'O *testemonium* pode ocorrer onde quer que a verdade de Deus exista. Não está [exclusivamente] ligado à verdade na forma escrita'".[1716]

Relembrar um exemplo anteriormente mencionado, dentro do tópico em que versamos sobre o Espírito Santo no Novo Testamento, abordando especificamente o nascedouro das facções e grupos religiosos do judaísmo, no período intertestamentário, certamente ajudará na compreensão do perigo, para a tradição carismático-pentecostal, do que significa aceitar a introjeção dos pressupostos da teologia reformada em nosso contexto. Vamos partir das indagações apresentadas pelo teólogo Paul Pomerville, que informa que, diante da articulação que temos proposto, é natural surgir questionamentos "em relação à evidência 'experiencial' de línguas na vida de milhões de cristãos contemporâneos" — o que indica experiência extática como fruto da *presença extraordinária* do Espírito Santo: "Por que o testemunho neotestamentário do Espírito é menosprezado no argumento teológico de hoje?" ou "Por que o testemunho do Espírito não tem hoje a credibilidade que tinha na casa de Cornélio ou na igreja do século primeiro em geral?" são apenas algumas dessas indagações absolutamente normais, e elas apontam para a "razão pela qual tais questões devem ser levantadas". A resposta é que elas surgem do "estranhamento do cristianismo ocidental e do Espírito", algo curioso, pois a "dimensão experiencial da fé tinha valor evidencial para a igreja primitiva por causa de sua proximidade com a tradição profética, a renovação dessa tradição em Jesus e sua renovação na própria experiência de cada um", ou seja, a "visão da igreja primitiva acerca da revelação divina estava longe de ser estática; era dinâmica e, com o advento de Jesus, era vista como renovada e contínua".[1717] O mesmo teólogo pentecostal, citando Yehezkel Kaufmann, para quem "a queda de Jerusalém foi o grande divisor de águas da história da religião israelita", explica o que aconteceu antes de nosso Senhor Jesus Cristo, ao dizer que a "vida do povo de Israel terminou e a história do judaísmo começou", isto é, o "exílio ocasionou um foco central na Palavra escrita de Deus, e a era da compilação e canonização começou", coincidindo com o "questionamento dos israelitas quanto à presença de Deus com eles, em vista da queda de

---

1716 Ibid., p. 158.
1717 Ibid., p. 163.

1078 | TEOLOGIA SISTEMÁTICO-CARISMÁTICA

Jerusalém e do exílio, [o que] fez com que o espírito da profecia morresse", fazendo que a "ênfase" agora recaísse "na Palavra objetivada (palavra escrita), e não na palavra profética dinâmica", mudando, portanto, "a postura de muitos na comunidade judaica do primeiro século".[1718] A despeito de termos exposto tal *background*, a propósito do que ora discutimos, ou seja, uma problemática semelhante em que se intenta apagar ou extinguir o Espírito, usando um argumento muito convincente, a "autoridade bíblica", é interessante entender de onde veio a ideia de que o judeu era "o povo do livro". Tal "concentração do judaísmo na palavra escrita, a identidade dos judeus como povo que estava ligado ao fato da ascendência judaica e a custódia judaica das Escrituras", na opinião do mesmo teólogo pentecostal, "podem ter sido o foco da alusão de Jesus em João 5.39-40: 'Examinais as Escrituras, porque vós cuidais ter nelas a vida eterna, e são elas que de mim testificam. E não quereis vir a mim para terdes vida'"; ou seja, ao dizer isso, possivelmente a "declaração de Jesus está cheia de ironia; quando a Palavra Viva está diante dos guardiões da palavra escrita, eles não a reconhecem", pois a "'alta visão' estática das Escrituras estava desprovida da dinâmica viva do espírito profético (2Co 3)".[1719] De acordo com Geoffrey Bromiley, citado por Paul Pomerville, "essa 'alta visão' das Escrituras no judaísmo traz consigo um triplo perigo", sendo o primeiro deles a tendência à abstração da "natureza e autoridade divina da Bíblia dos autores e situações humanas, ou seja, de todo o movimento da obra salvífica de Deus na e através da história de Israel e das pessoas envolvidas", o segundo refere-se ao fato de que tal visão "abstraiu claramente a Bíblia dos objetos de seu testemunho, ficando assim como mero livro de doutrina, ética e cerimonial", o que resultou no terceiro perigo, que foi a rejeição a Jesus Cristo, recusando com isso "o testemunho do Espírito Santo, de modo que a leitura do Antigo Testamento ficou privada de seu poder vivo".[1720]

> Um paralelo com a visão anterior de Israel referente à revelação dinâmica (profecia) e a visão um tanto estática do judaísmo do século primeiro referente à revelação são as visões do pentecostalismo e do escolasticismo pós-Reforma, respectivamente. No período pós-Reforma, sob o bombardeio de questões levantadas na cosmovisão cristã, a visão

---

1718 Ibid.
1719 Ibid.
1720 Ibid., p. 163-4.

CAPÍTULO 4 – Pneumatologia | 1079

dinâmica da revelação mudou para a visão apologética, estática e centrada no texto da escolástica. Uma "alta visão" das Escrituras nos círculos evangélicos hoje em dia refere-se a uma visão da revelação bíblica que se assemelha à visão judaísta. Ela enfatiza a "forma" escrita das Escrituras à custa de sua natureza dinâmica e funcional. A voz profética viva do Espírito é silenciada sob o "cativeiro do Iluminismo". Os três perigos que Bromiley mencionou acima tendem a repetir-se no evangelicalismo conservador, com a exceção de que o segundo perigo (a abstração da Bíblia do objeto de seu testemunho) manifesta-se como a abstração da revelação bíblica. Sua natureza dinâmica e funcional é negada (Jo 5:20-32,39). Em vez de a autoridade escriturística estar fundamentada no testemunho do Espírito, que fala pela palavra escrita quando ela transforma a vida dos crentes, percebe-se que a autoridade escriturística está fundamentada na "forma" das Escrituras, em argumentos concernentes à perfeição do texto.[1721]

É sabido que, "para a igreja cristã (judaica) primitiva, a autoridade das Escrituras do Antigo Testamento era vista no contexto da fé e do testemunho do Espírito Santo", pois, uma vez que o texto bíblico era exatamente o mesmo para judaizantes e cristãos, foi justamente da perspectiva escolástica, da precisão dos conteúdos, acerca dos quais havia muita divergência e disputa entre os diversos grupos religiosos com suas respectivas escolas de interpretação, que eles se libertaram após experimentar "uma renovação da tradição profética em Jesus e na própria experiência de cada um (At 2.17-21)", de forma que, entre os seguidores do Caminho nas primeiras comunidades de fé, "as Escrituras estavam ligadas à obra do Espírito Santo em dar testemunho de Jesus Cristo".[1722] O paralelo é tão óbvio quanto inevitável, pois, incrivelmente, vale aqui o clichê de que "a história", literalmente, "se repete", uma vez que a "ênfase na visão objetificada e estática da revelação tem a ver com o término do papel do Espírito Santo e sua atividade no cristianismo contemporâneo". Por outro lado, a tradição carismático-pentecostal "acredita que a revelação é dinâmica, porque o Espírito Santo continua ativo neste 'fim' da revelação bíblica", isso pelo simples fato de que a "revelação é atividade divina, não mero produto final dessa atividade". Assim, a tradição "atesta e

---

1721 Ibid., p. 164.
1722 Ibid.

exemplifica o fato de que a atividade contínua do Espírito não se limita à sua obra interior com a palavra escrita", ou seja, "Sua atividade também envolve sua obra carismática na vida dos crentes (Jo 14.12-14; At 1.1-5)".[1723] Apesar da incredulidade cessacionista, a experiência de capacitação carismática, fruto da *presença extraordinária* do Espírito Santo, muitas vezes manifestada de forma extática, é uma realidade para milhões de carismático-pentecostais, contudo tal não equivale a "dizer que toda manifestação de línguas hoje é cristã ou é do Espírito Santo", afirma Pomerville, dizendo que isso "não foi verdade no primeiro século e não é verdade hoje". Justamente por isso, as "diretrizes bíblicas dadas nas epístolas, bem como o dom do Espírito — a capacidade de distinguir os espíritos — devem ser usadas pelo povo de Deus (1Co 14; 2Co 12:9; 1Jo 2:18-23; 4:1-3)". Todavia, "o testemunho do Espírito hoje é evidência bíblica e meio válido para a verificação da experiência cristã dentro das diretrizes bíblicas".[1724] Somos cientes de que um "ponto de dificuldade no tratamento do evangelicalismo conservador com as línguas como 'evidência'" de tal capacitação "é o subjetivismo envolvido". Contudo, antes de considerar tais aspectos e sua relação com a experiência com o Espírito, consideramos como os reformadores encaravam as Escrituras e, como vimos, sobretudo Calvino ostentava um critério para legitimar as Escrituras com altíssimo grau de subjetividade. Assim, o estranhamento atual não se dá por causa da "teologia", "hermenêutica" e ainda menos da prática dos reformadores; ou seja, a "autoridade do Espírito parece estranha na tradição teológica tão altamente impactada pelo escolasticismo", e, por isso mesmo, como já foi dito, a tradição carismático-pentecostal "representa, neste ponto, uma influência 'corretiva' para a missão contemporânea", mas não só, abre-se também "aqui a possibilidade de o pentecostalismo fornecer uma contribuição teológica".[1725] De acordo com o que defende o filósofo e teólogo James Smith, convergindo com o teólogo pentecostal Paul Pomerville, enquanto "tradição cristã estabelecida que está experimentando a renovação de uma dimensão negligenciada do ministério do Espírito, a contribuição é óbvia": trata-se de "uma renovação que enfatiza a dimensão experiencial da fé cristã",[1726] e isso não pode ser algo que fique restrito à prática cúltico-litúrgica

---

1723 Ibid.
1724 Ibid., p. 165.
1725 Ibid.
1726 Ibid.

ou à adoração devocional particular, pois seu intento é gerar capacitação para o cumprimento da missão designada a nós como corpo de Cristo, retomando o que foi perdido na Queda. Falamos da influência dessa dimensão experiencial na produção teológica, e é justamente isso que estamos fazendo com esta nossa *Teologia sistemático-carismática*.

"A crença pentecostal de que o Espírito Santo continua a trabalhar no fim moderno da revelação divina é a principal razão pela qual os pentecostais podem responder tão prontamente à tarefa teórico-interpretativa" da teologia em realidades distintas e em contextos diversos, sendo uma das principais razões o simples fato de que acreditamos "que a revelação é de natureza dinâmica e contínua (revelação com *r* minúsculo, o ministério contínuo do Espírito em oposição à revelação com *R* maiúsculo, ou seja, as Escrituras)",[1727] diz o teólogo pentecostal Paul Pomerville, que utilizou o substantivo feminino "oposição" para "contrastar" à revelação canônica, que formou as Escrituras, a revelação contínua, isto é, não destinada a este fim, mas que pode ser tranquilamente substituído por "complementariedade", sem prejuízo algum do sentido pretendido pelo autor, que é conservador e crê, assim como nós, no caráter absolutamente autoritativo das Escrituras. Acerca do que o referido autor explica, por mais estranho e contraditório que pareça, existem "várias razões pelas quais a tarefa interpretativo-teológica pode ser negligenciada, assim como o ministério do Espírito". Uma delas, sem dúvida, é que, "Enquanto o pentecostalismo enfatiza a natureza dinâmica das Escrituras e da revelação, o escolasticismo protestante representa uma distorção fundamental delas", isto é, como já foi reiteradamente dito, a "teologia, as Escrituras e a revelação são transformadas em *produtos estáticos*". É justamente "neste ponto, especialmente, que a fidelidade da teologia missionária ao contexto cultural está seriamente comprometida", pois, devido ao fato de "que a teologia foi contextualizada na cultura ocidental, em sua forma acadêmica, o propósito *funcional* da teologia ocidental foi ofuscado", ou seja, a "teologia-teoria foi separada da teologia-prática", e tal significa que, no que diz respeito à "teologização missionária, a orientação teológica representa uma distorção fundamental e séria".[1728] Isto é, o missionário acaba não distinguindo os aspectos culturais de sua teologia, por isso mesmo relativos,

---

1727 Ibid., p. 186 (grifo no original).
1728 Ibid. (grifo no original).

1082 | TEOLOGIA SISTEMÁTICO-CARISMÁTICA

dos elementos de caráter essencialmente bíblicos, que, por definição, são absolutos. É exatamente por isso que "D. F. Strauss sustentou que a doutrina do testemunho do Espírito (o *testimonium*) era o 'calcanhar de aquiles do sistema protestante', [isto é] por conta da dupla possibilidade da perversão da doutrina — o fanatismo e o racionalismo", e, conforme sustentam os teólogos reformados, na "primeira possibilidade (fanatismo), o Espírito pode ser a fonte de uma nova revelação que pode se opor às Escrituras", sendo preciso perceber que na "segunda possibilidade (racionalismo), o perigo surge da falha em distinguir entre o que é do Espírito e o que é da mente que trabalha dentro de determinada cosmovisão".[1729] O fato é que em "ambas as possibilidades, as Escrituras são empurradas para uma posição secundária", mas é preciso observar que no "segundo perigo (racionalismo) a perversão da doutrina do *testimonium* tornou-se realidade no período pós-Reforma, sob a influência do intenso racionalismo da filosofia iluminista e do senso comum". Por isso, mesmo ressaltando "o perigo da primeira perversão (fanatismo)", a verdade é que "a perversão que é o obstáculo atual da teologização missionária evangélica conservadora é o racionalismo", pois é justamente a "respeito da segunda perversão (racionalismo)" que o já citado Bernard Ramm "afirma que 'a "objetivação" fanática das Escrituras pode ser tão prejudicial para sua compreensão adequada quanto a "subjetivação" assustadora'".[1730] Assim, conforme já temos advertido,

> O paradoxo aparece em proporções ainda maiores quando Barr observa a tendência ao racionalismo fundamentalista no *pentecostalismo*. Ele afirma que, em vista do lugar central que a "experiência", e não a ortodoxia, desempenha com esse grupo, a manifestação do racionalismo é ainda mais paradoxal [...]. A orientação toda do pentecostalismo à presença ôntica do Espírito Santo, sua orientação "Deus conosco", é ameaçada pela "corrente escolástica" da tradição. Tem muito mais a perder em termos de teologia (pneumatologia) do que os outros evangélicos, se o efeito da distorção da metodologia racionalista do escolasticismo não for identificado. Ainda mais paradoxal para os pentecostais é a contínua influência da teologia dispensacionalista que

---

1729 Ibid., p. 187.

1730 Ibid. A edição em português diz: "A objetivização fanática das Escrituras pode ser tão nociva para sua correta compreensão como a subjetivização excessiva" (RAMM. *Revelação especial e a Palavra de Deus*, p. 103).

começou mais ou menos na mesma época, a despeito de sua negação da experiência pentecostal com base na dispensação [...]. Qualquer desenvolvimento da teologia pentecostal tem de lidar com a influência desse "paradigma teológico escolástico". A doutrina crucial da revelação é uma área que precisa de atenção renovada de uma perspectiva não cartesiana, bíblica e pentecostal.[1731]

A primeira edição dessa obra do teólogo pentecostal Paul Pomerville foi publicada em 1985, portanto há 37 anos, confirmando o que temos repetidamente falado acerca da erudição carismático-pentecostal estrangeira ter se despertado há, pelo menos, quatro décadas, enquanto em nosso país apenas muito recentemente se percebeu a necessidade de produzir teologia tipicamente carismático-pentecostal, deixando de apenas repetir o que a teologia reformada, com seus pressupostos diametralmente opostos aos nossos, afirma. Na verdade, tal exercício de produzir sua própria teologia deve-se dar por uma questão ainda mais nobre e urgente que esta, que é seguir a lógica da fé na esteira da revelação, pois a "natureza funcional das Escrituras e da teologia aponta para a natureza dinâmica e contínua da revelação (revelação com *r* minúsculo)" e, sendo assim, a "razão pela qual uma visão dinâmica e contínua da revelação é afirmada" pelo mesmo autor pentecostal é uma só: "chamar a atenção para a distorção escolástica do conceito e sua importância para a tarefa interpretativo-teológica". Cabe esclarecer, de uma vez por todas, que reconhecer a verdade de "que a revelação está continuando não é negação de que o cânon bíblico está fechado", bem como propor "uma exegese pneumática", tal como era realizada nos tempos neotestamentários, muito menos significa advogar "o desejo de revelação extrabíblica" ou a "defesa de uma abordagem existencial das Escrituras"; mas, justamente o "contrário, marca um retorno à visão reformada da revelação como de natureza dinâmica e contínua".[1732] Diante do "axioma da 'palavra inseparável do Espírito', isso marca a reafirmação da visão de Calvino do *testimonium*", por isso "Berkouwer declara que o *testimonium* 'não deve ser isolado ao testemunho do Espírito às Escrituras, [embora] Bavinck e Kuyper tenham rejeitado isso'", algo que não muda em nada o fato de que o "*testimonium* está conectado com toda a vida cristã, permeando a salvação que aparece em Cristo (Jo 15.27; 16.8,

---

1731 Ibid., p. 186 (grifo no original).
1732 Ibid., p. 189-90 (grifo no original).

13)", pois tal perspectiva do "*testimonium* afirma que a revelação envolve um falar divino contínuo (revelação com *r* minúsculo)".[1733] Tal princípio, diz Bernard Ramm, com quem convergimos ao defender a lógica da fé que segue a esteira da revelação, ocorre absolutamente "em todos os casos de revelação e inspiração", ou seja, "há uma obra interna do Espírito Santo — esta é uma afirmação que devemos ao estudo de Calvino sobre o testemunho do Espírito Santo como algo que não pertence somente à salvação individual, mas, sim, que também acompanha a dádiva da revelação especial".[1734] "Portanto", diz o teólogo pentecostal Paul Pomerville, "os teólogos acima dão um quadro do ministério contínuo do Espírito Santo em conexão com a palavra na vida cristã", raciocínio, ou princípio, que os carismático-pentecostais, "obviamente, endossam", pois não apenas somos "totalmente" favoráveis a "essa visão",[1735] mas compreendemos, à luz da própria Bíblia, exatamente como deve ser, que assim ocorre, conforme vimos ao longo deste capítulo quando analisamos a atuação da *presença extraordinária* do Espírito Santo tanto no contexto veterotestamentário quanto no período do Novo Testamento. E não há nada em toda a Bíblia que sinalize para uma compreensão cessacionista, indicando que essa forma de atuação divina mudara. O texto de Hebreus 1:1, por exemplo, não implica absolutamente nada neste aspecto, e pode ser ainda mais iluminado ao se ler o texto do capítulo 2 e os versículos 3 e 4 da mesma epístola, atentando para o fato de que o texto é bem claro a respeito de que devemos praticar tais verdades, não nos desviando delas, pois é preciso valorizar essa tão grande salvação, conforme todo o trecho da perícope de Hebreus 2:1-4, comentado pelo biblista Rinaldo Fabris:

> Começa-se com uma exortação de caráter geral, que dá a entonação parenética a todo o trecho, ligando-o à seção anterior como uma sua consequência operativa. Dada a superioridade do "Filho" sobre os anjos, os cristãos devem aderir com empenho ainda maior à mensagem recebida. Segue-se uma ampla proposição — no texto grego original, uma só frase se estende por todos os três versículos — que explica isso formulando em termos explícitos o confronto entre a revelação da lei antiga e o dom da salvação cristã. Esse confronto não tem

---

1733 Ibid., p. 190 (grifo no original).
1734 RAMM. *Revelação especial e a Palavra de Deus*, p. 45.
1735 POMERVILLE. *A força pentecostal em missões*, p. 190.

uma finalidade teórica ou informativa, mas visa motivar a adesão ou empenho prático — a ser ainda mais sério — por parte dos destinatários da carta. A revelação antiga, aqui chamada de "palavra" (*logos*), na realidade se identifica com a lei. A sua proclamação no Sinai — segundo uma concepção difundida no ambiente judaico contemporâneo ao NT — tinha sido feita com a mediação dos anjos.[1736] Mas se tratava de uma "lei" autêntica e plenamente válida, porque nela estavam previstas as correspondentes sanções para os seus transgressores. Com uma pergunta retórica, o autor tira uma primeira consequência: será que os cristãos pensam ter menos responsabilidade diante não de uma "palavra-lei", mas de um dom da "salvação" assim tão grande? E logo segue-se, numa proposição subordinada, o elenco dos fatores que tornam muito mais comprometida a situação dos cristãos, proporcional à maior autoridade da revelação feita a eles por Deus. Três elementos qualificam a nova e definitiva época salvífica em que se encontram os destinatários da carta, inclusive o seu próprio autor. Antes de tudo, a mediação histórica, que supera a dos anjos e que está na origem do novo processo salvífico. A revelação cristã deu-se por meio do "Senhor", ou seja, através do Jesus histórico, que agora é o Senhor ressuscitado e glorificado por Deus. O segundo estágio, no processo de revelação cristã, é constituído pela pregação ou transmissão, por parte daqueles que foram os ouvintes da palavra e se tornaram os fiadores da sua solidez e autenticidade para os cristãos que vieram depois. O terceiro momento, ou melhor, fator — que está associado aos dois anteriores — é a confirmação divina, feita através de prodígios, sinais e milagres, bem como pela distribuição gratuita e livre dos dons espirituais. Essa apresentação da revelação cristã corresponde a um esquema bastante tradicional, inclusive no plano do vocabulário. Mas, se há uma afinidade peculiar, esta é com os escritos lucanos (evangelho e At), onde a mensagem

---

1736 "Já o texto bíblico de Êxodo, que descreve a teofania que cerca a proclamação da Lei no Sinai, apresenta os anjos tomando o lugar da cenografia cósmica. Assim ocorre no texto de Deuteronômio 33:2, no qual a Septuaginta relê a teofania no Sinai nos seguintes termos: 'O Senhor veio ao Sinai e apareceu a nós no Seir..., à sua direita estão os anjos com ele'. Essa concepção é retomada pelos autores judeu-helenistas (FLÁVIO JOSEFO, *Ant.*, XV, 5,3 § 136: 'Nós aprendemos de Deus, por meio dos anjos, as mais nobres doutrinas e as mais santas leis' — discurso de Herodes aos soldados). Alguns autores acham que, nesse texto, Flávio Josefo se refere aos 'profetas' ou sacerdotes, como mediadores-intérpretes da lei de Deus para os hebreus (cf., porém, também FILÃO, *Somn.*, 140,143; e os autores cristãos, Paulo, Gl 3:19; Lucas, At 7:53; cf. também *Jub.*, I,27; II,1,26-27; VI,22; 30,11.12-22)" (FABRIS, Rinaldo. *As cartas de Paulo [III]: tradução e comentários*, vol. 6, p. 380).

1086 | TEOLOGIA SISTEMÁTICO-CARISMÁTICA

e a experiência cristãs são descritas como "palavras de salvação" (At 13:26), e as fases da tradição histórica são articuladas de modo análogo (Lc 1:1-2).[1737]

Particularmente, não partilhamos do pensamento de que os milagres, sinais, dons e experiências carismáticas servem "apenas" à confirmação do evangelho, mas, sim, são parte integrante dele, ou seja, o evangelho é um novo tempo — o reino de Deus —, dado por Deus, trazido por nosso Senhor Jesus Cristo e anunciado no poder do Espírito Santo. Portanto, as experiências portentosas são parte integrante deste novo tempo e não foram apenas uma realidade na vida dos apóstolos, mas de todos os seguidores do Caminho (Lucas 7:20-22; Marcos 16:15-20; Atos 19:11-12; Romanos 14:17; 15:18-19; 1Coríntios 2:1-10; Gálatas 3:5), e assim continua, já que o Senhor ainda não voltou e, portanto, ainda não instituiu o reino em sua completude, sendo tais eventos essencialmente prolépticos e atuais. Assim, acompanhando "Lutero e Calvino, Ramm sustenta uma visão dinâmica da Palavra de Deus (heb., *dabar*), afirmando que o caráter de Jesus é revelação, não apenas suas palavras", pois "há uma dimensão dinâmica e ôntica para a revelação em Cristo", que "é a 'Palavra Viva'", ponto que é corroborado pelo teólogo e antropólogo Charles Kraft, que "declara concernente à afirmação de Cristo em João 14.6 ('Eu sou [...] a verdade')" que, no sentido dito por nosso Senhor Jesus Cristo, a "verdade e a revelação pessoal não são estáticas", visto que uma "pessoa verdadeira falará a verdade", contudo *nosso conhecimento da verdade (especialmente no sentido bíblico) não deve ser reduzido ao conceito de 'informação verdadeira'*"; ou seja, da mesma forma que "Jesus fez a verdade, relatou verdadeiramente em viver a verdade, ele genuína e verdadeiramente revelou Deus — não mera informação sobre Deus". Por isso, temos de "aprender *a distinguir entre tal revelação dinâmica (e verdade) e a informação que é inevitavelmente uma parte, mas nunca o todo de qualquer uma delas*".[1738] O que está sendo dito é que a "dimensão dinâmica do Espírito Santo não pode ser separada do produto informacional", uma vez que a "revelação é a atividade ôntica (Deus *conosco*) do Deus Espírito Santo". Por essa razão, Bernard Ramm "enfoca especialmente a *pregação do evangelho* como a palavra de Deus", pois é justamente "na pregação do evangelho pelas páginas do Novo Testamento [que] a

---

1737 FABRIS. *As cartas de Paulo (III)*, vol. 6, p. 380-1.
1738 POMERVILLE. *A força pentecostal em missões*, p. 190 (grifo no original).

modalidade da encarnação como revelação especial é continuada; e quando os homens creem nesse testemunho, respondendo-[lhe] com fé salvadora, então Cristo vem também ao coração".[1739] Conquanto o teólogo estadunidense conservador Bernard Ramm defenda que a revelação inegavelmente também é proposicional, e possua um aspecto conceitual, ao se reduzi-la somente a proposições, induz-se à imagem de "Deus ditando aos profetas e apóstolos asseverações teológicas semelhantes à geometria de Euclides", mas "tal interpretação torna-se tão repugnante à doutrina tradicional como aos teólogos modernos", além do fato de que a "expressão 'revelação consistente em proposições' implica que todo aquele que sente simpatia pela doutrina tradicional interpreta o cristianismo em termos puramente intelectualistas e reduz a fé a um assentimento mental desprovido de poder espiritual".[1740] O referido autor afirma que Calvino e Lutero "entendiam o Evangelho como Palavra de Deus, em sua essência e forma primária", e isso "implicava conexão íntima entre a pessoa de Cristo e a revelação especial", pois a "revelação especial como *forma* é a Palavra de Deus", e justamente por isso apresenta-se "em *forma oral* (como na pregação de Pedro, em Atos, ao narrar a vida e as ações de Jesus Cristo); ou pode apresentar-se em *forma tradicional* (como no caso do conhecimento que Paulo tinha a respeito da Ceia do Senhor); ou ainda pode apresentar-se em *forma escrita* (como o era o Antigo Testamento para Cristo e seus apóstolos)". Em uma palavra, a "revelação especial, como *significado*, é Evangelho, isto é, tudo que Deus fez por graça e amor para a redenção do homem", mas "o Evangelho em sua essência é Jesus Cristo".[1741]

O problema é que, conforme diz o teólogo pentecostal Paul Pomerville, invariavelmente há uma "mistura curiosa de tradições no evangelicalismo, especialmente no modo apologético, a influência das cosmovisões ocidentais e da metodologia escolástica na teologização afeta negativamente a doutrina crucial da revelação". Assim, às vezes ela é "representada como produto estático, como informação". Por isso, o já referido Charles Kraft "cita o viés da cosmovisão ocidental como a razão para limitar o conceito de revelação ao modo escrito", dizendo que "*Em consonância com a ênfase da cultura ocidental* [o alto valor ocidental na informação], *aceitamos a informatização da revelação*

1739 Ibid. (grifo no original).
1740 RAMM. *Revelação especial e a Palavra de Deus*, p. 164.
1741 Ibid., p. 158 (grifo no original).

1088 | TEOLOGIA SISTEMÁTICO-CARISMÁTICA

e muitas vezes perdemos a capacidade de imaginar que poderia ser qualquer outra coisa".[1742] Assim, "Kraft também observa que, com o foco ocidental no 'conhecimento como informação' (a visão noética de 'conhecer' obscurece o 'conhecimento' ôntico), estão o 'medo subjacente da subjetividade' e o desejo de conhecer objetivamente", temores que o autor citado por Pomerville "ressalta" como sendo resultado das "visões ortodoxas estáticas da revelação como o resultado da cosmovisão ocidental".[1743] Conforme já dissemos diversas vezes, tal perspectiva nada tem que ver com o pensamento dos reformadores, sendo produto posterior. Para Bernard Ramm, o "*caráter instrumental das Escrituras refuta toda acusação de bibliolatria*", pois a despeito de os "teólogos neo-ortodoxos e liberais est[arem] sempre prontos a levantar essa acusação contra aquele que tem uma opinião mais rigorosa acerca das Escrituras do que eles", de acordo com o que afirma o teólogo August Dorner, citado por Ramm, "um erudito considera bibliolatria o que para outro é somente o respeito devido às Escrituras". Todavia, invariavelmente "a bibliolatria é o respeito *exagerado* para com as Escrituras", e, não obstante a dificuldade de se aferir tal pecado e "exagero", diz Ramm, "podemos dizer que ele existe à medida que se concede vida e poder próprios às Escrituras, como se não houvesse a presença do Espírito Santo nem a ação do Cristo vivo na história". Ramm acrescenta que tal "exagero existe também quando se lhes dá uma perfeição ou poder que elas mesmas não reivindicam para si".[1744] Em outras palavras, há sim bibliolatria, e ela pode se esconder sob o manto do conservadorismo enquanto extingue ou apaga o Espírito Santo em nome da "autoridade bíblica". O fato é que na tradição carismático-pentecostal as "Escrituras são o critério primário e autoritário [...] para identificar a atividade de Deus no mundo". Todavia, "esse critério também envolve o ministério vivificante do Espírito Santo", pois a "Palavra de Deus é uma palavra dinâmica e viva". Por causa disso, para os carismático-pentecostais, "os 'céus não são de bronze', e a voz profética não é silenciosa quando se engaja em missão", isto é, a "atividade de Deus no mundo não é mera 'atividade calada' e teórica, a obra de um 'Cristo anônimo' nos eventos da história".[1745] Cremos, tal como foi dito por Bernard Ramm, que o "Espírito fala na pregação da palavra escrita e

---

1742 POMERVILLE. *A força pentecostal em missões*, p. 191-2 (grifo no original).

1743 Ibid., p. 192.

1744 RAMM. *Revelação especial e a Palavra de Deus*, p. 128 (grifo no original).

1745 POMERVILLE. *A força pentecostal em missões*, p. 197.

através de profecias, línguas e interpretação de línguas", mas estamos cientes de que as "profecias, línguas e interpretação de línguas — a revelação com *r* minúsculo — estão subordinadas à palavra escrita autorizada". Por isso, defendemos que "o Espírito Santo ilumina a palavra proclamada e a confirma com os sinais carismáticos exteriores do Espírito", pelo simples fato de que tal "'executivo' da missão continua a ministrar guiando as respostas teológicas do missionário às questões e problemas da missão contemporânea (teologização dinâmica na missão)".[1746] Assim,

> ... *O conhecimento de Deus na revelação especial nunca existe à parte de considerações espirituais.* No conhecimento de Deus devidamente interpretado não há intelectualismo religioso algum. A fé destituída de todo elemento espiritual é diabólica (Tiago 2.19). Certamente, o testemunho pleno das Escrituras é que quem *conhece* a Deus também o *ama.* As Escrituras também afirmam que quem *conhece* a Deus *confia* nele, o *adora,* e o *serve.*[1747]

Enfim, alinhamo-nos a todos os cristãos, pois utilizamos "as Escrituras em plena confiança de que são o instrumento do Espírito Santo, e ora[mos] para que Ele as utilize",[1748] pois elas, *per se*, como vimos com os reformadores, nada podem fazer. É exatamente dessa forma que a tradição carismático--pentecostal lida com as Escrituras, sendo muito mais fácil encontrar alguém inconscientemente bibliólatra, ainda que em sentido distinto do que vem sendo exposto, do que alguém que não creia no sobrenatural e na possibilidade de as Escrituras serem a Palavra inspirada de Deus. Assim, não é difícil interditar os carismático-pentecostais com acusações de que quem fala que tem experiência com o Espírito Santo são pessoas, no mínimo, que não creem na "suficiência das Escrituras" nem respeitam a "autoridade bíblica", por isso não são cristãos ou, no máximo, são chamados de "hereges", "neo-ortodoxos" ou "liberais". A primeira acusação, geralmente, é direcionada aos membros, enquanto a última dirige-se aos teólogos. O fato mais curioso nessa questão é que, antes do desenvolvimento da erudição carismático-pentecostal, os teólogos cessacionistas acusavam a tradição carismático-pentecostal de

---

1746 Ibid., p. 197-8 (grifo no original).
1747 Ramm. *Revelação especial e a Palavra de Deus*, p. 157 (grifo no original).
1748 Ibid., p. 125.

1090 | TEOLOGIA SISTEMÁTICO-CARISMÁTICA

não possuir em seus quadros pessoas preparadas, com capacidade exegética e muito menos com conhecimento das línguas originais para interpretar as Escrituras. A partir do momento em que tal déficit foi sanado e a cada dia aumenta o número de pessoas preparadas tecnicamente, tanto para proceder à exegese quanto para escrever teologia tipicamente carismático-pentecostal, surgiu a acusação de liberalismo e heresia e, incrivelmente, uma preocupação com a "infiltração liberal" na tradição carismático-pentecostal. Uma atitude que até poderia ser vista como nobre caso não estivessem muito claras as verdadeiras intenções e as reais motivações por trás disso tudo. Antes éramos vistos como algo a ser combatido e extinto, pois trazíamos confusão e vergonha aos círculos protestantes e evangélicos. Agora, quando uma verdadeira erudição carismático-pentecostal que, sem abrir mão das Escrituras, mas honrando-as ao valorizar cada autor bíblico com sua respectiva teologia, mostra-se capaz de fazer teologia sistemática fundamentada em boa e sólida teologia bíblica, embora desenvolva outros e diferentes caminhos epistêmicos e metodológicos, afastando-se do escolasticismo protestante que, por causa de seu racionalismo princetoniano — que nada tem de herança dos reformadores, conforme já vimos —, é incompatível com a fé de expressão carismático-pentecostal, muda-se a estratégia e inicia-se uma campanha persecutória de "caça aos hereges", com apoio de "pentecostais cessacionistas", numa estranha preocupação em "proteger" nossa tradição do perigo da infiltração do liberalismo teológico. E de qual "liberalismo teológico" está se falando? Do exposto em todo este capítulo, visto que, conforme disse Van Til, apenas a fé reformada possui uma teologia compatível com a teoria, ou doutrina, da inspiração plenária e verbal conforme apresentada por Benjamin Warfield. A tradição carismático-pentecostal brasileira está diante de um impasse e precisa tomar uma importante decisão: desenvolver sua própria teologia ou contentar-se em ser um "apêndice da teologia reformada", mas sempre na interdição pelo medo das sanções do tribunal de julgamento escolástico.

Tais ataques, nos últimos anos, conseguiram influenciar uma parte substancial da tradição carismático-pentecostal, e muitos, no afã de mostrar que são verdadeiramente cristãos e diferentes dos "fanáticos experiencialistas que falam palavras ininteligíveis e onomatopeicas", vêm contribuindo para um processo que temos denominado de "despentecostalização", o inverso do que aconteceu nos anos 1970, quando muitas denominações cessacionistas se "renovaram", isto é, se "pentecostalizaram". Como se não bastasse tal interinfluência, ao assumir os modos reformados e os seus pressupostos, mas permanecerem na tradição carismático-pentecostal, esses "pentecostais cessacionistas" têm criado muitos e graves problemas em suas igrejas locais e com qualquer pessoa que pretenda contribuir para o desenvolvimento de uma erudição teológica especificamente carismático-pentecostal, que, conforme temos mostrado, seguindo o exemplo e o caminho da tradição carismático-pentecostal estrangeira, precisa produzir sua própria teologia, não por revanchismo ou autossuficiência, mas por uma necessidade inadiável. Isso, porém, demanda a compreensão de uma epistemologia distinta da utilizada pela tradição reformada que, conforme temos evidenciado, é extremamente racionalista e inadequada para nós. Contudo, ao menor sinal de se propor algo assim, uma artilharia pesada é desferida sobre a pessoa pela patrulha persecutória "pentecostal cessacionista", que, com um espírito policialesco e inquisitório, promove todo tipo de ofensa sobre quem assim ousa proceder, caluniando, mentindo, detratando, espalhando desinformação e *fake news* com a clara intenção de destruir quem nada tem de liberal, mas que, informado e comprometido, só quer contribuir para o desenvolvimento teológico da tradição carismático-pentecostal.[1749] Tais elementos que assim procedem

---

1749 Um dos autores desta *Teologia sistemático-carismática*, no período de um ano e meio, foi alvo de ataques semanais e, algumas vezes, praticamente diários. Por mais de uma vez no mesmo dia, em redes sociais, era caluniado de forma vil, sendo retratado como uma "ameaça para a denominação" à qual pertence e também para o cargo que ocupava em um dos órgãos de sua Convenção Geral. Isso porque, em razão dos assuntos que aqui temos discutido, era chamado de "liberal", "herege", "esquerdista", "experiencialista", "pós-modernista", "academicista", e alvo de muitas outras acusações levianas, cujos *prints*, vídeos, mensagens e diálogos da pessoa com terceiros estão devidamente guardados. As acusações, obviamente sem os termos caluniosos e xingamentos das redes sociais, foram levadas ao Conselho de Doutrina e Comissão de Apologética da Convenção Geral, que as julgou improcedentes e nem sequer respondeu a essa pessoa. Não satisfeita, a pessoa passou a promover linchamento virtual, entrando em contato, direta ou indiretamente, com lideranças de todo o país, promovendo as acusações. É digno de nota que tal pessoa, praticamente anônima, "estranhamente" recebeu apoio de expoentes da teologia reformada em nosso país, seja compartilhando suas postagens de ataques, seja dando espaço a ela para falar do perigo do "liberalismo teológico" no meio do pentecostalismo e em nome do movimento, além de autores pentecostais que a auxiliaram igualmente na distribuição do material calunioso. Assim, impedido de defender-se de forma apropriada, dois meses depois de ter perdido o emprego por causa das calúnias e difamações, o autor, juntamente com outro pastor, foi alvo de mais um ataque em que a pessoa dizia que deveríamos ser "levados" para a Convenção (sugerindo um julgamento e uma possível punição). Foi então que decidimos enviar uma carta à Convenção estadual do detrator. Apesar de ele prometer que "não recuaria, pois estava seguro" das acusações que fazia, os ataques cessaram, pois ele não quis enfrentar o Conselho de Ética da Convenção. A carta não foi enviada antes pelo fato de que os superiores do órgão em que trabalhávamos "desaconselharam" que assim procedêssemos. Não mencionamos o nome dessa pessoa por dois motivos: o primeiro,

1092 | TEOLOGIA SISTEMÁTICO-CARISMÁTICA

acabam contando com a simpatia de alguns expoentes reformados, que, por
motivos óbvios, têm muito interesse em silenciar as pessoas que estão em-
penhadas em tal desenvolvimento e, ao mesmo tempo, juntam-se a outros

porque os ataques não foram publicados em nenhum meio que recebesse uma avaliação
prévia, isenta e respeitável, que o cobraria não apenas das provas das acusações, mas também
da devida referenciação bibliográfica acerca do que rechaçava — já que artigo de opinião em
plataforma digital que não faz esse trabalho de triagem não pode ser considerado —, muito
menos em livro algum que tratasse o assunto de forma séria e fundamentada, fazendo os
ataques caluniosos por meio de suas redes sociais (Facebook, Twitter, YouTube e WhastApp);
o segundo, por mostrar-se claramente parcial na defesa da tradição reformada (apesar de
apresentar-se como "pentecostal histórico"), evidenciando total falta de conhecimento ou
desonestidade intelectual em suas postagens, não tendo conhecimento algum do assunto na
perspectiva em que temos exposto, alinhados à erudição carismático-pentecostal estrangeira,
além de adjetivações caluniosas. Por isso mesmo, não há possibilidade de responder a alguém
que não possua argumentos além de ataques débeis e covardes. Fica, contudo, o registro, para
que a posteridade não naturalize injustiças e saiba que tais questões tiveram lugar entre nós,
carismático-pentecostais brasileiros, e que pessoas sofreram danos irreparáveis. Aqui temos
um contraste com a realidade estadunidense, onde aconteceram debates e discordâncias, em
torno do desenvolvimento acadêmico da teologia pentecostal, a partir de 1950, envolvendo
esses mesmos assuntos, porém todos respeitosos e por meio de fóruns adequados, gerando
eventos, artigos especializados e até obras publicadas, conforme informa o teólogo pentecostal Gary McGee: "Com a chegada de uma nova geração interessada na melhoria da qualidade
de treinamento em faculdades bíblicas e seculares, os professores foram encorajados a prosseguir em seus estudos. Foi assim que começou uma transição paulatina dos responsáveis pelos
departamentos de Bíblia e de teologia para instrutores com formação universitária no estudo
da Bíblia, da teologia sistemática e da história eclesiástica, já devidamente equipados com
conhecimentos sobre hermenêutica, Antigo e Novo Testamentos, teologia e desenvolvimento
histórico da doutrina e da prática". Não obstante o fato de que "muitos tivessem tido, desde
o início, preocupações com a intelectualização da fé, a nova estirpe de instrutores foi um
exemplo de equilíbrio entre a espiritualidade pentecostal e os estudos acadêmicos" (McGEE.
"Panorama histórico", in: STANLEY [org.]). *Teologia sistemática*, p. 27-8). Após dizer que
"Estudos importantes também foram realizados por teólogos das Assembleias de Deus", em
nota McGee informa quem são esses autores e o que foi discutido: "William W. Menzies.
'The metodology of Pentecostal theology: an essay on hermeneutics' [A metodologia da
teologia pentecostal: um ensaio sobre a hermenêutica] in: ELBERT, Paul, org. *Essay on apos-
tolic themes* (Peabody: Hendrickson, 1985), p. 1-22; Ben Aker. 'News directions in Lucan
theology: reflections on Luke 3:21-22 and some implications' [Novas direções na teologia de
Lucas: reflexões sobre Lucas 3.21,22 e algumas implicações] in: ELBERT, Paul, org. *Faces of
renewal* (Peabody: Hendrickson, 1988), p. 108-27; Donald A. Johns. 'Some new directions
in the hermeneutics of classical Pentecostalism's doctrine of initial evidence' [Algumas novas
direções da doutrina da evidência inicial do pentecostalismo clássico] in: *Initial evidence*, p.
145-56 [edição brasileira: JOHNS, Donald A. "Novas diretrizes hermenêuticas na doutrina da
evidência inicial do pentecostalismo clássico" in: McGEE, Gary (org.). *Evidência inicial*, p.
191-215]; William G. McDonald, *Glossolalia in the New Testament* (Springfield: Gospel, c. de
1964); Fee, *Gospel and Spirit*, p. 83-119. Para o debate atual, veja Roger Stronstad, 'The bib-
lical precedent for historical precedent' [O precedente bíblico para o precedente histórico],
estudo apresentado na 22ª reunião anual da Sociedade para Estudos Pentecostais, Springfield,
novembro de 1992, e a resposta de Gordon D. Fee na mesma reunião: 'Response to Roger
Stronstad' [Resposta a Roger Stronstad], sendo que os dois trabalhos foram publicados em
Paraclete 27 (verão de 1993), p. 1-14" (ibid., p. 32, 655).

que, mesmo sendo pentecostais, por intransigência e teimosia, por um lado, e desconhecimento e ciúmes, por outro, não querem que haja tal processo de produção teológica. A acusação, maliciosamente arquitetada, para mexer com os brios de gerações mais antigas, é que, ao se propor isso, está se desrespeitando a memória dos teólogos que muito fizeram pela tradição carismático-pentecostal, e que tal proposta representa uma desfeita a mais de um século de história da tradição em solo pátrio. Nada disso é real, mas apenas *uso*, literalmente, de gerações anteriores e atuais para interditar quem realmente compreendeu a necessidade de tal exercício pelo perigo da despentecostalização. Felizmente, no primeiro trimestre de 2021, as Assembleias de Deus, maior denominação pentecostal do país, estudaram uma temática na Escola Dominical que nem de longe é inédita, senão pelo fato de fazê-lo justamente na perspectiva que temos proposto neste capítulo. Sob o tema *O verdadeiro pentecostalismo*,[1750] podemos garantir que, pela primeira vez, falou-se da adoração ao Espírito Santo, de a terceira Pessoa da Trindade não ser subordinada a Cristo nem sua missão resumir-se a "glorificar" o Filho de Deus, além de ensinar que as listas de dons constantes na Bíblia não são definitivas e restritivas, para ficar apenas nesses exemplos. Isso foi um divisor de águas.

— Por que o Espírito Santo teve de ser *propositadamente* esquecido? —

Chegamos ao penúltimo subtópico desse longo capítulo sobre pneumatologia de uma perspectiva carismático-pentecostal. De forma irônica, enquanto a imensa maioria dos tratados menciona tacitamente a terceira Pessoa da Trindade e em alguns nem sequer consta algo acerca dele, o nosso é imenso e poderia ter, sem exagero, outro tanto deste de conteúdo caso realmente fôssemos abordar a parte histórica. Apesar de anteciparmos alguns pontos históricos, cabe-nos agora responder à questão que encima este ponto e, para isso, precisamos recorrer à história a fim de verificar se o que comumente é dito acerca das experiências com o Espírito Santo, no período imediatamente posterior ao primeiro século, realmente corresponde ao que autores não carismáticos e, por isso mesmo, desprovidos dos mesmos interesses e propósitos que os nossos, dizem. Já vimos acima, no início desse quarto e último ponto, com Martyn Lloyd-Jones, teólogo e pregador anglicano, ou

---

1750 SOARES, Esequias. "Lições bíblicas — adultos — mestre" in: *O verdadeiro pentecostalismo*, primeiro trimestre de 2021.

seja, não pertencente à tradição carismático-pentecostal, a defesa não apenas de Montano, mas também do próprio montanismo. E é com surpresa que verificamos que o referido autor, não obstante seu conservadorismo, afirma que uma das primeiras formas de provar se algo é ou não, verdadeiramente, da parte de Deus, se dá pelo uso da razão e do entendimento. Lloyd-Jones reconhece que pode haver um normal estranhamento por não ter iniciado com as Escrituras e, então, explica que tal decisão se deve ao fato de "que na Igreja primitiva eles não possuíam as Escrituras como nós". Assim, alguém pode se perguntar: "Como eles poderiam testar?" ou "Como poderemos provar os espíritos?", ao que Lloyd-Jones responde que isso pode se dar, primeiramente, com esses recursos. De forma retórica e imaginária, o mesmo autor diz que possivelmente "Alguém pode me dizer: 'Mas certamente você está contradizendo o ensino claro das Escrituras, o qual nunca cansa de enfatizar que um homem nunca se convence do cristianismo, que alguém pela mera compreensão intelectual e esforço nunca se torna um cristão'". Ele, então, assente ao afirmar que quem diz isso "está perfeitamente certo", pois "Nunca podemos nos 'convencer' [do] cristianismo", ou seja, "nunca podemos por meio de um processo intelectual conduzir-nos à verdade e para o reino de Deus". Mas, por outro lado, "é igualmente importante lembrar que o cristianismo não é ilógico e nunca é irracional — nunca!".[1751] Por tudo que já foi argumentado neste capítulo, alguém pode realmente achar que, quando falamos sobre via apofática, o fazemos em nome da irracionalidade? É o que Van Til entende, ao declarar que o "princípio moderno" propõe justamente isso. Nada é mais falso, pois o extremo do racionalismo pode até ser o irracionalismo, mas uma racionalidade ciosa de seus limites e historicidade nada tem de irracionalidade. Além disso, conforme será explicado, há tipos de "inteligência". Assim, somos acordes com Lloyd-Jones quando este diz que "Não podes chegar a ele", isto é, a Jesus Cristo, "mediante a razão; mas, no momento em que você está nele, descobre que é a coisa mais sensata e racional possível". Em outras palavras, há uma mudança radical na forma de enxergar a realidade e pensar, pois acontece a verdadeira *metanoia*, ou seja, a transformação total da maneira de processar e apreender absolutamente tudo à nossa volta, mas tal capacidade nada tem que ver com racionalismo iluminista, pois este também é objeto de sua avaliação crítica. Todavia,

---

1751 LLOYD-JONES. *O batismo e os dons do Espírito*, p. 204.

em nenhum momento, então, estamos deliberadamente abandonando nosso intelecto. Não há instrução nas Escrituras para fazermos isso. Parar deliberadamente de pensar e nos anularmos, por assim dizer, nos entregando a outras forças — isso nunca é defendido nas Escrituras. Como, então, alguém se torna um cristão? Acontece assim: o Espírito Santo ilumina o entendimento. Ele não nos faz cristãos à parte do entendimento. O que ele faz é elevar a compreensão até um nível mais alto. Não há nada errado com a razão, exceto que ela é governada por uma disposição pecaminosa, e é por isso que nunca pode nos levar ao cristianismo ou ao reino. Mas o Espírito pode elevar o entendimento e a razão. Um homem nunca é salvo contra a sua razão e seu entendimento — nunca! O que acontece é que sua compreensão e sua razão recebem a capacidade para ver a verdade que anteriormente rejeitou. "Ora, o homem natural", diz o apóstolo, "não aceita as coisas do Espírito de Deus, porque lhe são loucura; e não pode entendê-las, porque elas se discernem espiritualmente". Perfeitamente. Mas a resposta não é cometer suicídio intelectual, nem parar de pensar, nem deliberadamente deixar-se levar e abandonar os poderes que Deus lhe deu. A resposta é confiar na iluminação e na orientação do Espírito. Ao fazer isso, o Espírito iluminará a mente. Como o apóstolo coloca em 1Coríntios 2.10: "Mas Deus no-lo revelou pelo Espírito; porque o Espírito a todas as coisas perscruta, até mesmo as profundezas de Deus".[1752]

Lloyd-Jones, em profunda sintonia com o princípio subjetivo de Calvino, diz que o "intelecto somente não nos permite compreender a verdade, mas quando a revelação é dada através do Espírito, o intelecto e a razão compreendem a verdade, alegram-se nela e apreendem dela".[1753] Mas como não poderia deixar de ser, evidentemente que o segundo grande recurso apresentado por Lloyd-Jones para o exercício do discernimento dos espíritos é a Bíblia, as Escrituras, e elas são suficientes. E é exatamente dessa forma que cremos na tradição carismático-pentecostal, motivo pelo qual endossamos a argumentação de Lloyd-Jones de que tais "são os dois princípios essenciais envolvidos no teste dos espíritos"; ou seja, além do "Espírito em nós, nossa mente é iluminada e temos as Escrituras", não havendo dicotomia alguma entre ambos,

---

1752 Ibid., p. 205.
1753 Ibid.

1096 | TEOLOGIA SISTEMÁTICO-CARISMÁTICA

pois não existe algo "mais perigoso do que fazer uma divisão entre a Palavra e o Espírito, enfatizando um às custas do outro", mesmo porque devemos sempre lembrar que se trata do "Espírito e [da] palavra, o Espírito sobre a palavra, e o Espírito em nós quando lemos a palavra".[1754] A despeito de concordarmos com o célebre pregador nesse aspecto, é preciso compreender que não se trata de o Espírito Santo apenas nos capacitar — da maneira que comumente se crê na tradição reformada, ao se dizer que "a função epistêmica do Espírito Santo" consiste em garantir "a aceitação de proposições ('ensinamentos' da fé)"[1755] — para a apreensão "do conhecimento habitual, que geralmente é entendido (filosoficamente) como 'crença verdadeira justificada', em que 'crença' se entende como concordar com proposições ou pelo menos é caracterizada por uma atitude proposicional",[1756] explica o filósofo e teólogo James Smith. Este contrasta essa forma típica com o "saber narrativo" da tradição carismático-pentecostal, visto que neste, ao se contar um testemunho, por exemplo, é comum ouvir que uma pessoa "'sentiu' algo da parte de Deus". Quando se faz isso, está se "tentando expressar *o modo* pelo qual ela sente, e o que ela *considera* como conhecimento não pode ser formulado simplesmente como 'Eu sei X' ou 'Tenho uma crença verdadeira justificada sobre Y'".[1757] A pessoa "não reduzirá os critérios do conhecimento àqueles que são aceitos pela maioria cognitiva", isso pelo simples fato de que na "experiência pentecostal", prossegue o mesmo autor, "existem interpretações

---

1754 Ibid., p. 210.

1755 SMITH. *Pensando em línguas*, p. 114. Tal perspectiva é defendida, de acordo com Smith, por Alvin Plantinga e, por isso mesmo, vale aqui citar que, conforme Kevin Vanhoozer, "Alvin Plantinga propõe o que poderíamos chamar de epistemologia cristã protestante pura e simples, por meio da qual explica por que é racional confiar no testemunho apostólico: 'Uma crença é racional se produzida pelas faculdades cognitivas em estado apropriado de funcionamento e direcionada com sucesso para a verdade (i.e., para a produção da fé verdadeira)'. O modelo de epistemologia de Plantinga, inspirado em Aquino/Calvino (AC), estipula que Deus criou o ser humano com certas faculdades confiáveis de produção de fé, entre elas a percepção, a memória, o *sensus divinitatis* e o testemunho humano. O modelo de Plantinga, porém, revela suas cores nitidamente protestantes quando ele começa a explicar a doutrina calvinista do *testemunho interior* do Espírito Santo, que consiste 'na produção em nós, seres humanos, do dom da *fé*, aquele conhecimento firme e certo da benevolência divina para conosco'. A fé vem pela impressão das verdades do evangelho pelo Espírito em nossa mente e no nosso coração quando, como crentes que somos, lemos as Escrituras" (VANHOOZER, Kevin J. *Autoridade bíblica pós-reforma: resgatando os* solas *segundo a essência do cristianismo protestante puro e simples* [São Paulo: Vida Nova, 2017], p. 135).

1756 Ibid., p. 110.

1757 Ibid., p. 107-8 (grifo no original).

do mundo e um entendimento de Deus que não podem ser reduzidos às categorias herméticas da cognição". Tal fato não consiste em "uma rejeição da cognição ou da verdade proposicional; [mas] com certeza identifica e relativiza essa modalidade especial do pensamento", visto tratar-se de uma "epistemologia narrativa pentecostal", já que o "mundo da experiência é estratificado em narrativa".[1758] É importante ter claro que Smith está falando de um *"tipo* de conhecimento", e não da maneira comum com que se entende conhecimento, isto é, como algo típico da especulação filosófica, do exercício racionalista, fruto de perscrutação humana e que poderia ser adquirido, ou formulado, por qualquer pessoa, independentemente de sua fé. Tal exercício epistêmico é comum aos seres humanos e independe de qualquer revelação para obtê-lo. Portanto, quando James Smith refere-se ao testemunho de uma senhora, em particular, para exemplificar como funciona a "lógica da fé" da tradição carismático-pentecostal e explica, filosófica e epistemologicamente, sua importância, ele contrasta tais formas de aquisição de saber:

> Podemos observar, no ato de Denise testemunhar [...], várias coisas importantes para a epistemologia: em primeiro lugar, ela conta o que sabe, o que ela "sentiu de Deus", de forma narrativa. Por que ela não chega e simplesmente anuncia que está grávida? Por que ela não fala logo as informações pedidas ou se "atém aos fatos" de algum modo? Entretanto, ela não se limita a passar informações, articular proposições ou fazer declarações factuais. Ela conta uma história, uma sequência de acontecimentos com um fio narrativo, descrevendo uma crise e várias dificuldades, até com elementos de suspense, na preparação de um clímax. Embora ela comece nos contando que nunca fez isso antes, Denise parece entrar em cena como uma contadora de histórias experiente. Isso se deve ao fato de que, por um bom tempo, ela respira narrativas como o oxigênio do culto pentecostal. A segunda razão é que ela situa a sua história dentro de uma narrativa maior: sua micronarrativa das últimas semanas é colocada dentro da macronarrativa das Escrituras. Sua incapacidade de ter filhos é situada e ganha sentido dentro do quadro de "exemplos" de mulheres que de algum modo se encaixam em sua história. Essa narrativa mais ampla lhe proporciona um fio narrativo e apresenta um contexto para o significado da sua própria história. O terceiro motivo é que Deus

---

1758 Ibid., p. 108-9.

entra como personagem na narrativa de Denise; o Espírito Santo é um agente, um participante dessa narrativa. Na verdade, pode-se até dizer que o Espírito Santo é o protagonista dessa história, apesar de o seu nome não ter sido mencionado. Logo, o testemunho de Denise é uma prática impregnada de aspectos importantes da espiritualidade pentecostal.[1759]

A descrição de uma cena típica — contar um testemunho — nas comunidades de fé da tradição carismático-pentecostal, retratada por James Smith, reflete a perspectiva de como concebemos a realidade. Quando dissemos, logo no início desse capítulo, e também do ponto acerca das "Definições e objetivos da pneumatologia", ser falaciosa a "acusação" de que a tradição carismático-pentecostal coloca o Espírito Santo acima de Nosso Senhor Jesus Cristo, pois os cultos carismáticos-pentecostais exaltam muito a terceira Pessoa da Trindade e são centralizados nela, assim o fizemos por ser justamente o contrário, ou seja, assim como em todas as demais tradições cristãs, entre nós, carismático-pentecostais, tal como disse acima James Smith, apesar de sabermos que o Espírito Santo é o protagonista, ele não aparece, ou seja, o Espírito Santo é invisibilizado, não apenas em nossa produção teológica, mas também em nossa liturgia, e isso é tão importante e sintomático que não pode passar despercebido. Antes, porém, de dissertarmos acerca desse aspecto, é preciso atentar para a descrição paulina do que parece ser a composição litúrgica de um culto da igreja do primeiro século: "Que fareis, pois, irmãos? Quando vos ajuntais, cada um de vós tem salmo, tem doutrina, tem revelação, tem língua, tem interpretação. Faça-se tudo para edificação" (1Coríntios 14:26). Duas observações devem ser feitas em relação a esse particular: a primeira delas é que, tal como no contexto litúrgico das comunidades de fé do século primeiro, não há, no culto carismático-pentecostal, "assistente" de culto, ou seja, todos participam ativamente da reunião, não obstante o fato de que obviamente poucos usam o microfone, mas da própria nave do templo todos tomam parte exatamente como retratado pelo apóstolo dos gentios, participando ativamente do momento, pois, a despeito de haver um roteiro litúrgico, não há qualquer restrição para a intervenção divina por meio de qualquer pessoa, inclusive das que estão assentadas adorando; e a segunda observação, decorrente da primeira, é que não existe ação ou pessoa que seja portadora

---

1759 Ibid.

CAPÍTULO 4 – Pneumatologia | 1099

de alguma capacidade sacramental. A pregação possui sua importância, mas o protagonismo é sempre da Trindade, ou seja, o "culto sacramental" é o que manifesta de forma inequívoca a ação divina em nosso meio, e tal ação não se caracteriza pela capacidade homilética do pregador, mas pela unção do Espírito Santo sobre quem fala, por Deus falar por intermédio dele, e não no sermão ou na "Bíblia em si", ou seja, tal como sempre se acreditou desde o período do Antigo Testamento, pois os grupos religiosos da época de nosso Jesus Senhor Jesus Cristo utilizavam as Escrituras hebraicas — inclusive Paulo, antes de converter-se —, mas nem por isso eram salvos ou as pessoas se salvavam por ouvir suas exposições e ensinamentos (Mateus 23:13-15). Tal perspectiva denota algo que não pode deixar de ser ressaltado, visto que esse aspecto peculiar faz toda a diferença na leitura da realidade, incluindo as Escrituras, feita pela tradição carismático-pentecostal, que é justamente o fato de que, para nós, assim como não existe uma descontinuidade radical entre os períodos do Antigo e do Novo Testamentos, conforme evidenciado ao longo deste capítulo, também inexiste qualquer ruptura entre os tempos neotestamentários e os dias atuais. É exatamente por isso que a narrativa de Denise, citada por Smith, incorpora-se à grande narrativa bíblica, isto é, ela era estéril, à semelhança de várias mulheres retratadas nas Escrituras, contudo milagrosamente engravidou, em demonstração da verdade de que Deus, mediante o seu Espírito Santo, continua agindo da mesma forma que sempre fez ao longo da história bíblica.

Quais são as implicações dessa visão da realidade? Enquanto para a tradição reformada, em virtude do cessacionismo e de sua epistemologia racionalista centrada exclusivamente na informação proposicional, considera-se um atentado à autoridade bíblica dizer que Deus continua falando, sendo tal expectativa reputada como falta de contentamento com a "suficiência das Escrituras", para a tradição carismático-pentecostal, é blasfemo aventar a hipótese de que Deus não fala hoje, ainda que não de forma canônica, pois isso denota, no mínimo, incredulidade com o que a Bíblia diz a respeito e, no máximo, sinal da ira e da rejeição divina por não se experienciar o que o texto diz acerca da intervenção de Deus na história e na vida das pessoas. Daí a necessidade do avivamento. Portanto, para a tradição carismático-pentecostal, Deus continua falando e agindo exatamente porque as Escrituras assim o atestam; logo, autoridade bíblica para nós é crer que tudo que está relatado no texto, inclusive em suas partes narrativas, possui valor instrutivo para respaldar ou

1100 | TEOLOGIA SISTEMÁTICO-CARISMÁTICA

rejeitar e, enfim, aferir nossas próprias experiências. Acreditamos já estar devidamente clara a compreensão de que, sem dúvida, há uma racionalidade carismático-pentecostal, mas ela é distinta da reformada cessacionista, por isso vamos apenas mencionar dois pontos que estão intrinsecamente relacionados com essa conclusão. Apesar de Lloyd-Jones não fazer tal distinção entre as racionalidades, mas assertivamente reconhecer que a razão, como faculdade humana, sofre uma mudança radical após a pessoa converter-se a Cristo, e dizer que o "cristianismo nunca é ilógico e irracional", torna-se necessário observar que, conforme quer a teologia reformada, por sua dependência do paradigma racionalista, infelizmente, o cristianismo torna-se totalmente improvável, e esse é um dos grandes dramas de uma teologia pública reformada. Como dissemos desde o primeiro capítulo, é preciso reconhecer que o paradigma racional das Escrituras obedece à lógica da fé e segue a esteira da revelação; portanto, somente quando se compreende tal realidade, ilumina-se o fato de que a racionalidade escriturística é diferente. Mas tal realidade é mais bem reconhecida quando a pessoa vive a "*experiência do sobrenatural*", entrando assim "na mesma dimensão ou na mesma lógica", visto tal experiência das personagens bíblicas ser extensível, conforme disse o apóstolo Pedro em Atos 2:39. Em outras palavras, ao se ter essa "experiência nova", diz o teólogo pentecostal peruano Bernardo Campos, gera-se "uma nova racionalidade (ou explicação lógica), isto é, na leitura apropriada do *carisma do Espírito*, assim como no uso consequente de um novo instrumental de compreensão que chamamos provisoriamente de Hermenêutica do Espírito (HDE)".[1760] Em termos de fé, ou de "vida religiosa", afirma o mesmo autor, "os paradigmas como critérios de juízo e de verdade históricos mudam a raiz de *experiências novas*, operando como *novas racionalidades* para explicar a experiência do sobrenatural", e, ao se mudarem "os *antecedentes*, os *consequentes* são então percebidos como de uma natureza diferente", sendo um exemplo prático desse fato os próprios "avivamentos que geram mudanças nas estruturas denominacionais", não sem antes já terem provocado igualmente "mudanças nos paradigmas do conhecimento".[1761]

Como sempre, como evangélicos, o ponto arquimediano é a Bíblia, e qualquer cristão protestante sabe que uma das conquistas da Reforma foi

---

1760 CAMPOS, Bernardo. *Hermenêutica do Espírito: uma proposta para hermenêutica pentecostal* (São Paulo: Recriar, 2018), p. 29 (grifo no original).

1761 Ibid., p. 34 (grifo no original).

CAPÍTULO 4 – Pneumatologia | 1101

justamente a instituição, ou resgate, do princípio do livre exame das Escrituras. A implicação desse princípio consiste no fato de que uma vez "que todo protestante tem o direito de interpretar a Bíblia, não se pode evitar uma ampla gama de interpretações", ou seja, como "não existe autoridade centralizada no protestantismo, não se pode controlar essa proliferação de opções", pois, óbvio como é, pergunta retoricamente o teólogo anglicano Alister McGrath: "Quem tem o direito de decidir o que é ortodoxo e o que é herético?". McGrath informa sequencialmente que "Para muitos dos primeiros protestantes, essa era uma ideia perigosa que abria as comportas para uma avalanche de distorções, de interpretações errôneas e de confusão".[1762] Isso é preocupante, pelo simples fato de que "a essência da heresia pode estar localizada na interpretação bíblica falha"; contudo, pela própria natureza do princípio reformista *sola Scriptura*, impõem-se algumas questões cruciais — "Mas quem decide quais interpretações bíblicas são falhas e quais são ortodoxas? Se todos os cristãos têm o direito de interpretar a Bíblia como acham adequado, como a heresia pode ser identificada, que dirá combatida? Se só a Bíblia é a regra suprema da fé, como alguma autoridade pode ser reconhecida acima desse texto como seu intérprete autorizado?" —, todas colocadas pelo referido teólogo anglicano, que desdobra o problema dizendo que é justamente "nesse ponto que a abordagem distintiva do protestantismo encontra, aparentemente, um formidável obstáculo, no fato de que ele parece questionar exatamente a ideia de uma interpretação autorizada da Bíblia — em outras palavras, a noção de ortodoxia".[1763] Tal impasse, de acordo com o teólogo Kevin Vanhoozer, foi resolvido pelos reformadores com uma ideia que o referido teólogo chama de "Tradição I", ou seja, "o conceito, comum nos pais da igreja, de que a Regra de Fé proporcionava uma 'tradição exegética única da Escritura interpretada' cuja orientação provinha da própria Escritura, e não de tradições extrabíblicas", pois mesmo "Lutero não protestou contra a tradição católica romana como tal, mas contra o afastamento da tradição recebida". Portanto, apesar de quase não ser mencionado, "Tanto Lutero quanto Calvino sentiam-se à vontade ao apelar a figuras como Agostinho e Ireneu não porque tivessem alguma autoridade independente ou um canal direto com a revelação, mas porque 'haviam exposto de forma fiel e completa a intenção real dos autores

---

1762 McGrath. *A revolução protestante*, p. 210.
1763 Ibid., p. 227.

da Bíblia'".[1764] Vanhoozer fala também do que ele chama de "Tradição II", que, diferente da "Tradição I", refere-se a "uma segunda fonte de revelação oficial", que é o "magistério romano", ou seja, "a Tradição II chama corretamente a atenção para a insistência de Roma em ler a Escritura através das lentes da tradição dos seus pronunciamentos papais oficiais".[1765] Na verdade, o mesmo teólogo estadunidense afirma ter mencionado tal "fato para estabelecer o contraste com o que Alister McGrath chama jocosamente de 'Tradição 0': a ideia de que as pessoas podem interpretar a Bíblia sem o benefício da tradição", mostrando claramente que o "que está em risco na diferenciação entre as Tradições 0, I e II é o significado de *sola Scriptura*". Em termos diretos: "Será que a Escritura é a norma que normatiza as demais, e nesse caso podemos falar de um padrão de autoridade, ou ela é a única norma, e nesse caso podemos esquecer os padrões e afirmar simplesmente um princípio único de autoridade: '*solo*' *Scriptura*?".[1766] Numa palavra:

> O problema fundamental com o *solo Scriptura* é que "um cristão mede as interpretações da Escritura de outros cristãos de acordo com o padrão de sua própria interpretação". Isso pode dar a impressão de que a pessoa tem um conceito elevado da Escritura, mas a verdade é que o *solo Scriptura* não é bíblico: "A Escritura mostra que as Escrituras são propriedade da igreja e que sua interpretação pertence à igreja toda, à sua comunidade". Hermeneuticamente, o *solo Scriptura* leva a um impasse: não se pode arbitrar um conflito de interpretações simplesmente oferecendo a opinião de um indivíduo a mais sobre o que a Bíblia diz. A igreja não deve dar às opiniões de João, Maria e José o mesmo peso que dá à doutrina da Trindade formulada pelo Concílio de Niceia. O *solo Scriptura* é algo totalmente distinto do *sola Scriptura*: este afirma "que nossa autoridade final é a Escritura somente, mas não uma Escritura solitária".[1767]

Finalmente, Vanhoozer menciona outra modalidade, ou instância interpretativa, apresentada por alguns autores com a finalidade de "proteger" as Escrituras da pluralidade de interpretações, a que ele chama de "Tradição III":

1764 VANHOOZER. *Autoridade bíblica pós-reforma*, p. 163.
1765 Ibid., p. 162.
1766 Ibid., p. 163.
1767 Ibid., p. 163-4.

trata-se de "outra forma de interpretar a relação entre Escritura e tradição [pois] recoloca a ênfase sobre a tradição, entendida agora não como autoridade oficial de ensino, mas simplesmente como cultura vivida da igreja, a comunidade dos intérpretes da Escritura". Isso quer dizer que, em conformidade "com esse ponto de vista, o que governa a linguagem e o pensamento cristãos é o *uso* da Escritura na comunidade dos crentes e por meio dela".[1768] Toda essa problemática se dá pelo simples fato de que o princípio reformista de *sola Scriptura* subverteu toda e qualquer autoridade que pudesse controlar a interpretação. Justamente por isso, Kevin Vanhoozer diz, citando Stanley Hauerwas, que o referido princípio de "*sola Scriptura* é o 'pecado da Reforma' porque é a doutrina que escancarou o que chamamos de caixa de Pandora do protestantismo, isto é, o subjetivismo desenfreado que decorre do pressuposto de que 'o texto da Escritura faz sentido alienado da igreja que lhe dá sentido'", isto é, no ato de "privilegiarem o intérprete individual que lê a Bíblia por conta própria, tanto 'fundamentalistas quanto a crítica bíblica tornam a igreja incidental'".[1769] Contudo, tal princípio reformista, de acordo com Kevin Vanhoozer, "é a forma abreviada de 'a Escritura interpreta a Escritura' — e do nosso aprendizado dessa prática canônica", ou seja, o "cânon é o conceito crucial, porque se refere aos meios pelos quais Deus governa seu povo". Em outras palavras, "cânon diz respeito a autoridade (*kanōn* = 'vara de medir' ou 'régua'), interpretação (e.g., a relação entre o todo e as partes — tudo, desde o uso que o Novo Testamento faz do Antigo Testamento até a intertextualidade), a comunidade (i.e., aqueles intérpretes para os quais somente esses livros são Escritura oficial)", formando uma tríade: "autoridade, interpretação, comunidade".[1770] Justamente por isso, o mesmo autor inclina-se para essa terceira modalidade, dizendo que o "cristianismo protestante puro e simples defende um modelo de autoridade não abreviado, em que tanto a Palavra quanto o Espírito têm seu lugar". Isso porque "o cânon supõe uma comunidade de leitores" e, por esse fato, "o Espírito cria uma". Em termos diretos, a "igreja, portanto, tem um papel necessário a desempenhar na economia da graça — e no modelo de autoridade interpretativa". Assim, uma vez que "o *sola Scriptura* pertence a uma economia em que o Espírito Santo e a igreja são ingredientes necessários, o intérprete individual não pode usar a

---

1768 Ibid., p. 164 (grifo no original).
1769 Ibid., p. 165.
1770 Ibid., p. 172.

1104 | TEOLOGIA SISTEMÁTICO-CARISMÁTICA

Escritura como se fosse uma marreta para bater nos expositores rivais", pois, não obstante "pareça absurdo àqueles habituados a passar do *sola Scriptura* diretamente para um 'nenhum' (como em 'nenhum credo, mas a Bíblia'), a realidade é mais complexa", ou seja, o "*sola Scriptura* só funciona adequadamente no contexto da igreja toda".[1771] Isso significa que "o *sola Scriptura* serve à igreja precisamente por preservar de forma intacta a *distinção entre texto e interpretação*, e desse modo a possibilidade de que as práticas culturais e os hábitos linguísticos dominantes possam ser desafiados e corrigidos pela Escritura", ou seja,

> "A Escritura interpreta a Escritura". Sim. Mas como, onde e em que condições e para quem? A resposta sucinta para todas essas indagações é esta: na economia da graça, por meio dela e submetida a ela. "Ser autoridade é estar conectado no interior da teia complexa de inter-relações que Deus deu, de tal modo que o ser humano seja livre." Tudo depende da iniciativa divina: *a Escritura se torna útil quando lida pelo povo de Deus, do jeito de Deus e para o propósito divino.* "A Escritura interpreta a Escritura" significa que a Bíblia, conforme Deus a deu, é suficiente para o propósito para o qual ele a deu. Esse propósito, como já disse, consiste em ser o instrumento pelo qual Deus governa seu povo, administra sua aliança e molda o povo em nação santa. Autoridade diz respeito a autorizar interpretações que conduzam à prosperidade do ser humano. Lembre-se do maestro da orquestra que decide (autoriza) como executar uma sinfonia. Muitos compositores de sinfonias, como Johannes Brahms, incluíam não apenas as notas a serem tocadas, mas também inúmeras marcações que indicavam como tocá-las: tom, dinâmica, tempo etc. Apesar disso, as partituras de Brahms não se deixam interpretar totalmente por si mesmas.[1772]

Vanhoozer, apesar de reformado, lida de forma realista com o expediente interpretativo e justamente por isso reconhece ser "um sério erro pensar que o *sola Scriptura* implica a *nulla traditio* (nenhuma tradição ou tradição 0)", pois os próprios "autores bíblicos e os reformadores desprezam, e com razão, tradições meramente humanas, uma vez que falta a elas a autorização divina".[1773]

1771 Ibid., p. 174.
1772 Ibid., p. 166 (grifo no original).
1773 Ibid., p. 183.

Assim, ao referir-se ao fato de que Lutero fora acusado de querer interpretar as Escrituras por si, regendo-as por seu "espírito" e forçando-as a dizer o que ele queria que elas dissessem, algo mais comum entre exegetas do que gostaríamos de assumir, a resposta do reformador alemão e ex-monge agostiniano foi: "Não quero me jactar de ser mais instruído do que todos, mas a Escritura reina sozinha: não para que seja interpretada pelo meu espírito ou por qualquer espírito humano, e sim compreendida por meio de si mesma e por seu próprio espírito [*per... suo spiritu intelligi*]", querendo dizer que a "Escritura interpreta a Escritura por si mesma *e* por seu próprio espírito". Portanto, a fim de "irmos além da hermenêutica geral, é preciso que reconheçamos o papel do Espírito no processo histórico de luta da comunidade para compreender e chegar a um consenso em relação ao sentido da Escritura".[1774] Como isso pode ser feito? Ouvindo a tradição, mas sem perder de vista que a "tradição não é a Palavra de Deus; ela é testemunho dessa Palavra". Compreendê-la "dessa maneira nos ajuda a ver que a tradição tem a autoridade de uma testemunha, e não de um juiz". Por isso mesmo, ele prudentemente observa que "a autoridade da tradição é provisória: é possível que uma pessoa abandone racionalmente sua opinião de que é possível chegar à verdade crendo no testemunho da comunidade, se essa comunidade der provas de que não é mais uma testemunha confiável", tendo como exemplo o que o próprio "Lutero pensava do papado de sua época".[1775] O que parece escapar nessa discussão é que o reformador alemão se insurgiu contra a liderança eclesiástica e a "ortodoxia" da época, sendo basicamente uma iniciativa individual e fruto de sua leitura e interpretação bíblicas iluminadas pelo Espírito Santo que também o fortaleceu em seu desafio em Wittenberg. Isso, porém, se parece mais com a postura profética das Escrituras do que com a atividade escolástica proposta por "Alvin Plantinga sobre a fé justificada", isto é, que "as pessoas têm o direito de crer em alguma coisa que tenha sido produzida por suas faculdades cognitivas, desde que estas estejam em perfeito estado de funcionamento no ambiente para o qual foram criadas. As faculdades cognitivas que atendem a essas condições desfrutam de autoridade epistêmica, e estamos autorizados a crer em sua declaração revestida de autoridade".[1776] Apesar de parecer interessante, com esse critério certamente muitos profetas não seriam levados a sério e dignos de serem ouvidos, pois tudo que eles não pareciam, de

---

1774 Ibid., p. 184 (grifo no original).
1775 Ibid., p. 185-8.
1776 Ibid., p. 188.

1106 | TEOLOGIA SISTEMÁTICO-CARISMÁTICA

acordo com a concepção de "normalidade", era com alguém em seu pleno juízo e desfrutando de perfeitas condições de suas faculdades mentais. Essa, inclusive, como já dissemos, é uma das aporias da antropologia teológica reformada, pois, se a depravação total é uma realidade, não pode haver uma racionalidade perfeita, isenta de erros e capaz de produzir uma teologia inquestionável e irrevisável, conforme eles reputam sua teologia. Assim, a questão permanece, pois, se por um lado, o *sola Scriptura* é um princípio inquestionável — mas como já vimos desde o primeiro capítulo, e agora com Kevin Vanhoozer (também citado no referido capítulo), ele não opera sozinho —, por outro, como texto, as Escrituras dependem de mediação interpretativa. Assim, óbvio como é,

> O *sola Scriptura* não está sozinho no modelo de autoridade interpretativa; os outros *solas* também têm papéis a desempenhar. O *sola gratia* nos lembra de que há uma economia da luz: Deus é luz, Cristo é a luz do mundo e o Espírito é aquele que abre nossos olhos e ouvidos para a luz de Cristo, que brilha na lâmpada da Escritura. Para Bernard Ramm, o modelo de autoridade começa com Cristo, que é o conteúdo supremo das Escrituras e objeto supremo do testemunho do Espírito. Em seguida, a autoridade passa para as Escrituras, que o Espírito inspira e usa como seu instrumento na produção da iluminação. Ramm, porém, segue corretamente adiante, defendendo que, se Cristo deu o Espírito para ensinar a igreja, *"então toda geração de teólogos cristãos deve estar preparada para levar a sério a história da teologia. [...] Desarraigar a teologia de seu passado não faz parte da essência do protestantismo"*. Isso também é catolicidade: o respeito pelo ouvir não abreviado e não adulterado da Palavra de Deus através dos séculos e das culturas. Na história da teologia, nem tudo vale a pena preservar, mas o que não devemos negligenciar são os esforços daqueles que, antes de nós, ouviram e de fato deram ouvidos a toda palavra que saiu da boca de Deus e foi registrada na Escritura. Os protestantes proíbem que qualquer interpretação desfrute da mesma autoridade que a Escritura e, no entanto, cristãos pura e simplesmente protestantes reconhecem o uso que o Espírito faz de mestres falíveis, concílios e tradição para conduzir a igreja a toda a verdade.[1777]

O que se verifica na argumentação de Vanhoozer é que o papel do Espírito Santo, ou sua "função epistêmica", é teologizada de forma que se coadune

---

1777 Ibid., p. 191-2 (grifo no original).

com a concepção epistemológica reformada. Contudo, o que temos demonstrado ao longo deste capítulo é que a lógica da fé e a dinâmica da revelação nada têm que ver com essa perspectiva epistêmica. Não apenas os modos de Deus se revelar, mas a própria Bíblia é composta, em sua maior parte, de narrativas que relatam o encontro do divino com o humano, dentro de uma atmosfera permanente de sobrenaturalidade, ou seja, refere-se a uma realidade ontológica que nada tem de excepcional. Na tradição carismático-pentecostal, por exemplo, "a experiência do cristão é colocada no mesmo nível da narrativa do derramamento dos 'últimos dias' na Rua Azusa, que é lida à luz do derramamento do Espírito Santo no dia de Pentecostes (At 2), cuja importância, por sua vez, entende-se diante da herança profética de Israel (Jl 2)".[1778] Tais conexões entre as narrativas bíblicas e as experiências dos carismático-pentecostais, diferentemente das tradições cuja fé é mais cognitiva, valorizam, como já foi dito acima, o "saber narrativo", que, por sua vez, "seria um tipo diferente de saber, um conhecimento de uma ordem diferente, ou de um registro diferente, de saber por outros meios". Portanto, "nesse aspecto, um 'entendimento distinto que a narrativa traz' que é 'inseparável de sua forma', e é exatamente esse tipo de intuição epistêmica que está implícito na espiritualidade pentecostal".[1779] Mas não se trata apenas disso, pois, conforme mostramos com a experiência de Denise relatada por James Smith, na "prática pentecostal do testemunho, a narrativa não é apenas uma forma decorativa, um meio criativo, um veículo improvisado para transmitir verdades que podem ser destiladas ou conhecidas de outras formas", isto é, parte-se da ideia de que a "verdade *é* a história: a narrativa *é* o conhecimento". Isso significa que, caso alguém resolva "traduzir" o testemunho em "'simples' fatos, codificados em proposições, destilados em ideias, então estamos lidando com um ser diferente: ao mesmo tempo, eu 'conheceria' algo diferente e 'conheceria' essa mesma coisa de forma diferente".[1780] O mesmo filósofo e teólogo faz questão de ressaltar que o "saber narrativo não *se opõe* ao conhecimento proposicional, quantificável ou codificável, mas o relativiza e situa esse conhecimento",[1781] ou seja, reconhece sua diferença, enquanto saber intelectual em relação ao saber experiencial. E é justamente por isso que a tendência teológica escolástica,

---

1778 SMITH. *Pensando em línguas*, p. 109-10.

1779 Ibid., p. 110-11.

1780 Ibid., p. 111 (grifo no original).

1781 Ibid. (grifo no original).

ou seja, racionalista, é sempre "apologética" e de rejeição da experiência e seu corolário, a narrativa, pois esta encontra ressonância em qualquer tempo e pessoa, desde que haja experiência similar para que a micronarrativa pessoal seja amalgamada à macronarrativa testemunhal — para promover aqui uma fusão das expressões de Smith com as de Vanhoozer e mostrar que o desejo da tradição carismático-pentecostal é unir-se à grande tradição milenar do seguimento de Cristo —, pois, conforme já temos mostrado, para a tradição carismático-pentecostal não há ruptura ou descontinuidade alguma entre os tempos neotestamentários e a realidade hodierna, por isso comumente se fala entre nós que vivemos o "capítulo 29" de Atos dos Apóstolos.

> Logo, a narrativa não é somente uma "embalagem" opcional para proposições e fatos, nem uma forma corretiva ou rudimentar de conhecimento que é vencida ou superada pela maturidade intelectual. [...]. A narrativa é uma modalidade fundamental e irredutível, e o "conhecimento pentecostal" confirmado pelos testemunhos não somente depõe em favor da obra do Espírito, mas também a favor de sua realidade epistêmica. No entanto, nossas categorias epistemológicas e nossos paradigmas não são bem calibrados para lidar com o "saber narrativo". Na verdade, nossas ferramentas epistêmicas são mais adequadas para detectar "crenças" e fatos, são "itens" do saber que podem ser articulados em proposições, conectados em silogismos e "defendidos" por estratégias apologéticas. Além disso, embora possamos até mesmo dispor de epistemologias que dão lugar ao Espírito Santo, não possuímos um arcabouço de teorias ou de ferramentas epistemológicas que honram ou explicam o *tipo* de conhecimento que caracteriza o "saber narrativo". Resumindo, a experiência e o testemunho pentecostal podem exigir que ampliemos nossas epistemologias para dar conta desse saber. Nesse aspecto, espero que a epistemologia pentecostal encontre respaldo na longa história do pragmatismo, uma tradição filosófica que contesta há muito tempo o reducionismo na filosofia. O relato de Wittgenstein sobre o saber irredutível, a "abdução" de Peirce e a ênfase de Brandom na prática como fonte de "articular razões" estão tentando chegar em conjunto a algo que está implícito na experiência pentecostal: existe um meio de "saber" que é anterior e que transcende as proposições.[1782]

1782 Ibid., p. 114-5 (grifo no original).

De maneira surpreendente, James Smith defende que tal forma de encarar a realidade representa um "empurrão epistemológico pentecostal [que] também pode efetivamente impulsionar os filósofos a desenvolver modelos epistemológicos que honrem uma compreensão mais 'bíblica' do conhecimento", ou seja, ao analisar a espiritualidade pentecostal, seu "foco [...] não se situa tanto no *conteúdo*, mas no *modo* como adquirimos conhecimento",[1783] pois seu livro tem como objetivo mostrar as contribuições pentecostais para a filosofia cristã. Sua tese caminha no mesmo sentido que a nossa ao dizer que, a partir da espiritualidade pentecostal, é possível obter uma "compreensão mais bíblica do conhecimento". Desde o primeiro capítulo, temos defendido que a interpretação da Bíblia precisa seguir a "lógica da fé" e acompanhar a "dinâmica da revelação", pois intentar compreender as Escrituras partindo de uma cosmovisão não somente estranha à realidade canônica, mas antibíblica, conforme os pressupostos racionalistas utilizados pela tradição reformada, é cortejar tudo aquilo que se opõe à fé escriturística. Como forma de exemplificar o perigo do "racionalismo", o mesmo autor, com sua argúcia e seu estilo pitoresco, refere-se à "'crítica da razão pura' de Paulo (ou quem sabe Paulo tenha feito melhor ainda, afastando-se de Kant e se aproximando de Dooyeweerd[1784] em sua crítica da suposta autonomia do pensamento teórico), em Romanos 1:21-31 e 1Coríntios 1:18—2:16; o alvo do seu questionamento não é 'propriamente a razão, mas a razão que foi sequestrada pelos vícios humanos'", ou seja, a "raiz do problema é uma 'falta de vontade de aceitar os limites da autonomia humana'".[1785] Isso nada tem que ver com irracionalidade, conforme acusa Cornelius Van Til, e, ao argumentar acerca disso, não intentamos convencer nossos irmãos reformados dessa verdade, mas, sim, os próprios teólogos carismático-pentecostais que, incrivelmente, não conseguem entender que partimos de pressupostos irreconciliáveis e antagônicos, não sendo possível teologizar e fazer teologia verdadeiramente carismático-pentecostal sem seguir tal lógica com seus pressupostos, que, conforme já dissemos, são os mesmos da tradição carismático-pentecostal, isto é, dinamismo, sinergismo, sobrenaturalismo e continuísmo ou continuacionismo. Assim, convergindo conosco, a conclusão de Smith é que "a obra do

---

1783 Ibid., p. 115 (grifo no original).

1784 Proposta com a qual o autor atento está devidamente familiarizado por termos exposto acima, neste capítulo, o importante pensamento desse teólogo e filósofo reformado.

1785 Ibid., p. 115-6.

1110 | TEOLOGIA SISTEMÁTICO-CARISMÁTICA

Espírito Santo não consiste em trazer *novos conteúdos*, mas 'acesso gratuito'", ou seja, o "Espírito Santo não aparece nesses versículos (1Coríntios 2:6-16) como aquele que revela conteúdos ocultos, mas como alguém que possibilita que os cristãos reconheçam a mensagem (abertamente apresentada) como verdade". Contudo, "a obra epistemológica do Espírito Santo neste aspecto não é mágica nem gnóstica; muito pelo contrário, a operação amorosa e epistêmica é uma combinação entre a regeneração moral — 'curando a constituição moral dos cristãos' — e o lócus narrativo — situando a comunidade cristã dentro de uma narrativa que apresenta um contexto novo para entender sua experiência".[1786] O filósofo e teólogo defende que tal situação "é uma espécie de mudança de paradigma provocada pelo Espírito Santo" e, por isso mesmo, numa "observação que reflete (ou mesmo antecipa) a explicação de [Kenneth] Archer sobre a função da narrativa no entendimento pentecostal, [Ian] Scott aponta que 'o momento da revelação para Paulo não surge na experiência pré-reflexiva, mas na *interpretação* dessa experiência, quando se avalia e se apropria o significado dela de forma hermenêutica'", ou seja, o "enquadramento hermenêutico surge de uma história que funciona como 'subestrutura narrativa' do conhecimento de Paulo".[1787] Como já dissemos em outro momento, e referimos no início deste capítulo, após a experiência com o Espírito Santo, muda-se radical e completamente não só o produto final, mas a forma de apreender a realidade, tal como se deu com o apóstolo Paulo, que, apesar de ser doutor da Lei (Atos 22:3; Filipenses 3:4-7), após a experiência de conversão na estrada de Damasco, certamente teve uma transformação na forma de ler e interpretar as Escrituras hebraicas (Atos 9:1-9; Gálatas 1:11-17; Filipenses 3:8), ou seja, não foram elas que mudaram, pois eram justamente as mesmas, mas o olhar exegético, histórico e teológico do futuro apóstolo foi que mudou.[1788] Por isso, é preciso compreender a necessidade de teologizar as dúvidas cruciais que rondam a experiência com o Espírito Santo, pois

> Trata-se, entretanto, de uma questão à qual pelo menos uma ramificação contemporânea importante da teologia cristã exigiria que se desse atenção. Como podemos saber se — na verdade, como é possível,

---

1786 Ibid., p. 116.

1787 Ibid. (grifo no original).

1788 Os interessados em aprofundar-se nesse aspecto metodológico podem consultar o texto "A experiência religiosa e do Espírito como instrumentos de transformação da forma de crer e de pensar" em CARVALHO. *Pentecostalismo e pós-modernidade*, p. 371-405.

inclusive, que nos ponhamos a indagar de que maneira — a experiência que estamos tentando capturar num momento verbal ou num símbolo é realmente uma experiência *de Deus*? Que argumentos temos para sugerir que a experiência humana está, de algum modo, relacionada a uma realidade tradicionalmente chamada de "Deus"? Com que base temos o direito de dizer que um momento ou determinados momentos estão impregnados da fragrância da divindade e que nesses casos não se trata simplesmente de uma experiência humana e trivial? O grande dilema do jovem Karl Barth, quando preparava seu sermão para o culto dominical em Safenwil, torna-se nosso dilema. Para Barth, a questão crucial dizia respeito às palavras que pregaria: como podia ter certeza de que aquelas palavras, de algum modo, expressavam ou transmitiam a palavra *de Deus*, e não suas próprias palavras? Em que sentido ele podia dizer que estava proclamando a palavra *de Deus*, e não apenas conferindo uma legitimidade espúria e uma autoridade imerecida às palavras de Karl Barth? Como pode a "experiência em busca de expressão" ser identificada como uma experiência de Deus, e não como uma experiência de um mundo secular e sem Deus, ou de um solipsismo existencial excêntrico? E o que dizer das religiões não teístas? Sem dúvida, um relato expressivista-experiencial do budismo teravada insistiria que essa tradição dá acesso à experiência religiosa — mas será que se pode considerá-la uma experiência *de Deus*, uma vez que essa própria tradição repudia explicitamente tal sugestão? A experiência pode, de fato, buscar expressão — mas ela também exige um critério pelo qual possa ser julgada.[1789]

Após todas as perguntas retóricas, Alister McGrath vai ao ponto ao reconhecer que a experiência necessita encontrar uma maneira de exprimir-se, contar o vivido e experienciado, mas, como tudo que é feito pelo ser humano, ela também precisa ser avaliada. Por isso, "quando Paulo pensava acerca de assuntos teológicos, seus pensamentos traziam uma estrutura narrativa", pois o apóstolo "pensava sobre ações e acontecimentos que tinham correlações causais e temporais, todos eles governados pela trama subjacente do resgate da criação efetuado por Deus", diz Ian Scott, citado por James Smith, que, por sua vez, prossegue dizendo que, portanto, "o que Paulo pregava, e o apelo que fazia a judeus e a gentios, não era apenas que aceitassem uma constelação

---

1789 McGrath, Alister E. *A gênese da doutrina: fundamentos da crítica doutrinária* (São Paulo: Vida Nova, 2015), p. 40 (grifo no original).

1112 | TEOLOGIA SISTEMÁTICO-CARISMÁTICA

de ideias ou sistema de crenças, ou mesmo uma coleção de doutrinas; em vez disso, a salvação deles dependia da assimilação ou da narrativa de forma afetiva, criativa, e de se enxergarem inseridos nela".[1790] É exatamente dessa maneira que o crente mediano carismático-pentecostal pensa acerca de si. Sua autoimagem não é de alguém que vive em um mundo diferente do relatado nas Escrituras e que nada tem de sobrenaturalidade, mas justamente o contrário. Ao ler o texto bíblico, ele sempre encontra o respaldo necessário para compreender o drama de sua trajetória pessoal e coletiva, como membro do corpo de Cristo, ciente de que ele é mais um a enfrentar a realidade hostil de um mundo caído e que esta só pode ser vencida no poder do Espírito Santo, seja para viver de forma digna de um salvo, seja para cumprir sua missão como testemunha do reino de Deus ao proclamar o evangelho. Em outras palavras, para o crente mediano carismático-pentecostal, apesar de teologicamente distintas, não há qualquer espécie de diferença entre a capacitação do Espírito Santo para o cumprimento de seu chamado e aquela para se viver em santidade. Portanto, a problemática e falsa dicotomia entre fruto e dons do Espírito, como se fossem obras antagônicas e impossíveis de coexistir, acaba com um simples exame bíblico, pois "para Paulo, o 'saber ético' não era somente uma compreensão cognitiva de leis e deveres, nem o conhecimento de um conjunto de princípios morais; o saber ético era 'envolvimento da pessoa na trama da narrativa teológica'", ou seja, em termos diretos, compreender "os acontecimentos (algo básico para o evangelho de Paulo) não constitui uma questão de lógica, mas uma espécie de raciocínio narrativo".[1791] Diferentemente do que se apregoa e se quer fazer acreditar, "o entendimento que Paulo tem de causalidade não é linear e simples", explica Smith citando Scott, para quem o apóstolo dos gentios "raramente apresenta casos com

---

1790 SMITH. *Pensando em línguas*, p. 116-7. À contraposição entre material narrativo e didático, em nota, assim explica o mesmo Smith: "Scott levanta uma questão importante e óbvia: Se o pensamento e o conhecimento de Paulo são tão moldados pela narrativa, 'então por que não o encontramos simplesmente contando uma história?'", ou seja, "Por que as epístolas são tão didáticas, tão diferentes dos Evangelhos? Scott sugere que as próprias cartas de Paulo se constituem em uma espécie de 'crítica': isto é, são escritas para nos ajudar a entender e apreciar a narrativa do mesmo modo que, por exemplo, a crítica de Edmund Wilson desperta e aprofunda nossa avaliação da ficção de Nabokov, mesmo com a crítica de Wilson se tratando decisivamente de uma obra didática. No entanto, a forma didática ou 'reflexiva' das epístolas paulinas ainda 'surge do processo da narração de forma orgânica'. Assim, 'a própria narrativa pareceria ser um fator primário' mesmo sem que Paulo em nenhum momento conte a história fazendo uso do gênero narrativo" (ibid., p. 117).

1791 Ibid., p. 117.

uma causa suficiente e o seu efeito inevitável. Em vez disso, encontramos o tipo mais ambíguo de causalidade, que é mais comum dentro da narrativa, em que um acontecimento serve como *parte* da razão para outro". Por isso mesmo, os referidos autores distinguem "saber narrativo" de "causalidade narrativa".[1792] Em uma palavra, a "narrativa dá sentido ao nosso mundo, à nossa experiência e aos acontecimentos em um registro diferente da lógica dedutiva da causalidade simples", visto que, em síntese, "o que Paulo 'sabe' é mais *do que* somente o que ele 'acha' e 'acredita'". É justamente "esse tipo de conhecimento, essa espécie de 'saber', que está implícito na espiritualidade pentecostal, especialmente na prática do testemunho e na centralidade da narrativa da pregação". Portanto, a tese de Smith consiste em incentivar que se oportunize e abra-se espaço a "esse tipo de saber", já que este "seria um dos efeitos de uma filosofia distintamente pentecostal".[1793]

É assim que, amarrando sua argumentação, Smith diz que, partindo do princípio de que "o conhecimento demonstrado por Denise sobre o agir do Espírito Santo é constituído pela narrativa — isto é, se ela 'sente de Deus' *porque* entende a história (ou, em vez disso, uma pluralidade de histórias) —, existe também um sentido importante no fato de ela 'ter contato' com a verdade *partindo da experiência*". Por isso mesmo, o autor questiona retoricamente: "Com efeito, o que poderia ser mais pentecostal do que a experiência?".[1794] Embora já tenhamos tratado desse assunto em outro trabalho, mostrando como a "experiência sobrepõe-se à teologia",[1795] exemplificando tal verdade, conforme já discorrido ao longo deste capítulo, desde o chamado de Abrão, que contrariou o pensamento teológico corrente, bem como ocorreu com Jó, culminando em o Novo Testamento, quando a experiência cristã e do Espírito contrariaram as correntes teológicas da época, preferimos seguir o raciocínio do autor, visto que ele propõe que tal particularidade epistêmica da tradição carismático-pentecostal, longe de ser rechaçada, deve servir para instrução e *insights* para uma filosofia cristã. Tal importância pode ser vista, por exemplo, no fato de que a "*obra* de convicção do pecado e de transformação não consiste somente em uma questão intelectual; em vez disso, o arrependimento tem que se basear na intimidade da pessoa", pois, a fim de

---

1792 Ibid., p. 117-8 (grifo no original).
1793 Ibid., p. 118 (grifo no original).
1794 Ibid., p. 119 (grifo no original).
1795 CARVALHO. *Pentecostalismo e pós-modernidade.*

1114 | TEOLOGIA SISTEMÁTICO-CARISMÁTICA

que "isso realmente se reflita em transformação, apenas uma mudança de entendimento não será suficiente, sendo necessária uma mudança de coração, uma reorientação no posicionamento com relação ao mundo, aos outros e a si mesmo". Tal conclusão se dá pela simples verdade de "que o nosso posicionamento mais básico com relação ao mundo é cognitivo e afetivo". Logo, "essa transformação tem que ser medida por componentes afetivos e corporais", sendo exatamente o que descobrimos, uma vez que "não é somente o lado intelectual que conduz o nosso comportamento (pelo menos na maioria das vezes)", sendo justamente esse "o motivo pelo qual a 'experiência', que está ligada aos aspectos corporais, afetivos e emocionais da pessoa, não diz respeito somente a um item opcional, a um acessório emotivo"; antes, "a experiência, com sua capacidade de ativar as emoções, atinge a intimidade da pessoa humana".[1796] Em termos diretos, em vez de os teólogos carismático-pentecostais desprezarem o "saber afetivo" que se mostra na experiência, abraçando acriticamente "teorias cognitivistas" que desprezam outros meios de apreensão da realidade, reduzindo o conhecimento à transmissão e memorização de proposições, devemos compreender a importância de produzir nossa teologia a partir desse paradigma do qual já dispomos em abundância em nossa realidade. James Smith explica que "'cognitivista' é um termo enganoso" e, exatamente por isso, ao explicar esse tema para esse contexto específico que estamos analisando, sugere "que o 'cognitivismo' se refere a um retrato da pessoa humana que supõe que a agência e a ação humana — a nossa postura diante do mundo, o nosso estar-no-mundo — são dirigidos pelo processamento consciente e intencional de 'crenças'", daí o porquê de a "explicação da emoção que um 'cognitivista' faz [concluir] que as crenças vêm antes das emoções".[1797] Objetivando encontrar uma situação paralela que possa assemelhar-se à experiência pentecostal, Smith lança mão da experiência de se assistir a um filme:

> Gostaria de sugerir que acontece um processo parecido na espiritualidade pentecostal, o qual (na minha interpretação) também questiona o "fundamentalismo cognitivo" que parece caracterizar as compreensões filosóficas sobre a fé cristã, interpretando o cristianismo principalmente como uma "mensagem", uma constelação de crenças

---

1796 SMITH. *Pensando em línguas*, p. 121 (grifo no original).
1797 Ibid., p. 123.

e proposições com as quais o fiel concorda. Além disso, do mesmo modo que a teoria cognitivista do cinema supõe que as pessoas humanas são fundamentalmente e na sua maioria articuladores conscientes que viajam em proposições e crenças, as explicações cognitivistas da fé também supõem que os fiéis não passam de processadores de proposições cuja caminhada pelo mundo é feita de articulações conscientes. Entretanto, e se formos fundamental e majoritariamente guiados pelo consciente adaptativo? E se a nossa caminhada pelo mundo se der por meio de interpretações que antecedem a cognição e não fazem parte dela? E se nossas ações e o nosso comportamento não forem guiados pelo mundo a princípio pela elaboração consciente, mas, em vez disso, por uma espécie de "sensação" inconsciente? Isso constituiria uma antropologia filosófica bem diferente, e é exatamente essa antropologia afetiva e holística que está presente na prática pentecostal. Já que somos orientados por uma espécie de "motor" afetivo, então a transformação operada pelo Espírito Santo tem que tocar o nosso coração, e, já que a nossa vida emocional e afetiva está envolvida em nossa materialidade corporal, então o Espírito Santo, em sua lógica encarnacional, tem que nos alcançar por meio do corpo. Portanto, quando o marido vai até à frente e se ajoelha em contrição, quando a música ambiente do culto e o coro de orações em línguas trazem à tona sua tristeza (e alegria), quando os irmãos e irmãs impõem as mãos sobre seu ombro em oração, esses elementos afetivos não são apenas "epifenômenos detritos descartáveis" de uma casca experiencial que pode ser descartada quando discernirmos o miolo da verdade proposicional. Em vez disso, esses elementos afetivos são essenciais e irredutíveis; eles constituem a "verdade" da experiência e confirmam o fato de que "sentimos a presença de Deus" em níveis que desafiam a articulação proposicional. O culto pentecostal entende isso de forma implícita.[1798]

Infelizmente, conforme já dissertado por nós ao longo desse capítulo, e agora observado por Smith, "muitos críticos e céticos têm o desejo de limitar a experiência pentecostal à psicose ou, pelo menos, a algum tipo de paradigma terapêutico em massa explicável em termos naturalistas", sendo surpreendente o fato de que entre tais "críticos e céticos" não se encontram apenas ateus, mas também teólogos. Neste grupo não estão incluídos apenas cessacionistas,

---

1798 Ibid., p. 124-6.

1116 | TEOLOGIA SISTEMÁTICO-CARISMÁTICA

mas até mesmo alguns carismático-pentecostais incautos e deslumbrados com o racionalismo teológico escolástico e os "pentecostais cessacionistas" que, por motivos óbvios, querem desconstruir a tradição carismático-pentecostal, ignorando "que a afetividade e a emoção são parte fundamental da espiritualidade porque elas reconhecem implicitamente que o nosso estar-no-mundo é primeiramente e na sua maior parte 'impulsionado' por uma esfera inconsciente, afetiva e pré-intencional". Além disso, "os gigantes espirituais em todas as épocas", lembra o mesmo autor, "sempre confirmam que o desafio do discipulado não se limita à questão do *conhecimento*, mas consiste mais em uma questão de *vontade* e *desejo*".[1799] Tal se dá por conta de que as "mudanças em um *estilo de vida* não podem se tornar um fato enquanto esse núcleo afetivo não for atingido, e é exatamente isso que a natureza tátil, visceral e emocional do culto pentecostal busca realizar".[1800] Esse caráter do culto carismático-pentecostal, conforme já dissemos, é possibilitado e evidente em virtude de todos participarem da reunião, não sendo meros assistentes passivos e "consumidores de culto". E, ainda que não de forma proposital, a concepção cúltica carismático-pentecostal "reconhece que nosso estar-no-mundo é governado por habituações que vão se sedimentando em nosso inconsciente e que essas habitualidades inconscientes orientam nossas ações e nosso comportamento".[1801] Partindo da ideia de "que esse aspecto pré-consciente ou inconsciente do ego se identifica com o afeto e a emoção, então podemos dizer que *sentimos* cada passo do nosso caminho neste mundo com uma frequência bem maior do que *pensamos* nessa caminhada", tendo sido tal processo formativo devidamente explicado no capítulo 2 de nossa *Teologia sistemático-carismática*, ao falar acerca da "educação cristã", quando mostramos sua diferença como prática espontânea dos seguidores do Caminho no primeiro século e também como constructo da igreja em sua condição institucional, o que difere não apenas de uma tradição para outra, mas até mesmo entre os milhares de denominações, algumas pertencentes a uma mesma tradição da fé cristã. Assim, de acordo com o que já foi dito, e destacado por James Smith, "isso indica que as emoções não constituem atos reflexos nem mesmo detritos 'irracionais' da experiência", conforme de forma preconceituosa e simplista alguns teimam

---

1799 Ibid., p. 126 (grifo no original).
1800 Ibid., p. 126-7 (grifo no original).
1801 Ibid., p. 127-8.

em classificar e definir, confundindo muitos carismático-pentecostais e os levando a negar sua experiência com o Espírito Santo. Tudo isso para evitar que sejam tachados de "experiencialistas", "emocionalistas", "irracionais" e outros adjetivos e epítetos, usados como xingamentos e com a clara finalidade de achincalhar, ofender e desacreditar, por atacado, a tradição carismático-pentecostal, como se essa fosse instintiva e "primitiva", precisando avançar para o "estágio racional" da fé cristã que corresponde ao cessacionismo, isto é, para a incredulidade. Todavia, de acordo com o que já dissemos, a experiência com o Espírito Santo já é teológica, pois

> As próprias emoções são "perspectivas" do mundo, construções e interpretações irredutíveis e pré-cognitivas que constituem o mundo para nós de forma particular mesmo *antes de* "pensarmos" ou "percebermos". Em termos fenomenológicos, poderíamos dizer que as emoções *dão significado*, elas trazem intenções ao mundo, constituem os fenômenos, dando "sentido" ao mundo mesmo num registro que não é intelectual ou cognitivo. Como uma interpretação baseada no interesse, a emoção é "como uma percepção em um sentido mais amplo". Já que nossas emoções interpretam o mundo *anteriormente e com mais frequência* do que nossas percepções intelectuais e cognitivas, então o formato das nossas emoções *molda* o nosso mundo na maior parte do tempo; assim, o discipulado passa a ser mais uma questão de treinamento de nossas emoções do que de transformação da nossa mente. É essa intuição que penso ser básica e profunda no culto e na espiritualidade pentecostal.[1802]

James Smith propõe exatamente o mesmo que temos insistido em mostrar ao dizer que a "natureza tangível, visceral e emocional da espiritualidade pentecostal funciona como uma pedagogia do afeto, uma educação das emoções, preparando os discípulos para interpretar pré-cognitivamente o mundo da sua experiência de certa maneira *depois* que sai do culto", uma vez que "nos seus melhores momentos, o fervor emocional do culto pentecostal não é uma válvula de escape das 'realidades' de um mundo cruel, nem mesmo uma imersão praticamente narcisista em um êxtase emocional"; antes, corretamente compreendido, "o que se passa na afetividade do culto pentecostal é

1802 Ibid., p. 128-9 (grifo no original).

1118 | TEOLOGIA SISTEMÁTICO-CARISMÁTICA

o treinamento emocional que leva ao treinamento interpretativo, é a inculcação de uma hermenêutica pré-consciente, formando ou moldando nossas 'construções calcadas no interesse'".[1803] Para o mesmo teólogo e filósofo, o "culto pentecostal é pré-focalizado afetivamente, padronizado para destacar certos aspectos da experiência como traços fundamentais", mas não apenas isso; ele "também é regulador ou exemplar, buscando inculcar certos hábitos emocionais que, depois de inscritos e sedimentados no cristão, passam a fazer parte do seu repertório emocional fora do culto, preparando e predispondo a pessoa dessa forma a interpretar o mundo de sua experiência de maneiras determinadas". Dito de outra forma, não se trata apenas de um meio de ensinar conteúdos, mas, sim, de equipar o carismático-pentecostal, ou seja, devemos "ver a experiência pentecostal como um treinamento epistêmico e hermenêutico".[1804] Com base em tudo o que o autor dissertou, ele, então, sugere "que uma epistemologia pentecostal é sempre um tipo de *estética*, uma gramática epistêmica que destaca a *aisthesis* (experiência) sobre a *noesis* (intelecção)",[1805] e isso, *per se*, não é bom nem ruim, mas apenas uma constatação de como o carismático-pentecostal apreende a realidade com tudo que a compõe. Smith explica o que ele quer dizer quando afirma que "uma epistemologia pentecostal é sempre um tipo de estética", dizendo que tal se dá pelo simples fato de que, como todos sabemos, o "pentecostalismo é marcado, ou até mesmo definido, por uma abertura aos 'sinais e maravilhas'; por causa disso, trata-se de uma espiritualidade de sinais, do visível e do invisível: é uma religião de manifestação, demonstração e exposição".[1806] Em termos diretos, a epistemologia da espiritualidade carismático-pentecostal consiste em "um tipo de saber intuitivo, até mesmo emocional ('sinto de Deus'), que é a base do saber 'intelectual', mas é irredutível para esse saber", ou seja, para quem tem o mínimo de familiaridade com a antropologia e a educação, é sabido que a "modalidade mais primitiva e fundamental de 'compreensão' é mais literária do que lógica", pois "somos o tipo de criatura que caminha pelo mundo mais por metáfora do que por matemática", ou seja, nos apropriamos da informação e adquirimos mais conhecimento e "somos mais moldados, tocados e influenciados pelo cativar da narrativa do que pela enumeração

---

1803 Ibid., p. 130 (grifo no original).
1804 Ibid., p. 130-1 (grifo no original).
1805 Ibid., p. 131 (grifo no original).
1806 Ibid., p. 132.

de proposições", isto é, a maneira pela "qual a história (até mesmo a ficção) comunica a verdade nos toca de forma mais profunda do que a apresentação de 'fatos'".[1807] Não à toa nosso Senhor Jesus Cristo ensinava por parábolas, quase de forma "lúdica". Citando Margaret Poloma, quando esta diz que ao se "pensar um pouco mais sobre sua identidade distinta, o ritual pentecostal/carismático reflete uma cosmovisão que, de muitas maneiras, discorda da metanarrativa do materialismo, do cientificismo e da racionalidade instrumental que caracteriza a cultura ocidental",[1808] James Smith acrescenta que

> O cristianismo pentecostal e carismático constitui algo fantástico. Especialmente em suas expressões globais, o pentecostalismo habita em um mundo bem "encantado". O mundo do culto e da espiritualidade pentecostal consiste na volta ao cenário do que Bultmann descartou como o mundo "mítico" do Novo Testamento: um mundo de "sinais e maravilhas", um lugar onde a comunidade *espera* o inesperado e conta testemunhos de curas milagrosas, de revelação divina em línguas estranhas, iluminação divina, profecia e outros fenômenos "sobrenaturais". Uma das características principais da espiritualidade pentecostal é a combinação única de uma forma de adoração com os pés no chão, material e física, que é aberta radicalmente à transcendência, por isso é que tenho defendido que um dos principais componentes de uma cosmovisão pentecostal é um senso de abertura radical a Deus, como um destaque especial para a operação continuada do Espírito Santo na igreja e no mundo.[1809]

De acordo com o que já temos explicado, essa perspectiva ou abordagem significa uma "abertura à novidade de Deus", sendo esta "uma característica essencial da crença e da prática pentecostal", e tal "pressupõe um senso de que o universo e o mundo natural também têm que continuar sendo *sistemas abertos*",[1810] ou seja, trata-se de uma perspectiva diametralmente oposta à perspectiva reformada, cuja visão de mundo, inclusive física, depende de sistemas fechados, de causa e efeito, e por isso mesmo estáticos e

---

1807 Ibid., p. 133.

1808 POLOMA, Margaret M. "Glossolalia, liminality, and empowered Kingdom building: a sociological perspective" in: CARTLEDGE, Mark (org.). *Speaking in tongues: multi-disciplinary perspectives* (Milton Keynes; : Paternoster, 2006), p. 156 (ibid., p. 135-6).

1809 SMITH. *Pensando em línguas*, p. 138 (grifo no original).

1810 Ibid., p. 139 (grifo no original).

1120 | TEOLOGIA SISTEMÁTICO-CARISMÁTICA

predeterminados. Tal abertura para a experiência com Deus, nosso Senhor Jesus Cristo e o Espírito Santo não é feita de forma irracional e muito menos apartada das Escrituras. Contudo, conforme já temos dito por diversas vezes, a racionalidade da tradição carismático-pentecostal, bem como sua hermenêutica, são muito distintas das reformadas, mas não das dos autores neotestamentários e muito menos dos reformadores. Como já vimos, um dos princípios reformistas mais decisivos para a manutenção da mudança de lugar da autoridade na igreja, tirando-a das mãos humanas e devolvendo-as para as mãos divinas, mas também extremamente subjetivo, é o *sola Scriptura*, visto que se trata de um texto, e como tal, exige leitura e interpretação, ou seja, mediação humana. Contudo, não existe alguém, ou um grupo, cuja interpretação seja absoluta e, portanto, definitiva, conforme já vimos no primeiro capítulo com a reflexão de John Stott. Apesar de toda a argumentação de Kevin Vanhoozer, que vimos anteriormente, há que se questionar o que seria "uma interpretação que se coaduna à tradição", pois de qual tradição estamos falando? Como já dissemos, e nesta parte estamos fazendo justamente isso, a tradição carismático-pentecostal, como uma expressão da fé cristã, subscreve todas as doutrinas mestras do cristianismo. Todavia, como temos mostrado e ainda o faremos até o fim deste penúltimo subtópico, nossa fonte primacial e autoritativa é a Bíblia, e ela possui uma lógica da fé e uma dinâmica da revelação que passa longe do racionalismo reinante no escolasticismo reformado. Assim, se alguém não admite o óbvio e nega a realidade, isto é, que não há tal pessoa, ou grupo, que seja perfeita o suficiente para oferecer uma interpretação definitiva e inquestionável do texto bíblico, de forma empírica e prática isso pode ser constatado, ano a ano, por uma mesma editora, com a publicação de dezenas de comentários bíblicos e obras congêneres, cujos autores, pertencentes a uma mesma tradição, diferem em seus arrazoados exegéticos e conclusões interpretativas acerca de um mesmo texto e utilizando o mesmo método proveniente de uma hermenêutica semelhante. Não se trata aqui apenas de admitir uma polissemia comum a toda espécie de texto e que, inegavelmente, encontra-se presente na Bíblia, pois ela é um texto especial, um livro vivo, a Palavra de Deus. É importante observar que, óbvio como é, o texto só possui um sentido, e este é o que o Espírito Santo de Deus inspirou o escritor humano a escrever, tencionando comunicar determinada mensagem para um destinatário ou público específico. Mas, conforme Kevin Vanhoozer disse, os "protestantes proíbem que qualquer interpretação desfrute da mesma autoridade que a Escritura". Portanto, conforme dissemos em outro trabalho, "Quanto ao fato de haver apenas um sentido no texto bíblico e que este é o que o autor pretendeu que tivesse", concordamos "plenamente, apenas [temos] dúvida se tal sentido único é o que o cessacionismo, por uma feliz 'coincidência exegética', dá para os textos, pois tal coincidência seria o mesmo que admitir que todo mundo está errado e apenas esse movimento certo".[1811]

O fato é que as Escrituras são uma fonte inesgotável, e Deus fez muito bem em não permitir que haja alguém, ou algum grupo, que possa arrogar a si sua interpretação final e definitiva, pois certamente seria muito perigoso dotar alguém de tal capacidade. Em termos diretos, de alguma forma reconhecemos a verdade dita pelo físico alemão Werner Heisenberg, de que as "Escrituras Sagradas são suscetíveis a uma interpretação infinita; é por isso que elas podem durar para além dos milênios".[1812] Contudo, se por um lado não somos capazes de esgotar as possibilidades interpretativas das Escrituras, por outro, tal constatação não deve ser utilizada como uma desculpa para legitimar o caos interpretativo e a atribuição de significados que o leitor achar mais conveniente (apesar de, lamentavelmente, isso ser feito por muitos teólogos e leitores comuns de todas as tradições). Uma das razões para tal inesgotabilidade interpretativa, de acordo com o teólogo pentecostal Bernardo Campos, refere-se ao fato de que "as novas experiências individuais ou coletivas são as que enriquecem o *sentido* do texto", ou seja, "à luz de novas experiências, os intérpretes encontram nos textos bíblicos novos sentidos que não estavam claros em uma leitura anterior".[1813] É praticamente impossível encontrar um carismático-pentecostal que nunca teve esse sentimento, independentemente de ser ele teólogo ou leigo, pois é algo muito comum entre a tradição. E é justamente esse exercício, de se ler a Bíblia e os "acontecimentos históricos à luz da experiência no Espírito", diz o mesmo autor, "que produz novos sentidos para a vida", e a "isso chamam hoje muitos intérpretes um *rhema*, isto é, uma palavra de Deus nas Escrituras que adquire um novo sentido em nossa vida e que, ao apropriarmos, se faz carne em nós, produzindo novos conhecimentos e novas práticas".[1814] Bernardo Campos observa, porém, que é preciso entender que não se trata de uma ação trivial, comum, aos olhos

---

1811 CARVALHO. *Pentecostalismo e pós-modernidade*, p. 213.
1812 HEISENBERG. *A ordenação da realidade*, p. 21.
1813 CAMPOS. *Hermenêutica do Espírito*, p. 34 (grifo no original).
1814 Ibid., p. 35.

1122 | TEOLOGIA SISTEMÁTICO-CARISMÁTICA

do mundo e que qualquer pessoa poderia fazer, pois a "explicação da *lógica espiritual* como 'inteligência' espiritual não é possível com os parâmetros tradicionais de interpretação, pelo que se faz necessário um instrumental distinto", considerando que a "*inteligência espiritual* ocupa-se de transcendência e está baseada na sabedoria, nossa capacidade de visão holística (total) da realidade profunda, de compreensão de contextos e totalidades significativas".[1815] Mas que ninguém se engane, pois não é algo que se obtenha com estudo livresco, pois refere-se à "capacidade de transcendência, de ir além do biofísico e social, além do corpo e das emoções", e, nesse caso, age e atua, "por assim dizer, com o olho espiritual (visão no espírito)", mas trata-se de "uma inteligência transpessoal porque se situa além do ego individual narcisista", isto é, "com visão universal" ou "transnacional, no sentido de que não se limita à racionalidade instrumental mecânica da ciência".[1816] Sua necessidade é evidente, visto ser "a única que pode *dar-lhe sentido espiritual* à vida, isto é, gerar sentido transcendente para viver e alimentar a integridade de nossa consciência", já que as demais "inteligências de níveis inferiores (a racional e emocional) não podem fazer isso". Contudo, "a inteligência espiritual está em todo o nosso ser, como uma totalidade trabalhando de maneira harmônica com a inteligência *racional* e a inteligência *emocional*".[1817] Em uma palavra, a "inteligência espiritual é por isso a capacidade de nos relacionarmos harmonicamente com a totalidade, de estar relacionados com o todo", sendo, portanto, "a capacidade de ser feliz apesar das circunstâncias, porque se move em uma lógica distinta, a lógica da fé, a esperança e o amor".[1818]

O que nos causa espécie é o fato de que, não obstante tal potencialidade das Escrituras, e de haver tantas tradições no espectro da religião cristã, quando a tradição carismático-pentecostal apresenta sua leitura e interpretação do texto, logo é censurada, pois no passado alegava-se não ser possível que os carismático-pentecostais pudessem fazer uma exegese, pois não havia intérpretes com domínio das línguas originais. Contudo, chegamos, em se tratando de Brasil, a outro tempo, e hoje temos biblistas e teólogos que se dedicam à produção teológica, muitos conhecendo e dominando o hebraico e o grego. No entanto, agora mudou-se o discurso e espalha-se a acusação

---

1815 Ibid., p. 35-6 (grifo no original).
1816 Ibid., p. 36-7 (grifo no original).
1817 Ibid., p. 37 (grifo no original).
1818 Ibid.

de "liberalismo teológico", e tais exercícios interpretativos, sobretudo os relacionados aos estudos da narratologia, que deram origem à hermenêutica pentecostal, são utilizados pela erudição carismático-pentecostal estrangeira há, pelo menos, quatro décadas, conforme já tivemos oportunidade de observar. No caso do teólogo pentecostal Bernardo Campos, que propõe uma "Hermenêutica do Espírito", ele assim o faz na apresentação da inteligência espiritual, pois para o referido teólogo tal "faculdade do Espírito de Deus nos regenerados faz possível *ver*, tanto na realidade natural como na espiritual, uma 'sobrenaturalidade', ou talvez melhor, uma *transcendência* que os leva a outros níveis de entendimento", por se tratar de "uma 'inteligência' que é construída e que opera, como dissemos anteriormente, desde a *lógica da fé* pelo Espírito de Deus".[1819] Não é sem razão, nem coincidência, que tais acusações tiveram lugar em Atos dos Apóstolos e pelos mesmos motivos que ainda hoje se apresentam entre nós, ou seja, indignação pelo fato de o Espírito Santo conceder sabedoria e capacidade para pessoas leigas e indoutas, concedendo-lhes inteligência para falar a respeito das grandezas de Deus, com uma linguagem e um poder que não se veem entre a pretensiosa teologia escolástica judaica (Atos 4:13). Já fomos adeptos dos clichês, que parecem ser inteligentes, de que "estudar não esfria ninguém", "teologia não compete com espiritualidade" e por aí vai. É preciso, porém, reconhecer não só de que tipo de conteúdo estamos falando, mas principalmente da atitude e da disposição adotadas pelos estudantes, ou seja, se por um lado é inegável o perigo de expor os estudantes ao liberalismo teológico, sem que eles tenham consciência de que tal posição foi fruto de um tempo e que os teólogos estavam equivocados em sua forma de "defender a fé", tendo já prescrito que tal pensamento racionalista e sua adoção destrói a fé, por outro, em termos de tradição carismático-pentecostal, é ainda mais danosa a exposição acrítica dos estudantes à teologia conservadora, mas igualmente racionalista, cujos arrazoados levam os estudantes à "conclusão lógica", de acordo com os pressupostos monergista, estático e antissobrenaturalista, de que o cessacionismo é a posição mais cristocêntrica, bíblica e fiel à grande tradição da religião cristã. Este hoje, em nosso entendimento e pelo que temos ouvido de lideranças de todo o país, é o real problema a ser enfrentado. É preciso aqui recordar o que dissemos no subtópico acerca do período intertestamentário, juntamente

---

1819 Ibid., p. 38 (grifo no original).

1124 | TEOLOGIA SISTEMÁTICO-CARISMÁTICA

com os teólogos Roger Stronstad e Jon Ruthven, que "a piedade do judaísmo identificava-se pela devoção à lei, e não pela liderança carismática", mas isso não era o maior problema, e sim o fato de que a "devoção à lei, por natureza, impedia a atividade do Espírito", pois a "interpretação tomou o lugar da inspiração profética, o ensino tomou o lugar da proclamação, e o escriba tomou o lugar do profeta", ou seja, contraditoriamente, por causa da "preocupação com a piedade da Torá, no judaísmo intertestamentário, o ambiente era desfavorável para restauração da liderança carismática em geral e, em particular, para a restauração da inspiração profética", e assim o resultado não poderia ser outro: o "espírito carismático de profecia desapareceu de Israel".[1820]

De fato, essa posição "cessacionista" no judaísmo, além de ser igualmente sustentada pelo teólogo Jon Ruthven, é acompanhada da observação desse mesmo autor, que revela ainda que, no afã de serem dignos de atenção, os carismáticos do período intertestamentário adotaram uma posição sinceramente equivocada, trazendo à baila um assunto com o qual estamos à volta, que é justamente a "questão da autoridade religiosa entre 'carismáticos' que, mesmo em relatos fabulosos, podem ter pretendido usar profecia e milagre para estabelecer sua credibilidade doutrinária, cada vez mais perdida para tantos quantos recorriam à habilidade de interpretação e do consenso da academia".[1821] Utilizando os termos de forma anacrônica, Ruthven diz que os que resolviam estudar "matavam" seu vigor carismático, pois a "profecia e a operação de milagre foram substituídas pelo estudo da Torá e suas interpretações acadêmicas". Tal posição dos que estudavam, por sua vez, surgiu como "reação contrária aos fingidores carismáticos messiânicos radicais das revoltas contra Roma e contra o rápido crescimento do movimento carismático cristão". Em outras palavras, "o judaísmo se tornou uma religião baseada no único e verdadeiro deus, ou seja, a Torá escrita e sua interpretação escolástica", e exatamente por causa disso "os milagres e as profecias, forçosamente, cessaram".[1822] Portanto, estudar mata a fé de expressão carismático-pentecostal? Depende. Estudar teologia conservadora em detrimento da exposição à teologia crítica é mais seguro para os estudantes? Depende. Não temos nenhuma dúvida de que a tradição carismático-pentecostal tem sido enganada

---

1820 STRONSTAD. *A teologia carismática de Lucas-Atos*, p. 55.
1821 RUTHVEN. *Sobre a cessação dos* charismata, p. 31.
1822 Ibid.

pelo seu amor à Bíblia. É justamente nossa valorização e nosso apego às Escrituras que têm sido usados como desculpa para subverter a experiência com o Espírito Santo, estrangulando o que nos caracteriza para finalmente deixarmos de ser o que somos. Por isso mesmo, além do que já mostramos ao longo deste capítulo, incluindo sobretudo o período canônico, conforme uma vez mais acabamos de mostrar com os dois teólogos conservadores supracitados, é preciso resgatar algumas lições da história da igreja, pois, ao assim fazer, descobrimos que estamos novamente em um daqueles momentos pendulares, em que a falta de discernimento espiritual pode trazer grandes prejuízos. Em termos diretos, não somos os primeiros a enfrentar problemas dessa natureza, mas justamente o oposto, somos apenas os atores da vez neste imenso palco da história do cristianismo. É interessante ressaltar que comumente se fala acerca do avivamento ser resultado de uma busca renovada, ou de um retorno, às Escrituras, e de fato tal informação procede. Todavia, o que não se pode esquecer é que isso não significa que a Bíblia tenha desaparecido, mas que ela se tornou simplesmente um livro como qualquer outro, sem vitalidade, apenas uma "desculpa" para o domínio e a leitura mecânica, ou tecnicista, e isso equivale a um ateísmo prático. Ninguém menos que Hans von Campenhausen, uma das maiores autoridades em patrologia, diz que os "Pais já não se consideravam como testemunhas diretas da revelação cristã como aconteceu com as gerações da época apostólica e subapostólica" —, inclusive esse último hiato de tempo quase nunca é considerado nos tratados teológicos, por isso vamos lidar um pouco com ele. Por isso, em "todo o seu trabalho tinham como pressuposição o testemunho daquelas gerações anteriores", e foi por esse motivo que eles "não escreveram evangelhos, nem apocalipses, nem cartas apostólicas, mas interpretações e tratados, breves literaturas polêmicas e apologéticas, de natureza devocional, sistemática e, ocasionalmente, histórica, mantendo-se em seus próprios limites de experiência, conhecimento e método", pois tudo que desejavam era "servir à Igreja com os seus dons e habilidades especiais, porém como homens completamente livres",[1823] isto é, não como autoridades finais e inspiradas como os escritores bíblicos. Assim, os que hoje dizem ser "fiéis aos Pais da Igreja" agem errada e contraditoriamente, inclusive em relação a eles:

1823 CAMPENHAUSEN, Hans von. *Os pais da igreja: a vida e a doutrina dos primeiros teólogos cristãos* (Rio de Janeiro: CPAD, 2005), p. 13.

1126 | TEOLOGIA SISTEMÁTICO-CARISMÁTICA

> É mais difícil determinar o período em que a era patrística teve fim do que decidir a respeito do seu início. Decidi considerar o final deste período no ponto em que o trabalho dos próprios Pais já havia estabelecido uma tradição válida por si mesma, que já estivesse restringindo a liberdade da pesquisa bíblica e sistemática. Esta influência restritiva levou a uma mudança nos métodos e no posicionamento da teologia. A partir do quinto século, a teologia tornou-se "escolástica" no sentido de que a autoridade dos antigos Pais da Igreja tornou cada vez mais obscuras a influência e a responsabilidade dos ensinadores contemporâneos.[1824]

Engana-se quem pensa que tal restrição representou uma segurança e um avanço, pois a cristalização de determinada posição como absoluta impede que, com mais luz à frente, sejam feitas determinadas mudanças ou revisões necessárias, isto é, não enxergar a provisoriedade dos arrazoados teológicos e incompreender a sazonalidade do próprio tempo com seus aspectos circunstanciais, acaba por gerar problemas que gerações posteriores terão de carregar sem tê-los criado e, pior ainda, sem poder resolvê-los por causa não apenas da cristalização, mas até da idolatria de ideias. O conjunto do material patrístico, seja oriental, seja ocidental, mostra uma diversidade enorme de pensamentos e opiniões. Contudo, da forma genérica como alguns teólogos e tradições falam a respeito dos "Pais da Igreja", a impressão é que havia uma uniformidade de pensamento, um bloco monolítico, conquanto pouco consenso houvesse entre eles, além do fato de considerarem, conforme dito por Campenhausen, as Escrituras e os escritos subapostólicos como absolutamente autoritativos. Havia muitas diferenças e até divergências entre eles, embora isso seja perfeitamente normal entre os seres humanos, uma vez que não somos autômatos, mas é preciso reconhecer que as grandes discussões teológicas ainda estavam no seu início para a futura formação das doutrinas mestras e basilares da fé cristã. É exatamente dessa maneira que deve ser, pois tais produções contribuíram com os insumos para os debates ocorridos nos concílios ecumênicos que culminaram com a definição e forma final das referidas doutrinas. Tal informação é importante, pois, a fim de "compreender bem o período patrístico, o aluno precisa, no mínimo, de conhecimento panorâmico da história e da patrologia da igreja", mas "o estudante não deve esperar encontrar,

---

1824 Ibid.

caracterizada nessa época, a homogeneidade doutrinária com a qual ele pode ter-se deparado em outras épocas", visto que, por "estar ainda em fase de formação, a teologia dos primeiros séculos apresenta os extremos de imaturidade e de refinamento". Um exemplo claro disso é o "contraste extraordinário entre as versões do ensino da igreja ministrado pelos pais apostólicos do segundo século e um teólogo competente do quinto século, como Cirilo de Alexandria". Deve-se ainda ter em mente que "as condições eram favoráveis à coexistência de uma ampla variedade de opiniões, mesmo nos assuntos de importância fundamental".[1825] Assim, muitos se surpreendem "com a diversidade de tratamentos dispensados até mesmo pelos pais posteriores a um mistério como a expiação; e era comum certos pais (Orígenes é o exemplo clássico), mais tarde considerados heréticos, serem contados entre os ortodoxos enquanto viviam", afirma John Norman Davidson Kelly, dizendo que a "explicação" para isso "não é que a igreja antiga fosse indiferente à distinção entre ortodoxia e heresia". Na realidade, "embora o esboço geral da verdade revelada tenha sido respeitado desde o começo, como uma herança sacrossanta recebida dos apóstolos, em muitos aspectos sua explicação teológica não recebeu restrição alguma". Em termos diretos, só "gradualmente, e mesmo assim com respeito a relativamente poucas doutrinas que se tornaram objeto de debate, firmou-se a tendência de insistir em definições e numa uniformidade rígida".[1826] No que diz respeito à espiritualidade, por exemplo, vale a pena conferir a descrição do mesmo teólogo reformado:

> Duas importantes linhas divisórias, uma vertical e outra horizontal, atravessam o período. A primeira é a diferença de temperamento teológico entre o Oriente e o Ocidente. Por razões históricas, Roma e as igrejas imediatamente associadas a ela (Gália, Espanha, norte da África etc.) desenvolveram-se relativamente independentes das igrejas orientais, e isso se reflete em seus credos, liturgias e atitude doutrinária. Enquanto os teólogos gregos são em geral intelectualmente ousados, tendendo à especulação, seus colegas latinos, com exceção daqueles sujeitos às influências orientais, parecem, pelo contrário, cautelosos e prosaicos, limitando-se a expor a regra tradicional de fé. Como exemplo extremo dessa diferença, basta justapor os conceitos de teologia

---

1825 KELLY, J. N. D. *Patrística: origem e desenvolvimento das doutrinas centrais da fé cristã* (São Paulo: Vida Nova, 1994), p. 3.

1826 Ibid., p. 3-4.

sustentados por (a) Irineu e Tertuliano, e (b) Clemente e Orígenes, na segunda metade do segundo século e na primeira metade do terceiro. Nutrindo profundas suspeitas em relação à filosofia, sendo até hostis a ela, os primeiros limitaram a função da teologia à exposição das doutrinas apresentadas nas Santas Escrituras; elogiavam os cristãos simples que se satisfaziam com a regra de fé. Por outro lado, Clemente e Orígenes chegaram ao ponto de distinguir dois tipos de cristianismo, a que correspondiam dois graus de cristãos. O primeiro tipo, inferior, baseava-se na "fé", isto é, na aceitação literal das verdades declaradas nas Escrituras e do ensino da igreja, enquanto o segundo tipo, superior, era descrito como "gnosis", isto é, uma forma esotérica de conhecimento. Esse tipo começava com a Bíblia e a tradição, aliás, baseava-se nelas, mas esforçava-se por trazer à tona seu sentido mais profundo e, à luz disso, explorar os mistérios mais profundos de Deus, de Seu universo e do plano de salvação; supunha-se que isso devia culminar em contemplação mística ou êxtase. Desse modo, eles dividiam os fiéis em simples crentes, a quem tendiam a desprezar, e homens "espirituais", "gnósticos" ou "perfeitos", a quem consideravam especialmente privilegiados por Deus.[1827]

Como é possível perceber, e em conformidade com o que já temos insistido em mostrar, a espiritualidade carismática não é uma invenção estadunidense do início do século 20, sendo uma realidade bíblica desde o Antigo Testamento, perpassando o Novo e perdurando através de todos os períodos da igreja. O fato de haver um motivo, ou uma razão, para que os que experimentavam tais experiências se gloriassem certamente está relacionado à postura do apóstolo Paulo (2Coríntios 12:1-6), sem, contudo, excluir a hipótese de altivez, conforme apresentou-se em Corinto (1Coríntios 12—14). Isso, contudo, não anula a experiência com o Espírito Santo, nem lhe retira a importância e a validação escriturística (1Tessalonicenses 5:18-21); antes, revela, como ainda veremos brevemente, que ela sempre caracterizou, se não toda a igreja, uma parcela significativa desta, não sendo, nem de longe, um fenômeno estranho, como alguns insistem em desinformar as pessoas. A verdade é que, de sua obra de mais de 390 páginas, J. N. D. Kelly destaca que "o mais importante de tudo é o fato de que a igreja dos pais foi colocada no ambiente cultural complexo do Império Romano", e isso "significa que, embora fosse

---

1827 Ibid., p. 4 (grifo no original).

baseada em suas próprias fontes singulares de revelação, a teologia cristã não foi moldada dentro de um vácuo", isto é, a "atmosfera em que ela teve de crescer e se desenvolver estava repleta de noções religiosas, filosóficas e até teosóficas", tendo reagido "com violência contra algumas; e foi consciente ou inconscientemente afetada por outras".[1828] Assim, conforme abundantemente temos demonstrado até aqui, ou seja, desde o primeiro capítulo, a teologia é sempre tributária e fruto do seu tempo, e não apesar disso, mas justamente por isso, seu caráter é sempre provisório. Foi assim naquele tempo, durante toda a Idade Média, no período da Reforma Protestante, na época pós-Reforma e desde sempre. A teologia cessacionista, com este nome, obviamente é datada. No entanto, em termos de etos, ou característica, sem dúvida, sempre se apresentou, e sob a mesma proposta escolástica de especialização, pois apenas alguns "iluminados" pensam *pela* e *para* a maioria, que, por seu turno, deve se contentar em "consumir" os ensinamentos e conteúdos produzidos por essa elite. No período intertestamentário e até início do primeiro século, conforme disseram Stronstad e Ruthven, a interpretação tomou o lugar do carisma. A sensação de domínio, a vaidade de ter as pessoas dependendo de si e também o amor à glória proporcionada pelo prestígio institucional foram empecilhos para que esses exegetas confessassem publicamente a fé em nosso Senhor Jesus Cristo (João 12:42-43). É curioso que teólogos protestantes cessacionistas, que defendem a "autoridade bíblica", colocando-a em contraposição à experiência com o Espírito Santo, sobretudo profecia, nunca mencionam o principal dom cultivado no protestantismo, que é o de mestre (Efésios 4:11). Não é sem importância observar que há instruções muito claras acerca do exercício do dom profético na liturgia (1Coríntios 14:29-33,39-40), e não por acaso há advertências graves acerca dos perigos de falsos ensinos na Bíblia (Tiago 3:1). Para quem conhece minimamente a trajetória da igreja, se for mencionar os problemas de heresias no transcurso da história, provenientes de falsos ensinos — praticamente todos da pena de teólogos/pensadores, mas não de carismáticos ou "profetas" —, será preciso escrever uma obra volumosa apenas para abordar os inúmeros casos. Aliás, esse tipo de material pode ser encontrado em abundância em língua portuguesa. Portanto, o problema não é a experiência com o Espírito Santo, mas o mau uso dos dons; também a questão não é o saber teológico, mas a que tipo de teologia nos referimos e

---

1828 Ibid., p. 5.

1130 | TEOLOGIA SISTEMÁTICO-CARISMÁTICA

também à sua forma de ensino. É justamente o que veremos agora e assim responderemos sobre a razão de o Espírito Santo ter sido, desde sempre, *propositadamente* esquecido.

Cessação ou contenção e extinção proposital das experiências com o Espírito Santo?

Como carismático-pentecostais, não raras vezes somos caricaturizados de forma pitoresca, folclórica e, no mínimo, exótica, por cientistas da religião. Quanto a isso, nada a dizer, pois a maioria não é cristã e, portanto, não conhece o evangelho e Deus, no sentido em que já temos exposto o conceito de "conhecer", na perspectiva que as Escrituras nos mostram, de que, sendo aqui redundantes, temos experiência e que conhecemos. Todavia, é preciso reconhecer quando cientistas da religião conseguem exprimir de maneira assertiva algum fenômeno. O holandês Jacobus Johannes van der Leeuw, mais conhecido pelas iniciais, ou abreviações, J. J. van der Leeuw, apesar de não ser cientista da religião, mas um pensador teosofista pertencente à Igreja Católica liberal, acerta em cheio, quando no início do capítulo 6 de seu clássico *A dramática história da fé cristã*, publicado originariamente em 1927, afirma que "Todo grande movimento começa com a inspiração e acaba no dogma" e diz que tal se passou "com a História da Fé Cristã".[1829] E o autor assim se pronuncia em razão de que a "crença no Espírito Santo e sua atividade é uma das mais fundamentais realidades do cristianismo", visto ser esse "o modo pelo qual Deus Se manifesta no homem [sendo] o Seu sagrado Alento (τὸ Πνεῦμα τὸ Ἅγιον, *Spiritus Sanctus*), o Prodigalizador da Vida, o Espírito de Verdade, a verdadeira inspiração (*inspirare*: inspirar)". O Espírito Santo "em Pentecostes [...] tornou-se manifesto aos discípulos, impelindo-os a obras miraculosas, inspirando-os e auxiliando-os" com o "conhecimento de coisas que ultrapassam a percepção humana comum, a orientação em assuntos espirituais e materiais, a realização de milagres, o dom de falar em línguas não conhecidas por quem as fala[;] tudo isso e muito mais eram e são manifestações do Espírito Santo no ser humano e respostas do Paráclito ao seu apelo".[1830] Ele diz corretamente, mesmo não sendo ortodoxo ou carismático-pentecostal. Essa é a mesma opinião do teólogo conservador, historiador e especialista

---

1829 LEEUW, J. J. van der. *A dramática história da fé cristã: desde seu início até a morte de Santo Agostinho* (São Paulo: Pensamento, 1987), p. 59.

1830 Ibid., p. 28.

em patrística Oskar Skarsaune, ao dizer que, "para os primeiros crentes, a presença do Espírito Santo em seu meio era uma experiência avassaladora que aparece refletida em quase todas as páginas do NT", ou seja, o "Espírito era o grande dom e bênção que Deus prometera derramar sobre 'toda carne' nos últimos dias" e "agora esses 'últimos dias' haviam chegado". E é justamente por isso que, ao se comparar tal "entusiasmo carismático do primeiro século com a ênfase do segundo século nas estruturas e na organização eclesiásticas, vários especialistas chegaram à conclusão de que o fervor espiritual da primeira geração esfriara bem depressa e fora substituída por outras preocupações".[1831] Na verdade, em "relação ao Espírito, isso significa que os dons carismáticos espontâneos foram substituídos por ministérios organizados; em vez da participação voluntária de toda a congregação nos cultos, surgiu uma liturgia fixa monopolizada pelo clero profissional; a expectativa e a prática de sinais e milagres desapareceram".[1832] Para o mesmo teólogo norueguês, tal descrição é um exagero, uma vez "que as realidades históricas mostram-nos um quadro muito mais nuançado", isto é, se "compulsarmos as fontes eclesiásticas do segundo e do terceiro séculos, encontraremos crentes que, a todo o momento de sua experiência na fé e em sua vida de cristãos, provaram o mover do Espírito e de sua força geradora de vida".[1833] Contudo, é preciso admitir que, paulatinamente, tal característica carismática foi arrefecendo e deixando de ser uma marca de identificação dos que professavam a fé cristã, e a crença cognitiva foi se tornando obrigatória e definidora, isto é, o dogma foi ocupando o lugar da "inspiração":

> Assim entramos agora num período da Fé Cristã que mostra o surgimento da doutrina formulada da teologia. Este desenvolvimento foi apressado, por um lado, pelos ataques e perseguições de um mundo hostil, que precisava escrever apologias refutando acusações e falsidades e declarando quais as crenças realmente professadas pelos cristãos; e, por outro lado, pelas heresiologias que, ao refutar "as heresias" ou falsas doutrinas, tiveram de declarar qual era a verdadeira doutrina ou ortodoxia. Com respeito à primeira, era inevitável — visto circularem as mais incríveis calúnias e falsas concepções sobre a jovem religião e

---

1831 Skarsaune, Oskar. *À sombra do templo: as influências do judaísmo no cristianismo primitivo*, 1. ed., 2. reimpr. (São Paulo: Vida, 2004), p. 353.

1832 Ibid., p. 353-4.

1833 Ibid., p. 354.

1132 | TEOLOGIA SISTEMÁTICO-CARISMÁTICA

seus adeptos — que estes, mais tarde, em defesa própria, tentassem demonstrar aos adversários a injustiça de seus ataques e, ao mesmo tempo, declarar o que realmente eram as crenças cristãs e por que as professavam. Assim, o cristianismo, pela primeira vez, foi forçado a cristalizar suas doutrinas e a formular intelectualmente suas crenças. Enquanto a nova fé não era atacada, era suficiente uma crença vaga nos ensinamentos de Cristo, mas, quando os inimigos começaram a perguntar por que tais crenças eram professadas e o que eram realmente, cada homem que levava a sério a própria religião teve de elaborar uma decisão, de alguma espécie, com relação a ela. Os ataques conduzem sempre à consolidação e à definição de uma crença, e as perseguições por que passaram os cristãos não apenas fortaleceram a Igreja e a fé de seus membros, como favoreceram o surgimento de uma teologia cristã. Sob certos aspectos, esta era uma vantagem duvidosa, pois com o nascimento da teologia e do dogma apareceram a intolerância e o sectarismo — o culto à forma em vez do culto ao espírito. Foi este o caso, mais ainda com respeito às heresiologias, em que os defensores da ortodoxia enumeravam as assim chamadas heresias. Quando os ataques de fora necessitavam apenas de uma declaração geral sobre o que era o cristianismo, e que ensinamentos Cristo dera aos homens, a refutação das heresias fazia nascer argumentos teológicos abstrusos e sutilezas de definição metafísica. É uma pena que esta parte da teologia cristã tenha nascido não da inspiração, mas da refutação; seu caráter era defensivo e negativo e faltava-lhe aquele elemento construtivo que poderia torná-la um ensinamento vivo.[1834]

Evidentemente que não concordamos com Van der Leeuw em diversos aspectos, sobretudo doutrinários, incluindo suas descrições, contudo é preciso reconhecer que há elementos presentes em sua argumentação que estão corretos e merecem ponderação de nossa parte. Muitas particularidades que aparecem em seu argumento foram consideradas nos capítulos anteriores, sendo desnecessário torná-las objeto de discussão novamente. Não podemos, porém, deixar de perceber que sua apreciação coaduna-se, por exemplo, com as informações históricas acerca do "surgimento" da teologia no âmbito cristão, que o método escolástico, tal como afirmou Hans von Campenhausen, modificou completamente a maneira de produzir e articular

---

1834 Leeuw. *A dramática história da fé cristã*, p. 60-1.

teologia, promovendo, ao mesmo tempo, a especialização de poucos e a exclusão da maioria, extinguindo com isso a operação espontânea do Espírito, conforme dito por Roger Stronstad e Jon Ruthven. Acrescente-se um dado interessantíssimo, que é o fato de que tais produções são frutos de reações, e não de iniciativas proativas e "inspiradas", isto é, elas não nasceram de uma motivação doxológica e espontânea, mas belicosa e defensiva, muitas vezes só sendo mesmo para antagonizar (ainda que tal postura, conforme já dissemos nos primeiros dois capítulos, fosse necessária). Quando tais documentos, que foram escritos mais "para os de fora", se cristalizaram no contexto cristão, conforme já falamos no capítulo 2, e eles não eram essencialmente bíblicos, mas filosóficos, não sendo também qualquer filosofia, mas uma que privilegiava o que para eles seria a "essência divina" (que foi concebida pelos gregos como algo fixo, estático, imutável, impassível etc.), de acordo com o que repetimos no capítulo anterior, o resultado foi a aniquilação da espontaneidade do Espírito Santo, que, como não poderia deixar de ser, não tinha nenhum compromisso com tais arrazoados e agia independentemente do que fora dito e teorizado acerca de Deus. Conforme acabamos de ver com J. N. D. Kelly, havia clara falta de uniformidade no pensamento patrístico, em diversas áreas, mas especificamente em relação à espiritualidade, comparando-se, por exemplo, duas vertentes teológicas, a de Tertuliano e Ireneu com a de Clemente e Orígenes. J. J. van der Leeuw, falando a respeito de Clemente de Alexandria, informa, conforme também já falamos, que ele foi "um ateniense de nascimento que se havia convertido ao cristianismo e, assim, combinara em sua pessoa a nobreza da cultura grega com a profundidade da Fé Cristã", ou seja, até aí nenhuma novidade, uma vez que "muitos haviam passado da filosofia grega para o cristianismo, mas poucos foram capazes, como Clemente, de realizar uma síntese da filosofia e da cultura grega com as doutrinas e a ética da Igreja Cristã". Portanto, "a teologia por ele constituída era uma estrutura viva, nascida da fé e da inspiração, não de uma defesa contra ataques nem uma refutação de heresias; era a revelação de uma Verdade Viva".[1835] Nas palavras do mesmo autor, os "escritos teológicos de Clemente eram o resultado de sua íntima experiência espiritual e pairam muito acima das sutilezas intelectuais ou argumentos defensivos daqueles teólogos cujo dogmatismo nascia não da inspiração, e sim da irritação".[1836] Ainda que discordando totalmente da

1835 Ibid., p. 64.
1836 Ibid., p. 65.

1134 | TEOLOGIA SISTEMÁTICO-CARISMÁTICA

perspectiva gnóstica de Van der Leeuw, pois a entendemos como uma visão errônea da inspiração e da gnose postuladas por Clemente de Alexandria e Orígenes e evidenciadas na produção teológica dos teólogos místicos e pais orientais da igreja, por outro lado, informa o historiador e teólogo cristão estadunidense Jaroslav Pelikan:

> A relação entre gnosticismo que temos examinado e a "gnose cristã" de Clemente e de Orígenes é consideravelmente mais ambígua. Não só porque o termo "gnóstico", especialmente em Clemente, foi usado como um título para o intelectual cristão, mas porque esses teólogos alexandrinos compartilhavam muitas das ideias que estivemos descrevendo. Algumas passagens dos escritos de Clemente sugerem a preexistência da alma humana, e a doutrina de Orígenes de uma queda pré-histórica da essência para a existência apresenta mais que afinidades formais com o mito gnóstico da descida cosmológica. Orígenes, de forma mais geral, parece ter compartilhado as pressuposições gnósticas de que "os eventos temporais são uma imagem do que acontece no mundo de puros espíritos" [...], que determinou sua forma de interpretar a história bíblica. A escatologia de Orígenes lembrava a ascensão soteriológica do ensinamento gnóstico. Para ele, a alma também tinha descido de uma condição puramente espiritual e, no fim, seria restaurada a essa condição; isso se aplicava a todos os espíritos, até mesmo do demônio. Finalmente, ninguém deixa de se lembrar do gnosticismo quando lê a declaração de Clemente de ter uma tradição secreta, não publicada no Novo Testamento nem conhecida pelas pessoas comuns; um de seus termos para essa tradição secreta era "gnose". Com base nesse substancial corpo de ensinamentos em comum entre o gnosticismo e o pensamento dos teólogos alexandrinos, seria justificado considerar Clemente e Orígenes como a ala direita do gnosticismo cristão, em vez de como a ala esquerda da ortodoxia cristã?[1837]

O mesmo autor responde dizendo que, a despeito de "atraente", tal hipótese não possui a mínima condição de ser afirmativa, pois, a exemplo do que dissemos na seção em que tratamos da atuação do Espírito Santo no Antigo Testamento e das semelhanças que existem entre os relatos e expressões de Israel e as demais civilizações do antigo Oriente Médio, o mesmo se aplica aos

---

1837 PELIKAN, Jaroslav. *A tradição cristã: uma história do desenvolvimento da doutrina: o surgimento da tradição católica: 100-600* (São Paulo: Shedd, 2014), vol. 1, p. 113.

CAPÍTULO 4 – Pneumatologia | 1135

conceitos e expressões da gnose do gnosticismo pagão e da vertente teológica de Clemente e Orígenes, isto é, trata-se de similaridades nomenclaturais, mas completamente distintas do ponto de vista conceitual. "Não obstante, o gnosticismo, em cada um dos pontos que resumimos, servia como um lembrete do que os teólogos da igreja, incluindo Clemente e Orígenes, podiam estar inclinados a esquecer", observa oportunamente Jaroslav Pelikan. Este diz que, por exemplo, os "mitos acerca do abismo divino contrabalançavam a simplificação excessiva implícita na doutrina da impassibilidade divina, que parecia reduzir o paradoxo da misericórdia e da ira a uma fórmula racional". Portanto, a despeito de, como sabemos, o gnosticismo cristão ter sido rejeitado, acrescenta o mesmo autor, "ele também representou um sério esforço para lidar com questões da doutrina cristã das quais nenhum teólogo, quer ortodoxo, quer herege, podia escapar".[1838] E é justamente esse conceito — a impassibilidade divina —, tomado da filosofia grega, que ainda persiste na teologia, que trouxe grandes problemas para a experiência com o Espírito Santo. Por um lado, no fato "implícito na percepção bíblica de Deus como o Criador [temos] a afirmação de sua independência soberana: Deus não dependia de suas criaturas como elas dependiam dele"; por outro, "os profetas, em sua afirmação da liberdade de Deus, enfatizaram ao mesmo tempo seu envolvimento em amor e ira com o povo da aliança". Logo, "a doutrina do Antigo Testamento da liberdade soberana de Deus não poderia ser análoga à doutrina filosófica da impassibilidade divina (*apatheia*, gr.)", explica Pelikan, "o que significava, antes de tudo, que Deus estava livre das mudanças e dos sofrimentos que caracterizavam a vida e os sentimentos humanos, embora, de forma derivativa, também possa significar impassividade — que Deus era indiferente às mudanças e aos sofrimentos do homem".[1839] Como vimos no capítulo anterior, tal pensamento encontra guarida em teologias fatalistas que partem dos atributos filosóficos gregos para as Escrituras. Contudo, se partirmos das Escrituras em si, é simplesmente impossível ostentar tal pensamento acerca de Deus. Não à toa, ressalta Pelikan, "os teólogos cristãos registravam costumeiramente a doutrina da impassibilidade de Deus como um axioma, sem se incomodar em fornecer muito apoio bíblico ou prova teológica para isso", ou seja, a "doutrina do caráter absoluto e da impassibilidade de Deus

1838 Ibid., p. 114.
1839 Ibid., p. 71.

1136 | TEOLOGIA SISTEMÁTICO-CARISMÁTICA

veio formar uma das pressuposições das questões trinitarianas e cristológicas", diz o mesmo autor. Pelikan ainda acrescenta que, não obstante o fato de que o "axioma da impassibilidade de Deus não exigisse uma prova bíblica convencional, uma passagem do Antigo Testamento serviu como o texto-prova para as discussões cristãs de ontologia: 'Eu sou o que Sou' (Êx 3.14) — a palavra vinda da sarça ardente".[1840] Uma vez que já tratamos desse assunto no capítulo anterior e trabalhamos, inclusive, o referido texto veterotestamentário, para os propósitos da tradição carismático-pentecostal torna-se relevante saber que "Dídimo, o Cego, tomou como certo que o Espírito Santo, como Deus, tinha de ser 'impassível, indivisível e imutável'".[1841] Tal colocação, ao mesmo tempo que representava um avanço — pois naquele momento histórico ainda não se articulava teologicamente a personalidade do Espírito Santo, isto é, sua divindade e pessoalidade —, de alguma maneira, assim como Deus não se "move", muitos passaram a defender a mesma ideia a respeito do Espírito Santo.

> A proposição afirmativa de que Deus se relaciona conosco de modo transcendente está correta e purifica falsas imagens de Deus. Contudo, não nos parece correto afirmar que Deus não possa relacionar-se conosco de outra maneira. Não podemos limitar a liberdade de Deus para manifestar-se e relacionar-se com suas criaturas. Além do mais, isso implicaria negar as religiões históricas e, concretamente, o judeo-cristianismo. Se a relação com Deus é meramente transcendental, não somente os grandes sábios e profetas de Israel ficam privados de sentido, mas também a própria encarnação de Jesus. Jesus seria um ser humano a mais, que teria consciência de ser um filho de Deus como todos nós, não o Filho unigênito do Pai, concebido pelo Espírito Santo. Em Jesus existe algo mais que a tomada de consciência da criaturalidade humana: ele é Filho único de Deus; a encarnação é um acontecimento salvífico; Deus entrou em nossa história; Deus sempre acompanha seu povo (Sl 23); visitou e redimiu seu povo (Lc 2.68). E esta comunicação categorial de Deus se prolonga ao longo da história. Deus se comunica com sua criatura, como afirmam os místicos de todos os tempos, e isto precisamente através de seu Espírito. O Pai do céu dá o Espírito aos que lho pedem (Lc 11.13).[1842]

1840 Ibid., p. 71, 73.

1841 Ibid., p. 72. Dídimo, o Cego. *Tratado sobre el Espíritu Santo*, Biblioteca de Patrística (Madrid: Ciudad Nueva, 1997).

1842 Codina. *"Não extingais o Espírito" (1Ts 5,19)*, p. 14-5.

CAPÍTULO 4 – Pneumatologia | 1137

Evidentemente que tal "comunicação do Espírito acontece através de mediações criaturais, com suas concreções e limitações humanas, psicológicas, culturais e ideológicas, que necessitarão, portanto, ser sempre interpretadas com uma hermenêutica correta", afirma o teólogo Víctor Codina. Este converge com Alister McGrath, que disse que a experiência busca se expressar e também "exige um critério pelo qual possa ser julgada".[1843] Contudo, o mais importante é "o fato de que Deus se nos comunica pessoalmente e que esta comunicação de Deus se faz no Espírito".[1844] Todavia, é fato que, quanto mais institucional tornava-se o movimento dos do Caminho, mais formalidades eram constituídas, e menos se parecia com um movimento e mais com uma organização. Evidentemente que estamos falando de um período posterior ao século 2 e referimo-nos à face majoritária da igreja, sem considerar os inúmeros grupos que, conforme observa o teólogo anglicano, crítico literário, historiador, poeta e romancista inglês Charles Williams, nasceram em decorrência do fato de o Espírito Santo ter se "manifestado perante as nações: aos cidadãos das regiões da Líbia em volta de Cirene, aos estrangeiros de Roma e aos demais". Isso quer dizer que "Antes que qualquer uma das missões oficiais começasse, os milhares de dispersos cidadãos que naquele dia captaram algo da visão e ouviram algo da doutrina, e que até — alguns deles — haviam sido convencidos pela visão e doutrina a submeter-se ao Rito, ao batismo, haviam voltado para suas terras, se não ainda como missionários, certamente como testemunhas". Portanto, o "Espírito serviu-se de seus próprios meios para fundar e difundir a cristandade antes que um único passo apostólico houvesse sido dado para deixar Jerusalém".[1845] E a espontaneidade nascida desse poder que invadiu o cenáculo, capacitando os quase 120 discípulos de nosso Senhor Jesus Cristo, irradiou por todos os lugares onde a mensagem do evangelho era anunciada, dando origem a um movimento crescente (Atos 2:1-13; 17:6), que a partir daquele dia cumpre um papel dentro da história da salvação, na economia divina, de reverter a situação apresentada em Gênesis 11:1-10, quando da construção da infortunada Torre de Babel, um imenso zigurate cujo intento era autoafirmação e domínio, fazendo que a humanidade se sentisse novamente como parte do todo. Portanto, se "essa

---

1843 McGRATH. *A gênese da doutrina*, p. 40.

1844 CODINA. *"Não extingais o Espírito" (1Ts 5,19)*, p. 15.

1845 WILLIAMS, Charles. *A descida da pomba: uma breve história do Espírito Santo na igreja* (São Paulo: Mundo Cristão, 2019), p. 21.

comparação é plausível, a Bíblia afirma que somente o Espírito é a verdadeira força de coesão entre os seres humanos", ou seja, nenhuma ideologia é capaz de promover tal união, visto que, por mais bem-intencionada que esta seja, acaba por coagir alguém, pois o "poder humano centralizador divide e oprime, sem gerar unidade". Entretanto, "em Pentecostes, cada um compreende o outro na língua dele", mostrando que a "Igreja nasce como lugar onde é possível um diálogo, onde é valorizada a unidade na diversidade", cumprindo "a promessa profética", fazendo que se realize "o início de uma nova humanidade".[1846] E não poderia ser diferente, uma vez que o evangelho é uma mensagem universal e perene, não bairrista ou circunstancial, não sendo gerada de forma ideológica ou religiosa, mas revelacional. É o que igualmente diz Charles Williams ao registrar que tal "obra era a regeneração da humanidade", expressão que, segundo ele, "com demasiada frequência, perdeu sua força", mas que "seria recuperada", pois os "apóstolos começaram a gerar a humanidade novamente".[1847] Portanto, o anúncio é parte do processo de salvação da humanidade, bem como do universo, mas ele desafia estruturas e religiões que se pretendem inquestionáveis, e que apenas dominam, pois não é meramente um discurso ou uma "teologia". Justamente por isso, como já dissemos, tal missão jamais poderia ser realizada apenas na coragem natural humana; requeria-se uma capacitação carismática:

> Naquela época, de fato, a Igreja parece ter-se movido numa nuvem de portentos, como se o padrão exato da Glória fosse por certo tempo vislumbrado. Não apenas os seus ritos mais formais e centrais — o batismo e a eucaristia — foram preservados e difundidos e dados como garantia sacramental aos convertidos. Como se a Ascensão do Messias houvesse aberto o céu, como se a Descida do Paracleto houvesse revelado o céu, as línguas e os hábitos do céu pareceram, por alguns anos, algumas décadas, pairar no seio da Igreja de uma forma não mais percebida desde aquele tempo a não ser de modo ocasional ou individual. Houve curas milagrosas e até destruições milagrosas. Naquela primeira visão e realização plena, os crentes permutavam poderes entre si. Como em outras grandes experiências, o senso fundamental dessa experiência renovava energias mais que mortais. Naquele tempo o

---

1846 CASALEGNO, Alberto. *Ler os Atos dos Apóstolos: estudo da teologia lucana da missão* (São Paulo: Loyola, 2005), p. 114.

1847 WILLIAMS. *A descida da pomba*, p. 22.

CAPÍTULO 4 – Pneumatologia | 1139

Espírito enviava "por meio de cada um poder dobrado além de suas funções e seus ofícios". E esse poder era reconhecido e aceito. "Depois da eucaristia, certas pessoas inspiradas começavam a pregar e manifestar perante a assembleia a presença do espírito que as animava. Os profetas, os extáticos, os falantes em línguas, os intérpretes, os curadores sobrenaturais, absorviam nessa hora a atenção dos fiéis. Havia, por assim dizer, uma liturgia do Espírito Santo nos moldes da liturgia com a Presença Real e a comunhão. A inspiração podia ser sentida, provocando uma vibração pelos órgãos de certas pessoas privilegiadas, mas toda a assembleia ficava comovida, edificada e até mais ou menos extasiada por ela, e era transportada para a esfera divina do Paracleto."[1848]

É oportuno ressaltar o que desejamos que seja percebido do trecho citado: a atmosfera espiritual descrita por um autor não carismático que, citando o teólogo católico francês Louis Duchesne, em sua obra *Christian Worship*, publicada em 1904, tratando acerca da origem e evolução do culto cristão, especificamente do início da liturgia latina até a época de Carlos Magno, igualmente retrata, ou seja, ambos os autores completamente desinteressados acerca do assunto em relação a nós, carismático-pentecostais. Justamente por isso, os referidos teólogos falam do batismo e da eucaristia (a ceia do Senhor) como sacramentos e pronunciam a expressão "Presença Real", que alude à doutrina medieval da transubstanciação, processo, como se crê, levado a efeito na comunhão pelo Espírito Santo, porém todos aspectos estranhos à tradição carismático-pentecostal. Para nós, a *shekinah*, isto é, a "presença de Deus", ocorre em qualquer momento, pois é fruto da iniciativa divina, nada tendo que ver com uma ocasião ou invocação. O fato é que, conforme observa Charles Williams, ao se referir ao que acabou de ser descrito, tais "coisas desapareceriam aos poucos". Contudo, "havia profetas e falantes em línguas e mestres e assim por diante; sem dúvida o Deus Todo-Poderoso operava de maneira peculiar por meio de certos indivíduos".[1849] Em outras palavras, se de forma mais ampla ou na "corrente principal" podemos, sem dúvida, pensar em um arrefecimento e até extinção de tais manifestações carismáticas, não há hoje a menor desconfiança quanto à verdade de que elas nunca se extinguiram totalmente da vida de indivíduos e grupos marginais que, anacronicamente,

1848 Ibid., p. 29-30.
1849 Ibid., p. 30, 45.

1140 | TEOLOGIA SISTEMÁTICO-CARISMÁTICA

sempre foram "reformadores". Não é segredo o fato de que tal preocupação não era de natureza prioritariamente conteudista, mas, sim, espiritual, pois, conforme já citado no primeiro capítulo, de acordo com Hans von Campenhausen, a "Igreja Primitiva não se envolvia em questões teológicas",[1850] todavia, quando estas começaram a aparecer, andavam de mãos dadas com a espiritualidade. Apenas com o decorrer "dos séculos, efetuou-se uma crescente separação entre teologia e espiritualidade, chegando a uma verdadeira ruptura na Idade Média (no século 14, segundo F. Vandenbroucke), e que levou a um cisma entre uma teologia sumamente abstrata, especulativa e fria e uma espiritualidade devota, mas frequentemente infrateológica",[1851] informa o teólogo boliviano Víctor Codina. Tais pontos, falando em termos de nossa *terra brasilis*, são praticamente desconhecidos, pois aqui a teologia protestante e evangélica reduz a piedade à cognição de processar/lembrar "proposições corretas", de acordo com a ortodoxia reformada, restringindo a atividade do Espírito Santo, conforme dito por James Smith anteriormente. Com isso, anula a importante contribuição filosófica da fé de expressão pentecostal para uma filosofia cristã e, ao agir dessa maneira, acaba também anulando sua epistemologia carismática, que, como vimos com o teólogo pentecostal Bernardo Campos, opera a partir de uma inteligência espiritual, tal como professavam e pensavam os autores bíblicos neotestamentários com sua exegese carismática, e postulavam os teólogos alexandrinos Clemente e Orígenes, referidos por J. N. D. Kelly acima. Essa é uma linha da tradição de que nunca se ouve falar entre nós, contudo informa-nos Víctor Codina:

> Na época patrística e até o século 13, a teologia estava estreitamente ligada à pneumatologia, os grandes teólogos eram santos, a teologia era sapiencial, sagrada, uma reflexão sobre a Escritura e sobre a vida do Espírito presente na comunidade cristã. Tomava-se muito em consideração a oração e a liturgia como fonte de conhecimento teológico (*lex orandi, lex credendi*). A teologia dos Padres apostólicos (Inácio de Antioquia...), dos apologetas (Justino...), dos Padres da Igreja (Irineu, Cipriano, Ambrósio, Agostinho, Basílio, Gregório de Nissa e Gregório Nazianzeno, João Crisóstomo, João Damasceno...), dos grandes papas (Leão e Gregório Magno), a teologia monástica (Orígenes, Evágrio,

---

1850 CAMPENHAUSEN. *Os pais da igreja*, p. 15.
1851 CODINA. *"Não extingais o Espírito" (1Ts 5,19)*, p. 18.

CAPÍTULO 4 – Pneumatologia | 1141

Cassiano, Bernardo...), a primeira escolástica (Boaventura, Tomás de Aquino...) foram teologias pneumáticas, vivas, plenas de espiritualidade, nas quais a razão ficava transfigurada pela mística. A teologia era bíblica, uma reflexão espiritual sobre a Palavra de Deus, "lectio divina", "sacra pagina". A doutrina patrística medieval sobre os sentidos da Escritura (sentido literal ou histórico, sentido espiritual ou cristológico, sentido moral ou existencial e sentido escatológico) conferia à teologia uma profunda unidade centrada em Cristo, como estudou amplamente Henri de Lubac em seus trabalhos sobre exegese patrística e medieval.[1852]

O mesmo autor diz que tal "síntese foi-se paulatinamente corroendo e empobrecendo, e os sentidos da Escritura se dispersaram: a teologia dogmática desenvolveu a dimensão lógica e intelectual, científica (questões, sentenças, sumas); a moral concentrou-se em uma práxis desvinculada da Escritura; a Escritura limitou-se ao sentido literal, e perdeu-se a perspectiva escatológica", dando assim início ao "divórcio entre uma teologia especulativa e uma piedade cada vez mais devota e íntima, mas menos teológica".[1853] Tal informação foi dada muito antes por Paul Tillich ao explicar a quádrupla divisão da Idade Média, dizendo que a "atitude teológica, determinante de toda a Idade Média, foi o escolasticismo". Este nada mais era que a "explicação metodológica da doutrina cristã", considerando que o termo advém de "'escola' e significa 'filosofia da escola'", isto é, "filosofia segundo a maneira como era estudada na escola". Tillich lembra que, naquele momento histórico, a escola tinha estreita vinculação com a vida do dia a dia, não sendo, como atualmente, algo que "conota separação da vida e 'escolasticismo'", uma vez que ambos "não têm nada a ver com a realidade". Portanto, o "escolasticismo [só] foi deformado na última fase da Idade Média; mas a intenção verdadeira do escolasticismo era a interpretação teológica de todos os problemas da vida".[1854] Uma das principais limitações do escolasticismo, porém, desde sempre, é o seu caráter elitista, pois "a educação escolástica era dada apenas à pequena classe alta", pois os livros, sem exceção, "eram escritos em Latim, acessível apenas aos educadores", e o povo obviamente era iletrado, "não sabendo ler nem escrever". Todavia, o saber escolástico era levado ao povo

---

1852 Ibid., p. 18-9.
1853 Ibid., p. 19.
1854 Tillich. *História do pensamento cristão*, p. 146.

1142 | TEOLOGIA SISTEMÁTICO-CARISMÁTICA

de duas formas, informa o mesmo teólogo alemão, "pela participação nos ofícios religiosos, nas liturgias, nas pinturas, por meio da música e pelo recebimento de outras impressões sensoriais que não requerem grande atividade intelectual, mas comunicam o sentimento do numinoso e certa orientação moral". Convém ressalvar que isso não quer dizer "que essas coisas objetivas fossem realmente experiências pessoais", algo que coube ao misticismo proporcionar no período medieval, ao introduzir "a experiência pessoal na vida religiosa".[1855] Portanto, Paul Tillich diz que, infelizmente, a "teologia protestante não tem entendido o significado do misticismo desde Ritschl até a teologia barthiana", confundindo e equiparando a experiência mística cristã com crenças ocultistas. Contudo, "ao nos aproximarmos da Idade Média", completa o mesmo teólogo, ficamos cientes de que "os escolásticos eram místicos", isto é, todos, sem exceção, "experimentavam em suas vidas pessoais as coisas de que falavam", e era justamente isso "o que significava misticismo, originalmente, na escolástica", inexistindo qualquer "discrepância entre misticismo e escolasticismo".[1856] Essa é mais uma daquelas surpresas que aguardam os que não se contentam em repetir informações genéricas que são proferidas sem apresentação alguma das fontes e referenciais teóricos que embasam suas conclusões. Uma vez compreendendo que o "misticismo era a experiência da mensagem escolástica", ou seja, a "base do dogma era a união com o divino nas devoções, nas orações, na contemplação e nas práticas ascéticas", evita-se "cair no engano de eliminar o misticismo do cristianismo, reduzindo-o a mera crença intelectualizada e a simples amor moralista", como tem "acontecido depois que a escola de Ritschl começou a influenciar o protestantismo". Por isso mesmo, é erro crasso "identificar este misticismo com experiências de tipo abstrato ou absoluto em que o indivíduo desaparece no abismo da divindade". Portanto, fique claro que o "misticismo — chamado pelos protestantes ortodoxos de *unio mystica* — é a união imediata com Deus em sua presença", ou seja, até "para a ortodoxia, tratava-se da mais alta forma de relacionamento com Deus", sendo este o motivo pelo qual na "Idade Média, o misticismo não se separa do escolasticismo".[1857] Assim, na linha do *leitmotiv* que temos apresentado e defendido desde o início, informa-nos Víctor Codina:

1855 Ibid., p. 146-7.
1856 Ibid., p. 147.
1857 Ibid.

Na realidade, podemos afirmar que, sem experiência espiritual, não há teologia, e que toda verdadeira teologia nasce de uma experiência espiritual. Isto acontece já na Escritura. Todo o Antigo Testamento, com seus diversos gêneros literários, suas diferentes etapas e seus vários autores, é, fundamentalmente, uma contínua reflexão sobre a experiência espiritual fundante e do Êxodo. O Novo Testamento não é mais do que a reflexão teológica sobre a vivência cristológica pascal, sobre a morte e ressurreição de Jesus, iluminada através da teologia narrativa da experiência de sua vida, pregação, milagres e opções pelo Reino de Deus. A teologia patrística parte da experiência espiritual de uma Igreja-comunhão, e a teologia monástica, da experiência espiritual de deserto, com seus diversos matizes e variantes. A primeira escolástica nutre-se da experiência espiritual dos mendicantes franciscanos e dominicanos, e a teologia jesuítica — barroca e moderna — brota da experiência espiritual dos *Exercícios* inacianos.[1858]

Contudo, as referências tanto de Codina quanto de Tillich remontam ao período medieval, cuja datação de início varia entre 400 e 600, portanto uma época já relativamente "distante" da que pretendemos mencionar a fim de que fique claro o que temos ressaltado. Apesar de nosso interesse e da necessidade de que tal trabalho seja realizado, não há possibilidade alguma de analisar todas as partes de todos os documentos que mencionam a prática carismática nos primórdios de nossa era cristã, em meados do segundo século. Todavia, alguns poucos exemplos servirão para demonstrar quanto tais fenômenos e dons eram parte da realidade dos cristãos, não havendo "cessado com a morte do último apóstolo". Um dos exemplos clássicos vem do documento subapostólico, mas com tanta autoridade que alguns o incluíam no cânon neotestamentário, antes da aprovação definitiva dos 27 documentos atuais no segundo século. Trata-se do chamado *O pastor*, de Hermas, cuja data varia entre 140 e 150 da nossa era, citado por Eusébio de Cesareia em ao menos dois momentos: o primeiro, no livro 3, capítulo III, quando o referido historiador trata justamente do conteúdo do cânon e diz que, apesar de este documento ser questionado por alguns, pelo fato de parecer que Paulo menciona o autor, Hermas, ou Hermes, em Romanos 16:14, ele é reputado por outros como "muito útil, especialmente para os que necessitam de instrução elementar. Por esse motivo, sabemos que já tem uso público em igrejas, e vejo, pela tradição, que alguns dos autores

---

1858 Codina. *"Não extingais o Espírito" (1 Ts 5,19)*, p. 19-20 (grifo no original).

mais antigos fizeram uso dele".[1859] Mais à frente, no mesmo livro, porém no capítulo XXV, o referido historiador, no momento da apresentação do catálogo dos documentos inspirados, elenca *O pastor*, de Hermas, entre os documentos não canônicos.[1860] Esse, entretanto, não é o nosso foco, mas, sim, o fato de que Ireneu, Tertuliano (este posteriormente mudou de ideia), Clemente e Orígenes, por exemplo, tinham *O pastor*, de Hermas, como obra autoritativa. Jerônimo o reconhece como material instrutivo, e não é sem importância o documento constar no *Cânon muratoriano*, um manuscrito datado do século 8, "descoberto pelo sacerdote, polígrafo e historiador italiano Ludovico Antonio Muratori, que viveu entre 1672 e 1750", daí o seu nome. O referido "manuscrito contém uma lista (cânon) dos livros do NT, recebidos pela Igreja de Roma, por volta de 180-200 d.C.", faltando em tal cânon, comparando-o "ao atual cânon do NT", informa o teólogo Roque Frangiotti na introdução da obra *O pastor de Hermas*, "as epístolas de Tiago, aos Hebreus, a 3João, e 1 e 2Pedro, mas contém um Apocalipse de Pedro".[1861] Queremos, porém, chamar a atenção para o fato de quanto se fala acerca do Espírito Santo nesse documento, cujo estilo e gênero literário lembra muito a literatura apocalíptica. Com uma tríplice divisão, ele é composto por Visões (cinco), Mandamentos (doze) e Parábolas (dez), e encontramos, por exemplo, na quinta parábola, que "Deus fez habitar na carne que ele havia escolhido o Espírito Santo preexistente, que criou todas as coisas", e ainda, na nona parábola, que o Espírito Santo "é o Filho de Deus".[1862] Já adiantamos o fato de que nem tudo estava claro, teologicamente falando, no período patrístico e, pelo visto, nem no tempo subapostólico, por haver aqui uma confusão entre nosso Senhor Jesus Cristo e o Espírito Santo, sendo este um dado claro da razão de esse documento não fazer parte do cânon definitivo neotestamentário. Como o documento parece ser colocado como obra fruto da revelação, cabe perfeitamente lembrar as advertências que temos apontado e para as quais chamamos a atenção mais uma vez. Contudo, ele não parece nada com um charlatão ou falso profeta, cujo intento seja manipular as pessoas, bastando observar o que instrui em seu Décimo Primeiro Mandamento, cuja longa citação achamos oportuna:

1859 Eusébio. *História eclesiástica*, livro 3, cap. 3, p. 80.

1860 Ibid., p. 103-4.

1861 Frangiotti, Roque. "Introdução" in: "O pastor de Hermas" in: *Padres apostólicos*, 1. ed., 6. reimpr. (São Paulo: Paulus, 2014), p. 164.

1862 Hermas. "O pastor de Hermas" in: *Padres apostólicos*, 1. ed., 6. reimpr. (São Paulo: Paulus, 2014), Quinta Parábola, 59.5; Nona Parábola, 78.1, p. 227, 244.

43. [1]Ele me mostrou homens assentados num banco e outro homem sentado numa poltrona. E me disse: "Vês as pessoas sentadas no banco?" Eu respondi: "Sim, senhor." Ele explicou: "Esses são fiéis, e o que está sentado na poltrona é falso profeta, que corrompe a inteligência dos que duvidam, e não dos fiéis. [2]Aqueles que duvidam vão até ele como adivinho e lhe perguntam o que lhes acontecerá. Então, esse falso profeta, sem ter em si nenhum poder do espírito divino, responde-lhes segundo o que perguntam e segundo seus maus desejos, satisfazendo-lhes a alma com o que desejam. [3]Sendo vazio ele próprio, dá respostas vãs a homens vãos. Seja qual for a pergunta, ele responde conforme a vaidade do interrogador. Também diz coisas verdadeiras, pois o diabo o enche com o seu espírito, a fim de dobrar algum justo. [4]Contudo, os fortes na fé do Senhor, revestidos de verdade, não aderem aos espíritos maus, mas se afastam deles. Por outro lado, os vacilantes e que mudam constantemente de opinião, consultam os adivinhos como os pagãos, e carregam-se de pecado maior que o dos idólatras. Com efeito, quem faz consulta a um falso profeta sobre alguma coisa, é idólatra, vazio da verdade e insensato. [5]De fato, todo espírito dado por Deus não se deixa interrogar, mas, possuindo força da divindade, diz tudo espontaneamente, porque vem do alto, do poder do espírito divino. [6]Ao invés, o espírito que se deixa interrogar e que fala conforme o desejo dos homens, é terreno e leviano, porque não tem nenhum poder. Se não é interrogado, não diz nada." [7]Eu lhe perguntei: "Senhor, como saber quem deles é verdadeiro e quem é falso profeta?" Ele respondeu: "Escuta o que estou para te dizer sobre ambos os profetas, e então discernirás o verdadeiro do falso profeta. Discerne pela vida o homem que tem o espírito divino. [8]Em primeiro lugar, quem tem o espírito que vem do alto, é calmo, sereno e humilde. Ele se abstém de todo o mal e de todo desejo vão deste mundo; ele se considera inferior a todos e, quando interrogado, nada responde a ninguém e não fala em particular. O Espírito Santo não fala quando o homem quer, mas só quando Deus quer que ele fale. [9]Quando um homem, que tem o espírito de Deus, entra numa assembleia de homens justos, crentes no espírito divino, e nessa assembleia de homens justos se suplica a Deus, então o anjo do espírito profético que está junto dele plenifica esse homem, e ele, pleno do Espírito Santo, fala à multidão conforme quer o Senhor. [10]É desse modo que se manifesta o espírito da divindade. Tal é o poder do Senhor sobre o espírito da divindade.

1146 | TEOLOGIA SISTEMÁTICO-CARISMÁTICA

[11]Escuta agora a respeito do espírito terreno e vão, que não tem poder e é insensato. [12]Primeiro, tal homem, que julga possuir o espírito, exalta-se a si mesmo, quer ter o primeiro lugar, e logo se apresenta descaradamente, imprudente e loquaz. Vive em meio a muitas delícias e muitos outros prazeres, e aceita pagamento por sua profecia. Quando nada recebe, também não profetiza. Poderia um espírito divino receber pagamento para profetizar? Não é possível que o profeta de Deus aja desse modo; o espírito desses profetas é terreno. [13]Além disso, ele não se aproxima da assembleia de homens justos para nada, mas foge deles. Ele se une aos vacilantes e vãos, e profetiza para eles à parte. Engana-os, falando-lhes coisas vazias, conforme o que desejam, pois responde para gente vazia. Um vaso vazio quando bate em outro vaso vazio não quebra, apenas ressoam mutuamente. [14]Quando o falso profeta entra em assembleia repleta de homens justos, portadores do espírito da divindade, se eles começam a rezar, tal homem se esvazia e o espírito terrestre, tomado de medo, foge dele. Tal homem emudece, completamente desorientado e incapaz de falar. [15]Se armazenas óleo e vinho num depósito e aí colocas uma vasilha vazia, quando quiseres desocupar o depósito, encontrarás vazia essa vasilha. Igualmente acontece com os profetas vazios, quando entram em meio aos espíritos dos justos: da mesma forma que entraram, assim são encontrados. [16]Aí tens a vida dos dois tipos de profeta. Examina, portanto, o homem que se diz portador do espírito, a partir de seus atos e de sua vida. [17]Quanto a ti, crê no espírito que vem de Deus e tem poder, mas não creias no espírito terrestre e vazio, porque nele não existe poder. Ele vem do diabo. [18]Escuta a parábola que vou te contar. Pega uma pedra e atira para o céu. Vê se podes atingi-lo. Ou então pega um tubo de água e atira o jato para o céu. Vê se és capaz de furar o céu." [19]Eu perguntei: "Senhor, como se pode fazer isso? As duas coisas que disseste são impossíveis!" Ele respondeu: "Assim como essas coisas são impossíveis, também os espíritos terrestres são impotentes e fracos. [20]Toma agora a força que vem do alto. O granizo é grão pequenino, mas, quando cai sobre a cabeça de uma pessoa, que dano lhe causa! Ou então, pega a gota de água, que cai do telhado no chão e fura a pedra. [21]Vês, portanto, que as melhores coisas que caem do alto sobre a terra têm grande força. Da mesma forma, o espírito divino que vem do alto é poderoso. Crê, portanto, nesse espírito e afasta-se do outro."[1863]

1863 Ibid., Décimo Primeiro Mandamento, 43.1-21, p. 209-211.

CAPÍTULO 4 – Pneumatologia | 1147

O exposto indica claramente uma profusão do dom carismático da profecia entre os cristãos de meados do segundo século, pois do contrário não haveria necessidade alguma de instrução nesse sentido. E nem de longe é um documento único, pois, ainda mais antigo que este, temos o *Didaquê*, o primeiro "manual de educação cristã" da igreja, datado de aproximadamente 70 a 120, conquanto as últimas pesquisas apontem para um período entre 80 e 90 do século primeiro da era cristã, também dividido em quatro partes, considerando o seu epílogo — A. Os dois caminhos (parte doutrinal ou discipuladora, capítulos 1—6), B. Celebração da vida (parte litúrgica, capítulos 7—10), C. Vida comunitária (parte prático-carismática, capítulos 11—15) e D. Perseverar até o fim (epílogo escatológico, capítulo 16). Sua terceira parte contém regras muito claras a respeito do tratamento que deve ser dado a pregadores, tanto aos que ensinam quanto aos que profetizam, bem como a forma de identificar se estes são, ou não, da parte de Deus. É feita alusão a um *corpus* doutrinário, "o que foi dito antes", embora o verdadeiro critério para tal reconhecimento de um falso ensino seja um conteúdo que "destrói" e promove "injustiça", o qual é contrário ao que o verdadeiro ensino cristão deve promover, ou seja, "estabelecer a justiça e o conhecimento do Senhor", devendo quem assim procede ser recebido como se fosse o próprio nosso Senhor Jesus Cristo. Os apóstolos e profetas que procederem de acordo com o princípio do evangelho devem ser recebidos dessa maneira, e o apóstolo não deve ficar mais que um dia ou dois na casa dos irmãos, pois, se permanecer "por três dias, é um falso profeta", afirma o documento, o qual adverte ainda que, quando de sua partida, não deve igualmente "levar nada, a não ser o pão necessário até o lugar em que for parar", ou seja, caso ele peça algum "dinheiro, é um falso profeta".[1864] Finalmente, o manual instrui de forma direta as pessoas que estas não "coloquem à prova", nem julguem, "um profeta que em tudo fala sob a inspiração", ou seja, em êxtase proporcionado pela ação da *presença extraordinária* do Espírito Santo, "pois todo pecado será perdoado, mas esse não será perdoado". Convém ainda estar ciente de que "Nem todo aquele que fala inspirado é profeta, a não ser que viva como o Senhor", e, assim procedendo, eles estarão aptos a reconhecer e distinguir "o falso e o verdadeiro profeta".[1865] É preciso compreender que o que Paulo diz em 1Coríntios 14:29, acerca do "julgamento" das profecias que são proferidas

---

1864 "Didaquê" in: *Padres apostólicos*, 1. ed., 6. reimpr. (São Paulo: Paulus, 2014), C. Vida comunitária, 11.1-6, p. 354-5.
1865 Ibid., *Vida comunitária*, 11.7-8, p. 355.

1148 | TEOLOGIA SISTEMÁTICO-CARISMÁTICA

durante um culto, não significa um salvo-conduto para desfeita, increduli-dade, desdém, deboche, mas é algo a ser feito com discernimento e temor, por pessoas nascidas de novo, portanto salvas por nosso Senhor Jesus Cristo, que possuem experiência com Deus e com o Espírito Santo, pois achar que alguém que afirma crer nas Escrituras, mas não acredita na contemporaneidade dos dons, está apto a proceder a tal avaliação é um erro, já que se parte do princípio de que esse fenômeno não mais se apresenta nos dias hodiernos, sendo, por isso mesmo, espúrio, fruto de delírio, perturbação mental ou representação. É pre-ciso não perder de vista que as regras são muito claras a respeito da avaliação do exercício desse dom, ou seja, se por um lado são inegáveis os cuidados com os enganos, por outro, a atitude cessacionista também é perigosa e proibida, ou seja, um simples e rápido olhar nas epístolas paulinas mostra os perigos e exces-sos que rondam tanto uma quanto outra posição (1Tessalonicenses 5:19-20; 1Coríntios 14:1ss). Todavia, não se pode ignorar a verdade de que a ordem é imperativa e peremptória quanto a *não* apagar o Espírito e *não* desprezar as profecias, ao passo que os excessos no exercício dos dons devem ser corrigidos com entendimento e zelo, mas não se afirma que os dons não devem ter lugar e espaço; antes, sua busca é incentivada (1Coríntios 14:26-33).

É justamente por causa desses dados e entendimento que podemos segura-mente dizer "que os pentecostais e carismáticos têm uma história legítima" e que, considerando suas caraterísticas, podemos afirmar que se trata de "uma história encontrada nos vários movimentos de avivamento e renovo que sempre surgiram na vida da Igreja". Todavia, pelo fato de "terem sido frequentemente condenados e marginalizados pela igreja institucional, sua história tem sido ocultada ou mal interpretada" e, por isso mesmo, com-pleta o mesmo historiador e teólogo estadunidense, Eddie Hyatt, existe uma necessidade premente de que tal "história" seja "descoberta e plenamente recuperada".[1866] Esse imprescindível exercício revisionista não aconteceu ao

---

1866 HYATT, Eddie. *2000 anos de cristianismo carismático: um olhar do século 21 na história da igreja a partir de uma perspectiva carismático-pentecostal* (Natal: Carisma, 2018), p. 21. Dois excelentes trabalhos que relatam esses aspectos caros à tradição carismático-pentecostal são: ENSLEY, Diácono Eddie. *Sons de milagres: vinte séculos de oração em línguas e culto vivo na tradição católica* (Campinas: Ecclesiae, 2017). Esse livro, apesar de pequeno, é muito rico e fundamentado em seus relatos, sendo o autor um ex-presbiteriano que foi orientado, tanto academicamente quanto espiritualmente, pelo teólogo carismático-pentecostal Rodman Williams, tendo, então, tido a experiência glossolálica. Hoje é diácono católico romano, e a referida obra foi prefaciada, e muito bem recomendada, pelo historiador e teólogo pentecostal es-tadunidense Vinson Synan. TANQUEREY, Adolphe. *Compêndio de teologia ascética e mística* (Campinas: Ecclesiae, 2018).

CAPÍTULO 4 – Pneumatologia | 1149

alvedrio da tradição carismático-pentecostal, isto é, ele não se tornou uma realidade por iniciativa de algum historiador, ou teólogo, da nossa tradição, mas partiu de pesquisadores que, estudando outros aspectos, acabaram descobrindo, de maneira transversal, uma profusão desses grupos que cultivavam as experiências carismáticas, mas que, estranhamente, inexistem para os grandes e tradicionais historiadores que nem sequer os mencionam, nem mesmo para censurá-los. Um único exemplo ilustra o ponto. Trata-se da importante obra *História ecumênica da igreja*, que, apesar da proposta, nem sequer menciona a tradição carismático-pentecostal, demonstrando claramente que mesmo iniciativas com uma composição plural, envolvendo pesquisadores católicos e protestantes, com três volumes, abrangendo o último deles o período que vai "Da Revolução Francesa até 1989",[1867] sem cerimônia alguma, não hesitam em ignorá-la solenemente. Tal postura impressiona pelo simples fato de que, independentemente do que se pensa acerca da tradição carismático-pentecostal, se não houvesse nada a ser "teologicamente" considerado, o tamanho, ou melhor, a quantidade de adeptos já justificaria, mesmo que fosse uma simples menção. Todavia, nem isso ocorre. Qual conclusão podemos tirar disso? Se hoje, com essa quantidade absurda de adeptos, quando até mesmo cientistas da religião, chamados de "pesquisadores seculares", dedicam-se ao estudo das diversas facetas da tradição carismático-pentecostal, visto ser esse um fenômeno social e religioso que impressiona, historiadores cristãos não se intimidam de nos invisibilizar, que dirá em uma época em que não havia qualquer espécie de averiguação e supervisão crítica de sua historiografia. É assim que, conforme hoje sabemos, a história não é o que alguém escreve, pois não apenas a seleção dos fatos, mas também a escolha das fontes dependem completamente de uma decisão subjetiva, ou preferencial, de quem pesquisa e escreve. Isso sem contar a dificuldade inerente e a quase impossibilidade de transformar em palavras o que aconteceu na realidade. Daí que o relato histórico é sempre a construção narrativa, e esta, como já vimos e hoje é ponto pacífico, nunca é um relato fidedigno, pois este é simplesmente impossível, ou seja, o que é dito nada mais é do que uma interpretação do fato, e tal interpretação depende de quem está relatando/narrando. O que estamos dizendo é simplesmente a mais pura expressão do que atualmente é

1867 Kaufmann, Thomas; Kottje, Raymund; Moeller, Bernd; Wolf, Hubert (orgs.). *História ecumênica da igreja 3: da Revolução Francesa até 1989* (São Paulo/São Leopoldo: Loyola/Paulus/Sinodal, 2017).

1150 | TEOLOGIA SISTEMÁTICO-CARISMÁTICA

pensado na ciência historiográfica, sem qualquer juízo de valor de nossa parte. Portanto, independentemente do lado, isto é, seja continuísta, seja continuacionista, seja cessacionista, a interpretação histórica dependerá das fontes que consultarmos e do tratamento que dermos a elas.[1868] É o caso de Montano e, consequentemente, do montanismo, que vamos agora considerar, sob a perspectiva do historiador pentecostal Emílio Conde:

> Cerca do ano 156, Montano, natural de Arbadau, Frígia, um dos que sofriam pela decadência da igreja, comparando o estado atual com a vida abundante dos primeiros dias, e vendo as heresias rondando, e sentindo a falta da manifestação do Espírito Santo (um dom característico na vida da primeira igreja), e temendo o perigo decorrente das inovações que já haviam entrado no rebanho do Senhor, tomou atitude de protesto contra as tendências seculares que operavam dentro daquela que outrora fora a igreja apostólica. De tal atitude resultou a organização de um movimento reformador, que deu ênfase à dispensação e à manifestação do Espírito Santo, juntando a isso o desejo de possuírem o dom de profecia, e a graça de pregarem com poder o fim próximo de todas as coisas. Este movimento, pelo seu caráter elevado e nobre e pela atitude rigorosa que tomou contra a onda de mundanismo que ameaçava a vida da igreja, teve a simpatia e o apoio da parte sã que suspirava pelos ensinos puros e simples que fizeram a grandeza da igreja apostólica. O formalismo, entretanto, havia tomado pé firme: os que tinham posições elevadas na igreja e usurpado o lugar do Espírito Santo endureceram seus corações e resistiram ao movimento renovador que tentava salvar a assembleia dos grilhões do legalismo organizado. Apesar de o legalismo contar com todas as forças para o combate, o movimento foi vitorioso: muitos abandonaram a

---

1868 Ao lidar com a história em geral e, particularmente, com a que se propõe falar do cristianismo, da igreja, da teologia ou do pensamento cristão, tenho sempre em mente a explicação do historiador Justo González: "Há várias décadas, comecei a publicar uma *História do pensamento cristão* em três volumes, que possivelmente seja conhecida por alguns dos meus leitores das páginas seguintes. Ao escrever esse livro, tive o firme propósito de oferecer o que, na época, era o consenso entre os historiadores, mais do que minhas próprias interpretações, que, em todo o caso, não difeririam muito desse consenso. Com o correr dos anos, no entanto, fui percebendo que não há algo assim como uma história objetiva, na qual as perspectivas e os interesses do historiador não afetem o transcurso e o conteúdo da narração. E mais, ao reler aquele livro, que pretendia tratar apenas do consenso dos historiadores, comecei a ver que, de muitas formas, ele refletia minhas próprias opiniões, preocupações e perspectivas" (*Retorno à história do pensamento cristão* [São Paulo: Hagnos, 2011], p. 5).

igreja que fora apostólica e ficaram com os reformadores, e o avivamento teve sanção divina, pois sobre eles foi derramado o Espírito Santo: falavam em línguas, segundo o testemunho que Tertuliano dá. Na Ásia, onde teve origem, esse movimento floresceu, estendeu-se e alcançou a África, onde vamos encontrá-lo no tempo de Agostinho, cerca do ano 400.[1869]

É possível que alguém, corretamente, ache muito otimista a visão do montanismo apresentada por Emílio Conde, visto ele ser pentecostal clássico, sendo melhor voltar-se para a "fonte original" que fala de Montano e, consequentemente, retrata o movimento, que é a obra clássica *História eclesiástica*, de Eusébio de Cesareia. Nela, o autor diz que o "inimigo da Igreja de Deus é o grande adversário de toda bondade, o promotor do mal. Não omitindo método algum para tramar contra os homens, ele voltou a agir, provocando o surgimento de novas heresias contra a Igreja". Eusébio diz, na sequência, que "algumas delas insinuaram-se como répteis venenosos na Ásia e na Frígia, alegando que Montano era o Paráclito, e que duas mulheres que o seguiam, Priscila e Maximila, eram profetisas de Montano".[1870] No capítulo XVI, Eusébio passa a citar a descrição de Montano e do montanismo, na perspectiva de Apolinário de Hierápolis, cuja obra em questão não chegou até nós, e só sabemos dela por meio desses trechos citados na *História eclesiástica*. Isso significa que não temos acesso à referida obra em que o autor citado por Eusébio critica e censura Montano, dizendo "haver certa vila da Mísia na Frígia, chamada Ardaba", e que neste lugar, afirma Apolinário de Hierápolis, "dizem, um dos conversos recentes de nome Montano, quando Crato era procônsul na Ásia, tendo na alma excessivo desejo de assumir a liderança, [deu] ao adversário ocasião para atacá-lo". Por isso mesmo, "foi arrebatado no espírito, sendo levado a certo tipo de frenesi e êxtase irregular, delirando, falando e pronunciando coisas estranhas e proclamando que era contrário às instituições que prevaleciam na Igreja, conforme transmitidas e mantidas em sucessão desde os primórdios".[1871] O que vemos é que não foi igualmente Apolinário quem presenciou, mas terceiros, tendo Eusébio, por seu turno, tomado a descrição do primeiro, isto é, ambos não tiveram contato direto.

1869 CONDE. *O testemunho dos séculos*, p. 27-8.
1870 EUSÉBIO. *História eclesiástica*, livro 5, cap. XIV, p. 180.
1871 Ibid., livro 5, cap. XVI, p. 182.

1152 | TEOLOGIA SISTEMÁTICO-CARISMÁTICA

Quanto a isso, não há problema algum. Contudo, é importante observar algumas questões de *background* que seguramente a maioria dos leitores não sabe. A primeira delas é que no período de Montano "o institucionalismo dominava cada vez mais a vida e o ministério da Igreja", e, como é sabido, tal "ênfase na organização, ou sua superestimação, sempre vem à custa da vida e da liberdade do Espírito", afirma Eddie Hyatt, acrescentando que, justamente por isso, o "professor James L. Ash diz que praticamente todo historiador do cristianismo concorda que a institucionalização da igreja primitiva foi acompanhada pelo esmorecimento dos dons carismáticos".[1872] Tal "movimento em direção ao institucionalismo na igreja primitiva surgiu como um meio de defesa contra a perseguição do Estado e constrição do erro por parte das seitas heréticas, como o gnosticismo e o marcionismo". Todavia, ao "reagir a esses erros, a igreja formalizou o culto e centralizou o poder no bispo", sendo o processo tão danoso que tal "movimento em direção à estrutura organizacional trouxe à tona uma mudança até mesmo no significado da palavra 'bispo'".[1873] Consideraremos esse tema detidamente no capítulo 9 ao tratar de eclesiologia, sendo interessante, para os nossos propósitos neste capítulo de pneumatologia, o inegável fato de que

> a história demonstra que essa tendência institucional reivindicada por Inácio continuou, culminando no eclesiasticismo da Igreja Católica Romana medieval e no seu bispo monárquico. Isso significou que as formas rituais e de cargos valorizavam-se mais que as experiências pessoais e espirituais. Isso também significou que as manifestações espontâneas do Espírito Santo se tornaram cada vez menos desejáveis, ainda mais para quem tinha alguma autoridade. É por esse motivo que Ash declara, em resposta à noção popular de que os dons carismáticos foram substituídos pelo Cânon do Novo Testamento, que "foram os bispos que rejeitaram as profecias, e não o Cânon".[1874]

Óbvio como é, apesar da necessidade e até da inevitabilidade da institucionalização, isso não impediu que as pessoas continuassem recebendo dons e

---

1872 HYATT. *2000 anos de cristianismo carismático*, p. 43.

1873 Ibid., p. 43-4.

1874 Ibid., p. 45. A frase citada por Eddie Hyatt tem a seguinte referência: ASH JR., James L. "The decline of ecstatic prophecy in the early church", *Theological Studies* 37 (Woodstock, 1976), p. 228.

CAPÍTULO 4 – Pneumatologia | 1153

tendo experiências carismáticas com o Espírito Santo e, ao mesmo tempo, proporcionou as condições para que líderes eclesiásticos, sem o devido preparo carismático, ou dom espiritual, ascendessem. Todavia, estes, mesmo alçados à posição de liderança, sentiam-se "incomodados com a alegação de comunhão direta com Deus" por parte dos não oficiais, tendo esse problema atingido o seu ápice "na última metade do segundo século, quando Montano começou a reafirmar a importância dos dons espirituais na igreja, particularmente o dom de profecia".[1875] Até então, não havia dúvida alguma da normalidade dessas experiências e fenômenos na igreja dos séculos 1 e 2, que, como já sabemos, não era uma instituição, mas um seguimento, um corpo, um organismo vivo que deveria, antes de qualquer coisa, ser conhecido como legítimo responsável pela continuidade da obra iniciada e efetuada por nosso Senhor Jesus Cristo, capacitado e empoderado pelo Espírito Santo, conforme Lucas 4:1-36. Assim como os carismáticos do período veterotestamentário, os discípulos precisaram do mesmo recebimento de poder do Espírito Santo para levar a efeito sua missão dentro da história da salvação (cf. Atos 2). Contudo, uma vez mudados os critérios para separação ministerial, uma arbitrariedade, diga-se de passagem, era preciso estancar tal fonte revelatória e independente de poder, fazendo que tais "representantes oficiais" fossem os únicos autorizados e, portanto, portadores do Espírito Santo. Como isso poderia ser feito, sem que eles demonstrassem que esse era o caso e de forma a reputar qualquer experiência legítima como inválida e espúria? A pista está justamente em Eusébio de Cesareia, mas não necessariamente, ou apenas, em sua obra *História eclesiástica*, e sim em sua ligação com o poder imperial. "O súbito avanço do cristianismo durante o reinado de Constantino (*Edito de Milão*, 313) teve muito a ver com a recepção no Oriente de todos os livros do Novo Testamento", informa o teólogo Milton Fischer, dizendo ainda que, depois que "o imperador incumbiu Eusébio com a tarefa de preparar 'cinquenta exemplares das Escrituras Divinas', o historiador, plenamente a par de quais eram os livros sagrados, pelos quais muitos crentes estavam prontos a sacrificar a própria vida, na verdade estabeleceu o padrão que deu reconhecimento a todos os livros que antes eram disputados".[1876] Até aí, tudo bem, porém o mesmo teólogo acrescenta outra informação a respeito do assunto,

---

1875 Ibid.
1876 FISCHER. "O cânon do Novo Testamento" in: COMFORT (org.). *A origem da Bíblia*, p. 95.

dizendo que "Em certo sentido, o movimento de Montano, que foi declarado herético pela igreja de seus dias (meados do século 2), serviu de impulso para o reconhecimento de um cânon concluso da Palavra de Deus", isso pelo simples fato de que, de acordo com o mesmo autor, tal "herege ensinava que o dom profético foi permanentemente concedido à Igreja, sendo que ele mesmo era um profeta".[1877] Em termos diretos, foi justamente a "urgência para lidar com o montanismo [que] intensificou a busca por uma autoridade básica". Portanto, "a autoria ou a aprovação apostólica tornaram-se reconhecidas como o único padrão seguro para a identificação da revelação de Deus", valendo tal critério até "mesmo dentro do registro das Escrituras, [ou seja] os profetas do primeiro século eram subordinados e sujeitos à autoridade apostólica (*vide*, por exemplo, 1Co 14.29,30; Ef 4.11)".[1878] Tal informação, do fechamento do cânon, também por causa do montanismo, mas não só, é confirmada pelo teólogo e biblista Julio Trebolle Barrera.[1879]

Alguém pode estar observando: "Mas essa questão se deu no século 4, e Montano e o montanismo são de meados para o fim do século 2, ou seja, uma coisa nada tem que ver com a outra, pois tal movimento já havia se extinguido". Engana-se quem assim pensa, pois, como disse o teólogo Oskar Skarsaune, o institucionalismo não era uniforme, pois sempre existiram grupos, ainda que pequenos, que cultivavam a experiência com o Espírito Santo. Além do mais, quando lideranças ilegítimas, cujos interesses pessoais estão acima de qualquer coisa, sentem-se ameaçadas, elas fazem coalizões (João 11:47-52), deixam de perseguir diretamente e apelam para a piedade fingida, criando fantasmas ou espantalhos, pois assim conseguem interditar as pessoas e deslegitimar o movimento. Tais táticas e estratégias são antigas. Portanto, ninguém se engane, o montanismo foi "um movimento espiritual que retirou-se da igreja que dizia possuir o Evangelho histórico mas que não possuía o Evangelho prático, vivo, poderoso e completo", afirma o apóstolo da imprensa pentecostal brasileira, observando que, não obstante "esse movimento trazer em si algumas ideias que pendiam para o ascetismo, que mais tarde se cristalizaram num sistema monástico, somos forçados a identificá-lo com o mesmo caráter do Pentecoste". Portanto, devemos afirmar, "como disse

---

1877 Ibid., p. 95-6.

1878 Ibid., p. 96 (grifo no original).

1879 BARRERA, Julio Trebolle. *A Bíblia judaica e a Bíblia cristã: introdução à história da Bíblia* (Petrópolis: Vozes, 1999), p. 294.

CAPÍTULO 4 – Pneumatologia | 1155

o historiador Williston Walker: 'Este foi um movimento de origem distintamente cristã'".[1880] Assim, caso o montanismo realmente tivesse se extinguido,
o poder imperial não se preocuparia em se unir com a igreja oficial para coibir
manifestações espirituais e vice-versa. A coisa ficou ainda mais complicada
com a adesão de Tertuliano, um dos pais latinos da igreja, ou seja, ocidental,
pois, de acordo com Campenhausen, o "movimento não possuía conteúdo
religioso e originalidade suficientes para prevalecer por sua própria força",[1881]
cabendo ao grande teólogo tal papel. Foi quando retornou "a Cartágena"
que Tertuliano "entrou em contato com o avivamento montanista: estudou
a sua forma, investigou a sua origem, comparou-a com o cristianismo que
conhecera em Roma, e achou grande diferença entre os dois", pois, como "um
homem sincero, fez severa crítica à igreja oficial e, no ano 207, rompeu com
ela, identificando-se com o avivamento, e tornando-se um dos seus maiores
apologistas", colocando assim "todo o seu talento [...] ao serviço da reforma
que se operava e se tornava necessária".[1882] Na opinião de Emílio Conde, a
"maior obra de Tertuliano foi escrita sob o ponto de vista montanista ou
reformado, e isto muito animou e fez crescer o florescente movimento de
revivificação espiritual que foi iniciado no ano de 156, e durou até o fim
do quarto século", período em que o cânon neotestamentário fora fechado.
Portanto, o "Movimento montanista, como já dissemos, tinha uma visão
real da pessoa do Espírito Santo, e da sua relação com o Pai e com o Filho,
sem prejudicar a ideia da Trindade; envolvia, também, a doutrina de uma
dispensação especial do mesmo Espírito, com as manifestações de entusiasmo
espiritual, visíveis, com todos os 'dons'". Por isso, não temos dúvida "de que
se esse avivamento aparecesse em nossos dias, seria tachado de seita pentecostal, seita sem escrúpulos, grupos de fanáticos, visionários, e tantos outros
depreciativos".[1883] O apóstolo da imprensa pentecostal defende que possivelmente "este avivamento ainda fosse ativo e forte no quarto século, quando
Agostinho escreveu: 'Nós faremos o que os apóstolos fizeram quando impuse-
ram as mãos sobre os samaritanos, pedindo que o Espírito Santo caísse sobre
eles: esperamos que os convertidos falem novas línguas'". Por isso, segundo
Emílio Conde, é a "Tertuliano [que] devemos tudo quanto sabemos sobre

---

1880 CONDE. *O testemunho dos séculos*, p. 28-9.
1881 CAMPENHAUSEN. *Os pais da igreja*, p. 200.
1882 CONDE. *O testemunho dos séculos*, p. 29.
1883 Ibid., p. 29-30.

as manifestações do Espírito Santo e as línguas que assinalam o movimento descrito".[1884] Como a avaliação do montanismo pelo autor pentecostal contrasta com a apreciação tradicional de Eusébio e dos teólogos reformados, a pergunta torna-se inevitável: Por quê?

> Uma vez que o Império Romano aceitou o cristianismo como religião oficial, abriu-se o caminho para a possibilidade de uma compreensão fortemente positiva do relacionamento entre a fé cristã e a cultura secular. É preciso ressaltar que essa abordagem teria sido impossível no período inicial da história cristã, quando a igreja sofreu forte oposição das autoridades seculares. A aceitação da igreja como religião oficial do Império Romano trouxe consigo certos privilégios. Os bispos, com isso, foram vistos como pessoas de importância, passando a utilizar símbolos romanos de hierarquia como indicação de seu novo *status* social. Também provocou o surgimento do que foi muitas vezes chamado de "teologia imperial", isto é, uma abordagem à teologia e espiritualidade que via Roma como a nova Jerusalém, ocupando um papel divinamente instituído no governo do mundo.[1885]

Este *modus operandi*, como já vimos, com os sacerdotes que se aliaram aos reis em Israel no período do reino dividido, bem como igualmente Anás e Caifás fizeram nos dias de nosso Senhor Jesus Cristo, agora é repetido pela liderança da Igreja oficial e culminou em não poucos problemas. Um deles, talvez o pior, é que, conforme informa Gregory Miller, por volta "de 400 d.C., a Igreja já não era mais uma minoria *perseguida*, mas uma maioria que *perseguia*", pois nessa altura os "pais eclesiásticos [já] tinham lutado com muitas questões críticas, uma forte estrutura institucional tinha sido construída e boa parte da cosmovisão cristã já estava formada".[1886] Obviamente que tal quadro não começou assim, mas foi a simpatia nutrida por pessoas, lá atrás, como a do autor de *História eclesiástica*, que respondeu positivamente ao aceno do poder imperial, que ajudou a criar a plataforma de corrupção que tomou conta da igreja posteriormente. De acordo com Alister McGrath,

---

1884 Ibid., p. 30.

1885 McGrath. *Uma introdução à espiritualidade cristã*, p. 50.

1886 Miller, Gregory J. "Vozes do passado: tentativas históricas para formar um pensamento cristão" in: Palmer, Michael D. (org.). *Panorama do pensamento cristão* (Rio de Janeiro: CPAD, 2001), p. 113 (grifo no original).

CAPÍTULO 4 – Pneumatologia | 1157

a "'teologia imperial' era especialmente ligada a Eusébio de Cesareia", e tal "teologia via o Império Romano como o clímax dos propósitos redentores de Deus", pois "com a conversão do imperador romano Constantino no século 4 inaugurou-se uma nova era na história cristã", levando certos "autores cristãos, mais notadamente Eusébio de Cesareia (c. 260-c. 340)", a retratar "Constantino como instrumento escolhido por Deus para a conversão do império", conclusão que trouxe posteriormente prejuízos, pois a "'teologia de Roma' de Eusébio parece ter tido profundo impacto sobre o pensamento cristão nesse período crucial, principalmente por tornar Roma praticamente imune à reflexão crítica por parte de autores cristãos".[1887] E foi justamente por isso que, aludindo à mesma obra de Apolinário de Hierápolis, que critica o montanismo, Eusébio diz que, "depois de se pronunciar sobre outras questões em refutação dessas falsas predições de Maximila, ele indica igualmente a época em que escreveu isso e também menciona as declarações dela em que predizia que haveria guerras e convulsões políticas".[1888] E na sequência afirma que tais profecias são falsas, pois conforme o questionamento de Apolinário de Hierápolis, citado por Eusébio de Cesareia: "'Por acaso', diz ele, 'a falsidade disso não se tornou manifesta? Pois já há mais de treze anos desde que a mulher morreu e nem houve uma guerra parcial ou geral; antes, pela misericórdia de Deus, paz contínua para os cristãos'", escreve o autor citado "no segundo livro".[1889] Portanto, é com o pensamento triunfalista do casamento da igreja com o poder imperial que o pesquisador deve avaliar a crítica de Eusébio ao montanismo, isto é, este é o *background* correto para se lerem as críticas negativas do famoso historiador a respeito do montanismo, e não estritamente algum escrúpulo ou cuidado doutrinário. Mesmo porque, informa Jaroslav Pelikan, "é importante observar que o conteúdo central dessas visões, revelações, profecias e sonhos não era doutrinal, mas ético", pois o próprio "Tertuliano insistiu que o Paracleto tinha vindo para estabelecer uma nova disciplina, não um novo ensinamento", ou seja, o "montanismo afirmou especificamente que os dons do Espírito estavam ausentes na igreja por conta de sua frouxidão moral",[1890] completa o autor. Mas, se realmente queremos compreender o montanismo de forma honesta, e não apenas como

---

1887 McGrath. *Uma introdução à espiritualidade cristã*, p. 50.
1888 Eusébio. *História eclesiástica*, livro 5, cap. XVI, p. 183-4.
1889 Ibid., p. 184.
1890 Pelikan. *A tradição cristã: uma história do desenvolvimento da doutrina*, vol. 1, p. 117.

1158 | TEOLOGIA SISTEMÁTICO-CARISMÁTICA

tem sido comum retratar o movimento e seu fundador, precisamos saber do que informa Pelikan, que, inclusive, não é carismático-pentecostal:

> A partir das nossas fontes, parece provável que Montano, quando foi pego em arrebatamento extático, falou do Paracleto na primeira pessoa: "Eu sou o Paracleto". De acordo com Epifânio, Montano disse: "Eu sou o Senhor Deus todo-poderoso que desceu em um homem" (Epif. *Haer.* 48.11 [*GCS* 31:233]); e mais uma vez: "Não foi um anjo nem um velho quem veio, mas eu, o Senhor Deus" (Epif. *Haer.* 48.11.9 [*GCS* 31:235]). Dídimo, o Cego, transmitiu outro oráculo que tinha ouvido e fora atribuído a Montano: "Eu sou o Pai e o Filho e o Paracleto" (Did. *Trin.* 3.41 [*PG* 39.984]). Alguns críticos posteriores do montanismo, com base nesses oráculos, foram levados a sustentar que Montano se identificava de uma maneira essencial com o Espírito Santo; daí, por exemplo, Cirilo de Jerusalém ter escrito que Montano "teve a audácia de dizer que ele mesmo era o Espírito Santo" (Cir. H. *Cateq.* 16.8 [Reischl-Rupp 2:214]). Mas uma comparação entre as declarações atribuídas a Montano a esse respeito e outras declarações parecidas, tanto cristãs quanto pagãs, daqueles que cultivavam a prática da fala extática poderia parecer indicar que essa interpretação não é exata. Pareceria, antes, que essas fórmulas expressam o senso de passividade como um instrumento ou porta-voz do divino que é característico dessa prática, não a pretensão a si mesmo por parte de um ser humano de reivindicar divindade. Epifânio também citou Montano, dizendo: "Veja, o homem é como uma lira" (Epif. *Haer.* 48.4.1 [*GCS* 31:224]). O que essa prática por fim se tornou no montanismo talvez seja assunto bem diferente, mas, no caso do próprio Montano e de seus sucessores imediatos, a conclusão mais provável poderia parecer ser que a prática tinha essa natureza instrumental.[1891]

Esse é um ponto imprescindível na avaliação do movimento e do próprio Montano, mas que praticamente não se ouve de quem se propõe a discutir o assunto, pois parte-se da própria visão, muitas vezes não apenas cessacionista, mas preconceituosa e discriminatória acerca do assunto, não sendo possível outro resultado senão anatematizar a prática, sem ao menos aventar a hipótese de que ela foi legítima e de que sua atuação realmente era levada a efeito pelo Espírito Santo. Nunca é demais relembrar o episódio de Atos 2:1-13 e

---

1891 Ibid., p. 118-9.

verificar que "todos" se maravilharam e, estupefatos, perguntavam entre si: "O que isso significa?", ou seja, não arriscavam emitir juízo algum de valor sem antes procurar inteirar-se melhor a respeito, porém, "outros", isto é, poucos, mas convictos — e sabemos quanto a "convicção" pode ser inimiga da lucidez e das coisas de Deus, pois o apóstolo Paulo, antes de se converter, era um "convicto" — emitiram o seu parecer de forma absoluta e deram o seguinte veredicto: "Estão cheios de vinho doce", ou seja, estão bêbados. Em vez de primeiramente procurar compreender o que ali se passava, acharam melhor, do alto de suas convicções pessoais, emitir esse juízo de valor que revela desconhecimento, falta de sensibilidade espiritual e muito preconceito religioso. Assim tem sido durante toda a história do drama humano. A tendência é anatematizar o que não se entende ou conhece, quando na realidade deve-se perguntar se as convicções pessoais e até mesmo as percepções bíblicas, sejam elas tradicionais (ou denominacionais), sejam elas individuais, não são passíveis de estar completamente erradas. Um pouco de boa vontade, disposição para ouvir e humildade não fazem mal a ninguém quando se trata de "julgamento" ou avaliação, sobretudo quando se lida com questões referentes ao que é sagrado, transcendente, isto é, que foge da esfera tangível e do racionalisticamente sondável. Nesses casos, é menos ruim errar por negligência do que por excesso. Na verdade, em casos como esse, ponderar acerca do que está diante de si não é propriamente negligência, mas prudência, daí que o excesso de convicção pessoal pode bem colocar a pessoa na posição de blasfema contra o Espírito Santo, algo imperdoável conforme revelou nosso Senhor Jesus Cristo (Marcos 3:28-30; Mateus 12:31,32). Há um aspecto dessa questão, especificamente do exercício profético não canônico, para o qual é preciso chamar a atenção. Que a profecia continua é um fato, pois o próprio "Novo Testamento deixa claro que seu objetivo é para 'edificação, exortação e consolação' (1Co 14:3) e não é infalível: 'E falem dois ou três profetas, e outros julguem' (1Co 14:29)", diz o biblista pentecostal Esequias Soares, acrescentando que tal "tipo de julgamento não existe nos oráculos dos profetas do Antigo Testamento nem nas profecias dos apóstolos registradas nas Escrituras neotestamentárias", visto que não existe alguém que esteja "autorizado a julgar a Palavra de Deus, pois isso exigiria de tal pessoa um juízo crítico perfeito".[1892] É digno, porém, de nota que o julgamento da

---

1892 SILVA. *O ministério profético na Bíblia*, p. 211.

1160 | TEOLOGIA SISTEMÁTICO-CARISMÁTICA

instrução paulina não sugere que este seja feito com base em alguma espécie de capacidade racional que todos dispõem, mas justamente o contrário, ou seja, é preciso haver o dom do discernimento, que também é um exercício carismático, operando a partir de outra noção de racionalidade, isto é, aqui precisa estar em ação a lógica da fé e a inteligência espiritual. Conquanto concordemos que "o dom de profecia é diferente" (em relação à profecia canônica), pois "ninguém está obrigado a obedecer a essa mensagem", visto ser "perfeitamente possível alguém se exceder entregando algo mais daquilo que o Espírito Santo mandou", e que, por isso, a "chancela de autoridade divina, como 'assim diz o Senhor', era muito comum no ministério profético do antigo Israel, [mas] não se aplica aqui", conclui o mesmo biblista: "Quando alguém profetiza usando essa expressão, ou dando ordem para o seu ouvinte, está demonstrando claramente que pretende manipular os irmãos, isso revela estar fora da direção de Deus".[1893] Contudo, é preciso observar que a profecia de Ágabo era verdadeira, sem ser canônica, muito embora ela não tivesse o intuito de mudar os planos divinos para o apóstolo, tendo sido interpretada erroneamente pelo profeta, vimos que ele falou e a proferiu em "nome do Espírito Santo" (Atos 21:10-14). Assim se dá com o montanismo e até nos dias atuais:

> Essa conclusão também é corroborada pelo fato de que por intermédio de Maximila, uma das profetisas, o Espírito falou: "Eu sou a Palavra [*rhêma*] e o Espírito e o Poder" (Eus. *H. e.* 5.16.17 [*GCS* 9:466]). Maximila não reivindicou essas prerrogativas para si mesma, mas para o Espírito que falava por seu intermédio. O caráter quase litúrgico da proclamação sugere que essa podia ser uma forma montanista peculiar da doutrina da Trindade. Nesse caso, a "Palavra" se referia ao Logos, com mais ênfase em sua natureza como a Palavra falada que nas conotações filosófica e cosmológica, em geral, implícitas no termo. Assim, "Poder" teria de se referir ao Pai. Mas o termo poder, em boa parte do uso cristão primitivo, em geral, estava conectado ao Espírito Santo (Herm. *Mand.* 11.17 [*SC* 53:196-6-98]; Atenag. *Leg.* 10.2 [Goodspeed, p. 324]); em uma passagem como a de Lucas 1.35, os dois termos parecem paralelos. A palavra "Pai", por sua vez, envolve poder na linguagem cristã, em particular nesses escritores que vieram a associar o título com a criação (Just. *1Apol.* 8.2 [Goodspeed, p. 30]),

---

1893 Ibid.

transformando Deus em o Pai do cosmos e de todos os homens, em vez de Pai do Senhor Jesus Cristo e, derivativamente, de todos os crentes. Existe a possibilidade de que essa fosse uma formulação trinitarista; não parece plausível que aqui o "Espírito esteja definindo a si mesmo com um termo genérico e com dois outros termos específicos" (Labriolle [1913] 1:69-71). No entanto, mais relevante é a percepção de que uma formulação como essa podia ter sido uma doutrina bem ortodoxa da Trindade da segunda metade do segundo século.[1894]

Considerando o fato de que, teologicamente falando, muitas coisas ainda estavam sendo definidas e as terminologias desenvolvidas, não há que se cobrar e requerer desse período o que hoje podemos exigir. O fato é que os que não creem da mesma forma que nós, certamente terão dificuldades para compreender o que queremos expressar ao dizer que "sentimos de Deus", "o Espírito Santo me revela", "Deus está falando" etc. Isso nada tem de heterodoxia e muito menos de desprezo pela suficiência das Escrituras, mas é simplesmente a forma como exprimimos nossas experiências com o Espírito Santo. Portanto, certamente Montano não se colocava como uma espécie de encarnação do Espírito Santo, embora posteriormente possa, sim, ter havido excessos por parte de adeptos do movimento, o que não significa que estes invalidam as experiências do montanismo e que não acontecia o mesmo do lado oficial e mais teológico, por assim dizer. Assim, à crítica que dizia que os montanistas ensinavam "que o Pai, o Filho e o Espírito Santo eram apenas modos sucessivos de manifestação do único Deus", ou seja, "a manifestação de Deus em Jesus como Filho teria sido seguida da manifestação do único Deus em Montano como Paracleto, uma manifestação de cada vez", respondeu o próprio Tertuliano. Pelikan informa: "A declaração mais poderosa do caso contra [tal] doutrina veio do montanista Tertuliano", especificamente do "seu tratado contra Práxeas", no qual "ele acusou esse presbítero romano de cometer dois erros: 'Ele jogou fora a profecia e introduziu a heresia; ele pôs o Paracleto para correr e crucificou o Pai' (Tert. *Prax.* 1.5 [*CCSL* 2:1159-60])".[1895] É exatamente isso que as pesquisas mostram. E o "tratado" de Tertuliano "era devotado a uma crítica da doutrina que falava do Pai sofrendo e sendo crucificado (Ag. Her. 41 [*CCSL* 46:308]); daí seu

---

1894 PELIKAN. *A tradição cristã: uma história do desenvolvimento da doutrina*, vol. 1, p. 119.
1895 Ibid., p. 120-1.

1162 | TEOLOGIA SISTEMÁTICO-CARISMÁTICA

nome final 'patripassianismo'". Foi justamente "Tertuliano que, escrevendo como montanista, atacou a doutrina da identidade entre o Pai e o Filho que alguns de seus irmãos montanistas estavam usando por fim como raciocínio teológico para o sistema deles". Portanto, como pode ser visto, havia "espaço para os partidários de ambas as variedades da teologia trinitária da seita montanista — contanto que eles não se casassem de novo após a morte da esposa".[1896] Como pode ser visto, os montanistas eram mais práticos que teóricos, suas questões giravam em torno da lassidão moral e ética reinante na igreja, não se atendo a discussões teológicas. Portanto, é exatamente por isso que a experiência carismática entre eles não poderia ser uma fonte de problemas doutrinários. Isso não significa que, eventualmente, algum problema doutrinário não pudesse surgir entre eles, mas, como estamos vendo e as pesquisas evidenciam, é entre os pensadores, teólogos e adeptos de um cristianismo cada vez mais cognitivo e cerebral que as heresias surgem, pois estes, no afã de provarem a racionalidade de suas crenças, acabam esvaziando o aspecto sobrenatural da fé, fazendo concessões que terminam por minar as Escrituras, uma vez que estas não se preocupam, nem por um momento, em provar o que afirmam e narram, mas tão somente se resumem a contar o fato, sem mostrar qualquer cuidado em arranjar datas, combinar expressões e uniformizar interpretações. Tal assim se dá, conforme já temos demonstrado, pelo simples fato de que elas se pautam pela lógica da fé e na dinâmica da revelação, não sendo produtos de planejamento humano. O que nos surpreende em nossa pesquisa a respeito do montanismo é que este também contribuiu para o desenvolvimento de uma das principais doutrinas da fé cristã:

> Em todo caso, o lugar crucial para um exame da relevância do montanismo para a história da doutrina da Trindade é Tertuliano. É correto dizer que "o que os adeptos individuais da nova profecia fizeram para a articulação teológica da doutrina da Trindade não veio do montanismo" (Bonwestsch [1881], p. 75)? Ou é mais exato sugerir que o montanismo ensinou Tertuliano a pensar no Paracleto em termos mais pessoais do que ele fazia em suas primeiras obras para que ele chegasse a uma doutrina da Trindade mais metafísica (Loofs [1930], p. 142)? A segunda alternativa, com determinadas reservas, parece preferível,

---

1896 Ibid., p. 121.

em parte por motivos totalmente cronológicos. Os primeiros escritos de Tertuliano tendiam a enfatizar o Pai e o Filho à custa do Espírito Santo (Tert. *Apol.* 21.11-14 [*CCSL* 1:124-25]); os escritos que datavam definitivamente do período montanista, por sua vez, continham uma doutrina da "Trindade" mais metafísica — parece que Tertuliano foi o primeiro teólogo a usar a palavra "Trindade" em latim (Tert. *Prax.* 3.1 [*CCSL* 2:1161]). A ênfase do montanismo no Espírito é a explicação dessa mudança que se sugere com mais insistência. Assim, a grande influência de Tertuliano na discussão trinitária subsequente poderia significar que — da mesma maneira que alguns montanistas sustentavam uma fórmula ingênua para a Trindade, compartilhada por outros cristãos — o montanismo de Tertuliano ajudou-o a ter percepções por meio das quais a igreja, no fim, transcendeu essa fórmula e desenvolveu uma doutrina da Trindade mais consistente.[1897]

Toda essa discussão que temos mantido até aqui acerca do montanismo é praticamente desconhecida por parte da maioria dos teólogos da tradição carismático-pentecostal, que, seguindo a esteira do estabelecido pelo *mainstream* teológico, repete que se trata de um movimento espúrio, cheio de erros e desvios doutrinários, quando na verdade um dos critérios utilizados para aferir a ortodoxia da fé cristã é justamente o conceito da doutrina trinitariana, que, como pode ser visto, tem grande contribuição do montanismo em sua formulação. Isso se deu em razão de que, para quem tem experiência com o Espírito Santo, este deixa de ser um dado teórico e/ou conceitual. Por isso, "Mais crítica que a teoria montanista do papel do Espírito na Trindade era sua concepção do papel do Espírito na igreja, e foi nesse ponto que a principal batalha doutrinal teve início", pois o "montanismo declarava a inspiração sobrenatural por intermédio do Espírito Santo como a fonte de sua profecia e apontou o declínio moral da igreja como o principal motivo para ela ter perdido esse poder do Espírito".[1898] Qualquer membro mediano, não necessariamente teólogo, da tradição carismático-pentecostal já ouviu que o declínio das manifestações espirituais entre o movimento se deve justamente ao mesmo motivo daquele tempo. Tal verdade não era dita apenas pelos montanistas, mas, como o próprio Jarolasv Pelikan mostra, os "escritores mais ortodoxos do século 2 e até mesmo do século 3 sustentavam que essa

---

1897 Ibid.
1898 Ibid., p. 122.

1164 | TEOLOGIA SISTEMÁTICO-CARISMÁTICA

inspiração do Espírito Santo não só era possível, mas estava presente e ativa na igreja", conforme o mesmo teólogo referiu anteriormente ao aludir a outros autores patrísticos, como, por exemplo, Celso, Justino Mártir, Ireneu e Cipriano.[1899] A questão é que todos eles, a fim de "responder ao desafio do montanismo, não podiam adotar em grande parte de sua argumentação a abordagem de que a era da inspiração sobrenatural tinha passado", pois isso eles sabiam que não poderia ser provado, visto que todos atestavam tal verdade. Por isso, dentre "os principais críticos do montanismo, não havia um esforço para desacreditar o caráter sobrenatural da nova profecia". Em vez disso, tais "críticos afirmavam que os ataques extáticos dos montanistas, na verdade, eram de origem sobrenatural, mas afirmavam que o sobrenatural envolvido não era o Espírito Santo de Deus, mas espíritos demoníacos (ap. Eus. *H. e.* 5.16.8 [*GCS* 9:462])". Conforme citamos anteriormente da própria obra de Eusébio de Cesareia, todavia, completa Jaroslav Pelikan, "o declínio da profecia genuína e do funcionamento extraordinário do Espírito entre as fileiras da igreja católica tendiam a reduzir a efetividade dessa acusação de que a profecia dos montanistas era uma pseudoprofecia porque sua fonte sobrenatural era demoníaca".[1900] Não é mera coincidência o fato de que é exatamente isso que é dito da tradição carismático-pentecostal, com o agravante de que temos uma caminhada de mais de um século de existência, sem contar as omissões propositais dos grupos místico-carismáticos ao longo dos mais de dois mil anos de história do cristianismo, e que hoje sabemos o porquê do real motivo de tal ainda ser feito, mesmo com todo o contingente carismático-pentecostal ao redor do mundo. É assim que, informa o mesmo autor:

> Havia outra maneira de satisfazer as implicações doutrinais do desafio montanista e, no longo prazo, foi esse caminho que a ortodoxia adotou. O primeiro porta-voz articulado desse ponto de vista de que há registro foi Hipólito de Roma, contemporâneo de Tertuliano. Aparentemente, ele reconhecia que a fraqueza que o montanismo tinha descoberto na igreja estava no conceito proposto pela própria igreja de uma profecia contínua (Hip. *Dan.* 4.18.3 [*GCS* 1-I:230]). Esse conceito era uma peça com uma escatologia vívida; pois o apocalíptico,

---

1899 Ibid., p. 122, 116.
1900 Ibid., p. 122.

CAPÍTULO 4 – Pneumatologia | 1165

como seu próprio nome sugere, tem sempre o que significa "revelação", trouxe com ele a noção de revelação complementar, por meio da qual os apocaliptistas, entre outras coisas, estão convencidos de que o fim realmente chegou (Hip. *Dan.* 4.19.3 [*GCS* 1-I:234]). Hipólito, de forma mais consistente que a maioria dos escritores antimontanistas estavam dispostos a fazer, sujeitou a questão à própria fundação do movimento montanista. Ele era mais franco que a maioria de seus contemporâneos em admitir que a igreja não estava necessariamente vivendo nos últimos tempos (Hip. *Dan.* 4.18.7 [*GCS* 1-I:232]) e, em oposição ao montanismo, defendia o processo por meio do qual a igreja começava a se reconciliar com o adiamento da segunda vinda do Senhor. Conforme ele puxava o tempo da segunda vinda para o futuro, também puxava o tempo da profecia para o passado (Hip. *Antic.* 31 [*GCS* 1-II:20-21]). Isso tinha terminado com o apóstolo João, cujo Apocalipse Hipólito sustentou ser a última profecia válida vinda do Espírito Santo (Hip. *Antic.* 47-48 [*GCS* II:30]). E embora João tenha sido designado a declarar a inspiração do Espírito para sua obra profética, os ditos profetas posteriores não tinham esse direito (Hip. *Antic.* 36 [*GCS* 1-II:23]).[1901]

Essa é uma aporia no pensamento de qualquer teólogo, que, a pretexto de ortodoxia, termina por destruir a dimensão sobrenatural da fé, e, salvo melhor juízo, provavelmente foi Hipólito quem se coloca especificamente como um típico cessacionista. E, ao afirmar "a autoridade dos profetas bíblicos, tanto do Antigo quanto do Novo Testamentos, contra as declarações dos novos profetas, Hipólito atingiu a fundação do movimento montanista". Todavia, "Hipólito e os teólogos que o seguiram, ao fazer isso, também atingiram o movimento cristão que os tinha precedido". Por isso, Wilhelm Schepelern, citado por Pelikan, retrata o quadro dizendo: "'Meio século antes, esse movimento ainda podia contar com o reconhecimento eclesiástico. Todavia, entre a pregação de julgamento de João e a de Montano repousa a fase decisiva no desenvolvimento da organização e ministério da igreja, e as livres manifestações do Espírito protestam em vão contra a sua autoridade' (Schepelern [1929], p. 162)".[1902] Aqui se confirma a problemática histórica do eclesiasticismo colocada por Eddie Hyatt e também afirmada por Emílio Conde, mas

---

1901 Ibid., p. 122-3.
1902 Ibid., p. 123.

1166 | TEOLOGIA SISTEMÁTICO-CARISMÁTICA

de certa forma ela é apenas a repetição de uma fase que sempre se apresenta em qualquer movimento que cresce e se institucionaliza, conforme colocado por J. J. van der Leeuw ao dizer que todo grande movimento começa na inspiração e termina no dogma, isto é, perde-se a espontaneidade e, pior, a liberdade do Espírito Santo, pois, como o apóstolo Paulo aponta, o Espírito pode ser extinto de determinado local e espaço. Entretanto, isso não significa, em hipótese alguma, que ele não se comunique diretamente com as pessoas que se abrem à sua atuação. Assim foi no período intertestamentário, conforme vimos anteriormente, nos exemplos de Zacarias, Isabel, Maria, José, Simeão e Ana (Lucas 1—2:38). A única coisa que o sistema religioso oficial pode fazer é deslegitimar, reputando como ação demoníaca (Lucas 11:14-15), e perseguir tais pessoas, mas nada pode ser feito além disso, pois impedir que o Espírito Santo aja não é possível, já que ele é soberano e livre. Por outro lado, é preciso reconhecer com Jaroslav Pelikan, quanto ao montanismo, que sua "principal importância para o desenvolvimento da doutrina da igreja foi servir como um indicador da consolidação gradual da mensagem e da obra da igreja e para a sua inevitável necessidade de formas fixadas de dogma e credo",[1903] ou seja, se considerarmos apenas os benefícios indiretos do movimento montanista, de pronto devemos reconhecer que ele é responsável por termos hoje as Escrituras, um livro com 66 livros inspirados pelo qual nos orientamos. E, finalmente, de acordo com a informação de Pelikan, o desenvolvimento doutrinário do cristianismo. Isso sem mencionar as contribuições para a formação da doutrina da Trindade, já anteriormente relatadas. O leitor atento já deve ter percebido, mas não podemos presumir que seja tão óbvio: o desenvolvimento teológico parece sempre competir com a experiência com o Espírito Santo. É um padrão. O "cessacionismo" é sempre precedido pelo escolasticismo, conforme já vimos ao longo de todo este capítulo, mas especialmente quando analisamos o período intertestamentário, de acordo com o que Jon Ruthven e Roger Stronstad disseram, e a este último ponto já fizemos alusão. Mas as coisas não terminam assim, posto que, a exemplo do montanismo, diz ainda Jaroslav Pelikan:

> O montanismo estava obsoleto porque a igreja começara a encontrar suas garantias mais confiáveis da presença e do funcionamento do Espírito Santo na tripla autoridade apostólica ensinada por Ireneu,

---

1903 Ibid.

em vez de no êxtase e profecia que o Paracleto garantia aos adeptos do montanismo. A espontaneidade apocalíptica do montanismo, em vista dessa situação, foi "uma tentativa de restaurar o que não podia contar com nenhum reconhecimento" (Aland [1960], p. 143) e não tinha lugar em uma igreja que logo ficou em paz não só com o império, mas também com o mundo como tal. O cristianismo ortodoxo, pela adoção da norma tripla para a vida e o ensinamento da igreja, alterou fundamentalmente a concepção da atividade do Espírito Santo que tinha figurado de forma proeminente em sua história anterior. A igreja, para validar sua existência, não olhava cada vez mais para o futuro, iluminado pela volta do Senhor; nem para o presente, iluminado pelos dons extraordinários do Espírito; mas para o passado, iluminado pela composição do cânon apostólico, a criação do credo apostólico e o estabelecimento do episcopado apostólico. Para satisfazer o teste da ortodoxia apostólica, um movimento ou ideia tinha de atender aos padrões dessas normas.[1904]

Tal alteração dos critérios para o reconhecimento do que significava ser cristão, ou seja, não mais ser um carismático, mas confessar um credo e determinadas doutrinas, abriu um precedente perigoso e que não figurava no que ensinara nosso Senhor Jesus Cristo. "Dessa maneira, os apóstolos se tornaram um tipo de aristocracia espiritual; e o primeiro século, uma era de ouro da atividade do Espírito." Em outras palavras, estancavam-se artificialmente as experiências, mas fazendo parecer algo piedoso, impedindo-as de serem genuínas, tendo como consequência de tal mudança de critério o estabelecimento da "diferença entre a atividade do Espírito na época da igreja apostólica e na história da igreja"; isto é, "agora [...] a diferença não [é] só de grau, mas fundamentalmente de tipo, e as promessas do Novo Testamento sobre a vinda do Espírito Santo foram mencionadas originalmente para o evento do Pentecostes, e só por intermédio desse evento, por meio dos apóstolos, para as eras subsequentes da igreja (Jo 16.13)".[1905] Tal mudança forma todo o alicerce e fundamentação teológica para o estabelecimento de um cessacionismo e, consequentemente, controle do Espírito Santo, das experiências e, finalmente, das pessoas. E como isso foi e ainda é feito? Jaroslav Pelikan responde dizendo que a "promessa de que o Espírito Santo levaria a toda verdade, que

---

1904 Ibid.
1905 Ibid., p. 123-4.

1168 | TEOLOGIA SISTEMÁTICO-CARISMÁTICA

figurava de forma proeminente na doutrina montanista (Tert. *Fug.* 1.1 [*CCSL* 2:1135]; Tert. *Prax.* 2.1; 30.5 [*CCSL* 2:1160; 1204]), agora significa principalmente, se não exclusivamente, que o Espírito conduziria os apóstolos a toda a verdade à medida que eles compunham o credo e os livros do Novo Testamento e levava a igreja a toda a verdade quando ela estivesse edificada sobre sua fundação (Ag. *Ev. Jo.* 96.2-4 [*CCSL* 36:569-72])".[1906] Vemos aqui uma interpretação muito peculiar e específica da atuação do Espírito, todavia não podemos nem temos o direito de dizer quando, onde, como e em quem ele deve atuar, pois o Espírito Santo é Deus e, por isso mesmo, soberano. O fato é que, conforme conclui Pelikan essa parte de sua argumentação, a "história da igreja nunca esteve completamente sem os dons espontâneos do Espírito Santo, mesmo quando a autoridade das normas apostólicas é mais incontestável". Portanto, seja na "experiência de monges e frades, seja de místicos e videntes, bem como na religião secreta de muitos crentes, a heresia montanista continua a ter um tipo de existência não oficial".[1907] Em termos diretos, o que Pelikan está dizendo é exatamente o que temos afirmado desde o início: a experiência carismática com o Espírito Santo nunca se aparta do povo de Deus, seja em Israel, seja na igreja, pois trata-se do ar que nos mantém vivos. Nada tem a ver com um capricho, ou arbitrariedade, de quem quer que seja, reivindicando que "tem de ser assim, senão está fora da nossa regra ortodoxa carismático-pentecostal". Absolutamente. A atuação do Espírito é uma ação livre que independe da crença pessoal de alguém, sendo fato curioso o que diz o teólogo pentecostal estadunidense Mark McLean. Segundo ele, nos anos iniciais do "Movimento Pentecostal, tornar-se pentecostal geralmente significava ser forçado a abandonar a denominação original e ingressar em alguma das comunidades pentecostais". McLean, em sua obra publicada em português há quase trinta anos, diz que "alguns pentecostais expressam consternação quando uma pessoa, tendo sido batizada no Espírito Santo e identificada como crente carismática, ainda continua numa igreja tradicional, protestante, católica ou ortodoxa".[1908] O mesmo autor, conservador, registre-se, reconhece que, conquanto "a sã doutrina seja indispensável ao processo de santificação, o Espírito Santo parece estar mais interessado

---

1906 Ibid., p. 124.
1907 Ibid.
1908 McLean. "O Espírito Santo" in: Horton (org.). *Teologia sistemática*, p. 395-6.

no que a pessoa tem no coração do que em seu sistema teológico", ou seja, se tal não fosse assim, como "poderíamos explicar o batismo no Espírito Santo desfrutado por pentecostais unitarianos e trinitarianos, sem falar nos que pertencem à renovação carismática?",[1909] questiona ele, para espanto de todos nós, carismático-pentecostais brasileiros. Sua conclusão é que "Deus lida conosco do jeito que somos e nos salva e habita em nós e nos batiza". McLean, então, conclui: "[A] partir de então, o Espírito Santo começa a transformar-nos à imagem de Cristo",[1910] algo que, ao fim e ao cabo, é o que realmente importa para Deus.

Há inúmeros exemplos históricos que poderíamos ainda analisar, e certamente outras interpretações para tais acontecimentos e seus fenômenos poderiam ser apresentadas, mostrando que a leitura cessacionista, antissobrenatural, estática e monergista da realidade, não é a única e exclusiva possibilidade e, muito menos, é somente ela que está com a verdade e possui a narrativa inquestionável para a formação teológica. Já passou da hora de o leitor, seja leigo, seja teólogo da tradição carismático-pentecostal, desenvolver a capacidade crítica e ser capaz de raciocinar por si, pois certamente ele deparará com muitas situações conflitantes e não pode ser ingênuo, ou infantilizado, a ponto de achar que uma mesma editora não pode publicar dois autores conservadores com perspectivas distintas a respeito do montanismo, por exemplo, como é o caso de duas obras lançadas este ano. Na primeira delas, o autor, Roger Olson, confirma o que já dissemos acima, ao afirmar que determinadas "heresias do século 2 (e posteriores) forçaram a igreja a considerar a questão de um cânone fechado das Escrituras Cristãs", reconhecendo ainda que, na ausência delas, "o fechamento do cânone poderia nunca ter acontecido, pelo menos não da mesma maneira ou tão cedo". Por isso, ele conclui que, novamente, "a heresia foi a mãe da ortodoxia" e diz que o montanismo "impulsionou a necessidade de um cânone fechado das Escrituras cristãs autorizadas".[1911] Está, pois claro o que Olson pensa do montanismo, sendo, porém, interessante saber que ele confirma a informação de que tal fechamento do cânon no final do século 4 "não teria acontecido sem alguma pressão dos imperadores romanos" e, repetindo o que dissemos

---

1909 Ibid., p. 396.

1910 Ibid.

1911 OLSON, Roger E. *Cristianismo falsificado: a persistência de erros históricos na igreja* (Rio de Janeiro: CPAD, 2021), p. 60, 63.

1170 | TEOLOGIA SISTEMÁTICO-CARISMÁTICA

em outro trabalho,[1912] afirma que a "Bíblia não caiu do céu", isto é, como alguns "fundamentalistas" querem passar a impressão, fazendo parecer que ela "inteira caiu do céu na terra".[1913] Olson informa, de maneira curiosa, que em "meados do segundo século, a ideia de um cânone fechado de livros cristãos autorizados estava, por assim dizer, 'no ar', e várias igrejas do império tratavam suas coleções preferidas como autorizadas", sobretudo "o cristianismo (sírio) do Oriente Médio [que] era carismático por acreditar em profecias, por exemplo, [crendo tratar-se] ainda [de] um dom dado a pessoas especiais e que declarações proféticas de profetas conhecidos e conceituados deveriam ser cridas". Tais "cristãos não queriam 'perseguir o Espírito Santo em um livro'", não obstante era preciso ter alguma forma de avaliação, uma vez que "profetas cristãos itinerantes visitavam tais igrejas, onde eram tratados quase como se tivessem a autoridade de um apóstolo, mas o *Didaquê*", conforme já mostramos, "estabeleceu regras sobre como eles deveriam ser avaliados e tratados".[1914] Isso significa que nem tudo que eles diziam era automaticamente crido, ou aceito, mas, como é possível antever, "isso se tornou um problema", pois qual critério utilizar para "julgar as declarações de um profeta sem um cânone fechado de livros inspirados que se acredita ser de autoria do próprio Deus?", questiona o mesmo teólogo, dizendo que, justamente por causa disso, "muitos cristãos começaram a afastar-se dos profetas e de suas mensagens proféticas e a investir mais em livros que se acreditava ser[em] apostólicos".[1915] Esse é um dado curioso que não vimos em outros autores, isto é, para Olson, pelo fato de o montanismo ter se tornado "sinônimo de ênfase [...] em profecias inspiradas e autorizadas que estão acima da Escritura" — mesmo não havendo ainda tal padrão absoluto —, e assim supostamente afirmar a comunicação de "'novas verdades' para todos os cristãos crerem", finaliza o autor, "contribuiu muito para o desaparecimento dos dons carismáticos entre os cristãos, pelo menos nas igrejas católicas e ortodoxas do Império Romano".[1916] Se esse for o caso, o mesmo tem se repetido na tradição carismático-pentecostal, ou seja, por causa de alguns excessos, pentecostais cessacionistas querem justificar o processo de "despentecostalização".

1912 "... faz crer que a revelação aconteceu sem mediação cultural e humana, e passa a falsa impressão que a Bíblia caiu, literalmente, do céu nas versões mais populares em português com zíper e tudo!" (CARVALHO. *Pentecostalismo e pós-modernidade*, p. 330).

1913 OLSON. *Cristianismo falsificado*, p. 59-60.

1914 Ibid., p. 61.

1915 Ibid., p. 61-2.

1916 Ibid., p. 63.

CAPÍTULO 4 – Pneumatologia | 1171

Durante a vida e ministério de Montano, aproximadamente meados do século 2, não havia cânone cristão oficial. Mas havia um cânone não oficial reconhecido por todos, ainda que seu exato conteúdo fosse disputado e variado de igreja para igreja. Todavia, a maioria dos cristãos tratava certos escritos cristãos como especialmente autorizados, pelo menos no sentido de excluir doutrinas e ensinamentos que eles claramente contradiziam. Montano não rejeitou todos os escritos inspirados, mas acreditava que a Palavra de Deus continuava a ser dada por profetas como ele. Seus inimigos, principalmente bispos, afirmavam que ele era fanático e constituía grave perigo para a ordem do cristianismo. Alegaram que Montano convocou seus seguidores para deixarem suas igrejas e ir a Pepuza para esperar com ele a volta de Cristo, conforme revelou que lá aconteceria. Seus seguidores foram presumivelmente encorajados a ser celibatários, ainda que casados. Mais à frente, duas profetisas uniram-se a ele e profetizavam com ele.

Se esse fenômeno do montanismo ou da nova profecia tivesse se limitado a uma ou duas igrejas rurais na Síria, ninguém teria prestado atenção. O problema era que isso atingiu muitos cristãos que temiam que o cristianismo no Império Romano estivesse se tornando morto, formal, universal e hierárquico. "Onde está o Espírito?", perguntavam. O problema não era que Montano fosse profeta; o problema era que ele alegava que suas profecias estavam acima da crítica ou correção e eram tão autorizadas quanto os escritos dos apóstolos (ou, pelo menos, é o que as fontes contemporâneas dizem sobre ele).[1917]

Como se pode ver, as informações são ambíguas e sempre seguidas de observações que ponderam a falta de possibilidade de confirmação, sobretudo de acusações, porém algo que temos percebido ter apoio unânime é a verdade de que, registra a segunda obra que mencionamos, "Atos dos Apóstolos e as epístolas revelam um cristianismo dinâmico, a experiência viva dos crentes com o Cristo ressuscitado, cheios do Espírito Santo"; todavia, "logo cedo na história, depois da morte do último apóstolo se observa um cristianismo sem o dinamismo vívido do período dos apóstolos", diz o biblista pentecostal Esequias Soares, para quem, provavelmente "isso contribuiu para o surgimento do montanismo entre 155-60". Conforme já foi reiteradamente dito, "o movimento de Montano aparece como uma teologia que defendia

---

1917 Ibid., p. 62-3.

1172 | TEOLOGIA SISTEMÁTICO-CARISMÁTICA

a prática da glossolalia e do profetismo", sendo exatamente por isso, e não apesar disso, que o "movimento não teve boa acolhida pelas principais lideranças da época".[1918] Assim, a despeito de "Montano" ter passado "para a História como mais um heresiarca", conforme "a caricatura apresentada por seus opositores", é necessário considerar que "não sobreviveu nenhum texto produzido pelos montanistas para confirmar a veracidade dessa acusação", ou seja, a "realidade desses supostos fatos continua sob suspeitas", pois o que chegou até nós "vem dos seus opositores, faltando, portanto, o princípio do contraditório".[1919] De maneira correta, e como deve ser feito, o mesmo biblista pentecostal questiona retoricamente: "Qual seria a imagem futura dos pentecostais do século 20 se a fonte literária de pesquisa fosse apenas tudo aquilo que se publicou contra essas igrejas?", acrescentando que algo "que chama a atenção é que Tertuliano se tornou um deles, um montanista". Por isso, novamente pergunta: "O que levaria um intelectual cristão do nível de Tertuliano a deixar se levar pelo montanismo?". É por isso que estudiosos "têm dificuldade em considerar o tal movimento uma facção herética".[1920] Na verdade, de acordo com o que já temos dito, confirma o biblista pentecostal dizendo que pesquisas "recentes revisaram essa questão". Depois de citar positivamente o argumento de Paul Tillich em defesa do montanismo, Esequias Soares observa que o problema foi que "dizia-se na época que os dons e as experiências dos dias apostólicos haviam sido revogados com a definição do Cânon Sagrado". Contudo, convergindo com o historiador pentecostal estadunidense Vinson Synan, a quem cita, o que realmente se passou "foi que o movimento de renovação dos montanistas representou uma tentativa de resgatar os *charismata* da Igreja, como línguas e profecias", daí "estudiosos entende[rem] que a igreja exagerou em sua reação ao montanismo".[1921] Assim, cabe ao leitor exercer sua capacidade crítica de avaliação, considerando o maior número de análises e procurando colocá-las sob o escrutínio de autores desinteressados no assunto e que apresentam as fontes de suas conclusões, conforme vimos com Jaroslav Pelikan, que, em nossa visão, mostra de forma lúcida os argumentos contra e a favor, ressaltando, inclusive, os equívocos na interpretação da linguagem

---

1918 SILVA, Esequias Soares da. *O pentecostalismo brasileiro: um guia histórico e teológico para compreender o Pentecostes no Brasil* (Rio de Janeiro: CPAD, 2021), p. 14.

1919 Ibid., p. 14-5.

1920 Ibid., p. 15.

1921 Ibid.

CAPÍTULO 4 – Pneumatologia | 1173

carismática por parte dos que se propõem a avaliar o movimento a partir de si próprios. Como assertivamente pontuou o biblista pentecostal Esequias Soares, caso as pessoas não tivessem oportunidade de, por si mesmas, analisar em que a tradição carismático-pentecostal crê, e o que praticamos, como seríamos vistos caso dependêssemos da caricatura, ou espantalho, de muitos teólogos cessacionistas? O fato é que a igreja se institucionalizou, tornando-se imperial, por isso diz Charles Williams:

> Duas foram as consequências — talvez inevitáveis — dessa organização em busca de um processo. A primeira foi o desaparecimento dos extraordinários impulsos sobrenaturais. Pode ser que nosso Senhor, o Espírito, os tenha interrompido; quase somos levados a aceitar essa visão ao observar como a Igreja os desestimulava. A própria natureza da Igreja envolve a visão de que, independentemente do pecado da humanidade, o que acontecia era certo. Numa discussão, isso sem dúvida confere grande vantagem de argumento a qualquer mente hostil, inteligente e cética, mas a crença não pode ser abandonada devido a essa inconveniência intelectual. O Messias parece ter indicado que no seio da Igreja, assim como na vida cotidiana, o Deus Abençoado conformará suas ações — pelo menos até certo ponto — às decisões de suas criaturas. Se a Igreja decidiu sobre alguma coisa, então aquilo deve ter sido ou deve ser verdade; e pode-se provar que o Messias nasceu de uma Virgem pura tanto porque a Igreja acreditou nisso quanto por qualquer outra razão — sendo assim todas as outras coisas ajustadas. De qualquer forma, as profecias e liturgias do Espírito começaram a desaparecer.[1922]

A "segunda consequência" do fato de a igreja ter se tornado imperial foi justamente o surgimento do montanismo, que se opôs ao institucionalismo e ao bispado corrompido, por isso muitos que permaneceram na igreja oficial "até inventavam detalhes fantasiosos contra os montanistas — tais como assassinatos de crianças e eucaristia canibal". Em muitos casos, tais lendas urbanas acabavam sendo acreditadas, pois, infelizmente, a "inspiração direta do Espírito havia, como sempre acontece, originado abusos", somando-se a isso o fato de que o "profeta no fim do primeiro século continuava sendo apenas 'aqui e ali um personagem muito venerado, mas solitário'".[1923] Na verdade,

---

1922 WILLIAMS. *A descida da pomba*, p. 51-2.
1923 Ibid., p. 54-5.

1174 | TEOLOGIA SISTEMÁTICO-CARISMÁTICA

tal "ofício, com efeito, havia mudado", pois a "profecia fora outrora 'uma Voz que transmitia uma revelação imediata'". Contudo, para "Policarpo, bem como para Orígenes, é uma faculdade interpretativa que, sob o sentido literal da Escritura, descobre mistérios que não são visíveis aos olhos do mero sentido comum", isto é, o dom "se transferira da casa de culto para o gabinete, embora ainda tivesse discípulos lá", mas "Algo sem dúvida foi perdido; algo foi conquistado". Em síntese, "em geral a profecia tinha mudado", e os "montanistas propuseram trazê-la de volta".[1924] Os montanistas não decidiram fazer isso por si mesmos, pois "eram ortodoxos; mantinham o sistema sacerdotal — as Ordens e as Fórmulas". O problema foi que "eles propuseram 'vivificar' essas coisas (sem dúvida, mesmo então, por algum motivo) subordinando-as ao ofício profético e à elocução inspirada". Na verdade, fizeram mais, pois "desenvolveram um grande princípio", pois, como já dissemos, "eram ortodoxos acerca da natureza de Cristo; disseram que foram os primeiros a usar a palavra *homo-ousion*, 'da mesma natureza', que logo seria tão importante para a Igreja".[1925] Isso, porém, não os impedia de nutrir "devoção especial pela Pessoa daquele Espírito por meio do qual os profetas falavam". Afirmavam "que a época especial de seu governo já havia começado" e também alegavam "que foram os primeiros a chamá-lo de Deus; se assim é, ele permitiu que lhe atribuíssem um nome no âmbito de um cisma e o definissem mediante um erro", pois defendiam "que ele exibiu sua austeridade moral por meio da conduta deles e sua vontade por meio de seu profetas". Nessa "disputa geral os montanistas foram derrotados; os profetas despareceram; a moralidade foi suavizada", isto é, a "Igreja universal garantiu uma suavidade para os homens e preservou o contrato com Deus", mas, "deve-se admitir que o Espírito Santo continuou sendo Deus".[1926] E certamente é nesse ponto que os gestores religiosos não contavam que as coisas iriam se complicar, pois as decisões teológicas, sejam elas legítimas ou arbitrárias, ontologicamente não têm qualquer valor, ou seja, elas não podem sequer alterar o que as coisas de fato são, que dirá a natureza divina. Se por um lado a igreja achou-se capaz de institucionalizar o *contrato* entre os seres humanos e Deus, por outro, o Espírito Santo fez mais, pois proporciona-nos

---

1924 Ibid., p. 55.
1925 Ibid.
1926 Ibid., p. 55-6.

o *contato* direto com Deus, e isso ninguém pode impedir. Aqui reside o verdadeiro problema do montanismo, apontado igualmente por Víctor Codina, e esse não é o seu "grande entusiasmo carismático", muito menos o seu "grande rigor ascético", mas, sim, o caráter de "independência total em relação à hierarquia". Justamente por isso, "a palavra 'carisma' começa a adquirir certa conotação negativa na Igreja: algo suspeitoso e perigoso, que tende à ruptura eclesial".[1927] Assim, a liderança oficial, já completamente absorvida pela teologia imperial, substituiu a inspiração carismática pelo dogma, garantindo a estabilidade institucional.[1928]

Como o Espírito Santo foi esquecido e vem sendo desde sempre interditado

Ainda que tal tenha sido "resolvido" dessa forma, restava o fato incômodo de que o Espírito Santo, como disse o teólogo anglicano Charles Williams, "continuou sendo Deus", isto é, a resolução institucional não altera absolutamente nada do ponto de vista ontológico. Por mais óbvio que o leitor ache que isso soe, naquele momento histórico não era assim e, de alguma forma, ainda temos algumas dificuldades teológicas, sobretudo em nosso cristianismo ocidental e, especificamente protestante, em relação à "deidade plena" do Espírito Santo, seja lá o que isso realmente signifique, pois as questões giram em torno de dois aspectos principais que interditam a terceira Pessoa da Trindade: 1) subordinacionismo e 2) impassibilidade. Algo que não mencionamos e que se torna oportuno aqui fazê-lo é que esta parte de nossa *Teologia*

1927 Codina. *"Não extingais o Espírito" (1 Ts 5,19)*, p. 135-6.

1928 Como dissemos, há opiniões divergentes acerca do assunto, sendo uma delas a do teólogo alemão Christoph Markschies, que, falando a respeito de "Grupos cristãos especiais e evoluções isoladas", reconhece ser "difícil exprimir um juízo de valor complexivo sobre o movimento: ao observador moderno ela não só dá uma impressão levemente patética, mas em sua ética dá impressão de certo pedantismo. Por um lado, conservam-se elementos do cristianismo primitivo palestinense, que, como o restante do judaísmo, tinha estreita relação com a região do Meando, na Ásia Menor (especialmente a expectativa imediata da parúsia, a grande valorização da profecia e a referência à comunidade primitiva de Jerusalém). Por outro lado, a herança do século primeiro é atualizada na Ásia Menor frígia, diante da profecia de oráculos lá existente, exatamente na forma que podia proporcionar sucesso missionário. Assim sendo, o assim denominado 'montanismo' é antes uma parte específica da história da inculturação do cristianismo, e não um movimento de protesto contra a hierarquização da igreja majoritária" (Markschies, Christoph. "De meados do século II até o final do século III" in: Kaufmann, Thomas; Kottje, Raymund; Moeller, Bernd; Wolf, Hubert [orgs.]. *História ecumênica da igreja 1: dos primórdios até a Idade Média* [São Paulo/São Leopoldo: Loyola/Paulus/Sinodal, 2012], p. 91-2).

sistemático-carismática tem como objetivo analisar as doutrinas mestras do edifício da teologia sistemática, podendo o nosso trabalho ser erroneamente interpretado como apenas "reativo". É interessante que, salvo raras exceções, aqueles que fazem esse tipo de acusação são justamente os que defendem sua teologia de forma polemista, alegando "apologética", criam espantalhos para neles bater e mimetizar os que não têm muita informação, sendo não reativos, mas agindo maliciosamente por antecipação, para se defenderem de maneira acusatória quando respondemos. Todavia, queremos destacar, para quem ainda não se apercebeu, que a teologia patrística, com seus vários autores e nuanças, assim fora produzida, não sendo por acaso o fato de em seus títulos, muitas vezes, constar a preposição "contra". Em relação à pneumatologia, doutrina objeto de nossa análise, por exemplo, as pesquisas mostram que a "primeira menção de um debate sobre o Espírito Santo encontra-se na terceira carta de Atanásio ao bispo Serapião de Thmuis, por volta do ano 360", informa o teólogo especialista em patrística Roque Frangiotti. Este ainda diz que, até esse período, "as ideias a respeito do Espírito Santo caracterizavam-se por incertezas", como pode ser visto pelo que o "próprio Concílio de Niceia afirmava", isto é, "a plena divindade e consubstancialidade do Filho, mas proclamava somente a fé 'no Espírito Santo'", não acrescentando palavra alguma "a respeito da natureza, da substância do Espírito Santo".[1929] Incrivelmente, nossa opinião é que, enquanto o Espírito Santo não era objeto de consideração filosófica e/ou teológica, isso era um bom sinal, pois indica que sua *presença extraordinária* era tão comum e evidente que dispensava qualquer apreciação. Portanto, quando no século 4 ele começou a ser objeto de análise, tal atitude indica não somente algum desprezo, ou falta de condição de teologizar pneumatologicamente, mas, sobretudo, o fato de que somente quando arrefeceu a atuação carismática no seguimento de Cristo, isto é, deixando de ser uma característica básica e abrangente, tornando tal fenômeno esporádico ou raro, é que então o institucionalismo, sentindo-se ameaçado pelo empoderamento dos membros, tanto dos que ficaram na igreja imperial quanto dos que saíram, entendeu ser necessário considerá-lo. O paralelo com a realidade atual é inevitável. Em se tratando de Brasil, enquanto a tradição carismático-pentecostal vivia seu apogeu, há mais

---

1929 FRANGIOTTI, Roque. "Introdução" in: "Tratado sobre o Espírito Santo" in: BASÍLIO MAGNO. *Basílio de Cesareia: tratado sobre o Espírito Santo*, 1. ed., 4. reimpr. (São Paulo: Paulus, 2019), p. 83.

CAPÍTULO 4 – Pneumatologia | 1177

de três décadas, não se pensava nas questões teológicas e problemáticas, como a "despentecostalização", por exemplo, que agora consideramos.

Ao dizer que nosso interesse particular nos direciona para o período imediatamente posterior ao final do primeiro século, e que tal se dá justamente com a finalidade de confirmar se as experiências com o Espírito Santo realmente haviam cessado com a morte do último apóstolo, a evidência do que temos dito, e que já antecipamos algumas vezes, é que nesse lapso de tempo o Espírito Santo não é um dado, ou conceito, mas, exatamente como mostram as Escrituras, ele opera, interage, empodera e orienta. Por isso, encontramos um Ireneu de Lião, no segundo século, dizendo que "Desde o princípio o Filho é o revelador do Pai porque está com o Pai desde o princípio e manifesta ao gênero humano as visões proféticas, os diversos carismas, os ministérios e a glória do Pai gradual e tempestivamente segundo a sua utilidade". Acrescente-se que "Onde há sucessão há continuidade, onde há continuidade há tempestividade, onde há tempestividade há utilidade". Portanto, completa o mesmo bispo oriental, justamente por "isso o Verbo se tornou dispensador da glória do Pai pela utilidade dos homens para os quais dispôs economias tão grandes, para mostrar Deus ao homem e presentear o homem a Deus". Todavia, "ele mantém a invisibilidade do Pai para que o homem não venha a desprezar a Deus e tenha sempre motivo de progredir; mas ao mesmo tempo torna Deus visível por meio de muitas economias, para que o homem privado totalmente de Deus não deixe de existir".[1930] De maneira bem clara, Ireneu mostra que a manifestação divina tem uma finalidade, e esta não é outra senão resgatar o ser humano. Tais manifestações, chamadas por ele de "economias" e classificadas de "grandes", revelam-se por meio dos fenômenos carismáticos do Espírito Santo, conforme o bispo de Lião já tinha mostrado, no II Livro de sua obra publicada em meados do século 2, contrastando não apenas nosso Senhor Jesus Cristo, mas igualmente seus seguidores, aos charlatães e enganadores do gnosticismo que perturbavam o seguimento de Cristo: "Se ainda disserem que o Salvador fez tais coisas somente na aparência, lhes apresentaremos os escritos dos profetas e, servindo-nos deles, lhes mostraremos que tudo foi realizado exatamente como foi predito; e que somente ele é o Filho de Deus". Por isso, "em seu nome os seus verdadeiros discípulos, depois de ter

---

1930 Ireneu de de Lião. *Contra as heresias: denúncia e refutação da falsa gnose*, 3. ed. (São Paulo: Paulus, 2009), IV livro, 20,7, p. 432-3.

recebido dele a graça, agem para o bem dos outros homens, conforme o dom que cada um recebeu dele: alguns expulsam os demônios, com tanta certeza e verdade, que, muitas vezes, os que foram libertos destes espíritos maus creram e entraram na Igreja; outros têm o conhecimento do futuro, visões e oráculos proféticos; outros impõem as mãos sobre os doentes e lhes restituem a saúde; e como dissemos, também alguns mortos ressuscitaram e ficaram conosco por muitos anos".[1931] Se tal descrição parece retratar o ministério terreno de nosso Senhor Jesus Cristo ou os dias iniciais e os anos que se seguiram à ascensão, narrados em Atos dos Apóstolos, a próxima colocação se parece com os relatórios escritos por um autor carismático-pentecostal do início do século 20, empolgado com o que estava acontecendo ou com um testemunho de um crente que enviava para os periódicos pentecostais brasileiros as notícias do que estava ocorrendo na localidade em que se estabeleceu um ponto de culto. Semelhantemente, Ireneu de Lião, após uma pergunta retórica — "E o que mais?" —, diz não ser "possível dizer o número de carismas que, no mundo inteiro, a Igreja recebeu de Deus, no nome de Jesus Cristo, crucificado sob Pôncio Pilatos e que distribui todos os dias em prol dos homens, a ninguém enganando e não exigindo dinheiro de ninguém: porque como de graça recebeu de Deus, de graça distribui".[1932]

Os textos de Ireneu foram escritos após o ano 180, pouco antes do início do século 3. Isso significa que, juntando-se eles às instruções do *Didaquê* e da obra *O pastor*, de Hermas, temos as evidências de que por essa época havia profusão carismática, tal como encontramos no Novo Testamento. Mesmo no século 3, pela resposta de Orígenes ao filósofo platônico-eclético Celso, respondendo acerca da diferença do transe frenético da Pítia (sacerdotisa grega, portadora dos oráculos de Apolo em Delfos) e o êxtase dos profetas veterotestamentários, afirma que aquela, por achar-se "fora de si e sem consciência", certamente era possessa por espíritos malignos, por isso questiona: "Não é este o gênero de demônios que muitos cristãos expulsam dos doentes com o auxílio não de um processo mágico, encantatório ou médico, mas unicamente pela oração, por meio de simples esconjuros e palavras ao alcance do homem mais simples?". Então, emenda dizendo que "em geral são pessoas simples que recorrem a esses expedientes", e tal se dá pelo simples fato de

---

1931 Ibid., II livro, 32,4, p. 235.
1932 Ibid.

CAPÍTULO 4 – Pneumatologia | 1179

que a "graça contida na palavra de Cristo provou a fraqueza e a impotência dos demônios". Além disso, completa Orígenes, utilizando palavras típicas de um mediano carismático-pentecostal, que, a fim de que tais demônios "sejam vencidos e se retirem sem resistência da alma e do corpo do homem, não é preciso um sábio capaz de fornecer demonstrações racionais da fé".[1933] É justamente para cumprir esse papel sacerdotal, curador e diaconal que o Espírito Santo empodera o mais simples cristão, independentemente de suas credenciais acadêmicas ou eclesiásticas. Contudo, não é este ponto que queremos novamente destacar, e sim o fato de que mesmo havendo a experiência com o Espírito Santo no século 3, na continuidade de sua discussão nesse mesmo Livro Sétimo "contra Celso", falando dos dons, o pai grego da igreja diz que "os sinais do Espírito Santo apareceram primeiro no tempo em que Jesus ensinava, e em maior número depois de sua ascensão, mas a seguir em menor número".[1934] Embora Orígenes, conforme afirma Basílio Magno (mais conhecido como Basílio de Cesareia), "não [tivesse] sobre o Espírito Santo um conceito inteiramente sadio",[1935] conforme podemos depreender de sua colocação de que os sinais da terceira Pessoa da Trindade apareceram no tempo de Jesus, quando sabemos que eles estão presentes desde o Antigo Testamento, o que queremos ressaltar, seguindo o nosso *leitmotiv*, é justamente a experiência com o Espírito Santo, cuja realidade era uma constante, mas sem deixar de perceber o que ele diz acerca do sensível declínio de tais ocorrências e fenômenos após a época imediatamente subapostólica. As razões desse declínio já foram antecipadas, e, pelo que pode ser depreendido do que ocorre na própria tradição carismático-pentecostal — a disputa interna pelo poder —, não é difícil compreender quão secular pode ser o exercício e a manutenção da liderança e quanto isso apaga e aniquila a atuação do Espírito Santo. Todavia, a opinião corrente parece, de fato, a mesma de Roger Olson, que atribui a culpa do declínio e da extinção das experiências, dos dons, ou das "coisas" do Espírito, ao movimento montanista, ou seja, os supostos excessos justificariam a rejeição de qualquer coisa relacionada com a dimensão carismática. Pode ser que realmente aconteceram excessos e que havia bispos sinceros que temiam pelo desvirtuamento do povo e das coisas sagradas,

---

1933 ORÍGENES. *Contra Celso*, livro VII 4, p. 539.
1934 Ibid., livro VII 8, p. 543-4.
1935 BASÍLIO. *Basílio de Cesareia*, 29,73, p. 83.

1180 | TEOLOGIA SISTEMÁTICO-CARISMÁTICA

todavia é fato que a motivação maior era o institucionalismo e o perigo de sublevação que esse tipo de movimento comporta. Por isso, mesmo após dizer que os "Padres da Igreja jamais sugeriram que qualquer um dos dons tivesse cessado", informa o historiador estadunidense Allan Heaton Anderson:

> Mas o repúdio da igreja estabelecida ao montanismo extinguiu quaisquer tendências similares dentro da igreja por séculos. Os dons carismáticos vieram a ser localizados no ofício do bispo e em lendas populares em torno de santos, mártires e ascetas individuais. Por exemplo, segundo relato de seu discípulo Sulpício, Marinho de Tours teria sido usado notavelmente em cura e exorcismo no século 4. Depois do tempo de Orígenes (*c.* 184-254), a maioria dos autores da igreja ocidental parecia pensar que os dons carismáticos eram dos tempos bíblicos e haviam cessado. Orígenes negava que a profecia ainda ocorresse na Igreja e insinuou que o falar em línguas de Paulo seria a habilidade de falar grego e latim, embora ele visse dons espirituais como cura e exorcismo como evidências do poder validador de Cristo, assim como Novaciano († 258), outro autor do século 3 que disse que a igreja é aperfeiçoada por dons do Espírito. Cipriano de Cartago (*c.* 200-258) disse que os carismas eram prerrogativa exclusiva dos bispos. João Crisóstomo (347-407) disse que os dons espirituais já não eram necessários. Agostinho (354-430) foi um tanto ambíguo quanto a esse assunto. Ele disse que as ocasiões em que se falava em línguas no Novo Testamento eram "sinais adaptados àquele tempo" que havia passado e fez uma pergunta retórica: "Pois quem espera, nestes dias, que aqueles em que as mãos são impostas para que recebam o Espírito Santo devam começar imediatamente a falar em línguas?" (Ninguém!) Mas ele reconheceu que o miraculoso era necessário para trazer para a igreja "homens ignorantes e infiéis", embora isso fosse prerrogativa apenas de Deus.[1936]

Assim, àquele período em que ainda não se teologizava o Espírito Santo, por ele ser tão presente quanto natural, seguiu-se outro tempo em que a terceira Pessoa da Trindade fora apagada e extinta da igreja imperial, e então, quando começou a ser teologizado, o fizeram de forma minimalista ou desprezível, muitas vezes blasfema. No entanto, apesar do fato de o "tema dos dons do

---

1936 ANDERSON. *Uma introdução ao pentecostalismo*, p. 32-3.

Espírito [ter] quase se tornado assunto encerrado no cristianismo ocidental", faz-se imperioso observar que "o cristianismo oriental permane[ceu] mais espiritual, individual e místico", informa Allan Anderson. Este, para exemplificar, diz que o "monge egípcio Pacômio († 346) teria falado em línguas de anjos" e que, além disso, "Basílio de Cesareia (330-379) escreveu sobre a operação conjunta dos carismas por intermédio de membros individuais do corpo de Cristo, e seu amigo Gregório de Nazianzo (*c.* 329-390) mencionou exemplos de cura divina em sua família e da diversidade de dons do Espírito".[1937] Em suma, a despeito do nosso desconhecimento do assunto, as "igrejas ortodoxas reconheceram, esperaram e controlaram os carismas, incluindo falar em línguas, que tem sido uma experiência contínua ao longo de todos os tempos entre eles, embora confinada principalmente aos mosteiros", ou seja, tais igrejas "continuaram a praticar dons do Espírito em seus mosteiros durante todo o período medieval". Justamente por isso, a "pneumatologia sempre esteve no centro de sua teologia, e elas sempre estiveram abertas aos carismas".[1938] É preciso compreender que tal "não significa que a glossolalia tenha desaparecido da igreja ao longo dos séculos", diz o biblista pentecostal Esequias Soares, confirmando o que foi dito por Anderson, de que a "ideia da cessação dos dons veio a fazer parte da teologia clássica na Igreja Ocidental, [e] atravessou toda a Idade Média". Contudo, citando Vinson Synan, acrescenta que "a Igreja ortodoxa jamais adotou a teoria de que os dons do Espírito haviam cessado", ou seja, a "teologia cessacionista foi uma criação da Igreja Ocidental",[1939] finaliza. A descrição de Allan Anderson de dois exemplos de prática carismática do cristianismo oriental denota uma similaridade incrível com a tradição carismático-pentecostal. "Talvez um dos mais notáveis escritos orientais sobre o Espírito Santo seja o do místico exilado Simão, o Novo Teólogo (949-1022), que tinha experiências extáticas, falava em línguas e escreveu sobre o 'batismo no Espírito Santo' como uma experiência separada do batismo na água." Mas esse não é, de longe, um caso isolado, pois encontramos ainda "Gregório Palamas (1296-1359) [que] escreveu sobre experimentar o Deus transcendente por meio do Espírito e sobre receber os carismas pela imposição das mãos, incluindo cura, milagres,

---

1937 Ibid., p. 33.
1938 Ibid.
1939 Silva. *O pentecostalismo brasileiro*, p. 16-7.

1182 | TEOLOGIA SISTEMÁTICO-CARISMÁTICA

línguas e interpretação de línguas".[1940] Essa, inclusive, é mais uma daquelas informações que é praticamente desconhecida nos círculos carismático-pentecostais, isto é, não se fala na diversidade do cristianismo mundial, e não se ouve nada da igreja oriental, ou "ortodoxa" (a última expressão nada tem que ver com a homônima utilizada entre nós, no contexto da igreja ocidental), levando muitos a achar que o cristianismo é composto apenas do que eles conhecem. Por outro lado, muitos teólogos parecem fingir que não conhecem essa realidade e tratam sua própria tradição ou, ainda pior, denominação como se fosse o padrão do cristianismo mundial, como se não houvesse mais nada legitimamente cristão no mundo. Exatamente por isso, voltaremos a esse assunto logo adiante. O chamado "primeiro grande cisma", a divisão entre as igrejas ocidental e oriental, aconteceu justamente por uma questão relacionada ao Espírito Santo, sendo tal "racha" um ponto de inflexão não somente histórico, mas teológico.

Como já dissemos, do século 4 em diante aconteceu uma grande mudança na feição da religião cristã, pois a igreja ascendeu ao poder político-temporal e, então, acabou sendo beneficiada por promover certa catalisação social entre o império. Com tais "saltos" históricos, muita coisa passa despercebida, e detalhes importantíssimos se escondem. Vale, portanto, para compreendermos um pouco mais tais mudanças, ver panoramicamente alguns lances históricos desse período que foi tão decisivo e em que se definiu quase tudo que se pensa doutrinária e teologicamente ainda hoje. Na verdade, "no centro da cosmovisão cristã está uma concepção singular de Deus como Um (monoteísmo), contudo em três Pessoas: o Pai, o Filho e o Espírito Santo". Para chegar a essa formulação, "a Igreja Primitiva usou toda ferramenta à disposição (inclusive a filosofia grega) para expor em conceitos bíblicos e enunciar declarações autorizadas relativas à natureza de Deus e de Cristo". Inclusive as "duas declarações mais importantes, o Credo de Niceia (325 d.C.) e o Credo de Calcedônia (451 d.C.), permanecem sendo a base para o cristianismo ortodoxo mundial, mesmo para a era atual".[1941] É evidente que, à medida que avançava em direção ao mundo gentílico e defrontava-se com questionamentos que desafiavam o mistério divino, pois ao judeu era vergonha e ao grego, loucura (1Coríntios 1:23), a apresentação do evangelho acabou se

---

1940 ANDERSON. *Uma introdução ao pentecostalismo*, p. 33-4.
1941 MILLER. "Vozes do passado" in: PALMER (org.). *Panorama do pensamento cristão*, p. 117.

sofisticando e, talvez, perdendo um pouco das bases em que a mensagem deve se fundamentar (1Coríntios 2:1-16). Tais questões foram surgindo a partir do segundo século da nossa era, e nos dois seguintes, do período patrístico, quando a especialização teológica tornou-se praticamente inevitável, visto que o desenvolvimento doutrinário acabou se dando de forma "inseparável da influência do pensamento grego, da concepção grega da razão, e de toda a tradição da cultura helenística",[1942] conforme já foi visto anteriormente, sendo, então, composto de dois grupos, que foram os pais apostólicos e os pais apologistas. Esses representantes estavam divididos entre latinos e gregos. Mas tinham em comum o fato de serem "Mestres teológicos, confiantes em seus próprios trabalhos intelectuais, o que pressupõe uma formação e treinamento acadêmico e empenho em defender, estabelecer e desenvolver a verdade cristã".[1943] Conquanto Roma fosse propícia à proliferação religiosa, após o advento do "culto ao imperador", os cristãos passaram a ser hostilizados, perseguidos e torturados. Gregory Miller, professor de história eclesiástica, afirma que a "mais severa destas perseguições, a Grande Perseguição iniciada pelo imperador Diocleciano (303-311), objetivava nada menos que a aniquilação do cristianismo".[1944] Entretanto, algo mudou quando "Constantino ganhou o controle do Império Romano", escreve o mesmo professor, pois os cristãos que, durante trezentos anos sofreram, agora, mesmo sendo apenas 15% da população romana, "assumi[ram] um papel dominante na sociedade depois da conversão do imperador"; ou seja, por volta de "400 d. C., a Igreja já não era mais uma minoria *perseguida*, mas uma maioria *que perseguia*",[1945] conforme dissemos acima.

A despeito disso, é preciso fazer justiça ao lembrar que nessa mesma época, em virtude de várias questões (internas e externas) que ameaçavam a fé cristã, a igreja precisou debater sobre importantíssimos e cruciais assuntos que eram decisivos à sua existência. Como já foi dito, esse período conhecido como patrístico,[1946] que teve duração incerta, foi marcado por intensos debates, concentrados em quatro grandes áreas, que podem ser assim resumidas: "1) autodefinição, quer dizer, a compreensão do que significa ser cristão em

---

1942 CAMPENHAUSEN. *Os pais da igreja*, p. 15.
1943 Ibid.
1944 MILLER. "Vozes do passado" in: PALMER (org.). *Panorama do pensamento cristão*, p. 112.
1945 Ibid., p. 112-3.
1946 Vem da palavra latina que significa *pater*, ou seja, "pai".

referência ao judaísmo, 2) a relação do cristianismo com a cultura não cristã, segundo reflexões feitas pelos apologistas ou defensores da fé, 3) a visão cristã de Deus e de Jesus Cristo nos primeiros concílios ecumênicos" (observe que nada se diz do Espírito Santo) "e 4) a relação do cristianismo com o governo".[1947] Infelizmente, os que assim lutavam bravamente representavam uma minoria na igreja, mas sua marca foi tão decisiva que, como já foi dito, muito do que o cristianismo ainda professa como doutrina desenvolveu-se teologicamente no período patrístico. Essa designação refere-se à pessoa dos patriarcas da igreja, bem como às ideias que foram por eles desenvolvidas durante essa época. O teólogo anglicano Alister McGrath diz que essa nomenclatura faz "referência ao período que vai da conclusão dos escritos do Novo Testamento (c.100) até a reunião decisiva do Concílio de Calcedônia (451)".[1948] Destacar aqui esse "remanescente fiel" dentro da igreja é reconhecer que a história, particularmente da religião cristã, parece repetir alguns ciclos em todos os seus períodos. Retomando o assunto acerca da degeneração cristã proveniente da simbiose entre a igreja e o Império Romano, Kenneth Latourette afirma que o "aparente triunfo do cristianismo em ganhar lealdade professa do Império Romano trouxe consigo uma importante ameaça". Isso pela simples razão de que o comprometimento dos cristãos "com o ambiente não cristão em que estavam imersos", escreve, fez que a igreja fosse "invadida pelos ideais que eram totalmente contrários ao Evangelho, especialmente a concepção e o uso de poder que estavam em rigoroso contraste com a espécie de poder mostrado na vida e nos ensinos de Jesus na cruz e na ressurreição".[1949] A fim de contrastar o "poder temporal" com o "poder espiritual", observa o mesmo autor que um "perigo quase relacionado, mas um tanto diferente, era a associação estreita com o Império Romano e a cultura greco-romana que essa vitória trouxe". Em termos diretos, do ponto de vista teológico, essa aproximação foi danosa, visto que, "antes de ter completado os primeiros cinco séculos de sua trajetória, o cristianismo começava a transbordar para além das fronteiras do Império Romano, [mas] no final desse período ele se tornara quase identificado com esse império e sua civilização". Isso significa que a "esmagadora

---

1947 Ibid., p. 113.

1948 McGrath, Alister E. *Teologia histórica: uma introdução à história do pensamento cristão* (São Paulo: Cultura Cristã, 2007), p. 38.

1949 Latourette, Kenneth Scott. *Uma história do cristianismo: volume: I até 1500 a.D.* (São Paulo: Hagnos, 2006), p. 361.

CAPÍTULO 4 – Pneumatologia | 1185

maioria dos cidadãos romanos acreditava ser cristã, e a grande maioria daqueles que portavam o nome de cristão era composta de cidadãos romanos".[1950] Assim, fica claro compreender o porquê de a "Igreja Católica, que abraçou a maioria desses que se consideravam cristãos", ter crescido "dentro da área que recebeu unidade política da parte do Império Romano e na sua estrutura refletia o padrão desse império". Assim, conclui Kenneth Latourette, a despeito de "surpreendentemente original em sua essência, a teologia cristã tinha forçosamente empregado os termos gregos e romanos e utilizara conceitos retirados da filosofia grega". Todavia, em torno "do ano 500, o Império Romano e a cultura greco-romana estavam em declínio".[1951] Corroborando essa argumentação, Gregory Miller diz que, apesar de a "data tradicional para a 'Queda do Império Romano' na Europa Ocidental [ser o ano] 476 d.C.", diz ele, o "processo, na realidade, foi muito longo, começando em princípios da década de 400 e durando até a década de 600":

> Em 410 d.C., o mundo romano ficou aturdido ao ouvir que os visigodos, tribos germânicas do norte, tinham capturado e saqueado a Cidade Eterna [Roma]. Em vez de um incidente isolado, durante os próximos duzentos anos vários povos germânicos infestaram a Europa Ocidental e a África do Norte Ocidental. A parte oriental do império foi preservada (Grécia, Ásia Menor, Egito, Síria-Palestina), mas o poder imperial se desmoronou no Ocidente. A gloriosa civilização de Roma foi destruída, e as luzes da aprendizagem e cultura começaram a ser apagadas por toda a Europa Ocidental.[1952]

Mesmo tendo ocorrido tais invasões, o tempo que desfrutou de privilégios estatais fez que o cristianismo rompesse com a visão bíblica do sofrimento e da perseguição para o cumprimento do compromisso evangelístico e missiológico da igreja. As pessoas decidiam-se pelo cristianismo por conveniências políticas. Posteriormente, uma vez que já havia ocorrido a especialização teológica, por motivos nobres, registre-se, de forma involuntária tal procedimento acabou favorecendo, posteriormente, o desenvolvimento de uma teologia que privilegiava o clero em detrimento do laicato, ou seja, do leigo comum, que, conforme o texto de Mateus 28:19,20, é tão responsável pela missão deixada

---

1950 Ibid.
1951 Ibid.
1952 MILLER. "Vozes do passado" in: PALMER (org.). *Panorama do pensamento cristão*, p. 113.

1186 | TEOLOGIA SISTEMÁTICO-CARISMÁTICA

por Jesus quanto um "oficial". A escolha de ministros, conforme já dissemos ao falar do bispado, era feita com base na "influência política e no *status* econômico, em vez de na capacidade ministerial",[1953] ou seja, no chamado. O que se percebe claramente é que, após a fusão que praticamente nivelou a igreja com o Estado, o cristianismo descaracterizou-se e perdeu suas bases e pressupostos provenientes da revelação especial. Mesmo reconhecendo que o poder temporal concedido pelo Estado ao clero corrompeu-o de tal forma que durante cerca de dez longos séculos o "cristianismo oficial" caiu em absoluto descrédito, é um simplismo afirmar que a "Idade Média" (nomenclatura dada por pensadores humanistas, no século 16, ao período que antecede o chamado "Renascimento") foi uma "Idade das Trevas". Primeiro, porque colocar esse extenso período de tempo sob uma mesma designação é uma generalização desonesta historicamente falando, isto é, há ao menos três períodos distintos que marcam essa época: Baixa Idade Média (450-950 d.C.), Alta Idade Média (950-1350 d.C.) e Tardia Idade Média (1350-1500 d.C.). Cada uma dessas subdivisões possui características peculiares. A primeira, por exemplo, foi marcada pela fundação dos mosteiros (centros intelectuais de preservação da cultura e do desenvolvimento da devoção cristã). A segunda foi caracterizada por três grandes acontecimentos: o Grande Cisma (divisão definitiva entre a Igreja ocidental e a oriental), o período das Cruzadas (um movimento não somente religioso, mas também político, que precisa ser entendido em seu contexto histórico: isso não justifica as guerras, mas as explica), e a fundação das primeiras universidades. Finalmente, a última subdivisão, este, sim, um período definitivamente sombrio, é marcada principalmente pela crueldade da Inquisição. Tratava-se de um tribunal eclesiástico arbitrário, que agia, com plenos poderes, injusta e subjetivamente em nome da fé cristã, tendo como princípios de investigação e interrogatório a lei romana. Apesar de ter sido criada em 1233 pelo papa Gregório IX, foi no século 14 que a Inquisição recrudesceu. Tal panorama serve apenas para situar o leitor no tempo, mas também contextualmente, acerca do andamento das discussões e do quanto os aspectos políticos, tanto externos quanto internos, concorreram para que a teologia resultasse no formato que temos no cristianismo ocidental. Sem tal conhecimento, tendemos a naturalizar, ou "espiritualizar" (no jargão evangélico), as coisas, ou colocá-las, sem qualquer

---

1953 Ibid., p. 119.

ponderação, na "conta da soberania divina", achando que isso pode justificar absurdos. Em suma, fechar os olhos para erros que devem ser corrigidos, sobretudo no campo teológico, nunca é a melhor opção.

Por que a deidade do Espírito Santo foi colocada em xeque após decisões conciliares?

O período que chamamos de pré-niceno antecede as discussões que culminaram no grande concílio no início do século 4 e foi marcado, conforme o leitor poderá conferir no próximo capítulo, por intensos debates a respeito da natureza de nosso Senhor Jesus Cristo, sobretudo para combater heresias que pululavam de todos os lados quanto a essa doutrina. Por isso mesmo, "a doutrina do Espírito Santo nem sequer entrou nos debates antes de Niceia", pois o "Concílio de Niceia não tratou da Trindade", informa o biblista pentecostal Esequias Soares, confirmando que "a controvérsia foi em torno da identidade [de] Jesus de Nazaré".[1954] O mesmo autor informa que os "credos anteriores ao século 4 eram de caráter local e estavam relacionados ao batismo na preparação catequética; sua autoridade procedia da igreja local de onde o documento se originou", por isso tais documentos são "chamados de credos sinodais". Diferentemente, o "Credo Niceno é a primeira fórmula publicada por um concílio ecumênico e a primeira a possuir *status* de valor universal em sentido legal" e, como dissemos, tal "documento é resultado da chamada controvérsia ariana, que começou em 318 em Alexandria, no Egito", estendendo-se até 325, pois o "confronto girava em torno da identidade do Senhor Jesus Cristo, e a questão era sobre a deidade e igualdade com o Pai".[1955] Desse concílio resultou um documento sucinto — o Credo Niceno —, que consiste em apenas quatro pontos, sendo o terceiro o menor deles. Após afirmar crer em Deus e em Jesus Cristo, diz: "E também no Espírito Santo". Na esteira do que temos discutido e proposto, isto é, elaborar teologia pela via apofática, o fato de os teólogos economizarem palavras em relação ao Espírito Santo não nos incomoda, mas o Espírito Santo ser mencionado no Credo Niceno, quase de forma imperceptível, como se precisasse ser ignorado, chama a atenção. Somos da opinião de que tal se deu por conta de sua atuação, pois, como demonstramos abundantemente neste longo capítulo, ele desde sempre

---

1954 SILVA, Esequias Soares da. *A razão da nossa fé: assim cremos, assim vivemos* (Rio de Janeiro: CPAD, 2017), p. 32, 40.
1955 Ibid., p. 40.

1188 | TEOLOGIA SISTEMÁTICO-CARISMÁTICA

está em plena atuação, nunca deixando de se manifestar e, por isso mesmo, certamente passou incólume. Como já dissemos, para quem experiencia o Espírito Santo, ele deixa de ser um dado ou conceito. E é justamente quando não se consegue falar sobre ele que percebemos que sua presença é mais evidente e real, pois somente quando estamos a distância e já domesticamos o sagrado é que conseguimos lhe dar contornos. Nesse sentido, os chamados pais capadócios — Basílio de Cesareia, Gregório de Nazianzo e Gregório de Nissa — figuram como modelos, pois, na controvérsia acerca da Trindade, "Gregório de Nissa, o mais brilhante e corajoso dos três capadócios da perspectiva filosófica", informa Jaroslav Pelikan, "a despeito de sua grande dívida com o médio platonismo", não se valeu de tal fundamentação para produzir sua dogmática, sendo seu axioma o seguinte: "'Ao seguir as instruções das Escrituras sagradas, somos ensinados que [a natureza de Deus] está além de nomes ou da fala humanos'. Dizemos que todo nome [divino], quer inventado pelo costume humano, quer entregue a nós pela tradição das Escrituras, representa nossas concepções da natureza divina, mas não transmite em si mesmo o sentido dessa natureza".[1956] Tal postura é exatamente a que julgamos apropriada para se produzir teologia, sendo o exemplo de Basílio, apresentado pelo mesmo autor, igualmente instrutivo, pois Pelikan diz que na discussão a respeito da Trindade, ou mais especificamente a respeito da essência da deidade de cada uma das Pessoas, a "resposta de Basílio a isso e a qualquer dificuldade desse tipo era declarar que o quer que haja em comum aos três e o que era distintivo entre eles está além da fala e da compreensão, portanto além da análise ou da conceitualização".[1957]

Não obstante o Concílio de Niceia, e o documento resultado dos sete anos de debate, o *Tratado sobre o Espírito Santo* de Basílio, escrito a pedido de seu amigo Anfilóquio, revela algo que aponta para as suspeitas que temos compartilhado a respeito da terceira Pessoa da Trindade. Após o período de intensa profusão carismática, irrompeu a perseguição interna aos carismáticos e, ao mesmo tempo, ressurgiu o movimento teológico e filosófico chamado arianismo, cujo pensamento consistia na defesa de que Jesus era Deus, porém de natureza diferente da do Pai, e foi em reação a essa heresia, ou seja, ao problema do crescimento do arianismo, que "muitos bispos

---

1956 PELIKAN. *A tradição cristã: uma história do desenvolvimento da doutrina*, vol. 1, p. 232.
1957 Ibid., p. 233.

CAPÍTULO 4 – Pneumatologia | 1189

católicos orientais começaram, nas celebrações litúrgicas, a acentuar algumas características antiarianas, orando ao Pai e ao Filho e ao Espírito Santo em lugar de orarem ao Pai e ao Filho *no* Espírito Santo". Por isso, os "cristãos ficavam atentos para ouvir como seus bispos iam pronunciar as palavras finais das doxologias".[1958] Tal vigilância visava "fiscalizar" a pronúncia da doxologia, pois, segundo o pensamento corrente da época, por volta de 355, o Espírito não era Deus, portanto, cerca de três décadas depois da publicação do Credo Niceno, cujo terceiro artigo afirma sucinta, mas categoricamente, crer no Espírito Santo, ou seja, compatibilizando-o às duas outras Pessoas da Trindade. Muito provavelmente, a falta de experiência com o Espírito Santo fez que este, por não ser teologizado e desenvolvido doutrinariamente tanto quanto o Pai e o Filho, fosse reputado como menos divino que as outras duas Pessoas da Trindade. Assim, o referido *Tratado* veio a lume "por instigação de Anfilóquio, nos últimos meses de 374", tendo como "objetivo imediato, confessado", informa o teólogo Roque Frangiotti, "responder às demandas de esclarecimentos do bispo de Icônio, Anfilóquio, sobre a doxologia 'com o Espírito', em razão das graves acusações levantadas por parte dos adversários arianos contra Basílio".[1959] O mesmo autor observa que é perceptível "como, neste período, a discussão teológica se deslocou do Filho para o Espírito Santo, cujo desfecho será dado pelo Concílio de Constantinopla, dois anos após a morte de Basílio, em 381". Tal concílio, como veremos, "proclamou a divindade do Espírito Santo", reputando-o como "digno de receber a mesma honra e a mesma glória que o Pai e o Filho: 'Senhor e doador de vida, que procede do Pai (e do Filho), que com o Pai e o Filho recebe uma mesma adoração e glória, e que falou pelos profetas' (Dz. 86-150)".[1960] Além do "incentivo" de Anfilóquio, a situação deplorável de Basílio e da Igreja, nas mãos de um episcopado corrompido que se consumia com disputas internas pelo poder,[1961] somou-se a um duro golpe para o capadócio, que foi o fato de

---

1958 FRANGIOTTI. "Introdução" in: "Tratado sobre o Espírito Santo" in: BASÍLIO. *Basílio de Cesareia*, p. 83 (grifo no original).

1959 Ibid., p. 80-1.

1960 Ibid., p. 81.

1961 "O cristianismo grego não conheceu o conflito entre a igreja e o Estado, no sentido medieval. Ocorriam lutas pelo poder, mas sempre relacionadas ao próprio poder dentro da igreja" (CAMPENHAUSEN. *Os pais da igreja*, p. 127). Esse, como veremos no capítulo 9, é um dos grandes males desenvolvidos com a crescente institucionalização da tradição carismático-pentecostal brasileira.

TEOLOGIA SISTEMÁTICO-CARISMÁTICA

seu "velho amigo, o grande asceta e bispo de Sebástia, Eustácio", informa Frangiotti, ter se tornado "o inspirador dos pneumatômacos, um movimento evangélico radical que negava a divindade do Espírito Santo", sobretudo pela motivação de Eustácio, que assim procedeu para escapar da perseguição, posicionando-se "contra as decisões de Niceia, a favor dos arianos".[1962] Portanto, completa o mesmo autor, por "um lado, os pneumatômacos negavam que se pudesse glorificar o Espírito Santo *com* o Pai e *com* o Filho", pois o "Espírito, diziam, não vem senão em terceiro lugar na invocação batismal", ou seja, ele é "inferior ao Pai e ao Filho e não se pode atribuir-lhe a honra que lhe é dada em algumas igrejas", visto que "os seres da mesma honra são conumerados enquanto se subnumeram aqueles cuja dignidade é menor". Dessa forma, é preciso "subnumerar o Espírito ao Filho e ao Pai, e glorificá-lo após o Pai e o Filho, e não *com* ou *junto* do Pai e do Filho".[1963] E,

> por outro lado, Macedônio, bispo de Constantinopla, para defender a unidade de Deus, afirmava que o Espírito Santo está subordinado ao Pai e ao Filho, negando, consequentemente, a divindade do Espírito Santo. Segundo o historiador eclesiástico Sozomeno, para Macedônio, o Espírito Santo não tinha a mesma dignidade divina do Filho, sendo apenas um ministro, um intérprete, uma espécie de anjo a serviço de Deus...[1964]

O que fica claro com esse *background* apresentado por Frangiotti é que o *Tratado sobre o Espírito Santo* é uma ode à terceira Pessoa da Trindade em um contexto em que, como pode ser visto, afirmar sua plena divindade significava colocar-se na contramão do sistema não só religioso, mas igualmente político, arriscando sofrer não apenas a perda de reputação e posição eclesiástica, mas até mesmo da integridade física. Em trinta capítulos da referida obra, não é pouco Basílio iniciar, já no primeiro deles, dizendo que orava junto ao povo e "Glorificava a Deus Pai com ambas as formas de doxologia: ora *com* o Filho, *com* o Espírito Santo; ora *pelo* Filho, *no* Espírito Santo", e que, por causa disso, fora acusado por alguns "de empregar palavras estranhas e até

1962 FRANGIOTTI. "Introdução" in: "Tratado sobre o Espírito Santo" in: BASÍLIO. *Basílio de Cesareia*, p. 82.

1963 Ibid., p. 82-3 (grifo no original).

1964 Ibid., p. 83.

contraditórias entre si",[1965] diz ele ao seu interlocutor Anfilóquio. E assim o fazia motivado pela distinção que os chamados pneumatômacos faziam, ao aplicar o que chamavam de "partículas", adotando "um antigo sofisma, formulado por Aécio, o chefe de sua seita", que apregoava "em certa passagem de suas cartas: 'Os seres dessemelhantes por natureza são denominados de maneira diferente'", utilizando incorretamente o texto de 1Coríntios 8:6 para ensinar que "as naturezas significadas pelas palavras se relacionam mutuamente como as palavras entre si", dizendo que "a locução *de quem* é diferente da locução *por quem*" e, por isso mesmo, "o Filho não é semelhante ao Pai".[1966] Tais hereges utilizavam uma exegese meramente gramatical para destinarem, primeiro, "a Deus Pai, como porção de escol, a expressão *de quem*", segundo, determinarem "para Deus Filho a expressão *por quem*" e, por último, "ao Espírito Santo, reservam-lhe a expressão *em quem*", afirmando que tal ordem de palavras jamais pode ser alterada. Assim, por meio da "locução *de quem* querem assinalar o Artífice (demiurgo[1967]); com a expressão *por quem* indicam um auxiliar ou instrumento; pelos termos *em quem* determinariam tempo ou lugar".[1968] Além do óbvio absurdo dessa articulação, eles parecem desconhecer que "Tempo e lugar são indispensáveis para qualquer ação". Assim, depois de absorverem "tais opiniões, observações vãs e ilusões fúteis, eles querem introduzi-las na doutrina simples e sem artifícios sobre o Espírito,

---

1965 Basílio. *Basílio de Cesareia*, 1,3, p. 91 (grifo no original).

1966 Ibid., 2,4, p. 92 (grifo no original).

1967 "DEMIURGO (gr., δημιουργός; lat., *Demiurgus*; in. *Demiurge*; fr. *Démiurge*; al. *Demiurg*; it. *Demiurgo*). O artífice do mundo. Essa palavra tem origem em *Timeu*, de Platão; nessa obra, a causa criadora do mundo é atribuída a uma divindade artífice que cria o mundo à semelhança da realidade ideal, utilizando uma matéria informe e resistente que Platão chama de 'matriz do mundo' (*Tim.*, 51 a). A obra criadora do D. (analogamente à de um artesão humano) não investe mas pressupõe os princípios constitutivos da própria natureza, que são: primeiro, as formas ideais eternas; segundo, a matéria com sua necessidade; terceiro, o espaço que não admite geração e destruição e que é a sede de tudo o que é gerado (ibid., 52 b). Para Platão o D. também é o criador das outras divindades, que receberam a função de gerar os seres vivos (ibid., 41 c). A noção de D. foi retomada várias vezes na história da filosofia. No século primeiro, Numênio de Apameia distinguiu o D. da Inteligência como um Deus que atua sobre a matéria e forma o mundo. O mundo seria o terceiro Deus (EUSÉBIO, *Praep. ev.*, XIV, 5). No século segundo foi retomada pelos gnósticos: Valentino considerou o D. como o último dos éons ou divindades emanadas (CLEMENTE, *Strom.*, IV, 13, 89). Na idade moderna a concepção do D. foi retomada por Stuart Mill, que considerou o poder divino limitado pela qualidade da matéria empregada, pela substância ou pelas forças de que se compõe o universo e pela incapacidade de realizar da melhor forma os fins estabelecidos (*Three essays on relig.*, 3. ed. [1885], p. 194)" (Abbagnano. *Dicionário de filosofia*, p. 239).

1968 Basílio. *Basílio de Cesareia*, 1,3, p. 92-3 (grifo no original).

1192 | TEOLOGIA SISTEMÁTICO-CARISMÁTICA

visando depreciar o Verbo de Deus e rejeitar o Espírito Santo". Em suma, os pneumatômacos lançam mão dos "vocábulos que os sábios 'de fora' aplicam aos instrumentos inanimados, ou os termos com que assinalam um serviço subalterno e em extremo humilhante, isto é, *por quem*, eles não hesitam empregá-los relativamente ao Senhor do universo, e não se envergonham esses cristãos de atribuir ao Artífice da criação uma expressão usada para a serra ou o martelo".[1969] Basílio mostra de maneira clara o que Roger Olson disse acima ao afirmar que "a heresia" acaba sendo "a mãe da ortodoxia", pois, enquanto a *presença extraordinária* do Espírito Santo era uma realidade experiencial, nem sequer havia necessidade de refletir a respeito de sua Pessoa, mas, quando o institucionalismo tomou conta da Igreja e os carismáticos foram postos para correr, então foi necessário teologizar acerca da terceira Pessoa da Trindade. Contudo, mesmo o Concílio de Niceia tendo afirmado o óbvio (a crença no Espírito Santo), não coincidentemente, a partir de então, o exercício teológico em relação ao Espírito Santo se deu com toda a carga possível de desprezo a fim de que ninguém pensasse que os dons carismáticos valiam, atestavam ou significavam alguma coisa, pois o próprio Espírito que os concedia nada era nem representava. A isso, respondia Basílio:

> **24.** Não se deve, dizem eles, pôr o Espírito Santo na mesma ordem que o Pai e o Filho, por causa da diferença de natureza e do grau inferior de dignidade. É justo responder com as palavras dos apóstolos: "É preciso obedecer antes a Deus que aos homens" (At 5,29). Se, porém, o Senhor claramente, na instituição do batismo da salvação, ordenou aos discípulos que batizassem todos os povos em nome do Pai e do Filho e do Espírito Santo (Mt 28,19), e não considerou indigna de si a comunhão com este Espírito, quando os adversários afirmam que não se deve colocá-lo na mesma ordem que o Pai e o Filho, como não ver nisso uma aberta oposição ao mandamento de Deus? Se, ao invés, conforme dizem eles, colocá-lo na mesma ordem não representa estar em comunhão ou união, respondam-nos, então, como julgam lícita sua opinião, e se conhecem maneira mais apropriada de designar a união. Seja como for, se o próprio Senhor não uniu o Espírito Santo a si e ao Pai no batismo, tampouco venham nos acusar de os unir. Efetivamente, nós nada pensamos, nem afirmamos divergindo dele. Mas, se ali o Espírito se acha unido ao Pai e ao Filho, e se ninguém é

[1969] Ibid., 3,5, p. 94 (grifo no original).

tão ousado para assegurar outra coisa, não nos censurem por seguirmos as Escrituras.[1970]

A argumentação de Basílio mostra que seguimos a direção correta, ou seja,
no capítulo anterior, ao falarmos de Deus, dissemos da possibilidade de o
leitor se surpreender ao descobrir que a sua concepção não é bíblica, mas
apenas filosófica. Tal palavra converge com o que diz o filósofo e teólogo
Herman Dooyeweerd, citado ainda no início deste capítulo, que utiliza "fé"
no mesmíssimo sentido colocado por Hebreus 11:1-2, e não em termos
credais, ressalte-se, explicando na sequência que as "dificuldades e questões
que [a teologia] levanta não se relacionam à palavra-revelação divina, mas
exclusivamente ao caráter científico e aos limites de uma dogmática e de
uma exegese teológica". Ele ainda sustenta que "a teologia dogmática é uma
ciência muito perigosa" e que a "sua elevação a um mediador necessário entre a palavra de Deus e o crente constitui-se em uma idolatria e demonstra
uma incompreensão fundamental em relação à sua posição real".[1971] E isso
por um motivo muito simples, colocado em tons muito graves pelo teólogo
holandês: "Se a nossa salvação é dependente da teologia dogmática e da exegese, estamos perdidos".[1972] Portanto, independentemente do que o Credo
Niceno, em sua primeira forma, afirma, os que se achavam lógicos e mais fiéis
a um pensamento sistemático no qual a Bíblia deveria se encaixar desfaziam
do Espírito Santo, mas Basílio, em razão não somente do que encontramos da
terceira Pessoa da Trindade nas Escrituras, mas também das consequências da
ação específica deste, ou seja, da sua *presença extraordinária*, dizia que estas se
mostravam também em experiências carismáticas muito específicas, tais como
"a previsão do futuro, a inteligência dos mistérios, a percepção das coisas ocultas, a distribuição dos carismas" e, igualmente, na "cidadania celeste, o canto
em coro com os anjos, a alegria interminável, a habitação junto de Deus, a
semelhança com Deus, enfim o anelo supremo: tornar-se Deus".[1973] Mesmo
que a maneira de construir seu argumento e teologizar seja diferente daquela
a que estamos habituados (muito embora a maneira cartesiana, positivista
e pretensiosa da elaboração teológica ocidental não sirva para a tradição

---

1970 Ibid., 10,24, p. 117.
1971 DOOYEWEERD. *No crepúsculo do pensamento ocidental*, p. 198.
1972 Ibid.
1973 BASÍLIO. *Basílio de Cesareia*, 9,23, p. 116.

1194 | TEOLOGIA SISTEMÁTICO-CARISMÁTICA

carismático-pentecostal), ainda assim vemos que seu respeito, consideração, temor e capacidade suplantam o minimalismo pneumatológico com que ainda nos defrontamos na teologia reformada, pois, ao elencar essas ações, tanto em nosso plano quanto no plano divino, Basílio diz que tais aspectos "são a respeito do Espírito Santo, para mencionar apenas alguns". Basílio acrescenta que "os nossos conceitos concernentes a sua grandeza, dignidade e obras" são "aprendidos das palavras do mesmo Espírito",[1974] ou seja, o teólogo capadócio muito provavelmente tinha experiência pessoal com o Espírito ou, no mínimo, estava mostrando que ainda havia tais fenômenos carismáticos em seu tempo. Assim, Basílio dizia que, na verdade, tais minimalistas pneumatológicos tinham como finalidade extinguir a "Tradição apostólica", recorrendo "a provas extraídas das Escrituras, e lançam para bem longe, como se fossem objetos vis, os testemunhos orais dos Padres", ou seja, a forma de ler e interpretar os textos unicamente de maneira gramatical, desconsiderando a experiência, é que fazia estes procederem assim. Contudo, Basílio diz que não atenuaria "a verdade", pois não tinha medo, ou seja, "não trairemos nossa aliança".[1975] Em uma palavra:

> Ora, se o Senhor nos transmitiu como doutrina obrigatória e salvífica que o Espírito Santo está na mesma ordem que o Pai, e eles opinam que assim não é e que importa separá-los, romper esta coordenação, e trasladar o Espírito ao nível de uma natureza servil, não é verdade que eles dão maior importância a sua blasfêmia do que às normas de seu Senhor? Em consequência, rejeitemos qualquer gosto de polêmica, e examinemos juntos o que temos em mãos.[1976]

Não é à toa que o comportamento altivo dos diletantes, de ontem e de hoje, que se refestelam com intermináveis polêmicas, as quais somente alimentam a vaidade dos que acham que suas argumentações racionalistas alteram a realidade ontologicamente, segue um padrão: arrogância, desdém e, por fim, perseguição. Contudo, Basílio questiona retoricamente que, "se confessar a fé no Espírito nos torna felizes pela piedade e, ao invés, renegá-lo acarreta-nos a sentença condenatória por impiedade, como não seria terrível agora verificar

---

1974 Ibid.
1975 Ibid., 10,25, p. 117-8.
1976 Ibid., 10,25, p. 118.

que existem os que o renegam, não impelidos pelo temor do fogo, nem pelo medo da espada, da cruz, dos flagelos, da roda, das torturas, mas apenas enganados pelos sofismas e insinuações dos adversários do Espírito?".[1977] Tal argumentação serve perfeitamente para a realidade enfrentada pela tradição carismático-pentecostal brasileira, que se vê intimidada e interditada pela censura teológica que quer nos impor um minimalismo pneumatológico. E isso é feito nos mesmíssimos moldes do que Basílio enfrentava, isto é, colocando as Escrituras em oposição à dimensão carismática e, portanto, experiencial da fé, quando na verdade, conforme já reiteradamente repetido por nós, a própria Bíblia é produto de inspiração do Espírito Santo. Em termos diretos, tal comportamento não só coloca as Escrituras acima do Espírito Santo, mas faz pior, coloca a própria interpretação como superior à terceira Pessoa da Trindade, e assim age sem nenhum cuidado em blasfemar contra ele. Portanto, quando Basílio, contrastando o comportamento de seu tempo com o dos seguidores de nosso Senhor Jesus Cristo que, para ostentar sua fé, tinham passado todo tipo de sofrimento, diz que acha um absurdo que os crentes se dobrem a sofismas e acusações dos que são preconceituosos e contrários ao Espírito Santo, é impossível não fazer um paralelo com o que aconteceu na tradição carismático-pentecostal brasileira. Nossos irmãos e irmãs sofreram toda espécie de perseguição por parte dos adeptos do cessacionismo, isto é, protestantes tradicionais, mas isso não os desanimava; antes, servia de incentivo ao enfrentamento do preconceito e das barreiras que também eram impostas pelo catolicismo romano. Agora, a atual geração, tendo achado tudo pronto, por causa de motivos os mais descabidos e injustificados possíveis, sucumbe ao aceno da despentecostalização, e assim o faz por qualquer coisa, seja por terem introjetado preconceito, desfazendo das experiências carismáticas, seja por medo da interdição e das acusações do minimalismo pneumatológico. Tal covardia envergonha a obra do Espírito Santo e os que trouxeram a fé de expressão carismática e pentecostal para o país, que, juntamente com os irmãos autóctones, muito fizeram. De nossa parte, alinhamo-nos a Basílio, que diz: "Atesto a todo aquele que confessa o Cristo, mas renega a Deus, que Cristo em nada o ajudará. Dou testemunho ao que invoca a Deus, mas rejeita o Filho, que sua fé é vã, e ao que recusa

---

1977 Ibid., 11,27, p. 119-20.

1196 | TEOLOGIA SISTEMÁTICO-CARISMÁTICA

aceitar o Espírito que a sua fé no Pai e no Filho cairá num vazio", considerando que, ao assim fazer, "nem mesmo poderá possuir a fé, se não tiver o Espírito".[1978] Na verdade, "não crê no Filho quem não acredita no Espírito; nem crê no Pai aquele que não crê no Filho", pois o próprio texto revela que "ninguém pode dizer: 'Jesus é Senhor' a não ser no Espírito Santo' (1Co 12:3)", e ainda acrescenta a mesma Bíblia: "Ninguém jamais viu a Deus: o Filho Unigênito, que está no seio do Pai, este o deu a conhecer (Jo 1:18)". Portanto, encontra-se "também excluído da verdadeira adoração aquele que renega o Espírito", pois "é impossível adorar o Filho, a não ser no Espírito Santo, nem é possível invocar o Pai, a não ser no Espírito da adoção filial".[1979]

37. Voltemos ao início. O Espírito Santo em tudo é certamente inseparável do Pai e do Filho. S. Paulo, na epístola aos Coríntios, no trecho sobre o carisma das línguas, escreve: "Se, ao contrário, todos profetizarem, o incrédulo ou o simples ouvinte que entrar há de se sentir arguido por todos, julgado por todos; os segredos de seu coração serão desvendados; prostrar-se-á com o rosto por terra, adorará a Deus e proclamará que Deus está realmente no meio de nós" (1Co 14:24-25). Efetivamente, se a profecia, ação do Espírito a distribuir os carismas, possibilita o reconhecimento da presença de Deus nos profetas, determinem nossos adversários que lugar querem destinar ao Espírito Santo. Seria mais justo pô-lo ao lado de Deus, ou expulsá-lo para o meio das criaturas? A repreensão de Pedro a Safira: "Por que combinastes entre vós tentar o Espírito Santo?" (At 5:9). "Não foi a homens que mentistes, mas a Deus" (At 5:4) mostra que pecar contra o Espírito Santo é pecar contra Deus. Isso nos ensina que em todas as ações o Espírito Santo está inseparavelmente unido ao Pai e ao Filho. Se Deus distribui ações e operações, e o Senhor dispõe sobre ministérios, *o Espírito Santo está também presente, repartindo carismas como lhe apraz*, de acordo com a dignidade de cada um. Pois declara o Apóstolo: "Há diversidade de dons, mas o Espírito é o mesmo; diversidade de ministérios, mas o Senhor é o mesmo; diversos modos de ação, mas é o mesmo Deus que realiza tudo em todos" (1Co 12:4-6). "Mas, isso tudo, é o único e mesmo Espírito que realiza, distribuindo a cada um os seus dons conforme lhe apraz" (1Co 12:4-6). Não se deve

---

1978 Ibid., 11,27, p. 120.
1979 Ibid.

> crer, visto que o Apóstolo neste trecho relembra primeiro o Espírito, em segundo lugar o Filho e em terceiro Deus Pai, que esteja a ordem completamente transtornada. Ao contrário, começa o Apóstolo à maneira do que costuma acontecer conosco. Ao recebermos um presente, primeiro encontramos quem no-lo entrega, depois pensamos naquele que o envia; em seguida nossa mente se eleva até a fonte e causa destes bens.[1980]

Argumentando em defesa da deidade do Espírito Santo, a parte grifada mostra claramente que nessa época de Basílio, cerca de 375, há fenômenos carismáticos e dons espirituais em plena vigência, visto que ele não comenta o texto como "algo passado", mas de maneira presente. É de admirar sua argumentação ao dizer que "Fora do Espírito [...] não há santidade" e incluir até mesmo os anjos em sua consideração, pois afirma que as "potências celestes não são santas por natureza", pois, caso fossem, "em nada seriam diferentes do Espírito Santo". Ele diz ainda, para confirmar sua dissertação, após fazer alusão ao texto de 1Coríntios 12:3, especificamente a parte blasfema — "Jesus é anátema!" —, que pode ser que "seja isso que tenham proferido os espíritos maus, os adversários, cuja queda comprova minha opinião, a saber, que as potências invisíveis são dotadas de livre-arbítrio, que mantém o fiel da balança a igual distância da virtude e do vício, e por isso mesmo necessitam do auxílio do Espírito".[1981] Em termos diretos, a dependência dos seres angelicais da terceira Pessoa da Trindade, de acordo com o que defende Basílio, se dá por conta de que a santidade não é um atributo imanente, mas outorgado e impetrado, nesse caso, pelo Espírito Santo. O teólogo e pai capadócio não trata apenas dessa esfera da pneumatologia, a santificação, mas diz igualmente assegurar "que se também Gabriel predisse o futuro (Lc 1:30-33), não foi senão pela presciência do Espírito", visto que "a profecia é um dos carismas distribuídos pelo Espírito".[1982] Em termos diretos, até mesmo o exercício de capacidades carismáticas, no caso profecia preditiva, por parte de anjos, Basílio defende como algo proporcionado pelo Espírito Santo, e sua conclusão se dá pelo fato de que "a profecia é um dos carismas distribuídos pelo Espírito", isto é, ela não *foi* um dos carismas do Espírito; ela *é* um dos dons

---

1980 Ibid., 16,37, p. 132 (grifo nosso).
1981 Ibid., 16,38, p. 134-5.
1982 Ibid., 16,38, p. 135.

1198 | TEOLOGIA SISTEMÁTICO-CARISMÁTICA

do Espírito Santo, que, de acordo com o capadócio, não contempla apenas os seres humanos, mas até mesmo os anjos, isto é, os mensageiros celestiais, pois, ao trazer uma mensagem divina, eles não o fazem como se soubessem, de forma onisciente, o que anunciam, mas recebem divinamente o conteúdo e assim o transmitem. Justamente por isso, o anjo recusou a adoração por parte do apóstolo do amor, dizendo a João que ele não o fizesse, pois disse-lhe claramente ser servo de Deus assim como qualquer outro ser humano, incluindo os profetas, ou seja, papel que ele estava desempenhando naquele momento (Apocalipse 22:8-9). Pela concepção dos que negam a deidade do Espírito Santo, "não se deve absolutamente glorificar o Espírito, exaltando-o com hinos de louvor", mas objetando tais blasfemos, Basílio questiona retoricamente: "De onde, então, extrairemos provas da dignidade do Espírito, se a comunhão com o Pai e o Filho não for testemunho fidedigno de sua dignidade?".[1983] Em termos diretos, se o que o próprio Deus e também nosso Senhor Jesus Cristo afirmam acerca do Espírito Santo, conforme encontramos nas Escrituras, não for suficiente para se ter como certa sua deidade, nada poderá convencer alguém, pois estes são os dados de que dispomos. E, se a Bíblia é, de fato, autoritativa, devemos crer no que ela apresenta a respeito da terceira Pessoa da Trindade. Incrivelmente, muitos que assim se comportam o fazem por um preciosismo bíblico-gramatical que, pasme, os privam de nutrir-se da mensagem agarrando-se ao texto em si, ou seja, o "que se apega à letra, e se limita às prescrições legais, tem o coração de certo modo velado por uma interpretação literal, à semelhança dos judeus".[1984] Contudo, à semelhança de um típico carismático-pentecostal, Basílio responde aos minimalistas pneumatológicos com a seguinte argumentação a respeito do Espírito Santo:

> **49.** Como são as suas ações? É impossível narrar sua grandeza ou contar a multidão delas. Como pensar no que é anterior aos séculos? Quais as suas ações antes de existirem as criaturas inteligentes? Qual o número de seus benefícios para com as criaturas, seu poder relativamente aos séculos futuros? Pois, ele era, preexistia e estava presente antes dos séculos com o Pai e o Filho. Se pensares, portanto, em um ser que existisse antes dos séculos, descobririas que é posterior ao Espírito. Refletes sobre a criação? As potências dos céus foram consolidadas pelo

---

1983 Ibid., 19,48, p. 147.
1984 Ibid., 21,52, p. 153.

Espírito, e tal consolidação, é claro, consiste numa estabilidade nos bons hábitos. De fato, a intimidade com Deus, a imutabilidade diante do mal e a permanência na felicidade provêm da fortaleza do Espírito. O Espírito precede a vinda de Cristo. É inseparável da sua manifestação na carne. Os milagres, o carisma das curas, foram produzidos por ação do Espírito Santo. Os demônios foram expulsos por meio do Espírito de Deus. A presença do Espírito venceu o diabo. A remissão dos pecados realizou-se por graça do Espírito. "Mas vós vos lavastes e fostes santificados em nome de nosso Senhor Jesus Cristo e pelo Espírito Santo" (1Co 6:11). A familiaridade com Deus se mantém por obra do Espírito Santo, pois "enviou Deus aos nossos corações o Espírito do seu Filho, que clama: 'Abba, Pai'" (Gl 4:6). A ressurreição dos mortos se realiza por ação do Espírito. "Envias teu Espírito, e eles são criados, e assim renovas a face da terra" (Sl 103:30). Se interpretarmos essa criação como a revivescência de seres já corrompidos, como não é possante a ação do Espírito que nos destina uma vida de ressuscitados e readapta nossas almas a essa vida espiritual? Se, porém, dermos o nome de criação à transformação para melhor dos que haviam caído no pecado (é costume da Escritura exprimir-se assim, por exemplo, como diz Paulo: "Se alguém está em Cristo, é nova criatura" — 2Co 5:17), se criação for a renovação realizada aqui na terra, e a mudança de uma vida terrestre e passível em cidadania celeste, por obra do Espírito em nós, isto provoca em nossa alma imensa admiração. Diante disso, que faremos? Temer ultrapassar a medida que ele merece, honrando-o em demasia, ou, ao invés, diminuir o conceito que dele formamos, também se o engrandecermos com os nomes mais belos formados pela mente ou pelos lábios humanos? Assim diz o Espírito Santo, como diz o Senhor: "Desce, e vai com eles sem hesitação, porque fui eu que os enviei" (At 10:20). Seriam estas expressões de alguém de condição humilde, paralisado pelo temor? "Separai-me Barnabé e Saulo para a obra a que os destinei" (At 13:2). Acaso fala assim um escravo? "E agora o Senhor com o seu Espírito me enviou" (Is 48:16, sg LXX), diz Isaías, e "o Espírito desceu de junto do Senhor, e os guiou". Mas, não consideres ser humilde serviço o de guiar, pois a própria Escritura atesta constituir obra do Senhor: "Guiastes o teu povo como um rebanho" (Sl 76:21), e também: "Guias a José como um rebanho" (Sl 79:1). E ainda: "Guiou-os com segurança e não temeram" (Sl 77:53). Mas, ao ouvires: "quando vier o Paráclito, ele vos recordará, e vos conduzirá à verdade plena" (Jo 14:26; 16:13), concebe a ação de guiar conforme aprendeste e não a calunies.[1985]

Fica evidente que o teólogo concebia de maneira indistinta a obra do Espírito Santo, quer fosse na capacitação, quer na santificação, quer na orientação das pessoas. Portanto, a "superioridade de natureza do Espírito é cognoscível não apenas pelo fato de receber ele as mesmas denominações que o Pai e o Filho, mas ainda por ser igualmente tão difícil contemplá-lo", ou seja, "tendo sido dito acerca do Pai que ele ultrapassa toda compreensão humana, e do Filho também a mesma coisa, o Senhor fala de maneira idêntica sobre o Espírito Santo".[1986] Tal argumentação teológica corrobora a nossa perspectiva de que a abordagem apofática e mística é a mais apropriada para uma teologia carismático-pentecostal, visto que parte do reconhecimento da precariedade e das limitações não só da linguagem, mas também da nossa cognição, uma vez que não possuímos uma razão autossuficiente e perfeita, de maneira que o que entendemos, e produzimos, seja a correta expressão das coisas e uma forma de espelhamento da realidade, de acordo com o que já argumentamos suficientemente nos capítulos anteriores e ainda mais neste ao tratar do assunto. Portanto, precisa ficar definitivamente claro, de uma vez por todas, conforme explica o teólogo e filósofo reformado holandês Herman Dooyeweerd, que é simplesmente ilusória e "falsa [a] ideia dogmática de que o pensamento teórico seria capaz de penetrar a realidade empírica como esta realmente é, ou mesmo um campo metafísico do ser, que seria independente de possíveis experiências humanas".[1987] Assim, caso o leitor ouça falar que tal abordagem é "liberal", "herética" ou "não conservadora", saiba que está diante de alguém desinformado ou desonesto, pois ela não é nova, muito menos pós-moderna, mas, como pode ser visto, utilizada desde a patrística e por teólogos e filósofos contemporâneos conservadores. Assim, o que queremos destacar do trabalho de Basílio, seguindo o nosso *leitmotiv*, é que "o Espírito está sempre presente aos que são dignos, opera conforme a necessidade, por meio das profecias, ou de curas, ou de algumas outras ações miraculosas", pois da mesma forma "como a saúde, a temperatura, enfim, as outras disposições transitórias estão *no* corpo, o mesmo acontece com o Espírito, que muitas

---

1985 Ibid., 19,49, p. 148-9.
1986 Ibid., 22,53, p. 154.
1987 DOOYEWEERD. *No crepúsculo do pensamento ocidental*, p. 61.

CAPÍTULO 4 – Pneumatologia | 1201

vezes está presente, mas não permanece *na* alma dos que, por instabilidade de ânimo, facilmente rejeitam a graça recebida", diz Basílio, exemplificando ao afirmar que, dessa forma, "eram Saul e os setenta anciãos dos filhos de Israel, exceto Eldad e Medad (Nm 11:25-26ss) (evidentemente, dentre todos, neles apenas o Espírito permaneceu); tais, de fato, são os que se lhes assemelham, por livre escolha"; isto é, a "palavra está *na* alma, ora como pensamento no coração, ora como termo proferido pelos lábios; igualmente o Espírito Santo, ao dar testemunho a nosso espírito e clamar em nosso coração: 'Abba, Pai', ou a falar por nós, como está escrito: 'Não sereis vós que falareis naquela hora, mas o Espírito de vosso Pai é que falará em vós' (Mt 10:20)".[1988] Da mesma forma que "um todo *em* suas partes, entende-se também ser o Espírito relativamente à distribuição dos carismas", isto é, "somos membros uns dos outros, tendo, porém, carismas diferentes segundo a graça de Deus que nos foi concedida (Rm 12:5)".[1989] Uma vez que as Escrituras assim falam dele, o que poderia justificar a postura blasfema dos que o desprezam a pretexto de exaltar somente a Deus?

> Cremos no Espírito, mas lutamos contra ele nas nossas profissões de fé; somos batizados, e ainda lutamos. Invocamo-lo como autor da vida, e o menosprezamos como sendo companheiro de escravidão. Recebemo-lo *com* o Pai e o Filho, e desprezamo-lo como se fosse parte da criação. Nossos adversários não sabem o que pedir na oração (Rm 8:26). Se induzidos a falar sobre o Espírito respeitosamente, julgam que o igualam em mérito, e reprovam os termos que lhes parecem ultrapassar a justa medida, enquanto, ao contrário, deviam lastimar-lhe a deficiência. De fato, faltam-nos as palavras para realmente dar graças pelos benefícios de que somos cumulados. O Espírito ultrapassa todo entendimento (Fp 4:7) e desafia a linguagem, que não exprime nem a menor porção de sua dignidade, segundo a palavra do livro intitulado: Sabedoria (de Sirac): "Que vossos louvores exaltem o Senhor, segundo o vosso poder, porque ele vos excede. Para o exaltar, desdobrai vossas forças, não vos canseis, porque nunca chegareis ao fim" (Eclo 43,30). Certamente, tereis terríveis contas a prestar de tais palavras, tendo

---

1988 Basílio. *Basílio de Cesareia*, 26,61, p. 163-4 (grifo no original).
1989 Ibid., 26,61, p. 164 (grifo no original).

1202 | TEOLOGIA SISTEMÁTICO-CARISMÁTICA

ouvido do Deus que não mente (Tt 1:2) ser irremissível a blasfêmia contra o Espírito Santo (Mt 12:32; Mc 3:28-29; Lc 12:10).[1990]

Como dissemos logo na abertura deste capítulo, se o fato de não termos condições de falar/teologizar acerca do Espírito Santo se desse unicamente pela incapacidade de "captá-lo" e/ou apreendê-lo, tal como reconhecemos e por isso não ousamos proceder como comumente é feito em teologias sistemáticas, "definindo Deus", não seria tanto um problema, muito embora, como já dissemos, é impossível não observar que o Pai e nosso Senhor Jesus Cristo, o Filho, mesmo também sendo Deus, são considerados e devidamente teologizados. O que se percebe, porém, é que tal se dá apenas por essa indiscutível incapacidade, conforme acabamos de citar nas palavras de Basílio, que, a despeito do seu *Tratado sobre o Espírito Santo*, reconhece que o "Espírito ultrapassa todo entendimento (Fl 4,7) e desafia a linguagem, que não exprime nem a menor porção de sua dignidade", mas primeiramente por conta de sua *presença extraordinária*, percebida e evidenciada por meio das inúmeras manifestações, ser tão atuante e manifesta que não se tinha necessidade alguma de tal teorização. Contudo, após a transmutação do seguimento de Jesus, dado o institucionalismo, fruto da "teologia imperial", que, por sua vez, é produto direto da teologização do processo de casamento com o Império Romano, ou seja, a tentativa de justificação de tal simbiose, irrompeu a perseguição aos carismáticos, com o consequente desprezo a tudo que dizia respeito ao Espírito Santo. Uma vez que, por conta das discussões cristológicas, foi impossível ignorar o Espírito Santo, ele acabou sendo contemplado. Todavia, mesmo após o Concílio de Niceia, em 325, de acordo com a visão panorâmica da obra de Basílio de Cesareia, o tratamento blasfemo em relação à terceira Pessoa da Trindade não apenas mostrou-se, como recrudesceu, e com isso vimos que, para um sem-número de apologistas cristológicos, encontramos quase nenhum apologista pneumatológico. Uma das piores consequências desse processo é que, no afã de defender a deidade de nosso Senhor Jesus Cristo, os pais da igreja ocidental ficaram muito dependentes da filosofia, esquecendo-se totalmente da dimensão sobrenatural que deve marcar toda produção teológica, ou seja, seguir a lógica da fé e acompanhar a esteira da revelação. Justamente por isso, Víctor Codina observa que tal "processo de perda do sentido espiritual da teologia é uma consequência negativa da separação da igreja

---

1990 Ibid., 28,70, p. 175 (grifo no original).

do Oriente no século 11", pois o "Oriente sempre foi muito sensível ao tema do Espírito e acusa a igreja latina de cristomonismo, ou seja, de concentrar-se exclusivamente em Cristo, esquecendo-se da dimensão do Espírito".[1991] Não à toa a teologia sistemática desenvolvida no Ocidente mostra-se muito teórica, ou seja, não há espaço para a experiência, conforme aponta o mesmo autor, dizendo que normalmente a "experiência espiritual não é levada em conta na teologia sistemática", daí por que não deveríamos "estranhar que nossas teologias sistemáticas acabem sendo extremamente abstratas, racionais e distantes da vida real do povo, pouco pastorais, sem incidência na vida espiritual dos alunos, e mesmo asfixiantes, bem diferentes da riqueza e da vitalidade que a aproximação à Palavra de Deus desperta".[1992] Víctor Codina, como teólogo católico, observa, como exemplo negativo da teologia ocidental, que o papa "Gregório IX, no século 12, recomendava (DS 824) que os teólogos não fossem 'charlatães de Deus' (*theophanti*), mas sim 'peritos em Deus' (*teodocti*)".[1993] Por isso, é bom sempre pensar em dois aspectos quando falamos em cessacionismo: 1) os grupos que continuavam tendo experiências eram hostilizados e, por isso mesmo, marginalizados, não sendo considerados na historiografia cristã oficial, e 2) estamos falando do cristianismo ocidental, pois, em termos de cristianismo oriental, nunca existiu um cessacionismo, assim como este também nunca experimentou uma reforma.

O "motivo" do primeiro grande cisma da igreja

De todo o longo período dos mais de 2 mil anos de caminhada cristã, o destaque deste subtópico recai sobre o chamado primeiro Grande Cisma, a divisão entre a igreja ocidental e a igreja oriental, ocorrido em 1054, e motivado por uma questão teológica referente à "processão" do Espírito Santo (*filioque*), que era um rescaldo das discussões que marcaram os debates em torno da formação da doutrina da Trindade.[1994] A referida discussão foi

---

1991 CODINA. *"Não extingais o Espírito" (1Ts 5,19)*, p. 19.

1992 Ibid., p. 17-8.

1993 Ibid., p. 18.

1994 "Os modelos viáveis da Trindade não podem se limitar às funções divinas ou a períodos da história da revelação. Devem explicar as relações mútuas das pessoas no âmbito da Divindade, que são simultâneas e abarcam todas as atividades divinas. A maneira mais natural de fazer isso é começar com uma das pessoas e trabalhar a estrutura trinitária explicando de que modo ela se relaciona com as outras duas. Como seria de esperar, a primeira tentativa nesse sentido fez do Pai a pessoa de ligação na Divindade e estabeleceu a relação tanto do Filho quanto do Espírito Santo com ele, e é esse o modelo predominante nas igrejas ortodoxas orientais.

precedida pela "processão" do Filho, isto é, de Jesus, e a primeira expressão utilizada foi "gerado", então substituída por "processão". "Esse 'proceder' do Filho em relação ao Pai (já no século 8, chamada 'filiação') é entendido teologicamente como um ato necessário da vontade do Pai, de modo que fique impossível existir o conceito do Filho não provindo do Pai", explica o teólogo pentecostal Kerry McRoberts, dizendo que, justamente por isso, tal "'procedência' do Filho [deve] estar eternamente no presente, [visto como] um ato que perdura, nunca terminando", ou seja, o "Filho, portanto, é imutável (não sujeito à mudança, Hb 13.8), assim como o Pai é imutável (Ml 3.6)". Portanto, a "filiação do Filho, certamente, não é no sentido de ter sido gerada outra pessoa com sua divina essência, pois o Pai e o Filho são igualmente Deidade e, portanto, da 'mesma' natureza indivisível".[1995] O mesmo teólogo pentecostal, informa ainda, em nota, o que significa dizer que eles são da "mesma natureza indivisível", ou seja, "*homoousios* ('essência' ou 'substância'); lat. *substantia*; gr. *hupostasis*", acrescentando que, em "contradistinção

---

Por essa ótica, as outras duas pessoas se relacionam com o Pai como os efeitos se relacionam com sua causa. De acordo com o testemunho do Evangelho de João, o Filho é gerado pelo Pai (1:14) e o Espírito Santo procede do Pai (15:26). Essas duas relações distintas de 'causação' passaram então a ser usadas para definir as identidades distintas da segunda e da terceira pessoa e, por negação, também da primeira, que não é gerada por ninguém nem procede de ninguém. Esse modelo trinitário tem a vantagem de parecer bem próximo do Novo Testamento, em que o Pai sempre aparece como Deus num sentido diferenciado, e ninguém pode negar o que o Quarto Evangelho (João) diz sobre as outras duas pessoas. Todavia, ele também tem fraquezas significativas, que devem ser levadas em conta antes de ser adotado sem crítica como melhor modelo de Trindade" (BRAY, Gerald. "Deus" in: McGRATH, Alister E.; PACKER, James I. [Orgs.]. *Fundamentos do cristianismo: um manual da fé cristã*, 1. ed. [São Paulo: Vida Nova, 2018], p. 129-30). O mesmo autor diz que outro modelo de Trindade, e este "mais comumente associado às igrejas ocidentais, entende o Espírito Santo como a pessoa de ligação na Divindade. De acordo com esse modelo, Deus é um Deus de amor (1Jo 4:16), e o amor pressupõe um ser que ama e um ser amado. Jesus Cristo é o Filho amado (outro eco de seu batismo), e o Pai é aquele que o ama. Todavia, o amor do Pai pelo Filho e o amor do Filho pelo Pai adquirem identidade própria, que é o Espírito Santo, elo entre as duas pessoas. É o Espírito Santo que habita em nosso coração pela fé; e, quando ele entra em nossa vida, o Pai e o Filho vêm com ele (Jo 14:23). O Espírito dá testemunho dos outros dois igualmente e por esse motivo deve proceder de ambos em igual medida, caso contrário haveria desequilíbrio no amor divino. Esse modelo da Trindade soluciona o problema do modo que o Filho e o Espírito Santo se relacionam um com o outro, mas cria outro problema que não é difícil notar. Tanto a pessoalidade do Pai quanto a do Filho são preservadas, mas o Espírito Santo fica evidentemente reduzido a uma força impessoal — uma coisa, e não uma pessoa. Foram empregados vários estratagemas para contornar essa dificuldade, mas não se pode dizer que tenham sido bem-sucedidos. É preciso reconhecer que a criação de um Espírito Santo despersonalizado constitui um perigo muito real quando esse modelo é adotado de forma acrítica" (ibid., p. 130-1).

1995 McROBERTS, Kerry D. "A Santíssima Trindade" in: HORTON (org.). *Teologia sistemática*, p. 176.

com *ousia*, no entanto, a linguagem teológica grega emprega *hupostasis* com o significado de 'realidade pessoal individual'".[1996] Assim, completa o mesmo autor, o "Pai e o Filho (com o Espírito) existem juntos em subsistência pessoal (o Filho e o Espírito são pessoalmente distintos do Pai na sua existência eterna)".[1997] Tais discussões, conforme reiteradamente temos frisado, eram inevitáveis. Todavia, como nada acontece em um vácuo atemporal, antes está incrustado em um contexto histórico, e lembrando da aproximação cada vez maior entre a igreja e o Império Romano, as "controvérsias em torno dos pontos essenciais da fé também contaram com as ingerências imperiais, e por isso os contrastes teológicos muitas vezes assumiram o caráter das lutas políticas";[1998] isto é, como informa Mark Noll, "o debate acerca da divindade de Cristo foi fortemente marcado por manobras políticas, muitas vezes amargas".[1999] Em outras palavras, diz Jaroslav Pelikan, havia "fatores não teológicos do debate, muitos dos quais pareciam vez após outra preparados para determinar o resultado, só para ser revogados por outras forças similares a si mesmos", ou seja, a "doutrina, com frequência, parecia ser a vítima — ou o produto — da política da igreja e dos conflitos de personalidade".[2000] Tal pode ser visto no fato de que ambas as "tradições latina e grega, representadas respectivamente pelo papa e pelo patriarca", dizem Dale Irvin e Scott Sunquist, não somente por questões geográficas, mas também políticas, "haviam crescido isoladas durante os sete séculos desde Niceia", pois o "peso acumulado de diferenças institucionais, culturais e teológicas tinham efetivamente cortado a comunhão viva dessas duas famílias cristãs de igrejas", muito embora, afirmam, "mais decisivo na história da divisão entre as duas tradições foi o saque de Constantinopla pelos cruzados ocidentais em 1204".[2001] Em suma, a divisão não ocorreu do dia para a noite e com um

---

1996 Ibid., p. 680.

1997 Ibid., p. 176.

1998 MONDONI, Danilo. *O cristianismo na Antiguidade* (São Paulo: Loyola, 2014), p. 135.

1999 NOLL, Mark A. *Momentos decisivos na história do cristianismo* (São Paulo: Cultura Cristã, 2000), p. 63. O mesmo autor diz que tanto neste "como em outros conflitos futuros, uma questão fundamental foi o exercício da autoridade, o Oriente agindo de maneira colegiada com um forte imperador e os leigos fazendo contribuições teológicas significativas, em contraste com o Ocidente, que abordou as questões de maneira muito mais hierárquica, no contexto de uma liderança política fragmentada e com a teologia dominada pelo clero" (p. 144). Tal forma ocidental parece persistir até hoje.

2000 PELIKAN. *A tradição cristã: uma história do desenvolvimento da doutrina*, vol. 1, p. 185.

2001 IRVIN, Dale T.; SUNQUIST, Scott W. *História do movimento cristão mundial* (São Paulo: Paulus,

1206 | TEOLOGIA SISTEMÁTICO-CARISMÁTICA

documento de excomunhão mútuo. Em outros termos, dada a influência da situação política sobre a igreja, é possível "perceber as duas culturas cristãs separando-se gradativamente, a começar, particularmente, com a mudança do imperador Constantino para sua nova capital no Oriente".[2002] Se essa era a situação política, em termos eclesiásticos o cenário era o seguinte:

> Nomeando pessoas de outras partes da Europa para o cargo de cardeal em Roma, [o papa] Leão IX começou a dar expressão concreta a uma compreensão institucional particular do ofício papal. Desde pelo menos o século 2, o bispo de Roma fora reconhecido como sucessor de São Pedro, que Cristo havia designado chefe da igreja. Roma tinha contestado a pretensão, expressa pela primeira vez no século 4, de que o bispo de Constantinopla era igual em autoridade, embora não necessariamente em dignidade espiritual, a Roma. Os teólogos ocidentais afirmavam que Constantinopla era uma segunda Roma, e portanto sua autoridade não era igual à da primeira Roma. Além disso, argumentavam, o papa tinha o direito único de intervir em negócio de todas as igrejas do mundo; pois, embora houvesse bispos que exercessem autoridade eclesiástica legítima derivada de outros apóstolos, somente a autoridade de Pedro se estendia a todas as igrejas universalmente. Ao papa, como sucessor de Pedro, foram confiados o cuidado espiritual e a supervisão administrativa de todas as igrejas do mundo.[2003]

Com esse clima de disputa pela legitimidade na "sucessão petrina", algo inexistente, uma vez que o cabeça da igreja é Cristo (Efésios 1:22; 5:23; Colossenses 1:18), a comunhão que deveria prevalecer e caracterizar os discípulos (João 13:35) tornou-se rara, e uma disputa político-eclesiástica se disfarçou de questão teológica, mesmo porque, diz o já citado Pelikan, "do século 9 ao 11, o cisma entre as partes oriental e ocidental das igrejas ortodoxas e católicas era ele mesmo uma questão central do debate doutrinal e do desenvolvimento doutrinal".[2004] Tal era assim pelo simples fato de que, a despeito de o Oriente tanto quanto o Ocidente terem "contribuído para o

---

2004), vol. 1: *Do cristianismo primitivo a 1453*, p. 488.

2002 HAIGHT, Roger. *A comunidade cristã na história: eclesiologia histórica* (São Paulo: Paulinas, 2012), vol. 1, p. 302.

2003 Ibid., p. 486.

2004 PELIKAN. *A tradição cristã: uma história do desenvolvimento da doutrina: o espírito do cristianismo oriental 600-1700* (São Paulo: Vida Nova, 2015), vol. 2, p. 167.

CAPÍTULO 4 – Pneumatologia | 1207

dogma trinitário" e de ambos estarem "comprometidos com a correção deste", desde o "fim do sexto século", informa o mesmo autor, "o cristianismo grego e o cristianismo latino, ainda partes de uma e a mesma igreja, começaram claramente a seguir caminhos separados não só da perspectiva litúrgica, administrativa e cultural, mas também da doutrinal".[2005] É evidente que a "questão particular envolvida [...] era a ambição episcopal, em vez do dogma, mas até mesmo os assuntos da administração da igreja tinham de ser adjudicados com fundamento na doutrina, a saber, os fundamentos da doutrina da primazia do papa".[2006] O que mais impressiona nessa questão, conforme veremos no capítulo 9 ao tratarmos de eclesiologia, é o fato de que parece não termos aprendido nada com a história e essas lições tão negativas, considerando que vemos ser repetido, desde a Reforma, tudo que havia de condenável no cristianismo corrompido desde que a igreja se tornara imperial. O fato curioso é que, não por acaso, o Espírito Santo foi o epicentro dessa controvérsia, e isso não pode passar despercebido, pois, como vimos anteriormente, ele fora objeto de desprezo após o Concílio de Niceia e, como veremos, de 325 até 381, isto é, por 56 anos, a terceira Pessoa da Trindade tornou-se um "problema a ser resolvido", pois do lado oriental existiam místicos que continuavam tendo experiências carismáticas, enquanto do lado ocidental, mesmo que de maneira não oficial, parece que houve uma imposição cessacionista, de modo que se gerou, no mínimo, um constrangimento por parte de quem tivesse qualquer tipo de experiência com o Espírito Santo, inibindo outros de viverem a mesma experiência. Como as igrejas não eram ainda divididas oficialmente, não é difícil imaginar que, conforme a concepção de liderança que se tinha — o papa como sucessor oficial do apóstolo Pedro —, e com a recente flutuação de apoio oficial do império, houvesse alguma forma de retaliação mútua, sendo prevalecente a força do lado ocidental por causa dos privilégios iniciais do império. Estava estabelecida a divisão de fato, mas ainda não de direito, ou oficial, contudo isso era apenas uma questão de tempo, pois infelizmente os seres humanos são obstinados e conseguem transtornar o que deveria ser um exemplo de unidade, gerando vergonha por causa do péssimo exemplo. Diversas tentativas ocorreram ao longo da história para tentar a reunificação das duas igrejas, porém sem sucesso, pois é

2005 PELIKAN. *A tradição cristã: uma história do desenvolvimento da doutrina*, vol. 1, p. 342.
2006 Ibid., p. 356.

1208 | TEOLOGIA SISTEMÁTICO-CARISMÁTICA

necessário disposição de ambos os lados para que haja perdão e, finalmente, reconciliação. Uma dessas tentativas foi uma "reunião":

> A reunião, como as polêmicas, fundamentava-se em muitas outras considerações que as doutrinas, de modo que "a questão do *Filioque*, debatida com tanta aspereza, [...] mascarou o problema subjacente vital" (Geanakoplos [1966], p. 105-6). Alguns dos participantes na disputa reconhecem eles mesmos que o cisma não surgiu "sobre questões eclesiásticas" (Jo. Bek. *Un.* 1.2 [*PG* 141:17]) e que o que separava os gregos dos latinos "não [era] tanto uma diferença em dogma quanto o ódio dos gregos pelos latinos, provocado pelas ofensas que eles sofreram" (Barl. *Or. un.* [*PG* 151:1332]). Embora essas duas declarações sejam de teólogos orientais que, no fim, desertaram para o Ocidente, os adeptos dos dois lados continuaram as controvérsias doutrinais com a estrutura de fatores cataclísmicos não teológicos e nessa estrutura. No Concílio de Lião, em 1274, o 14º concílio ecumênico na contagem ocidental, os representantes bizantinos aceitaram a reconciliação com os latinos. Uma tentativa ainda auspiciosa na reunião aconteceu em Florença, em 1439, em que os delegados orientais e os porta-vozes ocidentais fizeram ambos concessões fundamentais. Esses dois concílios foram intercalados pelo saque latino de Constantinopla, em 1453. As forças políticas representadas pelas duas conquistas da Nova Roma transformaram as realizações dos dois concílios em uma vitória vazia, e a reunificação foi declarada nula e sem validade nessas duas ocasiões. Não obstante, o fracasso das tentativas na reunião teve raízes não só na política, quer imperial, quer clerical, mas também em diferenças de doutrina subjacentes e aparentemente irreconciliáveis; algumas destas eram a continuação das divergências que tinham originalmente ajudado a dividir as duas igrejas, enquanto outras eram as adições aos tópicos para debate entre as duas igrejas.[2007]

A referida reunião se fundamentava, diz Pelikan, "na autoridade, nesse caso na autoridade dos pais latinos, que ensinavam a doutrina ocidental do *Filioque*". Ocorre, porém, que "Nem todos os gregos aceitavam a autoridade deles",[2008] e nisto também residia o problema. Afastados por tanto tempo de

---

2007 PELIKAN, Jaroslav. *A tradição cristã: uma história do desenvolvimento da doutrina*, vol. 2, p. 290-1.

2008 Ibid., p. 291.

tais situações, importa saber que é imprescindível "para o entendimento das concessões doutrinais exigidas pela reunião — e para um entendimento do cristianismo oriental em sua expressão doutrinal em geral — reconhecer que as diferenças doutrinais surgidas entre o Oriente e o Ocidente nessa nova confrontação", diz Pelikan, "eram diferenças que tinham seu fundamento nas liturgias orientais, cuja integridade o Ocidente estava, pelo menos em princípio, empenhado a respeitar".[2009] Tais diferenças eram basicamente três e "incluíam a disputa crônica quanto ao *Filioque*", único ponto que aqui será considerado por causa da temática pneumatológica. Pelikan informa como as duas igrejas lidaram com os temas, dizendo que a "teologia ocidental, que por volta desse período alcançara sua idade de escolasticismo" e, por isso mesmo, "fechara o 'hiato teológico' que modelara os estágios anteriores do debate, tratara dessas questões em categorias filosoficamente sofisticadas", ao passo que, por sua vez, diz o mesmo autor, a "teologia oriental, graças a sua própria sofisticação filosófica, abordou essas questões teológicas — na verdade, todas as questões teológicas até o ponto em que isso fosse possível — no cenário da liturgia".[2010] Todavia, como poderá se notar, nem todas essas questões puderam ser consideradas unicamente no campo litúrgico, conforme a controvérsia a respeito do *filioque* pode ilustrar:

> O *Filioque* surgiu como uma questão litúrgica, e a propriedade da fórmula como um acréscimo ao texto do Credo Niceno ainda era o ensejo para uma disputa. Mesmo se o *Filioque* tivesse sido aceito da perspectiva teológica, ele ainda seria ilegítimo das perspectivas litúrgicas e legal. Um porta-voz do Oriente argumentou, falando sobre o conflito com o nestorianismo, que embora o título "Theotokos" para a virgem Maria fosse "a questão sobre a qual toda a luta fora travada", os pais não tinham presumido acrescentá-la ao texto do credo, mas tinham mantido a forma recebida, "Jesus se encarnou no Espírito Santo pela Virgem Maria" (Marc. Ef. Dial. [*PO* 17:417]). Essa objeção não foi realmente satisfeita pelo argumento de que não havia diferença substancial de crença entre os que tinham confessado a forma original do credo no Concílio de Niceia e os que confessavam a forma ampliada do credo conforme identificada com o Primeiro Concílio de Constantinopla e aqueles que confessavam o credo conforme

---

2009 Ibid., p. 294.
2010 Ibid.

ampliado ainda mais pela adição das palavras "e do Filho" (Jo. Bek. *Ep. Jo. XXI* [*PG* 141:945]). O precedente do Concílio de Constantinopla de acrescentar ao credo não autorizava uma sé individual da igreja a inserir por conta própria uma adição como essa (Marc. Ef. *Dial.* [*PO* 17:416]). Outro tipo de precedente citado em apoio ao *Filioque* também foi fornecido pelo Concílio de Niceia e pelas décadas que o seguiram. No decreto de Niceia, bem como em outros usos patrísticos, os termos "ousia" e "hipóstases" foram usados como sinônimos [...]. Atanásio, reconhecendo que essa ambiguidade fundamentava algumas das objeções ao trinitarianismo niceno, declarou sua relutância em deixar que a disputa a respeito de palavras afetasse a unidade da igreja (Atan. *Tom.* 8 [*PG* 26:805]). Os partidários orientais do *Filioque* podiam se referir à autoridade dessa passagem de Atanásio para sugerir que aqui também havia a possibilidade de discutir sobre a forma, em vez de sobre o conteúdo (Jo. Bek. *Un.* 1.11 [*PG* 141:41]; Jo. Bek. *Apol.* 4 [*PG* 141:1013]). Os escritos dos pais, conforme argumentavam os defensores do *Filioque*, não corroboraram a reivindicação oriental de que havia uma distinção contundente entre a "processão [*ekporeusis*]" eterna só do Espírito do Pai e o "envio [*ekpempsis*]" do Espírito economicamente, que também era do Filho (Jo. Bek. *Un.* 1.13; 2.10.3 [*PG* 141:236]).[2011]

Aqui se torna imprescindível uma digressão. Primeiramente, é preciso relembrar que, no que diz "respeito à divindade do Espírito Santo", informa Cesar Augusto Kuzma, "até por volta de meados do século 4 ela não é posta em questão".[2012] O mesmo autor apresenta uma ampliação considerável em termos de tempo de duração do período da patrística, praticamente dobrando sua extensão, dizendo que se trata de uma etapa da "história da Igreja que corresponde aos séculos primeiro ao oitavo d.C., a partir do qual foram sistematizados os principais assuntos da doutrina cristã".[2013] A despeito de se saber que nos primeiros quatrocentos anos as doutrinas foram estabelecidas, seus desdobramentos duraram muito mais. Um dos mais famosos credos do cristianismo, conhecido como Niceno-constantinopolitano, refere-se à junção

---

2011 Ibid., p. 294-5.

2012 Kuzma, Cesar Augusto. "Da experiência à razão: a compreensão pneumatológica em Santo Agostinho" in: Tepedino, Ana Maria (org.). *Amor e discernimento: experiência e razão no horizonte pneumatológico das igrejas* (São Paulo: Paulinas, 2007), p. 77.

2013 Ibid.

do que foi decidido em Niceia, no ano 325, e do que havia sido definido em Constantinopla, em 381, ou seja, entre um e outro há um hiato, como já falamos, de 56 anos. Esse espaço de tempo não foi um "acidente", mas representa uma amostra do quanto as definições não eram aceitas automaticamente, mas perduravam sendo discutidas, com formulações e reformulações constantes, pois os termos utilizados, por exemplo, para falar do ser de Deus, de Jesus e do Espírito Santo, *ousia* na igreja ocidental, e *hipóstase*, na igreja oriental, não formavam um consenso.[2014] Mas por que tal controvérsia se estabeleceu? Aqui está a necessidade da digressão:

> O auge do desenvolvimento doutrinal da igreja primitiva foi o dogma da Trindade. A igreja, nesse dogma, vindicou o monoteísmo que tinha estado em debate em seu conflito com o judaísmo e lidou com o conceito de Logos, sobre o qual tinha disputado com o paganismo. O elo entre a criação e a redenção, defendido pela igreja contra Marcião e outros gnósticos, recebeu condição de credo na confissão referente à relação do Pai com o Filho; e a doutrina do Espírito Santo, cuja imprecisão foi acentuada pelo conflito com o montanismo, foi incorporada nessa confissão. A doutrina crida, ensinada e confessada pela igreja católica dos séculos 2 e 3 também levou à Trindade, pois o cristianismo, nesse dogma, traçou a linha que a separava do sobrenaturalismo pagão e reafirmava seu caráter como religião da salvação.[2015]

O desenvolvimento doutrinário, por assim dizer, conforme dito por Alister McGrath, mencionado no capítulo anterior e reiterado agora por Pelikan, dá conta de que os primeiros "cristãos, mesmo enquanto clamavam os títulos 'Deus' e 'Senhor' para Cristo sem qualificação, também insistiam — no que ensinavam uns aos outros na comunidade e no que confessavam contra o paganismo e o judaísmo — que a unidade de Deus não tinha sido comprometida, mas, ao contrário, tinha sido vindicada pelo que tinha acontecido na vinda de 'nosso Deus', Jesus Cristo". Em outras palavras, "quando a igreja aplicou esse termo a Cristo, ela estava debatendo 'não pelo nome de Deus', por seu

---

2014 "Os dois termos, na verdade, continuaram a ser usados quase de maneira intercambiável mesmo depois de a distinção entre eles como termos técnicos ter se tornado um padrão da fórmula trinitária" (PELIKAN. *A tradição cristã: uma história do desenvolvimento da doutrina*, vol. 1, p. 229).

2015 PELIKAN. *A tradição cristã: uma história do desenvolvimento da doutrina*, vol. 1, p. 185.

1212 | TEOLOGIA SISTEMÁTICO-CARISMÁTICA

som ou forma de escrever, mas pelas substâncias que pertencem ao nome".[2016] Pelikan informa que a "doutrina da relação entre Cristo e Deus, entendida como [será citado na sequência], ou seja, como Hipólito e Tertuliano a registraram, revela ter sido uma sistematização da crença cristã popular", isto é, pela forma que foi apresentada, ela "também revela ter sido um tanto ingênua".[2017] Isso porque não havia elaboração filosófica, mas apenas a fé de que aquele mistério revelado em Jesus não necessitava de sofisticação intelectual alguma:

> "Em relação à aparência humana histórica de Cristo", essas fórmulas eram "inteligíveis e, interpretadas religiosamente, até mesmo inteligentes; mas isoladas da aparência histórica de Jesus Cristo, elas soam como o tagarelar de um idiota" (Loofs [1930], p. 172). Pode-se dizer que a identificação simplista de Jesus Cristo como Deus, como uma expressão litúrgica ou como uma ferramenta exegética, faz um determinado tipo de sentido cristão. No entanto, surgiram grandes dificuldades quando a identificação foi transposta da crença para o ensinamento e surgiram dificuldades ainda maiores quando foi transposta do ensinamento para a confissão. Alguém podia falar dessa maneira quando se ajoelhava para orar, mas era mais difícil fazer isso quando estava de pé para ensinar ou sentado para escrever. Isso ficou evidente no monarquismo modalista,[2018] que pode ser definido como um esforço para fornecer uma teologia para a linguagem da devoção. Declarando passagens bíblicas como as que acabamos de citar [Sl 82.6; Jo 10.34] e "usando só uma classe de passagens" (Hip. *Noet.* 3 [*PG* 10:805]), a saber, aqueles que não faziam distinção entre o Pai e o Filho, nenhum

---

2016 Ibid., p. 190.

2017 Ibid., p. 191.

2018 "As influências principais que estavam por trás do monarquianismo modalístico eram o gnosticismo e o neoplatonismo. Os monarquianos modalísticos concebiam o Universo como uma unidade, todo organizado, manifestado numa hierarquia de modos. Os modos (assemelhados a círculos concêntricos) eram considerados vários níveis de manifestações de realidade que emanavam de Deus, 'O Único' que existe como 'existência pura', como o Ser Supremo no ponto mais alto da escala hierárquica (influência neoplatônica)" (McRoberts. "A Santíssima Trindade" in: Horton [org.]. *Teologia sistemática*, p. 171). No glossário da mesma obra, a definição de monarquianismo, ou monarquismo, diz que se trata de uma "Doutrina divulgada nos séculos segundo e terceiro. Afirma que Deus é o único Soberano; que Jesus era um homem comum e que, ao ser batizado, começou a ser inspirado pelo Espírito sem que este, entretanto, habitasse nele". O verbete acima diz que modalismo é o "Ensino de que Deus é uma só Pessoa e se manifesta às vezes como Pai, às vezes como Filho e às vezes como Espírito Santo" (ibid., p. 794). Aspecto que aparece, de maneira despropositada, na última frase da citação de Pelikan tratando sobre "criação e salvação".

deles deriva do outro, mas ele mesmo de si mesmo, nominalmente chamado Pai e Filho de acordo com a mudança dos tempos; e que este foi aquele que apareceu [para os patriarcas] e se submeteu ao nascimento de virgem e conversou como homem entre homens. Por conta de seu nascimento que tinha acontecido, confessou, para os que o viram, ser ele mesmo o Filho, ao mesmo tempo que para os que podiam recebê-lo ele não escondeu o fato de que era o "Pai" (Hip. *Her.* 9.10.11 [*GCS* 26:244-45]). Tanto o monoteísmo quanto a divindade de Cristo foram salvaguardados, mas permaneceu a não distinção entre Pai, Filho e Espírito Santo. Essa teoria "acha impossível acreditar em um Deus, a menos que se diga que o Pai, o Filho e o Espírito Santo são um e o mesmo" (Tert. *Prax.* 2.3 [*CCSL* 2:1161]). A criação e a salvação foram a obra de um e o mesmo Deus que, de acordo com o modo e o tempo de seu aparecimento, podia ser chamado de Pai, ou Filho ou Espírito Santo.[2019]

A singeleza das primeiras expressões trinitarianas contrasta-se com as profundas discussões geradas pelo tema e que duraram décadas. As concepções equivocadas que surgiam como fruto de ensino, ocasional, ou doutrina, algo mais orgânico e abrangente, mostram que "a formulação histórica da doutrina da Trindade é apropriadamente caracterizada como um labirinto terminológico, no qual muitos caminhos levam a becos sem saída, a heresias".[2020] Portanto, como já dito e relembrado algumas vezes, ao "formular o dogma trinitário", diz Claudio Moreschini, "o cristianismo primitivo teve de recorrer aos recursos da filosofia, mais ainda do que tinha feito para a sua definição do conceito de 'Deus único', porque o Novo Testamento oferecia bem pouco para essa elaboração".[2021] Tal precisa sempre ser destacado para que não se confunda o que diz a Bíblia, e que sempre foi crido sem problemas, e a sua necessidade de desdobramento e apresentação, que, fatalmente, acabou recorrendo ao aporte filosófico racionalista grego. Conforme dito por Gregory Miller, e aqui repetido por Moreschini, a "controvérsia com o judaísmo e também com o gnosticismo obrigou os cristãos a definir a natureza particular do seu Deus, que deve ser adorado no Pai, no Filho e no Espírito Santo", isto é, foi necessário "formar uma nova terminologia, ao lado de uma adequada

---

2019 Ibid., p. 190-1.
2020 McRoberts. "A Santíssima Trindade" in: Horton (org.). *Teologia sistemática*, p. 165.
2021 Moreschini, Claudio. *História da filosofia patrística* (São Paulo: Loyola, 2008), p. 204-5.

doutrina".[2022] Esse desafio não foi fácil de ser contornado. A discussão passou por diversas terminologias para falar da divindade de Jesus, considerando sua preexistência antes da encarnação. Inicialmente, a expressão "Espírito", com base em Romanos 1:3-4, foi amplamente utilizada. Contudo, diz Pelikan, é preciso observar que a "questão do lugar ocupado pelo Espírito na Trindade foi levantada, debatida e dogmaticamente determinada, tudo isso no período de uma ou duas décadas [...] e ficou para os debates medievais entre o Oriente e o Ocidente examinar o assunto de forma mais profunda". O mesmo autor informa ainda que a "conexão entre o Espírito e Cristo era tão persistente que no dito Credo Niceno-constantinopolitano, na revisão citada nos atos do Concílio da Calcedônia, de 451, o artigo sobre o Espírito Santo diz: 'E no Espírito Santo, Senhor e Vivificador' (*Symb. Nic.-CP* [Schaff 2:57]), em que 'Senhor [*kurion*]' não era um substantivo, mas um adjetivo relacionando o Espírito com o Filho como Senhor", pois, na verdade, "o uso de 'Senhor' para o Espírito em 2Coríntios 3.17 continuou a exigir uma explicação mesmo depois d[e] as questões trinitárias parece[re]m estar assentadas".[2023]

Tal se deu por conta do que já temos insistido, ou seja, a "exatidão teológica é crítica", isto é, colocar no nível das palavras e do discurso o que se crê, conforme informa o teólogo pentecostal Kerry McRoberts, é algo problemático, "pois os termos *ousia*, *hupostasis*, *substantia* e *subsistência* nos oferecem um entendimento conceptual do que é a ortodoxia trinitariana, como no caso do Credo de Atanásio: 'O Pai é Deus, o Filho é Deus, e o Espírito Santo é Deus. E, porém, não são três deuses, mas um só Deus'".[2024] No entanto, tal formulação não deixa de ser um paradoxo incontornável para a lógica linear e a forma tipicamente racionalista com que se pensou — e que em grande parte do mundo ocidental ainda se pensa — a realidade por muitos e muitos séculos. Não é sem motivo que o "teólogo ortodoxo", aqui não se referindo aos teólogos do cristianismo oriental, e sim na acepção protestante ocidental com que usamos o termo, diante do mistério exposto na "teologia trinitariana", diz o mesmo autor pentecostal, "subordina humildemente os seus pensamentos [...] aos dados revelados na Palavra de Deus de maneira semelhante ao físico quântico ao formular a teoria paradoxal das partículas

---

2022 Ibid., p. 205.

2023 PELIKAN. *A tradição cristã: uma história do desenvolvimento da doutrina*, vol. 1, p. 197 (para essa desde a última citação).

2024 McROBERTS. "A Santíssima Trindade" in: HORTON (org.). *Teologia sistemática*, p. 177.

de ondas",[2025] ou seja, adota uma postura apofática, pois, voltamos a dizer, trata-se de um expediente legítimo e uma abordagem que os teólogos carismático-pentecostais devem utilizar:

> Os físicos quânticos concordam entre si que as entidades subatômicas são uma mistura de propriedades de ondas (W), de propriedades de partículas (P), e de propriedades quânticas (h). Os elétrons de alta velocidade, ao serem atirados através de um filme metálico, ou de cristal de níquel (como os raios catódicos rápidos ou até mesmo como raios B), difratam como raios X. Em princípio, o raio B é igual à luz solar empregada numa experiência de dupla ranhura ou biprísmica. A difração é um critério de comportamento semelhante a raios nas substâncias; toda a teoria clássica das ondas baseia-se nisso. Além desse comportamento, porém, há muito tempo que os elétrons vêm sendo considerados partículas com carga elétrica. Um campo magnético transversal defletirá um feixe de elétrons e seu padrão de difração. Somente as partículas comportam-se dessa maneira; toda a teoria eletromagnética depende disso. *Para explicar todas as evidências, os elétrons devem ser tanto partículas quando ondulatórias.* Um elétron é um Pwh.[2026]

O teólogo pentecostal Kerry McRoberts, logo após fazer esta citação proveniente da física quântica a fim de compará-la à doutrina da Trindade, diz que a "analogia entre a Trindade e o Pwh ilustra muito bem as precauções preliminares deste capítulo" (do capítulo escrito por ele e que trata da Santíssima Trindade na *Teologia sistemática: uma perspectiva pentecostal*, organizada por Stanley Horton): "embora o teólogo sempre deva esforçar-se por conseguir a racionalidade na formulação teológica, ele também deve preferir a revelação às restrições finitas da lógica humana".[2027] Tal humildade epistemológica deve estar presente no momento de produzir teologia. Portanto, antes de se chegar à formulação trinitária, que foge do "unitarianismo, ou seja: que reconhece em Deus somente uma única pessoa", do "triteísmo", isto é, "três deuses separados",[2028] rechaçando igualmente um "diteísmo (dois deuses)",

---

2025 Ibid., p. 164.

2026 Ibid. "Citado aqui com permissão de Cambridge University Press. Citado por John Warwick Montgomery. *The suicide of Christian theology* (Minneapolis: Bethany, 1970), p. 298." [Nota do autor, p. 677 (grifo nosso).]

2027 Ibid.

2028 Ibid., p. 158.

1216 | TEOLOGIA SISTEMÁTICO-CARISMÁTICA

neste caso apenas Deus e Jesus seriam reconhecidos, "ou o politeísmo (muitos deuses)",[2029] a doutrina sobre a Trindade passou por várias tentativas de elaboração teórica — monarquismo dinâmico,[2030] monarquismo modalístico[2031] e arianismo,[2032] conceitos abordados no próximo capítulo. Mas tal precisa novamente ser relembrado e entendido, isto é, na linguagem litúrgica das pessoas comuns estava óbvia e clara essa doutrina. O problema veio quando se propôs a falar e escrever, isto é, lidar racional e teoricamente com o assunto.[2033] Justamente o problema com que se depara a tradição carismático-pentecostal ao articular sua crença, que, como todos sabemos, não é somente teórica e cognitiva como em outras tradições cristãs, mas transparece na prática, daí a dificuldade de teorizar a respeito. Não obstante a importância do desenvolvimento da doutrina da Trindade, não há condição de passar por todos os seus aspectos e discutir os meandros de sua formação, visto que a questão que interessa aqui diz respeito à relação entre Jesus e o Espírito Santo, por isso ela será mais bem tratada no próximo capítulo. Isso se faz imprescindível, considerando que, apesar dos quase mil anos decorridos desde o cisma, os "teólogos que refletiram sobre as duas causações", ou seja, a do Filho e a do Espírito, "sempre afirmaram que uma é distinta da outra, de modo que o Espírito Santo não pode ser considerado irmão gêmeo do Filho", ou seja, segundo Gerald Bray, tais teólogos "jamais chegaram a um acordo sobre a forma em que o Filho e o Espírito Santo se relacionam um com o outro".[2034]

Pode parecer sem importância prática essa reflexão e demasiadamente filosófica ou enfadonha, mas se, por um lado, os teólogos até hoje sabem

---

2029 Ibid., p. 166.

2030 Ibid., p. 170-1.

2031 Ibid., p. 171-2.

2032 Ibid., p. 173-4.

2033 "A verdade é que as relações internas entre as pessoas da Trindade são sutis demais para serem reduzidas a um modelo qualquer que tome apenas uma das pessoas como elemento de ligação e tente explicar as demais à luz desta. O que temos de ter em mente é que as três pessoas estabelecem cada qual a sua identidade no âmbito da Divindade e, portanto, constituem uma Trindade de relações pessoais. Nenhuma delas pode reivindicar precedência em relação às outras e nenhuma está subordinada às outras. Cada um dos modelos descritos nos parágrafos anteriores [dois foram citados na nota 1994] nos ajuda a ver um ou outro aspecto da questão, mas nenhum deles é capaz de explicar o todo, porque Deus continua sendo essencialmente um mistério que podemos observar, mas jamais penetrar. Essa é a medida de sua grandeza e serve para nos lembrar de que ao cristão nada mais resta senão cair de joelhos e adorar aquele que é seu Senhor, Salvador e Deus" (BRAY. "Deus" in: MCGRATH; PACKER [orgs.]. *Fundamentos do cristianismo*, p. 131).

2034 BRAY. "Deus" in: MCGRATH; PACKER (orgs.). *Fundamentos do cristianismo*, p. 130.

que não se resolveu a questão (nos moldes do que se entende por algo ser "racionalmente explicável"), pois ela está além do entendimento limitado humano, por outro, é fato que desde a Antiguidade os responsáveis institucionais pela religião cristã se preocupam com a ideia de que uma das Pessoas da Trindade possa relacionar-se com alguém, independentemente ou à parte da instituição. Daí a necessidade de criar uma ideia de que o Espírito seja "menos Deus" que o Filho. Tal pode ser visto com a falta de tratamento da Pessoa do Espírito, sobretudo na igreja ocidental, desde o cisma para cá. A prova da negligência a respeito da Pessoa do Espírito Santo, denunciada pelo teólogo pentecostal Stanley Horton — ele percebeu que, em boa parte da história da igreja, havia uma negligência proposital em relação ao Espírito Santo e, para provar sua percepção, denunciou o fato de que os "antigos compêndios de teologia sistemática, em sua maioria, não possuem nenhum capítulo de pneumatologia"[2035] —, pode ser ilustrada com essa obra que estamos utilizando agora para falar acerca do assunto.[2036] Ela tem um capítulo dedicado a Deus e outro a Jesus (além de muitas outras doutrinas), mas não conta com um capítulo exclusivo sobre o Espírito Santo, tendo apenas um ponto que trata dele.[2037] Portanto, quando a *Teologia sistemática* organizada por Stanley Horton coloca em seu subtítulo "uma perspectiva pentecostal" e dedica um capítulo exclusivo sobre o Espírito Santo, além de outros que tratam de temas correlatos que são caros à tradição carismático-pentecostal — o Espírito Santo e a santificação; o batismo no Espírito Santo; os dons espirituais e a cura divina[2038] —, tal ação precisa ser devidamente entendida e, mais ainda, valorizada pelos carismático-pentecostais, algo que, lamentavelmente, parece não acontecer entre nós. Incompreensivelmente, valorizamos o Espírito Santo na prática, mas parece que o ignoramos teologicamente, isto é, no exercício teológico e na produção textual. Não é preciso pensar muito acerca das consequências de tal descuido para a tradição carismático-pentecostal. Com esse trabalho, intentamos iniciar essa tarefa, contudo sem perder de vista a verdade de

---

2035 HORTON. *O avivamento pentecostal*, p. 15.

2036 McGRATH; PACKER (orgs.). *Fundamentos do cristianismo*.

2037 O referido ponto, que trata da Pessoa do Espírito Santo, vai da página 116 a 123, isto é, sete páginas. Em contrapartida, há um capítulo dedicado a Deus (p. 74-131), com 57 páginas, e outro a Jesus (p. 132-216), com 84 páginas.

2038 Tais capítulos, desde o que trata da Pessoa do Espírito Santo, compreendem as páginas 383 a 534.

1218 | TEOLOGIA SISTEMÁTICO-CARISMÁTICA

que, conforme o teólogo pentecostal Kerry McRoberts, a "Trindade é um mistério" e a própria "razão se vê diante de uma pedra de tropeço quando confrontada pela natureza paradoxal da doutrina trinitariana".[2039] Assim, diante desse mistério, diz o mesmo autor, "o papel da razão é o de auxiliar, e nunca de dominar (atitude racionalista), a entender as Escrituras, especialmente no tocante à formulação da doutrina da Trindade".[2040] Daí a razão de termos adotado a mesma postura para fazer teologia na perspectiva carismático-pentecostal.

A cláusula filioque e como ela vem sendo utilizada para interditar o Espírito

Há duas décadas, tivemos contato, pela primeira vez, com a expressão *Filioque*. E foi justamente na *Teologia sistemática*, organizada por Horton, que encontramos o referido termo. Sem compreender a importância de tal expressão nem o que ela implicava, muitos anos transcorreram em que achávamos que este não passava de mais um daqueles assuntos medievais que para nada serviam. E é justamente por ostentar esse tipo de pensamento que muito do que poderia ser desenvolvido na teologia carismático-pentecostal tem ficado por fazer, pois acabamos dependendo de quem não tem as mesmas crenças e práticas que nós. Há pouco tempo, perguntamos a um grande amigo e mestre pentecostal se ele sabia o que era *filioque* e, surpreso, ouvi sua resposta: "Nunca ouvi essa palavra". Bem, não questionamos de forma alguma quanto o nosso amigo tem feito no reino de Deus em todos os seus anos de profícuo ministério, entretanto, do ponto de vista teológico, é preciso admitir que ainda estamos engatinhando no que diz respeito à produção de uma teologia carismático-pentecostal que faça jus ao seu viés pneumatológico. Por isso, após termos compreendido nos últimos anos o que significa uma *perspectiva pentecostal*, decidimos reler esse material, e muitos outros que, felizmente, têm chegado ao Brasil, e nos demos conta do quanto temos perdido por não revisitarmos a história.

No que diz respeito a *filioque*, é importante inicialmente entender que a igreja utilizava, em relação a Jesus, o termo "gerado". Tal expressão foi substituída, e, diz Kerry McRoberts, "a Igreja viria empregar o termo 'proceder' em lugar de 'geração' ou 'gerado', com o propósito de expressar a subordinação

---

2039 McRoberts. "A Santíssima Trindade" in: Horton (org.). *Teologia sistemática*, p. 157.
2040 Ibid., p. 157-8.

salvífica do Filho ao Pai", ou seja, o "Filho procede do Pai". Isso significa, diz o mesmo teólogo pentecostal, que um "tipo de primazia ainda é atribuída ao Pai com relação ao Filho, mas essa primazia não é cronológica; o Filho sempre existiu como o Verbo". Ainda assim, finaliza, "o Filho foi 'gerado' pelo Pai ou 'procedeu' do Pai, e não o Pai do Filho".[2041] Evidentemente que, uma vez se tratando da expressão "filho", essa deveria ser a "ordem". Contudo, diz o mesmo autor, a "filiação do Filho, certamente, não é no sentido de ter sido gerada outra pessoa com a sua divina essência, pois o Pai e o Filho são igualmente Deidade e, portanto, da 'mesma' natureza indivisível", isto é, o "Pai e o Filho (com o Espírito) existem juntos em subsistência pessoal (o Filho e o Espírito são pessoalmente distintos do Pai na sua existência eterna)", [2042] conforme já dissemos acima. A despeito de parecer que as coisas foram fáceis e óbvias, Kerry McRoberts informa:

> Entre 361-81, a ortodoxia trinitariana passou por mais refinamentos, mormente no tocante ao terceiro membro da Trindade, o Espírito Santo. Em 381, em Constantinopla, os bispos foram convocados pelo imperador Teodócio, e as declarações da ortodoxia de Niceia foram reafirmadas. Além disso, houve menção explícita do Espírito Santo em termos de deidade, como o "Senhor e doador da vida, *procedente* do Pai e do Filho; o qual com o Pai e o Filho juntamente é adorado e glorificado; o qual falou pelos profetas".[2043]

É na citação acima, na palavra "procedente", em que consta uma nota explicando que o "termo *filioque* era aplicado ao Espírito de modo análogo à 'filiação' do Filho",[2044] que então lemos, pela primeira vez, a expressão. Todavia, levou anos para entender que a "obviedade" de que o "título 'Senhor' (gr., *kurios*), empregado nas Escrituras em alguns textos para atribuir e explicitar a divindade, é destinado aqui (no Credo de Niceia-Constantinopla) ao Espírito Santo" e que, de acordo com o já muitas vezes citado Kerry McRoberts, "aquEle que procede do Pai e do Filho (Jo 15.26) subsiste pessoalmente desde a eternidade dentro da Deidade, sem divisão ou mudança quanto à sua natureza (Ele é essencialmente *homoousios* com o

---

2041 Ibid., p. 176 (desde a última citação).
2042 Ibid.
2043 Ibid., p. 176-7 (grifo nosso).
2044 Ibid., p. 680.

1220 | TEOLOGIA SISTEMÁTICO-CARISMÁTICA

Pai e o Filho)".[2045] Dessa maneira, entendia-se que as "propriedades pessoais", ou seja, "as operações interiores de cada Pessoa dentro da Deidade", diz o mesmo teólogo pentecostal, "atribuídas a cada um dos membros da Trindade são assim entendidas: o Pai é ingênito; o Filho é gerado; e o Espírito procede dEles". Tal exposição das propriedades de cada um não tem a pretensão de explicar a Trindade, "mas fazer a distinção entre as fórmulas ortodoxas trinitarianas e as fórmulas heréticas modalísticas".[2046] Ocorre, porém, que, a despeito de ambas as igrejas, oriental e ocidental, estarem de acordo com a fórmula trinitária, em termos de relacionamento de Jesus e o Espírito, especificamente no que diz respeito à procedência do último, diz Kerry McRoberts:

> O Espírito Santo é referido como o Espírito do Pai (Mt 10.20) e também como o Espírito do Filho (Gl 4.6). Enviar o Espírito (isto é, o *filioque* do Espírito) é atribuído tanto ao Pai quanto ao Filho (Jo 14.16; 15.26; 16.7,13,14). O *filioque* foi acrescentado ao Credo Niceno-constantinopolitano pelo Sínodo de Toledo, em 589. A Igreja oriental, no entanto, protestou o *filioque* do Espírito como da parte do Pai e também do Filho (argumentando que o Espírito procedia do Pai somente) porque a doutrina ocidental parecia subordinar a terceira Pessoa da Trindade ao Jesus concreto, historicamente revelado e encarnado. Além disso, a doutrina ocidental parecia elevar o Jesus Cristo histórico e objetivo a uma posição comparável à do Pai, enquanto tornava o Espírito inferior a ambos. Já em 1017, o *filioque* estava oficialmente estabelecido no Ocidente. Fócio de Constantinopla havia rejeitado a doutrina, no século 9, e os interesses separados do Oriente finalmente resultaram no rompimento entre o Oriente e o Ocidente, em 1054.[2047]

Apesar de já termos falado sobre o Credo Niceno, o novo documento elaborado 56 anos depois, o Credo Niceno-constantinopolitano, só foi mencionado, mas é importante entender que esse documento foi definido "em um concílio convocado pelo imperador Teodósio em 381, em Constantinopla", diz Mark Noll, quando "os bispos reunidos reafirmaram as principais proposições da fórmula nicena e produziram uma declaração ligeiramente modificada que é

2045 Ibid., p. 177.
2046 Ibid.
2047 Ibid., p. 680-1.

hoje conhecida como o Credo Niceno".[2048] O mesmo historiador reformado diz que essa "versão final expandiu a seção a respeito do nascimento de Cristo e do seu sofrimento sob Pilatos, [e] incluiu pequenas modificações na terminologia do ano 325 e produziu uma declaração mais plena acerca do Espírito Santo".[2049] Enquanto a fórmula de Niceia dizia apenas "cremos no Espírito Santo", após 325, em razão do fato de "um grupo de teólogos heréticos que vieram a ser conhecidos como pneumatomaquianos (ou 'lutadores contra o Espírito')", os quais mencionamos, ao citar o *Tratado sobre o Espírito Santo*, de Basílio de Cesareia, como pneumatômacos, que "haviam começado a negar a existência separada do Espírito Santo", surgiu, então, a necessidade da "fórmula ampliada de 381", a qual ficou conhecida como Credo Niceno-constantinopolitano, que finalmente "esclareceu que, assim como Jesus era uma pessoa plenamente divina, o Espírito também o era".[2050] Como nenhum documento teológico nasce pronto e acabado, um ajuste posterior rendeu a inserção do termo ou da "palavra latina *filioque*, que significa 'e do Filho'". Tal "acréscimo posterior" ao Credo Niceno-constantinopolitano, informa Mark Noll, embora "aparentemente pequeno", era "altamente controvertido". Assim, em 589, no "Terceiro Concílio de Toledo", com a inserção definitiva dessa "palavra após a afirmação de fé no 'Espírito Santo... que procede do Pai'", e que paulatinamente foi sendo "adotada pela igreja ocidental", apesar da contrariedade da igreja oriental, "essa doutrina de que o Espírito Santo procede tanto do Pai quanto do Filho ('dupla processão') — foi um importante elemento na divisão posterior entre as igrejas oriental e ocidental".[2051]

Fica, pois, claro o porquê de a igreja oriental insurgir-se e não aceitar a questão da cláusula *filioque*. Ainda que não houvesse uma intenção subordinacionista por parte da igreja ocidental, da maneira que a cláusula foi formulada, parecia haver, pois, enquanto o Filho procedia do Pai, o Espírito, não sendo inferior em nada, procedia não apenas do Pai, diretamente ou por meio do Filho, mas também do último.[2052] Na verdade, a

---

2048 NOLL. *Momentos decisivos na história do cristianismo*, p. 63.

2049 Ibid.

2050 Ibid.

2051 Ibid.

2052 "A principal desavença entre o Oriente e o Ocidente no reino do dogma puro foi a questão de se o Espírito Santo procedia do Filho e também do Pai, *'ex Patre Filioque'*, como a igreja latina veio a ensinar, ou procedia só do Pai, como sustentava a igreja grega" (PELIKAN. *A tradição cristã: uma história do desenvolvimento da doutrina*, vol. 2, p. 202).

1222 | TEOLOGIA SISTEMÁTICO-CARISMÁTICA

questão toda não se dava por conta de uma "autorização litúrgica", como de modo simplista alguém apressado pode pensar; antes, "a principal objeção da teologia oriental ao *filioque* se fundamentava em sua indicação de duas 'fontes' e, por conseguinte, de dois 'princípios de origem na Divindade'",[2053] pois, conforme Danilo Mondoni, "para a igreja grega, o Espírito Santo procede do Pai pelo Filho", ao passo que "para a Igreja latina, procede do Pai e do Filho".[2054] Teólogos como o próprio Mondoni, que afirma que a "diferença" encontra-se "mais na formulação que na substância",[2055] e o jesuíta Bernard Sesboüé afirmam categoricamente que não há incompatibilidade nas duas formas teológicas:

> Dizem os gregos que a procedência do Espírito vem *do Pai* pelo Filho, enquanto os latinos dizem que ele procede *do Pai e do Filho*. A tecnicidade teológica não é a mesma em ambas as partes, mas não coloca em causa a unanimidade da fé. Só uma fórmula que dissesse que o Espírito procede apenas do Pai (*a Patre solo*), como uma ou outra foi acenada pelo lado do Oriente, tornar-se-ia herética. É a animosidade histórica entre as duas grandes partes da Igreja que tem pretendido fazer de uma dificuldade teológica real um problema de fé, a ponto de causar a ruptura de comunhão.[2056]

Alguns teólogos mantiveram neutralidade a respeito da divindade do Espírito Santo, enquanto outros, de forma desrespeitosa e jocosamente, chegavam a dizer que ele era o "neto de Deus".[2057] Para além da precisão teológica ou da questão de quem deveria ceder em nome da unidade, o saldo negativo dessa ruptura é o fato de que, do nosso lado, temos uma cristologia mais bem desenvolvida, ao passo que do lado oriental a pneumatologia é mais bem entretecida. Tal pode ser percebido pelo Credo de Atanásio, citado anteriormente pelo teólogo pentecostal Kerry McRoberts, um dos pais gregos a esforçar-se mais do que ninguém para defender a divindade do Espírito Santo. Não somente ele, mas também Dídimo, Cirilo

---

2053 PELIKAN. *A tradição cristã: uma história do desenvolvimento da doutrina*, vol. 2, p. 295.
2054 MONDONI. *O cristianismo na Antiguidade*, p. 154.
2055 Ibid.
2056 SESBOÜÉ, Bernard. *O Espírito sem rosto e sem voz: breve história da teologia do Espírito Santo* (Aparecida: Santuário, 2012), p. 70.
2057 PELIKAN. *A tradição cristã: uma história do desenvolvimento da doutrina*, vol. 1, p. 223.

e os chamados capadócios — Basílio de Cesareia, Gregório de Nazianzo e Gregório de Nissa —, já mencionados diversas vezes, todos, como se pode perceber, nomes da igreja oriental,[2058] também conhecida como ortodoxa. Lamentavelmente, a historiografia cristã ignora quase por completo a história do cristianismo oriental, a não ser quando menciona o Cisma e as Cruzadas, visto que tais acontecimentos relacionam-se com o Ocidente. Ouvem-se apenas rumores de que se trata de um cristianismo exótico que nada teria a nos ensinar. Felizmente, os últimos anos vêm, ainda que de maneira tímida, testemunhando a publicação de materiais sobre o cristianismo oriental e sua teologia, bem como também já existem obras produzidas por teólogos orientais traduzidas para o nosso vernáculo.[2059] Tais iniciativas desfazem esses pensamentos e lançam luz a respeito do que não se conhece, seja por negligência, seja por falta de acesso. A necessidade de tal exercício é crescente, sobretudo pelo fato de que os hábitos teológicos ocidentais são muito dependentes do racionalismo, ou seja, possuem uma perspectiva teológica diametralmente oposta à da tradição carismático-pentecostal. E tal "orientação teológica oposta à orientação do pentecostalismo", observa o teólogo pentecostal Paul Pomerville, caracteriza-se pelo seguinte dado com as óbvias consequências — "a dimensão intelectual da fé é enfatizada até o ponto em que as dimensões dinâmicas e experienciais — as mesmas que o pentecostalismo sintetiza — são ofuscadas".[2060] Uma vez que tal postura não é requerida pelas Escrituras para a produção teológica, mas exatamente o oposto, pois ela colide frontalmente com a "lógica da fé" e segue na contramão da esteira da revelação, é preciso desconfiar da argumentação histórico-teológica que pretende ensinar "como reconhecer o Espírito de Deus", citando como regra "que o trabalho do Espírito Santo segue diretrizes bíblicas bastante claras e coerentes com as tarefas harmônicas da Trindade e [que] isso nos dá uma forma adicional de reconhecermos o Espírito de Deus",[2061] porém nenhuma diretriz bíblica é apresentada, e sim um enaltecimento do Concílio de Toledo, dizendo:

2058 Ibid., p. 223-34.

2059 ALFEYEV, Hilarion. *O mistério da fé: introdução à teologia dogmática ortodoxa* (Petrópolis: Vozes, 2018). Veja também CAVALCANTE, Hugo C. da S. *Introdução ao estudo do Código de Cânones das Igrejas Orientais* (São Paulo: Loyola, 2009).

2060 POMERVILLE. *A força pentecostal em missões*, p. 116.

2061 NETO. "Avaliando as manifestações sobrenaturais" in: CAMPOS; LOPES; MATOS; NETO. *Fé cristã e misticismo*, p. 51.

1224 | TEOLOGIA SISTEMÁTICO-CARISMÁTICA

Ainda sobre o credo do Concílio de Toledo, a expressão "e do Filho" foi grafada com a palavra latina *filioque*. Posteriormente houve uma grande controvérsia envolvendo as igrejas orientais (ortodoxas) e a igreja ocidental (católica), culminando em uma separação de fato no ano 1054 d.C. Muitos assuntos geraram a separação, inclusive o culto às imagens, já naquela época abrigado pela igreja ocidental (católica). A questão da cláusula *filioque*, entretanto, foi um dos pivôs da separação, pois a igreja oriental (ortodoxa) não a aceitava. A história registra que a Igreja Católica, com a tradição suplantando a Palavra de Deus, foi decaindo até a ocorrência da Reforma do século 16, quando dela brotou um ramo fiel à Palavra de Deus. Esperar-se-ia que a Igreja Ortodoxa, resultante da separação, fizesse jus ao nome e se desenvolvesse com uma doutrina destituída das tradições que sufocaram o catolicismo, ou seja, mais próxima às Escrituras. Tal não ocorreu. Ela tanto foi envolvida em suas próprias tradições como separou-se cada vez mais da ortodoxia real, abraçando um misticismo estranho presente nela até os dias de hoje.[2062]

Da maneira genérica que a questão é colocada, sem o *background* que apresentamos anteriormente, o leitor é induzido a ver o cessacionismo e a pretensão racionalista como a "proteção necessária contra o misticismo". Por isso, na sequência, o autor pergunta: "Será que isso tem a ver com o conceito que aquele segmento da Igreja possuía sobre o Espírito Santo?". Então, como pode ser antecipado, já previamente munido da "resposta", afirma o autor reformado cessacionista cujos argumentos começamos a apresentar logo no início deste último ponto, que o "grande teólogo holandês do final do século passado, Abraão Kuyper, defendia a tese de que a *negação* da cláusula *filioque* (a procedência do Espírito Santo de Cristo) levou os que a rejeitam a um misticismo não saudável, pois era o reflexo de uma tendência de isolar o trabalho do Espírito Santo em nossa vida do trabalho de Cristo".[2063] Destaque-se do argumento de Kuyper o mérito de podermos deduzir deste a existência de um "misticismo saudável", algo que não existe na condenação do misticismo por parte do autor reformado brasileiro, que, inclusive, parece desconhecer a obra do teólogo holandês a respeito do Espírito Santo. Quando, na continuidade de sua exposição, supostamente baseado em Kuyper, que, por sua vez,

---

2062 Ibid., p. 52.
2063 Ibid. (grifo no original).

parece estar citado por outro autor, Edwin Palmer, a quem o cessacionista brasileiro consulta, diz que, não fosse a cláusula *filioque*, a "redenção efetivada por Jesus teria sido jogada em um segundo plano, seguindo-se uma ênfase desequilibrada do trabalho santificador do Espírito, incorretamente separado e independente do trabalho justificador de Cristo e da revelação bíblica", pois a "comunhão com o Espírito teria sido vista como sendo mais importante do que a vida objetiva na Igreja de Cristo" e, ainda, que a "iluminação do Espírito teria sido vista como tendo proeminência sobre a objetiva Palavra de Deus".[2064] Confirma-se o que o autor cessacionista nega, ou seja, um subordinacionismo da terceira Pessoa da Trindade nos círculos reformados. Tal confirmação torna-se ainda mais clara quando ele completa seu argumento dizendo que "Kuyper, obviamente, dirigia suas palavras contra o misticismo presente nas igrejas ortodoxas, mas hoje em dia verificamos uma situação semelhante no campo evangélico, evidenciando que o problema tem raízes iguais — uma falta de entendimento de que o trabalho do Espírito Santo é revelar o Filho".[2065] São os pneumatômacos atuais, com a diferença de que consideram nosso Senhor Jesus Cristo. Tal minimalismo pneumatológico decorre justamente do fato de a pneumatologia reformada ser incompleta, visto considerar apenas uma das dimensões da ação do Espírito Santo, que é a santificação (pneumatologia paulina), muito precariamente a conversão-iniciação (pneumatologia joanina) e ignorar completamente a capacitação (pneumatologia lucana). Em sua consideração, em vez de a obra do Espírito Santo ser complementar à de nosso Senhor Jesus Cristo, o papel da terceira Pessoa da Trindade é subsumido, reduzindo-o a um servo, disfarçando tal subordinacionismo com uma leitura isolada de João 16:14,26. Como já consideramos tais textos, cabe atentar para o que diz o teólogo pentecostal Paul Pomerville:

> Em um artigo que examinou o desenvolvimento da pneumatologia na história da igreja ocidental, "O Espírito Santo na Teologia Cristã", William Menzies descreve as áreas em que está subdesenvolvida. Propõe também razões pelas quais a doutrina foi negligenciada. Menzies mostra que, até a Reforma, a doutrina desenvolveu-se apenas em termos do ser essencial da Terceira Pessoa da Trindade (1979, p. 69). Os credos históricos da igreja, bem como algumas teologias

---

2064 Ibid.
2065 Ibid., p. 52-3.

1226 | TEOLOGIA SISTEMÁTICO-CARISMÁTICA

sistemáticas ocidentais, atestam o subdesenvolvimento (p. 71, 74). Pouco é dito sobre a função ou missão do Espírito Santo na teologia durante esse período. Menzies sugere duas razões possíveis para a falta de desenvolvimento: (1) um subordinacionismo prático ou ontológico da Terceira Pessoa da Trindade, e (2) a contextualização da teologia no período. O fato é que a teologia concentra-se nos assuntos e questões do momento histórico e, por conseguinte, o desenvolvimento teológico reflete esse foco estreito (p. 71).[2066]

O mesmo teólogo pentecostal ressalta ainda a possibilidade de que pode haver ainda uma "terceira razão", possivelmente "implícita na segunda razão citada acima", que é o fato de que a "teologia naturalmente estreita sua resposta a certos assuntos, por conta de questões que precisam de atenção teológica, mas há também a reação contra certos assuntos e questões", ou seja, essa inevitável "'seletividade' é um princípio ativo no desenvolvimento teológico, tanto positivamente, como resposta a questões, quanto *negativamente, como evitação* de outras questões", sendo uma verdade inquestionável que a "dimensão subjetiva do Espírito na experiência cristã foi uma questão evitada" e, possivelmente, essa "evitação deveu-se a excessos que ocorreram em relação à dimensão experiencial-subjetiva da fé, tanto no início do período (devido ao montanismo) quanto no final (o *Schwärmerei*;[2067] Menzies, 1979, p. 73)".[2068] Pomerville destaca o que já discutimos anteriormente, citando ainda o referido artigo do conhecido teólogo pentecostal William Menzies, confirmando igualmente que, "por conta do enfoque contextual da teologia da Reforma, a teologia do Espírito foi desenvolvida principalmente dentro dos moldes da relação e função do Espírito com as Escrituras (Menzies, 1979, p. 74)". Mas, infelizmente, algo que também "não foi desenvolvido no período foi a missão do Espírito e seu ministério expressivo exterior", isto é, a dimensão experiencial e carismática de capacitação que se encontra ao longo da Bíblia e com destaque especial no material de Lucas-Atos, tendo isso se dado por conta de "um movimento quase imediato para um período escolástico após a Reforma". Em outras palavras, em razão "do esforço de sistematizar o 'depósito teológico' dos reformadores, isso contribuiu para o subdesenvolvimento

---

2066 POMERVILLE. *A força pentecostal em missões*, p. 116
2067 Expressão alemã para "êxtase", "entusiasmo" e "emoção excessiva".
2068 Ibid. (grifo no original).

da pneumatologia e para o ofuscamento do Espírito em seu papel missionário", mas não só. Menzies, porém, observa que essa dimensão negligenciada
começou a receber atenção nas tradições teológicas que representam as raízes
do pentecostalismo moderno: a teologia wesleyana da santidade e a teologia
keswickiana dos séculos 18 e 19 (p. 74-75).[2069] Todavia, isso não anula a
verdade de que as "perspectivas históricas e teológicas que encontram sua
origem na cultura ocidental contribuem para esse 'silêncio sobre o Espírito
Santo'", ou seja, tais ideias, ainda em vigência, "fomentam o desenvolvimento
de atitudes negativas em relação ao Espírito Santo, que vão desde uma negligência passiva até a repressão estudada de seu ministério carismático exterior",
conforme já temos dito, pois é inegável que uma substancial "teologização
tem sido feita para justificar a ausência da atividade carismática do Espírito
em segmentos da igreja", sendo exemplos disso, diz Pomerville, o "escolasticismo e o dispensacionalismo".[2070] Não reconhecer que esse exercício de
"teologização tem corroído a 'expectativa' e contribuído para a incapacidade
de muitos entrarem no pleno potencial do atual evangelho do reino de Deus"
em nada contribui para o desenvolvimento teológico da tradição carismático-pentecostal, pois, inegavelmente, "essa constrição da atividade do Espírito
na teologia missionária tem enfraquecido o impulso missionário da igreja
ocidental no mundo em desenvolvimento". Por isso mesmo, discutindo "a
questão 'Devemos esperar ver os dons carismáticos na igreja hoje?', Michael
Green sugere uma razão cultural ocidental para a resposta negativa frequente",
que é a verdade de que os "'campos católicos e protestantes têm sido fortemente
infectados pelo racionalismo do Iluminismo, e o nosso cristianismo tem sido
indevidamente cerebral' (1975, p. 197)". Tal "declaração refere-se à natureza
da fé orientada para a palavra que herdamos do período pós-Reforma".[2071]

Essa "afirmação de Green sobre o impacto do pensamento escolástico
no cristianismo ocidental aplica-se igualmente à herança missionária ocidental", pois o "momento histórico em que William Carey apareceu para
apelar às missões estrangeiras foi durante o Iluminismo", ou seja as "missões
protestantes tiveram seu início no período pós-Reforma — uma era cartesiana verdadeiramente escolástica". Justamente nessa "era de racionalismo

---

2069 Ibid., p. 117.
2070 Ibid., p. 118.
2071 Ibid.

1228 | TEOLOGIA SISTEMÁTICO-CARISMÁTICA

e empirismo e de avanços científicos e filosóficos, bem como sob a pressão da Contrarreforma católica romana, a igreja protestante começou a defender o 'depósito teológico' da Reforma", e com isso a "atenção afastou-se da natureza funcional das Escrituras e da dimensão experiencial da fé para a forma da Escritura — o texto — e da apologética racionalista".[2072] Tal ponto, inclusive, foi abordado no primeiro capítulo quando reproduzimos a tabela comparativa criada por Pomerville (p. 82), mostrando justamente essa diferença de ênfase, bem como reiteradamente mostramos neste também. Quando Alister McGrath diz que atualmente os teólogos estão recuperando o valor da narrativa e que, se quisermos saber como esse gênero literário era visto e sempre foi utilizado no cristianismo, precisamos retroceder ao período anterior à Reforma, pois, como já dissemos, no "período imediato pós-Reforma, os teólogos começaram a sistematizar os escritos dos reformadores". Por isso mesmo, John McClintock e James Strong, explicando esse fenômeno, dizem que toda vez "que a igreja começa a deixar que os escritos de qualquer um de seus eminentes ministros permaneçam entre ela e uma interpretação livre e direta das Escrituras à luz da intuição e da experiência, naquele momento ela entra em seu estágio escolástico". Pomerville acrescenta que isso nunca se dá em um vácuo, pois foi exatamente com "o impacto do Iluminismo, [que] o período pós-Reforma produziu uma teologia escolástica", ou seja, a "teologia era uma disciplina teórica, uma ciência técnico-abstrata, um sistema lógico de crença moldado nos moldes aristotélicos", significando algo "de natureza estática, com ênfase na defesa racional de um depósito de doutrina estabelecido", pois a "visão dos teólogos escolásticos era de que eles estavam trabalhando com um depósito teológico 'terminado'".[2073] Tal redução fez que, em "sua forma sistemática, a teologia consisti[sse] em declarações proposicionais, e não em um processo contínuo e dinâmico de teologia, no qual a revelação bíblica estava constantemente interagindo com contextos históricos e culturais". Além disso, a "racionalidade e o sistema eram característicos da metodologia dos teólogos escolásticos". Em termos diretos, "a teologia era vista como ciência acadêmica, e não como disciplina prática", com a consequência de que o "principal papel da razão no trabalho teológico do século 18 foi o resultado de uma mudança filosófica", isto é, o "'creio para poder

---

2072 Ibid., p. 118-9.
2073 Ibid., p. 119.

entender', de Anselmo, que enfatizava a subordinação da razão à fé, mudou sob o impacto do Iluminismo para o 'sei para poder crer' da escolástica protestante".[2074] Apresentamos os argumentos do teólogo pentecostal Paul Pomerville simplesmente para reforçar tudo que já dissemos anteriormente e também para mostrar o que a erudição carismático-pentecostal estrangeira pensa há quase quarenta anos, visto que a primeira edição dessa obra que estamos utilizando é de 1985. Portanto, estamos há algumas décadas atrasados no que diz respeito a tais avanços, e o que é pior dessa demora é que os hábitos escolásticos protestantes foram introjetados na tradição carismático-pentecostal brasileira, levando muitos a não compreender que isso nada tem que ver com "ortodoxia" e "conservadorismo", e sim com uma abordagem fruto de um tempo e que sua utilização inviabiliza o desenvolvimento da nossa teologia.

"Tal confiança na razão levou a um realismo ingênuo que, por sua vez, levou os teólogos a acreditar que havia uma correspondência direta entre sua percepção e realidade ocidentais", isto é, a "razão humana foi elevada a tal ponto no escolasticismo reformado sob a influência da filosofia do senso comum escocês", cuja explicação já foi apresentada tanto no capítulo anterior quanto neste, que "os teólogos [presumiram] [...] que estavam pensando os pensamentos de Deus depois dele", ou seja, eles "pressupunham que viam as coisas objetivamente como Deus via as coisas", e tal presunção "da teologia tendeu para o ponto de vista de que a especulação teológica era *absoluta*".[2075] Tal informação acerca do paradigma filosófico escolhido pela teologia protestante não pode ser encarado como algo sem importância, mas justamente o oposto, pois a questão toda em torno da aversão reformada a respeito da experiência não é que esta não seja bíblica, e sim por a teologia reformada depender do racionalismo iluminista, algo que, suspeitamos, certamente até teólogos reformados não saibam. "Nesta era de controvérsia, o princípio noético da teologia (reflexão, razão, epistemologia, declarações proposicionais sobre o confronto do ser) ofuscou o princípio ôntico (imediatismo, presença, 'estar ali' de Deus, confronto com a realidade)", pois as "ferramentas apologéticas da Idade da Razão não envolviam a dimensão subjetiva do Espírito Santo", e por isso "a postura apologética da igreja manifestou-se no escolasticismo reformado". Em outras palavras, a "igreja implementou uma metodologia

---

2074 Ibid.
2075 Ibid., p. 119-20 (grifo no original).

1230 | TEOLOGIA SISTEMÁTICO-CARISMÁTICA

escolástica medieval", mas, como já dissemos, "o princípio da Reforma *sola scriptura* (somente a Escritura) agora eliminou a tradição da igreja como meio apologético *e como árbitro* funcional para aguentar o impacto do Iluminismo na teologia". Portanto, "a igreja esforçou-se para objetificar a autoridade religiosa, limitando o conceito de revelação a somente as Escrituras".[2076] Tal "esforço para objetificar a revelação a fim de defendê-la das reivindicações católicas romanas e das reivindicações da ciência resultou em uma redução da teologia da Reforma". Portanto, conforme "o escolasticismo reformado foi se desenvolvendo, a redução assumiu a forma *de limitação da atividade do Espírito Santo no fim contemporâneo da revelação bíblica*". Isso significa que, de acordo com Jack Rogers e Donald McKim, "No século 19, os teólogos de Princeton permitiam a obra do Espírito Santo apenas em inspirar os autores originais das Escrituras, e não em capacitar os leitores modernos a entender a Bíblia". Isso se dava em razão de que, "devido à natureza apologética da teologia no período e ao valor colocado na verdade empírica e 'objetiva', a teologia era de natureza inflexível e estática".[2077] Essa postura, insistimos, resultou em uma total e completa "falta de ênfase na dimensão subjetiva da teologia e num reducionismo em relação ao ministério do Espírito Santo 'neste fim' da revelação bíblica", e tais "raízes históricas escolásticas influenciaram grandemente a tendência contínua nas missões ocidentais de negligenciar a dimensão subjetiva do Espírito Santo tanto na teoria quanto na prática". Mas é preciso ter claro que a "limitação da atividade do Espírito ao autor-fim da Escritura e a proeminência do princípio noético da teologia tendem a opor-se e, em sua extrema aplicação, negam a crença fundamental pentecostal de que Deus está dinamicamente presente hoje na experiência e ministério cristãos na pessoa do Espírito Santo".[2078]

Citando a obra *I Believe in the Holy Spirit* [Eu creio no Espírito Santo], de Michael Green, Pomerville afirma que o referido autor denuncia "a negligência contemporânea dada à Terceira Pessoa da Trindade sob o título provocativo: 'O Espírito: desconhecido ou domesticado?'". Ele "fala de um grupo de cristãos a quem o Espírito Santo é praticamente desconhecido, por conta da falta de expectativa deles em relação à intervenção do Espírito em

---

2076 Ibid., p. 120 (grifo no original).
2077 Ibid. (grifo no original).
2078 Ibid.

CAPÍTULO 4 – Pneumatologia | 1231

suas vidas cotidianas". Na verdade, "Green sugere que a negligência dada ao Espírito entre outros grupos pode ser caracterizada pelos esforços de circunscrever suas atividades e confiná-lo em relação às suas operações carismáticas", Em outras palavras, tais "grupos tentaram 'domesticar' o Espírito, por acreditarem que ele fosse uma influência perturbadora".[2079] Michael Green diz que, para "esses cristãos", até não há problema em que o Espírito Santo "receba louvores insinceros, mas para todos os propósitos práticos, que ele fique trancado na Bíblia onde ele não pode causar dano algum", limitando-se ao fato de que "sua presença assista à declaração confessional de nossa denominação particular de protestantismo"; em suma, desde que "os elementos bizarros e milagrosos que os documentos do Novo Testamento narram sobre sua atividade sejam relegados a esses dias apostólicos distantes", pois "seria muito embaraçoso e doutrinariamente desordenado se o Espírito Santo falasse aos homens hoje, ou permitisse que os milagres fossem realizados e os homens falassem em línguas não suas". Em outras palavras, a "Bíblia, portanto, é o lugar mais seguro para o Espírito. É o lugar ao qual ele pertence; não no tumulto da vida real".[2080] Não obstante o fato de que tal descrição pitoresca "seja uma caricatura, a descrição de Green da resposta moderna dada ao Espírito Santo captura a influência do preconceito do Iluminismo contra o sobrenatural", ao mesmo tempo que expõe "também a verdade de que alguns cristãos estão *afetivamente fechados* à noção da operação carismática do Espírito Santo hoje", com o agravante de que tal "atitude 'fechada' de alguns resulta na repressão estudada ao Espírito Santo e representa a antítese da orientação pentecostal teológica e prática ao Espírito", pois, corretamente, "Green também rejeita a posição teológica que restringe a obra do Espírito à sua obra interior, afirmando que o declínio da dimensão carismática do ministério do Espírito está baseado no dispensacionalismo"; isto é, "Não tem fundamento que a cura, a profecia, o exorcismo e o falar em línguas desapareceram com o último apóstolo".[2081] Discorrendo acerca do texto de "1 Coríntios 13.8, passagem frequentemente usada como apoio para a posição de que os dons carismáticos desapareceram com a era apostólica, Green declara: 'Ainda menos pode uma passagem como 1Coríntios 13.8 ("havendo profecias, serão aniquiladas;

2079 Ibid., p. 120-1.
2080 GREEN, Michael. *I believe in the Holy Spirit* (Grand Rapids: Eerdmans, 1975), p. 12, in: ibid., p. 121.
2081 Ibid. (grifo no original).

1232 | TEOLOGIA SISTEMÁTICO-CARISMÁTICA

havendo línguas, cessarão") ser aduzida para atestar o suposto desaparecimento desses dons'", pois tais dons "serão aniquilados somente quando 'vier o que é perfeito', ou seja, na Parousia — não no fim da era apostólica ou na formação do cânon do Novo Testamento". Green ainda afirma que "há muitas evidências de que nos dias subapostólicos, e periodicamente ao longo da história da igreja, o carismático ministério do Espírito não se extinguiu",[2082] em consonância com o que igualmente também dissertamos neste último tópico.

Assim é que, mesmo "que os missiólogos evangélicos confessem prontamente a negligência ao Espírito Santo na teologia e prática missionária, eles não podem expressar a negligência em termos da dimensão carismática do ministério do Espírito", pois, além de o "escolasticismo protestante representa[r] as raízes teológicas do silêncio sobre o Espírito nas missões ocidentais", a "negligência e restrição ao Espírito é parte integrante dessa tradição teológica". Tal "fraqueza deve-se à influência da cosmovisão ocidental no período e à metodologia apologética utilizada", sendo ainda algo principal nessa "tradição [...] a proeminência da razão abstrata com sua precedência sobre a fé e a dimensão experiencial do cristianismo". Sendo assim, o "efeito residual desse desequilíbrio é evidente na teologia evangélica hoje".[2083] Portanto, somente à luz desse *background*, a argumentação do autor reformado brasileiro — depois de defender o Concílio de Toledo como salvo-conduto para se interditar a terceira Pessoa da Trindade — fica, então, devidamente clara, visto defender que o "Espírito Santo não trabalha, portanto, *independentemente* da obra de Cristo, como pregam todos aqueles que enfatizam o culto ao Espírito Santo e acabam por desviar os olhos dos fiéis da pessoa de Cristo". Ele chega a misturar maliciosamente experiências genuínas com outras combatidas até mesmo pelos próprios teólogos carismático-pentecostais, ao dizer que o "Espírito Santo não vem como 'uma segunda bênção', nem vem realizar fenômenos sem sentido ou fora do contexto revelador de Cristo, tais como curas espetaculares, risos santos, quedas, urros, dentes de ouro ou quaisquer outras maravilhas glorificadoras dos homens que as realizam".[2084] Os excessos cometidos em nome de Deus em

---

2082 Ibid.

2083 Ibid., p. 122.

2084 NETO. "Avaliando as manifestações sobrenaturais" in: CAMPOS; LOPES; MATOS; NETO. *Fé cristã e misticismo*, p. 53.

CAPÍTULO 4 – Pneumatologia | 1233

círculos carismáticos, tanto pentecostais como neopentecostais, levam muitos a criticar a tradição carismático-pentecostal, julgando o movimento todo por uma parte. Contudo, tais críticos ignoram que os próprios teólogos carismático-pentecostais responsáveis combatem tais manipulações e banalizações do sagrado, não aceitando que grassem tais abusos em suas comunidades, inclusive ensinando a membresia a atentar para uma regra básica que transparece na pergunta feita por Orígenes, já anteriormente por nós citada, mas que merece ser aqui repetida: "[...] por que não examinar cuidadosamente os que pretendem operar milagres e ver se a sua vida, seus costumes, os resultados destes milagres prejudicam os homens ou corrigem seus costumes?".[2085] Em termos diretos, não há necessidade de negar a dimensão carismática da pneumatologia, como faz o autor cessacionista, dizendo que cabe ao Espírito Santo *apenas* "selar o trabalho de Cristo na vida do crente, abrindo-lhe o coração à conversão, batizando-o com a abençoada regeneração, fazendo morada no coração de todos os salvos, promovendo a comunhão cristã, edificando o corpo de Cristo, iluminando o entendimento e operando o crescimento em santificação".[2086] Evidentemente que cremos em tudo isso, mas não ousamos restringir quaisquer partes da operosidade resultante da *presença extraordinária* do Espírito Santo como "não importante" ou "menos necessária". Assim, temos de ter esse contexto em mente, diz Pomerville, pois

> Para entender e avaliar a pneumatologia pentecostal de forma justa, temos de vê-la dentro do contexto da renovação. Trata-se de uma dimensão negligenciada do ministério do Espírito Santo, e é uma resposta e restauração da experiência cristã do Novo Testamento. A "renovação" explica a ênfase pentecostal na dimensão exterior-carismática do ministério do Espírito. A ênfase do pentecostalismo no batismo com o Espírito e em seus dons carismáticos não indica uma pneumatologia estreita e truncada. Em vez disso, ao lidar com a *restauração* do ministério de poder exterior-carismático do Espírito Santo, representa um retorno a uma pneumatologia do Novo Testamento. A pneumatologia pentecostal não difere da do protestantismo em geral, exceto pela ênfase na subsequente obra batizante e carismática do Espírito Santo. Também inclui a obra interior do Espírito

---

2085 ORÍGENES. *Contra Celso*, livro II, 51, p. 172.
2086 NETO. "Avaliando as manifestações sobrenaturais" in: CAMPOS; LOPES; MATOS; NETO. *Fé cristã e misticismo*, p. 53.

na iniciação cristã (iniciação e crescimento em Cristo e no fruto do Espírito). Como movimento de *renovação*, enfatiza a dimensão do poder carismático do ministério do Espírito. Embora o distintivo pentecostal *diga respeito* a essa dimensão da pneumatologia, não indica o espectro completo da pneumatologia pentecostal clássica, ao contrário da afirmação de Bruner (1970, p. 57-59). A crítica evangélica de que os pentecostais superenfatizam o Espírito Santo na divindade também deve ser vista neste contexto. Michael Green observa que a acusação de superenfatizar determinada pessoa da divindade poderia também ser levantada contra o catolicismo romano e o evangelicalismo, e que somente um cristianismo totalmente trinitário pode resistir ao teste da ortodoxia (1975, p. 53). Um denominador comum entre todas as correntes do pentecostalismo é a crença em uma experiência adicional com o Espírito Santo, além da conversão. Os pentecostais acreditam que essa experiência esteja relacionada à experiência da comunidade cristã primitiva no Novo Testamento — a experiência que tiveram com o evangelho. Todos veem sua experiência pentecostal-carismática como normativa, no sentido de que segue o padrão ou a experiência da igreja primitiva no Novo Testamento. A "renovação" indica que os pentecostais acreditam que uma *dimensão negligenciada* do ministério do Espírito Santo é restaurada nos tempos contemporâneos. Além do ministério do Espírito Santo como princípio de vida na regeneração e santificação, o ministério exterior-carismático do Espírito é a dimensão que está sendo renovada.[2087]

O que resta claro em nossa análise é que a teologização acerca da terceira Pessoa da Trindade, com a criação da cláusula *filioque*, serve aos minimalistas pneumatológicos de ontem e de hoje como desculpa para uma licença de subordinação, utilizada como subterfúgio, com a clara intenção de encerrar o Espírito Santo em sua atuação a meramente repetir o que nosso Senhor Jesus Cristo disse e fez, conforme vimos claramente na argumentação do teólogo reformado cessacionista citado no início deste último tópico e ao qual agora voltamos a nos referir. Tal atitude não é bíblica, pois, sob o pretexto de serem cristocêntricos, acabam revelando-se apenas cristomonistas, e tal cristomonismo esgueira-se em desculpas aparentemente piedosas. Foi sob a alegação de que o "Cristo ressuscitado deveria ser o único Senhor da Igreja

---

2087 POMERVILLE. *A força pentecostal em missões*, p. 137-8 (grifo no original).

e do Império cristão", diz Jürgen Moltmann, que "o Espírito de Deus deveria ser unicamente o Espírito do Senhor, a ser transmitido exclusivamente pela hierarquia 'espiritual' da Igreja e pelas ungidas majestades apostólicas do Sacro Império",[2088] que cada vez mais desculpas eram criadas para se olvidar o Espírito Santo. Não apenas isso: o objetivo real aparece com a ideia de que sua obra "se segue à obra do Filho, como a obra do Filho segue-se à do Pai", diz o teólogo Louis Berkhof, que recomenda ainda ser "importante ter isto em mente, pois, se a obra do Espírito Santo for divorciada do objetivo da obra do Filho, um falso misticismo fatalmente surgirá como resultado".[2089] Como dissemos logo no início deste longo capítulo sobre o "importante papel da pneumatologia pentecostal e carismática", "não devemos perder de vista que sempre foi uma parte central da obra do Espírito: trazer honra ao Senhor Jesus Cristo", isto é, "os pentecostais clássicos [sempre] declararam sua fé em termos cristológicos fortes", pregando um "evangelho pleno" que consiste em proclamar "Jesus Cristo, o Salvador, Santificador, Curador, Batista e Rei Vindouro", sendo tal conteúdo "proclamado nas igrejas, em estabelecimentos comerciais, salões, tendas, estádios e em esquinas".[2090] Não obstante, "a experiência do Espírito os tenha distinguido das igrejas mais antigas", como facilmente pode ser visto, "para a grande maioria dos pentecostais e carismáticos do mundo inteiro a presença de Jesus Cristo como Senhor é sempre o foco de seu culto e o tema central de sua proclamação". Convém frisar que, assim como os demais "evangélicos, os pentecostais são primariamente cristocêntricos", pois "declaram que Cristo é aquele que, por seu Espírito, transforma a vida dos cristãos em uma experiência de 'renascimento' e os torna úteis neste mundo no serviço de Deus e da humanidade". Portanto, apenas à luz dessas informações "podemos entender a teologia do Espírito no pentecostalismo".[2091] Afirmar, por exemplo, que na tradição carismático-pentecostal adora-se ao Espírito Santo e que com isso valorizamos mais a terceira Pessoa da Trindade em detrimento das demais é, como dissemos logo no início deste capítulo, atestado de completo desconhecimento ou desonestidade intelectual, visto que nossa posição cristocêntrica vem desde sempre. Um único e emblemático exemplo ilustra o ponto.

2088 MOLTMANN. *O Espírito da vida*, p. 66.
2089 BERKHOF. *Teologia sistemática*, p. 91.
2090 ANDERSON. *Uma introdução ao pentecostalismo*, p. 218.
2091 Ibid.

1236 | TEOLOGIA SISTEMÁTICO-CARISMÁTICA

Há exatamente 54 anos, no período de 18 a 23 de julho de 1967, ocorreu no Rio de Janeiro a 8ª Conferência Mundial Pentecostal, cujo tema geral foi "O Espírito Santo glorificando a Cristo". Um trabalho de anais do evento foi organizado pelo jornalista, historiador e teólogo pentecostal Emílio Conde, no qual encontramos, além dos testemunhos e das impressões de muitos líderes pentecostais acerca do evento, as palestras dos preletores do grande conclave. Nesses documentos, lemos a declaração de Philip Duncan, pastor das Assembleias de Deus na Austrália, de que o "Espírito Santo tem, entre outras atribuições, a missão de exaltar a Cristo e orientar a Igreja", pois o "propósito do Espírito Santo não é glorificar a si mesmo, mas glorificar a Cristo".[2092] Encontramos ainda a instrução de Veiko Manninen, pastor da Igreja Pentecostal Salem, na Finlândia, ao dizer que, a fim de "glorificar a Cristo pelos dons espirituais necessita-se grandemente de um equilíbrio entre os dons do Espírito e os frutos do Espírito", visto que através dos "dons damos expressão e pelos frutos fazemos impressão".[2093] Há ainda a preleção do dr. Nathaniel Van Cleave, pastor da Igreja Quadrangular na cidade de Portland (EUA), em que ele diz que "o propósito da Palavra de Deus é revelar o Senhor Jesus Cristo" e que "o propósito supremo do Espírito Santo nesta era da Igreja é glorificar ao Senhor Jesus Cristo e *Êle* alcança *êsse* propósito na vida de cada cristão pela Palavra de Deus escrita" [as palavras grifadas por nós foram transcritas na grafia da época].[2094] Esse mesmo autor diz que, na verdade, o "Espírito Santo sempre nos fará amar a Palavra de Deus e *Êle* sempre glorificará a Cristo" e oferece como exemplo o "sermão de Pedro, no dia de Pentecoste", sendo este um verdadeiro "sermão — *Cristo* — *Cêntrico*", e que isso se deu justamente por conta da experiência com o Espírito Santo, visto que "Pedro", a despeito de ter "sido batizado no Espírito somente poucos minutos antes, [...] imediatamente o Espírito Santo revelou-lhe o tema real da Palavra de Deus, como jamais Pedro compreendera antes" [as palavras grifadas por nós foram transcritas na grafia da época].[2095] Convém lembrar

---

2092 DUNCAN, Phillip. "O Espírito Santo glorificando a Cristo no ministério da oração" in: CONDE, Emílio (org.). *O Espírito Santo glorificando a Cristo: anais da Oitava Conferência Mundial Pentecostal* (Rio de Janeiro: CPAD, 1967), p. 77.

2093 MANNINEN, Veiko I. "O Espírito Santo glorificando a Cristo pelos dons espirituais" in: CONDE (org.). *O Espírito Santo glorificando a Cristo*, p. 105.

2094 CLEAVE, Nathaniel M. Van. "O Espírito Santo glorificando a Cristo através da Palavra de Deus" in: CONDE (org.). *O Espírito Santo glorificando a Cristo*, p. 118.

2095 Ibid., p. 122.

aqui do que falamos acerca da "exegese carismática" e também da "coragem hermenêutica", mencionadas por James Smith. O "derramamento pentecostal deu [a Pedro] imediatamente um novo amor pela Palavra de Deus", mas "também um nova iluminação da Palavra de Deus, resultando que Cristo foi poderosamente glorificado e consequentemente milhares de almas foram convencidas do pecado e salvas naquele dia". Tal exemplo também pode ser visto em Estêvão, o primeiro mártir da igreja, conforme registrado em Atos 6:8—7:60, homem fiel. Diz Emílio Conde que como "um crente completamente cheio do Espírito Santo, a Bíblia para *êle* era um livro completamente iluminado, e nós lemos que os inimigos não podiam resistir ao testemunho que deu através das palavras que falou", e isso por um único motivo: "Quando somos cheios do Espírito Santo, Cristo é glorificado em nossas vidas".[2096] Vê-se, portanto, com esses poucos, mas significativos e substanciais exemplos, vindos de mais de meio século, ainda no auge do movimento em solo pátrio, que não existe qualquer depreciação à Pessoa de nosso Senhor Jesus Cristo por parte da tradição carismático-pentecostal e uma supervalorização do Espírito Santo entre nós. Os que dizem o contrário assim o fazem por desconhecimento ou por mentirem.

Tal acusação não procede, visto que compreendemos perfeitamente não haver, como dissemos no início, desvinculação alguma da obra do Espírito Santo, como se esta fosse algo autônomo, e também pelo fato de que não há três deuses, mas apenas um único e verdadeiro Deus, cuja operação concorre para a salvação dos seres humanos e a restauração plena de todo o universo. Contudo, já não é sem tempo que os teólogos carismático-pentecostais entendam a importância do Espírito Santo e da experiência com ele em nossa articulação teológica, sem nos importar com as acusações do minimalismo pneumatológico, uma vez que, a julgar pela forma desprezível com que se fala acerca das experiências e dos fenômenos carismáticos, se vivessem naquele tempo do primeiro século, certamente desprezariam nosso Senhor Jesus Cristo como o maior charlatão e o mais indigno dos homens, pois como acomodar ao racionalismo elitista e ao higienismo religioso um milagre como o de untar os olhos de um cego com a própria saliva misturada com terra? Estranho, não? Mas os minimalistas pneumatológicos respiram fundo alegrando-se por tal prodígio ter ocorrido há 2 mil anos. Por isso mesmo, deve ficar lá nos

---

2096 Ibid., p. 123.

1238 | TEOLOGIA SISTEMÁTICO-CARISMÁTICA

tempos primitivos da Bíblia, pois hoje isso seria condenado como o mais abjeto e supersticioso curandeirismo pelos exegetas gramático-históricos. Não será esse um dos motivos de esses mesmos teólogos não darem crédito ao gênero literário narrativo, mostrando de forma tácita que sua defesa da "autoridade bíblica" não é tão ortodoxa e conservadora quanto parece ser, pois a impressão que se tem é que Lucas construiu uma "narrativa" — no sentido que essa expressão hoje possui — e não merece credibilidade, devendo ser deixada de lado para não causar constrangimentos ao racionalismo protestante? Da parte da tradição carismático-pentecostal, por experienciarmos o que relata o texto bíblico e assim revivermos o que aconteceu, como vimos, desde sempre ao longo da história bíblica, de Gênesis a Apocalipse, não temos problema em aceitar o relato exatamente como o texto no-lo apresenta. O curioso é que a doutrina do *filioquismo* deriva-se justamente do Quarto Evangelho (João 15:26; 20:22), porção narrativa. Por isso, não nos opomos à dupla processão do Espírito, muito embora compreendamos também ser correta a posição de "Atanásio, Basílio de Cesareia, Gregório de Nazianzo e Gregório de Nissa, [que] defenderam o *monopatrismo*, isto é, que o Espírito procede do Pai, mas nunca se opuseram ao *filioquismo*, ou seja, que o Espírito procede do Pai e do Filho".[2097] Mesmo porque isso não muda absolutamente nada do ponto de vista ontológico, isto é, de como as coisas realmente são. Portanto, nossa questão aqui é com o que os minimalistas pneumatológicos fazem com o *filioque*, ou seja, o uso errôneo que eles dão a essa cláusula. Assim, quando citam João 16:14, com a pretensão de interditar a terceira Pessoa da Trindade, logo repetem algo muito "comum [de se] ouvir dizer[:] que o Espírito Santo não deve ser adorado, porque ele glorifica a Cristo". Contudo, devemos atentar para a instrução do biblista pentecostal Esequias Soares, que observa tratar-se de "um pensamento equivocado, pois, se o Espírito é Deus, nisso, por si só, a sua adoração é aceitável, [pois] não existe na fé cristã um deus de segunda categoria, um que deve ser adorado e outro não, isso não seria monoteísmo".[2098] Além disso, observa o mesmo autor, "o próprio Pai também glorifica o Filho (Jo 17.5)". Logo, seguindo o raciocínio dos que querem interditar o Espírito Santo, o Pai seria, então, menor que nosso Senhor Jesus Cristo e indigno da nossa adoração? Evidentemente que

---

2097 Silva, Esequias Soares da. *O verdadeiro pentecostalismo*, p. 33 (grifo no original).
2098 Ibid., p. 25.

não. O "que Jesus está dizendo é que a missão central do Espírito é revelar o Cristo, seu ministério traz glória a Jesus por meio da revelação da pessoa e da obra do Senhor Jesus".[2099] Assim, embora isso praticamente inexista entre nós, não somos proibidos e vedados de glorificar ao Espírito Santo.

CONSIDERAÇÕES FINAIS

Chegamos ao fim dessa nossa jornada de reflexão e análise da doutrina do Espírito Santo conscientes de que, como já dissemos, poderíamos produzir o dobro do que fizemos com este longo capítulo, todavia com a sensação de dever cumprido diante do minimalismo pneumatológico que desde sempre caracteriza esse tipo de obra teológica. A extensa parte inicial que contemplou o Antigo Testamento, como dissemos várias vezes durante a referida seção, intentou demonstrar um equívoco que é repetido praticamente por teólogos de todas as tradições do cristianismo, inclusive os da tradição carismático--pentecostal: afirmar que a terceira Pessoa da Trindade quase não está presente nessa porção escriturística, ou seja, apenas de forma esporádica e episódica. Contudo, de acordo com ninguém menos que o teólogo pentecostal Myer Pearlman, e conforme vimos, o "Espírito Santo é revelado no AT de três maneiras: primeira, como Espírito criador ou cósmico, por cujo poder o Universo e todas as criaturas vivas foram criadas; segunda, como o Espírito dinâmico ou doador de poder; terceira, como Espírito regenerador, pelo qual a natureza humana é transformada".[2100] Geralmente não damos quase nenhuma importância à primeira dessas "três maneiras", e ela é uma das mais importantes, visto que a existência de todas as coisas, absolutamente todas, depende, diretamente do fôlego de vida ou do seu correto funcionamento, e tudo isso é proporcionado pelo Espírito Santo, pois trata-se do fruto, ou resultado, de sua *presença contínua*. Nesse sentido, como dissemos, a história da salvação se inicia desde quando o Espírito Santo subjuga o caos e impõe a ordem, ou seja, a "economia da salvação do Espírito Santo abrange a vida toda e tudo o que é visto, não se deixando restringir à religião e à espiritualidade".[2101] Tal saber amplia consideravelmente o papel da reflexão

---

2099 Ibid.

2100 PEARLMAN. *Conhecendo as doutrinas da Bíblia*, p. 290.

2101 MOLTMANN, Jürgen. *A fonte da vida: o Espírito Santo e a teologia da vida* (São Paulo: Loyola, 2002), p. 30.

1240 | TEOLOGIA SISTEMÁTICO-CARISMÁTICA

pneumática, mostrando que, a despeito de a teologia ter relegado ao Espírito Santo um papel inexpressivo no edifício da sistemática, a terceira Pessoa da Trindade está mais presente do que gostaríamos, daí a ideia de que "Não somente existe uma economia da salvação, mas também uma ecologia da salvação, por parte do Espírito de Deus".[2102] É curioso que se defende a prática do dízimo, inclusive utilizando o argumento de que ele é anterior à lei, mas não se reflete acerca do fato de que o mandato de cuidar da terra antecede em muito à Queda, não sendo revogado em momento algum, isto é, ele está em plena vigência e, por isso, deve ser irrestritamente observado. Por conta da atuação do Espírito Santo na realidade, a tradição carismático-pentecostal deveria encabeçar o processo de produção de uma teologia pública em relação à ecologia e ao cuidado com o meio ambiente, justamente a partir de sua pneumatologia.[2103] Eis uma dimensão praticamente inexplorada entre nós carismático-pentecostais brasileiros.

A segunda maneira de atuação do Espírito Santo, no contexto veterotestamentário, referida por Myer Pearlman, trata dele como "o Espírito dinâmico ou doador de poder", não sendo algo novo, pois o dr. Leonard Carrol, então superintendente da Igreja de Deus, em Cleveland, no Tennessee (EUA), em 1967, afirma que basta um "breve exame do panorama espiritual antes do dia de Pentecoste" para verificar "que o Espírito Santo dinamizava as pessoas para trabalhos especiais de acordo com as necessidades da ocasião", ou seja, a "fim de compreender a mudança efetuada a partir do Pentecoste, é necessário distinguir as maneiras do Espírito Santo capacitando para o serviço no Antigo Testamento", pois, no contexto e nos "limites da Velha Aliança, o Espírito Santo preparou homens para tarefas específicas conforme necessidades do momento", sendo inegável que no "Antigo Testamento", completa o mesmo autor pentecostal, "o Espírito dinamizou o indivíduo como instrumento ou vaso mediante os quais Deus realizou obras notáveis e meritórias".[2104] Obviamente que essa questão inegável não é o ponto principal que destacamos, e sim o fato de que, na economia divina, dentro da linha da história da salvação, todos e todas que desempenharam um papel de liderança receberam

---

2102 Ibid., p. 32.

2103 A maior razão desse fato diz respeito à visão escatológica que predomina quase majoritariamente na tradição carismático-pentecostal, conforme veremos no capítulo 10.

2104 CARROL, Leonard. "O Espírito Santo capacitando para o serviço" in: CONDE (org.). *O Espírito Santo glorificando a Cristo*, p. 147.

CAPÍTULO 4 – Pneumatologia | 1241

uma capacitação carismática, pois sem ela estariam inábeis para a missão. Esse aspecto parece, por décadas, não ter sido devidamente compreendido pela erudição carismático-pentecostal, pois a mudança que ocorreu após o Pentecostes não foi de qualidade, mas de abrangência, pois, conforme dissertamos na longa seção sobre a atuação do Espírito Santo no Antigo Testamento, o plano sacerdotal para a humanidade não foi revogado por causa da rebelião dos nossos progenitores, todavia, sem dúvida, tornou-se mais penoso e quase impraticável para seres que não mais agiam sob a égide divina, mas seguiam suas inclinações tortuosas e decadentes. Foi mediante esse quadro que a capacitação carismática, fruto da *presença extraordinária* do Espírito Santo, tornou-se imprescindível, pois sem ela certamente a humanidade já teria se autodestruído. Curiosamente, evidenciamos a ocorrência de êxtase glossolálico como um dos sinais de tal capacitação, como na passagem clássica dos setenta anciãos que passaram a auxiliar Moisés, o que denota que a glossolalia não surge apenas em o Novo Testamento, já em nossa era cristã, mas está presente no antigo Oriente Médio e em época muito anterior ao primeiro século da nossa era. Tal argumentação, por sinal muito recente na erudição carismático-pentecostal brasileira, deita por terra determinadas conclusões cristalizadas teologicamente de que o que aconteceu em Atos 2 é algo único e irrepetível, do ponto de vista da capacitação e do êxtase glossolálico, demonstrando tratar-se de uma experiência com o Espírito Santo que, conforme profetizado por Joel e cujo texto foi utilizado pelo apóstolo Pedro, estava prevista para acontecer nos "últimos dias". A atitude do apóstolo, que antes da capacitação negou nosso Senhor Jesus Cristo, em levantar e pregar com tamanha intrepidez, inclusive fazendo tal conexão da experiência daquele dia com a promessa de Joel, demonstra claramente que uma nova leitura e, consequentemente, interpretação das Escrituras judaicas era uma das consequências diretas da experiência com o Espírito Santo, ou seja, somente uma exegese carismática proporciona as condições para uma melhor compreensão do texto veterotestamentário e, por que não, do Novo Testamento igualmente.

Finalmente, a terceira e última maneira pela qual o Espírito Santo revela-se no Antigo Testamento, que é como "regenerador, pelo qual a natureza humana é transformada", conforme defende o teólogo pentecostal Myer Pearlman, mostra-se de forma implícita. Não obstante tal obra da terceira Pessoa da Trindade ser explicitamente revelada no Novo Testamento, no contexto veterotestamentário a santificação também era uma realidade fruto da *presença extraordinária* do Espírito Santo. No entanto, como já adiantado, certamente sua eficácia era a mesma, mas não havia uma autoconsciência dos que eram santificados, ao menos não da forma que ocorre com os que servem a Deus no período narrado nas Escrituras cristãs. Isso certamente se dava por conta de que, na realidade veterotestamentária, como dissemos várias vezes, não havia o conhecimento e a percepção da existência da Trindade, pois nem o Povo Escolhido e, muito menos, o mundo estavam preparados para a revelação desse verdadeiro mistério. Era uma realidade politeísta, e tal revelação provavelmente traria confusão e dificuldade desnecessárias para aquele momento histórico em que o monoteísmo precisava fixar-se. Isso, porém, não anula a verdade de que a santificação era uma ação promovida pelo Espírito Santo, pois o ser humano não pode se autossantificar, mas, como atesta a galeria dos heróis da fé, na epístola aos Hebreus, havia muitos santos no Antigo Testamento, "homens dos quais o mundo não era digno". Essas pessoas não se santificaram por suas próprias forças, mas, com certeza, foram sensíveis ao toque do divino Espírito Santo e procuraram obedecer-lhe em vez de dar ouvidos ao pecado que continuamente estava à espreita de sua vida e procurando nelas se alojar para promover suas más e desastrosas obras. Deus nunca reivindicou algo do seu povo que antes ele mesmo não tenha feito, isto é, ele cobrava santidade porque é santo, ou seja, ele requeria exclusividade porque lhes era chegado e propício, atendendo-os em suas demandas e necessidades. Conforme mostramos de forma inequívoca, tal relacionamento era levado a efeito (como até hoje o é) pelo Espírito Santo. Sua ação sobre as pessoas geralmente se caracterizava pela capacitação carismática, contudo geralmente uma obra seguia-se à outra ou ocorriam simultaneamente, pois a santificação é obra direta do Espírito Santo. Quando olhamos a galeria dos heróis da fé, surpreendemo-nos com nomes que nem de longe representavam o que alguém pode pensar que seja um "santo" ou uma "santa", isto é, o ideal de alguém que é perfeito, nunca erra, não possui defeito algum e é impecável. Contudo, basta lembrarmo-nos de que os que eram chamados santos no Novo Testamento necessitavam de aperfeiçoamento, isto é, de serem melhorados, pois diante de Deus ninguém está pronto e acabado.

Ao adentrar no período neotestamentário, destacamos a época imediatamente anterior, o período intertestamentário, tempo em que se desenvolveu a "escolástica judaica", representada pelos grupos religiosos que disputavam a posse da melhor e mais precisa interpretação das Escrituras judaicas. Tal digressão é ponto de inflexão obrigatório de ser compreendido para quem, de fato, quer saber as implicações de se terem registrado os grandes feitos divinos, os acontecimentos decisivos e as palavras que Deus pronunciou. Em contexto distinto daquele em que os fatos se deram, dada a característica predominante daquela sociedade majoritariamente analfabeta, foi se impondo cada vez mais a necessidade de mediação interpretativa e, como não é difícil de concluir, não demorou para surgirem divergências nesse campo, pois, óbvio como é, não existe método algum interpretativo que funcione como as regras matemáticas, bastando segui-las para chegar aos mesmos resultados. Em relação às Escrituras, como crentes que somos, sabemos que existe ainda a inegável verdade de que se trata de uma fonte inesgotável, que não pode ser exaurida pelos seres humanos, isto é, ninguém pode arrogar a si o posto de "autoridade exegética final". Contudo, o que certamente começou com um bom propósito logo se degenerou em disputas cuja finalidade era amealhar o maior número de adeptos para o seu grupo, fazendo que o exercício interpretativo eclipsasse o próprio texto, impedindo as pessoas de nutrirem-se diretamente das Escrituras, ascendendo uma tradição que enterrou completamente tal possibilidade. Por essa época, ocorreu uma espécie de cessacionismo, oficialmente falando, pois não foi levantado nenhum profeta para falar ao povo, mas isso não significa que o Espírito Santo não falou com pessoas individualmente, conforme vimos com Zacarias, Isabel, Maria, José, Simeão e Ana, por exemplo. Com o nascimento de nosso Senhor Jesus Cristo, e sua manifestação pública aos 30 anos, logo o povo foi surpreendido com uma nova maneira de ler e interpretar as Escrituras, gerando ódio por parte dos distintos grupos religiosos que disputavam a mentalidade das pessoas, não com a finalidade de ensiná-las, mas de dominá-las. Seu ministério tomou um vulto tão impressionante que mexeu até mesmo com as autoridades maiores e oficiais da religião judaica, os sacerdotes, e estes que até então pareciam não se incomodar com os fariseus, escribas e saduceus encabeçaram um conluio para matar o Filho de Deus, um único ensinador carismático que ameaçava sublevar o domínio, em nome de Deus, que tais gestores do sagrado exerciam. O que estava em jogo era nada mais, nada menos, que a perda do povo, isto é, a "moeda de troca", a "massa de manobra" que eles tinham nas mãos para negociar benesses pessoais com o Império Romano. Era tarde, na noite em que foi traído, nosso Senhor Jesus Cristo instituiu um "Novo Testamento" — sim, o período do

1244 | TEOLOGIA SISTEMÁTICO-CARISMÁTICA

seu ministério configura-se como tendo ocorrido no contexto veterotestamentário —, selando na sequência sua missão definitiva. Como foi visto, nesse sistema religioso corrompido havia também pessoas sinceras, mas equivocadas, como o apóstolo Paulo, que perseguia os seguidores do Caminho por julgar que eles eram idólatras e transgressores da "lei de Deus", mas após sua conversão, seguida de sua experiência carismática, mudou completamente a maneira de ler e interpretar o texto veterotestamentário, compreendendo verdadeiramente as Escrituras.

Ao considerar o Espírito Santo no contexto neotestamentário, o fizemos com base nessa realidade, iniciando-se pelos documentos paulinos, sobretudo o primeiro de que se tem notícia. Tal foi necessário para mostrar que somente algo muito poderoso poderia abalar uma tradição tão bem enraizada na cultura judaica, e é claro que foi o poder carismático que fez isso, pois o que poderia fazer que esses grupos praticamente se extinguissem e desaparecessem? Alguém dirá que foi por causa do evangelho e, consequentemente, do cristianismo. Sem dúvida, mas o que move o cristianismo que, inicialmente, utilizava as Escrituras hebraicas? Certamente, o Espírito Santo! Não é sem razão que, logo em seu primeiro documento escrito, Paulo tenha falado acerca do Espírito Santo, associando a pregação do evangelho com o poder do Espírito Santo (1 Tessalonicenses 1:5; 5:19-22). Em Jesus Cristo, "as qualidades divinas e, poderíamos dizer, divinizantes da palavra de vida são atribuídas a um Cristo concreto, histórico, que as testemunhas dele ouviram, viram e tocaram", conforme disserta Yves Congar, ao dizer que o "Logos que estava em Deus, que era Deus, manifestou-se historicamente; ele foi enviado, ele veio. Aquele que está glorificado 'à direita de Deus' *é* aquele que nasceu de Maria e sofreu. É 'aquele através do qual tudo passa a existir e através de quem vamos (ao Pai)'". Congar conclui sua reflexão dizendo que justamente por isso os apóstolos "João e Paulo atribuem a Jesus, o Cristo, os efeitos conferidos já no Antigo Testamento à palavra, mesmo a da criação. Mas o Cristo, Palavra de Deus feito carne, é o princípio da nova criação: por ele e por ela se inaugura a escatologia".[2105] Portanto, quando Lucas escreveu Lucas-Atos, que muitos afirmam ser um documento dividido em duas partes, e não dois documentos, já estava plenamente desenvolvida a pneumatologia neotestamentária, e deve ser motivo de admiração que, sendo o médico o único escritor não judeu

---

2105 CONGAR. *A Palavra e o Espírito*, p. 23.

do Novo Testamento, ou seja, ele era grego, não apareça qualquer resquício em relação ao Espírito Santo que lembre as dimensões pneumatológicas joanina (conversão-iniciação) e paulina (santificação), mas, sim, o resgate de uma dimensão esquecida do período veterotestamentário (capacitação), ou seja, a dimensão carismática. Temos, então, a apresentação completa da pneumatologia neotestamentária, revelando a completude do evangelho. Tal se faz necessário pelo simples fato de que a "palavra é a forma na qual ele é proposto",[2106] mas aqui já não se pode entender palavra no mesmo sentido veterotestamentário, pois não se trata de profecia ou fala extática; antes, de sermão ou homilia que se prega, podendo ser mais ou menos fiel à *palavra* do evangelho, visto não ser uma repetição do que o Senhor Jesus Cristo pregou ou ensinou, pois o pregador utiliza sua oratória, capacidade retórica e, algo mais complexo e que pode comprometer a pureza do evangelho, a concepção teológica pessoal, que, de forma consciente ou inconsciente, pode distorcer a mensagem escriturística. Esse é um problema que sempre se apresenta quando a experiência com o Espírito e as palavras de Deus são registradas, conforme reconhece o apóstolo Pedro, ao dizer que assim procediam os sem conhecimento e instáveis em relação às epístolas paulinas. O destaque, porém, ficou por conta da apresentação da forma como o material lucano deve ser lido e interpretado, considerando ser este um aspecto que vem revolucionando os estudos em teologia bíblica há mais de quarenta anos, mas que há pouco tempo ainda era desconhecido no Brasil.

Após a caminhada panorâmica nas Escrituras, analisando uma parte infinitesimal dos textos, da imensidão deles que apresenta o Espírito Santo, passamos ao período histórico, imediatamente posterior à "morte do último apóstolo", lidando sempre com o problema da escassez de informações acerca desse período, mas, com a ajuda de material clássico e adequado, pudemos comprovar uma profusão de atividade carismática na época subapostólica, verificando que é simplesmente fantasiosa a ideia de que os dons, frutos da *presença extraordinária* do Espírito Santo, e, consequentemente, as experiências carismáticas cessaram. Evidentemente que reconhecemos a existência de um debate intenso nesse campo, contudo a "falta de consenso histórico não é um problema, pois, mesmo que a história provasse que o dom de línguas cessou, não há nada que impeça Deus de restabelecê-lo", como

---

2106 Ibid., p. 22.

afirma o teólogo Millard Erickson, chamando ainda a atenção para a verdade de que "a prova histórica de que o dom esteve presente ao longo das diversas eras da igreja não validaria o fenômeno no presente".[2107] Este é um aspecto quase nunca mencionado por ambos os lados que demandam acerca dessa questão e que precisa ficar claro, pois uma experiência não é genuína por sua historicidade nem por seu ineditismo, mas por ter origem no Espírito Santo. Conforme vimos com Alister McGrath, a "experiência pode, de fato, buscar expressão — mas ela também exige um critério pelo qual possa ser julgada",[2108] ou seja, necessita de base autoritativa e comprovação, mas também precisa de uma explicação/teologização. Em termos diretos, reconhecemos que a "experiência", como disserta o mesmo teólogo anglicano, "é o *explicandum*, e não o *explicans*; ela requer interpretação, em vez de ser ela mesma o agente que interpreta".[2109] Uma vez que já estamos devidamente conscientizados acerca da impossibilidade de qualquer produção intelectual neutra, obviamente que os lados que disputam acerca do assunto divergem a respeito de sua interpretação e/ou explicação, mas algo que não podemos perder de vista é que o interesse pessoal ou institucional não pode eclipsar a verdade nem servir como desculpas para distorções e/ou desonestidade intelectual, pois o compromisso com o fenômeno não invalida automaticamente os argumentos. Conforme dissemos, o eunuco da rainha Candace, por exemplo, vinha da adoração em Jerusalém e lia o texto bíblico, porém não sabia o significado do texto e, com certeza, caso encontrasse um judeu tradicional, ainda que este soubesse esclarecer ao africano que não era do próprio Isaías que o texto tratava, mesmo assim o explicador não atribuiria o cumprimento profético à pessoa de nosso Senhor Jesus Cristo, pois até hoje eles não creem que ele é o Messias. Portanto, sua avaliação estaria parcialmente correta, mas só Filipe, que tinha experiência do novo nascimento e da capacitação carismática, estava apto a oferecer a melhor interpretação da passagem e também iniciar o funcionário de alto escalão da rainha africana no seguimento de nosso Senhor Jesus Cristo, promovendo assim o envio de um potencial evangelista, no mínimo uma testemunha, para o continente africano. Este é o ponto. A tradição carismático-pentecostal mostra sua capacidade de argumentação, valendo-se

---

2107 ERICKSON, Millard J. *Teologia sistemática* (São Paulo: Vida Nova, 2015), p. 840.
2108 McGRATH. *A gênese da doutrina*, p. 40.
2109 Ibid., p. 41.

CAPÍTULO 4 – Pneumatologia | 1247

dos exemplos não só bíblicos, mas também históricos, para evidenciar que possui lastro e raiz, não sendo um simples produto estadunidense do início do século 20.

Já do período subapostólico, destaca-se o montanismo, um movimento de protesto e reforma da fé cristã, sobretudo em seu aspecto carismático, cujas interpretações são as mais diversas, conforme vimos. A crítica mais virulenta, não por acaso, vem de uma obra perdida de Apolinário de Hierápolis, citada por Eusébio de Cesareia que, como sabemos, era um entusiasta do casamento entre a igreja e o Estado, traduzido na chamada "teologia imperial". Portanto, qualquer denúncia de corrupção das lideranças por parte de Montano, além de um chamado ao restabelecimento do padrão de Atos, quando todas as coisas, incluindo a escolha da liderança, era atribuição exclusiva do Espírito Santo, e não da interferência do imperador, cujos critérios passam longe de ser espirituais, obviamente não agrada. Tomamos, propositadamente, este único exemplo, uma vez que são muitas as desinformações que circulam nos dias atuais no meio da própria tradição carismático-pentecostal, e sua associação conosco sempre é feita para descredibilizar a experiência com o Espírito Santo. O interessante foi descobrir análises equilibradas e honestas do movimento da parte de teólogos de tradições não carismáticas, como a de Martyn Lloyd-Jones e a de Jaroslav Pelikan, além de verificar a exposição positiva de duas grandes referências do pentecostalismo clássico a respeito do montanismo, uma da primeira geração e outra contemporânea. Chegando ao século 4, início oficial da Idade Média, quando já temos uma quantidade maior de material que trata do Espírito Santo, nossa tese do arrefecimento da experiência e do incômodo gerado por tal contato direto com ele por parte dos novos gestores religiosos, algo visivelmente revelado com a oposição ferrenha à terceira Pessoa da Trindade, mostra-se cada vez mais sólida. A curiosidade maior fica por conta de que as defesas, ou apologias pneumatológicas, são provenientes dos pais gregos, pertencentes ao cristianismo oriental, que, paradoxalmente, são mais práticos que filosóficos nesse aspecto. Eles mostram que a teologia deve ser desenvolvida e produzida com uma abordagem apofática e despretensiosa, pois nunca estamos à altura da deidade triúna para podermos dela falar com certezas, de maneira exaustiva e autossuficiente. O que fica claro do nosso estudo desse período, que, reconhecemos, é bem panorâmico e lida apenas com uma pequena amostragem, é que a "devoção ao Espírito Santo também tinha um papel importante na fé do fiel medieval", pois os

1248 | TEOLOGIA SISTEMÁTICO-CARISMÁTICA

"milagres e fenômenos carismáticos podiam ser vistos como parte da obra do Espírito Santo", diz o teólogo católico Eddie Ensley, o qual ainda afirma que se trata de um comportamento fruto de "uma compreensão próxima à teologia carismática de São Paulo em 1 Coríntios 12—14, onde ele qualifica o Espírito Santo como concessor de dons espirituais tais como a profecia, os milagres e as curas".[2110] Esse mesmo autor, cuja obra é classificada pelo historiador e teólogo pentecostal estadunidense Vinson Synan como leitura obrigatória em suas aulas de história pentecostal/carismática, afirma que é possível perceber do "período medieval [...] uma semelhança ainda maior do júbilo com as línguas do Novo Testamento e as línguas do movimento pentecostal moderno". Ensley acrescenta que o "júbilo não era uma experiência restrita apenas aos aldeões e alguns santos e místicos", visto ter sido "descrito e provavelmente vivenciado por grande parte das principais figuras intelectuais da Idade Média", ou seja, os "teólogos e escolásticos tinham uma noção muito forte de que o júbilo era uma herança da Igreja Antiga".[2111]

O leitor certamente deve ter percebido que não consta em nosso trabalho um capítulo exclusivo sobre as Escrituras, porém certamente não deixou de notar que até aqui tratamos a todo instante delas, pois, como afirmamos, elas são a autoridade final, tanto em seu aspecto prático, como mostramos nas concepções teórico-metodológicas, quanto em questões estritamente teóricas e/ou teológicas, conforme temos evidenciado em nossas análises doutrinárias. Assim temos procurado proceder, pois não raramente costuma-se colocar as Escrituras como substituta do Espírito Santo, justificando tal ação inexplicável com uma espécie de piedade que, por um lado, beira a blasfêmia e, por outro, cai em uma forma de idolatria que, quando devidamente verificada, não exalta a Bíblia, mas faz da própria interpretação uma divindade. Quanto aos obrigatórios e inevitáveis saltos históricos que fizemos, além da seleção de pouquíssimos autores patrísticos, não se trata de desconhecimento, mas da exiguidade de tempo e espaço, pois uma pesquisa completa acerca do Espírito Santo nesses materiais exigiria uma obra exclusiva, de outra natureza. O que procuramos mostrar é a verdade inegável da experiência com o Espírito Santo, ao longo do tempo, além de chamar a atenção para o fato escandaloso de ele ser, não apesar disso, mas justamente por causa disso, *propositadamente*

2110 ENSLEY. *Sons de milagres*, p. 89.
2111 Ibid., p. 98-9.

esquecido na construção do edifício teológico. O problema é que o suposto compromisso de construir uma teologia cristocêntrica, fugindo de um "pneumacentrismo"[2112] ou de um "pneumatomonismo",[2113] levou a teologia protestante ao extremo oposto, caindo no cristomonismo, eliminando completamente qualquer caráter pneumático de seu labor teológico. Tal exercício tem sido feito sob o condão de obedecer a uma regra de nosso Senhor Jesus Cristo, que, segundo este entendimento, determinou uma única e exclusiva tarefa ao Espírito Santo. Todavia, é no mínimo curioso que o Espírito Santo tenha dirigido nosso Senhor Jesus Cristo durante toda a sua trajetória terrena, inclusive levando a efeito sua concepção — o maior mistério de que se tem notícia —, mas não pode dirigir a nossa vida, limitando-se a nos fazer "lembrar" o que Jesus disse (observe que, quando o Senhor falou isso, não existia Novo Testamento, isto é, suas palavras e ensinamentos não estavam registrados em forma de texto), e hoje temos os Evangelhos e podemos lê-los. Além do mais, por ocasião de sua ascensão, nosso Senhor Jesus Cristo, ao falar da Grande Comissão, estabeleceu a missão dos seus seguidores: anunciar o evangelho, fazer discípulos e batizá-los. Lemos, porém, em Atos dos Apóstolos, que o apóstolo Paulo e Silas foram impedidos pelo Espírito Santo de pregarem na Ásia (16:6-7). Mas, se nosso Senhor Jesus Cristo mandou que pregássemos e comissionou os discípulos a assim fazerem, não seria uma insurreição da terceira Pessoa da Trindade impedi-los de executar essa missão em algum lugar? Sem entrar no mérito das soluções teológicas e que tal vontade era um desejo da dupla, mas que Deus queria que eles partissem para outro lugar, independentemente de qual seja a solução, a verdade incontornável é que o fato de o Espírito dirigir o Filho de Deus e também os apóstolos indica claramente sua soberania.

O que objetivamos com esta *Teologia sistemático-carismática* é corrigir o déficit pneumático da teologia, especificamente protestante-evangélica, particularmente brasileira, falando para a tradição carismático-pentecostal, pois já não é mais possível adiar o processo de elaboração teológica, de acordo com o nosso etos, ou seja, seguindo a lógica da fé, na esteira da revelação, com toda a sobrenaturalidade, dinamismo, sinergismo e continuísmo, ou continuacionismo, que tal fazer teológico requer, com a maturidade, o temor e o

---

2112 CONGAR. *Revelação e experiência do Espírito*, p. 218.
2113 CODINA. *"Não extingais o Espírito" (1Ts 5,19)*, p. 65.

respeito necessários em assim proceder, valorizando o que nos é mais caro. Esta não é uma tarefa fácil, de um único grupo, muito menos de uma única pessoa, mas algo que reclama a presença, atuação e responsabilidade de muitas pessoas, refletindo, debatendo, discutindo, analisando e propondo, sem pressa ou afetações, compreendendo que cabe a cada um o dever de pensar a respeito. Tal convite não nos é feito por uma autoridade política — glória a Deus por isso! —, como foi na igreja nascente, nem parte igualmente de um concílio, junta ministerial ou qualquer outro tipo de autoridade eclesiástica, mas trata-se de um chamado à responsabilidade, para vencer a preguiça epistêmica, o comodismo teológico de ficar albergado contentando-se em ser um apêndice de outra tradição que está sempre ameaçando extirpar-nos caso não nos convertamos aos seus cânones, negando a experiência com o Espírito Santo; antes, trata-se de um chamado, cremos, do próprio Espírito Santo, que, isso é evidente, é a maior vítima do descaso do racionalismo teológico ocidental. Tal desafio, resguardadas as devidas proporções, corresponde a algo como a Reforma Protestante ou, no mínimo, à implantação da fé de expressão carismático-pentecostal em solo pátrio, ou seja, contrariará muitos interesses, a maioria deles escusa, e isso sempre acarreta custos e um preço a pagar. Mas como as próprias trajetórias bíblica e canônica, bem como a histórica, nos mostram, Deus não se afeiçoa à covardia e à tibieza, reservando julgamento severo aos que assim procedem. Contudo, independentemente da avaliação divina, é bom igualmente não perder de vista que a história costuma ser implacável com quem hesita e se omite diante de um momento que requer uma posição firme, corajosa e decidida. Alguns teólogos cessacionistas tomam, quando lhes é conveniente, o conceito de história da salvação para com ela interditar a continuidade de determinados eventos histórico-redentores, dizendo que eles são únicos e irrepetíveis. Evidentemente que os eventos são singulares e ocorrem de acordo com a vontade divina e os atores envolvidos, o que indica marcas inconfundíveis de temporalidade e individualidade. Não obstante, enquanto nosso Senhor Jesus Cristo não retorna para completar a implantação definitiva do Reino de Deus, ele deixou-nos uma tarefa e não requer que a cumpramos com as nossas próprias forças, mas concedeu-nos o Paracleto, o Espírito Santo, o mesmo que o guiou na consecução de sua missão, a fim de que pudéssemos, após capacitados carismaticamente, a exemplo do que sempre aconteceu desde tempos imemoriais, levá-la a efeito. Já não é sem tempo perguntar sobre "o que se esconde por trás de toda esta separação entre teologia e experiência espiritual, desse medo da novidade e da história", para comprovar o que já sabemos, ou seja, "um esquecimento teológico e prático da pneumatologia",[2114] conforme afirma o teólogo jesuíta Víctor Codina.

As perguntas que tivemos em mente em todo o tempo para responder são: Por que a pneumatologia e, consequentemente, o Espírito Santo são esquecidos? Se ele é Deus, se mantém todas as coisas vivas e funcionando com seu grande e eterno poder, qual a justificativa para esquecê-lo? O que tal "pneumatofobia" esconde? Quais interesses podem ser contrariados com a produção teológica pneumática? Sendo as Escrituras Sagradas, tanto as do Antigo quanto as do Novo Testamento, produto direto da inspiração da terceira Pessoa da Trindade, o que justifica tal déficit pneumatológico? Afirma-se que o Espírito Santo não busca sua própria glória, mas a de nosso Senhor Jesus Cristo. Disso decorre o fato de que não podemos glorificá-lo e que, ao fazê-lo, estaríamos pecando e despertando ciúmes no Filho de Deus? Se no Antigo Testamento as pessoas tinham conhecimento apenas acerca do Criador, isto é, Deus Pai, e no Novo Testamento junta-se a este a Pessoa do Filho, ambos são então cultuados, mas igualmente tomamos conhecimento da Pessoa do Espírito Santo, por que este não pode ser objeto de nossa adoração? Qual o motivo? Ele é um deus de uma categoria inferior? Se, conforme aprendemos com a fé trinitária, existe apenas um Deus, ao adorarmos o Pai, não contemplamos igualmente as duas outras Pessoas? E, ao assim também procedermos com o Filho e com o Espírito Santo, não estamos honrando também o Pai? Em outras palavras, dizer que o Espírito Santo não precisa de uma adoração dirigida especialmente a ele, pois, ao glorificarmos ao Pai ou ao Filho, já o contemplamos, mas se procedermos de forma inversa, ou seja, glorificarmos a terceira Pessoa da Trindade, estamos usurpando a glória que pertence só a Deus, isso não representa uma espécie de preconceito? Uma vez que o responsável pelo correto, ou "bom", funcionamento de todas as coisas é o Espírito Santo, sendo esse mesmo Espírito que coloca tudo em movimento, dá vida e ordena, assim como o faz com todas as coisas, contemplando obviamente os seres humanos, ao agradecermos a Deus pelo fôlego de vida, não estamos cultuando a terceira Pessoa da Trindade? Se o Espírito Santo é menos Deus que as demais Pessoas, não seria melhor ele ter se encarnado

---

2114 CODINA. *"Não extingais o Espírito" (1 Ts 5,19)*, p. 22.

1252 | TEOLOGIA SISTEMÁTICO-CARISMÁTICA

em vez de nosso Senhor Jesus Cristo? Se ele é tão inferior, como poderia ser responsável pela concepção e pelo empoderamento do Filho de Deus, cuja missão, caso falhasse, poderia colocar tudo a perder, não havendo mais chance alguma de redenção? Tendo por certo que, em sua condição humana, nosso Senhor Jesus Cristo dependeu do Espírito Santo desde a sua concepção, mas contrastando com a forma pela qual o Espírito Santo é tratado em nossa teologia, isso representa a gratidão merecida por quem foi responsável direto por assistir o Filho de Deus no sucesso de sua missão como Verbo encarnado? Se nosso Senhor Jesus Cristo, sendo Deus, mas em forma humana, dependeu da capacitação carismática do Espírito Santo para enfrentar sua missão, que incluía em grande parte a mesmíssima tarefa que ele deixou aos seus seguidores, será que somos capazes de fazer melhor que ele, prescindindo de tal empoderamento? Ao apregoar exatamente isso, o cessacionismo não parece sugerir uma espécie de "fraqueza", por parte de Nosso Senhor Jesus Cristo, ao passo que parece afirmar uma autossuficiência humana, a ponto de prescindirmos da capacitação carismática? Ou será que o que se teme é o empoderamento de pessoas simples e sem grande instrução, mas também agora de pessoas preparadas e com todas as condições de elaborar sua própria teologia, defendendo não só a continuidade, mas a necessidade e, por que não dizer, a obrigatoriedade de tal experiência com o Espírito Santo, conforme vimos ser o padrão em toda a Bíblia, desde o Antigo até o Novo Testamento? Enfim, são inúmeras as questões que poderíamos enumerar, buscando os reais motivos de o Espírito Santo ser preterido na elaboração teológica.

Por fim, cabe aqui reiterar que não pretendemos sugerir que nossa abordagem seja completa, pois uma das questões que "falta" em nosso longo capítulo de pneumatologia, por exemplo, alguém pode estar observando, é uma parte que discutisse os dons espirituais. Muitas obras contemplam tal campo da pneumatologia, mas, seguindo nossa proposta de abordagem, somos conscientes de que já fizemos progresso ao reconhecer que o "apóstolo Paulo apresenta cinco listas dos dons espirituais (Rm 12.6-8; 1 Co 12.8-10; 1 Co 12.28; 1 Co 12.29; Ef 4.11), mas nenhuma delas é completa, todas são diferentes, [pois] seu propósito não é descrever nem definir nenhum deles, mas, no caso dos coríntios, o objetivo é corrigir a percepção sobre o uso dos dons", diz o biblista pentecostal Esequias Soares. Este autor completa com uma colocação que é praticamente inédita no seio da tradição carismático-pentecostal brasileira: "O Novo Testamento não revela quantos dons espirituais existem".[2115] Sem dúvida alguma, trata-se de um grande avanço, mas é impossível deixar igualmente de reconhecer nosso atraso, visto que há 45 anos o teólogo católico italiano Serafino Falvo já dizia que "nem mesmo a lista de Paulo é completa", pois na primeira epístola aos Coríntios o apóstolo dos gentios "cita apenas os dons que não eram tratados devidamente", ou seja, "encontramos 19 ao todo nas Cartas paulinas", mas, mesmo "assim, não podemos concluir que os dons do Espírito sejam 19 apenas", pois existe "um número indefinido de dons que são para todos",[2116] sem exceção. Assim, a não inclusão da temática aqui é proposital, pois a ideia é demonstrar que as operações e, consequentemente, as experiências com o Espírito não podem ser formatadas, matriciadas e previstas, logo não se encaixam em sistema algum, sendo impossível capturá-las e elaborar um catálogo, pois, ao fazer isso, os diferentes dons que aparecem no Antigo Testamento também devem ser elencados. Esse, inclusive, é um dos motivos de não apresentarmos uma "teologia sistemática", mas propormos uma *Teologia sistemático-carismática*, isto é, uma reflexão que segue o roteiro do edifício teológico, mas que com ele não se confunde, por aventar uma abertura à novidade do Espírito que não nos engesse no presente nem petrifique as possibilidades de sua expansão para as gerações futuras, isto é, que não amarra as conclusões em um sistema nem as absolutiza; antes, considera a provisoriedade do nosso fazer teológico. Isso não significa que somos relativistas, mas que reconhecemos nossa finitude, pois lidamos com o que nos transcende e está sempre além de nós, sendo ao mesmo tempo imanente e próximo, pois visa ao nosso empoderamento. Talvez o aspecto que mais assuste seja o fato de que a experiência é algo pessoal e individual, e isso leva alguns a dizer que o Espírito Santo eclipsa a Pessoa do Filho de Deus e "rouba a cena". Todavia, o "Espírito Santo, mediante suas manifestações carismáticas, quer a glória de Cristo, não a nossa",[2117] por isso não é preciso temer a valorização da experiência, com as coisas do Espírito, pois seu alvo sempre é a glória de nosso Senhor Jesus Cristo.

2115 Silva, Esequias Soares da. *O verdadeiro pentecostalismo*, p. 58-9.

2116 Falvo, Serafino. *O despertar dos carismas: uma surpresa maravilhosa para a igreja de hoje* (São Paulo: Paulinas, 1976), p. 49.

2117 Ibid., p. 45.

CAPÍTULO

5

CRISTOLOGIA

INTRODUÇÃO

"Cristo é a mensagem central da Bíblia." Qual cristão nunca disse ou, ao menos, ouviu essa frase alguma vez na vida? E quem a disser está perfeitamente correto se o que quer comunicar com isso é que Jesus, na economia divina, na perspectiva da história da salvação, divide, literalmente, entre antes e depois dele, a forma de a humanidade relacionar-se com Deus. Erra, contudo, quem pronuncia essa verdade com a pretensão de anular as demais pessoas da Trindade, visto que elas não depreciam umas às outras. Aliás, isso é inimaginável, pois, como podemos ver, Deus não deixa de ser o que é nem se torna menor por glorificar ao Filho (João 17:1). De igual forma, o Filho não é diminuído por glorificar ao Pai (João 17:4), e o Espírito igualmente não é depreciado por assim também fazê-lo (João 16:13-14). Conquanto tal hipótese pareça não só estranha, mas blasfema quando descrita teoricamente, ou lida em voz alta, na prática, infelizmente, parece ser assim que algumas teologias, sob a pretensão de serem "cristocêntricas", articulam seu discurso e acabam por diminuir as demais pessoas da Trindade, principalmente o Espírito Santo, numa prática que como vimos no capítulo anterior é chamada de "cristomonismo".

Nossa proposta ao falar de cristologia não pretende "reinventar a roda" a respeito do que foi definido nos concílios ecumênicos, mas considerar alguns

1256 | TEOLOGIA SISTEMÁTICO-CARISMÁTICA

aspectos que, apesar de amplamente registrados nas Escrituras, sendo imprescindíveis para a tradição carismático-pentecostal, não costumam receber o devido enfoque nas cristologias tradicionalmente produzidas pela teologia escolástica protestante. Nesse particular, assim como quando consideramos a teologia como doutrina de Deus, no capítulo terceiro, e a pneumatologia, no capítulo anterior, de igual forma o faremos a respeito da cristologia: não vamos nos deter no *Ser de Jesus*, enveredando-nos numa especulação filosófico-ontológica que, conforme já dissemos diversas vezes nos capítulos anteriores, está não apenas fora do escopo de nossa proposta, mas também além de nossa capacidade de articulação. Em termos diretos, não vamos dizer mais do que as Escrituras revelam, pois não está ao nosso alcance nem temos condições de sondar tal mistério.

Nossa abordagem, conforme enfatizado desde o início, segue um fio de Ariadne, isto é, a dimensão espiritual, considerando a experiência, particularmente do Espírito, que perpassa as Escrituras inteiras e continua se manifestando na realidade desde sempre, visto que, conforme dito pelo próprio Filho de Deus, a terceira pessoa da Trindade é responsável por estar com a igreja de forma diuturna durante todo o tempo de nossa peregrinação até a volta de Cristo (João 14:16-27; cf. Efésios 1:13-14). Assim, aqui o estudante não encontrará amplas discussões em torno das questões convencionalmente abordadas quando o assunto é cristologia. Isso, evidentemente, não significa que não iremos fazer referência a tais pontos, mas entendemos que, dada a quantidade de material disponível que aborda esses aspectos, tais já são devidamente conhecidos e amplamente ensinados, sendo ponto pacífico a não necessidade de discuti-los e/ou contemplá-los. Na verdade, assim como os demais autores, partimos do princípio de que esses temas já são estabelecidos e certos, esperando, por isso, que os leitores estejam igualmente inteirados e crentes acerca dos pontos doutrinários basilares que são partilhados por toda a tradição cristã ocidental.

Feitas essas considerações, uma vez mais fazemos referência ao fato de que a encarnação é um mistério.[1] "Um 'mistério' que foi revelado", replicará

---

1   "O Deus bíblico revela-se, manifesta-se na sua obra, na sua criação e, em especial, na encarnação do seu filho; no entanto — como sublinham os grandes teólogos cristãos —, o que Deus é 'em si mesmo' e 'como Deus é' (o que significa o verbo 'ser', quando referindo ao *Ser de Deus*) continua a ser, para nós, um mistério incompreensível. Também a teologia negativa cristã realça essa ocultação de Deus" (HALÍK, Tomáš. *O meu Deus é um Deus ferido*, 2. ed. [Prior Velho: Paulinas, 2016], p. 69. Grifo no original).

CAPÍTULO 5 – Cristologia | 1257

alguém. Sem dúvida, pois o Filho de Deus encarnou-se tomando a forma humana, e essa "forma" de o Pai "falar" é a mais surpreendente (Hebreus 1:1-3; cf. João 1:1,14; Colossenses 2:9). Mas quem é capaz de explicar tal mistério revelado? Sua revelação não diminui em nada a sensação de mistério, mas, justamente o contrário, ela a potencializa e aumenta, pois como conceber e explicar que em um homem se manifeste a plenitude da divindade sem que ele seja menos humano? Como vimos no segundo capítulo com o resumo do teólogo canadense Bernard Lonergan, essa doutrina consumiu três séculos de intensas discussões, e a cada adendo ao que havia sido definido antes, novas e não pensadas questões surgiam, pois as terminologias utilizadas para se definir a dupla natureza de nosso Senhor Jesus Cristo foram tomadas da filosofia. Contudo, de acordo com "Atanásio, não foi para abrir um precedente que o Concílio de Niceia empregou um termo que não pertencia às Escrituras"; ao contrário, "isso foi feito para satisfazer uma emergência". Contudo, explica Lonergan, essa "emergência durou apenas 35 anos", tendo sido suprimida por causa da discussão, "não técnica", acerca da consubstancialidade do Espírito Santo, assim como a de Jesus, com o Pai. Mas não parou por aí, pois cinco décadas depois disso, "em Éfeso, foi necessário esclarecer o Concílio de Niceia com a afirmação de que aquele que nascera do Pai e aquele que nascera da Virgem Maria eram o mesmo" e "vinte anos adiante, julgou-se necessário acrescentar ainda que esse único e mesmo poderia ser ao mesmo tempo eterno e temporal, imortal e mortal, uma vez que tinha duas naturezas". Dois séculos mais tarde, "foi realizado ainda um novo acréscimo para esclarecer que a pessoa divina dotada de duas naturezas também tinha duas operações e duas vontades".[2]

Portanto, a despeito da naturalização em torno da articulação teórica do tema, ele foi tão difícil para eles quanto é atualmente para nós, ou seja, as definições filosófico-teológicas, tanto as conciliares quanto as inúmeras sistemáticas que se seguem, em nada diminuíram ou esclareceram o mistério. Por mais empedernida e racionalista que seja a teologia sistemática — algumas pessoas acham que isso garante "isenção" na articulação teológica —, a encarnação continua sendo um paradoxo que nossa mente humana não pode explicar. O que lemos nos tratados não passa de retórica humana, que não chega a alcançar a totalidade da pessoa de nosso Senhor Jesus Cristo

---

2 LONERGAN, Bernard. *Método em teologia* (São Paulo: É Realizações, 2012), p. 349.

1258 | TEOLOGIA SISTEMÁTICO-CARISMÁTICA

apresentada nas Escrituras e recebida, pela fé, por meio do Espírito Santo, por toda pessoa que se converte. É com essa perspectiva que desenvolvemos este capítulo, que encerra a trilogia-base de nossa abordagem sistemático-carismática. À semelhança dos demais, a doutrina de nosso Senhor Jesus Cristo será desenvolvida de forma apofática, despretensiosa e seguindo sempre a lógica da fé e a dinâmica da revelação. Destacaremos o aspecto carismático, nosso *leitmotiv*, pois entendemos que, apesar de tudo que se refere ao Espírito Santo ser *propositadamente* "esquecido", por motivos que já explicamos no capítulo anterior, a "história de Jesus de Nazaré, tanto sob o aspecto cronológico quanto teológico, pressupõe a ação do Espírito",[3] não sendo possível passar pela cristologia sem dar a devida importância a essa dimensão, como fazem muitos tratados racionalistas. Com este capítulo esperamos corrigir essa negligência.

DEFINIÇÕES E OBJETIVOS DA CRISTOLOGIA

Cristologia vem da junção entre as expressões gregas *christos* (χριστός) e *logia*. Como já vimos nos capítulos anteriores, *logia* significa "estudo" e, nesse caso, refere-se à doutrina acerca de nosso Senhor Jesus Cristo, compreendendo que "Cristo" não é o sobrenome de Jesus, mas um título de realeza ou liderança política (Lucas 23:2). Na *Septuaginta* (LXX), a versão grega do texto veterotestamentário, a palavra *christos* foi escolhida para traduzir o termo "Messias", aplicado aos sacerdotes "que eram ungidos com o óleo santo, particularmente o sumo sacerdote (por exemplo, Lv 4.3,5,16)", aos profetas, "chamados *hoi christoi theou*, 'os ungidos de Deus' (Sl 105.15)", e aos reis, "tanto de Israel (como em 1Sm 2.10,35; 2Sm 1.14; Sl 2.2; 18.50, Hc 3.13) quanto de fora, já que a expressão foi utilizada até para se referir a Ciro (Is 45.1)".[4]

No Novo Testamento, porém, *christos* virou praticamente um nome próprio de Jesus, que reúne em si todos os significados anteriores: ele é o sumo sacerdote, o profeta, o rei esperado, o próprio Deus encarnado; Jesus é *ho christos*. Assim, quando falamos de cristologia — termo que deriva originariamente da obra de Balthasar Meisner, *Christologia sacra*, lançada em 1624[5]

---

3   MOLTMANN, Jürgen. *O Espírito da vida: uma pneumatologia integral*, 2. ed. (Petrópolis: Vozes, 2010), p. 67.

4   UNGER, Merril F.; VINE, W. E.; WHITE JR., William. *Dicionário Vine: o significado exegético e expositivo das palavras do Antigo e do Novo Testamento* (Rio de Janeiro: CPAD, 2002), p. 522.

5   MÜLLER, Gerhard Ludwig. *Dogmática católica: teoria e prática da teologia* (Petrópolis: Vozes, 2015), p. 189.

—, referimo-nos à área da teologia que se dedica a responder: "Quem é este Jesus de Nazaré [...] e o que Ele significa para nossa relação com Deus?". Apesar da definição simples, tal objetivo é desafiador, pois Cristo é a "figura central de toda a realidade cristã", o que faz que o estudo sobre ele seja peculiar, "diferente ao de outros assuntos", já que, como "Líder espiritual do cristianismo, Jesus é o objeto [tanto] do conhecimento", ou seja, da articulação teórica teologicamente desenvolvida, quanto "da fé",[6] a experiência do encontro com ele.

Essas duas percepções sobre Cristo — como objeto de fé e como objeto de estudo — são indissociáveis na cristologia, pois ela sempre parte da "convicção de que Deus realizou escatológica e historicamente em Jesus de Nazaré sua vontade salvífica universal (*universale concretum*)".[7] A fé é o que designa um texto cristológico, por isso nem "todas as interpretações de Jesus podem ser chamadas de cristologia", pois "algumas são baseadas na rejeição", ou seja, na ideia de que ele não é alguém especial, mas apenas uma simples figura histórica.[8] Essa característica é o que leva teólogos como Thomas Rausch a afirmar que a "cristologia tem início no culto" e que o "Novo Testamento contém uma rica variedade" dela — como, por exemplo, as "primeiras cristologias pascais (parúsia/exaltação)" que "mostram que o Senhor ressuscitado" já começou a ser "objeto de devoção" logo após esse acontecimento, o que se confirma em uma passagem do Evangelho de João onde "Tomé confessa Jesus como 'Senhor' e como 'Deus' (Jo 20:28)" assim que contempla o Senhor ressurreto. Nas palavras do mesmo autor, a linguagem utilizada para referir-se a Jesus como Deus nos textos neotestamentários mais antigos "encontra paralelos em outros lugares e em passagens anteriores do Novo Testamento, principalmente em hinos que refletem a liturgia e as preces das primeiras comunidades", o que o leva a concluir que "mesmo antes de Paulo" já existiam "cristologias mais elevadas e menos elevadas nas diversas comunidades cristãs".[9]

---

6   Nichols, David R. "O Senhor Jesus Cristo", in: Horton, Stanley M. (ed.). *Teologia sistemática: uma perspectiva pentecostal*, 4. ed. (Rio de Janeiro: CPAD, 1996), p. 301.

7   Müller. *Dogmática católica*, p. 188.

8   Galvin, John P. "Jesus Cristo", in: Fiorenza, Francis S.; Galvin, John P. *Teologia sistemática: perspectivas católico-romanas*, vol. 1 (São Paulo: Paulus, 1997), p. 333.

9   Rausch, Thomas P. *Quem é Jesus: uma introdução à cristologia*, 10. ed. (Aparecida: Santuário, 2010), p. 235.

Não podemos negar que "houve uma forma rudimentar de cristologia, visto que a atividade pública de Jesus de Nazaré levava os ouvintes a se perguntar o que ele significava e o que ele era", desenvolvendo, assim, um discurso cristológico que apareceu primeiramente "em forma não escrita" para apenas "num estágio posterior, começando com as epístolas de Paulo", adquirir uma "expressão literária fixa". Entretanto, quando utilizamos esse termo dentro do contexto teológico sistemático, referimo-nos à disciplina cuja atividade iniciou-se no "pensamento cristão posterior",[10] durante a patrística. Essa cristologia, que Gerhard Müller chama de científica, não é o simples discurso sobre Deus, mas uma *fundamentação que reflete metodologicamente e argumenta sistematicamente, é a explanação interna e a mediação do acontecimento Cristo*.[11] Assim, a cristologia como disciplina científica da teologia intenta trazer uma resposta sistematizada à "questão cristológica fundamental" — que como já citamos anteriormente é: "Quem é este Jesus de Nazaré [...] e o que ele significa para nossa relação com Deus?" — e para isso divide-se em duas áreas principais: a cristologia em sentido estrito e a soteriologia.

Na cristologia em sentido estrito, que desenvolvemos neste capítulo, são abordadas questões específicas sobre o Ser de Cristo e sua "relação singular [...] com Deus como seu Pai", "sua unidade com o Pai no Espírito Santo", a proclamação de sua mensagem, "em especial a proclamação do Reino de Deus", "a ressurreição, a exaltação e o envio do Espírito" para a igreja, para citar apenas alguns tópicos. Assim, a cristologia como disciplina estrita é uma "doutrina sobre a unidade da divindade e da humanidade na pessoa do Filho e na Palavra do Pai eterno", enquanto a soteriologia é a "doutrina sobre o significado salvífico universal de Jesus para nossa relação com Deus". É importante ressaltar que, apesar de essas áreas serem tradicionalmente abordadas em capítulos diferentes, "não constituem dois tratados distintos, como deixa entrever às vezes certo desenvolvimento errôneo ocorrido desde a teologia medieval", sendo "apenas os dois aspectos do único mistério de Cristo", que constituem "um todo no sentido de uma relação mútua de fundamentação e esclarecimento", não sendo possível concebê-las como áreas independentes, sem qualquer correlação. Conforme explica Müller, "Jesus só tem significado salvífico (cristologia/soteriologia funcional) se é também (ontologicamente)

---

10 GALVIN. "Jesus Cristo", in: FIORENZA, Francis S.; GALVIN, John P. *Teologias*, p. 334.

11 MÜLLER. *Dogmática católica*, p. 189-90 (grifo no original).

o Cristo enviado por Deus ao mundo". Portanto, a soteriologia pode ser considerada o "aspecto externo da cristologia", mas, "inversamente, a cristologia se manifesta na soteriologia".[12]

Além das discussões específicas sobre o Ser de Jesus, a cristologia científica também pode dedicar-se a uma autorreflexão, fazendo que as próprias doutrinas cristológicas sejam objetos de estudo. O teólogo Roger Haight afirma que um bom tratado cristológico não pode negligenciar a "questão estritamente cristológica" e tampouco "ignorar as respostas clássicas que foram formuladas" na patrística, pois os credos redigidos nos concílios ecumênicos dessa época continuam orientando nosso estudo até os dias atuais. Por isso, ainda nas palavras do autor, a cristologia "tornou-se uma disciplina abrangente sob cujo âmbito encontramos outros tratados em que os teólogos se especializam: cristologia do Novo Testamento, história da cristologia, cristologia patrística, cristologia contemporânea", além de haver ainda outras áreas específicas, que abordam a relação de Jesus Cristo "com a libertação, a ecologia e outras religiões".[13] Assim, é possível desenvolver um tratado cristológico utilizando metodologias e abordagens variadas, que mudam de acordo com a concepção que o teólogo possui dessa disciplina e seus objetivos, seja "de baixo", tomando "Jesus de Nazaré como o ponto de partida para a reflexão na cristologia", seja "de cima", tomando como pressuposto a reflexão sobre as "doutrinas acerca de Jesus".[14]

Em nosso capítulo, pretendemos desenvolver uma cristologia que parte "de baixo", da própria figura de Jesus Cristo e do que ele fez e pregou em seu ministério terreno, para só então partirmos para o estudo das doutrinas sobre Cristo, que, como veremos, estão intimamente relacionadas com a doutrina da Trindade. Tal itinerário segue a lógica da fé e a esteira da própria revelação, pois a encarnação de Jesus certamente antecedeu em muito os tratados teológicos sobre ele. A metodologia que seguiremos em nosso capítulo será pormenorizada adiante, mas, antes disso, precisamos definir nossos objetivos gerais e reconhecer uma importante limitação. Se a cristologia é o "estudo da fonte da fé cristã", cujo "alcance engloba todo o drama da salvação tal como concebido nos símbolos cristãos", então seus resultados devem prover a "base para uma visão cristã mais ampliada que engloba toda a realidade".

---

12 Ibid., p. 188-9.
13 HAIGHT, Roger. *Jesus, símbolo de Deus* (São Paulo: Paulinas, 2003), p. 30-1.
14 HAIGHT, Roger. *Dinâmica da teologia* (São Paulo: Paulinas, 2004), p. 265.

1262 | TEOLOGIA SISTEMÁTICO-CARISMÁTICA

Essa disciplina compõe uma "teologia cristã que tem por objetivo uma compreensão de todas as coisas, da própria realidade, à luz, redutivamente, de um encontro com Deus mediado por Jesus". Por isso, ao considerarmos a cristologia a de uma perspectiva carismático-pentecostal, pretendemos "desenvolver uma compreensão de Jesus Cristo que irá iluminar nosso mundo e nossa vida nele".[15] É importante mantermos esse objetivo em mente para que o exercício cristológico não perca de vista seu propósito e acabe se tornando um discurso duro e impessoal sobre Jesus, em sua tentativa de mostrar-se logicamente apresentável. Todo fazer teológico deve ter como objetivo final a edificação do corpo de Cristo, essa é certamente uma das características que nos diferencia das demais áreas do conhecimento.

Apesar de considerarmos a cristologia uma importante ferramenta para a edificação de nossa fé em Cristo, reconhecemos que o conhecimento que ela nos oferece sobre Jesus é limitado, não podendo substituir a experiência pessoal que todos os cristãos devem ter com ele. O teólogo pentecostal David R. Nichols afirma que os "cristãos acreditam universalmente que Jesus continua vivo até hoje, séculos depois da sua vida e morte na terra, e que ele está na presença de Deus Pai, no céu", mas admite que esta certeza não provém de alguma convicção teórico-credal, mas, sim, "da fé salvífica, mediante a qual a pessoa encontra Jesus Cristo e é regenerada, por meio do arrependimento e da fé, tornando-se assim nova criatura". É por meio da experiência de Jesus como Salvador, promovida pelo Espírito Santo, que o crente é levado ao "reconhecimento imediato da existência pessoal de Jesus no presente". Por isso, o conhecimento sobre ele "é diferente do conhecimento de outras figuras históricas",[16] pois não ocorre de forma distante, neutra e teórica, mas existencial e pessoalmente, mediante uma profunda experiência religiosa. Nas próximas páginas, convidamos nosso leitor a conhecer uma perspectiva carismático-pentecostal da cristologia, mas reconhecemos que o verdadeiro conhecimento sobre Cristo jamais estará limitado a essas páginas.

O MITO QUE SE TORNOU REALIDADE

Nossa admiração em torno do ato de amor, revelado pela economia divina com a encarnação, aumenta quando passamos a estudar a cultura do

---

15 HAIGHT. *Jesus, símbolo de Deus*, p. 32.
16 NICHOLS. "O Senhor Jesus Cristo", in: HORTON, Stanley M. (ed.). *Teologia sistemática*, p. 301.

CAPÍTULO 5 – Cristologia | 1263

antigo Oriente Médio, pois chama a atenção o fato de que, na linha de Don Richardson em seu clássico *O Fator Melquisedeque*, citado logo na introdução do terceiro capítulo de nossa *Teologia sistemático-carismática*, descobrimos que povos mais antigos que Israel ostentam, como fruto da revelação geral,[17] muitas crenças que se parecem com as que vemos nas Escrituras hebraicas e também cristãs. Contudo, como explicamos anteriormente, tais similaridades são apenas superficiais, geralmente no estilo e na forma, pois, quando se verifica mais profundamente o que aconteceu entre o povo de Deus e as demais culturas, percebemos as profundas diferenças, mas não só isso, conforme veremos abaixo. Um dos paralelos mais impressionantes, que evidenciam claramente o "fator Melquisedeque", diz respeito à esperança messiânica, que, como sabemos, não era uma crença exclusiva de Israel, sendo parte de religiões mais antigas, algumas, como a egípcia, até contemporâneas dos patriarcas.[18] É fato conhecido, conforme apontamos no terceiro capítulo, que o povo de Israel foi, literalmente, formado por Deus com um propósito muito claro (Gênesis 12:1-3; Êxodo 19:6). Deus falou claramente que Israel foi formado e escolhido, não por ser maior ou melhor, mas por outros povos terem falhado em representá-lo (Gênesis 15:13-16; Deuteronômio 7:1-26; Amós 9:7). Há, por isso mesmo, em linhas gerais, da parte de estudiosos cristãos das religiões, duas teorias acerca da origem e formação das crenças desses povos (mitos), as quais não vamos explorar, mas merecem ao menos sua menção: 1) a necessidade comum de transcendência que todo ser humano possui e 2) a distorção da revelação divina entre esses povos pagãos.

"O mito conta uma história sagrada, quer dizer, um acontecimento primordial que teve lugar no começo do tempo, *ab initio*", explica o historiador romeno das religiões Mircea Eliade, que diz que é preciso entender que "contar uma história sagrada equivale a revelar um mistério, pois as personagens do mito não são seres humanos; são deuses ou Heróis civilizadores". Justamente por isso, "suas *gesta* constituem mistérios: o homem não poderia conhecê-los se não lhes fossem revelados". Portanto, o "mito é [...] a história do que se passou *in illo tempore*, a narração daquilo que os deuses ou os

---

17 RICHARDSON, Don. *O Fator Melquisedeque: o testemunho de Deus nas culturas por todo o mundo*, 3. ed. rev. (São Paulo: Vida Nova, 2008), p. 35.

18 Para exemplificar, veja o capítulo 10, intitulado "O zoroastrismo, a primeira religião de salvação no além", in: LAMBERT, Yves. *O nascimento das religiões: da pré-história às religiões universalistas* (São Paulo: Loyola, 2011), p. 337-64.

1264 | TEOLOGIA SISTEMÁTICO-CARISMÁTICA

Seres divinos fizeram no começo do Tempo".[19] Assim, pronunciar "um mito é proclamar o que se passou *ab origine*", e, dessa forma, "uma vez 'dito', quer dizer, revelado, o mito torna-se verdade apodítica: funda a verdade absoluta".[20] Eliade observa ainda que a "função mais importante do mito é, pois, 'fixar' os modelos exemplares de todos os ritos e de todas as atividades humanas significativas: alimentação, sexualidade, trabalho, educação etc.". Portanto, "comportando-se como ser humano plenamente responsável, o homem imita os gestos exemplares dos deuses, repete as ações deles, quer se trate de uma simples função fisiológica, como a alimentação, quer de uma atividade social, econômica, cultural, militar etc.".[21] Portanto, a importância e a função social do mito, independentemente do juízo de valor atual, era parte fundamental da cultura antiga.

Nossa consciência moderna não oferece condições epistêmicas e religiosas para se captar quanto as crenças desses povos, conhecidas como *mito*, eram cruciais para manter o equilíbrio social e a coesão nacional, pois davam um sentido para a vida de um ser humano que jamais poderia suportar existir e ficar à deriva na realidade. Por seu caráter sagrado, o mito não reivindicava qualquer evidência ou prova de que era veraz. O antropólogo francês Claude Lévi-Strauss defendia que esse caráter mitológico está entre as coisas que perdemos num primeiro momento com a tecnocracia, mas que deveríamos resgatar, até porque, de acordo com sua perspectiva, a "ciência moderna, na sua evolução, não se está a afastar destas matérias perdidas, e que, pelo contrário, tenta cada vez mais reintegrá-las no campo da explicação científica".[22] Curiosamente, Lévi-Strauss não diz isso por entender o que há quase um século já é uma verdade, ou seja, que a ciência não tem todas as respostas e que o racionalismo é reducionista e limitante. Sua ideia é que a ciência integrará e explicará os campos simplesmente pelo fato de que esses aspectos não podem ser eliminados da natureza e da realidade humana. O antropólogo francês diz que o "fosso, a separação real, entre a ciência e aquilo que poderíamos denominar pensamento mitológico, para encontrar um nome, embora não seja exactamente isso, ocorreu nos séculos 17 e 18", sendo exatamente por

---

19 ELIADE, Mircea. *O sagrado e o profano: a essência das religiões*, 2. ed. (São Paulo: Martins Fontes), p. 84 (Coleção Tópicos).

20 Ibid.

21 Ibid., p. 87.

22 LÉVI-STRAUSS, Claude. *Mito e significado* (Lisboa: Edições 70, 2014), p. 17-8.

CAPÍTULO 5 – Cristologia | 1265

este tempo que, "com Bacon, Descartes, Newton e outros, tornou-se necessário à ciência levantar-se e afirmar-se contra as velhas gerações de pensamento místico e mítico, e pensou-se então que a ciência só podia existir se voltasse costas ao mundo dos sentidos, o mundo que vemos, cheiramos, saboreamos e percebemos" e que, estranhamente, passou a ser anatematizado, pois passou-se a difundir que "o mundo sensorial é um mundo ilusório, ao passo que o mundo real seria um mundo de propriedades matemáticas que só podem ser descobertas pelo intelecto e que estão em contradição total com o testemunho dos sentidos".[23] É interessante notar que os três nomes citados por Lévi-Strauss são de cristãos deístas, isto é, adeptos da visão divina mais popular na época.

O que o antropólogo francês reconhece, mesmo em sua perspectiva otimista, é que o mundo das propriedades matemáticas não pode nutrir os seres humanos dos sentidos imprescindíveis ao existir, pois somente com equações não se inspira a humanidade, que, diferentemente dos demais seres vivos, possui racionalidade, não apenas instintos, daí a necessidade de respostas para os dilemas milenares que a acossa. Esse era justamente o dilema enfrentado por C. S. Lewis e exposto por Nancy Pearcey ao falar do "verdadeiro mito de C. S. Lewis", que, conforme sua autobiografia, abandonou a fé em que fora criado e tornou-se ateu e materialista. Contudo, como sabemos, o irlandês anglicano é um dos maiores nomes da literatura e da ficção cristãs, sendo mundialmente conhecido por *As Crônicas de Nárnia*, que viraram filmes, e possuindo uma capacidade imaginativa digna de um Lewis Carroll. Justamente por isso, sua "vida imaginativa" contrastava frontalmente com sua "vida do intelecto", pois, conforme ele próprio descreveu, os "dois hemisférios" de sua mente "formavam um acutíssimo contraste", isto é, "de um lado, o mar salpicado de ilhas da poesia e do mito; de outro, um 'racionalismo' volúvel e raso. Praticamente tudo o que eu amava, cria ser imaginário; praticamente tudo que eu cria ser real, julgava desagradável e inexpressivo".[24] Nancy Pearcey diz que foi uma "alegria quando Lewis descobriu que o cristianismo solucionava sua luta vitalícia", pois "viu que a encarnação de Cristo foi o cumprimento dos mitos antigos que ele sempre amara, ao mesmo tempo em que era um fato ratificável da história".[25] A mesma autora diz ainda que, para utilizar "a

---

23 Ibid., p. 18.
24 Lewis, C. S. *Surpreendido pela alegria* (São Paulo: Mundo Cristão, 1998), p. 176.
25 Pearcey, Nancy. *Verdade absoluta: libertando o cristianismo de seu cativeiro cultural* (Rio de Janeiro: CPAD, 2006), p. 136.

1266 | TEOLOGIA SISTEMÁTICO-CARISMÁTICA

própria frase de efeito de Lewis, a ressurreição de Cristo foi um mito que se tornou fato", ou seja, a narrativa bíblica continha "toda a maravilha e beleza de um mito, satisfazendo as mais profundas necessidades da humanidade por contato com o reino transcendente", mas, completa Pearcey, "não obstante, que surpresa maravilhosa! — a ressurreição acontecera de fato no tempo, no espaço e na história".[26]

Nancy Pearcey cita como exemplo emblemático da conversão de C. S. Lewis o ensaio "Mito que se tornou realidade", escrito por ele em resposta à objeção de um amigo chamado Corineus, que afirmava que ninguém que alega ser cristão atualmente de fato acredita numa "mitologia arcaica que provavelmente os embaraça e constrange a todo momento". Por isso, dizia a Lewis que "tudo seria mais fácil se você libertasse seu pensamento desta mitologia rudimentar".[27] O "mais relutante dos convertidos" informa que a crítica de Corineus requeria um cristianismo mais "racional", pois, de acordo com este, apenas isso tiraria o peso dos cristãos atuais de fingir que acreditavam na "mitologia" da religião cristã. Entretanto, Lewis acreditava que nada nessa acusação de fingimento "[era] verdade, à exceção de alguns teólogos 'modernistas' que, pela graça de Deus, tornam-se menores em número a cada dia que passa",[28] afirmou, aludindo a teólogos liberais que, a pretexto de justificarem o cristianismo publicamente, sacrificavam seu aspecto mais basilar: a realidade do sobrenatural e, consequentemente, do miraculoso. Esse é o *background* do pensamento do literato irlandês, não o liberalismo teológico, como alguns conservadores racionalistas podem precipitadamente julgar ao vê-lo referindo-se a Jesus como "mito que se tornou realidade". Seus argumentos, portanto, merecem ser apresentados em razão da ampla leitura do autor entre a juventude carismático-pentecostal nos dias de hoje.

C. S. Lewis dizia que, ainda "supondo (o que nego sem cessar) que as doutrinas do cristianismo histórico sejam apenas míticas, o mito é justamente aquilo que constitui o elemento vital e substancial de toda a questão", pois, a despeito da mudança e da marcha do tempo *adiante*, "na religião, encontramos algo que não segue adiante"; antes, "permanece" e é justamente "aquilo que Corineus chama de mito; e o que segue adiante, é aquilo que ele chama de pensamento moderno e vivo — não apenas o pensamento dos teólogos, mas

---

26   Ibid., p. 136-7.

27   Lewis, C. S. *Deus no banco dos réus* (Rio de Janeiro: Thomas Nelson Brasil, 2018), p. 80-1.

28   Ibid., p. 80.

o pensamento dos antiteólogos também".[29] Para demonstrar a validade de sua defesa pela permanência do "aspecto mítico", tão inconcebível para os racionalistas, em relação a aspectos mais racionalizáveis das ideias, o literato irlandês retoricamente questiona: "Onde estão os antecessores de Corineus? Onde está o epicurismo de Lucrécio, o reavivamento pagão de Juliano, o Apóstata? Onde estão os gnósticos, o monismo de Averróis, o deísmo de Voltaire, o materialismo dos grandes vitorianos?".[30] Então, responde: "Eles seguiram adiante com os tempos", contudo "aquilo que todos eles confrontavam permaneceu; e Corineus foi capaz de encontrá-lo e atacá-lo também", ou seja, o "mito (usando sua linguagem) sobreviveu aos pensamentos de todos os seus defensores e de todos os seus adversários". Isso pelo simples fato de que é exatamente "o mito que dá a vida", ou seja, os "elementos que Corineus considera vestigiais e que estão presentes até mesmo no cristianismo modernista são a substância; e aquilo que ele leva para a 'verdadeira crença moderna' é a sombra".[31]

A fim de explicar isso, devemos analisar um pouco os mitos de modo geral e este mito de modo específico. O intelecto humano está incuravelmente fadado à abstração. A matemática pura é o tipo de pensamento realmente efetivo. Contudo, as únicas realidades que experimentamos são concretas — esta dor, este prazer, este cão, este homem. Durante o tempo em que amamos o homem, sofremos a dor e desfrutamos do prazer, não estamos intelectualmente apreendendo o Prazer, a Dor ou a Personalidade. Quando começamos a fazê-lo, entretanto, as realidades concretas descem para o nível de simples casos ou exemplos; não mais lidamos com as realidades, mas apenas com o que elas exemplificam. Este é o nosso dilema — ora provar e não saber, ora saber e não provar — ou, de modo mais criterioso, carecer de um tipo de conhecimento porque estamos vivendo uma experiência ou carecer de outro tipo de conhecimento porque estamos fora dela. Como pensadores, estamos separados daquilo em que pensamos; como indivíduos que provam, tocam, querem, amam e odeiam, nós não entendemos com clareza. Quanto mais lucidamente pensamos, mais somos separados da experiência; quanto mais profundamente

---

29   Ibid., p. 82.
30   Ibid., p. 82-3.
31   Ibid., p. 83.

entramos na realidade, menos conseguimos pensar. Não podemos *estudar* o prazer no momento do abraço nupcial ou o arrependimento no momento da contrição, nem analisar a natureza do humor enquanto estamos gargalhando. Mas, então, quando é que se pode realmente conhecer essas coisas? "Se tão somente meu dente parasse de doer, eu conseguiria escrever outro capítulo sobre dor." Porém, quando o dente parar de doer, o que eu sei sobre dor?[32]

Para C. S. Lewis, o "mito é a solução parcial deste trágico dilema", pois, na "apresentação de um grande mito, chegamos o mais perto possível de vivenciar de modo concreto aquilo que só poderia ser entendido como uma abstração", afirma o autor, exemplificando que estava "tentando entender algo, de fato, muito abstrato — o desvanecimento, o desaparecimento da realidade experimentada quando tentamos compreendê-la por meio da razão discursiva". Por isso, ele muito "provavelmente" dificultou "a questão mais do que o necessário; afinal, caso trouxesse à sua lembrança Orfeu e Eurídice — e como, no conto, ele obteve permissão para conduzi-la pela mão com a condição de não olhar para ela, pois, se o fizesse, ela desapareceria — o que era apenas um princípio torna-se imaginável".[33] É possível que alguém objete o exemplo e afirme nunca ter atribuído "tal 'significado' a esse mito antes", reação com a qual concorda o literato irlandês, pois é evidente que o leitor "não buscaria nele um 'significado' abstrato", pois, se assim o fizesse, "a história não seria um mito para você, mas uma mera alegoria". Em termos diretos, sua busca era para "conhecer", pois você "estava apenas experimentando", mas "aquilo que estava experimentando acabou se tornando um princípio universal". Por isso, no instante "em que *declaramos* este princípio, estamos reconhecidamente de volta ao mundo da abstração", visto que "somente ao receber o mito como uma história, [...] experimentamos o princípio de forma concreta".[34]

A fim de explicitar seu ponto de vista, Lewis diz ainda que, quando se está traduzindo, "o resultado é uma abstração — ou melhor, dezenas de abstrações". Por isso o "que flui para nós a partir do mito não é a verdade, mas

---

32 Ibid., p. 83-4 (grifo no original). A argumentação de Lewis parece responder por que a tradição carismático-pentecostal não ter tido, ao longo dos anos, tanta preocupação em escrever suas crenças, pois elas eram experimentadas, não meramente teorizadas.

33 Ibid., p. 84.

34 Ibid. (grifo no original).

a realidade (a verdade é sempre *sobre* alguma coisa, mas a realidade é aquilo *sobre o que* a verdade é), e, portanto, cada mito se torna pai de inúmeras verdades no nível da abstração". O "Mito é a montanha de onde procedem todos os diferentes rios que se tornam verdades aqui embaixo no vale; *in hac valle abstractionis*", isto é, "neste vale de abstração", ou, caso se prefira, "mito é o istmo que liga o mundo peninsular do pensamento ao vasto continente a que realmente pertencemos", visto que o mito "não é, como a verdade, abstrato; nem está, como a experiência direta, ligado ao específico".[35] De maneira análoga, Lewis diz que, "assim como o mito transcende o pensamento, a encarnação transcende o mito", e, então, dispara dizendo que o "cerne do cristianismo é um mito que também é fato"; trata-se do "velho mito do deus que morre, *sem deixar de ser mito*, desce do céu da lenda e da imaginação para a Terra da história", ou seja, no cristianismo o que se diz no mito "*acontece* — em uma data específica, em um lugar específico, seguido por consequências históricas definíveis". Portanto, saímos "de um Balder ou um Osíris, que morrem ninguém sabe onde nem quando, para uma Pessoa histórica crucificada (está tudo em ordem) *sob Pôncio Pilatos*", e é justamente aqui que reside o grande paradoxo, pois, tornado "fato, ele não deixa de ser mito; o milagre é esse".[36]

De maneira surpreendente, C. S. Lewis diz que suspeita "que os homens, por vezes, extraiam mais alimento espiritual de mitos em que não acreditam do que da religião que professam". Por isso, no intuito "de sermos verdadeiramente cristãos, devemos tanto reconhecer o fato histórico quanto receber o mito (que se tornou fato), com a mesma aceitação imaginativa com que acolhemos todos os mitos", sendo reconhecido que "um é dificilmente mais necessário que o outro".[37] A conclusão do mesmo autor é que alguém "que não crê na história cristã como fato, mas que se alimenta continuamente dela como mito, talvez seja mais vivo do ponto de vista espiritual do que aquele que simplesmente concorda com ela, mas não pensa muito sobre o assunto". Portanto, o "modernista — o modernista radical, descrente em tudo, menos no nome — não precisa ser chamado de tolo ou hipócrita por reter obstinadamente, mesmo em meio ao seu ateísmo intelectual, a linguagem, os ritos, os sacramentos e a história dos cristãos", diz o mesmo autor irlandês. Ele conclui

---

35 Ibid., p. 84-5.
36 Ibid., p. 85 (grifo no original).
37 Ibid.

1270 | TEOLOGIA SISTEMÁTICO-CARISMÁTICA

que, possivelmente, o "pobre homem talvez esteja se aferrando (com uma sabedoria que ele próprio não entende de forma alguma) àquilo que é sua vida", ou seja, até para Alfred Loisy (1857-1940), fundador do movimento modernista, mesmo com ceticismo, "não lhe teria sido necessariamente melhor eliminar o cristianismo vestigial de seu pensamento".[38]Na opinião do mesmo autor, certamente foi melhor que o referido teólogo modernista mantivesse a "crença mitológica" do cristianismo que ele tanto criticou. Contudo, observa Lewis:

> Aqueles que não sabem que este grande mito se tornou Fato quando a virgem concebeu são, realmente, dignos de pena. No entanto, os cristãos também precisam ser lembrados — e podemos agradecer Corineus por fazer isso — que aquilo que se tornou Fato foi um Mito, e que ele leva em si todas as propriedades de um mito para o mundo do Fato. Deus é mais do que um deus, não menos; Cristo é mais que Balder, não menos. Não devemos ter vergonha do brilho mítico que irradia de nossa teologia. Não devemos ficar nervosos com "paralelos" e "cristos pagãos": eles *devem* existir — seria um entrave se não existissem. Não devemos, em falsa espiritualidade, refrear nossa aceitação imaginativa. Se Deus escolhe ser mitopeico — e não é o céu em si um mito? — devemos nos recusar a ser *mitopáticos — afetados pelo mito?* Afinal, este é o casamento do céu e da Terra: o Mito Perfeito e o Fato Perfeito, os quais exigem não só nosso amor e nossa obediência, mas também nossa admiração e deleite, e que se dirigem tanto ao selvagem, à criança e ao poeta em cada um de nós quanto ao moralista, ao intelectual e ao filósofo.[39]

De certa forma, já havíamos abordado o assunto em termos similares quando, no capítulo anterior, falamos, com John Walton, acerca da linguagem *imagística*, ou mitológica, que inegavelmente é utilizada em muitas partes das Escrituras, visto ser a única forma de comunicar as verdades no antigo Oriente Médio do qual o mundo da Bíblia faz parte. Infelizmente, conforme já dissemos reiteradas vezes, o racionalismo influenciou não apenas a teologia de corte liberal, mas até mesmo a conservadora, considerando sua pretensão de ter resposta para todas as questões e achar-se capaz de explicar tudo. Nem

---

38 Ibid., p. 85-6.
39 Ibid., p. 86 (grifo no original).

Lewis, nem Walton e muito menos nós estamos negando que qualquer verdade bíblica seja fato. Estamos falando de linguagem e de como ela consegue traduzir tal absurdo para a mentalidade racionalista, mesmo teológica, cuja fé, dependente da explicação lógica das doutrinas, sempre teve crise com a articulação da dupla natureza de nosso Senhor Jesus Cristo, daí sua tendência para a apologética racionalista. Tal questão, porém, nunca sequer foi cogitada e jamais representou um problema que incomodasse a tradição carismático--pentecostal. Jamais se exigiu alguma prova da humanidade e da divindade de Jesus. Da forma mais singela e absurdamente óbvia, sempre se acreditou nele como Deus que se fez homem. Isso por duas razões muito simples: 1) a conversão na tradição carismático-pentecostal não se dá por argumentação e convencimento lógico, mas pela atuação do Espírito Santo; 2) o fato de estar na Bíblia tal verdade. Portanto, mesmo quando se diz que Jesus foi capacitado carismaticamente, sabe-se que "não havia intenção da parte do Pai de romper aquela identificação com o homem, quando Ele enviou o Espírito Santo a Jesus", explica o teólogo pentecostal clássico Stanley Horton, dizendo que a capacitação carismática de Jesus foi necessária, "não porque Ele era Deus, mas porque também era homem" e, como tal, "devia sofrer e morrer". Assim, quando Deus diz que Jesus é o seu "Filho amado", tal proclamação "reforçava o fator de que a humanidade de Jesus não diminuiu, de maneira alguma, a sua divindade".[40] Em termos diretos, Horton afirma que "Jesus continha dentro de si a totalidade das qualidades humanas, bem como a das divinas, sem interferir umas nas outras", isto é, "Ele era o Deus-homem, não no sentido de ser metade Deus e metade homem", pois "Ele era plenamente Deus, 100% Deus" e, ao mesmo tempo, "era, também, plenamente homem, 100% homem". Foi justamente sobre "o Deus-homem, Jesus, [que] o Espírito veio [a fim de] prepará-lo para um ministério entre os homens, bem como identificá-lo como Aquele que batiza com Espírito Santo".[41]

É justamente sobre esse aspecto em particular que nossa *Teologia sistemático-carismática* vai se debruçar, não enveredando pelo caminho especulativo-filosófico, mas prático e experiencial. A esse tipo de estudo que aqui procedemos, seguindo nossa proposta, chamamos de "cristologia do Espírito", abordagem conhecida e encetada por alguns teólogos da tradição

---

40 HORTON, Stanley M. *O que a Bíblia diz sobre o Espírito Santo* (Rio de Janeiro: CPAD, 1993), p. 101.

41 Ibid., p. 101-2.

1272 | TEOLOGIA SISTEMÁTICO-CARISMÁTICA

cristã ocidental, mas ainda pouco conhecida e quase inexplorada nos círculos protestantes. Procede-se agora não ao movimento inverso do que mostramos no capítulo anterior — uma pneumatologia cristológica —, e sim à sua complementação, abordagem utilizada na "*tradição da igreja oriental, desde o tempo dos capadócios*", visto que ela "sempre enfatizou a mútua relação entre a cristologia pneumatológica, por um lado, e a pneumatologia cristológica do outro".[42] Portanto, a fim de corrigir o minimalismo pneumatológico reinante no protestantismo e, teologicamente falando, até por parte da tradição carismático-pentecostal, precisamos reconhecer que realmente nos falta uma "mútua relação objetivamente determinada entre a cristologia pneumatológica dos Sinópticos e a pneumatologia cristológica de Paulo e João", ou seja, tal relação "tem sido amplamente ignorada pelas tradições da igreja ocidental", mas, não apenas isso, é preciso também saber que os "inícios da cristologia do Espírito nos movimentos reformadores cristãos chegaram até mesmo a ser combatidos",[43] informa Jürgen Moltmann. Portanto, neste capítulo apresentamos uma modesta introdução à cristologia do Espírito.

UMA CRISTOLOGIA DO ESPÍRITO

A cristologia sempre esteve em pauta no cristianismo e foi inclusive o *start* do labor teológico quando heresias obrigaram os grandes apologistas e pais da igreja a buscarem respostas bíblicas aos desafios que surgiam para explicar Jesus e "seu Ser" ou sua dupla natureza: ele era mesmo Deus ou apenas um grande profeta? Possuiu um corpo material real ou foi um espírito com forma humana? Todas essas questões foram debatidas já nos primeiros séculos do cristianismo, e as respostas levaram ao desenvolvimento de grandes doutrinas como a da Trindade, da qual falaremos mais à frente.

O estudo de Cristo seguiu com certo equilíbrio até a chegada do Iluminismo e a explosão do cientificismo na Europa. Tal aspecto, inclusive, sinaliza para a verdade em que insistimos: não se faz teologia no vácuo. Portanto, antes que irrompesse o chamado "Século das Luzes o mundo cristão não via qualquer distância entre o Jesus que viveu na Galileia e morreu em Jerusalém e o Senhor glorioso testemunhado pelos primeiros crentes, apresentado nos

---

42 MOLTMANN. *O Espírito da vida*, p. 66 (grifo no original).
43 Ibid.

evangelhos e confessado pela fé das igrejas", diz o biblista Giuseppe Barbaglio, o qual completa explicando que tal era assim porque antes o "sobrenatural cobria igualmente as duas esferas, e o esplendor da glória do segundo irradiava sobre a existência terrena do primeiro".[44] Todavia, a partir desse período tudo mudou, e a teologia parecia não ter mais espaço no ambiente científico relevante. Ressurgiu, então, a discussão sobre a divindade de Cristo, e para alguns pesquisadores ficou claro que muito do que se falava sobre Jesus não passava de crendice popular, perpetuada pela Igreja Católica. Alguns teólogos protestantes se aventuraram a trazer uma nova perspectiva sobre Jesus, ou seja, uma visão que fosse independente de tudo o que a Igreja Católica tinha desenvolvido e, influenciados pelo forte historicismo[45] da época, chegaram à conclusão de que realmente houve um Jesus de Nazaré, mas que sua verdadeira história havia sido modificada pelos apóstolos e posteriormente pela Igreja Católica, ganhando "camadas dogmáticas".

Surgia, então, o que hoje chamamos de *old quest* da cristologia: a busca pelo Jesus histórico. James Dunn explica que ela começou "como reação ao Cristo do dogma cristão" católico e que seus proponentes pretendiam conhecer, com o auxílio do método histórico-crítico de interpretação, o "Jesus humano, o Jesus que realmente conheceu e viveu a realidade da existência cotidiana na Palestina do século I, o Jesus que viveu entre os pobres, que considerava amigas pessoas como Marta e Maria, que era conhecido como 'amigo dos cobradores de impostos e dos pecadores' (Mt 11:19)". Segundo Dunn, os estudiosos que pugnavam pela busca do Jesus histórico consideravam que "o Cristo do credo calcedoniano, 'perfeito em sua divindade e perfeito em

---

44 BARBAGLIO, Giuseppe. *Jesus, hebreu da Galileia: pesquisa histórica* (São Paulo: Paulinas, 2011), p. 18.

45 "Refere-se, em geral, à decisiva importância da História para a explicação dos fenômenos sociais; e refere-se, por outro lado, à tendência de conceber cada época histórica como singular, diferente de quaisquer outras e, portanto, não compreensível fora de si mesma, do seu tempo e do seu espaço." (MAIA, Rui Leandro. *Dicionário de sociologia* [Porto: Porto Editora, 2002], p. 193). Portanto, para os historicistas, tudo devia ser provado com base em evidências históricas concretas — encontradas em parceria com outras áreas como a arqueologia. Isso ignora, porém, o fato de que os registros que sobrevivem à história são sempre seletivos e de uma perspectiva dos "vencedores", ou seja, partem de uma perspectiva unilateral e, portanto, não podem ser lidos e estudados como um relato neutro e preciso daquela realidade, já que provavelmente existiam muitas outras perspectivas. Essa busca pela "precisão" e "neutralidade" — em seu sentido historicista — é, inclusive, uma das principais críticas feitas aos teólogos liberais que procuraram analisar os Evangelhos como textos puramente biográficos, tirando totalmente seu aspecto bíblico-teológico e até mesmo histórico-teológico, o que levou a descaracterizações do texto.

1274 | TEOLOGIA SISTEMÁTICO-CARISMÁTICA

sua humanidade, verdadeiro Deus e verdadeiro homem', era um ser humano demasiadamente irreal", ou seja, para eles, o "Pantocrátor, o soberano do mundo representado pela iconografia oriental, estava muito distante do homem que perambulou pelas margens do Mar da Galileia".[46]

Dunn afirma que tal tarefa era vista por seus proponentes "como algo equivalente à restauração de uma grande obra de arte: as camadas de dogma posteriores eram como as camadas de verniz e poeira que encobriam as pinceladas originais de um Michelangelo"; somente "removendo-se uma a uma as camadas do dogma é que poderia revelar-se o autêntico gênio original do próprio Jesus".[47] Esse exercício de "remoção de camadas" foi realizado de diversas formas. Alguns racionalistas como H. E. G. Paulus se dedicaram a desconstruir os milagres e provar que tudo não passou de fenômenos naturais; outros como D. F. Strauss afirmaram que tal explicação era demasiadamente superficial e que tais relatos sobrenaturais deviam ser entendidos como "mitos, isto é, revestimentos narrativos de ideias religiosas dos crentes da primeira hora que nesse modo expressaram sua fé em Jesus" e que, ao desprender a figura de Jesus dessas histórias, aí, sim, seria possível encontrar a verdade sobre ele, como fica evidente nas palavras de Strauss, citadas por Barbaglio: "eliminada a figura que o recobre, descobrimos sua verdadeira realidade de Messias que esperava de Deus a palingenesia".[48] Houve ainda a discussão "trabalhada pela escola de Tübingen e Holtzmann", que questionava qual fonte sobre a vida de Jesus era a mais fidedigna, isto é, "ou sinóptica ou joanina". Por fim, uma terceira vertente trouxe a escatologia para o centro do debate, afirmando que o "Nazareno não é um mestre de verdades religiosas e morais universais, mas um profeta interessado no próximo advento do Reino de Deus que colocará a palavra 'fim' a esta história e a este mundo".[49]

Barbaglio afirma que, apesar da boa intenção, no "intento de redescobrir, por meio de uma leitura crítico-histórica dos evangelhos", um Jesus que tivesse "um genuíno rosto humano de Messias político ou espiritual, mas sobretudo de gênio religioso, portador de uma religião racional substanciada de

---

46 DUNN, James D. G. *Jesus em nova perspectiva: o que os estudos sobre o Jesus histórico deixaram para trás* (São Paulo: Paulus, 2013), p. 20.

47 Ibid., p. 22.

48 BARBAGLIO. *Jesus, hebreu da Galileia*, p. 20.

49 Ibid., p. 21.

perspectivas éticas universais e aceitável pelas gerações modernas", essas vertentes acabaram "por criar várias figuras de Jesus à imagem e semelhança dos historiadores e segundo a índole do *esprit du temps*, vestindo-os com hábitos modernos e desancorando-os da cultura religiosa de seu tempo".[50] Essa crítica foi feita já no início do século 20, quando se iniciou a chamada *no quest*, que tinha total falta de interesse pela compreensão da vida terrena de Jesus: "Dominada pela figura imponente de Bultmann, seguem três décadas (1920-1950) de firme distanciamento na convicção, impregnada de forte ceticismo histórico e inspirada por exigências especificamente teológicas", nas quais "a atenção", diz o mesmo autor, deveria "voltar-se não ao Jesus terreno, pouco conhecido, de qualquer forma não significativo para a fé cristã, mas ao Cristo pregado e crido, fonte de preciosa compreensão existencial".[51] Bultmann cria que "do Jesus terreno o anúncio evangélico pressupõe somente o fato (*Dass*) de sua crucificação, não o conteúdo (*Was*) de sua existência histórica", isto é, "o que ele disse, o que ele fez, e, sobretudo, com qual intenção enfrentou a morte",[52] por isso os teólogos não deveriam perder tanto tempo se dedicando a tais questionamentos.

Apesar de terem ocorrido no seio da teologia liberal, tais vertentes e formas de pesquisa influenciaram a discussão moderna da cristologia como um todo, inclusive dentro do meio ortodoxo, fazendo que o pêndulo da pesquisa sobre Jesus sempre varie entre histórica ou teológica, ou, como prefere o teólogo pentecostal David R. Nichols, "funcional *versus* ontológica":

> Uma cristologia que primariamente define Jesus por aquilo que Ele fez é funcional. E é ontológica a que primariamente define Jesus por quem Ele é. Tradicionalmente, as duas abordagens alinham-se a dois tipos de teologia. A cristologia funcional tem sido proposta, em grande medida, por teólogos e exegetas bíblicos, e a ontológica, pelos teólogos sistemáticos. A cristologia funcional ressalta a ação de Jesus na Terra, como homem, e tende a enfatizar sua humanidade, às custas de sua divindade. A cristologia ontológica ressalta a existência eterna de Deus Filho, e tende a enfatizar sua divindade, às custas da sua humanidade.[53]

---

50 Ibid., p. 23.

51 Ibid., p. 17.

52 Ibid., p. 25.

53 NICHOLS. "O Senhor Jesus Cristo", in: HORTON, Stanley M. (ed.). *Teologia sistemática*, p. 304.

1276 | TEOLOGIA SISTEMÁTICO-CARISMÁTICA

Nichols ressalta que essas são "tendências, não posições absolutas", ou seja, traçar uma linha muito rígida entre os dois polos não é bom, como fazem alguns teólogos que, apesar de críticos a Bultmann, aproximam-se muito dele ao fazer uma cristologia na qual, diz Lucien Cerfaux, "tudo o que precede a ressurreição é apenas colocação de um estado de humanidade, inserção na realidade humana e na história, com um matiz pejorativo",[54] ignorando totalmente as obras terrenas de Cristo, seus ensinamentos e também o contexto histórico, por acreditarem que isso os aproximará da teologia liberal. Nem mesmo os seguidores de Bultmann mantiveram esse pensamento. Já na década de 1950, dois de seus alunos — Ernst Käsemann e Günther Bornkamm — defenderam que "a pesquisa histórica de Jesus não somente é *possível* — certamente não no sentido de uma reconstrução de sua vida, miragem quimérica do século 19, mas sim nos limites da delineação de alguns aspectos característicos e qualificantes —", isto é, ela não pode ser feita de maneira pretensamente historicista. Contudo, a pesquisa não é só possível, "mas também *teologicamente necessária*, porque o Cristo ressuscitado, confessado pelos crentes, não é outro senão o Jesus terreno, e que insistir unilateralmente sobre aquele é arriscar-se a aferrar uma Palavra desencarnada, um Logos sem carne",[55] lançando assim o que chamamos de *new quest* da cristologia.[56]

---

54   CERFAUX, Lucien. *Cristo na teologia de Paulo*, 2. ed. (São Paulo: Teológica, 2003), p. 219.

55   BARBAGLIO. *Jesus, hebreu da Galileia*, p. 17 (grifo no original).

56   Hoje fala-se de uma *third quest*, que Barbaglio define como uma vertente de pesquisa "dominada sobretudo por estudiosos norte-americanos, mais otimistas sobre a possibilidade de conhecer não somente algumas características do Nazareno, mas também de encontrar-lhe um contexto histórico-social apropriado, aquele do tempo judaico, tirando-o do isolamento artificial no qual tinha sido aprisionado pelos estudos precedentes" (BARBAGLIO. *Jesus, hebreu da Galileia,* p. 17-8); e de uma *quarta busca*, que defende a valorização do Evangelho de João, que por muito tempo foi deixado de lado para dar preferência aos Sinópticos. Paul Anderson é um defensor dessa ideia. Ele explica: "Depois de um século e meio de exclusão programática, feita por estudiosos críticos, do Evangelho de João no tocante à pesquisa por Jesus, a "desistorização" de João e a "desjoanificação" de Jesus não podem mais ser vistas como criticamente sustentáveis. Os Sinópticos são tão teologicamente orientados quanto João; João contém uma grande quantidade de material mundano e histórico congruente não encontrado nos Sinópticos; e João e Marcos refletem claramente duas perspectivas independentes sobre o ministério de Jesus que podem dar informações uma à outra se comparadas. Portanto, até certo ponto, a disputa é entre as perspectivas marcana e joanina sobre Jesus, embora o material distintivo em Mateus e Lucas também corrobore em geral a apresentação de Marcos. No entanto, se todos os recursos valiosos devem ser incluídos na pesquisa sobre Jesus do século 21, o Evangelho de João não pode mais ser ignorado em buscas criticamente úteis" (ANDERSON, Paul N. "O Projeto João, Jesus e História e a Quarta Busca por Jesus", in: BOCK, Darrell L.; KOMOSZEWSKI, J. Ed (eds.). *O Jesus histórico: critérios e contextos no estudo das origens cristãs* [Rio de Janeiro: Thomas Nelson Brasil, 2020], p. 281-2). Para

CAPÍTULO 5 – Cristologia | 1277

Essa variação no pêndulo da pesquisa sobre Jesus não foi a única herança que o racionalismo deixou para a cristologia. Houve, mesmo dentro dos meios que se propuseram a seguir a ortodoxia cristã, entendendo que o Jesus que se prega é o mesmo que nasceu em Nazaré, uma tendência a ver sua história com certa distância. Numa lógica quase utilitarista, o que se entende é que, apesar de Jesus ter feito alguns milagres e até mesmo enviado o Espírito Santo para capacitar os apóstolos após ascender aos céus, isso tudo cessou quando o último apóstolo morreu, pois a verdadeira "utilidade" de sua vinda foi a morte na cruz, que, para muitos que seguem essa lógica, nem sequer alcança todos os seres humanos, mas apenas uns poucos predestinados. Falaremos sobre essa perspectiva no oitavo capítulo, quando tratarmos de soteriologia. Esse tipo de cristologia encara os Evangelhos como simples relatos biográficos que nos informam sobre o passado, mas trazem poucas soluções práticas para o cotidiano da igreja e não servem como fundamentos bíblicos para a elaboração teológica e, muito menos, para a construção doutrinária. Apesar de soar chocante, essa visão não é incomum. Aliás, não é difícil encontrar pessoas que afirmam preferir as cartas de Paulo aos Evangelhos, pois estas, sim, trazem orientações diretas para a igreja, criando o que os teólogos chamam de "cânon dentro do cânon".

Nosso objetivo ao apresentar esse panorama histórico da pesquisa sobre Jesus é mostrar que a base racionalista de pensamento nos leva a olhar para o Filho de Deus com distanciamento, seja despindo-o totalmente de sua divindade (viés liberal), seja limitando-o à figura de bode expiatório (viés conservador-cessacionista). Esse tipo de cristologia não pode ser reproduzida em uma teologia sistemático-carismática, isso porque, como já afirmamos diversas vezes nos capítulos anteriores, o cristão carismático tira lições de toda a Bíblia e leva a sério a perspectiva de que ela foi inteiramente inspirada pelo Espírito. Portanto, quando olhamos para os Evangelhos, não vemos apenas relatos impessoais sobre coisas que ocorreram no passado, mas entendemos haver uma continuidade entre o que lá se iniciou e que hoje continua presente em nosso cotidiano. E, é importante que se ressalte, isso só é possível porque nossa prática não parte de uma base racionalista; antes, baseia-se na verdade de que podemos vivenciar e vivenciamos as mesmas experiências das personagens bíblicas.

---

mais informações sobre as diversas vertentes do estudo sobre Jesus, recomendamos os dois livros citados nesta nota e também a obra seminal de SCHWEITZER, Albert. *A busca do Jesus histórico* (São Paulo: Novo Século, 2003).

1278 | TEOLOGIA SISTEMÁTICO-CARISMÁTICA

Antes de prosseguirmos, precisamos fazer um adendo, para que não pareça que pretendemos demonizar o racionalismo, ao dizer que antes dele não existiam erros e falhas na doutrina de Cristo. Ao falar sobre a ascensão da teologia liberal, Emil Brunner afirma que o "erro não está todo do lado dos críticos racionalistas, que esqueceram o Cristo histórico no Jesus da História, mas igualmente do lado da Igreja, que nunca levou totalmente a sério a verdadeira Humanidade do Cristo, porque acreditava que para fazê-lo perderia ou obscureceria a verdade da divindade de Cristo".[57] Em termos diretos, embora o racionalismo tenha conduzido a cristologia a vários erros, precisamos ser honestos e admitir que a culpa também recai sobre os ombros da teologia católica, que desenvolveu por séculos uma cristologia que, em muitos pontos, foi deficitária, principalmente em seu aspecto carismático. O teólogo Juan Antonio Estrada explica:

> Existe um paradoxo na teologia católica em relação ao Espírito, o Deus esquecido. Por um lado, a teologia insistiu na morte e ressurreição de Cristo, como núcleo do cristianismo, com o perigo de deixar em segundo plano a vida de Jesus. Ou seja, coloca-se a origem na ressurreição, e inclusive falou-se dela como uma prolongação da encarnação do Verbo. Tende-se a realçar a divindade de Cristo como aquilo que legitima a Igreja. Mas, por outro, ressaltou-se a fundação da Igreja por Jesus e pretendeu-se derivar de sua vida a estrutura ministerial e sacramental da Igreja. Esta afirmação é feita às custas do Espírito, que é aquele que transforma a comunidade em igreja e que a abre aos pagãos. No primeiro caso, dilui-se a referência a Jesus e à sua história, para centrar-se nas reflexões e especulações cristãs sobre a ressurreição; no segundo, marginaliza-se a ação do Ressuscitado mediante o Espírito, para pôr tudo num Jesus origem da Igreja e de todas as suas estruturas e dimensões. Por um lado, reconhece-se que a Igreja surge de um processo trinitário, guiado pelo Espírito. Por outro, existe um medo da criatividade carismática e ministerial da comunidade e se procura assegurar suas estruturas mediante os apóstolos e estes se referem ao que Jesus disse e fez. Existe um medo de afirmar que todas as estruturas eclesiais, os ministérios e os sacramentos, são uma criação histórica da Igreja, inspirada pelo Espírito.[58]

---

57 BRUNNER, Emil. *Doutrina cristã da igreja: dogmática*, vol. 2: Doutrina cristã da criação e redenção (São Paulo: Fonte Editorial, 2006), p. 338.

58 ESTRADA, Juan Antonio. *Da salvação a um projeto de sentido: como entender a vida de Jesus* (Petrópolis: Vozes, 2016), p. 70.

CAPÍTULO 5 – Cristologia | 1279

Como já dissemos no capítulo anterior, tal "cancelamento" do Espírito Santo no processo de desenvolvimento da fé cristã e, consequentemente, de sua estrutura eclesiástica, que, por sua vez, baseavam-se em produções teológicas, foi proposital e programático, pois seu caráter indomável e sua atuação imprevisível, inclusive sobre os leigos, sempre foram uma ameaça às sistematizações e estruturas cujas lógicas hierárquicas nada têm de bíblicas. No caso de seguir tal caminho escolhido pelo catolicismo romano, rompe-se, inclusive, com o modelo evangelístico paulino, pois o apóstolo dos gentios, conforme já falamos no primeiro capítulo desta nossa obra, disse que, quando esteve entre os coríntios, não se propôs a proferir um discurso eloquente (caprichando na forma) nem a ostentar um conteúdo filosófico e grandiloquente (dando um *show* de conteúdo); antes, os fez cientes de que estava entre eles de forma demasiado humana, ou seja, em fraqueza e grande temor, pregando apenas Jesus, e este em sua apresentação mais ignominiosa, ou seja, crucificado (1Coríntios 2:1-2). Por isso, Estrada diz:

> Este duplo procedimento está a serviço de uma má eclesiologia, porque se caiu numa "jesuologia" que vai além de sua morte e numa cristologia sem espírito. Levou a uma concepção da Igreja na qual o Espírito Santo desempenha um papel marginal ou é represado dentro das estruturas cristológicas. Tem-se receio da criatividade carismática e de assumir o protagonismo do Espírito. Por isso, limita-se o papel criativo deste, que é um papel central no livro de Atos, e procura-se subordiná-lo a algumas estruturas sacramentais e ministeriais que derivariam de Jesus, através dos apóstolos. A afirmação do quarto evangelho de que os discípulos farão coisas maiores do que as de Jesus quando receberem o Espírito (Jo 14:12-18) fica bloqueada pelo medo da livre inspiração deste. Tradicionalmente, o catolicismo tendeu a desvalorizar Jesus para pôr o peso no Cristo ressuscitado. Por outro lado, no que concerne às estruturas eclesiais, desconfia-se do Cristo glorificado, que dá o Espírito à Igreja, e se procura fundar a Igreja e suas estruturas em Jesus. E isto apesar de que nos evangelhos é Jesus sozinho que tem o Espírito e remete à ressurreição para que os discípulos o recebam.[59]

Nesse caso, usa-se a cristologia como desculpa para se fazer uma espécie de interdição do Espírito, intentando obstruir ou, no mínimo, obscurecer sua

---

59   Ibid., p. 70-1.

atividade livre e espontânea que, como sabemos, nada pode barrar e impedir. Por mais que já tenha sido dito no capítulo anterior, é oportuno que seja aqui novamente destacado e devidamente relacionado à cristologia, pois sabemos que tal subordinacionismo não existe e é antibíblico, não contribuindo em nada para o desenvolvimento sadio da *koinonia* entre a comunidade de fé, assunto ao qual retornaremos mais à frente e também no nono capítulo, quando tratarmos de eclesiologia. No momento, é imprescindível observar que tal "cristologia" nada tem de bíblica; antes, é inclinadamente tendenciosa para a sempre renovada tentativa de se manter privilégios reservados a alguns com a manutenção da ideia de um clero e um laicato, quando o texto bíblico destinou o Espírito a todos os discípulos e membros do corpo de Cristo. Portanto, na opinião do mesmo teólogo:

> O pouco peso da espiritualidade, da dinâmica carismática e do profetismo na Igreja católica, sobretudo no segundo milênio, deve-se a uma cristologia deficiente e ao fato de o Espírito Santo ter-se transformado no marginalizado do catolicismo. Estas carências redundaram num empobrecimento da representação de Deus, mais próxima ao monoteísmo judaico do que à renovação trinitária, e prejudicaram a imagem de Jesus, de Cristo, da Igreja e do homem.[60]

O que o autor está falando refere-se ao catolicismo romano, mas o que podemos dizer da tradição cristã protestante? Qual liberdade é dada ao Espírito representada na manifestação do trabalho leigo, ou seja, da membresia empoderada pelo Espírito Santo? Vemos, então, dois pontos principais que marcaram a cristologia ao longo dos séculos: 1) o foco exclusivamente em sua obra salvífica como meio para fortalecer e legitimar a Igreja Católica politicamente, garantindo que ela continuasse sendo vista como uma verdadeira "prolongação da encarnação do Verbo"; 2) a marginalização teórica e, consequentemente, prática do Espírito Santo no fazer teológico, produzindo uma "cristologia sem espírito", ou seja, demasiadamente racionalista. Embora os racionalistas — tanto críticos quanto ortodoxos — quisessem desprender-se da teologia católica, acabaram por desenvolver cristologias que reproduzem os mesmos equívocos que ela, principalmente no que diz respeito ao lugar da terceira pessoa da Trindade, conforme já dissemos no capítulo anterior.

---

60 Ibid., p. 71.

CAPÍTULO 5 – Cristologia | 1281

Após entender isso, não é difícil concluir que nós, carismáticos e pentecostais, não podemos reproduzir nenhuma dessas cristologias, não apenas por uma questão teórica, ou seja, doutrinária, mas principalmente prática. Por isso, em nossa *Teologia sistemático-carismática* desenvolveremos o que Roger Haight chama de "cristologia do Espírito".

Essa expressão é utilizada por Haight para referir-se à representação de Cristo encontrada principalmente na obra de Lucas-Atos, que ressalta como a vida e o ministério de Jesus são constantemente impulsionados pela ação direta do Espírito Santo, que assume no texto o mesmo significado que na tradição judaica, de "'presença ativa, criativa ou profética de Deus a seu mundo e seu povo'". Apesar de importante, é bom que se observe, o texto de Lucas não é o único representante dessa perspectiva, pois também "Paulo e João contêm linguagens desenvolvidas, matizadas e complexas do Espírito com relação a Jesus, durante sua vida e como ressuscitado".[61] Sendo assim, essa abordagem torna-se totalmente legítima e bíblica, além de necessária para uma teologia que se propõe a colocar o fenômeno experiencial carismático como fio condutor de toda a sua lógica. Haight reconhece que uma cristologia do Espírito "é complexa, porque vai além dos títulos de Jesus e da visão que Lucas tem da obra salvífica de Jesus".[62] Esse autor explica que

> uma avaliação dessa cristologia para a compreensão atual deve começar por observar de que maneira ela permanece intimamente relacionada com a trajetória da pessoa histórica de Jesus. A cristologia do Espírito é uma cristologia narrativa; o foco continua incidindo em Jesus de Nazaré e em seu ministério do reino de Deus. Principia com sua concepção sob a égide da presença criadora de Deus como Espírito, de sorte que Jesus é concebido e nascido como Filho de Deus. Essa cristologia acompanha o desenrolar do ministério de Jesus desde sua inauguração no Espírito até seu final na exaltação. E a narrativa prossegue na história da Igreja, na qual Jesus Cristo exaltado é agora o Senhor da era do Espírito. Trata-se de uma cristologia que se desdobra em dois estágios: começa com o nascimento de Jesus na terra e termina com o reino exaltado de Jesus.[63]

---

61 HAIGHT. *Jesus, símbolo de Deus*, p. 197.
62 Ibid., p. 198.
63 Ibid., p. 200.

Pode parecer, à primeira vista, que ela é então puramente funcional, ou seja, "uma cristologia que primariamente define Jesus por aquilo que Ele fez", mas, ao focar no Espírito, conseguimos transitar entre o funcional e o ontológico. Como mencionamos anteriormente, o teólogo pentecostal David R. Nichols explica que "a cristologia funcional ressalta a ação de Jesus na Terra, como homem, e tende a enfatizar sua humanidade, às custas de sua divindade", enquanto "a cristologia ontológica ressalta a existência eterna de Deus Filho, e tende a enfatizar sua divindade, às custas de sua humanidade".[64] Uma cristologia carismática se vê livre para unir esses dois polos, pois a presença do Espírito em Cristo aponta para sua divindade, ao mesmo tempo que potencializa sua humanidade, que serve de exemplo para nós. Sendo assim, é importante entender que, apesar de a cristologia, a soteriologia e a antropologia serem tratadas separadamente neste livro por questões didáticas, a cristologia, ou mais especificamente a figura de Jesus, é central em todas elas.

Apesar da definição teórica de cristologia do Espírito, é importante ressaltar que não estamos inventando um termo ou uma ideia, mas apenas buscando registrar o que já está presente na prática carismático-pentecostal: não vemos Jesus como um bode expiatório que desceu dos céus para satisfazer seu Pai e, então, voltou para o seu lugar inicial. Não enxergamos suas parábolas, ensinamentos e exortações como simples discursos eloquentes que serviram a um momento específico e também não entendemos os sinais, milagres e maravilhas realizadas por ele como ocorrências passadas que serviram apenas para popularizar uma crença e, posteriormente, uma religião. Mesmo porque tais realizações tinham uma dupla finalidade, que era socorrer o necessitado e demonstrar a inserção e a chegada do reino de Deus (Lucas 7:21-22). Uma vez que o Reino ainda não se completou e ele incumbiu seus discípulos a continuar anunciando tal evangelho, entendemos essa realidade como viva e atual. Cremos que damos continuidade, no presente, ao trabalho que Cristo iniciou naquela época: pregamos a chegada do Reino e, por meio da continuidade da ação do Espírito Santo na igreja, mantemos viva a chama da esperança de sua plenitude, sendo canais para a realização dos milagres, em nome de Jesus, e no poder do Espírito (Marcos 16:15-20). É exatamente essa realidade que leva autores pentecostais como Paul Pomerville a afirmarem que "o movimento pentecostal pode ser considerado uma manifestação do Reino de Deus, pois

---

64 Nichols. "O Senhor Jesus Cristo", in: Horton, Stanley M. (ed.). *Teologia sistemática*, p. 304.

testemunha a dinâmica e redentora atividade de Deus — o evangelho — na contemporaneidade".[65]

Adicionamos o grifo para destacar que nós *testemunhamos*, o que vai muito além de simplesmente *pregar* ou *declarar* que uma realidade existe. Ou seja, nós, os carismático-pentecostais, não cremos no relato dos Evangelhos por alguém nos convencer teoricamente de que houve um homem chamado Jesus, mas cremos porque o mesmo que aconteceu naqueles tempos ocorre hoje. Assim como o povo que andou junto ao Mestre viu milagres e maravilhas, nós também os encontramos em nossa realidade. O revestimento espiritual que veio sobre os discípulos continua a vir sobre milhões de crentes. Acreditamos que aqueles relatos foram uma realidade e que ainda os vivemos hoje. Isso faz que seja impossível olhar para os Evangelhos, e Atos, como simples biografias ou narrativas históricas de figuras famosas do passado. Para nós, tais textos estão vivos e presentes, conforme diz o teólogo pentecostal Robert Menzies, ao falar da "hermenêutica" ou forma típica de ler dos pentecostais:

> A hermenêutica do crente pentecostal típico é direta e simples: as histórias em Atos são *minhas* histórias — histórias que foram escritas para servir de modelo para moldar a minha vida e experiência. Isso não quer dizer que os pentecostais não exercem discernimento ou julgamento. Afinal, nem todas as histórias estão cheias de façanhas de heróis. Há vilões, e nem todos os aspectos da história devem ser imitados.[66] Entretanto, permanece o fato de que os pentecostais prontamente aceitaram (os detratores diriam acriticamente) as histórias de Atos como *nossas* histórias, histórias que moldam a nossa identidade, ideais e ações.[67]

Esse aspecto de aplicabilidade e leitura quase literal da Bíblia exige um desenvolvimento um pouco mais narrativo dos assuntos, e é exatamente isso que

---

65 POMERVILLE, Paul A. *A força pentecostal em missões: entendendo a contribuição dos pentecostais na teologia missionária contemporânea* (Rio de Janeiro: CPAD, 2020), p. 107 (grifo nosso).

66 "No Novo Testamento é bastante evidente que o leitor virtual do Evangelho de Marcos não é chamado a identificar-se em tudo com os discípulos, especialmente quando esses últimos demonstram-se incapazes de compreender a mensagem de seu mestre" (SKA, Jean-Louis. "Sincronia: a análise narrativa", in: SIMIAN-YOFRE, Horácio [org.]. *Metodologia do Antigo Testamento* [São Paulo: Loyola, 2000], p. 144).

67 MENZIES, Robert P. *Pentecostes: essa história é a nossa história* (Rio de Janeiro: CPAD, 2016), p. 22.

tentaremos fazer por meio de uma cristologia do Espírito que será desenvolvida "de baixo" para "cima". É importante informar que essa "distinção entre cristologia de baixo e cristologia de cima refere-se a diferentes pontos de partida e métodos de argumentação" e "não deve ser confundida com a distinção entre alta cristologia, que afirma a divindade de Cristo, e baixa cristologia, que não chega a tal afirmação".[68] Ou seja, quando falamos de cristologia "de baixo", estamos simplesmente nos referindo a uma escolha metodológica de iniciar o estudo de Jesus com base em sua obra terrena para só depois tratarmos de seus atributos divinos e, posteriormente, de sua obra salvífica, que será tratada apenas no sétimo capítulo. Ao desenvolver o estudo de Cristo dessa forma, cremos no que explica Roger Haight ao fazer uma última definição sobre a cristologia do Espírito:

> A vida cristã que se abre com essa cristologia é mais bem caracterizada como discipulado. O centro da atenção é Jesus de Nazaré, sua vida ativa, animada por Deus como Espírito, direcionada para a meta do reino de Deus. Essa cristologia narrativa é facilmente convertida na espiritualidade de uma imitação de Cristo. O discipulado compromete a liberdade humana; o reino de Deus fornece um propósito; a experiência da graça fortalece e encoraja; a ressurreição oferece esperança para o curso da existência humana. Finalmente, por tratar-se de uma cristologia em dois estágios, existe um paralelismo entre a vida de Jesus e a vida dos demais seres humanos, de modo que Jesus é passível de imitação.[69]

Na perspectiva do teólogo pentecostal Roger Stronstad, quem melhor apresenta esse modelo cristológico entre os documentos neotestamentários é o Evangelho de Lucas. "Dentre os evangelistas sinóticos, Lucas tem a cristologia desenvolvida de forma mais completa, já que se trata de uma cristologia do Antigo Testamento, encarnacional e a mais completamente trinitária."[70] Essas são as três características que Stronstad destaca da cristologia lucana, e, apesar de a primeira delas ser comum entre os três Evangelistas, "Lucas apresenta Jesus de Nazaré a seus leitores utilizando a linguagem e os temas do Antigo Testamento". Tal "impressão é tão válida para Atos quanto para o

---

68 GALVIN. "Jesus Cristo", in: FIORENZA, Francis S.; GALVIN, John P. *Teologia sistemática*, p. 332.
69 HAIGHT. *Jesus, símbolo de Deus*, p. 202.
70 STRONSTAD, Roger. *Hermenêutica pentecostal: Espírito, Escritura e teologia* (Natal: Carisma, 2020), p. 207.

Evangelho", pois vai da "narrativa de infância (Lc 1.5ss), que abre o Evangelho, até o relato conclusivo sobre Paulo testificando aos judeus em Roma, procurando 'persuadi-los acerca de Jesus, tanto pela lei de Moisés como pelos profetas' (At 28.23)". Por isso, vemos que "Jesus herdará o trono de Davi, seu pai (Lc 1.32); ele nasceu em Belém, a cidade de Davi (2.5); e ele é uma luz para os gentios (2.32)", sendo, além de tudo, "servo (At 3.13), o Santo e Justo (3.14), e a pedra que os edificadores rejeitaram (4.11)", somando-se a este "cenário geral e sempre presente do Antigo Testamento na cristologia lucana", diz Stronstad. Este ainda afirma que a referida cristologia "também recorre, de forma mais específica, às referências proféticas".[71] Daí por que recorrentemente encontramos a expressão "está escrito" em Lucas-Atos.

Além desse aspecto de caráter veterotestamentário, a cristologia lucana é também "encarnacional". Ainda que tal característica seja, de alguma forma, partilhada por Mateus, por causa de sua narrativa da infância, tal aspecto da cristologia lucana revela que ela "também é ontológica: o menino Jesus, filho de Maria, será 'o filho do Altíssimo' e 'filho de Deus'",[72] conforme anúncio do anjo Gabriel a Maria (Lucas 1:35). À parte da discussão a respeito da auto-consciência de nosso Senhor Jesus Cristo, Lucas informa que Jesus mostra-se muito cedo estar consciente dessa verdade (Lucas 2:49). Todavia, ao mesmo tempo, tal saber indica que, mesmo ciente desse fato, somente aos 30 anos é que ele, após o batismo e a capacitação carismática, manifesta-se publicamente como tal e inicia seu ministério terreno (Lucas 3:21-23). Stronstad diz que "Jesus é Filho de Deus mediante o milagre e o mistério sagrado da encarnação" e que "Lucas destaca essa cristologia ontológica e encarnacional na conclusão da genealogia de Jesus: 'Sete, [filho] de Adão, e Adão [filho] de Deus' (Lc 3.38)". Dessa forma, em termos diretos, "assim como Adão foi criado por Deus de forma especial, Jesus, o segundo Adão, também teve uma criação especial da parte de Deus".[73] Finalmente, Stronstad apresenta a terceira característica da cristologia lucana que destaca sua peculiaridade e importância para uma cristologia do Espírito:

> O Evangelho de Lucas se constitui de cristologia, mas de uma cristo-
> logia que tem um caráter trinitário mais robusto do que Mateus ou

---

71 Ibid., p. 208.
72 Ibid., p. 210.
73 Ibid.

1286 | TEOLOGIA SISTEMÁTICO-CARISMÁTICA

Marcos. A cristologia de Lucas tanto é teológica (relacionada com Deus-Pai) quanto pneumatológica (relacionada com Deus-Espírito Santo). Boa parte dos mesmos textos que contam sobre a dimensão encarnacional da cristologia lucana também codifica a teologia, a pneumatologia ou ambas dimensões complementares de sua cristologia trinitária. Por um lado, a linguagem de "filiação" de Lucas ("Filho do Altíssimo", "Filho de Deus", "Tu és o meu Filho amado") pressupõe a paternidade de Deus em relação a Jesus de maneira bem diferente da paternidade de Deus expressa na criação (Mt 5.45), em relação a Israel na eleição (Êx 4.22) ou em relação ao rei davídico por adoção (Lc 2.49; Sl 2.7). Já que Jesus é o Filho de Deus, ele o chama de Pai quando criança, aos 12 anos (Lc 2.49), no Getsêmani (Lc 22.42), na morte (Lc 23.46) e na ressurreição (At 1.4,7); uma declaração que seria blasfema na boca de outra pessoa.[74]

Conforme o autor acabou de evidenciar, a "cristologia lucana não possui somente um destaque teológico, mas também um destaque pneumatológico que carrega um caráter inesperado e surpreendente em comparação com a pneumatologia de Mateus e Marcos", ou seja, o "relacionamento entre Jesus e o Espírito Santo, exclusivo de Lucas-Atos, faz de Lucas o historiador-teólogo do Espírito Santo e de Jesus, o Cristo carismático", algo que pode ser visto no fato de que "Lucas, e somente ele, relata que a descida do Espírito Santo indica que Jesus foi ungido pelo Espírito Santo (Lc 4.18ss; cf. Is 61.1; At 4.27; 10.38)". É justamente tal "unção pelo Espírito Santo que constitui Jesus como Messias ou Cristo, o Cristo pneumático ou carismático de fato".[75] Apenas Lucas apresenta particularidades essencialmente pneumatológicas/carismáticas relacionadas à cristologia. Jesus Cristo de Nazaré retorna do Jordão cheio do Espírito Santo, sendo conduzido também pelo Espírito ao deserto (Lucas 4:1). Igualmente a terceira pessoa da Trindade o conduz, pela sua virtude, de volta para a Galileia (Lucas 4:14). Além disso, Jesus comparece à sinagoga e lá, após ler o profeta Isaías, aplica a si mesmo a mensagem, fazendo uma *pesher* (Lucas 4:16-21), ao dizer que o Espírito do Senhor estava sobre ele. Justamente por isso, podia anunciar a chegada do reino de Deus, e a consequência absolutamente inovadora dessa realidade era o alegre anúncio da mensagem divina aos pobres, a cura dos quebrantados de espírito, o

---

74 Ibid., p. 211.
75 Ibid., p. 211-2.

apregoamento da liberdade aos cativos, a cura divina ao dar vista aos cegos, a liberdade dos oprimidos pelo Diabo e a decretação do ano aceitável do Senhor. Lucas também mostra que, após cumprir sua missão, Jesus foi "exaltado pela destra de Deus, e tendo recebido do Pai a promessa, derramou isto que vós agora vedes e ouvis" (Atos 2:33). Roger Stronstad comenta:

> Essas informações exclusivamente lucanas sobre o relacionamento entre Jesus e o Espírito Santo, que surgem no início e no final do seu ministério terreno, acabam emoldurando todo o ministério. Ao emoldurar o ministério de Jesus com essas referências ao Espírito Santo, Lucas informa o leitor que Jesus ministra, do início ao fim, de modo carismático: Ele é cheio do Espírito Santo e é capacitado pelo mesmo Espírito. Lucas inclui vários relatos incidentais para lembrar os leitores que Jesus é o Cristo carismático na prática, a fim de que não se esqueçam desse fato óbvio. Por exemplo, quando os setenta discípulos voltam de sua missão e dão um relatório do seu sucesso, Lucas relata: "Naquela mesma hora, se alegrou Jesus no Espírito Santo" (Lc 10.21). Além disso, quando Lucas faz sua introdução ao segundo livro de sua história da origem e expansão do cristianismo, ele relembra Teófilo "acerca de tudo que Jesus começou, não só a fazer, mas a ensinar, até o dia em que foi recebido no alto, depois de ter dado mandamentos, pelo Espírito Santo, aos apóstolos que escolhera" (At 1.1-2). Por fim, Lucas relata o testemunho de Pedro, para Cornélio e sua casa: "vós bem sabeis [...] como Deus ungiu a Jesus de Nazaré com o Espírito Santo e com virtude; o qual andou fazendo o bem e curando a todos os oprimidos do diabo, porque Deus era com ele" (At 10.37-38). Partindo das informações de Lucas, o leitor descobre, quase que incidentalmente, que Jesus se alegrou no Espírito Santo, deu ordens aos apóstolos, por meio do Espírito Santo, que não ficaram registradas e, em termos gerais, andou por toda parte fazendo o bem no poder do Espírito Santo. Logo, somente Lucas, e nenhum outro evangelista, nos leva a concluir que todo o ministério de Jesus, tudo o que ele disse e fez, foi dirigido, inspirado e capacitado pelo Espírito Santo.[76]

Dessa maneira, vemos ainda que, somado ao fato de que "a pneumatologia lucana consiste em um aspecto dominante de sua cristologia", a cristologia

---

76 Ibid., p. 212-3.

de Lucas não é só encarnacional e trinitária, mas "também é vocacional ou funcional", pois "Jesus, o Filho de Deus, tinha uma missão a cumprir".[77] Por isso, Lucas apresenta nosso Senhor Jesus Cristo como 1) rabi ou mestre (Lucas 4:15,31; 5:3,17; 6:6), 2) profeta, particularmente nos termos e moldes dos profetas carismáticos Elias e Eliseu (Lucas 7:16,39; 9:7-9,19; 24:19), 3) Messias ou Cristo (Lucas 4:18; 9:20) e 4) Rei dos judeus (Lucas 19:38; 23:2-3,37-39). Mas, como informa o teólogo pentecostal canadense, ao passo que "Jesus vai assumindo cada papel sucessivamente, ele avança para um estágio novo da revelação de si mesmo e de sua entrega por Israel". Por isso, depois de "transmitir o retrato das quatro funções da autorrevelação de Jesus, Lucas também possui um destaque cristológico vocacional diferenciado", ou seja, "apesar de Jesus ser identificado como profeta em todos os quatro Evangelhos (Mt 21.11; Mc 6.15; Lc 7.16; Jo 6.14), Lucas desenvolve o retrato de Jesus como profeta da forma mais completa".[78] Apesar de teólogos apontarem que Lucas não apresenta qualquer vestígio da doutrina da expiação, Roger Stronstad diz que, "aliado ao retrato singular de Jesus como profeta, Lucas também retrata Jesus como Salvador, um retrato que não se encontra, ou se encontra de forma incipiente, no mínimo, nos outros Evangelhos".[79] Evidentemente que o conceito de salvação, ou o verbo "salvar" (*sozo*), é encontrado em todos os Evangelhos. Todavia, tirando "duas exceções (Jo 4.22,42), os substantivos 'salvador, libertador e preservador' (*soter*), 'libertação, preservação, salvação' (*soteria*) e os adjetivos 'salvador, libertador, preservador' e a expressão 'que traz salvação' (*soterios*) só são usados por Lucas entre os escritores dos Evangelhos". Ou seja, conforme a utilização "que Lucas faz dessas palavras referentes a salvador, salvação ou livramento, Deus é o nosso Salvador (Lc 1.47) e é a fonte da salvação (Lc 1.69; 2.30; 3.6; At 28.28), uma salvação que é mediada pelos ministérios sucessivos de Jesus (Lc 19.10) e de seus discípulos (At 13.26,47; 16.17)".[80] Mas não apenas Deus salva; Jesus, como Filho de Deus também o faz (Lucas 2:11; Atos 5:31). A peculiaridade da terminologia lucana, conforme já explicamos no capítulo anterior, é sua procedência da LXX:

---

77 Ibid., p. 214.

78 Ibid., p. 214-5.

79 Ibid., p. 215.

80 Ibid., p. 215-6.

Ao relatar a identidade de Jesus como Salvador, algo que os outros evangelistas não fazem, por um lado, Lucas usa um título de governo e, por outro, de divindade. O título "Salvador" aplicado a Jesus (*soter*) coloca-o na linha sucessória dos líderes de Israel, como os juízes (Jz 3.9,15), e lhe dá um título igual ao dos reis helenistas, como os ptolomeus, ou mesmo dos imperadores romanos, como Júlio César, Nero ou Vespasiano. O título equivale ao que os judeus utilizavam para se dirigirem a divindades greco-romanas como Zeus, Apolo e Hermes. Não existe outro título que eleve a cristologia lucana a um nível mais alto do que o "Senhor" (*kurios*).[81]

Em síntese, "como indicam os vários títulos tradicionais (Mestre, Profeta, Messias e Rei) e os títulos com destaque exclusivo de Lucas (Profeta, Salvador e Senhor) indicam, assim como a cristologia encarnacional de Lucas é ontológica, sua cristologia vocacional é funcional".[82] Como já temos ressaltado, o caráter encarnacional ontológico da cristologia pneumatológica de Lucas não é tanto o nosso foco, pois jamais se ouviu dizer que entre a tradição carismático-pentecostal houvesse qualquer crise a esse respeito, isto é, dúvida acerca da deidade de nosso Senhor Jesus Cristo. Por isso, nossa atenção recai sobre o caráter vocacional e funcional da cristologia pneumatológica lucana que é totalmente negligenciado por causa do foco ontológico. Já discutimos, no capítulo anterior, de forma satisfatória acerca do fato de que o *background* de Lucas é o Antigo Testamento, especificamente em sua tradução grega (LXX). Tal foi assim pelo fato de que Lucas-Atos apresenta o Espírito Santo conduzindo Jesus Cristo de Nazaré e depois os discípulos e a igreja, para cumprir as promessas veterotestamentárias. É assim que, a respeito da "linguagem que descreve a atividade do Espírito de Deus nas Escrituras de Israel, os tradutores da LXX utilizaram 23 verbos diferentes", e, dos "nove verbos que Lucas usou para demonstrar a atividade do Espírito Santo, oito deles tiveram origem na LXX". Portanto, apenas para "não classificar como natural ou inevitável a referência de Lucas à atividade do Espírito Santo com base no Antigo Testamento ou na LXX", diz Roger Stronstad, "basta observar que João e Paulo usam um conjunto de palavras completamente diferente para descrever atividades análogas do

---

81 Ibid., p. 216.
82 Ibid., p. 217.

1290 | TEOLOGIA SISTEMÁTICO-CARISMÁTICA

Espírito Santo".[83] Portanto, o destaque desse aspecto da cristologia pneumatológica lucana aqui se dá pela seguinte razão:

> Além da terminologia oriunda da LXX, existe um complexo de temas do Antigo Testamento abordados em Lucas-Atos; principalmente os assuntos de delegação, sinal e vocação. Em pontos estratégicos no desenrolar da história de Israel, quando um líder (ou líderes) delegam responsabilidade para outros, o Espírito também é delegado. Por exemplo, quando Moisés transfere suas responsabilidades de liderança aos setenta líderes, o Senhor "[tirando] do Espírito que estava sobre ele, o [põe] sobre aqueles setenta anciãos" (Nm 11.25). Delegações semelhantes do Espírito fluem de Moisés para Josué (Nm 27.18-20; Dt 34.9), de Saul para Davi (1Sm 16.13-14) e de Elias para Eliseu (2Rs 2.9-15). Embora a transferência do Espírito de Moisés para os anciãos, que é de um indivíduo para um grupo, se aproxime mais da distribuição do Espírito Santo para a companhia de discípulos no Pentecostes, cada uma dessas delegações prefigura esse dia.[84]

É esse caráter carismático da cristologia pneumatológica lucana que Roger Stronstad ressalta mostrando ainda que o "tema dos sinais complementa de perto o tema da delegação", ou seja, o "propósito do sinal é duplo": 1) "confirmar para aquele que recebe o dom do Espírito que seu chamado à liderança tem origem divina" e 2) "testemunhar às outras pessoas que esse homem é escolhido por Deus".[85] Considerando a profusão das ocorrências de capacitação vocacional no contexto veterotestamentário, o "sinal geralmente é, embora não seja de forma invariável, uma explosão de profecia", podendo ser visto como exemplo o fato de que, "logo que o Espírito Santo pousou sobre os anciãos, eles profetizaram (Nm 11.25)",[86] mostrando, nesse caso, ao mesmo tempo, que a "função do sinal nessa profecia é confirmada pelo relato que se segue de forma imediata: 'mas depois nunca mais'". Podem ainda ser arroladas como exemplos as unções, ou capacitações carismáticas, nos relatos de Saul e de Davi (1Samuel

---

83 Ibid., p. 219-20.
84 Ibid., p. 220.
85 Ibid., p. 221.
86 Ibid.

16:13; 2Samuel 23:2), além de Josué e Eliseu, que foram sucessores de seus líderes ou mentores (Josué 3:7; 4:14; 2Reis 2:14-15). Portanto, conforme defende Roger Stronstad, o "tema vocacional complementa os temas da delegação e do sinal", todavia o "chamado à liderança não se trata de um chamado à autoridade, mas de um chamado para o serviço, e aqueles que Deus chama ao serviço são capacitados e/ou empoderados pelo Espírito para esse serviço". É ainda interessante ressaltar, diz o mesmo autor, que os "dons capacitadores do Espírito, ou *charismata*, no tempo do Antigo Testamento são diferentes do nosso catálogo de dons (conforme a lista de 1Co 12)".[87] Contudo, é importante lembrar que, conforme dissemos no capítulo anterior, nenhuma lista é exaustiva, pois as Escrituras não definem quais e quantos são os dons, de modo que os diversos "dons capacitadores do Espírito Santo" do período veterotestamentário "(artesanato, capacidade militar, sabedoria etc.) são adequados à vocação, ao tipo de serviço que o povo de Deus, no tempo do Antigo Testamento, foi chamado a prestar".

Em Lucas-Atos, existem fortes referências a esse mesmo complexo temático de dons complementares do Espírito. Logo, a delegação do Espírito Santo de Jesus aos discípulos no dia de Pentecostes espelha a antiga delegação do Espírito Santo de Moisés aos anciãos (At 2.1ss; Nm 11.25). Além disso, do mesmo modo que a profecia é o sinal por excelência da delegação do Espírito no Antigo Testamento, no dia de Pentecostes, falar em línguas e profetizar (At 2.4,17) são os sinais de que o Espírito Santo foi transferido aos discípulos. Como na época do Antigo Testamento, existem também outros prodígios em Lucas-Atos (sinais dramáticos, como a descida do Espírito Santo em forma de pomba, as línguas de fogo e o som de um vento impetuoso) que, como mostra o destaque de Lucas, outros podiam ver e ouvir (At 2.33; 8.18; 10.46). Ademais, seja quando Lucas escreve sobre Jesus, quando escreve sobre os discípulos, à semelhança do Antigo Testamento, o Espírito concedido capacita-os para o serviço. No poder do Espírito Santo, como Elias e Eliseu antes dele, Jesus ressuscita os mortos (Lc 7.14ss), multiplica o alimento (Lc 9.12ss), cura os doentes (Lc 4.40) e pratica outros atos de bondade. De forma parecida, os discípulos servem o Senhor no poder do Espírito Santo, testemunhando na Palavra, como na pregação de Pedro no dia de Pentecostes (At 2.14ss), e em

---

87 Ibid.

palavras, sinais e maravilhas, como a cura do coxo que pedia esmolas todos os dias à porta Formosa do templo (At 3.1ss).[88]

Tendo em mente que o material de Lucas-Atos corresponde a cerca de 25% das Escrituras cristãs, e que a pneumatologia lucana, que destaca a cristologia pneumatológica carismática, não é somente fundamentada nas Escrituras hebraicas nem apenas ontológica, mas também, como vimos, vocacional e funcional, convergimos com Roger Haight, tal cristologia narrativa é facilmente convertida em uma espécie de modelo de espiritualidade para que imitemos Cristo, pois, uma vez que ela possui essas duas dimensões — a ontológica em que se identifica plenamente com o Pai, sendo Deus, e a funcional em que se identifica plenamente conosco e, por isso mesmo, necessita da capacitação carismática —, temos, então, uma cristologia do Espírito que repete um padrão. Em termos diretos, diz o teólogo pentecostal clássico Roger Stronstad, "do mesmo modo que havia uma dimensão vocacional na atividade do Espírito de Deus na época do Antigo Testamento, e da mesma maneira que a cristologia de Lucas era vocacional ou funcional, a pneumatologia de Lucas apresenta uma dimensão vocacional", e tal dimensão vocacional, "como descobriremos, é tão importante para a missão dos discípulos como foi para a missão de Jesus".[89] Mais precisamente, na "pneumatologia de Lucas, assim como Jesus é necessariamente o Cristo carismático, os discípulos, seus sucessores na missão, têm de necessariamente ser uma comunidade carismática, porque somente quando recebem a capacitação do Espírito Santo é que fazem e ensinam, na ausência do Senhor, as coisas que ele tinha anteriormente começado a fazer e a ensinar".[90] Numa palavra:

> Lucas inicia sua missão, primeiramente de Jesus e posteriormente dos discípulos, com duas afirmações que acabam preparando e dando forma às suas respectivas vocações. Explicando a importância de ter recebido o dom do Espírito no batismo, Jesus lê no livro do profeta Isaías: "O Espírito do Senhor é sobre mim, pois que me ungiu para evangelizar os pobres, enviou-me a curar os quebrantados do coração, a apregoar liberdade aos cativos, a dar vista aos cegos, a pôr em

---

88 Ibid., p. 222-3.
89 Ibid., p. 226-7.
90 Ibid., p. 227.

liberdade os oprimidos, a anunciar o ano aceitável do Senhor" (Lc 4.18-19). Para Jesus, sua missão ou seu programa messiânico é pregar o evangelho: as boas-novas da graça de Deus para o pobre, o necessitado e o menos favorecido. Entretanto, depois da ressurreição, Jesus transfere sua missão aos discípulos. Ele lhes garante, com respeito a essa missão, que, muito em breve, não contariam mais com a sua presença na terra: "Mas recebereis poder do Espírito Santo, que há de vir sobre vós; e ser-me-eis testemunhas tanto em Jerusalém como em toda a Judeia e Samaria e até os confins da terra" (At 1.8). Essa promessa do Senhor com relação ao Espírito Santo demonstra ser preparatória para a missão, um testemunho sobre Jesus em palavras e obras, à medida que se expande, começando em Jerusalém e culminando em Roma, os confins da Terra.[91]

Uma vez que, de acordo com o que já dissemos no capítulo anterior, a humanidade de Jesus era semelhante à nossa, excetuando a identificação do pecado, com a Queda, pois sua encarnação se dera nos moldes de uma criação especial, sendo concebido pelo Espírito Santo e, portanto, figurando como representante da raça humana da mesma forma que Adão (Lucas 1:26-28; 2Coríntios 5:21; Hebreus 4:15; 1Coríntios 14:45-57), não precisamos nos deter na explicação de que tal recepção do Espírito nessas passagens, seja por parte de nosso Senhor Jesus Cristo, seja por parte dos discípulos, não se trata de conversão-iniciação. "Portanto, embora Lucas utilize duas expressões diferentes (unção do Espírito Santo e batismo no Espírito Santo), a experiência dos discípulos no dia de Pentecostes equivale em funcionalidade à experiência de Jesus no rio Jordão", diz Roger Stronstad, ou seja, "o milagre de Pentecostes consiste, primeiramente, na unção, na consagração dos discípulos para missões segundo o padrão da experiência de Jesus".[92] Insistir em ver tais experiências carismáticas como "iniciação-conversão", além de violar os conceitos lucanos para tais experiências que, como vimos, são completamente distintos dos paulinos, é afirmar que Jesus tinha pecado e, portanto, necessitava de experimentar ou sofrer tal processo, contrariando frontalmente as Escrituras, que afirmam que ele não tinha pecado, e os discípulos já eram convertidos, no mínimo,

---

91 Ibid., p. 227-8.
92 Ibid., p. 229.

1294 | TEOLOGIA SISTEMÁTICO-CARISMÁTICA

há cinquenta dias, isto é, após a ressurreição. Assim, "é o Espírito Santo que lança as pessoas para o campo, inaugurando a iniciativa missionária, iniciando o contato pessoal com aqueles que estão preparados para receber a mensagem que leva à salvação e dirigindo os passos dos intrépidos evangelistas que levavam o evangelho pelas estradas do Império".[93]

É assim que a imitação de Cristo, intuída não apenas pela proposta lucana, revela que "o poder do Espírito é poder de operar milagres, não somente no ministério de Jesus, mas também no dos discípulos",[94] sendo um padrão claramente visto na atuação do Filho de Deus, dos apóstolos e de toda a igreja, conforme os documentos de Lucas-Atos. "Depois de ter descido sobre Jesus, o Espírito Santo fez dele o profeta, o sacerdote e o rei ungido de Israel, combinando esses três ofícios em uma pessoa só", diz o teólogo pentecostal canadense, para quem tal conclusão trata-se de uma "simplificação de um relacionamento reconhecidamente complexo", pois, completa, "Jesus cumpriu o ofício real em sua ascensão ao céu, onde ele reina como Senhor; o ofício sacerdotal, quando entregou a si mesmo como sacrifício no Calvário; e cumpriu o ofício profético durante seus três anos de ministério público".[95] Na verdade, Jesus Cristo "tinha um ministério profético complexo e abrangente", ou seja, com base no "Antigo Testamento, ele segue o modelo de três tradições proféticas", a primeira delas "por causa da sua unção e da sua opção por ministrar aos menos favorecidos; o ministério profético de Jesus segue a tradição do profeta Isaías (Lc 4.18ss; cf. Is 6.1)", a segunda, por conta "do seu poder de operar milagres e ressuscitar mortos (Lc 7.16ss), se encontra nos moldes dos ministérios carismáticos de Elias e Eliseu (1Rs 17.16ss; 2Rs 4.3ss)" e, finalmente, a "terceira tradição, por Jesus se identificar como líder do povo de Deus, vem de Moisés, já que Cristo é herdeiro e sucessor deste, identificado como um profeta semelhante a Moisés (At 3.22; 7.37; cf. Dt 18.15ss)".[96] Assim:

> Para resumir, a pneumatologia de Lucas serve e complementa sua cristologia. Já demonstramos que a experiência que Jesus teve do Espírito Santo, a partir de sua experiência no rio Jordão, é um paradigma para

---

93 Ibid., p. 229-30.
94 Ibid., p. 230.
95 Ibid., p. 231.
96 Ibid., p. 231-2.

a experiência dos discípulos, a partir do dia de Pentecostes. Isso é completamente apropriado porque os discípulos são herdeiros e sucessores do seu ministério profético. Jesus é o Cristo pneumático, o profeta carismático. Os discípulos se constituem numa comunidade carismática de profetas. Esse retrato complementar da pneumatologia e da cristologia de Lucas, dos paralelos entre o Evangelho e Atos, e entre a experiência carismática de Jesus e a experiência dos discípulos não é incidental nem superficial no propósito de Lucas; pertence à trama do relato lucano da história.[97]

Não resta dúvida que, para repetir o axioma de Yves Congar, "não há pneumatologia sem cristologia e vice-versa" e que, por isso mesmo, convergimos tanto com Haight quanto com Stronstad, na linha da imitação de Cristo, defendendo o fato de que, sem dúvida, há "aplicações claras da teologia carismática de Lucas para a igreja contemporânea", pois, se "o dom do Espírito era carismático e vocacional para Jesus e para a igreja primitiva, então deve haver uma dimensão vocacional na experiência do povo de Deus na atualidade", ou seja, na linha da defesa do que preceitua a tradição carismático-pentecostal, "já que eles precisavam da unção e do batismo no Espírito Santo, da orientação desse mesmo Espírito e da sua capacitação para terem ministérios eficazes, nós também precisamos de tudo isso".[98] Em termos diretos, completa Roger Stronstad, uma vez "que sua vocação era profética e os discípulos se constituíam em uma comunidade carismática, a igreja da nossa geração também é carismática, funcionando ou não em todo o seu potencial". Por isso, conforme proposta da cristologia do Espírito, "Lucas-Atos desafia a igreja do nosso tempo, tanto de forma individual como coletiva, a prosseguir à altura da sua herança carismática, que vem diretamente de Jesus e dos seus discípulos", pois apenas "assim a igreja contemporânea poderá ser realmente uma comunidade profética de crentes, em cumprimento à promessa divina".[99] Portanto, esperamos que com os conceitos aqui apresentados o leitor possa não apenas aprender algo novo, mas também aplicar esse conhecimento à sua vida espiritual, pois não há teologia verdadeiramente pentecostal-carismática sem prática.

---

97 Ibid., p. 235-6.
98 Ibid., p. 236.
99 Ibid.

O MINISTÉRIO TERRENO DE NOSSO SENHOR JESUS CRISTO

Definir nosso Senhor Jesus Cristo é um exercício não só complexo, mas impossível. Muitos teólogos creem ser possível dar conta de toda a complexidade de Cristo por meio de divisões cada vez mais detalhadas e complexas de seus títulos, atributos e feitos. Como já falamos nos capítulos anteriores, aqui não temos essa pretensão, pois sabemos que as limitações humanas de conhecimento, linguagem e até mesmo existência — afinal, estamos inseridos em uma realidade finita — nos impedem de definir Deus de forma precisa. Por isso, ao abordar a cristologia de uma perspectiva mística — que, como foi visto no capítulo anterior, nada tem que ver com "esoterismo", mas simplesmente se refere a uma "categoria que caracteriza o divino como estando *presente* na experiência"[100] religiosa —, queremos fazer uma contribuição ao exercício teológico que de forma alguma possui caráter definitivo ou pretende apresentar-se como a única correta, mas simplesmente intenta articular teoricamente, isto é, de forma bíblico-teológica, o que um carismático-pentecostal já vive em sua prática de fé.

A primeira coisa que podemos afirmar sobre Jesus, sob essa perspectiva, é que ele é a revelação final e plena de Deus. Com "final" não queremos dizer "última", no sentido de que Deus não tenha mais nada a revelar-nos — algo que somente ocorrerá na etapa da glorificação, e, ainda assim, teremos a eternidade para conhecer mais dele —, pois, como acertadamente aponta Paul Tillich, "o cristianismo muitas vezes afirmou, e deveria afirmá-lo sempre, que existe uma revelação contínua na história da igreja" e, nesse aspecto, "a revelação final não é a última", mas, sim, "a revelação decisiva, culminante, inexcedível, aquela que é o critério de todas as outras".[101] Ainda nas palavras do teólogo teuto-americano:

> A revelação final, a revelação em Jesus como o Cristo, é universalmente válida, porque inclui o critério de toda revelação e é o *finis* ou *telos* (meta intrínseca) de todas elas. A revelação final é o critério de toda revelação que a precede ou sucede. É o critério de toda religião e de toda cultura, não só da cultura e da religião na qual e através da qual apareceu. É válido para a existência social de todo grupo humano e

---

100 TILLICH, Paul. *Teologia sistemática*, 5. ed. (São Leopoldo: Sinodal, 2005), p. 375 (grifo nosso).
101 Ibid., p. 144.

para a existência pessoal de todo indivíduo humano. É válido para a humanidade como tal. E, de uma forma não descritível, também tem sentido para o universo.[102]

Esse conceito é particularmente interessante para nossa abordagem carismático-pentecostal, pois cremos em uma revelação autoritativa, a Bíblia, mas não concluímos que Deus se exauriu ou esgotou-se ao revelar-se no período do desenvolvimento do cânon: antes, como vimos anteriormente, Deus continua se revelando e falando conosco diariamente, e por vezes somos questionados sobre os limites dessa dinâmica: como saber que uma experiência é de fato autêntica, não uma simples projeção de nossa mente? Como combinar a valorização das experiências individuais com a importância da Bíblia? A resposta é "simples" e está em nosso Senhor Jesus Cristo. Ele é a revelação divina final que serve de ponto de referência para nossa vida cristã, sendo exemplo de perfeição e santidade ao qual, com a ajuda do Espírito Santo, somos instados a seguir e nos equiparar no cotidiano (Efésios 4:11-16). Portanto, esse medo de que a tradição carismático-pentecostal viva sua vida espiritual de forma desregrada é um espantalho teórico que não existe na prática, pois, ao ler a Bíblia à luz de Cristo e colocá-lo como referência para todas as nossas ações, dentro ou fora do âmbito religioso, garantimos a autenticidade de nossas experiências, pois nos baseamos diretamente na revelação final e plena de Deus.

O conceito de revelação "plena" também merece uma atenção especial. Como já afirmamos anteriormente, Jesus é Deus manifesto em nossa realidade histórica, e sabemos que a história é finita, o que por si só já traz limitações, lembrando do que dissemos no primeiro capítulo das análises doutrinárias à recepção da revelação, tendo ela igualmente de "limitar-se" por nossa causa. Entre os muitos paradoxos que compõem Jesus, esse é um deles, pois ele é o infinito revelando-se na finitude, visto ter se encarnado. De início, isso pode parecer um problema que leva à afirmação de que Jesus é uma "revelação limitada" de Deus, mas, ainda nas palavras de Paul Tillich, o paradoxo "infinito no finito" é o que o reafirma como revelação final e definitiva para todas as outras, pois "uma revelação é final se tem o poder de negar-se a si mesma sem perder a si mesma". Isso é exatamente o que Jesus faz ao inserir-se na finitude. Ele entrega "não só sua vida, mas também seu poder,

---

102 Ibid., p. 148.

1298 | TEOLOGIA SISTEMÁTICO-CARISMÁTICA

seu conhecimento e sua perfeição finitos"[103] e faz tudo isso sem deixar de ser Deus, sem perder sua essência divina, pois possui a si mesmo plenamente, tem plenos poderes sobre seu próprio ser e pode decidir onde e como limitará seu caráter divino.

Tillich afirma que esse poder de limitação foi o que levou Jesus a ser tentado tanto no deserto quanto por seus discípulos que "tentavam induzi-lo a evitar seu próprio sacrifício como meio da revelação", a fim de que "evitasse a cruz (cf. Mt 16)"[104] e não cumprisse sua missão. Jesus tinha a possibilidade de não se autolimitar, mas decidiu fazê-lo para que nós, ao segui-lo, sejamos "libertados da autoridade de tudo o que nele é finito, de suas tradições especiais, de sua piedade individual, de sua visão de mundo bastante condicionada, de qualquer compreensão legalista de sua ética".[105] Ele se tornou plenamente homem para provar que nós podemos, mesmo com as limitações impostas por nossa natureza decaída, viver uma vida de liberdade e santidade. E, ao conseguir vencer isso, Jesus se torna o exemplo de homem perfeito. Nas palavras de Emil Brunner:

> Como a revelação pessoal de Deus, Jesus só pode ser conhecido, com toda a certeza, porque não só revelou o verdadeiro Ser de Deus, mas também a realidade e a verdade da existência humana. O conhecimento de Cristo é ao mesmo tempo autoconhecimento. Jesus não apenas revela o que Deus é, e o que Ele deseja, mas ao mesmo tempo revela que somos pecadores, que estamos em oposição à nossa origem e à nossa natureza divinamente criada. Em Sua Pessoa Jesus revela-se verdadeiramente Deus e verdadeiramente Homem, revela a falsidade do nosso estado atual, nossa existência-na-falsidade, nossa condição pecaminosa. Jesus revela a verdadeira existência humana como existência no amor de Deus. Por isso o conhecimento do verdadeiro Homem, como o Homem que é o que todos gostaríamos de ser, e devemos ser.[106]

Por isso, quando utilizamos a expressão "revelação plena", precisamos ter em mente esta dualidade: Jesus é a expressão plena de Deus, dentro das

---

103 Ibid., p. 144.
104 Ibid., p. 145.
105 Ibid.
106 BRUNNER, Emil. *Dogmática: doutrina cristã da criação e redenção*, vol. 2 (São Paulo: Fonte Editorial, 2006), p. 350-1.

possibilidades do que pode ser revelado na realidade finita, ou seja, para caber em nossa inteligibilidade humana, mas também é a expressão plena do que o homem deveria ser. Esse dualismo paradoxal deve ser aceito mediante a fé, pois como veremos mais ao final do capítulo, quando falarmos sobre os desdobramentos históricos que levaram ao desenvolvimento da doutrina da Trindade, as diversas tentativas de explicar de forma definitiva e teórica a questão das duas naturezas de Cristo levaram muitos teólogos ao campo das heresias.

Aceitar Jesus como expressão plena de ser humano nos conduz a outro desafio, que é falar sobre sua humanidade sem tentar moldá-lo à nossa imagem e semelhança, numa espécie de *wishfull thinking*[107] teológico. Para evitar essa prática, é importante procurarmos um pouco sobre o contexto de Jesus, para não olharmos para seus atos de forma moderna, e sim à luz do tempo em que ele se encarnou, pois só assim conseguiremos entender com um pouco mais de clareza suas intenções teológicas e, consequentemente, a mensagem que estava sendo revelada, além de evitar atribuir a Jesus papéis que ele não desempenhou. Nas palavras de Alfonso Rubio, é sempre bom relembrar:

> Podemos imaginar e gostar de Jesus afastado do povo e do mundo. Entretanto, sabemos que ele viveu uma vida comum em Nazaré. E, como pregador, estava no meio do povo. Podemos também gostar de ver Jesus como um revolucionário político. Mas sabemos igualmente que ele não pregou a luta armada contra a dominação estrangeira (romanos). Jesus não pertenceu ao grupo dos zelotes nem pregou uma revolução sociopolítica, em sentido moderno. Sua preocupação sempre foi profundamente religiosa, embora tivesse, sem dúvida, fortes implicações políticas e sociais. Podemos ainda gostar de ver Jesus como um sábio professor de moral. Todavia, esta visão tampouco corresponde à realidade histórica. Jesus não foi um professor de moral e menos ainda um moralista, como muitos dos fariseus. Ao contrário, viveu e anunciou a liberdade em relação a todo legalismo e ritualismo. Jesus pode igualmente ser apresentado como membro da elite dominante na Palestina do século I, mas isto também não

---

107 Expressão utilizada no jornalismo para referir-se à situação em que a fonte trata uma informação que ela gostaria que fosse verdade como fato, transformando desejo em realidade. O *wishfull thinking* é muito comum na editoria política e exige que o jornalista faça uma apuração ainda mais apurada dos fatos para não correr o risco de repassar inverdades para seu público.

1300 | TEOLOGIA SISTEMÁTICO-CARISMÁTICA

> apresenta base histórica, pois sabemos que ele era um leigo, perten-
> cente ao mundo dos pobres. Jesus não foi um sacerdote, de acordo
> com a religião judaica, e muito menos um teólogo ou professor de
> teologia.[108]

Tais afirmações podem parecer óbvias quando colocadas assim, mas não são poucos os tratados de cristologia que intentam encaixar Jesus nas categorias descritas acima. Todo estudo sobre Jesus deve ser feito sempre levando em consideração que ele é, acima de tudo, revelação final de Deus. Perder esse importante ponto de vista foi o grande erro dos liberais, que estavam obcecados com a precisão histórica dos fatos e acabaram tratando os Evangelhos como obras imaginativas que falavam sobre um religioso qualquer que se destacou em determinada época, mas não era Deus. O contexto histórico nos permite entender melhor as mensagens que estavam sendo reveladas a nós, mas essa análise deve estar sempre acompanhada da fé de que aquele homem é o Filho de Deus, caso contrário não faremos teologia.

Com esse ponto definido, podemos finalmente seguir para a análise do ministério terreno de Cristo e quais implicações ele traz para a nossa visão de Deus. Apesar de o período que antecede a morte ser negligenciado em muitas cristologias, não podemos ignorá-lo. Se Jesus é a revelação final de Deus, é Deus inserido na história, então "as opções fundamentais de Jesus são as opções fundamentais de Deus"[109] e possuem uma intenção teológica. Ele o revela não apenas de forma glorificada, na ressurreição, mas também em sua vida, a começar pela forma em que vem ao mundo. A escolha de uma origem pobre não é despropositada; ao contrário, o biblista Bruno Maggioni afirma que a "preferência pelos pobres foi para Jesus uma escolha *teológica*", pois eles "não são simplesmente os pobres no sentido econômico, mas todos os excluídos da sociedade de sua época", ou seja, "os doentes, os pecadores, os estrangeiros, os coletores de impostos, as mulheres, as multidões cansadas e desanimadas".[110] Maggioni segue explicando que a exclusão social possuía um significado ainda mais profundo do que entendemos atualmente, pois

---

108 RUBIO, Alfonso Garcia. *O encontro com Jesus Cristo vivo: um ensaio de cristologia para nossos dias*, 15. ed. (São Paulo: Paulinas, 2012), p. 26-7.

109 BLANK, Renold. *A face mais íntima de Deus: elementos-chave da revelação* (São Paulo: Paulus, 2011), p. 83.

110 MAGGIONI, Bruno. *Era verdadeiramente homem: revisitar a figura de Jesus nos Evangelhos* (São Paulo: Edições Loyola, 2003), p. 109.

também se estendia à religião. Na visão judaica da época, ser pobre e ser pecador eram praticamente sinônimos:

> Para os rabinos, o bem-estar é o sinal visível da graça divina. O rabi Jochanan escrevia: "Deus faz baixar sua glória somente sobre quem é forte, rico, sábio e humilde". Os fariseus tinham muito cuidado em viver a "separação": um fariseu não podia ser hóspede de um indivíduo pertencente à classe dos "homens da terra" (os cidadãos), não podia conviver com pagãos, coletores de impostos, pecadores. Entre os doutores da lei e os mestres da teologia circulava o ditado: "Um ignorante não pode fugir ao pecado, e um homem do campo não pode ser religioso". Compreende-se quanto a escolha de Jesus [pelos pobres] tenha irritado e escandalizado, suscitando oposição de todo tipo.[111]

Apesar de preconceituoso, o ditado dos doutores da Lei sobre um ignorante não poder fugir do pecado não estava de todo errado para a sua realidade, isso porque, para o judaísmo da época, "pecador era cada um que transgredia uma das 613 prescrições ou proibições que estavam em vigor, sustentadas pelo Templo e justificadas em nome da sua autoridade com referência a Deus".[112] Não é preciso muito esforço para inferir que as "primeiras vítimas desse sistema eram os pobres, que, devido à sua pobreza, nem tinham condição de observar todas essas Leis". Por isso, "eram excluídos como pecadores, e porque grande parte das prescrições dizia respeito à ideologia da pureza, ficavam, além disso, marcados como 'impuros'", o que, completa Renold Blank, "significava ser excluído não só de toda a vida social e religiosa, mas também da graça de Deus".

> A única instância capaz de reverter tal quadro eram o Templo e os seus representantes oficiais, os sacerdotes. Por intermédio deles e realizando os sacrifícios prescritos pela instituição, o impuro e pecador conseguia recuperar o estado da graça e com isso garantir a sua salvação. A Lei religiosa se tornava assim um peso opressivo, e a instituição religiosa ganhava um poder que ultrapassava em muito a esfera profana, pois era ela que podia abrir o caminho para a salvação ou fechá-lo.

---

111 Ibid., p. 110.
112 BLANK. *A face mais íntima de Deus*, p. 73.

1302 | TEOLOGIA SISTEMÁTICO-CARISMÁTICA

E para os pobres, ela praticamente o fechou, porque estes, por causa da sua condição, não podiam comprar os sacrifícios prescritos. Assim, ficavam com os seus pecados e, consequentemente, com o veredicto de serem abandonados por Deus. Em vida, foram repudiados e largados também por todos aqueles que se consideravam puros: pelos justos, pelos piedosos, pelos representantes do sistema religioso e por cada um que não se considerava pecador.[113]

É nesse contexto que a opção de Jesus por uma origem simples foi teológica, pois mostrava que Deus estava no meio daquele povo a quem o acesso a ele estava sendo negado. É preocupante que alguns teólogos e grandes expoentes protestantes se dediquem a negar essa realidade ou até mesmo a afirmar explicitamente que ela não possui valor teológico, por medo de que esse discurso abra caminho para uma "politização" — no sentido moderno da palavra — de Jesus. Embora seja verdade que não podemos manipular a Bíblia para encaixar Jesus em lados, partidos e ideologias políticas, também é importante evitar que o medo de que isso aconteça acabe nos impedindo de deixar que a Palavra de Deus fale livremente. Negar a importância que a origem pobre de Jesus teve para o seu contexto é esvaziar o significado da revelação divina, e esse *também* é um erro muito grave, pois a especificação sobre a condição social de Cristo já havia sido profetizada em Zacarias 9:9, o que indica que há, sim, valor teológico nesse detalhe. Independentemente de quais sejam nossas convicções políticas, precisamos aceitar que tanto a profissão de carpinteiro quanto a região onde Jesus nasceu, que era extremamente marginalizada e malvista na época, o colocaram no mesmo nível das pessoas que as autoridades eclesiásticas mais rechaçavam, indicando que sua teologia estava equivocada.

Roger Haight explica que, "comparada com a Judeia e com Jerusalém, a Galileia era uma região atrasada", pois os "galileus eram conhecidos pela observância pouco rigorosa dos preceitos religiosos". Essa região onde Nazaré estava situada "fora refúgio de rebeldes e zelotes", grupos que iniciaram diversas revoltas contra a liderança judaica e o próprio Império Romano, por isso "o simples fato de ser da Galileia já era motivo para alguém ser visto com desconfiança pela autoridade religiosa em Jerusalém e pelas autoridades romanas".[114] A primeira metade do século I d.C, exatamente o momento em

---

113 Ibid., p. 73-4.
114 HAIGHT. *Jesus, símbolo de Deus*, p. 95.

que Jesus viveu, "foi marcada por grande movimentação social", pois com "a morte de Herodes, o Grande (4 a.C.), cujo reinado se caracterizou pela opressão e pela crueldade", cresceu a expectativa sobre a possibilidade de um rei judeu que libertaria o povo de Israel do Império Romano. Nessa mesma época, "surgiram várias figuras proféticas, que incitavam o povo a se levantar com base na memória do êxodo: acreditava-se que Deus, como já tinha acontecido antigamente, iria intervir na história para libertar seu povo"[115] e que faria isso por meio de um messias político.

Essas expectativas explicam por que Jesus não logrou popularidade em sua própria terra (Marcos 6:4) e também porque ele, "na verdade, evitava o termo 'messias'", pois incluía uma "conotação de liderança política e militar, que não fazia parte das atividades do seu Reino na sua primeira vinda". O teólogo pentecostal David R. Nichols explica que Jesus só se permitiu ser identificado por esse título pela mulher que estava à beira do poço em Samaria, "note, porém, onde Ele fez essa revelação: em Samaria, e não na Galileia ou em Jerusalém",[116] onde a expectativa de um rei judeu e messias político estava em alta. Todos esses fatores históricos nos permitem entender por que, de acordo com os costumes e as crenças da época, Nazaré estava longe da graça de Deus e era um antro de pecado, o que se confirma pela pergunta de Natanael, que, ao saber sobre certo Jesus Nazareno, pergunta: "Pode vir alguma coisa boa de Nazaré?" (João 1:46).

Com esse contexto em mente, compreendemos o porquê do fato de o Filho de Deus nascer nessa região "impura" e ser confiado a um jovem casal pobre que talvez não possuísse grande conhecimento teórico da Lei,[117] mas

---

115 SCHIAVO, Luigi. *Anjos e messias: messianismos judaicos e origem da cristologia* (São Paulo: Paulinas, 2006), p. 66-7.

116 NICHOLS. "O Senhor Jesus Cristo", in: HORTON, Stanley M. (ed.). *Teologia sistemática*, p. 314-5.

117 Aqui estamos falando não apenas da Torá, mas principalmente da *halakhah*, lei rabínica que, como citamos anteriormente, possuía mais de 600 preceitos que, por vezes, eram colocados acima da Torá escrita. Sobre seu surgimento, o biblista Joachim Jeremias explica: "A *Torá* precisa ser interpretada para que possa aplicar-se ao caso concreto. Assim, surge a *Torá* oral, chamada *halakhah*. É obra dos escribas, que seguiram a tendência de atribuir-lhe a mesma autoridade que a da *Torá* escrita. Por volta do final do séc. 2 d.C., no tempo da composição da *Mishná*, tinha-se imposto a opinião de que também a *Torá* oral, como a escrita, fora dada a Moisés no Sinai e a seguir fora transmitida numa cadeia ininterrupta, e ela, assim, podia pretender a mesma autoridade e inspiração que a *Torá* escrita". Jeremias ressalta que "não temos nenhum ponto de apoio para afirmar que já no tempo de Jesus imperasse essa opinião, mas sabemos que a *halakhah* estava em vias de ganhar essa suprema autoridade" (JEREMIAS, J. *Teologia do Novo Testamento* [São Paulo: Hagnos, 2008], p. 302).

certamente tinha grande fé — o que fica evidente pela forma com que Maria e José reagiram às aparições do anjo Gabriel —, e tal possui alto valor teológico, pois desconstrói a imagem de Deus criada até então. Para os judeus, o acesso a Deus parecia exclusivo aos religiosos de alto escalão, e seu nome nem deveria ser pronunciado em voz alta. Graças a essa visão cada vez mais distante e fria do Criador, é comum que a figura de Jesus seja enxergada com certo estranhamento, levando muitos a afirmarem que Deus era de uma forma no Antigo Testamento e decidiu ser de outra no Novo. Contudo, ao olharmos retroativamente, percebemos que Jesus é uma revelação explícita do que havia sido esquecido pelos judeus, pois os relatos bíblicos nos revelam um Deus que sempre toma a iniciativa de vir ao encontro do ser humano: ele passeava pelo jardim do Éden para conversar com Adão e Eva na viração do dia (Gênesis 3:8), falou com Noé para que construísse uma arca (Gênesis 6:5-22), chamou Abraão para ser pai de uma multidão (Gênesis 12:1-2), revelou-se a Moisés em uma sarça ardente que não se consumia pelo fogo (Êxodo 3:2), para citar apenas alguns nomes.

O que fica evidente nesses exemplos é Deus vindo ao encontro de pessoas comuns, homens que, até aceitarem seu chamado, não possuíam nada que os destacasse no meio da multidão. Assim, quando Jesus decidiu encarnar-se e vir como um deles — um carpinteiro nazareno, um homem da terra, um pobre "impuro" — "não veio mudar a revelação veterotestamentária de Deus, mas confirmá-la integralmente" e, ao mesmo tempo, conferir-lhe "um timbre de absoluta, inédita novidade".[118] Como Emil Brunner acertadamente explica, ao mesmo tempo que dizemos que Jesus "era realmente um homem como nós", no sentido de ser um *vere homo*, ou seja, totalmente homem, "somos também obrigados a chegar à visão exatamente oposta e dizer: Ele *não* é um Homem como nós". Nas palavras do autor,

> não apenas ninguém pode acusá-lo de pecado, mas Ele permanece diante de nós como Alguém que, em cada ponto de sua vida, é totalmente alguém com a vontade de Deus. Que realmente não se permite ser servido, mas que "ministra, e dá sua vida em favor de muitos". Sua vida flui harmoniosamente numa série de atos contínuos, na qual, em Santo Amor, em livre obediência a Deus, Ele faz e diz o que só um

---

118 Lambiasi, F. "Espírito Santo", in: Ancilli, Ermanno; Pontifício Instituto de Espiritualidade Teresianum (orgs.). *Dicionário de espiritualidade*, vol. 2 (São Paulo: Loyola/Paulinas, 2012), p. 888.

homem poderia fazer e dizer, cuja vontade é totalmente rendida à vontade de Deus. A história da sua vida mostra-nos um ser humano que é a personificação do Santo Amor de Deus. Mesmo incrédulos curvam-se em reverência diante deste Homem. Eles tentam, é verdade, tornar Sua "diferença" um problema relativo, por compará-lo com outro "homem santo". Mas estas comparações não sofrerão estrito exame. Não conhecemos nenhum outro homem em cuja vida o pecado não toca parte alguma, cuja vida é pura e imaculada, refletindo o santo amor de Deus, que, portanto, sem hipocrisia ou afirmação de si mesmo poderia aparecer para encontrar o homem como Alguém vindo de Deus.[119]

Aqui cabe explicar um ponto que ainda suscita algumas polêmicas em determinados meios cristãos, que é a relação entre Jesus e o pecado. Alguns teólogos, no intento de parecerem mais conservadores e piedosos que os outros, afirmam que Jesus possuía o "dom da impecabilidade", ou seja, não podia pecar, pois era Deus e nele o pecado não pode existir. O grande problema dessa afirmação, que de longe até pode parecer correta, é que ela ignora o aspecto humano de Cristo e reproduz uma ideia herética conhecida como nestorianismo, que vê Jesus como um "super-humano". O teólogo pentecostal Gordon Fee é categórico ao afirmar que tal "ideia precisa ser refutada", pois "transforma Cristo em uma espécie de robô divino, e não em uma pessoa verdadeiramente humana que era *posso non peccare* porque, fazendo uso da linguagem de Lucas, 'a graça de Deus estava sobre ele' (Lc 2.40)".[120] A Bíblia afirma que Jesus, "como nós, *em tudo foi tentado*" (Hebreus 4:15), portanto podia, sim, pecar, embora não o tenha feito. É a isso, não a uma suposta incapacidade de pecar, que Paulo se refere em 2Coríntios 5:21. Ainda nas palavras de Fee, apesar de o apóstolo "ser firme acerca da universalidade do pecado humano ('todos pecaram e destituídos estão da glória [desejada por] Deus', Rm 3.23), ele afirma que Cristo não conheceu o pecado", ou seja, "não *experimentou*[121] o pecado".[122] E, é importante destacar, isso foi possível porque ele foi um homem cheio do Espírito Santo.

---

119 BRUNNER. *Dogmática*, p. 437-9.

120 FEE, Gordon D. *Jesus o Senhor segundo o apóstolo Paulo: uma síntese teológica* (Rio de Janeiro: CPAD, 2019), p. 89.

121 "Na verdade, o verbo hebraico 'conhecer' é a forma básica de o judeu se referir ao intercurso sexual (por exemplo, Gn 4.1,25), indicando mais do que um conhecimento puramente cognitivo" (FEE. *Jesus o Senhor segundo o apóstolo Paulo*, p. 101. Grifo no original).

122 Ibid., p. 101.

1306 | TEOLOGIA SISTEMÁTICO-CARISMÁTICA

Conforme já demonstramos, o lugar da terceira pessoa da Trindade na encarnação de Jesus é pouco explorado nos tratados cristológicos mais racionalistas, que tendem a limitá-lo ao seu papel de Consolador, que Cristo prometeu deixar para a igreja (João 14:16). Entretanto, uma teologia sistemática que pretende fazer um recorte carismático-pentecostal de Jesus precisa reconhecer o papel do Espírito Santo em todo o seu ministério, começando por sua milagrosa concepção, passando pela capacitação ministerial que se inicia de forma simbólica no batismo no rio Jordão, indo até sua ressurreição e, só então, despontando como Consolador que continua conosco até os dias de hoje. O Espírito Santo estava tão presente no ministério terreno de Cristo que teólogos como Geza Vermes não hesitam em afirmar que ele "era uma figura carismática", ou seja, "um santo itinerante ou *hassid* que praticava exorcismos e curas, além de ensinar", características comuns aos carismáticos de sua época. Apesar de Vermes seguir por um caminho que reputamos incorreto, pois, nas palavras de Roger Haight, o autor usa essa categoria para afirmar que "em todos esses papéis [de santo, agente de cura e mestre] Jesus não era, por assim dizer, excepcional ou único", mas apenas realizava o que outros carismáticos antes dele já haviam feito, o que "minimiza a novidade do conteúdo do ensinamento de Jesus"[123] e, obviamente, desconsidera totalmente a verdade de que ele era Deus, a categoria de carismático não é inapropriada para defini-lo, pois ele de fato foi um homem cheio do Espírito em toda a sua existência, a começar por sua concepção.

Algumas discussões sobre a concepção de Jesus tendem a diminuir o papel que o Espírito Santo teve nesse processo e, de acordo com Yves Congar, isso se deu graças ao "papel diluído concedido ao Espírito Santo na encarnação do Verbo e na obra messiânica de Cristo" dentro da cristologia clássica do Verbo encarnado, "que teve em S. Tomás seu mais forte sistematizador". Luiz Eustáquio explica que, para Congar, "a *teologia da graça criada* de S. Tomás é a grande responsável pela consideração empobrecida do agir do Espírito Santo na vida de Cristo", isso porque, nessa concepção, "*A Graça Incriada*, ou seja, o Espírito Santo, uma vez que no ato da encarnação coopera com o Verbo na santificação de Cristo" — e mesmo essa cooperação é feita "de forma secundária", pois a "iniciativa da santificação" parte do Verbo, entendido nessa visão como "*sanctificationis actor*", não do Espírito — "sai de cena,

---

123 HAIGHT. *Jesus, símbolo de Deus*, p. 94-5.

permanecendo apenas a *graça criada* na humanidade do Verbo". Isso faz que haja uma "primazia na cristologia clássica da *graça da união*, advinda com o Verbo, sobre a *graça santificante*, apropriada ao Espírito em subordinação ao primeiro".[124] Em outras palavras, "a pneumatologia aparece, pelo menos à primeira vista, como uma função da cristologia", e o Espírito ganha um aspecto "de força impessoal, um fluido, um meio, uma função ou, pensando mais filosoficamente, um princípio"[125] que, subordinado ao Verbo, não possui iniciativa ou vontade própria.

Essa não é, porém, a forma bíblica de se entender o lugar do Espírito Santo na concepção de Jesus, porque "é o Espírito que, ao atualizar em Maria sua capacidade feminina de conceber", ou seja, fornecendo "os 23 cromossomos masculinos" necessários para a concepção, "suscita o ser humano que se une ao Verbo-Filho e, por isso mesmo, o faz 'santo'. De maneira que Jesus é Emanuel, Deus conosco, porque ele é (concebido) pelo Espírito Santo".[126] Assim, a "santificação da humanidade de Jesus por intermédio do Espírito e de seus dons não é, como ensinava a teologia escolástica, uma consequência acidental da santificação por meio do Logos", mas "um pressuposto dela".[127]

Sim, pois o Espírito que participa ativamente da criação e a sustenta participa agora ativamente do início do cumprimento da redenção anunciada no dia fatídico da Queda, quando aconteceu a ruptura entre Criador e criatura, pesando sobre a mulher, por milênios, a pecha de ser responsável por toda sorte de infortúnios, tanto pessoais quanto físicos, por toda a existência (Gênesis 3:15). Mas, como foi dito pelo Criador naquele dia, em mais um dos paradoxos da lógica da fé, da "semente da mulher"[128] — que, biologicamente,

---

124 NOGUEIRA, Luiz Eustáquio dos Santos. *O Espírito e o Verbo: as duas mãos do Pai* (São Paulo: Paulinas, 1995), p. 50-1.

125 KASPER, Walter. "Espírito, Cristo e igreja", in: CONGAR, Yves; KÜNG, Hans; RAHNER, Karl etal. *A experiência do Espírito Santo* (Petrópolis: Vozes, 1979), p. 81.

126 CONGAR, Yves. *Revelação e experiência do Espírito*, 2.ed, Coleção Creio no Espírito Santo (São Paulo: Paulinas, 2009), p. 33.

127 KASPER, Walter. "Espírito, Cristo, igreja", in: CONGAR, Yves; KÜNG, Hans; RAHNER, Karl et al. *A experiência do Espírito Santo*, p. 84.

128 Sobre o uso da palavra *zera'*, traduzida por "semente": "Às vezes, *zera'* quer dizer 'sêmen' ou a 'semente' de um homem: 'Também o homem, quando sair dele a *semente* da cópula [se ele tiver uma emissão seminal]' (Lv 15.16). O 'sêmen' de um animal também é indicado por esta palavra (Jr 31.27). É frequente *zera'* significar 'descendência'. Só raramente esta acepção é aplicada a animais: 'E porei inimizade entre ti [o Diabo] e a mulher e entre a tua *semente* e a sua semente' (Gn 3.15). Este versículo usa a palavra em vários sentidos. A primeira ocorrência significa tanto os descendentes da serpente quanto os do ser espiritual que usarem a serpente

1308 | TEOLOGIA SISTEMÁTICO-CARISMÁTICA

não tem sêmen —, nasceria um descendente que esmagaria a cabeça da serpente. Cumpre-se na vida da jovem Maria essa promessa, pois ela concebe, miraculosamente, por obra do Espírito Santo, o Salvador (Lucas 1:26-38).

Em termos práticos, o que queremos afirmar com toda essa explicação é que o Espírito, ao contrário do que comumente se afirma direta ou indiretamente em diversos tratados cristológicos, possui lugar de honra em todo o ministério de Jesus, em vez de estar escondido ou limitado ao seu final. Na realidade, o Espírito, "sob o ponto de vista da história da salvação é o pressuposto, o fundamento que possibilita e prepara o caminho à encarnação do Logos" e também quem "cria em Jesus o novo Adão e a nova imagem de Deus".[129] Millard J. Erickson afirma que "parece provável que a influência do Espírito Santo seria tão poderosa e santificadora nos seus efeitos que não haveria transmissão de depravação ou de culpa de Maria para Jesus", ou seja, para o autor, o Mestre não foi atingido pela Queda, pois sua humanidade é como "a de Adão e Eva na criação e antes da Queda", uma humanidade essencial,[130] e isso só foi possível pelo Espírito Santo, pois, inexistindo "essa influência santificadora especial, Ele teria a mesma natureza depravada que

---

(os homens maus). A segunda ocorrência da palavra diz respeito a todos os descendentes da mulher e, em última instância, a um descendente em particular (Cristo). Em Gn 4.25, *zera'* não aparece como substantivo coletivo, mas se refere a uma descendência 'particular e imediata'. No nascimento de Sete, Eva disse: 'Deus me deu outra semente [descendente]'. Gênesis 46.6 usa a palavra (no singular) para designar toda a família, inclusive filhos e netos (cf. Gn 17.12). A família no seu todo, inclusive todos os parentes imediatos, é incluída na palavra em passagens como 1 Rs 11.14. Em Et 10.3, a palavra é usada para descrever uma nação inteira de pessoas" (UNGER; VINE; WHITE JR. *Dicionário Vine*, p. 286).

129 KASPER, Walter. "Espírito, Cristo, igreja", in: CONGAR, Yves; KÜNG, Hans; RAHNER, Karl et al. *A experiência do Espírito Santo*, p. 83.

130 O próprio Erickson informa que Karl Barth parece ter defendido uma posição diferente da dele e acreditava "que Jesus assumiu a mesma natureza caída que possuímos agora: sua impecabilidade consistiu no fato de ele nunca ter realmente cometido um pecado" (ERICKSON, Millard J. *Teologia sistemática* [São Paulo: Vida Nova, 2015], p. 726). O teólogo pentecostal David R. Nichols também aponta algumas objeções à visão de Erickson, ao afirmar que Jesus participou de todas as consequências da Queda nos dias de sua carne, pois "a maldição contra a terra não foi anulada em favor de Jesus; Ele trabalhava como carpinteiro; Ele se mantinha com alimentos; e, mais relevante ainda, Ele morreu". Logo, "na sua humanidade, Jesus participou dos resultados não morais do pecado (de Adão e Eva) *sem que Ele mesmo se tornasse pecaminoso*" e, portanto, foi de alguma forma atingido pela Queda. A conclusão do autor sobre o assunto parece adequada, pois ele afirma que "a revelação de Deus Filho na carne realmente pode ser um desafio capaz de esgotar todas as nossas tentativas de explicá-la". Por isso, o essencial nessa discussão é "crermos que Jesus era completamente humano, semelhante a nós", e essa é uma dinâmica que só compreendemos pela lógica da fé (NICHOLS. "O Senhor Jesus Cristo", in: HORTON, Stanley M. [ed.] *Teologia sistemática*, p. 332).

todos temos".[131] Logo, não é exagero afirmar que o Espírito é o fio condutor que torna toda a dinâmica encarnacional possível. Nas palavras de Walter Kasper, é por meio do Espírito que entendemos

> como é que esse Jesus pode ser o homem único, concreto, imutável e, ao mesmo tempo, o Cristo universal, que é o mesmo "ontem, hoje e por toda a eternidade" (Hb 13:8). Também se pode entender por que Jesus pode ser enviado particularmente para consumar o caminho de Israel, somente para a casa de Israel (Mt 15:24), e como ao mesmo tempo em âmbito universal pode mostrar o caminho a todos os povos (Mt 28:19). Também se entende como Jesus Cristo, Senhor e cabeça da sua Igreja, pode estar perante ela e todavia continuar vivendo e atuando em e por intermédio da sua Igreja. Tudo isto se torna possível "no Espírito".[132]

Reconhecer o lugar do Espírito na concepção de Jesus de forma adequada nos ajuda a evitar heresias como o adocionismo, que defende a ideia de que Jesus era um homem comum que só foi adotado como Filho de Deus quando, na ocasião de seu batismo, o Pai declarou: "Tu és meu Filho amado; em ti me tenho comprazido" (João 3:22), dando assim início à sua filiação divina. Esse tipo de suposição não encontra base bíblica e é facilmente descartada quando partimos do princípio já exposto anteriormente de que o Espírito Santo é o fio condutor de todo o processo da encarnação. Assim, ele não surge "magicamente" no batismo de Cristo, mas está com ele desde a eternidade. A cena que ocorre no Jordão deve ser entendida como revelação, "uma teofania trinitária, que inaugura um tempo novo para Jesus e a humanidade toda, a era messiânica",[133] não como iniciação na filiação divina. Conforme explica F. Lambiasi:

> Essa etapa do Jordão é uma outra etapa na história da salvação; começa realmente com algo de novo: inauguram-se os tempos messiânicos. Jesus, ontologicamente Filho de Deus desde a concepção e, portanto, desde então dotado do Espírito, não tinha até o Jordão demonstrado

---

131 ERICKSON. *Teologia sistemática,* p. 707, 726.

132 KASPER, Walter. "Espírito, Cristo, igreja", in: CONGAR, Yves; KÜNG, Hans; RAHNER, Karl et al. *A experiência do Espírito Santo,* p. 82-3.

133 NOGUEIRA. *O Espírito e o Verbo,* p. 53.

uma existência "pneumática": os seus compatriotas em Nazaré não tinham percebido nada. Agora, com o batismo, ele "é elevado aos olhos de Israel como Messias, ou seja, 'ungido' com o Espírito Santo" (*DeV* 19): o Espírito intervém sobre Jesus, o Filho *unigênito*, para dele fazer o Filho *primogênito*, o consagrado para salvar uma multidão de irmãos: é uma verdadeira "exaltação" [...] de Jesus como Cristo.[134]

Ao falar do batismo, é importante entendermos, primeiramente, que Jesus se permite ser batizado nas águas por João Batista para honrá-lo e confirmá-lo como cumprimento da profecia de Isaías de que uma voz que clama no deserto prepararia o caminho do Senhor (essa interpretação é confirmada em todos os Evangelhos, cf. Mateus 3:1-3; Marcos 1:2-4; Lucas 3:3-6; João 1:23), não porque *necessitasse* do batismo para tornar-se alguma coisa. Aquele foi apenas um ato simbólico, não sacramental. Quando o Espírito Santo desce sobre ele na forma corpórea de uma pomba e o Pai o declara como Filho amado, ocorre apenas o "reconhecimento de um fato":[135] ele é, desde sempre, o Filho de Deus em quem o Pai tem se comprazido, mas, além disso, a descida da pomba marca também o início da era messiânica. Ali, Jesus é capacitado pelo Espírito para iniciar sua obra.

Como já mencionamos anteriormente, ao revelar-se na finitude, Cristo permitiu-se ser limitado por um corpo plenamente humano e foi, de fato, um homem comum. A Bíblia não nos dá muitas informações sobre o que aconteceu entre sua concepção e seu batismo. Sabemos que, aos 12 anos, ele impressionou os doutores da Lei de Jerusalém ao questioná-los e ouvi-los no templo (Lucas 2:39-50), mas a falta de detalhes indica que Jesus teve uma vida comum, morando com os pais e seguindo a profissão de José até completar 30 anos, sem que nada de extraordinário o destacasse em sua região. Isso só muda quando o Espírito Santo vem sobre ele no rio Jordão, ungindo-o para que pudesse seguir com a sua obra, fato que o próprio Jesus afirma ao dizer: "O Espírito é sobre mim, *pois que me ungiu para* evangelizar os pobres, enviou-me a curar os quebrantados do coração, e apregoar liberdade aos cativos, a dar vista aos cegos, a pôr em liberdade os oprimidos, a anunciar o ano aceitável do Senhor" (Lucas 4:18-19, grifo nosso).

---

134 Lambiasi, F. "Espírito Santo", in: Ancilli, Ermanno; Pontifício Instituto de Espiritualidade Teresianum (orgs.). *Dicionário de espiritualidade*, p. 888.

135 Nichols. "O Senhor Jesus Cristo", in: Horton, Stanley M. (ed.). *Teologia sistemática*, p. 333.

CAPÍTULO 5 – Cristologia | 1311

Portanto, embora Jesus "já fosse habitado pelo Espírito Santo desde o seio de Maria", no Jordão "Ele é ungido pelo Espírito como Messias, o *Cristo* de Deus (cf. At 10:38s)", e "uma tarefa messiânica se lhe impõe, a ser empreendida na condição de *Servidor*".[136] Essa nova imposição, como já explicamos, não deve ser interpretada do "ponto de vista de sua qualidade hipostática", mas, sim, "do ponto de vista dos desígnios da graça do Pai e da sucessão de eventos da história da salvação".[137] No Jordão, Jesus assume seu posto de Filho, que sempre lhe pertenceu, e, ao ser revestido pelo Espírito, é capacitado para seguir com seu ministério, como reafirma o teólogo pentecostal David Nichols ao dizer que "Lucas 4.1 deixa claro que esse revestimento do Espírito Santo preparou Jesus para enfrentar Satanás no deserto e para a inauguração de seu ministério terrestre".[138] Lucas foi, conforme explica James Shelton, o único entre os quatro Evangelistas que percebeu esse duplo acontecimento no Jordão, pois ele "mantém o significado tradicional da descida do Espírito encontrada nos quatro Evangelhos. Mas, além das declarações de que Jesus é o Filho de Deus", também declara que, "após a descida da pomba, Jesus foi cheio do Espírito Santo e capacitado para fazer obras poderosas". Assim, "Lucas não está descrevendo o batismo e a unção como dois eventos simultâneos, embora eles estejam relacionados, como está evidente na fórmula batismal em Atos 2.38".[139]

Esse é um dos grandes problemas discutidos na história da doutrina, sobretudo em pneumatologia, conforme já foi visto no capítulo anterior, mas que, por envolver a segunda pessoa da Trindade, vale a pena nos ocuparmos um pouco mais aqui. O batismo de João, muito provavelmente adaptado das correntes do judaísmo de sua época, era muito diferente do praticado pela igreja e ordenado por Jesus no momento da ascensão (Mateus 28:19-20; Marcos 16:15-20). "Existiam, na realidade, alguns ritos batismais similares já antes do Cristianismo, inclusive entre algumas religiões pagãs e a comunidade judaica (para os 'prosélitos' — gentios convertidos ao Judaísmo)",[140] conforme explica o teólogo pentecostal Michael Dusing. Este faz ainda a seguinte

---

136 Nogueira. *O Espírito e o Verbo*, p. 53.

137 Ibid., p. 56.

138 Nichols. "O Senhor Jesus Cristo", in: Horton, Stanley M. (ed.). *Teologia sistemática*, p. 333.

139 Shelton, James. *Poderoso em palavras e obras: o papel do Espírito Santo em Lucas-Atos* (Natal: Carisma, 2018), p. 83.

140 Dusing, Michael L. "A igreja do Novo Testamento", in: Horton, Stanley M. (ed.). *Teologia sistemática*, p. 569-70.

observação: "Antes do ministério público de Jesus, João Batista enfatizava um 'batismo de arrependimento' àqueles que desejassem entrar no prometido Reino de Deus", e, não obstante "algumas semelhanças com esses vários batismos", é mais que necessário o contraste entre eles, pois "o significado e propósito do batismo cristão vai além de todos eles".[141] Mas não é apenas isso que queremos observar, e sim o fato de que Jesus, como Filho de Deus e modelo de ser humano perfeito, portanto "sem pecado", não necessitava de batismo algum, seja o das correntes do judaísmo, seja o de João Batista, "para arrependimento", e muito menos o batismo cristão. Seu "enchimento do Espírito" não tem relação alguma com o batismo no Jordão (Lucas 4:1), no sentido de ter ocorrido como consequência do ritual simbólico do Batista — se assim fosse, o mesmo teria de ter acontecido às multidões batizadas por João —, mas, sem dúvida, foi a oportunidade de honrar o último profeta veterotestamentário, ao passo que deu início ao ministério público do Senhor.

É importante ter em mente que "Lucas se concentra na capacitação de Jesus para o ministério pelo Espírito Santo", mas a "experiência de Jesus do Espírito começou com o anúncio que o anjo Gabriel fez a Maria sobre o nascimento milagroso (Lc 1.26-34)". Todavia, "cerca de trinta anos depois, Ele começa uma nova relação com o Espírito Santo, na qual Ele é ungido pelo Espírito para o ministério (cf. Lc 4.18; At 10.38)", ou seja, a "descida do Espírito sobre Jesus marca o começo do seu ministério público cheio do Espírito (Lc 4.1,14,18,19)".[142] O teólogo pentecostal Roger Stronstad afirma que esse "dom carismático do Espírito do Senhor para o Messias tem um significado duplo", pois indica primeiramente que "seu ministério não é hereditário, ou seja, não é questão de sucessão real ou dinástica", pois, "como o próprio Davi, ele assumirá o ofício por autorização do chamado divino". Assim, o "dom do Espírito dá ao Messias uma posição inigualável entre os filhos de Davi ou os profetas, porque o coloca na tradição dos grandes fundadores carismáticos de Israel — Moisés, Josué e Davi". Já o segundo significado é que

o dom do Espírito para o Messias, assim como ocorreu para os seus antecessores carismáticos, fornece-lhe as habilidades adequadas ao

---

141 Ibid., p. 570.

142 ARRINGTON, French L. Lucas, in: ARRINGTON, French L.; STRONSTAD, Roger (eds.). *Comentário bíblico pentecostal: Novo Testamento*, 2. ed. (Rio de Janeiro: CPAD, 2004), p. 335.

chamado. É justo que, para sua missão sem paralelo, ele receba a máxima capacitação do Espírito registrada nas Escrituras: o sêxtuplo espírito de sabedoria, inteligência, conselho, fortaleza, conhecimento e temor do Senhor. O caráter programático da descrição do profeta do dom do Espírito para o Messias resulta numa coletânea de textos numericamente pequena. Embora sejam poucos, indicam que, em comparação com qualquer um dos líderes carismáticos de Israel, o Messias é, especificamente, um homem do Espírito.[143]

Para o teólogo pentecostal French Arrington, isso mostra claramente que a experiência de Jesus "no rio Jordão significa que Ele é pentecostal e carismático — por excelência, um homem do Espírito",[144] nos exatos termos dos carismáticos descritos no capítulo anterior, mas com a diferença de que era também "o profeta" do qual Moisés falara (Deuteronômio 18:15,18; cf. Atos 3:22-23), isto é, não se tratava de "mais um" predecessor do Messias, mas o próprio Filho de Deus que demarca uma mudança sem precedentes na linha da história da salvação. Assim, o mesmo autor diz que o "Espírito desce sobre Jesus quando João o inclui entre aqueles a quem ele está batizando". Ao receber "o batismo de João Batista, Jesus se identifica com o povo", sendo o batismo de João um "batismo de pecador, para significar arrependimento, mas Jesus não tem pecado do qual se arrepender". Por isso, a "unção de Jesus pelo Espírito é distinta do batismo de João Batista, no que tange a torná-la uma capacitação profética para o ministério", pois o texto diz claramente que, "enquanto Jesus está orando, Ele é cheio com o Espírito Santo"[145] (cf. Lucas 3:21-22).

Esse fato é particularmente importante para a tradição carismático-pentecostal e sua forma de interpretar a expressão "estar cheio do Espírito", mas apresenta uma problemática para a teologia cessacionista protestante, que usa Efésios 5:18 como "chave hermenêutica" para interpretar as passagens lucanas e chega à conclusão de que o batismo em águas possui um caráter sacramental, pois ali, naquele momento específico, se recebe o Espírito Santo, e, para eles, isso é estar "cheio do Espírito". Contudo, ao se reduzir o ser "cheio do

---

143 STRONSTAD, Roger. *A teologia carismática de Lucas-Atos*: *trajetórias do Antigo Testamento a Lucas-Atos* (Rio de Janeiro: CPAD, 2018), p. 47.

144 ARRINGTON, French L. Lucas, in: ARRINGTON, French L.; STRONSTAD, Roger (eds.). *Comentário bíblico pentecostal*, p. 335-6.

145 Ibid.

1314 | TEOLOGIA SISTEMÁTICO-CARISMÁTICA

Espírito" à conversão, cria-se um problema seriíssimo para a divindade de Jesus, pois o relato de Lucas apresenta a unção de Cristo como um evento à parte, uma experiência carismática de atividade carismática, não soteriológica. Se seguirmos tal conclusão teológica de que não há separação entre esses dois acontecimentos — batismo em águas e unção/revestimento —, devemos supor que Jesus Cristo, que é Deus, precisou passar por um processo de conversão/iniciação como qualquer outro pecador! Isso abre precedentes para interpretações adocionistas e é um dos problemas que podem surgir quando se coloca um texto paulino, que só fala sobre estar "cheio do Espírito" uma única vez e de modo iniciático, como referencial hermenêutico para os relatos lucanos que mencionam essa expressão nove vezes (Atos 2:4; 4:8,31; 6:3,5; 7:55; 11:24; 13:9,52). Felizmente, esse problema desaparece quando partimos da percepção da separabilidade defendida pelos pentecostais, algo que, inclusive, faz justiça ao que realmente significa o batismo do Senhor e o enchimento do Espírito, nitidamente separados pelo relato lucano.

Após relatar o batismo e a unção de Jesus no Jordão, Lucas informa que o Espírito conduziu o Senhor ao deserto para ser tentado (Lucas 4:1). É importante ressaltar o caráter milagroso dessa ocasião. Não é exagero afirmar que Jesus muito provavelmente viveu uma experiência extática em sua tentação, pois, conforme explica uma nota explicativa da *Bíblia de estudo Pentecostal*, "abster-se de água por 40 dias requer um milagre". Por isso, o editor propõe que o fato de Satanás ter tentado Jesus com comida, não bebida, "pode indicar que Cristo absteve-se de alimento, mas não de água", ponto que, apesar de interessante, não será discutido. Além disso, "uma vez que Cristo teve que enfrentar a tentação, como representante do homem ele não poderia empregar nenhum outro meio para vencê-lo além do de um homem cheio do Espírito Santo".[146]

Como já mencionamos anteriormente, a tentação no deserto foi uma tentativa maligna de fazer que Jesus reivindicasse "a ultimidade para sua natureza finita" e se tornasse um "objeto de idolatria". Paul Tillich afirma que os próprios discípulos de Jesus tentaram induzi-lo a isso (cf. Mateus 16), a fim de que ele evitasse "seu próprio sacrifício como meio de revelação", ou seja, a cruz.[147] Essa mesma perspectiva é compartilhada por

---

146 STAMPS, Donald C. (ed.). *Bíblia de estudo Pentecostal* (Rio de Janeiro: CPAD, 1995), p. 1390.
147 TILLICH. *Teologia sistemática*, p. 145.

CAPÍTULO 5 – Cristologia | 1315

Yves Congar. O autor entende que, no deserto, "Jesus é provado em sua qualidade de Filho-Servidor" que, "ante a sedução de se passar por deus (cf. Gn 3:5), operando prodígios e demonstrando o seu poder", decide reassumir "com determinação a sua posição de Filho obediente (cf. Hb 10:5-9) e se dispõe ao serviço do Reino do Pai, tornando viva a sua misericórdia (cf. Mc 10:45; Hb 9:14)". Ele faz isso por estar "cheio da força do Espírito".[148] O que capacita Jesus a manter-se fiel ao propósito do seu ministério terreno é o Espírito Santo, que mais uma vez volta a ganhar papel de destaque na cristologia. Entendemos, então, que, conforme "expressa o Novo Testamento, o fruto concebido no ventre de Maria é santo pela força do Espírito Santo (cf. Lc 1:35)", numa dinâmica que já explicamos anteriormente, "e santo será o modo perfeito de Jesus viver a obediência filial ao Pai (cf. Hb 10:5-9)", pois estará "sob a assistência *permanente* do Espírito".[149] Essa visão é compartilhada até mesmo por teólogos reformados, como o holandês Abraham Kuyper, quando explica que a "encarnação não foi consumada sem o Espírito Santo, que foi quem envolveu Maria com a sua sombra, e as bênçãos que Cristo concedeu a todos à sua volta foram largamente devidas aos dons do Espírito Santo que lhe foram dados sem medida".[150]

Moltmann explica que "teólogos liberais recorreram a esse fato", de que Jesus foi capacitado pelo Espírito, "para relativizar a Jesus como portador do Espírito entre muitos outros". O autor observa, porém, que tais teólogos "se esqueceram da maneira singular com que Jesus foi dotado com o Espírito e que conduziu a sua filiação divina e a sua missão específica".[151] Diferentemente dos reformados, o próprio Calvino, a quem eles dizem seguir teologicamente, reconhecia "que o Espírito não fora dado a Jesus para ele próprio, mas para toda a comunidade, cuja cabeça ele foi de antemão".[152] Para Moltmann, isso demonstra "que Jesus não foi batizado com o Espírito como pessoa privativa, mas *pars pro toto*,[153] representativamente,

---

148 Nogueira. *O Espírito e o Verbo*, p. 54.

149 Ibid., p. 52 (grifo nosso).

150 Kuyper, Abraham. *A obra do Espírito Santo: o Espírito Santo em ação na igreja e no indivíduo* (São Paulo: Cultura Cristã, 2010), p. 70.

151 Moltmann, Jürgen. *O caminho de Jesus Cristo: cristologia em dimensões messiânicas* (Santo André: Academia Cristã, 2009), p. 153.

152 Ibid., p. 153-4.

153 Expressão latina que significa "uma parte pelo todo".

como um entre muitos e como um para muitos", ou seja, "Ele recebeu o Espírito para os doentes que curou, para os pecadores que perdoou, para o povo pobre cuja comunhão procurou, para as discípulas e discípulos que chamou para lhe seguirem".[154] É justamente dessa forma que o pentecostal crê. Não recebemos o batismo no Espírito Santo para usufruto pessoal, mas para servir. O revestimento de poder não é uma capacitação do Espírito visando ao exibicionismo de quem quer que seja, mas uma forma de Deus mover-se por intermédio de alguém para alcançar pessoas necessitadas (1Coríntios 12:7).

Após resistir à tentação, Cristo inicia sua obra terrena, que, conforme explica o teólogo pentecostal alemão Wilf Hildebrandt, "inclui ensino, pregação, exorcismo, libertação e cura",[155] assuntos sobre os quais nos debruçaremos a partir de agora. Entretanto, não poderíamos finalizar esse tópico sobre o ministério terreno de Jesus sem fazer uma importante relação entre a vida do Mestre e a nossa. Como mencionamos logo no início do capítulo, a cristologia do Espírito possui um caráter mais narrativo, pois nos leva a enxergamo-nos dentro dos relatos bíblicos, tirando uma lição prática de cada um deles. Quando olha para a vida de Jesus, o carismático-pentecostal identifica-se imediatamente, pois encontra exemplos que se conectam à sua realidade e vida. Ele entende que o Espírito Santo irá capacitá-lo para vencer suas tentações diárias, assim como fez com Jesus quando o conduziu ao deserto; também crê que, mediante o Espírito, torna-se uma nova criatura quando aceita o chamado à salvação, o que nos remete à função criadora que a terceira pessoa da Trindade desempenhou não apenas na encarnação do Verbo, mas também na criação do mundo. Ao olhar para o Deus que poderia ter se revelado de forma grandiloquente, mas preferiu a estrebaria e as vielas de Nazaré e, finalmente, a morte dolorosa na cruz, o carismático-pentecostal entende que esse é seu modelo de servidão e fidelidade a Deus. Com a exposição aqui feita, percebemos que essas ideias que parecem simplistas possuem, na verdade, bases bíblico-teológicas profundas, que em nada deixam a desejar a uma teologia racionalista, mas, sim, possuem um caráter mais prático-teológico, o que talvez seja até melhor para nós como cristãos, já que o evangelho é mais do que teoria; é vida.

---

154 Ibid., p. 154.

155 HILDEBRANDT, Wilf. *Teologia do Espírito de Deus no Antigo Testamento* (Santo André: Academia Cristã, 2004), p. 78.

— O evangelho de Jesus —

Falar sobre a pregação de Cristo em seu ministério terreno é importante porque, de alguma forma, ele é tanto o mensageiro quanto o próprio conteúdo dessa mensagem; logo, seu discurso e seu *Ser* estão intrinsecamente ligados e são igualmente relevantes para a cristologia. O evangelho pregado por Jesus não é apenas verbal, ou seja, não se limita apenas aos seus sermões, mas também se estende a suas ações, seus milagres e suas maravilhas. Um dos pressupostos mais equivocados acerca dos dons do Espírito Santo e sinais é o fato de se pensar que, no período canônico, eles tinham o objetivo de "certificar" ou "garantir" a veracidade da mensagem do evangelho. Absolutamente não! Eles são parte integrante do evangelho. E é isso que Lucas mostra claramente no conjunto de sua obra. Diferentemente dos profetas que haviam falado sobre tempos vindouros, que não se cumpriram em sua época, Jesus inaugura um tempo que chega por meio dele, o tempo do reino de Deus, e diz: "Se eu expulso os demônios pelo Espírito de Deus, é consequentemente chegado a vós o Reino de Deus" (Mateus 12:28). O já citado Roger Haight afirma que o "fulcro do ministério público de Jesus consistiu no reino de Deus, de sorte que uma consideração da pessoa de Jesus tem de levar em conta esse símbolo".[156] Portanto, para finalidades didáticas, dividimos a exposição do evangelho de Cristo em duas partes, começando pelo Reino e finalizando com os seus milagres, mas ressaltando que o evangelho é composto por ambos.

O reino de Deus

Estamos alinhados com grandes teólogos ao afirmar que o tema central da mensagem de Cristo é o reino de Deus (βασιλεία, "reino", "reinado"),[157] e este

---

156 HAIGHT. *Jesus, símbolo de Deus*, p. 101.

157 Cf. LIEFELD, Walter L. "O desenvolvimento da doutrina no Novo Testamento", in: BRUCE, F. F. *Comentário bíblico NVI: Antigo e Novo Testamento* (São Paulo: Vida, 2009), p. 1479. JEREMIAS, Joachim. *Teologia do Novo Testamento* (São Paulo: Hagnos, 2008), p. 77, 160. KÜMMEL, Werner Georg. *Síntese teológica do Novo Testamento de acordo com as testemunhas principais: Jesus, Paulo e João*, 4. ed. (São Paulo: Teológica, 2003), p. 52. RIDDERBOS, H. "Reino de Deus, reino dos céus", in: DOUGLAS, J. D. (org.). *O novo dicionário da Bíblia*, 3. ed. (São Paulo: Vida Nova, 2006), p. 1148. PANNENBERG, Wolfhart. *Teologia sistemática*, vol. 3 (São Paulo: Academia Cristã/Paulus, 2009), p. 55. SCHILLEBEECKX, Edward. *Jesus, a história de um vivente* (São Paulo: Paulus, 2008), p. 134. SCHNELLE, Udo. *Teologia do Novo Testamento* (São Paulo: Academia Cristã/Paulus, 2010), p. 103-4. STEVENS, R. Paul. *Os outros seis dias: vocação, trabalho e ministério na perspectiva bíblica* (Niterói: Textus; Viçosa: Ultimato, 2005), p. 152. YAMAUCHI, Edwin M.; PIERARD, Richard V.; CLOUSE, Robert G. *Dois reinos: a igreja e a cultura interagindo ao longo dos séculos* (São Paulo: Cultura Cristã, 2003), p. 24. WOLTERS,

1318 | TEOLOGIA SISTEMÁTICO-CARISMÁTICA

"está associado a curas e outros milagres". A última observação é particularmente importante para os carismático-pentecostais, pois, conforme explica Don Codling, nós entendemos que fomos comissionados por Jesus para darmos continuidade à sua obra e para isso recebemos habilitações que "são dons de Cristo como nosso rei". Ora, se "Ele não deixou de ser rei, nem há qualquer sugestão na Bíblia que estes foram apenas dons para celebrar sua coroação tendo sido retirados em seguida", não é correto "presumir que ele cessou de conceder alguns dos seus dons sem que ele nos houvesse dito". Portanto, em termos diretos, "os dons continuam enquanto o nosso rei reina"[158] e são, para os carismático-pentecostais, a evidência "viva" de seu Reino, sendo impossível dissociá-los. Exatamente por ter uma ligação tão profunda com o continuísmo, um dos pressupostos básicos da teologia carismático--pentecostal é que o conceito de reino de Deus precisa ser abordado também neste capítulo, de um prisma cristológico que se diferencia um pouco da já tradicional abordagem escatológica do assunto.

Sabemos que esse é um caminho incomum, já que o conceito de "reino de Deus" não costuma ganhar muita atenção na literatura pentecostal brasileira, principalmente por ainda estar muito restrito ao meio acadêmico, sendo este visto por muito tempo com certa desconfiança pelos pentecostais que temiam um "esfriamento" em suas igrejas. Contudo, entendemos que esse tempo passou e hoje se faz mais do que necessário desenvolver nossas próprias bases teóricas, até mesmo por demanda da própria membresia que está cada vez mais intelectualizada e interessada pelo labor teológico. Exatamente por ser uma discussão acadêmica, não há muito consenso sobre o reino de Deus, nem mesmo entre os teólogos pentecostais que geralmente são unânimes em assuntos relacionados a esse tema, como a escatologia, por exemplo. Isso aumenta nossa responsabilidade ao tematizar[159] e/ou inquirir acerca do tema,

---

Albert M. *A criação restaurada: base bíblica para uma cosmovisão reformada* (São Paulo: Cultura Cristã, 2006), p. 84. WRIGHT, N. T. *Simplesmente cristão: por que o cristianismo faz sentido* (Viçosa: Ultimato, 2008), p. 111.

158 CODLING, Don. *Sola Scriptura e os dons de revelação: como lidar com a atual manifestação do dom de profecia?*, 3. ed. (Natal: Carisma, 2020), p. 192.

159 "O termo", conforme Edward Schillebeeckx, "deve sua origem ao método 'fenomenológico' de Heidegger e sobretudo a Husserl". Portanto, segundo o mesmo autor, tematizar "é explicitar, quer dizer, revelar, tornar objeto de reflexão e discussão explícita assuntos que de fato, em nossa experiência, são normalmente silenciados, ficando implícitos. Em outras palavras, fazer de tais assuntos um tema de pesquisa e formulação teórica chama-se 'tematizar'" (SCHILLEBEECKX. *Jesus, a história de um vivente*, p. 693).

mas também abre espaço para que possamos falar da mensagem central de Jesus sem correr o risco de comprometer-se, *a priori*, com qualquer sistema que restrinja a possibilidade de compreender essa expressão diferentemente do que ela significa dentro de cada contexto e, mais importante, sem permitir que ela deixe de fazer sentido em nossa realidade no século 21. Em outras palavras, discutir da forma aligeirada não é responsável nem o melhor caminho, por isso optamos por abrir este subtópico e assim tratar do assunto com muita calma.

Alguns questionamentos principais costumam nortear quase todas as discussões que envolvem o reino de Deus e sua manifestação. Como ele se revela? Qual a sua dimensão? O reino já existe, está instaurado, ou o será somente no futuro? É possível que ele já exista em parte atuando por meio dos seus súditos no mundo, mas só será instalado em sua plenitude no futuro? Seria essa a resposta mais desafiadora, em que de fato ele consiste, já que é o tema central da mensagem de Cristo? Para responder a, ou apenas refletir sobre, tais questões, já que é impossível chegar a respostas definitivas sobre esse tema, precisamos primeiramente entender como o conceito de reino de Deus é apresentado biblicamente. Até aqui, temos dado preferência aos relatos lucanos por sua ênfase na ação do Espírito Santo, porém é o Evangelista Marcos quem nos fornece mais aporte teórico para tratar sobre a mensagem de Cristo. Já no começo de seu livro, ele relata que, após João Batista ter sido preso, Jesus foi para a Galileia e pregava o evangelho de Deus, dizendo: "O tempo está cumprido e o Reino de Deus está próximo. Arrependei-vos e crede no evangelho" (Marcos 1:15). Enquanto Mateus e Lucas fornecem informações a respeito da concepção e do nascimento de Jesus, Marcos parte do que ele chama de "Início do evangelho de Jesus Cristo, filho de Deus". Olhando de forma superficial, parece que o autor tem como foco a atividade ministerial do Nazareno, mas é ao evento histórico e decisivo — a nova aliança, um novo tempo — inaugurado pelo Filho de Deus que o autor de fato alude.[160]

---

160 Optamos por centrar a discussão de uma perspectiva marcana também pelo fato de que o seu Evangelho foi o primeiro desse gênero literário a ser produzido. Karl Kertelge, após explicar que o "termo 'evangelho' como título de um livro [...] tornou-se usual no decorrer do século II", afirma que esta designação "não caracteriza de modo igual os quatro evangelhos, mas, propriamente e antes de tudo, a obra de Marcos, que começa a sua exposição com as palavras: 'Princípio do Evangelho de Jesus Cristo, Filho de Deus'" ("A epifania de Jesus no Evangelho de Marcos", in: DAUTZENBERG, Gerhard; SCHREINER, Josef. *Forma e exigências do Novo Testamento* [São Paulo: Hagnos, 2008], p. 196-7).

1320 | TEOLOGIA SISTEMÁTICO-CARISMÁTICA

Sim, é importante reafirmar que, apesar de os Evangelhos Sinópticos serem lidos incorretamente por alguns grupos, como se fossem simples relatos cronológicos da vida terrena de Jesus,[161] há mais teologia do que elementos historiográficos em suas páginas. Estes, aliás, quando aparecem, servem apenas como pano de fundo para o assunto principal. Myer Pearlman, o teólogo e educador das Assembleias de Deus norte-americanas, mesmo sendo ortodoxo, falando acerca dos Evangelhos Sinópticos, afirma que os "escritores não procuraram produzir uma *biografia* completa de Cristo"; ao contrário, levaram "em consideração as necessidades e o caráter do povo para o qual escreviam" e, assim, "escolheram exatamente os acontecimentos e discursos que acentuaram a sua mensagem especial".[162] Por isso, é possível encontrar uma cristologia que tem como eixo a mensagem alvissareira do "alegre anúncio", a "boa-nova", no Evangelho de Marcos, a despeito de sua abordagem e narrativa sucintas. A importância dessa mensagem está vinculada à expectativa imediata dos judeus, que fica evidente em relatos como o que escreveu Lucas acerca da profetisa Ana, que, ao contemplar o menino nos braços de Simeão, passou a dar graças a Deus e a falar da criança a "todos os que esperavam a redenção em Jerusalém" (2:38).

Para entendermos qual era essa esperança, antes é preciso verificar a expressão "reino de Deus" (e "reino dos céus"), que é abundante nos quatro Evangelhos (cerca de 63 vezes, sendo apenas duas delas no Evangelho de João). Nas palavras de Joachim Jeremias, é *ipisissima vox* de Jesus, ou seja, uma expressão autêntica e original dele, pois na literatura do judaísmo antigo não há nenhum paralelo com a grande quantidade apresentada nos Evangelhos (especialmente nos Sinópticos) nem com a conotação dada pelo Senhor Jesus. Aliás, o mesmo autor diz ainda que "nas palavras de Jesus que tratam de *basileia* [reino] encontra-se uma profusão de expressões que não têm *nenhum paralelo* (nem sequer profano) na maneira de falar dos contemporâneos de Jesus".[163] Assim, *basileia* é *ipisissima vox* porque "Jesus não só fez do termo o tema central de sua pregação, mas também o preencheu com um conteúdo novo, para o qual não há termo de analogia".[164] O caráter extremamente único

---

161 Vale relembrar que essa concepção dos Evangelhos como livros puramente narrativos, biográficos e sem valor teológico era defendida pelos liberais, como já estudamos anteriormente.

162 PEARLMAN, Myer. *Através da Bíblia: livro por livro*, 2. ed., 14. reimpr. (São Paulo: Vida, 1991), p. 192.

163 JEREMIAS. *Teologia do Novo Testamento*, p. 73.

164 Ibid., p. 76-7.

da expressão faz que os debates sobre ela tenham muitas divergências, a começar pela falta de consenso entre os estudiosos no que diz respeito às expressões "reino de Deus" e "reino dos céus" serem ou não termos intercambiáveis.[165]

Dos Sinópticos, Mateus é o único que utiliza a expressão "reino dos céus", e, mesmo partilhando da ideia de que, em "comparação com os demais evangelhos, essa expressão é coincidente com 'Reino de Deus'", Erich Mauerhofer e David Gysel afirmam que cabe à "teologia ou dogmática do NT discutir mais a fundo a interpretação desse conceito".[166] Nesse particular, Udo Schnelle, ao tratar do discurso religioso, afirma que este possui uma dimensão simbólica; e os símbolos, segundo ele, "são sinais que apontam para além de si e que abrem novos mundos de sentido, que trazem uma outra realidade para dentro de nossa realidade".[167] Mesmo que a informação pareça redundante, é necessário saber que os símbolos "precisam ser escolhidos de tal forma que, por um lado, po[ssa]m ser recebidos pelos ouvintes/leitores e que, por outro, apresent[e]m adequadamente a grandeza a ser simbolizada".[168] Uma vez que a tradição carismático-pentecostal foi muito influenciada pelo dispensacionalismo e, por isso mesmo, desenvolveu uma hermenêutica teológica que supervaloriza o método alegórico, principalmente em textos literais, não é errado afirmar que talvez esta seja a expressão cristã que mais necessita do reconhecimento de que em *Jesus de Nazaré, o símbolo religioso central é o Reino/domínio de Deus*.[169] Tal é ainda mais necessário se, como a maioria

---

165 Joachim Jeremias, por exemplo, diz que, quando "Jesus fala do reino dos céus e da tentação, ele vincula a essas palavras um significado muito distinto àquele uso cotidiano da linguagem que costumamos atribuir. Quando fala do reino dos céus, pensa na entronização visível da soberania real de Deus, introduzida pela segunda vinda do filho do homem e da aniquilação de Satanás. Quando fala da tentação, está pensando na última tentação de Satanás sobre toda a terra, que haverá de preceder a esses acontecimentos" (JEREMIAS, Joachim. *Palavras desconhecidas de Jesus* [Santo André: Academia Cristã, 2006], p. 134). Entretanto, o mesmo autor afirma em sua *Teologia do Novo Testamento* que, "nos evangelhos, alternam-se ἡ βασιλεία τοῦ θεοῦ [o reino de Deus] e ἡ βασιλεία τῶν οὐρανῶν [o reino dos céus]. As duas expressões significam a mesma coisa, pois οἱ οὐρανοί [os céus] é mera circunlocução para Deus" (JEREMIAS. *Teologia do Novo Testamento*, p. 161). Outra defesa dessa ideia pode ser encontrada em: KÜMMEL. *Síntese teológica do Novo Testamento*, p. 54. Para uma perspectiva contrária a essa, cf. ZABATIERO, Júlio Paulo T. "Rei, reino", in: BROWN, Colin; COENEN, Lothar (eds.). *Dicionário internacional de teologia do Novo Testamento*, 2. ed. (São Paulo: Vida Nova, 2000), p. 2024.

166 GYSEL, David; MAUERHOFER, Erich. *Uma introdução aos escritos do Novo Testamento* (São Paulo: Vida, 2010), p. 104.

167 SCHNELLE. *Teologia do Novo Testamento*, p. 103-4.

168 Ibid., p. 104.

169 Ibid.

1322 | TEOLOGIA SISTEMÁTICO-CARISMÁTICA

dos autores insiste, o reino de Deus apresenta-se como chave hermenêutica para o entendimento do evangelho, não apenas no sentido que usualmente se utiliza, mas no fato de ser "um novo tempo". Logo, a concentração e o esforço na pesquisa acerca do tema não apenas se autojustificam, mas são também obrigatórios. Assim, a orientação de Udo Schnelle em sua *Teologia do Novo Testamento* torna-se ainda mais oportuna:

> Símbolos como sinais linguísticos estão sempre inseridos na enciclopédia de um círculo cultural, especialmente em sua língua. Para poder compreender um símbolo é preciso perpassar e verificar a enciclopédia do termo. No caso de "Reino/domínio de Deus", trata-se do conceito de Deus como rei no Antigo Testamento, no judaísmo antigo e no helenismo. Fazem parte desse conceito um amplo campo linguístico (Deus como rei e formulações verbais sobre o governar), associações afins (por exemplo, Deus como Senhor e juiz), atributos e insígnias reais (por exemplo, palácio, trono, corte, glória), a metafórica real (por exemplo, o rei como pastor) e tarefas tipicamente reais (conceder a paz, julgar os inimigos). O ponto de partida desses conceitos é a experiência — imediatamente presente na Antiguidade — do domínio ilimitado e do caráter todo-poderoso dos reis, cuja plenitude de poder se oferecia como símbolo para Deus.[170]

Isso nos conduz a outra discussão que, para além do campo etimológico, busca analisar o conteúdo da mensagem de Cristo, a fim de definir se ele realmente pregou um *evangelion*, isto é, um novo tempo, ou se apenas surgiu como mais um profeta para corrigir a postura de Israel, dando sequência ao continuísmo da relação imposta pela religião institucionalizada no Antigo Testamento. Já adiantamos nosso posicionamento anteriormente, quando afirmamos que Jesus, ao revelar-se de forma totalmente inesperada — como homem comum, pobre e leigo — mostrou que a teologia judaica, ou seja, sua concepção divina, estava equivocada. Mesmo assim, vale a pena conferir a argumentação que Werner Kümmel desenvolve para responder a essa pergunta. O autor afirma que "a promissão do perdão anunciada por Jesus não passaria de uma mera promessa, como era no judaísmo de sua época, a qual não modificaria em nada o presente, caso Jesus somente tivesse falado da ação

---

170 Ibid., p. 104-5.

de Deus no futuro".[171] O autor não se contenta com conclusões *a priori* e faz uma minuciosa análise do texto bíblico, inquirindo-o a fim de entender se Jesus de fato pregou "um Evangelho". De acordo com Kümmel, só há "condições de responder realmente se a pregação de Jesus a respeito do reino de Deus foi ou não proclamação de *salvação*", ou seja, um "Evangelho, quando reconhecermos até que ponto Jesus também indicou para a ação de Deus no presente".[172]

Em outras palavras, o autor busca saber se a pregação de Cristo era apenas futurística e se a condição apresentada por ele para fazer parte do reino de Deus tinha algum resquício de legalismo do tipo "faça por merecer", tão presente no judaísmo de sua época. Por falta de espaço e também para não perder o foco, não há possibilidade de acompanhar todo o exame realizado por Kümmel, mas vale destacar uma afirmação do autor, que defende o fato de a "mensagem de Jesus a respeito da iminente vinda e da presença do reino de Deus serv[ir], portanto, para emoldurar a proclamação da ação paternal e julgadora de Deus", pois "na pessoa, nos ensinamentos e na ação de Jesus a ação de Deus passa a acontecer no presente, transformando-se em realidade concreta para os crentes".[173] Walter Liefeld, falando acerca do "desenvolvimento da doutrina no Novo Testamento", aborda essa mesma questão com os seguintes termos:

> No início do seu ministério, o Senhor Jesus ilustrou a novidade do seu evangelho ao lembrar a seu público de que não se coloca vinho novo em odres velhos (Mc 2.22). De acordo com João, o seu primeiro milagre foi a transformação de água em vinho, seguido da purificação do templo e do ensino do novo nascimento (Jo 2.1—3.14). Com essas palavras e ações, a nova era é introduzida. Isso foi previsto nas narrativas da infância em Mateus e Lucas, quando as expectativas dos judeus piedosos foram finalmente realizadas no nascimento do seu Salvador-Messias. As palavras do Senhor Jesus ensinam abertamente que "A Lei e os Profetas profetizaram até João. Desse tempo em diante estão sendo pregadas as boas-novas do Reino de Deus" (Lc 16.16). Assim, o Senhor Jesus, quando começou o seu ministério na Galileia,

---

171 KÜMMEL. *Síntese teológica do Novo Testamento*, p. 64-5.
172 Ibid.
173 Ibid., p. 68.

declarou: "O tempo é chegado [...] O Reino de Deus está próximo. Arrependam-se e creiam nas boas-novas!" (Mc 1.15).[174]

A despeito das palavras do Cristo registradas em Lucas 16:16 (cf. Mateus 11:12-13), onde se percebe a inserção de um novo tempo na história e de um novo capítulo no drama existencial dos judeus, Kümmel explica que o mesmo texto insiste em um ponto que tem relação direta com a postura anterior, pois, "em consonância com o judaísmo, Jesus relacionou a promessa da participação no reino de Deus com a ação do homem, através da concepção de recompensa e castigo".[175] Contudo, o autor acentua que é preciso "notarmos que Jesus não compartilha simplesmente as concepções de recompensa do judaísmo de sua época, mas que ele efetua profundas modificações nas concepções tradicionais",[176] e uma delas é justamente o rompimento com a noção de "recompensa" vista como um direito de recebê-la. De acordo com Kümmel, ao contar a parábola dos trabalhadores na vinha, Jesus "nega *qualquer direito* de o homem reclamar uma *recompensa da parte de Deus*":[177]

A parábola acentua explicitamente que, sob o aspecto jurídico, esse senhor da vinha procedeu irrepreensivelmente, pelo fato de não diminuir o salário combinado de nenhum dos trabalhadores. Não obstante, todo ouvinte da parábola sente que essa justiça é injustiça. Indubitavelmente Deus está por detrás do senhor da vinha, pois declara irrestritamente que somente ele tem o direito de recompensar tanto quanto corresponde à sua bondade. Na parábola, o acento reside única e exclusivamente no fato de, em relação a Deus, não se poder fazer nenhuma exigência e que a recompensa de Deus é uma dádiva da sua livre bondade. Portanto o salário, a recompensa de Deus, não se baseia, parafraseando Paulo [Rm 4.4], em dever, mas Deus tão somente concede sua recompensa a partir de sua graciosa benevolência.[178]

---

174 LIEFELD, Walter L. "O desenvolvimento da doutrina no Novo Testamento", in: BRUCE. *Comentário bíblico NVI*, p. 1479.

175 KÜMMEL. *Síntese teológica do Novo Testamento*, p.70.

176 Ibid., p. 80.

177 Ibid., p. 82 (grifo no original).

178 Ibid.

Marcos, como o primeiro dos Sinópticos a ser escrito, também introduz abruptamente a ruptura entre a expectativa messiânica dos judeus e a sua consumação (1:1); tem apenas o cuidado de, antes de dissertar sobre a manifestação desse novo tempo, apresentar uma perícope sobre João Batista (v. 4-8). Ainda assim, subtende-se que a "aparição" do profeta em relação ao Messias, na perspectiva marcana, tem apenas o intuito de mostrar o "salto qualitativo" entre as funções e as alianças, pois, enquanto o primeiro batiza com água (prática que existia em outros grupos religiosos), o segundo batizará com o Espírito Santo! Algo que, apesar de ter sido profetizado (cf. Joel 2:28), é novo e só poderá ser plenamente conhecido após a experiência de Atos 2. Está inicialmente claro que a cristologia marcana quer demonstrar, fundamentada nas Escrituras, que Jesus é o Messias e que tudo o que acontece em sua vida é cumprimento do que se encontra escrito acerca dele. Veja que, a despeito do ambiente inóspito em que o Cristo é inserido (cf. Marcos 1:12-13), há uma transformação radical no lugar, por causa da própria presença de Jesus, que lembra o estado de paz ideal que caracterizará o tempo messiânico (Oseias 2:16-20; Isaías 11:6-9; 65:25). E, ainda que isso não signifique um restabelecimento definitivo da perfeição (como de fato não o é), antecipa o que era (assim acreditamos) e o que será na plenitude.

Há um aspecto mencionado anteriormente que merece uma consideração. Ao admitir a "expectativa judaica" em torno de um Messias, faz-se uma opção pela ideia de que, ainda que a expressão não existisse, o conceito de Reino já era conhecido pelo povo de Israel. A grande pergunta é: qual era esse conceito? Joachim Jeremias oferece um entendimento acerca do assunto:

> É certo que a palavra *malkuta* não tem para o oriental o mesmo sentido que a palavra "reino" para o ocidental. Pois só em muitos poucos casos no Antigo Testamento *malkut* designa um reino no sentido espacial, um território; quase sempre quer dizer o poder de reinar, a autoridade, o poder de um rei. Mas *malkut* jamais é entendido abstratamente, e sim sempre como estando em processo de realizar-se. Portanto, o reinado de Deus não é um conceito espacial nem estático, mas *um conceito dinâmico*. Significa a soberania real de Deus em ação, primeiramente como oposta à soberania real humana, mas também a seguir como oposta a toda soberania no céu e na terra. Sua marca principal é que Deus está realizando o ideal da justiça real, sempre ansiado, mas nunca cumprido na terra. Nas concepções dos

1326 | TEOLOGIA SISTEMÁTICO-CARISMÁTICA

povos do oriente, assim como para a de Israel desde seus primórdios, a justiça real não consistia primordialmente numa aplicação imparcial do direito, mas na proteção que o rei estende aos desamparados, fracos e pobres, às viúvas e aos órfãos.[179]

Nathan Ausubel afirma que a "doutrina do Messias" (que chamamos de *expectativa messiânica*) é uma das "crenças mais duradouras e persistentes da religião judaica" e que outros "povos contemporâneos dos judeus na Era Bíblica (isto é, os egípcios, os babilônios, os persas, os gregos e os romanos)", mesmo praticando religiões diversas da de Israel, possuíam igualmente uma concepção "acerca de um 'redentor', mas suas ideias eram fundamentalmente diferentes nas formas primitivas que tomavam e no alcance e caráter de suas idealizações". Isso porque, segundo o mesmo autor, esses povos "não possuíam nem os objetivos sociais nem os compromissos morais que tinha a projeção judaica".[180] É claro que para estes que oprimiam não havia necessidade de se pensar, por exemplo, em liberdade (momentaneamente falando). Aliás, de acordo com Hans Kippenberg, quando se trata de Israel, o "conceito de liberdade não deve ser compreendido como político-libertador [momentânea], mas no sentido da salvação escatológica [plena]".[181] Esse mesmo autor reconhece que a "concepção judaica de liberdade" tem relação com o "complexo de regras institucionais" das demais nações daquela época, chegando até mesmo a dizer que há "uma série de coisas em comum", como, por exemplo, "autonomia, justiça, impostos próprios, isenção de tributos, moeda própria".[182] Contudo, acentua que existe "um elemento da concepção sicário-zelota que é estranho a este conceito de liberdade". Trata-se da "motivação que M. Hengel chama de religiosa: Israel não pode reconhecer o domínio romano, pois Deus é o seu Senhor". Kippenberg conclui dizendo que, para o mesmo M. Hengel, essa declaração significa uma "mensagem cujo conteúdo foi lançado contra o culto helenístico do César".[183] Assim, mesmo que haja na *expectativa messiânica* de Israel os três elementos identificados por

---

179 JEREMIAS. *Teologia do Novo Testamento*, p. 162.

180 AUSUBEL, Nathan. *Conhecimento judaico II*, Coleção Judaica, vol. 6 (Rio de Janeiro: Koogan, 1989), p. 541.

181 KIPPENBERG, Hans G. *Religião e formação de classes na antiga Judeia: estudo sociorreligioso sobre a relação entre tradição e evolução social* (São Paulo: Paulinas, 1988), p. 153.

182 Ibid., p. 152.

183 Ibid., p. 153.

CAPÍTULO 5 – Cristologia | 1327

M. J. Pereira Queiroz — "coletividade oprimida e descontente; a esperança na chegada do enviado de Deus, que porá fim ao tempo de sofrimento; a crença em [um] paraíso que é ao mesmo tempo santo e profano" [leia-se composto pela divindade e pela criação] — que, segundo ele, "pertencem ao inventário fundamental de todo movimento messiânico", a "doutrina do Messias" de Israel ainda se distingue substancialmente das dos demais povos por seu elemento religioso, pois "vem de modo inesperado e surpreendente" e "transcende não só as relações sociais, mas também a História".[184]

De acordo com Nathan Ausubel, a missão do Messias de Israel é "o estabelecimento do Reinado de Deus *na Terra* (não *no Céu*, como o queriam os cristãos) quando a solidariedade, a paz e a justiça introduziriam o eterno Sabath em Israel, e também para o resto [*sic*] da Humanidade", e simplesmente crer no "Deus único e [em] sua Torah"[185] é a condição para se fazer parte do Reino. A inserção de toda a humanidade e a condição única de "crer", para que ambos — gentios e judeus — possam fazer parte do Reino, aponta para a realidade exposta em João 1:10-11 e Romanos 11:32, que deve ser entendida à luz de Gênesis 12:3. Cristo expôs pela primeira vez, segundo o relato lucano, a que veio: evangelizar os pobres, curar os quebrantados de coração, dar liberdade aos que estavam presos e aos oprimidos, restabelecer a visão àquele que não mais enxergava e ainda declarar o início de um tempo a partir do qual Deus estava totalmente favorável às pessoas (Lucas 4:18-19; cf. Isaías 61:1-2a).

A mensagem é tão radical que o último objetivo lembra o chamado "ano do Jubileu", instituído pelo Senhor na Lei (Levítico 25:8-55). O Jubileu ("júbilo" ou "regozijo") ocorria de cinquenta em cinquenta anos e continha a obrigatoriedade do perdão (anulação ou remissão) de dívidas e a soltura dos que viviam na condição de escravos. A despeito de semelhante prática ser também observada nos povos de culturas "semipastoris" que existiam naquela época, "para eles o jubileu constituía, meramente, uma incursão ocasional na reforma agrária; não era a instituição permanente que os israelitas haviam estabelecido com o Jubileu".[186] Isso porque, como diz Nathan Ausubel:

> No cerne da ideia do jubileu — e, incidentalmente, de todas as reformas agrárias da era bíblica — estava a doutrina mosaica de que todas

---

184 Ibid., p. 151.
185 AUSUBEL. *Conhecimento judaico II*, p. 542.
186 AUSUBEL. *Conhecimento judaico I*, vol. 5, p. 395-6.

as coisas e todas as criaturas que havia no mundo não pertenciam ao homem, em absoluto, *mas somente a Deus*, pois Ele que as havia criado. Uma vez que a terra pertencia somente a Deus, ela deveria ser distribuída igualmente entre os homens — "arrendada", por assim dizer, a todos os que desejassem cultivá-la. Para evitar a formação de grandes propriedades, decorrente de práticas de açambarcamento da terra pelos que eram poderosos e que não se submetiam às leis, e a inevitável desapropriação dos pequenos fazendeiros sempre que acontecia deixarem de pagar a seus credores, a lei bíblica, nas palavras austeras de Deus a Moisés, afirmava: "A terra não será vendida para sempre, pois que a terra é minha." (Lv 25.23). Em consequência, depois de cinquenta anos de propriedade, a terra que o lavrador houvesse trabalhado tinha que ser devolvida ao Estado para que fosse entregue a outra pessoa.[187]

Percebemos, então, que a ideia de reino de Deus sempre esteve muito ligada à justiça social, assunto que, nas palavras do biblista pentecostal Esequias Soares, apesar de "muito amplo na Lei",[188] foi negligenciado, o que fez que o profetismo se tornasse mais do que necessário, sobretudo após a instituição da monarquia judaica durante o reino unido. Posteriormente, ao falar acerca do período da monarquia dividida, o mesmo autor afirma que, apesar de os profetas combaterem o erro e a injustiça, a "crise permaneceu" em ambos os reinos (Sul e Norte) e a "perfídia entr[ou] em todos os segmentos na sociedade: religião, política, jurídica, empresarial etc.".[189] Finalizando o capítulo de sua obra que trata acerca das "funções sociais e políticas da profecia", Esequias Soares diz:

> Os mensageiros do Senhor, desde longa data, pregavam chamando o povo ao arrependimento, mas aquela geração rejeitou a Palavra de Deus, as advertências eram severas, mesmo assim Israel e Judá não deram atenção à voz do Senhor. Os profetas do Antigo Testamento apresentavam Deus ao povo e desempenhavam o papel de reformador religioso ou de patriota. Eles não hesitavam em enfrentar até reis desobedientes à vontade de Deus (1Rs 18.18). Esses homens de Israel lutavam contra a idolatria e zelavam pela pureza religiosa, pela justiça

---

187 Ibid., p. 395.

188 SILVA, Esequias Soares da. *O ministério profético na Bíblia: a voz de Deus na terra* (Rio de Janeiro: CPAD, 2010), p. 57.

189 Ibid., p. 58.

CAPÍTULO 5 – Cristologia | 1329

social e pela fidelidade a Deus. Sua mensagem devia ser recebida na íntegra por toda a nação (2Cr 20.20).

Os profetas advertiram durante muito tempo e de várias maneiras, anunciando o dia da ira de Deus sobre toda a injustiça e a impiedade. As dez tribos do norte desapareceram no cativeiro assírio, e nunca mais retornaram à terra de seus antepassados. Judá foi para o desterro, mas Deus prometeu restaurar a nação setenta anos depois (Jr 25.11; 29.10), a profecia se cumpriu, Ciro pôs fim ao cativeiro dos judeus (2Cr 36.20-23). Zorobabel retornou a Jerusalém com uma leva de judeus para reconstruir a sua nação, depois Esdras e Neemias regressaram com outros exilados para a terra de Judá.

A lição serviu no tocante à idolatria, que é repulsa nacional até hoje em Israel, mas sobre o tema justiça social, Neemias teve muito ainda o que fazer em Jerusalém.[190]

Apesar da intensa preocupação com a idolatria — problema que foi solucionado, já que o judaísmo se tornou uma religião fielmente monoteísta — a justiça social, que também era um conceito caríssimo à Lei, continuou sendo negligenciado e, ainda nas palavras de Esequias Soares, só "ganhou novo fôlego com a vinda do Messias",[191] que chega ensinando: "Portanto, tudo o que vós quereis que os homens façam, fazei-lho também vós, *porque esta é a lei e os profetas*" (Mateus 7:12, grifo nosso). Há em seu discurso uma nítida tentativa de recuperar o conceito original de reino de Deus, desprendendo-o da nuance política que ele ganhou por influência da apocalíptica judaica.

Falaremos sobre apocalíptica no capítulo de escatologia, já que precisamos entendê-la antes de prosseguirmos para o estudo sobre as famosas escolas de interpretação escatológica, mas vale pontuar, ainda aqui neste capítulo, alguns aspectos que levaram ao seu desenvolvimento. Se, por um lado, a "chamada escritura apocalíptica judaica" é vista como pertencente a uma classificação "não canônica" por justamente ter como principal fonte de inspiração o anseio nacionalista, por outro, conforme disserta David Russell, no "período de 170 a.C. a 70 d.C., o nacionalismo judaico desempenhou um papel mais importante na resistência ao avanço do helenismo".[192] Em outras

---

190 Ibid., p. 64-5.

191 Ibid., p. 65.

192 RUSSELL, David S. *Entre o Antigo e o Novo Testamentos: o Período interbíblico* (São Paulo: Abba Press, 2005), p. 9-10.

1330 | TEOLOGIA SISTEMÁTICO-CARISMÁTICA

palavras, a ideologia nacionalista cumpriu uma função imprescindível no período pós-exílico, tal como a Lei o fez no período inicial da ocupação da "Terra Prometida". Russell diz ainda que o "nacionalismo não foi motivado apenas por objetivos políticos, mas também por ideais religiosos oriundos de uma devoção profunda por parte de muitos e arraigados em firmes convicções teológicas", mesmo porque, conforme o mesmo autor, o "Judaísmo, ao contrário do Helenismo, representava não tanto um modo de vida, mas um movimento religioso nacional".[193] Assim, a religião judaica era não "apenas *uma* alternativa, mas era *a* alternativa, pois, na convicção de muitos, o judaísmo conduziria afinal os homens para o Reino de Deus, cuja vinda precederia a Nova Era determinada por Deus".[194]

Russell admite que ainda que a crença dos apocalípticos vá além de tudo que está escrito nos profetas veterotestamentários, e que os textos tenham recebido influência do pensamento persa, mesmo assim "essa crença era fundamentada na esperança profética da restauração — não apenas da nação, em um reino terreno, mas também do indivíduo, em um reino celestial".[195] Mas não há, como não poderia deixar de ser, homogeneidade nesse aspecto. Grant Osborne, por exemplo, afirma que "é impossível isolar uma única *Sitz im Leben* (situação na vida de Israel) para a ascensão do gênero apocalíptico".[196] Ou seja, "a resposta não se encontra apenas na análise sociológica".[197] Para Osborne, o "surgimento da literatura apocalíptica não se configurou como um movimento ou partido político (por exemplo, fariseus ou saduceus)".[198] Para ele, o "mais importante é que esse movimento proporcionou uma das ligações mais claras entre o judaísmo e o cristianismo, muito mais direta do que qualquer partido em particular",[199] que é "a visão hebraica da história — uma visão quase única na antiguidade — isto é, da história como uma progressão linear ao invés de uma progressão circular, movendo-se para frente antes que se repetindo, e movendo-se para frente para um fim e meta definidos".[200]

---

193 Ibid., p. 10.

194 Ibid.

195 Ibid., p. 113.

196 Osborne, Grant R. *A espiral hermenêutica: uma nova abordagem à interpretação bíblica* (São Paulo: Vida Nova, 2009), p. 369.

197 Ibid., p. 370.

198 Ibid.

199 Ibid.

200 Dunn, James D. G. *Unidade e diversidade no Novo Testamento: um estudo das características dos primórdios do cristianismo* (Santo André: Academia Cristã, 2009), p. 457.

A esse respeito, o historiador Thomas Cahill chega a afirmar que essa ruptura do pensamento judaico acerca do tempo no mundo antigo (o que modernamente conhecemos como "recorrência eterna" ou, na expressão de Mircea Eliade, "mito do eterno retorno"), é tão significativo e inaugura uma forma tão diferente e nova de concepção, "a ponto de se poder dizer com certa justiça que [...] foi a única ideia nova que os seres humanos já tiveram".[201] Voltaremos a esse assunto do tempo mais adiante, mas é significativo ter em mente o que explica o conhecido cientista da religião Mircea Eliade:

> Quanto às religiões arcaicas e paleorientais, bem como em relação às concepções mítico-filosóficas do Eterno Retorno, tais como foram elaboradas na Índia e na Grécia, o judaísmo apresenta uma inovação importante. *Para o judaísmo, o Tempo tem um começo e terá um fim.* A ideia do Tempo cíclico é ultrapassada. Jeová não se manifesta no *Tempo cósmico* (como os deuses das outras religiões), mas num *Tempo histórico*, que é irreversível. Cada nova manifestação de Jeová na história não é redutível a uma manifestação anterior. A queda de Jerusalém exprime a cólera de Jeová contra seu povo, mas não é a mesma que Jeová exprimira no momento da queda de Samaria. Seus gestos são intervenções *pessoais* na História e só revelam seu sentido profundo *para seu povo*, o povo *escolhido* por Jeová. Assim, o acontecimento histórico ganha uma nova dimensão: torna-se uma teofania.[202]

O cristianismo vai ainda mais longe na valorização do *Tempo histórico*. Visto que Deus encarnou, isto é, que assumiu uma *existência humana historicamente condicionada*, a História torna-se suscetível de ser santificada. O *illud tempus* evocado pelos evangelhos é um Tempo histórico claramente delimitado — o Tempo em que Pôncio Pilatos era governador da Judeia —, mas *santificado pela presença de Cristo*. Quando um cristão de nossos dias participa do Tempo litúrgico, volta

---

201 CAHILL, Thomas. *A dádiva dos judeus: como uma tribo do deserto moldou nosso modo de pensar* (Rio de Janeiro: Objetiva, 1999), p. 18. Apesar dessa "admiração" de Cahill (Dunn é mais cauteloso, pois fala sobre a singularidade historiológica judaica como uma "uma visão quase única na antiguidade"; cf. nota anterior), Mircea Eliade diz que a concepção histórica do cristianismo, por exemplo, e a valorização do tempo com a irrupção (revelação) de Deus em Jesus Cristo por meio da encarnação fazem que a história volte "a ser a *História Sagrada* — tal como foi concebida, dentro de uma perspectiva mítica, nas religiões primitivas e arcaicas" (ELIADE. *O sagrado e o profano*, p. 98). Em outras palavras, parece dar a entender que não se trata de algo tão único e singular.

202 Para Eliade, teofania é toda manifestação sagrada em forma angélica e/ou perceptível aos sentidos humanos.

a unir-se ao *illud tempus* em que Jesus vivera, agonizara e ressuscitara — mas já não se trata de um Tempo mítico, mas do Tempo em que Pôncio Pilatos governava a Judeia. Para o cristão, também o calendário sagrado repete indefinidamente os mesmos acontecimentos da existência do Cristo, mas esses acontecimentos desenrolaram-se na História: já não são fatos que se passaram na *origem do Tempo*, "no começo". (Acrescentemos porém que para o cristão o Tempo começa de novo com o nascimento do Cristo, porque a encarnação funda uma nova situação do homem no Cosmos.) Em resumo, a História se revela como uma nova dimensão da presença de Deus no mundo. A *História* volta a ser a *História sagrada* — tal como foi concebida, dentro de uma perspectiva mítica, nas religiões primitivas e arcaicas.[203]

Ainda sobre o papel da literatura apocalíptica, categoria literária que, segundo David Russell, "floresceu de 165 a.C. a 90 d.C.", vale dizer que ela "deve muito à preparação dos profetas do Antigo Testamento e à influência de ideias estrangeiras, especialmente as relacionadas à escatologia do Zoroastrismo do Império Persa".[204] E essa "dívida" ao profetismo é tal que autores como Walter Kaiser chegam até mesmo a afirmar que o "Antigo Testamento Apocalíptico poderia ser tratado como uma subcategoria da profecia".[205] Ele adverte, porém, que não devemos pensar nos eventos apocalípticos contidos nessa literatura em termos que os transportem para outro mundo, pois, na "verdade, muitos destes mesmos eventos participam do que veio a ser conhecido como escatologia inaugurada".[206] É com base nesse conceito de "escatologia inaugurada" — que Kaiser define como um "evento futuro descrito nas Escrituras [que] tem um aspecto de 'agora', assim como uma característica de 'ainda não'"[207] — que podemos finalmente começar a desenvolver uma resposta ao que de fato significa o reino de Deus.

Oscar Cullmann parece ter sido um dos primeiros a falar acerca dessa tensão entre o "já" e o "ainda não" do reino de Deus. O autor defende que é "fundamental para todo o Novo Testamento, e, em especial, também para

---

203 ELIADE. *O sagrado e o profano*, p. 97-8.

204 RUSSELL. *Entre o Antigo e o Novo Testamentos*, p. 97.

205 KAISER JR., Walter C. *Pregando e ensinando a partir do Antigo Testamento: um guia para a igreja* (Rio de Janeiro: CPAD, 2009), p. 189.

206 Ibid.

207 Ibid.

CAPÍTULO 5 – Cristologia | 1333

a mensagem de Jesus, a [tensão] temporal: aquela entre o 'já realizado' e o 'ainda não concluído'".[208] Aliás, com essa tese básica, Cullmann produziu sua conhecida obra *Cristo e o tempo*, cuja primeira edição é de 1946 (escrita, porém, em 1944). Para o teólogo alemão, essa tensão é um fio condutor que não somente perpassa, mas define a compreensão do Novo Testamento, pois caracteriza toda a história da salvação nesta porção escriturística.[209] Para ele, essa tensão "entre o 'já cumprido' e o 'ainda não concluído' já se encontra em Jesus"[210] e argumenta que, se essa tensão já era "um elemento decisivo na escatologia de Jesus, não será isto, portanto, o esquema da história da salvação que se nos apresenta em germe nesta relação entre presente e futuro?"[211] O contexto em que Cullmann pontua esse assunto é o da segunda súplica da mais conhecida oração do Novo Testamento: o Pai-nosso. Ele afirma que essa tensão é imprescindível para entendê-la, pois o fato de que os "discípulos devem orar pela vinda futura do Reino de Deus, Reino que já começou",[212] nos conduz a um paradoxo, pois como podemos pedir pela vinda de algo que já está entre nós?

A resposta a esse paradoxo já pressupõe uma definição de reino de Deus; por isso, antes é preciso voltar ao problema do tempo que tratamos acima, relacionando-o com o evangelho — que aqui se refere ao novo tempo inaugurado por Jesus Cristo (cf. Marcos 1:1), não somente ao querigma, que é a sua proclamação. Joachim Jeremias reconhece que "havia duas expressões do

---

208 Cullmann, Oscar. *A oração no Novo Testamento* (Santo André: Academia Cristã, 2009), p. 120.

209 Consideramos interessante apontar que esse mesmo pensamento, de que a tensão entre o "já" e o "ainda não" funciona como chave hermenêutica do Novo Testamento, é compartilhado até mesmo por teólogos de outras tradições. O próprio Augustus Nicodemus, expoente da tradição cessacionista, citando Reginald Fuller, afirma que "Jesus não tinha um programa da história ou um calendário para a mesma — somente uma tensão entre o 'já e o 'ainda não', com um imaginário apocalíptico usado de forma econômica para expressar o conteúdo do 'ainda não'". Em outro momento, o autor explica que a função dos sinais catastróficos mencionados por Jesus "é confirmar que o fim virá, e não fornecer uma agenda de quando isto ocorrerá". Sua argumentação visa equacionar o paradoxo acerca das palavras de Cristo quando se refere aos "tempos do fim", dizendo que a "contradição aparente está de acordo com a tensão geral entre o 'já e o 'ainda não' do Novo Testamento" (Lopes, Augustus Nicodemus. "O sermão escatológico de Jesus: análise da influência da apocalíptica judaica nos escritos do Novo Testamento", *Fides Reformata*, vol. V, n. 2 (São Paulo: Centro Presbiteriano de Pós-graduação Andrew Jumper, Julho-Dezembro, 2000), p. 71, 75.

210 Cullmann, Oscar. *Cristo e o tempo: tempo e história no cristianismo primitivo* (São Paulo: Custom, 2003), p. 35.

211 Ibid., p. 37.

212 Cullmann. *A oração no Novo Testamento*, p. 120.

1334 | TEOLOGIA SISTEMÁTICO-CARISMÁTICA

conceito de reino de Deus no judaísmo",[213] expressões essas que estão intimamente relacionadas à ideia de tempo. Nas palavras do autor:

> Assim como há dois éons [tempos], o presente e o futuro, assim se falava de um governo (permanente) de Deus no éon presente e de um (futuro) reinado de Deus no novo éon. Essa distinção remonta ao Antigo Testamento, onde só emerge, ao menos de modo explícito, em fase recente. Ocorre claramente pela primeira vez em Daniel. Do reinado de Deus no éon presente fala-se em Dn 4.31: "Louvei e glorifiquei aquele que vive eternamente, cujo poder é sempiterno e cujo reinado subsiste de geração em geração". Do governo futuro fala-se em Dn 2.44: "Mas no tempo destes reis, o Deus do céu suscitará um reinado que jamais será destruído, reinado que não cederá o poder a outro povo; antes, pulverizará e suprimirá todos esses reinos e subsistirá para sempre". Essa distinção permanecerá fundamental para os tempos posteriores.[214]

Precisamos ter essas duas concepções presentes no livro de Daniel em mente para entender por que, "De todos os seus títulos, 'Filho do Homem' é o que Jesus preferia usar a respeito de si mesmo". O termo "Filho do Homem" é usado biblicamente tanto para designar "um membro da humanidade", diz o teólogo pentecostal David Nichols, "e, neste sentido, cada um é um filho do homem", quanto para referir-se a uma "personagem profetizada em Daniel e na literatura apocalíptica judaica posterior".[215] Daniel 7:13-14 é considerado o texto fundamental para esse termo apocalíptico, pois é onde o profeta relata: "Eu estava olhando as minhas visões da noite, e eis que vinha nas nuvens do céu um como o filho do homem; e dirigiu-se ao ancião de dias, e o fizeram chegar até ele. E foi-lhe dado o domínio, e a honra, e o reino, para que todos os povos, nações e línguas o servissem; o seu domínio é um domínio eterno, que não passará, e o seu reino, o único que não será destruído". O termo, como não poderia ser diferente, suscita diversas discussões entre os teólogos, que discutem se o filho do homem citado por Daniel seria "um indivíduo ou estaria representando coletivamente os santos do Altíssimo". Essa última teoria — chamada de "teoria coletiva"—, que "não era popular nos tempos antigos", de acordo com o mesmo teólogo pentecostal David Nichols, "foi promovida por Ibn Ezra

---

213 JEREMIAS. *Teologia do Novo Testamento*, p. 163.

214 Ibid.

215 NICHOLS. "O Senhor Jesus Cristo", in: HORTON, Stanley M. (ed.). *Teologia sistemática*, p. 310.

(1092-1167), mas não se popularizou antes do século 20".[216] O renomado teólogo católico Joseph Ratzinger apresenta uma boa síntese do assunto:

> Na exegese difundiu-se a conjectura de que por trás deste texto poderia encontrar-se a redação na qual o Filho do homem seria então uma figura individual, mas esta redação não nos é em todo caso conhecida; permanece como conjectura. Os textos [apócrifos] muito citados de 4 Esdras 13 e do Henoc etíope, nos quais o Filho do homem é representado como uma figura individual, são mais recentes do que o Novo Testamento e por isso não podem ser considerados uma fonte para este tema. Naturalmente, recomenda-se que se ligue a visão do Filho do homem com a esperança messiânica e com a figura do Messias, mas não temos à nossa disposição nenhum texto, para este processo, que preceda a ação de Jesus. Por isso resta que, aqui, com a imagem do Filho do homem, é representado o futuro reino da salvação — uma visão à qual Jesus poderia ser ligado, mas à qual Ele deu uma nova forma, na medida em que relacionou esta expectativa consigo mesmo e com a sua ação.[217]

Portanto, o que nos interessa pontuar é que Cristo preferiu fazer uso desse termo, pois remetia a uma concepção escatológica de reinado e de tempo que se aproximava mais de sua mensagem do que o popular termo "Messias", que, como já mencionamos anteriormente, tinha adquirido forte conotação política. Assim, "não estamos de acordo com os críticos mais radicais sobre o fato de que Jesus não tenha jamais admitido algum título messiânico", pois, "ainda que não seja entusiasta do título de Messias no sentido em que seus contemporâneos o atribuem a ele, não nega que o seja no sentido de Filho do Homem e de Servo de Javé".[218] Dito isso, podemos voltar à explicação de Joachim Jeremias sobre o conceito de reino de Deus no judaísmo:

> Para o antigo judaísmo, o reinado permanente de Deus é o *seu ser senhor sobre Israel*. Com certeza ele é o criador de todo o mundo e de todos os povos, mas os povos dele se afastaram. Quando lhes ofereceu mais uma vez o seu reino no Sinai, só Israel se lhe sujeitou, e desde então ele é o rei de Israel. O estabelecimento desse reino deu-se, pois,

---

216 Ibid., p. 712.

217 RATZINGER, Joseph. *Jesus de Nazaré — primeira parte: do batismo no Jordão à transfiguração* (São Paulo: Planeta, 2007), p. 277.

218 GRECH, Prosper. "O problema cristológico e a hermenêutica", in: O'COLLINS, Gerald; LATOURELLE, René. *Problemas e perspectivas de teologia fundamental* (São Paulo: Loyola, 1993), p. 139.

1336 | TEOLOGIA SISTEMÁTICO-CARISMÁTICA

pela proclamação da vontade real que consta na lei, e o reinado de Deus se tornará visível em todo lugar em que pessoas se sujeitam, por livre decisão, em obediência, à lei. O judeu que, na oração pública, recita o *Shema'*, a profissão de fé no Deus único, está proclamando desse modo o reinado de Deus sobre Israel; o pagão que se converte toma sobre si o jugo do reinado de Deus. Todavia, no éon presente, o governo de Deus sofre limitações e está oculto, porque Israel está sob a servidão dos povos pagãos que rejeitam o reinado de Deus. O governo de Deus e o governo dos pagãos sobre Israel constituem uma contradição insuportável. Mas virá a hora em que essa dissonância será resolvida. Israel será libertado e o reino de Deus se revelará em toda a sua glória, e o mundo todo verá e reconhecerá a Deus como rei. "Quando a idolatria tiver sido erradicada juntamente com todos os adoradores de ídolos [...], então Javé será rei sobre toda a terra (cf. Zc 14.9)", diz-se em Mek Ex sobre Êx 17.14. "Então a *meluka* pertencerá ao Deus de Israel e ele demonstrará seu poder através dos santos do seu povo", diz-se em 1QM 6.6. Israel orava, já no tempo de Jesus, pela vinda desse momento ansiado, no final de cada culto ao orar o *Qaddish*, que começa com a dupla petição pela santificação do nome divino e pela irrupção do reinado de Deus.[219]

Ainda que com palavras e enfoques diferentes entre si, todos os autores — Cullmann, Kaiser, Kümmel e Jeremias — convergem para o aspecto do "já" e do "ainda não" do reino de Deus.[220] Não obstante, como já foi mencionado, a segunda súplica do Pai-nosso orienta ao suplicante que deseje, aspire e busque a "vinda" do reino de Deus. Assim, o paradoxo ainda permanece, pois o Mestre anuncia a chegada do reino de Deus (Mateus12:28; Lucas17:21), e em outra ocasião ele manda que se suplique pela vinda de tal reinado. O entendimento desse tópico, segundo Cullmann, passa pela concepção do tempo na visão judaica e na cristã que, segundo ele, não é diferente. A questão da linearidade do tempo, já mencionada várias vezes, é assunto caro para ambos. O tópico que precisa ser conhecido é a visão tripartida desse tempo linear em três grandes "momentos" da história da salvação (1º antes da criação; 2º entre a criação e a parúsia;[221] 3º após a parúsia),[222] que, segundo Cullmann, também

---

219 Ibid., p. 163-4.

220 Cullmann, citando M. Lienhard, afirma que essa também era a posição de Lutero e Calvino (CULLMANN. *A oração no Novo Testamento*, p. 120).

221 Expressão grega que significa "vinda". Teologicamente, é o retorno glorioso de Cristo.

222 CULLMANN. *Cristo e o tempo*, p. 122.

é única para o judaísmo e o cristianismo. Contudo, para o mesmo autor, a "oposição fundamental e cheia de consequências que as separa se relaciona àquela divisão bipartida",[223] ou seja, o antes da vinda do Messias e o depois, que o autor chama de "centro da história".

Em outras palavras, para o judaísmo "o centro da História" (que marca e/ou insere a divisão bipartida na divisão tripartida) se integra harmoniosamente no esquema culmanniano demonstrado acima por meio da tríplice divisão do tempo, ou seja, "o centro situado entre o presente *aiôn* e o *aiôn* futuro coincide exatamente com um corte já estabelecido na divisão tripartida, a saber, aquele que separa a segunda parte da terceira". Diferentemente, para o "cristianismo primitivo", segundo Cullmann, existe uma "'intersecção', no sentido próprio do termo", pois nessa perspectiva "o centro situado entre 'o *aiôn* presente' e 'o *aiôn* futuro' não coincide com um corte da linha tripartida, mas se localiza num ponto definido que se estabelece mais ou menos a uma curta distância *antes* do antigo ponto de divisão"[224] que separa o tempo presente do tempo futuro. Esse fato, contudo, não altera "*este antigo ponto de divisão* [que] *continua ainda sendo válido*".[225] Essa exposição é complexa quando desenvolvida teoricamente, por isso Culmann faz uso da seguinte ilustração para mostrar de forma didática o que está sendo explicado:

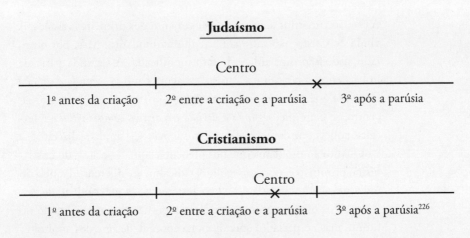

---

223 Ibid.
224 Ibid.
225 Ibid.
226 Ibid.

1338 | TEOLOGIA SISTEMÁTICO-CARISMÁTICA

Mesmo que pareça elementar, o diagrama encerra o que tanto Eliade como Tillich chamaram de "teologia da História", destacando sua relevância "trans-histórica". Em outras palavras, é a dimensão salvífica final, a intervenção absoluta de Deus que constitui a meta do judeu e do cristão: "após a parúsia". Contudo, a dimensão "intra-histórica", ou seja, o que Tillich chama de "Presença Espiritual", deve produzir em cada um dos que foram alcançados pela mensagem do evangelho e que foram introduzidos nesse novo tempo uma práxis coerente com os princípios do Reino anunciados por Cristo (Mateus 5—7), algo que teoricamente *ainda* não sucede ao judeu pelo fato de este não reconhecer a messianidade de Jesus. Aqui, entretanto, há outro "paradoxo", pois, conforme explica Joachim Jeremias, de "modo geral, o antigo judaísmo confessou a Deus como rei, cujo governo se estende, no presente éon, somente sobre Israel, mas no fim dos tempos será reconhecido por todos os povos".[227] Dessa forma, a diferença básica entre as duas linhas do tempo (que na realidade são uma só) está na verdade de que, para o cristão, o evento central ou, nas palavras de Cullmann, o "centro do tempo não é mais a aparição futura do Messias, mas um fato histórico já realizado no passado: a vida e a obra de Cristo".[228] Por isso, o mesmo autor esclarece "que o elemento novo da concepção cristã, em relação à concepção judaica, reside na *divisão do tempo*".[229] De acordo com Cullmann:

> A divisão tripartida subsiste no pensamento dos primeiros cristãos. A vinda de Cristo não sofre aqui nenhuma mudança. Mas, por outro lado, a divisão bipartida é de fato modificada. A segunda parte da linha, "entre a criação e a Parusia", é agora cindida *segundo a divisão bipartida* e já pertencendo ao novo *aiôn* por sua fração posterior ao centro, se bem que, *segundo a divisão tripartida, sempre válida*, a terceira, aquela que começa com a Parusia, não seja ainda realizada.
>
> Quanto ao problema que nos preocupa aqui, a posição do cristianismo primitivo é, por conseguinte, radicalmente diferente daquela do judaísmo. Na totalidade do Novo Testamento, aqui condensado nos Evangelhos Sinópticos, o centro do tempo não está mais situado no futuro, mas no passado, quer dizer, na época de Jesus e dos apóstolos. Isso vale não somente no sentido de que todos os escritos do Novo

---

227 JEREMIAS. *Teologia do Novo Testamento*, p. 164.
228 CULLMANN. *Cristo e o tempo*, p. 121-2.
229 Ibid., p. 122.

Testamento tenham sido redigidos após a Páscoa — o que não se pode esquecer, pois os próprios Sinópticos foram escritos à luz dos eventos pascais, já ocorridos — mas, também, como temos visto, em relação ao próprio Jesus. Sua vinda marca, por si, e já em sua vida, o centro da história. Esta é a razão pela qual Ele já vê Satanás cair do céu; Ele expulsa os demônios "pelo dedo de Deus"; Ele cura os enfermos; Ele detém o poder da morte; Ele perdoa os pecados e declara que é chegado o Reino de Deus, se bem que proclame, por outro lado, que o Reino de Deus ainda virá.

Por essa razão, nós estimamos como muito importante a prova que W. G. Kümmel deu em sua obra, já citada, "Verheissung und Erfüllung" (*A. Th. A. N. T., 6, 1945*) onde mostra, com efeito, que *já em Jesus* a presença do Reino de Deus está anunciada com *tanto* vigor quanto a vinda futura deste mesmo Reino.

Como estas duas mensagens podem coexistir (dando nascimento à tensão que nós temos indicado)!? Isto se explica, segundo a nossa maneira de ver, pelo fato de que, na pessoa de Cristo, o tempo é *dividido* de uma nova maneira, no sentido de que este recebeu um novo centro e que, assim, uma divisão bipartida nova se sobrepõe à divisão tripartida sempre válida. Desde então, como nós temos visto, o centro não coincide mais, como no judaísmo, com o começo da terceira parte da divisão tripartida; este se situa num ponto definido estabelecido mais ou menos a uma curta distância *antes* do antigo ponto de divisão da parte compreendida entre a criação e a Parusia e, de acordo com a divisão tripartida sempre válida, a última parte não começa senão mais tarde.[230]

Mediante essa explicação, fica cada vez mais evidente a importância da compreensão do tempo para entender a relevância do "evangelho" de Cristo como o anúncio, a proclamação e o querigma de um novo período, de uma nova realidade que extrapola a circunscrição judaica. Em outras palavras, o entendimento e a inserção do reino de Deus na dimensão "gentílica" ou globalizada, açambarcando-a. Mas, se além de um novo tempo o *evangelion* é, nas palavras de F. F. Bruce, "primeiramente, a proclamação feita por Jesus de que o Reino de Deus está próximo, e, em segundo lugar, está na subsequente proclamação por parte dos discípulos de que na humilhação e exaltação de Jesus o Reino de Deus foi estabelecido, e que o perdão e a vida eterna foram

---

230 Ibid., p. 123.

1340 | TEOLOGIA SISTEMÁTICO-CARISMÁTICA

alcançados por ele para todos os que creem",[231] seria a instauração do reino de Deus — ou a sua recuperação — uma tarefa simbiótica, ou sinergista, entre a divindade e os seres humanos? Acerca dessa possibilidade, Kümmel, por exemplo, afirma que Jesus falou dessa realidade, dizendo que "a época da vinda do reino depende única e exclusivamente da vontade de Deus e que o reino de Deus virá sem qualquer cooperação por parte dos homens (Mt 2.44,50 par; Mc 13.32 par; 4.26ss)". Para ele, depreende-se da mensagem de Cristo que o "esforço humano na verdade não pode acelerar nem deter a vinda do reino de Deus".[232]

É bom lembrar que tanto Kümmel quanto Cullmann estão considerando o período que antecede o primeiro advento de Cristo no início de nossa era, quando, efetivamente, a dimensão do Reino torna-se "visível", propícia, acessível e possível ao mundo gentio que não conhecia o Criador que, para o judeu é, desde a antiguidade mais remota, o Supremo Rei da Terra. Dessa maneira, para Joachim Jeremias, a "tensão" entre o "já" e o "ainda não" que persiste acerca do conceito de reino de Deus (inclusive na segunda petição do Pai-nosso), entende-se facilmente:

> Como terá Jesus entendido a expressão? Terá pensado reinado de Deus como presente ou futuro? Ou terá combinado as duas ideias? A resposta a estas questões é fácil. Já a segunda petição do *pai-nosso*, que se apoia no *Qaddish* (Mt 6.10; Lc 11.2), mostra com certeza que Jesus usou o conceito *"malkuta" no seu sentido escatológico*. E isto de fato é confirmado a cada passo por suas palavras.[233]

Para Cullmann, a tensão entre o "já" e o "ainda não" do reino de Deus deve ser vista sob a perspectiva de que "a batalha decisiva foi ganha, e, todavia, o armistício — o Victory Day,[234] como se diz então — ainda não aconteceu",[235] nem para nós cristãos e ainda menos para os judeus.[236] A diferença entre

---

231 BRUCE. *Comentário bíblico NVI*, p. 1485.

232 KÜMMEL. *Síntese teológica do Novo Testamento*, p. 71.

233 JEREMIAS. *Teologia do Novo Testamento*, p. 166.

234 "Dia da Vitória".

235 CULLMANN. *A oração no Novo Testamento*, p. 120.

236 Aliás, como afirma Joachim Jeremias, "em nenhum lugar da mensagem de Jesus a *basileia* designa o governo permanente de Deus sobre Israel no éon presente" (*Teologia do Novo Testamento*, p. 167).

CAPÍTULO 5 – Cristologia | 1341

ambos é o fato de que na visão tripartida que nos é comum, por reconhecermos Jesus Cristo e o seu sacrifício, temos uma "teologia da História" em que já se tem a questão central do tempo, porém o mesmo ainda não aconteceu para o Povo da Promessa (Romanos 9—11). Evidentemente que ambas as escatologias (judaica e cristã) convergem em muitos aspectos,[237] mas, por outro lado, é preciso reconhecer que a "esperança cristã difere da esperança judaica", pois, para a primeira, a questão agora é mais de intensidade da esperança, não de "centro do tempo" ou da história; enquanto que, para a judaica, tudo ainda é promessa e espera.[238] Vale ressaltar que essa concepção é fundamental aos que creem no evangelho, pois todo "aquele que não compreende que o elemento absolutamente original no Novo Testamento é o deslocamento do centro do tempo, admitido pela igreja primitiva, não pode ver no cristianismo senão uma seita judaica".[239] O que deve estar claro é:

> A espera escatológica do futuro é comum ao judaísmo e ao Novo Testamento, e essa espera do "Advento" estabelece, da mesma forma, um elo entre o judaísmo dos dias de hoje e o cristianismo. Para o judaísmo também, a esperança que tem por objeto o futuro se fundamenta sobre o passado, sobre as elevadas ações de Deus em favor do povo de Israel, que, no Novo Testamento, pertencem igualmente à história da salvação. Para os cristãos, entretanto, o momento decisivo do tempo é alcançado em Cristo, enquanto que para os judeus ele permanece objeto de espera. No Novo Testamento, o futuro não fornece mais o evento decisivo, mas somente o cumprimento final. É a partir daí que o sentido do período restante deve ser determinado.[240]

Com a clara distinção entre as escatologias judaica e cristã, vai se impondo cada vez mais a inevitável definição de reino de Deus como "tradicionalmente" ele é entendido: o domínio de Deus por meio de Cristo reinando em cada súdito do Reino. Talvez o leitor questione se era de fato necessário

---

237 Para uma leitura acerca da questão das escatologias judaica e cristã, o leitor pode consultar o capítulo 12 (Davi e o seu sucessor, p. 209-26) da obra CARVALHO, César Moisés. *Davi: as vitórias e as derrotas de um homem de Deus*, 3. ed. (Rio de Janeiro: CPAD, 2010).

238 CULLMANN. *Cristo e o tempo*, p. 126.

239 Ibid.

240 CULLMANN. *A oração no Novo Testamento*, p. 121-2.

1342 | TEOLOGIA SISTEMÁTICO-CARISMÁTICA

desenvolver essa longa explicação, uma vez que iríamos responder à pergunta sobre o reino de Deus de forma simples, como sempre fazemos em nossas igrejas, mas é importante destacar que nosso objetivo é exatamente mostrar o aporte teórico que está por trás de nossas doutrinas, provando que elas não são simplistas ou "sem base", como comumente acusam os teólogos de abordagem racionalista. E engana-se quem pensa que com essa definição resolvemos tudo. Na realidade, não podemos definir precisamente o reino de Deus; ele é mais uma das realidades que só podem ser compreendidas pela lógica da fé, não por conceitos racionalmente desenvolvidos, até porque Jesus "não define o Reino, mas o ilustra com suas parábolas, nos diz como devemos nos preparar para recebê-lo e, com seus milagres, o ilumina. Deixa-o aberto, porém, à ação de Deus".[241]

Apesar de toda a exposição teórica sobre o *background* histórico que envolve a expressão, percebemos que ainda assim não foi possível definir todos os detalhes sobre o Reino ou precisar seu *modus operandi*. O que sabemos é que Jesus é o Rei desse reino, que é diferente de qualquer coisa que o povo de Israel possa ter imaginado, e até mesmo do que nós conseguimos alcançar por meio de nossa teologia. O Reino é algo totalmente novo, e só temos acesso a ele pela fé. Cristo fez uso de parábolas para revelar alguns de seus aspectos e, no emblemático Sermão do Monte, demonstrou que a lógica de seu reinado vai contra todo o legalismo que se havia desenvolvido em seu nome até então. No reino dos céus, os "derradeiros serão primeiros, e os primeiros, derradeiros" (Mateus 20:16), os que choram, os que têm sede de justiça, os que são limpos de coração e — talvez essa seja a categoria mais emblemática — os que são pobres de espírito se tornarão herdeiros (Mateus 5). Todos os que eram, e ainda são, menosprezados como fracos se tornam convidados de honra no evangelho de Jesus. Sua mensagem é, acima de tudo, esperança para os que estão cansados.

Entretanto, essa esperança não fica reservada apenas ao futuro, mas já se revela aqui, no presente, por meio de sinais e milagres. Além das parábolas, os prodígios realizados por Cristo também fazem parte de sua pregação, e é por meio deles que Cristo se revela como Rei que já está reinando. Quando inquirido pelos discípulos de João Batista — que, como o último dos profetas

---

241 GRECH, Prosper. "O problema cristológico e a hermenêutica", in: O'COLLINS; LATOURELLE. *Problemas e perspectivas de teologia fundamental*, p. 139.

veterotestamentários, marcava o final do tempo em que o relacionamento com Deus estava baseado em uma postura meritória e legalista e, é bom que se lembre, ainda possuía uma visão de Reino literal, acabada e política, vista apenas na dimensão trans-histórica ("após a parúsia") — se era mesmo o Messias, Jesus, "na mesma hora, curou muitos de enfermidades, e males, e espíritos maus; e deu vista a muitos cegos" (Lucas 7:21), provando que, sim, ele era o Messias esperado, mas seu reino estava além das expectativas que se desenvolveram.

Aqui, somos mais uma vez levados a retomar a abordagem que Roger Haight definiu como *cristologia do Espírito*, pois os milagres só são possíveis graças ao Espírito Santo, que novamente ganha lugar de destaque no ministério de Jesus. E não só no dele, mas em nossa vida também, pois, como explica T. W. Manson, "o Reino é uma relação pessoal entre Deus como Rei e o indivíduo como súdito". Dessa relação surge "uma sociedade, algo que se pode chamar de Povo de Deus", que "é constituída de todos aqueles que estão ligados entre si pelo fato de estarem todos submissos a um só Rei".[242] Assim, uma vez que aceitamos e cremos no Cristo que trouxe o "Evangelho" (o novo tempo, o início do Reino de Deus nesta dimensão), Deus agora reina em nós e nos introduz na dimensão "intra-histórica" do seu Reino. A partir de então, devemos estar orientados pela ética que nesse reino viceja, mesmo sabendo que nessa dimensão o reino de Deus em sua expressão "trans-histórica" ainda não aconteceu, e se vive o tempo "entre a criação e a Parusia".

Como o principal evento, o "centro do tempo", já é uma realidade para o que crê no evangelho, tudo se resume a uma questão de intensidade e plenitude. Nesse sentido, o "Reino deve ser concebido como algo com crescente espiritualidade",[243] pois, quanto mais o súdito do reino de Deus se aproxima de Cristo — o exemplo máximo de perfeita humanidade —, mais seu caráter é aperfeiçoado,[244] mediante a prática dos valores apregoados pelo Salvador(Mateus 7:21-27; Efésios 2:1-10),valores esses que só podem ser vivenciados com o auxílio do Espírito Santo (Romanos 8:14-17,23-27; Gálatas 5:13—6:5) por meio dos dons que Cristo concedeu à igreja visando aperfeiçoá-la (Efésios 4:8-16). Dessa forma,

---

242 MANSON, T. W. *O ensino de Jesus*, 2. ed. (São Paulo: Aste, 1965), p. 145.
243 Ibid., p. 144.
244 Estudaremos sobre esse processo no oitavo capítulo, que trata da soteriologia.

o Espírito não torna Jesus presente pela letra morta, mas através da liberdade (2Co 3:6-18), não pela lei mas pelos carismas proféticos. O Espírito não recorda apenas Jesus Cristo, mas também anuncia o futuro (Jo 16:13) e ainda nos ensina a fazer obras maiores do que aquelas que Cristo realizou (Jo 14:12). Ele é a promessa (Lc 24:49 etc.) e o motivo desta promessa (2Co 1:22 [...]). Também podemos dizer: por meio de Cristo chegou o Novo, definitivo e insuperável; o Espírito coloca sempre esse Novo à nossa disposição na sua novidade; é ele o espaço aberto a qualquer coisa nova.[245]

Ao passo que a reivindicação da chegada do Reino não era uma novidade, pois muitos falsos cristos haviam surgido antes de Jesus, durante seu ministério terreno e após tal período — alguns até "bem-intencionados", pois desejavam que isso realmente fosse uma realidade —, o Senhor Jesus não apenas anunciava, mas realizava prodígios que, sendo parte do evangelho integral, exatamente como a tradição carismático-pentecostal crê e ensina, demonstrava que o Reino havia, de fato, chegado. Evidentemente que, como já mencionamos diversas vezes anteriormente, tal Reino não correspondia às expectativas político-messiânicas dos judeus, mas foram justamente os milagres que levaram muitas pessoas a ponderar que talvez o Nazareno estivesse certo, pois, como disse Nicodemos, ninguém poderia fazer os sinais que Jesus fazia se Deus não fosse com ele (João 3:2), e, como disseram os discípulos no caminho de Emaús, descrevendo o homem que havia morrido e de quem falavam para o forasteiro que eles não reconheceram: "Jesus, o Nazareno, que foi um profeta poderoso em obras e palavras diante de Deus e de todo o povo" (Lucas 24:19b). Por isso, nos voltaremos a partir de agora para a análise dos milagres no ministério de Jesus, entendendo-os como parte integrante da mensagem do reino de Deus, prova inequívoca de que ele havia se iniciado, e como tais realizações possuem um caráter duplo, circunstancial e escatológico, sempre sob a unção do Espírito, visando ao bem das pessoas: "Como Deus ungiu a Jesus de Nazaré com o Espírito Santo e com virtude; o qual andou fazendo o bem e curando a todos os oprimidos do diabo, porque Deus era com ele" (Atos 10:38).

---

245 KASPER, Walter. "Espírito, Cristo, igreja", in: CONGAR, Yves; KÜNG, Hans; RAHNER, Karl et al. *A experiência do Espírito Santo*, p. 81.

Os milagres de Jesus

Desde que a teologia se sentiu pressionada pela necessidade moderna de explicar tudo cientificamente, boa parte da discussão sobre os milagres é voltada para o questionamento sobre a sua existência. Em mais uma de suas famosas obras, C. S. Lewis afirma que a "mente que exige um Cristianismo sem milagres é aquela que se encontra no processo de rebaixar o Cristianismo a simples 'religião'".[246] O autor defende seu ponto ao fazer uma comparação entre o cristianismo e os ensinamentos de Buda,[247] de que a "Natureza é uma ilusão da qual devemos escapar". Se essa concepção estivesse correta, Lewis questiona: "Iria aquele que veio nos despertar de um pesadelo [a Natureza] *se somar* ao pesadelo?". E responde na sequência que, se isso acontecesse, "quanto mais respeitássemos seus ensinos, menos poderíamos aceitar seus milagres".[248] É por isso que, diferentemente, no "cristianismo, [...] quanto mais compreendemos quem é o Deus que diz estar presente e o propósito para o qual diz ter aparecido, tanto mais passíveis de crença se tornam os milagres".[249] Isso porque, conforme o autor irlandês deixa entrever, a "simples religião" é "simplesmente o que o homem diz a respeito de Deus", em contraposição ao cristianismo, que é justamente o "que Deus faz em relação ao homem".[250]

Ainda que Lewis estivesse se referindo aos milagres do período do ministério terreno de nosso Senhor Jesus Cristo e também a atuação da igreja do século I, para se entender o porquê de o literato irlandês não ver o cristianismo como uma simples religião, basta saber que, para ele, a "ideia cristã de 'revestir-se de Cristo', ou seja, de 'vestir-se' de filho de Deus para tornar-se enfim um filho de verdade", não é simplesmente "uma das muitas tarefas a que o cristão tem de se dedicar, [...] tampouco é uma espécie de exercício especial para a classe dos adiantados", e sim "todo o cristianismo".[251] Sem dúvida alguma, o novo nascimento, não a cura das doenças, desde os tempos

---

246 Lewis, C. S. *Milagres* (São Paulo: Vida, 2006), p. 203.

247 Apesar das opiniões divergentes acerca de se o budismo é ou não uma religião, Mircea Eliade e Ioan Couliano, cientistas da religião, em seu *Dicionário das religiões*, 2. ed. (São Paulo: Martins Fontes, p. 67-85), assim o define, mostrando inclusive, como toda religião, suas múltiplas formas.

248 Lewis. *Milagres*, p. 203.

249 Ibid.

250 Ibid., p. 130.

251 Lewis, C. S. *Cristianismo puro e simples* (São Paulo: Martins Fontes, 2005), p. 257.

1346 | TEOLOGIA SISTEMÁTICO-CARISMÁTICA

dos pais da igreja, é o maior milagre que pode acontecer. Não obstante, diz Gerhard Lohfink, a prova real de que a pessoa realmente nascera de novo, ou seja, "o maior milagre era considerado o fato de pessoas receberem de Deus a força de morrer, como mártires, pela sua fé". Justamente por isso, diz o mesmo autor, "descrevia-se a morte dos mártires como segundo batismo, como o vestir definitivamente do homem novo, como a suscitação de novas forças milagrosas dentro da igreja".[252]

Em nosso Brasil místico-racionalista,[253] tanto a reflexão de Lewis quanto a de Lohfink e até mesmo o questionamento sobre a existência dos milagres são dignos de estranhamento, pois aqui já ultrapassamos essas discussões e chegamos a outro patamar: o dos excessos. Não há a menor dúvida de que milagres acontecem, mas, infelizmente, os excessos cometidos em nome de Deus nos círculos carismáticos — tanto pentecostais quanto neopentecostais — têm levado muitos a questionar essa verdade e abandonar a tradição carismático-pentecostal, julgando-a toda por uma parte descompromissada. Muitos frequentadores de ambientes em que grassam tais abusos se esquecem de atentar para uma regra básica que transparece na seguinte pergunta feita por Orígenes, um dos pais gregos da igreja: "... por que não examinar cuidadosamente os que pretendem operar milagres e ver se a sua vida, seus

---

252 LOHFINK, Gerhard. *A igreja que Jesus queria: dimensão comunitária da fé cristã* (São Paulo: Paulus; Santo André: Academia Cristã, 2011), p. 225.

253 "O pentecostalismo é um tipo de racionalidade religiosa, não uma prática religiosa que rompe com postulados racionais. O fato de uma religiosidade centrar-se nas práticas místicas e atribuir uma ênfase extrema ao apelo emocional (êxtase) não significa uma ruptura total da crença com um sistema de racionalização por mais simples que ele possa ser. Segundo Max Weber, o princípio e o desempenho das práticas carismáticas ou mágicas de religiosidade relacionam-se a certas proposições racionais. Para o sociólogo alemão, toda prática religiosa ou mágica é, em primeira instância, uma ação racional porque é orientada pelas regras da experiência. Até mesmo o êxtase orienta-se a partir de certas exigências do cotidiano e, em função de tais experiências, pode ser buscado ou provocado. Não é possível negar uma relação entre o racional e o místico, na medida em que o místico for exercido como forma de atender a interesses reais" (SOUZA, Alexandre Carneiro de. *Pentecostalismo: de onde vem, para onde vai? Um desafio às leituras contemporâneas da religiosidade brasileira* [Viçosa: Ultimato, 2004], p. 25). Fazendo uma análise sociológica dos percursos e tendências do culto protestante brasileiro, Jacqueline Ziroldo Dolghie, diz que "os modelos racionalistas e avivalistas mesclaram-se no Brasil, originando um típico 'culto de missão' ou, se preferirmos, 'culto evangelístico', que acabou por impor, já na segunda fase, uma conduta tipicamente ativista de trabalho, ligada, por sua vez, à ideia pedagógica de culto. O culto havia-se firmado sem mistério ou adoração" (DOLGHIE, J. Z. "Uma análise sociológica do culto protestante brasileiro: percursos e tendências", in: LEONEL, João [org.]. *Novas perspectivas sobre o protestantismo brasileiro*, 2. ed. [São Paulo: Fonte Editorial/Paulinas, 2010], p. 262-3).

costumes, os resultados destes milagres prejudicam os homens ou corrigem seus costumes?".[254] Em vez de tirar conclusões irrefletidas por causa de charlatães ou blefadores, repetindo cantilena, como, por exemplo, a de que "os milagres cessaram com a morte do último apóstolo",[255] é mais prudente exercer autocrítica e buscar discernimento bíblico-espiritual.

O já citado Lohfink informa que os pais da igreja sabiam "muito bem que todos os milagres exteriores só adquirem sua última clareza na conversão do povo de Deus, causada pelo milagre", ou seja, apenas "a *história do resultado* dos milagres prova sua origem em Deus".[256] Como se verá, desde os tempos bíblicos, a grande questão não é se o milagre pode acontecer, mas sua procedência, ou seja, se é de Deus ou do Diabo, e consequentemente os resultados promovidos pelo fenômeno. Portanto, desde sempre houve enganadores e gente disposta a explorar a boa-fé e a simplicidade das pessoas. Isso, todavia, não invalida o fato de que Deus continua a realizar prodígios e milagres. Lamentavelmente, tais maus exemplos acabam contribuindo com uma visão generalizante, levando as pessoas a achar que todo milagre é encenação e engodo. Na esteira desse descrédito e aproveitando a falta de conhecimento bíblico-teológico do povo, expoentes cessacionistas fazem a cabeça de jovens com argumentos racionalistas provenientes do contexto teológico europeu do século 17.

Longe de ser um assunto prescrito, não apenas em se tratando de prática, mas até mesmo em termos teológicos, pois, de acordo com o diretor do departamento de Sagrada Escritura da Universidade de Deusto, na Espanha, Rafael Aguirre, os "milagres de Jesus gozam de enorme atualidade entre os exegetas e historiadores"[257] e, conforme escreveu Juan José Bartolomé em

---

254 ORÍGENES. *Contra Celso*, 2. ed. (São Paulo: Paulus, 2011), p. 172.

255 No início do século 20, Benjamin Breckinridge Warfield, teólogo de Princeton, popularizou tal ideia, dizendo que a "Bíblia ensina que houve apenas três períodos em que os milagres eram comuns na história do trato de Deus com o seu povo: nos dias de Moisés e Josué, de Elias e Eliseu e de Cristo e seus apóstolos — três períodos de duas gerações cada" (DEERE, Jack. *Surpreendido pelo poder do Espírito* [Rio de Janeiro: CPAD, 1995], p. 51). Na referida obra, o autor Jack Deere, que é ex-cessacionista, apresenta três apêndices em que trata do tema: Apêndice A: Outras razões pelas quais Deus cura e opera milagres; Apêndice B: Os dons espirituais cessaram com os apóstolos?; Apêndice C: Houve somente três períodos de milagres? (p. 211-58).

256 LOHFINK. *A igreja que Jesus queria*, p. 225.

257 AGUIRRE, Rafael (org.). *Os milagres de Jesus: perspectivas metodológicas plurais* (São Paulo: Loyola, 2009), p. 7.

sua resenha da farta pesquisa crítica sobre os milagres de Jesus, salta aos olhos "a unanimidade prática com que a pesquisa atual afirma que Jesus fez exorcismos e curou doentes".[258] Atesta a mesma verdade Roger Haight, ao dizer que, utilizando os "critérios de historicidade, especialmente a múltipla atestação, há evidências esmagadoras de que Jesus realizou exorcismos, curas e ações poderosas que excedem a explicação normal".[259] Muito tempo antes, mesmo um teólogo da envergadura do holandês Edward Schillebeeckx afirmava estar "crescendo, até entre os exegetas mais críticos, a convicção geral de que Jesus, historicamente, curou enfermos e expulsou demônios", pois os "evangelhos deixam claro que uma 'salvação' que não se manifestasse aqui e agora, em seres humanos muito concretos, não teria nada de 'Boa Nova'".[260]

Portanto, alinhamo-nos aos teólogos pentecostais Stanley Horton e William Menzies na crença de que as "curas divinas são parte integral do Evangelho",[261] por isso não poderíamos deixar de dedicar uma parte de nosso capítulo a elas. Adiantamos, entretanto, que não entraremos no particular de discutir porque algumas pessoas são curadas e outras não, pois, tanto quanto os leitores, nós também desconhecemos as razões que levam a essa realidade. O que podemos afirmar com certeza é que o Senhor ainda cura e quer o nosso bem. Se este reino ou esta criação ainda possui intempéries e imperfeições, isso acontece não por vontade diretiva do Criador, muito menos por vontade própria, mas por causa do que, ou de quem, "a sujeitou" (Romanos 8:20; cf. Gênesis 3:17). Entretanto, chegará o momento em que, passando esta etapa transitória, com a plenitude do Reino, "após a parúsia", isto é, na concretização do reino de Deus em sua dimensão "trans-histórica", essa mesma criação será "libertada da corrupção para entrar na liberdade da glória dos filhos de Deus" (Romanos 8:21). Esse tempo — que não terá fim (cf. Daniel 2:44) — será a expressão máxima do reino governado por Deus em contraposição a todas as dominações imperfeitas dos homens, que abusam do que, na realidade, deveriam cuidar (Gênesis 2:15).

---

258 BARTOLOMÉ, J. J. "Resenha da pesquisa crítica sobre os milagres de Jesus", in: AGUIRRE, Rafael (org.). *Os milagres de Jesus*, p. 37.

259 HAIGHT. *Jesus, símbolo de Deus*, p. 94.

260 SCHILLEBEECKX. *Jesus, a história de um vivente*, p. 182.

261 HORTON, Stanley M.; MENZIES, William W. *Doutrinas bíblicas: os fundamentos da nossa fé*, 10. reimpr. (Rio de Janeiro: CPAD, 2013), p. 158.

Partindo do princípio de que "milagre não se explica"[262] e, além disso, não *necessita* de explicação, nos debruçaremos a refletir sobre eles. Sabemos que tal premissa parece estranha a uma obra de teologia sistemática, que tem o intuito de trazer respostas, mas deparar-se com uma situação-limite e reconhecer a própria incapacidade em entender determinado evento ou fenômeno passa longe de ser preguiça mental ou filosófica. Trata-se apenas do fato inegável de que não há possibilidade de saber todas as coisas. Aliás, como oportunamente observou Karl Popper, "quanto mais aprendemos sobre o mundo, mais consciente, mais detalhado e mais exato se torna nosso conhecimento sobre problemas ainda sem solução, nosso conhecimento socrático de nossa ignorância".[263] Contudo, de onde vem essa presunção que insiste em fazer que o ser humano acredite que pode saber tudo? Ou, para mudar a pergunta, como se deu a substituição da "fé religiosa" pela "fé científica", isto é, a "convicção de que o mundo está estruturado de acordo com leis racionais que lhe são próprias"?[264] Sim, como diz Antoine Vergote, "todo o espírito científico se instaura a partir [deste] *a priori*", qual seja, "o da fé numa regulação que determina os fatos observados".[265] Dessa forma, o "antigo sentido religioso à espera de sinais prodigiosos se transforma na crença científica no determinismo do mundo fechado e na admiração pelo prodígio universal que é a racionalidade do cosmo e da natureza".[266] Mas será que o universo "funciona" exatamente dessa forma? Um sistema fechado de causa e efeito explica realmente de forma satisfatória todos os eventos e fenômenos observáveis no universo?

Antes de pensar nessas questões (às quais voltaremos mais à frente), é preciso entender que dois filósofos iluministas, em particular Baruch Spinoza e David Hume, foram responsáveis por estabelecer objeções à questão dos milagres, e o primeiro é considerado um dos criadores da exegese

---

262 Apesar de tal aforismo ser pronunciado como conhecimento de "senso comum", a primeira definição de milagre de Nicola Abbagnano — reconhecendo ele que essa era a noção prevalente na antiguidade clássica e que perdurou igualmente na Idade Média — diz que esse é "fato excepcional ou inexplicável, considerado como sinal ou manifestação de uma vontade divina" (ABBAGNANO, Nicola. *Dicionário de filosofia,* 4. ed. [São Paulo: Martins Fontes, 2000], p. 670).

263 POPPER, Karl R. *Em busca de um mundo melhor* (São Paulo: Martins Fontes, 2006), p. 64.

264 VERGOTE, Antoine. *Modernidade e cristianismo: interrogações e críticas recíprocas* (São Paulo: Loyola, 2002), p. 67.

265 Ibid.

266 Ibid., p. 68.

1350 | TEOLOGIA SISTEMÁTICO-CARISMÁTICA

histórico-crítica.[267] A despeito de tal importância e de ter contraposto a noção apologética corrente, na época, de que os milagres serviam para demonstrar às pessoas a existência de Deus, Spinoza acabou sendo eclipsado por Hume, que, apesar de partir de uma concepção completamente distinta da do primeiro, celebrizou-se por afirmar que um "milagre é uma violação das leis da natureza; e, como uma experiência constante e inalterável estabeleceu estas leis, a prova contra o milagre, devido à própria natureza do fato, é tão completa como qualquer argumento da natureza que se possa imaginar".[268]

Ainda que nesse trecho a grande barreira para o milagre, de acordo com o argumento de Hume, é que este é uma "violação das leis da natureza", e esta, com o entendimento da física que havia naquele período, funcionava de forma fechada como um sistema de causa e efeito, a primeira grande objeção levantada pelo filósofo escocês, e ao que dedica praticamente todo o seu texto "Dos milagres", refere-se à sua completa falta de credibilidade no que diz respeito ao testemunho humano. Uma vez que os milagres bíblicos, particularmente os realizados por Jesus Cristo, dependem do testemunho dos primeiros seguidores do Senhor, e estes, para Hume, eram "homens comuns", ou seja, não eram "pessoas judiciosas e instruídas" ou "homens de tão indubitável bom senso, educação e instrução que nos assegurassem contra todo logro de sua parte",[269] eis, então, o porquê de o seu testemunho ser suspeito. Para o filósofo escocês, "apenas a experiência confere autoridade ao testemunho humano, e é ainda a experiência que nos assegura a respeito das leis da natureza".[270]

---

267 "Baruch Spinoza (1632-1677) descreveu na obra publicada anonimamente *Tratado teológico-político* as tarefas e os métodos de uma exegese crítica da Bíblia. Sua finalidade não era a redução ou mesmo a destruição da verdade divina, mas justamente o contrário, a descoberta dela e sua transmissão de modo justificável. Quando formas de linguagem e de pensamento mítico-arcaicas confundem o leitor, as afirmações da escritura devem ser transmitidas com clareza e inteligência: 'para escapar desta confusão e libertar o espírito dos prejulgamentos teológicos, devemos usar os verdadeiros métodos de explicação da escritura e esclarecê-la, pois se não se conhece isso também não se pode ter certeza alguma sobre o que a escritura e o Espírito Santo querem ensinar (SPINOZA, 1984, p. 114). Spinoza menciona o conhecimento da língua hebraica, a busca da afirmação central de um texto bíblico e a pesquisa das condições do surgimento de um escrito bíblico como os mais importantes passos metódicos de qualquer exegese (cf. ibid., p. 116s)" (PAULY, Wolfgang [org.]. *História da teologia cristã* [São Paulo: Loyola, 2012], p. 162).

268 HUME, David. *Investigação acerca do entendimento humano* (São Paulo: Nova Cultural, 2000), p. 114.

269 Ibid., p. 116.

270 Ibid., p. 125-6.

Ao longo do tempo, muitas foram as respostas a esse texto de Hume. Evidentemente que não analisaremos todas essas respostas, todavia a observação de David Johnson é oportuna, pois demonstra que a "melancólica avaliação que Hume faz da credibilidade dos relatos-de-milagre historicamente disponíveis nada tem a ver com o fato de eles serem relatos de milagres *religiosos*", como equivocadamente pode-se supor, mas diz respeito "[às] lentes filosóficas através das quais Hume lê a história, o critério filosófico supostamente estabelecido".[271] Em outras palavras, o método adotado pelo filósofo escocês para interpretar a realidade influencia toda a sua leitura. Dentre as muitas respostas ao ensaio de Hume, uma delas é proveniente de C. S. Lewis. Em sua obra *Milagres*, que citamos no início desse tópico, o literato cristão irlandês procura defender racionalmente sua existência.

Em contraposição ao filósofo escocês, Lewis diz que a discussão toda "sobre a existência de milagres jamais pode ser respondida simplesmente pela experiência", pois mesmo diante de "algo extraordinário [...] podemos dizer que fomos vítimas de uma ilusão".[272] Para ele, se "o milagroso não pode ser provado ou refutado pela experiência imediata, menos ainda o será pela História",[273] conforme quer Hume. Lewis defende que a questão passa primeiramente pelo "ponto de vista filosófico" adotado para interpretar a realidade, ou seja, se *a priori* a possibilidade do sobrenatural está excluída, nada será capaz de convencer a pessoa. Assim, no que diz respeito aos milagres, ele instruía que, antes de se afirmar se eles acontecem ou não, é preciso decidir entre os pontos de vista naturalista e sobrenaturalista. No primeiro, abrigam-se os que "acreditam que não existe nada além da Natureza", no segundo, alocam-se os que "julgam que além da Natureza existe algo mais". Portanto, a pergunta que se impõe é a seguinte: "quem está certo, os Naturalistas ou os Sobrenaturalistas?".[274]

Apesar de reconhecer que, por "definição, milagres devem, de fato, interromper o curso habitual da Natureza",[275] não violá-la, como afirma Hume, Lewis diz que um milagre indica "a intervenção de um poder sobrenatural

---

271 JOHNSON, D. "Hume e os relatos de milagres", in: JORDAN, Jeffrey J. *Filosofia da religião* (São Paulo: Paulinas, 2015), p. 193.

272 LEWIS. *Milagres*, p. 11.

273 Ibid., p. 12.

274 Ibid., p. 16.

275 Ibid., p. 98.

na Natureza".[276] Considerando o fato de que existem leis que governam essa natureza e que, por isso mesmo, ela apresenta certa regularidade e uma aparente linearidade, os "que creem em milagres não estão negando a existência de normas ou regras, mas apenas que elas podem ser suspensas", ou seja, o "milagre é, por definição, uma exceção".[277] É preciso, contudo, observar que a concepção de natureza e de suas leis, para Hume, difere completamente da visão de Lewis. Para o filósofo escocês, "essas leis são regularidades entendidas no âmbito da estrutura de uma visão de mundo em que o Deus da Bíblia é negado desde o início", isto é, em lugar "de Deus estar continuamente envolvido no mundo, conforme a Bíblia o apresenta, o mundo funciona por 'conta própria'".[278]

O maior problema desse pensamento foi que ele se tornou o paradigma da chamada "modernidade" que, nas palavras de Libanio "é, antes de tudo, o triunfo da razão". Na modernidade, as coisas pertencentes ao "universo da religião, da revelação, da metafísica cede[m] lugar ao reino da razão positiva".[279] Como já explicamos anteriormente, a partir do século 16 até o início do século 19 a produção teológica, tanto conservadora quanto liberal, se deu sob a égide desse paradigma, que supervalorizava o racionalismo. Tanto um lado quanto o outro atribuía demasiado valor à razão, reduzindo as verdades da fé a proposições racionais e a enunciados perfeitamente demonstráveis. Neste quesito, diz Wolfgang Pauly, os "representantes da teologia evangélico-protestante frequentemente estavam décadas, se não séculos, à frente de seus colegas católicos".[280] Gary McGee informa que autores "de todas as tendências, desde Charles Darwin até John Henry Newman e Charles Hodge, utilizaram-se das descobertas e do progresso da ciência na formação da doutrina",[281] leia-se, da teologia.

Na verdade, as ideias de Hume, conforme disserta o já citado Pauly, "influenciou por décadas a teoria do conhecimento — na teologia fundamental

---

276 Ibid., p. 15.

277 Ibid., p. 76.

278 Poythress, Vern S. *Teologia sinfônica: a validade das múltiplas perspectivas em teologia* (São Paulo: Vida Nova, 2016), p. 127.

279 Libanio, João Batista. *Teologia da revelação a partir da modernidade*, 6. ed. (São Paulo: Loyola, 2012), p. 117.

280 Pauly (org.). *História da teologia cristã*, p. 162.

281 McGee, G. B. "Panorama histórico", in: Horton, Stanley M. (ed.). *Teologia sistemática*, p. 15.

— com sua teoria do conhecimento em *Investigação sobre o entendimento humano* (1751)", obra onde se encontra o texto acerca dos milagres e a mesma em que o filósofo escocês defende a ideia de que a "investigação do entendimento humano exclui qualquer forma de conhecimento com conteúdo metafísico", pois para ele o "conhecimento começa com a experiência sensorial concreta, que afeta a consciência".[282] É assim que, nesse período, diz o mesmo autor, na perspectiva "da teoria do conhecimento, colocou-se a tarefa teológica de uma busca da verdade racional e comunicativa e da formação de uma instância probatória acessível argumentativamente".[283] Como já foi dito, tal tarefa não ficou restrita a um ou outro lado, pois, conforme os teólogos pentecostais James Railey e Benny Aker, "os ocidentais, tanto os conservadores quanto os liberais, sustentam uma epistemologia primariamente racional".[284] Tal epistemologia levou os teólogos liberais a afirmar que os milagres dos tempos bíblicos não passavam de símbolos de algo mais profundo, enquanto os conservadores, adeptos de uma posição conhecida como "cessacionismo", diziam que os milagres aconteceram, mas encerraram-se imediatamente após a morte do último apóstolo ou depois de completado o Novo Testamento.

Analisando mais profundamente o resultado de tal exercício, não é difícil entender o porquê de Agnes Sanford dizer que o "rebaixamento do cristianismo em algo materialista e, como gostamos de chamá-lo, 'racionalista', é uma das tragédias de nossa vida moderna".[285] A razão dessa tragédia é muito simples. Dissertando sobre as origens da chamada secularização, uma das marcas da modernidade, o sociólogo Peter Berger diz que é possível "sustentar, pois, que o protestantismo funcionou como um prelúdio historicamente decisivo para a secularização, qualquer que tenha sido a importância de outros fatores".[286] E como se deu esse processo de secularização protestante?

---

282 Pauly (org.). *História da teologia cristã*, p. 159-60.

283 Ibid., p. 161.

284 Aker, B. C.; Railey Jr., J. H. "Fundamentos teológicos", in: Horton, Stanley M. (ed.). *Teologia sistemática*, p. 663.

285 Sanford, Agnes. *Os dons de cura do Espírito Santo* (São Paulo: Paulinas, 1986), p. 8.

286 Berger, Peter L. *O dossel sagrado: elementos para uma teoria sociológica da religião*, 8. reimpr. (São Paulo: Paulus, 2012), p. 125. Evidentemente que, como diz o mesmo autor, esta não era a intenção do protestantismo, pois o "objetivo, ao despir o mundo de divindade, era acentuar a terrível majestade do Deus transcendente e, ao atirar o homem num estado de 'queda' total, abri-lo à intervenção da graça soberana de Deus, o único verdadeiro milagre no universo protestante" (ibid.).

1354 | TEOLOGIA SISTEMÁTICO-CARISMÁTICA

Comparado com a "plenitude" do universo católico, o protestantismo parece ser uma mutilação radical, uma redução aos elementos "essenciais", sacrificando-se uma ampla riqueza de conteúdos religiosos. Isso é particularmente verdadeiro no que se refere à versão calvinista do protestantismo, mas, em muitos aspectos, também se pode dizer o mesmo da Reforma luterana e até da anglicana. Nossa afirmação é meramente descritiva; não estamos interessados em nenhuma justificação teológica que possa haver, quer para o *pleroma* católico, quer para a dispersão evangélica do protestantismo. Se observarmos mais cuidadosamente essas duas constelações religiosas, porém, o protestantismo poderá ser descrito como uma imensa redução do âmbito do sagrado na realidade, comparado com seu adversário católico. O aparato sacramental reduz-se a um mínimo e, mesmo assim, despido de suas qualidades mais numinosas. Desaparece também o milagre da missa.[287] Milagres menos rotineiros, embora não sejam completamente negados, perdem todo o significado real para a vida religiosa. [...] Simplificando-se os fatos, pode-se dizer que o protestantismo despiu-se tanto quanto possível dos três mais antigos e poderosos elementos concomitantes do sagrado: o mistério, o milagre e a magia. Esse processo foi agudamente captado na expressão "desencantamento do mundo". O crente protestante já não vive em um mundo continuamente penetrado por seres e força sagrados. A realidade está polarizada entre uma divindade radicalmente transcendente e uma humanidade radicalmente "decaída" que, *ipso facto*, está desprovida de qualidades sagradas. Entre ambas, está um universo completamente "natural", criação de Deus, é verdade, mas em si mesmo destituído de numinosidade. Em outras palavras, a radical transcendência de Deus defronta-se com um universo de radical imanência, "fechado" ao sagrado. Religiosamente falando, o mundo se torna muito solitário, na verdade.[288]

Alister McGrath diz que "a ênfase do protestantismo tradicional no conhecimento indireto de Deus, mediado por intermédio da leitura da Bíblia, levou à 'dessacralização' — à criação de uma cultura sem senso nem expectativa de ter a presença de Deus em seu meio".[289] Tal processo levou o Ocidente à seculari-

---

287 Ele certamente refere-se ao "culto".

288 Ibid., p. 124.

289 McGRATH, Alister. *A revolução protestante: uma provocante história do protestantismo contada desde o século 16 até os dias de hoje* (Brasília: Palavra, 2012), p. 422.

zação e, consequentemente, ao ateísmo, pois a "ausência de toda expectativa de encontro *direto* com o divino por meio da natureza ou da experiência pessoal encoraja inevitavelmente a crença em um mundo sem Deus — o tipo de cultura que vive *etsi Deus non daretur* ('como se Deus não existisse')".[290] No afã de limitar o conhecimento de Deus a exclusivamente o que a "Bíblia diz", não na leitura simples, mas em determinada forma de interpretação, "algumas seções do protestantismo, muitas vezes muitíssimo influenciadas pelo racionalismo do Iluminismo, continuam até hoje a enfatizar a 'correção teológica', ressaltando a abrangente importância de ter as ideias corretas sobre Deus".[291] Infelizmente, nessa perspectiva a Bíblia é vista apenas "como um livro de estudo doutrinal". Não apenas isso, "a fé torna-se um conhecimento *indireto* de Deus, declarado em termos de crenças a respeito de Deus que, por mais corretas que possam ser até o ponto em que alcançam, transmitem a impressão de que o cristianismo é um pouco mais que teorização abstrata sobre um Deus cuja vontade é revelada na Bíblia".[292]

O problema maior dessa postura é que um "Deus permanentemente ausente logo pode se tornar um Deus morto",[293] isto é, dispensável. A verdade é que, diz Gregory Miller, como "cosmovisão, o modernismo secular colide com o cristianismo em sua doutrina mais básica: a realidade do sobrenatural".[294] Enquanto tal realidade sobrenatural é parte intrínseca da religião cristã, ao mesmo tempo se constitui não apenas dispensável na modernidade, mas antagônica aos seus postulados. A despeito do desprezo de alguns protestantes em relação à tradição carismático-pentecostal, Miller diz que "nenhuma quantidade de pensamento cristão teria mantido as igrejas pelos anos difíceis deste século não fosse por esses crentes que reconheceram a necessidade da experiência cristã e da realidade da intervenção direta e sobrenatural na vida das pessoas". O mesmo autor reconhece isso levando em consideração não apenas o "meio secular", mas a própria realidade "dentro das igrejas", pois, "numa cultura que tende a ser dominada pela racionalidade, um papel

---

290 Ibid., p. 423.

291 Ibid.

292 Ibid.

293 Ibid., p. 425.

294 MILLER, G. J. "Vozes do passado: tentativas históricas para formar um pensamento cristão", in: PALMER, Michael D. (ed.). *Panorama do pensamento cristão* (Rio de Janeiro: CPAD, 2001), p. 143.

1356 | TEOLOGIA SISTEMÁTICO-CARISMÁTICA

absolutamente essencial na formação da cosmovisão cristã foi representado por pentecostais e carismáticos no século XX".[295]

Alinhado com a mesma visão, Alister McGrath diz que a "ênfase do pentecostalismo na experiência direta e imediata de Deus evita as formas antes, secas, e intelectuais do cristianismo que muitos acham sem atrativos e ininteligíveis", ou seja, o "pentecostalismo declara que é possível o encontro direto e pessoal com Deus por meio do poder do Espírito Santo", pois, na perspectiva pentecostal, "Deus é para ser conhecido de forma imediata e direta, não indiretamente por meio do estudo de um texto".[296] Tal iniciativa proporcionou um movimento inverso do protestantismo, ou seja, trouxe a "re-sacralização" da realidade, pois, "ao abrir de novo a possibilidade de uma realidade transcendente, praticamente isolada pelo modernismo", diz McGrath, o pentecostalismo "injeta a presença de Deus na vida diária — por meio da ação social, política e do evangelismo".[297] James Dunn, citado pelo teólogo pentecostal John Wyckoff, "observa que [enquanto] os católicos enfatizam o papel da Igreja e dos sacramentos, e subordinam o Espírito à Igreja",[298] e os "protestantes enfatizam o papel da pregação e da fé, e subordinam o Espírito à Bíblia", os "pentecostais, no entanto, reagem a esses dois extremos", tanto "ao sacramentalismo que pode se tornar mecânico" quanto "à ortodoxia biblista que pode se tornar espiritualmente morta", e "reclamam uma experiência vital com o próprio Deus no Espírito Santo".[299]

Coincidentemente, ao irromper de forma global, o pentecostalismo encontra-se com a "revolução quântica", que, iniciando no âmbito da física, trouxe transformações filosóficas na forma de se perceber a realidade, modificando radicalmente o conceito de um universo fechado funcionando como uma máquina tal como se pensava na concepção newtoniana. Consequentemente, a ideia de uma razão absoluta, com plenos poderes, e a concepção histórica de um progresso indefinido que marcou a modernidade foram cedendo espaço a uma noção pós-moderna de ver as coisas. A ciência deixou de ser a única forma segura de conhecimento e fonte exclusiva de saber. A objetividade

---

295 Ibid.

296 McGrath. *A revolução protestante*, p. 424.

297 Ibid., p. 425.

298 Wyckoff, J. W. "O batismo no Espírito Santo", in: Horton, Stanley M. (ed.). *Teologia sistemática*, p. 431.

299 Ibid., p. 432.

prevalente do positivismo lógico que oferecia certezas eliminando tudo aquilo que não pudesse ser provado materialmente ruiu ante a realidade que, agora já se sabia, é muito mais complexa do que se apresentava aos cinco sentidos humanos. O reino da religiosidade, antes renegado pela ciência, veio novamente à tona e trouxe consigo novas formas de espiritualidade. Em termos diretos, "a oposição entre razão moderna 'iluminada' e fé religiosa parece ser, hoje em dia, um fato do passado: [pois] a consciência da 'dialética do Iluminismo' reduziu muito as pretensões daqueles que às crenças religiosas desejam opor uma explicação puramente racional do mundo".[300]

Justamente por isso, alinhamo-nos aos já citados teólogos pentecostais James Railey e Benny Aker, em sua defesa de que a epistemologia primariamente racional dos teólogos protestantes (tanto liberais quanto conservadores) é "inadequada para os pentecostais", pois estes não veem uma descontinuidade, em termos de operação divina, entre o "mundo da Bíblia", que "não é [o mesmo] do racionalista, pois [...] reconhece o sobrenatural e as experiências

---

300 VATTIMO, Gianni. *Depois da cristandade: por um cristianismo não religioso* (Rio de Janeiro: Record, 2004), p. 60. Conforme o mesmo autor, "isto não é tudo, pois se não existe mais uma filosofia (historicista, como o hegelianismo e o marxismo, ou positivista, como as várias formas de cientificismo) que acredita poder demonstrar a não existência de Deus, então nos vemos novamente livres para escutar as palavras da Escritura. Entretanto, no final pós-moderno das filosofias absolutas, há ainda mais a ser analisado. Na verdade, percebemos que ao descobrir o quanto é insustentável a visão do ser como uma estrutura eterna que se espelha na metafísica objetiva, tudo aquilo que nos resta é justamente a noção bíblica da criação e da contingência e historicidade do nosso existir. Em termos seculares e filosóficos, isto significa que mesmo, e sobretudo, com base na experiência do pluralismo pós-moderno, podemos somente pensar o ser como um evento, enquanto a verdade não mais pode ser o reflexo de uma estrutura eterna do real, e sim uma mensagem histórica que devemos ouvir e à qual somos chamados a dar uma resposta. Uma tal concepção da verdade não é válida apenas para a teologia e a religião, mas, igualmente, de forma mais ou menos explícita, para grande parte das ciências hoje, pelo menos para aquelas ciências que tomaram consciência da historicidade dos seus paradigmas. Estes são conceitos que, como é sabido, foram profundamente marcados pelo uso que se fez do pensamento de Thomas Kuhn em um livro que data de 1963 [*A estrutura das revoluções científicas*] e cujo sentido, para os nossos propósitos aqui, pode ser resumido da seguinte maneira: as ciências ratificam ou contradizem hipóteses somente com base em certos pressupostos — métodos, teoremas, axiomas etc. —, que, por sua vez, não são verificáveis porque, do contrário, continuaríamos neste processo até o infinito. O nascimento e a morte dos paradigmas científicos são eventos históricos complexos, que não permitem explicações que se baseiam na lógica da demonstração positiva ou negativa. O que acontece na ciência é semelhante ao que ocorre na linguagem cotidiana: nós a herdamos juntamente com todas as outras formas da nossa existência e é somente com base nela que experimentamos as coisas do mundo. Filósofos e linguistas há muito já abandonaram a ideia de que primeiro vemos as coisas e depois lhes atribuímos nomes. Em vez disso, já encontramos o mundo disposto em formas, palavras e estruturas gramaticais segundo as quais o ordenamos, caso contrário tudo nos pareceria uma confusão indistinta" (ibid., p. 13-4).

sobrenaturais outorgadas por Deus",[301] e o mundo atual, onde o Espírito Santo, de igual forma, continua atuando na história. Tal perspectiva é diametralmente oposta à de Simon Kistemaker, teólogo reformado, que afirma, por exemplo, na introdução de sua obra, que com frequência "usamos a palavra *milagre* quando alguém se recupera de um ferimento grave ou de uma cirurgia complicada".[302] Ele diz que, ao fazermos isso, "estamos expressando a nossa incapacidade de explicar o poder curador que existe no corpo humano", isto é, para ele, utilizamos a palavra "milagre" nessas ocasiões reconhecendo "que a recuperação não foi apenas por causa da habilidade e perícia dos cirurgiões, mas que está ligada à força inata que existe dentro do nosso corpo físico e que vence as probabilidades existentes contra a restauração". Dessa forma, continua Kistemaker, "logo admitimos que uma recuperação miraculosa de um ferimento ou uma enfermidade é diferente dos milagres que Jesus realizou quando curou os enfermos e ressuscitou pessoas". Para o mesmo autor, acabamos atribuindo "uma volta à saúde e à força a um misterioso poder que Deus criou dentro do nosso corpo físico". Sua conclusão é que os "milagres que Jesus fez foram diferentes porque o poder de curar e restaurar residia nele".[303] Evidentemente que o autor, cuja teologia adotada já o impede de acreditar que hoje possam acontecer milagres, mistura casos de regeneração "natural" de células e tecidos com prodígios que são notórios e cujos testemunhos são abundantes.

Da mesma forma que o teólogo, ou crente, reformado tem suas pressuposições, James Railey e Benny Aker dizem ser importante "que o pentecostal tenha uma base e um ponto de referência realmente bíblicos e pentecostais", ou seja, primeiramente "deve crer no mundo sobrenatural, especialmente em Deus, que opera de forma poderosa e revela-se na história".[304] Partindo dessa premissa, eles acrescentam que os "milagres, no sentido bíblico, são ocorrências comuns", pois nas Escrituras "'milagre' refere-se a qualquer manifestação do poder de Deus, e não necessariamente a um evento raro ou incomum". De igual forma, o pentecostal crê, tal como o texto bíblico relata, que "outros

---

301 AKER, B. C.; RAILEY JR., J. H. "Fundamentos teológicos", in: HORTON, Stanley M. (ed.). *Teologia sistemática*, p. 663.

302 KISTEMAKER, Simon J. *Os milagres de Jesus: explorando o mistério das obras divinas de Jesus* (São Paulo: Cultura Cristã, 2008), p. 7.

303 Ibid., para as demais citações desde a última.

304 AKER, B. C.; RAILEY JR., J. H. "Fundamentos teológicos", in: HORTON, Stanley M. (ed.). *Teologia sistemática,* p. 61.

poderes no mundo sobrenatural, quer angelicais (bons), quer demoníacos (maus), penetram em nosso mundo e aqui operam". Na realidade, o "pentecostal não é materialista nem racionalista, mas reconhece a realidade da dimensão sobrenatural".[305] Portanto, a forma de o pentecostal comportar-se diante da realidade é distinta da do típico fiel reformado, não tendo dificuldade alguma em admitir que, a despeito de crer na Bíblia como Palavra de Deus, "o conhecimento racional das Escrituras, que não é o simples fato de decorá-las, não substitui a experiência pessoal da regeneração e o batismo no Espírito Santo, com todas as atividades de testemunho e de edificação que o Espírito coloca diante de nós".[306]

Assim, enquanto os "argumentos a favor da 'cessação dos milagres' revelam, em parte, o desejo de proteger a singularidade dos atos divinos na história da redenção",[307] pois, uma vez que "o cânon da Bíblia agora está completo ou fechado", continua Vern Poythress, "o que esses teólogos querem dizer é que hoje não podem ocorrer milagres de natureza tal que confirmem novos acréscimos ao cânon bíblico".[308] Diferentemente, o "pentecostal crê que Deus fala à sua igreja através dos dons do Espírito Santo a fim de corrigir, edificar e consolar".[309] É evidente que o pentecostal sabe que os dons devem ser "subordinados às Escrituras e discerníveis à luz destas", porém não desconhece igualmente que "não é a teologia nem a cultura que inibem a obra do Espírito Santo, mas o ponto de referência teológica e educacional", daí a importância de "interpretar a Bíblia dentro de suas próprias condições através de um ponto de referência apropriado", pois somente assim "teremos uma teologia corroborada pela experiência".[310] Tal teologia encontrará ressonância e conexão com a vida real das pessoas.

Apesar de saber que há vários "séculos a teologia sistemática no Ocidente tem sido disposta segundo um sistema coerente que reflete o idealismo[311]

---

305 Ibid., para as demais citações desde a última.

306 Ibid., p. 61-2.

307 POYTHRESS. *Teologia sinfônica*, p. 135.

308 Ibid., p. 136.

309 AKER, B. C.; RAILEY JR., J. H. "Fundamentos teológicos", in: HORTON, Stanley M. (ed.). *Teologia sistemática*, p. 62.

310 Ibid.

311 O idealismo "se caracteriza pela aceitação de normas universais e eternas que determinam como é e como deve ser o real" (SOULETIE, Jean-Louis. "A fé nos milagres", in: PERROT, Charles; SOULETIE, Jean-Louis; THÉVENOT, Xavier. *Os milagres* [São Paulo: Loyola, 2009], p. 27).

1360 | TEOLOGIA SISTEMÁTICO-CARISMÁTICA

racional (cf. a busca por parte dos teólogos de um centro unificante)", informam os teólogos pentecostais James Railey e Benny Aker, o "uso de um único centro tem limitações; por exemplo, não leva em conta os paradoxos que tanto prevaleciam no mundo antigo". Por isso, continuam, o "que agora está se tornando mais aceitável à maioria dos teólogos é ver um sistema disposto em volta de vários centros".[312] O teólogo Jack Deere, ex-cessacionista, diz que, além de "arrogância", é também uma ilusão a ideia "de que se pode chegar a uma pura objetividade bíblica na determinação de todas as práticas e crenças", pois "somos significativamente influenciados pelas circunstâncias: a cultura na qual vivemos, a família na qual crescemos, a igreja que atendemos, nossos professores, desejos, alvos e desapontamentos, nossas tragédias e traumas".[313] Em outros termos, a interpretação bíblica não acontece em um vácuo atemporal, mesmo porque os fatos relatados pelas Escrituras também encontram-se situados geográfica, histórica e socialmente por uma realidade. Portanto, o pentecostal crê na realidade do milagre, mas não o encara como uma "violação das leis da natureza" nem até mesmo como uma "suspensão delas", e sim como a atuação livre e soberana da parte de Deus e também a antecipação do que será uma realidade quando o Reino alcançar sua plenitude. Nas palavras de Jürgen Moltmann, com base nesse entendimento,

> se ganha uma nova perspectiva para a atuação de Jesus: Jesus expulsa demônios e cura doentes, ele expulsa os poderes destrutivos da criação e restabelece as criaturas machucadas e doentes. O domínio de Deus que ele testemunha por meio da cura de doentes sara a criação enferma. As curas de Jesus não são milagres sobrenaturais num mundo natural, mas a única coisa "natural" num mundo desnatural, demonizado e machucado.[314]

Partilha da mesma opinião Sidney Greidanus, o qual afirma que, quando entendemos os milagres como "violações da lei natural", negligenciamos "o fato de que agora vivemos em uma criação caída, na qual, por exemplo, opressão, doença e morte parecem ser naturais".[315] O autor continua sua explicação:

---

312 Ibid., p. 659-660.

313 DEERE. *Surpreendido pelo poder do Espírito*, p. 48.

314 MOLTMANN. *O caminho de Jesus Cristo*, p. 160.

315 GREIDANUS, Sidney. *O pregador contemporâneo e o texto antigo: interpretando e pregando literatura bíblica* (São Paulo: Cultura Cristã, 2006), p. 59.

CAPÍTULO 5 – Cristologia | 1361

Os casos de libertação, cura e ressurreição dos mortos são, na verdade, contrários às "leis da natureza"? Eles podem ser contrários ao que esperamos deste mundo, mas da perspectiva da criação genuína de Deus e de seu reino vindouro, opressão, doença e morte não são naturais, e libertação, cura e vida eterna são naturais (Gn 2—3; Ap 21.4). Desta perspectiva, então, milagres não devem ser vistos como "não naturais", mas como sinais do reino de Deus, entrando em nosso mundo caído, indicações provisórias da restauração da criação de Deus à sua excelência original. Os milagres não deveriam ser considerados como "violações da lei natural", mas como atos extraordinários, excepcionais de Deus, sinais que apontam para o poder e a fidelidade de Deus (cf. Sl 107.20), eventos que criam um sentimento de admiração. De acordo com o ensino bíblico, os milagres foram definidos como evidências ocasionais do poder divino direto em ações surpreendentes e incomuns, não obstante por sua "beneficência apontando para a bondade de Deus". Em suma, os milagres são sinais do reino de Deus.[316]

Para reforçar ainda mais esse ponto, voltamos a recorrer a C. S. Lewis, que, ao referir-se aos relatos de milagres registrados nos Evangelhos, divide-os em dois sistemas. O primeiro deles "inclui as classes: 1) Milagres de Fertilidade; 2) Milagres de Cura; 3) Milagres de Destruição; 4) Milagres de Domínio sobre o Inorgânico; 5) Milagres de Inversão; 6) Milagres de Santificação (ou de Glorificação)".[317] "O segundo sistema", continua Lewis, "que atravessa o primeiro, produz apenas duas classes: 1) Milagres da Velha Criação e 2) Milagres da Nova Criação".[318] As três primeiras classes restringem-se à "Velha Criação", isto é, a realidade tal como a experimentamos desde a Queda em Gênesis 3. A quarta classe de milagres ocorre em ambas e, finalmente, as classes 5 e 6 são exclusivas da "Nova Criação". Mas o que significa a "Nova Criação"? Lewis oferece um exemplo, dizendo que, "quando Cristo anda por sobre a água, temos um milagre da Nova Criação".[319] Na sequência, ele explica:

Deus não criou a Velha Natureza — o mundo antes da Encarnação — para que a água pudesse suportar um corpo humano. Esse

316 Ibid.
317 LEWIS. *Milagres*, p. 204.
318 Ibid., p. 204-5.
319 Ibid., p. 214.

milagre é a antecipação de uma Natureza que se acha ainda no futuro. A Nova Criação está apenas surgindo. Por um momento, parece que se irá ampliar. Por um instante, dois homens estão vivendo nesse novo mundo. Pedro também dá um ou dois passos sobre a água. Depois sua fé o abandona, e ele afunda, voltando à Velha Natureza.[320]

Trata-se, portanto, do que alguns teólogos chamam de *prolepse*, isto é, "antecipação". Dessa forma, cada um dos milagres tem a tarefa não apenas de apontar, mas de levar àqueles que conseguem ver além do miraculoso a seguir a direção sinalizada pelo feito. No caso que está sendo considerado, é preciso decidir pela porta estreita e pelo caminho apertado do reino de Deus (Mateus 7:14). Da mesma maneira que quem está em Cristo torna-se uma "nova criatura" (2Coríntios 5:17), é preciso também entender que a regeneração humana é a antecipação e o início da regeneração total, o *palingenesis* (de πλινγενεσία, *palingenesia*, *palin*, "de novo", *genesis*, "nascimento"), o novo começo que já teve início na concepção quando Cristo, o Messias e Redentor, encarnou-se (Colossenses 1:16-20).

Além de servir para demonstrar a realidade do reino de Deus, pois, de acordo com Edward Schillebeeckx, o "início do reino de Deus torna-se visível aqui nesta terra, em nossa história, pela vitória contra os 'poderes do mal'",[321] os prodígios realizados pelo Mestre tinham igualmente uma função social. Como já vimos anteriormente, possuíam forte ligação com a religião no contexto judaico. "Chama a atenção", diz Moltmann, "que muitas histórias de cura se dão com mulheres e para suas filhas que, em uma sociedade patriarcal, têm menos direitos e menor prestígio social".[322] Não apenas isso, uma vez que, "à luz do reino de Deus próximo, o mundo necessitado de salvação se mostra em sua verdadeira possessão com suas doenças",[323] e ciente de "que doenças eram estigmatizadas naquele tempo como impureza, os doentes eram discriminados cúltica e socialmente",[324] ao curar as pessoas extinguia-se tal estigma, motivo pelo qual a "anulação dessa discriminação

---

320 Ibid.
321 SCHILLEBEECKX. *Jesus, a história de um vivente*, p. 182.
322 MOLTMANN. *O caminho de Jesus Cristo*, p. 178.
323 Ibid., p. 169.
324 Ibid., p. 170.

é o aspecto social das curas de Jesus".[325] Dessa forma, o objetivo do milagre, que é socorrer o necessitado e devolver-lhe a dignidade, também evidencia o reino de Deus e faz que o nome maravilhoso do Criador seja glorificado.

Não poderíamos terminar nossa exposição sobre milagres sem fazer mais uma defesa do continuísmo. Esta última reflexão poderia ser apenas um libelo contra o cessacionismo. Contudo, ela será mais um grito direcionado à tradição carismático-pentecostal que uma defesa dela. Isso pela verdade de que, à proporção que ela cresce, é igualmente notório um arrefecimento do seu aspecto carismático, tornando-se cada dia mais institucionalizado e formal. Portanto, queremos nos juntar a algumas vozes que ultimamente têm se levantado no afã de bradar, intramuros, que é preciso que a tradição carismático-pentecostal continue sendo, antes de qualquer coisa, um movimento do Espírito. A fim de manter-se nessa posição, e como parte do modo simples e direto de o carismático-pentecostal ler a Bíblia Sagrada, é perfeitamente compreensível que os adeptos da tradição busquem respaldo na Palavra de Deus para sua prática de fé, ou seja, para fundamentar biblicamente o que se vivencia.

Um desses textos, no que diz respeito ao exercício dos dons e atuação evangelística da tradição carismático-pentecostal, é o de Marcos 16:15-20. Conhecido como "fim mais longo", autores como o teólogo pentecostal Jerry Camery-Hoggatt, pontuam que tal "fim" está demarcado a partir do versículo 9. Ele é taxativo em afirmar que, por não constar o referido texto nos melhores manuscritos, "devemos ter em mente que não tem a autoridade da Escritura, e tomarmos cuidado para não incluir essas observações como fatores na interpretação do próprio Evangelho de Marcos".[326] Ele se refere especificamente aos "pentecostais e carismáticos", pois, como se sabe, tais "grupos prestam atenção especial à profecia sobre os sinais milagrosos que acompanham a missão cristã, nos versículos 17 e 18 (cf. também v. 20)", pois, continua, para "esses leitores, a 'perda' do fim mais longo parece diminuir a promessa da Escritura de que a vida do crente será acompanhada por sinais

---

325 Ibid. Apesar de discordarmos totalmente de sua visão liberal no que diz respeito aos milagres, John Dominic Crossan faz uma distinção a respeito de doença e enfermidade, dizendo que a primeira é o aspecto físico do problema enquanto a segunda é o aspecto social, que chama a atenção (cf. CROSSAN, Dominic. *Jesus: uma biografia revolucionária* [Rio de Janeiro: Imago, 1995], p. 94-6).

326 CAMERY-HOGGATT, J. "Marcos", in: ARRINGTON; STRONSTAD (eds.). *Comentário bíblico pentecostal*, p. 298.

1364 | TEOLOGIA SISTEMÁTICO-CARISMÁTICA

milagrosos e carismáticos". Contudo, como forma de "compensar" tal perda, Camery-Hoggatt recorda que "esses sinais são atestados em outros lugares da Escritura e, talvez mais concretamente, na vida real da comunidade de fé", pois, finaliza, "Deus não fracassou em se mover de forma redentora ou milagrosa".[327]

Apesar de a posição de Camery-Hoggatt ser inflexível, ele faz uma observação importante, que é o fato de que os sinais são atestados por outros textos bíblicos e, mais ainda, eles são uma realidade concreta na igreja. Isso é suficiente para fundamentar sua existência na contemporaneidade. A. Elwood Sanner explica que essa porção escriturística marcana apresenta "o que se chama de 'um dos maiores problemas textuais do Novo Testamento'", pois os "dois manuscritos mais antigos e confiáveis (Vaticano e Sinaítico) omitem totalmente estes versículos, e encerram o Evangelho de Marcos em 16.8", além de que tais "versículos também não aparecem em vários outros antigos manuscritos e também em algumas versões".[328] Contudo, pode-se questionar o porquê de tal texto constar, sem nenhum problema, nas versões bíblicas mais conhecidas, ou seja, ARC e ARA, e entre colchetes na NTLH e na TB, por exemplo. Tal se dá por conta de as primeiras se basearem no chamado *textus receptus*, tradução do Novo Testamento editado por Erasmo de Roterdã e "revisado por Stephanus [Roberto Estienne], que serviu de base para edições posteriores até meados do século 19".[329]

Sem mais nos alongarmos no assunto e acerca da referida tradução, é preciso dizer, com o mesmo Camery-Hoggatt, que tal se deu por conta do alargamento do que se "constitui um cânon autorizado da Escritura": seria "uma lista de livros autorizados, no teor dos autógrafos"[330] — dos textos saídos das mãos dos autores — ou apenas as cópias dos originais? Sendo assim,

---

327 Ibid.

328 Sanner, A. E. "O Evangelho segundo Marcos", in: Childers, Charles L.; Earle, Ralph; Sanner, A. Elwood. *Comentário bíblico Beacon: Mateus a Lucas,* vol. 6 (Rio de Janeiro: CPAD, 2006), p. 325.

329 Barrera, Julio Trebolle. *A Bíblia judaica e a Bíblia cristã: introdução à história da Bíblia,* 2. ed. (Petrópolis: Vozes, 1999), p. 699. Philip W. Comfort diz que este foi "o primeiro texto grego a ser impresso". Contudo, "quando Erasmo compilou esse texto, serviu-se de cinco ou seis manuscritos muito tardios, datados dos séculos 10 a 13, muito inferiores aos manuscritos mais antigos" (Comfort, Philip Wesley [ed.]. *A origem da Bíblia* [Rio de Janeiro: CPAD, 1998], p. 373).

330 Camery-Hoggatt, J. "Marcos", in: Arrington.; Stronstad. *Comentário bíblico pentecostal,* p. 297-8.

CAPÍTULO 5 – Cristologia | 1365

apesar de algo não recomendado por Camery-Hoggatt, redefiniu-se "o significado do termo *cânon* para excluir a referência aos autógrafos e enfatizar o 'texto recebido' (*textus receptus*)".[331] Em termos diretos, embora se admita que o texto do "fim mais longo" não seja compatível com a linguagem e o estilo de Marcos, e que tal porção falte nos manuscritos mais antigos, encontrados posteriormente (por volta do séc. 17), isto é, após a consolidação do texto bizantino, que, desde o final do século 3, era utilizado por toda a cristandade e fonte para o *textus receptus*, diz Julio Barrera, o entendimento é que "esta passagem, conhecida já no século II por Justino e por Taciano, deve ser considerada parte do texto canônico de Mc".[332]

Em uma palavra, ainda que se admita que o texto "seja acréscimo de retalhos tomados de outros escritos do Novo Testamento, o trecho conserva o pensamento de Marcos, isto é: os discípulos devem continuar a ação de Jesus".[333] Assim, abordamos essa questão apenas porque os cessacionistas utilizam tais argumentos para refutar o exercício evangelístico da tradição carismático-pentecostal, que desde sempre entendeu que levar a mensagem completa do evangelho implica não apenas o anúncio, mas também os sinais que o acompanham. Não há dúvida de que os que têm uma visão elevada da Escritura, ou seja, que a honram como Palavra de Deus, entendem que os milagres são também para os nossos dias; afinal, o texto bíblico diz claramente que "estes sinais seguirão aos que crerem" (v. 17a). Tal promessa possui respaldo em outros textos das Escrituras, pois, como lembra Craig Keener, "entre os sinais da era messiânica, Isaías predisse que os enfermos seriam curados, a língua dos mudos falaria (Is 35.5,6; contudo a ideia de línguas poderia ser uma referência aos eventos descritos em At 2.4 e 1Co 14) e o povo de Deus testemunharia a seu respeito (Is 43.10)", pois os "poderes aqui

---

331 Ibid., p. 298.

332 BARRERA. *A Bíblia judaica e a Bíblia cristã*, p. 506. Mesmo porque, diz o mesmo autor juntamente com José M. Sánchez Caro: "Livro algum da antiguidade exerceu influência semelhante à do NT na cultura ocidental. Nenhum texto literário do mundo clássico chegou até nós, por outro lado, em cópias tão numerosas em formas de texto tão diferenciadas como é o caso do NT. Conhecem-se mais ou menos 5.000 mss. gregos do NT, mais de 10.000 mss. das versões antigas e milhares de citações dos Padres da Igreja. Manuscritos, versões e citações oferecem um número de variantes calculadas entre 150.000 e 250.000 ou ainda maior. Não existe uma só frase do NT da qual não sejam conhecidas variantes textuais" ("Texto e crítica textual do Novo Testamento", in: CARO, José M. Sánchez et al. *A Bíblia e seu contexto*, vol.1, 2. ed. [São Paulo: Ave-Maria, 2000], p. 483).

333 *Bíblia Sagrada*, Edição Pastoral, 85. reimpr. (São Paulo: Paulus, 2012), p. 1307.

1366 | TEOLOGIA SISTEMÁTICO-CARISMÁTICA

atribuídos aos que creem são os mesmos que caracterizavam os profetas do Antigo Testamento".[334]

Além do mais, conforme já falamos logo no primeiro capítulo, tal tese de que o texto se trata de um acréscimo tardio, longe de representar um problema para a tradição carismático-pentecostal, revela um aspecto que reforça a importância do fato de tal texto ter sido "acrescentado" ao material de Marcos no século 2. Se, como os versículos 17 e 18 deixam entrever, os "sinais" seguiriam os que creem e tais sinais cessaram com a morte do último apóstolo, ou com o encerramento do último autógrafo, não seria um perigo acrescentar tal texto quando tais prodígios já teriam desaparecido? Por que "acrescentar" uma porção bíblica que previa acontecimentos cuja experiência atual, naquele momento, já provaria sua inveracidade? Isto é, "o texto insiste na missão de levar o evangelho ao mundo inteiro", diz J. Delorme, "ligando estreitamente o testemunho da palavra e das obras aos sinais que o acompanham".[335] Portanto, se no século 2, época em que de acordo com os especialistas tal texto foi incluído ao Evangelho de Marcos, tais sinais tivessem desaparecido, haveria necessidade de incluí-lo?

A única resposta coerente é que, para *todos* os que ouviam a leitura do Evangelho de Marcos, sobretudo após a inclusão dessa parte, o fato de essas manifestações acontecerem e causar admiração em uns e escândalo em outros significa que tais práticas eram resultado normal da missão que eles estavam cumprindo, da mesma maneira como havia acontecido com os apóstolos que deram sequência ao ministério que lhes outorgara o Mestre (Marcos 16:20). Em termos diretos, conquanto "Marcos tenha composto o Evangelho para uma congregação verdadeira e histórica", diz Camery-Hoggatt, "para o crente pentecostal suas palavras de alguma maneira ainda soam inexplicavelmente verdadeiras".[336] Isso por uma razão muito simples: os pentecostais experimentam, em seus círculos, as mesmas maravilhas e prodígios que os destinatários originais de Marcos, bem como a igreja do século 2, que lia o seu Evangelho no formato que temos em nossas Bíblias

---

334 KEENER, Craig S. *Comentário histórico-cultural da Bíblia: Novo Testamento* (São Paulo: Vida Nova, 2017), p. 203.

335 DELORME, J. *Leitura do Evangelho segundo Marcos* (Santo André: Academia Cristã; São Paulo: Paulus, 2014), p. 164.

336 CAMERY-HOGGATT, J. "Marcos", in: ARRINGTON; STRONSTAD (eds.). *Comentário bíblico pentecostal*, p. 172.

atualmente, isto é, eles se veem "dentro" da narrativa. Tal exercício é legítimo, inclusive exegeticamente falando.[337]

O já citado Craig Keener diz que, ao "enxertarmos a nossa vida na narrativa bíblica, tornamo-nos parte da extensão dessa narrativa". Justamente por isso, os "primeiros pentecostais muitas vezes enxergavam Atos 28 como inacabado, uma conclusão que hoje os críticos da narrativa geralmente têm reafirmado".[338] Tal se dá por uma razão muito simples: "a missão" outorgada pelo Senhor ainda encontra-se "inconclusa", por isso "continuamos precisando do poder do Espírito para concluí-la (At 1.8), e é exatamente esse poder que nos é prometido (2.39, evocando também a promessa de Deus em 1.4)".[339] Assim, "nós que damos continuidade à sua missão continuamos sendo parte da narrativa da história da salvação, uma narrativa (de nossa perspectiva pós-canônica) para a qual Atos aponta".[340] De forma análoga, o mesmo raciocínio aplica-se com a narrativa do "fim mais longo" de Marcos. E, se o problema for com os sinais, tal questão não é nova, pois, como instrui Craig Keener, "milagres fornecem um exemplo importante de situações em que abordagens epistêmicas divergentes levam a interpretações diametralmente opostas, tanto nas narrativas bíblicas como nas atuais".[341] O que está sendo dito é que a "maneira de enxergarmos os milagres depende de nosso parâmetro interpretativo, a nossa fé",[342] ou seja, é algo decidido *a priori* e não depende só de "evidências".

> Os milagres pertencem tanto a uma epistemologia de fé como a realidades materiais concretas. Incontáveis eventos que um receptor experimenta como um milagre são explicados de forma bem diferente por aqueles que não creem. Aceitar uma experiência como miraculosa vai depender tipicamente de pressuposições anteriores e do ônus da

---

337 O leitor interessado em uma hermenêutica especificamente pentecostal pode conferir o capítulo "Hermenêutica pentecostal" em CARVALHO, César Moisés. *Pentecostalismo e pós-modernidade*, 2. reimpr. (Rio de Janeiro: CPAD, 2017), p. 209-80. Cf. também SIQUEIRA, Gutierres; TERRA, Kenner. *Autoridade bíblica e experiência no Espírito: a contribuição da hermenêutica pentecostal-carismática* (Rio de Janeiro: Thomas Nelson Brasil, 2020).

338 KEENER, Craig. *A hermenêutica do Espírito: lendo as Escrituras à luz do Pentecostes* (São Paulo: Vida Nova, 2018), p. 282.

339 Ibid.

340 Ibid., p. 282-3.

341 Ibid., p. 283.

342 Ibid., p. 287.

1368 | TEOLOGIA SISTEMÁTICO-CARISMÁTICA

prova. Assim, por exemplo, se alguém se recupera após oração de uma doença geralmente fatal da qual alguém ocasionalmente se recupera (talvez sem oração), aqueles que oraram verão nisso a mão de Deus, mas aqueles que definem um milagre somente como uma violação da natureza (seguindo Hume aqui, e não a Bíblia) questionarão isso. É apropriado que nós cristãos enxerguemos a atuação de Deus regularmente, mas aqueles que condicionam seu modo de pensar às "evidências" (o modo com que precisamos argumentar na academia) podem rejeitar como miraculosas quaisquer ações explicáveis "sem o recurso Deus". Outros são céticos não importam as explicações que parecem plausíveis.[343]

Portanto, se a cosmovisão do intérprete for cessacionista, ou antissobrenaturalista, nada o fará crer. Ninguém desabona a ideia de que é necessário discernimento e prudência quando se trata do miraculoso. Todavia, como oportunamente observa Craig Keener, há "céticos [que] levam [seu] ceticismo a extremos notáveis".[344] Como exemplo, o mesmo autor diz, como é lógico, que, "de uma perspectiva médica, cataratas nos olhos não desaparecem imediatamente sem cirurgia", não obstante existem relatos do "desaparecimento instantâneo de cataratas após oração". Assim, alguém que já decidiu não acreditar rejeitará quaisquer fatos ou "afirmações que não combinam com a 'realidade' que construiu", isto é, tais pessoas "podem questionar a credibilidade das testemunhas, de vídeos ou até mesmo de documentação médica; ou elas podem explicar o evento de outro modo, como um evento natural que opera de acordo com princípios naturais ainda não compreendidos (e.g., poder psíquico)". Tal é a posição do teólogo reformado Simon Kistemaker.

Keener diz conhecer "algumas das testemunhas de alguns desses relatos, e seria de esperar que o poder psíquico, se essa fosse a explicação, tivesse resultados mais coerentes (em contraste com a menos conhecida vontade de Deus como aquilo que os filósofos chamam de um agente inteligente e pessoal)". A conclusão mais óbvia a que chegou o referido autor é que "o fator comum em um grande número de relatos (em praticamente todos aqueles aos quais tive acesso) foi a oração em nome de Jesus". E os exemplos não param por aí. Keener menciona casos de *revivificação* (ou "ressuscitação"), bem como

---

343 Ibid., p. 283.
344 Ibid., p. 284.

de "coma profundo que parece ser morte", e diz que estes geralmente "não se prestam facilmente a explicações psicossomáticas". Ainda assim, o autor diz possuir "dez desses relatos testemunhados de perto por testemunhas oculares" em seu "próprio círculo de amigos e familiares".[345] Considerando que deparar-se com uma enormidade desses casos, por coincidência, seria algo realmente improvável, pergunta retoricamente Keener: "Com base na compreensão normal das probabilidades, não é mais racional pensar que a oração às vezes tem alguma relação com a recuperação?"[346]

Portanto, a ausência dos milagres em alguns locais não significa, absolutamente, que os prodígios divinos tenham cessado com a morte do último apóstolo. O que deve ser feito, com humildade, é buscar sinceramente diante de Deus a causa da inexistência do miraculoso entre si. Nesse aspecto, a Bíblia oferece várias pistas. Ausência de fé e de oração e jejum (Mateus 17:14-21), disputas teológicas e de poder (Marcos 9:14,38-40), o não compromisso e a falta de relacionamento com Deus (Atos 19:13-17) são apenas algumas delas. Não tememos em dizer que muitos carismático-pentecostais estão optando pelo cessacionismo para justificar o desaparecimento dos milagres em suas próprias comunidades de fé. Com isso, condescendem com a teologia reformada e buscam aprovação de quem, para os considerarem como "cristãos", exigem, tácita e debochadamente, que neguem a fé de expressão carismática. Outros, para serem aceitos nas academias, descreem das principais características da tradição simplesmente por conveniência. Nesse vácuo, infelizmente, cresce o sincretismo religioso, e um arremedo de péssimo gosto acaba confundido com a genuína tradição carismático-pentecostal.

Por outro lado, mais importante que o milagre é ter o nome escrito nos céus, ou seja, a salvação (Lucas 10:20). Compadecer-se das pessoas e vê-las como alvo do amor divino deve ser a maior motivação para que nos coloquemos à disposição de Deus a fim de sermos instrumentos dele na esfera da operação de milagres. Tal disposição envolve não apenas o desejo de estar entre as multidões, mas também de ir para os locais de difícil acesso e de escassez de recursos, pois certamente aí é que o Senhor nos instrumentalizará ainda mais (Atos 8:5-13,26-40). Finalmente, é preciso entender que nem todos serão agraciados com o dom de operação de milagres, pois é justamente isso que

---

345 Ibid., para esta citação desde a última referência.
346 Ibid., p. 285.

1370 | TEOLOGIA SISTEMÁTICO-CARISMÁTICA

Paulo diz aos crentes coríntios, ao perguntar: "São todos operadores de milagres?" (1Coríntios 12:29). Evidentemente que a resposta é "não". Portanto, nem todos serão instrumentos de Deus nesse sentido, como, por exemplo, o apóstolo Paulo fora (Atos 15:12; 19:11; 28:9; Romanos 15:18-19 etc.). Isso não invalida, porém, a existência e legitimidade desses acontecimentos.

O que uma teologia carismático-pentecostal não pode perder de vista é que Deus continua realizando milagres, pois eles são a manifestação de seu Reino — não uma quebra das leis naturais, perspectiva que ignora o fato de que a natureza foi atingida pela Queda, muito menos como simples fenômeno que pode ser apreendido cientificamente, o que dessacraliza a prática religiosa — e, portanto, "continuam enquanto o nosso rei reina".[347] Pela crença no sobrenatural, somos convidados a manter viva a chama da esperança até o dia em que seremos inseridos na trans-história, na plenitude do Reino. Para os carismático-pentecostais, esse é um exercício diário, pois entendemos que os milagres não se manifestam apenas em eventos grandiosos como revivificações e curas de doenças, mas também em detalhes que vão desde inspiração para trazer uma mensagem à sua igreja local até sabedoria para enfrentar uma entrevista de emprego. Somos místicos, no sentido já anteriormente citado. Vemos o Espírito Santo nos guiando em tudo, assim como guiou Jesus em seu ministério. Entendemos que ele trabalha a nosso favor, assim como os milagres de Cristo dignificaram os pobres que eram excluídos da presença de Deus pelas lideranças judaicas. São essas manifestações diárias que nos permitem clamar com alegria: Maranata, ora vem, Senhor Jesus!

— A ressurreição de Jesus —

O último ato da vida "terrena" de Cristo do qual falaremos é a ressurreição,[348] cujo acontecimento, assim como o dos milagres, também começou a ser questionado na modernidade. Novamente, não tentaremos provar sua legitimidade histórica, argumentando sobre a possibilidade científica de mortos voltarem à vida, simplesmente porque tal exercício não faz sentido para nós. Não estamos sugerindo, porém, que essas questões não possam ser

---

347 CODLING. *Sola Scriptura e os dons de revelação*, p. 192.

348 A "paixão de Cristo" e suas implicações serão estudadas apenas no oitavo capítulo, ao tratarmos da soteriologia.

CAPÍTULO 5 – Cristologia | 1371

estudadas ou não tenham valor. De fato, muitos pesquisadores capacitados se dedicam a levantar provas históricas e evidências lógicas que comprovam um evento de ressurreição. N. T. Wright é um dos que defendem a possibilidade de um estudo histórico desse acontecimento e explica que boa parte da resistência contra esse tipo de pesquisa deve-se, entre muitos outros motivos, ao fato de que "teólogos frequentemente falam da ressurreição como se, direta ou indiretamente, conotasse a divindade de Jesus e, de fato, como se ela conotasse pouco além disso".[349] Daí surge o que o autor define como "pudor teológico", pois entende-se que a divindade de Jesus depende dessa investigação. Uma prova de que isso não procede está no exemplo apresentado por L. J. Kreitzer:

> É possível crer na ressurreição de Jesus dentre os mortos sem necessariamente afirmar que esse ato divino confirmou seu messiado. Isso pode ser uma surpresa para muitos cristãos, pois os dois são às vezes considerados equivalentes. Um bom exemplo desse ponto de vista é o estudioso judeu P. Lapide, que aceita a historicidade da ressurreição corpórea de Jesus, mas nem por isso se descreve como cristão (por definição, quem afirma que Jesus é o Messias). Para Lapide, a ressurreição de Jesus faz parte da obra preparatória divina, que apronta o mundo para a revelação futura do Messias. O exemplo de Lapide é característico da suposição por demais incerta de que a ressurreição de Jesus é ao mesmo tempo a proclamação dele como Messias, que dispensa explicações.[350]

Portanto, a supressão desse tópico ao tratarmos da ressurreição não tem relação alguma com a postura que Wright critica, mas é apenas uma decisão metodológica, pois, se partimos de uma perspectiva sobrenaturalista do mundo, que no cristianismo é basilar, logo os milagres e também a ressurreição já são fatos óbvios e cridos sem necessidade alguma de "demonstração" de que realmente aconteceu. Mesmo porque só podemos crer mediante a fé, pois são acontecimentos que George Ladd define como "não históricos", não no sentido de não terem acontecido, mas de transcenderem "a experiência

---

349 WRIGHT, N. T. *A ressurreição do Filho de Deus* (Santo André: Academia Cristã; São Paulo: Paulus, 2013), p. 59.

350 KREITZER, L. J. "Ressurreição", in: HAWTHORNE, G. F.; MARTIN, R. P.; REID, D. G. (orgs.). *Dicionário de Paulo e suas cartas* (São Paulo: Loyola; Paulus; Vida Nova, 2008), p. 1075.

1372 | TEOLOGIA SISTEMÁTICO-CARISMÁTICA

histórica usual",[351] não havendo condições de apreendê-los como qualquer outro objeto estudado, só sendo possível visualizá-los com a lógica da fé. Nas palavras do autor:

> Do ponto de vista da crítica histórica científica, a ressurreição não pode ser "histórico", pois trata-se de um evento que não foi causado por qualquer outro evento histórico e, portanto, não tem analogia. Deus, e somente Deus, é a causa da ressurreição. A ressurreição não tem relação causal com outros eventos históricos. Além do mais, jamais aconteceu algo semelhante em qualquer outro lugar. A ressurreição de Cristo não é a restauração de um indivíduo morto à vida, mas o surgimento de um novo tipo de vida — a vida da ressurreição. Se o registro bíblico for correto, não pode haver nem explicação "histórica" nem analogia para a ressurreição de Cristo. Na realidade, sua própria ofensa à crítica histórica científica é uma espécie de apoio negativo para seu caráter sobrenatural.[352]

Jürgen Moltmann apresenta um argumento parecido, ao afirmar que é inocente o acréscimo do "e" ao falarmos sobre a morte na cruz e a ressurreição, pois "não se trata de dois acontecimentos da mesma categoria", e sim "de um contraste como não se pode imaginar mais radical: a morte de cruz de Cristo é um fato histórico", já "a ressurreição de Cristo é um fato escatológico".[353] É certo que "cruz e ressurreição estão reciprocamente inter-relacionadas e devem ser interpretadas de tal maneira que um evento apareça na luz do outro".[354] Contudo, o autor explica:

> A cruz se encontra no tempo presente de violência e pecado — [já] o Ressurreto vive no tempo futuro da nova criação em justiça. Entre os enunciados cristológicos nos credos: "padeceu, foi crucificado, morto" e "no terceiro dia ressuscitou dos mortos" não cabe um "e", mas um ponto e uma pausa, pois aí começa um enunciado qualitativamente bem diferente, ou seja, o enunciado escatológico a respeito de Cristo.[355]

---

351 LADD, George Eldon. *Teologia do Novo Testamento*, ed. rev. (São Paulo: Hagnos, 2003), p. 42.
352 Ibid., p. 42-3.
353 MOLTMANN. *O caminho de Jesus Cristo*, p. 324.
354 Ibid., p. 323.
355 Ibid., p. 324.

Mais adiante, Moltmann explica que o grande problema que surge "quando se olha para a tradição da ressurreição de Cristo a partir do moderno paradigma 'História' com as categorias da moderna consciência religiosa", é que ela corre o risco de ser vista "ou como produto da fantasia ou como miráculo irrelevante", pois a "moderna categoria do histórico já transformou o acontecimento em acontecimento passado, pois histórico é aquilo que acontece e passa". Por isso, ao considerarmos a ressurreição como qualquer outro acontecimento do passado, fazemos que ela se torne um fato irrelevante, "que se distancia cada vez mais com o decorrer do tempo" e "não pode ser nem determinante do presente nem relevante para o futuro, quer a situação comprobatória" para sua ocorrência "se revele positiva ou negativa". Nas palavras do autor, encarar a ressurreição como apenas mais um fato histórico é admitir a verdade que as pessoas comuns pensam do passado, isto é, "quer se aceite um acontecimento tão remoto, quer se duvide dele, isso nada muda em nossa vida atual".[356] Contudo, não é o caso da ressurreição, pois, à luz desse acontecimento, tudo muda e se transforma.

Por isso, Moltmann defende que ela é um acontecimento de ordem diferente, que não pode ser estudado nos moldes da historiografia positivista moderna. Primeiro, porque essa ciência "é possível somente na diretriz da analogia"[357] e, como já explicamos com George Ladd, a ressurreição é um evento único, não sendo possível compará-lo a qualquer outro. Segundo, porque a ressurreição "liga o *fim* dos tempos desta história da morte ao início da *eternidade* da nova criação, na qual a morte não mais existirá".[358] Isso faz que ela não seja um simples "acontecimento passado", que perde sua importância conforme a passagem do tempo, mas, sim, um "acontecimento do passado que, no Espírito, tem efeito determinador do presente", e também do próprio passado, "porque abre o futuro da vida",[359] mudando tudo o que veio antes e virá depois. Nas palavras do autor,

> Sem esta história que ela abre no Espírito e na esperança, a ressurreição se torna incompreensível. A atual experiência libertadora do Espírito se baseia no passado perfeito da ressurreição de Cristo. Por

356 Ibid., p. 343-4.
357 Ibid., p. 345.
358 Ibid., p. 359.
359 Ibid., p. 362.

isso o Cristo ressurreto é reconhecido nos atuais poderes do Espírito e por eles percebido. O futuro do "avivamento dos corpos mortais",[360] como Paulo denomina a ressurreição nesta passagem [Rm 8.11], está fundamentada onticamente na ressurreição de Cristo e é compreendida noeticamente por meio da experiência do "Espírito vivificador". Portanto, é preciso falar de um *processo da ressurreição* quando se fala da ressurreição de Cristo. Esse processo tem seu fundamento em Cristo, sua dinâmica no Espírito, e seu futuro na nova criação corporal de todas as coisas. Com "ressurreição" não se designa um *factum* mas um *fieri*: a transição da morte para a vida.[361]

Portanto, como fica evidente, "a questão subjacente é teológica",[362] não histórica, e é nesse âmbito que vamos estudá-la. É importante mencionar que essa abordagem é, sobretudo, bíblica, pois, como explica L. J. Kreitzer ao falar sobre as cartas de Paulo, o apóstolo "jamais tenta provar a historicidade da ressurreição para nenhuma das congregações às quais ele endereça suas cartas", mas "simplesmente afirma a ressurreição como um fato (no qual é de presumir que eles creiam) e procura destacar as consequências dela na vida e na fé deles".[363] O biblista Paul Bony aponta que uma das primeiras dificuldades encontradas ao falarmos sobre a ressurreição diz respeito ao próprio significado da palavra: "Não seria mais simples falar de imortalidade da alma?" — pois, de acordo com o autor, quando Paulo prega, "as pessoas instruídas de Atenas subentendem claramente isso, logo que ele pronuncia a palavra 'ressurreição': 'Nós te ouviremos sobre isso em outra ocasião' (At 17.32)" — ou talvez optar pelo termo "reencarnação"? O próprio Bony responde que não, pois "a ressurreição da fé cristã não é a reencarnação", mas "uma ressurreição 'uma vez por todas'", pois o "Cristo ressuscitado não morre mais".[364]

---

360 Moltmann sempre fala de uma "ressurreição escatológica" e, às vezes, utiliza o termo "ressuscitamento dentre os mortos" para referir-se a esse evento, pois para ele essa expressão "designa uma nova atividade criativa de Deus com a qual começa a nova criação de todos os seres mortais e efêmeros. Esse símbolo escatológico é adequado às contraditórias experiências com Jesus porque não nega nem o efeito mortal de sua morte nem o fato de estar vivo em suas aparições" (ibid., p. 336).

361 Ibid., p. 362.

362 Ladd. *Teologia do Novo Testamento*, p. 43.

363 Kreitzer, L. J. "Ressurreição", in: Hawthorne; Martin; Reid (orgs.). *Dicionário de Paulo e suas cartas*, p. 1069.

364 Bony, Paul. *A ressurreição de Jesus* (São Paulo: Loyola, 2008), p. 13-4.

CAPÍTULO 5 – Cristologia | 1375

É nesse sentido que podemos afirmar que Jesus é, até hoje, o único que experimentou a ressurreição de fato, enquanto os demais milagres de "volta à vida", como o de Lázaro e também o da filha de Jairo, por exemplo, foram "revivificações", pois eles voltaram a morrer em algum momento. Juan Antonio Cobo explica que essa é uma forma de "distinguir terminologicamente, em português, aquilo que em grego é expresso com um destes verbos: ἐγείρω ou ἀνίστημι (cf. Mc 5:41 e 42, respectivamente), que significam 'alçar-se, levantar-se'" e, em alguns contextos específicos, também podem significar "'ressuscitar', ou seja, 'levantar ou levantar-se definitivamente da morte' (por exemplo, aplicado à ressurreição de Jesus e dos cristãos)".[365] Portanto, a ressurreição de Cristo não é uma simples volta à vida, mas "o começo de uma nova humanidade" onde a morte já não mais existe; ela é "a realização da promessa de Deus, [...] nossa libertação do pecado e da morte, nosso novo nascimento, a transformação de toda a nossa existência pelo Espírito Santo".[366]

Roger Haight afirma haver uma pluralidade de significados para a expressão "ressurreição" que, de acordo com o autor, "mesmo no Novo Testamento não é uma ideia unívoca",[367] já que "os exegetas assinalam" ao menos "duas simbolizações[368] bem diferentes do destino de Jesus por ocasião de sua morte" nos textos bíblicos: uma que foca na restituição da vida e "veicula a ideia de que Jesus vive uma nova vida pelo poder de Deus"; outra que possui como centro as ideias de exaltação e glorificação, ou seja, aqui não se fala da "ressurreição" em si, mas, sim, da "glorificação: em contraste com sua humildade

---

365 COBO, Juan Antonio Aznárez. "Análise narrativa", in: AGUIRRE, Rafael (org.). *Os milagres de Jesus*, p. 181.

366 BONY. *A ressurreição de Jesus*, p. 15.

367 HAIGHT. *Jesus, símbolo de Deus*, p. 151.

368 É importante ressaltar que "simbolizações" aqui não tem a ver com a ideia liberal de que "a ressurreição não aconteceu e trata-se de uma expressão simbólica". Como teólogo católico, Haight utiliza o jargão corrente de sua tradição que designa como "símbolos da fé" os principais mistérios bíblicos que, não obstante serem retratados como conceitos doutrinários da fé cristã, não podem ser esgotados com a linguagem. Isso fica claro quando se lê na citação, do mesmo autor, logo abaixo: "Os dois padrões [ressurreição e exaltação] coexistiram, mostrando que pode haver diferentes símbolos para expressar a mesma experiência, que 'ressurreição' não é o termo exclusivo para indicar a mensagem neotestamentária acerca do destino de Jesus após sua morte" (ibid., p. 153). As parábolas de Jesus, por exemplo, sobretudo as onze exclusivas do Evangelho de Lucas, eram diferentes símbolos que retratavam realidades concretas (Lc 7:41-43; 10:10-37; 11:5-8; 12:16-21; 13:6-9; 15:8-10; 15:11-32; 16:1-9,19-31; 18:1-8,9-14). Para um aprofundamento desse conceito, consulte SANCHEZ, Juan José. "Símbolo", in: SAMANES, Cassiano Florinstán; TAMAYO-ACOSTA, Juan José (orgs.). *Dicionário de conceitos fundamentais do cristianismo* (São Paulo: Paulus, 1999), p. 779-86.

1376 | TEOLOGIA SISTEMÁTICO-CARISMÁTICA

na carne e na morte, Jesus revela-se agora exaltado em uma outra esfera".[369] Nas palavras de Haight, quando esses dois pontos de vista são comparados:

> Percebe-se que ambos afirmam ou expressam que Jesus não permaneceu em poder da morte, mas está vivo. Fazem-no, contudo, com ênfases diferentes. A ressurreição, o ser despertado, enfatiza a continuidade da vida; a exaltação, por sua vez, ressalta o soerguimento deste mundo empírico. A ressurreição tende a situar Jesus reintegrado à vida neste mundo em que apareceu. Já a exaltação retira Jesus deste mundo em que já não há fenômenos nem uma sucessão de eventos no tempo; a condição gloriosa de Jesus é um mistério singular. Os dois padrões coexistiram, mostrando que pode haver diferentes símbolos para expressar a mesma experiência, que "ressurreição" não é o termo exclusivo para indicar a mensagem neotestamentária acerca do destino de Jesus após sua morte.[370]

É interessante pontuar que essas duas constatações — tanto a de que Jesus está vivo quanto a de que ele foi glorificado e agora está à direita do Pai — são complementares e necessárias ao falarmos sobre esse assunto. Ressurreição e exaltação são como dois lados de uma mesma moeda. Roger Haight chama a crença nessa dualidade de "fé-esperança", onde fé é o "compromisso engajado com a realidade simbolizada na história de Jesus", e esperança refere-se a "abertura ao futuro, envolvendo preocupação com o próprio destino". Assim, "fé na mensagem de Jesus e esperança no ser absoluto com Deus constituem a base do reconhecimento da ressurreição de Jesus".[371] Apesar de teórica, essa definição é importante para refletirmos sobre o que de fato significa dizer que cremos na ressurreição de Cristo. Para isso, é interessante nos voltarmos aos testemunhos escriturísticos e entender o que esse evento significou no passado.

No entanto, se o termo em si não é único no Novo Testamento, por outro lado, George Ladd é categórico ao afirmar que o "Novo Testamento descreve que a igreja foi fundada pela ressurreição de Cristo",[372] pois foi a fé nesse evento que levou os discípulos a entenderem a mensagem de Jesus e finalmente

---

369 Ibid., p. 152-3.
370 Ibid., p. 153.
371 Ibid., p. 156.
372 LADD. *Teologia do Novo Testamento*, p. 38.

se converterem ao seu evangelho de forma definitiva, reconhecendo que ele era, de fato, o Cristo. De acordo com o já citado Jürgen Moltmann, as ocasiões em que os apóstolos viram o Cristo ressurreto foram "experiências transformadoras de existência", pois elas "transformaram *discípulos* que, de decepção e medo, haviam fugido de Jerusalém para a Galileia, para salvarem a própria vida, em *apóstolos* que", cheios de ousadia, "voltam a Jerusalém onde arriscaram suas vidas para anunciarem a Cristo 'abertamente' (At 9:22-28)".[373] Aqui vale acrescentar que, apesar da conversão dos discípulos ter ocorrido por meio das aparições do Cristo ressurreto, eles só passaram da condição de "seguidores" a "testemunhas" após receberem a virtude do Espírito Santo, no dia de Pentecostes, conforme vaticinado pelo próprio Senhor Jesus Cristo e narrado na obra de Lucas-Atos (Lucas 24:44-49; cf. Atos 1:4-8). Ali eles foram capacitados para cumprir seu dever, transformando-se em pessoas dispostas a morrer, assim como seu Mestre, por amor ao evangelho, pois entendiam que isso lhes era honroso (Atos 5:41) e que o seu fim não seria a morte, mas a exaltação, que, finalmente, resultaria em ressurreição e glorificação.

A perspectiva de que é a ressurreição o momento da fundação da igreja tem importância fundamental para a tradição carismático-pentecostal, pois a linha da história da salvação comumente adotada pelo protestantismo tradicional defende que a igreja nasceu no dia de Pentecostes, descrito em Atos 2, e que, portanto, o fenômeno das línguas foi uma ocorrência específica para aquele momento de fundação, portanto irrepetível. O problema com essa perspectiva — além da óbvia problemática de desconsiderar ou, ainda pior, demonizar as inúmeras ocorrências de crentes que falam em línguas ainda nos dias de hoje, como tão comumente vemos em nossas igrejas carismático-pentecostais —, é que ela limita o papel do Espírito Santo ao de relembrar a ressurreição de Cristo, restringindo esse acontecimento histórico-redentor basilar a uma simples recordação de um relato bíblico ou acontecimento do passado. Algo que não faria o menor sentido no futuro, uma vez que temos o texto bíblico relatando tal fato e, por isso mesmo, sem precisão alguma de se "recordar".

Os discípulos creram na ressurreição porque viram o Cristo ressurreto pessoalmente. "Aqueles aos quais Cristo 'apareceu' estavam tão convencidos que aparentemente não lhes restou opções", pois ele apareceu para eles, conversou

---

373 MOLTMANN. *O caminho de Jesus Cristo*, p. 329.

1378 | TEOLOGIA SISTEMÁTICO-CARISMÁTICA

e deixou que tocassem em suas feridas, como fez Tomé (João 20:24-29), mas alertou que chegaria o tempo em que não o veríamos, mas ainda assim creríamos, e por isso seríamos bem-aventurados (João 20:29). É provável que outras aparições desse tipo tenham ocorrido nos primeiros anos da igreja do século I, sendo o próprio apóstolo Paulo um exemplo emblemático de alguém que viu o Ressurreto e, assim como os discípulos, sofreu uma experiência transformadora, anos depois da ressurreição. "O problema", afirma Jürgen Moltmann, "reside antes na *transição do ver para o crer*, pois certo dia as cristofanias acabaram. Por que não acabou com elas igualmente a comunhão com Cristo?"[374] Nas palavras do autor:

> Embora a história da ascensão fale da ausência de Cristo, não se deve imaginar a transição do ver para o crer como ruptura repentina. Pelo fato de os fenômenos visionários terem sido acompanhados de experiências extáticas do Espírito, eles também terão passado para as experiências pentecostais da jovem Igreja e continuado nelas: da presença de Cristo em aparições para a presença de Cristo no Espírito. A fé cristã primitiva na ressurreição não se fundou apenas nas aparições de Cristo, mas foi motivada pelo menos com a mesma intensidade pela experiência no Espírito de Deus. Por isso Paulo denomina esse Espírito de "o Espírito" ou "o poder da ressurreição". Lucas coloca depois do fim das aparições pela "ascensão" de Cristo o derramamento do Espírito pentecostal. Crer no Cristo ressurreto significava ser tomado pelo Espírito da ressurreição. No Espírito experimentava-se a presença do Cristo vivo. Crer na ressurreição de Cristo, portanto, não significa [simplesmente] aceitar um fato, mas ser tomado pelo Espírito vivificador e participar das forças do mundo vindouro (Hb 6:5).[375]

Percebemos, uma vez mais, o Espírito Santo reassumindo o papel de fio condutor da obra de Cristo, pois, conforme explicou o autor, é por meio dele que Cristo permanece presente e se faz conhecer aos que não têm mais acesso às suas aparições físicas. Tal como ocorria no Antigo Testamento, onde, conforme vimos nos dois capítulos anteriores, revelar Deus às pessoas era obra exclusiva do Espírito Santo. É nesse sentido que dizemos que ele recorda Jesus: não como se fosse uma simples ferramenta que está, hierarquicamente,

---

374 Ibid., p. 341.
375 Ibid., p. 331.

CAPÍTULO 5 – Cristologia | 1379

subordinada ao Filho, mas como uma Pessoa da Trindade que possui iniciativa própria e, de forma soberana, cumpre papéis na economia trinitária. Por meio das experiências carismáticas, somos levados a enxergar o Ressurreto, mesmo sem poder vê-lo, e a ter nosso próprio encontro com Cristo da mesma forma que os primeiros cristãos, que viram Jesus pessoalmente, tiveram. "Por isso", explica Emil Brunner,

> nossa fé não está baseada no registro das experiências que eles tiveram da Ressurreição. Todo fiel cristão sabe disso. Ele crê no Senhor Ressurrecto não porque a Ressurreição é contada como uma narrativa de algo que aconteceu, mas porque ele conhece Cristo como o Senhor Vivo e Presente. De fato, podemos dizer: creríamos Nele como o Senhor Ressurrecto, mesmo se absolutamente não existissem narrativas da Ressurreição. Devemos apenas adicionar que não é um acidente que há relatos da Ressurreição dados a nós pelos Apóstolos. Apenas porque eles encontraram o Senhor Ressurrecto, como Paulo e os outros nos contaram, existe um testemunho apostólico a respeito de Jesus, o Cristo, e só porque há este testemunho apostólico, podemos nós mesmos conhecê-Lo.[376]

Por essa perspectiva, percebemos que os eventos carismáticos não se limitam a pequenas ocorrências pontuais individualistas, mas se fazem necessários para manter viva a esperança pelo dia em que Jesus voltará para implantar seu Reino plenamente. Aliás, é por meio dessas experiências que os crentes podem conhecer Jesus verdadeiramente, não por terem lido o relato de fé de outras pessoas, mas por vivenciarem o mesmo encontro que elas tiveram. Se os discípulos creram porque viram Jesus pessoalmente, nós cremos porque, mediante o Espírito Santo, podemos encontrar o Ressurreto e senti-lo presente em nossa vida, tendo ainda a confirmação das Escrituras. É interessante apontar que mesmo para eles, que já tinham tido uma experiência de encontro pessoal com o Ressurreto, chamada de "experiência fontal" por Bruno Forte, a experiência carismática ainda se fez necessária para que os discípulos fossem capacitados para o ministério. Identificamos, então, um duplo papel do Espírito Santo nessa dinâmica: ele tanto nos permite ver o Ressurreto com os olhos da fé quanto nos capacita para que possamos levar sua mensagem por

---

376 BRUNNER, Emil. *Doutrina cristã da igreja: dogmática*, vol. 2: Doutrina cristã da criação e redenção, p. 497-8.

todo o mundo. Essa dupla função continua presente e necessária, e é por isso que não enxergamos o evento descrito em Atos 2 como algo pontualmente histórico, que aconteceu uma única vez, mas como ocorrência paradigmática e programática que continua a repetir-se nos dias de hoje — obviamente, não com a repetição no que diz respeito aos fenômenos "físicos" —, mas como experiência de capacitação carismática, tal como vimos no capítulo anterior.

Agora que entendemos o impacto que a crença na ressurreição causou aos primeiros cristãos, voltamos à pergunta sobre o que isso significa para nós hoje. Se estivermos dispostos a levar a ressurreição a sério, não simplesmente admitindo que em algum momento da história um Nazareno pode ter voltado à vida, mas tendo um real encontro individual com Jesus, devemos voltar à dualidade de "fé-esperança" apresentada por Roger Haight. Assim, a ressurreição deixa de ter aquele caráter de simples acontecimento irrelevante que Moltmann critica, para tornar-se um evento que verdadeiramente ultrapassa a história e muda toda a nossa existência, pois ter fé na ressurreição é estar engajado e comprometido com a totalidade da mensagem de Cristo. Isso exige uma mudança radical, pois, "quando percebemos algo 'totalmente diferente', nós próprios somos transformados em profundidade",[377] e é impossível ignorar tal encontro. Foi isso que aconteceu com os discípulos, e essa mudança em sua postura, impulsionada pelo Espírito, é apontada por N. T. Wright como uma das principais evidências da legitimidade histórica da ressurreição, pois "como explicar o fato de o cristianismo primitivo não ter sido nem um movimento nacionalista judaico nem uma experiência religiosa privada", dando simples continuidade à religiosidade que aquelas pessoas já conheciam? "Como explicar o fato de que eles falaram e agiram como se o desfecho vindouro, o momento do reino, já houvesse chegado, embora, em outro sentido, ainda fosse aguardado", redefinindo assim "a expectativa judaica"? E, ainda, "como explicar o fato de terem saído para o mundo gentílico com a notícia de algo que havia acontecido no coração do judaísmo, na crença de que essa notícia era não apenas relevante, mas urgente para todo o mundo?" Nas palavras de Wright:

> Sua resposta, claro, era a de que Jesus de Nazaré tinha sido ressuscitado dos mortos. Além disso (já que a ressurreição era ao mesmo

---

377 MOLTMANN. *O caminho de Jesus Cristo*, p. 329.

CAPÍTULO 5 – Cristologia | 1381

tempo tanto uma forma metafórica como metonímica de se referir à grande restauração, ao tão esperado reino de Deus de Israel), eles declararam que o reino de fato havia chegado, embora, como com a própria ressurreição, ele parecia como se tivesse sido dividido em dois: uma "chegada" com Jesus, e uma ainda aguardada "chegada" que completaria a implementação do que ele já havia realizado. Essa, novamente, é uma explicação tão plena e completa dos dados (que de outra forma seriam confusos) que não devemos negar a conclusão: os primeiros cristãos, todos aqueles dos quais temos qualquer evidência real, realmente acreditavam que Jesus ressuscitou dos mortos.[378]

Portanto, a fé no Cristo ressurreto sempre se faz acompanhar de uma experiência transformadora de existência, como descreveu Moltmann, e, por outro lado, também aponta para a esperança de que nós, assim como Cristo, não seremos destruídos pela morte, mas podemos esperar alegremente pelo tempo vindouro em que ele voltará para instituir plenamente o seu reino, no qual viveremos eternamente. Porque Jesus ressuscitou, nós podemos crer que também seremos ressuscitados para viver essa realidade. Esse é mais um fato que confirma a ressurreição como fundação da igreja, pois, ao tornar-se Ressurreto, Jesus deixou de ser apenas o Unigênito[379] de Deus para tornar-se também Primogênito, ou seja, o primeiro de muitos que, adotados por ele, formam o corpo de Cristo. Falaremos mais sobre esses dois assuntos — igreja e expectativa escatológica de ressurreição — no nono e no décimo capítulos, ao tratarmos de eclesiologia e escatologia, respectivamente, mas é importante mencioná-los também aqui para mostrar como tudo está interligado. Nossa visão cristológica influencia e é influenciada pelas demais áreas da teologia, por isso estamos nos dedicando a revisitar cada uma delas de uma perspectiva carismático-pentecostal.

O aspecto prático da dinâmica de fé-esperança — que Roger Haight afirma estarem tão interligadas que "quase não se distinguem", pois "a esperança,

---

378 WRIGHT. *A ressurreição do Filho de Deus*, p. 782-3.

379 O teólogo pentecostal Kerry D. McRoberts explica que "já nos tempos do Novo Testamento", μονογενής (*monogenês*) "perdera o significado de 'unigênito' e chegara a significar 'único', no sentido de especial, incomparável, o único do seu tipo, e assim foi usado a respeito do filho especial e amado de Abraão, Isaque (Hb 11.17)". Portanto, quando aplicada a Jesus, essa expressão refere-se a "uma descrição da incomparabilidade do Logos na sua identificação com o Pai" (McROBERTS, Kerry D. "A Santíssima Trindade", in: HORTON, Stanley M. (ed.). *Teologia sistemática,* p. 696).

TEOLOGIA SISTEMÁTICO-CARISMÁTICA

nesse sentido, é o terreno sobre o qual se erige a fé"[380] — na ressurreição é necessário para que o enfoque de Deus como Espírito agindo nesse evento tenha uma função clara e não se torne apenas uma declaração sem sentido ou até mesmo fideísta, ou seja, um "abandono irracional de uma fé que não se apoie numa construção do pensamento",[381] cujo intuito é fazer uma simples oposição ao racionalismo. Nas palavras de Haight,

> a linguagem da atuação de Deus como Espírito realça a convicção, interna à própria fé, de que a fé-esperança na exaltação de Jesus é ela mesma um dom de origem divina. Portanto, não se pode objetivamente estabelecer a verdade dessa fé por argumento histórico ou racional. Ao mesmo tempo, porém, Deus como Espírito opera no âmbito de uma experiência humana que é histórica e racionalmente constituída. O testemunho do Espírito não é iluminação direta, não é imediatamente experienciado, não é uma Palavra de Deus destituída de mediação. Pelo contrário, a experiência de Deus presente e imanente é precisamente mediada pela memória de Jesus. Esse elemento de iniciativa divina deve ser combinado com o enfoque sobre a memória de Jesus; juntos, eles formam uma experiência mediada do poder divino da ressurreição. Uma interpretação meramente fideísta da experiência pascal deve ser rejeitada tão resolutamente quanto uma explicação apenas racional.[382]

Com essa breve exposição sobre a ressurreição de Cristo, finalizamos nosso estudo sobre seu ministério terreno. A partir de uma metodologia que Roger Haight define como "cristologia do Espírito", intentamos destacar o papel, tantas vezes ignorado, do Espírito Santo na dinâmica encarnacional de Jesus e teologizar uma cristologia que combina com a visão apresentada nos púlpitos de nossas igrejas carismáticas e pentecostais. O que concluímos é que o "Espírito repousa, de modo particular, sobre Jesus Cristo", pois "Ele é gerado pelo Espírito Santo (Mt 1:18-20; Lc 1:35) [...] atua por força do Espírito (Mc 1:12; Mt 12:28; Lc 4:14-18, entre outros)" por meio de milagres e maravilhas, "na cruz ele se oferece ao Pai, no Espírito Santo, como sacrifício (Hb 9:14)"; e, "finalmente, é Ressuscitado pela força do Espírito

---

380 HAIGHT. *Jesus, símbolo de Deus*, p. 173.
381 MESSORI, Vittorio. *Hipóteses sobre Jesus* (São Paulo: Paulinas, 1978), p. 47.
382 HAIGHT. *Jesus, símbolo de Deus*, p. 177.

CAPÍTULO 5 – Cristologia | 1383

(Rm 1:4; 8:11), tornando-se assim Ele próprio um 'Espírito que dá vida'(1Co 15:45)".[383] A partir do encontro com esse Espírito, experimentamos o que o já citado Jürgen Moltmann chama de "*nova presença de Deus*", pois agora ele "não se coloca simplesmente como o criador diante da sua criação" nem "se apresenta apenas como aquele que se fez homem, para interceder pelos homens", mas "Deus, pelo seu Espírito, habita nos homens", que nascem de novo e permitem que ele entre no coração deles (João 3:1-21). O autor define essa experiência do Espírito como a "experiência da *Shekinah*, da habitação de Deus", que "só era experimentada no templo, no culto divino, no dia do Senhor. Agora, porém, os homens passaram a ser, em seu corpo, o templo do Espírito Santo (1Co 6:13-20)",[384] mantendo viva a memória de Cristo, conforme o próprio Senhor ensinou em João 4:21-24.

O que fica evidente é que não podemos falar de Jesus sem mencionar o Espírito Santo ou o Pai, pois estão interligados e em eterna colaboração. O Espírito mantém viva a memória da obra do Filho, que está de acordo com a vontade do Pai. Não há hierarquia ou subordinacionismo nessa dinâmica, pois as três pessoas coexistem em um processo que transcende qualquer definição que possamos ter de "harmonia" dentro de uma lógica linear humana. Isso reafirma o caráter trinitário de Deus, doutrina essencial do cristianismo a que nos dedicaremos a estudar a partir de agora.

CRISTOLOGIA E TRINDADE

Não se sabe como exatamente os discípulos desenvolveram a "teologia" nos primeiros anos que se seguiram à ascensão de Cristo, pois não há relatos dessa época, mas o que fica evidente nos documentos canônicos posteriores é que Jesus era entendido como Deus já nos tempos de Paulo, sem que isso ferisse o monoteísmo dos "do Caminho" — como eram chamados os crentes da igreja do século 1. Paulo refere-se a Jesus inúmeras vezes como *Kyrios*, palavra comumente traduzida por "Senhor", e o teólogo carismático-pentecostal Gordon Fee aponta que "isso é impressionante porque durante vários séculos antes da vinda de Cristo, a comunidade judaica havia utilizado o

---

383 KASPER, Walter. "Espírito, Cristo, igreja", in: CONGAR, Yves; KÜNG, Hans; RAHNER, Karl et al. *A experiência do Espírito Santo*, p. 79-80.

384 MOLTMANN, Jürgen. *Trindade e reino de Deus: uma contribuição para a teologia*, 2. ed. (Petrópolis: Vozes, 2011).

1384 | TEOLOGIA SISTEMÁTICO-CARISMÁTICA

'substantivo' como substituto para 'Yahweh'", para garantir "que o nome de Deus jamais fosse pronunciado em vão".[385] Teólogos críticos e historiadores debatem de que forma os apóstolos foram capazes de fazer essa adaptação teológica, concluindo que o Jesus em quem acreditavam era não "apenas" o Messias e Filho de Deus, mas também Deus. As explicações oferecidas sempre ficam no campo das inferências, mas algo que podemos afirmar com segurança é que o evangelho surgiu como *kerygma*, não filosofia. Ou seja, a fé dos primeiros cristãos era muito prática, experiencial e litúrgica, sendo a teologia, o desenvolvimento teórico, um acontecimento muito posterior. Assim, a divindade de Jesus foi aceita primeiramente no âmbito do culto, nas orações e batismos, para só depois surgirem preocupações teóricas que buscavam explicar e sistematizar essa possibilidade.

O reconhecido teólogo anglicano, de origem pentecostal, Larry Hurtado afirma que "essencial a qualquer explicação e análise" sobre o assunto da adoração a Jesus na igreja do século 1 é o "reconhecimento de que o compromisso e o padrão devocionais ilustrados em Paulo e no Apocalipse [...] são moldados pelo monoteísmo exclusivista herdado da tradição judaica".[386] Assim, "Jesus não é venerado como outra deidade de qualquer origem ou significado independentes; em vez disso, seu significado divino é caracteristicamente expressado em termos de seu relacionamento com o Deus único".[387] Por isso, o autor define o culto prestado a Jesus como "uma forma '*binitária*' do monoteísmo", onde "há duas figuras distinguíveis (Deus e Jesus), mas elas são colocadas em uma relação mútua que parece buscar evitar um diteísmo de dois deuses", algo que Hurtado afirma ser surpreendente para a época, pois é "uma inclusão programática sem precedentes de uma segunda figura na tradição monoteísta daquele tempo".[388]

A teóloga Catherine LaCugna explica que as "novas doxologias", que surgiram nas primeiras igrejas, "orientam o louvor a Deus *mediante* Cristo, o mediador", e que "textos litúrgicos primitivos como Rm 8:15 e Gl 4:6 revelam que os cristãos percebiam a si mesmos como convidados a se tornar, como Cristo, filhos em relação com o Pai no Espírito Santo". Já nos batismos,

---

385 FEE. *Jesus o Senhor segundo o apóstolo Paulo*, p. 27.

386 HURTADO, Larry W. *Senhor Jesus Cristo: devoção a Jesus no cristianismo primitivo* (Santo André: Academia Cristã; São Paulo: Paulus, 2012), p. 85.

387 Ibid., p. 87.

388 Ibid., p. 88.

contrastando "com a forma mediadora e binitária de oração pública, os cristãos batizavam 'em nome do Pai e do Filho e do Espírito Santo' (Mt 28:19b)"[389] — o que mais uma vez reafirma o reconhecimento da divindade tanto do Filho quanto do Espírito Santo —, mas mantinham a preocupação de não desenvolver uma visão triteísta, ou seja, de três deuses distintos, caindo no politeísmo tão comum no mundo antigo. Explicamos no tópico anterior a importância que as experiências de capacitação carismática tiveram para a fé dos primeiros crentes, e não é exagero sugerir que elas também foram responsáveis por fazer que o embrião de uma doutrina tão complexa como a da Trindade estivesse presente já na liturgia da igreja do século 1, ainda que não houvesse qualquer desenvolvimento teológico sobre isso. Mesmo sem entender toda a lógica — o que nem hoje, com a doutrina definida, logramos fazer —, eles decidiram crer pela fé. Essa é a explicação que oferecemos ao mistério da "virada de fé" dos primeiros crentes.

Infelizmente, conforme sabemos, não demorou para que a "simplicidade" litúrgica parecesse insuficiente, principalmente quando filósofos e pensadores da alta sociedade romana começaram a converter-se e, na tentativa de pregar para pessoas de suas classes, iniciaram um diálogo e uma simbiose entre as ideias filosóficas vigentes e o evangelho. Surgia então a teologia, o diálogo sobre o Deus cristão, as interpretações, a busca por entender e sistematizar os conceitos do *kerygma* ensinado, tornando-os teoricamente lógicos. Jesus foi o primeiro alvo dessas discussões, pois para os gregos era inconcebível a ideia de um Deus que se encarna. Por isso, "antes do século IV", a teologia concentrou-se em questões cristológicas e soteriológicas que buscavam responder às perguntas: "Quem é Cristo em relação a nós? Como Cristo conseguiu nossa salvação? Cristo tem humanidade completa, incluindo alma humana? Quem é Cristo em relação a Deus? É Cristo igual a Deus? É Cristo inferior a Deus, mas superior às outras criaturas?" e, finalmente: "Como, dentro de esquema monoteísta, Cristo é o salvador divino?".[390] Um dos conceitos mais utilizados era o de *Logos*, principalmente no sentido apresentado no prólogo de João

---

389 LaCugna, Catherine Mowry. "O mistério trinitário de Deus", in: Fiorenza, Francis S.; Galvin, John P. (orgs.). *Teologia sistemática: perspectivas católico-romanas*, vol. 1, p. 217.

390 Ibid., p. 219-20. A autora explica ainda que, "no começo, pouca atenção foi dada à questão da divindade do Espírito Santo; não foi senão em 381 quando do Concílio de Constantinopla que houve um pronunciamento oficial dizendo que o Espírito é Deus". Antes disso, houve apenas pequenas menções, como a do "terceiro artigo do credo de Niceia" que "simplesmente diz: 'E eu creio no Espírito Santo'".

1386 | TEOLOGIA SISTEMÁTICO-CARISMÁTICA

— a saber, João 1:1-14. Muitos teólogos já se dedicaram a discutir se o autor utilizou a palavra *logos* porque estava influenciado por ideias helenísticas — o que seria inconcebível do ponto de vista da inspiração —, ou se, inspirado pelo Espírito Santo, utilizou uma expressão popular em seu contexto para melhor comunicar-se com seu público.

O conceito de *logos*, comumente traduzido em português por "Palavra" ou "Verbo", surgiu na filosofia grega por meio de Heráclito, filósofo de Éfeso — que, inclusive, é o "local de origem tradicional do Evangelho de João"[391] —, por volta de seiscentos anos antes de Cristo. Esse conceito estoico entendia o *logos* como "razão imanente do mundo" que "assegurava a coerência do universo e o penetrava em seus diferentes aspectos. Ele era ao mesmo tempo próprio do homem, dotado de inteligência, e o princípio que governa o cosmos".[392] Paul Tillich apresenta três aspectos principais desse pensamento:

> O primeiro é a lei da natureza. Logos é o princípio determinante do movimento de todas as coisas. É a semente divina, o poder divino criador, que faz com que as coisas sejam o que são. E é o poder criativo do movimento de todas as coisas. Em segundo lugar, Logos significa lei moral. Podemos chamá-la, com Kant, de "razão prática", a lei inata em todos os seres humanos que se aceitam como personalidade, com a dignidade e a grandeza do ser humano. Ao lermos a expressão "lei natural" em obras clássicas, não devemos confundi-la com leis físicas, mas entendê-la como lei moral. Por exemplo, quando se fala de "direitos humanos" na constituição americana, está se falando de lei natural. Em terceiro lugar, Logos também significa a capacidade humana de reconhecer a liberdade. É o que se pode chamar de "razão teórica". Trata-se da capacidade humana da razão. Tendo o Logos em si, o homem pode descobri-lo também na natureza e na história. Para o estoicismo, decorre daí a ideia de que os seres humanos quando determinados pela lei natural, pelo Logos, tornam-se *logikos*, sábios.[393]

Quando aplicado à política, o conceito filosófico de *logos* foi importante para que imperadores romanos como Marco Aurélio concedessem "cidadania

---

391 Brown, Raymond. *Comentário ao Evangelho segundo João (1—12): introdução, tradução e notas*, vol. 1 (Santo André: Academia Cristã; São Paulo: Paulus, 2020), p. 824.

392 Léon-Dufour, Xavier. *Leitura do Evangelho segundo João I: Palavra de Deus* (São Paulo: Loyola. 1996), p. 48.

393 Tillich, Paul. *História do pensamento cristão*, 4. ed. (São Paulo: Aste, 2007), p. 30.

universal a qualquer pessoa que o quisesse porque eram participantes em potência da razão" e, apesar de haver uma visão pessimista, acreditando que a maioria dos indivíduos nunca chegaria a utilizar a razão de forma adequada, "por meio da educação todos poderiam usá-la um dia". Dessa forma, desenvolveu-se "a ideia de um estado todo abrangedor, envolvendo o mundo inteiro, baseado na racionalidade comum de todas as pessoas". Paul Tillich aponta para o fato de que o "cristianismo poderia ter adotado essa ideia desenvolvendo-a", mas que a "diferença é que os estoicos não tinham o conceito de pecado. Falavam em insensatez, mas não em pecado. Assim, a salvação se alcançava por meio da sabedoria", enquanto no "cristianismo, a salvação nos é concedida pela graça divina. São duas atitudes conflitantes até hoje".[394]

O termo *logos* também aparece em Fílon de Alexandria, conhecido filósofo judeu que buscou unir os "mundos do pensamento grego e hebraico" e usou o termo *logos* "mais de 1.200 vezes em suas obras". Para ele, "o *logos*, criado por Deus, era o intermediário entre Deus e suas criaturas" e "foi o que deu sentido e plano para o universo", sendo assim "quase um segundo deus, o instrumento de Deus na criação, e o espécime da raça humana. Não obstante", objeta Raymond Brown, "nem a personalidade nem a preexistência do *logos* estão claras em Filo [...], e o *logos* filoniano não estava conectado à vida".[395] Assim, embora no começo do cristianismo alguns pais da igreja não tenham hesitado em ligar o *logos* joanino ao filosófico — como, por exemplo, São Justino, que fez uma ligação entre o "Logos do prólogo joanino" e o "Logos estoico espalhado pelo mundo (o *logos spermatikós*)", e também Teófilo de Antioquia, que "usa, como se tratasse de algo muito natural, a linguagem estoica que distingue o Logos interior (*endiáthétos*), aquele que 'Deus tem em suas entranhas'" do "Logos proferido (*proforikós*), o Logos da comunicação"[396] —, atualmente a maioria dos biblistas parece seguir outro caminho. Raymond Brown afirma que os "paralelos entre o Prólogo e a literatura helenista estão frequentemente num nível superficial".[397] Nas palavras do autor,

---

394 Ibid., p. 30-31.

395 BROWN, Raymond. *Comentário ao Evangelho segundo João (1—12): introdução, tradução e notas*, vol. 1 (Santo André: Academia Cristã; São Paulo: Paulus, 2020), p. 824.

396 Ibid.

397 Ibid.

p. ex., o *logos* se relaciona com a criação. A profunda fusão no Prólogo de temas oriundos de Gn 1—3 ("No princípio", criação, luz, vida, trevas *versus* a luz) e da teofania do Sinai (tenda ou tabernáculo, glória, amor perene) sugerem que a imagem básica do hino vem do AT. A atividade de "a Palavra" na criação, no mundo e acima de tudo na história da salvação indica que seu conceito é mais estreito às dinâmicas implicações do hebraico *dābār* do que à abstração intelectual implícita nos usos filosóficos do *logos* grego. Quando se lê o hino do Prólogo e o compara aos paralelos helenistas sugeridos acima, então se compreende a veracidade da observação de Agostinho (*Confissões* 7.9; CSEL 33:154), a saber, enquanto ele encontrou o equivalente da maioria das doutrinas cristãs nos autores pagãos, havia uma coisa que nunca fora lida neles — que a Palavra se fez carne. O tema básico do Prólogo é estranho aos paralelos helenistas que têm sido oferecidos...[398]

Portanto, acredita-se que a escolha de João por tal termo grego deve-se provavelmente ao fato de que o autor "tenha querido manter um termo conhecido nos meios culturais e religiosos do seu tempo, ao mesmo tempo em que designava aqui uma figura que se reportava ao mistério da comunicação entre Deus e os homens",[399] não porque estava influenciado pela filosofia estoica ou até mesmo filoniana. O teólogo pentecostal Kerry D. McRoberts afirma ser "relevante que João opta por identificar Cristo no seu estado pré-encarnado com o *Logos* e não como *Sophia* (sabedoria)", pois assim "evita as contaminações dos ensinos pré-gnósticos que negavam a humanidade do Cristo ou separavam o Cristo do homem Jesus", e reafirma que o "*Logos*, que é eterno, 'tornou-se carne' (*sarx egeneto*, v. 14)",[400] o que era inconcebível numa visão dualista que "professava um pessimismo fundamental a respeito da maioria dos seres humanos".[401]

Desconsiderada a hipótese da influência estoica, surge a alternativa por buscar um pano de fundo judaico para entender o que João realmente quis dizer com a palavra *logos*. Apesar da afirmação de Brown de que "não existe nenhum paralelo semítico que explique completamente o uso que o Prólogo

---

398 Ibid., p. 824-825.

399 Léon-Dufour. *Leitura do Evangelho segundo João I*, p. 51.

400 McRoberts, Kerry D. "A Santíssima Trindade" in: Horton, Stanley M. (ed.). *Teologia sistemática*, p. 675.

401 Tillich. *História do pensamento cristão*, 4.ed. (São Paulo: Aste, 2007), p. 30.

faz de 'a Palavra'",[402] muitos biblistas, como o francês Xavier Léon-Dufour, por exemplo, identificam uma forte influência sapiencial no prólogo joanino ao compará-lo com textos como o de Provérbios 8:22-31 — um poema onde o eu lírico fala como se fosse a Sabedoria de Deus — e reconhecem muitas semelhanças na linguagem utilizada por ambos. Após fazer uma longa exposição de textos neotestamentários que aparentemente equiparam Jesus à Sabedoria, Oskar Skarsaune afirma que, caso juntemos "tudo o que vimos, chegamos à seguinte conclusão: a cristologia das passagens do NT que analisamos é uma 'cristologia da Sabedoria' (1Co 8.6; Cl 1.15-20; Hb 1.2,3; Ap 3.14; Jo 1.1-18)", isto é, "Jesus não apenas possuía sabedoria, ele não era apenas um homem sábio, ele era a própria Sabedoria em pessoa, era a Sabedoria encarnada, a Palavra que se fez carne".[403]

Para responder à questão de como João teria efetuado a substituição de "Sabedoria" por "Palavra", Léon-Dufour explica que a "palavra de Deus, no Antigo Testamento, apresenta uma 'história' que corresponde à da Sabedoria", com a "exceção de um ponto: ela não foi hipostasiada". O autor acrescenta ainda que, "embora suas origens sejam diferentes, poder-se-ia dizer que Sabedoria e Palavra têm as mesmas funções", pois foi a "Palavra divina que criou e governa o mundo; é ela que intervém sem parar na história do povo"; logo, é possível dizer: "Palavra e Sabedoria, que é a mesma coisa". Os judeus criam que a Sabedoria de Deus havia tomado forma física na Torá, ficando assim "limitada a um povo". No entanto, "a Sabedoria é por si mesma universal", "não se dobra sobre si mesma, pois se derrama, como um rio, sobre o mundo inteiro", expressão que o autor identifica como um "itinerário [que] sugere o do Logos joanino que se torna Jesus Cristo". Portanto, a escolha pelo termo *Logos* para referir-se à Palavra/Sabedoria encarnada seria, de acordo com Léon-Dufour, uma tentativa do apóstolo de "emprestar à Sabedoria seu caráter universal e sua natureza viva de diálogo com todos os homens" ao restabelecer "no seu primeiro lugar o Logos que, como Palavra de Deus, havia precedido as especulações sobre a *sofía*".[404] Há ainda uma questão de gênero que envolve a escolha dessas palavras, pois o uso de um termo feminino não seria adequado para referir-se a Jesus, pois ele apresentou-se como homem

---

402 Brown. *Comentário ao Evangelho segundo João (1—12)*, p. 825.

403 Skarsaune, Oskar. *À sombra do templo: as influências do judaísmo no cristianismo primitivo*, 2. reimpr. (São Paulo: Vida, 2004), p. 340.

404 Léon-Dufour. *Leitura do Evangelho segundo João I*, p. 55.

1390 | TEOLOGIA SISTEMÁTICO-CARISMÁTICA

em sua forma humana, por isso a preferência por um conceito masculino. Nas palavras do autor, "a escolha de Logos" também

> conforma-se melhor ao tema da revelação trazida por Jesus acerca de Deus, seu Pai, e da vida ("eterna") dos que acreditam nele. [...] Contudo, o que deve levar Jo espontaneamente a restaurar a presença do Logos na Sofia é a importância, no cristianismo nascente (os evangelhos, os Atos e Paulo), da palavra de Deus cumprida "segundo as Escrituras", para não falar do papel da palavra do próprio Jesus. Todas as características da Sabedoria são conservadas, mas agora absorvidas no conceito profundamente bíblico da "palavra".[405]

Raymond Brown nos apresenta ainda outras duas concepções de possíveis *backgrounds* para o uso de Logos em João: a primeira diz respeito à "especulação judaica sobre a Lei (Torá)", e a segunda busca analisar uma possível influência de targuns e traduções aramaicas. Como já mencionamos anteriormente, os judeus criam que a Torá era a Sabedoria personificada, uma idealização da Lei que provavelmente teve "seu princípio nos últimos séculos pré-cristãos".[406] Assim, Raymond Brown explica que as semelhanças do Prólogo joanino com os textos que narram o surgimento ou funções da Sabedoria também podem possuir a intenção de transferir o enfoque da Lei para Jesus. Nas palavras do autor:

> Em particular, podemos notar os seguintes paralelos com o Prólogo. Pr 6:23 diz que a Torá é uma luz. A passagem em Sl 119:105, a qual diz que a *palavra* de Deus é uma luz está posta no contexto de louvor à Lei; e de fato alguns manuscritos da LXX leem "Lei" em lugar de "Palavra". O *Testamento de Levi* 14,4, em uma passagem muitíssimo semelhante a Jo 1:9, fala de "a Lei que foi dada para iluminar todo homem". (Todavia, há interpolações cristãs no *Testamento de Levi*). Enquanto o Prólogo diz que a Palavra era a fonte de vida, os rabinos afirmam que o estudo da Lei conduziria alguém à vida para sempre (*Pirqe Aboth* 7,6). Enquanto o Prólogo enfatiza que Jesus Cristo é o único exemplo do eterno amor de Deus (ḥesed e 'emet), os rabinos ensinavam que a Lei era o supremo exemplo (Dodd, *Interpretation*, p. 82). Jo 1:17, com

---

405 Ibid., p. 56.
406 BROWN. *Comentário ao Evangelho segundo João (1—12)*, p. 828.

seu contraste entre a Lei e Jesus Cristo, poderia indicar que, em parte, a doutrina joanina da Palavra foi formulada como uma resposta cristã à especulação judaica sobre a Lei (ver também Jo 5.39).[407]

A última perspectiva apresentada por Brown busca uma possível influência ainda mais antiga ao prólogo joanino, pois ele observa que, quando João cita as Escrituras, "algumas vezes a citação não é tomada do hebraico nem da LXX, e sim dos targuns ou traduções aramaicas", de modo que o biblista acredita ser necessário buscar o significado de *memra* ("palavra") nesses textos em aramaico para visualizar melhor o pano de fundo para o uso que o apóstolo faz do termo. Brown explica que a "*Memra* do Senhor nos targuns não é simplesmente uma tradução do que temos dito como 'a palavra do Senhor'; antes, é um substitutivo para o próprio Deus", como fica evidente nos exemplos apresentados pelo autor de que, se "em Êx 19:17 somos informados que Moisés conduziu o povo para fora do acampamento ao encontro com Deus, no *Targum Onkelos* somos informados que foram conduzidos à *Memra* de Deus". De igual forma, se "Gn 28:21 diz 'Iahweh será o meu Deus', o *Targum Onkelos* fala da *Memra* de Iahweh". Portanto, se a "expressão aramaica para 'palavra' era usada nos targuns como uma paráfrase para Deus em seus tratos com os homens, o autor do hino do Prólogo de João viu ser oportuno usar esse título para Jesus". Além disso, vale destacar que os "judeus daquela época parecem ter tido muitas discussões sutis e astutas" sobre esta palavra divina, "por isso, provavelmente, o apóstolo começa afirmando" que "'no princípio, era o Verbo, e o Verbo estava com Deus, e o Verbo era Deus' (Jo 1.1); e então também declara que este Verbo se fez carne e por isso era o Messias (Jo 1.14)",[408] pois ele "preeminentemente incorporou a presença de Deus entre os homens". Essa "personificação da Palavra, naturalmente, seria parte da inovação teológica cristã".[409] Em uma junção de todas as possibilidades apresentadas, Raymond Brown encerra sua exposição ressaltando que o prólogo joanino, acima de tudo, pretende destacar a divindade, singularidade e preexistência de Jesus, e o faz de forma inédita.

Em suma, parece que a descrição que o Prólogo faz da Palavra é muito mais estreita com as tensões do pensamento bíblico e judaico

---

407 Ibid., p. 829.

408 *Bíblia de estudo palavras-chave: hebraico e grego*, 4. ed. (Rio de Janeiro: CPAD, 2015), p. 2286.

409 Brown. *Comentário ao Evangelho segundo João (1—12)*, p. 829.

do que com algo meramente helenista. No pensamento que compôs o Prólogo, a palavra criadora de Deus, a palavra do Senhor que veio aos profetas, se tornou pessoal em Jesus que é a incorporação da revelação divina. Jesus é a Sabedoria divina, preexistente, mas agora vem para o meio dos homens a ensiná-los e dar-lhes vida. Não a Torá, e sim Jesus Cristo é o criador e fonte de luz e vida. Ele é a *Memra*, a presença de Deus entre os homens. E, todavia, ainda que todas essas tensões estejam entretecidas com o conceito joanino da Palavra, este conceito permanece a singular contribuição do cristianismo. Ela se mantém além de tudo o que veio antes, do mesmo modo que Jesus está mais além de todos quantos o precederam.[410]

Portanto, independentemente de qual tenha sido o *background* específico para a escolha de João pelo termo *logos*, um fato é que essa acepção nova e singular do conceito — da forma que foi utilizado por João — foi essencial nos primeiros séculos do cristianismo. Já no século 2, os "grandes defensores da fé que havia na Igreja Primitiva (Irineu, Justino Mártir) referiam-se a Cristo como o *Logos* eterno".[411] Sua intenção ao fazer tal comparação era defender a fé cristã das difamações que vinha sofrendo por parte de filósofos pagãos, que acusavam os crentes de serem desordeiros imorais e incestuosos que promoviam o casamento entre irmãos, além de praticarem canibalismo ao comerem o corpo e beberem o sangue do homem que diziam ser seu Deus. Junto a isso, a ideia de que os pecadores eram bem-vindos também causava espanto. Celso, um dos mais ferrenhos críticos à fé cristã no século 2, ironizava ao dizer: "Aqueles que convocam as pessoas para os outros mistérios[412]

---

410 Ibid., p. 829-30.

411 McRoberts, Kerry D. "A Santíssima Trindade", in: Horton, Stanley M. (ed.). *Teologia sistemática*, p. 167.

412 Aqui Celso parece considerar a fé cristã uma religião de mistério. As religiões de mistério eram "monoteístas, até certo ponto", pois "cada pessoa iniciada num dado mistério recebe um deus especial que é, ao mesmo tempo, o único deus. Coisa que não lhe impedia de ser iniciada em mais de um mistério". Paul Tillich aponta que "as figuras desses deuses eram, portanto, mutáveis. Não havia nada semelhante ao Javé do Antigo Testamento". Essas religiões possuíam grande enfoque no êxtase, pois acreditavam que era a partir dele que o indivíduo podia unir-se com o único e absoluto deus. Assim, os "participantes são levados ao estado de profunda tristeza pela morte do deus, e depois de um certo tempo passam pela experiência extática do deus ressurreto", onde os "mistérios descrevem o sofrimento de Deus". Além disso, era necessário passar por um processo de iniciação, e "só eram iniciados os que se submetiam a rigoroso processo de seleção em preparo". Todas essas características (monoteísmo, êxtase, morte e ressurreição) provavelmente levaram os contemporâneos da igreja do século 1 a enxergá-la como uma religião de mistério para pessoas "desqualificadas" — pois, como fica

CAPÍTULO 5 – Cristologia | 1393

fazem esta proclamação preliminar: 'Quem tem mãos puras e língua sábia'", ou seja, quem for digno, é bem-vindo. "Mas vejamos que tipo de gente esses cristãos chamam. 'Quem é pecador', dizem eles, 'quem não é sábio, quem é infantil e, em uma palavra, quem é desprezível, o Reino de Deus o receberá' [Or. *Cels*. 3.59 [GCS, 2:253-54])".[413]

A missão dos apologistas era desconstruir esses espantalhos e mentiras, e intentaram fazê-lo pelo diálogo entre a fé cristã e o pensamento clássico, fornecendo assim uma "comprovação de sua antiguidade, uma vez que se considerava 'o mais antigo como o melhor' (a assim chamada *prova de antiguidade*)". Dessa forma, fizeram diversas ligações, como as que já citamos anteriormente, entre conceitos bíblicos e filosóficos. A começar pelo *logos* joanino, que foi apresentado "como *prova de racionalidade*" da fé cristã, pois "o Logos encarnado em Jesus Cristo seria o Logos universal [...], a razão do mundo".[414] Assim, homens como Justino utilizaram esse conceito para "encontrar uma conexão entre os filósofos e o Verbo pré-existente". Para ele, "foi a semente da razão (*logos espermatikosm*, gr.)" que, como vimos anteriormente, é a razão como *potentia* presente em todos os seres humanos, que "capacitou os pensadores pagãos, como Sócrates, a ver de modo turvo o que era visto claramente por intermédio da revelação do Verbo na pessoa de Jesus (Just. *2 Apol*. 8.3 [Goodspeed, p. 84])",[415] ideias que ainda influenciam e orientam a produção teológica hoje. Orígenes, que foi o responsável pelo clássico tratado apologético *Contra Celso*, também assumia que o "'logos veio para habitar em Jesus [...] e inspirou homens antes disso' (Or. *Cels*. 8.54 [GCS, 3:270])".[416] Entretanto, não se explicava como essa encarnação ocorreu ou foi possível; apenas admitia-se o *logos* "como um poder ou atributo eterno de Deus que, de alguma maneira inexplicável, habita em Cristo",[417] uma afirmação que logo começou a causar problemas e requerer maior desenvolvimento teórico.

---

evidente na crítica de Celso, nas outras apenas os "puros e sábios" podiam participar —, uma definição que é, obviamente, incorreta (TILLICH. *História do pensamento cristão*, p. 35-6).

413 PELIKAN, Jaroslav. *A tradição cristã: uma história do desenvolvimento da doutrina — O surgimento da tradição católica: 100-600*, vol. 1 (São Paulo: Shedd, 2014), p. 50.

414 MARKSCHIES, Christoph. "De meados do século II até o final do século III", in: KAUFMANN, Thomas et al. (orgs.). *História ecumênica da igreja 1: dos primórdios até a Idade Média* (São Paulo: Loyola/ Paulus; São Leopoldo: Sinodal, 2012), p. 83.

415 PELIKAN. *A tradição cristã*, p. 52.

416 Ibid.

417 McROBERTS, Kerry D. "A Santíssima Trindade", in: HORTON, Stanley M. (ed.). *Teologia sistemática*, p. 167.

1394 | TEOLOGIA SISTEMÁTICO-CARISMÁTICA

Além do *logos*, pais como Clemente de Alexandria também utilizaram o demiurgo de Platão, outro conceito filosófico, para diferenciar os cristãos dos pagãos e provar que a fé cristã deveria ser levada a sério, mas ele não foi o único. Marcião, no intuito de distinguir a fé cristã do judaísmo, como parte do processo teológico do século 2, intentou "distanciar o Deus da criação, em parte denominado de 'artesão', como entre os platônicos [...], mais radicalmente ainda dos médio-platônicos, do Deus altíssimo", assim "esbarrando", diz Christoph Markschies, "no mínimo, no dualismo", posição que foi recusada pela igreja como herética, pois, "ao assumir dissociações filosóficas no conceito de Deus, ele não conseguiu (como de resto os gnósticos cristãos também não) preservar a unidade de Deus, assumida do judaísmo".[418] Portanto, a defesa de Clemente pareceu mais adequada à ortodoxia que começava a se definir, pois não feria o inegociável princípio do monoteísmo.

> A palavra "demiurgo" era usada por Platão e pelos gnósticos para designar um ser inferior ao Deus altíssimo. O Deus altíssimo paira acima de coisas tão humildes como a criação do mundo, deixando essa tarefa para o demiurgo. Queria-se dizer que a realidade divina não estava presente no ato da criação. Contrariando essa noção, Clemente afirmava que o grande demiurgo era o próprio Deus. Não poderia haver diferenciação entre o Deus altíssimo e o criador do mundo. A criação tinha que ser um ato absoluto a partir do nada. Proclamava-se, assim, o poder insuperável de Deus. Mas a afirmação de que Deus era todo-poderoso não queria dizer que ele se sentava num trono e podia fazer qualquer coisa que lhe viesse na cabeça como qualquer tirano arbitrário. Mas que Deus era a única base das coisas criadas, e que não existe matéria alguma capaz de lhe oferecer resistência. É o que quer dizer o primeiro artigo do Credo Apostólico: "Creio em Deus Pai Todo-Poderoso, criador do céu e da terra". Deveríamos pronunciar essas palavras com grande reverência, porque, por meio dessa confissão, o cristianismo se separou da interpretação dualista da realidade presente no paganismo.[419]

Essa diferenciação entre cristãos e pagãos foi importante para a cristologia. Paul Tillich acredita que, sem ela, o estudo de Cristo "teria inevitavelmente

---

418 MARKSCHIES, Christoph. "De meados do século II até o final do século III", in: KAUFMANN, Thomas et al. (orgs.). *História ecumênica da igreja 1*, p. 82.

419 TILLICH. *História do pensamento cristão*, 4. ed. (São Paulo: Aste, 2007), p. 41.

se deteriorado num tipo de gnosticismo no qual Jesus não seria mais do que um dos poderes cósmicos entre outros, embora, talvez, o maior deles". É "somente à luz do primeiro artigo do Credo [...] que o segundo tem sentido", pois "não reduz Deus à segunda pessoa da Trindade".[420] É por isso que, embora a formulação trinitária oficial tenha ocorrido apenas no século 4, "a doutrina crida, ensinada e confessada pela igreja católica dos séculos II e III também levou à Trindade",[421] pois deu base para o que posteriormente se desenvolveria. O teólogo Christoph Markschies explica que o "'longo século III' pode ser comparado a um laboratório", pois "muitos cristãos fizeram experiências com as soluções auferidas dos debates filosóficos para defender diante dos cultos da época o que eles entendiam como mensagem cristã", dentre essas experiências, parte "foi aceita pela maioria da Igreja, parte delas não".[422]

— Desenvolvimento histórico da doutrina trinitária —

Era desafiadora a tarefa dos apologistas que, diante dos problemas apresentados pelos críticos, tentavam defender tanto a humanidade quanto a divindade plenas de Jesus. Por causa do docetismo,[423] um dos pontos que mais causava polêmica era a humanidade de Cristo, mas esses questionamentos "foram um tanto prematuros, pois as implicações mais sutis e profundas desses problemas tiveram que aguardar a criação de uma terminologia cristológica" e, mais ainda, "esperar o esclarecimento do problema mais fundamental que não era a relação do divino em Cristo com sua vida terrena, mas a relação do divino em Cristo com o divino no Pai".[424] Como diferenciar o Pai do Filho sem pender para o politeísmo ou hierarquizá-los?

---

420 Ibid.

421 PELIKAN. *A tradição cristã*, p. 185.

422 MARKSCHIES, Christoph. "De meados do século II até o final do século III", in: KAUFMANN, Thomas et al. (orgs.). *História ecumênica da igreja 1*, p. 81.

423 O docetismo era uma expressão cristológica do gnosticismo, grupo que "enfatizava a necessidade de um ou mais mediadores entre o Deus inefável e o universo material". Eles percebiam Jesus como um mediador, "mas não aceitavam que a Palavra divina tivesse se tornado carne, com todas as consequências terrenas dessa condição". O gnosticismo se caracterizava pela desvalorização da realidade material e do corpo físico, por isso ensinavam que Jesus só "'parecia' (em grego, *dokeō*) ter um corpo humano" e apenas fingia sofrer, já que um ser divino jamais poderia se rebaixar ao baixo nível material. Thomas Rausch aponta Marcião e Valentino, que afirmava que Jesus "tinha um corpo espiritual, ou 'pneumático'", como defensores da ideia docetista (RAUSCH. *Quem é Jesus*, p. 245).

424 PELIKAN. *A tradição cristã*, p. 187.

1396 | TEOLOGIA SISTEMÁTICO-CARISMÁTICA

Tertuliano, o "bispo pentecostal de Cartago", foi o responsável por preparar o terreno "para o desenvolvimento subsequente da doutrina trinitariana ortodoxa". Ele foi o "primeiro erudito a empregar o termo 'Trindade'" para referir-se a Deus e produziu o tratado *Contra Praxeas*, que "contém 50 páginas de polêmica vigorosa contra um certo Praxeas que, supostamente, introduziu em Roma a heresia do monarquianismo", que defendia a "existência de um só Monarca, que é Deus", negando a "plena divindade do Filho e do Espírito". Para preservar as doutrinas da salvação, "os monarquianos chegaram à conclusão de que o Pai, como Deidade, foi crucificado pelos pecados do mundo. Essa é a heresia chamada patripassianismo". Tertuliano "enfatiza a unidade de Deus, ou seja: que existe só uma substância divina, um só poder divino — sem separação, divisão, dispersão ou diversidade", mas também adverte que "há, porém, uma distribuição entre as funções, uma distinção entre as Pessoas".[425]

Apesar dos esforços de Tertuliano, a heresia começou a se espalhar e se apresentou de duas formas: o monarquianismo dinâmico ("também chamado de monarquianismo ebionita, unitariano ou adocionista") e o monarquianismo modalístico. Esses grupos "procuravam preservar o conceito da unicidade de Deus — a monarquia do monoteísmo", por isso "focalizavam a eternidade de Deus como único Senhor, ou Soberano, em relação à sua criação". Embora, a princípio, a ideia não pareça incorreta, seus desenvolvimentos negam uma noção de Trindade pessoal. A escola monarquiana dinâmica era "representada pelos Alogi, homens que rejeitavam a cristologia do Logos" presente no Evangelho de João — que, como vimos anteriormente, se destaca principalmente pela defesa da preexistência e encarnação do Logos — "porque suspeitavam que havia concepções helenísticas no prólogo do seu Evangelho". Assim, "argumentavam que Cristo não era Deus desde toda a eternidade, mas que se tornara Deus em algum momento do tempo", ideia esta conhecida como adocionismo. Apesar de não haver consenso entre eles, a "opinião generalizada era de que a exaltação do Filho ocorreu no seu batismo quando, então, foi ungido pelo Espírito" e "adotado" por Deus. Os monarquianos dinâmicos também acreditavam que Jesus "foi exaltado progressivamente, ou dinamicamente, à condição de Deidade" ao longo do seu ministério. Paulo de

---

425 McRoberts, Kerry D. "A Santíssima Trindade", in: Horton, Stanley M. (ed.). *Teologia sistemática*, p. 167-8.

Samósata foi um dos principais defensores dessa ideia e teve Luciano como seu sucessor, que viria a ser professor de Ário.[426]

Já os monarquianos modalísticos entendiam que o universo é "manifestado numa hierarquia de modos". Esses modos, "assemelhados a círculos concêntricos", eram "considerados vários níveis de manifestações de realidade que emanavam de Deus", também chamado de O Único, e, quanto mais distante dele, mais inferiorizada se tornava a realidade. Para os monarquianos modalísticos, a "categoria mais baixa da existência seria a matéria física do universo", que, embora ainda fosse considerada parte do Único, por emanar dele, "existia numa forma inferior". Há uma forte influência neoplatônica, gnóstica e até mesmo panteísta nessa concepção que também não conseguiu responder à questão sobre a relação entre o Pai e o Filho sem diminuir Jesus, já que o via como uma simples "emanação de primeira ordem da parte do Pai", que, apesar de superior aos homens e aos anjos, não deixava de ser inferior a Deus "no tocante à natureza de sua existência ou essência". Sabélio é apresentado como um dos principais defensores do monarquianismo modalístico. Utilizando a analogia do Sol e seus raios, ele empregou o termo *homoiousios* para referir-se a Jesus. "O prefixo *homoi* significa 'semelhante', e a raiz, *ousios*, significa 'essência'. Sabélio, portanto, argumentava que a natureza [de Jesus] era apenas semelhante", não "idêntica à do Pai", assim como os raios emanam do Sol, mas não são a mesma coisa que ele. Sabélio foi "condenado como herege em 268, no Concílio de Antioquia".[427]

Ao contrário da ideia modalística, o monarquianismo dinâmico não foi combatido com tanta facilidade, principalmente quando Ário trouxe mais complexidade teórica à ideia e utilizou sua influência para disseminá-la. Ele defendia que o "Deus Pai é o único Monarca e, portanto, que só Ele é eterno". Assim, "Deus é 'ingênito', ao passo que tudo o mais, inclusive Cristo, é 'gerado'", algo que, na concepção ariana, "transmite o conceito de ter sido criado". Indo além de Paulo de Samósata e Luciano, Ário tomou o cuidado de "separar-se das implicações panteísticas da heresia sabeliana, ao insistir que Deus não tinha nenhuma necessidade interna de criar",[428] mas continuou a defender uma subordinação de Jesus em relação ao Pai. Para ele, o "Filho

---

426 Ibid., p. 170-1.
427 Ibid., p. 171-2.
428 Ibid., p. 173.

1398 | TEOLOGIA SISTEMÁTICO-CARISMÁTICA

era uma criatura, como todas as demais, criado do nada, que [...] não existia desde a eternidade" e, consequentemente, "era totalmente desigual à essência do Pai". O "Cristo ariano, embora fosse um ser sobre-humano, que havia assumido a carne" — o que o livrava do já condenado docetismo gnóstico —, enquanto "criatura, como primeiro ser entre tudo o que foi criado, estava sujeito a mudança, inclusive à possibilidade de fazer o mal, tendo merecido sua dignidade suprema mediante a prova ética prevista por Deus".[429] Portanto, de acordo com essa perspectiva, "Cristo era considerado o Filho adotivo de Deus ao invés de ser tido como o eterno Filho de Deus".[430]

Essas ideias logo começaram a ser gerar polêmicas, e Alexandre, bispo de Alexandria, decidiu convocar um sínodo — algo que "provavelmente ocorreu no ano de 319"[431] —, onde Ário foi "chamado a prestar contas".[432] Uma das principais preocupações dos alexandrinos dizia respeito à salvação pessoal, pois, "para levar o homem à plena reconciliação com Deus, [...] Cristo forçosamente tem de ser Deus". Assim, utilizando o prólogo de João e sua afirmação sobre a preexistência do Logos, o bispo Alexandre "respondeu a Ário, argumentando que a condição de o Filho ser o Unigênito é antecedida nas Escrituras", o que "indica que Ele compartilha da mesma natureza eterna de Deus".[433] Além disso, o bispo também afirmou que "tal como a luz e o raio de luz são sempre inseparáveis, assim também o Pai e o Filho são igualmente inseparáveis e igualmente eternos", por isso o "Filho não pode ser colocado entre as criaturas", pois "pertence totalmente a Deus e é igual a Deus Pai".[434]

---

429 SCHINDLER, Alfred. "A evolução teológica e dogmática", in: KAUFMANN, Thomaset al. (orgs.). *História ecumênica da igreja 1*, p. 134.

430 McROBERTS, Kerry D. "A Santíssima Trindade", in: HORTON, Stanley M. (ed.). *Teologia sistemática*, p. 170.

431 O ano específico é incerto. O especialista em história da igreja Christopher Bellitto informa que o "sínodo se reuniu por volta de 320 no norte da África" (BELLITTO, Christopher M. *História dos 21 concílios da Igreja: de Niceia ao Vaticano II* [São Paulo: Loyola, 2010], p. 35); já a teóloga Lynne Lorenzen aponta que "Ário seria condenado como herege no Sínodo de Antioquia, em fevereiro de 325", meses antes do Concílio de Niceia I (LORENZEN, Lynne Faber. *Introdução à Trindade* [São Paulo: Paulus, 2002], p. 19).

432 SCHINDLER, Alfred. "A evolução teológica e dogmática", in: KAUFMANN, Thomas et. al. (orgs.). *História ecumênica da igreja 1*, p. 133.

433 McROBERTS, Kerry D. "A Santíssima Trindade", in: HORTON, Stanley M. (ed.). *Teologia sistemática*, p. 175.

434 SCHINDLER, Alfred. "A evolução teológica e dogmática", in: KAUFMANN, Thomas et al. (orgs.). *História ecumênica da igreja 1*, p. 133.

O sínodo decidiu que a doutrina ariana era uma blasfêmia contra o Filho de Deus, mas Ário saiu convicto de que a argumentação dos alexandrinos apenas confirmava sua ideia de que Jesus, de fato, foi criado. Por isso, ignorou sua condenação e seguiu com o ensinamento de sua doutrina, que possuía uma grande vantagem por "sua clareza racional e sua compreensibilidade". Mas esse não foi o único motivo que levou o arianismo, uma "controvérsia intra egípcia e principalmente teológica", a alcançar outras áreas, "tornando--se um caso de política eclesiástica de primeira grandeza".[435] Nas palavras de Alfred Schindler,

> Ário não aceitou de modo algum sua condenação. Ele estava convencido da correção de suas ideias, via em seus adversários falsos mestres que pretendiam subdividir a essência de Deus e procurava apoio em seus companheiros de ideias, entre os quais os mais influentes não habitavam no Egito, embora também aí encontrasse proteção. Ário tinha recebido sua formação teológica em *Antioquia* e podia aproveitar bem suas boas relações com diversos bispos que haviam sido seus colegas de estudo e agora exerciam seu ministério nas grandes cidades da Ásia Menor e da Palestina e faziam valer sua influência a seu favor. Das desavenças entre um bispo e um de seus sacerdotes desenvolveu-se assim uma controvérsia entre os bispos e os partidos eclesiásticos em toda a metade oriental do Império. Pelo visto, Ário havia provocado um conflito que "estava no ar" e que também sem ele necessariamente teria eclodido.[436]

Ao saber da controvérsia, o imperador Constantino decidiu intervir, pois acreditava que a "unidade religiosa do Império era um dos pressupostos decisivos para o bem do Estado". Inicialmente, Constantino considerou o problema uma mera discussão acadêmica e por meio de um escrito pediu que Ário e Alexandre retornassem à ordem com "argumentos semelhantes aos que utilizamos atualmente, pois, assim pensava ele, colocar em perigo a unidade do povo de Deus por uma questão tão insignificante é simplesmente insensato". Mas a tentativa fracassou, pois o problema não era uma simples questão teórica; ao contrário, "os partidos envolvidos na controvérsia viam

---

435 Ibid., p. 134.
436 Ibid.

que estava em perigo a fé em Cristo como redentor, e com isso todas as demais expressões do credo cristão". Assim, em 325 o imperador tomou a decisão de convocar um concílio ecumênico em Niceia, "atualmente Iznik, no noroeste da Turquia", onde tanto a Igreja Oriental quanto a Ocidental se reuniriam para discutir o assunto e chegar a uma conclusão.[437]

Tradicionalmente, afirma-se que "380 bispos compareceram ao concílio, número igual ao dos ajudantes de Abraão (Gn 14:14)" — porém, em concílios posteriores, há referências aos "318 membros" presentes em Niceia — e que "praticamente, todos esses bispos eram oriundos da metade oriental do Império Romano",[438] o que causou certo problema, pois, apesar de a maioria não ser composta de "arianos convictos [...], também não pensavam como Alexandre, mas posicionavam-se de alguma maneira no centro, de acordo com a tradição antiga".[439] Fortemente influenciados por Orígenes, esses bispos até concebiam uma ideia de subordinação do Filho ao Pai, mas entendiam que "mesmo que fosse inferior ao Pai, o Filho seria intrinsecamente de Deus, e não uma criatura", portanto combateram a doutrina ariana porque, "ao propor que o Logos era uma criatura, Ário cruzou uma linha".[440]

Atanásio, considerado o "grande defensor da ortodoxia nicena" e também autor do conhecido credo que leva o seu nome e que resume em 44 pontos a fé professada pelos cristãos, definiu enfaticamente que, "se o Cristo não é divino, ele não pode salvar nem nos tornar como Deus", isto é, perfeitos e imortais. Contudo, "'Deus se tornou humano para que possamos nos tornar Deus'. Portanto, o Logos encarnado em Jesus deve ser eternamente com Deus o Pai a mesma substância"[441] para que possamos ser salvos. Assim, a conclusão do concílio foi fortemente antiariana, mas também não chegou a se posicionar totalmente a favor dos alexandrinos por causa das divergências entre os bispos.

> Foram rejeitadas as seguintes afirmações: "Houve um tempo em que Ele (o Filho) ainda não era"; "Ele foi feito do nada"; "Ele é criado e

---

437 Ibid., p. 134-5.

438 BELLITTO. *História dos 21 concílios da Igreja*, p. 35.

439 SCHINDLER, Alfred. "A evolução teológica e dogmática", in: KAUFMANN, Thomas et al. (orgs.). *História ecumênica da igreja 1*, p. 135.

440 HAIGHT. *Jesus, símbolo de Deus*, p. 324.

441 LaCugna, Catherine Mowry. "O mistério trinitário de Deus", in: FIORENZA, Francis S.; GALVIN, John P. (orgs.). *Teologia sistemática: perspectivas católico-romanas*, vol. 2, p. 223.

mutável". Positivamente o concílio resumiu seu parecer na formulação de um credo, o niceno (que não deve ser confundido com o niceno-constantinopolitano utilizado na liturgia católica e em algumas luteranas, muitas vezes erroneamente designado como "niceno" [...]). Esse credo, em sua base, nada mais era do que uma forma mista dos credos tripartidos naquela época já em uso, que começam assim: "Nós cremos em um Deus Pai todo-poderoso" etc. Para decidir a controvérsia, contudo, foram introduzidas algumas fórmulas adicionais, e justamente na segunda parte, sobre Cristo, principalmente na passagem em que se diz que Cristo é "Deus verdadeiro do Deus verdadeiro, gerado, não criado, consubstancial ao Pai". O termo *homousios*, "de uma substância", aqui traduzido por "consubstancial", que pode também significar "uma substância", "de uma substância", não agradava os bispos orientais e não somente os arianos. Mesmo assim a grande maioria dos participantes do concílio curvou-se, e a maioria dos legados orientais interpretava as fórmulas da maneira que lhes convinha. Apesar da falta de clareza teológica, o resultado do concílio foi a clara condenação do puro arianismo e a vitória de Alexandre de Alexandria.[442]

A abertura para interpretações variadas não melhorou o clima entre os partidos da Igreja, que continuaram em conflito. Nesse contexto, heresias influenciadas pelo arianismo começaram a despontar. Um grupo denominado de semiarianos continuou adotando a expressão *homoiousios*, recusada no Concílio Niceno, para defender que a essência de Jesus era semelhante, mas não idêntica à do Pai; assim, ele "era 'como' Deus, mas não era Deus". Outros utilizaram os argumentos de Ário para negar a divindade do Espírito Santo. Na tentativa de combater essas heresias, outros erros eram cometidos, como os do teólogo Apolinário, que "enfatizou a divindade de Jesus de um modo tão exagerado que [...] acabou por afirmar que Jesus era completamente divino, mas não completamente humano". Para ele, o Logos havia substituído a alma humana de Cristo, mas o "problema desta teoria é que, colocada uma entidade espiritual, o Logos, no lugar de uma alma humana, Cristo não teria uma verdadeira humanidade",[443] diz o teólogo pentecostal

---

442 SCHINDLER, Alfred. "A evolução teológica e dogmática", in: KAUFMANN, Thomas et al. (orgs.). *História ecumênica da igreja 1*, p. 136.

443 MCROBERTS, Kerry D. "A Santíssima Trindade", in: HORTON, Stanley M. (ed.). *Teologia sistemática*, p. 680.

1402 | TEOLOGIA SISTEMÁTICO-CARISMÁTICA

Kerry McRoberts. Uma solução que agradasse os dois lados e restaurasse a unidade entre os bispos se fazia necessária, pois

> O credo de Niceia I esclareceu algumas questões, mas, involuntariamente, levantou outras, relativas à cristologia e à teologia trinitária. Como definir o Espírito Santo e qual era a sua relação com o Pai e com o Filho? Se Jesus é totalmente divino e a sua divindade é superior à sua humanidade, seria correto afirmar que a humanidade de Jesus foi completamente absorvida pela sua divindade? [...] Além disso, apesar de ser *completamente* humano e *completamente* divino, ainda assim Jesus era uma única pessoa, ao invés de duas pessoas distintas. Além do mais, o Concílio de Niceia I não chegou a esclarecer por completo como Deus poderia ter uma única natureza e ao mesmo tempo se dividir em três pessoas distintas: o Pai, o Filho e o Espírito Santo. Portanto, desde o início havia um grande obstáculo: a tentativa de seres humanos imperfeitos de empregar uma linguagem imprecisa para definir o que, em última análise, não poderia ser explicado em termos humanos.[444]

Apenas três décadas depois do Concílio de Niceia, no final dos anos 350, três teólogos capadócios — Gregório, bispo de Nazianzo; Basílio Magno, bispo de Cesareia; e seu irmão Gregório, bispo de Nissa — conseguiram desenvolver a formulação clássica da doutrina trinitária, uma linha de pensamento que finalmente promoveria certa unidade na Igreja. Com eles, a divindade do Espírito Santo, que não chegou a ser afirmada no Concílio Niceno — havia apenas a declaração "creio no Espírito Santo" —, foi finalmente inserida na discussão. Jaroslav Pelikan aponta que "pode ter sido o montanismo", um movimento que, na opinião do autor, era herético, que pregava uma "nova era" do Espírito Santo,[445] o "responsável por algum desenvolvimento na di-

---

444 Bellitto. *História dos 21 concílios da Igreja*, p. 36-7.

445 O movimento montanista foi fundado no século II por Montano, figura à qual só temos acesso por meio de "informações indiretas em Eusébio de Cesareia, *HE*, V, 14-19, e em Epifânio, *Heresias* 48ss". De acordo com esses relatos, Montano era sacerdote do deus Apolo Lairbeno e, após converter-se ao cristianismo, "sentiu-se, num dado momento, não só o porta-voz, mas a encarnação do Espírito Santo". Assim, "apresentava-se como a presença viva do Paráclito" e afirmava que "com ele chegara a nova era", a "era do Espírito Santo, a revelação perfeita". Roque Frangiotti apresenta quatro perspectivas pelas quais os historiadores do cristianismo primitivo geralmente abordam o montanismo: "Primeiro, como fenômeno nascido da superstição religiosa ou fruto do milenarismo asiático influenciado pelo Apocalipse. Segundo, como uma tentativa de retorno à Igreja das origens, de reforma da Igreja, de retorno ao estado de perfeição e pureza, como pretexto contra o episcopado monárquico urbano, que sufocava,

reção de um entendimento mais 'pessoal' do Espírito Santo [...] na evolução trinitarista do século III", mas que "essa possibilidade é tênue".[446] Os pais capadócios entenderam que a "chave para a doutrina da Trindade", o que a "mantém ligada ao monoteísmo ('monoteísmo dinâmico'), é a confissão de igualdade no ser", ou seja, o entendimento de que as "três pessoas compartilham todos os atributos divinos essenciais".[447] Portanto, consideraram que ressaltar a divindade do Espírito Santo era imprescindível para combater as heresias vigentes. Assim, "Basílio foi o primeiro a insistir na divindade do Espírito Santo. Gregório de Nissa começou a descrever o Espírito como dador de vida", e "Gregório Nazianzeno acrescentou 'procede' para descrever como o Espírito Santo tem origem no Pai de modo diferente do Filho",[448] confirmando sua pessoalidade.

Em sua doutrina trinitária, os três grandes capadócios foram além dos antigos "nicenos", pois explicaram "com mais clareza a diferenciação das três pessoas divinas", por meio da "fórmula de que na Trindade há uma substância (*ousia*) de Deus, mas em três formas autônomas de existência (hipóstases) ou, como se dizia no Ocidente: uma substância e três pessoas". Como os três "eram muito influenciados por Orígenes, conseguiram a adesão de muitos bispos orientais, estabelecendo ao mesmo tempo pontes para o Ocidente e Alexandria".[449] Assim, em 381 um novo concílio foi convocado, dessa vez pelo imperador Teodósio, em Constantinopla, atual Istambul, onde um credo que ampliava o que havia sido decidido em Niceia foi formulado. "Nenhum bispo ocidental compareceu" a esse concílio, e o "papa Dâmaso I nem sequer enviou delegados para representá-lo". É importante destacar que o aparente

---

cada vez mais, o dom da profecia, isto é, como movimento contra a Igreja organizada, sistematizada. Terceiro, pode-se vê-lo ainda como um movimento político religioso que nasceu e se radicava nas igrejas das zonas rurais da Frígia contra as igrejas urbanas, que se pavoneavam em torno de seus bispos. Em quarto e último lugar, como reação do conservadorismo das regiões rurais, contra a 'modernização' das igrejas urbanas, que se vão helenizando, enfraquecendo sua fisionomia original, carismática". A linguagem simples que combinava com a aspiração popular por liberdade social é apresentada como motivo plausível para a popularidade da heresia (FRANGIOTTI, Roque. *História das heresias [séculos I-VII]: conflitos ideológicos dentro do cristianismo*, 5. ed. [São Paulo: Paulus, 2007], p. 55-6).

446 PELIKAN. *A tradição cristã*, p. 221.

447 OLSON, Roger. *História das controvérsias na teologia cristã: 2000 anos de unidade e diversidade* (São Paulo: Vida, 2004), p. 196.

448 LORENZEN, Lynne Faber. *Introdução à Trindade*, p. 35.

449 SCHINDLER, Alfred. "A evolução teológica e dogmática" in: KAUFMANN, Thomas et al. (orgs.). *História ecumênica da igreja 1*, p. 137.

1404 | TEOLOGIA SISTEMÁTICO-CARISMÁTICA

"desinteresse" ocidental pela questão específica do concílio aqui abordado deve-se a uma série de fatores, sendo o primeiro deles a distância geográfica entre os dois lados e também a barreira linguística. O Oriente falava grego, e o Ocidente latim, e "cada uma dessas línguas possuía as suas próprias nuanças, que não podiam ser traduzidas com exatidão para a outra". Assim, por vezes, o "Oriente e o Ocidente falavam um para o outro, e não um com o outro".[450] Há ainda uma questão política, pois "com a fundação de Constantinopla, e tendo Constantino como seu único imperador (324), o peso das decisões eclesiásticas foi completamente transferido para o Oriente", onde a "aliança entre o império e a Igreja seria firmemente estabelecida".[451] Todos esses fatores contribuíram para que os cristãos ocidentais e orientais vivessem realidades diferentes, preocupando-se com questões diversas e divergindo teoricamente. Mesmo assim, o Concílio Niceno-constantinopolitano é "indiscutivelmente considerado ecumênico,[452] tanto pelo Ocidente quanto pelo Oriente",[453] e até mesmo pela maioria dos protestantes. Sua formulação final declara:

> Cremos em um só Deus, o Pai Todo-Poderoso, criador do céu e da terra, de todas as coisas, visíveis e invisíveis.
>
> E em um só Senhor Jesus Cristo, o Filho Unigênito de Deus, o gerado do Pai antes de todos os séculos, Deus de Deus, Luz de Luz, Verdadeiro Deus de Verdadeiro Deus, gerado e não feito, da mesma substância do Pai, por meio do qual todas as coisas vieram a ser; o qual, por nós, os homens, e pela nossa salvação desceu dos céus e encarnou-se do Espírito Santo e da Virgem Maria, e fez-se homem e foi por nós crucificado sob Pôncio Pilatos, e padeceu, e foi sepultado, e ressuscitou ao terceiro dia, segundo as Escrituras, e subiu aos céus e

---

450 BELLITTO. *História dos 21 concílios da Igreja*, p. 37.

451 CAMPENHAUSEN, Hans Von. *Os pais da igreja: a vida e a doutrina dos primeiros teólogos cristãos* (Rio de Janeiro: CPAD, 2005), p. 249.

452 É importante destacar que até o momento histórico que estamos descrevendo — o da patrística — havia apenas uma única igreja. Portanto, o nome "ecumênico" refere-se à universalidade cristã dos credos definidos nesses concílios. Conforme explica o biblista pentecostal Esequias Soares, "esses credos são geralmente aceitos por católicos romanos, ortodoxos gregos e protestantes" e são chamados de ecumênicos, "pois seu conteúdo é comum às principais religiões que ostentam a bandeira de Cristo. As seitas ou grupos religiosos heterodoxos rejeitam esses credos". Portanto, são doutrinas que mesmo após o Grande Cisma — que dividiu as Igrejas Ocidental e Oriental no século 11 — e a Reforma Protestante — movimento do século 16 do qual fazemos parte — continuaram sendo professadas por todos os que se declaram cristãos (SILVA. *Declaração de fé das Assembleias de Deus*, p. 16).

453 BELLITTO. *História dos 21 concílios da Igreja*, p. 39.

CAPÍTULO 5 – Cristologia | 1405

está sentado à direita do Pai, e virá de novo, com glória, a julgar vivos e mortos; e o Reino não terá fim.

E no Espírito Santo, o Senhor e Vivificador, o que procede do Pai e do Filho, o que juntamente com o Pai e o Filho é adorado e glorificado, o que falou por meio dos profetas;

E numa só Igreja santa, cristã e apostólica.

Confessamos um só batismo, para remissão dos pecados,[454] esperamos a ressurreição dos mortos e a vida do século vindouro. Amém.[455]

Enganam-se os que pensam que as polêmicas pararam por aí. Embora a doutrina trinitária tivesse finalmente chegado a um consenso, a antiga discussão sobre a humanidade de Jesus voltou à tona, fazendo que a convocação de um novo concílio ecumênico fosse necessária quase meio século depois do credo niceno-constantinopolitano, como ficou conhecida a formulação do Concílio de Constantinopla, e duas figuras principais marcaram esse embate: Cirilo de Alexandria e Nestório. A controvérsia se iniciou pelas críticas de Nestório ao termo *theotokos* — que significa "portadora de Deus" ou "Mãe de Deus", embora essa segunda tradução não transmita o significado adequado da expressão — para referir-se a Maria. Ele acreditava que Jesus possuía duas naturezas, uma humana e outra divina, que não possuem "união intrínseca, 'hipostática', mas apenas uma união moral". O "Verbo divino estava unido a este filho de Maria, mas não de maneira 'ontológica', 'substancial'", porque

---

454 Torna-se necessário ressaltar que a tradição carismático-pentecostal não entende o batismo como "meio da graça", ou seja, como um ato pelo qual a salvação é imputada a alguém. Ao contrário, nas igrejas carismáticos-pentecostais são batizados os que já atenderam ao chamado do Espírito Santo e tomaram voluntariamente a decisão pela vida com Cristo, ou seja, já se converteram, vivendo um "novo nascimento", e agora querem externar esse compromisso junto à sua comunidade de fé, tornando-se membros dela. É um ato simbólico, não sacramental, mas uma ordenança direta de Cristo, conforme explica a *Declaração de fé das Assembleias de Deus*: "Cremos, professamos e ensinamos que o batismo em águas é uma ordenança de Cristo para a sua Igreja, dada por ordem específica do Senhor Jesus: 'Portanto, ide, ensinai a todas as nações, batizando-as em nome do Pai, e do Filho, e do Espírito Santo' (Mt 28.19). Reconhecemos esse ato como o testemunho público da experiência anterior, o novo nascimento, mediante a qual o crente participa espiritualmente da morte e da ressurreição de Cristo". Esse ato não é, porém, "salvação", pois "somos salvos mediante a fé. O perdão dos pecados está em conexão com o arrependimento que precede o batismo". Assim, o batismo em águas "é um ato importante e repleto de significados espirituais, que é administrado pela Igreja ao crente, mediante arrependimento e confissão de fé, onde quer que o evangelho seja pregado. [...] Trata-se de um ato público de fé no qual, de modo simbólico, sepultamos a vida antiga e ressuscitamos com Cristo para uma nova vida" (SILVA. *Declaração de fé das Assembleias de Deus*, p. 127-8).

455 SILVA. *Declaração de fé das Assembleias de Deus*, p. 219.

1406 | TEOLOGIA SISTEMÁTICO-CARISMÁTICA

"Jesus era puro homem nascido sem intervenção divina". Portanto, a presença do Verbo nele ocorreu de forma "acidental, moral".[456] Nestório definia essa união entre a humanidade e a divindade de Jesus de quatro formas:

> Chamando-a de *"união de habitação"*, porque o Verbo habitou na humanidade de Jesus como um templo; *"união de afeição"*, porque esta união se assemelhava à que existe entre dois amigos; *"união de operação"*, enquanto o Verbo tinha-se servido da humanidade de Jesus, como de um instrumento para realizar milagres; *"união de graça"*, pois o Verbo tinha-se unido a Jesus por meio da graça santificante.[457]

O problema principal com a argumentação de Nestório é que sua explicação sobre as naturezas interfere na unicidade do Ser de Jesus e leva à conclusão a que alguns de seus seguidores chegaram de que Jesus abarcava duas pessoas: uma divina e outra humana, sendo a segunda um simples instrumento da primeira. Para o nestorianismo, "dizer que Jesus nasceu, sofreu, morreu e ressuscitou não equivale a [dizer] que o Verbo de Deus tenha nascido, morrido, ressuscitado, já que a natureza divina é impassível"; simplesmente afirma que o "corpo de que se apropriou ao se unir à natureza humana nasceu, sofreu, morreu e ressuscitou".[458] As implicações dessas afirmações eram inaceitáveis para muitos bispos alexandrinos, que logo iniciaram uma nova polêmica cristológica, tendo Cirilo como seu principal representante. O bispo alexandrino alegava que o "nestorianismo dividia Jesus ao meio ao negar que o Jesus humano e o Jesus divino eram uma só pessoa". Assim, a forma correta de entender o Ser de Jesus era pela "'união hipostática', pela qual as naturezas humana e divina de Jesus se fundiam em uma só pessoa". Em 431, Cirilo presidiu a um concílio em Éfeso e acabou decidindo pela condenação de Nestório, que, ironicamente, foi quem pediu ao imperador que tal encontro acontecesse. A decisão não foi bem aceita pela escola de Antioquia porque "Cirilo havia iniciado os procedimentos do concílio antes da chegada da maioria dos bispos orientais que apoiavam Nestório e até mesmo antes da chegada dos legados enviados pelo Papa" para representá-lo. Assim, os "bispos

---

456 FRANGIOTTI, Roque. *História das heresias (séculos I-VII): conflitos ideológicos dentro do cristianismo.* 5. ed. São Paulo: Paulus, 2007, p. 128-9.

457 Ibid., p. 129.

458 Ibid.

CAPÍTULO 5 – Cristologia | 1407

orientais, liderados por João de Antioquia, [...] organizaram um concílio rival, que acabou condenando Cirilo".[459]

Com ambos os lados excomungando-se, a solução só surgiu quando João de Antioquia enviou a Cirilo um documento que ficou conhecido como "Símbolo da União". Nessa carta, João "confessava Jesus como 'Deus perfeito e homem perfeito'", reconhecendo assim a "união de duas naturezas sem confusão (como se alegava em Antioquia), a união de Cristo em uma pessoa (usando a linguagem antioquense de 'uma pessoa')" e atribuindo o "título Theotokos a Maria (como se esperava em Alexandria)". Anos depois, um monge chamado Eutiques começou a conspirar contra o Símbolo da União em Antioquia, levando o patriarca Flaviano a convocar um sínodo em 448, que decidiu por sua condenação e reafirmou o que havia sido acordado por João e Cirilo: "Confessamos que Cristo tem duas naturezas após a encarnação, confessando um Cristo, um Filho, um Senhor e uma *hypostasis* e um *prosopōn*".[460] Eutiques apelou ao papa Leão, mas este acabou concordando com a posição de Flaviano por meio da famosa carta *Tomus ad Flavian*, escrita em 449, e confirmando sua excomunhão. O monge não se deu por vencido e utilizou sua influência para convencer o imperador Teodósio II a convocar um novo concílio, marcado por violência e polêmicas que o levaram a ser desconsiderado pelo papa e entrar para a história como o "Concílio do Ladrão", onde Eutiques utilizou a força física de soldados para impor sua ideia — já previamente condenada — como ortodoxa.

Era preciso oficializar que o concílio forçado por Eutiques realmente não foi válido e também corrigir alguns mal-entendidos causados pela linguagem da confissão de Flaviano, pois, em "grego, o que estava escrito literalmente era 'a partir de duas naturezas'", o que causou certa discussão. Assim, em 451, logo após a morte de Teodósio II, que protegia Eutiques, um novo concílio foi convocado em Calcedônia, o qual "ratificou o Credo Niceno, as duas cartas de Cirilo, o *Tomus* de Leão e a profissão de fé de Flaviano".[461] Sua formulação, na íntegra, declara:

> Fiéis aos santos pais, todos nós, perfeitamente unânimes, ensinamos que se deve confessar que nosso Senhor Jesus Cristo é

---

459 BELLITTO. *História dos 21 concílios da Igreja*, p. 40-1.
460 RAUSCH. *Quem é Jesus*, p. 257-8.
461 Ibid., p. 258-9.

o mesmo e único Filho, perfeito quanto à divindade e perfeito quanto à humanidade, verdadeiramente Deus e verdadeiramente homem, constando de alma racional e de corpo consubstancial ao Pai, segundo a divindade, e consubstancial a nós, segundo a humanidade; em todas as coisas semelhante a nós, exceto no pecado, gerado, segundo a divindade, antes dos séculos pelo Pai e, segundo a humanidade, por nós e para nossa salvação, gerado da Virgem Maria, a portadora de Deus [*Theotókos*[462]]. Um só e mesmo Cristo, Filho, Senhor, Unigênito, que se deve confessar, em duas naturezas, inconfundíveis e imutáveis, inseparáveis e indivisíveis. A distinção de naturezas de modo algum é anulada pela união, mas, pelo contrário, as propriedades de cada natureza permanecem intactas, concorrendo para formar uma só pessoa e subsistência; não dividido ou separado em duas pessoas, mas um só e mesmo Filho Unigênito, Deus Verbo, Jesus Cristo Senhor, conforme os profetas outrora a seu respeito testemunharam, e o mesmo Jesus Cristo ensinou-nos e o credo dos pais transmitiu-nos.[463]

Calcedônia foi importante para realizar "uma síntese das melhores ideias das duas escolas teológicas rivais", permitindo que cada uma continuasse com as ênfases que lhe eram peculiares: Alexandria destacando a "'união do divino com o não divino', deixando clara a presença de Deus em Jesus e, portanto, no mundo", e Antioquia apontando para a "humanidade de Jesus" e opondo-se a "todas as tendências que viam em Jesus um ser que não fosse completa e integralmente humano". O concílio certamente "não deu respostas a todas as questões cristológicas",[464] mas marcou um passo importante na história da igreja. Além da formulação da Trindade, outras discussões envolveram os quatro séculos de debate que apresentamos de

---

462 Sobre esse termo, o biblista pentecostal Esequias Soares explica: "O significado literal de Θεοτόκος (*theotókos*) é 'portadora de Deus', ideia defendida por Cirilo de Alexandria no concílio de Éfeso no ano 431. O termo é traduzido por *Dei genitrice*, 'mãe de Deus', na versão latina do credo de Calcedônia, que se popularizou no catolicismo romano ao longo dos séculos. Trata-se de um termo contraditório em si mesmo porque Deus é eterno e existe por si mesmo, sem começo e sem fim. Não há ser algum antes dEle; por isso, não pode ter mãe; é, de fato, uma expressão teologicamente inadequada. O termo grego referente à expressão 'portadora de Deus' não enfatiza nenhuma preeminência à pessoa de Maria, apenas à instrumentalidade dela no processo. O termo dá toda a primazia a Jesus" (Silva. *Declaração de fé das Assembleias de Deus*, p. 223).

463 Ibid., p. 220.

464 Rausch. *Quem é Jesus*, p. 262.

CAPÍTULO 5 – Cristologia | 1409

forma sucinta,[465]sobre as quais falaremos no oitavo capítulo, sobre soteriologia. Como nossa obra não é especificamente histórica, o leitor mais atento certamente sentiu falta de alguns nomes importantes em nossa linha do tempo, como, por exemplo, Agostinho. O bispo de Hipona foi ordenado sacerdote uma década depois do Concílio Niceno-constantinopolitano e morreu um ano antes do Concílio de Éfeso, mas, apesar de não estar entre os bispos presentes nesses importantes eventos, sua produção teológica definiu não só os rumos da doutrina trinitária, como também de toda a teologia ocidental.

Em sua clássica obra *Trindade*, composta por textos que foram escritos ao longo de vinte anos, Agostinho reafirma a formulação trinitária dos concílios anteriores a ele e dedica-se a defender a igualdade entre as três pessoas da Trindade, dizendo que "assim como o Pai gerou e o Filho foi gerado, assim o Pai enviou e o Filho foi enviado. Assim como o que gerou e o que foi gerado são um, assim o que enviou e o que foi enviado são um", e o Espírito "é um com eles, pois os três são um". O bispo de Hipona defende ainda que o Espírito Santo procede tanto do Pai quanto do Filho — "Não podemos afirmar também que o Espírito Santo não proceda do Filho...". Ao falar sobre o texto de João 20:22, em que Jesus assopra o Espírito sobre os discípulos, Agostinho afirma que "aquele sopro natural, originário do corpo com a intenção de atuar sobre o corpo, não foi a essência do Espírito Santo, mas um símbolo para demonstrar a procedência do Espírito Santo tanto do Pai como do Filho".[466] Apesar do cuidado ao explicar que "assim como o Filho não é inferior por ter dito: 'o Filho por si mesmo nada pode fazer, mas somente aquilo que vê o Pai fazer' (Jo 5:17)", do mesmo modo "não se infere que o Espírito Santo seja inferior, pelo fato de Cristo dizer: 'Não falará de si mesmo, mas dirá tudo o que tiver ouvido' (Jo 16:13)", pois "esta sentença indica apenas que o Espírito Santo, assim como o Filho, recebeu tudo do Pai e procede dEle".[467] Os teólogos gregos ainda consideravam a linguagem inadequada, argumentando que ela infere que o Espírito está abaixo do Filho. Como já

---

465 Para um estudo específico sobre os pais da igreja, as heresias e o contexto histórico que envolveram as inúmeras polêmicas teológicas na patrística, cf. CAMPENHAUSEN. *Os pais da igreja*; BELLITTO. *História dos 21 concílios da Igreja*; FRANGIOTTI. *História das heresias (séculos I-VII)*; OLSON, Roger. *História das controvérsias na teologia cristã*; KAUFMANN, Thomas et al. (orgs.). *História ecumênica da igreja 1*; PELIKAN. *A tradição cristã*; LORENZEN, Lynne Faber. *Introdução à Trindade* (São Paulo: Paulus, 2002); OLSON, Roger. *História da teologia cristã: 2000 anos de tradição e reforma*, 6. reimpr. (São Paulo: Vida, 2009).

466 AGOSTINHO. *A Trindade*, 4. ed. (São Paulo: Paulus, 2008), p. 183-4 (Livro IV: 20,29).

467 Ibid., p. 74 (Livro II: 3,5).

1410 | TEOLOGIA SISTEMÁTICO-CARISMÁTICA

vimos no capítulo anterior, essa questão sobre a procedência do Espírito, que ficou conhecida como a "cláusula filioque", foi o principal motivo que levou ao Grande Cisma entre as igrejas oriental e ocidental em 1054.

Agostinho encontra vestígios da Trindade no homem e utiliza-os para explicar e defender a ideia de três em um. Como somos feitos à imagem de Deus, é possível encontrar tais vestígios em nossa alma, mesmo que essa imagem esteja imperfeita em razão da Queda — um conceito que, como também veremos no capítulo sobre soteriologia, foi teoricamente desenvolvido pelo mesmo teólogo. O bispo de Hipona dá diversos exemplos. Um deles está na memória, inteligência e vontade, três faculdades que "não são três vidas, mas uma vida; e nem são três almas, mas uma alma, consequentemente, não são três substâncias, mas uma só". Assim "como todas e cada uma das faculdades se contém reciprocamente, existe igualdade entre cada uma e cada uma das outras, e cada uma com todas juntas em sua totalidade". Por fim, conclui-se que "as três formam uma só unidade: uma só vida, uma só alma e uma só substância".[468]

É por meio de vestígios como esses que conseguimos reconhecer Deus e sua Trindade: "Embora, a alma humana não seja da mesma natureza que a de Deus, contudo, [é] a imagem dessa natureza — a mais sublime que se possa pensar —, é preciso procurá-la e encontrá-la em nós, lá onde a nossa natureza possui o que há de mais excelente".[469] Aqui a influência neoplatônica de Agostinho fica bem evidente, assim como seu estilo contemplativo de adoração, que busca encontrar na parte superior da mente a imagem segundo a qual fomos feitos. Para ele, a "alma humana está de tal modo estruturada que nunca deixa de lembrar-se de si mesma, entender-se a si mesma e amar-se a si mesma"; portanto, "quando a alma ama a Deus [...], consequentemente dele se lembra, conhece-o, e com razão lhe é ordenado a respeito de seu próximo que o ame como a si mesmo".[470] Da mesma forma se dá entre a Trindade, isto é, o "Deus uno existe na geração da Palavra e na processão do Espírito", e o Espírito é o "laço de amor entre o Pai e o Filho".[471]

A teóloga Catherine LaCugna afirma que o "modelo agostiniano não deixou espaço para o subordinacionismo ariano, uma vez que cada pessoa divina

---

468 Ibid., p. 331, 333 (Livro X: 11,18).
469 Ibid., p. 453 (Livro XIV, 8,11).
470 Ibid., p. 464-5 (Livro XIV: 14,18).
471 LaCugna, Catherine Mowry. "O mistério trinitário de Deus", in: Fiorenza; Galvin (orgs.). *Teologia sistemática: perspectivas católico-romanas*, vol. 2, p. 226.

compartilha plenamente a mesma essência divina", mas acabou ocultando "as distinções entre as pessoas", pois "cada uma é definida em relação à outra ('relações de oposição') e não em termos de um papel específico em nossa salvação". Isso levou ao axioma de que "todas as obras da Trindade *ad extra* são indivisíveis", portanto a "Trindade cria, a Trindade redime e a Trindade santifica". Com a "doutrina das apropriações", porém, tornou-se "necessário reinvestir as pessoas divinas com conteúdo distinto. Assim, a criação é 'apropriada' ao Pai, a redenção ao Filho e a santificação ao Espírito". Esse enfoque na "una substância divina", no "Deus-Primo" compartilhado pelas três pessoas é diferente da perspectiva grega, que prefere enfatizar as hipóstases (pessoas) divinas.[472]

A teologia trinitária grega "tem compreensão dinâmica de Deus e conserva a ênfase bíblica na economia da salvação". Assim, "Deus cria mediante Cristo no poder do Espírito Santo", e o "Espírito Santo leva-nos de volta a Deus por meio de Cristo". A função desempenhada pelo Espírito é apontada como uma das principais diferenças entre as duas perspectivas, pois, enquanto Agostinho aponta o "Dom de Deus" como "laço de amor" entre Pai e Filho, os gregos entendem que o "Espírito é a ponte para o mundo, procedendo eternamente do Pai (por meio do Filho), abrindo a comunhão divina de amor para aquilo que não é divino". Assim, a doutrina da Trindade oriental é emanacionista, pois entende que "cada ato de Deus na criação se origina com o Pai, procede mediante o Filho, e é completado pelo Espírito Santo (formulação de Gregório de Nissa)".[473] Por isso, é "frequentemente esquematizada como uma linha", enquanto a "autocircunscrita Trindade da teologia latina", completa a mesma teóloga, é mais bem retratada "como um círculo".[474]

---

472 Ibid., p. 226-7.
473 Ibid., p. 224.
474 Ibid., p. 227.

1412 | TEOLOGIA SISTEMÁTICO-CARISMÁTICA

Para Catherine LaCugna, a "atenção de Agostinho sobre a iluminação interior da alma tendeu a deslocar a doutrina da Trindade para longe dos pormenores concretos da história da salvação", assim como de "outras áreas da teologia e para longe da liturgia", mas a teóloga aponta que a "história no Oriente não é diferente" e que, no geral, a "doutrina trinitária tornou-se abstrata e não prática, imune às preocupações da vida eclesiástica, espiritual e litúrgica".[475] Por ser extremamente complexa, entender a doutrina e a "exposição das complexidades linguísticas" que envolvem sua formulação pode parecer "frustrante para nós hoje, levando-se em conta a distância de 1.600 anos". Alguns teólogos têm tentado mudar essa realidade e fazer que a Trindade mantenha-se viva e relevante também para a teologia atual. Abordaremos esse assunto no próximo subtópico, pois acreditamos que uma teologia sistemático-carismática deve fazer apontamentos sobre essa doutrina, sempre acolhendo, porém, o conselho do teólogo pentecostal Kerry D. McRoberts, de que "é importante considerarmos a necessidade crucial de se manter a fórmula paradoxal do credo de Atanásio: 'Um só Deus na Trindade, e a Trindade na Unidade'" e reforçar que "O Pai é Deus, o Filho é Deus, e o Espírito Santo é Deus. E, porém, não são três deuses, mas um só Deus".[476]

— Trindade para hoje e o problema do minimalismo pneumatológico —

Trazer a Trindade para a discussão teológica atual é um desafio, pois se, por um lado, lidamos com credos muito antigos, de linguagem extremamente difícil para a filosofia, cultura e teologia de hoje, por outro, há também uma hesitação em relação ao tema, como se qualquer questionamento ou reflexão representasse um perigo para a já tão consolidada ortodoxia. Apesar de considerarmos a contundente afirmação do Concílio de Calcedônia de que ninguém pode "produzir, ou até mesmo escrever ou formular nenhum outro credo, ou pensar e ensinar de modo diferente do que foi estabelecido",[477] não concordamos que isso deva inibir qualquer teólogo de refletir sobre a Trindade, o que por vezes parece acontecer. Um dos principais problemas apresentados por quem se propõe a falar sobre o tema diz respeito à sua

---

475 Ibid., p. 229.
476 McRoberts, Kerry D. "A Santíssima Trindade", in: Horton, Stanley M. (ed.). *Teologia sistemática*, p. 176-177.
477 Bellitto. *História dos 21 concílios da Igreja*, p. 45.

aparente "irrelevância" litúrgica. Roger Olson afirma que a "fé cristã na Trindade — Deus como três pessoas e não obstante um só — é geralmente desconsiderada até mesmo pelos cristãos por ser simplesmente um mistério". Portanto, eles até são "membros de uma igreja que traga no nome a palavra *Trindade*; podem, quando perguntados, prestar louvor da boca para fora à fé em algo chamado Trindade" e até mesmo cantar "nos cultos um hino sobre a triunidade divina", mas poucos "parecem de fato abraçar a crença conhecida ao longo da história cristã por Trindade". Essa realidade é definida por Olson como "unitarismo funcionalista".[478]

Já na década de 1980, Jürgen Moltmann apontava para o fato de que, no contexto europeu, em "escritos apologéticos modernos, que pretendem aproximar o novo cristianismo do mundo de hoje" — leia-se: há quarenta anos! —, "a doutrina trinitária [...] nem mesmo é mencionada", e "as recentes iniciativas da teologia fundamental não principiam com a Trindade". Assim, quer "se trate de teologia hermenêutica, teologia política, teologia processual ou teoria científica da teologia", aparentemente "nelas a doutrina trinitária não desempenha qualquer papel significativo para a fundamentação dessa teologia moderna".[479] Felizmente o cenário está mudando, já que, como aponta Roger Olson, houve "um avivamento da doutrina da Trindade na teologia cristã do final do século 20 e começo do século 21", quando vasta "literatura, especializada e popular, foi publicada, explicando e analisando esse conceito aparentemente enigmático". O autor explica ainda que os "cristãos críticos, que bebem com certa profundidade dos poços de fontes cristãs, formulam com frequência questões sobre a Trindade".[480] Isso explica por que em grande parte das obras mais "conservadoras" essa doutrina, quando mencionada, não é alvo de reflexões, mas apenas de informações que descrevem como ela foi historicamente reconhecida. Apesar de esse cuidado com a ortodoxia ser válido, a questão sobre a "inutilidade" de uma doutrina tão imprescindível continua gritante e não pode mais ser ignorada.

Diversos fatores contribuem para essa realidade sobre a doutrina trinitária, e a óbvia distância temporal entre nós e a patrística é um deles, mas não apenas isso. Moltmann aponta para o fato de que o "mundo moderno tornou-se

---

478 OLSON. *História das controvérsias na teologia cristã*, p. 185-6.
479 MOLTMANN. *Trindade e reino de Deus*, p. 17.
480 OLSON. *História das controvérsias na teologia cristã*, p. 186.

1414 | TEOLOGIA SISTEMÁTICO-CARISMÁTICA

pragmático: o que não pode converter-se em fato não tem valor", e a "verdade ocorre apenas no fato verificável. Por isso, para o homem moderno, a verdade deve ser 'sempre concreta' (B. Brecht). E isso para ele significa: ela deve *ser feita*". Nesse processo que o autor define como a "moderna passagem da teoria da verdade pura para a teoria prática",[481] doutrinas complexas como a da Trindade, que não são "verificáveis", saem em desvantagem, pois enquanto no "*pensamento pragmático* do mundo moderno, *conhecer alguma coisa* significa sempre *dominar alguma coisa*", ou seja, ser capaz de manusear, controlar o objeto de estudo, "para os filósofos gregos e para os Padres da Igreja", intelectuais da época em que a doutrina trinitária foi formulada, conhecer denotava "contemplação", pois "conhecemos pela *admiração*. Pelo conhecimento, participamos da vida do outro", por isso o "conhecimento funda comunhão", não domínio de algo.[482]

Tal diferença fica evidente no pensamento de filósofos como Kant, que Moltmann afirma ter sido o responsável por definir a "práxis moral como o cânone de interpretação de todas as tradições bíblicas e eclesiásticas". Nas palavras de Kant, "da doutrina unitrinitária, tomada ao pé da letra, não se extrai absolutamente nada *para o agir prático*", principalmente quando "entramos na sua intimidade", pois ela "ultrapassa totalmente os nossos conceitos". Assim, ainda de acordo com o filósofo, "se na divindade tivermos que adorar três ou dez pessoas, isso não importa, pois 'dessa diversidade não se podem extrair regras diversificadas para a conduta de vida'".[483] Percebemos, então, que enquanto na patrística a Trindade ocupa o centro da discussão teológica, sendo assunto principal de diversos concílios e motivo até mesmo de divisões na igreja, na modernidade ela ganha caráter de assunto superado, deixando como herança a visão ainda difundida entre muitos cristãos atualmente de que tal doutrina é "inútil".

Embora a busca por verdades práticas e reprodutíveis tenha tido sua importância histórica, hoje nos cabe questionar se a "verdade que em determinadas circunstâncias não pode ser tornada real", ou seja, que não pode ser reproduzida, "deverá ser por isso menosprezada e rejeitada".[484] A resposta

---

481 MOLTMANN. *Trindade e reino de Deus*, p. 21 (grifo no original).

482 Ibid., p. 24 (grifo no original).

483 KANT, E. Der Streit der Fakultäten, PhB, 252, p. 33, apud MOLTMANN. *Trindade e reino de Deus*, p. 21-2 (grifo no original).

484 MOLTMANN. *Trindade e reino de Deus*, p. 21.

é um sonoro "não", pois, como já conferimos diversas vezes ao longo deste capítulo, muitas das doutrinas em que cremos — nascimento virginal, encarnação do Logos, ressurreição de Cristo etc. — são de ordem transcendental e não podem ser comparadas a qualquer outro acontecimento histórico, sendo impossível reproduzi-las, ou manuseá-las, como objetos de uma ciência empírica. Portanto, utilizar essa lógica como régua de validação para doutrinas é um erro primário. Junto a isso, soma-se o fato de que a "fé cristã é algo mais do que um guia para o agir" e não pode ser encarada como um simples manual de boas maneiras para seres humanos decaídos que querem fugir do inferno. Mais do que isso, a "realidade do ser-cristão é determinada também pela gratidão, pela alegria, pelo louvor e pela adoração" e, tal "como na práxis, a fé também é viva na meditação e na oração". Finalmente, ser cristão não é apenas agir como um, pois isso seria resumir o evangelho a puro moralismo ou caridade. Isso não significa, porém, que a busca por lições práticas na teologia seja uma prática incorreta, mas deve ocorrer sempre de forma equilibrada. Nas palavras de Jürgen Moltmann:

> O "eticismo" e o pragmatismo do mundo moderno reduziram a doutrina trinitária a um monoteísmo moral. A redução da fé à práxis não enriqueceu a fé, mas, ao contrário, empobreceu-a. Fez com que a práxis ganhasse caráter de lei e coação. A redescoberta da meditação, da contemplação e da doxologia é importante para a libertação da práxis, porém de forma alguma para dispensá-la! Práxis e adoração, não cada uma por si, mas em conjunto, introduzem o homem na intimidade da história de Deus. A redescoberta do significado da doutrina trinitária começa com a superação do parcialismo de um pensamento puramente pragmático e com a libertação da práxis do mero ativismo, convertendo-a numa práxis evangélica liberada.[485]

Kant não enxergou nada de "útil" na doutrina da Trindade, pois limitou-se a uma visão puramente pragmática da teologia, além de estar inserido em um momento histórico em que a contemplação, tão comum aos patrísticos, já havia perdido seu espaço. Apenas uma visão reducionista de conhecimento pode conduzir à equivocada conclusão de que não é possível tirar nenhuma lição da *pericorese*, ou seja, da forma como as pessoas divinas parecem interagir

---

485 Ibid., p. 23-4.

1416 | TEOLOGIA SISTEMÁTICO-CARISMÁTICA

e coexistir. Ora, se somos cristãos e precisamos agir como "imitadores de Deus" (Efésios 5:1-2), é certo que a convivência dinâmica entre as três pessoas divinas tem algo a nos ensinar! Lina Boff, ao comentar sobre a visão que Lucas tem da comunidade de fé, afirma que para ele a "comunidade de fé está calcada na Comunidade Trinitária",[486] ou seja, a Trindade é o exemplo perfeito de comunhão. A humildade com que tanto o Pai quanto o Espírito e o Filho convivem em prol de um bem comum — a salvação de sua criação — nos ensina como devemos conviver com nossos irmãos dentro de nossas comunidades eclesiásticas. Essa abordagem prática é uma forma legítima de não permitir que o estudo sobre a doutrina trinitária torne-se um simples compilado de informações e dados históricos ou até mesmo uma repetição mecânica de credos, nem caia em um simples pragmatismo, mas continue sendo o que toda boa teologia deveria causar: uma doxologia viva.

A necessidade de uma práxis que não se confunda com pragmatismo é reconhecida até mesmo por teólogos que criticam a forma tradicional com que o mundo ocidental concebeu a Trindade. A teóloga Catherine LaCugna afirma que a concepção agostiniana da doutrina trinitária foi posteriormente transformada pelo "cristianismo medieval no Ocidente", que, seguindo Tomás de Aquino, "adotou a prática de escrever dois 'tratados' distintos sobre Deus: 'Sobre o Deus Uno' (*De Deo Uno*) seguido por 'Sobre o Deus Triúno' (*De Deo Trino*)", o que fez com que, na opinião da autora, a "pessoalidade divina" fosse "concebida como auxiliar da substância divina" e a "doutrina da Trindade parecesse um pensamento posterior, algo adicionado a um conceito filosófico de Deus anterior, independente". LaCugna aponta que os "tipos de pensamento cristão continuam a refletir essa mente dividida", principalmente no que diz respeito à Trindade econômica,[487] como fica evidente nos questionamentos sobre: "Quem criou o mundo? Deus? Uma das pessoas divinas? Todas elas juntas?" e: "'Deus' encontra-se na graça? Encontram-se uma, duas

---

486 BOFF, Lina. *Espírito e missão na obra de Lucas-Atos: para uma teologia do Espírito* (São Paulo: Paulinas, 1996), p. 188.

487 "Trindade 'econômica' refere-se à vida e à obra de Deus na história da salvação, e Trindade 'imanente' refere-se a essa mesma vida e obra de Deus na economia, mas do ponto de vista de seu eterno fundamento no ser de Deus". Não há duas trindades ontologicamente distintas, como o bem conhecido axioma de Karl Rahner afirma: "A Trindade 'econômica' é a Trindade 'imanente', e vice-versa". Essa diferença de linguagem aponta apenas para o "mistério trinitário de Deus que pode ser considerado sob dois aspectos" (LACUGNA, Catherine Mowry. "O mistério trinitário de Deus", in: FIORENZA, Francis S.; GALVIN, John P. [orgs.]. *Teologia sistemática: perspectivas católico-romanas*, vol. 2, p. 227-32).

ou três pessoas? Como podemos diferenciar entre as 'pessoas' divinas na experiência da graça?" Isso faz que a doutrina trinitária se torne "tão abstrata e não prática" que a "muitas pessoas hoje, o termo *Trindade* [acaba] desperta[ndo] alguma imagem da autorrelacionalidade 'interna' de Deus, em vez da vida de Deus que permeia cada momento e aspecto de nossa existência".[488]

Diversas soluções são apresentadas para resolver essa problemática. LaCugna menciona algumas delas. Cita, então, Karl Barth, que propõe que o termo "pessoas" seja substituído por "modos de existir", e Karl Rahner, que considerou a expressão "maneiras distintas de subsistir" mais adequada para referir-se à realidade trinitária.[489] Outros autores, como, por exemplo, Lina Boff, adotam a expressão "comunidade trinitária",[490] visando evitar uma ideia triteísta. Esses teólogos não veem problema em uma possível mudança terminológica por acreditarem que a própria história da definição dos termos "evidencie que teria havido outras possibilidades de expressar assintoticamente o que se pretendia dizer", pois, "quando a doutrina cristã emprega os termos 'hipóstase', 'pessoa', 'essência', 'natureza', não está usando termos que já sejam claros em si mesmos e sem nenhuma ambiguidade", mas que "passaram por processo de depuração e de delimitação de outros termos e conceitos no seio da linguagem da Igreja, e somente com muito vagar e trabalho puderam se fixar como norma da linguagem eclesial".[491] Esses termos, porém, foram ganhando novos significados ao longo do tempo. De acordo com Karl Rahner:

> Quando hoje, no uso secular da linguagem, falamos de "pessoa", enquanto distinta de outra, dificilmente podemos evitar a ideia de que, para que sejam pessoas e sejam distintas, haja em cada uma dessas pessoas um centro de atividade livre que disponha de si e se distinga de outras pelo conhecimento e pela liberdade, sendo precisamente esse aspecto o que constitui pessoas na acepção moderna do termo. Ora, é precisamente esse aspecto que se exclui na doutrina dogmática sobre a única natureza divina. A unidade de natureza implica a unicidade

---

488 LaCugna, Catherine Mowry. "O mistério trinitário de Deus", in: Fiorenza, Francis S.; Galvin, John P. (orgs.). *Teologia sistemática: perspectivas católico-romanas*, vol. 2, p. 229.

489 Ibid., p. 237-9.

490 Boff. *Espírito e missão na obra de Lucas-Atos*, p. 188.

491 Rahner, Karl. *Curso fundamental da fé: introdução ao conceito de cristianismo*, 4. ed. (São Paulo: Paulus, 2008), p. 166.

de uma só consciência e de uma só liberdade. Ainda que, é claro, esta unicidade da presença a si mesmo na consciência e liberdade na Trindade divina permaneça determinada por aquele misterioso ser três que professamos com respeito a Deus quando falamos balbuciando da trindade das pessoas em Deus.[492]

O que esses autores pretendem é recuperar o significado original de *hypostasis* sem deixar que os novos termos afetem a unicidade divina. Esse trabalho, obviamente, não é fácil e conta com diversas críticas. O teólogo pentecostal Kerry D. McRoberts afirma que, "embora a exposição das complexidades linguísticas do Credo de Niceia pareça frustrante para nós hoje", é importante mantê-las, pois os "termos *ousia*, *hypostasis*, *substantia* e *subsistência* nos oferecem um entendimento conceptual do que é a ortodoxia trinitariana", e sua "exatidão teológica é crítica".[493] Roger Haight vai além e afirma que, embora seja consenso que "qualquer linguagem especulativa que, mesmo involuntariamente, veicule o triteísmo" deva ser encarada com desconfiança, atualmente "boa parte da teologia trinitária faz exatamente isso, em que pesem as intenções e as alegações em contrário de seus autores". Na opinião do teólogo, as representações de "Deus como comunidade, ideias que tendem a hipostatizar as diferenciações internas a Deus e a chamá-las de pessoas, de tal sorte que se encontram em intercomunicação dialógica umas com as outras", acabam atestando "contra o primeiro ponto da própria doutrina",[494] que é o Deus uno. Sendo assim, o autor propõe que mudemos não a terminologia, mas nosso entendimento sobre a linguagem trinitária, que não deve ser encarada como uma precisa descrição de Deus, mas como um modelo, um símbolo que aponta para a realidade divina.

O "mundo do simbolismo religioso, o mundo da linguagem acerca de Deus, não é um universo de fatos e de informação digital", e sim de "experiência religiosa; [que] baseia-se em uma narrativa de um encontro simbólico com Deus na história", e, exatamente por estarem inseridos na história, os símbolos estão em constante mudança, processo que pode ser identificado até

---

492 Ibid., p. 166-7. Para conhecer a proposta rahneriana na íntegra, leia a Quarta Seção, tópico 4: "Acerca da Compreensão da doutrina da Trindade", p. 165-70 dessa mesma obra.

493 McRoberts, Kerry D. "A Santíssima Trindade", in: Horton, Stanley M. (ed.). *Teologia sistemática*, p. 176-7.

494 Haight. *Jesus, símbolo de Deus*, p. 553.

CAPÍTULO 5 – Cristologia | 1419

mesmo no próprio texto bíblico. A fim de exemplificar, Haight apresenta os diversos significados e usos das expressões "Iahweh, Espírito, Verbo, Sabedoria e Logos" nas Escrituras e complementa explicando que tais "símbolos, metáforas ou modelos não tinham um significado unívoco estabelecido", mas "estavam sendo continuamente inseridos em novas situações e assumindo novo significado. Seu significado histórico, portanto, era dinâmico e cumulativo", isto é, eles "significavam e simbolizavam ao direcionar o intelecto para os vestígios da presença de Deus de maneiras sempre novas".[495]

Com tais explicações, Haight demonstra que as "categorias religiosas não são precisas; são sugestivas e mutáveis; referem-se inadequadamente a seu objeto". No caso da doutrina trinitária, isso se intensifica ainda mais, pois estamos falando diretamente de Deus, por meio de modelos e conceitos humanos. Esses "modelos são metafóricos, mas tendem a ser tomados como descritivos", o que é um erro, pois, de acordo com Catherine LaCugna e Kilian McDonnell, citados pelo mesmo autor, "um modelo de Deus *in se* não é Deus como tal. Um modelo 'da Trindade' não é o Deus trinitário. Os modelos devem refletir nosso conhecimento de Deus", ou seja, eles são produto da "visão reflexiva, e não da observação direta".[496] De forma análoga, o teólogo pentecostal Anthony D. Palma questiona retoricamente: "De que outra forma alguém poderia justificar a doutrina da Trindade ou da união hipostática — que é tanto completamente humano quanto completamente Deus, e ainda assim uma única pessoa?". Ele mesmo responde, óbvio como é, que o "Novo Testamento não tem declarações proposicionais sobre qualquer uma dessas doutrinas".[497] Convergimos com todos esses autores, nesse ponto em particular, pois, apesar de reconhecerem a legitimidade bíblica da doutrina da Trindade, também admitem, de forma lúcida, que ela é uma linguagem humana e está sempre aquém da deidade e, nesse caso ainda mais impossível, do Ser-em-si divino.

As novas nomenclaturas apontam problemáticas importantes na forma com que temos concebido a doutrina trinitária na teologia ocidental e nos conduzem a um impasse teórico, onde precisamos decidir se 1) uma mudança terminológica será de fato eficaz para resolver o problema trinitário;

---

495 Ibid., 541-2.

496 Ibid., p. 540.

497 PALMA, Anthony D. *Batismo no Espírito Santo e com fogo: os fundamentos bíblicos e a atualidade da doutrina pentecostal* (Rio de Janeiro: CPAD, 2002), p. 13.

1420 | TEOLOGIA SISTEMÁTICO-CARISMÁTICA

2) se somos capazes de elaborar essa terminologia efetiva; ou ainda 3) se deveríamos simplesmente admitir o caráter inexaurível e mistérico de tão importante doutrina. Certamente essa decisão é algo para se refletir, mas em nossa *Teologia sistemático-carismática* não nos arriscaremos a fazer uma nova proposição por entendermos que nenhuma linguagem ou especulação teológica jamais conseguirá esgotar o "Ser" de Deus. Além disso, reconhecemos que no contexto brasileiro, extremamente influenciado pela lógica moderna e alinhado ao fundamentalismo, uma mudança teórica ou terminológica provavelmente causará pouquíssimo ou nenhum efeito no cotidiano litúrgico das igrejas. Por isso, conforme citamos anteriormente, preferimos manter a terminologia tradicional e optar pela "simplicidade" de uma práxis integral como alternativa para a aparente irrelevância litúrgica da doutrina trinitária.

Saindo do campo terminológico, consideramos necessário trazer uma abordagem carismática para esse assunto, a começar pela discussão sobre o papel da experiência: ela pode ser colocada como fator importante para o reconhecimento da Trindade? Acreditamos que a experiência não só deve ser, como *já é* parte importante desse processo. Roger Haight afirma que a doutrina da Trindade "não é uma doutrina que possa ser isolada, autossuficiente, por assim dizer"; ao contrário, a "linguagem trinitária, a lógica da teologia trinitária e a própria doutrina da Trindade dependem inteiramente, todas as três, da experiência de Jesus como portador da salvação de Deus, da linguagem religiosa primária que expressa essa experiência, de sua proliferação na literatura neotestamentária" e, finalmente, "da linguagem teológica reflexiva, mais propriamente chamada de cristologia".[498] Nas palavras do autor, a doutrina trinitária

> surgiu na esteira da experiência de Jesus como salvador e da formação da comunidade cristã. Sem essa experiência não teria havido, evidentemente, nenhuma doutrina da Trindade. Logicamente, portanto, a Trindade deriva da posição que Jesus Cristo ocupa na vida e imaginação cristãs. A consideração da divindade de Jesus Cristo suscita a problemática da diferenciação no interior da divindade. Desse modo, a afirmação da Trindade é uma função do *status* de Jesus como meio da fé cristã em Deus.[499]

---

498 HAIGHT. *Jesus, símbolo de Deus*, p. 548.
499 Ibid., p. 549.

O que estamos afirmando é que "só com a revelação acontecida em Cristo temos acesso ao conhecimento do Deus uno e trino", pois apenas quando o reconhecemos "como o Filho de Deus podemos ver nele o Pai (cf. Jo 14:9)".[500] Sendo assim, a experiência cristológica coloca-se já na base da doutrina trinitária, pois foi só a partir dela que a Trindade pôde ser reconhecida. Concluímos com isso que a "doutrina da Trindade não pode funcionar como ponto de partida para a reflexão teológica", pois "não é uma doutrina estanque e autônoma que possa retroagir e proporcionar uma norma extrínseca para a cristologia", já que "seu próprio conteúdo é recebido da cristologia". Por isso, decidimos inseri-la no final deste capítulo, pois não podemos começar definindo a doutrina trinitária para depois "encaixarmos" Deus nessas categorias; ao contrário, começamos desenvolvendo uma teologia, uma pneumatologia e uma cristologia para somente, então, seguirmos para uma tentativa de sistematização da Trindade, pois a "teologia começa com experiência" e posteriormente "eleva-se a Deus".[501]

Se a doutrina da Trindade depende inteiramente da cristologia, então precisamos fazer um apontamento metodológico, pois, ao contrário dos patrísticos, que partiram de uma cristologia do Logos, optamos por trabalhar com uma cristologia do Espírito. Apesar de diferentes, é importante ressaltar que elas não são autoexcludentes. Uma cristologia do Logos foi necessária para que os patrísticos pudessem afirmar a preexistência do Filho e defini-lo como tão divino quanto o Pai. Além disso, ela "lançou a ponte que permitiu uma transição de pensamento que acompanhou a expansão da Igreja rumo ao Ocidente, inserindo-se na cultura intelectual grega e latina". Como já conferimos no tópico anterior, essa era a demanda teológica da época, e o enfoque em tal cristologia foi necessário para que heresias que pretendiam diminuir Jesus a um semideus — ou até mesmo a um ser não divino — fossem combatidas. Todavia, essa abordagem, assim como qualquer outra abordagem teológica, também teve suas desvantagens, sendo a desvalorização da humanidade de Jesus a principal delas. A cristologia do Espírito surge, então, como excelente alternativa para corrigir esse antigo problema herdado da filosofia grega, mas se engana quem pensa que ela é recente, pois, conforme mostramos ao longo

---

500 LADARIA, Luis F. *O Deus vivo e verdadeiro: o mistério da Trindade* (São Paulo: Loyola, 2005), p. 37-8.

501 HAIGHT. *Jesus, símbolo de Deus*, p. 549.

1422 | TEOLOGIA SISTEMÁTICO-CARISMÁTICA

deste capítulo, a "cristologia do Espírito domina o Novo Testamento" e por meio dela identificamos que "Jesus é Filho de Deus porque nasceu do poder de Deus como Espírito, viveu pela autoridade de Deus como Espírito e foi exaltado em Deus como Espírito, que posteriormente se derramou sobre as comunidades cristãs".[502] De acordo com Roger Haight:

> À medida que se tem consciência de que a linguagem cristológica é simbólica, pode-se, coerentemente, sustentar quer uma cristologia do Logos, quer uma cristologia do Espírito. Não se trata de explicações definitivas da realidade de Jesus Cristo, pois tal realidade continua sendo um mistério. Essa não é uma linguagem diretamente referencial ou objetiva, que descreve como Deus encontra-se presente em Jesus. É uma linguagem simbólica, que aponta para o mistério da presença de Deus tal como se encontra em Jesus, o que não significa que tal linguagem seja mera projeção e não comporte nenhum realismo; ela corresponde à realidade. Essa realidade, entretanto, não pode ser adequadamente objetivada ou tematizada, e continua sendo um mistério.[503]

Se reconhecemos a insuficiência de nossa linguagem para referir-se adequadamente a Deus e admitimos que nossos conceitos humanos jamais serão capazes de esgotá-lo, logo entendemos que a pluralidade de metodologias na teologia não apenas existe, como é necessária, desde que elas se mantenham nos trilhos da ortodoxia. A cristologia do Espírito pode não ter sido o método dos patrísticos, mas também compartilha dos pontos principais da doutrina trinitária, reconhecendo que "Deus é absoluta e singularmente uno, que sua ação salvífica em Jesus e no Espírito é real, e portanto Deus, como tal, é um Deus salvador".[504] Assim, embora ainda exista a necessidade de "mais pesquisa e aprimoramento de linguagem para uma plena integração entre a cristologia do Espírito e uma teologia trinitária cabalmente desenvolvida", podemos afirmar que a "cristologia do Espírito satisfaz as exigências da disciplina", pois

> tematiza a experiência cristã de Jesus e explica em que sentido Jesus é o portador da salvação de Deus. É fiel à linguagem dominante do Novo

---

502 Ibid., p. 542-3.
503 Ibid., p. 533.
504 Ibid., p. 559.

CAPÍTULO 5 – Cristologia | 1423

> Testamento, no que toca à estrita questão cristológica. É igualmente fiel aos grandes concílios cristológicos de Niceia e de Calcedônia, afirmando, com o primeiro, que ninguém menos que Deus atuava em Jesus e, com o segundo, que Jesus é consubstancial [em sua humanidade] conosco. Preserva a relação estritamente dialética entre a natureza humana e divina de Jesus. A cristologia do Espírito é inteligível e coerente com outra experiência humana hoje: com a consciência histórica em geral, com o novo enfoque histórico sobre a condição humana de Jesus [...]. A cristologia do Espírito satisfaz o critério da delegação porque provê o fundamento para o discipulado, ao estabelecer a consubstancialidade e a continuidade entre Jesus e nós, entre Jesus e nossa natureza investida do poder de Deus como Espírito. Em uma cristologia do Espírito, torna-se patente que a salvação mediada por Jesus está intimamente atrelada à forma como se vive no Espírito; essa salvação, portanto, afeta nossas vidas na história. Por conseguinte, existe uma estrita coerência entre a cristologia, a vida de graça, a eclesiologia e a espiritualidade cristã.[505]

A possível resistência em relação a uma abordagem que toma a ação do Espírito Santo como método para o desenvolvimento da teologia diz respeito a um problema que não foi identificado nem mesmo pelos teólogos críticos da tradicional formulação da doutrina trinitária, mas que deve ser tematizado por nós carismático-pentecostais. Já citamos em outros capítulos o que denominamos de "minimalismo pneumatológico protestante", ou seja, a tentativa de ocultar, limitar ou simplesmente ignorar a ação do Espírito Santo na teologia. Essa prática é uma herança já dos tempos patrísticos, pois, como conferimos no tópico anterior, a divindade do Espírito Santo foi reconhecida apenas no século 4, e essa demora impactou negativamente a pneumatologia. Mesmo que os concílios tenham definido de forma objetiva que as três pessoas da Trindade compartilham de uma mesma natureza divina, o Espírito parece ter sua divindade pouco reconhecida. Não raramente, ouvimos teólogos e pregadores afirmarem, mesmo dentro dos meios carismáticos e pentecostais, que o "papel do Espírito Santo é apenas glorificar a Jesus" ou "fazer a vontade do Pai". A linguagem utilizada para referir-se ao Consolador quase sempre passa a ideia de que ele é uma simples ferramenta das demais pessoas da Trindade e está subordinado a elas, como se não compartilhasse

---

505 Ibid., p. 534.

1424 | TEOLOGIA SISTEMÁTICO-CARISMÁTICA

da realidade divina. Assim, parece absurdo desenvolver uma cristologia do Espírito ou desenvolver qualquer campo teológico a partir do Espírito.

Para começar a resolver esse problema, precisamos primeiramente conhecer algumas abordagens da Trindade, começando pelos conceitos citados anteriormente de Trindade econômica e Trindade imanente. Nas palavras de Yves Congar, "por 'economia' se entende a execução do plano de Deus na criação e na redenção ou aliança da graça. Aí Deus se engaja e aí se revela".[506] Já imanência diz respeito à característica essencial de um ser, que não pode ser separada dele, e, no caso divino, essa característica é a tri-unidade. Em linhas gerais, podemos afirmar que a Trindade econômica caracteriza as pessoas trinitárias pelos papéis que elas desempenham na história da salvação, enquanto a Trindade imanente refere-se ao Ser-em-si divino. Essa variedade de conceitos não indica que existem duas Trindades distintas, mas apenas que, nas palavras de Catherine LaCugna, o mistério trinitário de Deus pode ser considerado sob vários aspectos.[507] Em uma das afirmações mais famosas da teologia trinitária recente, Karl Rahner explica que o que Deus revela sobre si na economia da salvação manifesta o que de fato ele é, por isso define que a Trindade econômica é a Trindade imanente, e vice-versa. De acordo com Yves Congar, essa interpretação está correta, pois a "autocomunicação de Deus aos homens no Filho e no Espírito não seria uma autocomunicação de Deus se aquilo que Deus é para nós no Filho e no Espírito não fosse próprio de Deus em si mesmo".[508] Por outro lado, o autor também considera necessário acrescentar à tese rahneriana "duas glosas que limitam bastante o seu caráter absoluto":

> A Trindade econômica é a Trindade imanente e vice-versa (*umgekehrt*). A primeira parte da proposição é incontestável, a segunda requer esclarecimento. Pode-se *identificar* o mistério livre da Economia com o mistério necessário da Tri-unidade de Deus? Como diziam os Padres que combatiam o arianismo, as criaturas poderiam não existir e Deus seria igualmente Trindade — Pai, Filho e Espírito Santo —, pois a criação é um ato da livre vontade, enquanto

---

506 CONGAR, Yves. *O rio da vida corre no Oriente e no Ocidente*, Coleção Creio no Espírito Santo — 3 (São Paulo: Paulinas, 2005), p. 36.

507 LACUGNA, Catherine Mowry. "O mistério trinitário de Deus", in: FIORENZA; GALVIN (orgs.). *Teologia sistemática: perspectivas católico-romanas*, vol. 2, p. 232.

508 CONGAR. *O rio da vida corre no Oriente e no Ocidente*, p. 38.

CAPÍTULO 5 – Cristologia | 1425

a processão das Pessoas se realiza segundo a natureza, *kata physin*. Além do mais, Deus engaja e revela *todo* o seu mistério na "autocomunicação" que faz de si mesmo?[509]

O que Congar problematiza nessa primeira glosa é que o axioma, ou *Grundaxiom*, de Rahner não pode nos conduzir à ideia de que a Trindade imanente está ligada à economia por necessidade, pois, mesmo que não houvesse criação e plano de redenção, ainda assim, a Trindade existiria. Deus não é triúno porque a economia da salvação requer um Deus assim, mas a economia funciona de forma triúna, pois essa é a característica imanente de Deus. Um exemplo prático de por que não ser correto resumir a Trindade imanente à econômica pode ser encontrado no que Moltmann denomina Trindade monárquica. O teólogo alemão prefere adotar essa nomenclatura por entender os modelos de "essência e revelação, de ser e agir, de Trindade imanente e Trindade econômica" como "padrões por demais grosseiros", já que "provêm da metafísica geral e não da teologia cristã especial". Na opinião do autor, "elas só apreendem o mistério de Deus de maneira exotérica, e por isso, na melhor das hipóteses, só podem ser aplicadas à relação geral de Deus com o mundo, não às autodistinções internas de Deus", por isso ele prefere "os modelos da *Trindade monárquica*, da *Trindade histórica*, da *Trindade eucarística* e da *Trindade doxológica*".[510]

Moltmann explica que a Trindade monárquica[511] identifica uma lógica monárquica "em todas as obras de Deus" ao afirmar que "sempre o Pai age através do Filho no Espírito. O Pai cria, reconcilia e redime o mundo através do Filho na força do Espírito", de modo que em "toda atividade parte do Pai, o Filho é sempre o mediador e o Espírito Santo a mediação". Essa abordagem é bem popular e foi utilizada até mesmo pelos patrísticos, pois, como já mencionamos anteriormente, eles estavam profundamente preocupados com a soteriologia quando formularam a doutrina trinitária. Contudo, um problema que surge é que essa lógica em que "Espírito aparece diretamente como 'Espírito do Filho' e indiretamente, através do Filho, como 'Espírito do Pai'" pode nos conduzir à ideia de que "ele mesmo não é outra coisa

---

509 Ibid., p. 39.
510 MOLTMANN. *O Espírito da vida*, p. 269-70.
511 Não confundir com a heresia do monarquianismo, que desconsiderava a divindade de Jesus e a do Espírito Santo.

senão o agir do Filho e do Pai". Assim, Moltmann explica que, por mais que a lógica monárquica entenda que "toda ação divina é ação do Espírito", quando "entendido como 'presença atuante de Deus', não se pode reconhecer no Espírito nenhuma personalidade autônoma em relação ao Pai ou ao Filho".[512] Essa definição sobre a relação entre o Espírito e o Filho foi alvo de tantas discussões que acabou tornando-se uma das principais razões para que o Grande Cisma, que dividiu a igreja ocidental da oriental, viesse a acontecer. O lado ocidental defendia a cláusula filioque — que não estava presente no texto original do credo niceno-constantinopolitano, mas foi acrescentada a ele em 589, no Sínodo de Toledo — admite a dupla processão[513] do Espírito Santo, ou seja, a ideia de que ele procede tanto do Pai quanto do Filho. Esse posicionamento é aceito até hoje pelos católicos romanos e também pela maior parte dos protestantes.[514] Os bispos orientais, entretanto, recusaram o filioquismo, argumentando que tal definição rebaixa o Espírito Santo e cria uma ordem hierárquica na Trindade.[515]

De fato, se tomarmos apenas a lógica monárquica e o axioma rahneriano como verdades definitivas, sem fazer as devidas reflexões propostas por Yves Congar, podemos equivocadamente concluir que o Espírito Santo está sempre abaixo, subordinado ao Pai e ao Filho, e isso se refletirá em nossa teologia, que terá como característica um minimalismo pneumatológico. Por isso, o autor está correto ao questionar se a autocomunicação divina revela o todo de Deus, pois, como já tratamos em diversos momentos de nossa sistemático-carismática, nós estamos inseridos em uma realidade finita

---

512 Moltmann. *O Espírito da vida*, p. 270.

513 "Em teologia trinitária, derivação de uma Pessoa a partir de uma outra, mas consubstancialmente, na unidade de uma mesma Divindade" (Congar, Yves. *Revelação e experiência do Espírito*, 2. ed., Coleção Creio no Espírito Santo — 1 [São Paulo: Paulinas, 2009], p. 228).

514 Silva, Esequias Soares da. *O verdadeiro pentecostalismo: a atualidade da doutrina bíblica sobre a atuação do Espírito Santo* (Rio de Janeiro: CPAD, 2020), p. 33.

515 Jürgen Moltmann problematiza o enfoque que a teologia ocidental deu à perspectiva monárquica e afirma que o clericalismo pode ser apontado "como fator não teológico para a inserção do filioque e para a fixação do Espírito pelo Filho", ou seja, como "Deus é representado por Cristo, Cristo pelo papa e o papa pelos bispos e sacerdotes, então através do filioque nas relações de origem o Espírito Santo, com todos os seus carismas e energias na história da salvação, fica ligado à ação do clero. Neste caso o Espírito Santo não é outra coisa senão a atuação dos 'espirituais' ('*die Geistlichen*'), de sua graça oficial, de seu anúncio, de sua pastoral e da administração dos sacramentos. A comunidade passa a ser mero receptor passivo dos dons do Espírito transmitidos pela Igreja. Mas desta maneira o Espírito não faz dos cristãos sujeitos próprios, nem sujeitos da própria vida" (Moltmann. *O Espírito da vida*, p. 273).

CAPÍTULO 5 – Cristologia | 1427

e não podemos presumir que as formulações que desenvolvemos sobre Deus nessa condição sejam absolutas, precisas e irrevisáveis. Como já dissemos, Congar continua essa reflexão em uma segunda glosa, onde afirma que a "comunicação de Deus, Pai-Filho-Espírito, só será plena autocomunicação de maneira escatológica, naquilo que chamamos de visão beatífica".[516] Por enquanto, a autocomunicação a que temos acesso "se dá, na Economia, segundo um estatuto de 'condescendência', de humilhação, de serviço, numa palavra, de *kénosis*. Isso obriga a reconhecer uma distância entre a Trindade economicamente revelada e a Trindade eterna", pois ela "é a mesma, e Deus é verdadeiramente comunicado, mas de modo não conatural ao ser das divinas Pessoas". Ou seja:

> É verdade: a condescendência, a humilhação, a *kénosis*, a cruz, o fato de a vida ser mais forte do que a morte, mas que o amor se manifesta assumindo esta: tudo isso revela *quem* é o Verbo, que ele mesmo revela *quem* é o Pai, "Filipe, quem me viu, viu o Pai" (Jo 14:9). [...] Deus é assim! A Trindade econômica revela a Trindade imanente. Mas a revela totalmente? Há sem dúvida um limite para isso: a Encarnação tem suas próprias condições, dependendo da sua natureza de obra criada. Se transpuséssemos todos os dados da eternidade do *Logos*, seria preciso dizer que o Filho procede "a Patre Spirituque" [...]. Além do mais, se a *forma servi* pertence ao que Deus é, a *forma Dei* lhe pertence também! Ora, aqui embaixo, ela nos escapa numa indizível medida. O modo infinito, divino, no qual são realizadas as perfeições que afirmamos, nos escapa! Isso deve nos tornar discretos ao dizermos: "e vice-versa".[517]

O que Congar intenta explicar é que o que percebemos da autocomunicação que Deus faz de si mesmo na economia não pode ser entendido como o todo de seu Ser-em-si, pois essa percepção só será alcançada escatologicamente, quando, livres de nossa limitação temporal, conseguiremos contemplar as verdades que agora nos escapam. Por isso, é um erro entender a lógica monárquica ou quaisquer outras abordagens da doutrina trinitária que são formuladas a partir da economia, como descrições precisas e

---

516 CONGAR. *O rio da vida corre no Oriente e no Ocidente*, p. 43.
517 Ibid., p. 45-6.

1428 | TEOLOGIA SISTEMÁTICO-CARISMÁTICA

absolutas da Trindade em si. Esse excesso de confiança nas definições filosóficas que envolvem nossas tentativas de sistematizar a Trindade foi criticado até mesmo pelos reformadores. Martinho Lutero se mostrou hesitante em relação ao uso da terminologia extrabíblica na formulação trinitária e afirmou em um de seus textos que a "integridade da Escritura deve ser guardada, e um homem não deve presumir que fala de forma mais segura e clara com sua boca do que Deus falou com a dele".[518] Filipe Melâncton, seu teólogo e posteriormente sucessor, foi além e declarou nas páginas de abertura de sua *Loci Communes*, obra considerada a primeira dogmática evangélica da história, que:

> **6**Tanto mais correto que tenhamos adorado os mistérios da divindade {5}, do que que os tenhamos investigado. Ao contrário, não podem ser tocados sem grande perigo, o que não raro também experienciaram homens santos. [...] **7**Assim também Paulo escreve aos Coríntios {1ª Epístola, 1.21} que Deus quer ser conhecido pela estultícia da pregação, certamente por uma nova razão, uma vez que não tinha podido ser conhecido {15} em sabedoria, pela sabedoria. **8**Portanto não há por que dedicarmos muito da obra àqueles tópicos mais excelsos, de Deus, da unidade, da trindade de Deus, do mistério da Criação, do modo da encarnação. **9**Peço-te, o que já alcançaram {20} (3, a.) em tantos séculos os teologistas escolásticos enquanto se voltavam somente a esses tópicos? Não se tornaram vãos em suas disputas, como diz aquele [apóstolo Paulo em Romanos 1.21], enquanto toda vida brincam a respeito de universais, de formalidades, de conotações e não sei {4, b.} mais de que outros vocábulos vazios [?][519]

Os reformadores não estavam recusando a doutrina trinitária em si, mas a imensa especulação filosófica que havia tomado a teologia no período da escolástica, afastando-a da Bíblia. Por isso, defendiam um princípio de *sola Scriptura*, porque acreditavam que o estudo sobre Deus não pode estar pautado em conceitos puramente filosóficos, mas deve sempre partir dos textos

---

518 REEVES, Michael. "A Santa Trindade", in: BARRETT, Matthew (ed.). *Teologia da Reforma* (Rio de Janeiro: Thomas Nelson Brasil, 2017), p. 170.

519 MELANCHTHON, Filipe. *Loci Theologici: tópicos teológicos, de 1521*, ed. crítica, bilíngue (São Leopoldo: Sinodal/EST, 2018), p. 39 (numeração no original).

bíblicos. O teólogo pentecostal Kerry D. McRoberts também reafirma esse ponto, ao dizer que o "papel da razão é o de auxiliar, e nunca de dominar (atitude racionalista), a entender as Escrituras". Portanto, quando nos debruçamos sobre a doutrina da Trindade, "não estamos [...] tentando explicar Deus", por isso devemos "considerar as evidências históricas que estabelecem a identidade de Jesus como homem e também como Deus" e, ainda, "incorporar a verdade que Jesus tornou válida no que diz respeito ao seu relacionamento eterno com Deus Pai e com Deus Espírito Santo".[520] Ainda nas palavras do mesmo autor, a pressuposição de algo definitivo, estático, vai contra a própria revelação de Deus, pois "antes de 'no princípio' existia algo diferente de uma situação estática"; ao contrário, "Deus, como Trindade, tem desfrutado de eterna comunhão e comunicação entre suas três Pessoas distintas". Ele "não existia em silêncio e de forma estática para então, certo dia, optar por romper a tranquilidade daquele silêncio e falar". Na verdade, a "alternativa de um Ser divino solitário que murmura de si para si na sua solidão é um pouco inquietante", pois o "Deus Trino e Uno tem se revelado à humanidade, dentro da humanidade, de modo pessoal e proposicional".[521] E, se a revelação divina nos mostra que Deus é dinâmico, por que nossas formulações sobre ele deveriam almejar algo diferente?

Daí vem a necessidade de admitir uma pluralidade de abordagens, pois, se admitimos nossa incapacidade teórica, logo não podemos conferir a um único modelo o título de verdade absoluta, definitiva e última palavra a respeito. Por exemplo, embora seja verdade que em uma abordagem monárquica o Espírito fique "limitado" à obra do Filho, precisamos ser cautelosos antes de apressadamente declarar que isso representa uma inferioridade imanente, pois uma abordagem diferente pode mostrar que se "Cristo foi concebido do Espírito Santo, se ele foi batizado no Espírito e se atuou graças às energias do Espírito que lhe foram dadas, então ele pressupõe o Espírito e o Espírito o antecede".[522] Dessa forma, a ordem — em termos revelacionais à humanidade — seria a mesma que escolhemos para os capítulos desta nossa *Teologia sistemático-carismática* e mudaria para Pai-Espírito-Filho, em vez de seguir o tradicional modelo de Pai-Filho-Espírito. Jürgen Moltmann

---

520 McRoberts, Kerry D. "A Santíssima Trindade", in: Horton, Stanley M. (ed.). *Teologia sistemática*, p. 157-8.

521 Ibid., p. 181-2.

522 Moltmann. *O Espírito da vida*, p. 272.

1430 | TEOLOGIA SISTEMÁTICO-CARISMÁTICA

também apresenta a Trindade eucarística como um exemplo de abordagem onde essa ordem é invertida, já que, no culto, o Espírito é quem leva nossas ofertas de louvor às demais pessoas trinitárias, ocupando o papel de "fonte".

Por fim, tais variações podem ser encontradas no próprio texto bíblico. Por exemplo, embora seja consenso que a "tríplice função, criar, salvar e julgar, é atividade exclusiva de Deus" e os primitivos escritores cristãos tenham feito questão "de enfatizar essas obras em Cristo" especificamente, o biblista pentecostal Esequias Soares mostra que, ao olharmos para a Bíblia, identificamos que tais "atividades divinas são reveladas também na Pessoa do Espírito", pois ele está presente "na criação do céu e da terra (Gn 1.2; Sl 104.30) e do ser humano (Jó 33.4)". Além disso, "exerce a função de juiz (Jo 16.8-11) e inspira os profetas (2Pe 1.19-21)". Suas obras "continuam na atualidade na igreja, na experiência conhecida dos pentecostais pela manifestação dos dons espirituais miraculosos (1Cor 12.4-11), bem como na vida espiritual com o fruto do Espírito (Gl 5.22)". Finalmente, "por meio dele [...] glorificamos a Jesus". Portanto, embora uma lógica monárquica da história da salvação nos leve a admitir que a "missão central do Espírito é revelar o Cristo ao pecador" e que "seu ministério traz glória ao Filho"[523] — conforme o próprio Jesus confirmou, ao declarar: "Ele me glorificará, porque há de receber o que é meu" (João 16:14) —, percebemos que sua obra não é *apenas* isso, pois em diversos momentos ele também assume outras funções.

Nosso objetivo ao apontar tais variações não é desconsiderar a lógica monárquica nem apontá-la como incorreta, mas apenas reafirmar que não podemos usá-la como base para admitir o Espírito Santo como uma pessoa divina inferior, pois ela nos mostra apenas um aspecto da autocomunicação de Deus que, apesar de legítimo e verdadeiro, não representa o todo da Trindade imanente. Na verdade, a Trindade em si só pode ser alcançada no que Jürgen Moltmann define como doxologia trinitária. De acordo com o autor, esse é o "único lugar na práxis cristã em que pelo menos intencionalmente se olha para além da história da salvação, para a essência do próprio Deus, e onde por isso pode-se falar de uma doutrina trinitária livre de motivos econômicos", isto é, voltada puramente para a adoração

---

523 SILVA. *O verdadeiro pentecostalismo*, p. 29-30.

e contemplação do que Deus é, não do que ele faz ou pode fazer por nós. Assim se encerram as hierarquias, pois,

> na *doxologia trinitária*, cessam os movimentos lineares e começam os *movimentos circulares*. Isto é expresso objetivamente através do princípio de igualdade do [credo] niceno: Se o Espírito Santo "juntamente com" o Pai e o Filho é "ao mesmo tempo" adorado e glorificado, então o Espírito é visto na comunhão pericorética com o Pai e o Filho, sendo ab-rogada sua posição como "terceira pessoa" da Trindade, pois no "ao mesmo tempo" não pode haver pré-ordenações nem pós-ordenações. Espírito – Pai – Filho não se encontram mais no movimento monárquico linear da autocomunicação de Deus aos homens, como também não se encontram mais no movimento eucarístico da autocomunicação dos homens com Deus, mas sim no movimento da pericorese, que sobre si resolve e sobre si repousa.[524]

Nesse ponto em particular, os carismático-pentecostais estão em vantagem, pois já colocam a experiência e a adoração na base de seu fazer teológico por entenderem que aceitam o mistério e o dinamismo divino, e não almejam definir *objetivamente* a distribuição das atividades e funções internas da Trindade, preferindo simplesmente aceitar que, embora algumas ações pareçam adequadas a determinadas pessoas trinitárias, elas estão muito além do nosso alcance e, ao invés de tentarmos desvendar seus mistérios, devemos apenas adorá-las por seu caráter divino, uno e triúno. Com isso, concluímos nossa breve reflexão sobre a Trindade afirmando que o caminho para uma abordagem atual da doutrina trinitária deve 1) abrir espaço para uma pluralidade de abordagens, admitindo a limitação de nossa linguagem e conceitos humanos; 2) preocupar-se com a questão do unitarismo funcional descrito por Roger Olson e buscar trazer a doutrina trinitária para perto do cotidiano da igreja; e, finalmente, 3) garantir que não sejam cometidos excessos que levem à supervalorização de uma pessoa trinitária em detrimento de outras e, no caso dos carismático-pentecostais, garantir que o Espírito Santo seja reafirmado em sua posição divina, não como uma ferramenta dos demais, mas como Deus que possui liberdade, iniciativa e pode ser tomado como base para uma sólida teologia, já que, na verdade, "o Espírito se manifesta

---

524 Moltmann. *O Espírito da vida*, p. 281-2.

Considerações finais

Chegamos ao final de nossa reflexão sobre Jesus Cristo, mas entendemos que a busca por uma legítima cristologia carismático-pentecostal não acaba por aqui. Nosso capítulo foi introdutório e de caráter apologético. Preocupou-se primeiramente em mostrar a legitimidade de uma cristologia do Espírito por ser essa a urgência do atual cenário teológico brasileiro, que ainda se recusa a reconhecer a validade de uma teologia que toma a experiência carismática como método para seu desenvolvimento. Entretanto, cremos que o futuro é promissor, pois, assim que esse problema for solucionado, um amplo campo de pesquisa se abrirá aos pentecostais e carismáticos que, preocupados com o legado de sua tradição, estarão livres para produzir uma cristologia cada vez mais robusta e especializada.

Aqui apresentamos os pontos que consideramos ideais e basilares para uma cristologia carismática, destacamos a presença constante do Espírito Santo no ministério terreno de Jesus e ressaltamos que ele próprio foi um carismático, o que se confirma por suas ações e ensinamentos. Apesar de termos optado por uma abordagem que parte "de baixo", em momento algum tratamos Jesus como uma simples figura histórica; ao contrário, demos total atenção às suas ações terrenas exatamente por entendê-lo como a revelação plena de Deus na qual buscamos nos espelhar e partimos dos relatos bíblicos para analisá-las, procedimento que reflete a práxis teológica dos pentecostais e carismáticos, que veem em toda a Bíblia, mesmo nos documentos classificados como "históricos" e "narrativos", uma rica fonte de revelação divina e com todo o direito de fundamentar a elaboração teológico-doutrinária.

Conforme explicamos no começo do capítulo, a cristologia está dividida em duas áreas principais: a cristologia em sentido estrito, que desenvolvemos nestas páginas, e a soteriologia, da qual trataremos no oitavo capítulo. Antes, abordaremos a antropologia teológica e também a hamartiologia, doutrinas

---

525 BAVEL, Tarcisius Jan van. "O Pentecostes e a passagem do Jesus terreno ao Cristo da mensagem", in: CONGAR, Yves; KÜNG, Hans; RAHNER, Karl et al. *A experiência do Espírito Santo*, p. 69.

que nos ajudam a definir a situação da humanidade e, consequentemente, apontam para a necessidade de uma redenção. Por isso, seguiremos esse itinerário, pois entendemos que, quanto mais grave for o pecado e a decadência humana, mais necessária se torna a obra salvífica de Cristo. E faremos isso sem nunca esquecer que a salvação não depende do entendimento da cristologia como disciplina teológica, tal como apresentamos aqui, mas, sim, da fé em Jesus como salvador, pois, conforme escreveu o apóstolo Paulo, "esta é a palavra da fé, que pregamos, a saber: Se, com a tua boca, confessares ao Senhor Jesus e, em teu coração, creres que Deus o ressuscitou dos mortos, serás salvo" (Romanos 10:8-9).

CAPÍTULO

6

ANTROPOLOGIA TEOLÓGICA

INTRODUÇÃO

Embora a antropologia tenha se desenvolvido como ciência muito recentemente na história da humanidade, a pergunta pelo homem e nossa existência sempre esteve presente. Isso ocorre porque não é necessário ser teólogo ou cristão para perceber que há algo de errado com a nossa realidade. O sentimento de degenerescência e/ou decadência generalizada é compartilhado por todos os seres humanos desde a antiguidade clássica. Naquela época, tais questionamentos eram respondidos por meio de cosmogonias como a do poeta grego Hesíodo, que com a obra *Os trabalhos e os dias*, datada da segunda metade do século 7 a.C., apresentou alguns mitos que buscavam explicar a existência dos homens, como, por exemplo, o de Prometeu, no qual "encontra a solução para o problema do cansaço e dos sofrimentos da vida humana; a narração das cinco idades do mundo, que explica a existência e o mundo resplandecente de Homero, e reflete a eterna nostalgia do Homem por melhores tempos", e finalmente o mito de Pandora, que, conforme define Werner Jaeger em seu clássico *Paideia*, "é alheio ao pensamento cavaleiresco e exprime a concepção triste e prosaica da mulher como fonte de todos os males".[1]

---

1   JAEGER, Werner. *Paideia: a formação do homem grego*, 4. ed. (São Paulo: Martins Fontes, 2001), p. 89.

1436 | TEOLOGIA SISTEMÁTICO-CARISMÁTICA

Hesíodo não foi o único a relatar o que o povo de sua época respondia ao se defrontar com as adversidades da vida e até mesmo com crises existenciais. Antes mesmo dos gregos, considerados os pais da filosofia, diversas outras culturas já abordavam tais assuntos. A própria Bíblia traz em um de seus livros mais antigos questionamentos como o que Jó faz ao enfrentar uma grande prova: "Que é o homem, para que tanto o estimes, e ponhas sobre ele o teu coração, e cada manhã o visites, e cada momento o proves?" (Jó 7:17-18), questão que Davi repete em tom de agradecimento, ao perguntar: "Senhor, que é o homem, para que o conheças, e o filho do homem, para que o estimes? O homem é semelhante à vaidade; os seus dias são como a sombra que passa" (Salmos 144:3-4). Também podemos citar o livro de Eclesiastes, que traz uma das abordagens bíblicas mais profundas sobre a nossa existência. Sua autoria tradicionalmente atribuída a Salomão é emblemática, pois mostra o rei descrito pela Bíblia como o mais sábio e rico que já existiu deparando-se com a finitude e o absurdo da existência humana e declarando: "Vaidade de vaidades! — diz o pregador, vaidade de vaidades! É tudo vaidade" (Eclesiastes 1:2).

Os exemplos citados nos abrem uma gama de problemáticas que se apresentam quando lidamos com a antropologia, mas por ora o que nos interessa destacar é como em todos esses textos — bíblicos ou seculares, de cultura judaica ou grega — a questão sobre o homem sempre esteve ligada ao divino: falar sobre o homem era falar sobre Deus. No campo teológico, essa continua sendo uma verdade: não podemos falar sobre nós mesmos sem mencionar a cristologia. Mais do que refletir sobre quem somos, os cristãos também questionam quem Deus quer que sua criação seja, e a resposta para essa pergunta tão cara à existência moderna está em Jesus Cristo. Exatamente por isso decidimos encaixar a antropologia teológica logo após o capítulo de cristologia: já estudamos sobre o ministério e a missão de Cristo e agora tentaremos traduzir aquele conhecimento para a nossa própria vida. Mais uma vez, traremos uma ênfase carismática para o assunto, que se mostrará curiosamente atual, perfeita para as demandas que surgem num mundo cada vez mais desesperado por um sentido.

Definições e objetivos da antropologia teológica

Uma rápida definição de antropologia está no "próprio sentido etimológico do termo *antrophos*, palavra grega que significa 'homem', e *logia*, outro

CAPÍTULO 6 – Antropologia teológica | 1437

vocábulo helênico, que significa estudo ou ciência".[2] Portanto, ela é o estudo do homem e de suas obras e se diferencia de outras ciências que buscam basicamente o mesmo objetivo, pois "leva em conta todos os aspectos da existência humana, biológica e cultural, passada e presente".[3] Por ter como objeto de estudo algo tão abrangente, os antropólogos têm dividido suas pesquisas em diferentes áreas de enfoque. Assim, surgem as antropologias cultural, social, religiosa, psicológica e também a teológica. Esta, que trataremos no presente capítulo, é peculiar, pois "pretende responder à pergunta 'o que é o homem?' à luz da fé e da revelação". Sua tarefa é "libertar conceitos bíblicos fundamentais como 'carne', 'alma', 'coração', 'espírito', 'vida' de camadas que os envolveram, no decurso dos séculos, e os despiram de sua originalidade". Para isso, tem como principal ferramenta as Sagradas Escrituras, pois "elas nos dizem algo sobre a imagem do homem querida por Deus e por ele revelada".[4]

Como mencionamos na introdução, a pergunta pelo homem sempre foi respondida de forma religiosa, não como uma "ciência". Conforme explica Urbano Zilles, no mundo ocidental essa realidade começou a mudar apenas no século 16, durante o Renascimento: "Sobretudo a partir de Descartes, a pergunta pelo homem ocupa sempre mais o centro de toda reflexão filosófica e teológica".[5] Ou seja, a teologia deixou de estar no centro do saber científico para que o homem e sua anatomia, assim como as organizações sociais e políticas da sociedade, começassem a receber maior atenção dos intelectuais. Mesmo com essa mudança, o antropólogo francês François Laplantine afirma que os primeiros passos da ciência antropológica foram dados graças a um problema religioso que surgiu com a descoberta de novos continentes pelos navegadores. Nas palavras do autor:

> A gênese da reflexão antropológica é contemporânea à descoberta do Novo Mundo. O Renascimento explora espaços até então desconhecidos e começa a elaborar discursos sobre os habitantes que povoam aqueles espaços. A grande questão que é então colocada, e que nasce desse primeiro confronto visual com a alteridade, é a seguinte: aqueles que acabaram de ser descobertos pertencem à humanidade? O critério

---

2   MELLO, Luiz Gonzaga de. *Antropologia cultural: iniciação, teoria e temas*, 18. ed. (Petrópolis: Vozes, 2001), p. 34.

3   Ibid.

4   ZILLES, Urbano. *Antropologia teológica* (São Paulo: Paulus, 2011), p. 12-3.

5   Ibid., p. 16.

1438 | TEOLOGIA SISTEMÁTICO-CARISMÁTICA

essencial para saber se convém atribuir-lhes um estatuto humano é, nessa época, religioso: o selvagem tem uma alma? O pecado original também lhes diz respeito? Essas questões são capitais para os missionários, já que das respostas irá depender o fato de saber se é possível trazer-lhes revelação. Notamos que se, no século 14, a questão é colocada, não é de forma alguma solucionada. Ela será definitivamente desenvolvida apenas dois séculos mais tarde.[6]

Esse período que Laplantine define como "pré-história da antropologia" foi marcado por dois movimentos: o primeiro trazendo a figura do mau selvagem e a do bom civilizado, e o segundo invertendo essa lógica e apresentando a figura do bom selvagem em contraposição à do mau civilizado. No primeiro momento, os povos nativos do Novo Mundo são entendidos como "naturais", "selvagens", um exemplo de animalidade em contraposição à humanidade europeia. A figura que se pinta sobre eles é que estão "sempre nus ou 'vestidos de peles de animais'", falam uma "língua ininteligível", comem carne crua — Laplantine afirma que é a partir daqui que "todo o imaginário do canibalismo" será elaborado — e não acreditam em Deus. Assim, a imagem do mau selvagem surge a partir de um leque de ausências, pois ele é "sem moral, sem religião, sem lei, sem escrita, sem Estado, sem consciência, sem razão, sem objetivo, sem arte, sem passado, sem futuro". Soma-se a isso o fato de que não possuíam as mesmas tecnologias que os europeus; seu trabalho era voltado para a natureza e para a caça. Também foram descritos como pessoas "ociosas, viciosas, de pouco trabalho".[7]

No segundo movimento, que "só encontrará sua formulação mais sistemática e mais radical dois séculos após o Renascimento", a estranheza causada pela diferença cultural torna-se fascínio. Os nativos ainda são vistos como "selvagens", mas sua ingenuidade perante os colonizadores e sua forma simples de viver começam a ser entendidas como amostra de uma suposta "'ingenuidade original' do estado de natureza" humana, para a qual os europeus deveriam olhar a fim de recuperar o que perderam. O Novo Mundo tornava-se, então, uma espécie de excursão ao jardim do Éden, onde era possível encontrar o homem em seu estado mais puro, antes de ser atingido pelo conhecimento teórico e pelos problemas políticos. François Laplantine

---

6   LAPLANTINE, François. *Aprender antropologia* (São Paulo: Brasiliense, 2007), p. 37-8.
7   Ibid., p. 41-2.

apresenta diversos exemplos de como essa visão se espalhou e cita até mesmo Cristóvão Colombo como um dos navegadores que a reproduziram. Colombo descreveu os nativos que encontrou ao aportar no Caribe como "as melhores gentes do mundo, e as mais pacíficas", e acrescentou: "Não creio que haja no mundo homens melhores, assim como não há terras melhores".[8] A figura do bom selvagem esteve presente até mesmo na filosofia: "Condillac escreve: 'Nós que nos consideramos instruídos, precisaríamos ir entre os povos mais ignorantes, para aprender destes o começo de nossas descobertas: pois é sobretudo desse começo que precisaríamos: ignoramo-lo porque deixamos há tempo de ser os discípulos da natureza'".[9]

É importante notar que mesmo nesse segundo momento o "selvagem" continua sendo visto como simples objeto de estudo, não como um indivíduo de cultura e características próprias. Isso fica evidente por como nem mesmo esse fascínio pelas "melhores gentes do mundo" impediu Colombo de investir contra os povos nativos. Cientificamente, a figura do bom selvagem também não fez que eles fossem vistos como cidadãos; ao contrário:

> O outro — o índio, o taitiano, mais recentemente o basco ou o bretão — é simplesmente utilizado como suporte de um imaginário cujo lugar de referência nunca é a América, Taiti, o País Basco ou a Bretanha. São objetos-pretextos que podem ser mobilizados tanto com vistas à exploração econômica quanto ao militarismo político, à conversão religiosa ou à emoção estética. Mas, em todos os casos, o outro não é considerado para si mesmo. Mal se olha para ele. *Olha-se a si mesmo nele.*[10]

Portanto, o que se percebe nesses dois movimentos é sempre uma comparação que não ligava para o objeto de estudo em si, mas apenas utilizava-o para refletir sobre a própria cultura europeia. Junto a isso, também fica evidente que não havia um padrão ou metodologia definidos. A observação acontecia de forma aleatória e, por isso, esse período é considerado apenas pré-antropológico. É só no século 18 que isso começa a mudar e uma ciência do homem de fato se delineia. Os relatos passam a ser mais cosmográficos: "O objeto de observação, nessa época, era mais o céu, a terra, a fauna e a flora do que o

---

8   TODOROV, Tzvetan. *A conquista da América: a questão do outro*, 4. ed. (São Paulo: Martins Fontes, 2010), p. 50-1.

9   LAPLANTINE. *Aprender antropologia*, p. 47-9.

10   Ibid., p. 52 (grifo no original).

1440 | TEOLOGIA SISTEMÁTICO-CARISMÁTICA

homem em si, e, quando se tratava deste, era essencialmente o *homem físico* que era tomado em consideração".[11] Também começam as parcerias entre o viajante, que registrava tudo o que via, e o filósofo, que ficava responsável por interpretar os dados coletados. Um pouco mais à frente, no século 19, o nativo finalmente deixa de ser visto como "selvagem", mas passa a ser considerado "primitivo". Surge a teoria do evolucionismo social, que, recuperando a ideia do bom selvagem, entende que "existe uma espécie humana idêntica, mas que se desenvolve (tanto em suas formas tecnoeconômicas como nos seus aspectos sociais e culturais) em ritmos desiguais, de acordo com as populações, passando pelas mesmas etapas, para alcançar o nível final que é o da 'civilização'".[12]

Com o evolucionismo social nota-se que, apesar dos avanços, ainda permanece o sentimento de hierarquia entre culturas, que coloca a Europa como o que há de mais evoluído e civilizado no mundo, em contraposição aos nativos que insistem em viver de forma "primitiva". De alguma forma, ainda persistia o ideal cartesiano de distanciamento entre o observador e o objeto de estudo, do "eles" em contraposição a "nós", mas esse método logo ficaria defasado, pois no início do século 20 "a antropologia percebe que o objeto empírico que havia escolhido (as sociedades 'primitivas') está desaparecendo". Surge, então, uma nova metodologia, "não mais através de um objeto empírico constituído (o selvagem, o camponês), mas através de uma abordagem epistemológica constituinte" que pretende promover o estudo do homem por inteiro, "em todas as sociedades, sob todas as latitudes, em todos os seus estados e em todas as épocas".[13] Apenas no século 20 é que pensadores como Radcliffe-Brown e Malinowski apresentarão uma visão crítica do conceito evolucionista, entendendo que "não é possível opor sociedades 'simples' e sociedades 'complexas', sociedades 'inferiores' evoluindo para o 'superior', sociedades 'primitivas' a caminho da 'civilização'", pois as "primeiras não são as formas de organizações originais das quais as segundas teriam derivado",[14] ou seja, finalmente percebe-se que as culturas não devem ser comparadas.

Existem muitos outros detalhes históricos presentes no desenvolvimento da ciência antropológica que não examinaremos por não ser esse o objetivo do presente capítulo. Contudo, o que não pode deixar de ser observado é a

---

11   Ibid., p. 58 (grifo no original).
12   Ibid., p. 65.
13   Ibid., p. 15-6.
14   Ibid., p. 77.

forma pela qual a antropologia "secular" surgiu primeiramente com a pergunta pré-antropológica pelo sentido do homem e da realidade que o envolve, sempre oferecendo respostas relacionadas ao humano como ser religioso, até finalmente chegar à sua forma moderna que é mais etnológica e descritiva: o trabalho do antropólogo hoje é descrever determinados comportamentos, padrões e fenômenos que observa em certa cultura. A pergunta pelo sentido da vida não é mais discutida, mas descrita: "Qual é o sentido que essas pessoas atribuem a si mesmas?" Esse é o ponto principal que diferencia a antropologia teológica, pois ela segue discutindo as questões mais "filosóficas", sendo propositiva em relação a elas. As ansiedades e os questionamentos que assolam a humanidade quanto a seu sentido — e que não receberam resposta plausível pelas ciências mais empíricas — continuam em aberto, e a antropologia teológica busca responder a elas à luz da Bíblia. É, portanto, mais uma área da teologia do que da antropologia em si.

Sendo a teologia uma ciência teocêntrica, pode-se questionar qual é a serventia de uma área que fale especificamente do homem. Nesse sentido, o panorama histórico que apresentamos pode ser útil, pois, conforme vimos, o embrião da ciência antropológica nasceu da necessidade de discutir se os povos nativos eram ou não seres humanos, se faziam parte da humanidade e foram afetados pela Queda ou se eram apenas animais sem alma que não podiam ser alcançados pela redenção de Cristo. Esse impasse e seus desdobramentos serviram de base para que práticas como a escravidão fossem defendidas até mesmo por cristãos doutrinariamente ortodoxos e preocupados com a piedade cristã. Muitos utilizavam a própria Bíblia para justificar o que faziam, alegando ser essa a vontade divina, como fica evidente no discurso de Sepulveda, quando este debateu com Las Casas sobre as implicações morais e teológicas da exploração de povos nativos:

> Aqueles que superam os outros em prudência e razão, mesmo que não sejam superiores em força física, aqueles são, por natureza, os senhores; ao contrário, porém, os preguiçosos, os espíritos lentos, mesmo que tenham as forças físicas para cumprir todas as tarefas necessárias, são por natureza servos. E é justo e útil que sejam servos, e vemos isso sancionado pela própria lei divina. Tais são as nações bárbaras e desumanas, estranhas à vida civil e aos costumes pacíficos. E será sempre justo e conforme o direito natural que essas pessoas estejam submetidas ao

império de príncipes e de nações mais cultas e humanas, de que, graças à virtude destas e à prudência de suas leis, eles abandonem a barbárie e se conformem a uma vida mais humana e ao culto da virtude. E se eles recusarem esse império, pode-se impô-lo pelo meio das armas, e essa guerra será justa, bem como o declara o direito natural que os homens honrados, inteligentes, virtuosos e humanos dominem aqueles que não têm essas virtudes.[15]

Percebe-se, então, que a ideia de explorar "selvagens" era muito natural e vista inclusive como cumprimento da vontade divina. Essa cicatriz na história da antropologia teológica não pode passar despercebida e nos revela mais uma vez como todas as áreas da teologia estão interligadas. Apenas uma doutrina adoecida, fruto de uma hermenêutica e prática cristãs equivocadas, pode fazer que o nome de Deus seja utilizado para praticar algo que vai justamente contra o que Jesus ensinou. Como vimos no capítulo anterior, Cristo buscou aproximar-se daqueles cujo acesso à graça divina estava sendo negligenciado, e é no mínimo curioso que séculos depois seu nome tenha sido utilizado para fazer o contrário, excluindo e escravizando sociedades inteiras. Esse panorama histórico é importante para identificarmos que, além de debater sobre espírito, alma e corpo, a antropologia teológica atual também deve se debruçar sobre a pergunta acerca da dignidade humana e garantir que erros como os que foram cometidos no passado não venham a se repetir.

Outro ponto que merece atenção, principalmente nesta obra que pretende apresentar uma visão carismático-pentecostal da teologia, é a forma pela qual a avaliação europeia da religião dos povos como uma "religião ininteligível" foi utilizada para reforçar ainda mais a visão sobre o povo "primitivo" e como isso ainda ecoa pela teologia que produzimos por aqui. François Laplantine afirma que a religião dos nativos começou a ganhar atenção a partir do século 19, mas que os antropólogos desse período, "absolutamente confiantes na racionalidade científica triunfante", eram "não apenas agnósticos, mas também deliberadamente antirreligiosos" e enxergavam a religião como algo "grotesco e ininteligível", que denunciava uma vez mais quão atrasadas eram as pessoas que eles estavam estudando. Tomando novamente o evolucionismo social como base, antropólogos como Frazer enxergaram a religião como um estágio primitivo e retraçaram um suposto "processo universal que conduz,

---

15 Ibid., p. 39.

por etapas sucessivas, da magia à religião, e depois, da religião à ciência".[16] Nessa lógica, a ciência representa o estágio mais avançado e racional do ser humano, que finalmente abandona as "crendices" para dar espaço somente aos fatos "cientificamente comprovados".

Apesar de tal ideia ter se desenvolvido em um meio secular, também afetou a teologia de alguma forma. Como já citamos em outros capítulos, o racionalismo moderno fez que muitos teólogos se lançassem à empreitada de transformar o cristianismo em algo "inteligível", mais teórico e dotado de sentido lógico, abafando as características místicas de nossa fé por entender que elas representavam algo ultrapassado, que não combina com a erudição de homens civilizados. Isso também explica, de outra perspectiva, a resistência à dimensão carismática que temos denunciado desde o início desta obra. Entretanto, atualmente, os pontos delineados pelos antropólogos dos séculos passados já não se mantêm. Embora nomenclaturas como "primitivo", "evoluído" e "civilizado" sigam fazendo parte do vocabulário popular, academicamente já não se pode mais falar sobre diferentes culturas de forma hierárquica, nem mesmo desmerecer a religião, como se ela não possuísse valor. Alguns pensadores, mesmo os não religiosos, afirmam até mesmo que o mundo vive um momento de reencantamento. Como a profunda racionalização provou não ser capaz de dar conta do problema humano, volta-se para a espiritualidade, para o transcendente, para o reconhecimento de que a realidade também é composta por aquilo que não se vê ou explica. Portanto, este é um momento ímpar para os carismáticos e pentecostais, pois, se como define Urbano Zilles, "o trabalho do teólogo consiste, em primeiro lugar, em traduzir, sem trair, a consciência de fé da Igreja para dentro do mundo cultural em que vive",[17] então vivemos um tempo em que essa tradução de fé não é apenas bem-vinda, como também necessária. O homem de hoje busca — como sempre buscou — algo mais, e uma antropologia teológica viva, que aborde o homem integralmente, abarcando inclusive sua cultura e a criação que o rodeia, além de destacar sua espiritualidade, pode ser uma das ferramentas mais importantes desse diálogo.

Na *Teologia sistemática* editada por Stanley Horton, a antropologia teológica é definida como o estudo que "representa o conceito bíblico dos seres

---

16 Laplantine. *Aprender antropologia*, p. 67-8.

17 Zilles. *Antropologia teológica*, p. 7.

1444 | TEOLOGIA SISTEMÁTICO-CARISMÁTICA

humanos, inclusive nossa criação, o pecado e nosso relacionamento com Deus",[18] mas é importante pontuar que essas áreas de enfoque são extremamente abrangentes, e, para que tais conceitos possam ser discutidos de forma mais completa, os teólogos partem de três abordagens principais: "a) *protologia*, ou seja, o problema da origem do homem e do mundo; b) a *soteriologia*, compreendendo o estudo da restauração ou redenção do homem e do mundo em Cristo", e, por último, "c) a *escatologia* como estudo do destino último do homem e do mundo".[19] No presente capítulo, nos dedicaremos principalmente ao estudo da perspectiva protológica, que trata do problema da criação do homem e do mundo, mas é importante ressaltar o que Pannenberg afirma: "A cristologia e a escatologia deveriam ser incluídas no complexo de temas da antropologia — a primeira como fundamentação do ser na graça, e a segunda como sua consumação. Também não deveria faltar a eclesiologia como descrição da vida em comunhão, em cujo ambiente se realiza concretamente o ser na graça".[20] Com base nessa afirmação do teólogo alemão, entendemos, então, que a antropologia não está reduzida a apenas uma disciplina, mas perpassa muitas outras. E assim deve ser, pois,

> se é verdade que a Bíblia é a palavra de Deus transmitida por pessoas humanas, a antropologia teológica não deve limitar-se a algumas passagens escolhidas que tratam diretamente de um ou outro aspecto da vida humana como criação, as sagas das famílias patriarcais ou as leis que regulam a vida em sociedade. Se a Bíblia orienta para o Verbo encarnado, toda ela apresenta uma certa visão antropológica. Os textos sagrados, falando da vida exterior, revelam a vida interior do povo hebreu. A Bíblia recorre à realidade concreta, visível ou sensível como o coração, para expressar o invisível, pois relaciona o homem com Deus.[21]

Portanto, é "errôneo pensar que o homem apenas é tema de uma única disciplina filosófica", pois se admitimos que a "questão do homem coloca-se, não só na filosofia e na ciência, mas constitui o centro das religiões, da poesia e da arte", então "seria, igualmente, equivocado limitar a questão do homem

---

18 HORTON, Stanley M. (org.). *Teologia sistemática: uma perspectiva pentecostal*, 20. reimpr. (Rio de Janeiro: CPAD, 2018), p. 784.

19 ZILLES. *Antropologia teológica*, p. 8.

20 PANNENBERG, Wolfhart. *Teologia sistemática* (São Paulo: Paulus, 2009), vol. 2, p. 264.

21 ZILLES. *Antropologia teológica*, p. 6.

a uma disciplina da teologia".[22] Sendo assim, é importante apontar que, embora o presente capítulo tenha como tema a "antropologia teológica" e pretenda dissertar sobre diversas questões referentes ao ser humano e à criação divina, mesmo no último capítulo, quando falarmos sobre escatologia, ainda estaremos produzindo um estudo que de alguma forma está relacionado à humanidade.

À IMAGEM E SEMELHANÇA DE DEUS

Gênesis tem voltado ao centro da discussão teológica nas últimas décadas. Com as novas descobertas científicas, muitos cristãos e teólogos encontram-se apreensivos e correndo contra o tempo na tentativa de casar o relato judaico com as pesquisas acadêmicas ou, no extremo oposto, negando qualquer diálogo e afirmando de forma absoluta que o texto é cientificamente infalível. Tal embate tem sido o tema principal de diversos livros, artigos e rodas de conversa: é possível casar religião e ciência? Essas áreas são amigas ou inimigas? Será que são capazes de ajudar-se? O interesse por tal assunto é válido, mas também condicionou a forma com que muitos cristãos olham para o relato da criação atualmente. Tudo parece resumido a uma intensa briga entre a Bíblia e o *big bang*, fazendo que muitos outros ricos detalhes dos primeiros capítulos da Bíblia sejam ignorados. Nesta introdução à antropologia teológica sob uma perspectiva carismático-pentecostal, não passaremos por tais discussões, mas nos dedicaremos a esses detalhes que, apesar de não ganharem tanta atenção como deveriam, são muito importantes.

O livro de Gênesis já adianta em seu próprio nome o objetivo de seu conteúdo: abordar os inícios, não apenas do povo de Israel, mas da própria humanidade. Essa é uma característica que o diferencia dos demais livros antigos, pois "ali Adão não foi o primeiro israelita, mas o primeiro homem", o que, de acordo com Urbano Zilles, nos conduz à ideia de uma humanidade una: "Sendo o Deus da aliança e da redenção o mesmo, todos os povos caminham numa única história universal. Todos os homens participam de um e mesmo destino". Apesar de Abraão ter sido chamado para ser pai de uma grande nação, Deus deixa claro que seu objetivo era fazer que por meio da descendência daquele homem fossem benditas todas as famílias da terra

---

22 Ibid., p. 12.

(Gênesis 12:1-3). A ideia de um povo que é escolhido para ser instrumento de bênção já é por si só extremamente avançada para a época, e, ainda de acordo com Zilles, é com base nessa esperança de uma única história universal e do horizonte de que todos foram criados à imagem e semelhança de Deus — além, é claro, da influência da tradição greco-romana e dos ideais iluministas — que muito posteriormente foi possível desenvolver a ideia dos "direitos comuns e inalienáveis do homem".[23]

Aqui deparamos com um assunto cada vez mais discutido e necessário no mundo atual: as anomalias sociais nunca estiveram tão expostas, e os chocantes acontecimentos do século 20 trouxeram à tona a discussão sobre a dignidade humana. Não se pode negar que vivemos em uma era onde as antigas lentes com que enxergávamos o mundo têm sido constantemente questionadas. Há uma "atmosfera de desânimo e pessimismo deixada pelo desaparecimento do mito do progresso, que tanto embalou os sonhos de nossos antepassados e que, hoje, se vê desfeito pela tomada de consciência sobre os limites dos recursos naturais" e sobre "o mau uso da ciência e da técnica para finalidades destrutivas e sobretudo pela deterioração do meio ambiente e da qualidade de vida nos países mais industrializados". Esse clima de desesperança também "atinge redutos dos mais sagrados: ideologias intocáveis, mundividências respeitadas, religiões tradicionais", entre elas o cristianismo, que deixa de ser "respaldado socialmente pela sua aceitação óbvia por parte dos indivíduos".[24] Nesse novo cenário, surge uma dúvida: o que temos a oferecer para o mundo de agora?

Infelizmente para nós, muitos acreditam que estamos do lado errado da história e até afirmam que somos parte do problema e do motivo pelo qual o mundo está desse jeito. Algumas dessas críticas procedem, mas outras são produto do movimento antirreligioso que tomou a academia e algumas porções abastadas da sociedade nos últimos séculos. Contudo, independentemente do que pensamos sobre elas, não podemos negar que um desafio relevante tem se apresentado à igreja nos últimos tempos. Se, por um lado, nossa história nos culpa, também podemos dizer que ela nos redime. Conforme citamos anteriormente, já no começo de nosso livro sagrado encontramos uma característica que o diferencia das demais obras da Antiguidade: a união

---

23 Ibid., p. 27-8.
24 Miranda, Mario de França. *Um homem perplexo: o cristão na atual sociedade*, 3. ed. (São Paulo: Loyola, 1996), p. 13-4.

da humanidade, a ideia de que todos compartilhamos um mesmo Pai, que *decidiu*, por livre e espontânea vontade, criar o mundo e o homem. Essas verdades destacam-se dentre outras porque asseguram algo muito especial que é compartilhado até mesmo por ateus: a dignidade. Esse conceito não é valorizado apenas por aqueles que professam a fé em Deus, mas é um valor intrínseco que foi desenvolvido graças à influência cristã no mundo. Tal fato é admitido até mesmo por estudiosos que não são do campo teológico nem religioso, como o médico geriatra do Hospital de Clínicas da Faculdade de Medicina da USP, Tiago Pugliese Branco, que afirma:

> Historicamente, o conceito de dignidade vem da tradição judaica como a noção da humanidade feita a partir da imagem de Deus, pertencente a todo indivíduo. O cristianismo confirma esse conceito, com algumas nuanças metafísicas, como é o caso específico de Jesus Cristo, sendo uma faceta da humanidade revelada por meio da redenção, não sendo uma qualidade inata incorporada em cada indivíduo.[25]

Na teologia, a ideia de que todo ser humano possui valor intrínseco é externalizada ao mundo por meio da noção bíblica da *imago Dei*, conceito que também diferencia o cristianismo das demais religiões. Enquanto as cosmogonias dos demais povos relatavam disputas entre os deuses e suas criaturas, o Deus Criador dos judeus criou os seres humanos à sua imagem e semelhança, concedendo-nos valor e dignidade. Isso muda a forma com que enxergamos a nós mesmos e também aos outros. Mas, afinal, o que vem a ser a "imagem" e "semelhança" citadas no versículo? E o que mais nos constitui? Em primeiro lugar, é importante entender que "os [primeiros] cristãos não estavam particularmente preocupados [...] com a questão sobre se o ser humano é composto de corpo, alma e espírito, ou mente", nem mesmo com a questão da *imago Dei*. Em geral, eles "aceitavam a noção de que os humanos possuem tanto corpo quanto 'alma'", e a palavra "alma" era utilizada de duas formas principais: "ou ligavam-na ao corpo, ou à 'alma racional', ou ao 'espírito'", podendo assumir uma linguagem tanto dicotômica quanto tricotômica — dois conceitos que estudaremos adiante, no próximo tópico. Justo

---

25 BRANCO, Tiago Pugliese. "Intervenções em práticas de espiritualidade não religiosa", in: PEREIRA, Felipe Moraes Toledo (org.). *Espiritualidade e oncologia: conceitos e prática* (Rio de Janeiro: Atheneu, 2018), p. 128.

González afirma que o próprio fato de ambas as linguagens serem utilizadas na "literatura cristã mais remota — e às vezes nos escritos de um mesmo autor" — já "deveria servir de indicação de que esse não era um assunto de grande interesse para os primeiros cristãos". Eles não se preocupavam com essas diferenças, pois "simplesmente adotaram a linguagem da cultura em que se encontravam", uma vez que esta "afigurava-se suficiente para expressar o que eles queriam dizer; portanto, não tentaram alterá-la".[26] É importante lembrar que estamos falando da cultura semita, ou judaica, que via o ser humano como "um todo", não como "partes" (dicotomia e tricotomia), algo que também examinaremos no tópico já mencionado.

Foi apenas a partir do segundo século, com o avanço da pregação do evangelho em regiões não judaicas, particularmente gregas, já na era patrística, que grandes expoentes da teologia começaram a se dedicar ao debate sobre esses assuntos. Com o crescimento de movimentos heréticos como o gnosticismo, definições convincentes que convergissem com os textos bíblicos se fizeram necessárias. Por isso, antes de apresentar definições mais atuais, é interessante entender, ainda que de forma panorâmica, os desdobramentos teóricos que ocorreram ao longo da história cristã para que chegássemos até aqui. Refazer esse itinerário é importante para que fique claro que as doutrinas não surgem completas, mas são construídas ao longo do tempo, passam por diversos estágios, são analisadas e sofrem modificações até que finalmente sejam aceitas e definidas como fundamentais para a fé cristã. Esse processo precisa ser entendido pelo teólogo para que ele saiba de onde vêm as doutrinas que defende e crê. Além disso, são lições importantes que mostrarão a necessidade do estudo teológico, pois, sem dedicação a ele, certamente não teríamos doutrinas tão definidas e claras sobre as quais pudéssemos hoje falar. Daí a importância de teólogos que auxiliem o povo de Deus no desenvolvimento, estudo e também defesa das doutrinas cristãs que norteiam a prática de cada expressão do cristianismo.

— Teologia patrística —

No período dos pais da igreja, conhecido como patrístico, houve uma extensa discussão sobre a *imago Dei*, a começar pela definição de "imagem": "uns

---

26 GONZÁLEZ, Justo L. *Uma breve história das doutrinas cristãs* (São Paulo: Hagnos, 2015), p. 108-9.

cristãos pensavam que a imagem de Deus no homem refere-se a uma semelhança física. Outros diziam que ela é a inclinação a se aproximar de Deus".
Havia ainda a discussão sobre o termo "imagem e semelhança": "Seriam tais
palavras duas maneiras de se referir ao mesmo fato, ou dois modos diferentes
de os seres humanos se parecerem com Deus?"[27] Ireneu de Lião foi um dos
primeiros teólogos a defender essa segunda tese já no século 2. Ele é considerado o "primeiro teólogo literário consciente da Igreja cristã", pois colocou
"os quatro Evangelhos, com uma série de escritos apostólicos posteriores, embora não exatamente a seleção atual, lado a lado, com o Antigo Testamento"
e assim contribuiu para o nascimento da "Bíblia cristã de dois volumes".[28]

Ao falar sobre as dimensões que compõem o ser humano, Ireneu definiu
que a "imagem" se refere à capacidade racional e ao livre-arbítrio do ser
humano, enquanto a "semelhança" vem "por meio do Espírito", que nos
capacita com um dom sobrenatural de amar a Deus, chamado de *donum
superadditum*. Para Ireneu, "realiza-se o homem espiritual e perfeito" quando
esse "Espírito [semelhança] mistura-se com a alma [razão] e se une à obra
modelada [corpo]".[29] Ele afirma ainda que a Queda não atingiu a imagem,
ou seja, a razão do homem, porém o *donum superadditum* (dom superado) se
perdeu, por isso "Adão e seus descendentes, embora criaturas de Deus, não
carregavam mais a semelhança de Deus".[30] Assim, se fez necessária a redenção
do ser humano por Cristo, a fim de que esse aspecto pudesse ser restaurado:

> Agora recebemos uma parte de seu Espírito para nos predispor e
> preparar à incorruptibilidade, habituando-nos paulatinamente a
> compreender e a trazer Deus. É a isto que o Apóstolo chama penhor,
> isto é, parte daquela glória prometida por Deus, quando na carta aos
> Efésios diz: "É nele que também vós, depois de ter ouvido a palavra
> da verdade, o evangelho da vossa salvação, é nele que, depois de ter

---

27 Ibid., p. 112.

28 Campenhausen, Hans von. *Os pais da igreja: a vida e a doutrina dos primeiros teólogos cristãos*
(Rio de Janeiro: CPAD, 2005), p. 27. Aqui falamos sobre o Antigo e o Novo Testamento. O
conjunto de 27 livros que formam o Novo Testamento só veio a ser definido no século 4, por
isso o trabalho de Ireneu foi pioneiro, pois já no século 2 considerou os quatro Evangelhos
como parte das Escrituras. Até aquele momento, apenas o Antigo Testamento, ou seja, o
cânon judaico, estava completamente definido.

29 Ireneu, Santo, Bispo de Lião. *Contra as heresias*, 3. ed. (São Paulo: Paulus, 2009), p. 530.

30 Andrade, Claudionor Corrêa de. *Dicionário teológico*, 7. ed. (Rio de Janeiro: CPAD, 1998),
p. 128.

crido, fostes marcados com o selo do Espírito Santo da promessa, que é o penhor de nossa herança" [Ef 1.13]. [...] Os que possuem, pois, o penhor do Espírito, não servem mais às concupiscências da carne, submetem-se ao Espírito e vivem em tudo conforme à razão, são justamente chamados espirituais pelo Apóstolo, porque o Espírito de Deus habita neles.[31]

Ao contrário de Ireneu, Agostinho, outro grande expoente da teologia patrística, não se preocupou em diferenciar "imagem" de "semelhança", mas criou uma relação entre os dois conceitos. Para ele, a imagem de Deus reside na alma do ser humano — que aqui não se refere simplesmente à *ratio* (razão) ou capacidade cognitiva, mas a algo maior, que diferencia os seres humanos dos animais:

Devemos entender que temos em nós algo onde está a imagem de Deus, a saber, a mente e a razão. É essa mente, a qual invoca a luz de Deus e a verdade de Deus, por ela percebemos o que é justo e o que é injusto. É ela, pela qual distinguimos o verdadeiro e o falso. É chamado entendimento (*intellectum*), e dela carecem os animais.[32]

A "semelhança" é citada por Agostinho para explicar que, apesar de sermos feitos à imagem de Deus, não somos exatamente iguais a ele: "A imagem não é para ser imagem igual, mas se aproximará dele [de Deus] por certa semelhança". Agostinho acrescenta: "Aproximamo-nos, pois, de Deus não mediante intervalos de tempo, mas pela semelhança com Deus, assim como dele nos afastamos pela dessemelhança".[33] De acordo com a perspectiva agostiniana, é necessário viver uma vida de santidade para que possamos nos assemelhar a Deus e restaurar sua imagem em nós, pois "ao pecar, o homem perdeu a justiça e a santidade da verdade. Eis por que a imagem tornou-se disforme e sem brilho. O homem recupera-a ao renovar-se e reformar-se".[34] Agostinho também explica que a recuperação plena da *imago Dei* não acontece "no momento preciso de sua conversão, do modo como se dá a remissão de todos os seus pecados", nem mesmo "no momento exato do batismo",

---

31 Ireneu. *Contra as heresias*, p. 534-5.
32 Agostinho, Santo, Bispo de Hipona. *A Trindade*, 4. ed. (São Paulo: Paulus, 2008), p. 664.
33 Ibid., p. 257.
34 Ibid., p. 470.

mas é um processo gradual que só terminará quando finalmente tivermos a visão perfeita de Deus:

> E quando no último dia de sua vida mortal alguém se encontrar nesse processo e aproximação, conservando a fé no Mediador, essa pessoa será recebida pelos santos anjos para ser conduzida a Deus a quem adorou, para receber dele a perfeição. E será revestido de um corpo incorruptível no fim do mundo, corpo esse destinado não aos castigos, mas para a glória. Pois a semelhança de Deus será perfeita nessa imagem, quando a visão de Deus for perfeita. Dessa visão fala o Apóstolo: Agora vemos em espelho e de maneira confusa, mas depois, veremos face a face (1Cor 13,12). E ainda: E nós todos que, com a face descoberta, refletimos como num espelho a glória do Senhor, somos transfigurados nessa mesma imagem cada vez mais resplandecente, pela ação do Senhor que é Espírito (2Cor 3,18). Esse mistério é o que se verifica em relação aos que progridem dia a dia no caminho reto.[35]

O bispo de Hipona lança as bases para a defesa da doutrina defendida no pentecostalismo de que a santidade possui dois aspectos: um posicional e outro progressivo. Pelo aspecto da santidade posicional, somos tornados "santos", isto é, separados, e tornamo-nos propriedade divina (1Coríntios 1:2). Pelo aspecto da santidade progressiva, vamos sendo transformados gradualmente, dia após dia, de glória em glória, devendo tornar-nos realisticamente o que já somos, em Deus, idealmente (2Coríntios 3:18; Efésios 4:1). Ao examinar as ideias desses teólogos, fica evidente que a discussão sobre o assunto é longa. Mesmo com tantos debates, Justo González afirma que a igreja "nunca adotou uma posição oficial" quanto aos detalhes da *imago Dei*,[36] mas que o que se pode observar, historicamente, é que esse assunto sempre perpassa dois pontos principais: "os limites do ser humano como criatura" e "a alta natureza e vocação dessa mesma criatura". O historiador cristão explica que, "em geral, durante os primeiros séculos do cristianismo, os teólogos do Ocidente de língua latina inclinaram-se a sublinhar o primeiro desses aspectos", ou seja, os limites, "enquanto os teólogos do Oriente, de língua grega, tendiam a enfatizar o segundo", as vocações. Como resultado disso, percebe-se que

---

35 Ibid., p. 474.

36 GONZÁLEZ. *Uma breve história das doutrinas cristãs*, p. 113.

1452 | TEOLOGIA SISTEMÁTICO-CARISMÁTICA

"a teologia ocidental tem uma longa história de ser menos otimista sobre as capacidades humanas do que sua contraparte oriental".[37]

Mesmo sendo parte da igreja ocidental — mais especificamente das tradições que surgiram da Reforma Protestante no século 16 —, é possível encontrar certo equilíbrio entre alguns teólogos evangélicos que destacam tanto as imperfeições quanto as potencialidades dos seres humanos. Esse é o caso de Billie Davis, que define "imagem" e "semelhança" como conceitos que "dizem respeito aos elementos da personalidade e individualidade" do homem, que se revelam por meio de aspectos como "a existência do potencial, a possibilidade de desenvolvimento, a liberdade de escolha, a responsabilidade moral, a habilidade criativa, a capacidade de amar e ser santo". A autora também destaca ser

> característico dos sociólogos cristãos verem no conceito de *imagem de Deus* não só substância, mas também relacionamento. Pelo fato de termos sido feitos à imagem do Deus trino, somos feitos para ser interpessoais e relacionais. Além de termos as qualidades e capacidades divinas, os seres humanos refletem a imagem de Deus quando respondem ao amor de Deus e quando se relacionam de maneira santa em seu mundo. As habilidades e capacidades refletem a *natureza* de Deus. Os relacionamentos *são a expressão dinâmica de sua natureza.*[38]

Assim como o relacionamento entre as Pessoas da Santíssima Trindade ocorre de forma perfeita, o ser humano também foi criado como um ser relacional que não deve viver isolado, mas em comunhão com seus semelhantes. Justamente por isso, o teólogo pentecostal Timothy Munyon apresenta uma definição semelhante à de Davis quando diz que "a imagem de Deus pertence à nossa natureza moral-intelectual-espiritual", ou seja,

> a imagem de Deus na pessoa humana é algo que somos, e não algo que temos ou fazemos. Esta opinião está em perfeito acordo com o que já estabelecemos como propósito de Deus na criação da humanidade. Primeiro: o homem foi criado para conhecer, amar e servir a Deus. Segundo: relacionamo-nos com outros seres humanos e temos

---

37 Ibid., p. 113-4.

38 DAVIS, Billie. "Uma perspectiva sobre a natureza humana", in: PALMER, Michael D. (org.). *Panorama do pensamento cristão* (Rio de Janeiro: CPAD, 2001), p. 213.

CAPÍTULO 6 – Antropologia teológica | 1453

a oportunidade de exercer o domínio apropriado sobre a criação de Deus. A imagem de Deus em nós ajuda-nos a fazer exatamente essas coisas.[39]

Munyon também faz uma distinção entre a "imagem natural ou essencial de Deus no ser humano" e a "imagem moral ou incidental de Deus que existe no ser humano". Nas palavras do autor:

> Com "imagem natural de Deus" queremos dizer o que é essencialmente humano nos seres humanos e que, portanto, os distingue dos animais. Isto inclui a espiritualidade, ou a capacidade de reconhecer e ter comunhão com Deus. [...] A respeito da imagem moral de Deus nos seres humanos, "Deus fez o homem reto" (Ec 7:29). Até mesmo os pagãos, que não possuem conhecimento da lei escrita de Deus, conservam uma lei moral escrita por Ele em seus corações (Rm 2:14,15). Em outras palavras, somente os seres humanos possuem a capacidade de sentir o que é certo e errado, bem como [possuem] o intelecto e a vontade necessários para escolher entre eles.[40]

Por fim, o teólogo pentecostal aponta duas definições sobre o que a *imago Dei* certamente não é: "A imagem de Deus não é uma semelhança física — opinião esta abraçada pelos mórmons e por Swedenborg", pois, completa, "a Bíblia declara que Deus, que é Espírito onipresente, não pode ser limitado a um corpo físico". Portanto, quando no Antigo Testamento menciona-se o "braço de Deus" (Isaías 52:10) ou o "dedo de Deus" (Êxodo 31:18), trata-se apenas de "antropomorfismos, figuras de linguagem empregadas para retratar algum aspecto da natureza ou do amor de Deus", não da admissão de que Deus possua tais membros. Munyon destaca ainda que "outro erro, talvez uma versão moderna da mentira da serpente em Gênesis 3:5, é que a imagem de Deus faz dos seres humanos 'pequenos deuses'".[41] Portanto, como já havia destacado Agostinho, ter a imagem de Deus não é ser igual a Deus, nem mesmo possuir atributos exclusivos, ou incomunicáveis, de divindade. Nesse ponto, é importante observar, mais uma vez, como as definições

---

39 MUNYON, Timothy. "A criação do universo e da humanidade", in: HORTON (org.). *Teologia sistemática*, p. 259.
40 Ibid., p. 259-60.
41 Ibid., p. 258.

1454 | TEOLOGIA SISTEMÁTICO-CARISMÁTICA

desenvolvidas durante a patrística — principalmente as agostinianas — ainda possuem grande influência sobre como fazemos e pensamos teologia, por isso seu estudo é indispensável. Uma última, porém relevante, definição sobre a *imago Dei* é apresentada por Lewis Sperry Chafer. Para esse autor, não é possível falar sobre como a imagem de Deus permanece em nós mesmo após a Queda sem passar pela figura de Jesus:

> Do Filho é dito que Ele é a "expressão exata" de Deus. A sua encarnação na humanidade caída não se subtraiu dessa realidade sublime. A imagem que ele apresenta pode ser assemelhada ao aço estampado que reproduz cada aspecto nos seus mínimos detalhes. Por outro lado, a imagem que o homem apresenta pode ser assemelhada à sombra de um perfil; mas essa é a verdade que de modo algum pode ser menosprezada. A primeira criação encontra o seu arquétipo no *Elohim*, porque o homem foi criado à imagem de *Elohim*. A nova criação encontra o seu arquétipo no Filho de Deus. É a imagem de Deus que a graça salvadora traz aqueles que são redimidos (Rm 8:29; 1Jo 3:2).[42]

Nesse sentido, podemos seguramente dizer que a encarnação de Jesus Cristo é uma "alteridade" que, se por um lado, conforme o hino cristológico de Filipenses 2:6-11, "pode ser considerada um 'rebaixamento' do divino, por outro, da ótica e perspectiva humanas, ela elevou e dignificou a humanidade, pois Deus escolheu viver entre nós exatamente da forma como nos criou".[43]

Para finalizar nosso estudo sobre a *imago Dei* e a dignificação do homem, traremos uma reflexão de Basílio de Cesareia, que, ao comentar sobre o relato da criação, afirma: "Acabamos de ouvir que Deus tomou do 'pó da terra' e 'modelou o homem' (Gn 2:7). Nesta sentença encontro as duas afirmações, a saber, que o homem é nada e que é grande o homem. Se ponderas apenas a natureza, é nada e de nada é merecedor; se, porém, pensas na honra que lhe foi conferida, o homem é grande". Basílio diz isso, pois reconhece que, ao contrário do restante da criação, Deus não disse: "Haja o homem", mas modelou-o com cuidado e atenção, criando-o à sua própria imagem e semelhança, até finalmente conceder-lhe seu Espírito, o sopro da vida. Ele "não ordenou a um anjo que o fizesse. [...] Nem mandou às potestades que lhe prestam

---

42 CHAFER, Lewis Sperry. *Teologia sistemática* (São Paulo: Hagnos, 2003), vols. 1 e 2, p. 579-80.

43 CARVALHO, César Moisés. "Males do preconceito e da discriminação", *Mensageiro da Paz*, ano 83, n. 1554 (Rio de Janeiro: CPAD), p. 21.

serviço que fizessem isso e aquilo. Mas, com as próprias mãos — como um artista — pegou a terra. Se pensar no que ele pegou, o que é o homem? Mas, se levas em conta aquele que o plasmou, como é importante o homem!"[44] Ainda nas palavras de Basílio:

> Pensa como foste modelado. Considera a oficina da qual saiu a tua natureza. Deus te tomou nas mãos. Modelado pelas mãos de Deus, não sejas manchado pela malícia, nem alterado pelo pecado. Não caias das mãos de Deus. És um vaso plasmado por Deus, feito por Deus. Glorifica teu criador. Não foste criado senão a fim de te tornares instrumento apropriado a dar glória a Deus. E todo o universo deve ser para ti como livro escrito para proclamar a glória de Deus. Anuncia-te a grandeza oculta e invisível de Deus, a ti que és dotado de espírito para conhecer a verdade. Guarda a lembrança de tudo o que foi dito.[45]

Em um mundo tão desacreditado, marcado pelo ódio e perdido em relação a seu sentido, esta é uma mensagem poderosa e que deve ser mais enfatizada dentro de nossas igrejas: "Alegrem-se!" Pois fomos criados por um Deus que nos ama, cuida de nós e se importa conosco. Só esse fato já nos confere uma dignidade incomparável, por isso não podemos entender nossa atual realidade como um desafio irreversível para o evangelho, e sim como uma grande oportunidade. "A valorização crescente da ética, notadamente no campo econômico e político, oferece a possibilidade de a antropologia teológica mostrar como a fé cristã oferece uma fundamentação profunda para os valores e para as opções éticas", sendo ela própria um convite a uma nova vida marcada por esses aspectos agora tão valorizados. No evangelho, encontramos uma "dimensão *curativa* [...] que está exigindo ser valorizada diante da angústia, da depressão, dos medos que afetam o indivíduo pós-moderno".[46] Temos a oportunidade de convidar esse homem pós-moderno a viver uma fé que "não é mais respaldada pela sociedade, nem mesmo pela Igreja, como em outros tempos", quando o cristianismo era imposto como religião "natural", mas que "deverá fundamentar-se no próprio Deus, experimentado no interior desta

---

44 BASÍLIO MAGNO. *Basílio de Cesareia: Segunda homilia 2*, 4. reimpr. (São Paulo: Paulus, 2019), vol. 2, p. 62-3.

45 Ibid., p. 64-5 (*Segunda homilia: 4*).

46 RUBIO, Alfonso García (org.). *O humano integrado: abordagens de antropologia teológica*, 2. ed. (Petrópolis: Vozes, 2007), p. 292.

mesma fé, ou com outras palavras, deverá basear-se numa experiência pessoal de Deus".[47] Esse aspecto pessoal e místico será abordado no tópico a seguir.

A COMPOSIÇÃO DO HOMEM

Além da *imago Dei*, outros elementos que compõem os seres humanos também são discutidos pela antropologia teológica. São eles: espírito, alma e corpo. É importante entender que esses constructos também sofreram mudanças ao longo dos séculos até que finalmente chegassem às definições conceituais de hoje, que podem ser discutidas de três principais perspectivas: 1) integral, 2) dicotômica e 3) tricotômica. Começaremos com a explicação sobre tais visões, suas origens e significados, para finalmente refletirmos sobre a relevância desses termos hoje.

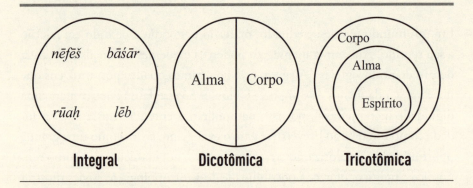

— Integral (ou monismo) —

A visão integral do ser humano pode ser encontrada no Antigo Testamento. Os semitas não enxergavam o homem como um ser dividido entre uma parte "visível" e outra "invisível", mas utilizavam quatro termos principais para descrever, ou ao menos externalizar, as emoções e sentimentos sobre o que percebiam e experimentavam dentro de si. É importante estar ciente de que o hebraico é uma língua pictórica, evocando imagens que sejam comuns ao contexto do falante, não havendo problema algum em usar uma pequena parte para exemplificar o todo, daí a evocação até mesmo de órgãos humanos para externalizar sentimentos (Salmos 16:7; 73:21). Os quatro termos hebraicos utilizados com esse fim são: *nēfeš*, *bāśār*, *rūaḥ* e *lēb*.

---

47   MIRANDA. *Um homem perplexo*, p. 19.

Nēfēš significa garganta e diz respeito ao que Norbert Baumert chama de "o ser humano necessitado". Esse termo é usado no hebraico para designar desejos e necessidades do homem — sejam físicas ou não. Para falar de "fome e sede, desejo de afeto e encontro, desejo de ajuda e, finalmente, de futuro de realização", o semita não usa um conceito abstrato, mas cita "um órgão do corpo, obviamente porque nele experimenta algo disso tudo: *nēfēš* — *garganta!*" O autor também aponta que em Gênesis 2:7 lemos que "Javé formou o ser humano do pó da terra e soprou em suas narinas o hálito da vida, assim o ser humano tornou-se um *nēfēš*/garganta vivente".[48] Certamente não foi a "garganta" do homem que ganhou vida por meio do sopro divino, e sim seu ser como um todo.

Bāśār significa carne, mas ao contrário do que estamos acostumados, não fala simplesmente de corpo. Lembre-se que os semitas não enxergavam o homem de forma dicotômica, portanto *Bāśār* refere-se ao "ser humano finito": "Na reflexão antropológica, para o semita, a palavra 'carne' é a própria concepção da fraqueza e da impotência humanas. [...] A palavra também pode significar parentesco ou humanidade". Sendo assim, "o homem não 'tem' carne, mas 'é' carne". Por isso que, defende Baumert, "quando o apóstolo Paulo fala de 'carne' para se referir a um 'deslize ético, tentação, egoísmo e pecado', ele não está desvalorizando o corpo, nem colocando-o como culpado por nossa natureza pecaminosa, 'mas somente transfere um jeito de pensar concreto (carne = ser humano finito) para um conteúdo teológico'".[49] Nesse contexto, "carne" refere-se, então, aos nossos limites, não necessariamente à parte físico-material do ser humano.

Rūaḥ significa respiração, vento ou ar em movimento e refere-se ao "ser humano potenciado": "a experiência de força e energia, de vitalidade tanto corporal quanto espiritual" — note que, mais uma vez, os conceitos fazem referência tanto às experiências físicas quanto às imateriais. O fato de a respiração ser fonte de energia faz que ela "torne-se imagem para uma característica essencial do ser humano: força vital, coragem, energia pessoal, relação dinâmica com os outros". Deus também possui sua *rūaḥ*, que está sempre em forte contradição com a "carne". No sentido semítico, quando participamos

---

48 Baumert, Norbert. *Mulher e homem em Paulo* (São Paulo: Loyola, 1999), p. 233-5.
49 Ibid., p. 233, 237.

1458 | TEOLOGIA SISTEMÁTICO-CARISMÁTICA

da *rūaḥ* divina, adquirimos uma "nova existência a partir de Deus", indo além do dualismo grego de "corpo e alma", segundo o qual apenas uma parte específica do nosso ser é transformada.[50]

Lēb é o último conceito da lista e pode ser traduzido por "coração". Na cultura ocidental, é comum ligarmos esse órgão às emoções e sentimentos — aspectos que, no hebraico, "fazem parte mais do *nēfēš* e sobretudo do *rūaḥ*", mas, para os semitas, *lēb* refere-se ao "ser humano racional". Isso ocorre porque "nas origens da língua semita, certas funções, que em nossa compreensão ocidental partem do cérebro, eram atribuídas anatomicamente ao coração, sobretudo 'o pensamento e a memória'". Algo semelhante ocorre no inglês com a expressão *to know by heart*, que significa "saber de cor" ou, em tradução literal, "saber de coração". "*Lēb* também pode se referir ao órgão literal ou ao que diferencia o homem dos animais. Um exemplo de seu uso é encontrado em Salmos 51:12: 'Cria em mim, Deus, um coração (*lēb*) puro [portanto uma nova e consciensciosa orientação de vida] e dá-me um Espírito/*rūaḥ* novo e perseverante' (dá-me também a força para a execução perseverante do reconhecimento da consciência)". Existem ainda outros exemplos, dessa vez do uso literal da palavra, onde "firmar seu coração" significa, de acordo com Baumert, "fortalecer-se por meio de um pouco de pão", mostrando mais uma vez a característica pictórica da língua hebraica de utilizar um órgão para falar sobre as necessidades de todo o corpo.[51]

As definições aqui apresentadas são apenas para entendimento básico dos conceitos. Na Bíblia, de acordo com o contexto, esses termos podem apresentar outros significados, mas tais diferenças só são percebidas com a análise específica de cada texto, que pode ser feita por meio do estudo do hebraico em conjunto com a hermenêutica bíblica. Nosso objetivo ao mencioná-los neste capítulo é apenas tentar explicar a forma integral de se enxergar o ser humano. É importante mencionar que tais termos, quando traduzidos para o grego e, posteriormente, para o português — línguas que não assumem o ser humano como integral, e sim dividido em várias partes — perdem muito de sua essência, como fica explicitado no quadro comparativo apresentado por Baumert:[52]

---

50 Ibid., p. 233-4, 237.
51 Ibid., p. 234-5.
52 Ibid., p. 238.

ANTROPOLÓGICO			TEOLÓGICO
Hebraico	Grego	Português	
Nēfēš/garganta — o ser humano necessitado	*Psiquē*	Alma	psíquico = ser humano suscetível [ao] pecado, incapaz para Deus
bāśār/carne — o ser humano finito, impotente	*Sarx* *(sōma)*	Carne (corpo)	carnal = diante de Deus; ser humano impotente, pecador e, por isso, mortal
rūaḥ/vento, respiração — o ser humano potenciado	*Pneuma*	Espírito	espiritual = ser humano perpassado pelo Espírito de Deus
lēb/coração — o ser humano racional	*Kardia*	Coração	o ser humano diante de Deus em seu processo de conhecimento e ação, "consciência" e "meio"

Por meio dessa tabela, é possível perceber que as traduções deixam para trás alguns aspectos fundamentais dos termos hebraicos: "Percebe-se imediatamente: *psiquē* quase nada traduz da *nēfēš* desejante, mas introduz elementos bem novos, sobretudo em sua delimitação em relação ao 'corpo'", além de colocar o termo em proximidade com o conceito de *bāśār*. Também "a palavra 'Espírito' perdeu totalmente o contato com um forte 'vento' físico, mas por sua vez introduz o elemento racional para dentro do conceito", e podemos citar ainda o fato de que "no hebraico falta um conceito básico para o termo grego: *sōma*/corpo — e isso por si só já chama a atenção".[53] Como já mencionamos anteriormente, essas diferenças ocorrem porque semitas e gregos assumem posições antropológicas diferentes: enquanto os judeus entendiam o homem como um ser integral, os gregos possuíam uma visão dicotômica, que estudaremos a seguir.

— Dicotomismo e tricotomismo: as visões dualistas —

Diferentemente da visão integral dos judeus, os gregos introduziram com sua filosofia a ideia dualista do homem, dividindo-o em duas partes: uma material (corpo) e outra imaterial (alma, no caso dos dicotomistas; e alma e espírito no caso dos tricotomistas). Sobre esse assunto, é importante destacar o que afirma Justo L. González:

> Sem dúvida, aqueles que hoje insistem em discutir a questão em geral compreendem o termo "alma" de uma forma muito diferente daquela

---

53 Ibid., p. 238-9.

dos antigos dicotomistas. Quando na Antiguidade os filósofos e outros se referiam a "corpo, alma e espírito [ou mente]", o que normalmente queria dizer com "alma" era simplesmente o poder que dá vida a um corpo. Nesse sentido, os animais têm alma, pois seu corpo está vivo — e, como se não bastasse, a própria palavra "animal" significa o ser que possui alma, *anima*. Além disso, até as plantas têm tal tipo de alma, já que, sem ela, não passariam de madeira morta. Finalmente, encontra--se o "intelecto" — *nous* —, o "espírito" ou a "alma racional", que seria o centro da consciência que distingue os seres humanos dos outros animais. Em geral, os cristãos aceitavam a noção de que os humanos possuem tanto corpo quanto "alma" — se bem que, comumente, esta significasse não o poder que dá vida ao corpo, mas, sim, a mente, o intelecto, a "alma racional". A outra acepção, a "alma" como elemento que dá vida ao corpo, era normalmente considerada pelos cristãos como simplesmente estabelecida — nesse caso utilizavam a linguagem "tricotômica" —, ou ligavam-na ao corpo, ou à "alma racional", ou ao "espírito" — quando então usavam a linguagem "dicotômica".[54]

O interesse por discutir sobre a composição do ser humano surge posteriormente, com os pais da igreja, que buscam desenvolver teorias para explicar a origem da alma. A maioria delas derivava da filosofia, mas acabaram sendo incorporadas à produção teológica desses intelectuais. Citaremos apenas três exemplos mais populares durante a história do cristianismo: preexistência, traducianismo e criacionismo. A teoria da preexistência afirma que "uma alma criada por Deus em tempos passados entra no corpo humano em algum momento do desenvolvimento inicial do feto". Ou seja, as almas ficam em estado de preexistência até que possam migrar para um corpo físico. Enquanto estão nesse estado, elas cometem pecados "e por isso são condenadas a 'nascer neste mundo num estado de pecado e em conexão com um corpo material'". Orígenes de Alexandria foi um dos mais conhecidos defensores dessa ideia, mas, por apresentar inúmeros problemas teóricos, nunca ganhou muitos adeptos.[55] Justo González afirma que essa teoria possui grande influência platônica, já que o próprio "Platão acreditava que, antes de nascer neste mundo, as almas já existiam no mundo superior das ideias, de onde

---

54 González. *Uma breve história das doutrinas cristãs*, p. 109.

55 Munyon. "A criação do universo e da humanidade", in: Horton (org.). *Teologia sistemática*, p. 253.

decaíam para o mundo físico das aparências fugazes, para então serem liberadas a fim de retornar à condição original e feliz de intelectos sem corpo".[56] O teólogo pentecostal Timothy Munyon apresenta as principais dificuldades dessa teoria ao afirmar que ela "(1) baseia-se na noção pagã de que o corpo é inerentemente mau e, portanto, uma forma de castigo para a alma"; além de "(2) a Bíblia nunca menciona[r] a criação de seres humanos anteriores a Adão ou qualquer apostasia da humanidade antes da queda, em Gênesis 3" e, finalmente, "(3) a Bíblia jamais atribui[r] nossa presente condição a alguma causa anterior ao pecado de nosso primeiro pai, Adão (Rm 5:12-21; 1Co 15:22)".[57]

A teoria do traducianismo "sustenta que 'a raça humana foi criada imediatamente em Adão, no que diz respeito à alma como também ao corpo, e que ambos são propagados da parte dele para a geração natural'". Dessa perspectiva, tanto a alma quanto o corpo são passados aos filhos por meio dos pais. Oponentes dessa teoria "objetam que, se os pais geram uma alma assim como um corpo, aquela é reduzida a uma substância material" e "argumentam também que o traducianismo estaria afirmando que Cristo participou da natureza pecaminosa ao nascer de Maria", já que ela, como mãe, passaria aos seus filhos tanto características "materiais" (genéticas) quanto imateriais (que vêm da alma). Já a teoria do criacianismo — também chamada de "criacionismo", mas preferimos a primeira forma para que não se confunda com a teoria sobre a criação do mundo — afirma que Deus criou cada alma individualmente. Seus defensores recusam as ideias de que as almas preexistem ou são transmitidas por vínculo familiar e utilizam como principais evidências bíblicas "os textos que atribuem a Deus a criação da 'alma' e do 'espírito' (Nm 16:22; Ec 12:7; Is 57:16; Zc 12:1; Hb 12:9)".[58] A *Declaração de fé das Assembleias de Deus* admite o criacianismo como posicionamento oficial da igreja ao dizer que "a alma é uma substância incorpórea e invisível, inseparável do espírito, embora distinta dele, formada por Deus dentro do homem, sendo também consciente mesmo depois da morte física",[59] mas tal

---

56 GONZÁLEZ. *Uma breve história das doutrinas cristãs*, p. 110.

57 MUNYON. "A criação do universo e da humanidade", in: HORTON (org.). *Teologia sistemática*, p. 253.

58 Ibid., p. 253-4.

59 SILVA, Esequias Soares da (org.). *Declaração de fé das Assembleias de Deus* (Rio de Janeiro: CPAD, 2017), p. 80.

1462 | TEOLOGIA SISTEMÁTICO-CARISMÁTICA

posição não é exclusiva dessa denominação nem mesmo dos pentecostais, pois parece ser a mais aceita atualmente.

Como podemos perceber, a discussão é mais filosófica do que especificamente bíblica e, portanto, fica no campo das inferências e interpretações. Entretanto, é importante destacar que, apesar de a filosofia grega ter auxiliado muitos cristãos no início de nossa caminhada, eles "não estavam dispostos a aceitar tudo o que a cultura helenística afirmava sobre a natureza e o destino humanos". Por isso, apesar de tomarem muitos de seus termos para a teologia, não negaram premissas cristãs básicas, como, por exemplo, o reconhecimento de que todo o nosso ser, inclusive a alma, foi criado por Deus, negando o dualismo gnóstico que acreditava que ela fazia parte de um "reino superior — o *pleroma* ou plenitude — e que, por alguma razão ou de alguma forma, caíra e ficara presa neste mundo inferior da matéria e dos corpos". Não, para os cristãos a alma não é divina, mas "criatura como todo o restante". Também "não é uma porção de Deus que vive no corpo humano e espera ser libertada da prisão", mas "é criatura e, como qualquer criatura, deve sua existência, não à sua natureza, mas a Deus". Justo González afirma que, "por mais que a noção possa surpreender os cristãos hoje, isso implica dizer que a alma não é imortal", ou seja, que "a alma continua vivendo após a morte não porque não possa ser destruída, mas porque Deus lhe concede uma vida contínua". De acordo com o autor, essa foi a "primeira 'cerca' que os cristãos construíram em sua antropologia teológica [...]: os seres humanos, incluindo sua alma, foram criados por Deus e dele dependem para existir".[60]

Entretanto, a alma não é tudo na perspectiva dualista do ser humano. Indo além da visão dicotômica, o tricotomismo também identifica uma porção material e outra imaterial no homem, mas divide a última em alma e espírito. Para os tricotomistas, o corpo é o "invólucro [não a prisão] do espírito e da alma. É a parte física, o homem exterior, que se corrompe, ou seja, envelhece e é mortal". Portanto, não é correto entendê-lo como "inerentemente mau e insignificante, pois ele é templo do Espírito Santo e templo de Deus".[61] Um dos principais argumentos dos defensores dessa perspectiva diz respeito à encarnação de Cristo e a forma em que o corpo é vivificado pelo Espírito, conferindo-lhe valor. De acordo com o pentecostal Severino Pedro da Silva,

---

60 GONZÁLEZ. *Uma breve história das doutrinas cristãs*, p. 110-1.
61 SILVA (org.). *Declaração de fé das Assembleias de Deus*, p. 78.

CAPÍTULO 6 – Antropologia teológica | 1463

"se o corpo fosse a sede do pecado, seria abandonado e não remido: mas foi dito que o Espírito 'vivifica' esse corpo mortal".[62] Uma rápida definição dessa perspectiva e de suas referências bíblicas pode ser encontrada na *Declaração de fé das Assembleias de Deus*:

> Entendemos que o ser humano é constituído de três substâncias, uma física, corpo, e duas imateriais, alma e espírito. Exemplo dessa constituição nós temos no próprio Jesus. Essa doutrina é chamada tricotomia. Cristo é apresentado nas Escrituras com essas três características distintas e essenciais: "todo o vosso espírito, e alma, e corpo sejam plenamente conservados irrepreensíveis [...]" (1Ts 5:23); "[...] e mais penetrante do que qualquer espada de dois gumes, e penetra até a divisão da alma, e do espírito, e das juntas e medulas" (Hb 4:12). Em 1Coríntios 2:14-16; 3:1-4, o apóstolo Paulo mostra o homem "natural", termo que literalmente quer dizer "pertencente à alma", o homem carnal e o homem "espiritual". Por essas passagens do Novo Testamento, a natureza humana consiste numa parte externa, o corpo ou a carne, chamada "homem exterior", e uma parte interna, denominada "homem interior", composta do espírito e da alma.[63]

No tricotomismo, a alma refere-se aos aspectos sentimentais e de personalidade do ser humano, ou seja, ela "é a sede do apetite físico, das emoções, dos desejos tanto bons como ruins, das paixões e do intelecto. É o centro afetivo, volitivo e moral da vida humana" que "comunica-se com o mundo exterior por meio do corpo". Além dela, os tricotomistas trazem uma "novidade" para a discussão antropológica, que é o conceito de espírito. Ele "é distinto da alma", apesar de ser frequentemente "confundido com ela porque os dois elementos são inseparáveis e de substância imaterial",[64] mas possuem "funções" diferentes.

> Com a alma o indivíduo é cônscio e tem vida animal, como o bruto a tem. O espírito é a parte imaterial com suas mais altas capacidades e faculdades. Com espírito, o homem é uma criatura condicionada a relacionar-se com o Espírito de Deus e a possuir razão, consciência,

---

62 SILVA, Severino Pedro da. *O homem: corpo, alma e espírito* (Rio de Janeiro: CPAD, 2004), p. 64.
63 SILVA (org.). *Declaração de fé das Assembleias de Deus*, p. 78.
64 SILVA. *O homem*, p. 79.

livre-arbítrio, que o diferenciam dos outros seres irracionais e o constituem responsável. [...]

Ainda argumenta o tricotomismo que o termo espírito é usado em referência aos homens, aos anjos e a Deus, mas não em referência aos animais. Em Eclesiastes 3:19-21, aplica-se o termo aos animais, mas claramente no sentido de *fôlego*, e quando o autor interpreta o homem do ponto de vista do homem. Logo depois, no capítulo 12, vemos a interpretação do ponto de vista de Deus.[65]

É interessante notar que o espírito traz de volta à constituição humana um conceito parecido com a *rūaḥ* mencionada no Antigo Testamento. Havia a *rūaḥ* humana e a divina, e ambas podiam conectar-se. O mesmo acontece com o espírito humano em relação ao Espírito Santo. Na visão tricotômica, todos os elementos constitutivos, apesar de separados, podem se interinfluenciar. Por isso, quando nosso espírito é vivificado pelo Espírito Santo, todo o nosso ser muda: o fruto do Espírito faz que nossa alma e corpo tenham "caridade, gozo, paz, longanimidade, benignidade, bondade, fé, mansidão, temperança" (Gálatas 5:22), em uma mudança que ocorre de dentro para fora, conforme o diagrama que apresentamos no começo deste tópico.

— O debate atual —

Diante da apresentação que fizemos, surge uma dúvida: afinal, qual dessas visões é a correta? Para início de conversa, é importante apontar uma realidade que pode ser indigesta, mas que não deixa de ser verdadeira: as três posições possuem respaldo bíblico. Isso ocorre porque, como bem explica Justo L. González, "quando o cristianismo começou a se introduzir no mundo greco-romano, [...] Os cristãos não estavam particularmente preocupados, por exemplo, com a questão sobre se o ser humano é composto de corpo e alma, como alguns afirmavam, ou de corpo, alma e espírito, ou mente, como a maioria pensava", e "o próprio fato de que ambas as opiniões aparecem na literatura cristã mais remota — e às vezes nos escritos de um mesmo autor"[66] — já confirma isso. Portanto, a defesa de qualquer uma dessas visões não pode se iniciar pelo argumento sobre o que é "mais bíblico". O que

---

65 Leite Filho, Tácito da Gama. *O homem em três tempos*, 2. ed. (Rio de Janeiro: CPAD, 1983), p. 43.

66 González. *Uma breve história das doutrinas cristãs*, p. 108-9.

deve ser feito, porém, é identificar possíveis desdobramentos antibíblicos em suas interpretações.

As visões dualistas sofrem muito desse problema, pois, por mais que o dualismo seja "provavelmente o conceito mais sustentado no decurso da maior parte da história do pensamento cristão", também se admite que, quando seus componentes "perdem o equilíbrio, podem surgir os erros".[67] Por influência grega — especificamente platônica, que enxergava o corpo como a prisão da alma — que está na base dessa teoria, os dualistas podem acabar desvalorizando o aspecto material, representado pelo corpo, e supervalorizando o aspecto imaterial, representado tanto pela alma quanto pelo espírito. Esse desequilíbrio conduz a heresias, como a dos gnósticos, que, conforme explica o teólogo pentecostal Timothy Munyon, acreditavam que "os seres humanos podiam optar por um destes dois comportamentos: (1) pecar à vontade, pois o espírito bom nunca será maculado pelo corpo mau" ou "(2) castigar o corpo mediante disciplinas ascéticas, por ele ser mau". O autor aponta que esse mesmo erro também pode ser identificado na teologia liberal: "Alguns liberais acreditam não ser o corpo parte essencial da natureza humana, ou seja, a pessoa pode funcionar muito bem sem ele"; outros "chegam ao ponto de apontar a ressurreição da alma em substituição à doutrina bíblica da ressurreição do corpo".[68]

Embora os tricotomistas afirmem que sua perspectiva corrige os problemas do dicotomismo, pois delega funções específicas a cada uma das substâncias constituintes do ser humano, assumindo que todas são igualmente importantes e, portanto, "o que afeta um elemento do ser humano afeta a pessoa inteira",[69] o desequilíbrio que citamos também pode afetá-los. Se, por um lado, o dicotomismo pode conduzir à tendência de se entender a razão como mais elevada e próxima à perfeição, no tricotomismo também podemos cair em um estilo ascético, que supervaloriza a espiritualidade de tal forma que menospreza a vida terrena. Nos dois casos, há uma desvalorização do corpo, e essa perspectiva causou diversas interpretações equivocadas ao longo da história, como, por exemplo, ligar o ato sexual — representado sempre como exemplo do que há de mais carnal em nossa existência — ao pecado original

---

67 MUNYON. "A criação do universo e da humanidade", in: HORTON (org.). *Teologia sistemática*, p. 249-50.

68 Ibid., p. 250.

69 Ibid., p. 252.

1466 | TEOLOGIA SISTEMÁTICO-CARISMÁTICA

descrito em Gênesis, posição que não possui respaldo bíblico, já que a ordem divina antes da Queda foi "Frutificai, e multiplicai-vos" (Gênesis 1:28b).

A valorização de apenas um dos aspectos do ser humano também pode nos induzir a algumas anomalias sociais como a desvalorização da mulher e das crianças. Isso ocorre por uma bagagem histórica que também deriva do pensamento grego, pois para muitos filósofos greco-romanos a mulher era um ser contemplativo e belo, mas sem grandes capacidades intelectuais por estar dominada pela parte material de seu ser. No campo teológico, tal perspectiva levou à crença equivocada de que as mulheres são mais suscetíveis aos pecados carnais, utilizando-se de textos como o de 1 Timóteo 2:14 para respaldar essa ideia. Um pouco sobre esse assunto é explorado pelo historiador Georges Duby. Ao pesquisar sobre a relação entre padres e fiéis no século 12, o francês identificou que esses homens reproduziam a ideia grega de que

> O homem é formado de uma parte carnal, o corpo, e de uma parte espiritual, a alma: a primeira subordinada à segunda. No interior da alma, e na mesma relação hierárquica, coexistem a *pars animalis*, pela qual o corpo é comandado, e a *ratio*, à qual a "parte animal" está subordinada. A *ratio* é dita *virilis*: a razão não é senão o princípio masculino; quanto ao feminino, identifica-se ao *appetitus*, ao desejo. A mulher, como o homem, é dotada de razão; no entanto, a parte animal, desejosa, predomina nela; ao passo que nele, o racional, portanto o espiritual, prevalece. Em consequência, o homem domina, intermediário entre Deus, fonte da sabedoria, a quem deve obedecer, e a mulher, que ele deve comandar.[70]

Embora falar sobre o papel da mulher ainda seja assunto delicado no contexto evangélico brasileiro, não se pode negar que a concepção descrita acima, de que a mulher é intrinsecamente inferior e possui mais tendência ao pecado do que o homem, não possui aporte bíblico, que trata toda a humanidade como igualmente pecadora. O mesmo pensamento de inferioridade também era aplicado às crianças, entendidas como "meio-homens", seres em formação: "As crianças tanto entre os judeus como entre os romanos, não passavam de uma etapa prévia para o pleno *ser-homem*; a sua consciência distintiva não era reconhecida por ninguém, no seu valor próprio. E porque a infância

---

70 DUBY, Georges. *Eva e os padres: damas do século XII* (São Paulo: Companhia das Letras, 2001), p. 48-49.

era classificada como um simples *ainda-não*, ninguém se preocupava com a forma do espírito humano prévia à livre decisão moral, mais ainda, à íntegra existência espiritual e corporal do homem".[71] Exatamente por isso é que a atitude de Cristo ao colocar uma criança como modelo para os que quisessem entrar no reino dos céus foi tão poderosa, pois tomou como referência e paradigma um ser entendido como "insignificante", colocando-o em posição de destaque e reafirmando a concepção cristã de que todos os seres humanos são essencialmente iguais, independentemente de seu gênero, idade ou posição social, como fica explícito em Gálatas 3:28.

Os inúmeros equívocos causados por más interpretações dos conceitos dualistas fizeram que um novo movimento surgisse na antropologia teológica: a recuperação da visão integral do homem que, conforme mencionamos anteriormente, está presente no Antigo Testamento. Os defensores dessa nova perspectiva — que, na realidade, é muito antiga — entendem que "Em decorrência da perspectiva antropológica dualista, desenvolveram-se, século após século, orientações espirituais que desprezavam o corpo, visto como inimigo da vida espiritual, que valorizavam o eterno em detrimento do temporal, a graça divina em detrimento da natureza humana, a oração em detrimento da ação social e política etc.", e constatam que "essa visão continua alimentando a espiritualidade e a vida cristã de não poucos membros das igrejas", que seguem incapazes de "articular, de maneira inclusiva, as dimensões do humano e da vida cristã". A preocupação desses teólogos é que "Uma visão reducionista do ser humano levará a uma ação pastoral também reducionista, gravemente empobrecedora da proposta cristã de salvação".[72] Assim, buscam desenvolver uma antropologia que aborde o homem integralmente: sua espiritualidade, sua relação com o restante da criação, seu corpo, sua vida em sociedade etc.

É preciso aderir à visão integral para corrigir os erros de uma extrapolação do dualismo? Não necessariamente. Os autores deste livro são tricotomistas e acreditam que isso não os impede de elaborar uma visão capaz de abranger diferentes aspectos da realidade humana, sem pender para um extremo dualismo. É possível encarar as visões dualistas de forma sadia, não valorizando uma porção em detrimento da outra, mas entendendo que essa divisão serve

---

71 BALTHASAR, Hans Urs von. *Se não vos tornardes como esta criança* (Prior Velho: Paulinas, 2014), p. 21.

72 RUBIO (org.). *O humano integrado*, p. 9-10.

apenas para auxiliar o estudo teórico sobre nós mesmos. Somos formados por uma parte material, que podemos ver e tocar, mas também somos seres com intelecto e espiritualidade, características que sabemos que existem, mas que não são empiricamente verificáveis. Tudo isso deve estar em harmonia, pois todas essas partes foram criadas por Deus e serão glorificadas no fim dos dias. Apesar de importantes, os assuntos que abordamos neste tópico fazem parte de uma discussão teórica que ainda não alcança o ponto principal da antropologia teológica. Independentemente da perspectiva escolhida — seja ela integral, dicotômica ou tricotômica —, o que jamais muda é a necessidade de uma prática cristã, de uma vida com Cristo e como Cristo.

Sendo assim, podemos afirmar que uma boa antropologia teológica deve conduzir à cristologia, e essa parece ser uma necessidade urgente não só da academia, mas da igreja em geral. Até agora, já respondemos a duas questões antropológicas básicas: quem somos e do que somos feitos? Entretanto, isso não é tudo. Mesmo que o homem saiba quem é enquanto indivíduo e o que forma seu ser, ainda resta a pergunta última da existência, aquela que busca algum sentido para a vida e segue sendo uma incógnita para a sociedade moderna. Por mais que a biologia nos apresente um modelo perfeito de nossa anatomia e a religião aliada à filosofia forneça informações sobre a alma e o espírito, tal conhecimento não passa de mera teoria quando deparamos com as labutas diárias. A humanidade precisa de mais, e não por acaso o evangelho é a resposta para o que ela tanto anseia. Muito além de um grupo de regras, ele é uma forma de vida, ou melhor dizendo, é o convite a uma nova vida, a deixar o velho homem decaído pelo pecado para trás e espelhar-se em Jesus Cristo, o exemplo perfeito de humanidade.

Essa proposta é surpreendentemente atual. Uma característica humana que ficou bem evidente com o advento da internet é que buscamos desesperadamente por exemplos de pessoas em quem possamos nos espelhar. Ser um *influencer*, ou seja, produzir conteúdo para influenciar alguém, já virou até profissão. Pessoas que em outros tempos seriam comuns e anônimas acumulam milhões de seguidores e os influenciam com dicas que vão desde moda e finanças até religião e política. Isso mostra que a humanidade grita por uma direção! Nesse cenário, o caminho mais óbvio seria ver em Jesus um caminho ideal para atrair cada vez mais pessoas ao evangelho. Afinal, como já citamos anteriormente, ele é o exemplo perfeito do que devemos ser; logo, seria o *"influencer"* perfeito para os dias atuais. Entretanto, uma pregação cada vez menos cristológica parece ter tomado conta das igrejas: todos estão ocupados com camadas teológicas, com discussões extrabíblicas ou lutando para provar a veracidade científica da Bíblia.

É fato que esses assuntos são importantes e interessantes, mas ainda não suficientes para conquistar novos adeptos por um motivo muito simples: não é isso o que destaca o evangelho. Ele não é uma verdade filosófica, nem o melhor tratado científico da história e muito menos uma posição política. O evangelho é o convite a uma nova vida. Sua síntese se encontra na pessoa de Jesus Cristo, e é a isso que precisamos voltar: "no tempo do hiperconsumismo, importa muito que o anúncio da boa-nova de que o ser humano é amado, *desinteressadamente e incondicionalmente*, por um Deus que é amor em si mesmo".[73] Como fazer isso de forma sadia? Podemos começar olhando para o passado, mais especificamente para a forma em que os primeiros cristãos continuaram seguindo seu caminho após a ascensão de Cristo aos céus. Nas palavras de Odilo P. Scherer,

> o seguimento do Senhor exaltado na comunidade cristã continuou a ter o seu ponto de referência constante naquilo que foi o seguimento pré-pascal de Jesus. Este permaneceu também o critério segundo o qual foram sendo corrigidos os desvios na vivência da fé e das formas concretas de realização do seguimento do Senhor. Quando o entusiasmo apocalíptico e a espera ardorosa da parúsia levavam a interpretar o discipulado como uma participação já garantida e antecipada na glória do Cristo exaltado, a recordação da imagem de Jesus, como justo sofredor, obediente nas provações até a morte na cruz, imprimia novamente realismo histórico ao seguimento do Senhor e à vivência da fé, superando o risco da alienação do mundo, onde os discípulos são chamados ao serviço, à caridade fraterna e ao empenho missionário. O seguimento de Jesus era experimentado, sobretudo, comunhão na vida e no destino de humilhação, sofrimento e exaltação de Jesus.[74]

Com isso, aprendemos que seguir Jesus é viver como ele viveu. Essa afirmação pode parecer óbvia, mas se perde na ordem do dia, onde diversas camadas teóricas cobrem o fato de que, no fim, a imitação do Mestre é o

---

73 Ibid., p. 293.
74 SCHERER, Odilo Pedro. *"Justo Sofredor": uma interpretação do caminho de Jesus e do discípulo* (São Paulo: Loyola, 1995), p. 301.

1470 | TEOLOGIA SISTEMÁTICO-CARISMÁTICA

que verdadeiramente importa. Conforme desenvolvemos no capítulo anterior, sobre cristologia, o ministério terreno de Cristo tem grande valor teológico, especialmente para os cristãos carismáticos e pentecostais, pois os relatos sobre esse período nos revelam um Jesus carismático, profundamente comprometido com o Espírito Santo e guiado, do começo ao fim de seu caminho, por ele. Ter esse fato em mente foi o que permitiu que os discípulos de Cristo — ou seja, o primeiro grupo de cristãos da história — pudessem seguir pregando e vivendo uma mensagem viva, que é muito mais profunda do que as verdades teóricas que dominavam o imaginário greco-romano até então. Ainda nas palavras de Scherer, "sem a referência ao caminho histórico de Jesus, a palavra 'de Cristo', proclamada no querigma pascal, ter-se-ia transformado em doutrina abstrata, a ser acolhida simplesmente de modo intelectual, como um 'conhecimento verdadeiro'".[75] Portanto, diferenciando-se dos grupos "religiosos" que surgiam na época, o seguimento de Jesus "não levou simplesmente à imitação de um modelo idealizado e atemporal, nem transformou o caminho de Jesus numa via numa mera proposta de ascetismo, mas continuou caracterizando-se como um relacionamento pessoal e comunitário com a pessoa de Jesus Cristo, enquanto Senhor da comunidade".

> Já no discipulado pré-pascal de Jesus, a relação entre Jesus e seus discípulos implicava essencialmente na comunhão de vida e destino com ele; "estar com ele", significava ser introduzido na experiência da vida nova do reino de Deus, que se manifestava na pessoa, nas palavras e nos gestos de Jesus. Em sua vida terrena, Jesus significou, para os seus discípulos, muito mais do que um grande mestre ou um modelo de vida ascética. Não se tratava apenas de um mestre espiritual extraordinário, ou de um profeta. Com muito maior convicção, depois dos eventos pascais, os discípulos passaram a afirmar a singularidade do caminho e da pessoa de Jesus. Suas palavras também não foram anunciadas simplesmente como a interpretação mais válida da Lei. Os discípulos anunciaram, antes de tudo, que Jesus é o Ungido de Deus, exaltado à direita de Deus para ser o Senhor dos que o seguem. O discipulado pós-pascal caracteriza-se, portanto, como um relacionamento pessoal com Jesus Cristo; os fiéis são convidados ao seguimento e ao ato de fé na sua pessoa. Ele é o Filho do Homem, o novo Adão, o novo Jacó-Israel, que inaugurou e contém em si a nova humanidade,

---

75 Ibid., p. 303.

o povo de Deus dos tempos escatológicos. A vida no seguimento faz ser membro do seu corpo, que é a Igreja, e estar unido a ele, como o ramo da videira.[76]

Diante disso, percebemos que, apesar de carismático, Jesus não nos chama a uma vida isolada; ao contrário, nos convida a *viver* no Espírito. Cristo não viveu no deserto; ele se preparou nele, mas seu ministério foi entre pessoas comuns e, principalmente, entre pecadores que precisavam de redenção. Daí vem uma importante correção para o problema dualista que mencionamos anteriormente: tendemos a encarar a realidade de forma radical, confundindo material e imaterial com pecaminoso e santo, mas a vida cristã é mais complexa do que esse dualismo, principalmente quando permitimos que o Espírito nos guie em todas as áreas. Por mais que a nossa vida terrena seja uma pequena etapa quando comparada à vida eterna que nos espera em Cristo, não devemos desprezá-la, assim como Jesus também não desprezou seu ministério terreno, mas buscou ser fiel e obediente à sua missão durante todo aquele tempo, além de espalhar seus ensinamentos a todos os que se dispuseram a ouvir de coração aberto. Assim também, devemos entender nossa existência: "A vida eterna está por ora ainda escondida em Cristo (Cl 3:3), mas já está também presente (Ef 2:5s.)". Portanto, "vida presente e vida futura podem ser compreendidas somente como um todo", pois "a fé 'tem a promessa da vida presente e da futura' (1Tm 4:8)".[77] Assim,

> se já a vida presente é existência cristã, ela não pode ser aviltada e desprezada como má e sem valor, como acontece numa concepção dualista do mundo. É verdade, isto pode ser tentador; mas "nem a morte, nem a vida, nem os anjos, nem os principados, nem as coisas presentes, nem as futuras, nem as potestades, nem as alturas, nem os abismos, nem outra qualquer criatura nos poderá apartar do amor de Deus, que está em Cristo Jesus Nosso Senhor" (Rom 8:38 s.). A vida pode ser um poder antidivino, e a prepotência do elemento biológico pode ameaçar de asfixiar o espírito. O risco pode ser descrito também da forma como Paulo diz: "Vivemos na carne. Mas a vida na carne não pode ser uma vida segundo a carne" (2Co 10:3).[78]

---

76 Ibid., p. 302.
77 SCHELKLE, Karl Hermann. *Teologia do Novo Testamento* (São Paulo: Loyola, 1978), vol. 4, p. 240.
78 Ibid.

1472 | TEOLOGIA SISTEMÁTICO-CARISMÁTICA

Aqui é importante ressaltar que Karl Hermann Schelkle destaca como poder "antidivino" da vida terrena — que ele também chama de "morte presente", já que só conheceremos a vida em toda a sua plenitude quando formos glorificados[79] — a possibilidade de asfixiarmos o espírito. Percebemos, então, que o pecado e a vida longe da santidade não ocorrem necessariamente quando nos apegamos à realidade material, e sim quando decidimos viver uma vida longe do Espírito, indo na direção contrária à prática que Cristo ensinou. Esse detalhe deve ser o foco de uma antropologia teológica carismático-pentecostal: não é possível viver como Jesus longe do Espírito Santo. É ele quem nos santifica, permitindo que sejamos adotados como parte do corpo de Cristo, e também é ele que, quando colocado como guia de nossa vida, nos dá garantia de que seguimos pertencendo a esse Corpo e não nos desviamos do caminho da cruz. Portanto, continua Schelkle,

> a esperança que radica em Cristo já determina a vida presente. O homem já não pode viver para si. Deve viver para Cristo que viveu e ressuscitou por todos (2Co 5:15). Os que foram redimidos por Cristo deverão viver para Deus (Rm 6:11-13; 14:7s.; Gl 2:19). Os que receberam o Espírito devem andar no Espírito (Gl 5:25). O homem justificado pela fé há de viver (Rm 1:17). Aquele que crê participa da vida de Cristo que não conhece fim (Rm 6:23).[80]

Mesmo na terra, já vivemos uma vida que será eterna. Portanto, é preciso valorizá-la, não pendendo para um ascetismo que odeia tudo o que é material, nem "racionalizando-se" a ponto de achar que o Espírito está restrito à vida religiosa ou serve apenas para seguir um destino já predeterminado, não tendo liberdade para agir em nosso cotidiano. Essa verdade pregada de forma tão simples e rotineira nos púlpitos pentecostais e carismáticos não deve ser entendida como rasa, mas vivida e interpretada em toda a sua profundidade teológica.

---

79 Nas palavras do autor, "a atual vida terrena pode ser qualificada como bem sem-par e inestimável (Mc 8:37). O serviço messiânico de Jesus destina-se, em grande parte, à restituição da vida sã e salva. O poder de Cristo é invocado para conservar uma vida ameaçada (Mc 5:35) ou restituir uma vida perdida (Lc 7:12; Jo 11:3). Não obstante, a vida terrena é compreendida como vida provisória. O homem natural deve ser considerado como morto, apesar de toda a sua vitalidade (Mt 8:22; Lc 15:24; Ef 5:14; Cl 2:13). A verdadeira vida depende da palavra de Deus (Mt 4:4 = Dt 8:3). É a vida vindoura, depois da morte, que é chamada simplesmente de vida (Mt 7:14; Mc 9:43; 1Pe 3:7). Esta é a vida eterna (Mt 19:16; Rm 1:17)" (ibid., p. 239).

80 Ibid., p. 240.

A CRIAÇÃO DIVINA

Mais do que o homem, a antropologia teológica também pode dedicar-se a abordar a criação como um todo. Para isso, devemos retornar a Gênesis. Já mencionamos anteriormente que esse relato se destaca por dois motivos principais: 1) é divinamente inspirado, não sendo apenas mais um texto antigo, mas sim um livro sagrado; e 2) descreve o início não apenas do povo de Israel, mas de toda a humanidade, o que lança importantes bases para a discussão sobre a dignidade e os direitos fundamentais de todos os seres humanos. Entretanto, apesar de importantes, essas não são as únicas características que destacam o relato judaico. Os mitos de criação eram comuns na Antiguidade. Cada povo desenvolvia uma história para explicar de que forma o mundo se tornou realidade, e nas cosmogonias pagãs ele sempre vem do acaso, de uma disputa entre deuses ou algum acidente. No Gênesis bíblico, isso não acontece. Dizer que Deus ficou "desapontado" com a rebelião de uma parte dos seres angelicais (cf. Isaías 14:11-23; Ezequiel 28:11-19; Judas 6) e por isso criou o mundo não passa de mera retórica autocondescendente. Na realidade, Deus *decide* criar e o faz por livre e espontânea vontade. Além disso, reserva total atenção a cada detalhe de sua criação. A cada dia, algo novo surge mediante o uso de sua palavra: a luz, o sol, a lua, as estrelas, os animais, as plantas e, finalmente, o homem, que é forjado do barro e feito à imagem e semelhança do próprio Deus. Isso revela não apenas intenção e liberdade ao criar, como também cuidado.

Esse cuidado se reafirma quando Deus delega uma primeira missão a Adão, descrita já em Gênesis 2:15: "E tomou o SENHOR Deus o homem e o pôs no jardim do Éden para o lavrar e o guardar". Embora toda a criação estivesse à disposição do homem para seu próprio sustento (Gênesis 1:29-30), Deus não desejava que ele a explorasse de forma irresponsável; antes o coloca como cocriador, trazendo todas as criaturas que havia feito para que Adão as conhecesse e nomeasse (Gênesis 2:19). Isso nos conduz à posição de guardadores da criação, encargo que é reafirmado mesmo após a Queda, quando Deus recomenda ao povo de Israel que, depois de seis anos de colheita, o sétimo deveria ser de descanso para a terra (Levítico 25). É importante ressaltar essa ordem, pois não raramente alguns problemas considerados secundários — como, por exemplo, esse do cuidado com o meio ambiente — costumam ser "resolvidos" por teólogos com a desculpa de que tudo mudou depois do

1474 | TEOLOGIA SISTEMÁTICO-CARISMÁTICA

pecado de Adão, criando um sentimento conformista com a realidade atual. Mas essa interpretação não faz sentido, como bem mostra a reflexão do teólogo pentecostal Elienai Cabral:

> "Porque toda a criação geme e está juntamente com dores de parto até agora" (Rm 8:22). Se esta escritura tivesse feito parte do discurso de algum ecólogo moderno, não estranharíamos, mas ela foi escrita no primeiro século da era cristã. Naquele tempo, o autor não tinha a menor ideia de que esta escritura poderia significar tanto em nossos tempos de terceiro milênio. A inspiração do Espírito Santo ao apóstolo Paulo vislumbrava o presente e o futuro no sentido espiritual. Porém, quando ele fala do gemido da criação, incluía tanto a natureza animada como a inanimada. Aponta para o fator causador desse gemido no versículo 20 do mesmo capítulo, quando diz que "a criação ficou sujeita à vaidade, não por sua vontade, mas por causa daquele que a sujeitou". Vaidade de que e de quem? A expressão refere-se, de fato, "à vaidade daquele que a sujeitou". Quem sujeitou a criação ao desequilíbrio ecológico, senão o inimigo principal do Criador, o Diabo, com sua vaidade e egoísmo? Ora, sabemos que a criação inanimada não tem vontade própria, senão pela vontade de Deus. Deus condenou a Satanás por ter sido o agente que induziu Adão e Eva a desobedecerem a Deus. Por esse modo, entende-se que a criação tornou-se cúmplice dos pecados e da desgraça que operam no mundo. A criação tornou-se sujeita "ao sofrimento e às catástrofes físicas" (BEP).[81] O texto diz que "a criação ficou sujeita à vaidade", e isto significa que toda a criação, animada e inanimada, foi submetida a "um estado de futilidade deplorável", como escreveu Matthew Henry. Com a consciência aguçada acerca do "gemido da terra", a Igreja de Cristo tem um papel restaurador e mantenedor dos poderes vitais que dão sustentação à vida na terra. Quando Deus criou o homem, o criou com poder de governar e administrar a vida na terra de forma a manter e preservar os seus valores vitais (Gn 1:28).[82]

Portanto, o pecado não prescreveu a ordem divina: cuidar da terra segue sendo nossa responsabilidade. Curiosamente, o olhar atento a esse detalhe de Gênesis está perfeitamente alinhado às recentes discussões sobre ecologia

---

81 Sigla de *Bíblia de estudo pentecostal* (CPAD).

82 CABRAL, Elienai. *Mordomia cristã: aprenda como servir melhor a Deus* (Rio de Janeiro: CPAD, 2003), p. 36.

CAPÍTULO 6 – Antropologia teológica | 1475

e a urgente preocupação com o cuidado em relação ao planeta, cada vez mais necessárias em um mundo industrializado. Na teologia também tem crescido o interesse por esse assunto, que já possui até mesmo uma área com nome definido: ecoteologia. Contudo, segue sendo considerado algo de "somenos importância", fato admitido pelo próprio teólogo pentecostal Elienai Cabral em sua obra *Mordomia cristã*: "Lamentavelmente, essa questão tem sido relegada no ensino geral da igreja". Para Cabral, isso se deve à "espiritualização radical feita do nosso papel no mundo em que vivemos", pois ela "nos faz alienados à vida terrena, da qual tiramos nossa subsistência". Assim, "tendemos a supervalorizar os problemas de ordem espiritual em detrimento dos problemas de ordem física e material".[83] Tal afirmação pode parecer estranha a leitores pentecostais e carismáticos. Afinal, não é isso que estamos defendendo desde o início da obra? Não optamos por uma via apofática da teologia, enxergando o mundo com lentes místicas?

É preciso entender que tipo de espiritualização está sendo criticada por Cabral antes de apontar dedos para essa ou aquela tradição. Na verdade, a espiritualidade pouco saudável, que leva à extrema separação entre sagrado e secular, não é a que enxerga espiritualidade em tudo, mas aquela já muito influenciada pelo racionalismo. Para entender um pouco sobre o que estamos falando, recorreremos a C. S. Lewis, um dos literatos mais queridos pelo público cristão brasileiro atualmente. Ao comentar sobre a forma pela qual nossa sociedade cada vez mais cientificamente avançada lida com o mundo à sua volta, ele afirma que "quando depreendemos uma coisa analiticamente, a dominamos e a usamos para nossa própria conveniência, [...] fazemos abstração da sua causa final (se é que existe alguma) e a tratamos quantitativamente". A vida que nos cerca passa, então, a ter certos elementos suprimidos, "impedindo que tenhamos uma percepção completa do objeto", e, para Lewis, "essa supressão às vezes se faz de maneira bastante agressiva e mesmo dolorosa", pois "é preciso vencer algumas barreiras antes de sermos capazes de cortar um cadáver ou um animal vivo numa sala de dissecação".[84] Nas palavras do autor:

> Não podemos ver as árvores como dríades ou admirá-las em sua beleza quando as cortamos em tábuas. É possível que o primeiro homem a fazê-lo tenha percebido claramente a atrocidade que cometia, e as

---

83 Ibid., p. 33.

84 LEWIS, C. S. *A abolição do homem* (São Paulo: Martins Fontes, 2005), p. 66.

1476 | TEOLOGIA SISTEMÁTICO-CARISMÁTICA

árvores sangrando de Virgílio e de Spenser podem muito bem ser ecos distantes desse sentimento primevo de impiedade. As estrelas perderam seu aspecto divino conforme a astronomia se desenvolveu, e o Deus Morto não tem nenhuma função na agricultura da era química. Para muitos, esse processo é simplesmente a gradual descoberta de que o mundo real é diferente daquilo que esperávamos, e a velha oposição a Galileu ou aos "violadores de túmulos" não passa de obscurantismo. Mas essa é uma visão parcial. A ideia de que os objetos, despidos das suas propriedades qualitativas e reduzidos à mera quantidade, são perfeitamente reais não é uma ideia típica dos grandes cientistas modernos. Os pequenos cientistas, e os pequenos e nada científicos seguidores da ciência, podem pensar assim. As grandes mentes sabem muito bem que o objeto, tratado dessa forma, não passa de uma abstração artificial, e que com esse processo algo de sua realidade foi perdido.[85]

A preocupação de Lewis é que esse processo chegue à própria espécie humana, pois "se o homem resolver tratar a si próprio como matéria bruta, matéria bruta ele será",[86] e é isso que o autor chama de "abolição do homem", pois, quando se tira a humanidade, o valor intrínseco, o olhar sensível para um ser, então ele vira mero objeto. Daí surgem as diversas anomalias sociais que observamos: o racismo, a xenofobia, a escravidão, o ódio ao outro, sem entendê-lo como alguém que também compartilha da mesma origem que nós. Esse é o enfoque de Lewis ao falar sobre tais coisas, não o negacionismo à ciência, como ele próprio admite que pode ser interpretado por alguns de seus leitores. Ele apenas busca uma ciência um pouco mais sensível, menos positivista, que se abra à possibilidade de admitir que o homem e a realidade que o cerca não são feitos apenas do que se pode ver e tocar, mas são intrinsecamente compostos do transcendental, daquilo que jamais poderá ficar preso em um tubo de ensaio ou observado por potentes microscópios.

Infelizmente, a visão fria sobre a natureza já chegou ao senso comum e, consequentemente, à teologia de muitas igrejas. O mundo já não é mais enxergado por lentes "encantadas", mas sim racionalistas. Assim, muitos não enxergam sentido em falar sobre a natureza com base em uma visão teológica, pois não entendem o planeta como algo espiritualmente relevante. Entretanto, esse é um grave erro, não apenas pelas noções morais que a ecologia tem

---

85 Ibid., p. 66-7.
86 Ibid., p. 69.

CAPÍTULO 6 – Antropologia teológica | 1477

trazido nas últimas décadas, mas principalmente por motivos bíblicos. Por mais que o homem seja feito à imagem e semelhança de Deus, ele não deve entender-se como algo à parte da criação. Nas palavras de Millard Erickson,

> como as demais criaturas, o ser humano foi criado em um dos dias da Criação, no mesmo dia (o sexto) que os animais terrestres. [...] Há um grande abismo metafísico entre os extremos ontológicos. Esse abismo, porém, não é entre a humanidade e o restante da criação. É entre Deus, em um extremo, e todas as outras criaturas, no outro. O ser humano, cujas origens remontam a um dos dias da Criação, tem um vínculo muito mais estreito com todos os outros seres criados do que com o Deus que o criou.[87]

Por isso, não podemos adotar uma postura arrogante em relação ao restante da criação, acreditando que ela existe para o nosso bel-prazer ou desfrute irresponsável, pois somos parte dela. O mandato cultural — ou comissão cultural, que é como chamamos a ordem de cuidar da criação — não nos transformou em pequenos deuses ou donos do mundo; apenas nos deu mais responsabilidades. Isso fica evidente pela forma com que Deus conduz a questão da terra com o povo de Israel. Ele fez uma promessa a Abraão, tirou seus descendentes do Egito e, enquanto os guiava de volta a Canaã, foi ensinando-lhes como deveriam se portar quando chegassem ao seu destino, mediante ordens divinas que não diziam respeito apenas a questões que hoje consideramos morais, mas incluíam até mesmo o cuidado com a terra. O teólogo Christopher J. H. Wright afirma que "um cínico poderia ser tentado a dar de ombros [...] e dizer que certamente, se a terra fora dada a Israel, os israelitas tinham liberdade de usar e abusar dela como bem entendessem", mas essa perspectiva ignora o fato de que "*a terra continuava sendo a terra de Deus*". Sim, ele havia feito uma promessa ao povo de Israel, mas ainda "retinha o título definitivo de posse e, portanto, também o direito definitivo de autoridade moral sobre como devia ser usada". Nas palavras do autor, isso fica evidente em textos como Êxodo 15 e Deuteronômio 32:43, mas a declaração mais explícita "encontra-se em Levítico: 'a terra é minha; pois vós sois para mim estrangeiros e peregrinos' (25:23)".[88] Ainda de acordo com Wright,

---

87 ERICKSON, Millard J. *Teologia sistemática* (São Paulo: Vida Nova, 2015), p. 479.

88 WRIGHT, Christopher J. H. *Povo, terra e Deus: a relevância da ética do Antigo Testamento para a sociedade de hoje* (São Paulo: ABU, 1991), p. 59.

1478 | TEOLOGIA SISTEMÁTICO-CARISMÁTICA

a descrição do relacionamento dos israelitas com Deus no que se refere à terra, neste versículo, é interessante. Os termos "estrangeiros e peregrinos" referiam-se a uma categoria de pessoas dentro da sociedade israelita que não possuíam terra alguma, sendo descendentes da antiga população cananita ou, então, de trabalhadores imigrantes; portanto, dependiam totalmente de serem aceitos para morar com uma família israelita estabelecida na terra. Enquanto a família do hospedeiro conservasse a sua terra e estivesse economicamente bem, a posição deles estava assegurada. Mas, sem tal proteção, ficavam realmente vulneráveis. Deus se coloca no papel do proprietário da terra e os israelitas como seus inquilinos dependentes. Enquanto o relacionamento entre eles fosse mantido e a sua proteção garantida, estavam seguros. Mas, caso se rebelassem contra a autoridade dele e a sua proteção fosse retirada, teriam de enfrentar as consequências. A implicação era clara: "Tenham cuidado com o que vocês fizerem na minha terra e com ela". Um fenômeno socioeconômico (trabalhadores dependentes nas famílias israelitas) foi usado para descrever figurativamente um relacionamento teológico (entre Israel e Deus), de tal modo que a implicação ética pode ser voltada para o reino socioeconômico.[89]

O cuidado com a terra também era importante por uma questão econômica. Além de ser presente divino, era dela que o povo garantia seu sustento e moradia, e, se a terra passava a ser explorada de forma irresponsável, anomalias sociais logo surgiam. Isso não deveria ocorrer entre o povo escolhido de Deus, pois ele deveria ser um modelo para as demais nações, em vez de reproduzir os pecados que já existiam no meio delas. Aqui se evidencia mais uma vez a perspectiva integral sobre o homem — que já examinamos no tópico anterior — e como ela se estendia a toda a realidade israelita: cada detalhe estava interligado, desde o *shabbat* e a alimentação até a forma de se cuidar da terra e da economia. E hoje sabemos que isso procede, pois a vida cristã não está limitada a algumas poucas áreas, mas alcança o todo. Não se é povo escolhido apenas no culto, mas em todos os momentos da vida. Entretanto, também é importante destacar que o povo de Israel não entendeu essa perspectiva. Mesmo que sua visão fosse integral, eles também hierarquizaram a lei, dando importância às questões morais e litúrgicas — guardar o sábado, celebrar a Páscoa etc. — e deixando as demais áreas de lado, por entendê-las

---

89 Ibid., p. 59-60.

como algo menor. Entretanto, Deus mostra constantemente que eles estavam errados e levanta profetas para denunciar isso. Seu objetivo com a prescrição de leis e sacrifícios que deveriam ser realizados quando se cometia determinado pecado não era transformar essa prática em uma barganha, e sim fazer que o povo não quisesse pecar, sendo transformado por inteiro e confiando na palavra divina, objetivo que fica completamente evidente com o evangelho pregado por Jesus Cristo.

A questão do cuidado com a terra tinha ainda uma terceira implicação, que é a plena confiança em Deus e negação da idolatria. O teólogo Christopher Wright afirma que "houve uma luta prolongada na primitiva Israel, até que os israelitas entendessem que o Senhor, o Deus vitorioso de sua história redentora, também era totalmente competente em questões do uso da terra, chuva, fertilidade, colheitas e gado". O povo de Israel, "desde a conquista até o exílio", mantinha a "tendência de considerar os baalins dos antigos ocupantes da terra como mais capazes de 'produzir' no reino econômico", por isso continuavam praticando idolatria e fazendo simpatias para esses deuses. Tal prática foi denunciada pelo profeta Oseias e considerada a prostituição de Israel (Oseias 2:5,8), "embora já possamos percebê-la em Elias e, mais tarde, em Jeremias". Wright aponta que "a ironia é que Israel aparentemente não percebia que isso era deslealdade para com o Senhor. Afinal, não lhe estavam prestando culto com todas as suas festividades, sábados etc. (v. 11)?"[90] É por esse motivo que Deus afirma estar enojado dos sacrifícios dos israelitas, não porque não valorizasse tais práticas quando feitas de coração sincero, mas porque aquele culto havia se tornado algo vazio. O povo ainda não tinha total fé em Deus, queria desfrutar de sua promessa, mas apelava para outras divindades.

É certo que os textos citados falam especificamente de Canaã, pois esse era o foco da promessa feita ao povo de Israel. Entretanto, é um erro acreditar que tais passagens não tenham nada a nos ensinar nesse assunto do mandato cultural. Deus queria que o povo cuidasse da sua terra, pois 1) ela ainda pertence a ele; 2) é um presente divino e mediante ela é garantido o sustento e a moradia dos seres humanos; e 3) por meio da terra, Deus demonstra sua fidelidade. Portanto, eles deviam seguir as ordens divinas de cuidar da terra como ele ordenou e confiar que não lhes faltaria mantimento, sem apelar

---

90 Ibid., p. 62.

1480 | TEOLOGIA SISTEMÁTICO-CARISMÁTICA

para simpatias e métodos idólatras. Como podemos trazer isso para os dias atuais? Em primeiro lugar, devemos entender que o cuidado com a terra é muito mais do que uma questão moral ou ecologicamente correta, mas um reconhecimento da soberania divina. Quando seguimos a ordem que foi dada a Adão já depois de seu nascimento, então reconhecemos Deus como o criador soberano dos céus e da terra, que por sua infinita bondade nos presenteou com um planeta cheio de belezas e fartura. Os teólogos pentecostais Stanley Horton e William Menzies afirmam que o olhar impiedoso e arrogante para a natureza se inicia quando negamos essa soberania e tentamos roubar o lugar de Deus, crendo que somos nós os donos da criação, não ele. Comentando acerca do texto de Gênesis 1:26-28, que trata da "comissão cultural", eles afirmam:

> Observe-se que essa passagem não implica na exploração do mundo natural, mas em cuidá-lo e usá-lo de maneira apropriada. Subjugar a terra significa sujeitar seus recursos a controle e uso apropriados. Esse era o ponto de partida de uma ciência que ensinaria as pessoas a usarem a terra apropriadamente. Governar o mundo animal incluía o cuidado apropriado e o respeito às criaturas. Esta passagem é o impulso inicial de uma ciência que ensinaria às pessoas sobre todos os organismos vivos e a maneira de tratá-los. Infelizmente, conforme nos mostra o primeiro capítulo da Epístola aos Romanos, os homens destronaram Deus, puseram o próprio "eu" no trono e caíram em toda forma de idolatria, pecado e perversão. E, enquanto creram em muitos deuses — nenhum dos quais exercia controle completo, e muitos até se combatiam —, não puderam acreditar em qualquer consistência na natureza ou nas leis naturais.[91]

Portanto, percebemos ainda hoje uma consequência dessa idolatria, pois, cada vez que enxergamos a natureza como mero objeto, perde-se de vista o fato de que ela também é criação divina e, consequentemente, o Deus Criador também fica esquecido. É por esse motivo que o teólogo pentecostal Elienai Cabral afirma "que a Igreja tem um papel ecológico na terra", pois a ecologia, o cuidado com o meio ambiente, "não é meramente um assunto de preocupação da humanidade, mas também um assunto do interesse do Criador, que

---

91 HORTON, Stanley M.; MENZIES, William. *Doutrinas bíblicas: os fundamentos da nossa fé* (Rio de Janeiro: CPAD, 1995), p. 64-5.

CAPÍTULO 6 – Antropologia teológica | 1481

controla e preserva a sua criação, a natureza". A igreja deve despertar-se para o cumprimento do seu papel na sociedade, "ensinando aos cristãos viverem com sabedoria nesse nosso ambiente criado por Deus" e alertando para o fato de que o "desmatamento irracional das florestas; a poluição dos rios e mares; a fumaça industrial na atmosfera e tantos outros elementos corrosivos da natureza alteram todo o ecossistema" e, "uma vez alterado o 'meio ambiente', as consequências serão desastrosas, tais como acontece com as enchentes, a mortandade de peixes dos rios"[92] etc. Ainda nas palavras de Cabral,

> a Igreja não pode omitir-se do seu papel de guardiã dos oráculos de Deus, que ensinam a preservar as fontes vitais de subsistência. As fontes naturais de energia estão se esgotando com o desmatamento irracional de nossas matas, com a poluição de nossos rios e mares, com a poluição do ar. O desenvolvimento desigual marcado pela ganância na sociedade humana tem sido danoso para o ecossistema do planeta, isto é, para os sistemas naturais de vida. Se no mundo secular existe esta preocupação com o "desenvolvimento irracional" da tecnologia e da ciência, e as organizações mundiais de ecologia lançam seus apelos aos governos das nações; se congressos e fóruns internacionais são realizados em várias partes do mundo visando promover consciência ecológica nos povos, muito mais deve a Igreja de Cristo mostrar ao mundo que se preocupa com a manutenção das nossas fontes naturais de energia.[93]

Em nossa perspectiva carismático-pentecostal da teologia, o aspecto de enxergar no cuidado com a terra um reconhecimento da soberania divina ganha ainda mais peso, pois, conforme desenvolvemos no capítulo de pneumatologia,[94] reconhecemos que a criação teve início e ainda se mantém graças à presença contínua do Espírito Santo. Portanto, Deus está presente em toda a criação. Essa afirmação pode parecer chocante quando lida dessa forma. Afinal, até mesmo alguns carismáticos olham para a natureza com lentes racionalistas "desencantadas", acreditando que qualquer visão que tente espiritualizá-la seja uma forma de panteísmo. Mas esse fato é admitido até

---

92 CABRAL. *Mordomia cristã*, p. 34-5.
93 Ibid. p. 35-6.
94 Cf. os subtópicos "O Espírito Santo na Criação" e "Movimento, vida e ordem", p. 409 e 430, respectivamente.

1482 | TEOLOGIA SISTEMÁTICO-CARISMÁTICA

mesmo por grandes nomes da tradição reformada, como Abraham Kuyper, que, ao falar sobre como o Espírito Santo é o responsável por promover o contato direto de Deus com a humanidade, afirma que no "mundo visível, essa ação consiste em acender e avivar a centelha de vida, sendo, portanto, bastante natural e completamente harmônica com o caráter geral do ensino das Escrituras que diz que o Espírito Santo de Deus se move sobre a face das águas e cria o exército do céu e da terra, ordenado, animado e resplandecente". Kuyper afirma que não falará acerca das demais criaturas em sua obra, mas que isso não significa que "o Espírito Santo não tenha nada que ver com a criação deles", pois pelo "Salmo 104:30 provamos o contrário".[95]

Portanto, podemos dizer com tranquilidade que o Espírito Santo está presente na criação — aqui entendida apenas como o que chamamos de "natureza" —, e, mesmo que ela não tenha sido feita à imagem e semelhança divina, como os seres humanos, também é cuidada e mantida por Deus e pode adorá-lo quando cumpre seu papel. Seguir o mandato cultural é, então, uma questão simples de obediência, de demonstrar pela criação divina o mesmo cuidado e zelo que o próprio Deus tem pelo mundo que ele criou. Mas isso não é tudo. Além do reconhecimento da soberania divina e da obediência, cuidar da terra também é uma questão soteriológica: a terra foi amaldiçoada por causa do nosso pecado, e o "único caminho pelo qual a terra pode ser liberta de sua maldição é o perdão, a cura e a restauração da descendência de Adão". Quanto mais maltratamos a terra, mais expomos nossa decadência moral. O teólogo e ambientalista James Jones afirma que esse fato é reconhecido até mesmo por "ambientalistas, ativistas e lobistas", que nada têm a ver com a religião cristã, e cita um livro onde John McNeill "mostra como a insensatez e a ganância humana são responsáveis pela enfermidade da terra", provando que não é necessário "crer em Deus para acreditar no adágio bíblico 'Você colhe o que semeia'".[96] Jones mostra que, apesar de a maioria dos estudos sobre a relação entre o cristianismo e a terra procurarem base bíblica no Antigo Testamento, o Novo também oferece rico conteúdo sobre o assunto. Ao comentar sobre a passagem de Romanos 8:21-22, onde Paulo afirma que a criação geme, "agarrando-se à esperança de que a própria criação será redimida do cativeiro da corrupção", Jones afirma:

---

95 KUYPER, Abraham. *A obra do Espírito Santo: o Espírito Santo em ação na igreja e no indivíduo* (São Paulo: Cultura Cristã, 2010), p. 70.

96 JONES, James. *Jesus e a terra: a ética ambiental nos Evangelhos* (Viçosa: Ultimato, 2008), p. 27-8.

CAPÍTULO 6 – Antropologia teológica | 1483

De acordo com Paulo, o futuro de toda a terra e toda a criação tem uma ligação estreita com o destino dos filhos de Deus. Uma humanidade redimida é fundamental para esse ponto de vista. O ponto-chave para esta redenção é o perdão de Deus. Em resumo, como a terra pode ser liberta da maldição do pecado humano? Somente por meio de um descendente de Adão, escolhido e ungido por Deus, que tenha "sobre a terra autoridade para perdoar pecados". Sem dúvida, foi assim que Lucas viu a Jesus. Somente esse Jesus, que é *Filho do Homem* [que] tem sobre a *terra* autoridade para perdoar pecados", pode desfazer os danos que Adão causou à terra. Lucas não tem dúvida de que a pessoa e a obra de Jesus são relacionadas ao primeiro Adão. Ele pode não articular isso com a eloquência de Paulo em Romanos 5 e em 1 Coríntios 15. Mas, dois capítulos antes, no clímax de sua genealogia de Jesus, Lucas declara inequivocamente que este Filho do Homem, que tem autoridade sobre a terra para perdoar pecados no capítulo 5, descende diretamente de ninguém mais que o "Filho de Adão", ou seja, "Filho daquele que foi formado do pó da terra": "Ora, tinha Jesus cerca de trinta anos ao começar o seu ministério. Era, como se cuidava, filho de José... filho de Enos, Enos, filho de Sete, e este, filho de Adão, filho de Deus" (Lc 3:23-38).[97]

Quando Jesus afirma ter autoridade sobre a terra para perdoar pecados, ele revela mais uma vez sua missão e nos mostra que sua obra salvífica não é pontual, mas engloba toda a criação. Por meio dele, ela foi criada e, por meio dele, será restaurada. Percebemos, então, que o cuidado com a terra deve fazer parte do processo de conversão do crente, do reconhecimento de que Deus é o Senhor Criador dos céus e da terra, e que Jesus Cristo é o nosso Redentor, cujo sangue lava a pecaminosidade que atingiu o que ele criou. Esse é o papel ecológico da igreja citado pelo teólogo pentecostal Elienai Cabral: mais do que mostrar-se preocupada com a ecologia por uma questão moral, a igreja deve comprometer-se com essa luta por reconhecer Jesus Cristo como seu Salvador. Nas palavras do já citado James Jones, passagens como João 1:3 e Colossenses 1:16 são "declarações de fé que conduzem a uma perspectiva elevada da criação", pois reconhecem que

ela é a dádiva de Cristo. Respeitar e reverenciar a terra é respeitar toda a ordem criada que está contida naquela pequena palavra "tudo". Esse

---

97 Ibid., p. 28.

1484 | TEOLOGIA SISTEMÁTICO-CARISMÁTICA

insight distintamente cristão deve formar e moldar a atitude cristã para com o meio ambiente. A criação não existe para a raça humana, mas para Cristo. A terra existe para nos deleitarmos nela, para a administrarmos, para a servirmos, mas, acima de tudo, ela existe apenas para Cristo e não para nós. Usurpar o lugar de Cristo é blasfêmia.[98]

Que esse breve resumo que apresentamos sobre um assunto tão atual e relevante possa ser útil para que tal perspectiva seja reconhecida em nossas igrejas, abandonando a influência dualista que não permite que enxerguemos relevância ou valor na vida terrena. A terra é nossa casa e, mais do que isso, é criação divina. Como filhos de Deus, que reconhecem sua soberania e agradecem por seu infinito amor e graça, devemos cuidar deste presente tão valioso e prezá-lo, além de nos mantermos fiéis e obedientes à primeira missão que Deus designou a nós. A consciência ecológica é mais um ponto importante para quem pretende viver o evangelho de forma integral, aplicando-o em todas as áreas de sua vida.

CONSIDERAÇÕES FINAIS

No presente capítulo, percorremos um longo caminho a fim de entender alguns aspectos básicos sobre a antropologia teológica. Começamos definindo o que é a ciência antropológica e descobrimos que ela surgiu como pergunta religiosa, mas, depois de aproximadamente quatro séculos de desenvolvimento, tornou-se um exercício etnográfico, abandonando a pretensão "filosófica" anterior. Entretanto, também vimos que a antropologia teológica segue propondo-se a responder às questões "filosóficas" sobre quem é o homem e toma a Bíblia como base para isso, sendo assim mais uma área da teologia do que da antropologia em si. Evitamos as recentes discussões sobre a veracidade científica do relato da criação e preferimos focar questões que consideramos ainda mais relevantes para a sociedade atual: o sentido e dignidade atribuídos à humanidade e a toda a criação valendo-nos dos capítulos iniciais de Gênesis.

Reconhecemos que na atual situação mundial os cristãos já não podem continuar ignorando os erros do passado, nem mesmo se negando a responder aos relevantes questionamentos lançados à nossa crença e que envolvem a dignidade humana. Por isso, nos dedicamos a mostrar que o evangelho,

---

98 Ibid., p. 33-4.

em sua essência, não bate de frente com esse conceito atual, tampouco com a ideia de direitos humanos; ao contrário, cremos que ele foi uma das importantes bases teóricas para que essa noção se firmasse ao longo da história ocidental. Portanto, não consideramos o cristianismo algo ultrapassado, mas curiosamente atual e pujante, com muito a oferecer para os problemas atuais, desde que se permita a isso. Como vimos, fomos criados por amor, com propósito e capacidade para cuidar do restante da criação divina. Deus também nos concedeu o privilégio de sermos feitos à sua imagem e semelhança, termos que apesar de ainda não terem um significado etimológico totalmente definido, certamente dignificam nossa existência.

Aprendemos ainda sobre as principais perspectivas que envolvem a constituição do homem e como elas evoluíram ao longo do tempo, mas buscamos atualizar a discussão para que não se torne muito abstrata ou até mesmo teórica. Mais do que definir se somos formados de corpo e alma ou corpo, alma e espírito, vimos que o importante é manter o equilíbrio em cada uma dessas visões, evitando os extremismos que supervalorizam ou inferiorizam o corpo e o intelecto. Todo o nosso ser é criação divina! E, partindo desse mesmo pressuposto, finalizamos com uma rápida, porém necessária, reflexão sobre nosso dever com o restante da criação de Deus, mais uma discussão extremamente relevante e atual. Como já citamos anteriormente, a antropologia não se limita a essas páginas, mas está presente em muitas outras áreas da teologia, por isso, o próximo capítulo também será sobre o homem e a criação, mais especificamente sobre como ambos foram afetados pelo pecado. Na teologia chamamos esse estudo de doutrina do pecado ou hamartiologia.

CAPÍTULO

7

HAMARTIOLOGIA

INTRODUÇÃO

Falar sobre o pecado em pleno século 21 pode soar ultrapassado. As inúmeras explicações seculares para as tragédias e anomalias que acometem a humanidade fazem que voltar ao Gênesis pareça um retrocesso, e até mesmo no campo teológico o assunto não é a pauta mais pedida. Em um tempo que tanto enfatiza a capacidade humana de criar e produzir, falar sobre nossas limitações parece pessimismo, mas engana-se quem pensa que o pecado perdeu seu espaço. Mesmo com as novíssimas e elaboradas teorias filosóficas sobre a existência do homem, e seu consequente sofrimento, uma pergunta segue sem resposta definitiva: por que o mundo deu errado e parece preso em um ciclo vicioso de erros? Podemos enxergar os seres humanos como bons ou moralmente neutros, cujas ações decorrem por influência de uma sociedade corrupta, ou admiti-los como "naturalmente" pecadores, com uma natureza decaída que deverá ser transformada para que não continue a contaminar o todo? A doutrina do pecado é a contribuição cristã para essa discussão.

Sem desmerecer as demais análises — sejam elas históricas, econômicas, políticas ou antropológicas —, o cristão entende que o problema do mundo não está apenas nas tomadas de decisões equivocadas, ou na disputa pelo poder; sua reflexão olha mais profundamente, pois se concentra no vazio existencial deixado pela Queda. A criação decaída esqueceu-se de sua origem,

1488 | TEOLOGIA SISTEMÁTICO-CARISMÁTICA

perdendo assim o propósito e a razão de existir. O que sobrou foi a sensação de *mataiotês*, palavra grega que "descreve a inutilidade de um objeto totalmente separado de seu propósito original e sintetiza a futilidade do estado presente do próprio Universo".[1] O apóstolo Paulo a utiliza em Romanos 8:20 para referir-se ao vazio — ou "vaidade", na versão *Almeida Revista e Corrigida* — dos seres humanos, mas ele não foi o primeiro a atestar essa condição. Já no começo de Eclesiastes, Salomão também declara que "tudo não passa de vaidade!".

Esse vazio descrito por Paulo e Salomão voltou ao centro do debate atualmente. O sucesso das palestras motivacionais, cujo estilo conquistou até mesmo alguns púlpitos, prova que o homem moderno continua buscando desesperadamente algo que possa preenchê-lo de sentido. Quando colocamos a questão nesses termos, fica fácil perceber o porquê de a Queda ainda ser relevante, e é por entender a atualidade e a importância desse tema que neste capítulo nos dedicaremos ao estudo da hamartiologia, também conhecida como doutrina do pecado. Longe de uma perspectiva pessimista, que reforça nossas limitações, acreditamos que o estudo sobre o pecado pode ser visto como uma importante ferramenta em nossa caminhada cristã, pois nos leva a refletir sobre os propósitos de Deus para sua criação e, consequentemente, sobre quem devemos ser como filhos dele.

DEFINIÇÕES E OBJETIVOS DA HAMARTIOLOGIA

Hamartiologia é a junção dos termos gregos *hamartia* (pecado) e *logia* (estudo, ciência); logo, é a área da teologia na qual nos dedicamos a estudar o pecado, suas consequências, a Queda e também o mal, ou, mais especificamente, "o problema do mal". Estudá-la é importante, pois, assim como a antropologia teológica, a hamartiologia também perpassa toda a teologia ocidental, "influencia muitas outras doutrinas e também é influenciada por elas".[2] Como pontapé inicial, "compreender o pecado nos ajuda no conhecimento de Deus",[3] isso porque o padrão de justiça é sempre divino e, quanto

---

1   MARINO, Bruce R. "Origem, natureza e consequências do pecado", in: HORTON, Stanley M. (org.). *Teologia sistemática: uma perspectiva pentecostal*, 20. reimpr. (Rio de Janeiro: CPAD, 2018), p. 294.

2   ERICKSON, Millard J. *Teologia sistemática* (São Paulo: Vida Nova, 2015), p. 545.

3   MARINO. "Origem, natureza e consequências do pecado", in: HORTON (org.). *Teologia sistemática*, p. 263.

CAPÍTULO 7 – Hamartiologia | 1489

mais justo, puro e bondoso for Deus, mais elevado se torna esse padrão. Esse entendimento influenciará nossa soteriologia, pois "quanto mais rigorosa for nossa concepção de pecado, mais sobrenatural será a salvação de que precisamos". Portanto, se "o ser humano deve refletir a natureza de Deus, ele será julgado não em comparação a outros seres humanos, mas segundo o padrão divino".[4] Com isso, percebemos que, embora as áreas de antropologia, hamartiologia e soteriologia estejam separadas neste livro, tal divisão é puramente teórica e não existe na realidade, pois elas caminham juntas, se influenciando.

Estudaremos a hamartiologia a partir de dois eixos principais: o mal e o pecado, ou, para utilizar uma linguagem filosófica, iremos "da potência ao ato". O mal é a potência, pois está no cerne da pecaminosidade. Se tudo o que vai contra o propósito original de Deus é pecado e Deus é bom, logo podemos dizer que o pecado é mau. Mas quando o mal passou a existir? Ele começou com a revolta de um anjo caído, é algo comum à nossa realidade ou foi criado pelo próprio Deus? Falaremos sobre algumas dessas perspectivas já no começo do presente capítulo, mas adiantamos que o problema milenar segue sem respostas definitivas. Após a potência, finalmente iremos ao ato: o pecado. O mal é uma realidade, mas também é um conceito que não existe isoladamente, só definimos algo como mal quando o comparamos com o que entendemos como bom. Assim, quando falamos sobre pecado, finalmente podemos lidar com algo concreto, uma ação ou prática que nos permite estudar de forma um pouco mais assertiva o bem e o mal.

Entretanto, é importante destacar que não pretendemos formular um simples manual de instruções que deve ser seguido à risca por quem pretende entrar no céu. O evangelho não é isso e nem mesmo a Lei o era. Ao explicar a forma em que Jesus recuperou o sentido original de muitos aspectos da Lei com seu Sermão do Monte, Karl Hermann Schelkle afirma que o Mestre pretendia demonstrar que "a lei não deve angustiar nem inquietar ou paralisar o homem com múltiplas prescrições. Ela deve libertá-lo para a verdade e ser-lhe auxílio para a salvação".[5] Por isso, o mesmo autor explica que

> nem o Novo Testamento, nem a Bíblia, em geral, oferecem uma exposição sistemática acerca da atividade moral, mas contém não poucas

---

4   ERICKSON. *Teologia sistemática*, p. 545.
5   SCHELKLE, Karl Hermann. *Teologia do Novo Testamento* (São Paulo: Loyola, 1978), vol. 4, p. 40.

1490 | TEOLOGIA SISTEMÁTICO-CARISMÁTICA

reflexões a respeito de preceitos morais e muitas exortações concretas de princípios gerais. Por isso, é preferível não falar de ética bíblica, mas sim de *ethos* bíblico. É sobre ele que se funda a ética cristã sistemática. O *ethos* bíblico (a conduta moral bíblica) não pretende ser demonstrável em seus fundamentos e em seu fim; ele é moralidade pela obediência à palavra de Deus e, por isso mesmo, é moralidade no risco de fé, como a própria fé. *Ethos* bíblico, como também ética cristã, são de lei divina, teonômicos. Tanto a dogmática como também a ética são ambas partes, capítulos, da doutrina acerca da fé cristã. É nesta base que se determinam o fundamento e o fim da atividade moral em sentido bíblico. O fundamento é reverência em presença da Majestade de Deus e a obediência à sua palavra, ao seu mandamento e a seu apelo. A obediência não inquire primeiro pela legitimidade dos mandamentos, para obedecer somente no caso em que visse a necessidade de um mandamento; antes, ela obedece numa entrega cheia de fé à vontade de Deus. O fim é representar a ordem e a honra de Deus ("... para que os homens vejam vossas boas obras e louvem o Pai que está nos céus", Mt 5:16). O fato de a palavra de Deus ser a medida da ordem moral resulta para o Antigo como para o Novo Testamento dos atributos divinos. Deus é santo; na verdade, só um é santo, Deus (Lv 19:2; 1Pe 1:16). Deus é bom; na verdade, só um é bom, Deus (Mt 10:18). Já que o homem moral conhece e crê em Deus na qualidade de santo e também na qualidade de bom, sabe que com o mandamento de Deus não fica entregue ao arbítrio, mas confiado à salvação; ele sabe também que esta lei moral não lhe impõe violência de fora, mas que é capaz de libertar o mais íntimo do seu ser e levá-lo à plenitude, à plena realização.[6]

O que Schelkle explica é que a Bíblia não pretende ser uma lista de afazeres para os crentes, mas traz em si ensinamentos ainda mais profundos, um *ethos*. Devemos deixar de pecar não porque isso é proibido, mas porque entendemos que pecar é desobedecer a Deus e afastar-se dele. Assim, viver uma vida de santidade deve ser uma decisão: não peco porque não *quero* pecar, não porque tenho medo do juízo divino. Essa é a diferença entre o *ethos* bíblico e a ética "secular" de uma sociedade, que precisa ser regulada por leis jurídicas. Quando o evangelho é entendido em sua essência, não prende o homem;

---

6 Ibid., p. 31-2.

ao contrário, lhe concede liberdade para viver seu propósito original conscientemente. A obediência à lei divina "não se trata de obediência a algum homem, mas daquela que presta ouvidos à palavra de Deus que julga e salva; não se trata de uma obediência sem liberdade, mas antes feita em plena liberdade".[7] Certamente, após a Queda, tomar essa decisão e manter-se firme nela se tornou um desafio, por isso precisamos nascer de novo no Espírito, permitindo que ele nos guie. Falaremos sobre isso ao longo do capítulo. Por ora, o entendimento que precisamos ter em mente antes de estudar sobre o pecado é que Deus quer construir uma relação de amor, respeito e liberdade conosco, não de medo ou proibições.

O MAL

O mal é uma realidade inegável que interessa até mesmo aos que não acreditam no relato de Gênesis ou na concepção de pecado. Como aponta N. T. Wright, "queremos saber qual é a sua origem, como entendê-lo, como ele afeta nossa visão de mundo, sejamos cristãos, ateus ou qualquer outra coisa".[8] O que tradicionalmente se ensina nos círculos protestantes é que o mal surgiu em Lúcifer, um anjo caído que ambicionou ser como Deus, bem antes do pecado de Adão e Eva.[9] Essa posição e seus textos-base são apresentados por Eurico Bergstén em um de seus livros básicos de *Teologia sistemática*:

> a. O diabo era antes um querubim, ungido para proteger, Ez 28:14; "no monte santo de Deus estavas, no meio das pedras afogueadas andavas...". Apesar de tudo isso, ele disse em seu coração: "subirei ao Céu, acima das estrelas de Deus" e "serei semelhante ao Altíssimo", Is 14:13,14. Assim nasceu o pecado como um pensamento no coração de Lúcifer. Esse pensamento ele pôs em ação! Rebelou-se contra Deus, e foi lançado fora do Céu, Ez 28:15,16. Jesus disse para os seus discípulos que havia visto Satanás "como raio, cair do Céu", Lc 10:18.

---

7   Ibid., p. 32.

8   WRIGHT, N. T. *O mal e a justiça de Deus: mundo injusto, Deus justo?* (Viçosa: Ultimato, 2009), p. 16.

9   Apesar de muito conhecido, o relato completo da revolta do Diabo contra Deus não está no cânon bíblico, e sim no livro apócrifo de Enoque. É possível encontrar referências a esse livro na Bíblia, como nos versículos 14 e 15 de Judas, que mencionam uma profecia do "sétimo depois de Adão", presente nos textos cuja autoria é atribuída ao homem que Deus tomou para si (Gn 5:24). Mesmo fora do cânon, os relatos do apócrifo influenciaram a tradição cristã, e hoje é ponto pacífico que o pai de todos os males é o Diabo.

b. Desde então, o diabo tornou-se o adversário de Deus. Satanás (em hebraico *Satã*) ou "diabo" (em grego *diábolos*) significa em português: "adversário, acusador". Ele era Lúcifer, isto é, "a estrela da manhã, filha da alva", Is 14:13. Mas degenerou-se, tornando-se o príncipe das trevas, Mt 12:24.[10]

Nessa perspectiva, é o Diabo quem influencia Eva ao pecado, vindo na forma de uma serpente. Vale ressaltar que teólogos importantes, como, por exemplo, Dietrich Bonhoeffer, discordam dessa concepção. Nas palavras de Bonhoeffer, "a Bíblia não pretende dar informações sobre a origem do mal, mas sim assinalar seu caráter de culpa e de carga infinita sobre o ser humano. Perguntar pela origem do mal independente disso está muito longe da mente do autor bíblico e, por isso mesmo, a resposta não poderá ser inequívoca e direta", pois "ela sempre conterá dois aspectos: que eu, como criatura de Deus, cometi o que é totalmente oposto a Deus, o mal, e por essa razão sou culpado, e a culpa é indesculpável". Bonhoeffer afirma que, no relato bíblico, "simplesmente não se diz que a serpente era o Diabo. A serpente é criatura de Deus, mas é a mais astuta".[11] Ele afirma isso para reafirmar a culpa humana pelo pecado:

> ... não é possível referir-se simplesmente ao diabo como aquele que me seduziu. Pelo contrário, esse diabo sempre estará ali onde eu, como criatura de Deus, que devia viver no mundo de Deus, me recusei a isso. Portanto é igualmente impossível acusar a criação de imperfeita e responsabilizá-la pelo mal que eu pratiquei. A culpa está unicamente sobre mim; eu cometi o mal em meio ao estado original da criação. A total incompreensibilidade desse ato se expressa aqui, em Gn 3, pelo fato de que ele não ocorre pelo aparecimento repentino de uma força do mal que irrompe em meio à criação. Pelo contrário, o mal se esconde dentro do mundo criado, e é executado na criação pelo ser humano. Se houvesse um relato anterior da queda de Lúcifer, como o quer a dogmática católica e também Lutero, então Adão seria a primeira vítima desse Lúcifer e, como tal, fundamentalmente já exonerado. Porém justamente a objetividade do relato bíblico afirma de fato que a queda no pecado se preparou

---

10 BERGSTÉN, Eurico. *Teologia sistemática: doutrina do Espírito Santo, do homem, do pecado e da salvação*, 3. ed. (Rio de Janeiro: CPAD, 1983), p. 92.

11 BONHOEFFER, Dietrich. *Criação e Queda: uma interpretação teológica de Gênesis 1—3* (São Leopoldo: Sinodal, 2020), p. 106.

e aconteceu em meio à criação, e justamente por isso se afirma com clareza sua total impossibilidade de desculpa.[12]

Apesar da interessante perspectiva de Bonhoeffer, que registramos aqui para apresentar uma forma diferente de se olhar para o relato da Queda, a visão defendida por Eurico Bérgsten, que registramos logo no início deste tópico, segue sendo a mais popular entre os pentecostais brasileiros. Além dessas perspectivas cristãs, é importante ressaltar que o judaísmo também possuía tentativas de explicar a presença do mal entre os seres humanos. A visão predominante era a das duas naturezas: uma boa (*yetser tov*) e outra má (*yetser ra*). De acordo com essa ideia, "os maus são controlados pelo impulso mau, ao passo que os bons o controlam", pois possuem uma natureza boa. "Os rabinos debatiam sobre a idade em que esses impulsos se manifestam, e se o impulso mau é realmente iniquidade ou apenas instinto natural."[13] No cristianismo, assume-se uma natureza decaída para todos os seres humanos, indistintamente. Falaremos sobre isso mais adiante.

Apesar das explicações sobre sua possível origem, é difícil definir o mal precisamente. Uma forma didática de entendê-lo é dividindo-o em três tipos: moral, natural e metafísico. O mal moral é o próprio pecado, "é a iniquidade cometida por criaturas dotadas de vontade", enquanto o mal natural "é a desordem e decadência do Universo (calamidades naturais, algumas doenças etc.)" e, conforme o teólogo pentecostal Bruce Marino, "está ligado à maldição que Deus pronunciou contra a terra (Gn 3:17,18)". Por fim, o mal metafísico pode ser definido como "involuntário, resultante da finitude das criaturas (insuficiência mental e física etc.)".[14] Na perspectiva do cristianismo, o mal moral sempre foi motivo de muita atenção por tratar-se de um obstáculo direto à prática da vida cristã. Para este problema, a conversão é apresentada como único antídoto para debelá-lo. Essa visão prevaleceu até o surgimento do racionalismo, que deixou Deus e as influências religiosas "de lado", defendendo que a solução para o mal viria por meio da "ordem" e do "progresso", lema do positivismo lógico, proporcionado pelo avanço científico. Essa nova visão também permaneceu como verdade — principalmente

---

12 Ibid., p. 105-6.

13 MARINO. "Origem, natureza e consequências do pecado", in: HORTON (org.). *Teologia sistemática*, p. 272.

14 Ibid., p. 279.

nos círculos intelectualizados — por muito tempo, até a chegada do século 20, quando em 1914 o que parecia ser apenas justiça pelo assassinato de um arquiduque austríaco transformou-se em guerra mundial. Duas décadas depois, a Alemanha derrotada voltaria com grande força bélica, na tentativa de recuperar o que havia perdido, e um conflito envolvendo as principais nações do mundo implodiria novamente.

O avanço tecnológico, até então utilizado para invenções positivas como a criação do telefone e do rádio, mostrava sua face obscura ao ser utilizado para o desenvolvimento de armas cada vez mais destrutivas. As questionáveis experiências que usaram judeus como cobaias em nome da ciência acabaram provando que o avanço científico também não era uma solução tão definitiva assim e que as bases éticas do "progresso" deviam ser repensadas. O mundo se via perdido novamente: se de um lado a ciência não conseguiu conter o avanço do mal, Deus igualmente foi colocado no "banco dos réus", pois como poderia um Ser divino bom permitir tanta tragédia ou, ainda pior, ordenar que ela aconteça? O famoso dilema de Epicuro — "ou Deus pode e não quer evitar o mal, e então não é bom; ou quer e não pode, e então não é onipotente"[15] — voltou ao centro da discussão, assolando a humanidade com a desesperança. Todos esses fatores fazem que o problema do mal não possa ser ignorado pelos teólogos, pois "com a entrada no âmbito minado da atual cultura crítica, se converteu literalmente em aposta de vida ou morte para uma fé que, com honestidade e rigor, queira 'dar razão' de si mesma".[16] Por entender que essa questão merece tratamento teológico, apresentaremos três principais caminhos para tratar do mal e responder à problemática de como é possível a coexistência: "Deus bom/mundo mal".

— O problema do mal não é um problema —

Uma possível resposta ao problema do mal é não enxergá-lo como um problema de fato. Para alguns cristãos, o mal não foi criado por Deus, mas para ser justo ele permite que o mal incorra na vida dos que pecam, para puni-los ou ensinar a eles alguma coisa. Agostinho era um defensor dessa ideia, o qual, em diálogo com seu discípulo Evódio, fala sobre os dois sentidos da palavra:

---

15 QUEIRUGA, Andrés Torres. *Esperança apesar do mal: a ressurreição como horizonte* (São Paulo: Paulinas, 2007), p. 124.

16 Ibid., p. 122.

o que é usado "para dizer que alguém agiu mal" e o que se refere a "alguém que sofreu algum mal". Ao ser questionado pelo aluno se Deus é autor desses dois tipos de mal, o bispo de Hipona responde:

> Como você sabe e crê, Deus é bom, e não se pode pensar o contrário e é claro que ele não faz o mal. Além disso, se confessamos que ele é justo — seria sacrilégio negá-lo —, assim como premia os bons, ele também castiga os maus e, certamente, os castigos que lhes impinge são para eles um mal. Ora, se ninguém que sofre [o] sofre injustamente, como devemos confessar, pois cremos que o universo é regido pela Providência divina, segue-se que de nenhum modo é Deus autor do primeiro tipo de mal, mas é do segundo.[17]

Dessa forma, o mal não é um problema, mas apenas o *modus operandi* da relação Deus/homem, ou seja, Deus é bom com os que são bons e, por óbvio, "mau" com aqueles que são maus. Dessa forma, todas as tragédias que observamos são permitidas e, em alguns casos, ordenadas por Deus por algum motivo que muitas vezes desconhecemos, mas que devemos aceitar, pois ele é justo, rege todo o universo e detém o conhecimento sobre toda a realidade e assim está agindo por justiça. Esse posicionamento é o mais popular entre os cristãos que creem na pré-decisão absoluta — sem abrir espaço para a liberdade de escolha dos seres humanos — de Deus sobre todo o curso da história.

— O mal é intrínseco à existência finita —

A segunda possível explicação para o problema do mal está na defesa da autonomia do mundo e de sua finitude. Essa posição defende que o dilema de Epicuro está ultrapassado e deveria ser revisto. Se, como afirmam os céticos, a ciência já provou que o mundo possui autonomia e funciona por meio das leis naturais, não pela interferência divina, não faz sentido culpar Deus pelas coisas ruins que acontecem, pois ao fazer isso os ateus fazem com que o mal seja "quase ao mesmo tempo, a grande objeção contra Deus e a condição de possibilidade de sua existência".[18] Os defensores dessa perspectiva afirmam que "a

---

17 AGOSTINHO, apud MALDAMÉ, Jean-Michel. *O pecado original: fé cristã, mito e metafísica* (São Paulo: Loyola, 2013), p. 30.

18 FRAIJÓ, apud QUEIRUGA. *Esperança apesar do mal*, p. 170.

TEOLOGIA SISTEMÁTICO-CARISMÁTICA

raiz última do mal, sua condição de possibilidade, situa-se na finitude",[19] portanto não é possível existir um mundo finito sem que o mal também exista.

> Dado que o mundo-sem-mal é uma *contradição*, um *nada*, um mero *flatus vocis*, dizer que o mal é inevitável não diminui em absolutamente nada nem a onipotência nem a bondade divinas. Deus não é nem menos onipotente nem menos bom, apenas porque nós enunciemos o *nonsense* de que "não pode" fazer um ferro-de-madeira ou desenhar um círculo-quadrado. O mal não é um problema de Deus, mas da criatura; não do ser, mas do ente: simplesmente enuncia a insuperável limitação do mundo.[20]

Dessa forma, o problema do mal é resolvido por meio do mal metafísico, deixando Deus fora da equação: o mal ocorre independentemente da vontade dele, pois é intrínseco à nossa realidade finita. Essa visão aponta para a esperança do fim dos tempos, pois apenas quando formos salvos e passarmos para a eternidade o mal terá fim, pois não pode existir numa realidade ilimitada e perfeita. Como observamos, a discussão é complexa e não possui uma resposta definitiva porque, como já disse o sábio Salomão: "Assim como tu não sabes qual o caminho do vento, nem como se formam os ossos no ventre da que está grávida, assim também não sabes as obras de Deus, que faz todas as coisas" (Eclesiastes 11:5). O mais interessante sobre esse texto é que a ciência já explicou como funciona o vento e a gestação, mas a vontade divina continua sendo um mistério que não pode ser plenamente resolvido nem mesmo com teorias teológicas.

— O mal é a ausência de bem —

O terceiro possível caminho para responder ao problema do mal é admitir a liberdade de escolha do ser humano. Nessa perspectiva, Deus é bom e quer que a criatura que ele formou à sua imagem e semelhança usufrua desse bem, mas também dá liberdade para que ela escolha outros caminhos. Assim, quanto mais se afasta da presença e vontade de Deus — influenciada pela degenerescência da Queda —, mais perdida a criatura se torna. O mal é, portanto, não uma realidade em si, mas a ausência do Criador.

---

19 QUEIRUGA. *Esperança apesar do mal*, p. 134.
20 Ibid., p. 139.

Deus não criou o mal, porém realmente criou tudo que existe. Assim, o mal não pode ter existência independente. O mal é a ausência ou a perversão do bem. Este fato pode ser ilustrado pelo sal de cozinha, que é um composto (ou mistura compacta) de duas matérias químicas: o sódio e o cloreto. Estes dois elementos, em separado, são altamente mortíferos. O sódio irrompe em chamas ao entrar em contato com a água, e o cloro é um veneno fatal. Assim como a alteração na composição do sal, a criação perfeita de Deus é mortífera quando o pecado lhe estraga o equilíbrio.[21]

Essa perspectiva admite que Deus quer salvar e abençoar todos. Ele possuía um plano perfeito para a criação, mas permitiu que o homem decidisse sozinho qual caminho seguir. Quando decidimos nos afastar de Deus, agindo por "conta própria", segundo o nosso próprio entendimento, o mal surge, pois só no Criador é possível encontrar o bem e a justiça. Dessa forma, o mal não é imposto por Deus como punição, mas ocorre em consequência de nossos atos. Esse posicionamento é popular entre os cristãos que creem na liberdade de escolha, ainda que limitada, dos seres humanos.

Após a rápida exposição dessas três visões, como de fato devemos conceber o mal? O que podemos afirmar com certeza é que a primeira visão é incompatível com uma visão carismática de Deus. Isso porque, dentro dessa perspectiva, encontramos um ser divino que constantemente busca comunicar-se com sua criação, a ponto de ter enviado sua Palavra — e aqui reforçamos que o conceito de *logos* deve ser entendido conforme exposto no capítulo sobre cristologia, como a comunicação mais plena de Deus, não como no senso comum, como simples verbalização de algo — até nós, e ainda hoje continua nos encontrando pessoalmente por meio do Espírito Santo. O que Jesus, a revelação última de Deus, demonstra é o apreço de Deus por sua criação. O Deus que se revela na pericorese trinitária mostra que o amor é a base de sua natureza. Essas revelações não combinam com a concepção de um Deus que determina o mal e faz acepção de pessoas, escolhendo algumas para a glória e outras para a perdição. Dizer que ele deve ser assim porque é soberano pode parecer piedade dos que querem defender Deus, mas acaba sendo apenas uma tentativa de encaixá-lo em nossas definições sobre o que é ser poderoso aos olhos humanos.

---

21 MARINO. "Origem, natureza e consequências do pecado", in: HORTON (org.). *Teologia sistemática*, p. 280.

Além disso, as outras duas perspectivas nos parecem alternativas melhores para os carismáticos e pentecostais, por abrirem espaço para a liberdade do ser humano, característica importante para a visão pneumatológica que temos desenvolvido ao longo deste livro. Mesmo assim, é importante destacar que mesmo essas perspectivas também não fecham a discussão, pois o problema do mal é mais um daqueles complexos dilemas irrespondíveis da teologia, para o qual só teremos resposta quando estivermos face a face com Deus, no fim dos tempos. Até lá, que o debate sobre o tema possa seguir sendo feito com humildade, respeito e, principalmente, fidelidade ao que Deus revela sobre si mesmo para nós. Agora que falamos sobre o mal, a "potência" que citamos na introdução, podemos finalmente seguir para o "ato", ou seja, o pecado, que é o mal materializado, tornado realidade e visto na prática.

Origem e atualidade do pecado

Embora a origem do pecado, como sinônimo de mal, não seja precisa e apesar de termos refletido sobre o que comumente se ensina acerca do tema no início deste capítulo, a Bíblia revela como ele foi introduzido no mundo: Eva come do fruto proibido ao ser convencida por uma serpente de que poderia ter conhecimento do bem e do mal sem morrer e influencia seu marido a fazer o mesmo. Os dois acabam expulsos do Jardim e sofrem as consequências, de que trataremos com mais detalhes em nossa análise da terminologia do pecado, no próximo tópico: a inquietação pelo que fizeram, a culpa ao perceberem que estavam nus, o sofrimento infligido pela punição divina e o mal que se revelou posteriormente em Caim e, consequentemente, em toda a "raça humana" (Gênesis 6:5; 8:21). Esse conhecido relato de Gênesis possui um leque de interpretações, uma delas a de que o pecado do casal não foi necessariamente a desobediência, e sim o desejo de ser como Deus — o que remete ao "pecado do Diabo". Os teólogos William Menzies e Stanley Horton afirmam que o pecado "originou-se da livre escolha das criaturas de Deus. Em lugar de crer e confiar em Deus, e corresponder a seu admirável amor e à sua provisão, destronaram-no, e entronizaram o próprio 'eu'". Portanto, "a essência do pecado [...] é optar pela satisfação do próprio 'eu' em lugar do original e mais elevado objetivo na vida — buscar a Deus e à sua justiça".[22]

---

22 HORTON, Stanley M.; MENZIES, William. *Doutrinas bíblicas: os fundamentos da nossa fé* (Rio de Janeiro: CPAD, 1995), p. 74.

Pensadores de outras áreas do conhecimento também arriscaram diferentes interpretações da Queda. O psicanalista Rollo May usa o relato para exemplificar a fase do desenvolvimento humano em que começamos a adquirir senso ético: "Com a perda da 'inocência' e os primeiros rudimentos da sensitividade ética, [...] a pessoa herda determinados encargos de autoconsciência, ansiedade e sentimentos de culpa" e ainda "compreende que um dia morrerá", assim como Adão e Eva compreenderam ao descumprir a ordem divina. Mas o psicanalista apresenta uma conclusão otimista, ou seja, analisando "do lado positivo, o fato de ter comido do fruto que lhe proporciona conhecimento do certo e do errado representa o nascer da pessoa psicológica e espiritual". May afirma ainda que Hegel também apresenta uma visão parecida ao dizer que o relato de Gênesis deveria ter sido "transformado numa ocasião para cantos celestiais de regozijo, pois foi nesse dia — e não no da criação de Adão — que o ser humano nasceu".[23]

É comum que fora da teologia o relato da Queda consiga encontrar alternativas para o "pessimismo" cristão, ou seja, a "depravação total", pois para um filósofo que enxerga a racionalidade humana e sua capacidade de escolha como ideais o conhecimento do bem e do mal, de fato, é uma libertação, um "novo nascimento". Contudo, para o cristianismo, o primeiro pecado do homem marca o início da deturpação da natureza que até então era perfeita. A partir dali, todos foram tornados pecadores e não mais conseguiram andar com Deus. Essa visão que relaciona o pecado de Adão ao resto da criação divina já existia até mesmo entre os judeus, que, embora acreditassem em um tipo de "transmissão natural", seguiam a lógica da "lei da herança", conforme explica o teólogo pentecostal Bruce Marino: "Há conceitos de pecado original que antecipam o cristianismo. Mais dramaticamente, o *Midrash* explica, por analogia, a morte do justo Moisés. Uma criança pergunta ao rei por que ela está na prisão. O soberano responde que é por causa do pecado da mãe dela. Semelhantemente, Moisés morreu por causa do primeiro homem que trouxe a morte ao mundo".[24]

A Queda também é mencionada pelo apóstolo Paulo, mas só ganhou sistematização em Agostinho, "o primeiro a utilizar a noção de pecado original".[25]

---

23 May, Rollo. *O homem à procura de si mesmo*, 31. ed. (Petrópolis: Vozes, 2005), p. 152.

24 Marino. "Origem, natureza e consequências do pecado", in: Horton (org.). *Teologia sistemática*, p. 272.

25 Maldamé. *O pecado original*, p. 27.

1500 | TEOLOGIA SISTEMÁTICO-CARISMÁTICA

Para responder às ideias de Orígenes e outros teólogos da época que defendiam a preexistência — que, como estudamos no capítulo de antropologia teológica, é a teoria de que todas as almas são previamente criadas e cometem pecados antes de ganharem um corpo —, o bispo de Hipona desenvolveu a ideia que acabou tornando-se pilar fundamental da hamartiologia ocidental. A historiadora Paula Fredriksen explica que "a perspectiva de Agostinho deixou de ver Adão como um *topos* alegórico e passou a vê-lo como uma personalidade histórica concreta". É a partir dele que "Adão começa a funcionar como o antepassado individual da humanidade, uma pessoa criada com corpo e alma juntos. Por conseguinte, Adão se torna também o claro ponto de origem para o pecado humano e, portanto, para a mortalidade humana". Entretanto, Fredriksen explica que essas "novas considerações complicaram imediatamente a ideia de justiça divina", pois "Como pode Deus ser justo ao punir cada geração da humanidade pelo pecado de um único antepassado distante?". Para tentar resolver esse problema,

> Agostinho defende a justiça de Deus postulando uma ideia coletiva nova e diferente, a de "natureza humana". Na verdade, Adão pecou enquanto indivíduo à parte; mas, enquanto primeiro antepassado de toda a raça, Adão possuía "dentro" de si, de alguma maneira especial, toda a humanidade. Seu pecado foi o "nosso" pecado, e "nós" pecamos enquanto ele pecou, porque nele *natura nostra peccavit*, "nossa natureza pecou". Desta maneira, de acordo com Agostinho, a justiça de Deus — punitiva, não propedêutica — caiu sobre todos os humanos igualmente. [...] Deus, contudo, ainda é justo ao considerar o pecado culposamente responsável, mesmo se o pecador não consegue deixar de pecar, por duas razões. Em primeiro lugar, o pecador (já que estava "em Adão") sofre o castigo universal pelo pecado de Adão — a capacidade diminuída da vontade — *justamente*. E, em segundo lugar, embora não consiga deixar de pecar, ele peca, no entanto, livremente, no sentido de que nada *fora* dele o obriga a pecar. Uma pessoa peca porque ela *opta* por pecar. Já que seu pecado é sua própria opção, ela é punida justamente.[26]

Essa ideia é apresentada de forma concisa e refinada pelo próprio Agostinho nesse trecho de sua obra *Cidade de Deus*, quando diz que "todo o gênero humano estava no primeiro homem e ela [a morte] havia de passar dele para

---

26 FREDRIKSEN, Paula. *Pecado: a história primitiva de uma ideia* (Petrópolis: Vozes, 2014), p. 125-7.

sua descendência através da mulher, quando o casal recebeu a sentença divina da condenação. E não foi o homem tal como foi criado, mas aquilo que o homem se tornou após seu pecado e seu castigo, que foi assim gerado, na medida em que diz respeito à origem do pecado e da morte".[27] Ou seja, a morte não era um plano original de Deus para a sua criação, mas, em decorrência da decisão de Adão de romper com ele, acabou sendo inserida na humanidade. Isso nos conduz a outro importante conceito ainda defendido pela tradição cristã que também encontrou maior desenvolvimento argumentativo nas obras do teólogo católico: o de que o pecado foi o responsável pela morte física dos seres humanos.

Ao rebater o maniqueu Fortunato, Agostinho afirma que "nós nascemos da terra, e todos voltaremos à terra por causa do primeiro pecado do primeiro homem".[28] William Menzies e Stanley Horton, teólogos contemporâneos, defendem a mesma ideia ao afirmar que a "rebeldia deles [Adão e Eva] produziu a morte física no mundo" e, "como resultado, a humanidade está destinada a morrer 'uma vez, vindo, depois disso, o juízo' (Hb 9:27)".[29] Entretanto, a definição de pecado original estava longe de ser o ponto final da hamartiologia; ao contrário, com ela surgiu o desafio de explicar como exatamente o pecado foi transmitido de Adão para nós. Para responder a essa pergunta, várias teorias foram desenvolvidas. Trabalharemos com as principais a seguir.

— Realismo —

A teoria realista foi primeiramente defendida por Tertuliano e afirmava que um "tecido da alma" de cada ser humano estava em Adão, portanto somos culpados porque participamos diretamente do pecado. Agostinho aperfeiçoou essa teoria e, influenciado pela forte valorização da castidade de sua época, afirmou que a passagem do pecado ocorre no ato sexual. Essa foi sua forma de explicar como Cristo se viu livre da natureza pecaminosa mesmo em um corpo humano, pois nasceu de uma virgem. Entretanto, sua defesa acabou abrindo espaço para interpretações que não possuem base bíblica, como a de que o sexo havia sido o pecado do primeiro casal e que Eva, ao seduzir seu marido, representava a natureza sedutora e carnal das mulheres.

---

27 AGOSTINHO, Santo, apud FREDRIKSEN. *Pecado*, p. 186.
28 Ibid., p. 126.
29 HORTON; MENZIES. *Doutrinas bíblicas*, p. 75.

1502 | TEOLOGIA SISTEMÁTICO-CARISMÁTICA

No século 19, W. G. T. Shedd atualizou a teoria realista e introduziu o conceito da "vontade propriamente dita": "Por baixo da vontade das escolhas de todos os dias há a vontade profunda, a 'vontade propriamente dita', que determina a direção que a pessoa segue em última análise. Foi essa vontade profunda que pecou em Adão".[30] É importante acrescentar que a teoria realista parte de um pressuposto traducianista de origem das almas que, conforme mostramos no capítulo anterior, defende a ideia de que as almas são transmitidas de pai para filho. Além disso, "ideias como a de uma 'vontade profunda' tendem a exigir e pressupor um conceito determinista, calvinista da salvação".[31]

— Pelagianismo —

Um dos principais opositores de Agostinho foi Pelágio. Ele não concebia a ideia de que um Deus justo culpe a humanidade pelo erro de um só homem e por isso desenvolveu uma teoria que acabou levando seu próprio nome, o pelagianismo, que enfatiza a responsabilidade pessoal. De acordo com essa ideia, "todas as pessoas nascem sem pecado e com total livre-arbítrio" e "o pecado é disseminado exclusivamente pelo mau exemplo".[32] Para Pelágio, o que nos leva ao pecado é o fato de estarmos inseridos em uma sociedade corrupta, não uma "herança genética", pois não somos naturalmente pecadores, mas pecamos por repetir os maus exemplos à nossa volta. Ele e Agostinho tiveram muitas divergências teóricas, inclusive na forma em que encaravam a imortalidade de Adão: enquanto o bispo de Hipona definiu a morte física como consequência da Queda, Pelágio negou a imortalidade adâmica.[33] Contudo, as ideias do último acabaram sendo consideradas heresias.

— Semipelagianismo —

O semipelagianismo leva esse nome por também enfatizar o livre-arbítrio, mas, ao contrário do pelagianismo, admite a existência de uma natureza decaída que foi transmitida a toda a humanidade a partir de Adão. Contudo, ensina que, apesar da Queda, restou ao ser humano livre-arbítrio suficiente

---

30 MARINO. "Origem, natureza e consequências do pecado", in: HORTON (org.). *Teologia sistemática*, p. 274-5.
31 Ibid., p. 275.
32 Ibid., p. 273.
33 Ibid., p. 702.

para que possa optar por conhecer Deus, razão pela qual "embora a natureza humana esteja tão enfraquecida pela Queda, a ponto de ser inevitável que as pessoas pequem, a bondade inerente que possuem é suficiente para iniciar a verdadeira fé"[34] — essa crença em uma "bondade inerente" é o que faz com que ela leve o nome que a compara ao pelagianismo. Apesar do nome, essa visão não foi desenvolvida por Pelágio, mas teve como principais defensores João Cassiano, Hilário de Arles e Vicente de Lérins. As supostas semelhanças entre essa teoria e a visão pentecostal da liberdade de escolha do ser humano — junto ao fato de que muitos arminianos foram adeptos do semipelagianismo — faz que defensores de outras linhas teológicas acusem o pentecostalismo de ser pelagiano e, consequentemente, herético. Mas essa acusação é falsa, pois os pentecostais não negam a existência de uma natureza decaída, não creem numa bondade inerente, e também não apresentam uma posição oficial sobre de qual dessas teorias são adeptos. Um resumo da interpretação da Queda por parte dos pentecostais clássicos brasileiros pode ser encontrado neste trecho da *Declaração de fé das Assembleias de Deus*:

> A Queda no Éden arruinou toda a humanidade tão profundamente que transmitiu a todos os seres humanos a tendência ou inclinação para o pecado. Não somente isso, contaminou toda a humanidade. [...] Isso prejudicou todas as suas faculdades, quais sejam: intelecto, emoção, vontade, consciência, razão e liberdade. Portanto, o homem por si mesmo não consegue voltar-se para Deus sem o auxílio da graça divina. Apesar de tudo, a imagem de Deus no homem não foi aniquilada; foi, no entanto, desfigurada a tal ponto que a sua restauração só é possível em Cristo.[35]

— Federalismo —

A teoria federalista enxerga Adão como o cabeça da raça humana "num sentido representativo, governamental ou federal", o que faz que todos estejam sujeitos à aliança adâmica. "Os descendentes de Adão não estão pessoalmente culpados até realmente pecarem, mas vivem em um estado de culpa e são passíveis do inferno por ter-lhes sido imputado — de conformidade com

---

34 Ibid., p. 273.
35 SILVA, Esequias Soares da (org.). *Declaração de fé das Assembleias de Deus* (Rio de Janeiro: CPAD, 2017), p. 100-1.

1504 | TEOLOGIA SISTEMÁTICO-CARISMÁTICA

a aliança — o pecado de Adão" e é "por causa desse estado, [que] Deus os castiga com a corrupção".[36] Os federalistas explicam que Jesus se livrou desse estado de culpa dos descendentes de Adão, pois foi o cabeça de uma nova aliança. Algumas bases do federalismo são encontradas nas obras de Ireneu, teólogo do século 2, mas não fizeram muito sucesso. A teoria também encontrou apoio em Armínio, mas não entre todos os seus seguidores, pois, como citados no tópico anterior, muitos arminianos foram adeptos do semipelagianismo. "As matérias essenciais de Wesley são cautelosamente federalistas [...], assim como também são muitos de seus seguidores (Wiley)." Isso leva o pentecostal Bruce Marino a concluir que "os wesleyanos tendem ao traducianismo".[37]

— Outras teorias —

Existem outras dezenas de teorias que procuram explicar como o pecado de Adão foi transmitido a toda a humanidade. Uma delas é a teoria da transmissão natural, que defende "que as características espirituais são transmitidas da mesma forma que as naturais".[38] Assim, a natureza corrupta é transmitida à humanidade por meio da lei da herança. A mesma que defendia que crianças nasciam com algum tipo de deficiência como consequência de pecados dos pais. Algo parecido é defendido pela teoria da imputação mediada, que entende que a culpa foi imputada aos descendentes de Adão por meios indiretos. "O pecado de Adão o fez culpado e, como castigo, Deus corrompeu-lhe a natureza", mas "como ninguém da sua posteridade tomou parte na sua ação, nenhum de seus descendentes é culpado". Mesmo assim, "recebem sua natureza como consequência natural de serem descendentes dele" e, por isso, antes mesmo que pequem, Deus já "os julga culpados de possuir aquela natureza corrompida".[39]

— Um problema estrutural —

Apesar dos debates que envolvem as teorias sobre o pecado original ainda serem populares em muitos grupos teológicos, tentar falar sobre como a ação de Adão nos influencia de forma precisa e quase biológica não parece fazer muito sentido no cenário atual e segue sendo um assunto sem conclusão precisa. Por

---

36 MARINO. "Origem, natureza e consequências do pecado", in: HORTON (org.). *Teologia sistemática*, p. 275-6.

37 Ibid., p. 705.

38 Ibid., p. 274.

39 Ibid.

isso, faremos uma pequena reflexão sobre o que chamaremos de problema estrutural do pecado. Para muitos teólogos, esse é um tema polêmico, pois entendem que, quando se fala de estrutura e sociedade, nega-se o fato de uma natureza humana decaída. Entretanto, isso não é verdade. Identificar uma estrutura pecaminosa em nossa realidade não exclui a culpa de cada indivíduo; muito pelo contrário, ajuda a trazer ainda mais profundidade a esse conceito.

O problema estrutural do pecado pode ser representado como uma pirâmide invertida, onde o menor grupo — nesse caso, o indivíduo — é a base dos problemas dos demais. De forma simples, sem recorrer aos inúmeros debates sociológicos, podemos definir "sociedade" como um aglomerado de indivíduos que se relacionam entre si. Não é preciso ir longe para entender que nessa estrutura a atitude de cada indivíduo influencia o grupo maior: se todos ou boa parte deles forem honestos, sua sociedade será honesta, mas, se todos ou a maioria forem corruptos, então formarão uma sociedade marcada pelos problemas que derivam da corrupção.

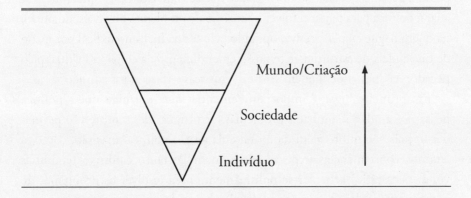

Alguns leitores apressados podem pensar que estamos voltando ao velho dilema sobre o homem ser ontologicamente mau ou ser socialmente conduzido à maldade, mas esse não é o caso da teologia aqui apresentada, pois reconhecemos que possuímos uma natureza decaída; logo, esse é um problema ontológico do ser humano pós-Adão. Sendo assim, a sociedade sempre será problemática, pois os indivíduos que a formam são pecadores e, consequentemente, o restante da criação divina também será afetado pelas ações deles. Conforme citamos no capítulo anterior, esse fato é reconhecido antes mesmo que houvesse qualquer consciência ecológica, pois já em Gênesis Deus declara que a terra fora amaldiçoada em decorrência do pecado de Adão, e não daria apenas bons frutos, mas também "espinhos e cardos" (Gênesis 3:17-18). O apóstolo Paulo também menciona que a criação "geme e está juntamente com dores de parto", pois "ficou sujeita à vaidade, não por sua vontade, mas por causa do que a sujeitou", e agora vive "na esperança de que também a mesma criatura será libertada da servidão da corrupção, para a liberdade da glória dos filhos de Deus" (Romanos 8:20-22). Mesmo após o Éden, a criação segue sendo atingida pelo pecado, pois agora ficou à mercê de um cocriador — no caso, o homem — decaído. Ele, que antes andava com Deus e juntos compartilhavam de um mesmo objetivo, cuidar da criação, perdeu essa perspectiva, tornou-se ambicioso e, por causa disso, explora a terra de forma irresponsável, causando desastres naturais e até mesmo sociais.

Com esse rápido apanhado de exemplos, queremos demonstrar que o pecado está entranhado em nossa realidade de forma extremamente profunda e que, sozinhos, não podemos vencer essa estrutura. Essa é uma afirmação importante para a teologia atual, pois existem dois movimentos que merecem atenção ocorrendo entre os teólogos que se propõem a debater sobre a perspectiva estrutural do pecado: de um lado, encontramos grupos que aceitam essa visão e pretendem se aliar à política para tentar resolver o máximo de problemas possíveis; do outro, há quem negue tal perspectiva, optando pelo individualismo radical por medo de que a ideia de estrutura afete nosso entendimento da culpa individual pelo pecado. As duas visões podem ser problemáticas e trazer erros consigo.

Em primeiro lugar, é importante entender que, por mais que a política possa nos ajudar a combater problemas estruturais, eles sempre vão permanecer, pois vão muito além da moral e da gestão política, mas são, como já citamos, consequências do pecado do homem. Portanto, é possível (e, muitas vezes, necessário) articular-se politicamente para resolver os problemas de uma sociedade doente, porém não podemos perder de vista o fato de que só experimentaremos redenção plena quando formos glorificados e, finalmente, a criação for restaurada em seu propósito original. Antes disso, não importa quanto nos esforçarmos, algo seguirá errado. Com esse reconhecimento, não queremos conduzir ninguém ao outro extremo, o do comodismo. Ou seja, à ideia de que, porque o pecado está entranhado em nossa sociedade, então podemos lavar as mãos e agir de forma decididamente alienada em relação à solução de alguns problemas, como pobreza extrema e exploração irresponsável da natureza. A única coisa que queremos ressaltar é que o evangelho não deve ser equiparado a nenhuma ideologia política ou partidária, pois ele é único e está acima de todas essas criações humanas.

CAPÍTULO 7 – Hamartiologia | 1507

Em segundo lugar, precisamos comentar sobre o segundo movimento, que reconhece os erros do primeiro e por isso nega qualquer perspectiva abrangente do pecado, não entendendo problemas estruturais como fruto da natureza humana decaída. Por mais que os defensores de tal visão creiam estar honrando a ideia de que o homem é o único responsável por sua queda, acabam favorecendo uma perspectiva limitada do pecado. Cria-se, então, a ideia de que a pecaminosidade só está presente em algumas áreas da vida, geralmente as mais pessoais. Pecados como a promiscuidade e a infidelidade são concebidos como mortais, enquanto inveja, desonestidade, corrupção política, indiferença à justiça social ou até mesmo exploração da natureza não parecem causar tanto constrangimento, sendo perfeitamente comum ser cristão e praticá-los. Isso conduz a um cristianismo legalista e vai contra o que a própria Bíblia ensina. Portanto, o que defendemos é que o pecado deve ser enxergado de forma completa, em todos os seus âmbitos, sejam eles morais ou sociais: tudo o que vai contra o projeto original de Deus deve ser visto como perversão da vontade divina. Vale ressaltar que essa explicação de forma alguma nega as teorias que explicamos anteriormente, pois elas pretendem explicar como exatamente o pecado de Adão foi capaz de atingir a natureza humana em seu âmago, enquanto aqui estamos apenas explicando como o pecado já está instaurado em nossa realidade.

É interessante destacar nessa obra de recorte carismático-pentecostal a forma pela qual o Espírito Santo rompe essa estrutura pecaminosa e nos capacita para que também possamos vencê-la, não nos levando a cair no comodismo que citamos anteriormente nem a apelar para soluções puramente humanas. Um bom exemplo dessa ação do Espírito pode ser encontrado na história de William Joseph Seymour, grande homem de Deus que, por ser negro, precisou assistir às aulas de um rápido curso bíblico ministrado por Charles Parham no ano de 1905 em Houston, Texas, do lado de fora da sala. Apesar desse desafio, foi ali que ele aprendeu sobre o batismo com o Espírito Santo, doutrina que passaria a defender e ensinar antes mesmo de falar em línguas. Em 1906, Seymour foi convidado para pregar em uma igreja em Los Angeles, mas sua pregação sobre a boa-nova que havia aprendido com Parham no ano anterior não foi bem recebida pela pastora da congregação — que mais tarde viria a se tornar pentecostal. Apesar da discordância de sua líder, alguns membros daquela igreja continuaram a se encontrar com Seymour em uma casa na rua North Bonnie Brae. As reuniões nesse novo endereço foram poderosas — uma delas se estendeu por três dias e noites de pura adoração! O próprio Seymour foi batizado com o Espírito nesse lugar, e logo pessoas brancas começaram também a frequentar a casa, que ficou pequena. Uma semana depois, Seymour, o negro excluído das comunidades de fé brancas por sua cor e origem, iniciou uma congregação em um prédio abandonado na rua Azusa 312, e coisas tão extraordinárias começaram a acontecer que nem mesmo a segregação racial da época foi capaz de impedir que negros e brancos se reunissem no mesmo lugar para adorar ao Senhor e estar em comunhão, como deve ser. Ali, naqueles encontros, o Espírito Santo de Deus rompeu as barreiras de um pecado estrutural: o racismo.

Devemos estar atentos e confiantes de que essa ação do Espírito Santo também pode nos guiar e capacitar, assim como fez com o irmão Seymour. A perspectiva estrutural do pecado não deve ser vista com total desesperança, como se já não houvesse saída, mas apenas tornar-nos mais conscientes para que possamos viver o evangelho de forma cada vez mais completa. É possível livrar-se dessa estrutura de pecado e viver uma vida de santidade, mas para isso precisamos permitir que o Espírito Santo de Deus atue em nós. O apóstolo Paulo já nos aponta para essa realidade quando, depois de falar sobre o sofrimento da criação, causado por nossos pecados, afirma que "o Espírito ajuda em nossas fraquezas; porque não sabemos o que havemos de pedir como convém, mas o mesmo Espírito intercede por nós com gemidos inexprimíveis" (Romanos 8:26). Que o Espírito possa capacitar-nos, dando sabedoria para que identifiquemos os pecados normalizados pelos costumes de nossa cultura e sociedade. Só assim poderemos viver uma vida plenamente cristã e seguir os passos de Cristo!

O QUE É O PECADO?

Já falamos sobre a origem da pecaminosidade e como ela está profundamente enraizada em nossa realidade, mas uma pergunta importante segue sem resposta: o que, de fato, é o pecado? Responder a tal questão é um desafio, pois o pecado "possui uma natureza parasítica", ou seja, "não tem existência em separado, mas é condicionado por aquilo a que se agarra".[40] Une-se a isso o fato de que a religião parece ter perdido espaço no cotidiano dos indivíduos, fazendo que conceitos como "Queda" e "pecado" pareçam invenções abstratas de um mundo que já não existe e ficou para trás. Muitos teólogos, como o pentecostal Bruce R. Marino, optam por definir o pecado a partir de Deus:

---

40 Ibid., p. 281.

"Somente Ele é uno, consistente e absoluto, e a qualidade perversa e iníqua do pecado é revelada contra o pano de fundo de sua santidade". Portanto, tudo aquilo que é contrário à natureza ou lei divina pode ser considerado pecaminoso: "Seja o que mais o pecado for, ele é, no seu âmago, uma violação da lei de Deus".[41] Apesar de correta, essa definição ainda é muito ampla, por isso uma alternativa para torná-la mais assertiva é definir o pecado com base nas ações descritas no texto bíblico. Mas, antes de seguirmos para essa análise, é importante relembrar que não pretendemos promover "uma compreensão muito pragmática e superficial, que considera o homem como sujeito de ações externas e isoladas e não tanto uma totalidade",[42] mas simplesmente tornar a hamartiologia mais didática.

Exatamente por entendermos que o pecado está além das ações, mas é "uma realidade, ou natureza, dentro da pessoa",[43] analisaremos a terminologia que a ele se refere a partir de três enfoques: causas, natureza e consequências. Embora "essas categorias nem sempre sejam bem definidas", elas nos permitem abarcar mais do que acontecimentos isolados, entendendo que todo o processo, desde a causa até sua consequência, já é pecaminoso,[44] exatamente como ensinou Jesus em seu célebre Sermão do Monte (Mateus 5:27-28).

CAUSAS	TERMO HEBRAICO	TERMO GREGO
Erro	*shāgag (verbo)* *shāgâ* *mishgeh* *tā'â*	*planōmai*
Ignorância		*agnoia*
Desatenção		*parakoē*

O hebraico é uma língua pictórica, ou imagética, por isso um mesmo termo pode apresentar diversos sentidos. Esse é o caso das palavras *shāgâ* e *tā'â*. Na Bíblia, elas são usadas para falar sobre o andar cambaleante dos bêbados (Isaías 28:7) e também sobre ovelhas que fugiram do rebanho (Ezequiel 34:6), mas

---

41 Ibid.

42 MOSER, Antônio. *O pecado ainda existe?* (São Paulo: Paulinas, 1976), p. 12.

43 MARINO. "Origem, natureza e consequências do pecado", in: HORTON (org.). *Teologia sistemática*, p. 286.

44 ERICKSON. *Teologia sistemática*, p. 547.

sua ocorrência mais relevante para o estudo do pecado encontra-se nos textos que se referem à fraqueza humana e sua tendência ao erro. O verbo *shāgag* foca a fraqueza e refere-se a falhas acidentais — como, por exemplo, Levítico 22:14 que fala sobre o erro cometido por alguém que acidentalmente comeu um alimento que era destinado apenas aos sacerdotes —, já os termos *mishgeh* e *tā'â* denotam intencionalidade ao errar e enfatizam que o indivíduo deve ser responsabilizado em tais casos. É o que a Bíblia chama de "pecado voluntário" (Números 15:30; Hebreus 10:26). Essa é outra característica comum à língua hebraica: uma só palavra é capaz de descrever uma ação enquanto já aponta para suas consequências.

O Novo Testamento também menciona o erro como causa do pecado: o termo *planōmai* é utilizado para descrever as falhas que o indivíduo pode vir a cometer quando é enganado por outra pessoa (Efésios 4:14), espíritos enganadores (1Timóteo 4:1), ou até mesmo por sua própria consciência (1João 1:8). Independentemente da causa, os pecados cometidos devido ao engano denotam culpa ao indivíduo que os cometem, por isso exortações como a de Marcos 13:6 são tão comuns: "Tomem cuidado para que ninguém engane vocês". O teólogo pentecostal Bruce Marino ressalta que "muitos rabinos consideravam o assassínio menos grave do que seduzir outra pessoa ao pecado", já que "o assassínio remove apenas uma pessoa deste mundo, ao passo que o pecado impede a pessoa de entrar no céu".[45] Vale acrescentar que o engano faz parte dos termos que extrapolam a divisão causas/natureza/consequências, pois é tanto causa do pecado quanto ação pecaminosa.

Outro conceito bíblico de causa do pecado é a ignorância, descrita pelo termo *agnoia*, que significa "falta de conhecimento sobre algo" ou "ser ignorante". Na Bíblia, seu uso mais comum traz o sentido de pecados cometidos por inocência, quando não se sabe que algo é pecado. Um exemplo importante encontra-se em Hebreus 9:7, que fala sobre o sacerdote que oferecia sacrifícios "por si mesmo e pelas culpas do povo". De acordo com Erickson, a culpa mencionada nesse texto refere-se a "casos de ignorância deliberada" em que "o povo sabia o caminho certo, mas decidia ignorá-lo".[46] Esse pecado tem ligação com o próximo conceito de causa do pecado: a desatenção. Descrito em o Novo Testamento pelo termo *parakoē*, que tem o significado literal de

---

45 Marino. "Origem, natureza e consequências do pecado", in: Horton (org.). *Teologia sistemática*, p. 707.

46 Erickson. *Teologia sistemática*, p. 547.

CAPÍTULO 7 – Hamartiologia | 1511

"não ouvir bem" ou "não ouvir corretamente", a desatenção é causa do pecado quando um indivíduo toma a decisão de não atentar, ignorar ou "recusar-se a ouvir" (Mateus 18:27) ao que Deus ordena. Portanto, de acordo com a terminologia bíblica, concluímos que somos levados a pecar por nossa tendência ao erro, pela ignorância — quer intencional, quer inocente — e também pela decisão deliberada de ignorar o que Deus fala.[47]

No entanto, o que de fato se configura como pecado? Encontramos várias respostas a essa pergunta ao longo da história do cristianismo. Uma delas é a listagem dos conhecidos pecados capitais que, em sua formulação clássica, eram "soberba, cobiça, concupiscência, glutonaria, ira e preguiça".[48] Apesar de correta, essa definição é incompleta, por isso voltaremos à terminologia para ter um panorama sobre a natureza das ações pecaminosas.

NATUREZA	TERMO HEBRAICO	TERMO GREGO
Errar o alvo	*ḥāṭā*	*hamartanō (verbo)*
Impiedade		*asebeō*
		adikeō
		adikia
		adikos
		anomia
Transgressão	*'ābar*	*parabainō*
		parabasis
		paranomeō
Iniquidade ou falta de integridade	*'āwal*	
Rebeldia	*pāsha'*	*apeitheia*
	pesha'	*apeitheō*
	mārâ	*apeithēs*
	mārad	*aphistēmi*
	sārar	*apostasia*
Traição	*mā'al*	*parapiptō*
	bāgad	*paraptōma*
Perversão	*'āwâ*	
Abominação	*shiqqûts*	
	tô'ēbâ	

47 Ibid., p. 547-9.
48 Marino. "Origem, natureza e consequências do pecado", in: Horton (org.). *Teologia sistemática*, p. 706.

Pecar é errar o alvo. Esse conceito é descrito no Antigo Testamento pelo verbo *ḥāṭā*, que pode ser utilizado para referir-se tanto a erros acidentais, sem sentido moral (Juízes 20:16), quanto a pecados. Sua presença "em textos de confissão" indica que nesse segundo caso "o pecador se sente responsável. A pessoa tem um alvo ou propósito, mas não o atingiu". O mesmo sentido está presente no Novo Testamento por meio do verbo *hamartanō*. Nesse caso, o termo sempre faz referência a um pecado contra Deus: quando não atingimos "a marca que ele estabeleceu, seu padrão de amor e obediência perfeitos a ele", ao próximo ou até a nós mesmos, pecamos diretamente contra o que ele ordenou, pois erramos o alvo.[49]

Pecado é também impiedade, conceito que no Novo Testamento possui diversos sentidos: o primeiro deles é encontrado nos termos *adikia*, *adikeō* e *adikos*, que se referem à injustiça, seja ela ativa, seja passiva. A impiedade também está presente na atitude irreverente e desrespeitosa dos que não têm temor a Deus. Esse segundo significado é apresentado pelo próprio Jesus, que usa o termo *anomia* para descrever a atitude dos que desobedecem às leis divinas (Mateus 7:23; 13:41; 23:28; 24:12). É importante frisar que *anomia* não faz referência à quebra da "Lei judaica, mas a qualquer mandamento que alguém sabe ter sido ordenado por Deus".[50] Para falar sobre o desrespeito à Lei mosaica especificamente, Paulo utiliza outro termo: *paranomeō*.

Isso nos leva ao terceiro conceito sobre a natureza do pecado: pecar é transgredir uma lei. A palavra grega *paranomeō* e seus derivados, *parabasis* e *parabainō*, são os que mais se aproximam do hebraico *'ābar*, presente no Antigo Testamento. Esse termo significa literalmente "atravessar" ou "passar por", e seu sentido moral aponta para a transgressão de um dos mandamentos. Pecar é ser iníquo, não ter integridade. No hebraico, a iniquidade é descrita pelo termo *'āwal*, que tem como significado principal "desviar-se do caminho certo". A falta de integridade está presente em não se cumprir a lei divina, mas também pode referir-se à falta de coerência ou discrepância entre o discurso e o comportamento de um indivíduo.

Pecar é ser rebelde. Esse conceito ganhou novos significados ao longo do tempo e atualmente é usado até mesmo de forma banal; qualquer "birra de criança" é considerada rebeldia, mas, biblicamente, o termo possui sentidos

---

49 ERICKSON. *Teologia sistemática*, p. 551.
50 SMITH, apud ERICKSON. *Teologia sistemática*, p. 143.

mais sérios. A rebeldia é descrita no Antigo Testamento pelo verbo *pāsha'* e seu substantivo *pesha'*, termos que podem ser usados tanto para descrever a revolta contra um rei ou líder humano quanto contra Deus. Esse mesmo significado também é compartilhado pelos termos *mārâ, mārad* e *sārar*. No Novo Testamento, o conceito é citado de diversas maneiras: os termos *apeitheia, apeitheō* e *apeithēs* falam da rebeldia que ocorre quando há desobediência a Deus e, em alguns casos específicos, aos pais. Já *aphistēmi* refere-se à atitude rebelde de provocar outras pessoas. Por fim, encontramos o termo *apostasia,* usado por Paulo para referir-se aos que se desviam da fé. Essa atitude dos que conhecem o evangelho, mas decidem negá-lo, configura um dos tipos mais graves de rebeldia, pois se encontra diretamente relacionado ao próximo conceito de pecado: a traição.

Pecar é trair. No hebraico, dois termos que definem tal pecado: *bāgad,* usado para falar de qualquer tipo de traição, e *mā'al*, que se refere especificamente à traição contra Deus. No Novo Testamento, esse mesmo sentido é encontrado nas palavras *parapiptō* e *paraptōma*. A traição definida por essas palavras é muito grave, pois ofende diretamente a Deus e a aliança que ele fez com o seu povo.

Pecar é algo abominável a Deus. Os termos hebraicos *shiqqûts e tô'ēbâ* são utilizados no Antigo Testamento para referir-se a "atos que praticamente causam náusea em Deus. O termo 'abominação' indica que esses pecados não são simplesmente algo a que Deus se opõe de modo impertinente, mas ofensas que nele produzem repulsa". Alguns exemplos são "a idolatria (Dt 7:25,26), a homossexualidade (Lv 18:22; 20:13), o vestir-se com roupas próprias do sexo oposto (Dt 22:5), o sacrifício dos filhos (Dt 12:31) ou de animais defeituosos (Dt 17:1) e a bruxaria (Dt 18:9-12)".[51] Dentre essas descrições de ofensas diretas a Deus, cabe mencionar o "pecado imperdoável", citado diversas vezes por Jesus no Novo Testamento (Mateus 12:31-32; Marcos 3:27-30; Lucas 12:10). Mais do que "a falta de correspondência às manifestações milagrosas do Jesus encarnado ou dos apóstolos" ou "negação temporária da fé", esse pecado pode ser definido como "a rejeição deliberada e derradeira da obra especial do Espírito Santo" que acaba "resultando na recusa total de crer".[52] A ênfase dada por Jesus ao fato de que tal blasfêmia não será perdoada "é

---

51 Erickson. *Teologia sistemática*, p. 557.
52 Marino. "Origem, natureza e consequências do pecado", in: Horton (org.). *Teologia sistemática*, p. 292.

provavelmente uma negação peremptória da esperança rabínica de que a blasfêmia pode ser perdoada na morte".[53]

É importante que os pentecostais falem sobre o pecado imperdoável, pois é na ação do Espírito Santo que se fundamenta grande parte de sua teologia e vivência. Para esse grupo, "a blasfêmia contra o Espírito Santo não é uma indiscrição momentânea, mas uma disposição definitiva da vontade" de não crer. Desacreditar, desmerecer ou, ainda pior, negar uma experiência que foi proporcionada pelo Espírito — cometendo assim o pecado da *apostasia* —, é tão grave que o próprio Cristo afirma: "E a todo aquele que disser uma palavra contra o Filho do Homem ser-lhe-á perdoada, mas ao que blasfemar contra o Espírito Santo não lhe será perdoado" (Lucas 12:10).

Pecar é também perverter. Tal natureza do pecado é descrita no Antigo Testamento pelo termo *'āwâ* que significa "torcer" ou "curvar". Apesar de o sentido literal ser encontrado em textos como o de Isaías 21:3: "Contorço-me de dores e não posso ouvir", a palavra hebraica é também muito utilizada metaforicamente para denotar culpa, punição ou iniquidade, referindo-se não apenas a atos, mas também à natureza humana distorcida. Esse último conceito é mais um exemplo que extrapola a divisão que escolhemos para analisar a terminologia do pecado, pois é simultaneamente causa, definição e consequência das ações pecaminosas. Esse tipo de ocorrência não é rara em línguas como o hebraico e o grego, onde muitos termos trazem, em si, não apenas a descrição de uma atitude, mas também seus resultados. Por isso, decidimos listar algumas palavras que enfocam as consequências que o pecado traz para a vida de quem o pratica. Confira:

CONSEQUÊNCIAS	TERMO HEBRAICO	TERMO GREGO
Agitação ou inquietação	*resha'*	
Mal ou ruindade	*ra'*	
Culpa	*'āsham*	*enochos*
Sofrimento	*'āwen*	

O pecado causa agitação e inquietação. Apesar de o termo *resha'* ser comumente traduzido por "perversidade", alguns textos indicam que seu sentido

---

53 Ibid., p. 708.

CAPÍTULO 7 – Hamartiologia | 1515

original era o de "agitação" ou "inquietação". Isaías 57:20 usa a palavra para falar sobre os ímpios que "são como o mar agitado, incapaz de se acalmar". Essa agitação é moral; o desconforto e o caos existem para os ímpios em consequência de suas ações pecaminosas.

O pecado causa o mal e a ruindade. O termo hebraico utilizado para descrever esse conceito é *ra'*, que sempre se refere a algo nocivo, como um alimento estragado, um animal perigoso ou até mesmo a aflição e a adversidade — como em Jeremias 42:6. Uma importante ocorrência dessa palavra é encontrada em Deuteronômio 30:15, quando Deus a utiliza para referir-se "[à] morte e [ao] mal" que recairiam sobre Israel caso optasse por continuar em pecado e desobedecendo à sua palavra.

O pecado causa culpa. No Antigo Testamento, vários termos possuem esse significado, mas o mais específico deles é *'āsham*, que aponta para a culpa que o indivíduo possui por seus erros e a necessidade de compensá-los ou restituí-los de alguma forma. Tal sentido pode ser encontrado em Números 5:8, que descreve como deve ser feito o sacrifício de restituição: "Mas, se aquele homem não tiver resgatador, a quem se restitua pela culpa, então, a culpa que se restituir ao Senhor será do sacerdote". No grego, a culpa é definida pela palavra *enochos*, e suas poucas ocorrências — apenas dez — encontram-se em textos importantes. Em Mateus 5:21, Jesus declara culpado qualquer um que mata ou odeia seu irmão. Já o apóstolo Paulo utiliza o termo para advertir sobre a necessidade de examinar-se antes de participar da ceia do Senhor, pois "qualquer que comer este pão ou beber do cálice do Senhor, indignamente, será culpado do corpo e do sangue do Senhor" (1Coríntios 11:27). Millard Erickson explica que "em todos esses empregos da palavra ἔνοχος (*enochos*), o padrão de justiça é o padrão divino. O pecador está sujeito à punição [torna-se culpado] por ofender a Deus".[54]

O pecado causa sofrimento. No hebraico, esse conceito é definido pelo termo *'āwen*, que "parece transmitir a ideia de miséria, sofrimento, dificuldade e tristeza". O profeta Oseias o utiliza para referir-se a Betel — que significa "casa de Deus" —, chamando-a de "casa do sofrimento" depois que esta se tornou um lugar de idolatria, e também Provérbios 22:8: "O que semear a perversidade segará males", que apresenta esse sentido de sofrimento como consequência de atos pecaminosos. A agitação, o mal, a culpa e o sofrimento

---

54 Erickson. *Teologia sistemática*, p. 558.

1516 | TEOLOGIA SISTEMÁTICO-CARISMÁTICA

não são os únicos males decorrentes do pecado. Ao longo do desenvolvimento doutrinário do cristianismo, outras consequências, como a natureza decaída e a morte física, foram definidas, conforme já explicamos no tópico anterior. Portanto, é importante definir que com essa exposição bíblica temos um mapa amplo sobre o pecado, porém tal lista não deve ser enxergada de forma fechada, como se o pecado se limitasse a essas atitudes específicas, pois essa visão conduz ao legalismo, ou seja, à ideia de que, ao seguirmos determinadas leis ou regras ou não praticarmos certas ações, tornamo-nos dignos ou santos. Esse foi um erro cometido pelo povo de Israel e que Jesus buscou consertar em seu ministério.

> A pregação de Jesus é um veemente protesto contra a lei como lega-
> lismo. Não tinha de combater uma pérfida atitude de espírito, que
> desprezava a lei, mas uma interpretação dela que pensava zelar pela
> sua observância. Jesus condena que a relação com Deus seja transfor-
> mada numa relação meramente jurídica. O homem está ligado não
> somente enquanto existe uma lei escrita. Ele se acha desafiado em todo
> o seu ser; não pode desculpar-se perante Deus, dizendo que cumpriu
> plenamente todas as exigências da lei escrita e que no restante é livre.
> Este é o sentido da antítese do Sermão da Montanha: "Ouvistes o que
> foi dito aos antigos [...] Mas eu vos digo..." (Mt 5:21-48). Os antigos
> não são, por exemplo, os que naquele tempo se achavam adiantados
> em anos, não são os pais ou os avós, senão a geração dos patriarcas. A
> eles foi dito no Sinai: "Não matarás..." O doutor da lei concluiu disso:
> só isto é proibido. Jesus, porém, declara que isto absolutamente não
> basta. Já a disposição irascível é falta contra o mandamento; ela é tão
> má como a própria ação (Mt 5:21-26). Ou: quem evita o adultério,
> mas não dá importância ao mau desejo no coração, não compreendeu
> nem cumpriu a lei. Pois ela exige pureza total (Mt 5:27-32).[55]

Os ensinamentos de Jesus mostram de forma clara que o objetivo divino com a prescrição das leis não era fazer uma exigência nem dar uma ordem sem sentido, mas ensinar àquele povo até então sem lei, terra ou cultura próprias como deveriam portar-se como homens santos. A lei era uma forma de ensi-ná-los, mas seu objetivo não era fazer que eles cometessem pecados à vontade e depois oferecessem sacrifícios; ao contrário, o objetivo é que deixassem de

---

55 SCHELKLE. *Teologia do Novo Testamento*, vol. 4, p. 39.

pecar, aceitando sua posição de povo escolhido e evitando tudo o que fosse impuro e pecaminoso. É importante destacar que boa parte da forma legalista de enxergar a lei se deve à própria forma em que os líderes ensinaram o povo. Karl Hermann Schelkle afirma que "Jesus acusa a casuística de torcer a lei no próprio interesse, transformando-a em puro legalismo. Ele previne contra o abuso e exige o cumprimento do mandamento em todo o seu sentido. Assim, na norma jurídica da pena equivalente; olho por olho, dente por dente (Mt 5:38-41)", Schelkle explica que "originariamente, esta lei foi dada para pôr um freio à desmedida vingança do homem. A casuística, porém, fez dela um direito à vingança". Por isso, o Mestre é enfático ao dizer que devemos oferecer a outra face, não porque esteja desvalorizando a lei; ao contrário, "Jesus exige novamente o sentido da lei, que pede justiça e, além disso, benignidade e ânimo conciliador: 'Não resistais ao mau! Se alguém te ferir a face direita, oferece-lhe também a outra!' (Mt 5:39)".[56]

Junto ao problema do legalismo, quase sempre vem a ideia de hierarquização de pecados: pecados sexuais, que causam mais constrangimento social, parecem muito mais graves do que pecados como a inveja, a soberba e a tirania. Assim, apesar de os últimos terem consequências piores, pois sempre afetam outras pessoas e até mesmo sociedades, não recebem tanta atenção quanto os primeiros. Essa visão também não possui respaldo bíblico. Quando Deus dita os mandamentos a Moisés, fica evidente como todos aqueles pontos são igualmente relevantes para a santidade do povo. Todas as orientações, desde a forma de se apresentar no culto até a conduta com a terra, deviam ser seguidas com o mesmo rigor e cuidado. No Novo Testamento, com os ensinamentos de Jesus, isso se repete, e vemos o apóstolo Paulo aplicando esse entendimento às comunidades que ajudava:

> Seguindo o mandamento divino, Paulo adverte suas comunidades de não darem entrada à inveja, à discórdia, à ira e ao ódio. Tudo isso são vícios, consequência e castigo de impiedade. Os pagãos estão "cheios de inveja, homicídio, contenda, engano e malignidade" (Rm 1:29). Estas são "obras da carne" (Gl 5:19s.). Tais pecados devem ficar longe da comunidade cristã: "Toda amargura, ira, indignação, gritaria, calúnia sejam desterradas do meio de vós como toda a malícia. Mostrai-vos bondosos uns para com os outros e compassivos.

---

56 Ibid.

1518 | TEOLOGIA SISTEMÁTICO-CARISMÁTICA

> Perdoai-vos uns aos outros, como também Deus em Cristo vos perdoou" (Ef 4:31. Compare Cl 3:8). Segundo 1Tm 6:4, "a inveja, a discórdia, os insultos, as suspeitas injustas" nascem das heresias. Para 2Tm 3:1-5, ódio, calúnia e blasfêmias pertencem à corrupção dos últimos tempos.[57]

Portanto, a pecaminosidade deve ser entendida de forma integral. É importante entender que o pecado é uma condição, e, apesar de essa afirmação ser conhecida, é necessário que a levemos a sério. Uma condição indica que, não importa o que façamos, sempre continuaremos sendo pecadores que necessitam da graça e do auxílio divinos para não sermos engolidos por nossa condição decaída. Assim, o pecado não é definido por uma simples lista que elenca ações piores ou melhores, mas deve ser entendido como algo ainda mais profundo. Basicamente, o que percebemos é que o pecado é tudo aquilo que vai contra o que Deus quer para a sua criação e contra tudo aquilo que vai contra o que ele próprio demonstra ser. Somos convidados a mudar nossa forma de viver, a abandonar o pecado em sua essência: "O mandamento do Antigo Testamento é interpretado por Cristo por meio da exigência da totalidade e da interioridade". A "obediência é entendida a partir da nova imagem de Deus que Jesus apresenta" e "é exigida com urgência externa em vista do Reino de Jesus que está às portas". Na nova aliança, a "obediência é caracterizada agora como seguimento de Jesus" e é possibilitada "como vida no Espírito".[58]

CONSIDERAÇÕES FINAIS

Neste capítulo, estudamos alguns dos principais conceitos da hamartiologia, a começar pelo sempre atual e complexo problema do mal. Apresentamos três perspectivas — apesar de admitirmos que existem outras dezenas de possibilidades sobre o tema — e deixamos claro que nenhuma delas fecha totalmente o assunto. Podemos escolher uma visão que consideramos mais coerente, mas devemos ter humildade para reconhecer que algumas respostas só chegarão até nós quando estivermos face a face com Deus. Também falamos sobre a Queda e as teorias sobre o pecado original, conceito introduzido na teologia por Agostinho. Esse também se mostrou um assunto extremamente

---

57 Ibid., p. 242.
58 Ibid., p. 38.

complexo e que carece de maior desenvolvimento em terras brasileiras, mas consideramos ainda mais urgente o reconhecimento da estrutura pecaminosa em nossa realidade.

A hamartiologia é uma área com implicações muito práticas, por isso não podemos resumi-la a algo tão abstrato quanto essa discussão, que, embora muito relevante, possui um desenvolvimento mais teológico do que precisamente bíblico — o livro sagrado em nenhum momento especifica como exatamente o pecado de Adão alcançou toda a humanidade; sua preocupação é apenas atestar um fato: o primeiro homem pecou, e nós também somos pecadores. O desenvolvimento posterior é fruto de nossas inferências teológicas e filosóficas. Por reconhecer esse paradoxo, optamos por mostrar como o pecado está presente na realidade hoje, com suas raízes espalhadas por todas as áreas, sejam elas privadas ou sociais. Nosso objetivo com isso é lançar luz ao fato de que temos naturalizado muitos pecados, entendendo que o mal está condicionado apenas ao que julgamos ser "espiritual": vida pessoal, vida na igreja etc. Também alertamos que o caminho para resolver esse problema não é apelar para um secularismo que pretende redimir o mundo por meio de ferramentas humanas, nem cair no comodismo que afirma que nada pode ser feito, mas buscar um equilíbrio. Lutar pela justiça, como filhos de Deus, mas sem permitir que o evangelho seja deturpado para combinar com nossas crenças pessoais.

Por fim, apresentamos um resumo sobre a terminologia do pecado, buscando entender o que a Bíblia apresenta como sendo pecaminoso. Vimos que ele possui causas e consequências e se estende a diversas áreas — o que combina com a perspectiva estrutural que apresentamos no tópico anterior. Por fim, consideramos adequado definir que pecado é, por essência, uma perversão da vontade divina: tudo o que vai contra o projeto original de Deus deve ser visto como pecaminoso. E é importante definir que podemos encontrar uma síntese do que Deus quer que sejamos em Jesus Cristo — e, conforme já citamos inúmeras vezes, só podemos viver como ele viveu quando permitimos que o Espírito Santo nos guie. Neste capítulo, apresentamos o "problema", mas no próximo finalmente chegamos ao antídoto de tão grande desafio para o homem. Falaremos sobre a doutrina da salvação, também chamada de soteriologia.

CAPÍTULO

8

SOTERIOLOGIA

Introdução

O termo grego *sōteria* é comumente traduzido por "salvação", mas em Atos 7:25 ele é apresentado como "liberdade", palavra que traz em si a essência do que estudaremos neste capítulo, pois a oferta de salvação é antes de tudo um convite à liberdade e uma expressão da infinita benevolência de Deus. Já falamos anteriormente sobre o Criador que cria por amor e também sobre a triste escolha do ser humano em afastar-se dele e tornar-se escravo do pecado. Agora falaremos sobre a oferta do antídoto definitivo para esse problema: a redenção em Cristo.

Ainda no *protoevangelium* do Antigo Testamento, que é o "primeiro vislumbre da salvação que virá através daquEle que restaurará o homem à vida",[1] Deus já dava indícios de seu desejo de reconciliar-se com toda a humanidade. Primeiramente, por meio de sua iniciativa em procurar Abraão, um homem comum, porém cheio de fé e obediência, e chamá-lo para ser pai de uma nação que abençoaria as demais nações da terra (Gênesis 12:1-3). O patriarca, que até então não tinha filhos, tornou-se pai de muitos povos, e hoje as três maiores religiões do mundo — judaísmo, cristianismo e islamismo — reconhecem nele sua origem.

---

1 Pecota, Daniel B. "A obra salvífica de Cristo", in: Horton, Stanley M. (org.). *Teologia sistemática: uma perspectiva pentecostal*, 4. ed. (Rio de Janeiro: CPAD, 1996), p. 337.

TEOLOGIA SISTEMÁTICO-CARISMÁTICA

Posteriormente, foi a vez de os profetas serem usados para manter acesa a chama da esperança salvífica, mas essa promessa de bênção para todos só ganhou vida e tornou-se uma realidade presente e concreta no primeiro advento de Cristo. Ele, o Filho de Deus, decidiu por livre e espontânea vontade se fazer homem e vir ao mundo, não apenas oferecer a possibilidade definitiva de justificação pelo ato de Adão e Eva, mas também para ensinar um novo estilo de vida que vai além da Lei, dos mandamentos ou do oferecimento de sacrifícios, mudando o homem por completo e transformando radicalmente a maneira de como podemos nos relacionar com Deus.

Essa oferta é radical. Enquanto os deuses das outras religiões odiavam suas criaturas e até mesmo disputavam com elas — pois não eram nada mais que versões "divinizadas" do próprio homem —, Cristo não mede esforços para aproximar-se de nós. Essa decisão é uma demonstração de quão sério é o plano da salvação para Deus. Ele poderia continuar usando profetas para falar com os homens, mas decide enviar seu único Filho para mostrar quão forte é o compromisso, o amor e a consideração que possui pelo mundo que criou.

Como veremos neste capítulo, existem muitas divergências dentro do campo que estuda a salvação e busca interpretar todos os seus significados. Esse intenso labor teológico acaba nos conduzindo a embates teóricos, mas é importante que o estudante de teologia não esqueça que o principal objetivo da análise da obra salvífica de Cristo e seus efeitos em nós não é ter razão, ou ganhar um embate, mas conhecer o amor *agape* que Deus tem pela humanidade e que deve ser reproduzido por nós (Mateus 22:39).

DEFINIÇÕES E OBJETIVOS DA SOTERIOLOGIA

A palavra "soteriologia" é a junção dos termos *sōteria* (σωτηρία), que "denota libertação, preservação e salvação",[2] e *logia*, que significa "ciência" ou "estudo". Assim, ela é utilizada como termo técnico para o estudo da doutrina da salvação. Como todas as outras áreas que abordamos até agora, a soteriologia é necessária, pois também define nossa visão sobre Deus e delineia os termos de sua relação com o mundo que criou. Mais do que isso, a soteriologia também estuda o que consideramos ser o cerne da fé cristã: a obra salvífica de Cristo. Muitos estudiosos têm aceitado o desafio de responder à pergunta

---

2   UNGER, Merril F.; VINE, W. E.; WHITE JR., William. *Dicionário Vine: o significado exegético e expositivo das palavras do Antigo e do Novo Testamento* (Rio de Janeiro: CPAD, 2002), p. 967.

CAPÍTULO 8 – Soteriologia | 1523

sobre como essa obra de fato nos livra do pecado, falaremos sobre isso logo no primeiro tópico. É importante ressaltar que apesar de a obra salvífica de Cristo ocupar grande parte dos estudos sobre a salvação, fazendo que os teólogos enfoquem bastante nos textos neotestamentários, é possível encontrar essa doutrina também no Antigo Testamento.

Lewis Sperry Chafer afirma que, conforme descreve Deuteronômio 28:1-14, a salvação para o israelita "consistia basicamente em libertação de tudo o que poderia impedir as bênçãos", como, por exemplo, a escravidão no Egito e o cativeiro babilônico; além disso, "uma esperança ainda maior esteve sempre diante de Israel" e falava sobre "um triunfo espiritual do reino do pacto, que era ainda futuro" (Jeremias 31:33-34).[3] Assim, as promessas veterotestamentárias "falam da nação como um todo e predizem a restauração e a salvação daquele povo, de acordo com o propósito eterno de Jeová", mas também se referem à "relação que os indivíduos tinham com Deus, realidade essa que era um assunto totalmente independente daquelas grandes promessas que asseguram a salvação da nação".[4] Dessa forma, a salvação se referia tanto a bênçãos individuais quanto à grande promessa de salvação para Israel.

No Antigo Testamento, "por falta de revelação específica, a salvação do indivíduo sob o judaísmo — com respeito aos termos, tempo e caráter geral — é obscura para os homens".[5] Tudo o que eles tinham eram promessas para o povo e algumas profecias que apenas hoje, com o cenário completo revelado, conseguimos entender melhor. Já no Novo Testamento, o conceito de salvação se amplia e torna-se mais claro e individual a partir da cruz, apesar de continuar expressando o mesmo "pensamento de libertação, segurança, preservação, coisa sadia, restauração e cura". Ao longo dos textos, "doze doutrinas extensas e vitais" são apresentadas e posteriormente reconhecidas e sistematizadas pela teologia. São elas: "redenção, reconciliação, propiciação, convicção, arrependimento, fé, regeneração, perdão, justificação, santificação, preservação e glorificação".[6] Alguns desses conceitos — como redenção, reconciliação e propiciação — dizem respeito à obra salvífica de Cristo e são direcionados a toda a humanidade; outros, como o arrependimento e a fé, referem-se a posturas individuais. Neste capítulo, estudaremos cada uma

---

3   CHAFER, Lewis Sperry. *Teologia sistemática* (São Paulo: Hagnos, 2003), vol. 3 e 4, p. 19.
4   Ibid., p. 20.
5   Ibid., p. 20-1.
6   Ibid., p. 21.

dessas doutrinas, começando pelas mais gerais, encontradas no sacrifício de Cristo, para só então prosseguirmos para as mais pessoais.

Tentaremos, mais uma vez, destacar o aspecto carismático em cada uma dessas fases e, como ficará evidente, ele é responsável por muitas divergências teóricas. Embora nos últimos anos alguns autores brasileiros, até mesmo pentecostais, insistam em dizer o contrário, a segunda parte do nosso capítulo — que abordará mais especificamente as duas principais posições soteriológicas presentes no protestantismo brasileiro: calvinismo e arminianismo — deixa claro que o papel que atribuímos ao Espírito Santo no plano da salvação é uma consequência direta de nossa pneumatologia. Quanto mais "viva" e "independente" cremos ser sua atuação, mais abrangente e também pessoal será a resposta do indivíduo ao eterno chamado divino.

Antes de prosseguirmos para um maior desenvolvimento desse assunto, precisamos falar sobre a obra de Cristo especificamente. O que aconteceu na cruz? Como os teólogos têm entendido a morte e ressurreição ao longo dos séculos? Isso é o que veremos a seguir.

A Paixão de Cristo

Um dos pontos principais da soteriologia é a interpretação que se dá à morte de Cristo. Na teologia, esse momento pode ser "interpretado como justiça, santificação e redenção (1Co 1:30; Ef 5:25s; Hb 10:10), como paz (Ef 2:14-16; Cl 1:20) e ainda como salvação (Ef 2:5; 1Ts 5:9s; Hb 5:9)".[7] Neste tópico, buscaremos explorar essas interpretações, começando pela apresentação dos principais termos utilizados para referir-se à cruz, e seus possíveis significados; passando pelas principais teorias da expiação e, finalmente, discutindo sobre o alcance dessa salvação.

— Terminologia e significados —

A Bíblia apresenta diversos termos para referir-se à obra salvífica de Cristo, os quais dividem opiniões entre os teólogos que tentam entender qual exatamente é o significado teológico por trás de cada uma dessas expressões. É importante destacar que essa não é uma tarefa fácil, afinal, como relembra o teólogo David Allen, "os relatos dos Evangelhos tratam sobre a morte de Cristo de forma narrativa com poucas explicações sobre a maneira pela qual

---

7 SCHELKLE, Karl Hermann. *Teologia do Novo Testamento* (São Paulo: Loyola, 1978), vol. 3, p. 118.

CAPÍTULO 8 – Soteriologia | 1525

a sua morte se constituiu em expiação pelos pecados" e muito menos sobre o "seu caráter sacrificial e substitutivo".[8] Obviamente, isso não significa que os Evangelhos não possuem conteúdo teológico, como afirma Karl Hermann Schelkle: "Dos relatos dos quatro Evangelhos vale que a narração da cruz de Cristo nunca foi só história, mas sempre também já teologia. Eles estão repletos de motivos apologéticos, dogmáticos, parenéticos", assim, "o que neles se diz à maneira de relato é esclarecido e constatado na pregação dos apóstolos em frases querigmáticas e dogmáticas".[9]

O que Allen está afirmando é que muitos detalhes no entendimento da obra salvífica de Cristo, assim como boa parte do desenvolvimento teológico de nossas principais doutrinas, só foram definidos posteriormente, conforme as dificuldades teóricas surgiam. Antes de nos debruçarmos sobre as "teorias" que foram criadas ao longo da história do cristianismo, é importante conhecermos os principais termos que baseiam toda a discussão. Como já é esperado, um acontecimento tão grandioso quanto a paixão de Cristo requer uma diversidade de palavras e significados que possam expressar sua importância. Nos documentos neotestamentários, encontramos termos como "expiação", "propiciação", "redenção" e "reconciliação" para definir o que Cristo realizou na cruz e tentaremos abordar de forma resumida cada uma dessas expressões.

Duas palavras cruciais para definir a obra salvífica de Cristo em termos sacrificiais são "expiação" e "propiciação". Esses dois termos já estavam presentes no Antigo Testamento, mas ganharam uma roupagem totalmente nova quando aplicadas a Jesus no texto neotestamentário. Expiação "contempla o significado básico de *kaphar* (heb. "Cobrir") e o significado secundário de *hilasmos* (gr. 'retirada do pecado e o cancelamento do castigo com base no sacrifício substitutivo')";[10] ela "indica a reconciliação objetiva com toda a humanidade, no sentido de que a retirada de todas as barreiras legais entre a humanidade pecaminosa e Deus dá a condição para que a humanidade possa ser salva".[11] Para David Allen, "a expiação de Cristo basicamente se trata de um ato de reconciliação entre Deus e a humanidade pecadora",[12] e isso é o que a diferencia.

---

8   ALLEN, David. *A expiação: um estudo bíblico-teológico e histórico da cruz de Cristo* (Natal: Carisma, 2020), p. 23.

9   SCHELKLE. *Teologia do Novo Testamento*, vol. 3, p. 97.

10   ALLEN. *A expiação*, p. 43.

11   Ibid., p. 40.

12   Ibid., p. 43.

1526 | TEOLOGIA SISTEMÁTICO-CARISMÁTICA

Reconciliação denota o restabelecimento de uma relação que havia sido interrompida ou desfeita. Portanto, esse é o significado sugerido por "expiação": na cruz, Cristo nos reconcilia com o Criador e nos dá a oportunidade de recuperar o que perdemos no Éden, após o pecado. E é importante ressaltar que antes mesmo do Gólgota, Jesus já se apresentava como esse reconciliador quando declarava, geralmente antes de algum milagre, que os pecados de alguém estavam perdoados. Ali, "torna-se manifesto o poder de Deus". Conforme explica Schelkle:

> Ele está dando o perdão nessa hora, pois agora começa o reino de Deus e esta é a hora do perdão da culpa. Com a palavra do perdão, abre-se ao doente a entrada no reino de Deus. É contra toda a mentalidade judaica que Jesus dê o perdão sem qualquer prestação do pecador, que pagasse a culpa. Sempre se exige cumprimento da lei, esmolas, votos, sacrifícios. Todo este sistema está abolido. O sumo sacerdote pode declarar o perdão a Israel no dia da reconciliação, segundo a lei da expiação dada por Deus (Lv 16).[13]

Nas ocasiões de cura, esse perdão e reconciliação foram pontuais, mas a partir da cruz, tornam-se universais e eternos: "O acontecimento salvador da morte de Jesus se deu uma vez para sempre. 'Cristo não morre mais' (Rm 6:9s). O sacrifício do sumo sacerdote Cristo oferecido uma vez (Hb 9:25-28) realizou uma redenção e santificação eterna"! Assim, podemos dizer que, "em Cristo, Deus nos garante que já tomou a iniciativa. Ele já nos perdoou. Agora, devemos corresponder", isto é, reconhecer que Deus "já rasgou de cima a baixo o véu que nos separava dEle, e entrar com ousadia na sua presença perdoadora. Essa é a parte que devemos cumprir, aceitando o que Deus tem feito através de Cristo", pois "se não ocorrerem as duas ações, a reconciliação jamais acontecerá".[14]

Mas esses não são os únicos significados dados à morte de Cristo. Outro termo utilizado é "propiciação", "que destaca muito o significado secundário do verbo hebraico *kaphar* ("cobrir") e o significado principal da palavra grega *hilasmos*"[15] e sugere que o que aconteceu na cruz foi um sacrifício substitutivo pelo pecado. Conceitos como a ira de Deus e a satisfação dessa ira entram

---

13 SCHELKLE. *Teologia do Novo Testamento*, vol. 3, p. 111.
14 PECOTA. "A obra salvífica de Cristo", in: HORTON (org.). *Teologia sistemática*, p. 356.
15 ALLEN. *A expiação*, p. 41.

no argumento quando utilizamos essa expressão. O que se crê é que deveríamos morrer pelos pecados, mas Cristo morreu em nosso lugar, satisfazendo a justiça divina e aplacando a cólera que surge por causa do pecado. Assim, propiciação "abrange dois aspectos da expiação: (1) a justiça de Deus é satisfeita, e sua ira contra o pecado e contra os pecadores é retirada; e (2) o pecado é expiado de modo objetivo e a culpa é retirada".[16]

Esse termo também aponta para o sacrifício de Cristo como sendo um ato de redenção. A visão de Cristo como Redentor tem base no Antigo Testamento, que descreve inúmeros rituais de "redenção" (descrito pela palavra *ga'al*) onde a figura do parente resgatador (*go'el*) possuía grande importância. Ao descrever o que deveria ser feito no ano do Jubileu, o Senhor entrega a Moisés a seguinte ordem quanto ao resgate de terras: "A terra não se venderá em perpetuidade, porque a terra é minha; pois vós sois estrangeiros e peregrinos comigo. Portanto, em toda a terra da vossa possessão dareis resgate à terra", e "quando o teu irmão empobrecer e vender alguma porção da sua possessão, então, virá o seu resgatador, seu parente, e resgatará o que vendeu seu irmão" (Levítico 25:23-25). Para o povo de Israel, o redentor era, então, alguém que resgatava algum bem ou dívida do *ge'ulim*, o redimido, que outrora era "servo" ou "escravo" (Provérbios 22:7).[17]

No Novo Testamento, Jesus é apresentado como esse Redentor que "liga nossa justificação e o perdão dos pecados à redenção que há em Cristo (Rm 3.24; Cl 1.14, *apolutrōsis* nestes dois textos)" quando Paulo "diz também que Cristo 'se deu a si mesmo em preço de redenção [gr. *antilutrom*] por todos' (1Tm 2:6)" e define a morte do Senhor como um "ritual de redenção" definitivo, "pois era impossível que o sangue dos touros e dos bodes tirasse os pecados (Hb 10:4)". Então, "Cristo nos comprou (1Co 6:20; 7:23, gr. *agorazō*) de volta para Deus, e o preço foi o seu sangue (Ap 5:9)".[18] Mas, se não havia terras ou bens para ser resgatados, do que fomos libertos afinal?

> Cristo nos livrou do justo juízo de Deus que realmente merecíamos, por causa dos nossos pecados (Rm 3:24,25). Ele nos livrou das consequências inevitáveis de se quebrar a lei de Deus, que nos sujeitava à ira divina. Embora não façamos tudo quanto a Lei requer, já não estamos

---

16 Ibid., p. 42.
17 PECOTA. "A obra salvífica de Cristo", in: HORTON (org.). *Teologia sistemática*, p. 356.
18 Ibid., p. 356-7.

1528 | TEOLOGIA SISTEMÁTICO-CARISMÁTICA

> debaixo de uma maldição. Cristo tomou sobre si essa maldição (Gl 3:10-13). A sua redenção conseguiu para nós o perdão do pecado (Ef 1:7) e nos libertou deles (Hb 9:15). Ele, ao entregar-se por nós, remiu-nos "de toda iniquidade [gr. *anomia*]" (Tt 2:14), mas não para usar a "liberdade para dar ocasião à carne" (Gl 5:13) ou como "cobertura da malícia" (1Pe 2:16). [...] O propósito de Cristo ao redimir-nos é "purificar para si um povo seu especial, zeloso de boas obras" (Tt 2:14).[19]

O leitor mais atento provavelmente percebeu que as palavras utilizadas para "expiação" e "propiciação" são basicamente as mesmas, mas que os significados entre esses dois conceitos são um tanto diferentes, pois dizem respeito ao efeito do sacrifício de Cristo. Esse, inclusive, é tema de discussão na teologia: as palavras *kipper* no hebraico e *hilaskomai* e seus derivados no grego devem ser traduzidas por "expiação", "propiciação" ou, como acrescenta a teóloga Judith Gundry-Volf em um verbete do *Dicionário de Paulo e suas cartas*, "propiciatório"? A diferença entre as três expressões é relativamente simples: "'Expiação' significa a supressão do pecado por meio da morte reparadora de Cristo. 'Propiciação' significa que a morte de Cristo aplacou a cólera divina provocada pelo pecado" e, por fim, propiciatório "lembra o lugar santíssimo onde a misericórdia salvífica de Deus manifestava-se em reparação pelos pecados realizada por meio do culto veterotestamentário". Dessa forma, Cristo foi "o antítipo escatológico desse propiciatório".[20]

Apesar da diferença "simples", resolver esse impasse é um desafio, pois "os dois grupos de palavras significam 'aplacar', 'pacificar' ou 'conciliar' (isto é, propiciar) e 'encobrir um preço' ou 'fazer expiação por' (a fim de remover pecado ou ofensa da presença de alguém: expiar)". Assim, como aponta o teólogo pentecostal Daniel B. Pecota, "a decisão de escolher um significado em preferência a outro tem mais a ver com a posição teológica que com o significado básico da palavra".

O autor sugere que para falar sobre esse assunto precisamos primeiramente entender o significado dos sacrifícios na Bíblia, pois "quando o crente do Antigo Testamento colocava as suas mãos no sacrifício, o significado era muito mais que identificação (isto é: 'Meu sacrifício'). Era um substituto

---

19 Ibid., p. 357.

20 GUNDRY-VOLF, J. M. "Expiação, propiciação, propiciatório", in: HAWTHORNE, Gerald F.; MARTIN, Ralph P.; REID, Daniel G. (orgs.). *Dicionário de Paulo e suas cartas* (São Paulo: Loyola/Paulus/Vida Nova, 2008), p. 526.

CAPÍTULO 8 – Soteriologia | 1529

sacrificial". Ou seja, quando o israelita sacrificava algo para Deus, ele não estava apenas oferecendo alguma coisa, mas dizia: "Sacrifico isso em meu lugar".[21] Assim, o autor tenta buscar uma posição intermediária, dizendo que o significado é determinado pelo contexto:

> Todos os léxicos demonstram que *kipper* e *hilaskomai* significam "propiciar" e "expiar". A diferença está na interpretação de seu significado nas matérias bíblicas que tratam da expiação. Se aceitarmos o que a Bíblia diz a respeito da ira de Deus, uma solução possível se apresenta. As palavras têm uma referência vertical e uma horizontal. Quando o contexto focaliza a expiação em relação a Deus, falam da propiciação. Mas significam expiação quando o enfoque recai em nós e em nosso pecado. Não escolhemos "ou/ou", mas "tanto/quanto". O contexto histórico e literário determina o significado apropriado.[22]

Pecota defende sua posição afirmando que o sacrifício de Cristo tanto expiou nossos pecados, ou seja, "quitou" nossa dívida com Deus, quanto aplacou sua ira, reconciliando-nos com ele e fazendo que fôssemos regidos pela Graça, não mais pela Lei. Sendo assim, ambos os conceitos são válidos, e a morte e a ressurreição de Cristo podem ser consideradas tanto expiação quanto propiciação, variando de acordo com nossos objetivos teológicos. Outros autores preferem evitar o significado trazido pela palavra "propiciação", em que uma morte é necessária para aplacar a cólera divina, afirmando que, "na comunidade de Javé, nada que precisava de expiação devia ficar sem ser expiado", pois "a culpa fazia perder o direito à vida", mas com Jesus, Deus muda essa aparente lógica de "barganha" ao demonstrar que "não é como um demônio irritado [...] induzido a mudar de resolução pela expiação";[23] pelo contrário, seu maior desejo é que seus filhos tenham vida eterna, por isso Cristo ofereceu-se espontaneamente para morrer por nossos pecados e fez que a salvação ocorresse não mais pelo cumprimento da Lei ou dos rituais sacrificiais, mas pela decisão livre e individual de crer nele, absorvendo o *ethos* do evangelho que citamos no capítulo anterior.

Podemos entender com maior clareza a discussão terminológica quando partimos para as inúmeras teorias da expiação presentes na teologia.

---

21 PECOTA. "A obra salvífica de Cristo", in: HORTON (org.). *Teologia sistemática*, p. 352.
22 Ibid., p. 353-4.
23 SCHELKLE. *Teologia do Novo Testamento*, vol. 3, p. 116.

1530 | TEOLOGIA SISTEMÁTICO-CARISMÁTICA

Entretanto, antes de listarmos as principais, cremos que é necessário dizer mais algumas palavras sobre o significado da obra salvífica da cruz, pois, embora as explicações semânticas sejam importantes, ainda não dão conta de transmitir todo o peso teológico de tal acontecimento. Um primeiro ponto importante é que quando falamos da cruz, jamais estamos nos referindo à morte isoladamente. A paixão de Cristo é um acontecimento em dois atos: Jesus, de fato, morre na cruz, mas ao terceiro dia ressuscita e revela com sua própria vida (a verdadeira, pois agora é definitiva e eterna) o que haverá de acontecer com aqueles que são povo, ou ainda melhor: filhos de Deus. Portanto, além de soteriológico, aquele é também um evento escatológico, que aponta para o futuro ao mesmo tempo que anuncia que ele já chegou: a morte já foi derrotada, o reino de Deus já chegou — embora ainda não plenamente, conforme a tensão que explicamos no capítulo de cristologia — e vivemos agora em uma era escatológica.

Para os pentecostais e carismáticos, a principal prova disso é o fato de que aquele dom escatológico profetizado por Joel é derramado aos fiéis em nossas igrejas. O Espírito Santo, que Cristo envia para que possamos seguir seus passos, está em nosso meio e dentro de nós, capacitando-nos para que possamos alcançar a vida eterna. Tudo isso, e não apenas a morte, está em perspectiva quando falamos sobre a paixão de Cristo. E com razão, pois, "desde o início, a cruz está transfigurada pela ressurreição. Nunca houve uma história da Paixão sem a história da ressurreição" e de seus significados, "e nem poderia ter havido", pois, "sem isto, a morte de Jesus teria sido apenas a história de uma catástrofe sem igual, que a memória da humanidade não teria aceitado".[24]

Foi só depois da ressurreição e da aparição do Cristo ressuscitado que os discípulos finalmente entenderam que o nazareno com quem andaram por tanto tempo não era um "simples" profeta, mas o próprio Messias, que não possuía uma missão terrena, como tantos judeus aguardavam naquela época, mas escatológica, que ia além de suas expectativas. É por isso que muitos afirmam, na esteira do que Paulo diz em 2Coríntios 15:17, que, "sem a ressurreição, a pregação e a fé não têm sentido", pois é a partir dela que podemos entender a obra salvífica de Cristo. "A ressurreição", explica Schelkle, "é a explicação da cruz pelo próprio Deus".[25] É por isso que nossa compreensão

---

24 Ibid., p. 97.
25 Ibid., p. 98.

da obra salvífica de Cristo como um único acontecimento dividido em dois atos — morte e ressurreição — também pode ser encontrada já nos textos bíblicos. O Evangelho de João (mais especificamente 12:23 e 13:31) coloca a cruz e a exaltação como uma unidade, mas esse não é o único lugar onde isso acontece, conforme demonstram os exemplos a seguir:

> Já antes das histórias da Paixão, os Evangelhos nas predições da mesma indicam a eliminação da morte na ressurreição. Todas estas profecias começam com a Paixão e terminam com a ressurreição (Mc 8:31; 9:31; 10:33s [...]). Na própria história da Paixão, lia-se o anúncio da ressurreição e da nova convivência com o Senhor glorificado na Galileia familiar (Mc 14:28) e da volta daquele que então era impotente como o soberano do reino (Mc 14:62; Lc 23:42). Nas fórmulas mais antigas da fé, a Paixão e a ressurreição estão unidas: "Cristo morreu e foi ressuscitado" (1Co 15:3s) [...]. A humilhação até a morte na cruz e a exaltação acima de tudo estão unidas de maneira polar também no hino pré-paulino da Fp 2:5-11 [...]. Se a pregação é a palavra exclusiva da cruz (1Co 1:18), contudo o crucificado só pode ser anunciado como o ressuscitado: "Jesus Cristo que morreu, melhor que foi ressuscitado e está à direita de Deus" (Rm 8:34; 2Co 5:15; 13:4).[26]

Entretanto, é importante lembrar que a ressurreição também não anula a morte, no sentido de não termos mais nada a dizer sobre ela. Ao contrário, a forma como Cristo morreu nos ensina sobre humildade. O apóstolo Paulo sempre utiliza em suas cartas a postura que Jesus teve naquele momento como exemplo do que devemos ser enquanto filhos de Deus. Ao escrever aos Filipenses, ele fala abertamente sobre querer participar dos sofrimentos de Jesus, pois entendia que só seguindo o mesmo caminho, podemos chegar ao mesmo destino de glorificação. Esse entendimento da paixão como exemplo de humildade e obediência não é visto de forma isolada, como algo à parte da vida terrena de Cristo, principalmente entre os pentecostais e carismáticos. Para entender o que estamos falando é preciso voltar para a cristologia que apresentamos no capítulo 5, quando defendemos que o pentecostal não dá importância apenas ao "ápice" do ministério de Jesus, que ocorre no Calvário, mas olha para toda a sua trajetória, pois entende que nela está o "segredo", o caminho a ser seguido para que tenhamos o mesmo fim glorificado de Cristo.

---

26 Ibid., p. 97.

Portanto, o cristão pentecostal observa que Jesus viveu uma vida simples, cheia de percalços, não pertenceu a uma família abastada que pudesse enchê-lo de privilégios, não foi um rabi judaico com acesso especial às Escrituras, mas foi um homem comum, em todos os sentidos da palavra. O que o destacou foi sua capacitação pelo Espírito Santo, que permitiu que ele vivesse uma vida que, apesar de humanamente simples, foi espiritualmente extraordinária. Não apenas porque ele é o Filho de Deus, mas porque deixou que o Espírito Santo o transformasse de carpinteiro a Mestre, e convidou seus discípulos — homens igualmente comuns e totalmente diferentes entre si — para seguirem por esse mesmo caminho: de pescadores de peixes a pescadores de homens, de pecadores a filhos de Deus, de medrosos que se esconderam e negaram seu líder quando este foi crucificado a ousados apóstolos que, cheios do Espírito Santo, deram a vida pelo evangelho.

Essa é a visão soteriológica que podemos chamar de "pentecostal": ela abrange toda a trajetória de Cristo, e não apenas seu sofrimento no Gólgota, e nos convida a reconhecer que em Jesus um novo entendimento sobre a salvação foi definido. Assim, ser salvo não é apenas viver uma vida terrena confortável — livrar-se da escravidão do Egito ou do governo do império romano, como esperavam os judeus — mas viver sabendo que isso tudo é passageiro, terreno, sem importância, e o que verdadeiramente vale é viver com (e como) Cristo, sendo guiados pelo Espírito Santo, olhando para cruz e sabendo que depois dessa dolorosa caminhada, finalmente seremos glorifica-dos ao lado de nosso Senhor. Tal significado, tão profundo, prático e cristão, não pode ser definido quando simplesmente olhamos para a terminologia da obra salvífica de Cristo, e é exatamente por isso que decidimos inseri-lo aqui, para que nosso estudo sobre a soteriologia não seja muito abstrato ou teórico. Voltaremos a esse significado da vida de Cristo como exemplo para o cristão mais à frente, mas antes precisamos falar sobre as teorias da expiação.

O seguimento de Cristo, ou seja, a comunidade de cristãos do primeiro século, ensinava seu evangelho de forma simples, porém a cruz sempre cau-sou muita discussão. Primeiro por ser uma morte humilhante, depois por ser simplesmente inconcebível a ideia de um deus que morre por seus súditos. Por isso, "a necessidade de fora e para os de fora da Igreja impôs a criação de uma teologia da cruz que fosse a sua apologia. A isto eram também acrescidos os motivos internos da igreja", pois logo começaram a surgir ensinamentos equivocados nas comunidades, fortemente influenciados pelo gnosticismo da época. Assim, a morte e ressurreição de Cristo eram colocadas em xeque e seu sacrifício começou a ser questionado: como exatamente a morte no Calvário fez com que nossos pecados fossem perdoados? Com o passar dos séculos, os teólogos começaram a desenvolver respostas para essas questões, criando o que chamamos de "teorias" da expiação. A seguir, listaremos algumas de forma muito breve, apenas para mostrar a variedade de possibilidades presentes no estudo deste tópico dentro da soteriologia e apontar para suas possíveis problemáticas.

— Teoria da recapitulação —

Considerada a mais antiga de todas as teorias, foi proposta por Irineu, que elaborou o conceito de Jesus como o "segundo Adão" e novo cabeça da humanidade. Dentro dessa teoria, sugere-se que "Cristo recapitulou em sua vida e obra o que Adão não conseguiu alcançar"; assim, ele "recapitulou a cena da Queda em favor de toda a raça humana e transformou a derrota de Adão em vitória, restaurando tudo o que o homem perdeu".[27] Nessa perspectiva, Adão era o cabeça da humanidade no Éden, mas pecou e por isso nos condenou. Na cruz, Cristo surge como um novo cabeça e redime toda a humanidade a partir de sua obra salvífica. É interessante notar como essa teoria parece dialogar com o federalismo, que apresentamos no capítulo 7.

— Teoria da influência moral (ou exemplarismo)[28] —

Essa teoria é atribuída ao francês Pedro Abelardo (1079-1142) e defende que a cruz não teve nenhum propósito ou efeito expiador, pois isso seria incompatível com a natureza amorosa de Deus. Para os exemplaristas, "Deus não

---

27 ALLEN. *A expiação*, p. 293-4.

28 Embora o teólogo pentecostal Daniel Pecota coloque a teoria da influência moral e o exemplarismo como teorias semelhantes, o teólogo David Allen discorda dessa comparação. Nas palavras do autor, "apesar de as duas serem parecidas, a última é uma versão mais fraca da primeira", pois "na teoria do exemplo, a cruz só serve como um exemplo para nós sobre como devemos viver, nada além disso": ela "destaca a natureza exemplar da cruz sem dar atenção ao poder ou à influência do amor de Deus". Ademais, ainda de acordo com Allen, o exemplarismo "normalmente [prega] a negação da divindade de Cristo" e seu "destaque não se encontra em nenhum significado central da cruz, mas sim nas consequências que ela provoca". Essas últimas características não estão presentes na teoria da influência moral, por isso o autor considera necessário diferenciá-las, mas continua afirmando que "todas as teorias morais ou terapêuticas da expiação, inclusive as reafirmações contemporâneas, por si só são problemáticas" (ALLEN. *A expiação*, p. 316).

exigiu pagamento pelo pecado, mas com amor perdoou graciosamente", e essa demonstração de amor é o que "nos leva à gratidão e ao amor e, portanto, nos incita ao arrependimento, à fé e a um desejo de mudar nossa conduta". Embora o amor de Deus e o ministério terreno de Cristo de fato sejam exemplos que inspiram os cristãos, a teoria da influência moral é acusada de ignorar "totalmente a santidade e justiça de Deus, bem como as declarações bíblicas que apontam a morte de Cristo como uma obra de expiação ou até mesmo de propiciação", além de recusar a natureza pecaminosa do ser humano e não explicar "como os santos do Antigo Testamento vieram a ser salvos", já que não podiam se inspirar em algum exemplo.[29] Entretanto, não se pode negar que o argumento apresentado pelos exemplaristas segue sendo um problema para os que entendem que Deus *precisava* de um sacrifício para perdoar.

—— Teoria do resgate ——

Proposta primeiramente por Gregório de Nissa (c. 330-395), a teoria do resgate afirma que a morte de Cristo na cruz representa sua vitória sobre Satanás: "Por causa do nosso pecado, estamos sob o domínio de Satanás. Mas Deus, por nos amar, ofereceu o seu Filho ao Diabo como preço do resgate para nos libertar". Ele ficou satisfeito com a troca, mas "desconhecia o fato de que não conseguiria manter Cristo no Hades, e, com a ressurreição, perdeu tanto o resgate quanto seus presos originais". Essa ideia perdeu força entre os católicos após Anselmo surgir com uma nova proposta, mas ainda é possível encontrar defensores de tal teoria até mesmo entre alguns grupos evangélicos que creem "que a vitória de Cristo foi conquistada no Hades, e não na cruz".[30] Embora o sacrifício de Cristo de fato seja encarado como uma vitória sobre as forças do mal, a teoria do resgate é muito criticada por colocar Deus em uma situação de "logro (pois Ele certamente sabia o resultado final)" de tal negociação, o que causa problemas à discussão de seus atributos,[31] pois como Deus poderia ser bom e justo se mentiu para alguém? Além disso, também é problemática a ideia de que o Diabo teria tanto poder, portanto segue sendo uma teoria muito complexa e polêmica.

---

29 Pecota. "A obra salvífica de Cristo", in: Horton (org.). *Teologia sistemática*, p. 346-7.
30 Ibid., p. 721.
31 Ibid., p. 347.

— Teoria da satisfação —

Proposta por Anselmo (1033-1109), essa teoria representa "quase a totalidade do pensamento católico e protestante sobre o assunto até ao tempo presente" e "oferece uma das primeiras e bem-pensadas teorias da expiação". A teoria da satisfação entende que todo pecado é uma ofensa contra a honra de Deus e demanda satisfação, "mas como poderemos nós pagar essa multa se o Soberano ultrajado é o Deus infinito"? Para resolver esse conflito, Deus decidiu enviar seu Filho para morrer em nosso favor, pois "como somente Deus *poderia* pagar o preço e somente nós *devemos* pagá-lo, apenas um Deus-homem poderia dar uma satisfação pela ofensa contra a honra de Deus e pagar o preço infinito do perdão".[32]

Embora a teoria da satisfação tenha apresentado uma visão mais sistematizada do que as teorias anteriores, também sofre críticas de alguns teólogos, que apontam para o fato de que "Anselmo vivia nos tempos dos cavaleiros e da fidalguia quando, então, a honra pessoal era estimada acima de tudo", o que pode ter contribuído para que sua visão de Deus fosse bem parecida com a de "um senhor feudal" que exige a punição dos vassalos que o desonraram gravemente. Os críticos afirmam que com isso a teoria do resgate poderia ser enxergada mais como uma "teoria comercial porque faz do sacrifício de Cristo uma transação para satisfazer a honra de Deus".[33] Algumas discussões ressaltam ainda que "Anselmo deixou de levar em conta a possibilidade de que um soberano pudesse ser misericordioso sem prejudicar sua posição de superioridade", o que pode sugerir que há um conflito entre os atributos de Deus. Apesar disso, Daniel Pecota ressalta que, "embora a teoria de Anselmo tenha suas fraquezas, estas não anulam o sentido fundamental — uma expiação que presta contas".[34]

— Teoria governamental —

Desenvolvida pelo teólogo holandês Hugo Grotius (1583-1645), essa teoria ressalta a figura do Deus Legislador, cujo principal objetivo é sustentar a ordem moral do universo. De acordo com essa teoria, a morte de Cristo é "um exemplo público da profundidade do pecado e de até que ponto Deus

---

32 Ibid., p. 348.
33 Ibid., p. 721.
34 Ibid., p. 349.

iria para sustentar a ordem moral do Universo", de modo que "os efeitos da morte de Cristo não se aplicariam diretamente a nós, mas apenas de modo secundário, sendo que Ele não teria morrido em nosso lugar, somente em nosso favor", pois "o enfoque primário não era a salvação dos pecadores, mas a guarda da Lei". A teoria governamental sofre inúmeras críticas e é acusada de não considerar a depravação total da raça humana e, assim como a teoria da influência moral, acreditar que "um mero exemplo bastará para nos capacitar a levar adiante um modo de vida fiel à Lei". Alguns teólogos também apontam para o fato de que ela "deixa de explicar a razão da escolha de uma pessoa sem pecado para demonstrar o desejo de Deus em sustentar a Lei", pois, se o objetivo era fazer uma demonstração, Barrabás "seria um exemplo mais claro da profundidade do desejo que Deus sentia de demonstrar quão detestável lhe era a ilegalidade".[35]

— Teoria mística —

Essa teoria também teve origem na patrística e "encara a expiação de forma subjetiva, na qual a humanidade é afetada pela morte de Cristo ao ser trazida de forma mística à união com Deus e/ou à participação na vida de Cristo". Assim, a cruz não é vista como um sacrifício que aplaca a ira divina ou que expia o pecado: seu poder salvador está no Cristo pode fazer dentro das pessoas. Alguns críticos acusam tal teoria de possuir "elementos do platonismo e depois do neoplatonismo em sua abordagem da expiação".[36]

— Teoria da substituição penal —

Desenvolvida do pensamento básico dos reformadores, essa teoria "declara que Cristo suportou em nosso lugar a total penalidade que deveríamos pagar. Isto é, sua morte foi vicária, totalmente em favor dos outros", ou seja, "ele sofreu, não meramente para nosso benefício ou vantagem [como afirma a teoria governamental], mas em nosso lugar". Os defensores da teoria da substituição penal defendem essa visão dizendo que ela considera "plenamente o que a Bíblia diz a respeito de nossa depravação e a consequente incapacidade de nos salvarmos", além de aceitar "as declarações que dizem tipologicamente (no sistema sacrificial), profeticamente (nas predições diretas) e historicamente

---

35 Ibid., p. 349-50.
36 ALLEN. *A expiação*, p. 297.

(no registro do Novo Testamento) que Cristo 'tomou o nosso lugar'". Apesar dos pontos positivos, a teoria também recebe algumas críticas e pode ser acusada de minimizar "a livre graça de Deus ao sugerir que Ele não perdoaria, e realmente não poderia perdoar, a não ser que fosse aplacado por um sacrifício", mas o teólogo pentecostal Daniel Pecota ressalta que "a obra expiadora de Cristo é o próprio perdão de Deus", faz parte de seu plano de salvação para a humanidade e, portanto, não deve ser visto como um simples capricho de um Deus incapaz de perdoar.[37]

— *Christus Victor* —

Mais do que uma teoria, *Christus Victor* é um modelo, uma visão sobre a obra salvífica de Cristo, na qual diversas teorias podem se encaixar. Como o próprio nome já sugere, "a essência dessa visão é a vitória de Cristo sobre Satanás pela cruz e pela ressurreição". De acordo com o teólogo David Allen, "Irincu, Hipólito, Clemente de Alexandria, Orígenes, Basílio, os dois Gregórios, Cirilo de Alexandria, João de Damasco, Hilário, Rufo, Jerônimo, Agostinho e Leão I defendiam alguma forma dessa teoria", entretanto o autor aponta que boa parte dos "teólogos patrísticos também aderia a alguma forma de expiação propiciatória/substitutiva", e até mesmo Lutero abordou a expiação utilizando essa linguagem, "embora seu pensamento não se restringisse ao *Christus Victor*".[38]

Os nomes citados nos mostram que a origem desse modelo é antiga, entretanto ele ganhou novos adeptos e voltou a chamar atenção no campo teológico no século 20, principalmente após o lançamento de uma obra na qual o sueco Gustaf Aulén defendia tal proposta, afirmando que "o modelo de Cristo como vitorioso sobre Satanás era a visão 'clássica' da expiação, compreensão que foi abandonada em favor da visão 'latina' de 'propiciação'",[39] e que "a cruz derrotou Satanás e trouxe a provisão para que sejam libertados os cativos da escravidão do pecado e da morte". Geralmente as referências bíblicas mais utilizadas para defender esse modelo são "João 12:31; Hebreus 2:14-18; 1João 3:8 e Apocalipse 12:7-12".[40]

---

37 Pecota. "A obra salvífica de Cristo", in: Horton (org.). *Teologia sistemática*, p. 350-1.
38 Allen. *A expiação*, p. 296.
39 Ibid.
40 Ibid., p. 318.

1538 | TEOLOGIA SISTEMÁTICO-CARISMÁTICA

É importante destacar que esse modelo se diferencia de todos os outros. *Christus Victor* não faz com que a cruz seja um simples exemplo, sem valor vicário objetivo, mas também não defende que o Calvário foi uma propiciação para satisfazer a justiça e aplacar a ira divina. Seu enfoque está totalmente na vitória do bem contra as forças do mal. Quando o Diabo é derrotado, já não há mais nada que impeça os santos de ficarem perto do seu Criador. A guerra já foi vencida: o Filho está sentado à direita do Pai, que espera o tempo certo para que possa instituir o seu Reino de forma plena. É claro que tal modelo também sofre críticas, alguns o acusam de "destacar mais a divindade de Cristo às custas de sua humanidade" e também afirmam que "ele não explica de fato como a expiação funciona para tratar a questão do pecado", sendo assim mais uma metáfora do que um modelo de fato.[41]

Seja como for, esse modelo tem ganhado muita aderência, principalmente entre os que consideram a linguagem da substituição penal muito violenta ou até mesmo problemática, por colocar Deus como alguém que necessita de um sacrifício. Dessa forma, David Allen afirma que, "desde Aulén, passou a ser comum identificar as teorias da expiação sob três categorias gerais: *Christus Victor*, as teorias objetivas (como a da satisfação e da substituição penal) e as subjetivas, como a Teoria da Influência Moral".[42] A diferença entre essas categorias é que teorias objetivas dizem respeito ao que Deus fez por meio de Cristo na cruz, já as teorias subjetivas destacam a resposta humana à cruz.

As discussões sobre tal assunto são infindáveis, e é importante ressaltar que não existe uma decisão majoritária entre os pentecostais brasileiros. É possível encontrar algumas igrejas que defendem — se não oficialmente, ao menos expressam essa ideia em seus hinos e pregações — a teoria do resgate, outras já parecem optar pela tradicional substituição penal ao referir-se à nossa salvação como: "Jesus morreu *em nosso lugar*", sugerindo então que nós é que deveríamos ter morrido. Mas a questão da ira divina segue sendo uma problemática, pois mesmo em igrejas não pentecostais ou carismáticas já é possível encontrar teólogos e ministros que discordam abertamente dessa ideia e buscam alternativas mais equilibradas, como o do modelo *Christus Victor*, enquanto buscam fugir das acusações de que são exemplaristas. O teólogo David Allen oferece uma metáfora que explica perfeitamente essa diversidade de interpretações:

---

41   Ibid., p. 319.
42   Ibid.

> Como no Dia da Expiação no AT, quando o sumo sacerdote entrava além do véu no Santo dos Santos, onde nenhum olhar observaria o derramamento do sangue no altar, a morte de Cristo é tão maravilhosa que estará sempre envolta em mistério, dentro do qual nenhum teólogo jamais poderá penetrar. [...] Como T. F. Torrance expressa: "O mistério mais profundo da expiação e da intercessão continua intocado: não pode ser explicado nem espionado".[43]

Isso de forma alguma diminui as discussões ou aumenta as desconfianças sobre o que de fato aconteceu na cruz, ao contrário, tal diversidade de interpretações expõe nossa incapacidade para definir de forma precisa os acontecimentos extraordinários que envolveram o ministério de Jesus. Além disso, também aponta para a grandiosidade da obra salvífica de Cristo e o quão rico é o momento do Calvário para nós cristãos. Seja qual for a posição adotada em relação às teorias da expiação, a mensagem principal deve ser mantida: Cristo é o próprio Deus vindo em favor de seus filhos, a cruz é a expressão mais forte de seu amor e a ressurreição é a evidência viva do propósito eterno que o Pai preparou para os seus filhos.

— O alcance da salvação —

Uma última discussão a respeito do sacrifício de Cristo fala sobre seu alcance: Cristo redimiu, expiou, proporcionou salvação e reconciliou o Pai com todos ou apenas com alguns poucos escolhidos? Na teologia, existem três possíveis respostas a essa pergunta, representadas pelo "universalismo absoluto", "universalismo qualificado" ou o "particularismo". O *universalismo absoluto* é "a doutrina segundo a qual posteriormente todos serão salvos, não há condenação final, e o inferno é somente um estado passageiro cuja função é purificar as almas antes que possam estar na presença de Deus". Essa visão está frequentemente ligada à ideia de *apocatástase*, "termo grego que significa saúde, restauração plena, regresso ao estado original". Orígenes e Gregório de Nissa trouxeram esse termo para a teologia para referir-se a uma "restauração final de todas as coisas ao seu estado original", onde haverá a "culminação do círculo inteiro da História, de tal modo que a criação será restaurada a sua perfeição inicial". Justo González explica: "Em geral, as teorias da apocatástase envolvem a expectativa de que no final todos, inclusive Satanás,

---

43 Ibid., p. 22,23.

serão salvos", daí vem sua ligação com o universalismo. Entretanto, o autor também aponta que "há uma diferença importante entre esses dois elementos, visto que é possível sustentar posturas universalistas sem crer que toda a criação retornará ao seu estado original".[44]

Diferentemente do universalismo, o *particularismo* defende que "o propósito da vinda de Cristo não foi viabilizar a salvação de todos os seres humanos, mas garantir a salvação dos eleitos". Ela é defendida principalmente pelos calvinistas, que creem que Deus já nos predestinou ao céu ou ao inferno antes mesmo que nascêssemos. Argumentam que, se "Deus determinou salvar uma parte da raça humana, mas não a outra, parece contraditório dizer que o plano da salvação visava de forma igual ambas as partes", pois não haveria sentido em "dizer que Deus enviou seu Filho para morrer por aqueles que ele havia predeterminado não salvar".[45] A teoria particularista sofre muitas críticas por ser exclusivista demais. Alguns teólogos argumentam que o particularismo coloca Deus em uma posição contraditória, pois "seria esta uma oferta genuína da parte de Deus, que diz: 'Todo aquele que desejar', quando Ele sabe que isso não é realmente possível?".[46]

Por fim, temos o *universalismo qualificado* (ou *hipotético*) que afirma "que Jesus morreu pelos pecados de todas as pessoas e de que todos são capazes de crer. Teoricamente, portanto, todas as pessoas podem ser salvas", ainda que na prática isso não necessariamente aconteça.[47] Essa teoria é defendida pelos pentecostais brasileiros e combina com seu grande destaque missionário, pois, como creem que todos podem ser salvos, incentivam que o evangelho seja pregado com urgência pelos quatro cantos da terra. É importante destacar que "antes da ascensão do calvinismo, o universalismo qualificado havia sido a opinião majoritária desde o início da igreja", mas atualmente seus defensores sofrem algumas críticas, que acusam a teoria de seguir uma lógica que pode levar ao universalismo absoluto. Tais acusações não podem ser sustentadas, pois, apesar de crermos que a salvação está disponível para todos, não negamos que "até mesmo os eleitos precisam crer para ser salvos"; em vez disso, entendemos que "a aplicação da morte de Cristo não é automática", mas, ao

---

44 GONZÁLEZ, Justo. *Breve dicionário de teologia* (São Paulo: Hagnos, 2009), p. 35, 331.

45 HODGE, Charles, apud ERICKSON, Millard J. *Teologia sistemática* (São Paulo: Vida Nova, 2015), p. 792-3.

46 PECOTA. "A obra salvífica de Cristo", in: HORTON (org.). *Teologia sistemática*, p. 360.

47 ERICKSON, Millard J. *Dicionário popular de teologia* (São Paulo: Mundo Cristão, 2011), p. 204.

CAPÍTULO 8 – Soteriologia | 1541

contrário dos particularistas, defendemos que, mesmo "se alguém optar por não crer, não significa que Cristo não tenha morrido por ele".[48]

Voltaremos a falar sobre esse alcance no tópico a seguir, no qual finalmente sairemos da parte "objetiva" da salvação, ou seja, do que Deus fez por nós, e partiremos para a parte "subjetiva", estudando sobre a nossa resposta ao que foi feito na cruz. O que acontece com o cristão que se converte e aceita a Cristo como seu Salvador? Qualquer estudante atento já deve imaginar que as respostas a essa pergunta também geram discordância na teologia e tornaram-se particularmente populares nos últimos anos aqui no Brasil. Por isso vamos nos debruçar de forma breve sobre as duas principais linhas soteriológicas protestantes: o calvinismo e o arminianismo; e tentaremos responder à pergunta: afinal, onde o pentecostal se encaixa nessa discussão?

A ORDEM DA SALVAÇÃO (*ORDO SALUTIS*)

Um dos pilares da soteriologia é a chamada *ordo salutis* (ou "ordem da salvação"), expressão criada em 1737 pelo teólogo luterano Jakob Karpov para referir-se à "ordem lógica (não a cronológica) na qual experimentamos o processo de passar de um estado pecaminoso para o da plena salvação".[49] É importante explicar que "a presciência, a eleição e a predestinação são atos simultâneos de Deus", e "embora haja uma sequência lógica entre elas",[50] não devem ser lidas de forma cronológica, pois "Deus não está limitado ao passado, presente ou futuro, estando todas as coisas eternamente presentes no plano espiritual".[51] Apesar de a Bíblia não prescrever abertamente uma ordem da salvação, é possível vislumbrar algo "embrionariamente em Efésios 1:11-14 e Romanos 8:28-30, onde Paulo alista a presciência, a predestinação, o chamamento, a justificação e a glorificação, sendo cada conceito edificado na ideia anterior".[52]

Entre os evangélicos brasileiros, há duas principais propostas de *ordo salutis*: a calvinista, defendida pelos reformados, e a arminiano-wesleyana,

---

48 PECOTA. "A obra salvífica de Cristo", in: HORTON (org.). *Teologia sistemática*, p. 360.
49 Ibid., p. 361.
50 THIESSEN, H. C., apud PECOTA. "A obra salvífica de Cristo", in: HORTON (org.). *Teologia sistemática*, p. 727.
51 COUTO, Vinicius. *Introdução à teologia armínio-wesleyana* (São Paulo: Reflexão, 2014), p. 29-30.
52 PECOTA. "A obra salvífica de Cristo", in: HORTON (org.). *Teologia sistemática*, p. 361.

1542 | TEOLOGIA SISTEMÁTICO-CARISMÁTICA

defendida principalmente pelos pentecostais. A obra *Teologia sistemática*, editada por Stanley Horton, apresenta uma sequência completa de cada uma dessas ordens, como podemos conferir na tabela abaixo, porém é importante acrescentar que a ordem e os nomes de cada etapa aqui listada podem mudar de acordo com o teólogo que a expõe, seja do lado reformado, seja do lado arminiano. Optamos por essa apenas por uma razão didática, mas é importante ressaltar que variações são comuns, principalmente no que diz respeito à ordem calvinista. Por exemplo, apesar da lista elencada na obra de Horton, a *Confissão de fé de Westminster* apresenta uma ordem diferente: vocação eficaz, justificação, adoção, santificação, fé salvadora, arrependimento para a vida e perseverança dos santos.[53]

CALVINISTA	ARMINIANA-WESLEYANA
1. Eleição	1. Presciência
2. Predestinação	2. Eleição
3. Presciência	3. Predestinação
4. Chamamento	4. Chamamento
5. Regeneração	5. Arrependimento
6. Arrependimento	6. Fé
7. Fé	7. Regeneração
8. Justificação	8. Justificação
9. Adoção	9. Adoção
10. Santificação	10. Santificação
11. Glorificação	11. Glorificação

A principal diferença entre essas duas visões diz respeito à forma pela qual interpretam a eleição, a predestinação e a presciência, além de posicionarem a regeneração em lugares diferentes, o que faz que toda a ordem mude. Existem inúmeros motivos que levam a essas mudanças, mas o principal deles está

---

53 FERREIRA, Franklin; MYATT, Alan. *Teologia sistemática: uma análise histórica, bíblica e apologética para o contexto atual* (São Paulo: Vida Nova, 2007), p. 738. Os autores apresentam ainda outras sete *ordo salutis* apresentadas por nomes como Charles Hodge e Louis Berkhof. Também citam a do próprio Calvino, que, mesmo não pretendendo apresentar uma ordem rigorosa, trata do assunto da seguinte forma: "1. União mística; 2. Fé; 3. Arrependimento; 4. Reconciliação; 5. Regeneração; 6. Justificação & santificação".

CAPÍTULO 8 – Soteriologia | 1543

em como cada uma dessas linhas teológicas enxerga o papel do ser humano no processo de salvação. Os calvinistas são partidários do *monergismo*, ideia que "tem suas raízes no agostinianismo, e afirma que a pessoa, para ser salva, não é capaz de fazer absolutamente nada para levar a efeito a sua salvação"; por sua vez, os defensores da perspectiva arminiano-wesleyana são *sinergistas* e, apesar de concordarem que "a salvação provém inteiramente da graça de Deus", enfatizam que cabe a nós a decisão de corresponder à oferta divina, pois "as exortações universais ao arrependimento e à fé fazem sentido apenas se pudermos, na realidade, aceitar ou rejeitar a salvação".[54] Essas duas perspectivas — *monergismo* e *sinergismo* — influenciam diretamente as demais considerações soteriológicas dessas linhas teológicas, que estudaremos com mais detalhes nos tópicos a seguir.

— A *ordo salutis* calvinista —

Para seguir a lógica da ordem da salvação calvinista, precisamos conhecer alguns de seus principais pressupostos, que são conhecidos "pelo acróstico, do inglês, *TULIP*": depravação total (*total depravation*), eleição incondicional (*unconditional election*), expiação limitada (*limited atonement*), graça irresistível (*irresistible grace*) e perseverança dos santos (*perseverance of the saints*).[55] Os calvinistas aceitam a doutrina do pecado original e creem também na depravação total da criação. Alguns utilizam a expressão "incapacidade total" para referir-se ao fato de que "os pecadores perderam a capacidade de fazer o bem e são incapazes de se converter",[56] e, por esse motivo, necessitam da soberania de Deus para que sejam salvos. Isso ocorre por meio da eleição, que é "um ato eterno de Deus pelo qual ele, com sua soberana vontade, [...] escolhe um número de pessoas para receber a livre graça e a salvação plena".[57]

A eleição é, portanto, o primeiro passo da ordem da salvação calvinista, que, além de incondicional, também é eterna, pois "não é uma decisão tomada em algum momento do tempo em que o indivíduo já existe. Ela é o que Deus sempre teve o propósito de fazer" e, por isso, imutável, pois "Deus não muda de ideia". Por fim, a eleição é eficaz, pois "aqueles que Deus chamou certamente virão a crer nele e, nesse sentido, perseverarão na

---

54 PECOTA. "A obra salvífica de Cristo", in: HORTON (org.). *Teologia sistemática*, p. 367-8.
55 COUTO. *Introdução à teologia armínio-wesleyana*, p. 28.
56 ERICKSON. *Teologia sistemática*, p. 888.
57 FERREIRA; MYATT. *Teologia sistemática*, p. 741.

1544 | TEOLOGIA SISTEMÁTICO-CARISMÁTICA

fé até o fim".[58] E já que ele "pode exercer tal influência sobre o ser humano", Deus então "o leva a querer o que Deus quer".[59] Essa afirmação está ligada ao conceito de "graça irresistível", expressão evitada por Millard J. Erickson, que prefere o termo "graça eficaz", pois afirma que "irresistível" é "um conceito mais negativo".[60] Por fim, a eleição é incondicional, ou seja, "não está baseada em mérito algum da pessoa eleita nem na presciência de que o indivíduo viria a crer", mas depende inteiramente da vontade de Deus: "Ele simplesmente quer salvar as pessoas e o faz". Nesse sentido, ela é uma expressão de sua soberania. Deus cria o mundo e define os eleitos porque "é livre para fazer o que quiser. Não está sujeito a ninguém, tampouco presta contas a alguém".[61] Por esse motivo, Calvino alerta: "Não busquemos a causa em parte alguma, senão na vontade de Deus".[62]

Após eleger os salvos, Deus traça o destino de todas as suas criaturas por meio da predestinação, o segundo passo da ordem da salvação calvinista. Existe entre eles uma variação no entendimento da predestinação: alguns creem que ela seja dupla, ou seja, que Deus predestinou os salvos ao céu e os não salvos ao inferno, enquanto outros creem que Deus predestinou apenas os salvos e deixou os pecadores sofrerem as consequências dos pecados que escolheram. Nessa perspectiva, ainda que o resultado seja exatamente "o mesmo em ambos os casos, no segundo caso a perdição dos não eleitos é atribuída à própria escolha do pecador e não a uma decisão ativa de Deus, ou à escolha de Deus por omissão, em vez de por comissão".[63]

Essa "escolha do pecador" está ligada à ideia de "livre-arbítrio", que, ao contrário do que popularmente se acredita, existe na teologia calvinista, e, a despeito de os reformados intentarem apresentar uma visão diferenciada, ela é similar à perspectiva arminiana no quesito "limitação". Eles negam "que os seres humanos tenham o livre-arbítrio no sentido arminiano", pois "o pecado removeu, se não a liberdade, ao menos a capacidade de exercê-la de forma apropriada". Assim, o homem é como uma ave com a asa quebrada: ela "está 'livre' para voar, mas é incapaz de fazê-lo", por isso "somente quando Deus

---

58 ERICKSON. *Teologia sistemática*, p. 889.
59 FERREIRA; MYATT. *Teologia sistemática*, p. 744.
60 ERICKSON. *Dicionário popular de teologia*, p. 88.
61 ERICKSON. *Teologia sistemática*, p. 888-9.
62 CALVINO, João, apud FERREIRA; MYATT. *Teologia sistemática*, p. 743.
63 ERICKSON. *Teologia sistemática*, p. 890.

vem com sua graça especial aos que escolheu é que eles são capazes de lhe responder", pois ao vislumbrarem seu amor, "esses escolhidos seguramente e de modo infalível se voltarão para ele".[64]

Um ponto que rende muitas críticas à perspectiva calvinista teve origem com Teodoro Beza, sucessor de Calvino, que "não apenas defendia que Deus decidiu enviar alguns ao inferno", como também concluiu que "Deus cria algumas pessoas *a fim de* condená-las". Por fim, Beza também "não hesitou em dizer que Deus leva os seres humanos a pecar". Os arminianos discordam dessa ideia e afirmam que o livre-arbítrio, mesmo limitado, só é minimamente verdadeiro se Deus não determinar nem influenciar nossas escolhas, sobretudo as que são pecaminosas. Além disso, ressaltam que afirmar que Deus determina os pecados pode influenciar na culpabilidade dos pecadores, pois como eles podem ser considerados culpados se não possuem outra opção a não ser pecar? Essa é uma longa discussão, mas, em geral, o ensinamento de Beza junto à sua defesa do supralapsarianismo, que estudaremos a seguir, "passou a ser amplamente considerada a posição oficial do calvinismo".[65]

Além da dupla predestinação, outra divergência entre os calvinistas diz respeito à ordem lógica dos decretos de Deus: o *supralapsarianismo* defende que primeiro houve o decreto da predestinação e só depois a criação e a permissão da queda tanto de salvos quanto de não salvos, enquanto o *infralapsarianismo* defende que Deus decretou primeiro a criação, depois a queda e por fim a predestinação. Há ainda o *sublapsarianismo*, que, ao contrário das duas posições anteriores, nega uma perspectiva particularista da expiação e crê que Deus primeiro decretou a criação dos seres humanos, depois permitiu a queda e proveu salvação para todos, para só então predestinar. Assim, apesar de a expiação de Cristo servir para todos, Deus predestinou quem deveria ou não ser beneficiado por seu efeito salvífico — essa é a posição adotada pelos arminianos.

O terceiro ponto da ordem da salvação calvinista é a presciência, ou seja, "a doutrina que afirma que Deus sabe, desde a eternidade, tudo o que acontecerá, incluindo as ações humanas livres" — essa é a visão ampla (ou absoluta) dessa doutrina, mas há também uma ideia chamada *presciência limitada* ou relativa, que afirma que Deus "não conhece todos os eventos futuros, mas

---

64 Ibid.
65 Ibid., p. 886.

1546 | TEOLOGIA SISTEMÁTICO-CARISMÁTICA

apenas alguns".[66] Como essa visão não é apoiada por nenhuma das linhas teológicas aqui abordadas, não falaremos sobre ela, mas é importante destacar que sua existência, juntamente com a proposta da "onisciência em desenvolvimento", em que Deus toma ciência dos fatos à medida que eles acontecem —, é considerada antibíblica pela maioria dos teólogos conservadores.[67]

A presciência envolve uma ampla discussão filosófica, e entre os calvinistas existem duas principais abordagens: a primeira defende a *presciência absoluta causativa*, que "implica *necessariamente* determinismo ou predestinação absoluta". Essa visão sofre muitas críticas por afirmar que o fato de Deus saber o futuro faz que ele seja necessário e é acusada de possuir falhas lógicas que envolvem a discussão filosófica sobre o contingente e o necessário. Mesmo assim, é defendida por grandes expoentes reformados, como Loraine Boettner, por exemplo. Uma alternativa encontrada pelos calvinistas que reconhecem a falha lógica da presciência absoluta causativa é "defender que Deus já predeterminou todas as coisas, por isso que Ele sabe de todas as coisas que irão acontecer". Ele elege os salvos, predestina seus escolhidos ao céu e condena os demais ao inferno, por isso possui presciência sobre o futuro: pois este é determinação dele.[68] Dentro da perspectiva calvinista que, paradoxalmente, de alguma forma nega o livre-arbítrio, mesmo em sua versão limitada, essa parece ser de fato a posição mais lógica, apesar de não fazer sentido para os pentecostais, que possuem uma visão de eleição e predestinação bem diferentes.

Após eleger e predestinar suas criaturas, Deus as chama para servi-lo. Os calvinistas entendem que essa etapa é muito importante, pois "todos os seres humanos estão perdidos em pecado, espiritualmente cegos e são incapazes de crer" por força própria, por isso "alguma intervenção de Deus precisa ocorrer entre sua decisão eterna e a conversão do indivíduo no tempo. Essa atividade divina é designada chamado eficaz". Com base no texto de Mateus 22:14, "muitos são chamados, mas poucos, escolhidos", eles defendem que essa diferença entre o chamado e a escolha denota que "os que são escolhidos são o objeto do chamado especial ou eficaz de Deus". Por "especial" e "eficaz",

---

66 ERICKSON. *Dicionário popular de teologia*, p. 157-8.

67 DANIEL, Silas. *Arminianismo: a mecânica da salvação: uma exposição histórica, doutrinária e exegética sobre a graça de Deus e a responsabilidade humana* (Rio de Janeiro: CPAD, 2017), p. 397-8.

68 Ibid., p. 401-2.

entende-se que "Deus atua de maneira particularmente eficaz nos eleitos, capacitando-os a responder com arrependimento e fé e tornando certo e seguro que eles assim o farão", pois já estão predestinados a serem salvos e apenas irão ao encontro do que foi decretado por Deus. A regeneração e a conversão (definida pelos conceitos de arrependimento e fé) são as próximas etapas da ordem da salvação calvinista e ocorrem em nossa vida terrena. Uma vez mais é importante que a leitura cronológica seja evitada, pois a regeneração e a conversão são duas faces de uma mesma moeda e acontecem simultaneamente: a mudança em nossa condição espiritual; a conversão é a mudança vista da perspectiva humana, e a regeneração é essa mesma mudança vista da perspectiva divina.[69]

Na *Teologia sistemática* editada por Stanley Horton, o pentecostal Daniel Pecota posiciona a regeneração antes do arrependimento e da fé na *ordo salutis*, pois entende que é preciso que Deus chame e regenere seus eleitos para que eles sejam capazes de se arrepender e crer. Assim, a regeneração é "a transformação que Deus realiza nos crentes, sua dádiva de uma nova vitalidade espiritual e direção à vida deles, quando aceitam a Cristo".[70] Após receberem essa dádiva, os eleitos se convertem por meio do arrependimento e do reconhecimento de seus pecados e fortalecimento da fé. Millard Erickson define o arrependimento como o "aspecto negativo da conversão", pois faz que o homem repudie o pecado, enquanto a fé é o "aspecto positivo", pois é "quando o indivíduo se apropria das promessas e obra de Cristo". Esses dois conceitos não são separados, mas fazem parte de um mesmo processo: o da conversão. Os calvinistas fazem uma distinção entre "conversão" e "conversões":[71]

> Há somente um momento decisivo na vida em que um indivíduo se volta para Cristo em resposta à oferta da salvação. Pode haver outros momentos em que o crente deva abandonar uma prática ou crença específica para não retornar à vida de pecado. Esses eventos, porém, são secundários, são reafirmações daquele grande passo já dado. Poderíamos dizer que pode haver muitas conversões na vida cristã, mas somente uma Conversão.[72]

---

69 ERICKSON. *Teologia sistemática*, p. 901.
70 Ibid., p. 912.
71 Ibid., p. 906.
72 Ibid., p. 909.

Isso não significa, entretanto, que os calvinistas assumem a máxima: "Uma vez salvo, salvo para sempre", como simplistamente resumem alguns evangélicos contrários às suas doutrinas. Não é porque só existe uma única conversão que os salvos podem viver uma vida desregrada, com comportamentos que fogem à moral cristã, pois sua salvação está garantida. Na verdade, os calvinistas creem que a resposta positiva *e perseverante* ao chamado eficaz é a principal evidência de que alguém é eleito para a salvação. Por isso, caso alguém conheça o evangelho, mas depois decida afastar-se desse caminho, é porque não era de fato eleito para a salvação.

— A *ordo salutis* arminiana —

Para seguir a lógica da ordem da salvação arminiana, também é necessário entender alguns de seus principais pressupostos, que "podemos resumir da seguinte forma: 1) depravação total, 2) eleição condicional, 3) expiação ilimitada, 4) graça preveniente e 5) perseverança condicional". Esses cinco pontos foram definidos pelos "remonstrantes, seguidores de Armínio, que protestaram [contra] as ideias calvinistas", fazendo que os últimos desenvolvessem o sistema TULIP em resposta a essas críticas.[73] Os arminianos admitem a doutrina do pecado original e creem que a Queda distorceu a imagem de Deus que existe em nós. Assim, tornamo-nos escravos do pecado, pois nossa natureza decaída sempre nos leva a pecar. Apesar disso, Deus em sua infinita bondade não retirou nossa capacidade de nos aproximar dele e por meio de uma expressão de sua graça, a *graça preveniente*, "possibilita ao homem ter livre exercício de vontade para crer ou resistir", pois só assim a correspondência ao seu amor seria sincera.[74] Deus não interfere ou determina as escolhas das pessoas, nem mesmo as leva a pecar — o que as afetaria diretamente em sua culpabilidade: pois como os pecadores podem ser culpados por seus pecados se não possuem a *opção* de não cometê-los? —, mas deixa-as livres para tomarem suas decisões, mesmo que estas não combinem com o que ele preparou originariamente para os seres humanos.

O que Deus preparou para nós? Os arminianos creem que Deus possui um plano "imutável e eterno" (Efésios 3:11; Tiago 1:17) para a humanidade que pode ser conhecido por meio de alguns decretos que "são independentes

---

73 Couto. *Introdução à teologia armínio-wesleyana*, p. 28.
74 Daniel. *Arminianismo*, p. 367.

CAPÍTULO 8 – Soteriologia | 1549

e não podem ser condicionados de nenhuma maneira (Sl 135.6)". No interior "desses decretos, há as ações praticadas por Deus, pelas quais ele tem responsabilidade soberana", como, por exemplo, a criação da humanidade e a possibilidade de salvação; e "as ações das quais Ele, embora permita que aconteçam, não é responsável", como por exemplo, a permissão da Queda e a possibilidade de alguém não crer ou optar pela salvação. Isso de forma alguma causa um problema à sua soberania; na verdade, demonstra que Deus é tão soberano e seguro de si que não precisa obrigar ninguém a aceitá-lo. Dessa forma, "Deus nem é autor do mal [...], nem é a causa derradeira do pecado",[75] sendo estes apenas consequências de nosso livre-arbítrio decaído.

Ao contrário do que muitos afirmam, o arminianismo não crê que o homem possui livre-arbítrio ilimitado e faz o que quer. Essa ideia está mais ligada ao pelagianismo, heresia que, como estudamos no capítulo anterior, crê que o pecado de Adão não trouxe influência alguma para a raça humana. Na verdade, os arminianos admitem uma ideia de "arbítrio liberto" e concordam com os calvinistas quando estes afirmam que "o pecado removeu, se não a liberdade, ao menos a capacidade de exercê-la de forma apropriada",[76] de modo que só podemos ser verdadeiramente libertos quando entendemos e cremos no plano divino da salvação, que nos livra do pecado e faz que voltemos ao que originariamente fomos criados para ser. Apenas obtendo consciência de que sua natureza é influenciada pelo pecado, o homem pode buscar lutar contra esse mal, recorrendo à fonte originária de onde ele veio e que pode ajudá-lo a entender como fazê-lo (Tiago 4:1-17). Todos esses pressupostos fazem que o arminiano tenha uma ideia de ordem da salvação bem diferente da do calvinista. Antes de dissertarmos sobre cada etapa, é importante reafirmar que a *ordo salutis* é a "ordem lógica (não a cronológica) na qual experimentamos o processo de passar de um estado pecaminoso para o da plena salvação",[77] não havendo por conta disso qualquer ideia de que a pessoa "vai sendo salva aos poucos". Não existe o "quase salvo", ou a pessoa é salva ou não é, pois não depende dos méritos dela tal garantia. Portanto, os tópicos aqui apresentados pretendem apenas sistematizar a ordem para que consigamos entender todos os aspectos que envolvem a salvação na perspectiva arminiana.

---

75 JOYNER, Russell E. "O Deus único e verdadeiro", in: HORTON (org.). *Teologia sistemática*, p. 153.

76 ERICKSON. *Teologia sistemática*, p. 890.

77 PECOTA. "A obra salvífica de Cristo", in: HORTON (org.). *Teologia sistemática*, p. 361.

A *ordo salutis* arminiana começa com a presciência de Deus, e é importante ressaltar que isso está de acordo com a "ordem" apresentada por Paulo em Efésios 1:11-14 e Romanos 8:28 — na verdade, é uma ideia embrionária, já que "a Bíblia não oferece uma ordem específica" para a salvação —, onde o apóstolo "alista a presciência, a predestinação, o chamamento, a justificação e a glorificação, sendo cada conceito edificado na ideia anterior".[78] Como Deus não é sujeito às limitações do tempo como nós, ele obviamente não possui uma visão fragmentada de tempo, dividindo-o em passado, presente ou futuro. É por isso que a Bíblia afirma que "um dia para o Senhor é como mil anos, e mil anos, como um dia" (1Pedro 3:8), pois a passagem do tempo não afeta Deus assim como o faz conosco. Dessa forma, ele já possui presciência sobre tudo o que vai acontecer em nossa realidade finita.

Essa presciência, porém, não possui influência alguma sobre nossas decisões, pois é uma *presciência absoluta não causativa*. É absoluta porque "não se trata de uma presciência seletiva", que afirma que Deus não conhece "todos os casos e situações", nem de uma onisciência aberta, onde o futuro "só seria conhecido por ele na medida em que vai se tornando presente para nós e para Deus"; e é não causativa porque não trata "*certeza* como sinônimo de *necessidade*", o que faz mais sentido lógico no campo modal da filosofia, "que trata primordialmente dos conceitos de necessidade e possibilidade".[79] Assim, Deus não criou o mundo e permitiu que o homem pecasse porque *precisava* que isso acontecesse, mas, quando o fez, já tinha *certeza* de todos os eventos que se desenrolariam. A presciência não é a causa dos fatos, mas apenas a reafirmação de um fato sobre a natureza de Deus: ele é eterno e onisciente e, consequentemente, possui conhecimento sobre todas as coisas.

Os demais tópicos da *ordo salutis* arminiana seguem uma lógica sublapsariana dos decretos de Deus. O *sublapsarianismo* afirma que Deus: 1) decretou a criação do mundo e dos seres humanos, processo descrito nos dois primeiros capítulos de Gênesis, 2) decretou a permissão da Queda, 3) decretou que deveria haver "salvação suficiente para todos" e, por fim, 4) decretou que somente alguns, os que crerem, devem receber essa salvação.[80] Daí o motivo de os arminianos posicionarem a eleição e a predestinação, respectivamente, em segundo e terceiro lugar de sua *ordo salutis*.

---

78 Ibid.
79 DANIEL. *Arminianismo*, p. 399-400.
80 ERICKSON. *Teologia sistemática*, p. 891.

Para os arminianos, a eleição é uma demonstração do amor incondicional de Deus, pois ele decidiu proporcionar a possibilidade de salvação às suas criaturas, mesmo sabendo que algumas delas não aceitariam essa oferta. Deus assim age por desejar relacionar-se conosco como "filhos, não marionetes. Ele poderia nos ter programado para corresponder de modo politicamente correto, mas isso não seria amor",[81] e sim coerção. Estaríamos apenas agindo de forma mecânica, pois não teríamos a possibilidade de agir diferente. Como temos a opção de escolher, Deus em seu infinito amor nos faz uma oferta e envia "o seu Filho unigênito para que todo aquele que nele crê não pereça, mas tenha a vida eterna" (João 3:16). Ele nos dá a possibilidade de sermos eleitos para a salvação, mas condiciona essa eleição à fé em Cristo, pois só pode ser salvo quem reconhece que precisa de redenção. Neste sentido, além da pregação do evangelho, o ser humano conta com o convencimento do Espírito Santo de Deus para reconhecer sua necessidade de nascer de novo (João 1:12; 3:5-7; 16:8-11).

Deus não decretou individualmente quem seria salvo nem mesmo criou pessoas com o objetivo de condená-las. Sua maior vontade é que todos sejam contemplados pela salvação (2Pedro 3:9), pois criou suas criaturas perfeitas para que compartilhassem da vida eterna com ele. Infelizmente, o homem seguiu outro caminho, mas continua tendo a possibilidade de voltar-se àquilo que foi originariamente criado para ser (2Coríntios 3:18; Efésios 4:11-16). Portanto, é um erro afirmar que os arminianos condicionam os decretos de Deus às atitudes humanas. O decreto da eleição é eterno e imutável, mas precisamos reconhecê-lo para sermos contemplados por ele.

O próximo tópico da *ordo salutis* arminiana é a predestinação. Ao posicionar esse conceito em terceiro lugar, os arminianos evitam que o sacrifício de Cristo seja enxergado como "um evento para cumprir tabela (decreto), não como um ato gracioso de Deus cuja essência é o amor". Eles argumentam que, quando o decreto da predestinação é colocado em primeiro lugar, "a morte de Cristo torna-se causa secundária e subsidiária, não sendo absolutamente essencial para a salvação, mas um elo de uma corrente predeterminada de eventos",[82] o que vai contra o que a Bíblia ensina e está em total desacordo com as bases bíblicas do cristianismo.

---

81 Pecota. "A obra salvífica de Cristo", in: Horton (org.). *Teologia sistemática*, p. 727.
82 Couto. *Introdução à teologia armínio-wesleyana*, p. 32.

1552 | TEOLOGIA SISTEMÁTICO-CARISMÁTICA

É comum afirmar que a predestinação "de acordo com o arminianismo" é a ideia de que "Deus antevê a fé daqueles que crerão e então os escolhe",[83] mas essa definição deixa subtendido que a salvação é uma consequência da presciência que Deus possui de nossos atos, o que, como já vimos anteriormente, não é verdade. Talvez seja preferível utilizar o termo "predeterminação" para explicar a visão arminiana dessa etapa da *ordo salutis*. Assim, é fato que os salvos herdarão o reino dos céus, enquanto os pecadores serão condenados ao inferno. Isso já está predeterminado por Deus, pois ele possui presciência absoluta e pode dar "um evento como certo antes mesmo de ele acontecer"[84] em nossa realidade finita. Contudo, ele não predetermina que uma pessoa específica vá para o inferno e outra para o céu, nem as cria com o objetivo de condená-las. Dessa forma, a predestinação arminiana está atrelada à eleição, e seus efeitos diretos na vida de alguém dependem das decisões que essa pessoa toma. Se decidir não crer na salvação, infelizmente faz a opção errada, recusando a oferta de eleição para a salvação por meio de Cristo e, consequentemente, não herdará o reino dos céus.

O próximo passo da *ordo salutis* arminiana é o chamamento ou simplesmente "chamado". Essa etapa possui diversos significados e aplicações. "No Antigo Testamento, o chamamento divino tinha a ver em primeiro lugar com o povo de Israel, a partir de Abraão, seu ancestral." Por outro lado, no "Novo Testamento, o chamamento veio a ser mais universal e individualista". Nos textos neotestamentários, a expressão "chamamento" é utilizada para referir-se a: "(1) conclamação para seguir a Jesus (Mt 4:21; Mc 2:14,17; cf. Lc 18:22)", "(2) [...] chamada divina, ativa e interior, quando se refere aos crentes (Rm 8:30; Ef 4:1; 2Tm 1:9)", "(3) [...] uma descrição daqueles que correspondem (ou seja, 'os que são chamados' [1Co 1:24])" e "(4) ao propósito para o qual Deus os chamou (por exemplo, para serem 'santos' [Rm 1:7; 1Co 1:2])".[85] Com base nessas ocorrências, os arminianos interpretam os diversos aspectos do chamamento. Eles creem que Deus conclama todos à salvação, pois, como já citamos, seu maior desejo é que toda a humanidade seja salva. Isso ocorre por meio da graça preveniente, que como já definimos é uma expressão da graça divina que permite que nos aproximemos dele.

---

83 ERICKSON. *Dicionário popular de teologia*, p. 156.
84 Ibid.
85 PECOTA. "A obra salvífica de Cristo", in: HORTON (org.). *Teologia sistemática*, p. 359.

Assim, o chamado de Deus se estende a todos os seres humanos, mas nem todos correspondem, "porque muitos são chamados, mas poucos, escolhidos" (Mateus 22:14), ou seja, muitos (todos) são chamados para a eleição, mas poucos acabam eleitos de fato.

Os arminianos creem, então, que há também um chamado que se estende aos eleitos: "Ide por todo o mundo, pregai o evangelho a toda criatura" (Marcos 16:15). Esse chamado é especialmente importante para o arminianismo, pois como cremos que a decisão pela eleição é pessoal, não tendo sido determinada por Deus, enxergam como primordial a ação de levar as boas-novas da salvação para todas as pessoas. É nosso dever informar ao mundo sobre o chamamento de Deus para a salvação. Esses dois aspectos citados são mais universais, no sentido de serem direcionados igualmente a toda a humanidade, mas é comum que alguns defensores do arminianismo, principalmente os pentecostais, creiam também em um *chamado vocacional*. Esse chamado varia de pessoa para pessoa: alguns são chamados para o ministério pastoral ou missionário, outros pregam o evangelho por meio da música, e há ainda os que são chamados para ensinar. As opções são infindáveis e particulares.

É interessante perceber que "quando se fala em chamado ministerial, desde a Bíblia até os nossos dias, é possível ver claramente uma perspectiva teológica 'calvinista'", no sentido de que, aparentemente "não há possibilidade de o escolhido decidir" se está ou não capacitado para corresponder a esse chamado. É por isso "que o Senhor pode ser chamado de o 'Deus das eleições soberanas', pois elas não se baseiam nas supostas qualidades que possa ter a pessoa a quem Ele chama para fazer a sua Obra".[86] Deus nos dá dons ministeriais para que sirvamos à sua obra não porque somos merecedores ou dignos, e sim porque nos ama. A impressão de que esse tipo de chamado se assemelha ao conceito "irresistível" do calvinismo não se deve ao fato de que Deus o *determine*, mas acontece simplesmente porque, após conhecermos e experimentarmos a verdade do evangelho e o plano da salvação que Deus tem para a nossa vida, nos entregamos em suas mãos, permitindo que ele guie nossas decisões de acordo com sua vontade, o que inevitavelmente nos conduz ao cumprimento de seus propósitos. Os pentecostais costumam dizer que "Deus tem um plano para cada um de nós"

---

86 CARVALHO, César Moisés. "Davi e o seu sucessor", in: MOISÉS, César et al. *Davi: as vitórias e derrotas de um homem de Deus*, 2. ed. (Rio de Janeiro: CPAD, 2009), p. 209.

1554 | TEOLOGIA SISTEMÁTICO-CARISMÁTICA

para referir-se a esses propósitos individuais que fazem que todos tenhamos uma função em seu reino. Esse plano individual faz parte do plano maior que ele tem para a humanidade.

Quando respondemos ao chamado de Deus à salvação, somos levados à fé e ao arrependimento. Como mencionamos no tópico sobre calvinismo, não devemos ver essas duas etapas separadamente, pois fazem parte de um mesmo processo: o da conversão. "A conversão subentende 'voltar-se contra' o pecado, mas igualmente 'voltar-se para' Deus. [...] Quando cremos em Deus e confiamos totalmente nEle, voltamo-nos para Ele."[87] "Quando correspondemos ao chamado divino, [...] Deus realiza atos soberanos que nos introduzem na família do seu Reino", ele "regenera os que estão mortos nos seus delitos e pecados; justifica os que estão condenados diante de um Deus santo; e adota os filhos do inimigo". É comum que os arminianos sejam acusados de "brincar" com a salvação. Alguns afirmam erroneamente que a possibilidade de se desviar dos caminhos de Deus faz que fiquemos pulando "dentro e fora" da salvação, como se Deus fosse uma divindade malvada que nos pune por qualquer pequeno erro, mas isso não é verdade.

Os arminianos creem apenas que é preciso ser perseverante, pois se voltarmos a agir conforme nosso próprio entendimento, que é influenciado pela natureza decaída, tornamo-nos escravos do pecado novamente, negando a liberdade de viver tudo aquilo que Deus planejou para nós, incluindo a salvação. Por isso, entendem que a regeneração, que "é a ação decisiva e instantânea do Espírito Santo, mediante a qual Ele cria de novo a natureza interior [...] que somente Deus realiza", completa Daniel Pecota, "é o início do nosso crescimento no conhecimento de Deus, na nossa experiência de Cristo e do Espírito e no nosso caráter moral" e, por isso, "se faz mister um processo de amadurecimento" e perseverança.[88] Essa necessidade de amadurecimento serve para que possamos fortalecer cada vez mais nossa fé e de forma alguma subentende que a eleição depende de nossos méritos.

Dois conceitos que ainda não abordamos e que são comuns tanto a arminianos quanto a calvinistas, dizem respeito à justificação e adoção. Ambas as linhas aceitam que somos adotados como filhos e recebemos "privilégios de família mediante a obra salvífica" de Cristo, "que não se envergonha de nos

---

87 PECOTA. "A obra salvífica de Cristo", in: HORTON. (org.). *Teologia sistemática*, p. 369.
88 Ibid., p. 371-2.

chamar irmãos (Hebreus 2:11)", além de termos sidos "livres de toda a culpa do pecado e de suas consequências" mediante a "obra infinitamente justa e satisfatória de Cristo na cruz", que faz que constemos "diante de Deus como plenamente absolvidos".[89] Antes de finalizar, precisamos explicar ainda que o último conceito da *ordo salutis*, o da glorificação, não será tratado neste capítulo. Como ela só acontecerá nos últimos dias, estudaremos esses assuntos com mais detalhes no último capítulo, sobre escatologia.

— Uma soteriologia pentecostal —

Apresentamos de forma breve e resumida as duas principais visões soteriológicas adotadas pelos protestantes brasileiros, mas uma pergunta ainda se mantém: onde, afinal, se encaixam os pentecostais? Não é preciso ir longe para perceber que "a maioria dos pentecostais tende ao sistema arminiano de teologia tendo em vista a necessidade do indivíduo em aceitar pessoalmente o Evangelho e o Espírito Santo",[90] entre outras características. O sistema arminiano de fato possui pressupostos que conversam com a nossa teologia, além de destacar a atuação do Espírito. Entretanto, cremos que uma soteriologia de fato pentecostal e carismática pode ir além, destacando de forma ainda mais específica as várias atuações pneumatológicas no processo de conversão, conforme demonstrado no esquema a seguir.

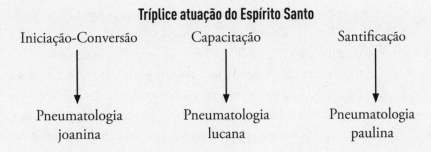

O teólogo pentecostal Roger Stronstad identifica uma unidade e diversidade simultâneas nas perspectivas joanina, lucana e paulina sobre o Espírito Santo. A diversidade está presente em exemplos como esse que esquematizamos, onde "Lucas, João e Paulo [...] atribuem uma variedade de papéis ao

---

89 Ibid., p. 372, 374-5.
90 RAILEY JR., James H.; AKER, Benny C. "Fundamentos teológicos", in: HORTON (org.). *Teologia sistemática*, p. 54.

ministério do Espírito Santo".[91] É importante ressaltar que essa diversidade não sugere de forma alguma que os três estejam se contrapondo, como alguns críticos de Stronstad gostam de afirmar; ao contrário, ela é necessária para que eles possam se complementar, oferecendo-nos uma visão mais ampla sobre a atuação do Espírito Santo. Dito isto, podemos finalmente prosseguir para uma rápida análise do que ilustramos.

Apesar de a boa-nova do evangelho ser pregada pelos eleitos, não são seus argumentos que levam alguém a aceitá-la, e sim o Espírito Santo que convence os corações que se abrem a ele (João 16:8-11). Essa atuação no processo de iniciação-conversão é descrita por João e caracteriza sua pneumatologia. Além do convencimento, o Espírito da Verdade "é quem atua para que o pecador seja transformado em discípulo ou crente". De acordo com Stronstad,

> Jesus anunciou ao fariseu Nicodemos: "Aquele que não nascer de novo não pode ver o Reino de Deus" (Jo 3:3). Igualmente, para que se entre no Reino de Deus, esse alguém precisa "nascer da água e do Espírito"[92] (v.5), porque "o que é nascido da carne é carne, e o que é nascido do Espírito é espírito" (v. 6). Nicodemos não deveria se admirar de Jesus lhe ter dito "Necessário vos é nascer de novo" (v. 7) porque "o vento sopra onde quer, e ouves a sua voz, mas não sabes donde vem, nem para onde vai; assim é todo aquele que é nascido do Espírito" (v. 8). Então, na salvação, o Espírito Santo convence do pecado e faz com que o pecador seja "nascido de novo" ou nascido do Espírito.[93]

Quando se convence do seu pecado, o homem reconhece sua situação de decadência e percebe que está vivendo fora dos propósitos do Criador para a sua vida. É o Espírito Santo quem nos dá esse entendimento. Também será ele o responsável por nos introduzir no Corpo de Cristo, onde agora buscaremos viver uma nova vida, como pessoas santas, que buscam viver conforme o coração de Deus. O teólogo pentecostal Elienai Cabral aponta ainda para outra característica importante nesse primeiro estágio da conversão, que é a

---

91 STRONSTAD, Roger. *Hermenêutica pentecostal: Espírito, Escritura e teologia* (Natal: Carisma, 2020), p. 264.

92 Sobre esse assunto, cf. KEENER, Craig S. *O Espírito nos Evangelhos e em Atos: pureza e poder divino* (São Paulo: Vida Nova, 2018). O capítulo 4 traz um estudo sobre o tema da purificação no Evangelho de João e como a água é utilizada de forma figurativa para referir-se ao Espírito Santo, que purifica em diversos momentos.

93 STRONSTAD. *Hermenêutica pentecostal*, p. 265.

confirmação da salvação recebida: "A alegria que reina no coração do crente vem do fato da absoluta certeza e convicção de que está salvo. [...] Quem salva é Jesus e quem dá a certeza da salvação é o Espírito Santo".[94]

É também no Espírito que somos capacitados para corresponder ao chamado de Deus à salvação e ao trabalho em sua obra, além de recebermos força do alto para permanecer perseverantes por meio de demonstrações ativas e cotidianas da presença de Deus em nossa vida. Esse aspecto de capacitação é trabalhado principalmente por Lucas, que toma a atuação do Espírito no ministério de Jesus como exemplo para nós — conforme já estudamos no capítulo sobre cristologia. Mas é importante ressaltar, conforme explica Stronstad, que Lucas não é o único a abordar essa capacitação para o serviço, ao contrário, o autor afirma que "para os três [Lucas, João e Paulo], o Espírito vem para ajudar no serviço". Assim, podemos concluir que "na pneumatologia de Lucas, o Espírito Santo tem uma função, que é o serviço; na pneumatologia de João, ele tem duas funções, serviço e salvação" e, por fim, "na pneumatologia de Paulo, ele tem três funções, serviço, salvação e santificação".[95]

Logo, é possível encontrar essa atuação do Espírito Santo em outros textos além de Lucas-Atos, porém é inegável que ele trata sobre isso de forma específica, com maior riqueza de detalhes, e por isso se destaca na área. Não abordaremos a capacitação, pois já tratamos desse assunto no capítulo de pneumatologia, no qual mostramos ocorrências dessa atuação do Espírito inclusive no Antigo Testamento. Por isso, podemos seguir para algumas breves considerações sobre a pneumatologia paulina.

Já aprendemos com João que o Espírito é quem nos convence do pecado e também quem nos insere no Corpo de Cristo, com Lucas sabemos que é ele quem nos capacita para a obra e, por fim, é o Espírito que nos santifica e que nos glorificará; esse é um dos principais enfoques nas cartas paulinas e que fecha a tríplice atuação do Espírito destacada por carismáticos e pentecostais na vida do cristão. Utilizar Paulo para falar sobre soteriologia é adequado, pois, como aponta o teólogo e exímio paulinista Gordon Fee, "para Paulo, o tema 'salvação em Cristo' domina tudo, do começo ao fim", e de forma especial, pois,

---

94   CABRAL, Elienai. "A atividade do Espírito Santo na nova vida", *Mensageiro da Paz*, ano 53, n. 1156 (Rio de Janeiro: CPAD), p. 2.

95   STRONSTAD. *Hermenêutica pentecostal*, p. 267.

para ele, "salvação em Cristo" é uma atividade do Deus triúno. Deus Pai, o sujeito dos verbos de salvação, pré-ordenou e iniciou a salvação para o seu povo; Deus Filho, através de sua morte na cruz, a consumou e realizou para esse povo sua adoção, justificação, redenção, santificação, reconciliação e propiciação, para mencionar algumas metáforas principais. Mas é Deus Espírito Santo quem efetivamente faz com que a salvação de Deus em Cristo seja apropriada pelo cristão e pela comunidade de fé. Sem o último, o primeiro simplesmente não acontece.[96]

Tal afirmação pode causar surpresa, já que muitos não costumam pensar em Paulo como um apóstolo carismático, algo que segundo Fee se deve (entre outros motivos) à má interpretação de um termo essencial em suas cartas: "Parte da falha em reconhecer o papel central que a espiritualidade ocupa em Paulo vem, ao menos em parte, do uso que fazemos da palavra 'espiritual' para traduzir o adjetivo πνευματικός" (*pneumatikos*), pois "essa tradução em caixa-baixa tende a ocultar o fato de que, para Paulo, πνευματικός é primeiramente um adjetivo para o Espírito Santo".[97] Quando o sentido correto é compreendido, percebemos que, na verdade, "qualquer leitura atenta às cartas de Paulo deixa claro que o Espírito é o elemento-chave, o *sine qua non*, de toda a vida e experiência cristãs".[98]

É por isso que o apóstolo é firme com as comunidades que aconselha. Ele as exorta e aponta para o fato de que agora são filhos de Deus, pessoas "espirituais", ou seja, cheias do Espírito Santo, e por isso já não podem mais agir como "carnais" e nem como meninos na fé (1Coríntios 3:1-3). O que Paulo está dizendo à igreja em Corinto é que como pessoas convertidas, que já foram adotadas por meio de Cristo como filhas de Deus, elas devem buscar cada vez mais a santidade, e, pelo tempo que aquela comunidade tinha de fé, o apóstolo entende que certas práticas já deveriam ter sido abandonadas.

Esse pequeno trecho aponta para dois pontos essenciais sobre a santificação: 1) ser santo é uma caminhada e 2) o Espírito Santo é quem nos guia através dela. Quando nos convertemos, recebemos o Espírito Santo que, conforme já citado, confirma nossa salvação e também nos capacita para que possamos viver firmes na fé. Com o passar do tempo, percebemos que há

---

96 FEE, Gordon. *Listening to the Spirit in the Text* (Grand Rapids/Vancouver: Eerdmans/Regent College Publishing, 2000), p. 37-8.

97 Ibid., p. 33-4.

98 Ibid., p. 37.

ainda outra atuação do Espírito em nossas vidas, pois ele também passa (se permitirmos, claro) a nos guiar. O cristão que aprende cada vez mais sobre a Palavra de Deus e busca estar sempre em sua presença para que possa viver de forma que agrade o Pai começa a crescer na fé, a desenvolver discernimento espiritual e, assim, permitir que o Espírito Santo, e não o seu próprio entendimento, seja o guia de sua vida. Assim, torna-se cada vez mais santificado, pois vai se afastando das velhas práticas e fica atento às tentativas malignas que tentam minar sua perseverança. Essa força certamente não vem de nós, mas é espiritual, divina. Conforme explica o teólogo pentecostal Elienai Cabral:

> A palavra santificar significa separar; somos separados para uso do Senhor com todo o nosso ser. Se somos templos do Senhor para que Ele se manifeste em nós, devemos cuidar, não só da alma e do espírito, mas também do corpo para que o mesmo esteja sempre em condições para a manifestação divina. Os vícios e pecados contra o corpo devem ser repelidos. Todo o pecado contra o corpo afeta o Espírito que habita nele e tem seu trono no nosso espírito.[99]

Cabral também aponta para a importância do fruto do Espírito, que "independe de sermos batizados no Espírito Santo", e "pode ser produzido a partir do momento em que uma pessoa se torna 'nova criatura em Cristo'". Conforme listado em Gálatas 5:22-23, o fruto produz caridade, gozo, paz, longanimidade, benignidade, bondade, fé, mansidão e temperança. "As três primeiras partes do fruto relacionam-se com Deus e à comunhão com Ele", já as outras partes "relacionam-se com o próximo"[100], mas todas são essenciais para que vivamos uma vida de santidade.

É importante apontar essas características para deixar algumas coisas claras em relação à soteriologia pentecostal e carismática. Nos últimos anos, o debate entre arminianismo e calvinismo tem se intensificado no Brasil, causando até mesmo desavenças pessoais entre os teólogos que dele participam. É comum ouvir acusações dos dois lados, e fizemos questão de desmenti-las neste capítulo. Como já mencionamos diversas vezes, tanto o arminianismo quanto o calvinismo fazem sentido e possuem coesão dentro de suas propostas. Entretanto, como pentecostais e carismáticos, que tomam a ação do

---

99 CABRAL. "A atividade do Espírito Santo na nova vida", *Mensageiro da Paz*, p. 2.
100 Ibid.

1560 | TEOLOGIA SISTEMÁTICO-CARISMÁTICA

Espírito como chave de sua teologia, cremos que a posição desenvolvida pelos seguidores de Armínio é a mais adequada para nós, por compartilhar dos mesmos pressupostos que acreditamos.

Em meio à intensa discussão sobre o assunto que aconteceu no Brasil durante os últimos anos, algo que ficou evidente é a forma como muitos pastores ainda enxergam as disciplinas da teologia como independentes. Como temos insistido desde o começo deste livro, elas não são! Há uma lógica, um fio condutor que as interliga, de modo que não é possível sugerir algumas misturas entre posições que já partem de lugares diferentes, ou seja, que já possuem pressupostos diferentes. A posição arminiana é a mais adequada, pois combina com nosso posicionamento antropológico, cristológico e até mesmo pneumatológico. Para nós, é imprescindível que o Espírito tenha liberdade, não que esteja limitado a pequenas áreas de atuação. Também é igualmente importante que o ser humano tenha a liberdade de responder a um chamado, pois isso combina com tudo o que desenvolvemos anteriormente. Assim, não é possível afirmar-se calvinista em uma área e arminiano em outra. Quem fala isso certamente não entendeu a estrutura do pensamento teológico, tendo acessado apenas os "produtos finais" que são definidos nos manuais básicos de teologia.

Entretanto, precisamos acrescentar que somos mais do que arminianos. O que queremos dizer com isso é que certamente a *ordo salutis* desenvolvida pelos seguidores de Armínio nos fornece bases importantes para a nossa soteriologia, entretanto, como desenvolvemos de forma muito breve nesse subtópico, quando tomamos a atuação do Espírito como chave teológica, vamos além do arminianismo. Uma soteriologia pentecostal e carismática ressalta de forma específica as diversas atuações do Espírito Santo no processo de conversão e perseverança. Isso é o que nos caracteriza e diferencia.

É importante dizer, mais uma vez, que com isso não estamos propondo algo novo, mas simplesmente teorizando o discurso que é comum em nossos púlpitos. Esse, inclusive, deve ser o papel da teologia: não estar alheia ao que uma tradição de fato crê, mas oferecer base teórica, bíblica e teológica, para essa crença. Esperamos ter obtido êxito em nossa abordagem da soteriologia pentecostal-carismática. Nosso objetivo é que os cristãos dessa tradição sintam-se representados e reconheçam sua perspectiva sobre o processo de conversão nessas páginas, percebendo que não há nada de "simplista" ou "pouco desenvolvido" em nossa visão, pelo contrário, o que pregamos é profundo e bíblico. Cremos que, assim como Cristo prometeu que aconteceria, o Espírito Santo está presente conosco a todo momento, convencendo-nos de nosso pecado, capacitando-nos para a obra, fortalecendo-nos com dons e a alegria da certeza de que somos povo de Deus. Já não somos mais mundanos, mas pessoas espirituais, santas, que buscam crescer na fé e viver de uma forma que agrade ao Criador, até que chegue o dia em que nos juntaremos a ele no céu!

CONSIDERAÇÕES FINAIS

Neste capítulo, tivemos a oportunidade de conhecer os mais diversos aspectos da obra salvífica de Cristo, passamos pelas diferentes interpretações de seu sacrifício e também conhecemos algumas teorias da expiação. Por fim, analisamos separadamente as ordens da salvação calvinista e arminiana, duas linhas que têm estado no centro do debate teológico brasileiro atual. É importante ressaltar que nossa abordagem procurou adentrar na lógica de cada uma delas para que o leitor entenda que essas posições partem de pressupostos diferentes, não sendo a diferença interpretativa final um puro detalhe, mas consequência do fato de que cada perspectiva já tem diferentes entendimentos sobre todas as áreas que estudamos até agora: desde a pneumatologia até a hamartiologia. A diferença entre arminianos e calvinistas não é, portanto, institucional nem deve ser tratada com "bairrismo" teológico; ao contrário, é preciso maturidade para entender que essas são perspectivas diferentes, mas igualmente válidas dentro de seus devidos pressupostos.

Apesar de respeitarmos a visão dos irmãos calvinistas, entendemos que essa perspectiva não combina com o restante da teologia pentecostal que desenvolvemos até aqui. Para os carismáticos e pentecostais, o lugar de liberdade de escolha, mesmo que decaída, e a constante ação do Espírito — que também ocorre de forma livre — são pontos inegociáveis. Entendemos que um Deus Pai que predestina todas as ações de seus filhos acaba tratando-os como marionetes e que isso traz consequências para a culpabilidade de nossas ações pecaminosas, além de comprometer a vontade própria e a liberdade das demais pessoas da Trindade. Esses são apenas alguns exemplos pelos quais consideramos a perspectiva arminiana mais adequada ao que defendemos. Entretanto, apesar dessa diferença, é importante pontuar que o respeito e a comunhão também devem ser pontos inegociáveis no debate teológico.

1562 | TEOLOGIA SISTEMÁTICO-CARISMÁTICA

No Brasil, muitos encaram a presente discussão como algo pessoal e utilizam a teologia como uma desculpa para se reafirmarem, ofendendo e caluniando quem pensa diferente. Para resolver esse problema, é preciso relembrar o que aponta o teólogo pentecostal Daniel Pecota: "O fato de existir uma nítida diferença de opinião entre crentes bíblicos igualmente devotos aconselha-nos a evitar a dogmatização extrema", pois "os dois pontos de vista, cada um pertencente a uma doutrina específica da eleição, têm base na Bíblia e na lógica".[101] Portanto, ambos os lados devem evitar acusar seus irmãos de "liberais", "hereges", "antibíblicos" ou até mesmo "sem lógica", pois esses ataques em nada agregam à teologia ou à obra de Deus. O enfoque da soteriologia não deve ser esse, e sim a boa-nova de que fomos salvos e remidos pelo sangue de Jesus!

---

101 Ibid., p. 359.

CAPÍTULO

9

ECLESIOLOGIA

Introdução

A reflexão eclesiológica ocupa um espaço relativamente importante no edifício teológico.[1] A despeito de os estudos acerca do tema geralmente se concentrarem nos aspectos estruturais e, muitas vezes, até "administrativos", eclipsando o mais relevante, que é a sua realidade como corpo místico, é fato que só se pode fazer jus à importância da eclesiologia quando se compreende devidamente qual o lugar da igreja no contexto das Escrituras Sagradas. Tal aspecto deve ser corretamente estudado, pois uma simples pergunta — "O que é a igreja?" —, conforme demonstrou em artigo, há anos, o teólogo pentecostal James Hernando, pode trazer grandes embaraços.

A pergunta tem razão de ser pelo simples fato de que existem grandes diferenças entre o que a 1) igreja faz (prática eclesiástica), o que 2) ela é (ontologia) e para que 3) ela foi criada (teologia). Por isso, o referido teólogo defende a verdade de que "a essência precede a função".[2] Foi nessa busca que

---

1 "Antigamente era consenso geral de que a doutrina sobre a igreja tinha que ser uma doutrina teológica a ser abordada, no âmbito da dogmática, depois da cristologia e antes da escatologia. Hoje em dia, isso já não é tão evidente, porque há caminhos muito diferentes que levam a uma teoria da igreja e de sua prática" (MOLTMANN, Jürgen. *A igreja no poder do Espírito: uma contribuição à eclesiologia messiânica* [Santo André: Academia Cristã, 2013], p. 22).

2 HERNANDO, James. "Para que foi criada a igreja?", *Manual do Obreiro*, ano 26, n. 27 (Rio de Janeiro: CPAD), p. 31.

1564 | TEOLOGIA SISTEMÁTICO-CARISMÁTICA

James Hernando chegou a 2Coríntios 5:18-20 e, nesse texto, que se refere aos crentes como "embaixadores de Cristo", encontrou a metáfora que considera mais adequada para dizer o que a igreja é e, consequentemente, para que ela foi criada. Trata-se da "metáfora do agente", ou seja, "alguém a quem foi dada uma tarefa" e igualmente outorgada a "autoridade ou poder para conduzir e gerir negócios para quem o enviou".

Nessa perspectiva, a igreja é o "agente de Deus", diz o mesmo autor, e o "instrumental para disseminar sua missão redentora na Terra, não no sentido de adicionar ao trabalho de Cristo na cruz, mas na facilitação da apropriação dessa obra pelo mundo necessitado".[3] Tendo, então, investido a igreja com o ministério de reconciliação, cabe perguntar que espécie de agente pretendeu o Senhor criar quando a incumbiu desta missão. Hernando menciona — sem pretensão alguma de ser exaustivo — cinco aspectos que falam não apenas o que a igreja faz, mas também o que ela é, combinando ontologia e teologia. Não há necessidade de detalhar a argumentação do teólogo, que inclusive foi breve, contemplando cada um dos aspectos, mas apenas mencioná-los, pois tal já é suficiente para se ter uma ideia do que significa a tríade mencionada acima: 1) a igreja como agente redentor de Deus; 2) a igreja como agente reconciliador de Deus; 3) a igreja é um agente transformador para Deus; 4) a igreja é um agente encarnacional/revelacional para Deus e 5) a igreja é um agente profético para Deus.[4] Uma vez aceitando a fundamentação escriturística dessas tarefas articuladas na argumentação do teólogo pentecostal, mesmo sem apresentar os detalhes de uma só delas, sem qualquer esforço podemos perceber que nenhuma das tarefas reclama qualquer necessidade de uma estrutura hierárquico-institucional, demonstrando que todos os aspectos pertencem à essência do que a igreja é de fato.

Justamente por isso, o teólogo pentecostal entende que cada uma dessas facetas "necessita ser explorada por meio da teologia sistemática, bíblica e exegética", pois a primeira "pode prover questões e categorias dos propósitos de Deus na criação, redenção e que são cumpridas na Igreja". A segunda "pode garantir que o desenvolvimento dinâmico dos propósitos de Deus seja rastreado de forma linear através do progresso da revelação canônica". A terceira e última forma teológica "provê o grão a ser moído pelo moinho do estudo

---

3   Ibid.
4   Ibid., p. 32.

bíblico que dá suporte e ilustra nossas conclusões teológicas".[5] Assim, deve estar claro ao estudioso que a eclesiologia, que veremos panoramicamente neste capítulo, não é a palavra final acerca do tema, mas o que a teologia bíblica, e também a exegética, nos apresentam sobre o assunto e, por último, o que se sistematizou histórica e teologicamente a respeito da igreja, destacando-se o nosso *leitmotiv*, a experiência com o Espírito Santo. Não por alguma espécie de partidarização de nossa parte, mas pelo fato de que a institucionalização, que ganhou proeminência na apresentação teológica do assunto, soterrou a característica mais imprescindível da igreja — o empoderamento do Espírito —, ou seja, sua força motriz e única possibilidade de ela cumprir as tarefas resumidas por James Hernando e que sintetizam a missão da igreja.

DEFINIÇÕES E OBJETIVOS DA ECLESIOLOGIA

Pelo fato de frequentarmos uma igreja e estarmos arrolados em um rol de membros de uma denominação, há uma tendência de achar que a doutrina da igreja não é complexa. Contudo, a "palavra 'eclesiologia' [que] deriva do grego *ekklesia* e de sua transliteração *ecclesia*",[6] mais *logia*, "estudo" ou "tratado" é uma das doutrinas mais difíceis do edifício teológico. Sua tarefa é estudar a fundação, natureza e funcionamento da igreja. Ainda que muitos desconheçam o fato de que a eclesiologia é uma das áreas "recentes" do edifício da teologia sistemática, é imperioso assinalar que apenas no século "15, ou seja, na era do conciliarismo e depois das experiências da cisão do Ocidente com a detenção dos papas em Avignon, [foi] que surgiram tratados independentes sobre o conceito de igreja". Em termos diretos, possivelmente, só então "a doutrina [parece ter] sido introduzida na dogmática pela primeira vez pelos reformadores".[7] O mesmo teólogo alemão informa que

> Adolf V. Harnack já opinou, concordando na substância com Ferdinand Kattenbusch, que na patrística grega a igreja não era "*nenhum conceito dogmático* no sentido estrito da palavra": "Ela não se insere no arcabouço das doutrinas da redenção". Nas exposições

---

5   Ibid.

6   GONZÁLEZ, Justo. *Breve dicionário de teologia* (São Paulo: Hagnos, 2009), p. 99.

7   PANNENBERG, Wolfhart. *Teologia sistemática* (São Paulo/Santo André: Paulus/Academia Cristã, 2009), vol. 3, p. 51.

sistemáticas da doutrina cristã desde Orígenes a doutrina da igreja não formava um objeto específico. Tanto Gregório de Nissa em sua grande catequese (cap. 33) quanto João Damasceno (*De fide orth.* IV, 9) passavam dos temas da cristologia diretamente à análise do batismo. Os Pais da Igreja latinos tampouco desenvolveram uma "eclesiologia sistematicamente elaborada", uma "teologia da estrutura da igreja, de sua hierarquia a autoridades". O célebre escrito de Cipriano sobre a unidade da igreja foi apenas um escrito polêmico de ocasião e não traz nenhuma exposição sistemática do conceito de igreja. Ela falta até mesmo em Agostinho, por mais que se encontre nele afirmações importantes, multissegmentadas e profícuas acerca da compreensão de igreja. Por isso não surpreende que também a obra das sentenças de Pedro Lombardo não tenha consigo nenhum tratamento sintético do conceito de igreja e que nenhum dos teólogos da escolástica tardia encarou um tratado específico *De Ecclesia.*[8]

Essa informação não pode passar despercebida, pois revela que a temática foi evitada ou era óbvia. Tal "situação é significativa também para a apreciação dos enfoques da Reforma acerca da eclesiologia, porque permitem notar como ainda eram incipientes no século 16 os esforços em prol de uma formatação sistemática do conceito de igreja".[9] Chama a atenção o fato de que, enquanto temas mais difíceis e transcendentais foram amplamente discutidos nos séculos precedentes, o da igreja não fora tratado de forma sistemática por quinze séculos! A não necessidade de se tratar da temática talvez tenha se dado pelo que diz o teólogo alemão Dietrich Bonhoeffer, ao destacar que "não há como demonstrar a necessidade geral da forma de comunhão da igreja", visto que, "muito antes, tal demonstração só é possível quando a revelação cristã é crida, isto é, levada a sério". Para ele, "*somente a partir do conceito de revelação é possível chegar ao conceito cristão de igreja*". Todavia, o mesmo teólogo diz que "uma vez que alguém se curvou à exigência da igreja, torna-se supérfluo quanto impossível provar sua necessidade geral". Bonhoeffer completa dizendo que o assunto "não é diferente daquele das tentativas cristológicas de provar a necessidade da redenção, depois *de já ter apreendido sua realidade*". Portanto, "por meio da apropriação crente do sentido da redenção fica claro o que torna essa realidade necessária", visto que, na "*dogmática, a necessidade*

---

8   Ibid., p. 50-1 (grifo no original).
9   Ibid., p. 51.

só pode ser inferida da realidade". E o "fundamento disso reside no conceito da revelação".[10] Na perspectiva do mesmo teólogo alemão, deveria haver, inclusive, uma diferença estrutural no edifício da teologia sistemática, chamada antigamente de dogmática, invertendo sua ordem comum de arranjo sistemático:

> Quando, na parte final das dogmáticas, o conceito de igreja é exposto como necessariamente decorrente da fé evangélica, isso se refere tão somente à conexão interna entre a realidade da igreja e a realidade global da revelação. Somente quando o conceito de Deus é entendido como concebível exclusivamente em associação com o conceito de igreja, este pode, por razões de técnica expositiva, ser "derivado" como consequência daquele. Em vez de iniciar a dogmática com a doutrina de Deus, seria bom começá-la com a doutrina da igreja, para promover clareza sobre a lógica interna da estrutura dogmática.[11]

Portanto, na visão de Bonhoeffer, o simples fato de a pessoa pertencer ao corpo de Cristo dispensa qualquer necessidade de falar a respeito do tema, pois há segurança por parte do cristão acerca da veracidade eclesiológica, que, para ele, deriva-se da revelação. É digno de nota, contudo, que o referido teólogo alemão fala da essência do corpo de Cristo, conhecida na tradição cristã como *sanctorum communio*, isto é, a "comunhão dos santos", nada tendo com qualquer aspecto institucional.[12] Justamente por isso, como já foi dito, no arcabouço da teologia sistemática ainda se percebe que a eclesiologia

---

10 Bonhoeffer, Dietrich. *A comunhão dos santos: uma investigação dogmática sobre a sociologia da igreja* (São Leopoldo: Sinodal/EST, 2017), p. 110 (grifo no original).

11 Ibid.

12 "Essa expressão, cara aos católicos, provém do Símbolo [Credo] denominado dos Apóstolos, documento ocidental, onde aliás só é atestada pouco antes do ano 400. Contrariamente ao que alguns pensam, não é uma aposição à '*sanctam Ecclesiam*', que explicitaria seu sentido", explica o teólogo francês dominicano Yves Congar, dizendo ainda o seguinte sobre a expressão "comunhão dos santos": "Com que, ou com quem nós professamos estar unidos, do que, de quem professamos ser participantes? O termo *sanctorum* tem significado neutro, as *sancta*, ou de um masculino, os *sancti* (mas é preciso não excluir as *sanctae*!). As primeiras explicações favorecem o sentido de 'os santos', a comunidade dos bem-aventurados antecipada na Igreja Católica (assim Nicetas de Ramesiana), ou, mais precisamente, os mártires (Fausto de Riez). Mais tarde, especialmente na Idade Média, falou-se da participação nas coisas santas (*sancta*), nos sacramentos, na eucaristia. No Símbolo [Credo] niceno-constantinopolitano, encontramos o batismo lá onde o Símbolo chamado dos Atos dos Apóstolos fala sobre a comunhão dos santos. Na realidade — o termo grego e bíblico *koinonia*, que traduz o latim *communio*, obriga a ver as coisas assim —, trata-se do direito de participar dos bens da comunidade de salvação, solidariamente com os membros dessa comunidade" (Congar, Yves. *Ele é o Senhor e dá a vida*, 2. ed., Coleção Creio no Espírito Santo [São Paulo: Paulinas, 2010], vol. 2, p. 87-8).

1568 | TEOLOGIA SISTEMÁTICO-CARISMÁTICA

não é vista como complexa, muito menos como fundamental, pois cada tradição preocupa-se em expor de forma mais "natural" possível seu sistema eclesiológico, dando a entender que ele é exatamente "igual" (*sic*) ao que o texto de Atos, por exemplo, apresenta. Alguns aspectos talvez clarifiquem melhor a razão disso. Inicialmente, é importante compreender o uso que se fazia da expressão grega ἐκκλησία (*ekklēsia*), para somente depois analisá-la de acordo com a forma comumente conhecida na linguagem corrente. O *Dicionário internacional de teologia do Novo Testamento* apresenta três expressões gregas — "ἐκκλησία (*ekklēsia*), 'assembleia', 'reunião', 'congregação', 'igreja'; συνάγω (*synagō*), 'reunir-se'; συναγωγή (*synagōgē*), 'assembleia', 'sinagoga'"[13] —, as quais eram utilizadas conforme o contexto. Como o texto neotestamentário apresenta, então, a doutrina eclesiológica? Recorremos ao interessante resumo de Dietrich Bonhoeffer:

> O quadro pode ser delineado apenas em seus traços principais. O Novo Testamento possui dois diferentes conceitos de igreja, o hierosolimita e o paulino. Aquele é o arquétipo do conceito católico de igreja; este é o da luterana. Aquele é judeu-cristão; este é gentio-cristão. Na primeira igreja, houve "desde o início, uma verdadeira hierarquia, uma ordem estabelecida por Deus, um direito eclesiástico divino, uma igreja como instituição, pela qual os indivíduos são acolhidos. Um grupo bem determinado, o dos 'apóstolos', isto é, Tiago e os Doze, possui uma primazia divina permanente, que não poderá ser igualada a ninguém, e, por essa razão, compete-lhe a liderança". Esse conceito de igreja foi superado por Paulo a partir de sua compreensão do evangelho. Vale expor brevemente o que ele pensa a respeito da igreja. Εκκλησία [*ekklesía*] é a tradução da LXX para *qahal*, em Paulo também para *edah*, que de resto também foi traduzido por συναγωγή [*synagoguê*]. O conceito da ἐκκλησία significa originalmente assembleia e comunidade popular e não se diferencia essencialmente de συναγωγή. Mais tarde, συναγωγή é a comunidade judaica individual e ἐκκλησία, a comunhão religiosa como tal. Os judeus mantêm ἐκκλησία como autodesignação; a recepção deste último conceito pelos cristãos foi especialmente favorável na medida em que ele já estava estabelecido na língua grega, ainda que exclusivamente no sentido de assembleia política. A comunidade popular cristã, *ecclesia*, extrapola

---

13 COENEN, Lothar. "Igreja, sinagoga", in: BROWN, Colin; COENEN, Lothar (orgs.). *Dicionário internacional de teologia do Novo Testamento*, 2. ed. (São Paulo: Vida Nova, 2000), p. 984.

CAPÍTULO 9 – Eclesiologia | 1569

todas as fronteiras nacionais e políticas; ela é universal e, ainda assim, "um povo", ao lado de pagãos e judeus, ela é o "terceiro gênero". Para que os gregos pudessem compreendê-lo mais facilmente, Paulo fala da ἐκκλησία τοῦ θεοῦ [*ekklesía toû theoû* = assembleia de Deus], na maioria das vezes, todavia, para designar a comunidade global (1Co 10:32; 15:9; Gl 1:13). Porém, *ecclesia* também é usado por Paulo para a comunidade local (2Co 1:2; 2Co 1:1; 1Ts 2:14; Gl 1:2; no plural em 1Co 16:1 e passim). Isso tem base não só linguística, mas também teológica: a comunidade individual é a forma concreta da comunidade global de Deus (1Co 1:2). Mas ela própria também é comunidade de Deus. Ela é a "forma fenomênica de um lugar da igreja global" [cf. K. Holl, *Der Kirchenbegriff des Paulus*, p. 944]. A comunidade global só é real na comunidade individual. Portanto, Paulo pensa a *ecclesia* sempre como uma fundação de Deus na terra, inclusive quando fala da comunidade individual. A igreja consiste na atuação de Cristo e na do Espírito Santo, que seguramente devem ser diferenciadas. Em Cristo, a comunidade foi eleita desde a eternidade (Ef 1:4ss; 2Ts 2:13; Jo 15:16 segundo o texto do Diatéssaron). Nele vive a nova humanidade, criada por meio de sua morte (Ef 2:15). Ele é o segundo, o novo Adão (1Co 15:45). Assim, a humanidade está realmente redimida nele, pois ele se entregou *pela igreja* (Ef 5:25), e a edificação da igreja consiste exclusivamente na atualização do que foi consumado em Cristo. Na igreja, Cristo passou a ser o iniciador de uma nova humanidade (1Co 15:27), o primogênito entre muitos irmãos (Rm 8:29; 1Co 15:20; Cl 1:15,18; Hb 1:6; Ap 1:5). Em contrapartida, a igreja é o corpo de Cristo e as pessoas são os membros desse corpo (1Co 12:2ss; Rm 12:4ss; Ef 1:23; 4:15s; Cl 1:18) ou então do próprio Cristo (1Co 6:15; Rm 6:13,19). Trata-se de dois diferentes modos de atuação, nos quais se apresenta a relação entre Cristo e a igreja; mas eles são dogmaticamente consequentes. Eles decorrem de caracterizações de Cristo como a cabeça do corpo, como a cabeça da comunidade (Ef 1:22; 4:15; 5:23; Cl 1:18; 2:19); por fim, passa-se da ideia de Cristo como a cabeça para a do matrimônio, na qual o homem é a cabeça da mulher, de modo que a relação entre Cristo e a comunidade é representada, de modo análogo ao exemplo veterotestamentário de Javé e Israel, pela metáfora do matrimônio (Ef 5:23ss). *A posição de Cristo em relação à igreja é basicamente dupla: ele é o Criador de toda a vida que repousa nele*, o construtor da igreja, *mas está também todo o tempo realmente presente em sua igreja*, pois a igreja é seu corpo, ele a domina como a cabeça domina o corpo.

1570 | TEOLOGIA SISTEMÁTICO-CARISMÁTICA

Porém, o corpo é governado pelo Espírito Santo (1Co 12:13; Ef 2:18; 4:4), sendo que o espírito de Cristo e o Espírito Santo devem ser nitidamente diferenciados por não serem idênticos no modo de sua atuação. *O que Cristo é para a comunidade toda o Espírito Santo é para os indivíduos.* Ele tange os indivíduos na direção de Cristo, traz Cristo até eles (Rm 8:14; Ef 2:22), promove a comunhão entre eles (2Co 13:13; Fp 2:1), isto é, sua atividade se estende à vida social das pessoas e serve-se de sua inserção social e de suas vontades sociais, ao passo que o espírito de Cristo está voltado para o modo histórico da vida humana global. Ora, se analisarmos a igreja, não segundo o sistema de sua edificação, mas como a realidade unitária, essa análise necessariamente se associa à imagem do corpo de Cristo. O que significa isso? Na comunidade, Cristo age como se estivesse em seu instrumento. Nela, ele está presente na comunidade dos santos. Quando levada a sério, a ideia do corpo significa que essa "imagem" quer equiparar Cristo e a comunidade, como o próprio Paulo faz claramente (1Co 12:12; 6:15); pois estou onde está meu corpo. Assim, Paulo pode perguntar, no caso de uma cisão da comunidade: μεμέρισται δ Χριστός; [*meméristai hó Xristós?* = estaria Cristo dividido?] (1Co 1:13). Partindo da convicção de que o próprio Cristo é a comunidade, chega-se à ideia de uma vida orgânica na comunidade segundo a vontade de Cristo extraída da imagem do organismo físico. Todavia, é mais do que evidente que tanto uma quanto a outra colidem com a realidade da pecaminosidade e esperam por uma reflexão sistemática mais profunda. Assim, Cristo é a presença real apenas na comunidade. A comunidade está nele, e ele na comunidade (1Co 1:30; 3:16; 2Co 6:16; 13:5; Cl 3:9; 2:17), e *"estar em Cristo" significa o mesmo que "estar na comunidade"*.[14]

É claro que o sentido em que *somos* o "corpo de Cristo" não é literal, mas simbólico (Colossenses 1:18). Isso, porém, não significa em hipótese alguma que se trata de algo sem importância, conforme a visão racionalista condicionou-nos a pensar, mas justamente o contrário, consoante o que temos explicado desde o capítulo 3, ao citar os teólogos João Libanio e Afonso Murad, demonstrando que a linguagem simbólica é a mais apropriada para a teologia.[15] Como corpo de Cristo, nossa direção obedece aos comandos

---

14 BONHOEFFER. *A comunhão dos santos*, p. 110-3 (grifo no original).
15 LIBANIO, João Batista; MURAD, Afonso. *Introdução à teologia: perfil, enfoques, tarefas*, 8. ed. (São Paulo: Loyola, 2011), p. 79-82.

da cabeça, que, por sua vez, foi empoderada pelo Espírito Santo; ou seja, o mesmo Espírito que capacitou e guiou nosso Senhor Jesus Cristo em seu ministério terreno, nos empodera a fim de que cumpramos nossa parte nessa missão (Atos 1:4-8). Assim, com esse resumo escriturístico em mente, podemos também acrescentar que há teólogos que "definem o substantivo ἐκκλησία a partir da justaposição da preposição ἐκ (*ek*), 'fora de', com o verbo καλέω (*kaleō*), traduzido por 'chamar', 'convocar'". Nessa "acepção, ἐκκλησία significa 'chamado (καλέω) para fora (ἐκ)'". Entre esses teólogos, está Lewis Chafer. Por outro lado, há biblistas, "como Karl Schmidt", que "entendem que o vocábulo procede do verbo composto ἐκκαλετος (*ekkletos*), 'chamado de'", enquanto há os que "advogam a dependência do vocábulo ao adjetivo verbal ἐκλεκτός (*eklektos*), conforme o *logion* de 1Pedro 2:9, '*genos eklekton*', 'raça eleita' ou 'raça escolhida'".[16] Portanto, a expressão grega "primária para 'igreja': *ekklēsia*, composta com a preposição *ek* ('fora de') e o verbo *kaleō* ('chamar')", denota sempre e "originalmente um grupo de cidadãos chamados e reunidos, visando um propósito específico".[17]

Neste sentido, o conceito já era utilizado, entre os gregos, cinco séculos antes de Cristo. A Septuaginta, a tradução grega do Antigo Testamento, conforme já adiantado pela argumentação de Bonhoeffer, "também emprega *ekklēsia* quase cem vezes, usualmente como tradução do termo hebraico *qahal* ('assembleia', 'convocação', 'congregação')", que, de igual forma, aparece com o mesmo sentido de assembleia religiosa. Um termo hebraico com "significado semelhante a *qahal* é '*edah* ('congregação', 'assembleia', 'agrupamento', 'reunião')". Todavia, é importante ressaltar que "*ekklēsia* é frequentemente usada na Septuaginta para traduzir *qahal*, mas nunca '*edah*", que, aliás, "é mais frequentemente traduzida por *sunagōgê* ('sinagoga')".[18] Ambas as expressões, porém, seja a "palavra grega *sunagōgê*, assim como seu equivalente hebraico '*edah*, têm o significado essencial de pessoas reunidas".[19] Numa palavra:

> Como consequência, quer nos refiramos aos termos hebraicos comuns *qahal* e '*edah*, quer às palavras gregas *sunagōgê* e *ekklēsia*, o significado essencial continua o mesmo: a "Igreja" consiste naqueles que foram

---

16 BENTHO, Esdras Costa. *Igreja: identidade e símbolos* (Rio de Janeiro: CPAD, 2010), p. 21.

17 DUSING, Michael L. "A igreja do Novo Testamento", in: HORTON, Stanley M. (org.). *Teologia sistemática: uma perspectiva pentecostal* (Rio de Janeiro: CPAD, 1996), p. 536.

18 Ibid.

19 Ibid., p. 537.

TEOLOGIA SISTEMÁTICO-CARISMÁTICA

chamados para fora do mundo, do pecado e da vida alienada de Deus, os quais, mediante a obra de Cristo na sua redenção, foram reunidos como uma comunidade de fé que compartilha das bênçãos e responsabilidades de servir ao Senhor.[20]

Vê-se que as diversas expressões que tinham como finalidade evocar a imagem de um grupo reunido com o propósito de se destacar, ou separar-se dos demais, evoluindo para a nossa atual palavra "igreja", de acordo com o teólogo pentecostal Michael Dusing, vem da "palavra grega *kuriakos* ('pertencente ao Senhor'), que aparece apenas duas vezes no Novo Testamento (1Co 11:20; Ap 1:10)".[21] Visto tratar-se de uma palavra polissêmica, ou seja, tendo vários significados e aplicabilidades, a eclesiologia, entre outras coisas, objetiva no entendimento não apenas da expressão "igreja", mas em sua distinção como "organização" — um local, uma denominação — e "organismo" — o corpo de Cristo.[22] Uma vez que, conforme já foi dito, tal estudo não se faz apenas com o que a teologia apresenta no momento, mas a partir das Escrituras, nada mais justo que tivéssemos começado por elas, mostrando os principais termos. Mas é igualmente necessário passar a conhecer o contexto em que se deu a origem, ou "necessidade", da igreja, compreendendo que ela faz parte de um plano divino maior, isto é, ocupa um lugar especial dentro da economia divina no transcurso da história da salvação.

HISTÓRIA DA SALVAÇÃO E REINO DE DEUS

Embora a expressão "reino de Deus" apareça somente no Novo Testamento, o fato de ela ocorrer apenas mais tarde, não significa que tal concepção não

---

20 Ibid.

21 Ibid.

22 Na realidade, estabelece-se uma "tensão" entre organismo ("fé") e organização ("experiência"), conforme observa Jürgen Moltmann: "A maioria dos livros sobre a igreja indica como o problema fundamental da eclesiologia a diferença entre fé e experiência. 'Tudo que chamamos igreja é acessível a nós somente em uma forma histórico-social, mas mesmo assim não se esgota nela. A igreja é objeto da fé, artigo do credo.' De que maneira a igreja se entende como 'grandeza escatológica' e simultaneamente como 'grandeza empírico-histórica'? Como podemos entender o 'paradoxo' de que as igrejas 'participam, por um lado, das ambiguidades da vida religiosa e da vida em geral, mas que elas compartilham, por outro, a vida não ambígua da comunhão do Espírito?' Qual a relação do 'fundamento da igreja' com a própria igreja? Como se pode falar da 'natureza da igreja' e simultaneamente da 'forma da igreja'?" (MOLTMANN. *A igreja no poder do Espírito*, p. 42).

existia, mesmo que o termo ainda não tivesse sido cunhado. É o que defende, por exemplo, o conhecido biblista estadunidense Bruce Waltke, ao comentar o Gênesis e explicar que assim "como no caso de outros temas teológicos heurísticos, tais como a Trindade, torna-se possível identificar um tema do Antigo Testamento, tal como o reino de Deus, mesmo quando o próprio termo não seja usado".[23] Em outras palavras, conforme já vimos em capítulos anteriores, sobretudo nos que tratamos sobre o Espírito Santo (capítulo 4), e sobre Senhor Jesus Cristo (capítulo 5), sua percepção e conceito já existiam, pois a humanidade recebeu uma missão sacerdotal para cuidar de tal reino *de Deus*, que, desde o seu projeto original, foi concebido para garantir tanto a coexistência da criação como proporcionar a harmonia entre ela e o Criador, bem como entre os seres vivos com a realidade toda.

Conforme já dissemos desde o capítulo 3, em que tratamos da doutrina de Deus, utilizando a abordagem, ou método, chamada de "história da salvação",[24] mais bem trabalhado no capítulo 4, particularmente, na perspectiva de Oscar Cullmann, é possível ter um entendimento bíblico da origem, ou "necessidade", da igreja, o qual vamos agora expor, considerando resumir a proposta, mesmo que já tenhamos explicado alguns aspectos dela nos capítulos 4 e 5. A despeito de concordarmos com a definição inicial de Emil Brunner, quando o teólogo francês diz que, para ele, "a Igreja é toda forma de vida histórica que tem sua origem em Jesus Cristo e reconhece nele seu fundamento e sua norma suprema",[25] igualmente é preciso entender o contexto bíblico maior em que a igreja se inscreve. Cullmann diz que o Evangelho de Mateus "lança uma ponte entre a expectativa do reino messiânico, cuja vinda é proclamada nos livros proféticos do Antigo Testamento, e o advento de Jesus Cristo, que o Novo Testamento apresenta como a resposta a essa espera".[26]

Contudo, como já vimos, o início da história da salvação, obviamente, não está no Novo Testamento. Justamente por isso, a "atenção" do primeiro

---

23 WALTKE, Bruce K.; FREDERICKS, Cathi J. *Comentário do Antigo Testamento: Gênesis* (São Paulo: Cultura Cristã, 2010), p. 49.

24 Em alemão: *Heilsgeschichte*. Portanto, é disso que se trata quando ocorrer tal termo nas citações.

25 BRUNNER, Emil. *Dogmática* (São Paulo: Fonte, 2010), vol. 3, tomo 1, p. 21.

26 CULMANN, Oscar. *Cristo e o tempo: tempo e história no cristianismo primitivo* (São Paulo: Custom, 2003), p. 20.

1574 | TEOLOGIA SISTEMÁTICO-CARISMÁTICA

Evangelho, diz o mesmo Cullmann, "volta-se, sobretudo, às tradições sobre a opinião e a atitude de Jesus frente à lei judaica".[27] Assim é que Mateus "se esforça em mostrar que Jesus não veio rejeitar o Antigo Testamento, mas levá-lo a seu objetivo, a seu cumprimento". Depois de citar o texto de Mateus 5:17-20, Cullmann informa que, na sequência, o evangelista coloca "um discurso no qual Jesus retoma preceitos da lei judaica para ensinar a seus discípulos não sua transgressão, mas seu cumprimento, não formal, mas total, radical ('Eu, porém, vos digo...')".[28] O teólogo francês acrescenta ainda que a mensagem do primeiro sinótico consiste na "proclamação do reino e no cumprimento do Antigo Testamento por Jesus Cristo, juntamente com a preocupação de construir uma nova ética, individual e social, que manifeste realmente a novidade do Evangelho".[29]

É com a perspectiva do reino de Deus em mente, unida à abordagem da história da salvação, que Oscar Cullmann explica que a "linha da salvação pressupõe a revelação divina e o pecado do homem que se revolta contra ela", ou seja, o "pecado tem um começo: a 'Queda'", conforme vimos especificamente no capítulo 7, em que tratamos de hamartiologia. É justamente este fato que torna obrigatório a ideia de "uma história da salvação, no sentido estrito do termo". Isso porque "a maldição que pesa desde então sobre o homem, e sobre a criação com a qual ele é solidário, não é a última Palavra de Deus, que é amor". Em termos diretos, em "sua misericórdia, o Criador deixa se desenvolver no tempo uma série de eventos que suprimem a maldição do pecado e da morte reconciliando o homem consigo e", finaliza o mesmo autor com o assunto do próximo capítulo — mas do qual este já faz parte —, "ao mesmo tempo, conduzindo todo o universo a uma nova criação onde a morte não existirá mais".[30] Já refletimos acerca dos eventos histórico-redentores, ou histórico-salvíficos, no capítulo 4, quando também mostramos que não seguimos estritamente os modelos da história da salvação propostos por Oscar Cullmann e por George Ladd, daí a razão de termos argumentado que já consideramos o domínio do caos, por parte do Espírito Santo, e a implantação da ordem no universo, como sendo o "início" da história da salvação.

---

27 Ibid.
28 Ibid.
29 Ibid., p. 23.
30 Ibid., p. 157.

Todavia, é inegável que após Gênesis 3 há a reinserção de certa desordem no universo. Por isso, urge saber a forma utilizada por Deus para reparar a ruptura causada pela Queda. Desde o *protoevangelho* de Gênesis 3:15, a obra da graça está implícita e o "princípio desta obra da graça é a eleição *de uma minoria para a redenção da totalidade*; dito de outra forma, o princípio da *substituição*".[31] Portanto, Cullmann diz que, em primeiro lugar, o homem, pela "posição que ocupa no seio da criação, já aparece, por assim dizer, como seu representante" e, consequentemente, por exercer um senhorio sobre as demais criaturas. Um único ser domina sobre os demais. Como é claramente perceptível, não apenas este fato demonstra isso, mas também por causa da inegável realidade "de que a totalidade das criaturas está submetida à maldição". Sendo assim, "o princípio de substituição determina claramente o desenvolvimento ulterior da obra de salvação". Em uma palavra, da "mesma forma que a sorte da totalidade da criação depende do comportamento do homem, da mesma forma o será, antes de tudo, a história de um só povo que determinará a salvação de todos os homens". Isto é, entre a "humanidade pecadora, Deus escolheu uma comunidade, o povo de Israel, para a salvação do mundo".[32]

Após Israel fracassar em tal representatividade, a "história da salvação continua a se desenvolver seguindo o mesmo princípio da eleição e da substituição", quando então "é produzida uma *redução progressiva*". Cullmann diz que, a "partir do momento em que o povo de Israel, em sua totalidade, não preenche a missão que lhe é atribuída, surge um 'remanescente' que substitui o povo; este é o 'remanescente' de que falam os profetas". O teólogo francês diz que mesmo esse "'remanescente' diminui ainda e se reduz a *um só* homem, o único que pode se encarregar do papel designado ao povo de Israel".[33] O crente mais simples sabe que se trata do Messias prometido a Israel, o Filho de Deus que, conforme apresenta o Novo Testamento, encarnou-se, a quem conhecemos como nosso Senhor Jesus Cristo, o Salvador que, conforme diz Cullmann, "por sua morte substitutiva, cumpre a obra para a qual Deus tinha eleito Israel".[34] O mesmo autor resume esse processo dizendo que "até Jesus Cristo, a história da salvação passa [...] por uma redução progressiva:

---

31 Ibid. (grifo no original).
32 Ibid., p. 158.
33 Ibid.
34 Ibid.

1576 | TEOLOGIA SISTEMÁTICO-CARISMÁTICA

a humanidade — o povo de Israel — o remanescente de Israel — o Único, o Cristo". E, com este ápice, a "história da salvação tem a partir de agora atingido seu centro". Não obstante, diz o mesmo Cullmann, "nós já sabemos que ela não terminou, mas que se prolonga".[35] Assim,

> a partir desse ponto, se produz uma profunda mudança no princípio mesmo do movimento que nós temos constatado. Este continua a ser a eleição e a substituição, mas não se aplica mais no sentido de uma redução progressiva. Por outro lado, a partir do ponto central, marcado pela ressurreição de Cristo, o desenvolvimento posterior se efetua não mais passando da pluralidade à unidade, mas *inversamente, em sentido progressivo da unidade à pluralidade*, de tal maneira que esta pluralidade deve representar o Único. Por conseguinte, o caminho segue, a partir de agora, do Cristo aos que creem nele, que se reconhecem salvos pela fé em sua morte vicária, na qual Ele [os] substitui. Isto conduz aos apóstolos, à igreja que é o corpo do Único e que deve, de agora em diante, cumprir pela humanidade a missão outrora confiada ao "remanescente", ao "povo dos santos". Isto se prolonga até a humanidade ser resgatada para o seio do reino de Deus e à criação também dos novos céus e a nova terra.[36]

Dessa forma, "a história da salvação, em sua totalidade, compreende dois movimentos", que certamente já estão claros: um é "a passagem da pluralidade [do povo de Israel] ao Único [Jesus Cristo], que é a Antiga Aliança", e o outro, "a passagem do Único [Jesus Cristo] à pluralidade [a Igreja], que é a Nova Aliança". Para Cullmann, no centro da história da salvação encontra-se "o ato expiatório da morte de Cristo e sua ressurreição", e, em relação aos dois movimentos, o traço comum "é seu cumprimento seguir o princípio da eleição e o da substituição". Tal "princípio", continua o autor, "é decisivo também para a presente fase de desenvolvimento que procede do centro".[37] O referido centro da história da salvação, Jesus Cristo, dá origem à "igreja no mundo, representando o corpo de Cristo [e ela] tem, no pensamento dos autores do Novo Testamento, um papel central na libertação de toda a humanidade e, portanto, de toda a criação".[38] Qual seria esse papel e como a igreja

---

35   Ibid.
36   Ibid., p. 159 (grifo no original).
37   Ibid.
38   Ibid., p. 159-60.

deve desenvolvê-lo? Certamente repetindo a prática de Jesus Cristo e dando continuidade ao seu trabalho, ou seja, pregando o evangelho (Mateus 28:19-20; Marcos 16:15-20), cujo conteúdo consiste em anunciar que o "reino de Deus" chegou (Mateus 10:7-8; Lucas 9:1-2).

Uma brevíssima busca em Atos dos Apóstolos mostra que esta foi a mensagem pregada pelo seguimento de nosso Senhor Jesus Cristo, tanto os discípulos quanto os apóstolos (8:12; 14:21-22; 19:8; 20:25; 28:23-31).[39] Mesmo porque, conforme o teólogo alemão Jürgen Moltmann, o papel e a missão da igreja não é propagar a si mesma, e sim a "propagação do Reino".[40] Isso, porém, só pode ser feito se, como corpo de Cristo, reconhecermos que precisamos da mesma capacitação, ou empoderamento, com que Jesus de Nazaré foi ungido para realizar tal missão (Lucas 3:21-23; 4:1-44; Atos 10:38). Foi exatamente isso que os discípulos constataram quando finalmente amadureceram na fé e compreenderam o verdadeiro conceito de reino para Deus, pois na ascensão do Senhor, depois de ele passar quarenta dias com eles "falando do que respeita ao Reino de Deus" (Atos 1:3), os discípulos ainda lhe inquiriam nos seguintes termos: "Senhor, restaurarás tu neste tempo o reino a Israel?" (Atos 1:6). A dúvida deles, de certa forma, procedia, pois, conforme a profecia de Joel (2:28-32; cf. 3:1-5), o derramamento do Espírito Santo é um dos sinais prometidos para o final dos tempos, ou seja, no contexto do reino de Deus, que, conforme já vimos no capítulo 5, e ainda veremos no próximo, possui algumas diferentes visões.[41] Pela resposta do Senhor, percebe-se

---

39 "De acordo com os Evangelhos, só se torna discípulo aquele que é escolhido por Jesus — geralmente por meio de um chamamento explícito: 'Vem em meu seguimento!', ou simplesmente: 'Segue-me!'. Nem todos são chamados por Jesus. A proclamação do reinado de Deus em Marcos 1:15 termina com apelo: 'Convertei-vos e crede no evangelho', mas Jesus não acrescenta: 'Segui-me e tornai-vos meus discípulos!' Não há nenhuma palavra de Jesus com a qual ele convoque o povo a segui-lo como discípulos. E sobretudo não há passagem nenhuma em que ele condicione a participação no Reino de Deus ao estado de discípulo" (LOHFINK, Gerhard. *Deus precisa da igreja? Teologia do povo de Deus* [São Paulo: Loyola, 2008], p. 288). O autor distingue, radicalmente, seguidor/discípulo, de quem passa a fazer parte do corpo de Cristo, tornando-se apenas "membro", mediante a aceitação da palavra do evangelho. No entanto, de acordo com o texto de Mateus 28:19-20, temos recomendação clara de nosso Senhor Jesus Cristo para se fazer discípulos de todas as nações. Portanto, nossa citação do texto de Lohfink tem como finalidade apenas destacar o conceito de seguimento, não referendar sua perspectiva nesse sentido.

40 MOLTMANN. *A igreja no poder do Espírito*, p. 30.

41 "Jesus chegou 'pregando o *evangelho do Reino* [...] e curando todas as enfermidades e moléstias entre o povo'. Nessa descrição da pregação de Jesus, Mateus observa o poder que acompanha o Espírito como parte essencial do evangelho (Mt 4:17,23-24; grifo nosso).

TEOLOGIA SISTEMÁTICO-CARISMÁTICA

a urgência e a necessidade de se compreender o conceito de reino de Deus como algo que "já" se iniciou, mas que "ainda não" se completou, conforme nosso Senhor Jesus Cristo tratou de demonstrar na "resposta", não teórica e muito menos teológica, aos discípulos de João Batista quando estes o inquiriram acerca da questão (Lucas 7:18-23). Tal assunto que já está sendo aqui considerado por ser parte do mesmo contexto, por conta da divisão do edifício teológico, será trabalhado "separadamente" no próximo capítulo. O que precisa ficar claro agora é que, conforme o teólogo carismático-pentecostal Craig Keener:

> A mensagem dos discípulos repete com precisão a da proclamação inicial de Jesus em [Mateus] 4:17. O desejo de Mateus de que o reino continue a ser a mensagem de sua comunidade fica evidente não apenas porque Mateus não a revoga em momento algum, mas também porque a conclusão de seu Evangelho traz uma formulação exatamente paralela: "enquanto vão" é particípio em ambos os casos (10:7; 28:19). O fato de Jesus ter toda a autoridade no Universo (28.18) e aparecer junto do Pai e do Espírito (28.19) indica seu governo ou reino, especialmente à luz da alusão a Daniel 7.13,14 em Mateus 28.18. Fazer discípulos para esse rei é proclamar as boas--novas de que o reino futuro de Deus já está ativo na presente era (cf. 28.20). Atos concorda que a mensagem do reino é o evangelho de Cristo (At 8.12; 20.24,25; 28.31).[42]

Jesus chamou as boas-novas do evangelho *do Reino*, com o termo 'Reino' referindo-se inequivocamente à *dupla* natureza do evangelho: (1) a morte redentora de Jesus na cruz pelo pecado e (2) o dom do Espírito. Depois da ressurreição, Jesus não reinterpretou nada para os apóstolos; os discípulos judeus tinham um conceito errado do Reino de Deus que veio do judaísmo, mas ele *corrigiu* no seminário de quarenta dias pós-ressurreição sobre o tema do Reino (At 1:3b-8). Quando, esperando um reino judaico terreno, perguntaram a Jesus 'Senhor, restaurarás tu *neste tempo* o reino a Israel?' (At 1:6; grifo nosso), ele lhes respondeu que não era para eles saberem os tempos ou as datas que o Pai tinha estabelecido por sua própria autoridade; mas disse-lhes: 'Recebereis a virtude do Espírito Santo, que há de vir sobre vós; e ser-me-eis [minhas] testemunhas'. Na verdade, naquele tempo, ele estava dizendo que eles receberiam um 'reino do coração', a poderosa presença do Espírito Santo (At 1:8; 2:4). As falsas expectativas deles a respeito de um reino judaico terreno que chegaria imediatamente não seriam mudadas em sua consciência cultural até que *experimentassem* a poderosa vinda do 'Reino' no Pentecostes, e então, sob a orientação do Espírito, começaram a entender o Reino" (POMERVILLE, Paul A. *A força pentecostal em missões: entendendo a contribuição dos pentecostais na teologia missionária contemporânea* [Rio de Janeiro: CPAD, 2020], p. 220 [grifo no original]).

42 KEENER, Craig. *O Espírito nos Evangelhos e em Atos: pureza e poder divino* (São Paulo: Vida Nova, 2018), p. 172.

CAPÍTULO 9 – Eclesiologia | 1579

É preciso, porém, deixar claro que tal aspecto está presente na argumentação teológica apresentada igualmente por Cullmann, ao dizer que a "tarefa essencial que incumbe à igreja cumprir *no seu tempo, o futuro missionário da pregação do Evangelho*, é considerada, ao mesmo tempo, como um sinal precursor do fim do mundo". Em outras palavras, tal "caráter duplo da igreja que, por um lado, é o dom da salvação ofertado por Deus ao mundo (como corpo de Cristo), e que, por outro, se compõe, todavia, de pecadores", completa Cullmann, "implica que, por sua relação com a história da salvação, a obra da igreja é, em sua totalidade, uma missão que diz respeito aos seus membros e uma graça divina escatológica".[43] Mas tal "*futuro missionário da igreja, a pregação do Evangelho, dá ao tempo ocorrido entre a ressurreição de Cristo e a Parúsia seu significado para a história da salvação; e esta tem seu significado por causa de sua plena relação com a soberania atual de Cristo*", sendo, portanto "o ἐφάπαξ do presente", e tal "ἐφάπαξ está fundado, ele também, sobre aquele evento central, a aparição de Cristo". Portanto, a "missão é o anúncio do que se produziu ali no centro do tempo", ou seja, no passado. Todavia, "ela se encontra igualmente em uma relação característica com o futuro: ela tende diretamente para o tempo do cumprimento".[44] Portanto, seja em qual for o tempo, a missão "tem operado", ou sido realizada, "por meio do elemento escatológico, pelo *Espírito Santo*", conforme "mostra a narrativa do Pentecostes que funda a missão [da igreja]", visto esta ser "a significação do milagre do Pentecostes, onde todos, subitamente, se compreendem", de acordo com o "que indica a resposta do Ressuscitado: '... mas recebereis poder, ao descer sobre vós o Espírito Santo, e sereis minhas testemunhas tanto em Jerusalém como em toda Judeia e Samaria e até os confins da terra' (At 1:8)".[45] Numa palavra:

> Pelo fato de o tempo presente ser o tempo da igreja, pertencer a esta assinala ao indivíduo seu lugar, fazendo-o participar ativamente da história da salvação. Tal é, como nós temos visto, a significação do batismo. Este produz dois efeitos: por um lado, ele confere a cada crente o perdão de seus pecados, quer dizer, o faz experimentar o fruto do período "passado", o fruto da morte e da ressurreição de Cristo. Mas, por outro, ele lhe confere o *Espírito Santo*, quer dizer, o dom do

---

43 CULLMANN. *Cristo e o tempo*, p. 200-1 (grifo no original).

44 Ibid., p. 201 (grifo no original).

45 Ibid. (grifo no original).

período presente e do período futuro da história da salvação. A igreja é o lugar onde o Espírito Santo age. Certamente os χαρίσματα que Ele concede ao indivíduo são destinados ao serviço da igreja. É pensando no "*mesmo* corpo", em virtude do qual fomos batizados "em um *mesmo* Espírito" (1Co 12:13), que o apóstolo enumera os diversos "dons do Espírito" (1 Co 12:4ss.). O indivíduo encontra aqui, por um lado, sua expressão mais forte; mas, por outro, enquanto efeito de uma ação do Espírito Santo, isso deve servir ao desenvolvimento atual da história da salvação no seio da igreja, corpo de Cristo. Como membro deste corpo, cada crente põe em prática, a seu modo, sua individualidade. Nós poderíamos dizer, por conseguinte, que só a integração do plano da salvação dá a cada um sua significação individual, pois, na fé dos primeiros cristãos, só o Espírito Santo suscita os dons carismáticos.[46]

Neste ponto, precisamos analisar pelo prisma carismático-pentecostal os argumentos do teólogo francês, uma vez que, convergindo com o seu entendimento de que a missão da igreja, na história da salvação, se dá no transcurso entre a ressurreição de Cristo e a parúsia, ou seja, sua manifestação em glória, e como esta ainda não ocorreu, a igreja continua a missão do Senhor e não pode prescindir do empoderamento e/ou capacitação carismática do Espírito Santo, experiência distinta da conversão-iniciação, conforme diz o teólogo batista A. J. Gordon, em obra do final do século 19, ao afirmar "que, lógica e cronologicamente, o dom do Espírito vem depois do arrependimento".[47] Depois de elencar alguns textos e comentá-los, entre eles o de Atos 19, que narra o episódio da experiência com o Espírito Santo por parte dos efésios, os quais, mesmo já sendo convertidos, ainda não conheciam a terceira Pessoa da Trindade, o referido autor diz que "o que precisamos dizer sobre esse ponto é que esses discípulos efésios, ao receberem o Espírito, chegaram à mesma condição que os discípulos do cenáculo, uns vinte anos antes, a respeito dos quais está escrito que 'passaram a falar em outras línguas, segundo o Espírito lhes concedia que falassem'"; ou seja, "esses discípulos em Éfeso, quando receberam o Espírito Santo, apresentaram os sinais do Espírito comuns aos outros discípulos da era apostólica".[48] Apesar de A. J. Gordon não querer discutir

---

46 Ibid., p. 269-70 (grifo no original).

47 Gordon, A. J. *O ministério do Espírito* (Curitiba/São Paulo: Pão Diário/Editora dos Clássicos, 2012), p. 58.

48 Ibid., p. 59.

CAPÍTULO 9 – Eclesiologia | 1581

"se esses sinais — falar em outras línguas e operar milagres — são designados para ocorrer sempre ou não", pois de fato tal não é seu objetivo, ele acrescenta que "não se pode questionar que a presença do Espírito Santo na Igreja foi designada para ser permanente, contínua e que todo e qualquer relacionamento que os crentes mantiveram com o Espírito no começo os crentes de hoje têm direito de sustentar". O mesmo autor adverte que é preciso "parar com nossa exegese errônea que faz da água do batismo dos tempos apostólicos uma rígida exigência para nossos dias, mas relega o batismo com o Espírito a uma dispensação passada".[49] Assim, o teólogo batista conclui dizendo que o "que de fato sustentamos é que o Pentecostes ocorreu uma vez para sempre, mas também sustentamos que a apropriação do Espírito diz respeito a todos os crentes de todas as épocas".[50] Tendo, porém, em vista essa conclusão, e de acordo com nossa abordagem teológica, é oportuno adiantar o que diz o teólogo pentecostal Paul Pomerville:

> A suposição de uma experiência pentecostal contemporânea e válida, não diferente da que foi registrada no Novo Testamento, baseia-se no movimento pentecostal contemporâneo e empírico e na descrição dessa experiência no Novo Testamento. Sua contemporaneidade como *renovação* da experiência cristã do Novo Testamento repousa na teologia bíblica — o evangelho do reino de Deus de Jesus. Diz respeito à interpretação da história da salvação, na qual se vê este período contemporâneo da igreja como contínuo com o do Novo Testamento. Essa interpretação é baseada no motivo "presente" do reino de Deus no Novo Testamento e no ministério do Espírito Santo no "tempo entre os tempos" (Ladd, 1974, p. 42, 139, 271; Blauw, 1962, p. 73, 79; Bright, 1953, p. 197, 216-19, 232; Filson, 1950, p. 75-76; Bosch, 1980, p. 66, 236; Cullmann, 1964, p. 144; Montague, 1976, p. 367). É nesta suposição da atividade contínua de Deus no mundo hoje, através do evangelho do Reino de Deus, que emerge a contribuição pentecostal para a teologia missionária contemporânea.[51]

Esse aspecto da teologia bíblica e exegética, a última responsável, como disse o teólogo pentecostal James Hernando, por prover "o grão a ser moído pelo

---

49 Ibid., p. 59-60.
50 Ibid., p. 60.
51 Pomerville. *A força pentecostal em missões*, p. 28 (grifo no original).

moinho do estudo bíblico que dá suporte e ilustra nossas conclusões teológicas", quase nunca é mencionado e muito menos utilizado como uma relevante possibilidade de contribuição teológica proveniente da práxis da tradição carismático-pentecostal. Não estamos sugerindo nem falando que a atividade missionária seja algo a ser reproduzido exatamente por outras tradições e expressões da fé cristã, tal e qual se procede na tradição carismático-pentecostal. O que estamos dizendo é que nos falta a compreensão de que o cumprimento da tarefa eclesiológica renovou teologicamente, ainda no início, a maneira de se relacionar com a cultura, de acordo com o que vemos em Atos 15:1-41, quando a produção teológica, para a deliberação final, não contou com o exercício epistemológico racionalístico-material, mas sim com o uso da inteligência de forma crítico-espiritual, visto transcender o condicionamento exercido pelo judaísmo, como religião oficial, levando-os a se tornarem sensíveis e assim permitindo a orientação do Espírito Santo (Atos 15:28-29; cf. Colossenses 1:9).

É justamente por isso que, conforme já argumentamos exaustivamente no capítulo 4, os prejuízos da negligência protestante em relação ao Espírito Santo, com seu minimalismo pneumatológico, são incalculáveis e impossíveis de enumerar. Na realidade, ao se analisar "a igreja e aquilo que a torna Igreja nos movimentos e contextos mais amplos da história do Espírito", observa Moltmann, é preciso considerar duas eclesiologias: a luterana, isto é, como representativa da igreja ocidental, e a ortodoxa, ou oriental, apenas para fins de exemplo. Ele constata que, enquanto a primeira enfatiza a "teologia da cruz", concentrando-se na história de Cristo, muitas vezes "esquecendo-se" do Espírito, a segunda acentua de forma demasiada a terceira Pessoa da Trindade, ou seja, enfatiza

> a história do Espírito, sua presença permanente desde Pentecostes, a amplitude dos dons, a abundância das energias do Espírito e sua glorificação do Pai com o Filho que pode ser experimentado e liturgicamente compartilhado já no tempo presente. Ela compreendeu a revelação do Espírito trinitariamente, rejeita o "cristomonismo" das Igrejas ocidentais, particularmente do protestantismo, e entende já a própria história de Jesus pneumatologicamente. Sua encarnação, sua missão, sua unção e sua ressurreição são obras do Espírito Santo. O Espírito Santo é o sujeito divino da história de Jesus. Por isto, o

Filho de Deus também está presente em sua Igreja no Espírito e pelo Espírito e, além disso, ativo na criação. A cristologia pneumatológica leva a uma eclesiologia carismática. Aqui é correto e deve ser mantido que a experiência da fé com a história de Jesus Cristo e a plenificação de sua história são obras do Espírito Santo. Nesse sentido, o *articulus de Spiritu Sancto* é o *articulus stantis* et *cadentis ecclesiae*. No entanto, essa percepção da amplitude e plenitude do Espírito Santo se tornaria irreal se ela não começasse constantemente com a obra do Espírito Santo no perdão dos pecados e na aceitação do ser humano abandonado. A percepção correta, de que a história messiânica de Cristo, desde a sua encarnação até sua exaltação, é obra do Espírito Santo, não deve passar ao largo de sua morte na cruz, por meio do qual o Pai, no espírito da entrega, se tornou pai dos seres humanos abandonados. A transfiguração de Cristo no Espírito da glória não pode ofuscar de tal maneira seu abandono por Deus na morte que ela não seja percebida. A cristologia pneumática torna-se realista apenas no fato de ser desdobrada na teologia trinitária da cruz. Por isto, também a eclesiologia carismática se torna realista apenas no fato de revelar o Espírito em meio às situações "sem espírito" do mundo.[52]

É imprescindível que a tradição carismático-pentecostal, cuja característica mais evidente é a experiência com o Espírito Santo, aprenda com a eclesiologia ortodoxa, oriental, a articular pneumatologicamente sua teologia, pois, de acordo com o que demonstramos no capítulo 4, já somos marcadamente cristocêntricos em nossa liturgia, pregação e ensino. A síntese da análise das duas eclesiologias revela que a "teologia da Reforma precisa dos conhecimentos ortodoxos acerca da amplitude do Espírito Santo e da abundância dos dons do Espírito, assim como a teologia ortodoxa parece precisar dos conhecimentos da Reforma acerca da profundidade da cruz de Cristo e da justificação realista do injusto", diz acertadamente Moltmann. Este acrescenta que, na apresentação da "Igreja no horizonte abrangente da história trinitária de Deus com o mundo", é preciso superar "tanto o 'cristomonismo' lamentado como os perigos do 'pneumatomonismo'",[53] observação com a qual obviamente concordamos. Contudo, em termos de tradição carismático-pentecostal, ela serve como prevenção — não correção — para que nos resguardemos de uma

---

52 MOLTMANN. *A igreja no poder do Espírito*, p. 63-4.
53 Ibid., p. 64.

1584 | TEOLOGIA SISTEMÁTICO-CARISMÁTICA

possível tendência acentuadamente pneumática, algo que geralmente ocorre em situações de extremismo; antes, precisamos compreender a necessidade de se valorizar devidamente a reflexão teológica com um viés pneumático, articulando devidamente nossa teologia.

O REINO DE DEUS E A IGREJA

Ainda que já tenhamos dito, no capítulo 5, que o reino de Deus (βασιλεία, "reino", "reinado") era a principal mensagem de Jesus (Marcos 1:15), não é menos verdade que ela era a mensagem dos apóstolos (Atos 8:12). Se o estudioso tiver a curiosidade de fazer um contraste da quantidade de vezes em que as expressões "reino de Deus" e "igreja" são pronunciadas por Jesus, a surpresa será enorme.[54] Neste sentido, o estudioso deve atentar para o fato de que "Jesus não só fez do termo o tema central de sua pregação, mas também o preencheu com um conteúdo novo, para o qual não há termo de analogia".[55] Isso porque "evangelho", conforme apontado por Marcos 1:1, não deve ser confundido com o "começo de um livro ou de uma pregação sobre Jesus Cristo, o Filho de Deus", diz o biblista Rinaldo Fabris, "mas o primeiro início e o amadurecer histórico de um acontecimento decisivo para toda a história humana", ou seja, é "o início do 'Evangelho' que tem como protagonista e ponto focal Jesus Cristo".[56] Isto é, o "'alegre anúncio', 'boa-nova', como a de uma vitória ou de um nascimento e subida ao trono de um novo imperador".[57] Inicia-se um novo tempo com uma nova maneira de o ser humano relacionar-se com Deus. Quem possibilita tal reatamento é nosso Senhor Jesus Cristo (João 3:16), que, ao ascender aos céus, destina aos seus discípulos a tarefa de dar continuidade ao anúncio dessa alegre notícia (Mateus 28:19-20). Esses discípulos, em seu conjunto, são conhecidos como a "igreja", os "chamados para

---

54 De acordo com uma breve busca, a expressão "reino de Deus" (e "reino dos céus") ocorre cerca de 63 vezes nos quatro Evangelhos, sendo 61 ocorrências nos Sinóticos e apenas duas delas no Evangelho de João. No entanto, excetuando o número do Quarto Evangelho, os demais números são variáveis, pois afirma-se, por exemplo, que "em toda a literatura epistolar neotestamentária só ocorre nove vezes, enquanto é usado 83 vezes nos Evangelhos Sinóticos" (LOHFINK. *Deus precisa da igreja?*, p. 359).

55 JEREMIAS, Joachim. *Teologia do Novo Testamento* (São Paulo: Hagnos, 2008), p. 76-7.

56 FABRIS, Rinaldo. "O Evangelho de Marcos", in: BARBAGLIO, Giuseppe; FABRIS, Rinaldo; MAGGIONI, Bruno. *Os Evangelhos (I)*, 2. ed., Coleção Bíblica Loyola (São Paulo: Loyola, 2002), vol. 1, p. 431.

57 Ibid.

fora" (Mateus 16:18-19; 18:15-20). Aqui emerge a discussão mencionada na introdução na tensão "organismo" (fé) e "organização" (experiência):

> A Igreja terá que se compreender em sua tensão presente entre fé e experiência, esperança e realidade, nessa história do Espírito que cria coisas novas. A Igreja é a forma concreta da experiência que pessoas fazem com a história de Cristo. Na história mais ampla do Espírito, a Igreja é um caminho e uma transição para o Reino de Deus. Na experiência e prática do Espírito, ela vive da antecipação escatológica do Reino. Como comunhão com Cristo, é comunhão de esperança vivida. As experiências e o poder do Espírito transmitem ao tempo presente a história de Cristo e o futuro da nova criação. O que se chama de "Igreja" é essa transmissão. Como Igreja de Cristo, ela é a Igreja do Espírito Santo. Como comunhão dos crentes, ela é a esperança criativa no mundo.[58]

Os estudos e debates acerca da criação, surgimento e fundação da igreja são muito populares nos círculos teológicos. Apesar de o crente comum, ou não especialista, teologicamente falando, ignorar a relevância desse debate, isso não pode ser assim com o estudante de teologia. Para a tradição carismático-pentecostal, por exemplo, é de capital importância entender que a fundação da igreja não se dá em Atos 2, considerando que os quase 120 ali reunidos não apenas representavam a igreja, mas era a própria igreja! Neste sentido, independentemente da tradição, a "maioria dos estudiosos, quer sejam seus antecedentes pentecostais, evangélicos ou modernistas, acredita que as evidências bíblicas são favoráveis ao dia de Pentecostes, em Atos 2, para a inauguração da Igreja".[59] É bom observar que "inauguração" é diferente de "criação" e/ou "fundação". Essa distinção não é artificial, mas basilar, pois os quase 120 reunidos no cenáculo *já eram discípulos* e oravam aguardando a promessa do Mestre (Atos 1:8). Portanto, "embora os evangelhos registrem apenas três menções específicas à igreja (*ekklēsia*, todas declarações de Jesus, registradas em Mt 16 e 18), estão repletos de ênfases ao Reino".[60] É nesse contexto que, conforme observa o teólogo pentecostal Paul Pomerville,

---

58 MOLTMANN. *A igreja no poder do Espírito*, p. 61-2.
59 DUSING. "A igreja do Novo Testamento", in: HORTON (org.). *Teologia sistemática*, p. 538.
60 Ibid., p. 552.

1586 | TEOLOGIA SISTEMÁTICO-CARISMÁTICA

embora possa não ter sido tão evidente para os discípulos antes do Pentecostes, deve ficar claro para o leitor moderno hoje que Atos 1:4-8 contém uma declaração pneumatológica. Por causa do evento do Pentecostes e da introdução explicativa de Jesus sobre o Reino como o poder do Espírito Santo na obra cristã através da igreja (não como reino judaico terreno), devemos entender o reino em termos do Espírito. A interpretação de Jesus sobre o reino ligou claramente o ministério do Espírito Santo com a missão da igreja. Montague afirma: "O que é importante [na passagem de Atos 1:1-8] é a atual missão mundial da igreja impelida pelo Espírito Santo. Em Atos, o fato de o Reino ter começado é manifestado na terra pela atividade do Espírito" (1976, p. 273).[61]

Deixando à parte a profusão de menções à expressão "reino de Deus" (gr. *basileia tou theou*), "usualmente definido como governo de Deus, a esfera universal do seu domínio", é importante observar a acertada "distinção entre Reino e Igreja", conforme explica o teólogo pentecostal Michael Dusing, dizendo que é preciso compreender, por exemplo, que o "Reino inclui todas as criaturas celestiais não caídas (os anjos) e os redimidos entre a raça humana (antes e depois dos tempos de Cristo)", ao passo que a "Igreja consiste mais especificamente nos regenerados mediante a obra expiadora de Cristo".[62] O mesmo autor informa ainda que alguns teólogos que defendem essa diferença entendem "que o Reino de Deus transcende o tempo e tem a mesma duração que o Universo, ao passo que a Igreja tem um ponto inicial específico e terá um ponto culminante específico, na segunda vinda de Cristo".[63] De acordo com essa perspectiva, "o Reino consiste nos redimidos de todos os tempos (os santos do Antigo e Novo Testamento), enquanto a Igreja consiste naqueles que foram redimidos a partir da obra completa de Cristo (sua crucificação e ressurreição)". Dessa forma, diz-se que alguém "pode ser membro do Reino de Deus sem pertencer à Igreja (por exemplo, os patriarcas Moisés e Davi), mas quem é membro da Igreja pertence simultaneamente ao Reino".[64] A conclusão é que à proporção "que mais indivíduos se convertem a Cristo e se tornam membros da Igreja, somam-se

---

61 POMERVILLE. *A força pentecostal em missões*, p. 221.
62 DUSING. "A igreja do Novo Testamento", in: HORTON (org.). *Teologia sistemática*, p. 552.
63 Ibid., p. 553.
64 Ibid.

também ao Reino, que assim cresce".[65] Diante dessa realidade, é importante ter em mente o lugar do Espírito Santo no Reino que, nas palavras do teólogo pentecostal Paul Pomerville, consiste no seguinte:

> O papel do Espírito Santo em sua missão universal é ilustrado em Atos pelo evento pentecostal e pelo rompimento do particularismo judaico. O Espírito foi quem abriu a porta para a expansão da igreja entre os gentios. Oscar Cullmann explica o contexto teológico do ministério universalizante do Espírito em termos de história da salvação. Ele entende que o enfoque redentor de Deus está se contraindo e se expandindo na história da salvação, de acordo com o princípio da eleição e representação. Deus começa o propósito redentor na criação e o expande para a humanidade: contrai para Abrão e expande para Israel, contrai para o remanescente e, finalmente, contrai para o fiel Servo do Senhor — o Messias. A encarnação de Cristo é o ponto central da história da salvação e, a partir desse ponto central, há um movimento em expansão no propósito redentor de Deus. O movimento anterior da criação até o ponto central (criação — humanidade — Israel — remanescente — Messias) é primariamente concebido como movimento de *contração* na história da salvação. Do outro lado do ponto central (Messias — apóstolos — igreja — humanidade), há um movimento em *expansão* na história da salvação. Cristo é o ponto central de uma progressão "semelhante a gravata borboleta" no movimento da história da salvação (Cullmann, 1964, p. 78). É nesse movimento de expansão da história da salvação, na era do Espírito, que o Espírito Santo tem um papel e obra de destaque. Uma obra principal do Espírito no "tempo entre os tempos" é o testemunho universal do evangelho.[66]

Assim como a distinção apresentada por Dusing não é a única possível para o Reino e a igreja, de igual forma o modelo da abordagem da história da salvação de Oscar Cullmann também não é a última palavra a respeito das possibilidades de estudo do tema. George Ladd, também adepto da abordagem "história da salvação", por exemplo, "entendia que o Reino era o reinado de Deus, e a Igreja, por contraste, a esfera do domínio divino — as pessoas sujeitas ao governo de Deus".[67] Assim como os teólogos "que distinguem entre Reino e

---

65 Ibid.

66 POMERVILLE, Paul A. *A força pentecostal em missões*, p. 240 (grifo no original).

67 DUSING. "A igreja do Novo Testamento", in: HORTON (org.). *Teologia sistemática*, p. 553.

Igreja, Ladd achava que não se deveria equiparar os dois", pois, para ele, "o Reino cria a Igreja, e a Igreja dá testemunho do Reino".[68] De fato, se a missão da Igreja é anunciar o evangelho, e tal mensagem consiste no anúncio de que o reino de Deus está acessível, por meio da obra de Cristo — conforme Mateus 10:1-8 —, é preciso não somente distinguir, mas entender que a "Igreja é o instrumento e depositária do Reino, como também a forma que o Reino ou reinado de Deus assume na Terra: uma manifestação concreta do governo soberano de Deus entre a raça humana".[69] Contudo, ela não é *o* Reino.

O quadro fica evidente ao voltarmos os olhos para Atos, ou seja, o "principal papel do Espírito em sua missão universal é demonstrado nos primeiros capítulos de Atos" observando-se como a terceira Pessoa da Trindade conduz o "apóstolo Pedro nos capítulos 10 a 11, quando o Espírito o instrui a não fazer distinção entre judeus e gentios na oferta do evangelho (At 11:11-14)".[70] Na verdade, tal experiência decisiva para legitimar "a missão aos gentios, tanto para Pedro quanto para a igreja primitiva, foi o derramamento do Espírito de maneira pentecostal nos gentios incircuncisos (At 10:44-48; 11:15-17; 15:8-9)"; ou seja, a partir "dessa obra crucial do Espírito em romper as barreiras culturais, a missão da igreja espalhou-se para o mundo gentio", pois o "Espírito em cada instância estava iniciando sua missão e fazendo com que ela se expandisse em círculos cada vez mais amplos".[71] Em síntese,

> o Pentecostes confirma que o *Reino* é igual à proclamação do *evangelho*. O conhecimento que a igreja neotestamentária tem sobre o evangelho do Reino de Deus enfatiza a prioridade do mandato evangelístico em sua missão. A interpretação que Jesus dá ao Reino também aponta nessa direção. O Reino em termos pneumatológicos tem a ver com o testemunho da igreja no poder do Espírito e a universalização da missão, na inclusão dos gentios, sob a direção dele (At 8:4-8,12,14-17; 10:1-46; 11:15-17; 13:13).[72]

Tal entendimento é mais uma das distinções e, poderíamos dizer, que até se assemelha a uma terceira dessas posições que defende que o reino de Deus

---

68 Ibid.

69 Ibid.

70 Pomerville. *A força pentecostal em missões*, p. 240.

71 Ibid.

72 Ibid., p. 222 (grifo no original).

se refere à manifestação escatológica e plenificadora do governo divino, ao passo que a igreja teria "uma identidade mais temporal e presente". Um de seus principais representantes, observe-se, de acordo com o que informa o teólogo pentecostal Michael Dusing, é um teólogo não pertencente à tradição carismático-pentecostal, proveniente dos Países Baixos:

> Louis Berkhof considera que a ideia bíblica primária do Reino é o governo de Deus "reconhecido nos corações dos pecadores mediante a poderosa influência regeneradora do Espírito Santo". Esse governo já é exercido na Terra, em princípio ("a realização presente dele é espiritual e invisível"), mas não o será de modo completo antes da segunda vinda visível de Cristo. Em outras palavras, Berkhof defende um aspecto de "já/ainda não" operando no relacionamento entre o Reino e a Igreja. Por exemplo: Jesus enfatizava a realidade presente e o caráter universal do Reino, concretizados de modo inédito mediante seu próprio ministério. Além disso, Ele oferecia uma esperança futura: o Reino que viria em glória. Nesse aspecto, Berkhof não fica longe das posições teológicas declaradas supra, que descrevem o Reino em termos mais amplos que a Igreja. O Reino (palavras dele) "visa nada menos que o total controle de todas as manifestações da vida. Representa o domínio de Deus em todas as esferas da atividade humana".[73]

A conclusão a que chegamos após passar em revista a terminologia para a expressão igreja, bem como o contexto de seu surgimento, é que a igreja tem realmente uma existência a partir da manifestação do reino de Deus, com o primeiro advento de Cristo, e que ela é testemunha desse Reino, assim como o foi o Mestre, tendo a incumbência de anunciá-lo e manifestá-lo por meio da capacitação a ela outorgada pelo revestimento de poder do Espírito Santo. No próximo capítulo, trataremos das questões relativas à plenitude do reino de Deus envolvendo também a igreja. Resta, porém, deixar fixado que a "Igreja no poder do Espírito ainda não é o Reino de Deus, mas já é sua antecipação na história" e, de igual forma, o "cristianismo ainda não é a nova criação, mas já é o efeito do Espírito da nova criação". Portanto, os "cristãos ainda não são a nova humanidade, mas já a sua dianteira na resistência contra o enclausuramento mortífero, em entrega e representação em prol do futuro dos seres

---

73 DUSING. "A igreja do Novo Testamento", in: HORTON (org.). *Teologia sistemática*, p. 553-4.

1590 | TEOLOGIA SISTEMÁTICO-CARISMÁTICA

humanos".[74] Tal "provisoriedade", diz o teólogo alemão Jürgen Moltmann, "obriga a Igreja a se autotranscender além de seus limites sociais e históricos", ou seja, ela assim age não por alguma espécie de "fuga", mas por ter consciência de que essa não é a realidade final. Por isso mesmo, "a Igreja, o cristianismo e os cristãos testemunham o Reino de Deus em meio à história como meta da história", e tal papel não pode ser executado por mais ninguém a não ser "a Igreja de Jesus Cristo", pois ela "é o *povo do Reino de Deus*".[75]

No momento, é importante relembrar, com Wolfhart Pannenberg, que não é de forma alguma autoevidente "que o conceito da igreja forme um tema específico da dogmática", pois não foi assim "na igreja antiga nem na Idade Média latina".[76] Como já foi dito, o "conteúdo da fé e da doutrina [que] vigoravam [era] o Deus trinitário, a criação do mundo, sua reconciliação por meio de Jesus Cristo, os sacramentos", ou seja, uma "peça doutrinária própria sobre a igreja, porém, falta na apresentação sistemática da doutrina cristã até o século 15".[77] Justamente por isso, diz o mesmo autor, é que o "quadro de referência fornecido com a história da salvação para a existência da igreja [foi] salientado em sua relevância constitutiva para sua concepção", ou seja, a "intenção era que fosse menos determinante para o conceito de igreja o conceito do povo de Deus, mas pelo contrário o do reino de Deus".[78] Em termos diretos, para o mesmo autor, a explicação para tal ausência de reflexão eclesiológica é a seguinte:

> Se a relação com a comunhão de uma humanidade renovada, a ser concretizada no futuro do senhorio de Deus, é constitutiva para o conceito de igreja, resulta disso também uma consequência para o tratamento dos temas pertinentes à apropriação individual da salvação no contexto da eclesiologia: Para a proclamação de Jesus acerca da irrupção do governo de Deus era característico que ela se dirigia diretamente ao indivíduo e não tentava realizar historicamente, como outras iniciativas judaicas da época, p. ex., uma agregação da comunidade remanescente escatológica ou outra forma de apresentação do verdadeiro povo de Deus. A esse dado significativo para a mensagem e a atuação

---

74 MOLTMANN. *A igreja no poder do Espírito*, p. 258.
75 Ibid. (grifo no original).
76 PANNENBERG. *Teologia sistemática*, vol. 3, p. 49.
77 Ibid.
78 Ibid., p. 55.

de Jesus corresponde, na correlação vivencial da igreja cristã, a relação direta de cada crente com Jesus Cristo, sem prejuízo da mediação de fato de sua fé pela proclamação e administração dos sacramentos da igreja. Nisso se localiza também o momento da verdade da anteposição, que por muito tempo foi costumeira na história da teologia, da apropriação individual da salvação, respectivamente da doutrina da graça, antes da análise dos sacramentos e do conceito de igreja. Embora essa ordem temática, como já foi mencionado, tenha sido acolhida por outras razões, ela não deixa de trazer em si como momento duradouro da verdade o ponto de vista da relação pessoal não mediada do fiel com Jesus Cristo. Esse aspecto não deve ser entendido mal como se os crentes individualmente formassem apenas secundariamente, por se encontrarem, a comunhão da igreja. Porém, na vida da própria igreja, como prefiguração da futura comunhão dos seres humanos no reino de Deus, a relação não mediada de cada crente com Deus que para ele está presente em Jesus Cristo possui relevância constitutiva.[79]

Tal é assim pelo fato de que a coletividade não pode se formar sem antes cada indivíduo ser alcançado. Há, todavia, que se dar uma nota acerca da doutrina da eleição, distinguindo a "doutrina cristã clássica" a seu respeito, visto que ela sempre foi relacionada "[à] decisão eletiva eterna de Deus com a pessoa individual e sua salvação", das "tradições da eleição de Israel [que] versavam predominantemente sobre a eleição do povo".[80] Todavia, é bom ressaltar, "quando se fala da eleição de indivíduos, ela no Antigo Testamento não deixa de se inserir sempre em uma relação com o povo (cf. Sl 78:70s sobre Davi)", ou seja, o "indivíduo é eleito ou chamado para um serviço em favor do povo eleito".[81] Portanto, a "eleição particular — quer do indivíduo cristão, quer da congregação cristã — está a serviço da vontade salvadora abrangente de Deus", ou seja, diz o mesmo autor, em "relação à congregação, assim como ao indivíduo, a eleição particular pode ser descrita como antecipação da destinação da humanidade em Jesus Cristo para a comunhão no reino de Deus".[82] No que diz respeito especificamente ao tema "eleição", que muitos entendem incorretamente como "predestinação", é justo distinguir que:

---

79 Ibid., p. 57-8.
80 Ibid., p. 603-4.
81 Ibid., p. 604.
82 Ibid., p. 606.

A vontade eletiva de Deus visa à socialização escatológica da humanidade sobre o alicerce de sua reconciliação com Deus. Por isso seu alvo mais imediato na história é o povo de Deus, mas não por causa dele próprio, e sim como concretização paradigmática da humanidade escatológica consumada. Nesse sentido também a eleição de Jesus de Nazaré como o Messias esteve primeiramente relacionada com o serviço do evangelho ao povo de Deus da antiga aliança, antes que desse serviço surgisse, após a rejeição de seu povo, a igreja da nova aliança fundamentada a partir da comunhão de mesa pelo sacrifício de sua vida. A configuração tradicional da doutrina cristã da predestinação perdeu de vista esse viés de comunhão do agir eletivo de Deus em conjunto com sua historicidade, de maneira que também o vínculo entre a eleição de Jesus Cristo e a congregação do reino de Deus já não era concebido como tema da doutrina da eleição. O individualismo abstrato que se tornou característico para a doutrina tradicional da predestinação foi rompido com impacto, após iniciativas precursoras de alguns teólogos reformados do século 17, apenas por Schleiermacher, quando concebeu como objeto da eleição primordialmente a igreja e apenas em segundo lugar os eleitos individualmente. Esses eleitos o são somente como membros da igreja, à qual são acrescentados em momentos diferentes. No entanto, Schleiermacher ainda não aplicou o conceito de eleição ao próprio Jesus, para desse modo caracterizar a relação de sua atuação com a igreja. Isso ocorreu somente em Albrecht Ritschl. Porém o sentido exato dessa ligação ainda não foi plenamente esclarecido até a discussão teológica da atualidade.[83]

Assim, é importante que o estudante saiba que não está tudo "pronto e acabado", como muitos manuais de teologia querem passar a impressão; antes, há muito por fazer. Na verdade, conforme muitas vezes temos enfatizado, "a teologia está sempre a caminho". É igualmente imperioso entender a argumentação de Pannenberg ao afirmar sobre a verdade da "destinação de Deus" em relação à humanidade, ou seja, o fato de que a "eleição de uma comunhão para ser povo de Deus não exclui que alguns de seus membros sejam rejeitados, ao cominarem a si o juízo de Deus devido à sua conduta". Todavia, "endurecimento temporário não deve ser confundido com condenação eterna", pois até mesmo "no caso de indivíduos o endurecimento

---

83 Ibid., p. 607.

temporário não precisa excluir a possibilidade do arrependimento e, logo, também da vida (Ez 18:21s)". Em termos diretos, conquanto "cada qual tenha de suportar as consequências de seus atos, a salvação da comunhão de Deus não precisa ser bloqueada em definitivo para o culpado", isto é, "existe, assim como não há garantia de uma reconciliação universal final, ainda aberta na história, a possibilidade do perdão prometida aos que se arrependem".[84] Daí a importância de a igreja cumprir sua missão precípua, que é pregar o evangelho. Mas aqui está um dos grandes problemas da tensão da qual já falamos.

É imperioso que se entenda, à luz do que as narrativas dos quatro Evangelistas mostram, em que consiste a "pregação do evangelho", pois desde que tal mensagem começou a ser anunciada no mundo gentílico, particularmente aristocrático, parece ter havido um déficit de seu aspecto sobrenatural, ao passo que cada vez mais ela se tornou simplesmente um discurso retórico, altamente filosófico. São vários os problemas dessa distorção e eles vão desde a aceitação meramente teórico-confessional de uma imagem de Cristo, mas não um encontro real com ele, até a subscrição de um pacote doutrinário que pode ser mais ou menos bíblico e até antibíblico. Na verdade, faltando "compreensão da Igreja particular no contexto da história universal de Deus com o mundo, a eclesiologia permanece abstrata e a autocompreensão da Igreja, cega", sendo "quase impossível evitar o perigo de que a Igreja defenda tarefas particulares com pretensão universal e interesses conjunturais, com o *páthos* do absoluto".[85] Esse problema nasce justamente quando um dos polos responsáveis pela tensão, no caso a "organização", sobrepuja o outro e coloca-se em primeiro plano. Como é sabido, cada denominação possui suas idiossincrasias que, não raramente, são alçadas ao patamar de "doutrinas" com o *status* de serem supostamente bíblicas. Com isso, prega-se e ensina-se coisas particulares como se fossem "evangelho".

Justamente para evitar esse tipo de autoengano que esvazia a missão da igreja para promover determinada instituição é que convergimos com o teólogo pentecostal Paul Pomerville em sua defesa da ideia de que "o tema do Reino de Deus" deve ser "a base para uma teologia pentecostal", ou seja, o uso dessa "terminologia neotestamentária não é apenas uma maneira conveniente de explicar o 'evangelho pleno'" — algo que já falamos no capítulo 5 e que

---

84   Ibid., p. 613.

85   MOLTMANN. *A igreja no poder do Espírito*, p. 80-1.

1594 | TEOLOGIA SISTEMÁTICO-CARISMÁTICA

descreve a forma pela qual a tradição carismático-pentecostal prega —, mas sim "introduzir *a teologia do evangelho do Reino de Deus* como base para uma teologia bíblica pentecostal, que também produziria resultados substanciais na exploração do tema no Antigo Testamento", proposta devidamente comprovada, visto que, seguindo esse caminho, assim estruturamos o capítulo 4 ao tratarmos de pneumatologia. Portanto, utilizar "essa terminologia neotestamentária é dizer que o evangelho de Jesus sobre o reino de Deus era *duplo* (Mt 4:23)", ou seja, "as boas-novas do Reino são inseparáveis do poder e governo do Espírito Santo nos cristãos".[86] Numa palavra:

> A revelação de Jesus Cristo como Salvador e Senhor por meio de sua morte redentora na cruz, no ponto central da história da salvação, e o *dom do Espírito* são o evangelho do Reino. Dizer que o evangelho é duplo, apontando para a obra distinta e interior do Espírito, sua habitação nos cristãos na história da salvação, não deprecia nenhum dos esforços para explicar os benefícios do evangelho em termos de um evangelho triplo, quádruplo ou quíntuplo. São esforços importantes para indicar a riqueza do evangelho que Jesus trouxe. Mas observar que o evangelho é *duplo* — o sacrifício redentor de Jesus na cruz e o dom do Espírito — está incrustado nos ensinos de Jesus sobre o Reino de Deus e sua chegada à história da salvação. Usamos a frase "o evangelho do Reino de Deus" para nos concentrarmos na linguagem da nova aliança, a descrição do evangelho dada por Jesus como manifestação do Reino, bem como para nos concentrarmos nele como fundamento para uma teologia bíblica de orientação pentecostal.[87]

---

86 POMERVILLE. *A força pentecostal em missões*, p. 245 (grifo no original).

87 Ibid., p. 245-6 (grifo no original). É importante compreender que, ao referir-se ao "dom do Espírito", o teólogo pentecostal está fazendo alusão à principal doutrina do pentecostalismo clássico, que é o batismo no Espírito Santo: "Usar essa terminologia neotestamentária não é apenas uma maneira conveniente de explicar o 'evangelho pleno'. É introduzir *a teologia do evangelho do Reino de Deus* como base para uma teologia bíblica pentecostal, que também produziria resultados substanciais na exploração do tema no Antigo Testamento. Usar essa terminologia neotestamentária é dizer que o evangelho de Jesus sobre o Reino de Deus era *duplo* (Mt 4:23); as boas-novas do Reino são inseparáveis do poder e governo do Espírito Santo nos cristãos. Em um tempo de transição na história da salvação, João Batista apresentou Jesus como aquele que 'batiza com o Espírito Santo' (Mt 3:1-2; Lc 3:16,18; Jo 1:15-16,29-34). Essas introduções de João Batista nos Evangelhos não mencionam especificamente a morte redentora de Jesus; João fez apenas uma referência figurada a Jesus como o Cordeiro de Deus que tira o pecado do mundo (Jo 1:29). Ao anunciar a vinda de Jesus e as boas-novas no tempo de transição na história da salvação (o ponto central), João Batista concentrou-se no Espírito Santo em conexão com a vinda de Jesus — ele viu o Espírito descer sobre Jesus e disse que Jesus iria batizar com o Espírito" (ibid., p. 245, grifo no original).

Essa forma panbíblica, para utilizar a expressão do teólogo pentecostal Anthony Palma, de ler as Escrituras elegendo o tema do reino de Deus como "centro unificante" para a teologia bíblica, de acordo com o que já dissemos, está plenamente de acordo com o *leitmotiv* de nossa *Teologia sistemático-carismática* — a experiência com o Espírito Santo —, visto que a manifestação do reino de Deus revela-se em ações que, não obstante o fato de serem sobrenaturais, são concretas, não sendo unicamente um discurso teórico, mas experiencial. A cura, a libertação de possessões demoníacas, o êxtase glossolálico, a profecia e demais manifestações carismáticas, todos oriundos da *presença extraordinária* do Espírito Santo, compõem o evangelho do reino de Deus, conforme ilustrado durante todo o ministério de nosso Senhor Jesus Cristo e dos apóstolos (Lucas 4:14-44; Atos 10:38; 3 e 4 etc.). Assim, a pregação que marcou os primórdios da tradição carismático-pentecostal brasileira, particularmente o pentecostalismo clássico, que consistia no anúncio quádruplo de que "Jesus Cristo salva, cura, batiza no Espírito Santo e breve voltará", reflete mais a verdade escriturística do que os que acham que pregar é deter-se em um exercício histórico, etimológico, geográfico e filológico, muitas vezes apenas servindo de exibicionismo, colocando o expositor em primeiro plano, ao mesmo tempo que "apaga" o Espírito e parece transformar sua própria instituição no Reino. Todavia, conforme se pregava há 110 anos, Jesus breve voltará, pois nosso lugar não é aqui:

> Neste âmbito, a comunidade do êxodo pode se entender como uma analogia do Reino de Deus e como início da libertação dos seres humanos e da criação. A comunhão que ela forma é esperança encarnada quando ela, como diz Paulo, abole as separações agressivas e as divisões mortais da humanidade, e nela vale: "Aqui não há judeu ou grego, nem escravo ou liberto, nem homem ou mulher, pois vós sois um em Cristo" (Gl 3:28). A continuação desse texto mostra a esperança vivida nela: "E se sois de Cristo, também sois semente de Abraão e herdeiros segundo a promessa", a saber, herdeiros do Reino. Essa comunhão é a forma presente da libertação messiânica. É a forma presente da conversão. É o êxodo do povo do cativeiro, da pobreza e da desumanidade para a liberdade, a maravilha e a justiça do novo ser humano de Deus. Ao proclamar a história de Jesus como a história do libertador e contar sua própria história com ele como história do êxodo universal e escatológico, a comunidade divulga o

evangelho no mundo e contagia a humanidade com os germes da esperança e da libertação. É também por isto que esse evangelho não pode ser "a palavra da Igreja", mas, ao contrário, a Igreja se entende como a "Igreja da palavra". Ela é o veículo da liberdade, não a mestra dos povos. Não é a Igreja que tem o evangelho, mas o evangelho cria para si seu povo do êxodo, e este povo é a verdadeira Igreja de Cristo. A compreensão da dimensão messiânica do evangelho terá sua repercussão na compreensão prática da dimensão missionária do evangelho. Como chamado para a liberdade, o evangelho é um processo de vocação missionário. Sua meta não é a difusão da religião cristã ou a implantação da Igreja, mas a libertação do povo para o êxodo em nome do Reino que está vindo. O futuro para o qual a mediação proclamadora quer conduzir é: "Não ensinará jamais cada um ao seu próximo, nem cada um ao seu irmão, dizendo: Conhece ao Senhor, porque todos me conhecerão, desde o menor até o maior deles, diz o Senhor" (Jr 31:34; Ap 21:3). Exatamente por causa desse futuro da imediação divina do ser humano liberto e glorificado, o movimento missionário precisa ir com a palavra messiânica até os confins do mundo e até os confins da história do sofrimento deste mundo e constantemente urgir que a mediação pela palavra seja abolida em prol do poder do Espírito.[88]

Ao falarmos a respeito de como era a levada a efeito a pregação evangelística, "pela", não "na" igreja do primeiro século, alguém pode objetar acusando-nos de sermos "saudosistas" ou mesmo de "retrógrados", pois "os tempos são outros". Todavia, estamos falando do fato de que "em princípio todos os cristãos participam do serviço profético de Cristo e são testemunhas do evangelho".[89] Tal missão foi dada à igreja, não a uma casta especial (Mateus 28:19-20; Atos 8:4), conforme pode ser visto com o primeiro mártir, que, diferentemente do que podemos pensar à primeira vista, fora eloquente pregador do evangelho, bem como com Filipe, um intrépido evangelista (Atos 6:8—7:60; 8:5-13,26-40), não sendo o trabalho deles apenas o cuidado social com as viúvas gregas (Atos 6:1-6), visto que todos eram cheios do Espírito Santo (Atos 6:3). Portanto, ao falar desse assunto, estamos no campo do "restauracionismo", isto é, aquele "crescente interesse em retornar às normas do

---

88 MOLTMANN. *A igreja no poder do Espírito*, p. 121-2.
89 Ibid., p. 122.

cristianismo primitivo", explica o teólogo pentecostal Gary McGee, dizendo que se trata de uma postura que "remonta aos tempos antigos e medievais [e apresentou-se] sempre que um indivíduo ou grupo de crentes decidiu que era hora de 'restaurar' a fé e a prática de seus antepassados do Novo Testamento (montanistas e movimentos franciscanos)".[90] Na verdade, conforme oportunamente ele observa, com a deflagração da "Reforma Protestante no século 16 e a crescente proliferação das seitas, o 'restauracionismo' logo surgiu dentro deste novo ramo da cristandade".[91]

Natureza da Igreja (ou o que a Igreja é)

Talvez essa seja a questão mais crucial a ser discutida na eclesiologia. Em que consiste a natureza da igreja? O que ela, de fato, é? Essa foi a pergunta do teólogo pentecostal James Hernando aos seus alunos e o assunto com o qual este capítulo foi introduzido. Sua importância é tão fundamental que C. H. Dodd afirma que o "uso dos *testimonia* do Antigo Testamento", isto é, a utilização dos testemunhos e textos veterotestamentários no Novo Testamento, "depende do postulado fundamental de que a igreja é o verdadeiro e definitivo povo de Deus, herdeiro de Israel e da sua história guiada por Deus, nascido da crise em que Deus visitou seu povo para julgá-lo e salvá-lo". Para ele, é justamente dessa "convicção" que "deriva toda a doutrina cristã da Igreja", pois esclarece em que se fundamenta "a confiança e a audácia extraordinárias com que um pequeno grupo de obscuros indivíduos enfrentou aquela tarefa enorme, empreendida pela comunidade primitiva, conseguindo realizá-la numa medida realmente notável".[92] Em termos diretos, os primeiros discípulos a formar a igreja "eram homens sem renome e sem crédito, até que Cristo ressuscitado os transformou em homens novos". Por mais óbvio que essa verdade possa soar, não podemos esquecer esse fato, visto que "ele é importante para todas as nossas discussões sobre a natureza da Igreja".[93]

---

90 McGee, Gary B. "A antiga hermenêutica pentecostal: línguas como evidência no livro de Atos", in: McGee, Gary (org.). *Evidência inicial: perspectivas históricas e bíblicas sobre a doutrina pentecostal do batismo no Espírito* (Natal: Carisma, 2017), p. 131.

91 Ibid.

92 Dodd, C. H. *Segundo as Escrituras: estrutura fundamental do Novo Testamento* (São Paulo: Paulinas, 1979), p. 109.

93 Ibid., p. 111.

Por isso, se as origens do cristianismo devem ser interpretadas, como justamente fizeram os primeiros cristãos, à luz das profecias, a consequência lógica é a seguinte: a comunidade hebraica não podia mais representar o verdadeiro Israel de Deus, como encarnação dos desígnios salvíficos de Deus em favor da humanidade; seu lugar devia ser ocupado pela *eclessia* cristã. A nova comunidade não ocupou aquele lugar na história porque seus membros fossem mais sábios, mais virtuosos ou mais hábeis que seus contemporâneos hebreus, mas porque Deus interveio a seu favor. O momento crucial desta intervenção, aquele que determina sua eficácia, foi a paixão, morte e ressurreição de Jesus Cristo. Em Jesus realizou-se a essência das profecias sobre o verdadeiro Israel: ele era o Servo do Senhor e o Filho do Homem. Nele se incorporou todo o Israel de Deus: o destino do povo culminou na sua experiência. Nele o Povo de Deus foi julgado, morreu e ressuscitou para uma vida nova. Por isso, tudo o que se pode dizer da Igreja lhe vem como seu "representante inclusivo". A expressão paulina "em Cristo" concorda, pois, perfeitamente, com as concepções da Igreja primitiva. Ser "crucificado com Cristo", ser "ressuscitado com ele": estas ideias não são invenções do fértil gênio de Paulo e certamente não são, tampouco, meras figuras de retórica. É o que a Igreja é por definição. Cada um de seus membros é *membro* em virtude da sua *koinonia* (comunhão) com Cristo.[94]

A igreja é o que é por causa da obra de nosso Senhor Jesus Cristo. Justamente por reconhecer essa verdade é que Emil Brunner diz que "eclesiologia é cristologia", ou seja, não é a "tradição histórica como tal que cria a igreja, mas só a Palavra que vem da fé, da plenitude do Espírito, da Palavra profética".[95] Portanto, quando se fala em "povo de Deus", de acordo com a concepção paulina, este não mais é identificado pela consanguinidade ou etnia, mas pela fé no Senhor Jesus Cristo (Gálatas 3:7). O apóstolo dos gentios escreve que tal inclusão global estava prevista desde o momento em que Deus chamou o patriarca Abraão, pois diz "que os que são da fé são filhos de Abraão". Visto que a Escritura previu "que Deus havia de justificar pela fé os gentios, anunciou primeiro o evangelho a Abraão, dizendo: Todas as nações serão benditas em ti" (Gálatas 3:7-8). Todavia, é necessário não confundir o exposto com a ideia

94 Ibid., p. 111-2.
95 BRUNNER. *Dogmática*, vol. 3, p. 129, 179.

de "teologia da substituição", pois o objetivo é restaurar o propósito divino de incluir todos, não de privilegiar alguns (1Timóteo 2:3-4). Deve ficar claro que a "Igreja nasce pelo evangelho da entrega de Cristo", isto é, "ela nasce fundamentalmente da cruz de Cristo", daí a razão de estar em "seu centro", diz Moltmann, "a 'palavra da cruz' e a eucaristia com a qual é proclamada a morte de Cristo", visto que somente pela "cruz de Cristo nasce a comunhão que os sem-Deus têm com Deus", ou seja, "o que faz da Igreja a Igreja é a reconciliação 'no sangue de Cristo' e sua própria entrega pela reconciliação do mundo".

> A comunidade que nasce da entrega de Cristo serve à reconciliação do mundo pela solidariedade com o sofrimento do povo e pela participação no vicariato de Cristo no Espírito. O "estar-presente-pelos-outros" cristão não pode ser separado do "estar-presente-com-outros" solidário, e o estar-presente-com-outros não pode ser separado do estar-presente-pelos-outros. Por isto também não pode haver uma separação fundamental entre o sacerdócio comum de todos os fiéis e o serviço sacerdotal específico. A comunidade inteira vive da entrega de Cristo e na entrega pela reconciliação do mundo. É uma pergunta que se dirige à comunidade inteira, se nela, juntamente com a presencialização da entrega de Cristo, o sofrimento mais profundo do mundo abandonado é experimentado e verbalizado, se nela os solitários encontram a comunhão sanadora de Cristo e os abandonados no espírito da acolhida. [...] Em princípio, todos os cristãos participam do ministério sacerdotal de Cristo e são com sua vida vivida testemunhas de sua intercessão e entrega.[96]

É reconhecido por muitos teólogos que o "conceito de povo de Deus", diz Pannenberg, "é mais abrangente que o da igreja", mesmo que, como todos sabemos, "inicial e originalmente ele não designe a igreja, mas o povo de Israel". Todavia, conforme acabamos de ver, o texto paulino é claro, ao mostrar que Deus "convocou para si dentre os judeus e gentios um povo que haveria de crescer para uma unidade não segundo a carne, mas no Espírito, formando o novo povo de Deus", ou seja, ele não é excluído, mas infinitamente ampliado. Pannenberg refere-se ao texto de 1Pedro 1:23 para igualmente demonstrar "que não é mais a descendência física que fundamenta o pertencimento ao

---

96 MOLTMANN. *A igreja no poder do Espírito*, p. 136.

1600 | TEOLOGIA SISTEMÁTICO-CARISMÁTICA

povo de Deus".[97] Assim, completa, a "descrição da igreja como expressão e parte integrante do mistério divino da salvação em Jesus Cristo se torna perceptível na perspectiva histórico-eletiva do conceito de povo de Deus em sua dinâmica histórica que aponta para além do recinto interno da igreja".[98] Em outras palavras:

> A unificação e o envio do povo escatológico de Deus formado a partir de todos os povos se processam na história rumo à destinação escatológica da humanidade para a comunhão com Deus. Sob esse aspecto a descrição da igreja como povo de Deus, pois, de aportar uma característica significativa para a compreensão de sua essência, que na realidade não leva para além de seu conceito essencial como corpo de Cristo, mas, apesar disso, torna explícito o que significa ser o corpo do Cristo, do Messias da humanidade. Desse modo entra no campo de visão não somente a configuração exterior da igreja como comunhão dos crentes, mas também sua função no contexto da economia divina da salvação. A descrição da igreja como comunhão dos fiéis é referida, pelo conceito de eleição do povo de Deus, à função da igreja para a destinação da humanidade à comunhão com Deus na consumação de seu reino. Entretanto, está ligada a isso simultaneamente a necessidade de esclarecer a relação entre igreja e povo de Israel: Porventura essa relação é substituída ou reprimida — na autocompreensão do cristianismo — pela igreja como povo de Deus? Ou será que na perspectiva da fé cristã Israel continua existindo ao lado da igreja como povo eleito de Deus? Nesse caso a relação entre "antigo" e "novo" teria de ser definida em termos aditivos? O conceito de povo de Deus não tolera o plural: À multiplicidade dos povos se contrapõe o único povo do Deus único. Portanto, será que igreja e Israel, apesar de sua flagrante diferença e seus penosos contrastes no decurso da história, devem de alguma maneira ser compreendidos como uma mesma unidade no plano de salvação de Deus?[99]

O teólogo alemão passa a trabalhar nas próximas seções de sua obra cada um desses questionamentos. Mas a súmula do que ele conclui já foi devidamente considerada nos pontos anteriores, sobretudo, especificamente,

---

97 PANNENBERG. *Teologia sistemática*, vol. 3, p. 620.
98 Ibid.
99 Ibid., p. 621-2.

quando mencionamos a relação da igreja com o reino de Deus e agora ao falar dela e do conceito de "povo de Deus", pois a "unidade de Deus e seu reino, ao qual se dirige a esperança escatológica por concretização da comunhão dos seres humanos entre si no louvor do Deus único, demanda a concepção de um único povo de Deus", diz Pannenberg, "que constitui o objeto do agir divino de eleição". Portanto, em virtude "disso o conceito do povo de Deus não conhece o plural", contudo "oferece espaço para toda a humanidade transformada e renovada para a participação no senhorio de Deus". Por isso, o referido autor defende que a "igreja cristã não é exclusivamente idêntica com o povo escatológico de Deus", ou seja, "ela é apenas uma configuração provisória desse povo e sinal prévio de sua consumação futura, que abarcará não apenas os membros da igreja", diz ele, "mas também o povo judeu e os 'justos', que há de acorrer de todas as culturas da humanidade ao banquete do senhorio de Deus dentre todo o mundo das nações".[100] Mesmo porque, conforme defende Moltmann, quando falamos de esperança, ou seja, ao proclamá-la, "a Igreja fala do *futuro de Israel*, pois a Igreja nasceu de Israel, e somente junto com Israel pode se cumprir sua esperança".[101]

Tal questionamento, na verdade, vem à baila por conta de uma questão histórico-social que inverte a situação inicial, pois óbvio como é, "a Igreja fez o caminho desde uma comunidade de *judeu-cristãos* para uma comunidade de *judeus e gentios* e dali para uma *comunidade de gentios*", sendo os documentos paulinos exemplos emblemáticos de como se processa essa relação, pois "contam concretamente com uma comunidade de judeus e gentios e têm nela seu 'lugar vivencial' (*Sitz im Leben*)".[102] Justamente por isso, "compreendê-la é hoje para uma Igreja quase exclusivamente gentio-cristã tão difícil como antigamente para comunidades exclusivamente judeu-cristãs", ou seja, tal "diferença deve ser considerada mais conscientemente na interpretação de Paulo do que aconteceu até agora".[103] E isso deve ser feito em razão de que muitos equívocos, derivados de uma atitude triunfalista, perpetuam-se na teologia cristã. Erro que acomete os "dois lados" dessa discussão, pois ambos esquecem que nem em um, nem em outro existe qualquer especialidade, sendo os dois dependentes da graça e da misericórdia de Deus (Romanos 11:32). Na

---

100 Ibid., p. 631.
101 Moltmann. *A igreja no poder do Espírito*, p. 180.
102 Ibid., p. 190-1 (grifo no original).
103 Ibid., p. 191.

verdade, ao se falar de "povo de Deus", é preciso ir além da ideia de um estado ou de uma instituição, pois nenhum desses conceitos ou modelos coletivo-sociais retrata tal realidade. Como corretamente observa o teólogo católico alemão Gerhard Lohfink: "Onde os homens se juntam voluntariamente em solidariedade mútua, colocando-se sem temor a serviço de YHWH, tem origem o povo de Deus".[104] Contudo, de acordo com Jürgen Moltmann:

> Quando a missão universal aos gentios, isto é, a Igreja, faz da reconciliação dos gentios o penúltimo e da acolhida de Israel o último, então a *expectativa messiânica* de um futuro remoto se torna uma *esperança em ação*. A salvação esperada dos gentios é experimentada já agora e vivenciada em missão ativa. Uma expectativa para o futuro torna-se tarefa do presente. A missão aos gentios e a Igreja de gentios são, contra o pano de fundo da origem israelita permanente da Igreja, sinais e maravilhas escatológicas. Enquanto se preserva a estrutura da ordem salvífica para "judeus e gentios" também na reversão temporal "gentios e judeus", o cristianismo e o judaísmo ficam vinculados. Somente quando eles se separam, os "primeiros" passam a ser os "últimos", os únicos. Contudo, Paulo tem plena convicção de que Israel vai se converter quando a plenitude dos gentios estiver ganha para Cristo. Portanto, ele inverte a promessa profética, segundo a qual os gentios vêm e adoram quando, no tempo escatológico, Sião estiver redimida de sua vergonha terrestre. A missão do apóstolo é um enorme desvio para a salvação de Israel, e nele, os primeiros tornam-se os últimos. A própria Igreja *é* esta missão da esperança e seu cumprimento inicial pela fé dos gentios. Por isto, a própria Igreja é este desvio para a salvação de Israel, um desvio cujo fundamento interior é a entrega de Cristo para a reconciliação do mundo, mas cuja ocasião exterior é a rejeição do evangelho por Israel. Se a Igreja entender sua origem, seu caminho histórico e seu futuro desta maneira, então ela mesma é esperança vivida para Israel, e Israel é esperança vivida para a Igreja. Através da missão cristã aos gentios, a esperança messiânica de Israel alcança o mundo inteiro. A redenção do mundo cumprirá o futuro de Israel. "Sem a redenção de toda criatura, também Israel não será redimida." A reconciliação do mundo com Deus pelo evangelho é o caminho histórico para a redenção do mundo, por isto também o caminho histórico para a redenção de Israel. Pois "já que sua rejeição é a

---

104 LOHFINK,. *Deus precisa da igreja?*, p. 192.

reconciliação do mundo, o que será sua aceitação senão a vida a partir dos mortos", declara o judeu Paulo, que foi por Cristo aos gentios para salvar Israel (Rm 11:15).[105]

O que precisa ficar claro é que a natureza da igreja, sua essência, possui três aspectos especiais, ou características: "o transcendente (*electio*), o histórico-objetivo (*corpus Christi*) e o espiritual-subjetivo (*sanctorum communio*)". Na opinião de Brunner, tomando-as de forma isolada, "levaria a uma concepção unilateral", ou seja, reduziria a igreja "a um intelectualismo espiritual abstrato (o número dos predestinados, *numerus praedestinatorum*), ou a um hierarquismo sacramental (o Corpo de Cristo, *corpus Christi*)", ou ainda "a um individualismo emocional e pietista (a comunhão dos fiéis, *comunnio fidelium*)", fazendo-a ser menos do que Deus planejou que ela seja. Assim, somente "em sua unidade" tais características "reproduzem a realidade da *ekklesia*", isto é, ela "é ao mesmo tempo *coetus electorum* [comunidade dos eleitos], *corpus Christi* [Corpo de Cristo] e *communio sanctorum* [comunhão dos santos]".[106] Nenhuma dessas dimensões sozinha expressa o que ela é, pois somente todas elas podem fazer jus à natureza da igreja, mas também não existe uma expressão que consiga exprimir na totalidade esses aspectos. É preciso, porém, cuidado para não "espiritualizá-la" demasiadamente, visto que

na natureza das coisas a Ekklesia é tanto uma realidade espiritual invisível como uma realidade social visível. O Corpo de Cristo é ao mesmo tempo algo que pode ser apreendido apenas pela fé e algo visível até mesmo para o descrente como fato social. Mas esta entidade social visível não é uma instituição da natureza da igreja. Preferivelmente, é seu caráter social determinado por seu caráter espiritual como uma irmandade ou comunidade de amor. Isto não significa que ela não possua nenhuma ordem determinada. Toda "realidade social" tem uma forma definida, portanto também uma ordem definida. O elemento extraordinário e único a respeito da ordem da Ekklesia de acordo com a doutrina paulina e nas comunidades paulinas, é que esta ordem é de natureza espiritual, portanto não é uma ordem legal. Paulo diz expressamente que [o] Espírito dá a cada membro *sua* posição e *sua* função. Visto que Cristo o Senhor

---

105 Moltmann. *A igreja no poder do Espírito*, p. 193-4 (grifo no original).
106 Brunner. *Dogmática*, vol. 3, tomo 1, p. 51.

1604 | TEOLOGIA SISTEMÁTICO-CARISMÁTICA

reina, não há governantes. De fato, há pessoas a quem um dever oficial tem sido distribuído, os *epíscopos*, que são mencionados numa única ocasião por Paulo. Mas esta diferenciação dos dons da graça (*charismata*) não cria quaisquer diferenças em jurisdição ou graduação. Paulo nada sabe de ordem presbiteriana ou episcopal. Foi também um erro traduzir a palavra *diakonai*, os "ministros", por "oficiais". O Espírito não cria "oficiais", mas "ministros". Embora não dev[a]mos forçar a figura do Corpo (de Cristo) e não dev[a]mos reivindicar "estrutura orgânica", pois a congregação, o conceito biológico de "função", é mais apropriado do que o conceito legal de "ofício". Fé em Cristo dá origem à comunidade na qual os homens partilham suas vidas, mas não a uma instituição, uma igreja.[107]

É claramente perceptível que os conceitos de reino de Deus e de povo de Deus, por serem fundamentais e ligados diretamente à igreja, não poderiam deixar de ser considerados na eclesiologia. Pois assim como o chamado de Abraão e a demonstração de que somos incorporados à sua "descendência" e linhagem encontram-se fincados no Antigo Testamento — pois da mesma forma que ele foi justificado pela fé, igualmente acontece conosco (Gálatas 3:1-29) —, de maneira semelhante ocorre com os conceitos de reino e povo de Deus, ou seja, eles só podem ser recebidos pela fé (Marcos 1:15; Lucas 13:29; 17:20-21), pois não existe explicação teológica satisfatória para ambos. De maneira coerente, tal impossibilidade coaduna-se com a nossa opção de abordagem teológica apofática e despretensiosa. Todavia, aqui não considerarmos o aspecto organizacional, ou estrutural, da igreja, pois como é sabido não há um modelo único.[108] Conforme diz James Garlow, "mesmo no NT encontramos diversidade na estrutura da igreja", isto é, nos primórdios do Novo Testamento, "o modelo de estrutura da igreja era bastante solto e

---

107 Ibid., p. 72-3.

108 "Tem-se sugerido que a questão da organização eclesiástica, ou seja, o governo ou constituição da igreja, é, em última análise, questão de autoridade — onde reside a autoridade da igreja e que tem o direito de exercê-la. Embora a maioria dos crentes não hesite em responder que Deus é a derradeira autoridade da Igreja, ainda precisam determinar como e através de quem Ele deseja administrar essa autoridade. No decurso da história da cristandade, surgiram várias formas de constituição eclesiástica. Algumas atribuem maior grau de autoridade aos clérigos. Outras ressaltam que os leigos devem exercer maior controle na igreja. Outros ainda buscam uma posição de equilíbrio entre os dois extremos. Com raras exceções, a maioria dessas estruturas podem ser classificadas em uma das seguintes formas: episcopal, presbiteriana ou congregacional" (DUSING. "A igreja do Novo Testamento", in: HORTON (org.). *Teologia sistemática*, p. 557-8).

fundamentado em dons (*charisma*)", ao passo que, nos "últimos anos do NT, a igreja era mais bem estruturada com cargos, como o de bispo, de ancião e de presbíteros".[109]

Esse é um aspecto que quase nunca é tratado de forma bíblica, contudo é preciso fazê-lo, pois, não obstante o fato insofismável de que "a Igreja de Cristo é um organismo que jamais será vencido", diz Emílio Conde, o historiador e apóstolo da imprensa pentecostal brasileira, é inegável a verdade de que "ela tem sido prejudicada e impedida de brilhar entre as nações, por causa da intervenção humana, que lhe modifica a estrutura e o funcionamento, substituindo as peças mestras, que Deus mesmo colocou, por outras que os homens imaginaram".[110] Longe de nos determos em um trabalho de consulta às volumosas fontes históricas, das quais tornou-se lugar-comum extrair apenas os erros do passado e enaltecer a Reforma, como se após este acontecimento nenhum desvio tivéssemos para corrigir, vamos seguir a perspectiva de Emílio Conde, que, não coincidentemente, coaduna-se com os nossos interesses e *leitmotiv*, os quais consistem em ressaltar a experiência com o Espírito Santo, já que, nos primórdios do chamado movimento dos do Caminho, composto pelo seguimento de nosso Senhor Jesus Cristo e início da igreja, era a terceira Pessoa da Trindade quem designava e orientava, exatamente como instruíra o Filho de Deus, sendo paulatinamente apagada sua direção conforme o institucionalismo se assenhoreava. Foi exatamente o que o teólogo James Garlow disse acima ao falar da mudança de condução na "estrutura da Igreja".

A tensão permanente da igreja: de movimento carismático à institucionalização

A composição inicial dos seguidores de nosso Senhor Jesus Cristo, de acordo com o Quarto Evangelho, é formada de judeus que antes reuniam-se em torno de João Batista, na expectativa de que ele fosse o Cristo (João 1:24-41; cf. João 3:25-36 e Lucas 3:15). Todavia, o último profeta veterotestamentário, apregoava: "Eu, na verdade, batizo-vos com água, mas eis que vem aquele que é mais poderoso do que eu, a quem eu não sou digno de desatar

---

109 GARLOW, James L. *Deus e seu povo: a história da igreja como Reino de Deus* (Rio de Janeiro: CPAD, 2007), p. 47.
110 CONDE, Emílio. *Igrejas sem brilho*, 7. ed. (Rio de Janeiro: CPAD, 1986), p. 10-1.

1606 | TEOLOGIA SISTEMÁTICO-CARISMÁTICA

a correia das sandálias, este vos batizará com o Espírito Santo e com fogo" (Lucas 3:16b). Não vamos aqui discutir o mérito da originalidade do batismo de João, ou a preexistência de rituais similares em alguns ramos do judaísmo,[111] mas apenas ressaltar a superioridade do batismo de nosso Senhor Jesus Cristo que o próprio Batista destaca. Evidentemente que não se trata de uma superioridade ritualística, mesmo porque, como o próprio João observa, o seu batismo não tinha de *per se* nenhum caráter sacramental, devendo ser precedido por confissão dos pecados e arrependimento (Mateus 3:5-10), isto é, tratava-se de um simbolismo, ao passo que "o batismo com o Espírito Santo", ou seja, o batismo efetuado por nosso Senhor Jesus Cristo, diz o teólogo pentecostal britânico Donald Gee, "não é uma doutrina, mas uma experiência".[112] A despeito de os discípulos emissários do Batista dizerem que nosso Senhor Jesus Cristo realizava batismo em água, o Quarto Evangelho revela que os discípulos do Mestre, ou seja, o seu seguimento é quem batizava (João 4:1-2).[113] Mesmo tendo o Senhor ordenado que fossem feitos discípulos

---

111 "Os prosélitos faziam igualmente parte do grupo de israelitas marcados por mácula leve; eram bem mais numerosos do que os *ḥălalîm*. Trata-se de prosélitos integrais, 'prosélitos da justiça', isto é, de pagãos convertidos ao judaísmo, submetendo-se à circuncisão, ao banho ritual e à oferta do sacrifício. É preciso distingui-los dos 'tementes a Deus' que aceitavam somente a profissão de fé monoteísta e a observância das leis cerimoniais, sem se converterem totalmente ao judaísmo. Legalmente, eram considerados pagãos" (JEREMIAS, Joachim. *Jerusalém no tempo de Jesus: pesquisas de história econômico-social no período neotestamentário* [Santo André/São Paulo: Academia Cristã/Paulus, 2010], p. 423-4). "Para expressar a mudança radical de vida, João escolhe símbolo próprio da cultura judaica do tempo, o batismo, isto é, a imersão na água, neste caso do rio Jordão. Naquela cultura, mergulhar na água era símbolo de morte, equivalia a morrer afogado. Por isso utilizava-se a imersão para indicar a mudança total de estado ou de vida, por exemplo, quando se passava da escravidão à liberdade ou se abraçava a religião judaica deixando o gentilismo", mas a novidade é que "João não propõe esse batismo como cerimônia privada, porém pública. E mais: todos os que acorriam tinham que reconhecer em voz alta sua própria contribuição para a injustiça existente" (CAMACHO, Fernando; MATEOS, Juan. *Jesus e a sociedade de seu tempo*, 5. reimpr. [São Paulo: Paulus, 2015], p. 48-9). Quem quiser conferir um pouco mais pode consultar, por exemplo, PERROT, Charles. "Batismo", in: CENTRO: INFORMÁTICA E BÍBLIA ABADIA DE MAREDSOUS. *Dicionário enciclopédico da Bíblia* (São Paulo/Santo André: Loyola/Paulus/Paulinas/Academia Cristã, 2013), p. 219-22.

112 GEE, Donald. *Como receber o batismo no Espírito Santo: vivendo e testemunhando com poder* (Rio de Janeiro: CPAD, 2000), p. 30. "Uma doutrina não pode motivar nem inspirar; é necessária uma empatia experiencial, uma inabitação de Deus que transforme a interioridade do ser humano. É preciso aprender a saborear a experiência divina" (ESTRADA, Juan Antonio. *Da salvação a um projeto de sentido: como entender a vida de Jesus* [Petrópolis: Vozes, 2016], p. 67).

113 O texto é muito posterior aos fatos, portanto certamente tais batismos só ocorreram após a ascensão do Senhor (At 2:37-41). O texto clássico da Grande Comissão confirma esse raciocínio (Mt 28:19-20).

dele em todo o mundo e que eles deveriam ser batizados (Mateus 28:19-20), o aspecto ao qual queremos nos deter é em seu empoderamento, prometido em Atos 1:4-8 — visto que sem tal capacitação carismática eles não poderiam levar a efeito tal tarefa —, cumprindo-se o que profetizou João Batista, o que, de fato, impulsionou a igreja.

Não há dúvida alguma de que a experiência da ressurreição foi crucial para uma transformação dos seguidores de nosso Senhor Jesus Cristo, sobretudo seu colégio apostólico. Destacamos a expressão "experiência" pelo fato de que eles possuíam uma doutrina da ressurreição (João 11:24), mas algo muito diferente é presenciar alguém ressurreto como o Filho de Deus, o primeiro e único até agora, aparecendo em locais fechados, ou seja, sem necessidade de acessar o recinto pela porta (João 20:19; Lucas 24:36-43), não alguém que fora revivificado, a exemplo do filho da viúva de Naim e Lázaro, mas que voltou a morrer (Lucas 7:11-17; João 11:38-45). Todavia, como sabemos, não obstante os três anos de ministério de nosso Senhor Jesus Cristo, após a ressurreição ele teve de então repisar seus ensinamentos, durante quarenta dias, para um grupo cuja mentalidade ainda era dependente dos conceitos e doutrinas do judaísmo, pois agora as coisas que ele havia ensinado enquanto palmilhava a Galileia e a Judeia tornaram-se mais claras (Lucas 24:44; Atos 1:3). A dificuldade de se romper com tal consciência é perfeitamente compreensível, visto que, conforme acertadamente observa Max Weber, em "épocas pré-racionalistas, a tradição e o carisma dividem entre si a quase totalidade das direções de orientação das ações".[114] No caso do nascente movimento dos do Caminho, formado pelo seguimento de nosso Senhor Jesus Cristo, abandonar a "segurança" e a "estabilidade" da tradição dos anciãos e dos sacerdotes era algo que só poderia acontecer mediante uma promessa real (reino de Deus), evidenciada por uma experiência marcante (ressurreição) e sustentada e mantida por uma capacitação sobrenatural que os transformassem (experiência carismática com o Espírito Santo).

Nosso Senhor Jesus Cristo era visto como um profeta, e sabemos que ele era muito mais que isso, mas, na profecia messiânica de Moisés, o grande legislador fala de um profeta que seria suscitado por Deus e a ele o povo ouviria (Deuteronômio 18:15). A questão toda é que o profeta era uma figura levantada e enviada pelo Espírito Santo para falar em lugar de Deus, geralmente,

---

114 WEBER, Max. *Economia e sociedade: fundamentos da sociologia compreensiva*, 4. ed. (Brasília: UnB, 2000), vol. 1, p. 161.

1608 | TEOLOGIA SISTEMÁTICO-CARISMÁTICA

mensagens de juízo e correção ao *establishment*, político ou religioso. Mas aqui surge todo o problema, pois, seguindo a linha sociológica do já citado Max Weber, o profeta é um "portador de um carisma puramente *pessoal*, o qual, em virtude de sua missão, anuncia uma *doutrina* religiosa ou um mandado divino", destacando-se dentre outras coisas sua "vocação 'pessoal'", aspecto que, inclusive, "distingue o profeta do sacerdote", justamente pelo fato de que o último "reclama autoridade por estar a serviço de uma tradição sagrada, e o primeiro, ao contrário, em virtude de sua revelação pessoal ou de seu carisma".[115] Enquanto Anás e Caifás, sumos sacerdotes, sogro e genro, respectivamente, viam, em conluio com os demais grupos religiosos, nosso Senhor Jesus Cristo como uma ameaça, a ponto de conspirarem contra ele para garantir a estabilidade e a perpetuação institucional que assegurava todas as benesses que o serviço religioso lhes proporcionava, incluindo o fato de utilizar o povo como moeda de troca com o Império Romano, o seguimento do Filho de Deus, após Atos 2, empoderado pelo mesmo Espírito que empoderou e conduziu o Mestre, dispôs-se a pagar com a própria vida a fim de cumprir a missão de proclamar o evangelho pregando o reino de Deus (João 11:46-57; Atos 4:1-31). Mesmo porque, diz N. T. Wright:

> Experiências espirituais, grandes momentos de iluminação e de transformação, nunca serão concedidos simplesmente para que possamos desfrutar deles como um fim em si mesmos. Vivemos em uma cultura orientada pela experiência, que nos ensina a valorizar as experiências por elas mesmas. O perigo para os cristãos, sejam eles católicos, ortodoxos, anglicanos, batistas, místicos, carismáticos, é pensar que a experiência da presença e do amor de Deus seja de algum modo uma possessão, dada simplesmente para ser desfrutada, valorizada e celebrada como uma experiência em si mesma. Desse modo, o perigo reside notadamente no que é mencionado na velha crítica a um tipo errado de misticismo: de que ele começa na *neblina* (*mist* em inglês), centraliza-se no *I* (*eu* em inglês) e termina no *cismo*.[116]

Tal perigo é real, e exatamente por isso precisamos sempre mais da presença e direção do Espírito Santo, pois é preciso discernimento espiritual tanto para

---

115 Ibid., p. 303 (grifo no original).
116 WRIGHT, N. T. *O caminho do peregrino: a vida cristã é uma jornada espiritual* (Brasília: Palavra, 2011), p. 82 (grifo no original).

não ser instrumento desse tipo de sectarismo quanto para não acabarmos enganados por quem o promove. Por outro lado, assim como ocorreu em relação ao judaísmo, que precisava ser abandonado, existe sim uma necessidade real de se apartar de determinadas estruturas para se viver o plano de Deus, pois, contrariamente ao que alguém pensa, "o abuso dos dons de Deus não invalida o seu uso verdadeiro", observa precisamente N. T. Wright. Esse autor diz ainda que, "quer o dom seja uma consciência mística da presença de Deus, um dom carismático, como o de línguas, uma experiência de transfiguração, um forte sentido da presença de Deus na liturgia da Igreja, ou o que for, [...] é concedido num contexto de vocação, e para nos fortalecer nessa vocação".[117] Nada é inócuo ou um fim em si mesmo e, ainda pior, para ser usado para manipulação e domínio com o intuito de obter ou aumentar o prestígio; antes, "a manifestação do Espírito é dada a cada um para o que for útil", e, assim sendo, absolutamente tudo deve ser feito para edificação, conforme instrui o apóstolo Paulo em 1Coríntios 12:7 e 14:26. Quanto ao empoderamento ser estendido a todos indistintamente, cumpre-se o "desejo" de Moisés de "que todo o povo do SENHOR fosse profeta, que o SENHOR lhes desse o seu Espírito!" (Números 11:27).

Por isso, aos que tentavam explicar a experiência do êxtase glossolálico de forma desdenhosa e zombeteira, contrapôs-se o apóstolo Pedro, dotado de uma "coragem hermenêutica" que não era dele, mas do Espírito, evidenciando nesse sentido que estava se cumprindo não apenas o "desejo de Moisés", e sim a profecia do texto de Joel 2:28-32, utilizada pelo apóstolo com o recurso da *pesher*[118] (cf. Atos 2:14-21). Como é sabido, a referida profecia possui uma abrangência de gênero, etariedade e classe social que inclui praticamente todas as pessoas. Isso pelo simples fato de que o plano original divino abrange todos, mas em razão do pecado apenas os que aquiescem ao chamado do Espírito Santo são salvos. Contudo, as pessoas precisam ficar cientes dessa disposição divina, por isso a tarefa de anunciar o evangelho — em sua completude, conforme reiteradamente já falamos — é um dever que se estende a todos os que passaram a seguir nosso Senhor Jesus Cristo

---

117 Ibid.

118 Apenas a fim de relembrar, conforme o teólogo e biblista Kenner Terra, trata-se do exercício de "interpretação ao Antigo Testamento e as obras judaicas em geral", ou seja, uma "hermenêutica judaica" (TERRA, Kenner. "O ato de interpretar: 'A hermenêutica nossa de cada dia'", in: SIQUEIRA, Gutierres; TERRA, Kenner. *Autoridade bíblica e experiência no Espírito: a contribuição da hermenêutica pentecostal-carismática* [Rio de Janeiro: Thomas Nelson Brasil, 2020], p. 26).

1610 | TEOLOGIA SISTEMÁTICO-CARISMÁTICA

e que compõem o seu corpo místico (Mateus 28:19-20). Justamente por isso, existe a necessidade de empoderamento, ou capacitação carismática, que contemple todos, não apenas alguns, pois trata-se de uma missão que não consiste simplesmente em proferir um discurso religioso, mas de proclamar uma mensagem viva que atua como um instrumento de libertação, promovendo o destronamento do inferno e em seu lugar estabelecendo o domínio divino — o reino de Deus (Lucas 9:1-6).[119] Nesse sentido, do "profetismo" de todos, afirma Robert Menzies:

> Ao aplicar Joel 3:1-5 ao Pentecostes, Lucas afirma que o desejo que Moisés expressou de um derramamento do Espírito de profecia sobre todo o povo do Senhor (Nm 11:29) — reafirmado como uma esperança para o tempo vindouro na tradição judaica — tinha tido seu cumprimento inicial no dom pentecostal. Embora a expressão πᾶσαν σάρκα de Joel 3:1 se refira a "todos" em Israel e Lucas provavelmente quisesse que as palavras de Pedro fossem entendidas inicialmente em termos parecidos, é evidente que Lucas entendeu a promessa de se estender finalmente aos gentios que foram incorporados ao povo de Deus (At 10:44-45; 11:15-16). De acordo com Lucas, a comunidade de fé é, pelo menos potencialmente, uma comunidade de profetas; e era sua expectativa que esse potencial se cumpriria na Igreja de sua época (Lc 11:13; 12:10-12; At 2:38-39) como havia sido no passado

---

119 É possível que alguém observe que o texto está dizendo que os discípulos operaram tais prodígios "antes" da experiência de Atos 2, ou seja, do empoderamento. A esse respeito, observamos que "os Doze estiveram com Jesus na maior parte de seu ministério na Galileia. Depois do grande milagre de ressuscitar a filha de Jairo, Jesus manda-lhes sair para fazer o que ele fez. Sua comissão parece igual à dele (Lc 4:18-19). Ele 'deu-lhes virtude e poder sobre todos os demônios e para curarem enfermidades'. Eles devem proclamar a chegada do Reino. O reinado redentor de Deus tornou-se uma realidade presente, demonstrada pela pregação do evangelho e pela vitória sobre o Maligno através dos milagres e da expulsão de demônios. Como todos os ministros do evangelho, esses discípulos derivam seu poder e autoridade de Jesus. Eles ministram como seus servos e mordomos e, assim, devem prestar contas a ele. Antes do Pentecostes, o ministério que fazem serve de preparação para a obra que eles serão chamados a fazer no poder do Espírito (Lc 24:49; At 1:8; 2:1ss.)" (ARRINGTON, French L. "Lucas", in: ARRINGTON, French L.; STRONSTAD, Roger [orgs.]. *Comentário bíblico pentecostal: Novo Testamento*, 2. ed., p. 370-1 [Rio de Janeiro: CPAD, 2004]). Também o biblista católico Rinaldo Fabris afirma que "Lucas nos diz que a missão dos Doze levou a todo lugar a boa-nova do Reino, antecipando nos gestos de cura e salvação", pois "para a igreja de Lucas, tudo isso não é só uma longínqua e veneranda lembrança, mas uma realidade viva, porque a 'missão' é a textura que une as novas comunidades após a Páscoa" (FABRIS, Rinaldo. "O Evangelho de Lucas", in: FABRIS, Rinaldo; MAGGIONI, Bruno. *Os Evangelhos II: tradução e comentários*, 4. ed., Coleção Bíblica Loyola [São Paulo: Loyola, 2006], vol. 2, p. 99). Em outras palavras, tratava-se de um "estágio preparatório".

(por exemplo, At 2:4; 19:6). O Espírito de profecia, que era posse exclusiva de um grupo de elite dentro da comunidade da aliança, passa a ser, nos últimos dias, disponível para o povo de Deus, sem nenhuma restrição.[120]

Este é o ponto. E qualquer pessoa que ler o segundo volume da obra de Lucas consegue perceber claramente um traço marcante que caracteriza os primeiros seguidores de nosso Senhor Jesus Cristo, que é o fato de que se trata de um "movimento carismático". O mais surpreendente é que tal reconhecimento não parte unicamente de teólogos carismático-pentecostais, mas de biblistas e teólogos de tradições muito distintas e até antagônicas à nossa. Em primeiro lugar, é necessário ter em mente que o "conceito de 'carisma' vem do Novo Testamento (1Co 12:4 etc.; Rm 12:6)", ou seja, não é uma invenção posterior, recente, fruto da experiência estadunidense datado do início do século 20, ou específica da tradição carismático-pentecostal, diz o teólogo Gerd Theissen, o qual ainda informa que o referido conceito foi utilizado "por R. Sohm para caracterizar a constituição eclesial do primeiro cristianismo".[121] O alemão Rudolf Sohm, além de teólogo e historiador da igreja, era também jurista, não sendo tão difícil imaginar a razão de seu trabalho concentrar-se no "direito canônico", ensejando, justamente por isso, questões referentes à igreja, tais como as que apresentam o também teólogo alemão Rudolf Bultmann, trazendo à baila a tensão eclesiológica entre organismo e organização: "Acaso seria um abandono de sua essência se ela [a igreja], não obstante, se apresenta como uma grandeza intramundana, que, como tal, tem uma história, na qual desenvolve suas ordens? E como fica se essas ordens se tornam ordens impostas por um direito com meios coercitivos e quando sua implementação se torna negócio de uma entidade administrativa? Não conflitam; elas, então, diretamente com a natureza da *ekklesía*, cujas ordens, desde que se pode falar de ordens, são criadas topicamente pela livre ação do Espírito? Pode a autoridade de pessoas em postos diretivos na *ekklesía* ser fundamentada de outra maneira do que no carisma concedido pelo Espírito?".[122]

---

120 MENZIES, Robert. *Empoderados para testemunhar: o Espírito em Lucas-Atos* (Natal: Carisma, 2021), p. 236.

121 THEISSEN, Gerd. *O movimento de Jesus: história social de uma revolução de valores* (São Paulo: Loyola, 2008), p. 45-6.

122 BULTMANN, Rudolf. *Teologia do Novo Testamento* (Santo André: Academia Cristã, 2008), p. 534.

1612 | TEOLOGIA SISTEMÁTICO-CARISMÁTICA

Justamente este é *o tema da discussão havida entre* Rudolf Sohm *e* Adolf von Harnack, que até hoje não está encerrada. Segundo Sohm, um direito eclesiástico está em contradição com a natureza da *ekklesía*; ele penetra na Igreja quando — pela primeira vez em 1Clem[123] — a autoridade de pessoas carismáticas é entendida como autoridade funcional. Isso, porém, significa a queda da Igreja no pecado, que com isso nega sua natureza. Em contrapartida, Harnack quer demonstrar que desde o início existiram, no cristianismo primitivo, ordens de caráter legal e que evoluíram necessariamente para ordens legais, e que tais ordens de modo algum precisam conflitar com a natureza da *ekklesía*.[124]

De acordo com o mesmo teólogo, só é possível formar uma opinião, ou juízo de valor, em relação a essas duas concepções antagônicas, após se "esclarecer a *diferença entre ekklesía como fenômeno histórico e a ekklesía como comunidade escatológica sob a direção do Espírito*", que, muito provavelmente, é a maneira pela qual "ela entende a si mesma".[125] Essa é a questão mais relevante dessa análise doutrinária, pois a igreja como "fenômeno histórico", por ser a forma predominante de sua apresentação e entendimento atual, acaba não permitindo qualquer reflexão que mostre seus primórdios como um movimento sem as burocracias eclesiásticas e sociais com as quais deparamos. Evidentemente que alguém pode objetar dizendo que tal foi assim no início pelo fato de que se tratava de um pequeno e incipiente grupo peripatético que prescindia de qualquer organização com maior complexidade. Conquanto tal observação, por um lado, esteja correta, por outro, leva-nos também a refletir se, na "experiência fontal", apresentada nos Evangelhos e em Atos, havia qualquer indício desse tipo de estrutura que, em cada tradição cristã, e suas respectivas denominações, é apresentada com características similares, do ponto de vista da liderança ("ordens"), mas quase nenhuma ressonância guarda com seu formato inicial em que a membresia participava ativamente.

Harnack enfoca a *ekklesía* como fenômeno histórico, Sohm entende-a do ponto de vista de sua autocompreensão. Como fenômeno histórico, a *ekklesía* está sujeita às leis, às quais estão sujeitos todos

---

123 Cf. CLEMENTE ROMANO. Primeira carta de Clemente aos coríntios. *Padres apostólicos*, 6. reimpr. (São Paulo: Paulus, 2014), B. Hierarquia levítica e ordem eclesiástica, III., p. 40-4, p. 52-5.

124 Ibid. (grifo no original).

125 Ibid. (grifo no original).

os fenômenos históricos, e sua história é objeto de estudo histórico, sociológico e psicológico. Sem dúvida: como sociedade religiosa histórica, a *ekklesía* é constituída por seus membros que a ela se associam por livre decisão (enquanto ainda não existe algo como uma "Igreja do povo", para dentro da qual nasce). A própria *ekklesía*, porém, se compreende de modo totalmente diferente, ou seja, como a comunidade escatológica dos κλητοί [chamados], dos ἐκλεκτοῦ [eleitos], dos ἅγιοι [santos] ([...]), e o crente não atribui sua membresia a uma decisão, e sim ao chamado de Deus e ao sacramento do batismo, que o insere (formulado em termos paulinos) no σῶμα Χριστοῦ [corpo de Cristo] ([...]). Sem dúvida: na medida em que a comunidade escatológica, que *como tal* é invisível, se apresenta de modo visível em uma comunhão histórica, ela não pode subtrair-se à obrigatoriedade de leis históricas. Mas, não obstante, pergunta-se até onde a própria autocompreensão da *ekklesía* é um fator que determinou sua forma e sua história. Enquanto Sohm quer construir a forma e a história primitiva da Igreja como que puramente a partir de sua autocompreensão, Harnack perde de vista a autocompreensão e entende forma e história exclusivamente a partir de fatores históricos e sociológicos.[126]

As duas posições aqui representadas são as mesmas que desde sempre animam essa discussão, conforme já mostramos desde o início, ao citar a tensão entre "organismo" e "organização", chamados, respectivamente, por Jürgen Moltmann de "fé" e "experiência", e agora com as expressões "autocompreensão" e "fenômeno histórico". Todavia, óbvio como é, não resta dúvida de que "*a autocompreensão da* ekklesía *foi fator de importância decisiva*", e a "evidência mais clara para isto é o fato de que *a ligação das comunidades com a* ekklesía *toda*", explica Bultmann, "não tem sua verdadeira razão nas circunstâncias empíricas e necessidades de intercâmbio — por mais que essas possam ter contribuído de algum modo —, e sim justamente na autocompreensão da *ekklesía*, em decorrência da qual a Igreja em seu todo tem prioridade sobre as Igrejas isoladas ([...]), não importando se a concepção da *ekklesía* em seu todo está mais orientada na ideia do povo de Deus ou na do σῶμα Χριστοῦ [corpo de Cristo]".[127] Justamente por isso, não há conflito algum do conceito da *ekklesía* como um todo, em relação à "'autonomia' das comunidades

---

126 Ibid., p. 534-5 (grifo no original).
127 Ibid., p. 535 (grifo no original).

1614 | TEOLOGIA SISTEMÁTICO-CARISMÁTICA

individuais", diz o mesmo autor, observando que tal é assim "pelo simples fato de que em cada comunidade isolada se apresenta a comunidade toda".[128]

> Mas também *a ordem das comunidades individuais em formação* é determinada pela autocompreensão da comunidade como comunhão escatológica governada pelo Espírito. Uma vez na medida em que dessa autocompreensão resulta a *exclusividade da comunidade cristã*, que lhe dá o caráter especial perante as comunidades dos ministérios ([...]), e na medida em que essa exclusividade significa simultaneamente a separação do "mundo" ([...]), na qual um disciplinar da vida tem sua origem, que em breve levará à elaboração de uma disciplina penitencial. Além disso, porém, na medida em que a maneira característica do surgimento e da conformação dos cargos eclesiásticos estão fundamentados na autocompreensão da comunidade. *As primeiras pessoas de autoridade são carismáticas*, ao lado dos quais inicialmente aqueles que são responsáveis pela ordem exterior e pelo bem-estar da vida da comunidade desempenham papel subordinado. O caráter dos carismáticos, porém, está determinado pelo fato de que a comunidade escatológica se sente chamada pela palavra pregada ([...]) e se reúne em torno da palavra para ouvir, mas também para pronunciar-se (1Co 4). Os carismáticos são, portanto, em primeiro lugar, *pregadores da palavra*, e com isso está cunhado de antemão o caráter do ministério em formação. Mesmo que na autocompreensão da comunidade o sacramento que se encontra ao lado da palavra receba um peso maior, e os dirigentes da comunidade adquiram caráter sacerdotal, não obstante eles continuam sendo os pregadores da palavra, e a comunidade permanece a comunidade reunida em torno da palavra como ouvinte.[129]

Neste aspecto, Bultmann observa que "deve ser valorizada a concepção que Sohm tem da igreja como constituída não pelo direito, e sim pela ação do Espírito", observando ainda que o referido teólogo "também tem razão quando afirma que uma comunidade que se compreende desse modo não precisa de direito, e que inclusive *a ordem de direito contrasta com sua natureza — no caso em que o direito passa de um direito regulador para um direito constituinte*".[130] Todavia, o mesmo autor pontua que Sohm erra ao "ignorar

---

128 Ibid.
129 Ibid., p. 536 (grifo no original).
130 Ibid. (grifo no original).

o fato de que uma ordem legal reguladora não apenas não se encontra em oposição à ação do Espírito, e sim que pode justamente ser criada por ela". Por isso, completa dizendo que o historiador alemão da igreja "Karl Holl chamou a atenção perante Sohm para o fato de que *a palavra do carismático como palavra autoritativa cria ordem e tradição*", sendo o exemplo claro disso o próprio apóstolo Paulo, que "escreve a suas comunidades como alguém 'que tem a pretensão de possuir o Espírito de Deus' (1Co 7:40; cf. 14:37, sim, também 2:10ss.) cria tradição".[131] Na verdade, conforme corretamente ressalta Rudolf Bultmann, o Novo Testamento "jamais teria sido escrito, preservado na tradição e canonizado como autoritativo, se palavra carismática e tradição criadora de ordem estivessem em contradição".[132]

Tal problema no pensamento de Rudolf Sohm, avalia Bultmann, decorre de sua concepção acerca de duas questões. A primeira delas é Sohm pensar os "membros das comunidades cristãs unilateralmente como individualistas e entusiastas religiosos", e a segunda é sua ideia de que "*a atuação do Espírito* [se dá] *unilateralmente* como intervenção em inspirações momentâneas", considerando, justamente por isso, como "normal o que Paulo combate, ou, pelo menos, restringe como perigo em 1Co 12 e 14".[133] Bultmann entende que ainda "que uma inspiração momentânea possa determinar a palavra dos carismáticos, *a palavra que anunciam* não ganha seu conteúdo de uma revelação a partir de uma iluminação interior que lhes foi concedida"; ou seja, todos "anunciam o ῥῆμα τῆς πίστεως [palavra da fé] (Rm 10:8), o εὐαγγέλιον [evangelho], que tem por centro a Cristo e o evento salvífico, o λόγος τοῦ σταυροῦ, τῆς καταλλαγῆς [palavra da cruz, da reconciliação]". Isso significa que "por mais ricamente variadas que sejam as formas nas quais isso acontece — e disso o NT é um testemunho —, trata-se de uma palavra determinada, mediada pela tradição, e jamais existiu um εὐαγγέλιον [evangelho] sem παράδοσις [tradição] (cf. 1Co 15:1s.)".[134] Sem dúvida alguma, o mesmo Espírito Santo que inspirou os hagiógrafos a escrever os documentos escriturísticos não proporcionará nenhuma experiência, seja de êxtase glossolálico, seja de inspiração profética, que postule algo que contradiga as Escrituras. É ainda oportuno lembrar que

---

131 Ibid., p. 536-7 (grifo no original).
132 Ibid., p. 537.
133 Ibid. (grifo no original).
134 Ibid. (grifo no original).

o Espírito não *atua* somente nos pregadores da palavra, mas também nas comunidades, e nestas por sua vez não somente em inspirações momentâneas, em estranhos fenômenos psíquicos e em feitos individuais que excedem o normal ([...]); antes também nas atividades de membros individuais da comunidade geradoras de ordem, em suas prestações de serviço, que Paulo quer ver compreendidas como carismas (1Co 12:5ss.,28; Rm 12:7s. [...]). Ele também atua na comunidade como um todo, de tal modo que nela se tomem determinadas decisões e se realizem determinados atos. Ele estabelece inicialmente algo como uma *"democracia da comunidade"*, que pode existir perfeitamente ao lado de uma *"aristocracia"* dos carismáticos. Naturalmente não se pode falar de uma constituição democrática como ordem legal institucionalizada que garante a cada indivíduo seus direitos e lhe atribui os deveres. Por isto é preferível falar de uma "pneumatocracia" ou, numa expressão menos feliz, de uma "cristocracia" (E. Schweizer). Entretanto, com isso não se diz nada claro; pois nem "pneumatocracia" nem "cristocracia" são contrastes autênticos a democracia (ou também a aristocracia ou monarquia). Pois a pergunta é justamente em que forma o governo do Espírito ou de Cristo se realiza historicamente. Em todo caso é incontestável que a ordem posterior, na qual os carismáticos foram substituídos por funcionários da comunidade, na qual se formou o episcopado monárquico, na qual se estabeleceu a diferenciação entre sacerdotes e leigos — foi precedida por uma ordem que deve ser chamada de democrática. Pois sem prejuízo da autoridade carismática, que não é *ex officio*, também atua a comunidade em seu todo. Ela não só tem o direito de "examinar" os carismáticos (1Ts 5:21; 1Co 12:10; 14:29; Did 11.7-12; Herm *mand* XI), mas também envia missionários (At 13:2) ou delegados (1Co 16:3; 2Co 8:19; At 15:2; decerto também InFld 10.1; InEsm 11.2; InPoL 7.2). Ela realiza sessões, eventualmente também convoca tribunais (1Co 4:3; 5:3s.), nos quais podem acontecer decisões por maioria (2Co 2:6). Em At 6:2,5; 15:22,30 reflete-se evidentemente a prática de que requerimentos ou propostas dirigidos à comunidade pelos dirigentes são decididos por toda a comunidade. Em 1Clem 54.2 se admoestam os obstinados a fazerem τὰ προστασσόμενα ὑπὸ τοῦ πλήθους [o que foi ordenado pela maioria]. Embora no decorrer do tempo se chegue a instituir funcionários da comunidade, evidentemente as comunidades participam desse processo, das quais certamente se levantam as vozes dos profetas que indicam as referidas pessoas (1Tm 1:18; 4:14; cf. At 20:28). Em todo caso, 1Clem 44.3 diz expressamente que os sucessores dos apóstolos instituíram presbíteros nas comunidades συνευδοκησάσης τῆς ἐκκλησίας πάσης [com o consentimento de toda a igreja]. E analogamente Did 15.1 ordena: χειροτονήσατε οὖν ἑαυτοῖς ἐπισκόπους καὶ διακόνους [escolhei, pois, para vós epíscopos e diáconos].[135]

Para Bultmann, "não se justifica contrapor o surgimento e a conformação de ordem e cargo eclesiástico à ação do Espírito, do modo como o faz Sohm", visto que da mesma forma "como o agir racional que surge do conhecimento daquilo que a situação exige em dado momento não exclui a ação do Espírito, tampouco encontra-se em oposição à natureza do Espírito o fato de que os serviços efetivados por ele na comunidade e em seu benefício estejam vinculados a um cargo eclesiástico — a não ser que se veja a ação do Espírito exclusivamente nos fenômenos do pneumaticismo individualista".[136] Para alguém racionalista, e também institucionalizado, como Rudolf Bultmann, não há como esperar um entendimento diferente. Assim, mesmo discutindo na sequência acerca da "autoridade das ordens", que é representada por indivíduos dando origem ao "ministério eclesiástico", ele reconhece tratar-se, em termos neotestamentários, de um "ministério em formação" e, justamente por isso, é necessário "esclarecer inicialmente *a diferença entre os servidores nas comunidades e os 'carismáticos'*, que igualmente desempenham um papel de liderança nas comunidades jovens", visto que tal "diferenciação", completa, "se tornou corrente desde a descoberta da Didaquê (1883) e sua investigação por Harnack, [pois] afirma que aqueles ocupavam cargos administrativos e funções jurisdicionais para a referida comunidade individual; que, porém, os πρεσβύτεροι e ἐπίσκοποι não são pregadores da palavra — pelo menos não em virtude de seu cargo".[137] Em uma palavra:

> Anunciadores da palavra são, antes, os apóstolos, os profetas e os mestres, os quais encabeçam a listagem dos carismáticos em 1Co 12:28. Estes de modo algum são funcionários nas comunidades individuais, mas estão a serviço, ou melhor, foram chamados para o serviço de toda a Igreja. Sua atividade não é a de um funcionário, como fica evidente em relação aos apóstolos; eles foram vocacionados pelo Senhor e não

---

135 Ibid., p. 537-8 (grifo no original).
136 Ibid., p. 539.
137 Ibid., p. 542 (grifo no original).

1618 | TEOLOGIA SISTEMÁTICO-CARISMÁTICA

exercem um cargo que deveria ser ocupado por outra pessoa após sua morte. O mesmo vale também para os profetas e mestres. Eles são chamados pelo dom do Espírito e inicialmente pelo menos qualquer membro da comunidade pode receber o χάρισμα [carisma] do Espírito. Sua missão tampouco está restrita à comunidade à qual pertencem. Como mostram Did e Herm, eles também podem, a exemplo dos apóstolos, ir de comunidade em comunidade como pregadores itinerantes, especialmente depois da morte dos apóstolos com a primeira geração.[138]

Portanto, a fim de "designar a diferença, deve-se chamar o 'cargo' dos apóstolos, profetas e mestres de 'carismático', em contraste com o cargo institucional dos presbíteros e 'epíscopos'". Contudo, o mesmo teólogo luterano alemão observa que "seria melhor evitar a designação 'cargo' para os pregadores da palavra", evitando-se, porém, "falar de uma 'organização dupla' (de uma organização para a comunidade individual e de outra para a Igreja como um todo); pois a atuação dos apóstolos e profetas não pode ser designada como organização".[139] É fato inegável, entretanto, "que a atividade dos presbíteros e 'epíscopos' está restrita a comunidades individuais, enquanto nas pessoas dos apóstolos, profetas e mestres e sua atuação a ἐκκλησία se apresenta como unidade", devendo se observar que tal "unidade, porém, inicialmente não é organizacional, e sim carismática, uma unidade efetuada por Deus".[140] Este é o ponto. E ele é tão cristalino que nem mesmo Bultmann o nega; antes, reconhece que, no começo, "a atividade da pregação da palavra, que constitui a Igreja ([...]) não está vinculada a um cargo", algo que pode ser claramente visto no simples "fato de que inicialmente a Igreja *não conhece um cargo e direito que a constituem*", mesmo porque aquilo "que é cargo e tem caráter de direito, portanto, a instituição dos funcionários da comunidade, dos presbíteros e 'epíscopos', não constitui a Igreja, mas regula a prática da vida da comunidade", visto que, conforme "o conceito paulino, também as tarefas e atividades no âmbito da vida e da comunidade (as diversas διακονίαι [serviços], as ἀντιλήμψεις [auxílios] e κυβερνήσεις [dons de administração] — 1Co 12:5,28) são dons do Espírito".[141]

---

138 Ibid., p. 542-3.
139 Ibid., p. 543.
140 Ibid.
141 Ibid., p. 544 (grifo no original).

Nesse aspecto, ou sentido, "se pode chamar os cargos dos presbíteros e 'epíscopos' de 'carismáticos'", diz o mesmo teólogo luterano alemão. Este ainda afirma que, contudo, "é preciso considerar que isso corresponde à compreensão específica de Paulo, não porém ao uso linguístico mais antigo do cristianismo helenista", que, por sua vez, "coincide com a habitual linguagem científica, de acordo com a qual a capacitação e incumbência pelo carisma se encontra em contraste com a capacidade natural e o encargo de direito", pois, segundo esse entendimento, "o carismático (ou pneumático) é a pessoa inspirada, dotado de força maravilhosa".[142] Na verdade, é possível afirmar que "o *carisma* — sempre entendido como o maravilhoso dom do Espírito — pode ser visto sob três aspectos", diz o mesmo autor, elencando os referidos aspectos "pentecostais": "1) como a força que se manifesta em certos fenômenos do maravilhoso como o momentâneo, impetuoso, anormal (como glossolalia e êxtase), como o feito individual; 2) como a força com a qual são dotados certos indivíduos (πνευματικοί [espirituais]); 3) como o fenômeno do maravilhoso com vistas à sua importância (οἰκοδομή [edificação])".[143] O referido teólogo ainda ressalta que, se calhar de o segundo e o terceiro aspectos coincidirem, "surge [então] o conceito eclesiástico do carisma funcional", isto é, referente à "função" e/ou "posição". O que isso significa ou quais são as implicações? "As *coisas se desenvolvem* no sentido de que, por um lado, os carismáticos, como pregadores da palavra, mais e mais se tornam funcionários que, portanto, o carisma originariamente concedido à pessoa, é compreendido como carisma funcional, o qual é transmitido por ordenação (1Tm 4:14; 2Tm 1:6) — e que, por outro lado, a proclamação da palavra é transferida a funcionários da comunidade como direito ou dever do cargo (Past, Did, Herm)."[144]

> Com isso, porém, está dado o passo decisivo: de agora em diante *o cargo é considerado fator constituinte da Igreja*. Toda a Igreja é sustentada pelos ocupantes dos cargos que remontam, em sucessão ininterrupta, aos apóstolos (= aos doze). A tradição do anúncio da palavra e a sucessão que garante sua continuidade não são mais, como originalmente, da competência da ação do Espírito [...], mas estão garantidas pela

---

142 Ibid.
143 Ibid. (grifo no original).
144 Ibid. (grifo no original).

instituição. Agora o Espírito está condicionado a um cargo e é transmitido através de um ato sacramental por meio da ordenação através da imposição das mãos (At 6:6; 13:3; 1Tm 4:14; 2Tm 1:6; também 1Tm 5:33s). Inicialmente o Espírito ainda atua livremente nesse processo. Isso se evidencia a partir do fato de que o ato da imposição das mãos é precedido de vozes proféticas da comunidade (At 13:2; 1Tm 1:18; 4:14), e depois — o que pode coincidir com isso objetivamente — do fato de que o antecessor não nomeia simplesmente seu sucessor, e sim a comunidade dá seu consentimento (1Clem 44.3).[145]

Uma vez que os primeiros cristãos eram judeus, Bultmann acredita ser "provável que no caso da ordenação exista influência da tradição da sinagoga", isto é, em termos estruturais. Contudo, o mais relevante "é saber que esse desenvolvimento se torna compreensível pelo fato de o anúncio da palavra ter-se tornado assunto dos funcionários da comunidade", sendo tal ponto confirmado nos documentos do período subapostólico, tanto no *Didaquê*[146] quanto em *O pastor*, de Hermas,[147] os quais mostram "que os ἐπίσκοποι [epíscopos] e os διάκονοι [diáconos] realizam o serviço dos προφῆτα [profetas] e διδάσκαλοι [mestres], e qual honra lhes compete", tal tendo "que ocorrer face ao esmorecimento do apostolado original, e igualmente pelo fato de os profetas (e mestres) itinerantes aos poucos terem se tornado suspeitos", completa o mesmo autor, que diz que isso se deu, "sobretudo, porém, porque o perigo da 'heresia' se tornava agudo".[148] Tal questão, na verdade, de certa forma aparece no "discurso de 'Paulo' dirigido aos presbíteros de Éfeso, no qual estes são admoestados sobretudo a protegerem a comunidade contra heresias (At 20.28-30)", apresentando-se ainda um quadro semelhante nas epístolas pastorais, visto que as "qualificações nelas exigidas dos presbíteros ou dos 'epíscopos' não se referem apenas às tarefas administrativas",[149] conforme pode ser visto nos textos de 1Timóteo 1:3; 3:2; 4:6,11; 6:3,20; 2Timóteo 2:14,24; 3:1; 4:1; Tito 1:9-10; 2:1,15; 3:8. Finalmente, em termos de "formação do cargo da comunidade", isto é, do

---

145 Ibid., p. 547 (grifo no original).

146 *Didaquê*, in: *Padres apostólicos*, C. Vida comunitária (Verdadeiros e falsos pregadores) 11.1-12; (A vivência comunitária) 15.1-4; p. 354-5, 358-9.

147 HERMAS. *O pastor*, in: *Padres apostólicos*, Décimo Primeiro Mandamento 43.1-21, p. 209-11.

148 BULTMANN. *Teologia do Novo Testamento*, p. 547-8.

149 Ibid., p. 548.

CAPÍTULO 9 – Eclesiologia | 1621

movimento espontâneo ao institucionalismo, outro aspecto a ser considerado é "que os ἐπίσκοποι *se tornam dirigentes do culto*", sendo tal observação
seguida do seu corolário "tanto mais importante quanto mais", que é o fato
da concepção de que "o sacramento passa a valer como fator constituinte
da Igreja, ao lado da palavra ou até mesmo em lugar dela".[150] É oportuno,
porém, ter em mente que

> Disso nada se percebe no NT ainda. Pode-se supor que a direção do
> culto da comunidade e com ela a administração dos sacramentos — na
> medida em que não estava tudo relegado à ação do πνεῦμα [Espírito]
> nos carismáticos — estava inicialmente ao encargo daquelas pessoas
> que, como κοπιῶντες e προϊστάμενοι [os que se esforçam e os que
> estão à frente] (1Ts 5.12; 1Co 16.16; Rm 12.8, entre outras) tinham
> uma autoridade pessoal — na medida em que existia uma direção
> ordenadora em culto e administração dos sacramentos; pois 1Co
> 11.17ss.; 12 e 14 mostram que, pelo menos em Corinto, não existia tal
> ordem ao tempo de Paulo. Mas caso quisesse implementar a instrução
> de Paulo: πάντα δὲ εὐσχημόνως καὶ κατὰ τάξιν γιέσθω [tudo, po-
> rém, ocorra decente e ordenadamente] (1Co 14.40; cf. 1Clem 40.2),
> naturalmente era necessário que logo se designasse para isso pessoas
> responsáveis, assim como nos ministérios de Andania era tarefa dos
> ῥαβδοῦχοι [os que levam o bastão] providenciar ὅπως εὐσχημόνως
> καὶ εὐτάκτως ὑπὸ των παραγεγενημένων πάντα γένηται [para que
> tudo transcorra decente e ordenadamente da parte dos presentes] (IG
> V 1, 1390 § 10). Justamente isso tornou-se tarefa dos ἐπίσκοποι nas
> comunidades cristãs. Parece que isso já é abonado por Did, quando
> é dito, imediatamente após as prescrições sobre a κυριακή (ἡμέρα)
> [(dia) do Senhor]: "Escolhei agora (οὖν) bispos e diáconos..." (15.1).
> Se isso é dito a respeito dos que prestam à comunidade o serviço de
> profetas e mestres, conclui-se que inicialmente profetas e mestres —
> portanto, carismáticos — eram os dirigentes das celebrações cúlticas,
> como, aliás, se permite expressamente aos profetas pronunciarem,
> além das orações litúrgicas, orações de agradecimento o quanto qui-
> serem (10.6). Se em 1Clem 44.4 os presbíteros (ou os "epíscopos")
> são designados como os que "trazem as ofertas", evidentemente são
> eles os oficiantes da celebração eucarística. Segundo Herm, pode-se
> concluir com certa probabilidade que os "epíscopos" também eram

---

150 Ibid., p. 548-9 (grifo no original).

responsáveis pela direção do culto. Em Inácio, em todos os casos, está claro que o ἐπίσκοπος (aqui já o monárquico) é o administrador do sacramento da ceia do Senhor (InEf 5.1s.; InMag 7.1; Intr 2.2; 7.2; InFld 4s.; 7.2). Por fim, em JustApol I 65,3; 67 aparece o presidente da comunidade (προεστώς) claramente como dirigente do culto da comunidade e da celebração cúltica. — Em contrapartida, os ἡγούμενοι [líderes] de Hb 13.7,24 evidentemente não têm caráter sacerdotal. O escrito comprova que no antepenúltimo ou último decênio do século primeiro "existia uma concepção de Igreja que está distante de qualquer aproveitamento da ideia sacerdotal ou sacrificial, enfim, de qualquer ideia de culto do passado... sacrifício, consagração, entrada e serviço sacerdotal de Jesus Cristo no céu são o único mistério do culto que ainda tem validade para os cristãos" (M. DIBELIUS, *Botschaft und Geschichte II*, 1956, p. 175).[151]

O culto, aos poucos, perde sua espontaneidade, isto é, deixa de ser carismático, não sendo "mais entendido como a autoapresentação ou como a aparição da comunidade escatológica que, no culto, está plena de poderes do πνεῦμα [Espírito] como ἀπαρχή [primícia] da salvação vindoura (Rm 8:23; cf. Hb 6:4s.), e sim — quando, em vez da palavra, o sacramento da ceia do Senhor constitui o centro — como cerimônia salvífica que transmite o φάρμακον ἀθανασίας [remédio da imortalidade]". Dessa forma, a "consciência escatológica é encoberta ou reprimida pelo sacramentalismo, e o bispo que dirige o culto se torna o *sacerdote*, ao qual o caráter de seu cargo proporciona uma qualidade que o separa da comunidade restante como leigos".[152] Quais as implicações dessa mudança e, consequentemente, restrição? Bultmann responde dizendo que a "ordem reguladora do culto é considerada como a que garante seu efeito e, justamente por isso, as pessoas que realizam o culto adquirem qualidade sacerdotal, e dessa maneira surge a distinção entre sacerdotes e leigos, algo totalmente estranho ao NT e que até mesmo está em contradição com ele", ou seja, em relação ao "caráter específico da comunidade cristã, porém, isso tem uma consciência de longo alcance", isto é, "daí resulta que *as ordens da Igreja se tornam por si sós ordens de direito divino, e transformam a Igreja em instituição salvífica*".[153]

---

151 Ibid., p. 549.
152 Ibid., p. 550 (grifo no original).
153 Ibid. (grifo no original).

Contudo, que se entenda, não está se falando aqui do fato de a igreja, como organismo, "fé" e autocompreensão, isto é, como corpo de Cristo, estar predestinada à salvação (Efésios 1:3-14), mas da igreja, como instituição, ou seja, organização, "experiência" e "fenômeno histórico", ser a detentora, não simplesmente canal, da salvação. Em termos diretos, a salvação que sempre fora pela graça, mediante a fé — esta produto da aceitação do evangelho e fruto da operação do Espírito Santo que convence cada um —, seguida do discipulado e do batismo como elementos de confirmação e integração ao corpo de Cristo, tornou-se agora de propriedade da igreja, gerando todos os males que culminaram na Reforma Protestante. Tal mudança, conforme observa o teólogo pentecostal Antonio Gilberto, quando "*a marcha do ensino bíblico na Igreja sofreu solução de continuidade*, devido a males que penetraram no seio da mesma", trouxe "calmaria", isto é, a "Igreja ficou estacionária. Ganhou fama, mas perdeu poder. Abandonou o método prescrito por Jesus: o de pregar e ensinar. Sobrevieram a seguir as densas trevas espirituais da Idade Média".[154] Se, por um lado, tal processo era inevitável, por outro, como já sabemos, a "clericalização da Igreja e sua monacalização posterior levou a uma leitura seletiva dos textos bíblicos e à sua utilização por parte da hierarquia e dos religiosos, frequentemente à custa da comunidade eclesial e dos leigos",[155] diz o teólogo católico Juan Antonio Estrada, denunciando o problema em sua tradição:

> Existe um paradoxo na teologia católica em relação ao Espírito, o Deus esquecido. Por um lado, a teologia insistiu na morte e ressurreição de Cristo, como núcleo do cristianismo, com o perigo de deixar em segundo plano a vida de Jesus. Ou seja, coloca-se a origem da Igreja na ressurreição, e inclusive falou-se dela como uma prolongação da encarnação do Verbo. Tende-se a realçar a divindade de Cristo como aquilo que legitima a Igreja. Mas, por outro, ressaltou-se a fundação da Igreja por Jesus e pretendeu-se derivar de sua vida a estrutura ministerial e sacramental da Igreja. Esta afirmação é feita às custas do Espírito, que é aquele que transforma a comunidade em igreja e que a abre aos pagãos. No primeiro caso dilui-se

---

154 Silva, Antonio Gilberto da. *Manual de escola dominical: edição histórica 1974-2014* (Rio de Janeiro: CPAD, 2014), p. 133 (grifo no original).

155 Estrada, Juan Antonio. *Para compreender como surgiu a igreja*, Ecclesia XXI (São Paulo: Paulinas, 2005), p. 79.

a referência a Jesus e à sua história, para centrar-se nas reflexões e especulações cristãs sobre a ressurreição; no segundo, marginaliza-se a ação do Ressuscitado mediante o Espírito, para pôr tudo num Jesus origem da Igreja e de todas as suas estruturas e dimensões. Por um lado, reconhece-se que a Igreja surge de um processo trinitário, guiado pelo Espírito. Por outro, existe um medo da criatividade carismática e ministerial da comunidade e se procura assegurar suas estruturas mediante os apóstolos e estes se referem ao que Jesus disse e fez. Existe um medo de afirmar que todas as estruturas eclesiais, os ministérios e os sacramentos são uma criação histórica da Igreja, inspirada pelo Espírito.[156]

O que acontece é que tal "duplo procedimento está a serviço de uma má eclesiologia, porque se caiu numa 'jesuologia' que vai além de sua morte e numa cristologia sem espírito", continua o mesmo autor dizendo ainda que tal procedimento acabou levando "a uma concepção da Igreja na qual o Espírito Santo desempenha um papel marginal ou é represado dentro das estruturas cristológicas", pois, como já foi dito anteriormente, há um "receio da criatividade carismática e de assumir o protagonismo do Espírito".[157] Não à toa, "limita-se o papel criativo deste, que é um papel central no livro de Atos, e procura-se subordiná-lo a algumas estruturas sacramentais e ministeriais que derivariam de Jesus, através dos apóstolos" — procedimento que já vimos acima com Bultmann —, fazendo que a "afirmação do quarto evangelho de que os discípulos farão coisas maiores do que as de Jesus quando recebem o Espírito (Jo 14:12-18) fi[que] bloqueada pelo medo da livre inspiração deste".[158] Sem meias palavras, o teólogo católico afirma que, historicamente, por um lado, "o catolicismo tendeu a desvalorizar Jesus para pôr o peso no Cristo ressuscitado", ou seja, eclipsou a vida empoderada, e dependente do Espírito Santo, de nosso Senhor Jesus Cristo dando ênfase ao seu estado ressurreto, mas, por outro, "no que concerne às estruturas eclesiais, desconfia-se do Cristo

---

156 ESTRADA. *Da salvação a um projeto de sentido*, p. 70. Evidentemente que o leitor já percebeu. Contudo, por via das dúvidas, é oportuno ressaltar que o autor fala de um Jesus construído pela instituição para justificar e legitimar sua própria opulência, nada tendo com nosso Senhor Jesus Cristo, que, como sabemos, viveu de forma humilde e simples, consoante o que encontramos nas Escrituras.

157 Ibid.

158 Ibid., p. 70-1.

CAPÍTULO 9 – Eclesiologia | 1625

glorificado, que dá o Espírito à Igreja, e se procura fundar a Igreja e suas estruturas em Jesus",[159] ou seja, "usa-se", literalmente, a Pessoa do Filho de Deus, de acordo com conveniências institucionais. Justamente por isso, diagnostica o mesmo teólogo:

> O pouco peso da espiritualidade, da dinâmica carismática e do profetismo na Igreja católica, sobretudo no segundo milênio, deve--se a uma cristologia deficiente e ao fato de o Espírito Santo ter-se transformado no marginalizado do catolicismo. Estas carências redundaram num empobrecimento da representação de Deus, mais próxima ao monoteísmo judaico do que à renovação trinitária, e prejudicaram a imagem de Jesus, de Cristo, da Igreja e do homem. As Escrituras do Novo Testamento são palavra de Deus enquanto revelam a identidade filial de Jesus; mas são também obra do Espírito, que inspira os diversos escritos, que são obra humana. Ele motiva e capacita a Igreja para criar um cânone das Escrituras e para constituir-se a partir delas. Sem Espírito não é possível afirmar a filiação divina de Jesus (1Jo 2:20-23; 4:2-3) nem explicar a passagem da comunidade de discípulos para a Igreja. O cânon do Novo Testamento, os sete sacramentos e a tríade ministerial são criações eclesiais sob a inspiração do Espírito. Isto foi marginalizado na teologia do segundo milênio, que inclusive, quando falava da graça, a referia à cristologia (*De gratia Christi; De gratia Capitis*), omitindo o Espírito Santo. Caiu-se numa cristologia objetivada e desvinculada dos feitos de Jesus e numa desvalorização do Espírito, reduzido a mera graça transmitida por Cristo.[160]

Sem entrar nos pormenores da estrutura eclesial da tradição católica romana, sabemos que a Reforma Protestante se insurgiu contra tal clericalismo por causa de abusos cometidos em nome de uma autoridade exclusiva, supostamente dada por nosso Senhor Jesus Cristo, inicialmente ao apóstolo Pedro, primeiro papa de acordo com o entendimento católico romano, e tal papado, por sua vez, perpetua-se pela sucessão de outros da mesma linha, sendo os detentores de tal posto responsáveis por mediar/outorgar o Espírito Santo ao povo, por meio de ritos sacramentais, administrados

159 Ibid., p. 71.
160 Ibid.

1626 | TEOLOGIA SISTEMÁTICO-CARISMÁTICA

mediante a chamada epiclese,[161] cuja prática está no tratamento teológico dado às ordenanças do batismo e da ceia do Senhor, que, ressalte-se, biblicamente não possuem nenhum caráter sacramental, na experiência fontal com o Filho de Deus, sendo instituídos como elementos de memória e integração do povo de Deus.[162] No entendimento do já citado teólogo católico Juan Estrada, assim como "um Jesus sem Espírito", ou seja, sem empoderamento, "tende a ser absorvido por uma cristologia sem raízes no Jesus histórico, assim também a humanidade da Igreja tende a ser marginalizada e facilmente se cai numa divinização de suas estruturas e representantes, quando se esquece que a Igreja é uma criação do Espírito e precisa viver atenta a Ele e dependente dele".[163] Disso não se deve depreender que o que se propõe significa colocar "o Espírito a serviço da Igreja, mas o contrário, sem que as testemunhas (inspiradas) e a comunidade sejam substituídas pelos ministros e pelos representantes institucionais", ou seja, no lugar "de falar de um ministério instituído por Jesus, sem poder precisar quando isto ocorre nos evangelhos, e anterior à Igreja, que só existe a partir da ressurreição, é preciso partir da ação do Espírito na comunidade para derivar daí sua estrutura sacramental, ministerial e carismática", defende o mesmo teólogo. Estrada ainda diz que o "carismático não se opõe ao institucional, mas o Espírito está presente na

---

161 "O Concílio Vaticano II concedeu, em muitas passagens, amplo espaço ao testemunho da Escritura e da tradição e ressaltou que, em tudo o que faz, a igreja é sacramento, isto é, instrumento do Espírito Santo. A proclamação do evangelho, assim como a celebração dos sacramentos, acontecem pelo Espírito Santo. O significado do Espírito Santo para os sacramentos foi ressaltado sobretudo pela revitalização da epiclese, isto é, da invocação do Espírito Santo para que ele desça sobre a celebração da eucaristia e dos demais sacramentos. Assim, a igreja em sua totalidade possui uma estrutura epiclética. A sua autoridade não consiste num dispor autocrático da palavra de Deus e da graça. Muito antes, ela tem de ouvir repetidamente o que o Espírito diz às comunidades (Ap 2:7.11;17:29 etc.). Na celebração dos sacramentos, só o que ela pode pedir com plena autoridade é que venha o Espírito Santo. A igreja vive da constante rogação: *Veni, Sancte Spiritus!* [Vem, Santo Espírito!]" (KASPER, Walter. *A Igreja Católica: essência, realidade, missão*, Coleção *Theologia Publica* [São Leopoldo: Unisinos, 2012], p. 187-8).

162 "Cristo deu a certas ações um significado de graça, mas a determinação dos ritos sacramentais foi precisada na história. Os doutores franciscanos do século 13 Alexandre de Hales e São Boaventura atribuem ao Espírito Santo, a sua *inspiratio* ativa nos concílios e na igreja, a instituição definitiva dos sacramentos da confirmação, da ordem, do matrimônio, da unção dos enfermos. A questão preocupou os apologistas e teólogos católicos chamados a responder às críticas de Lutero, que via testemunho escriturístico apenas para o batismo, para a eucaristia e para a penitência. Eles refletiram que Cristo determinou a comunicação das graças sacramentais, mas que a forma dos sinais sacramentais foi estabelecida, eventualmente modificada pela igreja sob a direção ou inspiração do Espírito" (CONGAR. *"Ele é o Senhor e dá a vida"*, p. 2-23).

163 ESTRADA. *Da salvação a um projeto de sentido*, p. 71-2.

comunidade e não só nas estruturas ministeriais, que derivam da primeira".[164] Assim, é preciso deixar de "considerar o Espírito apenas como o garante da autoridade magisterial, cultual e pastoral da hierarquia, mas é preciso vê-lo como a alma da Igreja que inspira toda a comunidade e interpela os próprios ministros", e isso pelo simples fato de que o "Espírito atualiza e recria a comunidade discipular, instituída por Jesus, e provoca uma evolução dos discípulos em direção à Igreja". Portanto, em lugar "de falar de uma fundação da Igreja por Jesus, é preciso referi-la a um processo trinitário".[165] Em termos diretos, afirma o também teólogo católico Walter Kasper:

> O testemunho bíblico e o testemunho patrístico sobre a conexão entre Espírito de Deus e igreja são imponentes. Tanto mais surpreendente pode ser, à primeira vista, a acusação de que a tradição latina ocidental teria esquecido o Espírito, com frequência feita pela teologia ortodoxa. Essa acusação geralmente está associada à do cristomonismo, isto é, a de uma visão exclusivamente cristológica da igreja, determinada a partir da encarnação. Nesse caso, a igreja aparece unilateralmente como instituição e estrutura jurídica calejada e endurecida. Igualmente da parte das igrejas livres e do campo liberal provém a acusação de que a Igreja Católica se identifica tanto com Jesus Cristo que se coloca, em última análise, no seu lugar e, desse modo, teria se tornado ideológica, imóvel e resistente à crítica. Ambas as objeções críticas desembocam em que a Igreja Católica defenderia uma visão unilateralmente institucional da igreja, que não deixaria mais espaço para a liberdade e a dinâmica do Espírito.[166]

Após elencar essas leituras que críticos fazem da eclesiologia católica romana, Kasper reconhece a importância de se prestar atenção a elas e assim prevenir desvios, mas, como não poderia deixar de ser, passa a apresentar argumentos para se rebater tais críticas. Como dissemos logo na abertura do primeiro capítulo de nossa *Teologia sistemático-carismática*, independentemente do que tal tradição pensa, podemos aprender com seus erros, considerando a importância do que o mesmo teólogo diz ao afirmar que a "dimensão pneumatológica deve prevenir a igreja de tornar-se pura instituição, quase burocrática, e a

---

164 Ibid., p. 72.
165 Ibid.
166 KASPER. *A Igreja Católica*, p. 187.

1628 | TEOLOGIA SISTEMÁTICO-CARISMÁTICA

eclesiologia de converter-se em mera hierarquiologia". Deve-se entender que o Espírito Santo "reiteradamente faz com que a igreja se mexa, desperta pessoas carismaticamente dotadas, que ajudam a proteger o legado apostólico de enrijecimento e a torná-lo novamente viçoso e jovem", bem como, completa ele, "reiteradamente impulsiona movimentos de renovação, que renovam formas antigas e comprovadas e dá acesso a novas formas da piedade e da vida espiritual e, em tempos de crise, franqueia à igreja um novo caminho para o futuro".[167] Para Kasper, um desses movimentos de "renovação conciliar da compreensão de igreja a partir da força e da *dýnamis* do Espírito Santo como organismo edificado e inspirado pelo Espírito de Cristo [e que] levou à redescoberta carismática da dimensão da igreja" foi justamente o Vaticano II. Tal reconhecimento é "significativo", observa ele, sobretudo pelo fato de que, "segundo a doutrina tradicional, esses carismas foram meramente um fenômeno dos primórdios da igreja", contudo tal "informação se torna problemática, quando se pondera que a doutrina neotestamentária dos carismas deve ser lida no contexto tanto dos relatos de milagres de Jesus como dos feitos milagrosos dos apóstolos (Mc 6:7; 16:17,18,20; At 2:22-43; 4:30; 5:12 etc.; Hb 2:4)".[168]

De acordo com o que já dissertamos anteriormente, Walter Kasper, de igual forma, diz que os "carismas são sinal do Reino de Deus em irrupção (Lc 7:22; 11:20 etc.) e, por essa razão, fazem parte da igreja permanentemente", ou seja, uma vez que vivemos na tensão do Reino, entre o "já" e o "ainda não", e nesse transcurso a missão da Igreja é proclamar a mensagem do Evangelho — com tudo o que isso significa[169] —, prescindir do empoderamento que, como vimos, desde o Antigo Testamento, é obrigatório a qualquer pessoa/povo incumbido de realizar algo para Deus, é algo que não faz o menor

---

167 Ibid., p. 188.

168 Ibid., p. 188-9.

169 Apesar de já termos falado a respeito do "conteúdo" da mensagem do evangelho em capítulos anteriores, nunca é demais relembrar que "Jesus manifestou o governo de Deus por meio de sinais (Mt 9:35), e os discípulos devem fazer o mesmo (10:1,7-8). Harrington observa que 'a missão dos discípulos (v. 7-8) imita e estende a missão de Jesus de pregar o Reino vindouro de Deus e curar enfermos (veja 4:23)'. As ordens de Jesus em 10:8 são todas declarações incisivas e paralelas que comunicariam ênfase tanto em aramaico quanto em grego. Diversos círculos cristãos primitivos duvidavam de que pessoas de coração endurecido se satisfizessem com sinais (15:37—16:1; cf. Jo 11:47-48; 12:10-11; At 4:16-17), mas acreditavam que sinais podiam chamar a atenção de outras pessoas para a mensagem do Reino (11:3-6,21,23; cf. Jo 2:11; At 4:29-30; 9:35,42)" (KEENER. *O Espírito nos Evangelhos e em Atos*, p. 172-3).

sentido. Kasper informa que tal consciência possibilitou não apenas o surgimento de vários movimentos de renovação, mas também "na teologia, levou a concepções bastante diferenciadas, que vão desde uma teologia da renovação espiritual da igreja até novos projetos para a ordem da igreja e, inclusive, à crítica à instituição 'igreja' e às suas assim chamadas estruturas de dominação", pois, segundo ele, "tudo dependerá de que, num primeiro momento, seja aclarado o rutilante conceito do carisma".[170] Em termos diretos, apesar de a experiência com o Espírito Santo ser prática, não teórica, tal consciência deve suscitar reflexões e avaliações teológicas, pois crer na contemporaneidade dos dons, e, não obstante, ter uma teologia, ou um sistema teológico, que negue tal possibilidade é não apenas incoerente, mas prejudicial, pois a atividade carismática produz novas intelecções. Como um teólogo institucional, Walter Kasper procura, por isso mesmo, encontrar uma via intermediária para a tensão do binômio "carisma e instituição" dentro da tradição católica romana e, por isso mesmo, acaba tendo uma pneumatologia deficitária que não distingue as diferenças bíblicas, apresentadas como frutos da *presença extraordinária* do Espírito Santo, entre conversão-iniciação (pneumatologia joanina), santificação (pneumatologia paulina) e capacitação (pneumatologia lucana), conforme vimos no capítulo 4.

A despeito disso, Kasper reconhece que "não se pode mais falar simplesmente que a dimensão carismática deixou de existir na igreja subapostólica", visto que o "Espírito concede os carismas como quer (1Co 12:11)"; e, portanto, "eles são, por assim dizer, contextuais e correspondem à respectiva situação histórica e às respectivas necessidades da igreja", ou seja, os "carismas continuaram ativos na história da igreja, sobretudo na história dos santos e em fenômenos místicos".[171] Ele admite, justamente por isso, que "reiteradamente pode haver tensões entre ministério e carisma, como mostra a história de grandes santos", citando como exemplos "Hildegard de Bingen († 1179), que se recusou a cumprir uma ordem do arcebispo de Mainz, preferindo assumir o interdito para si e para o seu monastério", referindo-se também a "Francisco de Assis († 1556), que temporariamente caiu nas garras da Inquisição", e ainda a "Joana d'Arc, a virgem de Orléans († 1431), que por suposta heresia foi condenada à fogueira". Kasper pontua, todavia, que

---

170 Ibid., p. 189.
171 Ibid.

1630 | TEOLOGIA SISTEMÁTICO-CARISMÁTICA

"a grandeza dessas pessoas santas consiste em não terem se rebelado contra o ministério eclesiástico nem contra a instituição eclesiástica", deduzindo disso que "justamente essas testemunhas do carisma também são testemunhas de que não se pode jogar a estrutura oficial contra a estrutura carismática da igreja nem contrapô-las como fundamentalmente antagônicas".[172]

Percebe-se claramente pela argumentação de Kasper que a instituição até tolera indivíduos empoderados que são punidos, mas não aceita grupos carismáticos inteiros. Por isso, no intuito de justificar o combate da instituição em relação a esses diversos movimentos, diz ser possível aclarar a relação entre carisma e instituição "se visualizarmos o conflito da igreja com os movimentos entusiastas, que se estendeu por toda a história da igreja". Em outras palavras, mesmo reconhecendo que a deflagração de todos eles "foi com frequência a crítica tanto aos enrijecimentos e às petrificações institucionais como a uma igreja que se tornou demasiadamente intramundana, que se aliou aos poderosos e ricos", portanto, legítimos, afirma ele que atualmente "pode-se pensar na crítica a formas de burocratização da igreja pairando acima da vida das comunidades".[173] Não obstante tal argumentação, o mesmo teólogo afirma:

> Contra os movimentos entusiastas é preciso dizer que, segundo o Novo Testamento, o Espírito Santo não é um espírito entusiasta. Ele é o Espírito de Cristo (Rm 8:9; Fp 1:1) ou então o Espírito do Filho (Gl 4:6). De modo correspondente, ele age por meio da palavra audível e dos sacramentos visíveis; ele institui ministérios na igreja, que estabelecem uma relação de serviço com a palavra e os sacramentos e são pastores dos crentes (At 20:28; 1Co 12:28; Ef 4:11; 1Tm 4:13; 2Tm 1:6). A descrição da igreja como casa (οἶκος) e o discurso da edificação (οἰκοδομή) da igreja (1Co 3:9; 14:5; Ef 4:12 etc.) igualmente mostram que a igreja possui uma estrutura e é um edifício. Assim sendo, Paulo está visivelmente empenhado em pôr ordem no excesso de entusiasmo da comunidade de Corinto (1Co 12;14).[174]

Após defender a continuidade dos dons, de forma muito similar à da tradição carismático-pentecostal, paradoxalmente a articulação apresentada acima pelo teólogo católico é muito similar aos argumentos da teologia protestante

---

172 Ibid., p. 190.
173 Ibid., p. 191.
174 Ibid.

cessacionista — tendo já sido devidamente considerada, e refutada, no capítulo 4 —, pois o que o autor visa é, então, apresentar a via intermédia entre carisma e instituição e, para isso, diz que, "na terminologia católica, pode-se caracterizar a igreja como sacramento, isto é, como lugar e instrumento do Espírito", e tal "determinação da igreja como sacramento do Espírito Santo exclui os dois extremos: tanto o extremo do movimento entusiasta, que exclui a mediação sacramental e ministerial, como o extremo de uma visão puramente institucional-hierárquica da igreja, que identifica a igreja com o *establishment* eclesiástico e, ao fazer isso, ignora o simples caráter de sinal e de serviço da instituição".[175] A argumentação de Kasper segue a esteira institucional, portanto defende que a "instituição é, em termos escolásticos, sinal e instrumento (*sacramentum tantum*), o carisma ministerial" que, completa o autor, "com seu caráter servidor, constitui, por assim dizer, uma realidade intermediária (*res sacramentum*) para a coisa propriamente dita e a vida da igreja (*res sacramenti*)". Dessa forma, finaliza o mesmo teólogo, "ela precisa deixar espaço e liberdade e até mesmo cuidar ativamente para que a vida da igreja transcorra na interação dos dons do Espírito conduzida pelo Espírito".[176] A questão é: isso realmente acontece? Sabemos que não. Por essa razão, lembramo-nos aqui da colocação de James Dunn, citada pelo teólogo pentecostal estadunidense John Wyckoff, de que "os católicos enfatizam o papel da Igreja e dos sacramentos", ou seja, "subordinam o Espírito à Igreja", ao passo que os "protestantes [cessacionistas] enfatizam o papel da pregação e da fé, e subordinam o Espírito à Bíblia". Portanto, se existe uma via intermediária, essa é apresentada pela tradição carismático-pentecostal, visto que os "pentecostais", finaliza o autor, "reagem a esses dois extremos — ao sacramentalismo que pode se tornar mecânico e à ortodoxia biblista que pode se tornar espiritualmente morta — e reclamam uma experiência vital com o próprio Deus no Espírito Santo".[177]

Essa subordinação do Espírito Santo, sobretudo da parte protestante, já foi devidamente considerada no capítulo 4. Quanto à postura eclesial católica romana, apesar de teologicamente distante de nossa realidade, é preciso admitir que, com a crescente institucionalização de todas as tradições protestantes

---

175 Ibid., p. 192.

176 Ibid.

177 DUNN, J. *Baptism in the Holy Spirit* (Londres: SCM, 1970), p. 224-5, apud WYCKOFF, J. W. "O batismo no Espírito Santo", in: HORTON (org.). *Teologia sistemática*, p. 431-2.

— incluindo o institucionalismo da tradição carismático-pentecostal —, na prática, elas têm se aproximado cada vez mais das ordens eclesiásticas do catolicismo romano, que, surpreendentemente, foi uma das principais causas da deflagração da Reforma Protestante, em razão dos abusos de poder. O fato de deixar de ser um movimento, tornando-se uma instituição, transforma a natureza de qualquer grupo, fazendo que o comportamento dos atores seja completamente mudado. Tal problema decorre do simples fato de que as "instituições também possuem uma patologia própria, amplamente estudada pela sociologia e pelas ciências humanas, e que deve servir para refletir sobre a própria Igreja", lembra o teólogo Juan Antonio Estrada. Este afirma que, de "um lado, tendem à rotinização do carisma, isto é, a substituir a experiência carismática por uma série de princípios e normas facilmente controláveis e manejáveis" — e assim o fazem pelo fato de que a "experiência é sempre imprevisível e, em última instância, incontrolável" —, pois geralmente "as instituições têm receio dos místicos e carismáticos, especialmente quando eles exercem uma crítica profética na religião em que surgem". Por isso, há uma "tendência dos gestores e administradores à objetivação, à disciplina e ao controle", preferindo-se "o funcionário ao místico, sobretudo nos postos de maior responsabilidade". Contudo, o "aspecto problemático dessa tendência é este: a liderança de uma comunidade exige sempre capacidade de irradiação e de atração, especialmente quando se trata de comunicar uma experiência viva".[178] Em termos diretos, mesmo que a forma institucional seja a única que conhecemos e com a qual nos familiarizamos, nem só de institucionalização sobrevive a igreja, conforme o catolicismo tem descoberto:

> Dentro da patologia das instituições, encontra-se a tendência que toda instituição tem para a burocracia e para o crescimento. Por sua própria dinâmica, as instituições tendem a crescer e aumentar suas competências sobre a vida de seus membros. Se o carisma favorece o conflito e até mesmo a desordem — e isso é próprio de subjetividades contrapostas —, a instituição tende à racionalização da vida, à regulamentação que facilmente se transforma em uma casuística complexa. As inevitáveis necessidades reguladoras e organizativas são assim transformadas em leis cada vez mais minuciosas, que podem acabar asfixiando a criatividade pessoal. Em grande parte, o mal-estar do catolicismo deve-se ao

---

178 ESTRADA. *Para compreender como surgiu a igreja*, p. 296.

fato de que a Igreja cresceu exageradamente do ponto de vista institucional, burocratizando seus ministérios e regulamentando demais a vida de seus membros. Daí a ânsia de maior liberdade e proximidade pessoal das autoridades, que leva à busca de uma Igreja carismática, com mais "gurus", isto é, mestres espirituais, e menos funcionários eclesiásticos. Há nostalgia por relações mais livres, espontâneas e comunitárias, que sirvam de contrapeso ao processo de massificação e ao próprio tempo de isolamento do indivíduo na sociedade atual. É isso o que leva ao anseio por uma Igreja primitiva idealizada, somente carismática, sem autoridades, nem poderes, que na realidade nunca existiu, mas que representa um sintoma do mal-estar eclesial atual. Só a transformação estrutural da Igreja pode tornar possível a superação do idealismo anti-institucional que cresce em muitos cristãos.[179]

É preciso refletir acerca dos desdobramentos que se seguem a essa observação, não perdendo de vista quando objetivam justificar uma posição extremista e tendenciosa. Isso pode ser percebido no fato de que Juan Antonio Estrada também é institucionalizado, nada tendo com qualquer pretensão de "anarquismo eclesiástico". "Não fica clara também a distinção que alguns fazem entre o carisma como elemento essencial da Igreja e o institucional como mero instrumento regulador, secundário e sem valor essencial", explica ele, que intenta apresentar uma posição equilibrada ao dizer que o "institucional prolonga o carismático, que ao sobreviver se institucionaliza", ou seja, "a instituição é a condição *sine qua non* para salvar o carisma". Todavia, Estrada reconhece, corretamente, que tanto a primeira como o segundo "são, por outro lado, manipuláveis e podem servir como instrumento de domínio das consciências e como plataforma para a própria subjetividade".[180] Em termos de protestantismo, ou movimento evangélico, especialmente no Brasil, geralmente associam-se abusos ao carisma, isto é, a líderes supostamente carismático-pentecostais, mas nunca à instituição, ou seja, aos seus gestores mais burocráticos e cessacionistas. De fato, conforme disserta Estrada, a "submissão ao mestre carismático pode degenerar em uma seita fechada e no fanatismo religioso", pois à "medida em que se apela para a experiência de Deus que cada um faz, facilmente se tende a pensar que a própria subjetividade tem

---

179 Ibid., p. 298-9.
180 Ibid., p. 295-6.

1634 | TEOLOGIA SISTEMÁTICO-CARISMÁTICA

origem divina". Com isso, "autodiviniza-se a própria consciência e se faz do mestre fundador uma instância absoluta e inapelável", e tal é um perigo, visto conhecermos "os efeitos destrutivos das 'lavagens cerebrais' praticadas pelas seitas fechadas, precisamente em nome da consciência divina do fundador". Por isso, existe "a necessidade do discernimento, da crítica e da autocrítica, bem como do diálogo e da abertura ao exterior, para não cair em uma dinâmica autossuficiente e intransigente".[181] Assim:

> Para superar essas patologias, é preciso distinguir entre a possível origem divina de uma instituição, enquanto inspirada e querida por Deus, e a estrutura histórica concreta em que se plasmam. A constituição "divina" da Igreja realiza-se em organizações humanas falíveis, mutáveis e provisórias. Por essa razão é que o Concílio Vaticano II afirma que a Igreja de Cristo (realidade teológica) subsiste na Igreja católica (realidade histórica concreta), sem qualquer identificação precisa. Contudo, é frequente utilizar o primeiro elemento (a realidade teológica da Igreja) para legitimar o segundo (a forma concreta que ela tem de realizar-se em um lugar e época determinada), estabelecendo uma identidade entre ambos. Cai-se assim em um "monofisismo eclesiológico", que identifica a Igreja com Deus sem mais nem menos, defendendo o *status quo* eclesial como irreformável pelo fato de ser divino. Não se pode negar que essa forma teológica de argumentar é "ideológica", isto é, encobre a realidade ao invés de iluminá-la e se presta à manipulação das consciências e ao autoritarismo institucional, que rejeita toda crítica. Falha então a consciência histórica, já que a identidade se dá na mudança. Por isso, o carisma é essencial como correlato da autoridade, e esta não pode ser entendida como uma instância autárquica e muito menos oposta à comunidade. Quando isso ocorre, perde-se a "carismaticidade", e a autoridade se converte em mero poder sobre as consciências.[182]

É digno de destaque o fato de, não obstante a posição institucional desses teólogos em relação à tradição a que pertencem, isso não os impedir de ter a lucidez necessária para saber que tais "aspectos sociológicos devem também ser levados em conta para que se possam analisar o processo da Igreja no

---

181 Ibid., p. 296.
182 Ibid., p. 299-300.

final do século primeiro, a perda da dimensão carismática e profética e a progressiva institucionalização", algo difícil de se fazer, visto que os "que se apegam aos ministérios, no entanto, tendem a identificar as necessidades comunitárias com os seus próprios interesses, sem se dar conta de que a ideologia do poder leva a proteger o cargo de toda crítica externa e ainda mais da interna".[183] Tal corporativismo, em vez de fazer bem à instituição, faz mal, pois a coloca em suspeita, pois, ao apregoar que os "que vivem do cargo não podem ser críticos em relação a ele, nem na sociedade, nem na Igreja", explica Juan Antonio Estrada, é preciso reconhecer a "necessidade de estarem abertos à crítica externa e à conveniência de que os postos de responsabilidade não sejam vitalícios, mas sejam assumidos por um determinado período de tempo, como acontece nas ordens religiosas".[184] Essa postura reclama a necessidade inadiável do reconhecimento, por parte dos defensores institucionalizados, de "que o aprendizado, a capacidade de corrigir e a sintonia com o ambiente dificilmente podem ser mantidos por pessoas que permanecem por muito tempo em um cargo, e menos ainda quando se trata de pessoas anciãs, que tendem a valorizar mais o passado do que as demandas (muitas vezes incompreensíveis para os que têm idade avançada)"; ou seja, acabamos passando "assim da fé à fé na autoridade, do testemunho do líder que arrasta à imposição daquele que exerce a autoridade em virtude de um ofício".[185] Em outras palavras, a postura corporativista é tremendamente danosa para a fé.

> Por isso, as eclesiologias institucionalizantes tendem a ressaltar os elementos normativos (tradição, ministérios, doutrina apostólica, disciplina e ordem) e a limitar os espirituais (carismas, profetas, liberdade e consciência pessoal). O carisma é ameaçado pela instituição, que dela necessita e a qual procura preservá-lo. Consequentemente se produz uma perda da experiência espiritual inicial, em favor da objetivação eclesiológica. Essa foi a grande ameaça do último quarto de século, que gerou o protesto montanista, de um lado, e o joanino, do outro. O primeiro quis mudar o processo e voltar aos inícios, recorrendo à negação do institucional. Os escritos joaninos, por sua vez, tentaram

---

183 Ibid., p. 300-1.
184 Ibid., p. 301.
185 Ibid.

1636 | TEOLOGIA SISTEMÁTICO-CARISMÁTICA

manter a referência ao Espírito, aos carismas e aos profetas, para que a institucionalização não acabasse empobrecendo a Igreja. Trata-se de escritos que chamam a atenção para um perigo e que procuram corrigi-lo, sem negar as referências institucionais, mas sublinhando a importância dos carismáticos e de toda a comunidade.[186]

Por estarmos onde estamos, é fato que a relutância dos montanistas e da comunidade joanina fracassou "em seu intento, já que a institucionalização se impôs e acabou se perdendo o protagonismo comunitário e o papel relevante dos profetas". Todavia, é igualmente verdade que "esses movimentos preservaram para a posteridade a dimensão carismática da Igreja e foram a reserva crítica da qual beberam muitos movimentos posteriores", isto é, a "dupla herança paulina e joanina impediu o triunfo total da institucionalização, em detrimento do carisma", explica Juan Estrada. Este autor ainda diz que é justamente por causa disso que "depois de épocas de institucionalização, sempre surgem movimentos reformadores, que buscam um novo equilíbrio mais aberto aos carismas e às iniciativas de base", algo que, como podemos perceber, e conforme mostra a "história do cristianismo, e concretamente da eclesiologia, em grande parte é a da tensão entre carisma e instituição, que marca duas orientações permanentes e essenciais da Igreja".[187] Como podemos ver, a exemplo do que mostramos no capítulo 4, não apenas teólogos como Martin Lloyd-Jones reconhecem a importância do montanismo, mas também um teólogo católico como Juan Antonio Estrada igualmente o faz, afirmando que tal movimento restauracionista e reformador não é só legítimo, mas também necessário. Numa linha de pensamento piedosa e profética, podemos dizer que se trata de uma correção histórica não só permitida, mas suscitada pelo Espírito Santo para corrigir a aridez institucional que se aloja na religião cristã. Os últimos dados e pesquisas históricas evidenciam tal verdade, pois mostram que tais grupos, ainda que propositadamente apagados e invisibilizados dos livros de história eclesiástica, sempre existiram — para falar apenas do lado ocidental, conforme já mostramos no capítulo 4 —, sendo a tradição carismático-pentecostal apenas a última e mais proeminente manifestação desse tipo de movimento do Espírito Santo.

---

186 Ibid.
187 Ibid., p. 301-2.

O triunfo do institucionalismo

Os dados que temos até então são inequívocos. E se alguém acha exagerado o retrato de Gerd Theissen — de que "o movimento de Jesus foi determinado por três papéis complementares: por Jesus como carismático central, por pregadores itinerantes como carismáticos secundários, e por simpatizantes como carismáticos terciários"[188] —, Craig Keener, em seu importante estudo pneumatológico das fontes judaicas, extrabíblicas, bem como dos Evangelhos de Mateus, Marcos e João, além de Atos dos Apóstolos, diz que a "minimização da profecia na época talvez 'reflita uma tentativa apologética de solapar as asserções proféticas dos cristãos primitivos' e, em menor grau, de outros movimentos proféticos que poderiam ameaçar a hegemonia epistemológica e, portanto, a autoridade do movimento rabínico".[189] O mesmo teólogo carismático-pentecostal informa que, caso "alguns fariseus *mais antigos* tivessem o desejo de reprimir a profecia (o que não fica claro), porém, ela continuou no judaísmo e dele passou para o cristianismo primitivo". O referido autor ressalta, contudo, que a "intensidade escatológica e o caráter difundido da experiência pneumática foram maiores em vários círculos cristãos primitivos que em outros ambientes (cf., e.g., 1Co 14; Ap)". Portanto, completa Keener, não obstante o fato de que "as tendências de partes do judaísmo primitivo que levaram ao posicionamento rabínico geral talvez tenham atenuado a continuidade da profecia mais que outras, mesmo nos meios em que sua continuidade era defendida, raramente era vista de modo semelhante à profecia no AT".[190] Em termos diretos, já naquele momento, apesar da verdade de que na "literatura rabínica, o Espírito de profecia é associado, em especial, à inspiração dos livros da Bíblia, por vezes para garantir sua autoridade, em outras ocasiões simplesmente tomando-a por certo"; ou seja, conquanto já houvesse "a ideia de que o Espírito Santo atuou na inspiração dos livros bíblicos", algo que mostra o fato de que tal "ideia é bastante antiga", é imprescindível ressaltar que "somente com o tempo surgiu a tendência de *restringir* a obra do Espírito exclusivamente à redação de textos sagrados".[191] Este certamente foi um dos primeiros dos inúmeros

---

188 Theissen. *O movimento de Jesus*, p. 49.

189 Keener. *O Espírito nos Evangelhos e em Atos*, p. 58.

190 Ibid., p. 58-9 (grifo no original).

191 Ibid., p. 47 (grifo no original).

1638 | TEOLOGIA SISTEMÁTICO-CARISMÁTICA

interditos à experiência com o Espírito Santo. Assim, em termos diretos e, de certa forma, confirmando a tese de Gerd Theissen, conclui Craig Keener:

> O cristianismo primitivo, um movimento profético escatológico que praticava a profecia (e.g., 1Co 12—14; 1Ts 5:19-22) e era impelido por entusiasmo messiânico e escatológico, deve ter representado uma das principais ameaças a líderes que procuravam consolidar seu poder e mostrar sua natureza não ameaçadora às autoridades romanas. É provável que isso se aplicasse a muitas autoridades de sinagogas locais, bem como a rabinos da Palestina. Portanto, quando o Quarto Evangelho foi redigido, é possível que a pneumatologia, em um sentido mais prático que teórico, já fosse um ponto de controvérsia entre a comunidade joanina e a liderança da sinagoga, cuja autoridade os membros dessa comunidade havia desafiado. E, no entanto, desde o princípio, o entusiasmo escatológico dos primeiros cristãos e sua ênfase sobre a capacitação concedida pelo Espírito para a santidade e a profecia deve ter feito com que destacassem da maioria dos grupos tradicionais da Palestina judaica. Até mesmo o paralelo mais próximo, os essênios sectários, não fornecem uma comparação adequada para a intensidade da experiência carismática retratada nos textos do NT (compare especialmente com [Gordon] Fee quanto à pneumatologia paulina), apesar da confiança de Josefo em suas aptidões proféticas ocasionais.[192]

A despeito de os propósitos do teólogo carismático-pentecostal não serem exatamente os mesmos deste capítulo, ou seja, Keener pretende demonstrar "que a experiência cristã era distintiva", isso "não é o mesmo que considerá-la singular, a ponto de ser ininteligível" — visto que a "pneumatologia judaica antiga cria um ambiente em que a experiência pneumática dos primeiros cristãos pode ser entendida" —, ainda assim ele pontua que a "convicção vigorosa na literatura cristã primitiva é de que o Espírito distingue Jesus e sua comunidade como verdadeiros servos de Deus que começaram a experimentar o poder radicalmente novo da era do reino".[193] Nosso objetivo é apenas destacar, da argumentação dele, o caráter carismático, em vez de institucional, do movimento dos do Caminho, composto inicialmente do chamado

192 Ibid., p. 78-9.
193 Ibid., p. 79.

CAPÍTULO 9 – Eclesiologia | 1639

seguimento de nosso Senhor Jesus Cristo e que, pouco depois, tornou-se uma multidão de neoconversos que também buscavam o mesmo empoderamento, considerando que, como judeus, sabiam claramente ser este um dos sinais da manifestação da chegada do reino de Deus (Atos 2:1-47). E isso o trabalho do referido teólogo carismático-pentecostal, mesmo não sendo o propósito, mostra de forma eloquente. Além disso, como já dissertamos no capítulo 4, é digno de destaque da argumentação de Keener o fato de que a capacitação carismática do novo grupo, que, "olhando de fora", parecia ter surgido do judaísmo, sendo meramente mais uma de suas dissidências, ser vista como uma ameaça, por parte dos oficiais, à religião oficial e consolidada do povo escolhido, que, como sabemos, já havia sido cooptada e andava de braços dados com o poder imperial. Tal exercício breve se faz necessário para compreender algumas questões que, hodiernamente, são naturalizadas e tidas como óbvias, mas é preciso entendê-las em seu contexto para que possamos avaliá-las devidamente, ou seja, se são realmente bíblicas ou se, contrariamente, constituem "corpos estranhos" à igreja.

Por exemplo, algo básico, mas recorrentemente comum, é ler as Escrituras e achar que o fato de depararmos com expressões corriqueiras significa que elas têm os mesmos sentidos denotativos modernos que conhecemos. Dentre estas, talvez nenhuma outra seja mais enganosa que a expressão "igreja". Ao ler, por exemplo, Atos 9:31 — "Assim, pois, as igrejas em toda a Judeia, e Galileia, e Samaria tinham paz e eram edificadas; e se multiplicavam, andando no temor do Senhor e na consolação do Espírito Santo" —, é quase automático pensar em um local, um salão, um prédio, em cada um desses lugares, com uma estrutura ministerial similar à da sua própria denominação. Todavia, não há nada mais enganoso que isso! Primeiramente, é necessário ressaltar que "prédios de igreja propriamente ditos aparecem apenas a partir da segunda metade do século 2".[194] Por isso, "os cristãos mais primitivos reuniam-se em casas particulares", ou seja, "para eles o lar com seu ambiente

---

194 KAUFMANN, Franz-Xaver. *A crise na igreja: como o cristianismo sobrevive?* (São Paulo: Loyola, 2013), p. 35. "Em algum período, na segunda metade do segundo século, os cristãos começaram a dedicar seus lares às assembleias da igreja. Os edifícios deixavam de ser residências. Modificações nas estruturas da sala de jantar a transformavam em um espaço maior para a assembleia. Os outros aposentos assumiam feições comunitárias. Embora se parecendo com casas, o edifício tornava-se igreja. Finalmente, fora permitido aos cristãos construírem suas igrejas a partir do chão. Em 314 d.C., um ano após o Edito de Milão, surgira a primeira basílica" (BRANICK, Vincent. *A igreja doméstica nos escritos de Paulo*, Temas Bíblicos [São Paulo: Paulus, 1994], p. 13).

1640 | TEOLOGIA SISTEMÁTICO-CARISMÁTICA

familiar era a igreja".[195] Na verdade, por um período "de um século a habitação particular moldou a vida da comunidade cristã, formando o ambiente no qual os cristãos se relacionavam uns com os outros, provendo subestrutura econômica para a comunidade, plataforma para o trabalho missionário, estrutura para a liderança e autoridade e, provavelmente, papel definido às mulheres". Tal assim se dava por causa até da disposição do cômodo na casa e do mobiliário, pois na "parte superior de cada residência particular, e especificamente na sala de jantar (*triclínio* ou *divã*), providenciava-se um ambiente que correspondia, notavelmente, à mais primitiva autoidentificação dos cristãos", diz o teólogo Vincent Branick. Este explica que isso reflete "a própria escolha de Jesus de um 'cenáculo' para sua última ceia", ou seja, "sua própria escolha de um 'lugar não sagrado' como o ambiente de sua obra, e sua insistência nos laços familiares entre os fiéis".[196] E tal não é despropositado.

Conquanto já existissem "locais sagrados" — o segundo Templo e as sinagogas, por exemplo —, a escolha de nosso Senhor Jesus Cristo pelo espaço, ainda que amplo, de uma casa para a realização da "última Páscoa" (ou seria da primeira ceia?), indica exatamente o espírito com o qual o Mestre viveu durante seu ministério terreno, pois na oportunidade ele lavou os pés dos seus discípulos, porém não só nesse período, mas, conforme o apóstolo Paulo, também no relacionamento intratrinitário o Filho de Deus sempre se comportou como "servo" (João 13—17; cf. Filipenses 2:5-11). Foi assim que ele pregou, sem afetação alguma, e disse que não viera para ser servido, mas sim para servir (Mateus 20:28). Neste aspecto, conforme observa oportunamente o teólogo católico Hans Küng: "Alguém que serviu seus discípulos à mesa e exigiu que 'o que entre vós é o maior torne-se como o último' dificilmente pode ter desejado estruturas aristocráticas ou até monárquicas para sua comunidade de discípulos".[197] Antes o mesmo teólogo já tinha apresentado, de forma hipotética e retoricamente, a questão de se alguém acredita ser "possível imaginar Jesus de Nazaré numa missa papal em São Pedro, Roma" e, a fim de demonstrar a resposta com uma situação paralela, diz que "não podemos esquecer o que as fontes são unânimes em relatar", ou seja, por intermédio "de suas palavras e seus atos, esse homem de Nazaré se envolveu num conflito

---

195 BRANICK. *A igreja doméstica nos escritos de Paulo*, p. 11.
196 Ibid., p. 13 (grifo no original).
197 KÜNG, Hans. *A Igreja Católica* (Rio de Janeiro: Objetiva, 2002), p. 32.

perigoso com as forças governantes de seu tempo". Mas isso não tem que ver com os políticos necessariamente, e sim "com as autoridades religiosas oficiais, com a hierarquia, que (num processo legal que já não está claro para nós hoje) entregou-o ao governador romano e assim à sua morte".[198] Portanto, com esse perfil, é simplesmente inimaginável qualquer pompa e opulência mantidas em nome de nosso Senhor Jesus Cristo, ou seja:

> Isso estabelece a norma de uma vez por todas: o significado original de *ekklesia*, "igreja", não era uma hiperorganização de funcionários espirituais, desligada da assembleia concreta. Denotava uma comunidade reunindo-se num local específico, a uma hora específica, para uma ação específica — uma igreja local, embora formasse com as outras igrejas locais uma comunidade abrangente, a igreja inteira. Segundo o Novo Testamento, a cada comunidade local individual é dado aquilo de que ela necessita para a salvação humana: o evangelho para proclamar, o batismo como um rito de iniciação, a celebração de uma refeição em lembrança agradecida, os vários carismas e ministérios. Assim, cada igreja local torna a igreja inteira plenamente presente; de fato, pode ser entendida — na linguagem do Novo Testamento — como povo de Deus, corpo de Deus e edifício do Espírito.[199]

O resumo do que é a igreja, nas palavras de um teólogo católico, incrivelmente, nada tem com a tradição à qual ele pertence, mas, por outro lado, retrata sinteticamente o que as Escrituras apresentam acerca da natureza do corpo de Cristo. É preciso que o leitor, sobretudo o carismático-pentecostal, compreenda o fato de que a argumentação apresentada não é de alguém protestante, muito menos pertencente à tradição carismático-pentecostal, mas católico apostólico romano! E sua apresentação do que a igreja é corresponde exatamente ao que o mais simples dos dirigentes de uma pequena congregação pentecostal nos rincões brasileiros, sem qualquer conhecimento teológico formal, diz acerca dela. Não há burocracia alguma nem legitimidade institucional exclusiva para administrar qualquer sacramento — pois o batismo e a ceia não o são mesmo! —, muito menos hierarquia, com graus de importância e algum local que seja o centro de tudo. Nada disso, apenas o mandato,

---

198 Ibid., p. 31.
199 Ibid., p. 30.

os carismas e os ministérios, ou seja, tudo para servir, nada lembrando qualquer ideia de domínio, pois foi exatamente isso que ensinou nosso Senhor Jesus Cristo ao contrastar a forma de comportamento relacional dos que não conhecem Deus em relação aos que nasceram de novo: "Os reis dos gentios dominam sobre eles, e os que têm autoridade sobre eles são chamados benfeitores. Mas não sereis vós assim; antes, o maior entre vós seja como o menor; e quem governa, como quem serve. Pois qual é maior: quem está à mesa ou quem serve? Porventura, não é quem está à mesa? Eu, porém, entre vós, sou como aquele que serve" (Lucas 22:25-27). O pano de fundo desse ensinamento, de acordo com a narrativa lucana, é uma contenda entre os discípulos "sobre qual deles parecia ser o maior" (Lucas 22:24). E ainda:

> O Novo Testamento desconhece um termo técnico para aquilo que nós chamamos de "ministério eclesiástico". Paulo usa *charismata* e se refere com isto às *energias da nova vida* (1Co 12:6,11), a saber, os dons do Espírito. Trata-se de determinações do ser, não de determinações do dever. São dons que nascem da graça criadora de Deus. Quando ele se refere, por outro lado, ao uso dessas novas energias de vida, ele evita aparentemente todas as designações que expressam relações de dominação. Não fala de um "domínio sagrado" (hierarquia), mas opta pela expressão *diakonia*. A graça criadora leva a uma nova obediência, e os dons e energias do Espírito levam ao serviço gratuito. Não se pode deduzir deles direitos e privilégios. A fonte dos novos poderes vitais é a própria vida. "O dom gratuito de Deus é a vida eterna em Cristo Jesus, nosso Senhor" (Rm 6:23). Assim como a nova vida se revela e se torna eficaz nos novos poderes de vida, assim também o dom escatológico do Espírito Santo se revela e se torna eficaz na força do Espírito. Os carismas podem ser entendidos como concreção e individuação do *charis* — que é uma só — outorgada em Cristo. Por meio dos dons espirituais, o Espírito — que é um só — dá a cada pessoa sua parte específica e sua vocação inteiramente personalizada no processo da nova criação. Já que a palavra "espírito" é sujeito a mal-entendidos tradicionais, precisamos lembrar que, para Paulo, o Espírito é o "poder da ressurreição" e como tal o poder divino da criação e nova criação (Rm 8:11; Rm 4:17). O espírito não é idealisticamente justaposto a uma corporeidade perecível, mas é Deus mesmo que chama o não-existente para a existência, que justifica ímpios e ressuscita mortos. É o Espírito que "vivifica" tudo que é mortal (1Co 15:45). Correspondentemente,

os dons espirituais da comunidade devem ser compreendidos como poderes vitais criativos. Como poder de ressurreição, o Espírito é a presença reavivadora do futuro de vida eterna em meio à história da morte, a presença do futuro da nova criação em meio às calamidades deste mundo. No Espírito e pelos poderes do Espírito, o *novum escatológico* — "Eis, eu faço novas todas as coisas" — torna-se o *novum dentro da história*, a saber, segundo sua tendência, em toda a esfera da criação que caiu na miséria. Por isto, as energias da nova vida no Espírito são tão multicoloridas e diversificadas como a própria criação. Nada deve ser desconsiderado, reprimido e descartado; ao contrário, tudo será eternamente vivificado. Por isto, Paulo e a Epístola aos Efésios falam tão pleroforicamente dos carismas. É uma riqueza transbordante cujas dimensões não podem ser fixadas uma vez para sempre.[200]

Evidentemente que, diante do que estamos falando, alguém, por motivos óbvios e muito interessado na manutenção de posições e postos hierárquicos, pode estar questionando: "Mas a comunidade original já não tinha claramente uma estrutura hierárquica, com apóstolos como pilares e Pedro como uma pedra?", como questiona Hans Küng, reconhecendo obviamente que "havia apóstolos na primeira comunidade". Todavia, é preciso ter em mente que "acima dos Doze, a quem o próprio Jesus escolheu como símbolo, todos aqueles que pregavam a mensagem de Cristo e fundaram comunidades como primeiras testemunhas e primeiros mensageiros eram apóstolos" e, emparelhados a eles, existiam "outras figuras [que] também são mencionadas já nas epístolas de Paulo: profetas e profetisas, que proferiam mensagens inspiradas, e professores, evangelistas, e colaboradores de diferentes tipos, homens e mulheres".[201] Aqui, o grande problema é novamente o mesmo para o qual chamamos a atenção no capítulo 3 ao falarmos de Deus, isto é, o amplo conhecimento teórico das diversas imagens de Deus, elaboradas pela especulação teológico-filosófica e reproduzidas nos manuais de teologia sistemática, faz que as pessoas tenham dificuldade de olhar para os dados escriturísticos e vislumbrar Deus como a Bíblia o apresenta. Em relação à igreja, consoante o que dissemos acima, ocorre a mesma dificuldade, e assim com as demais doutrinas do edifício teológico. Na verdade, comportamo-nos tais como os

---

200 MOLTMANN. *A igreja no poder do Espírito*, p. 374-5 (grifo no original).
201 KUNG. *A Igreja Católica*, p. 32-3.

1644 | TEOLOGIA SISTEMÁTICO-CARISMÁTICA

discípulos mais próximos de nosso Senhor Jesus Cristo, seu colégio apostólico, que, diante da impossibilidade de expulsar o espírito maligno de um adolescente, sentiram-se no direito de repreender uma pessoa que não fazia parte do tal núcleo nem do grupo maior, mas expulsava demônios e eles saíam, isto é, não aceitamos que outros façam o que nós achamos que cabe exclusivamente ao nosso grupo, mesmo que nos mostremos incapazes de cumprir a missão por disputas mesquinhas (Lucas 9:37-50)! Mas o próprio Senhor Jesus Cristo não aceita que tenham "ciúmes" dele; antes, os proíbe de assim agir com as pessoas (Lucas 9:49-50 cf. Números 11:27-29). Assim, voltando à questão, diz Hans Küng:

> Podemos falar em *misteres* na igreja original? Não, porque o termo secular mister (*arche* e palavras gregas semelhantes) em lugar nenhum é usado para estes diferentes ministérios e vocações da igreja. Imagina-se por quê. *Mister* indica uma relação de dominação. Em vez disso, no primeiro cristianismo, era usado um termo normatizado pelo próprio Jesus quando disse: "Que o que governa seja como o servo" (Lucas 22:26 — esta frase foi transmitida em seis variantes). Em vez de falar em mister, as pessoas falavam em *diakonia*, "serviço", originalmente como servir à mesa. Portanto, esta era uma palavra com conotações subalternas, que não poderia evocar nenhum tipo de associação com qualquer forma de autoridade, poder, dignidade, ou posição de poder. Certamente, havia também autoridade e poder na igreja primitiva, mas, no espírito daquele dito de Jesus, a autoridade não deveria ser estabelecida com o propósito de mando (e no intuito de adquirir e preservar privilégios), mas apenas para o serviço e bem-estar de todos.[202]

Todos sabemos que os movimentos reformistas, invariavelmente, irromperam por causa do cuidado em se restaurar e/ou resgatar um cristianismo primevo, sobretudo motivado pela opulência de sua liderança que se tornou não apenas distinta dos primórdios, mas completamente desvirtuada de qualquer traço que lembre nosso Senhor Jesus Cristo e os primeiros obreiros a servir na comunidade dos do Caminho (Atos 20:17-38). É curioso que as exortações do teólogo católico cabem perfeitamente ao protestantismo, particularmente em algumas frentes da tradição carismático-pentecostal, cujo

---

202 Ibid., p. 33 (grifo no original).

institucionalismo, com raríssimas exceções, nos últimos decênios, as desfigurou completamente. E, se por um lado, é fato que "a comunhão mística, cujo princípio soberano é o Espírito Santo", ou seja, não pode ser promovida por nenhuma espécie de ideologia, por outro, temos de reconhecer que tal comunhão "requer traduções concretas no plano das relações humanas pessoais",[203] isto é, não se trata meramente de um ideal ou de uma utopia, mas precisa ser uma realidade. Justamente por isso, afirmar da boca para fora que a igreja é um corpo, uma unidade — ainda que plural, conforme a metáfora paulina do corpo (Romanos 12:4-8; 1Coríntios 12:12-31) —, mas agir como pessoas inconversas, ou de maneira até mais ímpia e cruel, revela apenas religiosidade, hipocrisia e teatralização eclesiástica. E que ninguém evoque os maus exemplos bíblicos e históricos[204] para legitimar a guerra pela liderança de igrejas locais, campos ministeriais e convenções, pois quem ensinou lições de humildade, e as demonstrou na prática, tanto ontológica quanto existencialmente, e orou para que fôssemos "um", dizendo que somente o amor nos caracterizaria como verdadeiramente seus discípulos (João 17:20-21; cf. 13:35), não poderia, de maneira alguma, instituir qualquer espécie

---

203 CONGAR. *"Ele é o Senhor e dá a vida"*, p. 39.

204 Basílio de Cesareia, também conhecido como Basílio Magno, descrevendo o estado da igreja oriental de sua época, por causa da disputa entre instituição e carisma, com o consequente desprezo pelo Espírito Santo, assim se pronuncia: "A que se assemelha a situação atual? Assemelha-se um pouco a um combate naval que, devido a antigos conflitos, travaram povos belicosos, e amantes da luta, veementemente encolerizados uns contra os outros. Peço-te que olhes o seguinte quadro: de cada lado a frota avança terrivelmente para atacar; depois com incontido clamor de cólera, lançam-se uns sobre os outros em enérgica luta. Imagine que um violento turbilhão dispersa as naves, a densa escuridão, proveniente das nuvens, encobre a visão, de forma que não se distinguem mais amigos e inimigos, tornando-se irreconhecíveis nesta confusão as insígnias das duas partes. Acrescentemos ainda ao quadro, para fazê-lo mais vivo, o mar encapelado e revolto, chuva impetuosa, espantosa borrasca, provocada por enormes vagalhões. Em seguida, os ventos de todos os pontos, concentrados em um só lugar, fazem com que toda a esquadra entre em colisão. Dentre os combatentes, uns atraiçoam e passam para o campo do adversário mesmo durante o prélio; outros se veem forçados simultaneamente a repelir os barcos, arrastados contra eles pelos ventos, e a marchar contra os assaltantes e se massacrarem uns aos outros na sedição proveniente da malevolência contra os superiores e da ambição de cada qual de tomar o poder. Pensa ainda no ruído impreciso e confuso do mar, no barulho do turbilhão dos ventos, no entrechoque dos navios, no embate das ondas, nos gritos dos combatentes, clamando contra os acidentes que os afligem, de sorte que nem se ouve a voz do comandante, nem a do piloto e instalam-se terrível desordem e confusão. Os males excessivos acarretam, com a desesperança de viver, desenfreada liberdade de pecar. Acrescenta a tudo isso uma inacreditável mania de glória, a tal ponto que já o navio naufraga e a equipagem não renuncia à disputa pelo primeiro lugar" (BASÍLIO MAGNO. *Basílio de Cesareia: Tratado sobre o Espírito Santo* 30,76, 4. reimpr. [São Paulo: Paulus, 2019], p. 182-3).

1646 | TEOLOGIA SISTEMÁTICO-CARISMÁTICA

de organização hierárquica e piramidal, cuja estrutura incitasse e emulasse seus membros da base a querer estar no topo, nem que para isso tenham que destruir uns aos outros! Yves Congar, teólogo dominicano, e com um perfil mais institucional, diz:

> Não se poderia então falar igualmente das formas do ministério procedente dos apóstolos? Se Jesus instituiu incontestavelmente os Doze — e já com a cooperação do Espírito Santo (At 1,2) —, a sucessão no ministério deles não começou sob a instigação do Espírito, ao menos em se tratando da forma histórica do episcopado? Não se pode atribuir a Jesus Cristo a determinação dos graus do ministério sacramental: nem Trento, nem o Vaticano II o fazem. A intervenção do Espírito é patente se se trata da designação concreta e da instituição ou ordenação dos ministros. O Novo Testamento testemunha isso de uma maneira clara e mais sugestiva. Os testemunhos da história, porém, são claros: o Espírito inspira as escolhas e opera no eleito as capacidades exigidas para a sua função. As ordenações são súplicas e comunicações do Espírito Santo, uma "unção" feita por ele.[205]

O mesmo teólogo acrescenta que não é possível negar que a "disjunção que às vezes se faz entre funções institucionais e surgimentos de tipo 'carismático' corresponde a fatos históricos", ou seja, a "tensão entre os dois faz parte da natureza das coisas", e que praticamente "todas as épocas oferecem exemplos disso". Conforme vimos anteriormente, contudo, Congar diz que "sistematizar, fazer disso uma oposição de princípio seria se dedicar a uma operação muito discutível".[206] Mesmo assim, ele informa que as "eras apostólica e a dos mártires conheceram uma presidência da Eucaristia por carismáticos, profetas e doutores (At 13:1-2, *Didaquê* IX-X; XIV,1 e XV,2) ou fiéis que haviam confessado a fé sob tormentos", havendo continuidade em "ordenar aqueles nos quais se encontravam as qualidades de homem de Deus", a ponto de a "escolástica caracteri[zar] o episcopado como 'estado de perfeição', dedicado ao dom absoluto de si a Deus e aos homens".[207] Sua opinião é que, de maneira teológica, "aceitar a falsa oposição, a desastrosa disjunção entre carisma e instituição, seria estourar a unidade da Igreja — Corpo

---

205 CONGAR. *"Ele é o Senhor e dá a vida"*, p. 23.
206 Ibid.
207 Ibid., p. 24-5.

de Cristo", pois certamente "uns pretenderiam manipular e ditar regras a tudo unicamente em nome do poder, sem espiritualidade; outros, anarquicamente, em nome do Espírito". Além disso, haveria "também uma falsa teologia da ordenação, vista como pura transmissão de 'poder'". Em suma, "faltaria a necessária dimensão pneumatológica da eclesiologia".[208] E, uma vez que ele defende que a "pneumatologia, como teologia e dimensão da eclesiologia, só poderá encontrar seu pleno desenvolvimento graças àquilo que dela será realizado e vivido na Igreja", ou seja, nesse sentido, "a teoria depende amplamente da prática"[209] (algo que a tradição carismático-pentecostal pode atestar e ensinar), assim Congar conclui sua reflexão:

> A oposição entre carismas e instituição hoje está geralmente abandonada. Reconhece-se que há dois tipos de operação diferentes pelo modo de propor, pelo seu estilo, embora concorram para a mesma finalidade, a construção da obra de Cristo. São, portanto, complementares. Depois de se ter visto dominar uma tendência para subordinar estreitamente, e até mesmo reduzir os carismas à autoridade instituída, constatou-se em alguns uma tendência contrária: o organismo eclesial seria de estrutura carismática, o institucional possui apenas uma função secundária de suplência. É preciso reconhecer para cada tipo de dom e de operação seu lugar de edificação da Igreja.[210]

Contudo, tal pensamento, convenhamos, é um ideal na tradição católica romana, pois, como observa Hans Küng, os "bispos da Igreja Católica (como os das Igrejas Anglicana e Ortodoxa) gostam de se chamar 'sucessores dos apóstolos'" e afirmam de si mesmos "que a constituição presbiterial-episcopal da igreja foi instituída por Jesus Cristo, e até que é uma instituição divina e, portanto, uma lei divina imutável (*iuris divini*)". Todavia, "a coisa não é tão simples assim", pois, de acordo com o que informa o mesmo autor, uma "investigação cuidadosa das fontes do Novo Testamento nos últimos 100 anos mostrou que esta constituição de igreja, centrada no bispo, não é absolutamente determinada por Deus ou dada por Cristo, mas é resultado de um longo e problemático desenvolvimento histórico", ou seja, trata-se de "obra

---

208 Ibid., p. 25.

209 CONGAR, Yves. *Revelação e experiência do Espírito*, 2. ed., Creio no Espírito Santo (São Paulo: Paulinas, 2009), vol. 1, p. 225.

210 CONGAR. *"Ele é o Senhor e dá a vida"*, p. 25.

1648 | TEOLOGIA SISTEMÁTICO-CARISMÁTICA

humana e, portanto, pode ser mudada".[211] Aos que objetam usando textos bíblicos isolados sem consideração alguma do *background*, o teólogo católico explica corretamente que mesmo as chamadas "igrejas paulinas são, aliás, em grande parte, comunidades com ministérios carismáticos livres", isto é, conforme instrução do próprio apóstolo "Paulo, todos os cristãos têm sua vocação bastante pessoal, seu próprio dom do espírito, seu carisma especial para o serviço da comunidade". Em termos diretos, "em suas igrejas, havia toda uma série de misteres e funções diferentes e também bastante corriqueiros: para pregar, fornecer ajuda e guiar a comunidade".[212] Assim, óbvio como é:

> Não se pode provar que os bispos sejam sucessores dos apóstolos no sentido estrito. É historicamente impossível encontrar na fase inicial do cristianismo uma cadeia ininterrupta de imposição de mãos dos apóstolos até os bispos de hoje. Antes, historicamente, pode ser demonstrado que, numa primeira fase pós-apostólica, presbíteros-bispos locais estabeleceram-se ao lado de profetas, professores e outros ministros como os únicos líderes das comunidades cristãs (e também na celebração da Eucaristia); assim, uma divisão entre "clero" e "laicato" ocorreu num estágio inicial. Numa fase posterior, o episcopado monárquico de um bispo individual cada vez mais tomou o lugar de uma pluralidade de presbíteros-bispos numa cidade e mais tarde por toda a região de uma igreja. Em Antioquia, por volta de 110, com o bispo Inácio, surgiu a ordem de três cargos, que se tornou habitual por todo o império: bispo, presbítero e diácono. A Eucaristia já não mais podia ser celebrada sem um bispo. A divisão entre "clero" e "povo" agora era um fato.[213]

Segue a mesma linha de raciocínio o historiador cristão protestante Mark Noll, que diz que a "dificuldade interpretativa com respeito à história antiga do episcopado é que as formas de ordem eclesiástica do Novo Testamento são bastante flexíveis, ao passo que somente meio século mais tarde, quando as evidências novamente tornam-se disponíveis, ficou firmemente estabelecido o governo da igreja através de bispos". Entretanto, "na ausência de uma sequência de fatos detalhados, deve-se recorrer a estruturas mais amplas de

---

211 KÜNG. *A Igreja Católica*, p. 46.
212 Ibid., p. 46-7.
213 Ibid., p. 48.

CAPÍTULO 9 – Eclesiologia | 1649

fé para preencher os espaços em branco".[214] Em outras palavras, existe um hiato de tempo entre as fontes bíblicas e extrabíblicas, e foi nesse lapso que se desenvolveu a estrutura episcopal que posteriormente vemos apresentada nos documentos patrísticos, não havendo informação histórica de como transcorreu esse período, pois o "Novo Testamento revela uma situação mais ou menos fluida com respeito à ordem da igreja". Sobretudo em "Atos e nas Epístolas Pastorais (1 e 2Timóteo e Tito), que provavelmente refletem a situação em meados dos anos 60 ou pouco depois, vemos a igreja organizada sob a liderança (*episkopoi*), diáconos (*diakonoi*), oficiais presidentes (*hegoumenoi*) e presbíteros (*presbyteroi*)".[215] É fato indiscutível que o "apóstolo Paulo comissiona presbíteros em algumas de suas visitas a igrejas locais e estabelece normas sobre como os 'bispos' ou 'anciãos' e os 'diáconos' devem realizar as tarefas de dirigir o culto e cuidar dos pobres". Todavia, o mesmo historiador observa que "a clara distribuição de deveres encontrada no final do segundo século — especialmente dos bispos que presidem uma igreja ou igrejas de uma determinada região — é desconhecida como tal no Novo Testamento".[216] Após comentar brevemente alguns documentos patrísticos, Mark Noll conclui corretamente que:

> A interpretação do processo testemunhado nos escritos de Inácio, Irineu e Cipriano depende mais de concepções acerca da igreja do que da avaliação das evidências. Os historiadores concordam que a ordem da igreja primitiva evoluiu a partir de raízes judaicas, nas quais, por exemplo, as sinagogas haviam funcionado sob anciãos ou presidentes. Todos também concordam que a organização episcopal da igreja representou um extraordinário avanço em relação ao judaísmo. Para os católicos romanos e em certo sentido para os ortodoxos, os bispos precisavam surgir, uma vez que eles foram designados sucessores dos apóstolos e encarregados de continuar a obra apostólica de testificar acerca de Cristo e organizar vidas de serviço a ele. A expressão católica "o episcopado dormia no apostolado" reflete essa convicção. Os protestantes, por outro lado, tendem a encarar o episcopado que emergiu por volta da metade do segundo

---

214 NOLL, Mark A. *Momentos decisivos da história do cristianismo* (São Paulo: Cultura Cristã, 2000), p. 42.

215 Ibid.

216 Ibid., p. 42-3.

século como uma resposta natural às circunstâncias. Uma interpretação protestante pode começar sugerindo que o Tiago que presidiu o concílio de Jerusalém no livro de Atos foi selecionado por causa de uma necessidade pragmática, mas que ele não confundiu o seu próprio papel com a realidade mais básica da mensagem apostólica de Cristo e da sua obra. Semelhantemente, os bispos deveriam ser considerados como não mais que anciãos com responsabilidades funcionais adicionais. Os bispos, como todos os crentes, podiam ser considerados "apostólicos" quando e se mantivessem a mensagem dos apóstolos sobre a salvação encontrada em Cristo, mas eles não deveriam de outro modo ser considerados peculiarmente apostólicos em sua ordenação ou no exercício de seu ofício.[217]

Evidentemente que tal estrutura cumpriu um papel na consolidação da igreja no início, contudo "a avaliação precisa do que o surgimento do episcopado significou para a igreja continua sendo disputada",[218] pois, quanto mais institucionalizada a pessoa, mais defenderá a hierarquização ministerial, até como se fosse divina, e, quanto menos privilegiada com tal estrutura ou mesmo prejudicada por ela, nenhuma necessidade lhe irá atribuir. Assim, como diz Hans Küng, ela "não deve ser criticada desde que seja usada no espírito do evangelho para o bem dos homens e das mulheres e não para preservar ou idolatrar o poder dos 'hierarcas'", e isso pelo simples fato de que "a sucessão de bispos é antes funcional do que histórica", ou seja, "a atividade dos bispos enraíza-se na pregação do evangelho, e os bispos devem antes sustentar os outros carismas do que 'apagá-los'", sobretudo porque "os profetas e os professores tinham sua própria autoridade".[219] A verdade é que a igreja não foi dada aos ministros, mas, justamente o oposto, os distintos ministérios foram dados à igreja para servi-la (Efésios 4:11-16). Logo, se isso não acontece, antes há desunião, contenda, disputas por posições, hierarquização, separações ministeriais interesseiras, domínio do povo de Deus, locupletação que, não raramente, deságua em escândalos de enriquecimento ilícito — às vezes isso não acontece, mas claramente se percebe a imoralidade de determinados ordenados ou de prebendas, cujo valor sustentaria algumas dezenas de famílias

---

217 Ibid., p. 44-5.
218 Ibid., p. 45.
219 Küng. *A Igreja Católica*, p. 49-50.

de missionários em países subdesenvolvidos —, é preciso pensar o que esse meio guarda de igreja, corpo de Cristo, ou se se parece mais com oligarquias políticas, cujos munícipes vivem na miséria enquanto suas lideranças se refestelam revezando-se, durante décadas, no poder. Nosso Senhor Jesus Cristo inclusive falou disso (Lucas 22:25-27), conforme citamos anteriormente, tomando governantes ímpios como exemplo, mas observando que entre nós, ou seja, seus seguidores, discípulos, que compõem sua igreja, não deveria ser assim! Portanto, a conclusão é tão óbvia quanto inevitável. Em ambientes nos quais essa postura prevalece, ainda que usando o nome de Deus, de Jesus e do Espírito Santo, arrogando a si uma autoridade supostamente dada pelo céu, não há dúvida, nada há de sagrado, nem de divino, mas apenas manipulação e domínio. Essa é a situação retratada por Basílio de Cesareia, que, conforme percebemos, demonstra haver ainda na época a observação do princípio neotestamentário de que a liderança deve se dar sob a direção do Espírito:

> Também os intrigantes, eleitos por si mesmos, disputam a presidência das igrejas, pouco se importando com as disposições (*oiconomía*) do Espírito Santo. E como as instituições evangélicas estão inteiramente confusas devido à desordem, são incríveis as contendas pelos primeiros lugares, e cada um dos que ambicionam aparecer usa de violência para tomar a presidência. Uma terrível anarquia, por causa desta ambição, apossou-se do povo, de sorte que as exortações dos chefes ficam inteiramente ineficazes e vãs. Cada qual julga, na vaidade de sua ignorância, que, ao invés de obedecer, deve antes dominar os outros.[220]

É perceptível a angústia do padre capadócio em relação à postura da liderança nas igrejas orientais, pois disputava-se a direção das comunidades sem qualquer orientação do Espírito Santo, ou seja, o institucionalismo do bispado prevaleceu sobre o carisma. Essa é apenas uma amostra do que acontecia mais geralmente ou que veio a tornar-se forma predominante com o decorrer dos anos. E isso foi levado a efeito, primeiramente, entre outras, com o auxílio de duas ações teológicas que, como sabemos, não alteram em nada a realidade

---

220 Basílio Magno. *Basílio de Cesareia: tratado sobre o Espírito Santo* 30, 76, 4. reimpr. (São Paulo: Paulus, 2019), p. 185.

1652 | TEOLOGIA SISTEMÁTICO-CARISMÁTICA

ontológica das coisas, mas, sem dúvida, trazem implicações institucionais. Uma delas já foi trabalhada nos capítulos anteriores, porém detidamente na primeira parte, em que tratamos das questões teórico-metodológicas, com ênfase especial no capítulo 2, quando mostramos como se deu a helenização da fé cristã. Uma discussão que ainda se encontra aberta e inconclusa, não a respeito da inegável influência do aporte filosófico grego para a teologia cristã, e sim se isso foi ou não benéfico. Mas, para bem ou para mal, e entendendo a importância e também a necessidade de os apologistas se valerem desse recurso naquele momento histórico, conforme observa Hans Küng, é igualmente preciso reconhecer que os "efeitos negativos desta helenização da pregação cristã foram inequívocos", pois, dadas as "suas origens hebraicas, a verdade do cristianismo não era para ser 'vista', nem 'teorizada'; antes, era para ser praticada". Justamente por isso, "no evangelho de João, Jesus Cristo é chamado de 'o caminho, a verdade e a vida' (Jo 14:6)", pois o "conceito cristão de verdade originalmente não era contemplativo e teórico como o conceito grego, mas sim operativo e prático".[221] Contudo, com a helenização da fé cristã, houve uma mudança. "Enquanto no judaísmo, desde a época de Jesus até hoje, houve discussões sobre a prática correta da lei, no cristianismo helenizado, as discussões eram cada vez mais sobre a verdade 'correta' e 'ortodoxa' da fé",[222] gerando um *status* para o bispado:

> Originalmente, este se relacionava mais com a organização (a economia da igreja), mas agora passava a ser o mister episcopal do ensino: uma decisão sobre o ensino correto e "apostólico" era confiada aos bispos com base na "sucessão apostólica". Listas de bispos e sínodos de bispos, aliás, "a tradição", tornavam-se de modo geral cada vez mais importantes, e o poder dos bispos crescia sempre. Os bispos tomaram o lugar dos professores carismáticos, e também dos profetas — e das profetisas![223]

A segunda ação teológica é um corolário dessa primeira e consiste no fato de terem transformado as ordenanças[224] — batismo e ceia —, deixadas por nosso Senhor Jesus Cristo para que seus discípulos, não apenas os Doze, praticassem,

---

221 Küng. *A Igreja Católica*, p. 53.

222 Ibid., p. 54.

223 Ibid., p. 55.

224 Menzies. *Empoderados para testemunhar*, p. 276.

em "sacramentos".[225] Ao assim fazer, não apenas se estrangulou a participação leiga, mas também se monopolizou o que é livre, ou seja, a ação do Espírito Santo, colocando-se como intermediários entre a humanidade e Deus, posto que somente os bispos, ou seja, os "oficiais", sucessores dos apóstolos, podem administrar os tais sacramentos por meio da epiclese e assim conceder que os fiéis sejam salvos. Diferentemente desse entendimento e, não por acaso, por causa dele é que foi necessária a Reforma. A "maioria dos grupos protestantes concorda entre si que Cristo deixou à Igreja duas observâncias — ou ritos — a serem incorporadas no culto cristão: o batismo nas águas e a ceia do Senhor", diz o teólogo pentecostal estadunidense Michael Dusing, explicando que o "protestantismo, seguindo os reformadores, tem rejeitado a natureza sacramental de todos os ritos menos os dois originais", e tal tem sido dessa forma, acrescenta, "desde os tempos de Agostinho", ou seja, "muitos têm seguido a opinião de que tanto o batismo quanto a ceia servem como 'sinal exterior e visível de uma graça interior e espiritual'".[226] De acordo com o que o mesmo teólogo corretamente observa, a questão "não está na prática dos ritos, mas na interpretação do seu significado (por exemplo, o que subentende uma 'graça interior e espiritual'?)". Portanto, a expressão "ordenança", para o batismo nas águas e ceia do Senhor, "sugere que essas cerimônias sagradas foram instituídas por mandamento, ou 'ordem' de Cristo". Muito mais que isso, nosso Senhor "ordenou que fossem observadas na Igreja, não porque transmitem algum poder místico ou graça salvífica, mas porque simbolizam

---

225 "O termo 'sacramento' (que provém de *sacramentum*, em latim) é mais antigo e aparentemente de uso mais generalizado que o termo 'ordenança'. No mundo antigo, um *sacramentum* referia-se originalmente a uma soma em dinheiro depositada em um lugar sagrado por duas partes envolvidas num litígio civil. Pronunciada a sentença do tribunal, devolvia-se o dinheiro da parte vencedora, enquanto a perdedora tinha de entregar o seu para 'sacramento' obrigatório, considerado sagrado porque passava a ser oferecido aos deuses pagãos. No decurso do tempo, o termo 'sacramento' passou a ser aplicado também ao juramento de lealdade prestado pelos novos recrutas do exército romano. Já no século segundo, os cristãos tinham adotado o termo e começaram a associá-lo ao seu voto de obediência e consagração ao Senhor. A Vulgata Latina (c. de 400 d.C.) emprega o termo *sacramentum* como tradução da palavra grega *mustêron* ('mistério'), o que veio a acrescentar uma conotação um tanto reticente, misteriosa, às coisas consideradas 'sagradas'. Realmente, no decurso dos anos, os sacramentalistas tenderam, uns mais do que outros, a ver os sacramentos como rituais que transmitem graça espiritual (frequentemente 'graça salvífica') a quem deles participa" (DUSING. "A igreja do Novo Testamento", in: HORTON [org.]. *Teologia sistemática*, p. 568).

226 DUSING. "A igreja do Novo Testamento", in: HORTON (org.). *Teologia sistemática*, p. 568.

1654 | TEOLOGIA SISTEMÁTICO-CARISMÁTICA

o que já aconteceu na vida de quem aceitou a obra salvífica de Cristo".[227] Justamente por isso, esclarece o mesmo autor, tais "ordenanças, determinadas por Cristo e celebradas por causa do seu mandamento e exemplo, não são vistas pela maioria dos pentecostais e evangélicos como capazes de produzir por si mesmas uma mudança espiritual, mas como símbolos ou formas de proclamação daquilo que Cristo já levou a efeito espiritualmente nas suas vidas".[228] É importante reconhecer que, ao falar de "símbolos", como já temos insistido, não estamos lidando com algo de somenos importância. Tal raciocínio pode ser visto no caso da Ceia que, inclusive, apresenta uma discussão interessante: a cena apresentada em todos os Evangelhos (Mt 26:17-30; Mc 14:12-26; Lc 22:7-23; Jo 13:1,2) é a última Páscoa ou a primeira Ceia do Senhor? A maioria das epígrafes editoriais das Bíblias mais recentes informa ser ambas as coisas. Na verdade, o Mestre os convoca para realização da Páscoa, contudo realiza a primeira Ceia, conforme vemos posteriormente em 1Coríntios 11:23-32. E foi justamente nessa ocasião que os três aspectos que não podemos esquecer desse memorial foram instituídos: 1) a remissão dos nossos pecados — dando início a um novo tempo para a humanidade, ou seja, o "Novo Testamento"; 2) a promessa escatológica — Jesus só participará desse ato novamente quando retornar e instituir completamente seu Reino e 3) a tarefa precípua da igreja — anunciar o sacrifício de nosso Senhor Jesus Cristo até que ele volte. Trata-se de um memorial que nos liga verticalmente à Trindade e nos une, horizontalmente, enquanto corpo de Cristo. Dádiva, promessa e missão, eis o que nunca podemos esquecer.

Como dito anteriormente, o aspecto positivo de tal institucionalização é que ela também foi responsável por salvaguardar uma coesão mínima entre as diversas igrejas, tornando-se responsável por catalisar um grupo tão diversificado quanto os cristãos. Tal capilaridade, unida ao crescimento espantoso dos adeptos da nova doutrina, chamou a atenção do Império Romano, e então o cristianismo foi cooptado e alçado ao *status* de religião oficial. Isso se dá logo no início do século 4. Mas, como não poderia deixar de ser, o crescimento também traz problemas e, numa estrutura hierárquica, fatalmente irrompem insatisfações e desejo de ascensão. Assim, controvérsias teológicas serviam de desculpas para retaliações e dissidências que deviam ser contornadas, pois, do

---

227 Ibid., p. 568-9.
228 Ibid., p. 569.

CAPÍTULO 9 – Eclesiologia | 1655

contrário, o cristianismo acabaria promovendo o efeito oposto do que Roma queria, algo que, como sabemos e já vimos no capítulo 4, foi inevitável e acabou acontecendo, não de direito naquela época, mas de fato sim, arrastando-se até o desenlace final no século 11, marcando o chamado Grande Cisma. Já é por demais conhecido o fato de que foi Constantino, o imperador, quem convocou, em 325, o primeiro grande concílio ecumênico, em Niceia, e que dessa reunião sairiam as maiores resoluções doutrinárias, visto que até hoje dão o tom da religião cristã. A despeito de todos os bispos do império, seja do lado ocidental, seja do lado oriental, terem participado do Concílio, informa Hans Küng:

> o imperador é quem tinha o poder de decisão no concílio; o bispo de Roma não foi sequer convidado. O imperador convocou o sínodo imperial; guiou-o através de um bispo nomeado por ele e através de comissários imperiais; tornou as resoluções do concílio leis oficiais, endossando-as. Ao mesmo tempo, aproveitou a oportunidade para assimilar a organização da igreja à organização do Estado: as províncias da igreja correspondiam às províncias imperiais ("dioceses"), cada qual com um sínodo metropolitano e um provincial (especialmente para a eleição de bispos). Ideologicamente, o imperador era apoiado pela "teologia política" do seu bispo da corte, Eusébio de Cesareia.[229]

O institucionalismo triunfou, e obviamente os que foram beneficiados com o "casamento" do Estado com a igreja defendiam tal união. Entre estes, de acordo com o que informa o teólogo anglicano Alister McGrath, estava Eusebio de Cesareia, não só adepto da "teologia imperial", mas, como informa Hans Küng, o seu autor. Daí ter o conhecidíssimo "historiador eclesiástico" retratado de maneira tão desprezível tanto Montano quanto o movimento montanista, pois, como já temos insistido, a experiência com o Espírito Santo e o empoderamento carismático não são bem-vindos a qualquer grupo autocrático que se apresenta como único e exclusivo representante divino, inquestionável, refratário às mudanças e reformas necessárias, valendo-se da posição para dominar e amealhar benesses pessoais, ainda que dizendo fazer tudo em nome de Deus. Não por acaso, diz o teólogo católico Gerhard Lohfink, "justamente na época em que as comunidades perdem

---

229 KÜNG. *A Igreja Católica*, p. 64-5.

sua aura inicial, aproximando-se cada vez mais da forma posteriormente confirmada pela Igreja imperial, tem início o movimento da retirada dos eremitas e monges".[230] Tal atitude confirma a "patologia própria", isto é, peculiar das instituições, a que se referiu Juan Antonio Estrada anteriormente, ou seja, o fato de aniquilar a experiência e instituir o dogma em seu lugar. Neste aspecto, os que saem da organização para assegurar sua comunhão com Deus demonstram que estão verdadeiramente na igreja, isto é, no corpo de Cristo. E assim procedem visando recorrer à experiência fontal que a originou. "Tanto no livro de Atos dos Apóstolos como nos demais livros do Novo Testamento, a doutrina apostólica que dá toda autoridade ao Espírito Santo, e condena a intromissão do elemento humano onde só a graça de Deus deve operar, é persistentemente pregada com grande clareza", defende o apóstolo da imprensa pentecostal brasileira, Emílio Conde, dizendo que as Escrituras mostram que ali há cristianismo, não mera religião, pois "cristianismo sem poder, sem inspiração, sem dependência de Deus, sem milagres e sem rendição completa, não é cristianismo: é simplesmente religião, e religião não é luz para uma igreja de Deus!"[231]

— Reforma, sacerdócio universal dos crentes e restauracionismo —

Do crente ao ateu, a ideia de igualdade entre os seres humanos é um dos ideais mais sonhados. No que diz respeito à religião, um dos exemplos clássicos de igualdade é o ritual de passagem pertencente, primariamente, ao judaísmo e, posteriormente, ao cristianismo. O batismo em água tornou-se necessário para homens e mulheres, oficiais e civis, ricos e pobres, cultos e incultos etc.; todos, indistintamente, precisam passar por ele (Mateus 28:19; Marcos 16:16). Destacamos esse exemplo pelo fato de que até

---

230 LOHFINK. *Deus precisa da igreja?*, p. 374. Apesar dessa observação, o tom de Lohfink é que, ao dizer isso, "não se pretende apresentar a história da igreja como um processo de decadência progressiva, como se a igreja, sobretudo depois da 'virada constantiniana', degenerasse cada vez mais. O processo que levou à igreja imperial e à transformação do cristianismo em religião oficial foi uma contingência histórica praticamente inevitável. Talvez tenha sido necessário enveredar por esse caminho. Foi uma tentativa grandiosa de criar um 'império' cristão que englobasse fé, vida e cultura" (ibid., p. 375). Se tal foi assim naquela época, isto é, visando a um bom propósito, seguramente podemos dizer que essa atitude foi à revelia do que ensinou nosso Senhor Jesus Cristo, e, para além disso, atualmente, com toda essa bagagem de experiência negativa da simbiose entre o poder temporal e eclesiástico, não há desculpa alguma para se proceder da mesma forma e assim repetir os erros de outrora.

231 CONDE. *Igrejas sem brilho*, p. 30.

mesmo ateus — moderados, como Alain Badiou[232], ou mais combativos, como Slavoj Žižek[233] — reconhecem o legado cristão da igualdade. Tal característica cristã não se trata de uma construção teológica posterior, mas de uma prática que nosso Senhor Jesus Cristo ensinou em sua trajetória, seja de forma vivencial, seja de maneira narrativa, com a própria pregação do evangelho, o anúncio da boa notícia a todos (Mateus 11:1-6; Lucas 4:14-30). Seus discípulos, ou seguidores, eram compostos por pessoas de todos os gêneros, faixas etárias e camadas sociais (Mateus 4:12-25; 14:13-21; 19:13-15; Lucas 8:1-3; 10:1-22). Consequentemente, a missão outorgada por ele aos seus seguidores não poderia se restringir a uma classe específica; antes, deveria ser uma obrigação de todos. Isso porque sua visão também não era voltada para uma parte do planeta, mas abrange todo o globo terrestre (Mateus 28:19-20; Marcos 16.15-20; Lucas 24:47; João 20:21). Como cumprir algo tão grandioso assim?

Como já dissemos, o próprio nosso Senhor Jesus Cristo, enviado pelo Pai, só se lançou ao cumprimento da *missio Dei* após seu batismo e posterior unção do Espírito Santo (Lucas 4:1; Atos 10:38). Com os seus primeiros seguidores não foi diferente. Tal como ele os orientou, os discípulos esperaram o revestimento de poder e depois saíram, com a mesma ousadia de seu Mestre, a cumprir a missão que lhes cabia (Lucas 24:49; Atos 1:8). É bom lembrar que, antes de receberem a "virtude do Espírito Santo", após a morte de Jesus os discípulos estavam escondidos, temendo que os judeus os oprimissem e até matassem (João 20:19). Um exemplo, nem de longe o único, mas talvez o mais emblemático do encorajamento proporcionado pelo revestimento de poder, é o de Pedro, que, após a experiência de Atos 2, empoderado pelo Espírito Santo e tomado de extrema autoridade, pregou, agregando ao pequeno grupo de irmãos (cerca de 120) naquele dia quase três mil almas (Atos 2:41). Em outra oportunidade, fez outro anúncio, e foram quase cinco mil (Atos 4:4). Era até mesmo impossível acreditar que aquele Pedro, que outrora negara o seu Mestre (João 18:25), agora, tomado de uma coragem divina, estava perante o Sinédrio, sendo interrogado pelos mesmos algozes de nosso Senhor Jesus Cristo, mas, dessa feita, não só respondeu a perguntas afirmativamente, como discursou a favor do evangelho desafiando os inquisidores do Mestre

---

232 BADIOU, Alain. *São Paulo: a fundação do universalismo* (São Paulo: Boitempo, 2009).

233 ŽIŽEK, S. *O absoluto frágil, ou por que vale a pena lutar pelo legado cristão?* (São Paulo: Boitempo, 2009).

1658 | TEOLOGIA SISTEMÁTICO-CARISMÁTICA

(Atos 4:7-21). O que Pedro proclamava? O evangelho, a mensagem de que Deus ama a humanidade e quer dar a ela do seu Espírito (Atos 2:37-41).

Desde quando chamou o caldeu Abrão, Deus demonstrou claramente seu interesse em salvar todos os que, pela fé, à semelhança do patriarca, atenderiam ao seu chamado (Gênesis 12:1-3; 22:17-18; Gálatas 3:6-9). Essa promessa nutriu, durante quatro séculos, o povo que foi se formando a partir da família de Jacó, neto de Abraão. E, quando Deus chama Moisés e o envia ao faraó para libertar os hebreus, antes mesmo de fornecer-lhes as leis, diz que a nação a ser formada seria sua "propriedade peculiar" além de "reino sacerdotal e povo santo" (Êxodo 19:5-6; cf. Deuteronômio 7:6).[234] As leis, portanto, visavam ser uma forma de contracultura, pois o povo precisava de uma identidade (Deuteronômio 4—6). Não obstante, a ideia de igualdade está muito clara. Não há uma casta especial ou superior, mas todos são "sacerdotes". É interessante notar que, até esse momento, não havia instituição sacerdotal entre os hebreus, mas apenas duas menções que se referem a Melquisedeque e Jetro, respectivamente (Gênesis 14:18; Êxodo 2:16; 18:1). Quando das primeiras instruções acerca do sacrifício, juntamente com o Decálogo, elas não especificavam quem seria os oficiantes (Êxodo 20:22-26). É bem verdade que, após o conselho de Jetro, Moisés elegera setenta anciãos em Israel (Êxodo 18:9-27), e estes, após empoderados (Números 11:16-30), juntamente com Arão, Nadabe e Abiú, foram designados a subir com Moisés ao monte para receberem a Lei (Êxodo 24:1). Observe-se, porém, que na presença do Senhor apenas Moisés poderia se achegar, os demais deveriam manter-se a certa distância (Êxodo 24:1-2). Mesmo sendo impossível que todos oficiassem o culto, motivo por que Arão e seus filhos foram designados pelo Senhor e, posteriormente, a tribo de Levi (Êxodo 28:1-3; Números 3:11-13; 8:5-26),[235]

---

234 Albert Vanhoye explica, porém, em relação a tais textos bíblicos, que "nem um nem outro pretendem descrever uma situação efetiva. Os dois são apresentados como promessas que se referem a um porvir maravilhoso. Segundo o Êxodo, a realização da promessa tinha como condição a obediência de Israel a Deus e sua fidelidade à aliança. Porém, o AT constata, em diversas ocasiões, que nunca essa condição chegou a se cumprir (Dt 9:7; Jr 7:25-26). Em boa lógica, segue-se, então, que o sacerdócio prometido ao povo permaneceu no AT como um estado ideal nunca alcançado" (*Sacerdotes antigos e sacerdote novo: segundo o Novo Testamento* [São Paulo: Academia Cristã, 2007], p. 66).

235 Vanhoye diz que tal tribo foi escolhida "para se consagrar mais diretamente ao serviço do santuário. Nessa tribo, uma família recebe uma consagração particular e fica encarregada do sacerdócio. Os membros dessa família são separados do povo para serem introduzidos na esfera do sagrado e se encarregarem do culto. Serão sacerdotes" (*Sacerdotes antigos e sacerdote novo*, p. 66-7).

é interessante notar que Moisés, quando da orientação divina, "enviou certos jovens dos filhos de Israel, os quais ofereceram holocaustos e sacrificaram ao Senhor sacrifícios pacíficos de bezerros" (Êxodo 24:5).

É impossível não mencionar o episódio em que Deus diz a Moisés acerca do empoderamento do seu grupo de setenta anciãos para que assim eles o ajudem (Êxodo 11:16-25). Os dois homens que ficaram no acampamento — e de quem Josué sentiu ciúmes pelo fato de eles profetizarem, querendo até mesmo que Moisés os proibisse (Números 11:26-28) — motivaram um pronunciamento do legislador que é emblemático: "Tomara que todo o povo do Senhor fosse profeta, que o Senhor lhes desse o seu Espírito" (Números 11:29b). Tal caso, conforme já dissemos, lembra o que ocorreu no Novo Testamento, quando os discípulos que formavam o núcleo apostólico, após serem envergonhados por não conseguir expulsar o espírito maligno de um adolescente (Lucas 9:37-42), depararam com uma pessoa que, mesmo não seguindo o grupo, repreende demônios em nome de Jesus e estes saem (Lucas 9:49). O seguimento de Jesus, cheio de empáfia, relata ao Mestre que proibiu a pessoa de fazer aquilo, e Jesus, então, responde: "Não o proibais, porque quem não é contra nós é por nós" (Lucas 9:50b).

No que diz respeito ainda às funções sacerdotais, Roland de Vax lembra que juntamente "com o Urim e Tumim, a bênção de Levi em Dt 33:10 confia aos levitas a instrução do povo: 'Eles ensinarão tuas decisões, *mišpatim*, a Jacó, tuas instruções, *torot* (ler no plural), a Israel'. A *torá* pertence ao sacerdote, como o julgamento ao rei, o conselho ao sábio, a visão ou a palavra ao profeta".[236] Tal pode ser visto, de acordo com o mesmo autor, em três textos: Miqueias 3:11, Jeremias 18:18 e Ezequiel 7:26. Não obstante, o depósito da fé era, ao cabo e ao final de tudo, de Israel como povo sacerdotal. Assim, a postura de Israel, como classe sacerdotal, denunciada por Oseias, é, para dizer o óbvio, irresponsável e um verdadeiro suicídio intelectual: "Meu povo foi destruído por falta de conhecimento. 'Uma vez que vocês rejeitaram o conhecimento, eu também os rejeito como meus sacerdotes; uma vez que vocês ignoraram a lei do seu Deus, eu também ignorarei seus filhos'" (Oseias 4:6, NVI). Não dá para entender como um povo cumpridor, defensor, intérprete e professor da Lei tenha, de maneira ostensiva e deliberada, rejeitado o conhecimento e, especificamente, o da Torá (Deuteronômio 4:6). Algo que escapa em meio ao clima

---

236 Vaux, Roland de. *Instituições de Israel no Antigo Testamento* (São Paulo: Vida Nova, 2004), p. 392.

1660 | TEOLOGIA SISTEMÁTICO-CARISMÁTICA

de apostasia da época de Malaquias é a dramática lembrança que o Senhor faz da responsabilidade do sacerdote: "Porque os lábios do sacerdote guardarão a ciência, e da sua boca buscarão a lei, porque ele é o anjo do SENHOR dos Exércitos" (Malaquias 2:7). Como "mensageiro" do Senhor, ele era porta-voz de Deus. Como "guardador da ciência", era um cumpridor dos preceitos da Lei e, como aquele de cuja boca Israel buscaria o saber, o sacerdote era, então, um "professor da Lei". Roland de Vaux diz que, a "partir do Exílio, o ensinamento da Torá deixa de ser monopólio dos sacerdotes. Os levitas, afastados das funções propriamente sacerdotais, tornam-se os pregadores e os catequistas do povo; finalmente, o ensino se dará fora do culto, nas sinagogas, e a classe dos escribas e doutores da Lei, aberta aos leigos, se sobreporá à casta sacerdotal".[237]

No Novo Testamento, existem paralelos semelhantes para a liderança (Mateus 5:19; 1Timóteo 3:2). Na história eclesiástica também, pois, quando surgiram os apologistas — primeiros defensores intelectuais do cristianismo —, suas homilias tinham por finalidade instrumentalizar toda a igreja para que esta pudesse também responder aos questionamentos. Só com o passar do tempo, conforme mostramos com Hans Küng, é que o povo foi tolhido do conhecimento, e uns poucos "iluminados" monopolizaram a Palavra. O resultado todos conhecemos. No cimo da história veterotestamentária, no livro de Malaquias, a situação da classe sacerdotal é degradante (Malaquias 1—4). O período intertestamentário certamente não sinaliza grandes melhorias para a classe. Dessa forma, nos dias de Jesus, tem-se o ápice da falência do grupo, tanto pela nova aliança que foi instituída (Mateus 26:28; cf. Hebreus 8:6-13) quanto pela situação degradante em que se encontrava (isso não significa, absolutamente, que a classe sacerdotal deixou de existir). E que situação era essa? A de não ter escrúpulos para condenar um inocente em um processo suspeitíssimo (João 18:12-24) e usar a influência obtida com o *status* religioso para incitar a turba e esta pressionar um político e assim levar o Mestre à pena capital (João 19:12). Mas o evento que explicita a falência definitiva do sacerdócio levítico é revelado por João quando o apóstolo narra a reunião em que o sacerdote e o sumo sacerdote, conforme já dissemos, conspiram e decidem que Jesus Cristo deve ser criminosamente morto (João 12:9-11). Tal não se deu por ele ter afirmado que era o Messias — como faziam muitos

---

237 Ibid., p. 393.

CAPÍTULO 9 – Eclesiologia | 1661

falsos messias naquela época e logo eram silenciados —, e sim por causa das abundantes provas de que ele, de fato, é o Messias (João 11:45-57).

A pergunta que salta aos olhos é como a classe sacerdotal adquiriu tanto poder. Albert Vanhoye, especialista na área, informa acerca do período inter-testamentário que a "dinastia sacerdotal dos hasmoneus se manteve no poder em meio a diversas peripécias até os tempos de Herodes, cujo reinado começou no ano 37 a.C.". Assim, completa, o "poder político do sumo sacerdote passou, então, a um segundo plano, porém sem desaparecer", pois, a despeito de o "Império Romano fazer da Judeia uma de suas províncias governadas por procuradores, o sumo sacerdote seguiu sendo a autoridade mais alta da nação judaica", pois, entre outras coisas, "presidia o sinédrio, ao qual os romanos reconheciam a competência de ser um poder regional".[238] Esta, pois, é a questão mais séria, pois é justamente "a situação que se reflete nos relatos dos evangelhos e nos Atos dos Apóstolos", restando a verdade de que ao se "falar dos sumos sacerdotes, era impossível, então, separar o aspecto da *autoridade religiosa* do de *poder político*". Isto é, ambos "estavam intimamente ligados". Não apenas isso, mas talvez o mais crucial ainda é pensar que tal "amálgama complicava muito para os primeiros cristãos a questão das relações de sua fé em Cristo e o sacerdócio judaico". Óbvio como é, tal conflito culminou numa ruptura. Contudo, conforme observa Vanhoye, "o problema estava em discernir as consequências que haviam de ser tiradas dessa ruptura". Em outras palavras, era preciso pensar nas seguintes questões: "Teriam que romper, os cristãos, por sua vez, com o poder sacerdotal? Teriam que introduzir uma distinção entre sacerdócio e autoridade política, ou rejeitar ambas as instituições? Acaso, era legítimo discutir uma instituição importante na vida do povo de Deus?"[239] E a pergunta crucial: "Era possível esquecer que, sejam quais forem os erros de seus representantes, a dita instituição estava baseada na Palavra de Deus e era autorizada por um número impressionante de textos bíblicos?".[240]

Como já é do conhecimento do estudioso da Bíblia, evocando os profetas é possível verificar que a instituição sacerdotal não acabaria, mas seria muito diferente da que ora o povo experimentava (Isaías 2:1-5; Ezequiel 40—44; Miqueias 4:1-3 etc.). O ápice, porém, de tal sacerdócio convergia com o reinado messiânico ansiado pelos judeus. Como se sabe, as coisas

---

238 VANHOYE. *Sacerdotes antigos e sacerdote novo*, p. 84.
239 Ibid.
240 Ibid., p. 84-5.

1662 | TEOLOGIA SISTEMÁTICO-CARISMÁTICA

não se deram exatamente conforme a expectativa judaica, mas a Epístola aos Hebreus garante que eles tinham um Sumo Sacerdote que transcende a ordem levítica, pois é da "ordem de Melquisedeque" (Hebreus 6:13—7:19), cumprindo Salmos 110:4. Portanto, esse sacerdócio cumpria a promessa messiânica que, obviamente, ninguém poderia fazê-lo. Todavia, enquanto esse Sumo Sacerdote não retorna, ainda resta o trabalho de anunciar o reino e discipular pessoas, um trabalho digno de uma "função sacerdotal". Na verdade, conforme sabiamente instrui o mesmo Vanhoye, "por trás da dimensão sacerdotal do mistério de Cristo, está a qualificação sacerdotal do povo cristão".[241] Em outros termos, somente mediante os méritos de Cristo os seus discípulos são tornados "sacerdotes reais".

Albert Vanhoye diz que, se, por um lado, tanto Hebreus, que dá um tratamento cristão ao sacerdócio, quanto a Primeira Epístola de Pedro e também o Apocalipse, fundamentam-se no Antigo Testamento, por outro, os documentos neotestamentários partem de diferentes textos das Escrituras hebraicas, isto é, "enquanto a Epístola aos Hebreus argumenta a partir de um oráculo no salmo 110, que alude ao rei de Israel, a Primeira Epístola de Pedro e o Apocalipse apoiam-se numa promessa divina contida no Livro de Êxodo e dirigida a todo o povo".[242] Tal aspecto levanta uma vez mais a questão da continuidade e da descontinuidade entre os Testamentos, pois, a despeito de o apóstolo Pedro ter utilizado a expressão "sacerdócio santo" (1Pedro 2:5) antes da citação de Êxodo 19:6 em 1Pedro 2:9, diz Vanhoye, tal "não corresponde à elaboração do seu pensamento", ou seja, "não é depois de haver aplicado à situação cristã a palavra 'sacerdócio' que Pedro descobriu a frase do Êxodo, mas antes".[243] O que está sendo dito é que o apóstolo constrói o seu argumento sobre esta promessa, não o contrário. O fato relevante é que o texto de Êxodo 19:6 recebeu diversos tratamentos, mas prevalece como mais condizente e acorde a interpretação que o situa em sua plenitude nos tempos messiânicos. Em termos diretos, dada a instauração do sacerdócio aarônico e, posteriormente, levítico, o raciocínio consentâneo é que o cumprimento do texto em sua plenitude se daria em época futura, não nos dias do Êxodo propriamente dito. E é exatamente aqui que reside a alegria, mas também a responsabilidade, dos discípulos

---

241 Ibid., p. 377-8.
242 Ibid., p. 377.
243 Ibid., p. 383.

de Cristo. Se os tempos messiânicos não se iniciaram para os judeus, considerando que eles não reconhecem Jesus como seu Messias, para a igreja eles já são uma realidade. O surpreendente é que não são as semelhanças entre os textos que demonstram sua importância e o motivo da alegria, mas sim justamente as diferenças inclusive "a mudança de tempo, destinatários e condições".[244] Vanhoye destaca que, enquanto a "frase do Êxodo está no futuro e se dirige aos israelitas, opondo-os às nações pagãs, e está precedida por uma proposição condicional, a frase de Pedro aplica-se ao presente, está dirigida a pessoas procedentes de nações pagãs e não é condicional". É impossível não reconhecer a mudança radical de perspectiva. O texto de Êxodo aponta para o futuro, ao passo que o de Pedro está no presente, sendo praticamente uma aclamação. No caso de Êxodo, a promessa era condicional; em Pedro, fala-se de uma realidade dada.

Entretanto, à semelhança da classe sacerdotal veterotestamentária, a de que fazemos parte também possui deveres e obrigações inerentes ao ofício. Vanhoye observa que a frase de 1Pedro 2:9 "assinala uma posição adquirida ou, mais exatamente, um privilégio recebido". Ele afirma ainda que tal posição aparece "graças ao contexto anterior que indica como é possível chegar a esta posição e como se recebe este privilégio", ou seja, o texto dos versículos 4 e 5 mostra "com todo o seu admirável dinamismo e em toda a sua profundidade espiritual, a doutrina sobre o sacerdócio dos crentes".[245] O teólogo francês diz acerca desse texto que a "frase divide-se, claramente, em duas partes: a primeira se relaciona com o particípio 'chegando-vos' e descreve a adesão a Cristo, enquanto a segunda, que encerra o verbo principal 'sois edificados', expressa o resultado dessa adesão". Tal "disposição", continua o mesmo autor, "lança uma luz muito viva sobre uma característica fundamental do sacerdócio dos crentes", qual seja, a de que "o primeiro ponto desta doutrina é a necessidade absoluta da mediação de Cristo e da união contínua com Ele", isto é, apenas "à medida que aderirem a Cristo os crentes se converterão em um organismo sacerdotal".[246] Assim, no texto dos versículos 4 e 5 o sentido é "'funcionamento sacerdotal', enquanto que em 2:9 o sentido exigido é de 'organismo sacerdotal'".[247] A insistência de Vanhoye acerca desse

---

244 Ibid., p. 394.
245 Ibid., p. 401.
246 Ibid., p. 402.
247 Ibid., p. 410.

1664 | TEOLOGIA SISTEMÁTICO-CARISMÁTICA

ponto se dá pelo fato de que Cristo é o único mediador e, como tal, tanto neste texto "como em Hebreus, os crentes participam do *culto* sacerdotal, mas não exercem a *mediação* sacerdotal; pelo contrário, estão submetidos a ela".[248] Tal aspecto é importante que fique claro para que se entenda a real função sacerdotal dos crentes. Antes disso, porém, é preciso ver quanto, desde o Antigo Testamento, as instituições sofrem pela ação humana, e com a igreja não seria diferente.

Desde o início, conforme antevisto (profetizado?) pelo apóstolo Paulo (Atos 20:17-38), e por tratar-se de seres humanos, a tendência, infelizmente, de qualquer movimento que se institucionaliza e forma estruturas que inicialmente tiveram a finalidade clara de auxiliar e servir, é sofrer com a ambição megalomaníaca dos que querem dominar as pessoas. O apóstolo dos gentios advertiu os anciãos de Éfeso de que isso aconteceria com aquela comunidade e que lobos cruéis — que não perdoariam o rebanho —levantar-se-iam dentre eles mesmos (v. 29). Contudo, de acordo com o comentário do teólogo Alberto Casalegno, "o termo 'Igreja'", no versículo 28, "indica a Igreja universal e não simplesmente a Igreja particular de Éfeso", isso pelo simples fato de que, conforme já falamos anteriormente, "na Igreja local está presente a Igreja universal".[249] Com a narrativa lucana e os demais documentos epistolares, é claramente perceptível que nunca existiu uma "igreja perfeita", e muito cedo problemas com lideranças apareceram (Tito 1:5-16). Então, logo nos primórdios, a postura reformista, com seu aspecto profético, igualmente manifestou-se. Já falamos acerca disso no capítulo 4 ao explicar que, entre os propósitos da obra de Lucas-Atos, certamente figura o de que o material tem a clara intenção de estabelecer um perfil de aferição, isto é, evidenciar como as coisas se deram para que seja possível comparar, na realidade de Teófilo, se elas estão como descritas ou se se afastaram muito daquele modelo inicial. Isso, obviamente, não significa uma padronização que ignora especificidades e dimensões adaptativas, pois tal diversidade pode ser vista, como já dissemos acima, ainda no próprio Novo Testamento.

O que estamos dizendo é que parece ser do etos da igreja a postura reformista, pois, tendo ela uma dimensão histórica e humana, acaba acometida pela patologia das instituições, conforme assinalou Juan Antonio Estrada.

---

248 Ibid., p. 403 (grifo no original).

249 CASALEGNO, Alberto. *Ler os Atos dos Apóstolos: estudo da teologia lucana da missão* (São Paulo: Loyola, 2005), p. 359.

Portanto, lhe é imprescindível tal autocorreção. Assim, ao se insurgir contra os abusos clericais, os pré-reformadores agiam fielmente, sofrendo o dano de desafiar o sistema que se apropriou do nome de nosso Senhor Jesus Cristo, mas que com ele não tinham mais nenhuma relação. Com os reformadores, aplica-se o mesmo raciocínio. Contudo, resta perguntar: o que se queria resgatar, pois a Reforma magisterial não objetivava criar uma nova igreja, mas levar a existente a ser como ela fora ou deveria ser. Para isso, lembramos que foram dois os pilares, ou eixos, de tal resgate: 1) o livre-exame das Escrituras e o 2) sacerdócio universal dos crentes. A fim de compreender brevemente o segundo pilar (visto que tratamos extensamente das Escrituras nos capítulos anteriores), vamos nos deter no texto de Lutero em que ele desenvolve a doutrina do sacerdócio geral — ou universal — dos crentes, pois neste o monge agostiniano trata de uma questão eminentemente política de sua realidade. Sob o título *À nobreza cristã da nação alemã, acerca da melhoria do estamento cristão*, o texto foi publicado em 1520 e trata-se de uma crítica à organização política e estrutural em forma de estamento da Alemanha de então. Assim, mesmo encontrando temas eminentemente bíblicos e teológicos no referido texto, como, por exemplo, quando Lutero diz que "a ordenação pelo bispo não é outra coisa do que se ele tomasse um dentre a multidão em lugar e em representação de toda a comunidade — onde todos têm o mesmo poder — e lhe ordenasse exercer esse poder pelos outros" e, continua dizendo, que é tal "como se dez irmãos, filhos de um rei e herdeiros iguais, escolhessem um que governasse a herança por eles; todos eles seriam reis e teriam igual poder, e ainda assim se ordena a um que governe". Contudo, ainda não satisfeito, o monge agostiniano afirma que, "para dizê-lo de forma ainda mais clara: se um punhado de piedosos cristãos leigos fossem presos e confinados num deserto, não tivessem entre eles um sacerdote ordenado por bispo, chegassem a um acordo e escolhessem um dentre eles, fosse casado ou não, e lhe confiassem o ofício de batizar, celebrar missa, absolver e pregar, ele verdadeiramente seria um sacerdote, como se todos os bispos e papas o tivessem ordenado". O reformador finaliza defendendo a ideia de que, "em caso de necessidade, cada um pode batizar e absolver, o que não seria possível se não fôssemos todos sacerdotes". Ele chega a rememorar que tal sempre foi dessa forma e acusa a Cúria romana, representada pelo papa e os bispos, dizendo que tal "grande graça e poder do batismo e do estamento cristãos eles nos destruíram e levaram ao esquecimento completo através do direito canônico", isto é, antes disso, "os

1666 | TEOLOGIA SISTEMÁTICO-CARISMÁTICA

cristãos escolhiam outrora os seus bispos e sacerdotes dentre a multidão".[250] E cita como exemplo de ordenação sem a pompa colocada pela Cúria romana nada menos que "Santo Agostinho, Ambrósio e Cipriano".[251]

Dessa forma, mesmo dizendo que "caso Deus queira ajudar à sua Igreja através dos leigos, uma vez que o clero, a quem isto caberia com mais razão, se descuidou [disso] por completo"[252] — visto que a doutrina dos dois estamentos não passa de uma "grande distinção entre cristãos iguais" proveniente de "leis e invenções humanas"[253] —, ainda assim é importante entender que seu objetivo não é eminentemente eclesiológico, e sim cultural. O monge agostiniano explica em que consiste a doutrina dos dois estamentos dizendo: "Inventou-se que o papa, os bispos, os sacerdotes e os monges sejam chamados de estamento espiritual; príncipes, senhores, artesãos e agricultores de estamento secular". No entanto, apesar de reconhecê-la como "uma invenção e fraude muito refinada", ele afirma, porém, que não se deve deixar intimidar com tal doutrina pelo simples fato de que

> todos os cristãos são verdadeiramente de estamento espiritual, e não há qualquer diferença entre eles a não ser exclusivamente por força de ofício, conforme Paulo diz em 1Co 12:12ss.: Todos somos um corpo, porém cada membro tem sua própria função, com a qual serve aos outros. Tudo isso se deve ao fato de que temos um Batismo, Evangelho e fé que tornam as pessoas espirituais e cristãs. Ora, o fato de que o papa ou bispo unge, faz tonsura, ordena, consagra, se veste de forma diferente que os leigos pode perfazer um hipócrita ou pseudossacerdote, jamais constitui, porém, um cristão ou pessoa espiritual. Assim pois todos nós somos ordenados sacerdotes através do Batismo, como diz São Pedro em 1Pe 2:9: "Vós sois um sacerdócio real e um reino sacerdotal", e Ap [5:10]: "Com teu sangue tu nos constituístes sacerdotes e reis." Pois se não houvesse em nós uma ordenação superior àquela dada pelo papa ou bispo, jamais se faria um sacerdote através da ordenação do papa ou bispo, ele tampouco poderia celebrar missa, nem pregar, nem absolver.[254]

---

250 MARTINHO LUTERO. *Obras selecionadas: o programa da Reforma — escritos de 1520/Martinho Lutero*, 3. ed. atual. (São Leopoldo/Porto Alegre: Sinodal/Concórdia, 2011), p. 282.
251 Ibid., p. 283.
252 Ibid., p. 279.
253 Ibid., p. 285.
254 "Ibid., p. 282.

Espera-se que não se estranhe a linguagem de Lutero nem sua atribuição sacramental do batismo, visto que, como se sabe, ele não estava a fim de acabar com a Igreja romana nem tinha como proposta criar outra, mas sim reformá-la, levando-a a identificar-se com o que entendia ter sido a igreja dos apóstolos ou do primeiro século. Portanto, justamente por isso defendia que "quem saiu do Batismo pode gloriar-se de já estar ordenado sacerdote, bispo e papa, se bem que não convém a cada um exercer esse ofício", ou seja, "como somos todos igualmente sacerdotes, ninguém deve se projetar a si mesmo e atrever-se, sem essa aprovação e escolha, a fazer aquilo que todos temos o mesmo poder". Portanto, continua o reformador, disso "se segue que leigos, sacerdotes, bispos e, como dizem, espirituais e seculares no fundo verdadeiramente não têm qualquer diferença senão em função do cargo ou da ocupação, e não pelo seu estamento; pois todos eles são do estamento espiritual, autênticos sacerdotes, bispos e papas". Lutero continua insistindo que, todavia, "nem todos têm a mesma ocupação, assim como também entre os sacerdotes e monges nem todos têm a mesma ocupação. E isto [é dito] por São Paulo em Rm 12:4ss. e 1Co 12:12ss., e por Pedro em 1Pe 2:9, como disse acima: Todos nós somos um corpo do cabeça Jesus Cristo, e cada um é membro do outro".[255] Numa palavra, a diferença está apenas na atividade, não na importância, já que "todos são sacerdotes e bispos ordenados de igual modo, e cada qual deve ser útil e prestativo aos outros com seu ofício ou ocupação, de modo que múltiplas ocupações estão voltadas para uma comunidade, para promover corpo e alma, da mesma forma como os membros do corpo servem todos um ao outro". Sua conclusão a esse respeito é que o "que o direito canônico afirmou em contrário é pura petulância e invenção dos romanos".[256]

Como se pode ver, a questão da igualdade e da liberdade, no que diz respeito ao sacerdócio universal dos crentes na perspectiva de Lutero, estava focada na indistinção entre clero e leigo do ponto de vista social e, portanto, cultural, não sendo discutido o trabalho específico da Grande Comissão, e quando algo aparece como serviço religioso é apenas para reforçar tal igualdade com o objetivo de demonstrar a improcedência da doutrina dos dois estamentos na Alemanha. Portanto, para que não reste alguma dúvida, agora nas palavras de Alister McGrath, a "doutrina de Lutero sobre o sacerdócio

---

255 Ibid.
256 Ibid., p. 283.

1668 | TEOLOGIA SISTEMÁTICO-CARISMÁTICA

universal dos crentes não acarreta a abolição de um ministério profissional",[257] pois, mais uma vez lembramos, ele não queria acabar com a Igreja Católica Apostólica Romana. Tal é importante entender, pois o que de fato nasce com a doutrina do sacerdócio universal dos crentes de Lutero é a perspectiva de que "todos os cristãos são chamados para serem sacerdotes, e esse chamado se estende ao mundo cotidiano".[258] Em outras palavras, não existe a divisão insistida pelo catolicismo entre trabalho secular e trabalho sagrado. A intervenção do crente no mundo é uma forma de adoração. Inclusive, tais pensamentos lançam as bases do chamado "mandato cultural", na perspectiva reformada. Mas talvez o melhor destaque desse aspecto do pensamento de Lutero venha de Walter Altmann, ao dizer que o correto exercício e entendimento da doutrina do "sacerdócio universal, portanto, não é exercido adequadamente nem na repetição mecânica de passagens bíblicas nem na interpretação individual arbitrária, mas num empenho comunitário e diversificado em torno da palavra bíblica, em que seu sentido se vai descortinando".[259]

Ainda aqui, como se pode perceber, se está às voltas com a questão da igualdade, ou do igualitarismo, pois pode ser que não se tenha entendido que unidade e igualdade não significam necessariamente ausência de diversidade. Os oficiais que já existiam no tempo de Pedro não são excluídos do "organismo sacerdotal", pois o que não se aventa são benesses ou distinções dignitárias. Tal torna-se necessário, pois, conforme observa Vanhoye, "o uso feito por Lutero do texto sacerdotal de 1Pedro; [isto é,] em várias ocasiões o grande reformador recorreu a este texto para fundamentar sua polêmica contra o sacerdócio ministerial da Igreja Católica e para afirmar que todos os cristãos são sacerdotes com o mesmo título, que todos têm os mesmos poderes com relação à Palavra de Deus e os sacramentos e que, em consequência, os sacerdotes e bispos não possuem nenhum poder particular e nenhuma autoridade além daquela concedida aos fiéis".[260] Mas Lutero o fez por causa do exercício abusivo do poder clerical que os oficiais exerciam sobre os leigos. Entretanto, conforme os estudos apontam, Israel nunca conseguiu ser um reino sacerdotal, e o exercício do sacerdócio universal dos crentes também foi

---

257 McGRATH, A. *O pensamento da Reforma: ideias que iluminaram o mundo e continuam a moldar a sociedade* (São Paulo: Cultura Cristã, 2014), p. 242.

258 Ibid., p. 289.

259 ALTMANN, Walter. *Lutero e a libertação* (São Paulo/São Leopoldo: Ática/Sinodal, 1994), p. 105.

260 VANHOYE. *Sacerdotes antigos e sacerdote novo*, p. 84.

um ideal inatingível no protestantismo. Isso pelo fato de o próprio Lutero, posteriormente, ter dito que não era possível que os leigos fossem capazes de instruir-se por si mesmos com a leitura da Bíblia, necessitando de mediação interpretativa por exegetas oficiais. Em termos diretos, a despeito de reconhecer que foram "Lutero e a Reforma Protestante que primeiro voltaram a ressaltar esse princípio da doutrina cristã", diz Justo González, é preciso entender "que o próprio Lutero, como a maioria dos reformadores, não encontra maneiras eficientes para que esse sacerdócio universal fosse uma realidade experimentada na vida da igreja".[261] Tal saber é imprescindível, pois muitos celebram e até romanceiam a história escamoteando o seu verdadeiro significado, esquecendo-se de que o protestantismo é plural, ou seja, existe uma contribuição de cada segmento para se chegar onde estamos. Mesmo porque, em termos de protestantismo, a elitização de alguns segmentos jamais proporcionou condição alguma para que esses dois pilares da Reforma realmente chegassem ao povo. O fato é que, conforme dissemos no capítulo 4, essa obstrução não é acidental, pois:

> O encargo da comunidade em sua totalidade e os cargos diversificados e distinguíveis na comunidade estão numa relação genética. Aqui não há prioridades de tempo e tampouco de valor. Pois não existe comunidade sem cargos especiais e não existem cargos especiais sem comunidade. A comunidade e os cargos especiais surgem *simultânea e mutuamente* e estão consequentemente em uma dependência *mútua*. Somente na comunidade do povo de Deus, cargos podem ser atribuídos e exercidos. Somente no encargo por Cristo, o povo de Deus é congregado. Quem deixa de perceber esse vínculo genético destruirá a comunidade carismática. Por muito tempo tem se concebido a Igreja de um modo unilateral como uma realidade puramente hierárquica, de tal maneira que a primeira depositária do mandato de Cristo era a autoridade eclesiástica, e só a partir daí se transmitia este mandato à comunidade cristã. Isto levou à separação entre o ministério e o povo e para a incapacitação do povo de Deus que se tornou "povo eclesiástico" de "leigos". A *justificativa monárquica do ministério* que se tornou comum na Grande Igreja desde Inácio de Antioquia — "um Deus, um Cristo, um bispo, uma comunidade" — pode ter tido na época motivos pragmáticos em seu favor, mas ela é teologicamente errada,

---

261 GONZÁLEZ. *Breve dicionário de teologia*, p. 295.

1670 | TEOLOGIA SISTEMÁTICO-CARISMÁTICA

e, eclesiologicamente, ela levou a um desenvolvimento falho. Essa hierarquia uniforme reflete um *monarquismo clerical* como ele correspondia ao "monoteísmo político" contemporâneo, mas que contradiz a compreensão trinitária de Deus e de seu povo. O desenvolvimento do *episcopado monárquico* levou ao sufocamento do Espírito e à obstrução da comunidade carismática. Não é uma surpresa de que, ao mesmo tempo e em paralelo a esse desenvolvimento de uma igreja hierárquica de ministérios, tenha surgido o *espiritualismo cristão* e tenha se difundido — e esteja se difundindo até hoje — o "submundo" eclesial das seitas, dos movimentos e das associações. O desenvolvimento do episcopado monárquico dissolveu unilateralmente a relação genética da comunidade encarregada e cargos especiais. A *justificativa aristocrática do ministério de uma "venerable compagnie de pasteurs"* que se procria por cooptação e reconhece fraternidade somente no nível dos "irmãos de ministério" dificilmente pode ser considerada um progresso qualitativo. Uma *justificativa democrática do ministério* que, afinal, pode ser imaginada, corresponderia certamente ao povo, mas dificilmente ao povo de Deus. Ela suporia uma espécie de panteísmo do Espírito que dá a cada pessoa "o mesmo", mas não "o seu". Somente a compreensão trinitária da comunidade encarregada e dos cargos da comunidade é capaz de expressar a dignidade do povo em sua totalidade e a dignidade de seus cargos especiais e se compreender a relação genética entre ambos. Na história do Espírito, a socialização e a individuação são os dois lados do mesmo processo. O Espírito leva para a comunhão do povo messiânico e dá simultaneamente a cada pessoa seu próprio lugar e seu cargo específico. Na história messiânica, cada um encontra sua nova identidade em Cristo e seu lugar que lhe corresponde pessoalmente. Ao socializar, o Espírito individualiza, e ao individualizar, ele socializa.[262]

Portanto, diferentemente do que se pensa, a doutrina do sacerdócio universal dos crentes, tal como se entende bíblica e atualmente, não é uma invenção do século 16 e não foi Lutero quem a criou. Como vimos anteriormente,

---

262 MOLTMANN. *A igreja no poder do Espírito*, p. 385-7 (grifo no original). Apenas para que não haja nenhuma conclusão equivocada, é interessante ver a conclusão do mesmo teólogo reformado alemão acerca do assunto: "As pessoas vivem umas com as outras e umas para as outras. O cargo especial reforça o encargo comum, e o encargo comum se apresenta nos cargos especiais. O 'sacerdócio comum dos fiéis' não pode ser justaposto aos cargos comuns, e os 'ministérios' especiais não podem ser justapostos ao 'sacerdócio comum de todos os fiéis' quando se respeita a comunhão do Espírito que 'está com todos'" (ibid., p. 387).

ocorreu um processo de elitização a que o cristianismo foi historicamente sendo submetido, culminando na estrangulação da participação leiga que, como se pode ver em Atos dos Apóstolos, era obra do próprio Deus: "E também Saulo consentiu na morte dele. E fez-se, naquele dia, uma grande perseguição contra a igreja que estava em Jerusalém; e todos foram dispersos pelas terras da Judeia e de Samaria, exceto os apóstolos. E uns varões piedosos foram enterrar Estêvão e fizeram sobre ele grande pranto. E Saulo assolava a igreja, entrando pelas casas; e, arrastando homens e mulheres, *os* encerrava na prisão. Mas os que andavam dispersos iam por toda parte anunciando a palavra" (8:1-4). Contudo, não se pode ignorar, sem ser injusto, o papel do metodismo no século 18 e da tradição carismático-pentecostal desde o início do século 20 no exercício do sacerdócio universal dos crentes como se entende atualmente, ou seja, cumprindo o ideal bíblico de ser um reino de sacerdotes. Tal, diga-se de passagem, é mais importante que qualquer outro aspecto, visto que, conforme o já citado teólogo anglicano Alister McGrath, "o que legitima a igreja e seus oficiais não é a continuidade histórica com a igreja apostólica, mas a continuidade teológica". Em outras palavras, "é mais importante pregar o mesmo evangelho que os apóstolos do que ser membro de uma instituição que é derivada historicamente deles".[263] É exatamente isso que fez John Wesley ao reconhecer o trabalho leigo ao lado do dos oficiais. E é o que faz, e propõe, a tradição carismático-pentecostal desde os seus primórdios.

A essa atitude histórico-teológica, mais característica e corriqueira nos círculos protestantes, dá-se o nome de "restauracionismo", isto é, a ideia, ou "crença no retorno a um estado prévio de bem-estar",[264] neste caso a possibilidade de se restaurar um "cristianismo primitivo", cujo modelo estaria no Novo Testamento, vivido pelos apóstolos e primeiros seguidores de Jesus de Nazaré. Conquanto muitos neguem ter qualquer ligação com essa postura que, inicial e historicamente, está mais relacionada com grupos discordantes da chamada Reforma Magisterial, como os anabatistas, por exemplo, representados pela Reforma Radical, é inegável que, essencialmente, todos os movimentos reformistas são restauracionistas, pois objetivam restaurar, ou resgatar, uma forma, ou essência, que fora perdida. A despeito de as diferenças

---

263 McGrath. *O pensamento da Reforma*, p. 173.

264 Erickson, Millard J. *Dicionário popular de teologia* (São Paulo: Mundo Cristão, 2011), p. 171.

1672 | TEOLOGIA SISTEMÁTICO-CARISMÁTICA

de estrutura, organização e concepção cristã, entre os diversos grupos protestantes, serem em grande parte explicáveis por causa até mesmo do contexto e da localidade de onde procedia o reformador, raramente em algum deles se postulou restaurar o igualitarismo, ou "universalismo",[265] que marcou o cristianismo primitivo, nos termos destacados anteriormente; antes, cada segmento protestante-cristão, "impõe um sistema de práticas e de representações cuja estrutura objetivamente fundada em um princípio de divisão política apresenta-se como a estrutura natural-sobrenatural do cosmos".[266] Não obstante, como é sabido:

> As crenças e práticas comumente designadas cristãs (sendo este nome a única coisa que têm em comum) devem sua sobrevivência no curso do tempo à sua capacidade de transformação à medida que se modificam as funções que se cumprem em favor dos grupos sucessivos que as adotam. Do mesmo modo, de um ponto de vista sincrônico, as representações e as condutas religiosas que invocam uma mensagem original única e permanente devem sua difusão no espaço social ao fato de que recebem significações e funções radicalmente distintas por parte dos diferentes grupos ou classes.[267]

Nesse sentido, a "experiência distintiva com o Espírito faz que os pentecostais retornem para além do fenômeno fundamentalista do século 19, e da própria Reforma, para o 'evangelho', conforme descrito pela Igreja Primitiva no Novo Testamento". Isto é, "como movimento de renovação, o pentecostalismo representa uma renovação da experiência cristã do século primeiro", todavia a tradição carismático-pentecostal "tem mais a contribuir para o evangelicalismo contemporâneo do que um ponto de referência específico do Novo Testamento (o Dia de Pentecostes)", pois resgata "uma dimensão da fé cristã que quase foi ofuscada no cristianismo ocidental: a dimensão experiencial".[268] E isso muda muita coisa, conforme temos demonstrado ao longo de nossa *Teologia sistemático-carismática*. Na verdade, de acordo com o que observa o teólogo pentecostal Paul Pomerville, é até "surpreendente

---

265 "Universalismo" aqui nada tem a ver com a ideia teológica de apocatástase, mas de igualitarismo.

266 BOURDIEU, Pierre. *A economia das trocas simbólicas*, 6. ed. (São Paulo: Perspectiva, 2007), p. 34.

267 Ibid., p. 52.

268 POMERVILLE. *A força pentecostal em missões*, p. 25.

para alguns evangélicos ver que a perspectiva pentecostal difere pouco do resto do evangelicalismo em questões de crença cristã básica". Contudo, "a perspectiva pentecostal tem uma 'vantagem' quando confronta a dimensão experiencial da fé cristã", ou seja, a "perspectiva também é crucial para expor uma distorção fundamental que a cosmovisão ocidental trouxe à fé cristã — sua intelectualização ou racionalização".[269]

O referido teólogo pentecostal apresenta sete princípios que caracterizam o movimento evangélico, leia-se, evangelical nos EUA e, em nosso contexto brasileiro, reformado — "(1) a autoridade da Palavra de Deus, (2) a ortodoxia (crença correta), (3) a salvação pessoal pela graça, (4) a dedicação e o compromisso, (5) o evangelismo e as missões, (6) o ecumenismo (*koinonia*) e (7) a preocupação social".[270] Ele diz que o "pentecostalismo acrescenta um 'oitavo princípio' ao impulso evangélico descrito acima: o princípio da natureza dinâmica da fé cristã"; contudo, na realidade, não se trata de "um princípio adicional, mas de uma parte inerente — o núcleo dinâmico — de todo o impulso evangélico". Assim, o que aqui se propõe nada mais é que apenas "um princípio adicional por causa do seu desaparecimento na história do cristianismo ocidental", ou seja, a tradição carismático-pentecostal "representa a restauração da dimensão dinâmica do Espírito para cada um dos princípios do impulso evangélico", pois o "oitavo princípio envolve a *atividade de Deus* na experiência cristã contemporânea, em termos do ministério do Espírito Santo".[271] O que parece ser propositadamente negligenciado nos círculos protestantes, e realmente desconhecido dos círculos carismático-pentecostais, é que esse aspecto da fé cristã não é nenhuma inovação; antes, como vimos ao longo de toda a nossa *Teologia sistemático-carismática*, e especificamente no capítulo 4, sempre caracterizou o povo de Deus, desde o Antigo Testamento, e faz parte do processo de resgate encetado na Reforma Protestante, mas que tem sido negligenciado pelo *mainstream* teológico. Portanto, consoante o que explica Pomerville:

> Cada um dos princípios do impulso evangélico poderia ser, e frequentemente é, realizado de modo intelectual e estático, não refletindo de modo algum a atividade de Deus neles. O princípio da autoridade

---

269 Ibid., p. 23.
270 Ibid., p. 25.
271 Ibid., p. 25-6 (grifo no original).

da Palavra de Deus no evangelicalismo é estático e desprovido da atividade do Espírito Santo. Considera-se que o seu *locus* é o texto da Escritura e não o testemunho do Espírito no coração do crente, como os reformadores acreditavam. É comum, nesta questão, confundir o critério da erudição bíblica com o ministério do Espírito Santo. O *princípio da ortodoxia* também é sustentado de maneira estática, que é referido como um depósito doutrinário imutável transmitido do século 16 ou 19. A racionalização da fé cristã é especialmente evidente aqui. A suposição é que os resultados da contextualização da fé cristã em um período específico da história da igreja são absolutos, normativos e perenes. Esse ponto de vista da ortodoxia apresenta problemas para a contextualização da fé em culturas não ocidentais na contemporaneidade. O caos que a distorção traz ao mundo em desenvolvimento por meio dos esforços missionários ocidentais é ilustrado pelo fato de não se contextualizar a fé cristã e os movimentos independentes "reacionários" resultantes naquela parte do mundo. O *princípio da salvação* pela graça é intelectualizado até que a conversão seja interpretada como aceitação intelectual da doutrina correta, e a fé é considerada um caso "sem provas" (separadamente da Escritura, isto é) no evangelicalismo. A expectativa da atividade de Deus além da experiência de conversão é considerada *falta* de fé![272]

Conforme descrito pelo teólogo pentecostal, a forma tipicamente racionalista da tradição reformada em sustentar que a natureza da fé consiste nesse modelo ocidental desconsidera que hoje, felizmente, "há a crescente consciência de que o evangelho é de natureza supracultural e que todas as culturas são válidas para a expressão da fé cristã", sem deixar de reconhecer que, de alguma forma, "o evangelho [é] sempre [...] intrusivo, pois todas as culturas devem ser transformadas e redimidas por ele".[273] Tal pensamento é partilhado pelo biblista pentecostal Esequias Soares, que instrui de maneira clara que os "missionários devem respeitar as culturas de cada povo". Ele assim o diz explicando que "Paulo entendia que os costumes só devem ser mantidos quando necessários, pois ensinar costumes, culturas e tradições como condição para a salvação é heresia e caracteriza seita".[274] Pomerville repete a informação

---

272 Ibid., p. 26 (grifo no original).

273 Ibid., p. 49.

274 Soares, Esequias. *O verdadeiro pentecostalismo: a atualidade da doutrina bíblica sobre a atuação do Espírito Santo* (Rio de Janeiro: CPAD, 2020), p. 142.

CAPÍTULO 9 – Eclesiologia | 1675

já apresentada nos capítulos 3 e 4, de que o "escolasticismo protestante no período pós-Reforma produziu uma teologia que foi grandemente influenciada pela cultura ocidental", ou seja, em "fins do período pós-Reforma, uma teologia racionalista e estática foi mais influenciada pela filosofia do senso comum — ponto de vista altamente etnocêntrico da realidade".[275] Para muitos, parece óbvio, e legítimo, que se imponha o modo ocidental de teologizar, ou seja, racionalista, como padrão mundial, pois têm em mente o fato de que a "teologia que se desenvolveu no Ocidente é, de alguma forma, normativa (muitas vezes considerada absoluta e perene)". Por isso, vemos a "atitude de alguns teólogos e missiólogos ocidentais em relação às teologias africanas, asiáticas e latino-americanas", ou seja, há "uma nuvem de suspeita na mente dos teólogos ocidentais" em relação aos "esforços apenas de povos não ocidentais em teologizar a partir de sua própria perspectiva de revelação bíblica à luz de problemas, questões e necessidades em seu próprio contexto cultural". Justamente por isso, o "sincretismo e as heresias no cristianismo ocidental do passado e do presente são esquecidos pelos críticos ocidentais, ou não parecem tão sinistros quanto os que supostamente emergem de contextos culturais não ocidentais".[276] Todavia, como observa Pomerville:

> Antes que o teólogo ocidental possa tentar remover o "argueiro" na expressão do cristianismo africano ou asiático, ele deve primeiro reconhecer a "trave" em sua expressão da fé. O problema em foco não é algo que meramente envolve a fidelidade ao evangelho nas culturas não ocidentais e sua distorção ali. Também envolve a fidelidade ao evangelho na *cultura ocidental* e sua distorção *lá*. Quais distorções resultaram por conta do impacto da cultura *ocidental* no evangelho? A erosão do senso do sobrenatural tem que estar no topo da lista, assim como o ofuscamento da dimensão experiencial da fé cristã. A teologização bíblica e dinâmica representada nas teologias étnicas está em forte contraste com a teologia sistemática, estática, racionalista e orientada para a escola dos ocidentais, a qual é, portanto, suspeita. A natureza experiencial dinâmica dos movimentos de independência contrasta com a expressão cerebral ocidental da fé. A natureza e a forma da teologia ocidental propriamente ditas estão na base da aversão ocidental às teologias cristãs indígenas e aos movimentos cristãos

---

275 POMERVILLE. *A força pentecostal em missões*, p. 49-50.
276 Ibid., p. 50.

indígenas, sobretudo aos do tipo pentecostal. Um etnocentrismo latente que influencia a teologia e a cosmovisão ocidentais é fator importante que contribuiu para a diferença de informação pertinente aos movimentos pentecostais em culturas não ocidentais.[277]

Apesar de estudos historiográficos da religião demonstrarem que foi no Oriente que surgiu a primeira nação cristianizada do mundo antigo — a Armênia, conforme Françoise Thelamon[278] —, o fato de ter sido na Europa que o cristianismo rapidamente saltou para outras partes do planeta fez que que as formas cristãs europeias, seja em sua expressão católica romana, seja em suas expressões histórico-protestantes, se tornassem marcantes e definidoras do estigma de o cristianismo ser uma "religião eurocêntrica". Assim, pode parecer mero oximoro falar em cristianismo como sinônimo de "religião europeia", contudo é preciso reconhecer que, à luz dos dados atuais, o mais correto a se falar é "cristianismos", no plural, pois desde o primeiro Grande Cisma, no século 11, a divisão definitiva entre ocidental e oriental, além da ruptura revolucionária ocorrida na igreja ocidental, no século 16, com a Reforma Protestante, há uma diversidade de tradições e/ou expressões da fé cristã que pode ser traduzida nas várias denominações que, do lado protestante, engrossam o movimento evangélico e expõem sua diversidade. Em meio a tantas possibilidades que se deslindam diante da população em geral, e também dos fiéis, não é difícil imaginar que cada segmento reclame para si o *status* de real, ou verdadeiro, representante do cristianismo apostólico, seja por sua antiguidade, no caso do catolicismo romano, seja por seu "purismo teológico-doutrinário", como alegado pelo protestantismo, sendo interessante compreender como funciona a dinâmica desse discurso e distinguir "origens" de "começos":

> O cristianismo, olhado em seu conjunto, configura essa dinâmica de adaptação de um mesmo paradigma original. É uma origem permanente de muitos começos. A origem é a fonte permanente de sentido para o grupo, de onde retira referências fundantes para si. O começo é o início da agremiação do grupo determinado no tempo e no espaço.

---

277 Ibid. (grifo no original).

278 Thelamon, Françoise. "Povos cristãos às margens do Império Romano", in: Corbin, Alain (org.). *História do cristianismo: para compreender melhor nosso tempo* (São Paulo: Martins Fontes, 2009), p. 132.

As origens escritas do cristianismo favorecem enormemente essa dinâmica de "começar de novo" sempre em nome da verdade e da salvação. Cada grupo vai afirmar-se como original, embora tenha um começo demarcado no tempo e no espaço e carregue em suas interpretações e práticas as marcas explícitas ou implícitas dessa demarcação.[279]

O não entendimento desse aspecto, ou sua negligência deliberada, representa um grande prejuízo para o protestantismo como um todo, independentemente de suas expressões serem cessacionistas ou continuacionistas, pois, como explica Pomerville, a dimensão experiencial e dinâmica em atividade em cada um dos referidos princípios prova apenas que ela em nada os compromete — na verdade, o "oitavo princípio" os ressalta e promove. Todavia, independentemente do seu reconhecimento, ela "continua com cada um dos princípios evangélicos". Há, contudo, um prejuízo quando teologicamente "cada um" dos princípios continua sendo encarado como "meramente um conceito estático e, portanto, distorcido quando a dimensão dinâmica da pneumatologia é negligenciada".[280] E é nesse sentido que temos proposto, desde o capítulo 1, que haja consciência da importância de se produzir teologia verdadeiramente carismático-pentecostal, utilizando deliberadamente o aspecto experiencial na elaboração teológica, pois conforme defende o teólogo pentecostal Paul Pomerville, que, inclusive, serviu como missionário durante muitas décadas em países do Oriente e hoje vive na Indonésia:

> Quando o "oitavo princípio" do impulso evangélico é levado em consideração, a fé cristã envolve uma experiência viva e dinâmica com Deus Espírito Santo. Deus Espírito Santo está ativo em relação à sua palavra escrita (o princípio da autoridade da Palavra de Deus). A autoridade da Palavra diz respeito ao testemunho do Espírito que confirma essa Palavra no coração de homens e mulheres. Deus Espírito Santo está ativo na contextualização do evangelho, em novas aplicações da palavra na vida de fé na sociedade (o princípio da ortodoxia). A teologia é vista como um processo dinâmico, bíblico e contemporâneo, que serve a igreja em sua vida de fé contemporânea. O medo desordenado do sincretismo, tantas vezes demonstrado pelos teólogos ocidentais em relação às teologias do mundo em desenvolvimento, seria dissipado, se a

---

279 Passos, João Décio. *Pentecostais: origens e começo* (São Paulo: Paulinas, 2005), p. 17.
280 Pomerville. *A força pentecostal em missões*, p. 26.

1678 | TEOLOGIA SISTEMÁTICO-CARISMÁTICA

dimensão dinâmica desses dois primeiros princípios estivesse em foco. Deus Espírito Santo também está ativo em missões de conversão hoje. As dimensões da experiência de salvação são centrais para a teologia missionária (o princípio da salvação pessoal pela graça). Portanto, a motivação, a natureza e a execução das missões envolvem principalmente o mandato evangelístico sob a supervisão ativa de Deus Espírito Santo (o princípio do evangelismo e das missões). Deus Espírito Santo está ativo, como estava no século primeiro, nas áreas da piedade e adoração (o princípio da dedicação e compromisso). No movimento pentecostal-carismático, Deus Espírito Santo está ativo em trazer à existência um ecumenismo nascido do Espírito (o princípio do ecumenismo). Deus Espírito Santo está ativo na igreja para satisfazer a necessidade total do mundo (o princípio da preocupação social). Por meio da atividade mediadora do Espírito Santo, Deus opera através do povo de Deus no mundo para trazer justiça e retidão. Sua presença e atividade imediata nessa causa é uma realidade.[281]

Como pode ser visto, devidamente compreendida, a perspectiva carismático-pentecostal, seguindo a "lógica da fé" e a "esteira da revelação", isto é, seu etos dinâmico-experiencial, "traz novas percepções sobre como Deus está ativo por meio do ministério interno e externo do Espírito Santo". Por isso, temos insistido que não mais podemos nos conformar em fazer "acomodações" ou nos contentarmos em "agregar" nossa pneumatologia no espectro teológico racionalista do edifício da teologia sistemática convencional, pois nossa perspectiva importa e concentra-se no "princípio 'ôntico' da teologia e da experiência cristã". Tal questão "se refere a uma visão da fé, que vê o cristão confrontar as Escrituras e o Espírito Santo", isto é, o "processo teológico e a experiência cristã têm o caráter de presença, a 'existência real', o imediatismo de Deus". Em outras palavras, tal "processo e experiência representam um confronto com a realidade de Deus Espírito Santo e a Palavra viva".[282] Em outras palavras, o ponto de partida, os pressupostos para pensar e fazer teologia são diametralmente opostos aos da teologia escolástica protestante. E essa consciência, desde que compreendida, muda ou, ao menos deveria mudar, completamente a nossa maneira de produzir teologia, pois é justamente assim que nós autores temos procedido desde que compreendemos tal questão.

---

281 Ibid., p. 26-7.
282 Ibid., p. 27.

Percebemos, refletimos e ponderamos acerca da importância de assim agir, procurando produzir teologia dessa forma. No momento, e para a finalidade deste penúltimo capítulo, é interessante compreender que:

A unidade teológica dos movimentos pentecostais-carismáticos encontra-se em considerá-los "movimentos de renovação", uma renovação da experiência do Espírito Santo como a registrada na história da igreja primitiva. O denominador comum em toda a diversidade teológica dos movimentos, que é considerável mesmo entre os pentecostais clássicos (sem mencionar os carismáticos!), é a experiência com o Espírito Santo não diferente da experimentada pelos cristãos do século primeiro. Tal experiência do Espírito pontuou toda a história da igreja. Portanto, o "movimento pentecostal" no sentido de movimento de renovação remonta à obra do Espírito Santo com a igreja que começou no dia de Pentecostes e continua ao longo dos "últimos dias", até que Jesus Cristo volte para a igreja.[283]

Assim como pode soar óbvio falar em cristianismo como sinônimo de "religião europeia", de igual forma, para muitos, pentecostalismo é sinônimo de "movimento norte-americano" ou estadunidense. Todavia, à luz dos dados atuais, tal como é mais correto se falar em cristianismos, de maneira semelhante, atualmente é mais apropriado falar em pentecostalismos ou, como temos optado, tradição carismático-pentecostal. Isso porque desde o primeiro Grande Cisma, no século 11, que dividiu definitivamente a igreja em ocidental e oriental, e posteriormente a Reforma Protestante no Ocidente, além de manifestações da espiritualidade "pentecostal" que antecederam em muito a eclosão de Azusa em 1906, revela-se que tais expressões são necessárias e nem de longe podem ser tidas como oximoros. Acerca do pentecostalismo, por exemplo, Neal Blough diz que o "leitor bem informado reconhecerá nesse desenvolvimento as raízes de uma grande parte das tendências protestantes hoje chamadas 'evangélicas'", mas, a despeito disso, e "de terem um vínculo importante com os Estados Unidos, suas origens são europeias e remontam pelo menos ao século 17, se não à própria Reforma".[284] Assim, ao se falar de "cristianismo protestante de vertente evangélico-pentecostal", faz-se alusão a

---

283 Ibid., p. 30.

284 BLOUGH, Neal. "A renovação protestante: do pietismo ao pentecostalismo passando pelas renovações", in: CORBIN (org.). *História do cristianismo*, p. 361.

1680 | TEOLOGIA SISTEMÁTICO-CARISMÁTICA

um tipo específico dentro da multiplicidade de expressões da religião cristã, particularmente ocidental e protestante. Contudo, ao se circunscrever o tema à América do Norte, tem-se um propósito de revisitá-lo mostrando aspectos e facetas que podem não ter sido explorados. Um desses pontos não devidamente observados diz respeito ao sétimo princípio, dos sete que caracterizam o evangelicalismo, que é a "preocupação social".

O primeiro deles é reconhecer que, ao dizer que o cristianismo europeu, tanto em sua expressão católica romana quanto em suas expressões histórico-protestantes, foi a forma que predominou em nosso continente americano, significa entender que o processo de implantação da religião cristã seguiu o curso da história na conquista e colonização dos povos ameríndios. Em termos diretos, o cristianismo que veio para o continente americano cumpriu, ao lado da invasão, o papel de legitimar o processo. O que se fez não aconteceu "apesar" do cristianismo, mas em "nome dele", pois já no "início da exploração inglesa do Novo Mundo havia um grande impulso para ganhar a população nativa para o cristianismo", e tal processo de "evangelização dos nativos transformou-se em motivo poderoso para o colonialismo, e cartas de direitos coloniais enfatizaram isso",[285] diz Ruth Tucker. Pela língua falada nos Estados Unidos, é fácil concluir que, mesmo tratando-se de Europa, não podemos pensar que se está mencionando um único tipo de povo branco a aportar nas Américas. Por se falar inglês, espanhol e português, conclui-se que diferentes povos europeus colonizaram nosso continente. E, apesar de todos serem "cristãos", o cristianismo norte-americano, culturalmente falando, é muito diferente do brasileiro. Ainda que os primeiros missionários que chegaram à América do Norte fossem católicos, Ruth Tucker diz o óbvio, ou seja, os "missionários de origem europeia, quer católicos quer protestantes, descobriram imediatamente as maiores diferenças culturais entre eles e os americanos nativos".[286] Tais "diferenças", com raríssimas exceções, eram toleradas, mas, regra geral, os nativos eram "convertidos" por métodos nada cristãos, usando-se até mesmo de violência, com o intuito de aculturá-los aos costumes, regras e modos europeus de vida, incluindo, obviamente, a religião cristã.

A questão relacionada ao restauracionismo é importante de ser novamente destacada, pelo simples fato de que até mesmo ateus reconhecem o legado da

---

285 TUCKER, Ruth A. *Missões até os confins da terra: uma história biográfica* (São Paulo: Shedd, 2010), p. 86.
286 Ibid., p. 83.

religião cristã. Desenvolvido inicialmente com uma "proposta universalista", percebida até mesmo pelo filósofo francês Alain Badiou, que reconhece haver "universalismo", ou seja, igualdade real, "presente neste ou naquele teorema de Arquimedes, em certas práticas políticas dos gregos, em uma tragédia de Sófocles ou na intensidade de que os poemas de Safo dão testemunho", bem como em obras poéticas da Bíblia hebraica, ele observa que é com o apóstolo Paulo que "há uma profunda cesura, ainda ilegível, pelo acesso que temos a ela, no ensinamento de Jesus".[287] De acordo com Badiou, tal universalismo fica claro quando o apóstolo diz: "Não há mais diferença entre judeu e grego, entre escravo e homem livre, entre homem e mulher, pois todos vocês são um só em Jesus Cristo" (Gálatas 3:28). Tal ideia em relação ao cristianismo nascente é compartilhada pelo também filósofo, e igualmente ateu, esloveno Slavoj Žižek:

> É justamente para enfatizar a suspensão da hierarquia social que Cristo (assim como Buda, antes dele) se dirigia em particular àqueles que pertenciam às camadas mais baixas da hierarquia social, os proscritos da ordem social (mendigos, prostitutas etc.) como membros privilegiados e exemplares de sua nova comunidade. Essa nova comunidade é construída explicitamente como coletivo de proscritos, o antípoda de qualquer grupo "orgânico".[288]

Assim, óbvio como é, o cristianismo utilizado para se fazer o que foi feito nada tem a ver com o descrito em seus primórdios, daí a importância e a imprescindibilidade de diferenciá-los. Justamente por isso, ao se falar em "reformas", igualmente está se falando em restauracionismo, ou seja, "restaurar" ou "resgatar" o que ele um dia fora. Outra questão importante de ser destacada é o fato de que, ao deparar com críticas justas a respeito de tais períodos vergonhosos da história cristã, é prudente ouvi-las e respeitá-las, mas sempre observando que não se trata de algo inerente à fé cristã, mas de sua perversão e instrumentalização. Tal deve ser feito até mesmo porque é significativo observar que o cristianismo praticado para empreender a invasão, conquista e colonização faz que o próprio Deus, nas palavras de Tzvetan

---

287 BADIOU. *São Paulo*, p. 125. É importante reforçar que "universalismo" aqui nada tem a ver com a ideia teológica de apocatástase.

288 ŽIŽEK. *O absoluto frágil, ou por que vale a pena lutar pelo legado cristão?*, p. 123.

1682 | TEOLOGIA SISTEMÁTICO-CARISMÁTICA

Todorov, seja "um ajudante e não um Senhor", isto é, "um ser mais usado que usufruído", pois seu nome era utilizado para servir aos interesses dos europeus: "Teoricamente, e como queria Colombo ([...]), objetivo da conquista é expandir a religião cristã; na prática, o discurso religioso é um dos meios que garantem o sucesso da conquista: fim e meios trocam de lugar".[289] Daí o fato de o mesmo texto do apóstolo Paulo (Gálatas 3:28), e outros, mencionados acima como fundamentais para romper com as diferenças, agora servir à legitimação e perpetuação das injustiças (aqui novamente o problema da interpretação e da hermenêutica):

> Esses textos indicam claramente o sentido que deve ser dado ao igualitarismo dos primeiros cristãos: o cristianismo não luta contra as desigualdades (o senhor continuará sendo senhor, e o escravo, escravo, como se esta diferenciação fosse tão natural quanto a que existe entre homem e mulher); mas declara-as não pertinentes, diante da unidade de todos no Cristo. Reencontraremos estes problemas nos debates morais que virão após a conquista.[290]

Problemas que perduraram muito, visto que quatrocentos anos depois, no início do século 20, um jovem negro, filho de escravos libertos, observando as rígidas regras de segregação norte-americanas e do preconceito do próprio professor, assistia do lado de fora da sala, por uma fresta da porta, durante um curso bíblico de curta duração em Houston, Texas, às aulas ministradas pelo diretor da Escola Bíblica Bethel, em Topeka, Kansas, Charles Fox Parham (1873-1929), acerca do batismo no Espírito Santo. Parham, um ex-metodista que por convicções pessoais decidira anunciar uma nova dimensão da espiritualidade cristã, tivera uma experiência cinco anos antes. Foi nos últimos dias de 1900, após ter ensinado por um período que o livro de Atos dos Apóstolos continha a evidência do batismo no Espírito Santo, que Parham solicitou aos seus 34 alunos que procurassem por tal evidência. Ao constatar que o texto de Atos 2, versículos 1 a 13, fala acerca do assunto e convencidos de que tal experiência deveria ser vivida ainda na atualidade, no primeiro dia de janeiro de 1901, Agnes Ozman, aluna de Parham, pediu que ele impusesse as mãos nela

---

289 TODOROV, Tzvetan. *A conquista da América: a questão do outro* (São Paulo: Martins Fontes, 2010), p. 286.

290 Ibid., p. 153-4.

CAPÍTULO 9 – Eclesiologia | 1683

para que recebesse o batismo no Espírito Santo. Conta-se que ela falou chinês por três dias consecutivos. A esse fenômeno dá-se o nome "êxtase xenolálico", que consiste no fato de uma pessoa falar em um idioma desconhecido para si, mas conhecido por alguém que ouve. Contudo, a forma mais comum desse fenômeno é o que se chama "êxtase glossolálico", isto é, falar em um idioma desconhecido por quem fala e também por quem ouve, sendo, então, popularmente denominado de "línguas estranhas". Pelo fato de tal experiência ter se dado durante a festa judaica de Pentecostes, de acordo com o texto do livro de Atos dos Apóstolos (2:1-13), os cristãos que acreditam ou experimentam tal fenômeno passaram a ser chamados de "pentecostais".

Apesar da importância "teológica" de Charles Parham em estabelecer a conexão entre falar em línguas e ser batizado no Espírito Santo (doutrina que posteriormente ficaria conhecida como "evidência inicial"), o protagonismo histórico do pentecostalismo é de William Joseph Seymour (1870-1922), filho de escravos libertos que, conforme já foi dito, conhecera o assunto ao assistir, por um mês, em 1905, do lado de fora da sala, as aulas de Parham ministradas em Houston. No ano seguinte Seymour experimentou o êxtase glossolálico e passou a pregar acerca do assunto, reunindo tanta gente que sua casa ficou pequena. Foi assim que o movimento "chamado de 'pentecostal', popular e multirracial em suas origens", diz Neal Blough, "se difunde rapidamente no sul dos Estados Unidos e em outras partes do mundo [...] para se tornar hoje uma das famílias cristãs mais importantes".[291] Vê-se claramente que Blough acerta ao observar que as origens do pentecostalismo estadunidense — consideradas a partir de Azusa — são populares e multirraciais, mas repete o "mito fundante"[292] de que tal acontecimento é responsável pela difusão do pentecostalismo no mundo. Na verdade, em se tratando das origens norte-americanas do chamado "pentecostalismo clássico", que se caracteriza pela doutrina da "evidência inicial", o início do movimento é sempre motivo de disputa, visto que ele é "situado nos Estados Unidos, seja em Cherokee County, Carolina do Norte, na década de 1890 (de acordo com alguns historiadores da Igreja de Deus), no movimento de Charles Parham em Topeka,

---

291 BLOUGH. "A renovação protestante: do pietismo ao pentecostalismo passando pelas renovações", in: CORBIN (org.). *História do cristianismo*, p. 361.

292 Expressão que nada tem a ver com a ideia de "mentira", mas sim diz respeito a uma concepção cristalizada socialmente, cuja narrativa é tão conhecida que se torna praticamente inquestionável.

Kansas, em 1901 (onde muitos historiadores começam)" e, finalmente, "no avivamento da Rua Azusa liderado por William Seymour em Los Angeles, em 1906 (que a maioria concorda que foi a força impulsionadora por trás da rápida disseminação do movimento)".[293]

A despeito dessa questão, a controvérsia acerca do local do surgimento, não em termos mundiais, mas apenas estadunidense, não é o grande problema, e sim o fato relevante ressaltado por Grant Wacker, e apontado pelo historiador do pentecostalismo Allan Anderson, de que "as primeiras histórias do movimento sofreram do que ele chamou de 'ritualização da história pentecostal', que incluía um 'viés racial branco' que ignorava a influência central da cultura negra no culto e teologia pentecostais", sendo ainda mais grave o "apagamento" de outro aspecto importantíssimo e muito particular que foi o "papel fundamental das mulheres".[294] Tais características apresentavam-se particularmente no movimento de Azusa, liderado por William Seymour, e, uma vez que é o ramo mais comentado com influências em nosso país, optamos por destacá-lo:

> Os pontos fortes desse pentecostalismo norte-americano inicial incluíam duas coisas em particular. Em primeiro lugar, a mensagem escatológica de esperança oferecida pela missão da Rua Azusa foi particularmente importante para as pessoas deslocadas e desiludidas pela pobreza. A mensagem de William Seymour de que este era o clímax da história, com "sinais e prodígios para provar", deu esperança a um povo oprimido e marginalizado. Em segundo lugar, a incomum inclusão racial em uma época em que os Estados Unidos estavam se tornando fortemente e cada vez mais uma sociedade segregada foi uma conquista impressionante. Frank Bartleman exclamou: "A linha da cor foi apagada pelo sangue". [...] Seymour ficou muito perturbado quando divisões começaram a aparecer no movimento, por causa dessa visão ecumênica. Harvey Cox descreve as muitas diferentes experiências extáticas características dos relatos do pentecostalismo inicial ("sinais e prodígios que caem das páginas") e diz que essas experiências do batismo no Espírito não foram "apenas um rito de iniciação", mas um "encontro místico" em que os pentecostais tinham convicção de que

---

293 ANDERSON, Allan Heaton. *Uma introdução ao pentecostalismo: cristianismo carismático mundial* (São Paulo: Loyola, 2019), p. 21.

294 Ibid.

já estavam vivendo em "uma época totalmente nova na história". Cox diz que a essência do pentecostalismo não pode ser entendida por meio de "dogmas e doutrinas", mas pela experiência de Deus, uma "teologia narrativa cuja expressão central é o testemunho". Ele acha que essa ênfase na experiência é "tão total que abala o esquema cognitivo".[295]

Na realidade, a "principal razão para o rompimento entre Parham e Seymour foi a oposição de Parham tanto às manifestações extáticas como à mistura inter-racial",[296] ou seja, nada teve que ver com controvérsias doutrinárias. Incrivelmente, ainda que por motivos supostamente teológicos, esse ponto parece ser o mesmo que ameaça sublevar o centenário pentecostalismo clássico brasileiro, conforme veremos logo adiante. Antes, porém, mesmo já tendo adiantado, vamos refletir brevemente acerca do caráter inclusivista da espiritualidade pentecostal, que, sem ser a preocupação principal do movimento, mostra-se atuante do ponto de vista social. Como sabemos, idealmente, a luta por leis que reconheçam a dignidade de cada ser humano contempla os direitos dos marginalizados e desprotegidos. Todavia, um decreto não muda a consciência das pessoas, mas as obriga coercitivamente a agirem de forma contrária ao que a cultura estabeleceu como "normal" e naturalizou. Havendo, porém, algo que vem do próprio povo, de forma espontânea e com caráter religioso, é certo que será capaz de desfazer barreiras com muito mais eficácia. E foi justamente o que aconteceu, por meio da espiritualidade pentecostal nos Estados Unidos, difundida por um movimento local liderado por um negro. Foi uma revolução que antecedeu a do igualmente pastor e ativista social Martin Luther King Jr. A importância desse acontecimento reside na verdade de que grande parte das "primeiras manifestações do pentecostalismo vieram do cristianismo afro-americano e também eram encontradas nos movimentos religiosos dos escravos", além do fato de que tais "expressões refletiam a cultura religiosa africana da qual os escravos haviam sido sequestrados, e o próprio Seymour era profundamente afetado por essa espiritualidade".[297]

Estamos falando de um homem leigo, isto é, não clérigo nem teólogo profissional, negro, em uma sociedade segregacionista, que prega uma mensagem

---

295 Ibid., p. 74-5.
296 Ibid., p. 75.
297 Ibid., p. 57.

diferente numa cultura preconceituosa e discriminatória, tornando-se líder de uma igreja que se forma em um antigo prédio usado como depósito na Rua Azusa 312, Los Angeles, onde nasceu a "Missão Evangélica da Fé Apostólica". Como se não bastasse o local ser simples, sujo e nada confortável, as reuniões durarem 12 horas por dia, sem a liturgia formal encontrada nas igrejas tradicionais, as pessoas caírem em êxtase cantando em línguas, diz Anderson, a "integração racial nesses encontros era singular na época e pessoas de minorias étnicas descobriram 'o senso de dignidade e de comunidade que lhes era negado na cultura urbana em geral'".[298] Este aspecto, conforme já adiantado, para além da questão religiosa, foi o grande "escândalo" para a sociedade americana da época, tanto negra quanto branca, pois:

> Não só negros e brancos se misturavam livremente na Rua Azusa, como também hispânicos e outras minorias étnicas. A ideia de Seymour de Pentecostes rompendo as barreiras humanas era significativamente diferente da de Parham, porque se baseava em sua própria experiência. Ele não só incentivava as pessoas a permanecerem em suas igrejas depois de terem recebido o batismo no Espírito, como via a experiência pentecostal como aquela que dissolvia distinções de raça, classe e gênero e criava uma única família comum.[299]

Esse caráter inclusivista da espiritualidade carismático-pentecostal que, no início do século 19, promoveu uma revolução não violenta e sem nenhuma intenção de fazê-la e fez que as diferenças estabelecidas no cristianismo europeu e reproduzidas no contexto norte-americano, aos cristãos protestantes de expressão evangélico-pentecostal, fossem desfeitas tanto na religião como na realidade civil, é mais do que uma "preocupação social". A segregação não acabou por isso, mas, dentro do espaço religioso daquelas pessoas, as ideias e as crenças moldavam as consciências, igualando todos e todas, desfazendo barreiras étnicas, raciais e de gênero. Tal saber, como foi dito, é necessário para que os pesquisadores não reproduzam percepções atuais como se elas fossem originárias do pentecostalismo clássico, visto que se tornou lugar-comum atribuir aos movimentos do espectro da tradição carismático-pentecostal todas as mazelas e ignorâncias sociais, sendo estes praticamente sinônimos de

---

298 Ibid., p. 54.
299 Ibid., p. 74.

atraso, obscurantismo e preconceitos. O que se passou há mais de 116 anos, em uma América do Norte segregacionista e que, de certa forma, ainda não foi socialmente superado, deve ser motivo de uma maior exploração histórico-sociológica, com ferramentas específicas e considerando a prática da espiritualidade carismático-pentecostal, que, como pode ser visto, foi fundamental e decisiva para o surgimento e expansão do pentecostalismo clássico estadunidense.

Sem mencionar o chamado protopentecostalismo brasileiro, cujas pesquisas dão conta de que muito antes de 1910, na verdade "no século 19, no meio protestante, já temos alguns 'resíduos pentecostais'", informa Gedeon Alencar, dizendo que nesse período há "no Brasil grupos *holiness*, batistas letos, metodistas livres e, na terra do efervescente messianismo de Conselheiro, com curas e revelações, esses fenômenos típicos estão presentes desde sempre",[300] excetuando a Congregação Cristã no Brasil (CBB), fundada em 1910 por Luigi Franscescon, considerando apenas os fundadores das Assembleias de Deus no Brasil, fundadas pelos suecos Gunnar Vingren e Daniel Berg, primeiramente sob o nome de "Missão Evangélica da Fé Apostólica" (1911) e batizadas em 1918 com o nome que têm até hoje, é possível verificar a reprodução do mesmo processo inclusivista no Brasil. Tal acontece não apesar de sua espiritualidade, mas justamente por causa dela, isto é:

> Apesar de a origem pentecostal dos três ser praticamente a mesma, as diferenças de prática e, por conseguinte, de matriz teológica, são evidentes. É consenso geral que a "maioria dos pentecostais tende ao sistema arminiano de teologia tendo em vista a necessidade do indivíduo em aceitar pessoalmente o Evangelho e o Espírito Santo".[301] Enquanto Berg e Vingren eram evangelistas que espalhavam a mensagem por onde quer que fossem, Francescon, pelo que se depreende da Congregação Cristã no Brasil (CCB), adotara outra postura. Os dois primeiros parecem ter herdado o estilo wesleyano e conversionista do Movimento de Santidade, enquanto o último seguiu uma tendência mais "reformada". Tanto que a CCB faz um trabalho de proselitismo e fala com os membros de outras denominações acerca

---

300 ALENCAR, Gedeon Freire de. *Matriz pentecostal brasileira: Assembleias de Deus 1911-2011* (Rio de Janeiro: Novos Diálogos, 2013), p. 51.

301 RAILEY JR.; AKER. "Fundamentos teológicos", in: HORTON (org.). *Teologia sistemática*, p. 54.

do "dom da fé", ou seja, a pessoa só será salva se tiver esse dom e pertencer à CCB.[302] Além do mais, a CCB tem um importante trabalho de assistência social para com os seus membros. O que, mais uma vez, indica a grande diferença entre os dois grupos que formam o Pentecostalismo Clássico. Em outras palavras, os primeiros ressaltam mais a vida "além-túmulo" e insistem na iminência da vinda de Cristo, já o último, valoriza a qualidade de vida de seus membros, aqui e agora, e pouco fala acerca do segundo advento.[303]

Com a missão de pregar o evangelho, homens, mulheres, crianças, adolescentes, jovens ou anciãos, todos e todas, indistintamente, sem qualquer formação teológica, leigos, após experimentar o êxtase glossolálico, isto é, serem batizados no Espírito Santo, sentiam-se empoderados para falar do plano da salvação para todas as pessoas. Em outros termos, por aqui, assim como nos Estados Unidos, o caráter inclusivista da espiritualidade pentecostal, ao menos durante os primeiros sessenta anos de implantação em solo pátrio, promoveu um crescimento orgânico exponencial do pentecostalismo clássico, transformando os assembleianos no terceiro maior grupo religioso do Brasil. Todavia, uma vez que, conforme dissemos no capítulo 4, "todo grande movimento começa com a inspiração e acaba no dogma",[304] desde o final dos anos 1970, com o advento do neopentecostalismo e a partir do final dos anos 1990, com a proximidade do pentecostalismo com o protestantismo histórico, cada vez mais a espiritualidade carismática vem sendo arrefecida, pois acusa-se sua prática de não ter respaldo bíblico. Ao mesmo tempo, conforme o movimento tem acesso a mais escolaridade e bens culturais, inclusive mudando de classe social, percebe-se um declínio em suas características espirituais, exprimindo por parte das grandes igrejas certo constrangimento em relação a tais práticas, mudando até a forma de pregar, atingindo outros

---

302 Nilmar Pellizzaro diz que são "duas [as] matrizes teológicas da clássica Congregação Cristã no Brasil (CCB): o pentecostalismo, com a comprovação imediata da santificação via experiência emocional do Espírito Santo; e o calvinismo, com ênfase na doutrina da predestinação e o exclusivismo de Deus na justificação do crente" ("Predestinados e santificados: considerações sobre a igreja Congregação Cristã no Brasil", in: Passos, João Décio [org.]. *Movimentos do Espírito: matrizes, afinidades e territórios pentecostais* [São Paulo: Paulinas, 2005], p. 187).

303 Carvalho, César Moisés. *Pentecostalismo e pós-modernidade: quando a experiência sobrepõe-se à teologia*, 2. reimpr. (Rio de Janeiro: CPAD, 2017), p. 314-5.

304 Leeuw, J. J. van der. *A dramática história da fé cristã: desde seu início até a morte de Santo Agostinho* (São Paulo: Pensamento, 1987), p. 59.

grupos sociais e, consequentemente, mudando sua forma de cultuar e ler tanto a realidade quanto a Bíblia.

Isso inclui pontuar algo sutil, mas necessário. Estamos falando especificamente de "movimentos", não de denominações. Mesmo porque "o que se observa nos dias presentes é a falta de vida e a ausência de brilho nas igrejas", escreve o apóstolo da imprensa evangélica pentecostal brasileira Emílio Conde, há cerca de sessenta anos, dizendo que "todos são unânimes em reconhecer que a igreja atual não é o grande e poderoso organismo que projetou seu fulgor até os confins da terra".[305] Isso se dava, entre outros motivos, por causa do que estava em evidência, de acordo com ele, já naquela época, que "é a doença de mandar e governar: todos querem possuir autoridade, quando a necessidade maior é possuir o poder de Deus". Todavia, como correta e precisamente disse, "quanto maior for o domínio humano na igreja, tanto menor será a autoridade de Deus, isto é, tanto menor será o poder do Espírito Santo, e, consequentemente, mais fraca será a luz que a igreja irradia", ou seja, "quanto mais forte se mostrar a organização eclesiástica, mais débil será o poder do Alto a manifestar-se na igreja, porque a autoridade humana expulsa a autoridade ao poder de Deus e extingue a luz espiritual".[306] Obviamente que Emílio Conde não está falando de "organização" como sinônimo de ordem, mas de burocracia, institucionalismo e, consequentemente, da briga pelo poder temporal, a patologia que acomete todas as instituições, referida por Juan Antonio Estrada e aqui aludida tantas vezes. Isso fica muito evidente com a sequência: "Parece-nos que os homens de nossos dias não fixaram bem os ensinos de Cristo ao enviar os discípulos e anunciar as Boas-Novas", pois caso "houvessem feito, notariam que o Mestre não lhes deu autoridade, mas revestiu-os de poder". Na verdade, o "poder do Espírito Santo era a luz que inspirava as pregações dos humildes pescadores, os quais anunciavam Cristo e suas virtudes, sem a preocupação de quererem acorrentar o rebanho do Senhor a leis e mandamentos humanos".[307]

É perceptível a defesa do caráter não formalístico, não burocrático e não institucional da igreja por parte do apóstolo da imprensa pentecostal brasileira, pois, em atitude contrária à de hoje, ele diz que a "igreja que se preocupar mais com o poder de Deus do que com a tentação da 'autoridade'

---

305 CONDE. *Igrejas sem brilho*, p. 11.
306 Ibid., p. 31.
307 Ibid., p. 31-2.

conseguirá ser respeitada, e Deus mesmo a honrará com a verdadeira autoridade de ordem espiritual", ou seja, a "autoridade que a igreja necessita para resplandecer não é a autoridade decorrente de resoluções humanas, mas a que se recebe ao aceitar o jugo de Jesus", pois a "única autoridade que serve para edificação é a autoridade que Deus dá aos homens consagrados e espirituais, mas é uma autoridade que não forma 'autoritários', uma autoridade que dá humildade, que se impõe pelo amor, sem decretos e sem leis escritas".[308] A argumentação de Conde é bastante clara: onde imperam tais expedientes humanos, em substituição ao poder de Deus e a direção do Espírito Santo, não há mais corpo de Cristo, mas apenas uma organização humana qualquer, visto que quem busca o poder temporal, seja político, seja eclesiástico, seja econômico etc., para se impor, deixa de acreditar e depender do poder de Deus. De forma diferente, o "poder de Deus em ação na igreja é a garantia de vida espiritual: é uma fonte perene de salvação, é a certeza de conservar a luz do Evangelho resplandecendo", mesmo porque a "igreja como corpo de Cristo e os crentes como membros não foram postos no mundo para reinar; a ordem que recebemos foi servir, amar e brilhar para o seu Senhor". Portanto, "se a igreja e os cristãos empunharem o cetro em lugar da lâmpada, a sua vida não terá luz, nem autoridade, nem poder". De igual forma, completa ele, "se na vida individual e coletiva do povo de Deus faltarem esses elementos essenciais, ficará apenas o elemento humano, frio e inoperante, apesar de muito bem organizado".[309] É possível que alguém pense que a visão de Emílio Conde seja "escapista", "pessimista", por causa de sua "escatologia" etc., contudo encontramos a mesma reflexão no teólogo reformado Jürgen Moltmann:

> A Igreja não está em condições de se colocar acima das ordens imperfeitas e naturais como a *societas perfecta*. Sua própria constituição hierárquica é uma construção historicamente formada por e muito dependente de seus tempos, e como tal ainda não reflete o Reino de Deus. Não pode ser a missão da Igreja moldar o mundo conforme a sua imagem. Até hoje, cada intervenção imediata da Igreja em economia, política e cultura tem-se exposta à suspeita — difícil de desmentir — de servir aos interesses próprios da Igreja. Por isto, a Igreja não

308 Ibid., p. 32.
309 Ibid., p. 32-3.

deveria ter a arrogância de exigir uma *potestas directa* em assuntos seculares. O modelo de parceria acerca de limitação e complementação mútuas entre Igreja e ordens seculares funcionou enquanto havia um "mundo cristão" [a igreja imperial]. No entanto, desde que aquelas ordens seculares se afastaram crescentemente do "mundo cristão", sua delimitação e complementação pela Igreja já não funcionam. É verdade que a fé cristã continua reivindicando o papel de libertar as ordens ocidentais para a sua verdadeira secularidade, ao mantê-las livres de religiões substitutas e idolatrias ideológicas. Mas na medida em que a razão econômica, política e cultural há tempo ganhou sua própria liberdade, esta reivindicação da fé parece geralmente apenas uma justificativa posterior daquilo que foi alcançado sem ela. A alegação de Igreja, de libertar as ordens seculares para sua secularidade, e a alegação da fé, de levar a razão a sua racionalidade secular, baseiam-se numa *potestas indirecta* da Igreja e da fé. Também sua reivindicação se tornou hoje obsoleta.[310]

Ainda que sem a articulação teológica de Moltmann que assim disserta, inclusive, por ser de um país em que a igreja estatizada mostrou-se uma das piores junções, o apóstolo da imprensa pentecostal brasileira, mesmo não sendo europeu, estudara suficientemente para saber que a ambição que hoje toma conta dos evangélicos brasileiros, incluindo grande parte da tradição carismático-pentecostal, trata-se de um equívoco e prova da perda de visão espiritual e do reino de Deus. Qualquer cristão consciente sabe que a igreja é mantida e sustentada pelo poder do Espírito Santo e que quem a protege é nosso Senhor Jesus Cristo. Quando se alega a necessidade de ter defensores políticos, por exemplo, para a igreja, atesta-se sua falência decorrente de sua institucionalização, reduzindo-a a mera organização humana, transformando-a em objeto de pretexto para as mais absurdas ações e escândalos de que se tem notícia. Os exemplos são abundantes, e a tradição católica romana é o maior desses. Todavia, não se pode fechar os olhos para o fato de que os mesmos absurdos foram cometidos na nascente tradição protestante, que, apesar de ter perpetrado atrocidades em número menor (até mesmo pelo fato de seu poder ter se dado em uma área reduzida), deveria já ser o suficiente para nunca mais desejarmos, como igreja de nosso Senhor Jesus Cristo, ter esse

---

310 MOLTMANN. *A igreja no poder do Espírito*, p. 222-3.

1692 | TEOLOGIA SISTEMÁTICO-CARISMÁTICA

tipo de envolvimento que macula e mancha nossa história.[311] Não ignoramos "a observação de Russell Splittler de que os 'cristãos de tradições arminianas, que ressaltam a liberdade humana, parecem inclinar-se às obscuras visões do mundo como algo a evitar, um reino do qual se separar' e que, segundo ele, essa visão, ou 'ideias vagas foram teologizadas especialmente nos setores metodista, *holiness* e pentecostal da Igreja'". Em termos diretos, não obstante concordarmos "com a ideia de que temos uma tarefa de transformação, é importante entender como ela deve ser feita", isto é, não temos dúvida alguma "de que pessoas transformadas pelo Evangelho podem, e certamente fazem toda a diferença onde estão inseridas". Todavia, essas mesmas pessoas "não forçam as outras a verem o mundo em sua perspectiva, mas dão testemunho prático, em um mundo perdido, de como viver de forma ética em meio ao turbilhão do pecado", ou seja, "o que Paulo ensina em Romanos 12:1 nada tem com transformar o mundo, e sim com transformar a si mesmo".[312] Tal aspecto sempre foi uma realidade na tradição carismático-pentecostal, mas parece que com a crescente institucionalização isso vem mudando.

Na tradição carismático-pentecostal, a participação de todos no culto era incentivada, não inibida, e tal sempre se deu dessa forma por se fundamentar nas Escrituras, não na própria experiência, ou seja, a experiência de participação no culto é respaldada pelo texto. Hoje estamos mais conscientes de que tal participação introjeta ensinamentos de forma mais eficaz que a transmissão formal e, não raras vezes, tediosa de informações. "Qualquer pessoa que se extasiou ante o relato do esplendor de um culto na igreja primitiva, tal qual é descrito na história dos primeiros séculos, notará que tudo se transformou" — lamenta Emílio Conde em uma época que nós, como parte de uma geração mais recente, reputamos como "áurea" —, dizendo que no culto em seus

---

311 Abraham Kuyper diz que "enquanto os calvinistas, na época da Reforma, produziram *dezenas de milhares de vítimas*, enviadas ao cadafalso e às fogueiras (as dos luteranos e católicos romanos nem vale a pena contar), a história tem sido culpada da grande e extensa injustiça de sempre lançar no rosto dos calvinistas esta única execução de Serveto no fogo, como um *crimen nefandum*" (Kuyper, Abraham. *Calvinismo* [São Paulo: Cultura Cristã, 2003], p. 107 (grifo do autor). "É preciso imaginar as famílias das dezenas de milhares de vítimas, assim como a de Miguel Serveto, lendo esse trecho da obra de Kuyper onde ele minimiza, e até parece querer justificar, os crimes protestantes apenas por terem sido em 'menor número' que os dos católicos e luteranos. Isso demonstra como a paixão por *uma* determinada visão de mundo, que se pressupõe absoluta ou se entende como *a única*, pode defender verdadeiros absurdos" (Carvalho. *Pentecostalismo e pós-modernidade*, p. 39).

312 Carvalho. *Pentecostalismo e pós-modernidade*, p. 35 .

CAPÍTULO 9 – Eclesiologia | 1693

dias, há cerca de sete décadas, "não há a vida e a vibração intensa de outrora; falta-nos liberdade ao Espírito de Deus para usar os vasos que estão cheios de graça e poder".[313] Sua denúncia do formalismo que tomava conta da igreja pentecostal naquela época dirigia-se claramente à liderança, assim como as críticas anteriores, pois ele dizia que "alguns dirigentes de cultos estão esquecidos da recomendação do apóstolo quando diz que ao se reunirem cada um tenha salmo, hino, louvor ou canção espiritual para apresentar ao Senhor", e isso se dá justamente pelo fato de que a sensação de controle inebria, ou seja, caso "o dirigente não [tenha] os olhos da fé ungidos com colírio do Céu, sua mente ficará ofuscada pelo esplendor do cargo e julgar-se-á o único capaz, naquele momento, de apresentar algo que alimente a congregação, quando ali pode haver valores que Deus possa e queira usar", já que "onde o formalismo estabeleceu uma ordem mecânica, não há liberdade para o Espírito: não pode haver inspiração".[314]

> Não era assim na igreja primitiva; a graça não era substituída pelo intelecto; o dirigente ocasional da reunião tinha a visão de João Batista: ocultava-se aos olhos dos homens, a fim de que Cristo fosse visto em

---

313 CONDE. *Igrejas sem brilho*, p. 69.

314 Ibid., p. 69-70. "Na configuração dos cargos, precisa-se levar em conta tanto a liberdade e a plenitude do Espírito Santo como a respectiva situação concreta. Os cargos mencionados podem ser assumidos *temporariamente* ou *para toda a vida*. A diferença não é essencial, porque, enquanto cargos conferidos por Deus, eles comprometem sempre toda a existência e o engajamento pleno. Também a ordenação que acontece uma vez por todas e exige a dedicação da vida inteira não faz aqui diferença, pois uma vez por todas e determinante para a vida inteira já é o evento de vocação no batismo. Com sua transmissão de um cargo determinado, a ordenação não pode fazer concorrência com o batismo e também não transcendê-la. Por isso, a pessoa encarregada tem a liberdade de dizer: 'Quando não posso ou não quero mais pregar, volto para a turma comum, sou como tu, e outro pregará'. Onde cessa o exercício do ministério, cessa também o encargo da pessoa e abole-se a diferença dos carismas. O cargo como tal, porém, não cessa. É um dom do evangelho para a comunidade toda e por isso não pode ser transformado em lei. Segundo as forças e possibilidades concretas, os cargos mencionados podem ser exercidos por *homens* e *mulheres*, por pessoas *casadas* e *não casadas*, *teologicamente formadas* e *teologicamente não formadas*. Podem ser exercidos *individualmente* ou *em grupos*. Todas essas circunstâncias e aptidões não constituem nenhuma lei. A comunidade precisa se perguntar sempre como seu cargo messiânico pode ser cumprido em sua situação e com suas forças. Preconceitos tradicionais não devem sufocar o Espírito, e [nem] impedir as forças carismáticas [pois elas] não devem constituir um obstáculo para o serviço ao Reino. A configuração concreta dos cargos na comunidade e diante dela precisa ser adequada para seu funcionamento e por isso flexível, mas sempre fundamentada na missão da comunidade inteira e orientada em direção ao Reino de Deus. Em igreja com monopólios tradicionais de ministérios urge a abertura para a diversidade dos cargos. Diante de sua escassez, o tradicional temor de um caos dos dons espirituais é infundado" (MOLTMANN. *A igreja no poder do Espírito*, p. 389-90; grifo no original).

1694 | TEOLOGIA SISTEMÁTICO-CARISMÁTICA

todos os atos e em todas as obras, por intermédio de quem Ele quisesse usar. Se havia algum coração inflamado pela graça e transbordante do gozo da salvação, podia levantar-se e transmitir à congregação a vibração da mensagem de Deus, de tal forma o fazia, que todos reconheciam estar o tal vivendo no brilho e na santificação do Senhor.[315]

Após essa descrição, o apóstolo da imprensa pentecostal brasileira, Emílio Conde, questiona retoricamente: "Mas onde está hoje a liberdade que transforma um culto num encontro inesquecível com Deus, quando a alma sente a atmosfera do Céu perpassar num enlevo sublime que faz esquecer que estamos na Terra?" Ele prossegue: "Onde estão os salmos de adoração? Onde os hinos espirituais? Onde os testemunhos simples mas convincentes, pelos quais Deus transtornou tanta sapiência e confundiu arrogância?"[316] As perguntas têm uma única finalidade: constranger e restaurar! Por isso, ele diz que o "culto na igreja primitiva possuía encantos que ninguém podia antecipar". Todos os que se dispunham a participar de tais reuniões, "faziam-no unicamente confiados na graça que Deus revelaria à medida que o culto se realizasse", isso por um motivo muito simples, completa o mesmo historiador pentecostal: "Nada ali era automático: o culto duma noite diferia do culto da noite seguinte", isto é, a "pregação da Palavra, as orações, os hinos, os testemunhos, tudo, enfim, estava na dependência do Espírito Santo, o que transformava em motivos de louvor e fatores de salvação o que acontecia".[317] Do ponto de vista da espontaneidade, da experiência, seguindo a lógica da fé e a esteira da revelação, ou seja, da perspectiva do Espírito, a "variedade da forma do culto dava à igreja um brilho que não podia ser imitado e transmitia aos corações convicções tão profundas e reais que nenhuma dúvida as podia abalar", e por causa dessa "convicção, nascia o desejo ardente de viver uma vida mais profunda e mais ativa no amor de Deus".[318] Seguindo sua metáfora, ele diz que o "brilho da igreja de então não se relacionava com a grandeza exterior, como acontece em nossos dias", isto é, a "atração que a igreja exercia não consistia em templos vistosos como os há hoje, por toda parte"; nada disso existia e era requerido. Os "locais onde se reuniam eram

315 Ibid., p. 70.
316 Ibid., p. 70-1.
317 Ibid., p. 71.
318 Ibid.

bem modestos; talvez uma sala numa casa particular ou um salão que tivesse servido de depósito de mercadorias, porém ali refletia, num deslumbramento espiritual, o fulgor da graça salvadora, transbordando dos corações remidos do pecado".[319] Na verdade, Emílio Conde está ecoando o que era corrente no pensamento carismático-pentecostal da época, conforme podemos ver com o sueco Lewi Pethrus:

> Devemos notar que os ministérios devem estar representados em todo o corpo. Há outros ministérios que pertencem à igreja local, mas os que se mencionam acima pertencem à Igreja em sua totalidade, e sua missão é de conservar a união dos crentes, em primeiro lugar com Cristo, isto é, devem operar de tal maneira, que todos sejam unidos e que possam continuamente crescer com Cristo, e, depois, que os crentes sejam unidos entre si. No tempo apostólico, estes ministérios funcionavam como laços de união entre as igrejas cristãs. Este tema é interessantíssimo, e interessa profundamente ao trabalho espiritual cristão. Se os crentes em geral estudassem este assunto e seguissem a vontade de Deus em relação a isso, então haveria grandes modificações no trabalho espiritual. Pois esses ministérios influem poderosamente no nosso trabalho para o Senhor. Atualmente, deve-se fazer aos crentes em geral a seguinte pergunta: O que é que deve unir as nossas igrejas para que não haja divisões? A isso responderemos que na igreja apostólica não havia nenhum órgão senão ministérios espirituais: não havia nenhuma organização para unir as igrejas, e nenhuma comissão direcional escolhida para resolver dificuldades ou tomar resoluções em nome da igreja local. Celebravam-se, sim, reuniões acidentais, como o exemplo mencionado em Atos capítulo 15, quando foi tratada uma questão que surgiu por terem alguns cristãos judaizantes, vindos de Jerusalém, ensinado entre os crentes gentios que ninguém podia ser salvo sem ser circuncidado. Mas nessa reunião não foram tomadas resoluções sobre o trabalho espiritual das igrejas. Foram os apóstolos e os anciãos, mas não somente estes, pois toda a igreja em Jerusalém tomou parte na reunião: At 15:22. Primeiro se reuniram para tratar o assunto com a igreja, como surgisse muita discussão, separaram-se apenas os apóstolos e os anciãos para deliberarem sobre o assunto. No entanto, logo apresentaram o resultado a que chegaram à igreja, e está escrito que toda a igreja tomou parte na resolução final e na declaração

---

319 Ibid., p. 71-2.

feita: 15:23b. Como pôde o trabalho ser realizado, se não havia uma organização denominacional? Nem mesmo os que hoje são partidários de organizações podem admitir que tais organizações existissem nos tempos apostólicos.[320]

O biblista pentecostal Esequias Soares, tratando a respeito do assunto, informa que "os grupos pentecostais das diversas partes dos Estados Unidos e da Europa não se viam como uma denominação, mas como o Movimento do Espírito, Movimento Pentecostal". Por isso, informa corretamente que os pioneiros do movimento no Brasil, isto é, "nossos pais", conforme ele corretamente os chama, "jamais pretenderam fundar uma Assembleia de Deus institucional". Em termos diretos, "eles eram contra institucionalizar o movimento".[321] Não resta dúvida de que eles assim pensavam, primeiramente, por se orientarem pelas Escrituras, que, como disseram Emílio Conde e Lewi Pethrus, não dão base alguma para esse tipo de institucionalismo que atualmente se verifica; e, em segundo lugar, conforme já dissemos no capítulo 4 e aqui repetimos ao falar de restauracionismo, os movimentos carismático-pentecostais eclodiram nas denominações tradicionais como movimentos de renovação, e isso não aconteceu apesar do formalismo e do institucionalismo, mas justamente em razão destes. Assim, não faria sentido algum, após terem se libertado desse tipo de característica limitante e aprisionadora, que usurpa o lugar do Espírito Santo e mata a espiritualidade, reinstituí-la em outro contexto, cuja liberdade proporcionada pela terceira Pessoa da Trindade subverte a rigidez institucional e empodera, indistintamente, todos e todas, a fim de que cumpram a missão sacerdotal que nos foi entregue por nosso Senhor Jesus Cristo. Seria contraditório e até um atestado de que a renovação nada mais visava senão ocupar o lugar dos que lideravam. Agora, finalizando este penúltimo capítulo, vamos nos deter nas características da igreja conforme inferidas do chamado Credo Niceno-constantinopolitano.

Características da igreja (Credo)

É sabido que a igreja não se envolveu, nos seus primórdios, com questões teológicas. Isso, claro, desde que se entenda "teologia" no sentido técnico que

---

320 Pethrus, Lewi. *O vento sopra onde quer*, 3. ed. (Rio de Janeiro: CPAD, 1999), p. 91-2.
321 Soares. *O verdadeiro pentecostalismo*, p. 109.

atualmente conhecemos, o qual é assim compreendido desde sua especialização, isto é, da elitização do discurso sobre Deus, advindo da escolástica. Mas, à medida que a pregação do evangelho avançava em território gentílico, desafios à fé foram se impondo e, com eles, a necessidade de definir contornos doutrinários visando salvaguardar o núcleo da fé. Alister McGrath diz que as "primeiras declarações de fé cristã eram muitas vezes breves, até mesmo concisas".[322] Para esse mesmo autor, o apóstolo "Paulo prepara o que parece ter sido um credo cristão prototípico, quando se faz a afirmação de que *Jesus é o Senhor* (Rm 10:9) no cerne da confissão cristã".[323] McGrath, citando os teólogos James Bailey e Vander Broek, diz que tal confissão "(Rm 10:9; 1Co 12:3) representa a mais compacta forma de credo".[324] O doutor em teologia e filosofia E. Glenn Hinson concorda com essa informação, mas, mesmo reconhecendo que a "confissão mais simples da igreja era, sem dúvida, 'Jesus é Senhor'", acrescenta que "existiam também longas declarações como em 1Coríntios 15:3-5, onde Paulo explicitamente menciona que tinha ensinado uma tradição (*paradosis*)".[325] Esses pontos já apresentamos e discutimos no capítulo 2 da primeira parte de nossa *Teologia sistemático-carismática*.

Tais formulações surgiram de forma muito simples e, posteriormente, evoluíram para o formato de "credos". Os primeiros credos são chamados de "ecumênicos", assim como os concílios, pois ainda não havia protestantismo e referia-se à união das igrejas ocidental e oriental, que se dividiram em 1054 em decorrência de algumas divergências, sendo a principal delas a chamada cláusula *Filioque*, que diz respeito à processão do Espírito Santo, conforme amplamente discutimos no capítulo 4. O biblista pentecostal Esequias Soares diz que os credos ecumênicos "são geralmente aceitos por católicos romanos, ortodoxos gregos e protestantes, pois seu conteúdo é comum às principais religiões que ostentam a bandeira de Cristo". O mesmo organizador da *Declaração de Fé das Assembleias de Deus* informa que os principais credos ecumênicos são "o Credo dos Apóstolos, século 2; o Credo Niceno (325 d.C.); o Credo Niceno-constantinopolitano (381 d.C.); o Credo de Calcedônia

---

322 McGrath, Alister. *Heresia: uma história em defesa da verdade* (São Paulo: Hagnos, 2014), p. 32.

323 Ibid., p. 117 (grifo no original).

324 Ibid., p. 32.

325 Hinson, E. G. "O ensino cristão na igreja primitiva", in: Hinson, E. Glenn; Siepierski, Paulo. *Vozes do cristianismo primitivo: o cristianismo como movimento que celebra sua unidade na diversidade, feito por indivíduos comuns, rumo à institucionalização* (São Paulo: Arte Editorial, 2010), p. 27.

TEOLOGIA SISTEMÁTICO-CARISMÁTICA

(451 d.C.); e o Credo de Atanásio (cerca do ano 500)".[326] A importância desses credos é tão notável que, segundo Gregory Miller, as "duas declarações mais importantes, o Credo de Niceia (325 d.C.) e o Credo de Calcedônia (451 d.C.), permanecem sendo a base para o cristianismo ortodoxo mundial, mesmo para a era atual".[327] Portanto, torna-se importante finalizar este capítulo refletindo sobre as características, ou atributos, da igreja, de acordo com os credos ecumênicos.

Vê-se que os credos foram elaborados muito antigamente e de forma sumária, podendo tranquilamente ser citados neste espaço. Contudo, vamos destacar apenas os trechos referentes à igreja. O primeiro e mais sucinto deles, o Credo Apostólico, ou dos Apóstolos, diz: "Creio no Espírito Santo; na santa Igreja cristã, na comunhão dos santos; na remissão dos pecados; na ressurreição da carne; e na vida eterna".[328] Uma tradução diferente, do mesmo Credo, diz: "Creio no Espírito Santo, na santa igreja católica, na comunhão dos santos, no perdão de pecados, na ressurreição do corpo e na vida eterna".[329] Curiosamente, o Credo Niceno não contempla a igreja e esta só vai aparecer novamente no Credo Niceno-constantinopolitano: "E numa só Igreja santa, cristã e apostólica".[330] É nesse contexto dos credos que nasceram as quatro características, atributos, ou marcas da igreja e que comumente são afirmadas: A igreja é una, santa, católica e apostólica. Vamos conhecê-las brevemente e, ao final, proporemos uma reflexão sobre um "acréscimo" que, por tudo que já estudamos e, particularmente neste capítulo, entendemos ser necessário para compor as referidas tradicionais e históricas características.

— Unidade —

A unidade da igreja não se refere a uma "igualdade artificial". A metáfora paulina do corpo talvez seja o melhor exemplo do que significa diversidade na unidade (1Coríntios 12:1-31). Não é à toa que tal recurso é utilizado pelo apóstolo Paulo ao tratar dos dons espirituais. Mas a questão mais complexa

---

326 SILVA, Esequias Soares da (org.). *Declaração de Fé das Assembleias de Deus* (Rio de Janeiro: CPAD, 2017), p. 16.

327 MILLER, G. J. "Vozes do passado: tentativas históricas para formar um pensamento cristão", in: PALMER, M. D. (org.). *Panorama do pensamento cristão* (Rio de Janeiro: CPAD, 2001), p. 117.

328 SILVA (org.). *Declaração de Fé das Assembleias de Deus*, p. 217.

329 McGRATH, Alister. *Creio: um estudo sobre as verdades essenciais da fé cristã no Credo Apostólico* (São Paulo: Vida Nova, 2013), p. 7.

330 SILVA (org.). *Declaração de Fé das Assembleias de Deus*, p. 219.

nessa característica, marca ou atributo é o fato moderno de que a multiplicidade de denominações parece contrariar essa verdade. Lamentavelmente, o problema da enorme quantidade de denominações muitas vezes não é essencialmente doutrinário; antes, ele "possui raízes de tipo secular pragmático".[331] Assim foi com o primeiro grande cisma da igreja cristã, causando a divisão entre a igreja oriental e ocidental, cujos problemas teológicos somente serviram de justificativa para uma disputa pelo poder que já se arrastava desde a mudança da sede do Império Romano para Constantinopla. Para Brunner, as "Igrejas Protestantes são confrontadas pela mesma problemática", ou seja, sua "unidade é impossível, porque elas incorporaram princípios formativos antitéticos, irreconciliáveis". Depois de citar algumas denominações e dizer que elas jamais poderiam unir-se, diz que tal "insuperável obstáculo, tanto no conflito confessional (Católico — Protestante) como no denominacional (Batistas — Episcopais) encontra-se no fato de que em ambos os casos a instituição está identificada com a Ekklesia". Essa "identificação não é, contudo, nem necessária nem justificada", pois todas "as Igrejas Protestantes reconhecem a forma primitiva da Ekklesia como o ideal do Novo Testamento, que está subentendido na compreensão da fé, isto é, na cristologia, e é normativo para a igreja". Isso significa lembrar que a "Ekklesia em si certamente não é uma igreja no sentido institucional, mas uma irmandade resultante da fé em Cristo".[332] Diz o mesmo autor:

> Se este fato fosse reconhecido, pelo menos pelas igrejas provenientes da Reforma, o empecilho causado pela multiplicidade de igrejas e as razões espirituais para ter uma igreja desapareceriam. O interesse mudaria da forma da igreja para nosso serviço comum. A organização institucional seria considerada a princípio como de importância meramente relativa. Quando cada igreja percebe que ela não é o Corpo de Cristo, mas somente *serve* para edificar esse Corpo, as diferenças tornam-se relativas, e são libertadas da opressão entre Ekklesia do Novo Testamento e normas. Cada igreja poderia então muito bem considerar as outras como muitos instrumentos ou vasos que servem a um propósito, a criação da verdadeira comunidade em Cristo, da verdadeira Ekklesia.[333]

---

331 BRUNNER. *Dogmática*, vol. 3, tomo 1, p. 189-90.
332 Ibid., p. 191.
333 Ibid. (grifo no original).

Este seria um caminho ideal, mas, conforme McGrath, mesmo com a multiplicidade denominacional, se tais igrejas "forem genuinamente cristãs, todas fazem parte de uma única igreja", pois a "desunião entre as igrejas não nega que a igreja é uma só".[334] Eis um desafio para todo cristão e um tema instigante, particularmente, para os estudantes de teologia. Em tempos tão polarizados quanto o nosso, a unidade é uma característica mais que desejada e deve ser motivo de nossas orações a Deus, tal como nosso Senhor Jesus Cristo fez (João 17:20-21).

— Santidade —

Muitas vezes mal compreendida e vista como ascese, a santidade não é algo que "adquirimos"; antes, é concedida à igreja como uma prova de que esta é de propriedade exclusivamente divina, significado original da expressão "santo" (Levítico 20:26; cf. Romanos 1:7; 1Coríntios 1:2; 2Coríntios 1:1; Efésios 1:1). Como afirma Alister McGrath, nossa santidade decorre do "nosso chamado", de nossa aquiescência do evangelho, "não por causa de nossa natureza", ou seja, Deus nos chama *para ser* santos (1Co 1:2), não *porque somos* santos".[335] Portanto, em virtude da santidade divina, somos "separados" ou "consagrados", colocados à parte, para Deus. Mas isso não significa que "nos tornamos santos e justos de uma hora para a outra; aliás, o pecado continua sendo uma grande ameaça para nossa vida cristã". Não nos tornamos imunes ao pecado, todavia já estamos "separados" em Cristo e, "apesar do pecado, nós fomos separados do mundo", ou seja, uma vez "chamados para fora do mundo (lembre-se de que a palavra grega para 'igreja' significa 'chamados para fora') a fim de lembrar ao mundo de seu Senhor e Salvador".[336] Não fossem os méritos divinos, os crentes da comunidade de Corinto jamais poderiam ser saudados por Paulo, que os chama de santos, ou "chamados para serem santos (*klētoi hagioi*)", isto é, os coríntios assim são chamados pelo fato de que "Cristo pôs Sua mão sobre eles colocando-os ao Seu serviço". Portanto, eles "são santificados por terem recebido a Palavra da reconciliação através de Cristo pela fé (Jo 15:3)".[337] Numa palavra:

---

334 McGrath. *Creio*, p. 119.
335 Ibid., p. 123 (grifo no original).
336 Ibid., p. 124.
337 Brunner. *Dogmática*, vol. 3, tomo 1, p. 187.

> *Ecclesia santa* pode então significar apenas: uma igreja que está fundada no ato santificador e na palavra de Deus em Jesus Cristo que podem ser recebidos somente pela fé. Quando a Palavra de Cristo e a fé se encontram, a presença do Espírito Santo é experimentada, é Ele e nenhum outro que derrama abundantemente o amor de Deus em nossos corações. O testemunho apostólico desconhece qualquer outra infusão da graça. E o Espírito Santo é primeiramente um falar do Espírito — a Palavra de Deus em nosso interior, assegurando-nos que somos filhos de Deus e reivindicando-nos para servir o nosso irmão. A igreja enquanto *sancta ecclesia* é conhecida por nada mais do que isto, que aqui os homens estão presentes e permitem que esta inacreditável Palavra do amor de Deus em Cristo lhes seja dita, creem nela, e obedecem-na transmitindo o amor concedido a eles ao seu próximo em atos de amor.[338]

Portanto, é nesse sentido que se fala que a igreja é santa, e isso não tem relação alguma com a ideia de "usos e costumes" ou quaisquer outras questões que são defendidas em âmbito denominacional. Isso, contudo, não impede que as igrejas locais tenham sua forma de organização que contemple assuntos atinentes ao que elas entendam, à luz da Bíblia, como formas de "viver em santidade". É preciso, porém, ter cuidado para não "anular" a graça com tais "usos e costumes", que, por definição, são locais, humanos e transitórios (Gálatas 2:4-21; 5:1-26). Esse é um perigo real e que institui a meritocracia religiosa em contraste com a dádiva graciosa da salvação divina. Requer, portanto, cuidado e vigilância, pois sua ênfase e supervalorização anulam os méritos do sacrifício vicário de nosso Senhor Jesus Cristo.

— Catolicidade —

Nos círculos protestantes em geral, sobretudo nos carismático-pentecostais, muitas vezes essa marca da igreja é confundida com "catolicismo romano" e, por isso mesmo, malvista. Contudo, com essa expressão, o que se quer transmitir é o fato de que a igreja é universal, ou seja, "sua mensagem se aplica a todas as idades e a todas as situações".[339] Mesmo porque a "palavra *católica* é uma afirmação da importância, da pertinência e da validade universais do

---

338 Ibid., p. 188-9.
339 McGrath. *Creio*, p. 119-20.

1702 | TEOLOGIA SISTEMÁTICO-CARISMÁTICA

evangelho".[340] Tal entendimento foi fundamental para diferenciar a igreja, os do Caminho, o cristianismo nascente, do judaísmo, e não foram poucas as tentativas de cooptá-la, reduzindo-a apenas a uma dissidência da religião oficial judaica. Foi, todavia, a "natureza 'católica' da igreja" que a preservou desse perigo e o seu "mais forte motivo missionário", mostrando que a "Ekklesia é destinada ao *mundo* todo",[341] conforme encontramos nos textos da Grande Comissão (Mateus 28:19-20; Marcos 16:15; Lucas 24:47; João 20:21).

Outro aspecto da catolicidade da igreja que está intimamente relacionado à sua unidade é o fato de que tal característica indica a necessidade de cooperação entre as diversas expressões da fé cristã, isto é, a despeito de onde quer que esteja ou do tamanho da congregação, ali encontra-se o corpo de Cristo, nem mais nem menos. Todavia, ela não pode achar-se autossuficiente, pois nenhum membro pode prescindir dos demais; antes, todos necessitamos uns dos outros para que possamos cumprir corretamente nossa tarefa. Assim, as diferenças que existem entre as tradições, representadas por denominações, devem sempre ser menos importante quando se pensa em termos de unidade. Isso não quer dizer, em hipótese alguma, que vamos negar nossas peculiaridades como agrupamento distinto que possui suas singularidades. Não se trata disso. Todavia, catolicidade indica que temos origem e destino universais, e isso decorre de nossa missão como corpo de Cristo, ou seja, o que nos une deve ser maior do que as diferenças que nos separam.

— Apostolicidade —

"E perseveravam na doutrina dos apóstolos" (Atos 2:42). Esse texto exprime com fidelidade essa característica da igreja, pois significa que a "fé e as obrigações dos apóstolos passaram a ser nossa fé e nossas obrigações", pois somos agora responsáveis e "administradores do mesmo evangelho entregue aos apóstolos no passado".[342] Isso denota privilégios, mas igualmente obrigações. Uma vez que não "é a tradição histórica como tal que cria a igreja, mas só a Palavra que vem da fé, da plenitude do Espírito, da Palavra profética", é imperioso entendermos que, ao dizermos "que a Igreja é apostólica, pretendemos que mesmo em sua organização ela deve orientar-se pela Ekklesia dos

---

340 Ibid., p. 120 (grifo no original).
341 BRUNNER. *Dogmática*, vol. 3, tomo 1, p. 184, 186 (grifo no original).
342 McGRATH. *Creio*, p. 120.

tempos apostólicos e tomar isso como sua norma".[343] Nenhuma igreja local que se pretenda parte do corpo de Cristo deve prescindir da orientação apostólica neotestamentária (Atos 15:1-29; Gálatas 1:1—2:21). Sem tal padrão para auferir a situação, não haveria Reforma Protestante, por exemplo, muito menos qualquer restauracionismo.

Essa característica resguarda a igreja de perder-se em sua expressão histórica e sociológica, distanciando-se completamente do que encontramos nas Escrituras, particularmente em Atos dos Apóstolos. Mas, para entendê-la, a apostolicidade não deve ser reduzida a apenas "uma categoria de legitimação, mas mais ainda uma categoria de promessa e missão". Por isso, "é também insuficiente certificar-se do vínculo com os apóstolos somente por meio de comprovações de tradição e sucessão", pois a "*successio apostolica* é, segundo seu conteúdo e sua verdade, a *successio Evangelii*, a proclamação contínua e autêntica do evangelho do Ressuscitado".[344] É exatamente por essa verdade que "os Reformadores exigiram que o critério" da apostolicidade significasse que "a proclamação de Cristo fosse feita", pois "entenderam a Escritura como o *apostolos* verdadeiro, a saber, como o testemunho apostólico para a proclamação apostólica contínua e a comunidade messiânica em difusão".[345] Como, porém, dar continuidade a tal anúncio da ressurreição sem o empoderamento prometido por nosso Senhor Jesus Cristo? Talvez a não compreensão desse aspecto tenha levado ao déficit carismático experimentado no pós-Reforma. Por isso, o ressaltamos aqui com a expressão "pentecostalidade".

— Pentecostalidade —

Apesar de "o princípio pentecostalidade" estar pressuposto, por exemplo, no "destaque ao aspecto comunitário da dotação do Espírito que liga cada um dos cristãos na comunhão da igreja",[346] mantendo-a una, santa, católica e apostólica, ao não se nomeá-lo ele acaba escamoteado e esquecido, por isso gostaríamos de finalizar este capítulo propondo que busquemos conhecer esse princípio, que nada tem que ver com a tradição pentecostal — assim como catolicidade nada tem que ver com o catolicismo romano —, sendo uma característica

---

343 Brunner. *Dogmática*, vol. 3, tomo 1, p. 179-80.
344 Moltmann. *A igreja no poder do Espírito*, p. 449-50.
345 Ibid., p. 450.
346 Pannenberg. *Teologia sistemática*, vol. 3, p. 27.

1704 | TEOLOGIA SISTEMÁTICO-CARISMÁTICA

implícita e marca legítima da igreja como corpo de Cristo, à qual poderia, sem dúvida, somar-se as demais, ainda que não sugerindo qualquer alteração do credo. Não há dúvida de que tal princípio está pressuposto na argumentação das gerações mais antigas da tradição carismático-pentecostal, contudo sua articulação, é necessário reconhecer, devemos ao teólogo pentecostal peruano Bernardo Campos, que define tal princípio nos seguintes termos:

> Entendemos por pentecostalidade aquele princípio e aquela prática religiosa moldados pelo acontecimento de Pentecoste. Trata-se de uma experiência universal que eleva à categoria de "princípio" (arqueordenador) as práticas pentecostais que procuram ser concretizações históricas dessa experiência primordial. Do ponto de vista cristológico, a pentecostalidade é a "força do Espírito" que torna possível a Igreja como corpo de Cristo e como povo de Deus na história concreta da humanidade. Em sua qualidade de "princípio", a pentecostalidade em si mesma rejeita qualquer concretização histórica do tipo pentecostal que pretenda ser sua expressão única (exclusiva) ou que pretenda convertê-la em seu absoluto, negando a outros a possibilidade de fundamentar-se também nela (inclusividade). Sustentamos a tese de que no fundo de toda Igreja professamente cristã há uma pentecostalidade latente ou manifesta.[347]

Nesse sentido, independentemente de determinado segmento ser ou não carismático ou pentecostal, é uma questão de honestidade reconhecer essa característica da igreja.[348] Sobretudo por causa de dois aspectos que podem ser deduzidos do evento de Pentecostes, em Atos 2. O primeiro deles é, sem dúvida, o empoderamento prometido por nosso Senhor Jesus Cristo, experiência fundamental para o cumprimento da missão sacerdotal da igreja, e o segundo é a já mencionada inversão que se deu em Babel, ou seja, a representação presente em Jerusalém, "de todas as nações que estão debaixo do céu" (Atos 2:5). Em vez de se surpreender por não compreender as línguas, admira-se por compreender tudo! Isso denota um acontecimento de unidade, ou seja, todo ser humano é igual perante Deus e pode ouvir sua voz de

---

347 CAMPOS, Bernardo. *Da Reforma Protestante à pentecostalidade da igreja* (São Leopoldo/Quito: Sinodal/Clai, 2002), p. 85.

348 "Teologicamente, a catolicidade é anterior ao cristianismo, assim como a pentecostalidade é anterior ao pentecostalismo" (CAMPOS. *Da Reforma Protestante à pentecostalidade da igreja*, p. 86).

santidade, pois Deus quer resgatar todos indistintamente. Também apregoa a catolicidade, ou seja, com todas as diferenças, inclusive representadas pelas diversas línguas que os peregrinos falavam. Ainda assim, eles ouviram, cada um em sua língua, os quase 120 falarem das grandezas de Deus. Finalmente, tudo isso se deu pela presença extraordinária do Espírito Santo atuando na vida dos apóstolos e demais testemunhas da morte e ressurreição de nosso Senhor Cristo. Tal teve de ser assim em virtude de que:

> Para Paulo, a comunidade é o lugar da *manifestação do Espírito* (1Co 14) numa abundância transbordante de dons espirituais (*charismata* — carismas). Segundo a profecia veterotestamentária, o Espírito é o dom do tempo escatológico (Is 44:3; 63:14; Ez 36:27; Zc 4:6). No tempo messiânico, não só profetas e reis escolhidos, mas o *povo de Deus inteiro* será repleto com a força de vida e com o poder recriador de Deus. Segundo Jl 2:28s é assim que começa o derramamento do Espírito de Deus "sobre toda carne". Isto significa a nova criação de todas as coisas para a vida eterna do Reino e simultaneamente a glorificação de Deus, pois Deus mesmo está presente no Espírito. No poder do Espírito, Deus mesmo habita sua criação. O cristianismo primitivo entendeu suas experiências com as aparições do Ressuscitado e com sua presença como experiências com este espírito messiânico. No evento do Pentecostes cumpre-se a promessa de Joel ([...]). O Espírito do tempo escatológico e a comunidade escatológica da salvação estão relacionados. O novo povo de Deus entende-se em sua existência e sua forma como "criatura do Espírito", portanto, como cumprimento inicial da nova criação de todas as coisas e da glorificação de Deus. O Espírito faz criar o povo; o Espírito empodera-o para a missão; o Espírito opera suas forças de vida e seus respectivos serviços; o Espírito une, ordena e preserva o povo. Por isto, a comunidade entende a si mesma, seus dons e suas tarefas a partir e na história escatológica do Espírito. Nisto, ela não só experimenta quem ela é, mas também onde está seu lugar. Ela descobre na história mais abrangente do Espírito o futuro redentor do mundo.[349]

A articulação de Moltmann é similar à de Campos, mas, por não ter a experiência carismática, há alguma dificuldade em sua forma de expressar-se. Para o teólogo pentecostal peruano, por seu caráter cristológico, a pentecostalidade

---

349 Moltmann. *A igreja no poder do Espírito*, p. 373-4 (grifo no original).

1706 | TEOLOGIA SISTEMÁTICO-CARISMÁTICA

nada mais é que a universalidade do Espírito de Cristo, que, como disse o teólogo pentecostal Myer Pearlman, é agora responsável pela presença de nosso Senhor Jesus Cristo em nosso interior. É justamente tal presença que caracteriza a igreja como comunidade pentecostal e revela a portabilidade do "princípio pentecostalidade". Muitos parecem esquecer de que "Deus Espírito Santo", para utilizar a forma com que o teólogo pentecostal Paul Pomerville se refere à terceira Pessoa da Trindade, é o responsável por amparar, acolher, guiar, dirigir, orientar e proteger a igreja durante todo o seu transcurso neste período entre a ascensão e a volta de nosso Senhor Jesus Cristo, ou seja, além de sua *presença contínua* conosco nos dando o fôlego de vida — assim como faz com os demais seres vivos e na ordenação do universo —, carecemos de sua *presença extraordinária*. Como representantes do Mestre ou extensão de seu corpo, assim como ele foi gerado, empoderado, guiado e ressuscitado pelo Espírito Santo, de igual forma também devemos esperar essas mesmas ações como fruto da *presença extraordinária* da terceira Pessoa da Trindade.

CONSIDERAÇÕES FINAIS

No presente capítulo, assim como temos feito nos demais, passamos em revista os principais aspectos da eclesiologia que podem nortear e orientar os estudantes no aprofundamento dos seus estudos e também no exercício ministerial. Na realidade, estudar teologia deve ser uma forma de habilitar-se para melhor servir no corpo de Cristo como cidadão do reino de Deus, daí a importância de pesquisar com afinco a eclesiologia. A relação da igreja com o reino de Deus, bem como sua posição na história da salvação, também são aspectos cruciais deste capítulo e pelos quais passamos visando mostrar qual o posicionamento ideal, biblicamente falando, do corpo de Cristo. Lamentavelmente, notamos que, dado o fato de o aspecto organizacional ter se sobrepujado à dimensão mística da igreja, que, como vimos, é antes de qualquer coisa um organismo vivo, muitos acreditam que estudar técnicas de "administração eclesiástica" lhes garante eficácia na condução de um rebanho. Todavia, consoante o exposto, aprendemos que somente empoderados pelo mesmo Espírito que capacitou nosso Senhor Jesus Cristo, seus apóstolos e os seus primeiros seguidores é que poderemos cumprir o papel que cabe à nossa geração. Como vimos, não é com poder aquisitivo, influência política ou construções faraônicas que a igreja pode vencer e triunfar, mas apenas pela dependência de Deus Espírito Santo. A tradição carismático-pentecostal sempre demonstrou essa verdade, muito embora algumas de suas expressões mais populosas tenham se enveredado pelo caminho do formalismo e da grandiloquência. Contudo, temos o exemplo de muitos países nos quais o evangelho é pregado no poder do Espírito e multidões têm sido alcançadas, o que mostra que a maneira pela qual Atos descreve os primórdios da fé, bem como o início de sua eclosão nos séculos 19 e 20, ainda é a forma pela qual sua expansão deve acontecer.

CAPÍTULO

10

ESCATOLOGIA

INTRODUÇÃO

Classificada como uma das doutrinas mais difíceis das Escrituras, a escatologia é, na verdade, o ponto culminante da história, pois mostra que nosso destino último nada tem que ver com o estado atual. Na verdade, a doutrina das últimas coisas revela o *pleroma*, isto é, a plenitude, apontando para uma realidade da qual parcialmente já participamos, pela graça de Deus, mas que ainda é apenas uma antecipação — prolepse — do que se completará na restauração plena de todas as coisas (Romanos 8:18-25; 1João 3:1-2).

A literatura escriturística que trata dos assuntos atinentes à escatologia é um gênero literário conhecido como "apocalíptico". Todavia, há muitos outros textos, como as referências citadas acima, por exemplo, que não são desse gênero, mas abordam diretamente o tema. Daí a necessidade de seu cuidadoso estudo. Seu trabalho consistirá em analisar tais textos e, então, verificar como eles se relacionam entre si, bem como ao que diz respeito às expectativas judaica e cristã. Tal distinção se faz necessária em virtude de que, enquanto os judeus aguardam a manifestação messiânica, assim como nós, eles o fazem ansiando pela implantação do reino de Deus como se este já não tivesse iniciado com nosso Senhor Jesus Cristo, enquanto os cristãos sabem que, quando tal manifestação ocorrer, será para completá-lo e, por isso, outros acontecimentos terão lugar, uma vez que o Messias prometido já veio e fez,

1710 | TEOLOGIA SISTEMÁTICO-CARISMÁTICA

pelos gentios, algo que jamais poderíamos fazer mediante nossos próprios esforços: tornar-nos filhos de Deus e salvar-nos da ira futura (João 1:11-13).

Como já foi estudado no capítulo anterior, nosso Senhor Jesus Cristo fundou a igreja e virá para completar sua obra consoante o que vimos na chamada "história da salvação". Na linearidade apresentada nessa perspectiva, cujo início se deu desde a Criação, passando por todas as etapas da trajetória bíblica pontuadas pelos *kairoi*, isto é, os acontecimentos nos quais a intervenção divina aparece direta e de forma evidente. Assim foi no chamado dos patriarcas, no nascimento e chamado de Moisés, no êxodo, na ocupação da Terra Prometida, no período dos juízes, dos reis (seja no reino unido, seja no reino do Sul, Judá e Benjamim, após o período da divisão) e no exílio, com os profetas, no período intertestamentário, culminando com o nascimento de João Batista — que marca o final do Antigo Testamento —, chegando à encarnação do Senhor Jesus Cristo, ponto central na linha da história da salvação.

Tomando essa perspectiva como forma de interpretação e/ou de estudo —, isto é, a linearidade da história da salvação —, por questão de lógica, temos um "ponto de partida" que encontra seu destino em um "ponto final". O transcurso todo pode, e deve, ser estudado sob um prisma escatológico, contudo o fim e a plenitude propriamente ditos permanecem os temas dominantes da escatologia. Por isso, neste capítulo, passaremos à análise desse importante tema do edifício da teologia sistemática, passando em revista alguns dos principais aspectos da "doutrina das últimas coisas".

DEFINIÇÕES E OBJETIVOS DA ESCATOLOGIA

No protestantismo, geralmente o estudo da escatologia resume-se à análise dos textos bíblicos de acordo com as concepções das chamadas "escolas escatológicas". Entendemos, porém, que tal estudo, a despeito de sua importância, acaba reduzindo o alcance a e abrangência da escatologia. Assim como nos demais capítulos, com a escatologia não pode ser diferente: devemos começar com os dados bíblicos, para somente depois passar à análise teológico-sistemática. Irmos pelos dados bíblicos, porém, para posteriormente adentrarmos nos aspectos mais comumente estudados, significa não se comprometer com nenhuma escola escatológica, independentemente da predileção dos próprios autores por qualquer uma delas. Por isso, precisamos começar entendendo a terminologia especializada para o estudo das últimas coisas.

Escatologia — "do grego *eschaton*, 'fim', e *logos*, 'doutrina'" —, em "teologia dogmática", refere-se a "tudo que concerne ao fim do homem individual e da humanidade". Tradicionalmente, é considerada "o último capítulo da dogmática". Contudo, após o "início do século 20, nos meios protestantes, sobretudo sob a influência de A. Schweitzer, começa-se a ver sempre mais todo o dogma e, particularmente, a doutrina da igreja à luz da escatologia".[1] Isso explica o destaque dado à igreja e quanto o reino de Deus foi sendo, nos últimos decênios, cada vez mais eclipsado na teologia sistemática e, consequentemente, na teologia prática. É importante entender que não apenas no edifício da teologia sistemática existe escatologia, ou seja, até mesmo na teologia bíblica ela tem importância e, dentro desta, a escatologia é igualmente entendida como "a doutrina da Escritura sobre os fins últimos".[2]

É digno de acrescentar que, independentemente da "definição que a Bíblia dá ao termo, é preciso distinguir as doutrinas referentes ao indivíduo, à comunidade e ao mundo", pois em diversos "casos (Nm 23:10; Jó 8:7; Sl 49:14; 73:17; Jr 17:11 etc.), a Bíblia emprega o termo 'fim' (hebr., *'aḥărīt*), que [a] LXX [traduz] muitas vezes por *eschata*, para designar o fim último, o destino do indivíduo", havendo, portanto, biblicamente falando, "escatologias" distintas para o universo, para a pessoa e até para a igreja. Os autores explicam a necessidade de se distinguir entre elas, pois, se para o que eles chamam de "comunidade", por exemplo, há uma escatologia "nacional, que tem por objetivo o futuro do povo eleito", é igualmente verdade que existe uma escatologia "universal, que se ocupa da sorte da humanidade inteira". É assim que há claramente a necessidade de haver diferentes concepções entre uma escatologia "nacional visando à vitória divina que coroa a história pela glorificação de Israel acima de todas as nações" e, em contraste, uma escatologia "supraterrena e transcendente". A obrigatoriedade da última escatologia decorre do fato de que, "no sentido estrito [ela] se caracteriza por uma concepção dualista da história". Por causa disso, "muitos autores ([...]) a chamam de 'escatologia' em geral", visto que "ela trata do fim do presente éon,[3] que inaugura o tempo da salvação nova e eterna", considerando que "será acompanhada de

---

1 Lacocque, André; Nelis, Jan T. "Escatologia", in: Centro: Informática e Bíblia Abadia de Maredsous. *Dicionário enciclopédico da Bíblia* (São Paulo/Santo André: Loyola/Paulus/Paulinas/Academia Cristã, 2013), p. 447.

2 Ibid.

3 Grego, "tempo".

1712 | TEOLOGIA SISTEMÁTICO-CARISMÁTICA

uma transformação total e de uma inteira renovação do cosmo, que excluirá todo mal, todo sofrimento, toda caducidade".[4]

A criação do termo específico se deu no "século 17", quando "o teólogo luterano Abraham Calov († 1686) introduziu no universo teológico o termo 'escatologia' (em grego *eschaton/a* + *logos*), termo que mais tarde, com Karl Gottlieb Bretschneider", conforme Giovanni Ancona informa, "assumiu o sentido de um tratado específico e de uma utilização generalizada".[5] Desde então, tornou-se comum expressões como *escaton* para referir-se à "culminação futura", e expressões como "escatofobia", que é o medo "ou fuga do estudo ou da discussão sobre as últimas coisas", e até "escatomania", cujo significado diz respeito ao "interesse ou preocupação excessivos com o estudo das últimas coisas".[6] Surgiram igualmente áreas de especialização, como 1) "escatologia coletiva", para falar dos "eventos escatológicos envolvendo o universo como um todo ou a raça humana"; 2) "escatologia consistente", que, na "visão de Albert Schweitzer e outros segundo [...] as ações e os ensinamentos de Jesus eram fundamentalmente escatológicos"; 3) "escatologia cósmica", um "estudo sobre como as últimas coisas afetam conjuntamente a raça humana ou a criação"; 4) "escatologia individual", referindo-se ao estudo dos "eventos futuros com respeito aos indivíduos; em particular, estudo de sua morte, estado intermediário e ressurreição"; 5) "escatologia realizada", perspectiva muito conhecida, de "Charles Harold Dodd e outros segundo a qual as passagens da Bíblia não se referem ao futuro, mas a assuntos que ocorreram e se cumpriram no período bíblico, e especialmente durante a vida e o ministério de Jesus"; 6) "escatologia do Antigo Testamento", que, como o próprio termo já deixa evidente, dedica-se ao estudo das últimas coisas no Antigo Testamento; e, finalmente, 7) "escatologia do Novo Testamento", que segue o mesmo raciocínio da anterior, dedicando-se ao que diz respeito às últimas coisas no Novo Testamento.[7]

Faz parte ainda da terminologia especializada a "escatologia apocalíptica", que, a despeito de parecer uma redundância, trata-se de um tipo de escatologia que é "encontrada nos apocalipses ou semelhante à escatologia dos

---

4   Lacocque, André; Nelis, Jan T. "Escatologia", in: Centro: Informática e Bíblia Abadia de Maredsous. *Dicionário enciclopédico da Bíblia*, p. 448.

5   Ancona, Giovanni. *Escatologia cristã* (São Paulo: Loyola, 2013), p. 15.

6   Erickson, Millard J. *Dicionário popular de teologia* (São Paulo: Mundo Cristão, 2011), p. 67.

7   Ibid.

apocalipses, caracterizada pela tendência de enxergar a realidade da perspectiva da soberania divina (e.g., as escatologias da comunidade de Qumran, de Jesus e de Paulo)".[8] Como já foram devidamente destacados os termos relativos à escatologia, voltamo-nos agora para a expressão que compõe a que acabamos de citar. No glossário da obra *Teologia sistemática*, editada por Stanley Horton, a expressão "apocalíptica", do "grego *apocalupsis* ('revelação', 'desvelamento')", é definida como um tipo específico de "literatura que emprega rico simbolismo para descrever o reino de Deus vindouro e os eventos que o prenunciam" e, como exemplo, o verbete elenca as "visões de Daniel e do Apocalipse".[9] Timothy Paul Jones define literatura apocalíptica como um "gênero da antiga literatura judaica, apresentada sob a forma de visões que, figurativamente, revelavam verdades ocultas com a finalidade de assegurar ao povo de Deus a bondade dos planos divinos, durante os períodos de perseguição".[10] É importante entender que, como qualquer texto, o gênero apocalíptico surgiu em determinada época. Por isso, o mesmo autor informa que o "pensamento apocalíptico começou a desenvolver-se entre o povo judeu no rescaldo da derrota pelas mãos dos babilônios, sua deportação e a destruição do Templo, no início do sexto século a.C.". Como podemos facilmente perceber, os "livros de Ezequiel e Daniel foram escritos durante este tempo", destacando-se "Ezequiel capítulos 37 a 39 e os últimos seis capítulos de Daniel [os quais] representam os 'pré-apocalipses' ou as primeiras expressões do pensamento apocalíptico".[11] Antes de falarmos acerca das características desse gênero, faz-se necessário observar:

> Depois dos dias de Daniel e Ezequiel, outros escritores judeus escreveram apocalipses mais elaborados que não constam no Antigo ou Novo Testamento. Há textos que, falsamente, afirmam que são de Enoque, por exemplo, e outros que alegam que são originais do tempo de vida de Abraão, Noé e Moisés. Ainda que o povo judeu nunca considerasse esses textos apocalípticos como parte de suas Escrituras, esses

---

8   AUNE, David E."Apocaliptismo", in: REID, Daniel G. (org.). *Dicionário teológico do Novo Testamento: compêndio dos mais avançados estudos bíblicos da atualidade.* (São Paulo: Vida Nova/Loyola, 2012), p. 102.

9   HORTON, Stanley M. (org.). *Teologia sistemática: uma perspectiva pentecostal* (Rio de Janeiro: CPAD, 1996), p. 784.

10 JONES, Timothy Paul. *Guia profético para o fim dos tempos* (Rio de Janeiro: CPAD, 2016), p. 29.

11 Ibid., p. 30.

1714 | TEOLOGIA SISTEMÁTICO-CARISMÁTICA

documentos preservam certas tradições verdadeiras, e os escritores do Novo Testamento os conheciam. Embora o livro de Apocalipse não seja completamente apocalíptico, o imaginário de João assemelha-se a apocalipses que eram conhecidos por muitos judeus do século primeiro. O livro neotestamentário de Judas referencia especificamente passagens de dois apocalipses judaicos: 1Enoque (em Jd 14,15) e Assunção de Moisés (em Jd 9).[12]

Portanto, não é difícil identificar algumas similaridades entre os textos canônicos e extracanônicos provenientes da época turbulenta que marcou o cativeiro israelita e o período intertestamentário. A grande diferença não está tanto no conteúdo nem na forma e/ou linguagem, mas, sobretudo, no caráter profético dos textos escriturísticos, visto serem inspirados pelo Espírito Santo, não produzidos por um justificado anseio de libertação: "E temos, mui firme, a palavra dos profetas, à qual bem fazeis em estar atentos, como a uma luz que alumia em lugar escuro, até que o dia esclareça, e a estrela da alva apareça em vosso coração, sabendo primeiramente isto: que nenhuma profecia da Escritura é de particular interpretação; porque a profecia nunca foi produzida por vontade de homem algum, mas os homens santos de Deus falaram inspirados pelo Espírito Santo" (2Pedro 1:19-21). Para fins de estudo dos textos apocalípticos, vejamos algumas características da literatura apocalíptica judaica:

1. *Garantia:* O autor garante aos leitores que Deus invadirá o presente tempo de maneira a transformar o mundo e estabelecer uma nova e diferente existência para o seu povo.
2. *Anjos:* Os mediadores angélicos transmitem a mensagem de Deus para um destinatário escolhido.
3. *Viagem:* O destinatário humano viaja para um Reino celestial.
4. *Visões:* Visões altamente simbólicas e figurativas descrevem realidades espirituais presentes e intervenções divinas futuras.
5. *Avisos:* O povo de Deus é avisado sobre a vinda de angústias e provações.
6. *Encorajamento:* Os fiéis perseguidos são encorajados a perseverar, sabendo que Deus está trabalhando nas realidades invisíveis presentes e que Deus intervirá no futuro.

---

12 Ibid., p. 30-1.

7. *Julgamento final:* Uma ou mais partes do texto incluem uma visão do julgamento final.[13]

Independentemente de os textos do gênero apocalíptico serem ou não parte do cânon, essas características estão presentes. E elas são marcantes e decisivas para os judeus. Contudo, os textos canônicos muitas vezes fazem questão de mostrar quão distintos eles podem ser das expectativas judaicas, sem que isso os torne inferiores; antes, destacam sua superioridade. Dois exemplos ilustram o ponto. Os anjos eram supervalorizados dentro da cultura judaica. A característica de número 2 registra a ideia. Uma das crenças judaicas era que a Lei — materialmente falando — foi dada a Moisés pelas mãos dos anjos. Mas o capítulo 1 de Hebreus não hesita em colocar nosso Senhor Jesus Cristo como superior aos anjos, mostrando que os seres angélicos estão não apenas a serviço dele, mas também dos salvos (Hebreus 1:1-14). O outro fator extremamente importante e que distingue um texto apocalíptico canônico dos textos espúrios é a autenticidade da autoria. Como já foi dito, uma das práticas comuns era atribuir a determinada personagem relevante a autoria de um texto escrito por alguém que jamais teria autoridade para ser ouvido. Quando lemos o Apocalipse, o escritor assina o texto em diversos momentos (Apocalipse 1:1,4) e chama a atenção quando ele diz: "Eu, João, que também sou vosso irmão e companheiro na aflição, e no Reino, e na paciência de Jesus Cristo, estava na ilha chamada Patmos, por causa da palavra de Deus e pelo testemunho de Jesus Cristo" (Apocalipse 1:9). Em outras palavras, o que o apóstolo do amor estava dizendo era que não esperassem que o relato apocalíptico fosse atribuído a qualquer grande profeta, pois era ele mesmo, o irmão João, quem escrevera por ter recebido diretamente de Deus. Esses dois exemplos demonstram a importância daquilo em que temos insistido desde o início de nossa *Teologia sistemático-carismática*: conhecer o *background*, ou seja, o pano de fundo ou contexto, em que se desenrolaram os fatos relatados na história bíblica é fundamental, pois, quanto mais conhecemos, mais entendemos a riqueza das Escrituras.

Retornando ao fato de que havia um anseio judaico por libertação, é importante compreender as implicações de se ter criado um gênero literário que expressasse esse desejo e quanto tal perspectiva e literatura influenciaram na

---

13 Ibid., p. 31.

1716 | TEOLOGIA SISTEMÁTICO-CARISMÁTICA

rejeição de Jesus por parte do povo escolhido. O gênero, na verdade, decorre do que conhecemos como "apocalipticismo", "apocalipsismo" ou ainda "apocaliptismo". Tal termo "é uma designação contemporânea largamente usada em referência a uma cosmovisão que caracteriza segmentos do judaísmo primitivo de cerca de 200 a.C. a 200 d.C.".[14] Portanto, com a expressão, faz-se "referência ao tipo específico de expectativa escatológica e característico dos primeiros apocalipses judeus e cristãos".[15] Sobre isso, informa o conhecido historiador cristão Justo González:

> Nesse sentido, o apocalipticismo parece ter surgido primeiramente na Pérsia, entre os zoroastrianos, e passou dali para o judaísmo durante os tempos de exílio, por último passou do judaísmo a certos setores do cristianismo primitivo. A principal característica do apocalipticismo é uma visão dualista da História, e a expectativa de que esse dualismo se resolverá em tempos escatológicos iminentes, mediante a vitória do bem sobre o mal. Essa visão dualista da História, na qual o princípio do bem se impõe ao princípio do mal, resultando na divisão da humanidade entre aqueles — normalmente a maioria — que servem aos poderes do mal, e que, portanto, gozam atualmente de poder e privilégios, e uma minoria no presente oprimida e perseguida que posteriormente participará da vitória final do bem, enquanto os maus serão destruídos ou condenados ao sofrimento eterno. Dentro de tal perspectiva, não nos surpreende o fato de que o apocalipticismo em geral surge e floresce entre aquelas minorias que se sentem oprimidas e perseguidas — como os primeiros cristãos do cristianismo ou os anabatistas do século 16.[16]

Finalmente, antes de prosseguirmos, torna-se imperioso distinguir escatologia de apocalíptica, no aspecto literário, ou apocaliptismo, como cosmovisão. Enquanto o primeiro "foi um termo que começou a ser usado no século 19 como forma de classificar aquele aspecto da teologia sistemática que lidava com os temas relacionados ao futuro do indivíduo (morte, ressurreição, juízo, vida eterna, céu e inferno)", distinguindo-o da "escatologia coletiva ou nacional, ou seja, o futuro da igreja ou do povo judeu (e.g., a vinda do Messias, a

---

14 AUNE."Apocaliptismo", in: REID (org.). *Dicionário teológico do Novo Testamento*, p. 101.

15 Ibid., p. 103.

16 GONZÁLEZ, Justo. *Breve dicionário de teologia* (São Paulo: Hagnos, 2009), p. 34-5.

CAPÍTULO 10 – Escatologia | 1717

grande tribulação, a ressurreição, o juízo, a segunda vinda de Cristo, o reino messiânico temporário, a recriação do Universo)". É necessário fazer ainda "a distinção entre escatologia profética e escatologia apocalíptica", pois assim podemos 'realçar o que se manteve, bem como o que mudou na expectativa escatológica judaico-israelita".[17] De acordo com "esse modelo, a escatologia profética era uma perspectiva otimista que antevia Deus restaurando no fim de todas as coisas as circunstâncias prístinas e originariamente idílicas, e faria isso atuando por meio de processos históricos". Por isso, o "profeta israelita proclamava ao rei e ao povo os planos de Deus para Israel da perspectiva de acontecimentos e processos históricos e políticos de fato".[18] Assim, enquanto a "profecia enxerga o futuro brotando a partir do presente", diz o mesmo autor, "a escatologia apocalíptica vê o futuro interrompendo o presente; aquela é essencialmente otimista, ao passo que esta é pessimista",[19] ou seja, a escatologia é "esperançosa", e a apocalíptica "vingativa".

ESCATOLOGIA VETEROTESTAMENTÁRIA

A implicação de todas essas distinções, entre outras, é que existe uma escatologia do Antigo Testamento e outra do Novo Testamento. Tal reconhecimento não infere que haja contradição alguma entre elas, mas justamente o contrário, pois são complementares. Todavia, ambas só podem ser devidamente entendidas quando vistas em conjunto. Mas só se pode perceber a riqueza de sua junção depois de estudá-las e entendê-las de forma separada. Ao se adotar esse procedimento para estudá-las, torna-se evidente que uma "das principais e mais revolucionárias contribuições do pensamento bíblico à humanidade é sua *concepção da história*". Mas tal apreciação só pode ser devidamente feita "comparando essa concepção com outras ao seu redor", sabendo, por exemplo, que nas "religiões arcaicas, a história ficava em suspenso [pois] a vida se rege pela lei do eterno retorno", isto é, o "tempo não possui direção progressiva; é cíclico, reversível pela sua própria natureza, sempre igual a si próprio, repetível *in infinitum*; não flui nem transcorre linearmente, mas recomeça". Não precisa pensar muito para concluir que o "caráter cíclico do tempo exclui toda a possibilidade de que apareça algo novo", e tal se

---

17 Aune."Apocaliptismo", in: Reid (org.). *Dicionário teológico do Novo Testamento*, p. 102-3.
18 Ibid., p. 103.
19 Ibid.

dá pela "'regulamentação arquetípica' de tudo o que existe[;] o mundo e a vida humana se encontram sempre 'no mesmo instante auroral do começo' (Eliade)".[20]

Essa é apenas uma das grandes contribuições que passaria despercebida caso o estudante de teologia desconsiderasse a distinção entre as escatologias do Antigo e do Novo Testamentos. E essa importante contribuição do povo judeu para a humanidade, apesar de parecer óbvia, não o é de maneira alguma. Além disso, abordar a escatologia do Novo Testamento e passar por cima da do Antigo, desconsiderando expectativas distintas, empobreceria o entendimento bíblico-escatológico. Muito embora alguns autores discordem que a origem da escatologia bíblica seja resultado praticamente normal da concepção linear da história por parte dos judeus, não se pode ignorar que a decisão do patriarca Abraão em aquiescer ao chamado divino rompeu com o fatalismo cíclico da cultura mesopotâmica da qual ele era proveniente, esgarçando a crença de que tudo estava determinado e escrito nas estrelas pelos deuses (Gênesis 12:1-9).

Ao examinar a escatologia veterotestamentária, uma das importantes distinções é que ela, invariavelmente, fala de "um futuro para os que vivem", isto é, seu enfoque não é além-túmulo, mas trata de uma plenitude que não se desvincula da posse da terra prometida a Abraão (Gênesis 15:17-21), que, de certa forma, reafirma o que foi concebido originariamente por Deus na criação dos nossos progenitores quando do mandato para que cuidassem da Terra (Gênesis 1:27-32; 2:15), bem como na reafirmação da promessa (2Samuel 7:8-29; Salmos 37:29) por meio da aliança davídica:

> A escatologia veterotestamentária encontra-se primeiramente, a partir do século 18 em diante, na forma do anúncio de desgraça e julgamento que se abaterão sobre o povo em vista da injustiça, falta de paz e falsa piedade. No "Dia de Javé" em nenhum lugar e para ninguém haverá salvação. Contudo, em medida crescente, passa-se a esperar, para além do julgamento, a salvação de Deus; o anúncio do julgamento amplia-se mediante apelos à conversão; a catástrofe anunciada pode ter a função de purificação. A finalidade visada pelos eventos escatológicos é sobretudo o senhorio régio (Reino) de Deus sobre o seu

---

20 TAMAYO, Juan-José. "Escatologia cristã", in: SAMANES, Cassiano Florinstán; TAMAYO-ACOSTA, Juan-José (orgs.). *Dicionário de conceitos fundamentais do cristianismo* (São Paulo: Paulus, 1999), p. 223.

povo e também sobre os povos e todo o universo. Com essa categoria entende-se novo estado da humanidade e do mundo em que se verão realizados direito e justiça, paz e segurança. A espera da reviravolta futura não significa em nenhum lugar paralisação da atividade humana; o olhar para o futuro agir de Javé significa antes permanente crítica às vigentes relações de injustiça e estímulo para o agir justo e libertador aqui e agora. Jamais se cogita de novo estado em vida eterna em um mundo totalmente outro e fora da história. A escatologia do AT é na sua "referência ao presente" parte integrante e essencial da revelação de Deus, que lança diante do olhar, como finalidade definitiva das intenções de Deus para com a humanidade, a criação de "sociedades de colaboração" verdadeiramente humanas. Somente sob pressão da dominação helenista hostil é que se mudou esta concepção da relação de Deus para com o mundo e a história. A história não é mais vista como o campo onde se cumprem traço a traço e paulatinamente as promessas divinas. A realidade experimentada abafou a convicção da Sabedoria em Israel, segundo a qual Deus recompensa ou castiga no interior da história. Segundo a opinião da apocalíptica, um juízo universal termina catastroficamente com a história de Israel até o momento malograda, depois do que Deus suscitará soberanamente uma salvação de tipo totalmente novo em nova era do mundo. O caráter de fundamental "referência a este mundo" do futuro permanece em vigor. Caracteriza as visões apocalípticas o fato de que o ponto de vista desde o qual se reflete toma-se a partir do fim da primeira era do mundo ("consciência da era final").[21]

Um fato de suma importância para se entender melhor a escatologia do Antigo Testamento é o seu longo período de desenvolvimento. Enquanto os seus 39 livros foram produzidos em cerca de mil anos, os 27 documentos do Novo Testamento vieram a lume em apenas um século. Essa diferença considerável explica as mudanças de perspectivas escatológicas apresentadas acima por Herbert Vorgrimler. Do ponto de vista da revelação progressiva, nada a estranhar, pois devemos lembrar que o pensamento veterotestamentário ainda não vislumbrava a realidade, mas sua "sombra" (Colossenses 2:16-23; Hebreus 10:1). É fato que encontramos até mesmo a ressurreição coletiva no Antigo Testamento (Daniel 12:2), mas tal evento não tinha paralelo para

---

21 VORGRIMLER, Herbert. "Escatologia/Juízo", in: EICHER, Peter. *Dicionário de conceitos fundamentais de teologia*, 2. ed. (São Paulo: Paulus, 2005), p. 230.

1720 | TEOLOGIA SISTEMÁTICO-CARISMÁTICA

o qual o povo poderia se voltar, como temos a ressurreição do Senhor Jesus Cristo, a fim de compreender perfeitamente o que estava sendo vaticinado (1 Tessalonicenses 4:14). A verdade é que se entendia a restauração plena de todas as coisas para que se cumprisse o que Deus havia prometido a Abraão e a Davi, promessas que, registre-se, não prescreveram (Romanos 9:1—11:36), daí a esperança em um domínio terrenal.

A ESCATOLOGIA INTERTESTAMENTÁRIA

Tendo em mente a questão relativa ao surgimento do anseio messiânico por libertação, não é difícil presumir o motivo da rejeição de Jesus Cristo. Sobretudo, pelo fato de que "o 'Ungido de Iahweh', o 'Messias', torna-se, pouco a pouco, uma figura escatológica (embora — coisa singular — o termo *mâschiach* não seja empregado no Antigo Testamento como título escatológico)", não obstante o fato de tal "Messias" ou "Ungido" ser corretamente compreendido como um líder terreno, pois a própria expressão "'escatológico' deve ser tomada aqui em seu sentido etimológico, ou seja, temporal", e se passou a acreditar "que é preciso uma realeza terrena para trazer a salvação futura". Em outros termos, era "uma esperança escatológica que deve realizar-se inteiramente na esfera terrena".[22] O teólogo francês acredita que "foi durante o exílio, época em que o trono de Davi não mais existia, que a promessa feita a Davi se projetou para um futuro distante, em que a salvação deveria ser realizada certamente no âmbito terrestre, porém de uma maneira definitiva". Assim, "a esperança da vinda de um rei da casa de Davi no fim dos tempos assumiu suas formas mais vivas posteriormente, quando, sob a dominação grega, o nacionalismo judaico alcançara seu desenvolvimento máximo", informa Oscar Cullmann, pois era esperado "um rei totalmente terreno político, e não um ser celestial que apareceria sobre a terra de forma milagrosa".[23]

É com esse pano de fundo que o advento de nosso Senhor Jesus Cristo nos Evangelhos precisa ser estudado. A rejeição do Senhor deve-se, entre outros, a esse fator da *expectativa messiânica*, que, registre-se, não é bíblica, mas político-cultural e, de certa forma, igualmente religiosa, já que é derivada dos escritos e da cosmovisão apocalíptica desenvolvida no Império Macedônio,

---

22 CULLMANN, Oscar. *Cristologia do Novo Testamento* (São Paulo: Hagnos, 2008), p. 153.
23 Ibid.

CAPÍTULO 10 – Escatologia | 1721

tendo concluído sua elaboração plena no período intertestamentário, ou seja, nos quatro séculos que antecederam o início da era cristã. O conhecimento escriturístico foi obliterado pela mentalidade da cultura circundante. Como já foi visto, isso não significa que o período não teve contribuições positivas para a formação do pensamento escatológico neotestamentário. Uma delas é a preocupação com o que acontecia depois da morte, ou seja, apenas no período intertestamentário tal pensamento eclodiu, pois se compreendeu que, raiando o "dia do livramento", ocorrerá que "Deus pessoalmente [virá] buscar os fiéis que já morreram, chamando-os pela mão para erguê-los do repouso de suas tumbas e levá-los para a multidão festejante". Tal "imagem antecipa muito da visão cristã de redenção". No entanto, está também claro que "ela ainda relaciona a salvação dos mortos a este mundo e sua história ao trazê-los para este mundo, embora no momento final de sua gloriosa consumação sob o reino divino".[24] A mesma teóloga mostra ainda outra contribuição:

> Há outro aspecto do ensinamento intertestamentário que é muito significativo para a compreensão do ensinamento de Jesus. A questão sobre quando o reino de Deus (o reino do céu na linguagem intertestamentária) poderia finalmente ser esperado recebeu resposta de modo interessante. Houve resposta dupla. Primeiro, uma série de imagens apocalípticas foi oferecida para sugerir que Deus não havia de modo algum perdido o controle da criação e da história, e no momento propício levaria triunfantemente todas as coisas à sua consumação em retumbante evento cósmico. Mas, segundo, para os que persistiram em querer saber mais, houve a recomendação de viverem como se Deus reinasse e como se nenhum outro poder tivesse qualquer controle, pois esse é o modo de "ver" o reino de Deus vindo de modo íntimo. Essa é obviamente uma resposta de grande sutileza, e é recuperada na pregação de Jesus e dos apóstolos no Novo Testamento (e.g., Mt 5:3-10; 13:10-11,44-46; 2Pe 1:3-11).[25]

Todavia, a maior contribuição desse período, cuja visão serviu como plataforma para o desenvolvimento não só da escatologia do Novo Testamento, mas até da escatologia sistemático-teológica, é a verdade de que a visão do

---

24 HELLWING, Monika K. "Escatologia", in: FIORENZA, Francis S.; GALVIN, John P. (orgs.). *Teologia sistemática: perspectivas católico-romanas* (São Paulo: Paulus, 1997), vol. 2, p. 450.

25 Ibid., p. 450-1.

1722 | TEOLOGIA SISTEMÁTICO-CARISMÁTICA

Messias como um libertador político tornou-se consolidada nesse período, mas ela não se fez sem que se destacasse a "preexistência do Messias" como "aquele que existiu antes de todos os mundos" e que "vem do céu no fim dos tempos para iniciar a salvação".[26] De certa forma, "esse *status* independente já é prefigurado na imagem do 'filho do Homem' de Daniel 7, onde [...] ele sinaliza a vitória final do poder e da grandeza de Deus e introduz, no tempo designado, o triunfo final do povo e do reino de Deus", ou seja, os "acontecimentos escatológicos não mais ocorrem, de modo algum, em um plano nacionalista ou intramundano", isto é, os eventos "são supramundanos, e o Reino é visto como um reino dos *céus*".[27] Numa palavra:

> A concepção transnacionalista e supramundana do reino de Deus foi possível porque os apocalípticos viam a história como uma unidade. A unidade da história, engendrada por uma fé monoteísta no Deus uno que molda e destina o mundo para o propósito divino, havia feito parte da herança israelita muito antes do período intertestamentário. Agora, contudo, os apocalípticos acreditavam estar na iminência do fim e, portanto, ser capazes de olhar para trás, para o todo da história, e interpretar seu sentido em termos do propósito divino. O presente e o futuro eram apresentados em uma progressão contínua preordenada por Deus. Todas as tendências malignas cresceriam até dominar completamente os poderes políticos deste mundo. Então o fim desta era estaria próximo. Porém os sintomas visíveis do fim vindouro, o mal extremo, tumulto e guerras, perturbação na natureza e especialmente no curso estelar eram ao mesmo tempo as dores de parto a indicar o nascimento de um novo éon. O novo éon seria completamente justaposto ao antigo. Ele seria o domínio ilimitado do reino de Deus.[28]

Fica, pois, claro que a prevalência dual da história, própria da concepção apocalíptica, cedera e dera lugar a um "conceito de história teocentricamente desenvolvido e altamente determinista [que] incluía todos os poderes e todas as nações", ou seja, enquanto o "pensamento apocalíptico transcendia as expectativas escatológicas nacionalistas de Israel e abria a dimensão de uma nova

---

26 SCHWARZ, Hans. "Escatologia", in: BRAATEN, Carl E.; JENSON, Robert W. (orgs.). *Dogmática cristã*, 2. ed. (São Leopoldo: Sinodal/EST, 2007), vol. 2, p. 492.

27 Ibid. (grifo no original).

28 Ibid., p. 492-3.

esperança para todo o universo", tendo assim uma mudança significativa. Portanto, este é o "contexto em que Jesus de Nazaré veio a situar-se", pois "a dimensão apocalíptica do reino de Deus era o centro de sua mensagem escatológica".[29] Reafirmamos, então, que é com todo esse *background* que devemos estudar a escatologia, seja ela neotestamentária, seja ela sistemático-teológica, pois, sem tal conhecimento do pano de fundo histórico, ficamos sem compreender muitas expressões e textos escriturísticos, ou fazemos pior: enveredamo-nos pelo caminho da especulação irresponsável e assim empreendemos um exercício de futurologia totalmente sem noção.[30]

A ESCATOLOGIA NEOTESTAMENTÁRIA

Ainda que haja uma diferença substancial de tempo do desenvolvimento do cânon veterostestamentário em relação ao neotestamentário, é facilmente perceptível que, assim como no Antigo Testamento, a escatologia do Novo Testamento "sofre" algumas mudanças por causa da expectativa judaica e, posteriormente, da cristã. Chamamos de "escatologia neotestamentária" o conjunto do que se encontra a respeito do tema no Novo Testamento, entendendo, obviamente, que muito da expectativa judaica que havia no período intertestamentário aparece nessa segunda porção escriturística, mas não é propriamente dela, por assim dizer. Pelo fato de o povo seguir "esperanças e expectativas messiânicas populares, a maioria ficou bastante desapontada com Jesus", pois esperavam "que ele seria o líder messiânico político que libertaria Israel de seus opressores políticos e militares". Tal expectativa era ostentada, inclusive, por parte dos discípulos, pois alguns deles "confessaram, após a morte de Jesus, que 'tinham esperado que ele fosse aquele que redimiria a Israel' (Lc 24:21)".[31] Contrariando tais pensamentos, os Evangelistas

---

29 Ibid., p. 493.

30 Em se tratando de escatologia, Benôni Lemos, tradutor da obra *Forma e exigências do Novo Testamento*, em nota de rodapé, faz o seguinte comentário acerca de "futuro salvífico e futuro da salvação": "'Futuro salvífico' indica o fato da salvação futura; 'futuro da salvação' significa o modo pelo qual a salvação se realizará. O *fato* da salvação é explicitamente afirmado pelo Novo Testamento, no qual ele é objeto de promessa e, portanto, de esperança. O modo segundo o qual a salvação se realizará é objeto da apocalíptica e assim se enquadra mais no domínio da curiosidade humana, que o Novo Testamento se nega a favorecer" (SCHREINER, Josef; DAUTZENBERG, Gerhard. *Forma e exigências do Novo Testamento* [São Paulo: Hagnos, 2008], p. 389).

31 Ibid., p. 496.

1724 | TEOLOGIA SISTEMÁTICO-CARISMÁTICA

trouxeram uma única "convicção: a vida, o destino e a ressurreição de Jesus são a autorrevelação final de Deus" e, desde então, "vivemos em um ínterim entre essa autorrevelação e a transformação universal do mundo". Por conseguinte, "toda a história, o passado, o presente e o futuro precisam ser interpretados à luz do que aconteceu em e com Jesus".[32] Em termos práticos, isso significa ter muito claro que o nosso caminho é o mesmo de nosso Senhor Jesus Cristo, ou seja, com tudo que ele enfrentou, mesmo porque o sentido de triunfo para ele não é o mesmo que o mundo ostenta e, justamente por isso, tal igualmente não pode ser para nós. Numa palavra:

> A Igreja, o cristianismo e os cristãos entendem sua própria existência e suas tarefas na história de modo messiânico. Por isto, sua vida é determinada por antecipação, resistência, entrega e representação. Tudo que são e fazem não pode ser legitimado por eles mesmos, mas cada vez de novo pelo Messias e pelo futuro messiânico, para que por meio de sua confissão, sua existência e suas ações, as pessoas, religiões e sociedades sejam abertas em prol da verdade do vindouro e para que suas forças sejam ativadas em prol da vida. A igreja no poder do Espírito ainda não é o Reino de Deus, mas já é sua antecipação na história. O cristianismo ainda não é a nova criação, mas já é o efeito do Espírito da nova criação. Os cristãos ainda não são a nova humanidade, mas já são sua dianteira na resistência contra o enclausuramento mortífero, em entrega e representação em prol do futuro dos seres humanos. Sua provisoriedade messiânica obriga a Igreja a se autotranscender além de seus limites sociais e históricos. Seu caráter histórico definitivo confere-lhe certeza dentro da história ainda incerta e alegria dentro da dor causada pela resistência dela. No definitivo provisório e provisório definitivo, a Igreja, o cristianismo e os cristãos testemunham o Reino de Deus em meio à história como meta da história. Nesse sentido, a Igreja de Jesus Cristo é o *povo do Reino de Deus*.[33]

Relembrando o que foi explicado, tanto no capítulo 5, quanto no capítulo anterior, sobre eclesiologia, faz-se necessário retomar a perspectiva da história da salvação. O Evangelista Marcos relata já na quarta seção do Evangelho

---

32 Ibid.

33 MOLTMANN, Jürgen. *A igreja no poder do Espírito: uma contribuição à eclesiologia messiânica* (Santo André: Academia Cristã, 2013), p. 258 (grifo no original).

que leva o seu nome, que, após João Batista ter sido preso, Jesus foi para a Galileia e pregava o evangelho de Deus, dizendo: "O tempo está cumprido e o Reino de Deus está próximo. Arrependei-vos e crede no evangelho" (1:15). Enquanto Mateus e Lucas fornecem informações a respeito da concepção e do nascimento de Jesus, Marcos parte do que ele chama de "início do evangelho de Jesus Cristo, filho de Deus", ou seja, olhando de forma superficial seu interesse parece estar na atividade ministerial do Nazareno. Contudo, é ao evento histórico e decisivo — a nova aliança, um novo tempo — inaugurado pelo Filho de Deus que o autor alude. Na realidade, os Evangelhos Sinóticos, incorretamente lidos como se fossem relatos cronológicos, contêm, como já explicamos no capítulo 4 (Pneumatologia), mais teologia que elementos historiográficos; estes, aliás, quando aparecem têm o propósito de apenas servir como pano de fundo. Marcos, conquanto sucinto em sua abordagem e narrativa, desenvolve uma cristologia tendo como eixo a mensagem alvissareira do "alegre anúncio", a "boa-nova", o evangelho. A importância dessa mensagem está vinculada à expectativa imediata dos judeus, conforme escreveu Lucas acerca da profetisa Ana, que, ao contemplar o menino nos braços de Simeão, passou a dar graças a Deus e a falar da criança a "todos os que esperavam a redenção em Jerusalém" (2:38).

Entretanto, é necessário cuidado, pois existe um grande perigo de se entender e/ou reduzir o evangelho apenas à sua mensagem. É preciso enxergá-lo no contexto mais amplo da esperança judaica apregoada por nosso Senhor Jesus Cristo. Mas qual era essa esperança? A vinda do reino de Deus. Se for como a maioria dos autores insiste, o reino de Deus apresenta-se como chave hermenêutica para o entendimento do evangelho, não apenas no sentido que usualmente se utiliza, mas no que já foi registrado aqui acerca de ser "um novo tempo". Logo, a concentração e o esforço na pesquisa acerca do tema não apenas se autojustificam, mas são também obrigatórios. Mas, se há discussões acerca da expressão (que evidentemente remete à possibilidade de captar o conceito que ela encerra e ultrapassa o campo unicamente semântico), existem também outras que dizem respeito à questão de se Jesus realmente pregou um *evangelion*, isto é, um novo tempo, ou se apenas surgiu como mais um profeta a corrigir a postura de Israel, dando sequência à continuidade da relação imposta pela religião institucionalizada no Antigo Testamento. O biblista Werner Georg Kümmel, por exemplo, defende que, de fato, caso fosse apenas uma mensagem, "a promissão do perdão anunciada

1726 | TEOLOGIA SISTEMÁTICO-CARISMÁTICA

por Jesus não passaria de uma mera promessa, como era no judaísmo de sua época, a qual não modificaria em nada o presente, caso Jesus somente tivesse falado da ação de Deus no futuro".[34] O autor não se contenta com conclusões *a priori* e passa a inquirir ao texto bíblico se realmente Jesus teria pregado "um evangelho", dizendo que só há "condições de responder realmente se a pregação de Jesus a respeito do reino de Deus foi ou não proclamação de *salvação*, isso é, evangelho, quando reconhecermos até que ponto Jesus também indicou para a ação de Deus no presente".[35] Em outras palavras, a pregação de Cristo era apenas futurística? A resposta é um retumbante "não", e a encarnação e o ministério de Jesus assim o comprovam (Lucas 24:19; Atos 1:1; 10:38). Justamente por isso, e não apesar de,

> evangelho e evangelização são conceitos escatológicos. A profecia e a apocalíptica fazem esperar pelo mensageiro messiânico da alegria que pronunciará "a palavra" que inaugurará no poder do Espírito de Deus o novo tempo e a nova criação. Será a palavra em que Deus revela sua vinda e anuncia sua vitória e seu reinado definitivo sobre sua criação. Será a palavra que liberta aos presos e leva os povos à paz. Nesta palavra e em seu anúncio revelam-se o tempo e o mundo da salvação como evangelho. O fim da história irrompe em meio à história e a conduz para seu fim salvífico. Por isto, o evangelho escatológico deve acontecer "em poder" e estar acompanhado por "sinais e prodígios".[36]

Marcos, como o primeiro dos Sinóticos a ser escrito, introduz abruptamente a ruptura entre a expectativa messiânica dos judeus e a sua consumação (1:1) e tem apenas o cuidado de, antes de dissertar sobre a manifestação desse novo tempo, apresentar uma perícope sobre João Batista (v. 4-8). Ainda assim, subtende-se que a "aparição" do profeta em relação ao Messias, na perspectiva marcana, tem apenas o intuito de mostrar o "salto qualitativo" entre as funções e as alianças, pois, enquanto o primeiro batiza com água (prática que, como já dissemos no capítulo anterior, existia em outros grupos religiosos), o segundo batizará com o Espírito Santo! Algo que, apesar de ter sido profetizado (cf. Joel 2:28), é novo e só poderá ser plenamente conhecido, conforme

---

34 KÜMMEL, Werner Georg. *Síntese teológica do Novo Testamento de acordo com as testemunhas principais: Jesus, Paulo e João*, 4. ed. (São Paulo: Teológica, 2003), p. 64-5.

35 Ibid., p. 65 (grifo no original).

36 MOLTMANN. *A igreja no poder do Espírito*, p. 283.

demonstramos no capítulo 4, após a experiência de Atos 2. Está, portanto, inicialmente claro que a cristologia marcana quer demonstrar, fundamentada nas Escrituras, que Jesus é o Messias e que tudo o que acontece em sua vida é cumprimento do que se encontra escrito acerca dele. É imprescindível reconhecer que, a despeito do ambiente inóspito em que nosso Senhor Jesus Cristo é inserido (cf. Marcos 1:12-13), há uma transformação radical no lugar, por causa da própria presença dele, que lembra o estado de paz ideal que caracterizará o tempo messiânico (Oseias 2:16-20; Isaías 11:6-9; 65:25). E, ainda que isso não signifique um restabelecimento definitivo da perfeição (como de fato não o é), antecipa o que era e o que será na plenitude. Surge, então, a conhecida tensão entre o "já" e o "ainda não".

Oscar Cullmann parece ter sido um dos primeiros teólogos a falar acerca da tensão entre o "já" e o "ainda não" do reino de Deus. Cullmann defende que é "fundamental para todo o Novo Testamento e, em especial, também para a mensagem de Jesus, a [tensão] temporal: aquela entre o 'já realizado' e o 'ainda não concluído'".[37] Para o teólogo alemão, essa tensão é um fio condutor que não somente perpassa, mas define a compreensão do Novo Testamento, pois caracteriza toda a história da salvação nessa porção escriturística. Para ele, essa tensão "entre o 'já cumprido' e o 'ainda não concluído' já se encontra em Jesus".[38] Por isso, questiona: "Se for verdade que a justaposição do 'já' e do 'ainda não' é já um elemento decisivo na escatologia de Jesus, não será isto, portanto, o esquema da história da salvação que se nos apresenta em germe nesta relação entre presente e futuro?"[39] Conforme já foi dito da escatologia intertestamentária, tal junção havia sido realizada e isso "antecipou" o entendimento dos judeus. O que eles não entenderam é o fato de, como explicou Kümmel, "a época da vinda do reino depende única e exclusivamente da vontade de Deus e que o reino de Deus virá sem qualquer cooperação por parte dos homens (Mt 2:44,50 par; Mc 13:32 par; 4:26ss)". Para o biblista alemão, depreende-se da mensagem de Cristo que o "esforço humano na verdade não pode acelerar, nem deter a vinda do reino de Deus".[40] Em outras palavras, nenhum ativismo político ou religioso pode

---

37 Cullmann, Oscar. *A oração no Novo Testamento* (Santo André: Academia Cristã, 2009), p. 120.

38 Cullmann, Oscar. *Cristo e o tempo: tempo e história no cristianismo primitivo* (São Paulo: Custom, 2003), p. 35.

39 Ibid., p. 37.

40 Kümmel. *Síntese teológica do Novo Testamento de acordo com as testemunhas principais*, p. 71.

1728 | TEOLOGIA SISTEMÁTICO-CARISMÁTICA

instaurar — mesmo porque já foi instaurado pelo Filho de Deus — ou acelerar a conclusão do processo de implantação do reino de Deus. Portanto, as "comunidades que confessam Jesus como o Senhor reconhecem nele o representante do Reino que está vindo e que salva e redime tudo", ou seja, tais comunidades "vivem no poder de seu Espírito e já não reconhecem nenhum outro senhor".[41] É assim que, de acordo com Moltmann, a fim de compreender "em que consiste o Reino de Deus que está vindo, que foi anunciado por Jesus e no qual ele foi instalado, segundo o testemunho da fé e da ressurreição", precisamos olhar mais amplamente para o *background* das Escrituras, pois somente assim percebemos que

> o Reino de Deus não significa o governo geral do mundo por Deus através da criação e providência [conforme o deísmo], mas o Reino de Deus sobre sua criação que liberta definitivamente, redime tudo e é, portanto, escatológico. Ele difere da providência no sentido de que põe um fim à história de violência, sofrimento e morte e inaugura uma nova criação de todas as coisas. Ele difere da criação no início no sentido de que Deus mesmo com sua vida eterna e sua glória habitará nele e será "tudo em tudo".
>
> Este Reino de Deus que salva e cria de novo é universal. Ele abraça céu e terra. Por isto, se fala na esperança a seu respeito não só de uma "nova terra", mas também de um "novo céu". O Reino de Deus escatológico significa: "Eis, faço novas todas as coisas" (Ap 21:1-5). Ele não é um "reino puramente religioso" que poderia ser realizado pelo domínio de uma nova religião. Ele não é um reino acerca da relação pessoal com Deus que um ser humano tem e que poderia ser apresentado na intimidade. Ele não é um domínio moral que se restringe a uma conduta de vida diferente de seres humanos. Ele também não é só um domínio sobre os vivos, do qual os mortos — como no Antigo Testamento — estariam excluídos. Ele é, assim como o próprio Deus, universal e sem fronteiras. É por isto que Mateus [registra] o Ressuscitado dizer: "Foi dado a mim todo poder no céu e na terra. Por isto, ide e fazei meus discípulos todas as nações..." (28:18s). É por isto que Paulo vê Cristo como o "Senhor sobre mortos e vivos" (Rm 14:9). É por isto que o Reino de Deus escatológico, que Jesus representa e executa como *Kyrios*, não pode ser limitado. Ele abrange o religioso assim como o político, o privado assim como o social, os vivos assim como os mortos.

---

41 MOLTMANN. *A igreja no poder do Espírito*, p. 139.

CAPÍTULO 10 – Escatologia | 1729

Por isto, a proclamação do Reino de Deus que está próximo e a proclamação de Jesus como Senhor levantam também a pergunta político-teológica: a quem pertence o governo do mundo? Esta pergunta leva de volta para longe, para as tradições bíblicas. Segundo as narrativas da criação, "o ser humano" é representante, vicário e mandatário de Deus na terra. Deve reinar sobre a criação em correspondência ao Criador de todas as coisas. Por isto, o governo sobre o mundo, para o qual o ser humano é desafiado, não é aleatório e também não sem limites. Ele tem sua medida e seus limites na correspondência do ser humano ao criador que ama sua criação e se alegra com ela. Unicamente esta correspondência legitima o governo do ser humano sobre o mundo. Por meio do governo sobre o mundo, o ser humano não se torna semelhante ou igual a Deus. Esta destinação "do ser humano" para ser imagem de Deus e para reinar sobre o mundo deve ser entendida, segundo a tradição veterotestamentária, também como a promessa "do ser humano" que ainda não apareceu. Exatamente por isto, esta vocação pode ser perdida ou pervertida se o ser humano deixa de ser humano e se desnaturaliza.[42]

Para Cullmann, a tensão entre o "já" e o "ainda não" do reino de Deus deve ser vista sob a perspectiva de que "a batalha decisiva foi ganha, e, todavia, o armistício — o Victory Day,[43] como se diz então — ainda não aconteceu".[44] Não aconteceu para nós, cristãos, e ainda menos para os judeus, conforme encontramos no texto de Hebreus 11:13-16,39-40, pois como afirma Joachim Jeremias, "em nenhum lugar da mensagem de Jesus a *basileia* designa o governo permanente de Deus sobre Israel no éon presente".[45] A diferença entre ambos é o fato de que na visão tripartida — estudada no capítulo 5 —, que nos é comum, por reconhecermos Jesus Cristo e o seu sacrifício, temos uma "teologia da história" em que já se tem a questão central do tempo, e tal ainda não aconteceu para o povo da promessa (Romanos 9—11). Evidentemente que ambas as escatologias (judaica e cristã) convergem em muitos aspectos, mas, por outro lado, é preciso reconhecer que a "esperança cristã difere da esperança judaica", pois, para a primeira, a questão agora é mais de intensidade

---

42 Ibid., p. 139-41.
43 "Dia da Vitória".
44 CULLMANN. *A oração no Novo Testamento*, p. 120.
45 JEREMIAS, Joachim. *Teologia do Novo Testamento* (São Paulo: Hagnos, 2008), p. 167.

1730 | TEOLOGIA SISTEMÁTICO-CARISMÁTICA

da esperança, não de "centro do tempo" ou da história, enquanto para a judaica tudo ainda é promessa e espera.[46] Vale ressaltar que essa concepção é fundamental aos que creem no evangelho, pois "aquele que não compreende que o elemento absolutamente original no Novo Testamento é o deslocamento do centro do tempo, admitido pela igreja primitiva, não pode ver no cristianismo senão uma seita judaica".[47] Portanto, que fique claro:

> A espera escatológica do futuro é comum ao judaísmo e ao Novo Testamento, e essa espera do "Advento" estabelece, da mesma forma, um elo entre o judaísmo dos dias de hoje e o cristianismo. Para o judaísmo também, a esperança que tem por objeto o futuro se fundamenta sobre o passado, sobre as elevadas ações de Deus em favor do povo de Israel, que, no Novo Testamento, pertencem igualmente à história da salvação. Para os cristãos, entretanto, o momento decisivo do tempo é alcançado em Cristo, enquanto que para os judeus ele permanece objeto de espera. No Novo Testamento, o futuro não fornece mais o evento decisivo, mas somente o cumprimento final. É a partir daí que o sentido do período restante deve ser determinado.[48]

Justamente por isso, João Batista, o último dos profetas veterotestamentários, demarca o final do tempo em que o relacionamento com Deus estava baseado em uma postura meritória e legalista, e, é bom que se lembre, sua visão de reino é literal, acabada e política, sendo vista apenas na dimensão trans-histórica ("após a parúsia"). Ao enviar seus discípulos para questionar se era realmente Jesus o Messias de Israel, tal visão fica claramente demonstrada, ou seja, se o que estava acontecendo por meio de Jesus não era uma instauração hegemônica política, tirando o domínio do Império Romano e dando a liderança aos judeus (a expectativa judaica e messiânica da apocalíptica), talvez o Batista tivesse se equivocado em relação ao que antes declarara acerca de seu primo (João 1:29,36; 3:26-30). Todavia, da "resposta" de Jesus aos enviados de João (Lucas 7:18-23) depreende-se que, a despeito de ambos serem judeus, a visão deles sobre o reino de Deus não era a mesma (Marcos 9:1; 11:10; Lucas 17:20; 1Coríntios 4:20). Por isso, alinho-me novamente com Cullmann na realidade de que o reino de Deus está presente, mas também

---

46   CULLMANN. *Cristo e o tempo*, p. 126.

47   Ibid.

48   CULLMANN. *A oração no Novo Testamento*, p. 121-2.

"espera" sua "realização final". Corretamente falando, a opção por essa forma de explicação do discurso de Jesus acerca do reino de Deus não se trata de preferência ideológica ou coisa que o valha; é exatamente o oposto. A posição culmanniana honra as Escrituras e demonstra a coerência no discurso de Jesus, que disse ambas as coisas: o reino de Deus *está*, mas não *ainda* completamente (Lucas 10:9,11; 17:20-21; 21:31; Mateus 6:10)!

O que deve ficar claro é a compreensão bíblica de que, em seu sentido pleno, o reino de Deus ou "a *basileia* sempre e em todo o lugar é entendida escatologicamente" e que também — conforme Joachim Jeremias —"designa o tempo da salvação, a consumação do mundo, a reconstituição da comunhão de vida entre Deus e o ser humano que fora destruída".[49] Esse entendimento, porém, pode levar a uma interpretação equivocada acerca da relevância escatológica em relação ao evento central na história da salvação, isto é, da teologia da história que está sendo enfatizada. Como já foi dito, nossa questão agora (após o "centro do tempo" que marca a encarnação, o nascimento, a morte e a ressurreição de Cristo) é de intensidade, não de expectativa, como os judeus. "Na realidade, se a intensidade da esperança aumenta na igreja primitiva", diz Cullmann, "a razão é que não é esta posição central o objeto da esperança, mas um fato histórico já ocorrido, que forma o centro do tempo".[50] Assim, a "fascinante" e sempre recorrente mania de preocupação excessiva com as coisas do fim não deveria ocupar tantas horas de pregação, estudo e meditação. Pois, conforme disse o teólogo pentecostal Stanley Horton, cabe-nos apenas "vivermos na tensão entre o 'dentro em breve', mas 'ainda não', ocupando-nos no seu serviço, cumprindo as tarefas que Ele nos dá a fazer, até que Ele volte (Mc 13:33,34; Lc 19:13)".[51] Diríamos que não apenas por isso, mas principalmente pela verdade de que, pelo fato de o evento central da história da salvação estar, em nosso tempo, "lá atrás", de acordo com Cullmann, "a esperança no futuro pode, de hoje em diante, se apoiar sobre a *fé* no passado (a crença no fato de que a batalha decisiva já está ganha)". Em outros termos, a fé cristã não está fundamentada em um *futuro* escatológico, pois o "único motivo por que a promessa da nossa ressurreição, do nosso corpo glorificado, do nosso reinar com Cristo, e

---

49 JEREMIAS. *Teologia do Novo Testamento*, p. 167.
50 CULMANN. *Cristo e o tempo*, p. 126.
51 HORTON (org.). *Teologia sistemática*, p. 612-3.

1732 | TEOLOGIA SISTEMÁTICO-CARISMÁTICA

de nosso futuro eterno é chamada 'esperança'", diz Horton, "é porque ainda não os alcançamos (Rm 8:24,25)".[52] Dizendo de forma mais clara, é porque ainda não "adentramos" a terceira parte da visão tripartida ("após a parúsia"), mas o "que já está cumprido [o centro do tempo] constitui a firme garantia do que se cumprirá". Cullmann, então, conclui que a *esperança da vitória final é igualmente tão mais intensa à medida que ela se funda sobre a convicção inabalável de que a vitória decisiva já está alcançada*".[53]

> A Igreja vive na história que é fundamentada pela Ressurreição do Cristo crucificado e cujo futuro é o Reino abrangente da liberdade. A *memória* viva de Cristo orienta sua *esperança* pelo Reino, e a esperança viva pelo Reino leva de volta para a memória inesgotável de Cristo. O *poder presente* dessa memória e dessa esperança é chamado "poder do Espírito Santo", pois não acontece a partir da própria força, razão e vontade de pessoas que creem em Jesus como o Cristo e esperam pelo futuro como futuro de Deus. É verdade que seres humanos creem e esperam com toda a sua força, razão e vontade. Contudo, faz parte da certeza da fé e da confiança da esperança a consciência de viver nelas já na comunhão indestrutível com Deus. Não é a fé que faz de Jesus o Cristo, mas Jesus como o Cristo gera a fé. Não é a esperança que faz do futuro o futuro de Deus, mas esse futuro desperta a esperança. A fé em Cristo e a esperança pelo Reino devem-se à presença de Deus no Espírito. A Igreja entende a tensão entre fé e esperança como a história do Espírito que opera a nova criação. Sua comunhão com Cristo é fundamentada na experiência do Espírito que manifesta Cristo, une com ele e o glorifica nos seres humanos. Sua comunhão no Reino de Deus é fundamentada no poder do Espírito que a conduz para a verdade e a liberdade. Justamente quando a Igreja se entende, na fé em Cristo e na esperança pelo Reino, como *comunidade messiânica*, ela entenderá corretamente seu presente e seu caminho no presente e no processo do Espírito Santo.[54]

Conquanto a vitória de tornar-nos filhos de Deus (João 1:11-13) já esteja garantida, pois jamais poderíamos conquistá-la pelos nossos próprios méritos, a vinda do Senhor para a implantação completa e cabal do reino de

---

52 Ibid., p. 610.
53 Culmann. *Cristo e o tempo*, p. 126.
54 Moltmann. *A igreja no poder do Espírito*, p. 259 (grifo no original).

CAPÍTULO 10 – Escatologia | 1733

Deus transformou-se em um anseio para todos os salvos (2Coríntios 5:6-10). Contudo, a nós que somos o seu povo eleito, o Senhor Jesus Cristo deixou-nos uma missão de continuar anunciando o evangelho (Mateus 28:19-20; Marcos 16:15; Lucas 24:47; João 20:21). Byron Klaus, teólogo pentecostal, falando sobre tal missão da igreja e do tema principal da mensagem de Cristo, diz que "Jesus não deixou dúvidas quanto ao Reino de Deus já ter entrado na História, embora sua derradeira consumação esteja no futuro (Mt 24:14)".[55] Essa colocação também corrobora com a perspectiva do "já" e do "ainda não" desenvolvida até aqui. O autor defende que a "base da missão global da Igreja na era presente" é a ideia de "reino, ou governo de Deus, através da vida e ministério de Jesus", o qual "revelou o poder para destruir o domínio sufocante que o pecado tem sobre a humanidade". Ao destacar o conteúdo da mensagem da "proclamação feita por Jesus das boas-novas do Reino", Klaus acrescenta que tal ação "deve ser entendida em termos de aliança com Abraão, cujas condições declaravam o propósito de Deus: abençoar a todos os povos da terra (Gn 12:3)".[56] Por mais que essa seja a missão da igreja, que seja igualmente um fato a "verdade que a Bíblia centraliza a sua atenção na primeira vinda de Cristo, que levou a efeito a salvação, e fez que o futuro irrompesse no presente de forma promissora". Stanley Horton acrescenta que "a Segunda Vinda de Cristo, que introduzirá a consumação do plano de Deus e da glória da qual compartilharemos, também está sempre em mira".[57] E é dessa promessa da vinda do Senhor que surgiu uma escatologia cristã que, com base em diversos textos, sobretudo do Apocalipse, se subdivide em várias visões interpretativas ou perspectivas.

ESCATOLOGIA DA PESSOA

Como foi dito no capítulo 6, em que tratamos de antropologia teológica, quando estivéssemos no último quadrante de nosso estudo, ainda estaríamos no campo da antropologia teológica, pois, desde que o ser humano se tornou autoconsciente de sua finitude e morte, desenvolveram-se ideias, ou concepções, acerca da vida pós-morte ou além-túmulo. Tal prática obviamente é

---

55 KLAUS, Byron D. "A missão da igreja", in: HORTON (org.). *Teologia sistemática*, p. 583.
56 Ibid., p. 582-3.
57 HORTON (org.). *Teologia sistemática*, p. 611.

1734 | TEOLOGIA SISTEMÁTICO-CARISMÁTICA

parte constituinte da natureza humana, uma vez que não nos contentamos com o existir, mas queremos respostas para as questões inquietantes que dão sentido à vida. Não foi diferente com o povo de Deus e, por isso, ele revelou aos seus servos, e estes, inspirados pelo Espírito Santo, escreveram sobre o assunto (Eclesiastes 9:5-6,10; 12:1-7; Isaías 26:19; Daniel 12:2; Oseias 13:14; João 3:16). Convém lembrar sempre do conceito de revelação progressiva e entender que, ainda que não houvesse uma compreensão muito clara no momento em que as primeiras menções escriturísticas falaram sobre a situação do "estado intermediário", desde o Antigo Testamento encontramos algumas informações que oferecem um vislumbre do além-túmulo. Contudo, mesmo a visão integral do ser humano, na cultura judaica, contribuiu e muito para uma visão antropológica cristã e, consequentemente, para a escatologia:

> Uma antropologia cristã seria incompleta, e até falsa, se quisesse conceber os *éschata* do homem, do indivíduo como mera salvação de uma alma humana abstrata, se atribuísse a imortalidade somente à alma, e pretendesse tornar o seu destino independente da transformação do mundo, da ressurreição da carne, ou seja, da salvação do homem uno e íntegro. Portanto, a partir de uma antropologia cristã bem entendida, fica claro de início que a escatologia cristã não pode absolutamente conceber de maneira iluminista e racionalista a salvação do homem como mera imortalidade da alma — ainda que na teologia cristã existam correntes subterrâneas muito consideráveis que vão neste sentido.[58]

A revelação progressiva, já no contexto neotestamentário, demonstrou que a visão integral do ser humano — típica da visão veterotestamentária e na qual a ressurreição aparece pela primeira vez e é completamente necessária, visto que as alianças abraâmica e davídica falam de vida em determinada localização geográfica (Gênesis 15:18-21; Isaías 9:6-7; 26:19; Daniel 12:2) —, a despeito de um maior conhecimento acerca da parte imaterial do ser humano, manteve-se intata, pois a ressurreição continuou como a grande promessa que perpassa a Escritura Sagrada (João 5:24-26; 11:24-26; 1Coríntios 6:14; 15:21-22 etc.). O fato é que aquilo que a revelação, por meio dos "textos bíblicos têm a dizer sobre a morte difere de muitas manifestações religiosas

---

58 RAHNER, Karl. *Curso fundamental da fé*, 4. ed. (São Paulo: Paulus, 2008), p. 501.

CAPÍTULO 10 – Escatologia | 1735

e profanas profundas sobre o assunto, sejam elas antigas ou modernas", diz Eberhard Jüngel, isso "por atribuírem à questão da morte uma importância decisiva, mas não uma importância que decide tudo", ou seja, que nossa vida toda "deva ser uma permanente *commentatio mortis* é uma postura que não pode ser fundamentada biblicamente".[59] Não obstante a curiosidade humana acerca da vida após a morte, o teólogo pentecostal Stanley Horton observa que a Escritura pouco fala sobre esta etapa de todos os seres vivos,[60] antes ressalta o destino final dos ímpios e dos salvos (Mateus 25:46; João 5:27-29).

Aos que insistem em saber o que acontece no interregno da cessação da vida terrena e a ressurreição, período denominado de "estado intermediário", tanto o Antigo quanto o Novo Testamentos não oferecem tantos detalhes quanto a curiosidade humana desejaria. Mesmo sendo atribuição da teologia sistemática uma melhor forma de organizar os textos bíblicos e as doutrinas de maneira didática, de acordo com um método, ou sistema, é preciso reconhecer que as Escrituras são lacônicas em alguns temas, por isso não é correto especular acerca do que elas se calam. Como sabemos, há um sem-número de visões teológicas sobre esses assuntos. Ainda que tenhamos adotado uma posição de respeito em relação a cada uma delas, temos em alta conta as Escrituras, o que significa que lhes damos a palavra final em todos os pontos. Dito isso, é fato que podemos organizar os textos e verificar o entendimento da *teologia sistemática* a respeito da "escatologia da pessoa", e seus corolários, que veremos panoramicamente neste ponto.

— Estado intermediário —

Tendo já considerado os aspectos referentes à inserção da morte como realidade inexorável humana e também já havendo dissertado sobre a interioridade do ser humano, ao tratarmos da antropologia teológica e de hamartiologia, no capítulo 7, cumpre-nos agora considerar o que o texto bíblico nos ensina a respeito do período que marca nossa finitude e os eventos que terão início no segundo advento de nosso Senhor Jesus Cristo (1Coríntios 15:52). Iniciando pelo contexto veterotestamentário, complementando o que já foi dito no início deste ponto acerca de sua importância para a formação tanto de

---

59 JÜNGEL, Eberhard. *Morte*, 3. ed. (São Leopoldo: Sinodal/EST, 2010), p. 50.

60 HORTON, Stanley M. *Nosso destino: o ensino bíblico das últimas coisas* (Rio de Janeiro: CPAD, 1998), p. 37.

1736 | TEOLOGIA SISTEMÁTICO-CARISMÁTICA

uma antropologia quanto de uma escatologia cristã, Stanley Horton, teólogo pentecostal estadunidense, afirma:

> Ainda que grande parte do que sabemos acerca da vida após a morte não tenha sido revelado até o período do Novo Testamento, o Antigo Testamento realmente mantém viva essa esperança. A maioria dos israelitas do Antigo Testamento parece ter tido ao menos uma vaga ideia da vida após a morte. Mas, devido ao fato de a ênfase estar no servir a Deus nesta vida, alguns eruditos afirmam que grande parte dos israelitas não acreditava absolutamente numa vida após a morte. Isto seria muito estranho e inteiramente contrário à cultura que os cercava. Os egípcios faziam grandes preparações para o que acreditavam que aconteceria após a morte. Também acreditavam num julgamento além-túmulo.[61]

O fato, porém, de os judeus terem um funeral ou sepultamento simples, visto que apenas "enrolavam o corpo em linho, ungiam-no com especiarias e o colocavam num túmulo ou o enterravam numa cova", prossegue o mesmo autor, não quer dizer, em absoluto, "que havia menos crença numa vida após a morte, pois eles falavam do espírito que ia para um lugar chamado *Sh'ol* — ou para a presença de Deus (Sl 23:6)".[62] Para Horton, fica claro o fato de que o *Sheol* trata-se de um "lugar", não meramente da sepultura, considerando que a mesma expressão é utilizada para o local de sepultamento dos mortos em alguns textos bíblicos, sendo habitado apenas por perdidos. A respeito da "teoria dos dois compartimentos" do *Sheol*, em que este seria dividido, com um lado para os justos e outro para os perdidos, ele é enfático:

> Devido, possivelmente, à influência de ideias gregas e também porque Jacó, de luto, falou em descer ao *Sh'ol* ao encontro de José, mais tarde, os judeus, considerando Jacó e José justos, raciocinaram que tanto os justos quanto os ímpios iam para o *Sh'ol*. Assim, concluíram que deveria haver um lugar especial no *Sh'ol* para o justo. Para isso, seria necessária a existência de divisões no *Sh'ol*: um lugar para o justo e outro para o ímpio (1Enoque 22:1-14). Jacó, entretanto, naquela ocasião recusara ser confortado, sem dúvida pensando que tanto ele

---

61 Ibid., p. 40.
62 Ibid., p. 41.

CAPÍTULO 10 – Escatologia | 1737

quanto José estivessem de algum modo sob o julgamento de Deus. Não há registro indicando que Jacó tenha buscado ao Senhor novamente, a não ser depois de ter recebido a notícia de que José estava vivo (Gn 45:28—46:1). Portanto, é provável que Jacó tenha considerado o *Sh'ol* um lugar de punição. Na verdade, não há nenhuma passagem no Antigo Testamento que torne claramente indispensável dividir o *Sh'ol* em dois compartimentos — um para punição e outro para bênçãos.[63]

Dwight Pentecost acrescenta que mesmo o *Sheol* sendo um lugar, não pode ser entendido como um local definitivo, pois a Bíblia possui outras três expressões — *Hades*, *Tartaros* e *Geena* —, e nenhuma delas descreve "o estado eterno, mas sim o lugar temporário no qual os mortos aguardam a ressurreição".[64] A já mencionada palavra *Sheol*, por exemplo, aparece 65 vezes no Antigo Testamento e é "traduzida por 'inferno' 31 vezes (cf. Dt 32:32; Sl 9:17; 18:5; Is 14:9), por 'sepultura' 31 (cf. 1Sm 2:6; Jó 7:9; 14:13) e 'abismo' três vezes (cf. Nm 16:30,33; Jó 17:16)".[65] Sobre o *Hades*, a segunda palavra utilizada para lugar dos mortos, aparece 11 vezes no Novo Testamento, e "praticamente equivale a *Sheol*", sendo por isso "traduzida por 'inferno' em todos os casos, exceto um (1Co 15:55, em que é traduzida por 'morte')". É claramente entendido que, em sua maioria, "essa palavra tem em vista os mortos incrédulos, que estão em agonia, esperando a ressurreição para o grande trono branco".[66] A terceira expressão, *Tartaros*, "é usada apenas em 2Pedro 2:4 em relação ao julgamento dos anjos caídos" e "parece referir-se especificamente à morada eterna dos anjos caídos".[67] Finalmente, a quarta e última palavra, *Geena*, é "empregada para a morada dos mortos" e aparece "doze vezes no Novo Testamento (Mt 5:22,29,30; 10:28; 18:9; 23:15,33; Mc 9:43,45,47; Lc 12:5; Tg 3:6)" e em cada uma delas "é usada como termo geográfico e tem em vista o estado final dos incrédulos".[68]

Após termos visto ligeiramente as expressões relativas ao estado intermediário dos perdidos, cabe agora passar em revista o estado intermediário dos

---

63 Ibid., p. 46-7.
64 PENTECOST, J. Dwight. *Manual de escatologia: uma análise detalhada dos eventos futuros* (São Paulo: Vida, 1998), p. 561.
65 Ibid.
66 Ibid., p. 562.
67 Ibid., p. 564.
68 Ibid.

justos. Nos documentos neotestamentários há pouquíssimas passagens acerca do tema. Temos a narrativa do rico e de Lázaro (Lucas 16:19-31), que, independentemente de ser ou não uma parábola, o importante a ressaltar é que "mesmo em suas parábolas Jesus nunca disse qualquer coisa enganosa ou que fosse contrária à verdade".[69] A diferença de situação "depois da morte, entre o estado do homem rico e o de Lázaro também sugere ter havido um julgamento com relação ao destino de cada um", ou seja, aqui vemos o que alguns chamam "de 'o julgamento particular'", em contraposição ao que ocorrerá depois dos eventos alusivos à parúsia. Apesar de o apóstolo Paulo utilizar expressões correlatas como "estar com o Senhor" (2Coríntios 5:6-9; Filipenses 1:23), as palavras mais "geográficas", por assim dizer, são "paraíso" (Lucas 23:43) ou "céu" (1Coríntios 12:1-4), pois são usadas de forma praticamente intercambiável. É digno observar que o apóstolo Paulo "considerava a atmosfera que circunda a terra como o primeiro céu, os astros como o segundo céu e o céu dos céus como o terceiro céu, o lugar onde estão o trono de Deus e o Paraíso". Convém lembrar que a "ideia de sete céus não é encontrada na Bíblia, embora tenha se tornado parte integrante da moderna teologia judaica".[70] Foi ao se referir a este "céu" que Estêvão, "estando cheio do Espírito Santo e fixando os olhos no céu, viu a glória de Deus e Jesus, que estava à direita de Deus" (Atos 7:55), e pediu que o Senhor recebesse o seu espírito (Atos 7:59).

— Ressurreição —

Falar de um "estado intermediário" implica entender que se trata de uma etapa provisória, conforme o próprio termo "intermediário" sugere. Se o espírito, como diz o Antigo Testamento, ou a alma, como afirma o Novo Testamento, tanto de salvos quanto de perdidos, está vivo e ativo em locais distintos, devendo existir eternamente, porém de forma ressurreta tendo de enfrentar antes o juízo, entendemos, então, que a ressurreição não será exclusividade dos salvos, pois os injustos também ressuscitarão (João 5:28-29; Atos 24:15). Contudo, assim como os demais assuntos escatológicos, a ressurreição, ou melhor, o momento das ressurreições, é semelhante aos julgamentos, entendido de acordo com as escolas escatológicas. Henry Clarence Thiessen, já deixando sua posição evidente, diz:

---

69 HORTON. *Nosso destino*, p. 49.
70 Ibid., p. 275.

CAPÍTULO 10 – Escatologia | 1739

Fica claro que a primeira ressurreição terá lugar quando Cristo vier nos ares. 1Ts 4:16 e 1Co 15:23 afirmam isso definitivamente, e Ap 20:4-6 não os contradiz. Não há dúvida de que todos os salvos dos tempos do Velho Testamento e do Novo Testamento até aquele momento serão então ressuscitados. Os que forem mortos durante a Tribulação aparentemente serão ressuscitados no momento da vinda de Cristo à terra (Ap 20:4). Assim, a primeira ressurreição estará completa. A segunda ressurreição terá lugar mil anos mais tarde (Ap 20:5,11-13). Parece que Deus é tão longânimo quanto possível com os que morreram sem ser salvos. Estão em tormento no estado intermediário, mas ainda não estão no lugar do castigo final. Assim, a bondade de Deus faz adiar o dia do acerto final de contas para até depois do Milênio. Mas embora demore, certamente virá. Os não salvos bem que poderiam desejar permanecer incorpóreos, mas seus desejos terão a ver com os fatos. Eles também se apresentarão em seus corpos e neles sofrerão o castigo eterno de Deus.[71]

As Escrituras asseguram que a morte será o último inimigo a ser aniquilado (1Coríntios 15:26), e isso somente após os julgamentos. Tal verdade explica o porquê de os muitos casos de revivificação, ocorridos ao longo do cânon bíblico, não terem sido ressurreições no sentido pleno da palavra ou biblicamente falando. É necessário esclarecer esse aspecto óbvio, mas importantíssimo, dessa questão. Ao se falar dos relatos de "devolução" da vida na Bíblia, é preciso distinguir entre ressurreição e "revivificação". Juan Antonio Aznárez Cobo esclarece que prefere usar esse termo — revivificação — "em vez do mais comum, 'ressurreição', porque está claro que não se fala aqui da ressurreição propriamente dita, e sim de uma simples volta a esta vida, uma espécie de 'prorrogação'".[72] Isso porque, como é do conhecimento geral, as pessoas que reviveram, cujas histórias são relatadas pela Bíblia — o filho da viúva de Sarepta (1Reis 17:17-24), o filho da sunamita (2Reis 4:32-37), o homem que tocou os ossos de Eliseu (2Reis 13:21), o filho da viúva de Naim (Lucas 7:11-17), a filha de Jairo (Lucas 8:41-42,49-55), Tabita (Atos 9:36-43), Êutico (Atos 20:7-12) e o próprio Lázaro —, voltaram a morrer

---

71 THIESSEN, Henry Clarence. *Palestras em teologia sistemática* (São Paulo: Imprensa Batista Regular, 2001), p. 358.

72 COBO, Juan Antonio Aznárez. "Análise narrativa", in: AGUIRRE, Rafael (org.). *Os milagres de Jesus: perspectivas metodológicas plurais* (São Paulo: Loyola, 2009), p. 181.

1740 | TEOLOGIA SISTEMÁTICO-CARISMÁTICA

posteriormente.[73] Excetuando a ressurreição de nosso Senhor Jesus Cristo, por isso chamada de "primícias dos que dormem" (1Coríntios 15:20), as demais relatadas no texto bíblico são parcas antecipações, ou seja, prolepses, do que a plenitude revelada pela ressurreição e transformação corpórea do Senhor é o exemplo máximo e esperança última dos salvos (1Coríntios 1:1-58; 1João 3:2).

— Julgamento, aspectos da segunda vinda de Cristo e eternidade —

Antes, contudo, de cada ressurreto, tanto perdido quanto salvo, adentrar os portais da eternidade, segue-se o juízo (Hebreus 9:27). Seja de forma genérica, seja de maneira específica, adepto de qual for a escola escatológica, todos os que creem nas Sagradas Escrituras entendem que haverá julgamento e que todos os seres humanos passarão por esse processo. Existem, obviamente, diferenças no entendimento desse tema, quer situando-o em momentos diferentes, quer vendo-o como um evento único ou até vários eventos, visto serem julgamentos distintos, mas os que honram as Escrituras e as têm como palavra final creem que haverá julgamento. É importante observar que as diferenças de interpretação desses eventos giram em torno dos métodos hermenêuticos adotados por cada uma das escolas escatológicas, questão que poderá ser vista mais à frente. As visões acerca do julgamento dividem-se, basicamente, em duas: os que creem em um único julgamento final (amilenaristas e pós-milenaristas) e, consequentemente, em uma única ressurreição, e os que creem em diversos julgamentos (pré-milenaristas) seguidos de, ao menos, duas ressurreições, que ocorrem em razão da divisão que fazem na segunda vida de Cristo (*parousia*), ao distinguirem "arrebatamento" (secreto) da "manifestação" (visível). A questão, portanto, gira em torno do chamado milênio: a crença ou não em um período literal de mil anos define toda a visão escatológica.

A visão pré-milenarista defende a ideia de que haverá cinco julgamentos. São eles: 1) "julgamento das obras dos crentes no tribunal de Cristo (Rm 14:10; 1Co 3:11-15; 4:5; 2Co 5:10)", que acontecerá logo após o arrebatamento, tendo outros eventos antes de se desencadear os próximos quatro julgamentos, que são: 2) "o julgamento da nação de Israel (Ez 20:37,38; Zc

---

73 CARVALHO, César Moisés. *Milagres de Jesus: a fé realizando o impossível* (Rio de Janeiro: CPAD, 2018), p. 112.

CAPÍTULO 10 – Escatologia | 1741

13:8,9)", 3) "o julgamento das nações (Mt 25:31-46; Is 34:1,2; Jl 3:11-16)", 4) "o julgamento dos anjos caídos (Jd 6)" e 5) "o julgamento do grande trono branco (Ap 20:11-15)".[74] O comum entre as três visões é o último julgamento, que tem, então, após ele o destino eterno ou o início da eternidade, propriamente dita, tanto para os salvos quanto para os perdidos. Contudo, a escatologia não fala unicamente dos aspectos referentes ao destino pessoal de cada um de nós, mas revela algo acerca da realidade toda, tema do próximo ponto.

ESCATOLOGIA DO MUNDO

Da mesma forma que existem concepções acerca da vida após a morte, as civilizações também aspiram a restaurar a perfeição da realidade e chegar ao "paraíso". Há uma "escatologia do mundo" em praticamente todas as religiões. Todavia, no cristianismo, o paraíso não é a etapa ou destino final para os salvos, mas um "estado intermediário" após a morte que será sucedido pelo que se chama em escatologia de "perfeito estado eterno". É o que diz, por exemplo, o texto de Hebreus, que encerra o texto da chamada "galeria dos heróis da fé": "E todos estes, tendo tido testemunho pela fé, não alcançaram a promessa, provendo Deus alguma coisa melhor a nosso respeito, para que eles, sem nós, não fossem aperfeiçoados" (11:39-40). A epístola aos Hebreus fala de uma "melhor ressurreição" (11:35), confirmando o fato de que havia a esperança final de se viver eternamente, e isso não se daria em uma pátria meramente terrenal, pois desejam "uma melhor, isto é, a celestial. Pelo que também Deus não se envergonha deles, de se chamar seu Deus, porque já lhes preparou uma cidade" (11:16).

No entanto, isso não é tudo. E as promessas de habitação territorial a Israel, seja por extensão geográfica, seja por duração temporal, prescreveram? Obviamente não (Romanos 9:1—11:36). Daí a esperança em um domínio terrenal. A Queda transtornou, mas não anulou a promessa divina nem o projeto original do Criador. A purificação e posterior restauração são ansiadas até mesmo pela criação, conforme nos diz o apóstolo Paulo em Romanos 8:18-25, podendo ainda ser vistas em textos como Mateus 24:35, Hebreus 1:10-12 e Apocalipse 20:11. Contudo, o texto de 2Pedro 3:10-13 é o mais

---

74 PENTECOST. *Manual de escatologia*, p. 423.

1742 | TEOLOGIA SISTEMÁTICO-CARISMÁTICA

contundente a respeito do assunto. Esse texto, ao mesmo tempo que fala de purificação, também fala de restauração ou recriação. Há, porém, diferentes visões a respeito do período da restauração. Uns defendem que tal se dará em decorrência da implantação do milênio, enquanto outros acreditam que após o milênio, período em que se cumprirão as promessas feitas a Israel, haverá a rebelião satânica, e, então, uma hecatombe final purificará o universo, vindo então, após isso, a restauração definitiva e global. Dwight Pentecost, apesar de favorável a esta posição, elenca as demais perspectivas, que, para o nosso propósito de apresentar as diferentes visões, aqui estão:

> 1) Acredita-se que o "dia do Senhor" (2Pe 3:10), no qual se dá esse acontecimento, é um tempo de juízo e inclui apenas o período que vai do arrebatamento até a instituição do milênio, com os julgamentos que o acompanham. 2) Pelo fato de o fogo ser descrito como um meio de execução da ira divina na segunda vinda (Is 66:15,17; Ez 39:6; Jl 2:1-11; 2Ts 1:7-10), e já que essa purificação é por fogo, sustenta-se que deve tratar-se do mesmo acontecimento. 3) Isaías 65:17 promete uma nova terra, e isso em relação ao milênio, e logo a purificação acontece após a segunda vinda, mas antes do milênio. Em resposta, pode-se destacar, como demonstrado anteriormente, que 1) o dia do Senhor inclui todo o plano desde o começo do período da tribulação até o novo céu e a nova terra após o milênio. 2) Além disso, o fogo pode ser um meio de visitação divina sem necessariamente ser usado de maneira total num mesmo acontecimento. O fogo é empregado ao longo das Escrituras como um símbolo de julgamento, e, já que esse aconteci-mento é um juízo contra uma terra amaldiçoada, é cabível considerar que a purificação pelo fogo ocorra quando a terra tiver afastado de si todo vestígio da maldição. 3) E, mais uma vez, já que a terra milenar se funde com o novo céu e a nova terra no fim da era milenar, Isaías pode estar descrevendo a cena milenar à luz da sua habitação eterna, os novos céus e a nova terra serão cumpridos no começo do milênio, apesar de prelibados a partir deste ponto.[75]

O fato é que o livro de Apocalipse, em seus capítulos finais, fala de novos céus e nova terra (21 e 22), sendo este o "perfeito estado eterno" para os salvos. Como já foi enfatizado, aos que honram o texto bíblico e o consideram como

---

75 Ibid., p. 557-8.

CAPÍTULO 10 – Escatologia | 1743

palavra e autoridade final em teologia, isso basta. Todavia, conforme se poderá ver no próximo e último ponto, como quase tudo em escatologia, há divergências quanto à interpretação do último livro do cânon neotestamentário.

A ESCATOLOGIA SISTEMÁTICO-TEOLÓGICA

É sabido que não há uma única escola escatológica e que elas são muitas em razão do fato de não haver consenso na interpretação dos textos apocalípticos, uma vez que há diversas leituras decorrentes dos diferentes métodos interpretativos adotados. Justamente por isso, em seu já citado e conhecido *Manual de escatologia*, J. Dwight Pentecost diz que das "muitas perguntas que se deparam ao estudioso de escatologia, nenhuma é mais importante que a questão do método empregado na interpretação das Escrituras proféticas", ou seja, a "adoção de diferentes métodos de interpretação produziu as várias posições escatológicas e dá conta das diversas concepções de cada sistema em desafio ao estudioso da profecia". Portanto, as "diferenças básicas entre a escola pré-milenarista e a amilenarista e entre os defensores do arrebatamento pré--tribulacionista e os do pós-tribulacionista são hermenêuticas, provenientes da adoção de métodos de interpretação divergentes e inconciliáveis".[76] Apesar de serem três as principais perspectivas milenaristass — pós-milenarismo, amilenarismo e pré-milenarismo —, e de, basicamente, serem quatro os conceitos tribulacionistas — dispensacionalismo, pré-tribulacionismo, mesotribulacionismo e pós-tribulacionismo —, conforme veremos panoramicamente, há outras posições, menos conhecidas, que, somando-se às ideias interpretativas historicista, preterista, idealista ou futurista, formam o complexo do que atualmente se conhece como escatologia, mormente entre os protestantes.

Se a interpretação é o ponto crucial da discussão escatológica e também teológica, pois "se a diferença reconhecida entre o pré-milenarismo e o amilenarismo se acha na proposta básica do método empregado para interpretar as Escrituras", diz o mesmo autor, "o problema fundamental por estudar no início de qualquer consideração escatológica é o da hermenêutica da profecia".[77] Assim, diante de um estudo dessa natureza, qual deve ser o procedimento de quem se propõe a estudar "a doutrina das últimas coisas", no que diz

76   Ibid., p. 29.
77   Ibid.

respeito às interpretações escatológicas? Qual a importância da hermenêutica no estudo das profecias? Não há dúvida de que tal discussão passa pelo entendimento dos métodos. Todavia, antes de falar um pouco a respeito, torna-se importante uma breve digressão aos dados bíblicos que antecedem as discussões teológicas. Momentos antes da ascensão do Senhor Jesus Cristo, depois de ele falar que os discípulos seriam batizados no Espírito Santo, "não muito depois destes dias", eles ainda inquiriam o Mestre a respeito da implantação completa, e nos termos da expectativa messiânica, acerca do reino de Deus: "Senhor, restaurarás tu neste tempo o reino a Israel?" (Atos 1:5-6). O Mestre os advertiu de não tentar perscrutar o que Deus não havia revelado (e isso deveria levar muita gente que gosta de fazer especulações no campo da escatologia a não agir dessa forma), mas que, depois de receberem a virtude do Espírito, eles seriam testemunhas dele (Atos 1:7-8). De fato, o último versículo de Atos mostra Paulo "pregando o Reino de Deus e ensinando com toda a liberdade as coisas pertencentes ao Senhor Jesus Cristo, sem impedimento algum" (28:31).

Pregar o evangelho e anunciar o reino implica, entre outras coisas, falar da nossa esperança maior, consignada na volta do Senhor Jesus Cristo, que inclui a implantação cabal do seu reino (2Timóteo 2:12). Conquanto o Espírito de Deus haja inspirado Paulo a escrever muitas coisas a respeito do tema (2Coríntios 12:2-9; 1Tessalonicenses 4:13-18), foi com "as visões de João na ilha de Patmos (registradas no Apocalipse)", diz o teólogo pentecostal Stanley Horton, que os cristãos do fim do primeiro século obtiveram "um quadro da vitória ulterior de Cristo, e acrescentaram a garantia do reino milenar antes do derradeiro juízo e dos novos céus e nova terra profetizados por Isaías (65.17; 66.22)".[78] Em termos diretos, foi a "partir da Ásia Menor", diz o mesmo autor, que "os conceitos premilenistas espalharam-se rapidamente".[79] Por isso, o veterano teólogo pentecostal acrescenta um dado histórico relevante:

> Até meados do século 2, a maioria dos cristãos mantinha a esperança de que Cristo voltaria para então reinarem com Ele durante mil anos. Em seguida, a preocupação com a definição da Cristologia desviou a atenção da esperança futura. Orígenes (c. de 185-c. de 254), influenciado pela filosofia grega, popularizou um método alegórico que levou

---

78 HORTON. (org.). *Teologia sistemática*, p. 624-5.
79 Ibid., p. 625.

à espiritualização do reino futuro. Já no século 5, o Reino de Deus e a igreja hierárquica eram identificados entre si, e a igreja pronunciava os juízos. Como resultado, o Reino futuro e o Juízo Final já não eram enfatizados. Em seguida, na parte posterior da Idade Média, a Igreja Romana passou a acreditar que estava edificando a Cidade Eterna de Deus aqui na terra. A maioria fechava os olhos diante do mal que grassava, e não deu evidências de acreditar que Deus tem um plano ou que Ele estabelecerá o Reino futuro pelo seu próprio ato. Só ocasionalmente é que brotava a crença num Milênio futuro, usualmente em protesto contra a autoridade hierárquica.[80]

Portanto, antes de qualquer consideração posterior em termos metodológicos, é prudente estar atento quanto a essas transformações nas doutrinas que acabaram acontecendo em decorrência de, não apesar de, mudanças político-sociais. O fato de que, como informa o mesmo autor, aconteceu "uma breve recrudescência da expectativa do fim do mundo imediatamente antes do ano 1000", e que isso se deu por causa dos ensinamentos de "alguns pais da Igreja, os quais diziam que a Terra foi criada cerca de 5.000 a.C., e à ideia em Barnabé (15:4) de que, ao final de seis mil anos, após a criação, haveria um repouso sabático",[81] é exemplo claro de uma mudança de mentalidade interpretativa. Quanto ao fato de mudanças políticas influenciarem a forma de interpretar os textos bíblicos, arrefecendo a esperança de que Jesus voltará à terra para reinar, julgando, juntamente com seus doze apóstolos, o Israel desobediente (Mateus 19:28), o que gera alterações até mesmo na organização da igreja, de acordo com os teólogos pentecostais Stanley Horton e William Menzies, isso se deu, principalmente, "após ter sido o cristianismo proclamado religião oficial do império romano", pois os "pastores das igrejas não mais assumiam o papel de líderes-servos"; antes, passaram a seguir "o padrão de governo do império romano, constituindo uma hierarquia própria",[82] ou seja, completamente desvirtuada, exatamente como já foi explicado no capítulo anterior, com as reflexões de teólogos alemães e não carismáticos ou pentecostais. Assim, completam os mesmos autores, os crentes que antes "eram às vezes chamados pelo apelido de 'quiliastas', derivado da palavra

---

80 Ibid.

81 Ibid., p. 775.

82 HORTON, Stanley M.; MENZIES, William. *Doutrinas bíblicas: os fundamentos da nossa fé* (Rio de Janeiro: CPAD, 1995), p. 193-4.

1746 | TEOLOGIA SISTEMÁTICO-CARISMÁTICA

grega *xilia*, 'mil'",[83] por crerem no milênio (Zacarias 14:5; Mateus 24:27,30; Apocalipse 1:7; 19:11-14; 20:1-6), passaram a ser ridicularizados. O motivo:

> Quando a capital do império romano mudou-se de Roma para Constantinopla, criou-se um vácuo político em Roma; mas então o bispo de Roma entrou nesse vazio para assumir a liderança política, fazendo da sé um trono. Os demais bispos começaram a olhar para suas igrejas como bases de poder, pois sua atenção desviara-se da bendita esperança, preferindo o poder e a autoridade terrenos. Como resultado, o pós-milenismo ("pós" significa "depois" — em outras palavras, acreditavam que o retorno de Cristo dar-se-ia depois do "atual" Milênio) surgiu em cena, ensinando que o reino milenar, iniciado na ressurreição de Cristo, terminará com sua segunda vinda. Com isso estavam afirmando que não haveria um futuro Reino de Deus sobre a terra. Agostinho, bispo de Hipona, no Norte da África (396-430 d.C.), provavelmente, foi um dos principais promotores desse tipo de pós-milenismo, embora seja também considerado um vulto entre os amilenistas. O único reino com que os advogados desse ensino se preocupavam era o que podiam edificar para si mesmos, usando as pessoas como servos.[84]

Vê-se, portanto, que, assim como no surgimento da cosmovisão e literatura apocalípticas, no período intertestamentário, a forma de se ler escatologicamente o texto bíblico sofre influência do contexto maior em que estamos inseridos. E é justamente por isso que existem tantas escolas de interpretação escatológicas, sendo os próprios métodos interpretativos, de alguma forma, igualmente originados e influenciados. O amilenarismo, por exemplo, que defende não haver milênio algum, assim como o pós-milenarismo, "foram transportados para as igrejas da Reforma", pois, ao negarem "o Milênio, não tinham espaço em seus sistemas teológicos para a restauração terrena de Israel" e, ao assim fazerem, todas as "profecias veterotestamentárias a respeito desse reino e de Israel", dizem os mesmos autores, "foram espiritualizadas e aplicadas à Igreja".[85] Essas posições perduraram até o século 19, pois tanto o amilenarismo quanto o pós-milenarismo captavam o "espírito daqueles

---

83 Ibid., p. 193.
84 Ibid., p. 194.
85 Ibid., p. 124.

tempos", influenciando pensadores de "todas as tendências, desde um Charles Darwin até John Henry Newman e Charles Hodge", ou seja, desde cientistas até teólogos reformados cessacionistas, os quais "utilizaram-se das descobertas e do progresso da ciência na formação da doutrina e da escatologia, respectivamente".[86] Todavia, sobretudo após as duas grandes guerras mundiais e a desilusão com o melhoramento gradual do mundo, um grupo chegou à conclusão de que a situação global pioraria e terminaria com a volta de Cristo, sendo, portanto, preciso pregar o evangelho ao maior número de pessoas. Era o retorno da visão pré-milenarista. No que diz respeito a Israel, tal postura do protestantismo trouxe não poucos problemas,[87] pois, como afirma o teólogo alemão Jürgen Moltmann, "se a Igreja tiver somente interesse em si mesma, ela poderá enxergar no horizonte de sua esperança somente sua própria plenificação"; contudo, ao agir dessa forma, ela exclui quem, histórica e teologicamente, não pode se tornar igreja, visto ter outro tipo de relação com Deus, sendo, todavia, alguém que, por direito, partilha da mesma esperança de plenificação escatológica:

> Ao falar de esperança, a Igreja fala do *futuro de Israel*, pois a Igreja nasceu de Israel, e somente junto com Israel pode se cumprir sua esperança. Ao falar de esperança, o cristianismo fala do futuro dos povos, de toda a humanidade, pois ela existe para os povos, e por causa da humanidade lhe foi dada esperança. Ao falar de esperança, o cristianismo fala do *futuro do mundo*, da humanidade e da natureza, com cuja história ela se mescla na prática. A esperança viva é sempre relacionada a situações. Mesmo onde se estende a esperança de modo puramente pessoal, ela se refere à relação do ser humano consigo mesmo e nisto se refere a sua relação com Deus. A escatologia só pode ser concreta como *escatologia relacional*.[88]

---

86 McGee, Gary B. "Panorama histórico", in: Horton (org.). *Teologia sistemática*, p. 15.

87 "Devido a seu antijudaísmo latente e aberto, as igrejas se paganizaram ao longo de séculos. Elas se tornaram instituições de religião unificada de seus Estados, e como 'religião política' perseguiram os que pensavam e criam diferentemente como inimigos da religião e como inimigos do Estado. Assim, como os próprios cristãos antes de Constantino eram perseguidos como 'ateus e inimigos do Estado', assim o cristianismo estabelecido como religião estatal perseguiu judeus e dissidentes como pessoas 'sem Deus', a quem nada era sagrado, e como pessoas 'sem vínculo', isto é, como destruidores irreligiosos da sociedade. Quanto mais a igreja se liberta hoje desse abuso de si mesma, tanto melhor ela reconhecerá Israel como sua origem permanente, seu parceiro na história e seu irmão na esperança" (Moltmann. *A igreja no poder do Espírito*, p. 183).

88 Ibid., p. 180 (grifo no original).

1748 | TEOLOGIA SISTEMÁTICO-CARISMÁTICA

Em termos de tradição carismático-pentecostal, tal relacionamento não se dá dessa maneira, e, não raras vezes, algumas de suas expressões aproximam-se do extremo oposto, que é tornar-se judaizante. A controvérsia acerca do "significado da origem da Igreja nascida de Israel sempre foi debatido na teologia cristã". Todavia, é inegável que, "historicamente, a Igreja fez o caminho desde uma comunidade de *judeu-cristãos* para uma comunidade de *judeus e gentios* e dali para uma *comunidade de gentios*".[89] As discussões teológicas protestantes giram em torno da chamada "questão do *quiliasmo*", do grego *chilioi* — também "*quiliasma* (ou *milenismo*), que vem de χίλιοι"[90] — cujo significado é "mil", daí "milênio" e as correntes de interpretação escatológicas em torno do tema. Isso ocorre pelo fato de que, por intermédio da "vinda e história de Cristo, bem como pelo dom escatológico do Espírito, as promessas messiânicas do Antigo Testamento são cumpridas apenas provisória e parcialmente", ou seja, "entraram em vigor universalmente por Cristo e no Espírito". Em outras palavras, acontece o "já", todavia elas não são experimentadas em sua totalidade, por isso "também o cristianismo espera e tem esperança pelo cumprimento dessas promessas messiânicas".[91] Tem-se, portanto, o "ainda não". É assim que, explica o mesmo teólogo, "porque Jesus como o Messias prometido é crido e porque seu Reino messiânico já é experimentado no Espírito, o excedente das promessas ainda não cumpridas do Antigo Testamento deve ser reconhecido sobre a base do Novo Testamento", ou seja, a "Igreja está apenas a caminho dos cumprimentos delas". Justamente por isso, diz Moltmann, "ela deve ver a seu lado Israel, que também espera e tem esperança como parceiro nesta história", pois apenas "a parúsia de Cristo trará o cumprimento das esperanças cristãs e judaicas, a saber, a uma não sem a outra, e consequentemente apenas na comunhão de cristãos e judeus".[92] Na sequência, o teólogo reformado alemão afirma:

> Esta tese histórico-salvífica tem uma estreita relação com o *milenarismo*, a esperança pelo "reino milenar" de Cristo na história antes do fim da história. Porém: "Encolhemos os ombros a respeito do povo da eleição, por isto, também a respeito do milenarismo". Desde Ticônio

---

89 Ibid., p. 184, 190-1 (grifo no original).
90 CHAFER, Lewis Sperry. *Teologia sistemática* (São Paulo: Hagnos, 2003), vols. 3 e 4, p. 601.
91 MOLTMANN. *A igreja no poder do Espírito*, p. 185.
92 Ibid., p. 185-6.

e Agostinho, esse "reino de mil anos" de Cristo foi cada vez de novo interpretado como o *tempo da Igreja* a partir da ressuscitação e ascensão de Cristo. Contudo, se a Igreja entende a si mesma como o reino messiânico de Cristo, ela não pode reconhecer a seu lado nenhuma existência particular de Israel. Já que, no reino milenar, Cristo com os seus "reinará" sobre seus inimigos, ela precisa considerar nesta autocompreensão os judeus infiéis como seus inimigos e oprimi-los. Desde Eusébio de Cesareia, o "reino milenar" foi interpretado também como o *Estado cristão*, governado pelos imperadores cristãos e pelas "majestades apostólicas". Contudo, se o Estado cristão é o representante terrestre do Reino de Deus na terra, então o *Corpus Christianum* é o corpo visível desta divindade, então o "Ocidente cristão" ou a "civilização cristã" é a forma político-moral do invisível Reino de Deus, então os dissidentes precisam sofrer "proscrição e excomunhão" não só da parte eclesiástica, mas também da parte imperial, então judeus precisam abandonar sua esperança por um messias, como preço de seu batismo ou como sacrifício por sua emancipação nesse Estado. Pois o messianismo judaico remete o "Estado cristão" a sua própria não-salvação e questiona assim sua legitimação religioso-cristã. Isto levou nos escritos confessionais da Reforma à rejeição da esperança por um reino milenar como *judaicae opiniones*. Somente a teologia federal reformada, a teologia pietista e a Escola de Erlangen fizeram novamente valer o milenarismo, teologicamente, de modo bíblico ou "biblicista": somente pela intervenção direta e particular de Cristo antes do fim, Israel será convertido ao Senhor. Assim como a rejeição de Cristo e do evangelho gerou a missão aos gentios, assim o tempo dessa missão deve terminar quando Israel se converte. A conversão escatológica de Israel será o sinal exterior para a passagem da missão universal messiânica para o reino messiânico. Disto resulta o seguinte plano salvífico de Deus para a história: durante a obstinação de Israel surge a primavera da missão entre as nações, depois segue a conversão de Israel, e depois vem o "reino milenar" messiânico de Cristo na terra. Durante o tempo da missão às nações, a Igreja será privada de todos os apoios por nações e Estados cristãos. Para o resto dos cristãos fiéis não restará outro local de abrigo senão o Israel reconstituído e convertido. Não será Pepuza nem Münster, Roma nem Genebra, mas Jerusalém será o local da volta de Cristo. É ali onde os seus precisam se congregar. Pois os primeiros serão os últimos, mas eles não serão esquecidos. Por sua crucificação, Cristo tornou-se o salvador dos gentios. Em sua parúsia, porém, ele se comprovará também como o messias de Israel. Seja como for nossa avaliação dessa apocalíptica moderna e histórico-salvífica, ela superou o antijudaísmo por superar o absolutismo eclesiástico. Por meio dela resistia-se à tentação de batizar judeus forçadamente com a ajuda de pressões sociais ou de convocá-los para a "emancipação" dentro da sociedade burguesa ou do Estado mundial do socialismo. O futuro de Israel é Jerusalém, não Lênin.[93]

Atrelado ao assunto do milenarismo, temos os eventos que a ele se relacionam, não necessariamente nesta ordem: estado intermediário, arrebatamento, parúsia, tribulação, julgamentos (tribunal de Cristo, julgamento das nações, juízo final), perfeito estado eterno, os quais são estudados tendo como base principal o livro de Apocalipse, mas não apenas ele. É sabido que o próprio livro de "Apocalipse é composto de três gêneros: apocalíptico, profético e epistolar".[94] Grant Osborne, tal como Dwight Pentecost, reconhece que o cerne da discussão sobre a escatologia centra-se na hermenêutica do último documento das Escrituras cristãs. Ele explica o surgimento das quatro principais formas de interpretação detalhando historicamente cada uma delas; todavia, por não ser o nosso objetivo, vamos apresentar apenas o que cada uma significa, entendendo, como menciona Osborne, o fato de que existem outras abordagens, como as listadas por John M. Court, por exemplo, chamadas de "teoria da recapitulação, quiliasta, alexandrina, histórica, escatológica, histórico-contemporânea, literária e comparativa".[95] A primeira forma de interpretação é a *historicista*, que surgiu com Joaquim de Fiore no século 12 e vê as cartas às sete igrejas da Ásia como se elas profetizassem "sete períodos da igreja". O segundo método de leitura de Apocalipse é o *preterista*, que "afirma que os pormenores do livro relacionam-se com a situação vivida por João e não a um período futuro".[96] A terceira forma de interpretação de Apocalipse, chamada de *idealista*, trata-se de um "método bem disseminado [que] argumenta que os símbolos não estão relacionados com acontecimentos históricos, mas com verdades espirituais atemporais". Finalmente, o quarto e último, conhecido como *futurista*, "foi o método empregado por alguns dos

---

93 Ibid., p. 186-8 (grifo no original).

94 OSBORNE, Grant. *Apocalipse: comentário exegético* (São Paulo: Vida Nova, 2014), p. 13.

95 Ibid., p. 20.

96 Ibid., p. 21-2.

CAPÍTULO 10 – Escatologia | 1751

primeiros pais (e.g., Justino, Ireneu, Hipólito), mas, em face do triunfo do método alegórico (que impõe ao livro uma leitura espiritualizante)", completa o autor, confirmando o que disse o teólogo pentecostal Stanley Horton, "depois de Agostinho e Ticônico, o método futurista (e o milenismo) ficou fora de cena por mil anos".[97]

Nessa discussão, é impossível não mencionar o fato de que muito do impulso milenarista deve-se ao dispensacionalismo. Surgido no século 19, com John Nelson Darby, pregador que pertencia ao movimento chamado de "Irmãos de Plymouth" na Inglaterra, foi popularizado, especialmente nos meios teológicos conservadores, pela *Bíblia de estudo* de C. I. Scofield. Consiste em um sistema hermenêutico que interpreta os acontecimentos vendo-os como estando interligados, fazendo que as várias conclusões escatológicas decorram umas das outras. Scofield diz que uma "dispensação é um período de tempo no qual o homem é testado na sua obediência a alguma revelação específica da vontade de Deus".[98] Segundo esse autor, a Bíblia apresenta sete dispensações — 1) Inocência (Gênesis 1:28); 2) Consciência ou Responsabilidade Moral (Gênesis 3:7); 3) Governo Humano (Gênesis 8:15); 4) Promessa (Gênesis 12:1); 5) Lei (Êxodo 19:1); 6) Igreja (Atos 2:1); 7) Reino (Apocalipse 20:4)[99] —, que, juntamente com as "alianças", formam um todo na interpretação escatológica dispensacionalista. "Uma aliança", segundo Scofield, "é um pronunciamento soberano de Deus através do qual Ele estabelece um relacionamento de responsabilidade",[100] seja com um indivíduo, seja com uma nação ou a humanidade de maneira geral (Gênesis 2:16ss; 9:9ss; Êxodo 19:3ss). Diante desse argumento, torna-se indispensável e até mesmo interessante saber que as "alianças são normalmente incondicionais no sentido de que Deus se obriga em graça, pela declaração irrestrita 'Eu farei', a realizar certos propósitos anunciados", esclarece Scofield, e diz que isso assim se dá "apesar de qualquer fracasso da parte do povo com o qual Ele realiza a aliança", visto que a "reação humana ao propósito divinamente anunciado sempre é importante, levando como o faz à bênção pela obediência e à disciplina pela desobediência".[101] Portanto, apesar dessa ideia que nutre

---

97 Ibid., p. 22-3.
98 Scofield, C. I. *A Bíblia Sagrada com referências e anotações de dr. C. I. Scofield* (São Paulo: Imprensa Batista Regular do Brasil, 1983), p. 3.
99 Ibid., p. 4.
100 Ibid., p. 5.
101 Ibid., p. 6.

1752 | TEOLOGIA SISTEMÁTICO-CARISMÁTICA

a teologia da retribuição, aqui está o porquê da importância de Israel na perspectiva dispensacionalista, apesar do fracasso dos judeus em "representar Deus" (Êxodo 19:6). O entendimento teológico do dispensacionalismo é que o princípio absoluto encontrado em Jó 42:2 continua em voga e que nem mesmo o "fracasso humano jamais revogou alguma aliança ou impediu o seu final cumprimento".[102] Justamente por isso, o dispensacionalismo acaba encontrando-se com o aliancismo (também conhecido como teologia da aliança ou teologia do pacto), pois, de acordo com Scofield, são oito as alianças: 1) edênica (Gênesis 2:16); 2) adâmica (Gênesis 3:15); 3) noaica (Gênesis 9:16); 4) abraâmica (Gênesis 12:2); 5) mosaica (Êxodo 19:5); 6) palestiniana (Deuteronômio 30:3); 7) davídica (2Samuel 7:16); 8) nova aliança (Hebreus 8:8).[103] Vê-se, portanto, que o sistema interpretativo dispensacionalista perpassa toda a Bíblia, mesmo tendo como principal característica a distinção entre Israel (judeus) e a igreja (gentios), pois as promessas feitas a Abraão e cultivadas pelo povo de Israel deverão ser integralmente cumpridas, a despeito do destino da igreja. Nesse aspecto, há um amálgama entre apocalíptica judaica e escatologia cristã, ou seja, uma continuidade entre o Antigo e o Novo Testamento, bem como a influência do comportamento de algumas nações em sua proteção a Israel, entendendo que promessas como as de Gênesis 12:3 ("E abençoarei os que te abençoarem, e amaldiçoarei os que te amaldiçoarem") e de Salmos 122:6 ("Orai pela paz de Jerusalém, prosperarão aqueles que te amam") continuam vigentes.

A despeito das posições antipentecostais da referida Bíblia de estudo, o dispensacionalismo fez escola entre os teólogos carismático-pentecostais, sobretudo das primeiras gerações, mas, dada a pluralidade de expressões da tradição carismático-pentecostal, seria um exagero e uma grande injustiça afirmar que o movimento todo é adepto dessa perspectiva. No jornal *O Som Alegre*, um dos precursores do *Mensageiro da Paz*, órgão oficial das Assembleias de Deus no Brasil, em artigo intitulado "Em que dispensação vivemos?", o já muitas vezes citado apóstolo da imprensa pentecostal brasileira, Emílio Conde, inicia sua reflexão tendo como epígrafe uma parte do texto de Joel 2:28: "E também sobre os servos e sobre as servas, naqueles dias, derramarei o meu Espírito". Então, abre o texto dizendo: "Os teólogos dividem a história

---

102 Ibid.
103 Ibid.

das Escrituras em sete dispensações; nós, porém, falamos só de três: a do Pai, a do Filho e a do Espírito Santo". Assim, a "dispensação do Pai abrange todo o Velho Testamento e termina com o profeta Malaquias. A dispensação do Filho começa com o Evangelho de Mateus e vai até o dia de Pentecostes. E a dispensação do Espírito Santo começou no Pentecostes e só terminará com a volta do Senhor Jesus".[104] De forma exultante, o articulista conclui: "Vivemos portanto na última, mas gloriosa dispensação", visto que após a "descida do Espírito Santo, o povo de Deus teve uma visão mais ampla da obra expiatória de Jesus Cristo, e o Consolador, o Espírito Santo, tem através dos tempos convencido muitos do pecado, da justiça e do juízo, e despertado homens para buscarem a Deus".[105] Tal divisão histórico-salvífica corresponde exatamente à que foi proposta por Joaquim de Fiore, e a argumentação do historiador pentecostal converge com a do teólogo batista Harvey Cox, que, no caso, divide a história do cristianismo em três partes — "era da fé"; "era da crença" e "era do Espírito" —, sendo a última a parte em que os argumentos de ambos são similares.[106]

Na verdade, o que estamos dizendo é que não só inexiste qualquer consenso ou uniformidade a esse respeito na questão do dispensacionalismo, no que diz respeito à tradição carismático-pentecostal, como há críticas abertas, algumas moderadas, como no caso de Emílio Conde, e outras mais contundentes, como no caso do teólogo pentecostal Paul Pomerville. Este apresenta três causas do processo de invisibilização da tradição carismático-pentecostal do cristianismo global como uma terceira força no empreendimento missionário mundial. A primeira delas é o "etnocentrismo latente", do qual já falamos no capítulo anterior; a segunda é a "herança do escolasticismo", aspecto que tratamos por diversas vezes ao longo de nossa *Teologia sistemático-carismática*, especialmente nos capítulos 1, 2 e 4; e, finalmente, a terceira causa elencada pelo missiólogo pentecostal é a "influência do dispensacionalismo", com o importante acréscimo de que, ainda que com "graus variados, cada uma dessas tendências é atribuída ao impacto do Iluminismo".[107] Pomerville

---

104 CONDE, Emílio. "Em que dispensação estamos?", *O Som Alegre* (*Jornal das Assembleias de Deus para avivamento espiritual*), ano 1, n. 4 (Rio de Janeiro, mar. 1930).

105 Ibid.

106 Cox, Harvey. *O futuro da fé* (São Paulo: Paulus, 2015), p. 16-20.

107 POMERVILLE, Paul A. *A força pentecostal em missões: entendendo a contribuição dos pentecostais na teologia missionária contemporânea* (Rio de Janeiro: CPAD, 2020), p. 47.

1754 | TEOLOGIA SISTEMÁTICO-CARISMÁTICA

afirma que é justamente "na atividade salvadora feita por Deus na história da salvação — especificamente a atividade do Espírito Santo através da agência da igreja — que se encontra a prioridade missionária", e tal "prioridade de proclamar o evangelho ou a missão da Grande Comissão no poder do Espírito domina a missão da igreja em Atos dos Apóstolos", ou seja, o "Novo Testamento enfatiza o mandato evangelístico, a missão 'especial' de Deus". Não obstante, a "teologia dispensacionalista ignora e marginaliza o Novo Testamento, considera a igreja como um *parêntesis* na história da salvação e inviabiliza o *presente* Reino de Deus de Jesus, negando-o e enfocando o futuro Reino escatológico".[108] Tal ação, completa, "solapa a missão e propósito da igreja no mundo, bem como a própria noção de 'era do Espírito', que começou no Pentecostes e continua até a segunda vinda de Cristo", afirma ele depois de Emílio Conde, mas muito antes de Harvey Cox. Assim, considerando os chamados "movimentos pentecostais-carismáticos", finaliza, "o sistema da teologia dispensacionalista nega-os completamente".[109]

A evidência de que esse movimento trata-se de uma verdade — repensar a escatologia que até aqui temos adotado nos círculos carismático-pentecostais — é mais um capítulo que está sendo inaugurado na trajetória da teologia pentecostal. Quando finalizávamos este trabalho, ficamos sabendo que o teólogo pentecostal Robert Menzies acabara de lançar uma obra de cunho escatológico, intitulada *The End of History. Pentecostals and a Fresh Approach to the Apocalypse*, que, em tradução livre, pode ser algo como "O fim da história. Pentecostais e uma nova abordagem ao Apocalipse".[110] Trata-se de um trabalho que se propõe a apresentar uma nova perspectiva para os pentecostais, especificamente para as Assembleias de Deus, mostrando ser possível uma visão escatológica que não seja necessariamente pré-milenista dispensacionalista. Esse é mais um golpe duríssimo aos que, aqui no Brasil, utilizam a pessoa do referido teólogo pentecostal, de forma desonesta, para continuarem ostentando uma postura bélica e reacionária, perseguindo e detratando os que, comprometidos com o desenvolvimento da teologia pentecostal, desejam alinhar-se à erudição pentecostal estrangeira, tendo em mira nada mais que ajudar a

---

108 Ibid., p. 48 (grifo no original).
109 Ibid.
110 A obra consta como postada na plataforma Kindle no dia 31 de janeiro de 2022.

tradição carismático-pentecostal a manter a chama do Espírito Santo acesa, pois, se sucumbirmos às propostas teológicas conservadoras cessacionistas, que negam a nossa principal característica e *leitmotiv* de toda esta *Teologia sistemático-carismática* — a experiência com o Espírito Santo, sobretudo no empoderamento —, certamente não mais haverá futuro algum para nós. Antes, porém, de finalizarmos este último capítulo tratando desse assunto, apenas como forma de apresentação, sumarizamos as principais escolas escatológicas, primeiramente consideramos as milenaristas, no excelente resumo de Timothy Paul Jones, deixando, obviamente, de considerar vários detalhes e maiores subdivisões:

O QUE DEFENDE CADA ESCOLA

AMILENARISMO	PÓS-MILENARISMO	PRÉ-MILENARISMO DISPENSACIONALISTA	PRÉ-MILENARISMO HISTÓRICO
Perspectiva escatológica que não espera um futuro reinado de mil anos de Jesus na terra. De acordo com os amilenistas, o milênio é o atual reinado espiritual de Jesus com o seu povo. Esse reinado começou quando o Senhor Jesus ressuscitado ascendeu para ser exaltado ao lado do Pai (Atos 2:33), ou talvez, quando o Espírito desceu sobre o povo de Deus durante a Festa de Pentecostes (Atos 1:4-5; 2:1-21), e continuará até Jesus voltar à terra fisicamente.	O pós-milenismo espera que a maioria das pessoas sejam salvas. O sucesso crescente do evangelho gradualmente produzirá um tempo na história antes da volta de Cristo em que a fé, a justiça, a paz e a prosperidade prevalecem nos assuntos dos homens e das nações. Judeus e gentios serão convertidos, o que resultará na "reconciliação do mundo" (Romanos 11:15). Depois de extenso tempo em tais condições, o Senhor voltará de modo visível, corpóreo e glorioso para terminar a história com a ressurreição geral e o julgamento final, após os quais segue-se a ordem eterna.	Crença de que Deus "arrebatará" os cristãos do mundo antes que a terra sofra a ira de Deus durante a tribulação. Jesus voltará à terra depois da tribulação, antes ("pré-") do milênio descrito em Apocalipse 20. Obs.: Há gradações no dispensacionalismo que não vamos considerar: 1) dispensacionalismo clássico, 2) dispensacionalismo revisado e 3) dispensacionalismo progressista.	Crença de que, depois de um tempo de tribulação, Jesus voltará fisicamente a terra e estabelecerá o reino milenial descrito em Apocalipse 20.

No segundo quadro, apresentamos um resumo das linhas gerais, na visão do teólogo pentecostal Stanley Horton, das perspectivas tribulacionistas, que são adotadas por pré-milenistas, geralmente futuristas, desconsiderando igualmente os detalhes:

1756 | TEOLOGIA SISTEMÁTICO-CARISMÁTICA

O QUE DEFENDE CADA PERSPECTIVA

PRÉ-TRIBULACIONISMO	MESOTRIBULACIONISMO	PÓS-TRIBULACIONISMO
O pré-tribulacionismo reconhece que o apóstolo Paulo ainda tinha em mente o arrebatamento quando disse: "Porque Deus não nos destinou para a ira, mas para a aquisição da salvação, por nosso Senhor Jesus Cristo" (1Tessalonicenses 5:9). A morte sacrificial de Cristo garante que, quer morramos antes do arrebatamento quer estejamos com vida naquela ocasião, viveremos "juntamente com ele" (1Tessalonicenses 5:10), pois ele "nos livra da ira futura" (1Tessalonicenses 1:10). O mesmo verbo "livrar" (gr., *rhuomai*) é usado para o salvamento de Ló "antes" de o juízo divino ter caído sobre Sodoma (2Pedro 2:7).	Os mesotribulacionistas usualmente entendem que a primeira parte da grande tribulação será pacífica, enquanto o Anticristo estiver estabelecendo o seu domínio. A maioria acredita que o arrebatamento acontecerá quando soar a sétima trombeta do Apocalipse (Apocalipse 11:15), que eles identificam com a última trombeta de 1Coríntios 15:52. Às vezes, falam de um "arrebatamento pré-ira" e consideram que os últimos três anos e meio do governo do Anticristo serão o período da ira.	Interpreta que a ira da qual seremos livres (1Tessalonicenses 5:9) é o estado final dos ímpios, o lago de fogo. Contudo, o contexto da passagem é claramente do arrebatamento. A perspectiva entende que todos os crentes com vida passarão pela grande tribulação; alguns supõem que muitos deles serão martirizados, ao passo que outros supõem que Deus os protegerá de alguma maneira especial, talvez assim como Deus protegeu os israelitas das pragas do Egito.

Essa é uma amostra muito rápida e breve do que existe de mais tradicional em termos escatológicos, sendo a tradição carismático-pentecostal, em muitas de suas expressões, adepta da perspectiva pré-milenarista e pré-tribulacionista. Somos, contudo, conscientes de que muitos detalhes importantes precisam ser objeto de pesquisa escatológica, como, por exemplo, o aliancismo, o neoaliancismo, as dispensações (as seis de John Nelson Darby e as sete de C. I. Scofield), as quais, concordando ou não, devemos conhecê-las. Priorizamos as escatologias bíblicas, pois somos conscientes de que a escatologia sistemático-teológica, de alguma forma, já é bem difundida. Observamos, porém, que no caso escatológico aplica-se uma vez mais o que já dissemos diversas vezes: o excesso de informação das pessoas a respeito desses temas acaba sabotando o conhecimento de outras visões, não pela crítica do seu viés, mas por elas mesmas, e isso traz não poucos problemas e dificuldades, pois há um grande risco de se confundir a perspectiva ensinada na sua denominação como, escrituristicamente falando, a verdadeira e única correta. Isso impede as pessoas de fortalecer suas convicções ao conhecer outras visões ou, ainda pior, as impossibilita de descobrir que estão equivocadas.

À GUISA DE UMA CONSIDERAÇÃO FINAL: A DIMENSÃO PNEUMATOLÓGICA DA ESCATOLOGIA

Optamos por finalizar este último capítulo de modo diferente dos anteriores. Assim o fizemos por duas razões. A primeira é o fato de que não escrevemos uma conclusão geral para nossa *Teologia sistemático-carismática*, e isso não é despropositado, mas justamente o oposto: não há "acabamento", ou encerramento, para uma atividade ou para o exercício teológicos; sempre estamos a caminho. A segunda razão é que, por se tratar da doutrina das últimas coisas, pode ser que não tenha ficado muito claro a perspectiva carismático-pentecostal em nossa análise doutrinária da escatologia, de modo que o faremos agora para que não haja dúvida de que justamente nessa parte do edifício da teologia sistemática ocorre a confluência de várias doutrinas, mas, para exemplificar, mencionamos apenas três: a cristologia, a pneumatologia e a escatologia. Uma vez mais, conforme dissemos, incrivelmente quem nos ajuda com os insumos para uma teologia pentecostal são os teólogos não carismáticos e alemães, mostrando quanto nosso povo está inoculado e dependente do escolasticismo teológico racionalista de corte cessacionista. "O efeito revelador e consumador do Espírito Santo deve ser visto no contexto do efeito do Espírito Santo na história do próprio Cristo", pois, na verdade, a "obra do Espírito Santo não é uma adição à obra de Cristo", visto que o Filho de Deus "foi 'concebido' pelo Espírito Santo, batizado no Espírito Santo, entregue e ressuscitado pelo Espírito Santo". Portanto, tal "como uma cristologia escatológica leva a uma escatologia cristológica, assim uma cristologia pneumatológica leva também a uma pneumatologia cristológica", ou seja, a "unidade na diferença reside na história trinitária de Deus".[111] Numa palavra:

> A interpretação teleológica da história de Cristo coincide com a interpretação pneumatológica dos sentidos cumpridos nesta história. Por isto, a liberdade do crente em relação ao pecado e aos poderes ímpios deste éon é também designada como "poder do Espírito Santo". A nova vida é "vida no Espírito", e a nova obediência acontece como "conduta no Espírito". A nova comunidade é, ela mesma, a "revelação do Espírito" e das forças da nova criação. Em termos escatológicos, podemos, portanto, designar o Espírito como "o poder da futuridade",

---

111 MOLTMANN. *A igreja no poder do Espírito*, p. 269.

por ser o "dom escatológico", início (Rm 8.32) e sinal (2Cor 1.22; 5.5) do futuro. Em termos pneumatológicos, a escatologia é obra do Espírito Santo, pois é pelo Espírito que o crente é determinado pelo futuro de Deus. As forças do Espírito são as forças da vida que operam desde o futuro da nova vida e determinam o tempo presente. O fruto do Espírito é o antecipo da futura beatitude na alegria apesar da experiência do sofrimento e no amor apesar da experiência da decepção e do ódio. Por isso, toda a escatologia da história de Cristo que é elucidada nas sentenças teológicas de finalidade pode ser apresentada também como história do Espírito, como uma consequência da ação e da habitação do Espírito, pelos quais o futuro esperado se torna história.[112]

Em termos bastante claros, não há dúvida de que nosso Senhor Jesus Cristo inaugura o reino de Deus; contudo, por outro lado, não podemos deixar de reconhecer que o que torna o reino de Deus visível é a ação do Espírito Santo, que, após conceber, empoderar, guiar e ressuscitar o Mestre, permite aos que têm sensibilidade espiritual perceber que o reino havia finalmente irrompido. Na verdade, o "Reino de Deus está presente em *fé* e nova *obediência*, em nova *comunidade* e nos *poderes do Espírito*". Por isso mesmo, a "presença do Espírito Santo deve ser compreendida como sinal e início da nova criação de todas as coisas no Reino de Deus", ou seja, "Deus reina por meio da palavra e fé, promessa e esperança, mandamento e obediência, poder e o Espírito".[113] Mas, como defende o historiador pentecostal Emílio Conde, citado no capítulo anterior, esse poder com o qual o Espírito nos investe não é para uso pessoal, desfrute, manipulação ou exercício de autoridade. Trata-se de um poder que não gera autoritários, mas servos. Na realidade, tudo isso enquadra-se na categoria do paradoxo que tanto insistimos em demonstrar nas Escrituras. O poder do Espírito Santo nos capacita a servir, não a dominar. É um empoderamento que nos habilita a viver como nosso Senhor Jesus Cristo, ou seja, como servos, vivendo não para si, mas para os outros. Numa palavra:

> Já que a fé e a obediência, a nova comunidade e a atuação libertadora devem ser entendidas como a realidade do Espírito e como a presença do Reino vindouro na história, também as *possibilidades* subjetivas

---

112 Ibid., p. 60.
113 Ibid., p. 252 (grifo no original).

e objetivas *da história* nas quais se realiza essa realidade do Espírito pertencem à presencialização do Reino de Deus. O Espírito de Deus torna o impossível possível: ele cria amor onde não há nada amável; ele cria esperança onde não há nada de se esperar. Contudo, como diz a doutrina paulina dos carismas, ele desperta também possibilidades dormentes recalcadas ou orientadas para outra coisa e as ativa para o Reino de Deus. O Espírito de Deus age na história como criador de novo futuro e como recriador do que está morto em prol desse futuro. Nenhuma realidade e nenhuma possibilidade da criação no início são reprimidas pelo Espírito. Como o poder plenificado de Deus, ele torna a criação oprimida viva e a preenche com as forças da nova criação de todas as coisas. Não é indiferente e sem importância se portas se abrem e chances se oferecem, assim como não é indiferente se pessoas passam pelas portas e se elas assumem as possibilidades objetivas no sentido do Reino de Deus que liberta.[114]

A ação do Espírito Santo demonstra de forma bastante clara que o Reino de Deus é uma realidade, mas o que intriga é o fato de que as políticas opressoras continuam, ou seja, elas não somem magicamente. Portanto, quando da ascensão de nosso Senhor Jesus Cristo, dizendo que os seus discípulos receberiam o revestimento de poder não muito depois daqueles dias, eles imediatamente o inquiriram a respeito da restauração política, mas obtiveram apenas uma resposta que deveria inibir toda espécie de especulação futurístico-escatológica (Atos 1:4-8). Conquanto não seja incorreta a interpretação de que a pergunta deles revela que ainda não tinham compreendido o reino de Deus em sua verdadeira perspectiva, de acordo com a explicação do biblista pentecostal Esequias Soares, "devemos admitir que a pergunta deles fazia sentido", ou seja, "há uma interpretação possível, que merece atenção, visto que [a] geração judaica contemporânea de Jesus associava a vinda do Espírito Santo ao fim dos tempos (Is 44:3; Ez 37:14; 39:29; Jl 2:28-32)". Portanto, quando eles ouviram "Jesus falar sobre a vinda do Espírito, a pergunta dos discípulos era óbvia e mais do que natural", pois a "expectativa do povo estava associada ao Espírito", bem como a "vinda do Espírito Santo está vinculada à obra expiatória do Calvário (At 2:33)".[115] Em termos diretos, a

---

114 Ibid., p. 252-3 (grifo no original).

115 SILVA, Esequias Soares da. *O verdadeiro pentecostalismo: a atualidade da doutrina bíblica sobre a atuação do Espírito Santo* (Rio de Janeiro: CPAD, 2020), p. 28.

1760 | TEOLOGIA SISTEMÁTICO-CARISMÁTICA

argumentação do biblista pentecostal converge para a do teólogo reformado alemão ao também dizer que:

> A promessa da vinda do Espírito Santo vem desde o Antigo Testamento e dela falou João Batista e foi com certa frequência reiterada pelo Senhor Jesus. O discurso sobre a vinda do Consolador em João 16:8-11 fala do relacionamento do Espírito Santo com o mundo, ou seja, as pessoas em geral. Há diversas profecias messiânicas diretas no Antigo Testamento como Isaías 55 e o Salmo 22, entre outras; no entanto, a ideia cristológica não se restringe a esses vaticínios e ocupa todo o pensamento das Escrituras Hebraicas. Os escritores do Novo Testamento reconhecem a presença e a obra de Cristo na história da redenção (Os 11:1; Mt 2:15), nas suas instituições e festas de Israel (Êx 25:8; Jo 1:14; Hb 5:4-5; Êx 12:3-13; Lc 22:15; 1Co 5:7). As profecias messiânicas incluem também a promessa do Espírito Santo.[116]

Dessa forma, está mais do que cristalina a verdade de que a pneumatologia é uma doutrina central nas Escrituras, pois perpassa todos os documentos da Bíblia hebraica, bem como todos os documentos da Bíblia cristã. Como podemos ver, ela igualmente se encontra nas demais doutrinas do edifício da teologia sistemática. Sendo assim, voltar ao questionamento do capítulo 4 é mais que pertinente: se o Espírito Santo tem um papel tão relevante, por que ele quase não é considerado na elaboração teológica? Se alguém acha exagero o que fizemos nesta *Teologia sistemático-carismática*, não seria o caso de, à luz dos dados que apresentamos, estranhar muito mais o fato de teologias sistemáticas volumosas, com 1.500 a 2.000 páginas dedicarem pouco mais de uma dúzia dessas para falar do Espírito Santo? De nossa parte, a tese é bastante clara: à proporção que a igreja se institucionalizou, ela foi estrangulando a experiência com o Espírito Santo em sua liturgia e também foi interditando qualquer resquício desta em outro ambiente em que os olhos inquisitórios não poderiam mais vigiar os carismáticos. Os critérios para a liderança, como já vimos, deixou de ser o dom carismático e tornou-se propriedade dos homens, e estes os distribuíam aos seus iguais criando uma hierarquia semelhante à estrutura político-imperial, contrariando frontalmente o que nosso Senhor Jesus Cristo ensinara. Não obstante os temas

---

116 Ibid., p. 29.

eclesiológicos terem sido tratados no capítulo anterior, como comunidade escatológica que anuncia o reino e o faz sob o dom empoderador do Espírito Santo, é inevitável que abordemos o assunto e compreendamos de uma vez por todas as implicações carismáticas em relação ao sistema religioso. Nas palavras de Jürgen Moltmann:

> O cristianismo primitivo começou como a "heresia dos nazarenos" (At 24:5,14; 28:22) e era considerado uma escola religiosa ou um partido dentro do judaísmo, assim como os fariseus, saduceus ou essênios. Somente quando o cristianismo ultrapassou as fronteiras do judaísmo sinagogal surgiu uma formação própria e autônoma. O cristianismo assumiu o termo *ekklesia* que originalmente significava a assembleia política do povo dos cidadãos plenos. Ele não se entendia nem como sinagoga cristã nem como uma comunidade religiosa entre os muitos outros cultos da Antiguidade. Com a autodesignação *ekklesia*, o cristianismo apareceu como *tertium genus* entre judeus e gentios e formava uma associação autônoma. Os cristãos emigraram, em espírito e prática, tanto da sinagoga como das religiões étnicas, estatais e privadas, e formavam o *novum* "Igreja". Dessa maneira, atraíram sobre si a acusação de serem uma seita, vindo do lado judaico, e a acusação de ateísmo, vindo do lado gentio. Da antiga comunidade de judeu--cristãos e das comunidades posteriores de judeus e gentios, porém, surgiram rapidamente comunidades puramente gentio-cristãs. Por isto, a missão e a difusão do cristianismo entre os gentios levaram rapidamente àquela decisão fundamental que podemos chamar a decisão pela *Igreja aberta ao mundo*. Já que, salvo algumas regiões fronteiriças, a *"ecumene"*, dominada pelo Império Romano, se ofereceu como "o mundo", a passagem para a *Igreja imperial* romana, encaminhada pelo imperador Constantino, não foi entendida como uma inovação perigosa, embora as consequências fossem bastante graves. Para a *Igreja imperial*, o Império Romano estava aberto para a missão e difusão do cristianismo. No entanto, ela estava obrigada a assumir para tanto o papel da *religião estatal* oficial que era politicamente necessário para a integração dos povos no Império Romano. A Igreja passou a ser a *religião da sociedade* e como tal o elemento integrado da ordem social. Com a cristianização do Império Romano, a Igreja perdeu a forma particular e visível da comunidade cristã. A comunidade dos cristãos e a comunidade dos cidadãos coincidiram. Consequentemente, a Igreja não foi mais organizada por comunidades autônomas e voluntárias,

1762 | TEOLOGIA SISTEMÁTICO-CARISMÁTICA

mas foi ordenada segundo regiões e territórios, dioceses, decanatos e paróquias para o atendimento à população. Há uma estreita relação entre ambas as coisas. Segundo a antiga compreensão da sociedade, a tarefa suprema da sociedade é render a devida veneração aos deuses da *pólis*, pois da benevolência deles depende o bem-estar e a paz do país. Quando a Igreja cristã se torna o evento religioso da sociedade inteira, ela assume esta função, torna-se *cultus publicus* e a guardiã da *sacra publica* da sociedade. Os distritos da Igreja são ordenados segundo os bairros da população. Seus eventos são parte da sociedade pública. Os ministérios de pastores e bispos assumem um caráter de autoridades. Nessa situação, a fé do povo é praticada somente pela participação dos eventos públicos da Igreja. A comunhão eclesial torna-se principalmente a comunhão *com* a Igreja e menos *na* Igreja. Os sacramentos da comunhão messiânica, batismo e ceia do Senhor, passam ao segundo plano, depois dos "atos ministeriais" da Igreja, batismo infantil, confirmação, matrimônio e sepultamento, ou são interpretados no sentido de uma assistência religiosa à população.[117]

Ainda que, de alguma maneira, já tenhamos anteriormente falado acerca disso, é importante acompanhar o raciocínio do teólogo reformado alemão, sobretudo pelo fato de que ele tem experiência com igreja estatal e sabe dos prejuízos que isso representa para a fé. Ele informa que a ideia desse "caminho de uma Igreja aberta ao mundo para uma Igreja do Império determina até hoje a estrutura e organização da Igreja nos antigos países 'cristãos'". Não obstante "a Reforma tenha descoberto o *princípio comunitário* e também estivesse disposta a abandonar o termo 'Igreja' em favor do termo 'comunidade', a consolidação da Reforma nas Igrejas regionais protestantes e as subsequentes guerras confessionais geraram outro princípio: *cujus regio, ejus religio*".[118] No âmbito externo, "isto separava as confissões em conflito, mas, para dentro, as confissões tornaram-se as *religiões políticas*, de seus respectivos países e regiões". Assim, o "Estado unificado confessional é determinado por um só príncipe (regional), uma só Igreja (regional) e uma só universidade (regional)", ou seja, a "unidade entre comunidade de cristãos e comunidade de cidadãos foi preservada" e, dessa forma, o "caminho percorrido desde a Igreja de comunhão aberta para o mundo até a Igreja do atendimento à

---

117 MOLTMANN. *A igreja no poder do Espírito*, p. 400-2 (grifo no original).
118 Ibid., p. 402 (grifo no original).

CAPÍTULO 10 – Escatologia | 1763

população, territorial e socialmente fechada, determina o estado atual do cristianismo naqueles países". Em outras palavras, ao tomar esse "caminho perdeu-se a forma particular da Igreja como comunhão, pois nessa 'Igreja para o povo' dificilmente se pode falar de 'comunhão', 'fraternidade' e 'amizade'".[119] Assim:

> Sendo ele mesmo chamado de "heresia judaica", o cristianismo experimentou desde o início *heresias* em seu próprio ambiente, como atestam as Cartas Paulinas. Alertas sobre falsos profetas e mestres encontram-se frequentemente no Novo Testamento. Contudo, somente com a constituição da Igreja do Império surgiram procedimentos violentos contra hereges, com a ajuda do Estado. Nesse contexto são de especial importância aquelas heresias e seitas que se voltaram contra a Igreja Imperial. No caminho para a Igreja do Império, o cristianismo afastou-se necessariamente cada vez mais das situações do início. Por isto formaram-se nesse caminho as *seitas reformadoras* que buscaram a recuperação da comunidade pura e rejeitaram a forma mundana da Grande Igreja assimilada a imperador e Império. No caminho para a Igreja Imperial, o cristianismo abandonou a paixão de sua esperança messiânica. A esperança foi transformada em uma esperança interior da alma, e seu cumprimento foi relegado à vida no além do céu. Por isso surgiram nesse caminho *seitas proféticas* que chamaram na força de sua expectativa do fim iminente para a negação do mundo e para a resistência. Sua crítica "ao mundo" incluiu a Igreja do mundo. Ambos os tipos de seitas cultivam uma vida comunitária excessiva. Seus membros sabem-se eleitos e preferem sofrer perseguição à exclusão de sua comunidade.[120]

Evidentemente que o leitor já deve ter percebido que a utilização do termo "seitas" pelo autor, no trecho acima citado, tem um caráter positivo. Além disso, a aferição do que era heresia nada tinha com as Escrituras nem com a teologia, mas sim com a discordância dos desvios da igreja como instituição. Nesse caso, à luz da Bíblia e da história, os "heterodoxos" estavam certos, e os "ortodoxos" errados. Essa é uma questão crucial que precisa ser devidamente compreendida, pois nenhum dos pré-reformadores e dos reformadores foi

---

119 Ibid. (grifo no original).
120 Ibid., p. 402-3 (grifo no original).

1764 | TEOLOGIA SISTEMÁTICO-CARISMÁTICA

considerado "ortodoxo" aos olhos da igreja medieval. Portanto, há que se prestar muita atenção em quem acusa, se o faz sob o escrutínio bíblico ou impelido por motivações escusas ou interesses mesquinhos. Moltmann diz que, no caso em apreço, as "*seitas reformadoras* glorificaram a idade áurea da comunidade primitiva e protestaram contra a estatização da Igreja", pois em tais "grupos vivia-se uma relação imediata com Jesus por meio da experiência carismática do Espírito numa ética de seguimento consequente". Assim o faziam porque o "Sermão da Montanha, entendido como a 'Lei de Cristo', não permitia meios-termos com a moral [torta] do Estado". E, pior que isso, a "autoridade objetiva dos sacerdotes era contestada pela autoridade interior do Espírito, e o valor dos meios objetivos da graça, pela ênfase na fé pessoal", sendo tudo isso por uma razão: "A Igreja do Império parecia a essas comunidades não como a 'noiva de Cristo', e sim como a 'meretriz do Anticristo'".[121] Tal embate é justo, ainda que custe caro — geralmente custa! —, pois o que está em jogo nesse "conflito entre seitas reformadoras e a igreja grande tratava-se da 'Igreja verdadeira', da autêntica comunidade de Jesus". Justamente por isso, "não tem existido nenhuma Igreja de Império, País ou de Povo sem essa alternativa simultânea das seitas em seu ambiente clandestino".[122] E graças a Deus por essa postura corajosa — não humanamente, pois geralmente são carismáticos —, pois sem ela não haveria possibilidade de se pensar em uma fé genuína. O fato que se relaciona com a escatologia, de acordo com o mesmo teólogo reformado alemão é este:

> As *seitas proféticas* não voltaram das formas decadentes do cristianismo para sua origem autêntica, mas reivindicaram antecipar a plenificação do cristianismo para além do início e da história. A promessa do Espírito que plenificará a causa de Jesus levou ao espiritualismo cristão. Desde Montano apresentaram-se cada vez novos profetas como os portadores do Espírito prometidos por Cristo. A promessa do Reino de Deus, dentro do qual a Igreja deixaria de existir, levou aos messianismos cristão e pós-cristão. Essas seitas entendem-se como os precursores da autorrealização do cristianismo no Espírito e assim a autossupressão da Igreja no Reino de Deus. Já que o cristianismo no poder de sua esperança messiânica aponta além de si e da Igreja, seitas

---

121 Ibid., p. 403 (grifo no original).
122 Ibid.

proféticas e messiânicas apresentam-se sempre e publicamente naqueles momentos em que a Igreja abandona sua esperança pelo Reino vindouro. O conflito entre a Igreja do Império e seitas proféticas é o conflito sobre a forma fidedigna da esperança cristã. Não tem existido nenhuma igreja estabelecida sem que tais seitas cristãs formulassem em seu ambiente clandestino "subsolo" essa alternativa.[123]

Aqui chegamos a mais uma etapa de breve análise do montanismo e, a fim de evitar equívocos, é bom esclarecer logo de início que o "acabar com a igreja" não se refere à ideia de não existir igreja como organismo e corpo de Cristo, e sim como igreja imperial, pervertida e completamente destituída de Deus. A essa organização que "confundiu" as benesses estatais com o reino milenial de nosso Senhor Jesus Cristo, opunha-se o carismático Montano, da Frígia. Embora igualmente alemão, o teólogo Hans Schwarz é menos otimista a respeito de tais grupos, todavia observa que seria precipitação "se presumíssemos que grupos milenaristas e entusiastas em nada contribuíram para a fé cristã", pois "constituem, no mínimo, um constante lembrete para a Igreja de que todo o seu envolvimento nas questões da atualidade e suas tentativas de ganhar o mundo para Cristo precisam ser precedidas pela cláusula escatológica 'até que ele venha'". Obviamente, "a esperança do retorno de Cristo jamais foi abandonada na Igreja", contudo é também um fato que tal expectativa e esperança "foi muitas vezes relegada a um *status* secundário". Assim, nesse aspecto, "os grupos às margens da Igreja prestaram um serviço valioso ao forçá-la a aguçar sua visão".[124] A argumentação desse mesmo teólogo se dá por causa de sua explicação de que o "primeiro ataque à aculturação da escatologia veio já na metade do segundo século, por meio do autoproclamado profeta frígio Montano e seus seguidores", que, examinando "os escritos joaninos", diz o mesmo autor, "chegaram à convicção de que um nível final e supremo de revelação estava para ser alcançado através deles, de que o tempo do Paráclito (Consolador) havia começado" e a "Jerusalém celestial logo desceria dos céus". Assim, com a "expectativa do fim próximo, os cristãos deveriam jejuar, dissolver seus casamentos e congregar-se em Pepuza, na Ásia Menor, para esperar pelo fim".[125]

---

123 Ibid., p. 403-4 (grifo no original).
124 Schwarz. "Escatologia", in: Braaten; Jenson. (orgs.). *Dogmática cristã*, p. 511-2.
125 Ibid., p. 508.

1766 | TEOLOGIA SISTEMÁTICO-CARISMÁTICA

> O movimento entusiástico logo se espalhou para Roma e a África do Norte, onde um dos mais eloquentes teólogos da Igreja antiga, Tertuliano, uniu-se à causa do montanismo. Embora o fim não ocorresse como fora predito, o movimento entusiástico persistiu por algum tempo. Importantes para o movimento eram os pronunciamentos dos profetas, que eram coletados como novos escritos sagrados, e uma grande estima pelos *charismata* (dons do Espírito). Seu rigorismo ético, jejum estrito, entusiasmo carismático e outros aspectos provaram ser atraentes para muitos. Eles valorizavam o martírio e acreditavam que os pecados mortais só poderiam ser expiados através dele.[126]

Que certamente houve excessos não temos dúvida. Entretanto, conforme já falamos, principalmente no capítulo 4, como não temos nada da pena do próprio Montano, nem de qualquer montanista, a não ser Tertuliano, não podemos aceitar acriticamente o que é dito do movimento pela visão de terceiros, principalmente de quem era, como Eusébio de Cesareia, bispo do imperador que, por motivos óbvios, condenaria qualquer pessoa que criticasse a relação espúria entre a igreja e o poder temporal. Uma coisa é fato: inicialmente "a Igreja não sabia como reagir aos montanistas", observa Hans Schwarz, dizendo que a razão era a verdade de que, "teologicamente, eram bastante ortodoxos e se opunham ao gnosticismo". Acrescido a isso, há ainda o aspecto de que "o fim do mundo estava atestado na Escritura, os dons do Espírito eram necessários para a Igreja e ela se considerava uma peregrina na terra". Finalmente "a Igreja se deu conta de que seus próprios ensinamentos eram biblicamente mais sólidos que o entusiasmo dos montanistas", e, somando-se a isso, "muitos cristãos não aceitavam a ideia do 'domínio de mil anos'".[127] Foi então que alguém "se lembrou da advertência escriturística de que no fim falsos profetas se levantariam e enganariam a muitos", e tal "predição foi aplicada aos montanistas [que] logo foram perseguidos pela Igreja". Contudo, "seu fervor escatológico seria reacendido muitas vezes ao longo da história da Igreja".[128] Em outros termos, há uma relação próxima entre pneumatologia e escatologia, e ela é antiga, considerando apenas os mais de dois mil anos de caminhada cristã.

---

126 Ibid.
127 Ibid., p. 508-9.
128 Ibid., p. 509.

CAPÍTULO 10 – Escatologia | 1767

Teólogos proeminentes da Igreja antiga, tais como Irineu e Hipólito de Roma, eram milenaristas, esperando um progresso e triunfo visíveis do Reino antes do fim definitivo. O apogeu da popularidade dessa esperança e, ao mesmo tempo, sua domesticação só vieram depois que o cristianismo havia alcançado o *status* de religião oficial do Estado. Particularmente Eusébio de Cesareia, em sua *História eclesiástica*, interpretou a vitória da Igreja durante o reinado de Constantino como o princípio do "milênio". Tão só uma geração após Eusébio, Agostinho chegou à interpretação mais duradoura do milênio, no que diz respeito à Igreja oficial, ao igualar Igreja institucional ao presente reino de Deus. Agostinho não considerava o milênio como um período do futuro, mas como um período na história da Igreja institucional de nossa própria época. Até mesmo o "acorrentamento de Satanás", esperado pelo pensamento milenarista, ocorre em nossa história. Jesus já acorrentou Satanás, e qualquer nação que tenha entrado na esfera da Igreja cristã está a salvo de seu poder. Conquanto Satanás ainda possa desviar indivíduos, não pode mais fazer o mesmo com essas nações inteiras. Os poderes divinos do futuro reino de Deus manifestam-se através do reino aqui e agora; a salvação das nações é realizada pela Igreja. Embora a presente era esteja fadada à perdição, na Igreja a redenção futura está atuante.[129]

O ponto mais importante a ser destacado de mais essa breve incursão em um aspecto do montanismo é que a oposição ao movimento nada tinha com ortodoxia, mas com interesses outros e que, infelizmente, teve o apoio de Agostinho na teologização da ideia que reduziu o reino de Deus à igreja. Contudo, o maior problema não é esse, mas o fato de que tais ideias serviram — e ainda servem — a propósitos escusos, e pessoas descompromissadas com o reino de Deus, mas interessadas em seus reinos pessoais, se locupletam em nome de Deus, e ostentam esse tipo de pensamento equivocado como se tal consistisse em "ortodoxia", enquanto condenam o cristianismo carismático como se este fosse a fonte de todos os males e perigos para a igreja. Todavia, como se pode depreender, no mínimo a valorização dos grupos carismáticos, como o montanismo, sobre a proximidade da vinda de nosso Senhor Jesus Cristo, afastando-se de uma instituição que se deixou cooptar, traz benefícios inegáveis para o corpo de Cristo. Todavia, o mesmo

129 Ibid.

1768 | TEOLOGIA SISTEMÁTICO-CARISMÁTICA

não pode ser dito a respeito do estrago deixado pela teologia imperial, a absorção dos modos hierárquicos e antibíblicos que até hoje acometem todos os movimentos que se institucionalizam, ao instituir o ser humano em lugar do Espírito Santo, sob o disfarce de que isso é "culto racional", "respeito pela liderança levantada por Deus" e ainda "autoridade bíblica", aspectos que já estudamos nos capítulos anteriores. É preciso recuperar o apreço e a valorização da experiência carismática, fruto da *presença extraordinária* com o Espírito Santo, marca de toda pessoa/grupo que recebe de Deus um chamado para cumprir uma missão, desde o Antigo Testamento, conforme destaca o teólogo pentecostal Robert Menzies, falando de três importantes aspectos propostos em um importante artigo de outro teólogo pentecostal, Frank Macchia:

> *Missiologia:* não é significativo que o falar em línguas acompanhe (ou seja um "sinal" decisivo) da iniciativa de Deus em romper barreiras raciais e econômicas.
>
> *Escatologia:* a manifestação das línguas nos lembra que nós, como aqueles no primeiro Pentecostes, vivemos nos "últimos dias" — o período da graciosa libertação de Deus que imediatamente precede o Dia do Senhor (At 2.17) — e que Deus nos chamou para fazer parte de seu glorioso plano de salvação.
>
> *Eclesiologia:* as línguas foram descritas como um "sacramento" pentecostal (um sinal visível de uma realidade espiritual), mas que não está vinculado ao clero ou à instituição, e, portanto, tem um poderoso efeito democratizante na vida da Igreja. É pura coincidência que o falar em língua tenha frequentemente sido acompanhado de uma visão renovada para o ministério entre os leigos?[130]

Como se pode ver, a experiência carismática relaciona-se com diversas outras doutrinas, sendo imprescindível para a tradição carismático-pentecostal a busca de um centro distinto do institucional para que recupere sua dimensão de movimento. A nossa proposta segue a tendência da erudição carismático-pentecostal estrangeira, ou seja, em vez de continuar acompanhando a perspectiva do dispensacionalismo, devemos nos concentrar no reino de Deus, pois, dado o fato de sermos sinergistas, dinâmicos, continuístas, ou

---

130 MENZIES, Robert. *Empoderados para testemunhar: o Espírito em Lucas-Atos* (Natal: Carisma, 2021), p. 316-7.

continuacionistas, além de sobrenaturalistas, valorizamos a experiência com Deus por meio do Espírito Santo. Isso significa que ansiamos pelo "novo de Deus", pois confiamos que tudo que vem dele é bom, não havendo sentido algum para nós o determinismo que é inerente ao dispensacionalismo. Como Abraão, que creu na promessa rompendo a roda do determinismo cíclico no mundo antigo, tornando-se exemplo de fé e paradigma, o carismático-pentecostal crê exatamente dessa maneira. "Se considerarmos a história com suas condições e possibilidades um *sistema aberto*, o reino de Deus no domínio libertador de Deus precisa ser entendido como força transformadora imanente ao sistema, e o domínio de Deus no Reino de Deus, como futuro transcendente ao sistema";[131] sim, pois o Criador não segue nenhum esquema que os seres humanos audaciosamente traçam para ele no afã de controlá-lo, principalmente sob a desculpa de piedade e biblicismo idolátrico, como em muitos sistemas escatológicos que, como vimos, de escriturístico não têm nada, sendo tão somente fruto de um momento histórico. Mas é imperioso que se entenda, e distinga, "os conceitos de 'reação' e 'renovação'", pois a tradição carismático-pentecostal "não é mera reação a uma expressão excessivamente racionalista da fé cristã"; antes, diz respeito a "uma dimensão negligenciada do cristianismo neotestamentário que Deus está renovando".[132] Em termos diretos, os carismático-pentecostais "veem o contexto da missão contemporânea como um tempo escatológico, caracterizado tanto pela bênção sobrenatural quanto pela oposição, tanto pelos derramamentos do Espírito quanto pelo declínio e oposição espirituais". Dessa maneira, "veem esses tempos claramente como dias de 'encontro de poder', em que as forças de Deus colidem com as forças do mal na luta cósmica nos 'últimos dias'", de modo que "as realidades do mundo espiritual são predominantes no pensamento pentecostal no que diz respeito à igreja e sua missão mundial". Em outras palavras, nos círculos carismático-pentecostais, "a ênfase varia entre o polo do pessimismo e o polo do otimismo", e sabemos que a "posição que a pessoa ocupa no espectro pessimismo-otimismo é, em grande parte, questão de seu ponto de vista sobre a escatologia".[133] Justamente por isso, nos últimos anos os teólogos carismático-pentecostais vêm buscando alternativas distintas das do dispensacionalismo:

---

131 MOLTMANN. *A igreja no poder do Espírito*, p. 252.

132 POMERVILLE. *A força pentecostal em missões*, p. 103-4.

133 Ibid., p. 105.

TEOLOGIA SISTEMÁTICO-CARISMÁTICA

Melvin Hodges, missiólogo da Assembleia de Deus, oferece uma visão pentecostal representativa e otimista da missão. É uma visão em que a missão é uma tarefa que "enche" o presente e escatológico "tempo entre os tempos". O otimismo de Hodges em relação à tarefa da missão está claramente ligado à sua visão do ministério do Espírito Santo na igreja hoje. Para Hodges, o presente *não está vazio*, está cheio de missão. Espera-se a intervenção sobrenatural enquanto a igreja se envolve em missão. Essa expectativa está especificamente relacionada à sua visão de que a missão contemporânea ocorre em um *contexto escatológico*.

Hodges, como a maioria dos pentecostais clássicos, acredita que os tempos contemporâneos são os "últimos dias" bíblicos, nos quais Deus derrama abundantemente o seu Espírito. A atividade presente do Espírito Santo no mundo é vista como cumprimento da promessa bíblica encontrada em Joel 2:28-32 (Hodges, 1970, p. 3). Hodges correlaciona especificamente os movimentos do Espírito em princípios e em meados do século 20 com o movimento do Espírito no dia de Pentecostes. A conexão é feita por causa de sua visão de que a atividade incomum do Espírito marca a era da igreja ou, nas palavras do apóstolo Pedro, "os últimos dias" (At 2:17). Há uma expectativa para o ministério do Espírito em missão hoje, porque os pentecostais entendem que a igreja vive e ministra no *mesmo contexto de tempo da história da salvação* que a igreja do Novo Testamento. Com base em uma promessa bíblica, eles procuram uma capacitação e um ministério sobrenaturais nos tempos contemporâneos, como os apóstolos e discípulos experimentaram no início da tarefa missionária. Consideram a capacitação necessária para concluir a mesma tarefa missionária que foi iniciada no "início" dos "últimos dias". A base teológica para tal expectativa é a crença de que eles ocupam o mesmo contexto temporal em seu envolvimento na missão de Cristo que a igreja primitiva ocupava — "os últimos dias".[134]

Alguém pode com razão perguntar: "Qual é a base teológica para conceber uma era como os 'últimos dias', que se estende desde o tempo dos apóstolos até hoje?" Obviamente que tal "questão tem grande importância para a visão de que o movimento pentecostal tem uma renovação escatológica na contemporaneidade". A resposta do teólogo pentecostal é que a "base teológica para essa visão é o tema bíblico do reino de Deus", isto é, a "suposição de que a missão se realiza em um contexto escatológico e a ênfase na obra

---

134 Ibid., p. 106 (grifo no original).

extraordinária do Espírito Santo na missão contemporânea são fundamentais para o conceito neotestamentário do Reino de Deus".[135] Como já explicamos nos capítulos 4, 5 e 9, compreendemos "que o tema do Reino é parte de um contexto teológico maior: a história da salvação", e que, diante desse "contexto, o movimento pentecostal pode ser considerado uma manifestação do Reino de Deus, pois testemunha a dinâmica e redentora atividade de Deus — o evangelho — na contemporaneidade".[136] Mas como a tradição carismático-pentecostal se encaixa nesse contexto? Cremos já ter explicitado isso durante todo o livro, mas, a fim de que fique claro, convergimos novamente para o teólogo pentecostal Paul Pomerville, que diz:

> A visão de que a missão contemporânea é uma continuação da era do Espírito, que irrompeu no dia de Pentecostes e continua a irromper hoje quando as pessoas se engajam em missões, é consistente com o tema do Reino de Deus. A visão do movimento pentecostal como fenômeno missionário é, em certo sentido, a manifestação do presente e poderoso Reino de Deus em ação. É evidência da atividade dinâmica e redentora de Deus Espírito Santo nos tempos contemporâneos. Tanto Bright quanto Ladd lançam as bases para o tema de que o Reino é o centro controlador de uma teologia bíblica, observa a *continuidade* do Antigo e do Novo Testamento, mas enfatiza o "cumprimento" ou a *descontinuidade* na nova aliança, a saber, que algo absolutamente *novo* — *um evento único* — ocorreu na história da salvação. No entanto, tem de haver uma descrição mais detalhada do que é esse cumprimento na vinda de Jesus ao ponto central da história da salvação. Ambos os homens, que não são pentecostais, refletem uma lacuna pneumatológica em sua descrição do Reino de Deus com respeito à *maneira* em que o Espírito Santo opera nesta era do Espírito, que é por sua habitadora presença e poder nos cristãos.[137]

Em uma palavra, além do fato de que o "termo 'últimos dias'" — profetizado por Joel e utilizado pelo apóstolo Pedro com sua "coragem hermenêutica" — "representa uma era que é caracteristicamente a era do Espírito", o próprio evento de "Pentecostes foi o ponto crucial de virada daqueles 'dias

---

135 Ibid., p. 106-7.
136 Ibid., p. 107.
137 Ibid., p. 109 (grifo no original).

1772 | TEOLOGIA SISTEMÁTICO-CARISMÁTICA

escatológicos'", ou seja, a "visão de que a missão ocorre em um contexto escatológico está firmemente enraizada no conceito neotestamentário do reino de Deus presente". Portanto, o "contexto escatológico na história da salvação representa uma nova era — uma era do Espírito Santo", de modo que a perspectiva carismático-pentecostal, "de que a igreja contemporânea se engaja em missão no mesmo período e no mesmo poder que a igreja primitiva, encontra apoio teológico no tema bíblico do reino de Deus".[138] Não se trata de inovação alguma, mas de um retorno à realidade bíblica que sempre permeou movimentos de renovação através da história humana, visto que Deus sempre atuou na vida da humanidade nos três aspectos das pneumatologias neotestamentárias — joanina, lucana e paulina —, consoante o que já temos dissertado ao longo de nossa *Teologia sistemático-carismática*. Além disso, é importante pontuar que a adoção de tal perspectiva em nada muda o aspecto da volta iminente de nosso Senhor Jesus Cristo, ponto crucial da escatologia da tradição carismático-pentecostal.

> Em suma, a alegação pentecostal-carismática é que o movimento pentecostal representa uma renovação escatológica do Espírito Santo na história da salvação. O centro criativo teológico do movimento é o evangelho de Jesus sobre o Reino de Deus, a obra carismática do Espírito Santo na contemporaneidade. A experiência que os apóstolos tiveram com o Espírito Santo também está disponível nesta época presente. Essa afirmação não se baseia em um biblicismo ingênuo. Fundamenta-se na teologia do *Novo Testamento*. O horizonte hermenêutico da teologia pentecostal é o conceito bíblico da história da salvação; sua chave hermenêutica é o Reino de Deus *já presente*. A "nova era", de acordo com a teologia do Novo Testamento, é a era do Espírito, caracterizada por seu governo e pela manifestação de seu poder no povo de Deus. A natureza do Reino presente e dinâmico de Deus é tal que proporciona ao povo de Deus uma experiência da plena dimensão e profundidade do ministério do Espírito Santo, conforme se engajam em sua missão no mundo.[139]

É difícil avaliar quanto nos fizemos entender no sentido de propor que façamos teologia partindo de nossos pressupostos — dinâmico, sobrenatural,

---

138 Ibid., p. 110.
139 Ibid., p. 113 (grifo no original).

continuísmo ou continuacionismo e sinergismo —, ou seja, genuinamente carismático-pentecostal, não vivendo algo na prática, mas professando outra coisa completamente distinta e até antagônica na teoria. É um exercício que demanda bom senso e maturidade por parte de quem escreve, mas também disposição, humildade e boa vontade de quem lê. Se não houver essa postura de ambas as partes, o que resta é apenas autossuficiência travestida de convicção. Há quase uma década e meia, temos refletido e pensado acerca desses assuntos e nem sequer sabíamos, como agora sabemos e foi amplamente utilizado e citado em todo o livro, quanto a erudição teológica carismático-pentecostal se desenvolveu no mundo. É algo admirável, pois a maioria das obras é antiga, algumas com quase quatro décadas de publicação, mas que apenas recentemente chegaram ao Brasil. Felizmente, diversas iniciativas têm trazido esses materiais, e então percebemos quanto estamos atrasados em relação aos nossos irmãos estrangeiros. Reconhecer tal verdade não é demérito algum, mas sim virtude. Todavia, de agora em diante, não se permite a quem quer falar, instruir, escrever e pregar, de um ponto de vista realmente carismático-pentecostal, a repetição dos erros, dos equívocos que perpetram práticas, mas muito mais teologias, completamente contrárias ao que professamos, em nossos púlpitos, salas de aula ou até em redes sociais. O que aqui foi apresentado não tem caráter oficial, mesmo porque não falamos em nome de denominação alguma, muito menos por toda a tradição carismático-pentecostal, que é tão grande e diversa. Contudo, sem nenhuma espécie de falsa modéstia ou afetação, podemos dizer que se trata de um material introdutório que exigirá ainda muitos desdobramentos. A teologia não é tarefa de uma só pessoa, nem de uma dupla de pai e filha, mas um trabalho coletivo, da igreja toda, que, responsavelmente, deve saber filtrar o que ouve e lê. Para isso, precisamos de púlpitos teologicamente inteligentes e sensíveis espiritualmente, pois do contrário se ouvirá a repetição de coisas equivocadas e se pensará estar certo por não romper com o ciclo do engano que muitas vezes é escamoteado pela falta de conhecimento. Cremos que com este trabalho oferecemos a nossa pequena contribuição no processo de crescimento e expansão do saber teológico da tradição carismático-pentecostal brasileira que já não pode mais esperar nem voltar atrás.

BIBLIOGRAFIA

AGUIRRE, Rafael (org.). *Os milagres de Jesus: perspectivas metodológicas plurais* (São Paulo: Loyola, 2009).

ALENCAR, Gedeon Freire de. *Ecumenismos e pentecostalismos: a relação entre o pescoço e a guilhotina?* (São Paulo: Recriar, 2018).

_____. *Matriz pentecostal brasileira* (Rio de Janeiro: Novos Diálogos, 2013).

ALLEN, David. *A expiação: um estudo bíblico-teológico e histórico da cruz de Cristo* (Natal: Carisma, 2020).

ALTER, Robert. *A arte da narrativa bíblica* (São Paulo: Companhia das Letras, 2007).

ALTMANN, Walter. *Lutero e a libertação* (São Paulo/São Leopoldo: Ática/Sinodal, 1994).

ALVES, Rubem. *O enigma da religião*. 7. ed. (Campinas: Papirus, 2008).

ANCONA, Giovanni. *Escatologia cristã* (São Paulo: Loyola, 2013).

ANDERSON, Allan Heaton. *Uma introdução ao pentecostalismo: cristianismo carismático mundial* (São Paulo: Loyola, 2019).

ANDRADE, Claudionor de. *Teologia da educação cristã: a missão educativa da igreja e suas implicações bíblicas e doutrinárias* (Rio de Janeiro: CPAD, 2002).

BADIOU, Alain. *São Paulo: a fundação do universalismo* (São Paulo: Boitempo, 2009).

BALTHASAR, Hans Urs von. *Se não vos tornardes como esta criança* (Prior Velho: Paulinas, 2014).

BARBAGLIO, Giuseppe. *Jesus, hebreu da Galileia: pesquisa histórica* (São Paulo: Paulinas, 2011).

1776 | TEOLOGIA SISTEMÁTICO-CARISMÁTICA

Barrera, Julio Trebolle. *A Bíblia judaica e a Bíblia cristã: introdução à história da Bíblia.* 2. ed. (Petrópolis: Vozes, 1999).

Barth, Karl. *Dádiva e louvor: ensaios teológicos de Karl Barth.* 3. ed. (São Leopoldo: Sinodal/Est, 2006).

_____. *Introdução à teologia evangélica.* 9. ed. (São Leopoldo: Sinodal/Est, 2007).

_____. *Carta aos Romanos.* 5. ed. (São Paulo: Fonte, 2009).

Bartholomew, Craig G.; Goheen, Michael W. *Introdução à cosmovisão cristã: vivendo na intersecção entre a visão bíblica e a contemporânea* (São Paulo: Vida Nova, 2016).

Baumert, Norbert. *Mulher e homem em Paulo* (São Paulo: Loyola, 1999).

Bellitto, Christopher M. *História dos 21 concílios da igreja: de Niceia ao Vaticano II* (São Paulo: Loyola, 2010).

Bentho, Esdras Costa. *Hermenêutica fácil e descomplicada: como interpretar a Bíblia de maneira prática e eficaz* (Rio de Janeiro: CPAD, 2003).

_____. *Igreja: identidade e símbolos* (Rio de Janeiro: CPAD, 2010).

Berger, Peter L. *O dossel sagrado: elementos para uma teoria sociológica da religião.* 8. reimpr. (São Paulo: Paulus, 2012).

_____. *O imperativo herético: possibilidades contemporâneas da afirmação religiosa* (Petrópolis: Vozes, 2017).

Blank, Renold. *A face mais íntima de Deus: elementos-chave da revelação* (São Paulo: Paulus, 2011).

Blomberg, Craig L.; Hubbard Jr., Robert L.; Klein, William W. *Introdução à interpretação bíblica* (Rio de Janeiro: Thomas Nelson Brasil, 2017).

Bock, Darrell L.; Komoszewski, J. Ed (orgs.). *O Jesus histórico: critérios e contextos no estudo das origens cristãs* (Rio de Janeiro: Thomas Nelson Brasil, 2020).

Boff, Lina. *Espírito e missão na obra de Lucas-Atos: para uma teologia do Espírito* (São Paulo: Paulinas, 1996).

Bonhoeffer, Dietrich. *Resistência e submissão: cartas e anotações escritas na prisão* (São Leopoldo: Sinodal, 2003).

_____. *A comunhão dos santos: uma investigação dogmática sobre a sociologia da igreja* (São Leopoldo: Sinodal/EST, 2017).

Bony, Paul. *A ressurreição de Jesus* (São Paulo: Loyola, 2008).

Bourdieu, Pierre. *O senso prático.* 3. ed. (Petrópolis: Vozes, 2013).

Bornkamm, Günther. *Jesus de Nazaré* (São Paulo: Teológica, 2005).

Böttigheimer, Christoph. *Manual de teologia fundamental: a racionalidade da questão de Deus e da revelação* (Petrópolis: Vozes, 2014).

Brandt, Hermann. *O Espírito Santo.* 2. ed. (São Leopoldo: Sinodal, 1985).

Brown, Colin. *Filosofia e fé cristã* (São Paulo: Vida Nova, 2007).

Brown, Michael L. *Fogo autêntico: uma resposta aos críticos do cristianismo pentecostal-carismático* (Cuiabá: Palavra Fiel, 2020).

Bruce, F. F. *Paulo, o apóstolo da graça: sua vida, cartas e teologia* (São Paulo: Shedd, 2003).

_____. *Pedro, Estêvão, Tiago e João: estudos no cristianismo não paulino* (São Paulo: Shedd, 2005).

Bruner, Frederick Dale. *Teologia do Espírito Santo*. 3. ed. (São Paulo: Cultura Cristã, 2012).

Cabral, Elienai. *Mordomia cristã: aprenda como servir melhor a Deus* (Rio de Janeiro: CPAD, 2003).

Cahill, Thomas. *A dádiva dos judeus: como uma tribo do deserto moldou nosso modo de pensar* (Rio de Janeiro: Objetiva, 1999).

Camacho, Fernando; Mateos, Juan. *Jesus e a sociedade de seu tempo*. 5. reimpr. (São Paulo: Paulus, 2015).

Cambi, Franco. *História da pedagogia* (São Paulo: Unesp, 1999).

Campbell, William S. *Paulo e a criação da identidade cristã* (São Paulo: Loyola, 2011).

Campenhausen, Hans von. *Os pais da igreja: a vida e a doutrina dos primeiros teólogos cristãos* (Rio de Janeiro: CPAD, 2005).

Campos, Heber Carlos de; Lopes, Augustus Nicodemus; Matos, Alderi Souza de; Neto, Francisco Solano Portela. *Fé cristã e misticismo: uma avaliação bíblica de tendências doutrinárias atuais* (São Paulo: Cultura Cristã, 2000).

Campos, Bernardo. *Da Reforma Protestante à pentecostalidade da igreja* (São Leopoldo/Quito: Sinodal/Clai, 2002).

_____. *Hermenêutica do Espírito: uma proposta para hermenêutica pentecostal* (São Paulo: Recriar, 2018).

Candau, Jöel. *Memória e identidade* (São Paulo: Contexto, 2011).

Caro, José M. Sánchez et. al. *A Bíblia e seu contexto*. 2. ed. (São Paulo: Ave-Maria, 2000), vol. 1.

Carvalho, César Moisés. "Davi e o seu sucessor", in: Moisés, César et al. *Davi: as vitórias e derrotas de um homem de Deus*. 2. ed. (Rio de Janeiro: CPAD, 2009).

_____. *Pentecostalismo e pós-modernidade: quando a experiência sobrepõe-se à teologia*. 2. reimpr. (Rio de Janeiro: CPAD, 2017).

_____. *Milagres de Jesus: a fé realizando o impossível* (Rio de Janeiro: CPAD, 2018).

_____. *Uma pedagogia para a educação cristã: noções básicas da ciência da educação a pessoas não especializadas*. 5. reimpr. (Rio de Janeiro: CPAD, 2019).

CERFAUX, Lucien. *Cristo na teologia de Paulo*. 2. ed. (São Paulo: Teológica, 2003).

CHAN, Francis. *O Deus esquecido: revertendo nossa trágica negligência para com o Espírito Santo*. 12. reimpr. (São Paulo: Mundo Cristão, 2019).

CODINA, Víctor. *"Não extingais o Espírito" (1Ts 5,19): iniciação à pneumatologia* (São Paulo: Paulinas, 2010).

CODLING, Don. *Sola Scriptura e os dons de revelação: como lidar com a atual manifestação do dom de profecia?*, 3. ed. (Natal: Carisma, 2020).

COLLINS, Kenneth J. *Teologia de John Wesley: o amor santo e a forma da graça* (Rio de Janeiro: CPAD, 2010).

COMFORT, Philip Wesley (org.). *A origem da Bíblia* (Rio de Janeiro: CPAD, 1998).

CONDE, Emílio. *Nos domínios da fé* (Rio de Janeiro: CPAD, 1962).

_____ (org.). *O Espírito Santo glorificando a Cristo: anais da Oitava Conferência Mundial Pentecostal* (Rio de Janeiro: CPAD, 1967).

_____. *O testemunho dos séculos*. 2. ed. (Rio de Janeiro: CPAD, 1982).

_____. *Pentecoste para todos*. 6. ed. (Rio de Janeiro: CPAD, 1985).

_____. *Igrejas sem brilho*. 7. ed. (Rio de Janeiro: CPAD, 1986).

CONGAR, Yves; KÜNG, Hans; RAHNER, Karl et al. *A experiência do Espírito Santo* (Petrópolis: Vozes, 1979).

_____. *A Palavra e o Espírito* (São Paulo: Loyola, 1989).

CORBIN, Alain (org.). *História do cristianismo: para compreender melhor nosso tempo* (São Paulo: Martins Fontes, 2009).

COUTO, Vinicius. *Introdução à teologia armínio-wesleyana* (São Paulo: Reflexão, 2014).

COX, Harvey. *O futuro da fé* (São Paulo: Paulus, 2015).

CROSSAN, John Dominic. *Jesus: uma biografia revolucionária* (Rio de Janeiro: Imago, 1995).

CULLMANN, Oscar. *Cristo e o tempo: tempo e história no cristianismo primitivo* (São Paulo: Custom, 2003).

_____. *Cristologia do Novo Testamento* (São Paulo: Hagnos, 2008).

_____. *A oração no Novo Testamento* (Santo André: Academia Cristã, 2009).

DANIEL, Silas. *Arminianismo: a mecânica da salvação: uma exposição histórica, doutrinária e exegética sobre a graça de Deus e a responsabilidade humana* (Rio de Janeiro: CPAD, 2017).

DEERE, Jack. *Surpreendido pelo poder do Espírito: professor do Seminário de Dallas descobre que Deus continua a falar e a curar nos dias de hoje* (Rio de Janeiro: CPAD, 1995).

DÍAZ, José Luis Sicre. *Introdução ao profetismo bíblico* (Petrópolis: Vozes, 2016).

Dodd, C. H. *Segundo as Escrituras: estrutura fundamental do Novo Testamento* (São Paulo: Paulinas, 1979).

Dooyeweerd, Herman. *No crepúsculo do pensamento ocidental: estudos sobre a pretensa autonomia do pensamento filosófico* (São Paulo: Hagnos, 2010).

Duby, Georges. *Eva e os padres: damas do século XII* (São Paulo: Companhia das Letras, 2001).

Dunn, James D. G. *Jesus em nova perspectiva: o que os estudos sobre o Jesus histórico deixaram para trás* (São Paulo: Paulus, 2013).

_____. *Jesus, Paulo e os Evangelhos* (Petrópolis: Vozes, 2017).

Duquoc, Christian. *O único Cristo: a sinfonia adiada* (São Paulo: Paulinas, 2008).

Eco, Umberto. *Semiótica e filosofia da linguagem* (Lisboa: Instituto Piaget, 2001).

Einstein, Albert. *Como vejo o mundo*. 23. ed. (Rio de Janeiro: Nova Fronteira, 2017).

_____. *Notas autobiográficas*. 6. ed. (Rio de Janeiro: Nova Fronteira, 2019).

Eliade, Mircea. *O sagrado e o profano: a essência das religiões*. 2. ed. Tópicos (São Paulo: Martins Fontes, 2008).

Estrada, Juan Antonio. *Da salvação a um projeto de sentido: como entender a vida de Jesus* (Petrópolis: Vozes, 2016).

Falvo, Serafino. *O despertar dos carismas: uma surpresa maravilhosa para a igreja de hoje* (São Paulo: Paulinas, 1976).

Fee, Gordon. *Listening to the Spirit in the Text* (Grand Rapids/Vancouver: Eerdmans/Regent College Publishing, 2000).

_____; Stuart, Douglas. *Entendes o que lês?: um guia para entender a Bíblia com o auxílio da exegese e da hermenêutica*. 3. ed. rev. e ampl. (São Paulo: Vida Nova, 2011).

_____. *Exegese? Para quê?: 21 estudos textuais, exegéticos e teológicos do Novo Testamento* (Rio de Janeiro: CPAD, 2019).

_____. *Jesus o Senhor segundo o apóstolo Paulo: uma síntese teológica* (Rio de Janeiro: CPAD, 2019).

Feynman, Richard. *Sobre as leis da física* (Rio de Janeiro: Contraponto/PUC-Rio, 2012).

Flávio Josefo. *História dos hebreus*. 9. ed. (Rio de Janeiro: CPAD, 2005).

Fohrer, Georg. *História da religião de Israel* (Santo André/São Paulo: Academia Cristã/Paulus, 2012).

Frangiotti, Roque. *História das heresias (séculos I-VII): conflitos ideológicos dentro do cristianismo*. 5. ed. (São Paulo: Paulus, 2007).

Fredriksen, Paula. *Pecado: a história primitiva de uma ideia* (Petrópolis: Vozes, 2014).

1780 | TEOLOGIA SISTEMÁTICO-CARISMÁTICA

GALINDO, Florencio. *O fenômeno das seitas fundamentalistas: a conquista evangélica da América Latina* (Petrópolis: Vozes, 1994).

GARLOW, James L. *Deus e seu povo: a história da igreja como Reino de Deus* (Rio de Janeiro: CPAD, 2007).

GEE, Donald. *Como receber o batismo no Espírito Santo: vivendo e testemunhando com poder* (Rio de Janeiro: CPAD, 2000).

GEORGE, Timothy. *Teologia dos reformadores*. 2. ed. (São Paulo: Vida Nova, 2017).

GIRARD, René; GOUNELLE, André; HOUZIAUX, Alain. *Deus: uma invenção?* (São Paulo: É Realizações, 2011).

GLEISER, Marcelo. *A ilha do conhecimento: os limites da ciência e a busca por sentido* (Rio de Janeiro: Record, 2014).

GOHEEN, Michael W. *A missão da igreja hoje: a Bíblia, a história e as questões contemporâneas* (Viçosa: Ultimato, 2019).

GOMES, Antonio Maspoli de Araújo (org.). *Teologia: ciência e profissão: a identidade, a formação e o campo de atuação profissional do teólogo no Brasil.* 2. ed. (São Paulo: Fonte, 2007).

GONZÁLEZ, Justo L. *Retorno à história do pensamento cristão* (São Paulo: Hagnos, 2011).

_____. *Uma breve história das doutrinas cristãs* (São Paulo: Hagnos, 2015).

GORDON, A. J. *O ministério do Espírito* (Curitiba/São Paulo: Pão Diário/Editora dos Clássicos, 2012).

GOTTWALD, Norman K. *As tribos de Iahweh: uma sociologia da religião de Israel liberto 1250-1050 a.C.* 3. reimpr. (São Paulo: Paulus, 2016).

GOUVÊA, Ricardo Quadros. *A piedade pervertida: um manifesto antifundamentalista em nome de uma teologia de transformação* (São Paulo: Grapho, 2006).

GREIDANUS, Sidney. *O pregador contemporâneo e o texto antigo: interpretando e pregando literatura bíblica* (São Paulo: Cultura Cristã, 2006).

GRENZ, Stanley; OLSON, Roger. *Iniciação à teologia: um convite ao estudo acerca de Deus e de sua relação com o ser humano* (São Paulo: Vida, 2006).

GRÜN, Anselm; HALÍK, Tomáš. *Livrar-se de Deus?: quando a crença e a descrença se encontram* (Petrópolis: Vozes, 2017).

HAIGHT, Roger. *Jesus, símbolo de Deus* (São Paulo: Paulinas, 2003).

_____. *Dinâmica da teologia* (São Paulo: Paulinas, 2004).

HALÍK, Tomáš. *O meu Deus é um Deus ferido*. 2. ed. (Prior Velho: Paulinas, 2016).

_____. *Quero que tu sejas!: podemos acreditar no Deus do amor?* (Prior Velho: Paulinas, 2016).

HAUGHT, John F. *Mistério e promessa: teologia da revelação* (São Paulo: Paulus, 1998).

HAWKING, Stephen W. *Uma breve história do tempo: do big bang aos buracos negros*. 21. ed. (Rio de Janeiro: Rocco, 1991).

HEISENBERG, Werner. *A ordenação da realidade: 1942* (Rio de Janeiro: Forense Universitária, 2009).

_____. *A parte e o todo: encontros e conversas sobre física, filosofia, religião e política*. 5. reimpr. (Rio de Janeiro: Contraponto, 2011).

HESCHEL, Abraham Joshua. *Deus em busca do homem* (São Paulo: Arx, 2006).

HICK, John. *Uma interpretação da religião: respostas humanas ao transcendente* (Petrópolis: Vozes/ABFR, 2018).

HILDEBRANDT, Wilf. *Teologia do Espírito de Deus no Antigo Testamento* (Santo André: Academia Cristã, 2004).

HINSON, E. Glenn; SIEPIERSKI, Paulo. *Vozes do cristianismo primitivo: o cristianismo como movimento que celebra sua unidade na diversidade, feito por indivíduos comuns, rumo à institucionalização* (São Paulo: Arte Editorial, 2010).

HYATT, Eddie. *2000 anos de cristianismo carismático: um olhar do século 21 na história da igreja a partir de uma perspectiva carismático-pentecostal* (Natal: Carisma, 2018).

HORTON, Stanley M. *O que a Bíblia diz sobre o Espírito Santo* (Rio de Janeiro: CPAD, 1993).

_____. *O avivamento pentecostal: as origens e o futuro do maior movimento espiritual dos tempos modernos* (Rio de Janeiro: CPAD, 1997).

_____. *Nosso destino: o ensino bíblico das últimas coisas* (Rio de Janeiro: CPAD, 1998).

HOUSTON, James. *O Criador: vivendo bem no mundo de Deus* (Brasília: Palavra, 2009).

HULSE, Erroll. *O batismo do Espírito Santo*. 2. ed. (São José dos Campos: Fiel, 2018).

HUME, David. *Investigação acerca do entendimento humano* (São Paulo: Nova Cultural, 2000).

HURTADO, Larry W. *Senhor Jesus Cristo: devoção a Jesus no cristianismo primitivo* (Santo André/São Paulo: Academia Cristã/Paulus, 2012).

JAEGER, Werner. *Cristianismo primitivo e paideia grega* (Santo André: Academia Cristã, 2014).

JAMES, William. *As variedades da experiência religiosa: um estudo sobre a natureza humana* (São Paulo: Cultrix, 1991).

JASPERS, Karl. *Introdução ao pensamento filosófico* (São Paulo: Cultrix, 2011).

1782 | TEOLOGIA SISTEMÁTICO-CARISMÁTICA

JEREMIAS, Joachim. *Jerusalém no tempo de Jesus: pesquisas de história econômico--social no período neotestamentário* (Santo André/São Paulo: Academia Cristã/Paulus, 2010).

JONES, James. *Jesus e a terra: a ética ambiental nos Evangelhos* (Viçosa: Ultimato, 2008).

JONES, Timothy Paul. *Guia profético para o fim dos tempos* (Rio de Janeiro: CPAD, 2016).

JORDAN, Jeffrey J. *Filosofia da religião* (São Paulo: Paulinas, 2015).

JÜNGEL, Eberhard. *Morte*. 3. ed. (São Leopoldo: Sinodal/EST, 2010).

KAISER JR., Walter C.; SILVA, Moisés. *Introdução à hermenêutica bíblica: como ouvir a Palavra de Deus apesar dos ruídos de nossa época* (São Paulo: Cultura Cristã, 2002).

_____. *Pregando e ensinando a partir do Antigo Testamento: um guia para a igreja* (Rio de Janeiro: CPAD, 2009).

KÄSEMANN, Ernst. *Perspectivas paulinas*. 2. ed. (São Paulo: Teológica, 2003).

KAUFMANN, Franz-Xaver. *A crise na igreja: como o cristianismo sobrevive?* (São Paulo: Loyola, 2013).

KEENER, Craig S. *O Espírito na igreja: o que a Bíblia ensina sobre os dons* (São Paulo: Vida Nova, 2018).

_____. *O Espírito nos Evangelhos e em Atos: pureza e poder divino* (São Paulo: Vida Nova, 2018).

_____. *A hermenêutica do Espírito: lendo as Escrituras à luz do Pentecostes* (São Paulo: Vida Nova, 2018).

KIPPENBERG, Hans G. *Religião e formação de classes na antiga Judeia: estudo sociorreligioso sobre a relação entre tradição e evolução social* (São Paulo: Paulinas, 1988).

KISTEMAKER, Simon J. *Os milagres de Jesus: explorando o mistério das obras divinas de Jesus* (São Paulo: Cultura Cristã, 2008).

KÖSTENBERGER, Andreas J.; KRUGER, Michael J. *A heresia da ortodoxia: como o fascínio da cultura contemporânea pela diversidade está transformando nossa visão do cristianismo primitivo* (São Paulo: Vida Nova, 2014).

KUHN, Thomas S. *A estrutura das revoluções científicas*. 9. ed. (São Paulo: Perspectiva, 2006).

KÜNG, Hans. *A Igreja Católica* (Rio de Janeiro: Objetiva, 2002).

KUYPER, Abraham. *Calvinismo* (São Paulo: Cultura Cristã, 2003).

_____. *A obra do Espírito Santo: o Espírito Santo em ação na igreja e no indivíduo* (São Paulo: Cultura Cristã, 2010).

LADARIA, Luis F. *O Deus vivo e verdadeiro: o mistério da Trindade* (São Paulo: Loyola, 2005).

LAMBERT, Yves. *O nascimento das religiões: da pré-história às religiões universalistas* (São Paulo: Loyola, 2011).

LAPLANTINE, François. *Aprender antropologia* (São Paulo: Brasiliense, 2007).

LEEUW, J. J. van der. *A dramática história da fé cristã: desde seu início até a morte de Santo Agostinho* (São Paulo: Pensamento, 1987).

LEITE FILHO, Tácito da Gama Leite. *O homem em três tempos.* 2. ed. (Rio de Janeiro: CPAD, 1983).

LENNOX, John C. *Por que a ciência não consegue enterrar Deus* (São Paulo: Mundo Cristão, 2011).

LEONEL, João (Org.). *Novas perspectivas sobre o protestantismo brasileiro.* 2. ed. (São Paulo: Fonte/Paulinas, 2010).

LÉVI-STRAUSS, Claude. *Mito e significado* (Lisboa: Edições 70, 2014).

LEWIS, C. S. *Surpreendido pela alegria* (São Paulo: Mundo Cristão, 1998).

_____. *A abolição do homem* (São Paulo: Martins Fontes, 2005).

_____. *Cristianismo puro e simples* (São Paulo: Martins Fontes, 2005).

_____. *Milagres* (São Paulo: Vida, 2006).

_____. *O peso de glória* (São Paulo: Vida, 2008).

_____. *Deus no banco dos réus* (Rio de Janeiro: Thomas Nelson Brasil, 2018).

LIBANIO, João Batista; MURAD, Afonso. *Introdução à teologia: perfil, enfoques, tarefas.* 8. ed. (São Paulo: Loyola, 2011).

_____. *Teologia da revelação a partir da modernidade.* 6. ed. (São Paulo: Loyola, 2012).

LLOYD-JONES, D. Martyn. *O batismo e os dons do Espírito: poder e renovação segundo as Escrituras* (Natal: Carisma, 2018).

LOHFINK, Gerhard. *Deus precisa da igreja?: teologia do povo de Deus* (São Paulo: Loyola, 2008).

_____. *A igreja que Jesus queria: dimensão comunitária da fé cristã* (São Paulo/ Santo André: Paulus/Academia Cristã, 2011).

LONERGAN, Bernard. *Método em teologia* (São Paulo: É Realizações, 2012).

LOPES, Augustus Nicodemus. *Cheios do Espírito.* 2. ed. 3. reimpr. (São Paulo: Vida, 2013).

LORENZEN, Lynne Faber. *Introdução à Trindade* (São Paulo: Paulus, 2002).

MACARTHUR, John. *Fogo estranho: um olhar questionador sobre a operação do Espírito Santo no mundo de hoje* (Rio de Janeiro: Thomas Nelson Brasil, 2020).

MAGALHÃES, Antonio Carlos. *Uma igreja com teologia* (São Paulo: Fonte, 2006).

_____. *Religião, crítica e criatividade* (São Paulo: Fonte, 2012).

MAGGIONI, Bruno. *Era verdadeiramente homem: revisitar a figura de Jesus nos Evangelhos* (São Paulo: Loyola, 2003).

1784 | TEOLOGIA SISTEMÁTICO-CARISMÁTICA

Mainville, Odette (org.). *Escritos e ambiente do Novo Testamento: uma introdução* (Petrópolis: Vozes, 2002).

Malca, José M. Schorr; Miranda, Evaristo E. de. *Sábios fariseus: reparar uma injustiça* (São Paulo: Loyola, 2001).

Maldamé, Jean-Michel. *O pecado original: fé cristã, mito e metafísica* (São Paulo: Loyola, 2013).

Mannucci, Valério. *Bíblia, Palavra de Deus: curso de introdução à Sagrada Escritura*. 4. ed. (São Paulo: Paulus, 2008).

May, Rollo. *O homem à procura de si mesmo*. 31. ed. (Petrópolis: Vozes, 2005).

Martin-Achard, Robert. *Da morte à ressurreição segundo o Antigo Testamento* (Santo André: Academia Cristã, 2015).

McGee, Gary (org.). *Evidência inicial: perspectivas históricas e bíblicas sobre a doutrina pentecostal do batismo no Espírito* (Natal: Carisma, 2017).

McGrath, Alister E. *Fundamentos do diálogo entre ciência e religião* (São Paulo: Loyola, 2005).

_____. *Teologia histórica: uma introdução à história do pensamento cristão* (São Paulo: Cultura Cristã, 2007).

_____. *Paixão pela verdade: a coerência intelectual do evangelicalismo* (São Paulo: Shedd, 2007).

_____. *Origens intelectuais da Reforma* (São Paulo: Cultura Cristã, 2007).

_____. *Uma introdução à espiritualidade cristã* (São Paulo: Vida, 2008).

_____. *Teologia para amadores* (São Paulo: Mundo Cristão, 2008).

_____. *A revolução protestante: uma provocativa história do protestantismo contada desde o século 16 até os dias de hoje* (Brasília: Palavra, 2012).

_____. *Creio: um estudo sobre as verdades essenciais da fé cristã no Credo Apostólico* (São Paulo: Vida Nova, 2013).

_____. *Heresia: uma história em defesa da verdade* (São Paulo: Hagnos, 2014).

_____. *O pensamento da Reforma: ideias que iluminaram o mundo e continuam a moldar a sociedade* (São Paulo: Cultura Cristã, 2014).

_____. *A gênese da doutrina: fundamentos da crítica doutrinária* (São Paulo: Vida Nova, 2015).

Meeks, Wayne A. *Os primeiros cristãos urbanos: o mundo social do apóstolo Paulo* (São Paulo: Paulinas, 1992).

Mello, Luiz Gonzaga de. *Antropologia cultural: iniciação, teoria e temas*. 18. ed. (Petrópolis: Vozes, 2001).

Menzies, Robert P. *Pentecostes: essa história é a nossa história* (Rio de Janeiro: CPAD, 2016).

_____. *Glossolalia: Jesus e a igreja como modelos sobre o dom de línguas*. Natal: Carisma, 2019.

_____; Menzies, William. *No poder do Espírito: fundamentos da experiência pentecostal: um chamado ao diálogo* (Natal: Carisma, 2020).

_____. *Empoderados para testemunhar: o Espírito em Lucas-Atos* (Natal: Carisma, 2021).

Merrill, Eugene H. *História de Israel no Antigo Testamento: o reino de sacerdotes que Deus colocou entre as nações* (Rio de Janeiro: CPAD, 2001).

Messori, Vittorio. *Hipóteses sobre Jesus* (São Paulo: Paulinas, 1978).

Mettinger, Tryggve N. D. *O significado e a mensagem dos nomes de Deus na Bíblia* (Santo André: Academia Cristã, 2015).

Miranda, Mario França de. *Inculturação da fé: uma introdução teológica* (São Paulo: Paulus, 2001).

_____. *Um homem perplexo: o cristão na atual sociedade*. 3. ed. (São Paulo: Loyola, 1996).

Moltmann, Jürgen. *A fonte da vida: o Espírito Santo e a teologia da vida* (São Paulo: Loyola, 2002).

_____. *O caminho de Jesus Cristo: cristologia em dimensões messiânicas* (São Paulo: Academia Cristã, 2009).

_____. *O Espírito da vida: uma pneumatologia integral*. 2. ed. (Petrópolis: Vozes, 2010).

_____. *Trindade e Reino de Deus: uma contribuição para a teologia*. 2. ed. (Petrópolis: Vozes, 2011).

_____. *A igreja no poder do Espírito: uma contribuição à eclesiologia messiânica* (Santo André: Academia Cristã, 2013).

Mondin, Battista. *Os grandes teólogos do século vinte* (São Paulo: Teológica, 2003).

Mondoni, Danilo. *O cristianismo na Antiguidade* (São Paulo: Loyola, 2014).

Moser, Antônio. *O pecado ainda existe?* (São Paulo: Paulinas, 1976).

Nañez, Rick. *Pentecostal de coração e mente: um chamado ao dom divino do intelecto* (São Paulo: Vida, 2008).

Nicodemus, Augustus. *O que estão fazendo com a igreja: ascensão e queda do movimento evangélico brasileiro* (São Paulo: Mundo Cristão, 2008).

_____. *O ateísmo cristão e outras ameaças à igreja* (São Paulo: Mundo Cristão, 2011).

_____. *O Pentecostes e o crescimento da igreja: a extraordinária ação do Espírito Santo* (São Paulo: Vida Nova, 2017).

Nietzsche, Friedrich. *A vontade de poder* (Rio de Janeiro: Contraponto, 2011).

Nogueira, Luiz Eustáquio dos Santos. *O Espírito e o Verbo: as duas mãos do Pai — a questão pneumatológica em Yves Marie-Joseph Congar* (São Paulo: Paulinas, 1995).

1786 | TEOLOGIA SISTEMÁTICO-CARISMÁTICA

NOLL, Mark A. *Momentos decisivos na história do cristianismo* (São Paulo: Cultura Cristã, 2000).

O'COLLINS, Gerald; LATOURELLE, René. *Problemas e perspectivas de teologia fundamental* (São Paulo: Loyola, 1993).

OLIVEIRA, Raimundo Ferreira de. *A doutrina pentecostal hoje* (Rio de Janeiro: CPAD, 1983).

_____. *Como estudar e interpretar a Bíblia*. 3. ed. (Rio de Janeiro: CPAD, 1991).

OLSON, Roger E. *História das controvérsias na teologia cristã: 2000 anos de unidade e diversidade* (São Paulo: Vida, 2004).

_____. *História da teologia cristã: 2000 anos de tradição e reforma*. 6. reimpr. (São Paulo: Vida, 2009).

_____. *Cristianismo falsificado: a persistência de erros históricos na igreja* (Rio de Janeiro: CPAD, 2021).

OSBORNE, Grant R. *A espiral hermenêutica: uma nova abordagem à interpretação bíblica* (São Paulo: Vida Nova, 2009).

_____. *Apocalipse: comentário exegético* (São Paulo: Vida Nova, 2014).

OTTO, Rudolf. *O sagrado* (São Leopoldo/Petrópolis: Sinodal/EST/Vozes, 2007).

PALMA, Anthony D. *Batismo no Espírito Santo e com fogo: os fundamentos bíblicos e a atualidade da doutrina pentecostal* (Rio de Janeiro: CPAD, 2002).

PALMER, Michael D. (org.). *Panorama do pensamento cristão* (Rio de Janeiro: CPAD, 2001).

PASCAL, Blaise. *Pensamentos: quarta seção, fragmento 913* (São Paulo: Martins Fontes, 2005).

PASSOS, João Décio. *Pentecostais: origens e começo* (São Paulo: Paulinas, 2005).

_____ (org.). *Movimentos do Espírito: matrizes, afinidades e territórios pentecostais* (São Paulo: Paulinas, 2005).

_____; SOARES, Afonso Maria Ligorio (orgs.). *Teologia e ciência: diálogos acadêmicos em busca do saber* (São Paulo: Paulinas/Educ, 2008).

PASTOR, Félix Alejandro. *A lógica do Inefável* (Aparecida: Santuário, 2012).

PAULY, Wolfgang (org.). *História da teologia cristã* (São Paulo: Loyola, 2012).

PAZMIÑO, Robert W. *Temas fundamentais da educação cristã* (São Paulo: Cultura Cristã, 2008).

PEARCEY, Nancy. *Verdade absoluta: libertando o cristianismo de seu cativeiro cultural* (Rio de Janeiro: CPAD, 2006).

PELIKAN, Jaroslav. *The vindication of tradition* (New Haven: Yale University Press, 1984).

PEREIRA, Felipe Moraes Toledo (org.). *Espiritualidade e oncologia: conceitos e prática* (Rio de Janeiro: Atheneu, 2018).

PERROT, Charles; SOULETIE, Jean-Louis; THÉVENOT, Xavier. *Os milagres* (São Paulo: Loyola, 2009).

PETHRUS, Lewi. *O vento sopra onde quer.* 3. ed. (Rio de Janeiro: CPAD, 1999).

PLANCK, Max. *Autobiografia científica e outros ensaios* (Rio de Janeiro: Contraponto, 2012).

PLATÃO. *A República.* 15. ed. (Lisboa: Fundação Calouste Gulbenkian, 2017).

POMERVILLE, Paul A. *A força pentecostal em missões: entendendo a contribuição dos pentecostais na teologia missionária contemporânea* (Rio de Janeiro: CPAD, 2020).

POPPER, Karl R. *Em busca de um mundo melhor* (São Paulo: Martins Fontes, 2006).

POYTHRESS, Vern S. *Teologia sinfônica: a validade das múltiplas perspectivas em teologia* (São Paulo: Vida Nova, 2016).

PRIGOGINE, Ilya. *O fim das certezas: tempo, caos e as leis da natureza.* 2. ed. (São Paulo: Unesp, 2011).

PROENÇA, Eduardo (org.). *Apócrifos e pseudoepígrafos da Bíblia.* 6. ed. (São Paulo: Fonte, 2010).

QUEIRUGA, Andrés Torres. *Esperança apesar do mal: a ressurreição como horizonte* (São Paulo: Paulinas, 2007).

_____. *Um Deus para hoje* (São Paulo: Paulus, 2011).

RAHNER, Karl. *Theological investigations* (London/New York: Darton, Longman & Todd/Herder and Herder, 1971), vol. 7: *Further theology of the spiritual life I.*

RAMM, Bernard. *Revelação especial e a Palavra de Deus* (São Paulo: Novo Século, 2004).

RATZINGER, Joseph. *Jesus de Nazaré — primeira parte: do batismo no Jordão à transfiguração* (São Paulo: Planeta, 2007).

RAUSCH, Thomas P. *Quem é Jesus: uma introdução à cristologia.* 10. ed. (Aparecida: Santuário, 2010).

_____. (ed.) *Introdução à teologia* (São Paulo: Paulus, 2013).

REGA, Lourenço Stelio (org.). *Quando a teologia faz a diferença: ferramentas para o ministério nos dias de hoje* (São Paulo: Hagnos, 2012).

RICHARDS, Lawrence O. *Teologia da educação cristã.* 3. ed. (São Paulo: Vida Nova, 1996).

RICHARDSON, Don. *Fator Melquisedeque: o testemunho de Deus nas culturas por todo o mundo.* 3. ed. rev. (São Paulo: Vida Nova, 2008).

ROLDÁN, Alberto Fernando. *Para que serve a teologia?: método, história, pós-modernidade.* 2. ed. (Londrina: Descoberta, 2004).

RÖMER, Thomas. *A origem de Javé: o Deus de Israel e seu nome* (São Paulo: Paulus, 2016).

RUBIO, Alfonso García (org.). *O humano integrado: abordagens de antropologia teológica*. 2. ed. (Petrópolis: Vozes, 2007).

_____. *O encontro com Jesus Cristo vivo: um ensaio de cristologia para nossos dias*. 15. ed. (São Paulo: Paulinas, 2012).

RUSSELL, David S. *Entre o Antigo e o Novo Testamentos: o período interbíblico* (São Paulo: Abba, 2005).

RUTHVEN, Jon. *Sobre a cessação dos* charismata*: a polêmica cessacionista sobre os milagres pós-bíblicos* (Natal: Carisma, 2017).

SANFORD, Agnes. *Os dons de cura do Espírito Santo* (São Paulo: Paulinas, 1986).

SANTANA, Luiz Fernando Ribeiro. *Liturgia no Espírito: o culto como experiência do Espírito Santo na fé e na vida* (Rio de Janeiro/São Paulo: PUC-Rio/Reflexão, 2015).

SCARDELAI, Donizete. *Movimentos messiânicos no tempo de Jesus: Jesus e outros messias* (São Paulo: Paulus, 1998).

SCHERER, Odilo Pedro. *"Justo Sofredor": uma interpretação do caminho de Jesus e do discípulo* (São Paulo: Loyola, 1995).

SCHIAVO, Luigi. *Anjos e messias: messianismos judaicos e origem da cristologia* (São Paulo: Paulinas, 2006).

SCHNEIDER-HARPPRECHT, Christoph (org.). *Teologia prática no contexto da América Latina* (São Leopoldo/São Bernardo do Campo: Sinodal/Aste, 1998).

SCHWANTES, Milton. *"A terra não pode suportar suas palavras" (Am 7,10): reflexão e estudo sobre Amós* (São Paulo: Paulinas, 2004).

SCHWEIZER, Eduard. *O Espírito Santo* (São Paulo: Loyola, 1993).

SCRUTON, Roger. *O rosto de Deus* (São Paulo: É Realizações, 2015).

SEGUNDO, Juan Luis. *O dogma que liberta: fé, revelação e magistério dogmático*. 2. ed. (São Paulo: Paulinas, 2000).

SESBOÜÉ, Bernard. *O Espírito sem rosto e sem voz: breve história da teologia do Espírito Santo* (Aparecida: Santuário, 2012).

SHELTON, James. *Poderoso em palavras e obras: o papel do Espírito Santo em Lucas-Atos* (Natal: Carisma, 2018).

SILVA, Antonio Gilberto da. *A Bíblia através dos séculos: a história e formação do Livro dos livros*. 7. ed. (Rio de Janeiro: CPAD, 1998).

_____. *Manual de escola dominical: edição histórica 1974-2014* (Rio de Janeiro: CPAD, 2014).

SILVA, Esequias Soares da. *O ministério profético na Bíblia: a voz de Deus na terra* (Rio de Janeiro: CPAD, 2010).

_____. *A razão da nossa fé: assim cremos, assim vivemos* (Rio de Janeiro: CPAD, 2017).

_____ (org.). *Declaração de Fé das Assembleias de Deus* (Rio de Janeiro: CPAD, 2017).

_____. *O verdadeiro pentecostalismo: a atualidade da doutrina bíblica sobre a atuação do Espírito Santo* (Rio de Janeiro: CPAD, 2020).

_____. *O pentecostalismo brasileiro: um guia histórico e teológico para compreender o Pentecostes no Brasil* (Rio de Janeiro: CPAD, 2021).

SILVA, Severino Pedro da. *O homem: corpo, alma e espírito — a natureza humana explicada pela Bíblia* (Rio de Janeiro: CPAD, 2004).

SIMIAN-YOFRE, Horácio (org.). *Metodologia do Antigo Testamento* (São Paulo: Loyola, 2000).

SIQUEIRA, Gutierres; TERRA, Kenner. *Autoridade bíblica e experiência no Espírito: a contribuição da hermenêutica pentecostal-carismática* (Rio de Janeiro: Thomas Nelson Brasil, 2020).

SKARSAUNE, Oskar. *À sombra do templo: as influências do judaísmo no cristianismo primitivo.* 2. reimpr. (São Paulo: Vida, 2004).

SMITH, James K. A. *Pensando em línguas: contribuições pentecostais para a filosofia cristã* (Rio de Janeiro: Thomas Nelson Brasil, 2020).

SNELL, Bruno. *A cultura grega e as origens do pensamento europeu* (São Paulo: Perspectiva, 2012).

SOUZA, Alexandre Carneiro de. *Pentecostalismo: de onde vem, para onde vai?: um desafio às leituras contemporâneas da religiosidade brasileira* (Viçosa: Ultimato, 2004).

STARLING, David I. *Hermenêutica: a arte da interpretação ensinada pelos próprios escritores bíblicos* (Rio de Janeiro: CPAD, 2019).

STEIN, Robert H. *Guia básico para a interpretação da Bíblia: interpretando conforme as regras* (Rio de Janeiro: CPAD, 1999).

STEVENS, R. Paul. *Os outros seis dias: vocação, trabalho e ministério na perspectiva bíblica* (Niterói/Viçosa: Textus/Ultimato, 2005).

STOTT, John R. W. *Cristianismo equilibrado* (Rio de Janeiro: CPAD, 1982).

_____. *Batismo e plenitude do Espírito Santo: o mover sobrenatural de Deus* (São Paulo: Vida Nova, 2007).

_____. *Entenda a Bíblia* (São Paulo: Mundo Cristão, 2005).

_____. *Para entender a Bíblia* (Viçosa: Ultimato, 2014).

_____. *As controvérsias de Jesus* (Viçosa: Ultimato, 2015).

STRONSTAD, Roger. *A teologia carismática de Lucas-Atos: trajetórias do Antigo Testamento a Lucas-Atos* (Rio de Janeiro: CPAD, 2018).

_____. *Teologia lucana sob exame: experiências e modelos paradigmáticos em Lucas-Atos* (Natal: Carisma, 2018).

1790 | TEOLOGIA SISTEMÁTICO-CARISMÁTICA

_____. *Hermenêutica pentecostal: Espírito, Escritura e teologia* (Natal: Carisma, 2020).

TEPEDINO, Ana Maria (org.). *Amor e discernimento: experiência e razão no horizonte pneumatológico das igrejas* (São Paulo: Paulinas, 2007).

TERRA, João Evangelista Martins. *O Deus dos semitas* (São Paulo: Loyola, 2015).

TERRIN, Aldo Natale. *Introdução ao estudo comparado das religiões* (São Paulo: Paulinas, 2003).

THEISSEN, Gerd. *O movimento de Jesus: história social de uma revolução de valores* (São Paulo: Loyola, 2008).

TILLICH, Paul. *História do pensamento cristão*. 4. ed. (São Paulo: Aste, 2007).

_____. *Teologia da cultura* (São Paulo: Fonte, 2009).

_____. *Perspectivas da teologia protestante nos séculos XIX e XX*. 4. ed. (São Paulo: Aste, 2010).

TODOROV, Tzvetan. *A conquista da América: a questão do outro* (São Paulo: Martins Fontes, 2010).

TORRES, Jesús Vásquez. *Ciência & realidade: G. Bachelard e N. Hartmann: por uma superação do realismo e do idealismo* (São Paulo/Recife: Loyola/Unicamp, 2017).

TOSH, John. *A busca da história: objetivos, métodos e as tendências no estudo da história moderna* (Petrópolis: Vozes, 2011).

TOZER, A. W. *Esse cristão incrível: a vida cristã vitoriosa*. 2. ed. (São Paulo: Mundo Cristão, 2007).

TUCKER, Ruth A. *Missões até os confins da terra: uma história biográfica* (São Paulo: Shedd Publicações, 2010).

VANHOYE, Albert. *Sacerdotes antigos e sacerdote novo: segundo o Novo Testamento* (Santo André: Academia Cristã, 2007).

VANHOOZER, Kevin J. *Há um significado neste texto?: interpretação bíblica: os enfoques contemporâneos* (São Paulo: Vida, 2005).

_____. *Autoridade bíblica pós-Reforma: resgatando os* solas *segundo a essência do cristianismo protestante puro e simples* (São Paulo: Vida Nova, 2017).

VARGAS, Milton (org.). *História da técnica e da tecnologia no Brasil* (São Paulo: Unesp/CEETEPS, 1994).

VATTIMO, Gianni. *Depois da cristandade: por um cristianismo não religioso* (Rio de Janeiro: Record, 2004).

VAUX, Roland de. *Instituições de Israel no Antigo Testamento* (São Paulo: Vida Nova, 2004).

VERGOTE, Antoine. *Modernidade e cristianismo: interrogações e críticas recíprocas* (São Paulo: Loyola, 2002).

VOEGELIN, Eric. *Ordem e história: Israel e a revelação* (São Paulo: Loyola, 2009), vol. 1.

WALTON, John H. *O mundo perdido de Adão e Eva: o debate sobre a origem da humanidade e a leitura de Gênesis* (Viçosa: Ultimato, 2016).

_____. *O pensamento do antigo Oriente Próximo e o Antigo Testamento: introdução ao mundo conceitual da Bíblia hebraica* (São Paulo: Vida Nova, 2021).

WARD, Timothy. *Teologia da revelação: as Escrituras como palavras de vida* (São Paulo: Vida Nova, 2017).

WARFIELD, Benjamin. *A inspiração e autoridade da Bíblia: a clássica doutrina da Palavra de Deus* (São Paulo: Cultura Cristã, 2010).

WEBER, Max. *Economia e sociedade: fundamentos da sociologia compreensiva.* 4. ed. (Brasília: Editora UnB, 2000), vol. 1.

WELKER, Michael. *O Espírito de Deus: teologia do Espírito Santo* (São Leopoldo: Sinodal/EST, 2010).

WILLIAMS, Charles. *A descida da pomba: uma breve história do Espírito Santo na igreja* (São Paulo: Mundo Cristão, 2019).

WILSON, Robert R. *Profecia e sociedade no antigo Israel.* 2. ed. rev. (São Paulo: Targumim/Paulus, 2006).

WHITE, James Emery. *Abraçando o Deus misterioso: amando o Deus que não entendemos* (Rio de Janeiro: CPAD, 2007).

WOLTERS, Albert M. *A criação restaurada: base bíblica para uma cosmovisão reformada* (São Paulo: Cultura Cristã, 2006).

WRIGHT, Christopher J. H. *Povo, terra e Deus: a relevância da ética do Antigo Testamento para a sociedade de hoje* (São Paulo: ABU, 1991).

WRIGHT, N. T. *O mal e a justiça de Deus: mundo injusto, Deus justo?* (Viçosa: Ultimato, 2009).

_____. *Simplesmente cristão: por que o cristianismo faz sentido* (Viçosa: Ultimato, 2008).

_____. *O caminho do peregrino: a vida cristã é uma jornada espiritual* (Brasília: Palavra, 2011).

_____. *As Escrituras e a autoridade de Deus: como ler a Bíblia hoje* (Rio de Janeiro: Thomas Nelson Brasil, 2021).

YAMAUCHI, Edwin M.; PIERARD, Richard V.; CLOUSE, Robert G. *Dois reinos: a igreja e a cultura interagindo ao longo dos séculos* (São Paulo: Cultura Cristã, 2003).

ZILLES, Urbano. *Antropologia teológica* (São Paulo: Paulus, 2011).

ŽIŽEK, Slavoj. *O absoluto frágil, ou Por que vale a pena lutar pelo legado cristão?* (São Paulo: Boitempo, 2009).

ARTIGOS E REVISTAS

CABRAL, Elienai. "A atividade do Espírito Santo na nova vida". *Mensageiro da Paz*, ano 53, n. 1156 (Rio de Janeiro: CPAD, ago. 1983).

CARVALHO, César Moisés. "Males do preconceito e da discriminação". Seção *O Cristão e o Mundo. Mensageiro da Paz*, ano 83, n. 1554 (Rio de Janeiro: CPAD, nov. 2014).

CONDE, Emílio. "Em que dispensação estamos?". *O Som Alegre* (Jornal das Assembleias de Deus para avivamento espiritual), Ano 1, n. 4 (Rio de Janeiro, mar. 1930).

HERNANDO, James. "Para que foi criada a igreja?". *Manual do Obreiro*, ano 26, n. 27 (Rio de Janeiro: CPAD, jul.-ago.-set. 2004).

LOPES, Augustus Nicodemos. "O sermão escatológico de Jesus: análise da influência da apocalíptica judaica nos escritos do Novo Testamento". *Fides Reformata*, vol. 5, n. 2 (São Paulo: Centro Presbiteriano de Pós-Graduação Andrew Jumper, jul.-dez. 2000).

MENZIES, William. "A Reforma e o pentecostalismo". *Manual do Obreiro*, ano 35, n. 56 (Rio de Janeiro: CPAD, 1º trimestre de 2012).

PADUSNIACK, Chase. "We're not mystics". *Church Life Journal. A Journal of the McGrath Institute for Church Life* (University of Notre Dame. September, 19, 2019).

SCHELP, Diogo. "Entrevista com Edward Wilson: Salvem o planeta". *Veja*, edição 1956 (São Paulo: Abril, 2006).

SCHLUCHTER, Wolfgang. "A modernidade: uma nova (era) cultura axial?". *Política e Sociedade*, vol, 16. n. 36 (Florianópolis: UFSC, mai.-ago. 2017).

SOARES, Esequias. "A natureza das línguas". *Obreiro Aprovado*, ano 44, n. 91 (Rio de Janeiro: CPAD, out.-nov.-dez. 2020).

_____. "O verdadeiro pentecostalismo: a atualidade da doutrina bíblica sobre a atuação do Espírito Santo". *Lições Bíblicas* (Rio de Janeiro: CPAD, 1º trimestre de 2021).

BÍBLIAS DE ESTUDO E DIFERENTES VERSÕES

A Bíblia Sagrada com referências e anotações de dr. C. I. Scofield (São Paulo: Imprensa Batista Regular do Brasil, 1983).

Bíblia de estudo NAA. 3. ed. (Barueri: Sociedade Bíblica do Brasil, 2018).

Bíblia de estudo palavras-chave: hebraico e grego. 4. ed. (Rio de Janeiro: CPAD, 2015).

Bíblia de estudo pentecostal (Rio de Janeiro: CPAD, 1995).

Bíblia de Jerusalém. Ed. rev. e ampl. 5. reimpr. (São Paulo: Paulus, 2008).

Bibliografia | 1793

Bíblia mensagem de Deus. 3. ed. (São Paulo: Loyola/Paulinas, 2016).

Bíblia Sagrada: edição pastoral. 85. reimpr. (São Paulo: Paulus, 2012).

Bíblia Sagrada NVI. Nova Versão Internacional (São Paulo: Vida, 2001).

Tradução ecumênica da Bíblia (TEB) (São Paulo: Loyola, 1994).

COMENTÁRIOS BÍBLICOS E COLEÇÕES

ARRINGTON, French L.; STRONSTAD, Roger (orgs.). *Comentário bíblico pentecostal: Novo Testamento.* 2. ed. (Rio de Janeiro: CPAD, 2004).

AUSUBEL, Nathan. *Conhecimento judaico I.* Coleção Judaica (Rio de Janeiro: Koogan, 1989). vol. 5.

_____. *Conhecimento judaico II.* Coleção Judaica (Rio de Janeiro: Koogan, 1989), vol 6.

BARBAGLIO, Giuseppe. *As cartas de Paulo (I): tradução e comentários.* Coleção Bíblica Loyola (São Paulo: Loyola, 1989), vol. 4.

_____; FABRIS, Rinaldo; MAGGIONI, Bruno. *Os Evangelhos (I).* 2. ed. Coleção Bíblica Loyola (São Paulo: Loyola, 2002), vol. 1.

BARCLAY, John M. G. *Paulo e o dom* (São Paulo: Paulus, 2018).

BARRETO, Juan; MATEOS, Juan. *O Evangelho de João: análise linguística e comentário exegético* (São Paulo: Paulus, 1999).

BROWN, Raymond E. *O nascimento do Messias: comentário das narrativas da infância nos Evangelhos de Mateus e Lucas.* Bíblia e História — Série Maior (São Paulo: Paulinas, 2005).

_____; FITZMYER, Joseph A.; MURPHY, Roland E. (orgs.). *Novo comentário bíblico São Jerônimo: Novo Testamento e artigos sistemáticos* (São Paulo/Santo André: Paulus/Academia Cristã, 2007).

_____. *Comentário ao Evangelho segundo João (1—12): introdução, tradução e notas* (Santo André/São Paulo: Academia Cristã/Paulus, 2020), vol. 1.

BRUCE, F. F. *Comentário bíblico NVI: Antigo e Novo Testamento* (São Paulo: Vida, 2009).

CARVALHO, César Moisés. *O Sermão do Monte: a justiça sob a ótica de Jesus* (Rio de Janeiro: CPAD, 2017).

CASALEGNO, Alberto. *Ler os Atos dos Apóstolos: estudo da teologia lucana da missão* (São Paulo: Loyola, 2005).

CHAVALAS, Mark W.; MATTHEWS, Victor H.; WALTON, John H. *Comentário histórico-cultural da Bíblia: Antigo Testamento* (São Paulo: Vida Nova, 2018).

CHILDERS, Charles L.; EARLE, Ralph; SANNER, A. Elwood (eds.). *Comentário bíblico Beacon: Mateus a Lucas* (Rio de Janeiro: CPAD, 2006), vol. 6.

1794 | TEOLOGIA SISTEMÁTICO-CARISMÁTICA

DUMAIS, Marcel. *O Sermão da Montanha: Mateus 5—7*. (Santo André/São Paulo: Academia Cristã/Paulus, 2014).

FABRIS, Rinaldo. *Os Atos dos Apóstolos: tradução e comentários*. Coleção Bíblica Loyola (São Paulo: Loyola, 1991), vol. 3.

_____. *As cartas de Paulo (III): tradução e comentários*. Coleção Bíblica Loyola (São Paulo: Loyola, 1992), vol. 6.

_____; MAGGIONI, Bruno. *Os Evangelhos (II): tradução e comentários*. 4. ed. Coleção Bíblica Loyola (São Paulo: Loyola, 2006), vol. 2.

FEE, Gordon D. *Pablo, El Espíritu y el Pueblo de Dios* (Miami: Editorial Vida, 2007).

_____. *Paulo, o Espírito e o povo de Deus* (São Paulo: Vida Nova, 2015).

_____; STUART, Douglas. *Como ler a Bíblia livro por livro: um guia confiável para ler e entender as Escrituras Sagradas* (Rio de Janeiro: Thomas Nelson Brasil, 2019).

_____. *1 Coríntios: comentário exegético* (São Paulo: Vida Nova, 2019).

HAMILTON, Victor P. *Manual do Pentateuco*. 2. ed. (Rio de Janeiro: CPAD, 2006).

JEREMIAS, Joachim. *Estudos no Novo Testamento* (Santo André: Academia Cristã, 2015).

KAISER, Walter. *Documentos do Antigo Testamento: sua relevância e confiabilidade* (São Paulo: Cultura Cristã, 2007).

KEENER, Craig S. *Comentário histórico-cultural da Bíblia: Novo Testamento* (São Paulo: Vida Nova, 2017).

KONINGS, Johan. *Sinopse dos Evangelhos de Mateus, Marcos e Lucas e da "Fonte Q"*. Coleção Bíblica Loyola (São Paulo: Loyola, 2005), vol. 45.

KÜMMEL, Werner Georg. *Síntese teológica do Novo Testamento de acordo com as testemunhas principais: Jesus, Paulo e João*. 4. ed. (São Paulo: Teológica, 2003).

MAIMÔNIDES. *Guia dos perplexos* (São Paulo: Sêfer, 2018).

McKNIGHT, Scot; OSBORNE, Grant R. (orgs.). *Faces do Novo Testamento: um exame das pesquisas mais recentes* (Rio de Janeiro: CPAD, 2018).

NICODEMUS, Augustus. *O Pentecostes e o crescimento da igreja: a extraordinária ação do Espírito Santo em Atos 2* (São Paulo: Vida Nova, 2017).

OSBORNE, Grant. *Apocalipse: comentário exegético* (São Paulo: Vida Nova, 2014).

PAUL, André. *O que é intertestamento*. Cadernos Bíblicos (Santo André/São Paulo: Academia Cristã/Paulus, 2014).

PEARLMAN, Myer. *Através da Bíblia: livro por livro*. 2. ed. 14. reimpr. (São Paulo: Vida, 1991).

RENDTORFF, Rolf. *Antigo Testamento: uma introdução* (Santo André: Academia Cristã, 2009).

VV. AA. *As raízes da sabedoria*. 2. ed. Cadernos Bíblicos (São Paulo: Paulinas, 1983).

VOGELS, Walter. *Davi e sua história: 1 Samuel 16,1—1 Reis 2,11* (São Paulo: Loyola, 2007).

WALTKE, Bruce K.; FREDERICKS, Cathi J. *Comentário do Antigo Testamento: Gênesis* (São Paulo: Cultura Cristã, 2010).

WÉNIN, André. *De Adão a Abraão ou as errâncias do humano: leitura de Gênesis 1,1—12,4* (São Paulo: Loyola, 2011).

DICIONÁRIOS E ENCICLOPÉDIAS

ABBAGNANO, Nicola. *Dicionário de filosofia*. 4. ed. (São Paulo: Martins Fontes, 2000).

ANCILLI, Ermano; PONTIFÍCIO INSTITUTO DE ESPIRITUALIDADE TERESIANUM (orgs.). *Dicionário de espiritualidade* (São Paulo: Loyola/Paulinas, 2012), vol. II.

ANDRADE, Claudionor Corrêa de. *Dicionário teológico*. 7. ed. (Rio de Janeiro: CPAD, 1998).

ARAUJO, Isael de. *Dicionário do movimento pentecostal* (Rio de Janeiro: CPAD, 2007).

ARCHER JR., Gleason L.; HARRIS, R. Laird; WALTKE, Bruce (orgs.). *Dicionário internacional de teologia do Antigo Testamento* (São Paulo: Vida Nova, 1998).

_____. *Enciclopédia de temas bíblicos: respostas às principais dúvidas, dificuldades e "contradições" da Bíblia*. 2. ed. (São Paulo: Vida, 2001).

BASLEZ, Marie-Françoise. Jesus, *Dicionário histórico dos Evangelhos* (Petrópolis: Vozes, 2018).

BAUER, Johannes B. *Dicionário bíblico-teológico*. 2. ed. (São Paulo: Loyola, 2004).

BERLEJUNG, Angelika; FREVEL, Christian (orgs.). *Dicionário de termos teológicos fundamentais do Antigo e do Novo Testamento* (São Paulo: Loyola/Paulus, 2011).

BROWN, Colin; COENEN, Lothar (orgs.). *Dicionário internacional de teologia do Novo Testamento*. 2. ed. (São Paulo: Vida Nova, 2000).

CENTRO: INFORMÁTICA E BÍBLIA ABADIA DE MAREDSOUS. *Dicionário enciclopédico da Bíblia* (São Paulo/Santo André: Loyola/Paulus/Paulinas/Academia Cristã, 2013).

CONDE, Emílio. *Tesouro de conhecimentos bíblicos*. 2. ed. (Rio de Janeiro: CPAD, 1990).

COULIANO, Ioan P.; ELIADE, Mircea. *Dicionário das religiões*. 2. ed. (São Paulo: Martins Fontes, 1999).

1796 | TEOLOGIA SISTEMÁTICO-CARISMÁTICA

Davis, John D. *Dicionário da Bíblia*. 16. ed. (Rio de Janeiro: Juerp, 1990).

Douglas, J. D. (org.). *O novo dicionário da Bíblia*. 3. ed. (São Paulo: Vida Nova, 2006).

Eicher, Peter (org.). *Dicionário de conceitos fundamentais de teologia*. 2. ed. (São Paulo: Paulus, 2005).

Erickson, Millard J. *Dicionário popular de teologia* (São Paulo: Mundo Cristão, 2011).

Gisel, Pierre (org.). *Enciclopédia do protestantismo: teologia, eclesiologia, filosofia, história, cultura, sociedade, política* (São Paulo: Hagnos, 2016).

González, Justo. *Breve dicionário de teologia* (São Paulo: Hagnos, 2009).

Hawthorne, Gerald. F.; Martin, Ralph P.; Reid, Daniel G. (orgs.). *Dicionário de Paulo e suas cartas* (São Paulo: Loyola/Paulus/Vida Nova, 2008).

Léon-Dufour, Xavier (org.). *Vocabulário de teologia bíblica*. 12. ed. (Petrópolis: Vozes, 2013).

Maia, Rui Leandro. *Dicionário de sociologia* (Porto: Porto, 2002).

Reid, Daniel G. (org.). *Dicionário teológico do Novo Testamento: compêndio dos mais avançados estudos bíblicos da atualidade* (São Paulo: Vida Nova/Loyola, 2012).

Samanes, Cassiano Florinstán; Tamayo-Acosta, Juan-José (orgs.). *Dicionário de conceitos fundamentais do cristianismo* (São Paulo: Paulus, 1999).

Unger, Merril F.; Vine, W. E.; White Jr., William. *Dicionário Vine: o significado exegético e expositivo das palavras do Antigo e do Novo Testamento* (Rio de Janeiro: CPAD, 2002).

Teologias bíblicas

Branick, Vincent. *A igreja doméstica nos escritos de Paulo*. Temas Bíblicos (São Paulo: Paulus, 1994).

Brueggemann, Walter. *Teologia do Antigo Testamento: testemunho, disputa e defesa* (São Paulo/Santo André: Paulus/Academia Cristã, 2014).

Bultmann, Rudolf. *Teologia do Novo Testamento* (Santo André: Academia Cristã, 2008).

Bonhoeffer, Dietrich. *Criação e Queda: uma interpretação teológica de Gênesis 1—3* (São Leopoldo: Sinodal, 2020).

Crüsemann, Frank. *A Torá: teologia e história social da Lei do Antigo Testamento*. 3. ed. (Petrópolis: Vozes, 2008).

Dautzenberg, Gerhard; Schreiner, Josef. *Forma e exigências do Novo Testamento*. São Paulo: Hagnos, 2008.

DELORME, J. *Leitura do Evangelho segundo Marcos* (Santo André/São Paulo: Academia Cristã/Paulus, 2014).

DROLET, Gilles. *Compreender o Antigo Testamento: um projeto que se tornou promessa* (São Paulo: Paulus, 2007).

DUNN, James D. G. *A teologia do apóstolo Paulo*. 2. ed. (São Paulo: Paulus, 2008).

_____. *Unidade e diversidade no Novo Testamento: um estudo das características dos primórdios do cristianismo* (Santo André: Academia Cristã, 2009).

_____. *Teologia do Novo Testamento: uma introdução* (Petrópolis: Vozes, 2021).

EICHRODT, Walther. *Teologia do Antigo Testamento* (São Paulo: Hagnos, 2004).

FELDMEIER, Reinhard; SPIECKERMANN, Hermann. *O Deus dos vivos: uma doutrina bíblica de Deus* (São Leopoldo: Sinodal/EST, 2015).

GYSEL, David; MAUERHOFER, Erich. *Uma introdução aos escritos do Novo Testamento* (São Paulo: Vida, 2010).

HASEL, Gerhard. *Teologia do Antigo e do Novo Testamento: questões básicas no debate atual* (Santo André: Academia Cristã, 2012).

HILL, Andrew E.; WALTON, John H. *Panorama do Antigo Testamento* (São Paulo: Vida, 2007).

JEREMIAS, Joachim. *Teologia do Novo Testamento* (São Paulo: Hagnos, 2008).

KÄSEMANN, Ernest. *Perspectivas paulinas* (São Paulo: Teológica, 2003).

LADD, George Eldon. *Teologia do Novo Testamento*. Ed. rev. (São Paulo: Hagnos, 2003).

LÉON-DUFOUR, Xavier. *Leitura do Evangelho segundo João I: Palavra de Deus* (São Paulo: Loyola, 1996).

MARTIN-ACHARD, Robert. *Da morte à ressurreição segundo o Antigo Testamento* (Santo André: Academia Cristã, 2015).

RENDTORFF, Rolf. *Antigo Testamento: uma introdução* (Santo André: Academia Cristã, 2009).

RAD, Gerhard von. *Teologia do Antigo Testamento*. 2. ed. (São Paulo: Aste/ Targumim, 2006).

ROWLEY, H. H. *A fé em Israel: aspectos do pensamento do Antigo Testamento* (São Paulo: Teológica, 2003).

SCHREINER, Josef (Org.). *O Antigo Testamento: um olhar atento para sua palavra e mensagem* (São Paulo: Hagnos, 2012).

SCHNELLE, Udo. *Teologia do Novo Testamento* (São Paulo: Academia Cristã/ Paulus, 2010).

SCHELKLE, Karl Hermann. *Teologia do Novo Testamento* (São Paulo: Loyola, 1978), vol. 3.

_____. *Teologia do Novo Testamento* (São Paulo: Loyola, 1978), vol. 4.

1798 | TEOLOGIA SISTEMÁTICO-CARISMÁTICA

STRONSTAD, Roger. *Teologia bíblica pentecostal: de Gênesis a Apocalipse — momentos decisivos da história da redenção* (Natal: Carisma, 2020).

WALTON, John H. *Teologia do Antigo Testamento para cristãos: do contexto antigo à crença duradoura* (São Paulo: Loyola, 2021).

WESTERMANN, Claus. *Fundamentos da teologia do Antigo Testamento* (Santo André: Academia Cristã, 2011).

TEOLOGIA E HISTÓRIA PATRÍSTICA

AGOSTINHO, Santo, Bispo de Hipona. *A Trindade.* 4. ed. (São Paulo: Paulus, 2008).

CAMPENHAUSEN, Hans von. *Os pais da igreja: a vida e a doutrina dos primeiros teólogos cristãos* (Rio de Janeiro: CPAD, 2005).

CLEMENTE ROMANO. *Padres apostólicos.* 6. reimpr. (São Paulo: Paulus, 2014).

EUSÉBIO DE CESAREIA (263-340 d.C.). *História eclesiástica* (Rio de Janeiro: CPAD, 1999).

HERMAS. *Padres apostólicos.* 6. reimpr. (São Paulo: Paulus, 2014).

HIPÓLITO. *Tradição apostólica de Hipólito de Roma: liturgia e catequese no século III* (Petrópolis: Vozes, 2004).

IRENEU, Santo, Bispo de Lião. *Contra as heresias.* 3. ed. (São Paulo: Paulus, 2009).

KELLY, J. N. D. *Patrística: origem e desenvolvimento das doutrinas centrais da fé cristã* (São Paulo: Vida Nova, 1994).

BASÍLIO MAGNO. *Basílio de Cesareia.* 4. reimpr. (São Paulo: Paulus, 2019).

ORÍGENES. *Contra Celso.* 2. ed. (São Paulo: Paulus, 2011).

TEOLOGIAS SISTEMÁTICAS E COLEÇÕES

A Confissão de Fé de Westminster. 18. ed. (São Paulo: Cultura Cristã, 2019).

ANTISERI, Dario; REALE, Giovanni. *História da filosofia: Antiguidade e Idade Média.* 10. ed. (São Paulo: Paulus, 2007), vol. 1.

BARRETT, Matthew (org.). *Teologia da Reforma* (Rio de Janeiro: Thomas Nelson Brasil, 2017).

BARTH, Karl. *Esboço de uma dogmática* (São Paulo: Fonte, 2006).

_____. *Dogmática eclesiástica* (São Paulo: Fonte, 2017).

BATAILLE, Georges. *A experiência interior: seguida de método de meditação e post-scriptum 1953.* Suma Ateológica (Belo Horizonte: Autêntica, 2016), vol. 1.

BERGSTÉN, Eurico. *Teologia sistemática: doutrina do Espírito Santo, do homem, do pecado e da salvação.* 3. ed. (Rio de Janeiro: CPAD, 1983).

BERKHOF, Louis. *Teologia sistemática.* 4. ed. (São Paulo: Cultura Cristã, 2012).

Braaten, Carl E.; Jenson, Robert W. (orgs.). *Dogmática cristã*. 2. ed. (São Leopoldo: Sinodal/EST, 2007), vol. 2.

Brauch, Manfred T.; Bruce, F. F.; Davids, Peter H.; Kaiser Jr., Walter C. *Hard sayings of the Bible* (Downers Grove: InterVarsity, 1996).

Brunner, Emil. *Dogmática* (São Paulo: Fonte, 2006), vol. 2.

_____. *Dogmática* (São Paulo: Fonte, 2010), vol. 3: *Doutrina cristã da igreja*. tomo 1.

Chafer, Lewis Sperry. *Teologia sistemática* (São Paulo: Hagnos, 2003), vols. 1 a 4.

Congar, Yves. *Revelação e experiência do Espírito*. 2. ed. Creio no Espírito Santo (São Paulo: Paulinas, 2009), vol. 1.

_____. *"Ele é o Senhor e dá a vida"*. 2. ed. Creio no Espírito Santo (São Paulo: Paulinas, 2010), vol. 2.

_____. *O rio da vida corre no Oriente e no Ocidente*. Creio no Espírito Santo (São Paulo: Paulinas, 2005), vol. 3.

Erickson, Millard J. *Teologia sistemática* (São Paulo: Vida Nova, 2015).

Estrada, Juan Antonio. *Para compreender como surgiu a igreja*. Ecclesia XXI (São Paulo: Paulinas, 2005).

Ferreira, Franklin; Myatt, Alan. *Teologia sistemática: uma análise histórica, bíblica e apologética para o contexto atual* (São Paulo: Vida Nova, 2007).

Finney, Charles. *Teologia sistemática* (Rio de Janeiro: CPAD, 2001).

Fiorenza, Francis S.; Galvin, John P. (orgs.). *Teologia sistemática: perspectivas católico-romanas* (São Paulo: Paulus, 1997). vol. 1.

_____; Galvin, John P. (orgs.). *Teologia sistemática: perspectivas católico-romanas* (São Paulo: Paulus, 1997), vol. 2.

Forte, Bruno. *A teologia como companhia, memória e profecia*. Teologia Sistemática (São Paulo: Paulinas, 1991).

González, Justo L. *Uma história do pensamento cristão: do início até o Concílio de Calcedônia* (São Paulo: Cultura Cristã, 2004), vol. 1.

Haight, Roger. *A comunidade cristã na história: eclesiologia histórica* (São Paulo: Paulinas, 2012), vol. 1.

Hodge, Alexander A. *Confissão de Fé de Westminster comentada*. 2. ed. (São Paulo: Os Puritanos, 1999).

Hodge, Charles. *Teologia sistemática* (São Paulo: Hagnos, 2001).

Horton, Stanley M.; Menzies, William. *Doutrinas bíblicas: os fundamentos da nossa fé* (Rio de Janeiro: CPAD, 1995).

_____ (org.). *Teologia sistemática: uma perspectiva pentecostal*. 4. ed. (Rio de Janeiro: CPAD, 1996).

1800 | TEOLOGIA SISTEMÁTICO-CARISMÁTICA

IRVIN, Dale T.; SUNQUIST, Scott W. *História do movimento cristão mundial* (São Paulo: Paulus, 2004), vol. 1.

JONES, Timothy Paul. *Guia profético para o fim dos tempos* (Rio de Janeiro: CPAD, 2016).

KASPER, Walter. *A Igreja Católica: essência, realidade, missão*. Coleção *Theologia Publica* (São Leopoldo: Unisinos, 2012).

KAUFMANN, Thomas; KOTTJE, Raymund; MOELLER, Bernd; WOLF, Hubert (orgs.). *História ecumênica da igreja 1: dos primórdios até a Idade Média* (São Paulo/São Leopoldo: Loyola/ Paulus/Sinodal, 2012).

_____ et al. (orgs.). *História ecumênica da igreja 2: a alta Idade Média até o início da Idade Moderna* (São Paulo/São Leopoldo: Loyola/Paulus/Sinodal, 2014).

LATOURETTE, Kenneth Scott. *Uma história do cristianismo* (São Paulo: Hagnos, 2006), vol. 1.

MARTINHO LUTERO. *Obras selecionadas: o programa da Reforma — escritos de 1520/Martinho Lutero*. 3. ed. atual. (São Leopoldo/Porto Alegre: Sinodal/ Concórdia, 2011).

McGRATH, Alister E. *Teologia sistemática, histórica e filosófica: uma introdução à teologia cristã* (São Paulo: Shedd, 2005).

_____. *Teologia: os fundamentos* (São Paulo: Loyola, 2009).

_____. *O Deus vivo: cristianismo para todos* (São Paulo: Cultura Cristã, 2017), livro 2.

_____; PACKER, James I. (orgs.). *Fundamentos do cristianismo: um manual da fé cristã* (São Paulo: Vida Nova, 2018).

MELANCHTHON, Filipe. Loci Theologici: *tópicos teológicos, de 1521*. Ed. crítica, bilíngue (São Leopoldo: Sinodal/EST, 2018).

MÜLLER, Gerhard Ludwig. *Dogmática católica: teoria e prática da teologia* (Petrópolis: Vozes, 2015).

O'DONNELL, John. *Introdução à teologia dogmática* (São Paulo: Loyola, 1999).

PACKER, J. I. *O conhecimento de Deus*. 2. ed. (São Paulo: Mundo Cristão, 2005).

PANNENBERG, Wolfhart. *Teologia sistemática* (São Paulo: Paulus, 2009), vols. 1 a 3.

PEARLMAN, Myer. *Conhecendo as doutrinas da Bíblia*. 3. ed. 2. reimpr. (São Paulo: Vida, 2010).

PELIKAN, Jaroslav. *A tradição cristã. Uma história do desenvolvimento da doutrina: o surgimento da tradição católica 100-600* (São Paulo: Shedd, 2014), vol. 1.

_____. *A tradição cristã. Uma história do desenvolvimento da doutrina: o espírito do cristianismo oriental 600-1700* (São Paulo: Vida Nova, 2015), vol. 2.

PENTECOST, J. Dwight. *Manual de escatologia: uma análise detalhada dos eventos futuros* (São Paulo: Vida, 1998).

Bibliografia | 1801

Pseudo-Areopagita, Dionísio. *A teologia mística: tratado clássico do século VI* (São Paulo: Polar, 2015).

Rahner, Karl. *Curso fundamental da fé*. 4. ed. Teologia Sistemática (São Paulo: Paulus, 2008).

Ratzinger, Joseph. *Introdução ao cristianismo: preleções sobre o Símbolo Apostólico*. 6. ed. (São Paulo: Loyola, 2012).

Rocha, Alessandro. *Teologia sistemática no horizonte pós-moderno: um novo lugar para a linguagem teológica* (São Paulo: Vida, 2007).

Schillebeeckx, Edward. *História humana: revelação de Deus*. 2. ed. Teologia Sistemática (São Paulo: Paulus, 2003).

_____. *Jesus, a história de um vivente*. Teologia Sistemática (São Paulo: Paulus, 2008).

Schneider, Theodor (org.). *Manual de dogmática*. 3. ed. (Petrópolis: Vozes, 2008), vol. 1.

Sturz, Richard J. *Teologia sistemática* (São Paulo: Vida Nova, 2012).

Thiessen, Henry Clarence. *Palestras em teologia sistemática* (São Paulo: Imprensa Batista Regular, 2001).

Tillich, Paul. *Teologia sistemática*. 5. ed. (São Leopoldo: Sinodal, 2005).

Torrey, R. A. (org.). *Os fundamentos: a famosa coletânea de textos das verdades bíblicas fundamentais* (São Paulo: Hagnos, 2005).

Voegelin, Eric. *Ordem e história: Israel e a revelação* (São Paulo: Loyola, 2009), vol. 1.

Wright, N. T. *A ressurreição do Filho de Deus* (Santo André/São Paulo: Academia Cristã/Paulus, 2013).

Este livro foi impresso pela Ipsis, em 2022,
para a Thomas Nelson Brasil. O papel do
miolo é pólen natural 70 g/m² e o da capa
é couchê fosco 150 g/m².